职务犯罪侦查实务丛书

ZHIWU FANZUI ZHENCHA SHIWU CONGSHU

职务犯罪侦查办案一本通

ZHI WU FAN ZUI ZHEN CHA BAN AN YI BEN TONG

缪树权　上官春光　著

中国检察出版社

图书在版编目（CIP）数据

职务犯罪侦查办案一本通/缪树权，上官春光著．—北京：中国检察出版社，2015.9
（职务犯罪侦查实务丛书）
ISBN 978－7－5102－1489－9

Ⅰ．①职…　Ⅱ．①缪…　②上…　Ⅲ．①职务犯罪－刑事侦查－中国
Ⅳ．①D924.3

中国版本图书馆 CIP 数据核字（2015）第 204345 号

职务犯罪侦查办案一本通
缪树权　上官春光　著

出版发行：中国检察出版社
社　　址：北京市石景山区香山南路 111 号（100144）
网　　址：中国检察出版社（www.zgjccbs.com）
编辑电话：（010）88953709
发行电话：（010）68650015　68650016　68650029
经　　销：新华书店
印　　刷：三河市西华印务有限公司
开　　本：720 mm×960 mm　16 开
印　　张：59.25 印张　插页 4
字　　数：1156 千字
版　　次：2015 年 9 月第一版　　2015 年 9 月第一次印刷
书　　号：ISBN 978－7－5102－1489－9
定　　价：138.00 元

出版说明

职务犯罪是一种严重的犯罪，它不仅侵害国家机关的管理职能，影响正常的工作秩序，而且往往给国家、公民人身、财产造成极大危害，严重败坏了党纪国法，严重损害了政府的形象和公众利益。因此，严厉打击贪污贿赂、渎职侵权等职务犯罪，对于维护党和政府形象、保护公民人身财产权益具有重要意义。对贪污贿赂、渎职侵权等职务犯罪进行立案侦查，是宪法和法律赋予检察机关的神圣职责。而要切实履行好惩治腐败的职责，严厉打击职务犯罪，就必须提高职务犯罪侦查的能力和效率。最高人民检察院及相关职能部门曾多次下发文件，对加强职务犯罪调查取证能力、证据审查运用能力、询问讯问能力、法律应用能力等法律监督能力提出了明确要求和具体部署。为此，最高人民检察院政治部、反贪污贿赂工作总局和中国检察出版社，先后组织出版了一批关于加强和提高职务犯罪侦查能力和业务技能方面的图书。这些图书的出版适应了检察人员学习和提高业务技能的需要，深受广大基层干警的欢迎。

为了更好地服务于基层检察干警，满足基层检察干警的办案需要，我们在充分调查研究的基础上组织编写了《职务犯罪侦查实务丛书》。《职务犯罪侦查实务丛书》紧紧围绕检察机关查办贪污贿赂、渎职侵权犯罪案件的实际需要，从**刑事实体、办案程序、证据认定、查账实务、文书填制、笔录制作、法律法规**等方面进行选题布局，以满足侦查人员对实体与程序、流程与规范、证据认定、查账技巧、文书填制、笔录制作、措施运用等方面素养与技能提高的需求。丛书选题布局合理，品种齐全，内容丰富，特别是丛书立足于实务、来源于实务、面向基层，结合近年来的侦查办案实践和最新颁布的法律法规及司法解释，突出了职务犯罪侦查办案的技能技巧性、办案程序的规范性，强调其对于侦查能力培养和提高的实用性、可操作性，因而在出版发行后，深受广大基层干警的欢迎、好评，被认为是侦查办案人员不可或缺的一套常查常用、应知应会的办案技能参考用书。应广大基层干警要求，我们组织作者在原丛书的基础上，根据新修订的法律法规和司法解释，充分吸收近年来侦查实践的成功经验和理论研究的最新成果，对丛书进行了全面的修订、整合，以飨读者。本次修订后，丛书的主要分册有：

1.《职务犯罪侦查指引》
2.《职务犯罪侦查流程与规范》
3.《职务犯罪证据解构》
4.《职务犯罪侦查办案一本通》
5.《反贪查账实务与技巧》

本册是**《职务犯罪侦查办案一本通》**，由国家检察官学院缪树权、上官春光合著。缪树权是国家检察官学院教授、职务犯罪侦查教研部主任、职务犯罪研究所常务副所长，长期从事刑法学尤其是职务犯罪的研究和教学工作。上官春光是国家检察官学院副教授、职务犯罪侦查教研部副主任、职务犯罪研究所副所长、博士，长期从事职务犯罪侦查的教学和研究工作。

本书是为适应我国检察机关职务犯罪侦查体制和机构的发展变化，在原《反贪侦查办案一本通》、《反渎职侵权办案一本通》的基础上，重新进行整合、修订而成。全书以查办职务犯罪案件为主线，以《刑法》第八、九章关于贪污贿赂罪、渎职罪和《刑事诉讼法》、《人民检察院刑事诉讼规则（试行）》关于侦查办案程序的规定为主要内容，结合反贪侦查、反渎职侵权侦查实际和一线办案人员要求，对职务犯罪侦查办案所必须掌握的刑事实体和刑事程序知识进行了系统性的归纳和研究，为侦查人员办理贪污贿赂、渎职侵权犯罪案件提供最新、最实用、最全面、最方便和权威的指导。

本书分为上下两编，上编为**职务犯罪的司法适用**，主要从实体法的角度，结合司法实践，阐述对贪污贿赂、渎职侵权犯罪的法律适用，下编为**诉讼程序的适用**，主要依据刑诉法和刑诉规则，阐述侦查办案的程序与规范。

在上编中，作者从刑法理论出发，结合司法实践和最新的法律、司法解释，对贪污贿赂、渎职侵权等四十多种职务犯罪的概念、犯罪构成、立案标准、罪与非罪、此罪与彼罪等司法认定中的疑点、难点、热点问题进行了深入研究和全面阐述。在写作上，作者紧扣刑法基本理论和最新的法律法规和司法解释，从贪污贿赂、渎职侵权犯罪实体认定的实务层面上解决问题，有很强的针对性、实用性和可操作性。在体例上，对个罪的阐述，设置了【概念与构成】、【立案标准】、【司法认定】、【刑事责任】、【办案依据】等项目，特别是【办案依据】部分，在【立案标准】的基础上，全面收录了查办贪污贿赂、渎职侵权犯罪所需的法律、法规、司法解释、司法意见、会议纪要及部门规定等，为办案提供了十分有益的帮助和指引。

在下编中，作者立足于侦查办案实践，以侦查办案流程为主线，对反贪、反渎职侵权侦查的案件管辖、受案、初查、立案、侦查措施、强制措施、司法协助、侦查终结等程序进行了深入的研究和详细阐述。在写作上，作者紧扣侦查办案实务和《刑事诉讼法》、《人民检察院刑事诉讼规则（试行）》等最新的法律

法规和司法解释，从侦查取证、各种侦查措施与强制措施的运用、工作文书与法律文书等实务操作层面上解决问题、释解规范，有很强的可操作性、实用性和指导性。在体例方面，对每个办案阶段或程序、措施，都设置了【主要程序】、【注意事项】、【文书与说明】、【办案依据】等项目，以达到全面、系统地解决问题。在【办案依据】部分，全面收录了与侦查办案程序有关的最新法律、法规、司法解释及规范性文件，以方便办案时查找使用。

本书涵盖检察机关职务犯罪侦查办案的实体和程序问题，内容全面，体例新颖，查找方便（设置了总目录与目录），法规齐全，是一线侦查人员不可多得的办案工具书。

《职务犯罪侦查实务丛书》
编　委　会

总 目 录

上编　职务犯罪的司法适用

第一部分　贪污贿赂犯罪

第二部分　渎职犯罪

第三部分　国家机关工作人员利用职权实施的侵犯公民人身权利、民主权利犯罪

下编　诉讼程序的适用

目　录

上编　职务犯罪的司法适用

第一部分　贪污贿赂犯罪

第二部分　渎职犯罪

第三部分 国家机关工作人员利用职权实施的侵犯公民人身权利、民主权利犯罪

下编　诉讼程序的适用

职务犯罪侦查办案一本通

目录

上编　职务犯罪的司法适用

第一部分　贪污贿赂犯罪

一、贪 污 罪

【概念与构成】

贪污罪，是指国家工作人员和受国家机关、国有公司、企业、事业单位、人民团体委托管理、经营国有财产的人员，利用职务上的便利，侵吞、窃取、骗取或者以其他手段非法占有公共财物的行为。构成本罪需要具备以下四个要件：

（一）客体要件。本罪侵犯的客体是复杂客体，既侵犯了国家工作人员职务行为的廉洁性，也侵犯了公共财产的所有权。其中前者是本罪的主要客体。本罪的犯罪对象是公共财物，此外还包括应当交公的礼物、非国有保险公司的保险金、公司、企业或者其他单位的财物和单位的债权等。

（二）客观要件。本罪在客观方面表现为行为人利用职务上的便利，侵吞、窃取、骗取或者以其他手段非法占有公共财物的行为。在这里利用职务上的便利和非法占有公共财物二者缺一不可。所谓利用职务上的便利，是指行为人利用自己职务范围内主管、管理、经手公共场所财物或者受托经营、管理国有财产所形成的便利条件。它包括两种情况：一是利用自己职务范围内主管、管理、经手公共财物所形成的便利条件；二是利用自己受托管理、经营国有财产的职务所形成的便利条件。如果只是因工作关系或主体身份所带来的某些方便条件，如因工作关系而熟悉作案环境，凭借工作人员身份进出某些机关、单位的方便等，则不属于这里的利用职务之便。其中，这里所谓的主管，是指具有调拨、转移、使用或者以其他方式支配公共财产的职权，例如厂长、经理等具有的一定范围内支配企业内部公共财产的权力；所谓经手，是指具有领取、支出等经办公共财物流转事务的权限；所谓管理，是指具有监守或保管公共财物的职权，例如会计员、出纳员、保管员等具有监守和保管公共财物的职权。

行为人非法占有公共财物的方式是多种多样的，法律上将其概括为侵吞、窃取、骗取或者其他手段。所谓侵吞，是指行为人利用职务上的便利，将暂由自己合法管理、经营、使用的公共财物直接非法占有。如公共财物应交而隐匿不交，应支付而不支付，应入账而不入账，直接加以扣留，从而占为己有的。所谓窃取，是指行为人利用职务上的便利，采用秘密的方法监守自盗，将公共财物非法占有。如保管员将自己管理的公共财物秘密拿回家中窃为己有。所谓骗取，是指行为人利用职务上的便利，采用虚构事实或者隐瞒真相的方法，非法占有公共财物，如工程项目负责人伪造工资表，冒领不存在的工人工资。《刑法》第183条第2款也规定，国有保险公司的工作人员和国有保险公司委派到非国有保险公司从事公务的人员利用职务上的便利，故意编造未曾发生的保险事故进行虚假理赔，骗取保险金归自己所有的，应当以本罪论处。所谓其他手段，是指采取除侵吞、窃取、骗取三种手段以外的方式，将公共财物非法占有。如内外勾结，将自己管理、经营的公共（国有）财物以合法形式，转给与其勾结的外部人员，然后再迂回取回，据为己有；在与他人签订经济合同时，双方恶意串通，提高合同标的价格，然后将抬高的差价私分等。另外，根据《刑法》第394条的规定，国家工作人员在国内公务活动或者在对外交往中接受礼物，依照国家规定应当交公而不交公，数额较大的，以贪污罪定罪处罚。

根据最高人民法院、最高人民检察院《关于办理国家出资企业中职务犯罪案件具体应用法律若干问题的意见》（2010年11月26日）第5条的规定：国家工作人员利用职务上的便利，在国家出资企业改制过程中隐匿公司、企业财产，在其不再具有国家工作人员身份后将所隐匿财产据为己有的，依照刑法第三百八十二条、第三百八十三条的规定，以贪污罪定罪处罚。

（三）主体要件。本罪的犯罪主体是特殊主体，具体包括两类人员：

一类是国家工作人员。根据《刑法》第93条的规定，国家工作人员包括四类：

1. 国家机关中从事公务的人员，即各级国家权力机关、行政机关、审判机关、检察机关和军事机关中从事公务的人员。

2. 国有公司、企业、事业单位、人民团体中从事公务的人员。其中国有公司指财产属于国家所有的公司；国有企业指财产属于国家所有的从事生产、经营活动的企业；国有事业单位指国家投资兴办管理的科研、教育、文化、卫生、体育、新闻、广播、出版等单位，如国家兴办的学校、医院、研究机构等；人民团体指各民主党派、各级工会、共青团、妇联等群众性组织。

3. 国家机关、国有公司、企业、事业单位委派到非国有公司、企业、事业单位、社会团体中从事公务的人员。至于被委派前是工人、农民、待业人员等在所不问，只要被上述国有单位委派到非国有公司、企业、事业单位、社会团体中从事公务，即为国家工作人员。根据有关规定，所谓委派，即委任、派遣，其形式多种多样，如任命、指派、提名、批准等。不论被委派的人身份如何，只要是接受国家机关、国有公司、企业、事业单位委派，代表国家机关、国有公司、企业、事业单位在非国有公司、企业、事业单位、社会团体中从事组织、领导、监督、管理等工作，都可以认定为国家机关、国有公司、企业、事业单位委派到非国有公司、企业、事业单位、社会团体从事公务的人员。如国家机关、国有公司、企业、事业单位委派在国有控股或者参股的股份有限公司从事组织、领导、监督、管理等工作的人员，应当以国家工作人员论。国有公司、企业改制为股份有限公司后，原国有公司、企业的工作人员和股份有限公司新任命的人员中，除代表国有投资主体行使监督、管理职权的人外，不以国家工作人员论。

根据最高人民法院、最高人民检察院《关于办理国家出资企业中职务犯罪案件具体应用法律若干问题的意见》（2010年11月26日）第6条的规定：经国家机关、国有公司、企业、事业单位提名、推荐、任命、批准等，在国有控股、参股公司及其分支机构中从事公务的人员，应当认定为国家工作人员。具体的任命机构和程序，不影响国家工作人员的认定。经国家出资企业中负有管理、监督国有资产职责的组织批准或者研究决定，代表其在国有控股、参股公司及其分支机构中从事组织、领导、监督、经营、管理工作的人员，应当认定为国家工作人员。国家出资企业中的国家工作人员，在国家出资企业中持有个人股份或者同时接受非国有股东委托的，不影响其国家工作人员身份的认定。该规定在一定程度上解决了司法实践中存在的“二次委派”或“转委派”的问题。

4. 其他依照法律从事公务的人员。即依照法律规定选举或者任命产生，从事某项公共事务管理的人员，如人民陪审员、人大代表等。根据2000年4月29日全国人大常委会《关于〈刑法〉第93条第2款的解释》，村民委员会等村基层组织的人员协助人民政府从事下列行政管理工作，属于《刑法》第93条第2款的“其他依照法律从事公务的人员”：救灾、抢险、防汛、优抚、扶贫、移民、救济款物的管理；社会捐助公益事业款物的管理；国有土地的经营和管理；土地征用补偿费用的管理；代征、代缴税款；有关计划生育、户籍、征兵工作；协助人民政府从事的其他行政管理工作。村民委员会等村基层组织的人员从事上述公务，利用职务上的便利，非法占有公共财物的，应以贪污罪论处。

以上四类人员中，除国家机关工作人员而外，其余均“以国家工作人员论”，理论上称为“准国家工作人员”。

这里“从事公务”是国家工作人员的本质属性。所谓从事公务，是指对国家事务所进行的管理、组织、领导、监督等活动。它具有如下四个特征：

（1）管理性，即对国家事务进行管理。它包括的范围很广，涉及国家对政治、经济、文化、军事、文体、卫生、科技以及与社会秩序有关的各种事务的管理。这种管理，是从事组织、领导、监督、实施等管理性的职务活动，处于管理主体地位，它不同于直接从事具体的物质的生产或社会服务性的劳务活动。

（2）国家代表性，从事公务必须以国家机关的名义进行。国家机关工作人员从事的公务活动当然具有国家代表性，但在具体表现形式上，它是以国家机关名义进行的。如果某种行为是以个人名义实施的，即使行为人具有国家机关工作人员的身份，也不能成为公务活动，也就不可能构成贪污罪。

（3）人员特定性，即公务活动必须是具有一定职务身份的人员所进行的职务活动。公务活动是国家对政治、经济、文化等各项事业的管理活动，从事公务的人员为了更好地进行自己的工作，就需要享有一定的管理权限。因此，国家依一定程序赋予这些人员一定的职务身份，使他们在职务范围内具有一定的权力，以利于他们从事活动。

（4）合法性，即公务活动必须在国家赋予的管理权限内（即法律规定的权限内）行使，超出权限范围进行活动就不是从事公务。

本罪的另一类主体是受国家机关、国有公司、企业、事业单位、人民团体委托管理、经营国有资产的人员。这主要是指以承包、租赁等方式，管理、经营其承包、租赁的国有单位或者其中的一个部门的国有财产的人员。这部分人员在接受委托，以承包、租赁等方式管理、经营国有财产之前，可以是工人、农民或者从事其他职业甚至待业的人员。接受委托之后，也仍然不是国家工作人员。但是，由于他们的身份具有特殊性，即与国有单位存在委托关系，而且管理、经营的是国有财产。因此，这部分人利用其受托管理、经营国有财产的职务之便，侵吞、窃取、骗取或者以其他手段非法占有国有财产，以贪污论。

（四）主观要件。本罪在主观方面必须出自直接故意，并具有非法占有公共财物的目的。过失不构成本罪。对于受委托管理、经营国有财产的人来说，不要求其必须明知是国有财产而非法占有，只要行为人知道是单位的公物，即可构成本罪。另外，贪污罪不以特定的犯罪动机为其主观方面的必备要素，只要行为人故意实施了利用职务之便非法占有公共（国有）财物或非国有单位财物的行为，无论出于何种动机，均可构成贪污罪。

【立案标准】

最高人民检察院《关于人民检察院直接受理立案侦查案件立案标准的规定（试行）》（1999年9月16日　高检发释字〔1999〕2号）（节录）

一、贪污贿赂犯罪案件

（一）贪污案（第382条，第383条，第183条第2款，第271条第2款，第394条）

贪污罪是指国家工作人员利用职务上的便利，侵吞、窃取、骗取或者以其他手段非法占有公共财物的行为。

“利用职务上的便利”是指利用职务上主管、管理、经手公共财物的权力及方便条件。

受国家机关、国有公司、企业、事业单位、人民团体委托管理、经营国有财产的人员，利用职务上的便利，侵吞、窃取、骗取或者以其他手段非法占有国有财物的，以贪污罪追究其刑事责任。

"受委托管理、经营国有财产"是指因承包、租赁、聘用等而管理、经营国有财产。

国有保险公司的工作人员和国有保险公司委派到非国有保险公司从事公务的人员利用职务上的便利，故意编造未曾发生的保险事故进行虚假理赔，骗取保险金归自己所有的，以贪污罪追究刑事责任。

国有公司、企业或者其他国有单位中从事公务的人员和国有公司、企业或者其他国有单位委派到非国有公司、企业以及其他非国有单位从事公务的人员，利用职务上的便利，将本单位财物非法占为己有的，以贪污罪追究刑事责任。

国家工作人员在国内公务活动或者对外交往中接受礼物，依照国家规定应当交公而不交公，数额较大的，以贪污罪追究刑事责任。

涉嫌下列情形之一的，应予立案：

1. 个人贪污数额在5千元以上的；

2. 个人贪污数额不满5千元，但具有贪污救灾、抢险、防汛、防疫、优抚、扶贫、移民、救济款物及募捐款物、赃款赃物、罚没款物、暂扣款物，以及贪污手段恶劣、毁灭证据、转移赃物等情节的。

四、附则

（一）本规定中每个罪案名称后所注明的法律条款系《中华人民共和国刑法》的有关条款。

（二）本规定中有关犯罪数额"不满"，是指接近该数额且已达到该数额的百分之八十以上。

【司法认定】

（一）关于贪污罪的犯罪对象——公共财物的理解

根据《刑法》第382条第1款的规定，贪污罪的犯罪对象是公共财物。根据现行刑法和相关司法解释的规定，贪污罪的犯罪对象包括：

1. 公共财产。根据《刑法》第91条的规定，公共财产，即指国有财产、劳动群众集体所有的财产；用于扶贫和其他公益事业的社会捐助或专项基金的财产。在国家机关、国有公司、企业、集体企业和人民团体管理、使用或者运输中的私人财产，以公共财产论。

2. 应当交公的礼物。即《刑法》第394条的规定。具体是指国家工作人员在国内公务活动中或者对外交往中接受应当交公的礼物。根据中共中央、国务院的有关规定，接受礼物按照我国市价折合人民币不满200元的，留归受礼人使用，200元以上的，自接受之日起，一个月内填写礼品申请单并将应上缴的礼物上缴礼品管理部门或者收礼者所在单位。否则是违法侵占公共财产的行为。在对外活动中，对方赠送礼金、有价证券时，应当予以谢绝；确实难以谢绝的，所收礼金、有价证券必须一律上缴国库。应上缴而不上缴数额较大的，以贪污罪论处。这里数额较大的标准，我们认为，应定为5000元。200—5000元之间的，按党纪政纪处理。

3. 非国有保险公司的保险金。即《刑法》第183条第2款的规定。

4. 公司、企业或者其他单位的财物。即《刑法》第271条第2款的规定。

5. 单位的债权。即“两高”《关于办理国家出资企业中职务犯罪案件具体应用法律若干问题的意见》第1条的规定。

（二）如何理解贪污罪主体中的“国有公司”

目前，对“国有公司”理解有两种：一种是狭义的理解，认为国有公司是指公司财产完全属于国家所有的公司，包括国家单独出资，由国务院和地方人民政府授权本级人民政府国有资产监督管理机构履行出资人职责的国有独资的有限责任公司；由2个以上50个以下国有投资主体共同出资设立的有限责任公司；以及国有企业单独作为发起人设立的股份有限公司。国家参股、合资、合作的公司，都不是刑法意义上的国有公司。另一种是广义的理解，认为国有公司指公司财产属于国家所有的公司，既包括国有独资公司，也应包括国家控股的股份有限公司，即国家所有的股份占全部股份的51%以上的国有绝对股份有限公司。对于国家持股比例低于51%，但高于其他出资人的股份有限公司，有人也认为是国家控股的股份有限公司。

我们认为对国有公司的理解只能作狭义的理解，不应包括国家控股的股份有限公司。因为控股公司是专门的控制其他公司股份为业务从中获取利益的公司。根据其业务内容和特点控股公司可分成两种：其一是单一的控股公司，它是专门以资本参与制的形式控制其他公司股份，以获取利益；其二是混合公司，它是以资本参与方式控制其他公司的股份，又要经营其实际业务。控股公司的主要特点是：通过发行股票集资，用来购买其他公司的股票，再以所持有的这些股份公司的股票为后盾，扩大发行自己的股票，然后再进一步购买更多的公司的股票。从而扩大自己的经济实力，控制和操纵其他企业。国家通过采取控股公司的形式来巩固、壮大社会主义国有经济的实力。因此：（1）国家控股甚至绝对控股只是显示了国有经济的控制力并不能改变公司的性质。（2）如果国有股份占一定比例以上的公司就是国有公司，那么，可不可以说非国有股份占有一定比例以上的公司就是非国有公司呢？（3）否认部分国有股的公司属于“国有公司”，并不意味着刑法对于这些公司中的国有财产、国有资产不予保护，也并不意味着这些公司中就不存在“国家工作人员”，不意味着这些公司中就没有有关人员可以成立贪污罪、受贿罪等犯罪。如国有单位委派到非国有单位从事公务的人员或者受委托从事公务的人员等，完全可能存在。

2001年5月22日最高人民法院《关于在国有资本控股、参股的股份有限公司中从事管理工作的人员利用职务便利非法占有本公司财物如何定罪问题的批复》规定：“在国有资本控股、参股的股份有限公司中从事管理工作的人员，除受国家机关、国有公司、企业、事业单位委派从事公务的以外，不属于国家工作人员。对其利用职务上的便利，将本单位财物非法占为已有，数额较大的，应当依照刑法第二百七十一条第一款的规定，以职务侵占罪定罪处罚。”这一规定实质上也将国有资本控股、参股的股份有限公司排除在了“国有公司”之外，为我们处理相关案件提供了参考。

（三）如何理解“公务”

“从事公务”是国家工作人员的本质属性。所谓从事公务，是指对国家事务所进行的管理、组织、领导、监督等活动。它具有管理性、国家代表性、人员特定性、合法性四个特征。正确理解“从事公务”，需要认清“公务”与“职务”、“劳务”、“私务”的区别。

所谓职务，在一般意义上，是指“职位所规定应该担任的工作”①。而在法律意义上，职务则意味着获得一定的法定身份，代表国家、集体或者社会团体执行一定的具有管理性质的事务。职务与公务是有区别的，职务的范围比较广泛，妨碍职务行为，破坏职务应承担的责任并不一定会破坏到国家管理职能。但是公务行为则不同，它的范围是有一定的限制，即它不仅如职务一样需要一定的法定权力和身份，而且这种行为还必须是一种国家管理行为或者由国家管理行为所派生出来的行为，所以在该种行为中的一些非正常现象（如渎职、主体廉洁性遭破坏等），就会破坏国家的管理职能。可见，公务带有国家管理的性质，而职务则包含有社会管理的性质，公务的范围要比职务狭窄②。

公务的上述特征决定了它不同于劳务和私务。所谓劳务不单是指直接从事物质资料生产的体力性活动，它是一个泛指，凡一切以劳力为主从事生产性、经营性、社会服务性的活动，都叫劳务。公务与劳务的区别表现在：①公务只能存在于国家机关、国有公司、企业、事业单位、人民团体中，而劳务既可以存在于国家机关、国有公司、企业、事业单位、人民团体中，也可以存在于非国有单位中；②公务是在国家机关、国有公司、企业、事业单位、人民团体的各种职能部门中，从事组织、领导、监督、管理等职务活动，它与一定的管理职权、履行一定的职务密切相关，一般不直接从事物质生产活动，而劳务主要是从事物质生产活动或服务性劳动；③从事公务的人员一般按其职务享有处理一定国家事务的权力，而从事劳务的人，一般都接受从事公务人员的管理，在其管理之下进行活动，不具有处理国家事务的权力。公务与私务的区别表现在：①公务是代表国家，以国家名义进行的活动，而私务是代表个人，以个人名义进行的活动；②公务具有国家事务的管理性质，而私务则不具备这种性质，即使私务中存在一定的管理职能，也只是一种个人行为，而不是管理国家事务的行为；③公务是以国家

① 《现代汉语词典》（修订本），商务印书馆1996年版，第1616页。

② 孙谦、尹伊君：《国家工作人员职务犯罪论》，载《法学研究》1998年第4期。

利益为中心，为国家利益服务，而私务以个人利益为中心，以实现个人目的为宗旨，为个人利益服务。[①]

（四）贪污罪与非罪的界限

1. 贪污罪与错账、错款行为的界限

在实践中，由于业务不熟或者工作疏忽而造成错账、错款的现象时有发生。错账、错款行为，因行为人主观上不具有贪污的故意，也没有非法占有公共财物的目的，不应认定为贪污。如果是原因不明的短款，应在查明原因后再作相应的处理。

2. 贪污罪与违反财经纪律行为的界限

在实践中，有些单位以各种名义滥发奖金、福利补助费，集体私分数量较小的公款公物，这是属于违反财经纪律的行为，不宜按犯罪处理。只有个别领导人乘机大肆侵吞公款公物，情节严重的，才能以贪污罪论处。

3. 贪污罪与一般贪污行为的界限

根据《刑法》第383条第1款第3、4项的规定，二者的区别首先看贪污数额，对于行为人贪污的数额达到5千元的，无论其情节如何，均构成贪污罪；而对于贪污的数额尚未达到5千元的，一般应视为一般贪污违法行为；其次，要看行为人的贪污情节。其中，贪污情节主要针对贪污数额不满5千元的贪污行为。如果贪污数额不满5千元，贪污情节较轻时，对该贪污行为就应认定为一般贪污违法行为；如果贪污数额不满5千元，但贪污情节较重时，对该贪污行为就应认定为贪污罪。其中，贪污情节是否属于较重或较轻范围，一般应从以下方面进行综合分析、界定：一看行为人的一贯表现；二看行为人贪污行为的动机和目的；三看行为人所贪污的公共（国有）财物或非国有单位财物的性质、用途；四看行为人贪污的手段；五看贪污行为所造成的后果；六看行为人的悔罪表现。

4. 私分“小金库”行为的认定

“小金库”指违反国家财经法规和纪律，采用不入本单位财务账内或未纳入预算管理，而用账外账和存私放的本单位的各种资金。“小金库”的资金由本单位人员专职管理，另外建账，仍处于单位的管理、控制之下，因此，其性质仍属公款。对私分“小金库”款项，是否属贪污性质，应针对具体问题具体分析：

首先，如果单位领导和少数几个管理人员之间，将“小金库”资金擅自进行私分，这是他们通过自己的职务行为，对公款进行侵吞，主观上具有非法占有公款的故意，客观上具有非法侵吞的行为，其性质属贪污。

其次，如果单位领导经集体研究，将“小金库”资金作为福利或奖金分发

① 郝守才：《我国刑法中国家工作人员的界定标准》，载《河南省政法管理干部学院学报》2002年第4期。

到单位每个职工或绝大部分职工，因主观上不具有非法占有的故意，故仅是一种违反财经纪律的行为，不宜以贪污论处。如果是国有资产，并且数额较大（超过10万元），则构成私分国有资产罪。

最后，若将“小金库”资金用于公务招待（或公务开销），因是在从事公务中用去的款项，这也仅仅是一种违反财经纪律的行为，而不是贪污行为。若在从事私人事务中的招待费，利用职权在“小金库”中报支，则行为人在主观上具有非法占有公共财物的目的，客观上具有侵吞的行为，且利用了自己的职务之便，应属于贪污性质。如果“小金库”资金用于公私兼顾的招待，不宜定罪。

5. 将贪污赃款用于“公务开销”的认定

司法实践中，在办理贪污犯罪案件时，经常出现被告人（犯罪嫌疑人）辩解已将贪污赃款用于“公务开销”如请客、送礼、娱乐消费等，对于这部分用于“公务开销”的赃款要不要从犯罪数额中扣除呢？我们认为：贪污犯罪无论赃款的用途如何，应一概予以认定。其理由是：

（1）贪污犯罪是结果犯。结果犯要求行为人不仅实施了某种危害行为，而且必须发生法定的结果。这一法定结果就是行为人追求的最终目的。贪污犯罪者追求的最终目的就是为了获取不义之财，这一法定结果表现为公共财物、国有财产已失去原所有人的控制，而转为犯罪者所有，即财产所有权已经转移。该结果一旦出现贪污罪不但成立而且既遂。在此情况下，无论行为人怎样处分财物，是自己使用挥霍（包括把钱款存银行、购买股票债券和通信工具等），还可以把财物转送他人，甚至可以为个人名誉把财物捐献给希望工程等，都不能改变贪污犯罪已经完成，法定结果已经形成的事实。至于有的犯罪分子辩称所得赃款用于“公务开销”，即各种名目的请客、送礼、娱乐消费等活动，都是在犯罪行为已经结束，犯罪已经既遂的情况下发生的个人行为，不影响犯罪的构成。

（2）对用于“公务开销”的赃款进行扣除的弊端

①违背犯罪构成的刑法原理及其既遂认定标准的确定性。

就个人贪污而言，只要行为人基于非法占有目的，利用职务便利，使公共财物脱离单位的控制并置于自己的控制之下，就构成了贪污既遂。在个人非法占有财物的基础上，行为人对这些财物作出的各种处分，不可能对犯罪既遂的成立发生影响，更不可能改变贪污的性质。

②可能导致对整个犯罪案件性质认定的困难。

从证据学的角度看，既然行为人已把部分（甚至绝大部分）所得财物用于了“公务开销”，在被告人职务尚存，业务活动尚须继续开展的情况下，我们又有什么理由得出行为人不准备将余下的财物进一步用于业务活动，而一定是非法据为己有的结论呢？由此可见，如果我们普遍使用“扣除法”，必然导致在整个犯罪案件性质认定上的“证据不足”，这在被告人提出明确辩护意见的情况下尤其如此。

③必然引起司法价值导向上的混乱局面。

“扣除”的做法，事实上是在促成并不断强化所谓“只要目的（用途）正当，可以不择手段”的不良社会观念，因此，其潜在的危害性是十分严重的。在一定程度上起到了鼓励犯罪的作用，其现实危害更是不可估量。

此外，对具体案件来讲，其危害性还表现为：①易造成被告人翻供，不利于有力打击贪污犯罪；②难以辨别被告人辩解的真伪，不利于提高诉讼效率；③易造成国有资产流失，不利于国有企业改革和发展，等等。

《全国法院审理经济犯罪案件工作座谈会纪要》也指出：贪污罪是一种以非法占有为目的的财产性职务犯罪，与盗窃、诈骗、抢夺等侵犯财产罪一样，应当以行为人是否实际控制财物作为区分贪污罪既遂与未遂的标准。对于行为人利用职务上的便利，实施了虚假平账等贪污行为，但公共财物尚未实际转移，或者尚未被行为人控制就被查获的，应当认定为贪污未遂。行为人控制公共财物后，是否将财物据为己有，不影响贪污既遂的认定。

（五）贪污罪与彼罪的界限

1. 贪污罪与盗窃罪、诈骗罪、侵占罪的界限

贪污罪与盗窃罪、诈骗罪、侵占罪主观上都是故意，并且都以非法占有为目的，客观方面，贪污罪也可以采用窃取、骗取、侵吞的手段，因此与盗窃罪、诈骗罪、侵占罪有时容易发生混淆。其主要区别是：

其一，犯罪客体和对象不同。贪污罪的客体是复杂客体，即国家工作人员职务行为的廉洁性和公共财产所有权，对象仅限于公共财物；而盗窃罪、诈骗罪、侵占罪的客体是简单客体，即公私财物所有权，对象是公私财物。

其二，客观方面不尽相同。贪污罪的窃取、骗取、侵吞是利用职务上的便利进行的，与行为人的职务密不可分；而盗窃罪、诈骗罪、侵占罪的窃取、骗取、侵占则不存在利用职务上的便利问题。

其三，犯罪主体不同。贪污罪的主体是特殊主体，即国家工作人员和受委托管理、经营国有财产的人员；而盗窃罪、诈骗罪、侵占罪的主体是一般主体。

2. 贪污罪与职务侵占罪的界限

二者主观方面基本相同。其主要区别：

一是犯罪主体不同。本罪的主体国家工作人员和受委托管理、经营国有财产的人员，后者的主体是公司、企业或其他单位的人员，既包括非国有公司、企业和其他非国有事业单位、社会团体中不具有国家工作人员身份的人员，也包括国有单位中不具有国家工作人员身份人员。

二是犯罪客体与对象不同。本罪的客体是复杂客体，即单位财物的所有权，对象既可以是公共财产，也可以是私营企业、合资企业、合作企业中的非公有财产。

3. 贪污罪与挪用公款罪的界限

二者在犯罪客体、主观故意和利用职务上的便利等有相同和相似之处，其主要区别是：

其一，犯罪目的不同。前者是以非法使用公款为目的，即一般为了获取某种收益占有公款为目的，即为了将公款永久归为己有而占有公款，不准备归还。这是区分两罪的关键所在。

其二，对客体的侵害程度不同。二者虽然都侵犯了公款的所有权，但具体说来前者侵犯的是公款的占有、使用和收益权，没有改变公款的所有权；后者是行为人将公款永远地占归已有，同时侵犯公款的占有、使用、收益和处分四项权能，从根本上改变了公款的所有权。

其三，犯罪对象的范围不同。前者的对象除了用于救灾、抢险、防汛、优抚、扶贫、移民、救济的特定公物外，均为公款；后者的对象则既包括公款，也包括其他任何公物。

其四，行为方式不同。前者从性质上说是暂时地非法使用公款，所以往往留有“挪用痕迹”，甚至出具借条；后者是永远地非法占有公款，因此行为人大多采用毁损凭证、掩盖真相等手段，如涂改账目、虚报冒领等。

对于挪用公款后不退还的，过去是按照贪污论处。但根据《刑法》第384条后段的规定，挪用公款数额巨大不退还的，只是作为本罪从重处罚的一个情节。这里的“不退还”，按照最高人民法院的司法解释，是指因客观原因在一审宣判前不能退还的，如做生意亏本，被骗、被盗、借给他人未还等。如果行为人主观上根本不想退还，案发后实际上也未予退还，则即使形式上具有挪用公款罪的特征，也应当以贪污罪定罪处罚。

4. 贪污罪共犯的认定问题

根据《刑法》第382条第3款的规定，与国家工作人员或者受委托管理、经营国有财产的人员勾结，伙同贪污的，以共犯论处。在这里伙同上述两类人员贪污的，其本身是不是国家工作人员或者受委托管理、经营国有财产的人员，及其在共同犯罪中起了何种作用、处于何种地位，法律上均未加以限定。据此，这种贪污共犯在主体上可以有多种表现形式，如国家工作人员与国家工作人员相勾结，利用其中一人的职务之便伙同贪污；国家工作人员与无贪污罪主体资格者相勾结，利用国家工作人员的职务之便伙同贪污；受委托管理、经营国有财产的人与无贪污罪主体资格者相勾结，利用有身份者的职务之便伙同贪污的等。无论哪种表现形式，参与共同犯罪的人，必须是利用了其中有身份者的职务上的便利，非法占有包括国有财产在内的公共财物才能构成贪污共犯。否则，贪污共犯就无从谈起。至于与有身份者相勾结伙同贪污的，在共同犯罪中是主犯还是从犯可以不问。下面分两种情形加以分析：

一是在同一单位中，国家工作人员与非国家工作人员共同贪污的情形。对于同一单位中国家工作人员与他人勾结，共同非法占有单位财物的行为，应当按照最高人民法院2000年7月8日《关于审理贪污、职务侵占案件如何认定共同犯罪几个问题的解释》第3条的规定处理，即“公司、企业或者其他单位中，不具有国家工作人员身份的人与国家工作人员勾结，分别利用各自的职务便利，共同将本单位财物非法占为己有的，按照主犯的犯罪性质定罪”。同时，2003年11月最高人民法院《全国法院审理经济犯罪案件工作座谈会纪要》规定：对于在公司、企业或者其他单位中，非国家工作人员与国家工作人员勾结，分别利用各自的职务便利，共同将本单位财物非法占有的，应当尽量区分主从犯，按照主犯的犯罪性质定罪。司法实践中，如果根据案件的实际情况，各共同犯罪人在共同犯罪中的地位、作用相当，难以区分主从犯的，可以贪污罪定罪处罚。

二是内外勾结型的贪污罪共同犯罪，即单位的国家工作人员与非本单位的非国家工作人员相互勾结的贪污罪共同犯罪。对此，一般情况下应当对各共同犯罪人均以贪污罪定罪。但是如果二人都没有利用其国家工作人员的职务便利，则都定盗窃罪；如果非国家工作人员不知道国家工作人员利用了其职务上的便利，即二人在利用有国家工作人员职务之便上没有共同故意，则分别定罪。

（六）贪污罪既遂与未遂的认定

最高人民法院《全国法院审理经济犯罪案件工作座谈会纪要》对此作了说明：贪污罪是一种以非法占有为目的的财产性职务犯罪，与盗窃、诈骗、抢夺等侵犯财产罪一样，应当以行为人是否实际控制财物作为区分贪污罪既遂与未遂的标准。对于行为人利用职务上的便利，实施了虚假平账等贪污行为，但公共财物尚未实际转移，或者尚未被行为人控制就被查获的，应当认定为贪污未遂。行为人控制公共财物后，是否将财物据为己有，不影响贪污既遂的认定。

（七）贪污等职务犯罪案件自首、立功的认定

2009年3月12日最高人民法院、最高人民检察院颁布了《关于办理职务犯罪案件认定自首、立功等量刑情节若干问题的意见》（以下简称《意见》），对自首、立功、如实交代犯罪事实、赃款赃物追缴等量刑情节明确其成立条件，严格其认定程序，规范其在量刑中的作用，有利于职务犯罪案件刑罚适用的统一性和严肃性，确保依法从严惩处严重职务犯罪的方针落到实处。该司法解释的主要内容包括：

1. 明确纪检监察等办案机关采取调查措施期间的自首认定条件。《意见》明确提出，没有自动投案，在办案机关调查谈话、讯问、采取调查措施或者强制措施期间，犯罪分子如实交代办案机关掌握的线索所针对的事实的，不能认定为自首。同时，鉴于纪检监察机关办案的特殊性，《意见》对自动投案规定了具体的认定标准，即“犯罪事实或者犯罪分子未被办案机关掌握，或者虽被掌握，但

犯罪分子尚未受到调查谈话、讯问，或者未被宣布采取调查措施或者强制措施时，向办案机关投案的，是自动投案。”同时《意见》还进一步规定，“犯罪分子向所在单位等办案机关以外的单位、组织或者有关负责人员投案的，应当视为自动投案”。

2. 细化“准自首”的认定情形。根据职务犯罪案件的实际情况，在《刑法》和《最高人民法院关于处理自首和立功具体应用法律若干问题的解释》有关规定的基础上，《意见》规定了两种没有自动投案的准自首的具体情形，即犯罪分子如实交代办案机关未掌握的罪行，与办案机关已掌握的罪行属不同种罪行的；办案机关所掌握线索针对的犯罪事实不成立，在此范围外犯罪分子交代同种罪行的。

3. 明确单位自首的认定条件。鉴于职务犯罪案件，特别是贿赂犯罪案件中较多地存在单位犯罪情形，实践中对于单位能否成立自首及单位投案的认定标准存在不同意见，故《意见》对单位犯罪的自首认定问题予以专门规定。准确理解本款规定，关键在于把握四个要点：（1）单位可以成立自首；（2）区分单位自首与个人自首、检举、揭发的关键在于投案人代表的是单位还是个人；（3）单位自首的效果可及于个人，但需以个人如实交代其掌握的罪行为条件；（4）个人自首的效果不能及于单位。

4. 强调认定自首的事实根据。鉴于职务犯罪案件办案主体的复杂性，为加强各办案机关的协作配合，确保自首认定的规范性和严肃性，《意见》规定，“对于具有自首情节的犯罪分子，办案机关移送案件时应当予以说明并移交相关证据材料”。

5. 就自首情节的具体运用提出原则性意见。对于具有自首情节的犯罪分子，是否从轻、减轻或者免除处罚以及从轻、减轻处罚的幅度，需视犯罪行为和自首行为两个方面的具体情况而定。为确保宽之有度，宽之有据，《意见》对影响刑罚裁量的相关因素作了细化规定，即（1）犯罪的事实、性质、情节和对于社会的危害程度；（2）自动投案的动机、阶段、客观环境，交代犯罪事实的完整性、稳定性以及悔罪表现等。

6. 规范立功的认定条件。《意见》规定，以下三种情形不能认定为立功表现：（1）非犯罪分子本人实施的行为；（2）没有指明具体犯罪事实的“揭发”行为；（3）犯罪分子提供的线索或者协助行为对于其他案件的侦破或者其他犯罪分子的抓捕不具有实际作用的。

7. 严格立功的认定程序。“查证属实”是认定立功的一个法定要求。实践中一些案件往往只有简单说明，司法机关难以据此得出结论。为确保立功认定的严肃性，《意见》规定，审查是否构成立功，不仅要审查办案机关的说明材料，还要审查有关事实和证据以及与案件定性处罚相关的法律文书。

8. 从公正要求出发，对据以立功的线索、材料来源作出限制性规定。《意见》明确以下情形不能认定为立功：（1）犯罪分子通过非法手段或者非法途径获取的；（2）犯罪分子因原担任的查禁犯罪等职务获取的；（3）他人违反监管规定向犯罪分子提供的；（4）负有查禁犯罪活动职责的国家机关工作人员或者其他国家工作人员利用职务便利提供的。

9. 明确重大立功中无期徒刑以上刑罚的含义。根据《最高人民法院关于处理自首和立功具体应用法律若干问题的解释》的有关规定，犯罪分子检举、揭发的他人犯罪，提供侦破其他案件的重要线索，阻止他人的犯罪活动，或者协助司法机关抓捕的其他犯罪嫌疑人，犯罪嫌疑人、被告人依法可能被判处无期徒刑以上刑罚的，应当认定为有重大立功表现。对于这里的“可能被判处无期徒刑以上刑罚”的判断依据，司法实践中存在不同认识。为此，《意见》规定，“可能被判处无期徒刑以上刑罚，是指根据犯罪行为的事实、情节可能判处无期徒刑以上刑罚。案件已经判决的，以实际判处的刑罚为准。但是，根据犯罪行为的事实、情节应当判处无期徒刑以上刑罚，因被判刑人有法定情节经依法从轻、减轻处罚后判处有期徒刑的，应当认定为重大立功”。

10. 对立功情节的具体运用提出原则性意见。《意见》要求，对于具有立功表现的犯罪分子，在具体裁量刑罚时应当充分考虑犯罪行为和立功表现两个方面的具体情况，并对两方面的具体情况作出了细化规定，以方便实践操作。

11. 对依法不成立自首，但如实交代犯罪事实的犯罪分子，区分不同情况提出了具体处理意见。《意见》列举了四种情形，这主要是出于量刑方面的考虑。也就是说，具有本条规定的坦白情节的，量刑上均应不同程度地加以考虑。坦白是一个酌定量刑情节，实践中没有疑问。《意见》之所以特别强调坦白的量刑意义，并具体列举了两种一般应当从轻处罚的情形，主要有两点考虑：一是宽严相济。坦白对于案件的侦破和顺利起诉、审判，具有重要作用，特别是在一些职务犯罪案件中，坦白所起的作用不一定小于自首等法定量刑情节，而这一点往往为我们办案人员所忽视，在量刑上没有得到应有的体现。二是疏堵并举。鉴于一些地方在个别案件处理上有意识地放宽自首的认定标准。《意见》在严格自首认定条件的同时，强调坦白在量刑中的作用，既有效防止了自首认定的随意性，又能确保法律限度内尽可能地实现个案公正。

12. 关于赃款赃物追缴的规定明确了三点意见：一是赃款赃物追缴对于贪污和受贿在量刑意义上应当有所不同；二是“退赃”与“追赃”的量刑意义应当适当区分；三是立案后挽回的经济损失或者因客观原因减少的损失，不影响损失后果的认定。第一，《意见》规定，赃款赃物全部或者大部分追缴的，贪污案件一般应当考虑从轻处罚；受贿案件则需视具体情况酌定从轻处罚。这里区分贪污与受贿，主要是考虑到贪污和受贿在侵害客体上各有侧重：前者主要侵犯的是公共财产关系，退赃对此具有一定的恢复补救作用；后者主要侵犯的是职务廉洁性或者不可收买性，退赃对此具有的补救作用不如前者大。第二，《意见》规定，犯罪分子及其亲友主动退赃或者在办案机关追缴赃款赃物过程中积极配合的，在量刑时应当与办案机关查办案件过程中依职权追缴赃款赃物的有所区别。这里区分主动退赃和办案机关依职权追缴，主要是考虑到两者所反映出来的主观认罪态度存在明显差别。第三，《意见》规定，经济损失的计算以立案时为准，立案后挽回的经济损失或者因客观原因减少的损失，不影响职务犯罪案件特别是渎职侵权案件损失后果的认定。应当说，该认定原则在此前相关司法文件中业已明确，这里再次重申，主要是考虑到实践中在此问题上仍然存在分歧。同时，考虑到立案后挽回经济损失具有一定的积极意义，《意见》将立案后挽回经济损失规定为酌定从轻量刑情节。

【刑事责任】

《刑法》第383条规定，对犯贪污罪的，根据情节轻重，分别依照下列规定处罚：

（一）个人贪污数额在十万元以上的，处十年以上有期徒刑或者无期徒刑，可以并处没收财产；情节特别严重的，处死刑，并处没收财产。

（二）个人贪污数额在五万元以上不满十万元的，处五年以上有期徒刑，可以并处没收财产；情节特别严重的，处无期徒刑，并处没收财产。

（三）个人贪污数额在五千元以上不满五万元的，处一年以上七年以下有期徒刑；情节严重的，处七年以上十年以下有期徒刑。个人贪污数额在五千元以上不满一万元，犯罪后有悔改表现、积极退赃的，可以减轻处罚或者免予刑事处罚，由其所在单位或者上级主管机关给予行政处分。

（四）个人贪污数额不满五千元，情节较重的，处二年以下有期徒刑或者拘役；情节较轻的，由其所在单位或者上级主管机关酌情给予行政处分。

对多次贪污未经处理的，按照累计贪污数额处罚。

《中华人民共和国刑法修正案（九）》四十四条规定：将刑法第三百八十三条修改为："对犯贪污罪的，根据情节轻重，分别依照下列规定处罚：

"（一）贪污数额较大或者有其他较重情节的，处三年以下有期徒刑或者拘役，并处罚金。

"（二）贪污数额巨大或者有其他严重情节的，处三年以上十年以下有期徒刑，并处罚金或者没收财产。

"（三）贪污数额特别巨大或者有其他特别严重情节的，处十年以上有期徒刑或者无期徒刑，并处罚金或者没收财产；数额特别巨大，并使国家和人民利益遭受特别重大损失的，处无期徒刑或者死刑，并处没收财产。

"对多次贪污未经处理的，按照累计贪污数额处罚。

“犯第一款罪，在提起公诉前如实供述自己罪行、真诚悔罪、积极退赃，避免、减少损害结果的发生，有第一项规定情形的，可以从轻、减轻或者免除处罚；有第二项、第三项规定情形的，可以从轻处罚。”

“犯第一款罪，有第三项规定情形被判处死刑缓期执行的，人民法院根据犯罪情节等情况可以同时决定在其死刑缓期执行二年期满依法减为无期徒刑后，终身监禁，不得减刑、假释。”

【办案依据】

1.《中华人民共和国刑法》（1997年3月14日修订）（节录）

第九十一条 本法所称公共财产，是指下列财产：

（一）国有财产；

（二）劳动群众集体所有的财产；

（三）用于扶贫和其他公益事业的社会捐助或者专项基金的财产。

在国家机关、国有公司、企业、集体企业和人民团体管理、使用或者运输中的私人财产，以公共财产论。

第九十三条 本法所称国家工作人员，是指国家机关中从事公务的人员。

国有公司、企业、事业单位、人民团体中从事公务的人员和国家机关、国有公司、企业、事业单位委派到非国有公司、企业、事业单位、社会团体从事公务的人员，以及其他依照法律从事公务的人员，以国家工作人员论。

第一百八十三条 保险公司的工作人员利用职务上的便利，故意编造未曾发生的保险事故进行虚假理赔，骗取保险金归自己所有的，依照本法第二百七十一条的规定定罪处罚。

国有保险公司工作人员和国有保险公司委派到非国有保险公司从事公务的人员有前款行为的，依照本法第三百八十二条、第三百八十三条的规定定罪处罚。

第二百七十一条 公司、企业或者其他单位的人员，利用职务上的便利，将本单位财物非法占为己有，数额较大的，处五年以下有期徒刑或者拘役；数额巨大的，处五年以上有期徒刑，可以并处没收财产。

国有公司、企业或者其他国有单位中从事公务的人员和国有公司、企业或者其他国有单位委派到非国有公司、企业以及其他单位从事公务的人员有前款行为的，依照本法第三百八十二条、第三百八十三条的规定定罪处罚。

第二百八十七条 利用计算机实施金融诈骗、盗窃、贪污、挪用公款、窃取国家秘密或者其他犯罪的，依照本法有关规定定罪处罚。

第三百八十二条 国家工作人员利用职务上的便利，侵吞、窃取、骗取或者以其他手段非法占有公共财物的，是贪污罪。

受国家机关、国有公司、企业、事业单位、人民团体委托管理、经营国有财产的人员，利用职务上的便利，侵吞、窃取、骗取或者以其他手段非法占有国有财物的，以贪污论。

与前两款所列人员勾结，伙同贪污的，以共犯论处。

第三百八十三条 对犯贪污罪的，根据情节轻重，分别依照下列规定处罚：

（一）个人贪污数额在十万元以上的，处十年以上有期徒刑或者无期徒刑，可以并处没收财产；情节特别严重的，处死刑，并处没收财产。

（二）个人贪污数额在五万元以上不满十万元的，处五年以上有期徒刑，可以并处没收财产；情节特别严重的，处无期徒刑，并处没收财产。

（三）个人贪污数额在五千元以上不满五万元的，处一年以上七年以下有期徒刑；情节严重的，处七年以上十年以下有期徒刑。个人贪污数额在五千元以上不满一万元，犯罪后有悔改表现、积极退赃的，可以减轻处罚或者免予刑事处罚，由其所在单位或者上级主管机关给予行政处分。

（四）个人贪污数额不满五千元，情节较重的，处二年以下有期徒刑或者拘役；情节较轻的，由其所在单位或者上级主管机关酌情给予行政处分。

对多次贪污未经处理的，按照累计贪污数额处罚。

第三百九十四条　国家工作人员在国内公务活动或者对外交往中接受礼物，依照国家规定应当交公而不交公，数额较大的，依照本法第三百八十二条、第三百八十三条的规定定罪处罚。

2.《中华人民共和国刑法修正案（九）》（2015年8月29日）（节录）

四十四、将刑法第三百八十三条修改为："对犯贪污罪的，根据情节轻重，分别依照下列规定处罚：

"（一）贪污数额较大或者有其他较重情节的，处三年以下有期徒刑或者拘役，并处罚金。

"（二）贪污数额巨大或者有其他严重情节的，处三年以上十年以下有期徒刑，并处罚金或者没收财产。

"（三）贪污数额特别巨大或者有其他特别严重情节的，处十年以上有期徒刑或者无期徒刑，并处罚金或者没收财产；数额特别巨大，并使国家和人民利益遭受特别重大损失的，处无期徒刑或者死刑，并处没收财产。

"对多次贪污未经处理的，按照累计贪污数额处罚。

"犯第一款罪，在提起公诉前如实供述自己罪行、真诚悔罪、积极退赃，避免、减少损害结果的发生，有第一项规定情形的，可以从轻、减轻或者免除处罚；有第二项、第三项规定情形的，可以从轻处罚。

"犯第一款罪，有第三项规定情形被判处死刑缓期执行的，人民法院根据犯罪情节等情况可以同时决定在其死刑缓期执行二年期满依法减为无期徒刑后，终身监禁，不得减刑、假释。"

3. 全国人民代表大会常务委员会《关于〈中华人民共和国刑法〉第九十三条第二款的解释（2009年修正）》（2000年4月29日）

全国人民代表大会常务委员会讨论了村民委员会等村基层组织人员在从事哪些工作时属于刑法第九十三条第二款规定的"其他依照法律从事公务的人员"，解释如下：

村民委员会等村基层组织人员协助人民政府从事下列行政管理工作时，属于刑法第九十三条第二款规定的"其他依照法律从事公务的人员"：

（一）救灾、抢险、防汛、优抚、扶贫、移民、救济款物的管理；

（二）社会捐助公益事业款物的管理；

（三）国有土地的经营和管理；

（四）土地征用补偿费用的管理；

（五）代征、代缴税款；

（六）有关计划生育、户籍、征兵工作；

（七）协助人民政府从事的其他行政管理工作。

村民委员会等村基层组织人员从事前款规定的公务，利用职务上的便利，非法占有公共财物、挪用公款、索取他人财物或者非法收受他人财物，构成犯罪的，适用刑法第三百八十二条和第三百八十三条贪污罪、第三百八十四条挪用公款罪、第三百八十五条和第三百八十六条受贿罪的规定。

4. 最高人民法院、最高人民检察院《关于办理国家出资企业中职务犯罪案件具体应用法律若干问题的意见》（2010年11月26日　法发〔2010〕49号）（节录）

一、关于国家出资企业工作人员在改制过程中隐匿公司、企业财产归个人持股的改制后公司、企业所有的行为的处理

国家工作人员或者受国家机关、国有公司、企业、事业单位、人民团体委托管理、经营国有财产的人员利用职务上的便利，在国家出资企业改制过程中故意通过低估资产、隐瞒债权、虚设债务、虚构产权交易等方式隐匿公司、企业财产，转为本人持有股份的改制后公司、企业所有，应当依法追究刑事责任的，依照刑法第三百八十二条、第三百八十三条的规定，以贪污罪定罪处罚。贪污数额一般应当以所隐匿财产全额计算；改制后公司、企业仍有国有股份的，按股份比例扣除归于国有的部分。所隐匿财产在改制过程中已为行为人实际控制，或者国家出资企业改制已经完成的，以犯罪既遂处理。

第一款规定以外的人员实施该款行为的，依照刑法第二百七十一条的规定，以职务侵占罪定罪处罚；第一款规定以外的人员与第一款规定的人员共同实施该款行为的，以贪污罪的共犯论处。

在企业改制过程中未采取低估资产、隐瞒债权、虚设债务、虚构产权交易等方式故意隐匿公司、企业财产的，一般不应当认定为贪污；造成国有资产重大损失，依法构成刑法第一百六十八条或者第一百六十九条规定的犯罪的，依照该规定定罪处罚。

二、关于国有公司、企业在改制过程中隐匿公司、企业财产归职工集体持股的改制后公司、企业所有的行为的处理

国有公司、企业违反国家规定，在改制过程中隐匿公司、企业财产，转为职工集体持股的改制后公司、企业所有的，对其直接负责的主管人员和其他直接责任人员，依照刑法第三百九十六条第一款的规定，以私分国有资产罪定罪处罚。

改制后的公司、企业中只有改制前公司、企业的管理人员或者少数职工持股，改制前公司、企业的多数职工未持股的，依照本意见第一条的规定，以贪污罪定罪处罚。

……

六、关于国家出资企业中国家工作人员的认定

经国家机关、国有公司、企业、事业单位提名、推荐、任命、批准等，在国有控股、参股公司及其分支机构中从事公务的人员，应当认定为国家工作人员。具体的任命机构和程序，不影响国家工作人员的认定。

经国家出资企业中负有管理、监督国有资产职责的组织批准或者研究决定，代表其在国有控股、参股公司及其分支机构中从事组织、领导、监督、经营、管理工作的人员，应当认定为国家工作人员。

国家出资企业中的国家工作人员，在国家出资企业中持有个人股份或者同时接受非国有

股东委托的，不影响其国家工作人员身份的认定。

5. 最高人民法院、最高人民检察院《关于办理职务犯罪案件认定自首、立功等量刑情节若干问题的意见》（2009 年 3 月 12 日　法发〔2009〕13 号）

为依法惩处贪污贿赂、渎职等职务犯罪，根据刑法和相关司法解释的规定，结合办案工作实际，现就办理职务犯罪案件有关自首、立功等量刑情节的认定和处理问题，提出如下意见：

一、关于自首的认定和处理

根据刑法第六十七条第一款的规定，成立自首需同时具备自动投案和如实供述自己的罪行两个要件。犯罪事实或者犯罪分子未被办案机关掌握，或者虽被掌握，但犯罪分子尚未受到调查谈话、讯问，或者未被宣布采取调查措施或者强制措施时，向办案机关投案的，是自动投案。在此期间如实交代自己的主要犯罪事实的，应当认定为自首。

犯罪分子向所在单位等办案机关以外的单位、组织或者有关负责人员投案的，应当视为自动投案。

没有自动投案，在办案机关调查谈话、讯问、采取调查措施或者强制措施期间，犯罪分子如实交代办案机关掌握的线索所针对的事实的，不能认定为自首。

没有自动投案，但具有以下情形之一的，以自首论：

（1）犯罪分子如实交代办案机关未掌握的罪行，与办案机关已掌握的罪行属不同种罪行的；

（2）办案机关所掌握线索针对的犯罪事实不成立，在此范围外犯罪分子交代同种罪行的。

单位犯罪案件中，单位集体决定或者单位负责人决定而自动投案，如实交代单位犯罪事实的，或者单位直接负责的主管人员自动投案，如实交代单位犯罪事实的，应当认定为单位自首。单位自首的，直接负责的主管人员和直接责任人员未自动投案，但如实交代自己知道的犯罪事实的，可以视为自首；拒不交代自己知道的犯罪事实或者逃避法律追究的，不应当认定为自首。单位没有自首，直接责任人员自动投案并如实交代自己知道的犯罪事实的，对该直接责任人员应当认定为自首。

对于具有自首情节的犯罪分子，办案机关移送案件时应当予以说明并移交相关证据材料。

对于具有自首情节的犯罪分子，应当根据犯罪的事实、性质、情节和对于社会的危害程度，结合自动投案的动机、阶段、客观环境，交代犯罪事实的完整性、稳定性以及悔罪表现等具体情节，依法决定是否从轻、减轻或者免除处罚以及从轻、减轻处罚的幅度。

二、关于立功的认定和处理

立功必须是犯罪分子本人实施的行为。为使犯罪分子得到从轻处理，犯罪分子的亲友直接向有关机关揭发他人犯罪行为，提供侦破其他案件的重要线索，或者协助司法机关抓捕其他犯罪嫌疑人的，不应当认定为犯罪分子的立功表现。

据以立功的他人罪行材料应当指明具体犯罪事实；据以立功的线索或者协助行为对于侦破案件或者抓捕犯罪嫌疑人要有实际作用。犯罪分子揭发他人犯罪行为时没有指明具体犯罪事实的；揭发的犯罪事实与查实的犯罪事实不具有关联性的；提供的线索或者协助行为对于其他案件的侦破或者其他犯罪嫌疑人的抓捕不具有实际作用的，不能认定为立功表现。

犯罪分子揭发他人犯罪行为，提供侦破其他案件重要线索的，必须经查证属实，才能认定为立功。审查是否构成立功，不仅要审查办案机关的说明材料，还要审查有关事实和证据以及与案件定性处罚相关的法律文书，如立案决定书、逮捕决定书、侦查终结报告、起诉意见书、起诉书或者判决书等。

据以立功的线索、材料来源有下列情形之一的，不能认定为立功：

（1）本人通过非法手段或者非法途径获取的；

（2）本人因原担任的查禁犯罪等职务获取的；

（3）他人违反监管规定向犯罪分子提供的；

（4）负有查禁犯罪活动职责的国家机关工作人员或者其他国家工作人员利用职务便利提供的。

犯罪分子检举、揭发的他人犯罪，提供侦破其他案件的重要线索，阻止他人的犯罪活动，或者协助司法机关抓捕的其他犯罪嫌疑人，犯罪嫌疑人、被告人依法可能被判处无期徒刑以上刑罚的，应当认定为有重大立功表现。其中，可能被判处无期徒刑以上刑罚，是指根据犯罪行为的事实、情节可能判处无期徒刑以上刑罚。案件已经判决的，以实际判处的刑罚为准。但是，根据犯罪行为的事实、情节应当判处无期徒刑以上刑罚，因被判刑人有法定情节经依法从轻、减轻处罚后判处有期徒刑的，应当认定为重大立功。

对于具有立功情节的犯罪分子，应当根据犯罪的事实、性质、情节和对于社会的危害程度，结合立功表现所起作用的大小、所破获案件的罪行轻重、所抓获犯罪嫌疑人可能判处的法定刑以及立功的时机等具体情节，依法决定是否从轻、减轻或者免除处罚以及从轻、减轻处罚的幅度。

三、关于如实交代犯罪事实的认定和处理

犯罪分子依法不成立自首，但如实交代犯罪事实，有下列情形之一的，可以酌情从轻处罚：

（1）办案机关掌握部分犯罪事实，犯罪分子交代了同种其他犯罪事实的；

（2）办案机关掌握的证据不充分，犯罪分子如实交代有助于收集定案证据的。

犯罪分子如实交代犯罪事实，有下列情形之一的，一般应当从轻处罚：

（1）办案机关仅掌握小部分犯罪事实，犯罪分子交代了大部分未被掌握的同种犯罪事实的；

（2）如实交代对于定案证据的收集有重要作用的。

四、关于赃款赃物追缴等情形的处理

贪污案件中赃款赃物全部或者大部分追缴的，一般应当考虑从轻处罚。

受贿案件中赃款赃物全部或者大部分追缴的，视具体情况可以酌定从轻处罚。

犯罪分子及其亲友主动退赃或者在办案机关追缴赃款赃物过程中积极配合的，在量刑时应当与办案机关查办案件过程中依职权追缴赃款赃物的有所区别。

职务犯罪案件立案后，犯罪分子及其亲友自行挽回的经济损失，司法机关或者犯罪分子所在单位及其上级主管部门挽回的经济损失，或者因客观原因减少的经济损失，不予扣减，但可以作为酌情从轻处罚的情节。

6. 最高人民检察院《关于〈全国人民代表大会常务委员会关于《中华人民共和国刑法》第九十三条第二款的解释〉的时间效力的批复》（2000年6月29日）

天津市人民检察院：

你院“关于《全国人民代表大会常务委员会关于〈中华人民共和国刑法〉第九十三条第二款的解释》的实施时间问题的请示”收悉。经研究，批复如下：

《全国人民代表大会常务委员会关于〈中华人民共和国刑法〉第九十三条第二款的解释》是对刑法第九十三条第二款关于“其他依照法律从事公务的人员”规定的进一步明确，并不是对刑法的修改。因此，该《解释》的效力适用于修订刑法的施行日期，其溯及力适用修订刑法第12条的规定。

7. 最高人民法院、最高人民检察院《关于办理赌博刑事案件具体应用法律若干问题的解释》（2005年5月13日　法释〔2005〕3号）（节录）

第七条　通过赌博或者为国家工作人员赌博提供资金的形式实施行贿、受贿行为，构成犯罪的，依照刑法关于贿赂犯罪的规定定罪处罚。

8. 最高人民法院、最高人民检察院《关于办理妨害预防、控制突发传染病疫情等灾害的刑事案件具体应用法律若干问题的解释》（2003年5月15日　法释〔2003〕8号）（节录）

第十四条第一款　贪污、侵占用于预防、控制突发传染病疫情等灾害的款物或者挪用归个人使用，构成犯罪的，分别依照刑法第二百七十一条、第二百七十二条、第三百八十二条、第三百八十三条、第三百八十四条的规定，以贪污罪，侵占罪（应为职务侵占罪，这是该司法解释出现的一个技术性错误。——编者注），挪用公款罪，挪用资金罪定罪，依法从重处罚。

9. 最高人民法院《关于审理贪污、职务侵占案件如何认定共同犯罪几个问题的解释》（2000年7月8日　法释〔2000〕15号）（节录）

第一条　行为人与国家工作人员勾结，利用国家工作人员的职务便利，共同侵吞、窃取、骗取或者以其他手段非法占有公共财物的，以贪污罪共犯论处。

第三条　公司、企业或者其他单位中，不具有国家工作人员身份的人与国家工作人员勾结，分别利用各自的职务便利，共同将本单位财物非法占为己有的，按照主犯的犯罪性质定罪。

10. 最高人民法院《关于审理挪用公款案件具体应用法律若干问题的解释》（1998年5月9日　法释〔1998〕9号）（节录）

第六条　携带挪用的公款潜逃的，依照刑法第三百八十二条、第三百八十三条的规定定罪处罚。

11. 最高人民法院《关于对贪污、受贿、挪用公款犯罪分子依法正确适用缓刑的若干规定》（1996年6月26日　法发〔1996〕21号）

根据刑法的有关规定，结合当前审判工作实际，现对审理贪污、受贿、挪用公款案件适用缓刑问题，作如下规定：①

一、国家工作人员贪污、受贿数额在二千元以上不满一万元，犯罪情节较轻，能主动坦白，积极退赃，确有悔改表现的，可以适用缓刑。

二、国家工作人员贪污、受贿一万元以上，除具有投案自首或者立功表现等法定减轻情节的之外，一般不适用缓刑。

国家工作人员贪污、受贿数额一万元以上不满五万元，根据案件具体情况，适用刑法第

---

①　该规定中关于受贿数额的规定已失效，但其中关于是否适用缓刑的精神依然具有参考意义。——作者注

五十九条①第二款减轻处罚，在有期徒刑三年以下量刑的，一般不适用缓刑。对其中犯罪情节较轻，积极退赃的，且在重大生产、科研项目中起关键性作用，有特殊需要，或者有其他特殊情况的，可以适用缓刑，但必须从严掌握。

三、对下列贪污、受贿、挪用公款犯罪分子不适用缓刑：

（一）犯罪行为使国家、集体和人民利益遭受重大损失的；

（二）没有退赃，无悔改表现的；

（三）犯罪动机、手段等情节恶劣，或者将赃款用于投机倒把、走私、赌博等非法活动的；

（四）属于共同犯罪中情节严重的主犯，或者犯有数罪的；

（五）曾因经济违法犯罪行为受过行政处分或刑事处罚的；

（六）犯罪涉及的财物属于国家救灾、抢险、防汛、优抚、救济款项和物资，情节严重的。

12. 最高人民法院、最高人民检察院《关于办理职务犯罪案件严格适用缓刑、免予刑事处罚若干问题的意见》（2012年8月8日　法发〔2012〕17号）

为进一步规范贪污贿赂、渎职等职务犯罪案件缓刑、免予刑事处罚的适用，确保办理职务犯罪案件的法律效果和社会效果，根据刑法有关规定并结合司法工作实际，就职务犯罪案件缓刑、免予刑事处罚的具体适用问题，提出以下意见：

一、严格掌握职务犯罪案件缓刑、免予刑事处罚的适用。职务犯罪案件的刑罚适用直接关系反腐败工作的实际效果。人民法院、人民检察院要深刻认识职务犯罪的严重社会危害性，正确贯彻宽严相济刑事政策，充分发挥刑罚的惩治和预防功能。要在全面把握犯罪事实和量刑情节的基础上严格依照刑法规定的条件适用缓刑、免予刑事处罚，既要考虑从宽情节，又要考虑从严情节；既要做到刑罚与犯罪相当，又要做到刑罚执行方式与犯罪相当，切实避免缓刑、免予刑事处罚不当适用造成的消极影响。

二、具有下列情形之一的职务犯罪分子，一般不适用缓刑或者免予刑事处罚：

（一）不如实供述罪行的；

（二）不予退缴赃款赃物或者将赃款赃物用于非法活动的；

（三）属于共同犯罪中情节严重的主犯的；

（四）犯有数个职务犯罪依法实行并罚或者以一罪处理的；

（五）曾因职务违纪违法行为受过行政处分的；

（六）犯罪涉及的财物属于救灾、抢险、防汛、优抚、扶贫、移民、救济、防疫等特定款物的；

（七）受贿犯罪中具有索贿情节的；

（八）渎职犯罪中徇私舞弊情节或者滥用职权情节恶劣的；

（九）其他不应适用缓刑、免予刑事处罚的情形。

三、不具有本意见第二条规定的情形，全部退缴赃款赃物，依法判处三年有期徒刑以下刑罚，符合刑法规定的缓刑适用条件的贪污、受贿犯罪分子，可以适用缓刑；符合刑法

① 指79刑法条文。——编者注

第三百八十三条第一款第（三）项的规定，依法不需要判处刑罚的，可以免予刑事处罚。

不具有本意见第二条所列情形，挪用公款进行营利活动或者超过三个月未还构成犯罪，一审宣判前已将公款归还，依法判处三年有期徒刑以下刑罚，符合刑法规定的缓刑适用条件的，可以适用缓刑；在案发前已归还，情节轻微，不需要判处刑罚的，可以免予刑事处罚。

四、人民法院审理职务犯罪案件时应当注意听取检察机关、被告人、辩护人提出的量刑意见，分析影响案件案发前后的社会反映，必要时可以征求案件查办等机关的意见。对于情节恶劣、社会反映强烈的职务犯罪案件，不得适用缓刑、免予刑事处罚。

五、对于具有本意见第二条规定的情形之一，但根据全案事实和量刑情节，检察机关认为确有必要适用缓刑或者免予刑事处罚并据此提出量刑建议的，应经检察委员会讨论决定；审理法院认为确有必要适用缓刑或者免予刑事处罚的，应经审判委员会讨论决定。

13. 最高人民法院研究室《关于国家工作人员在农村合作基金会兼职从事管理工作如何认定身份问题的答复》（2000 年 6 月 29 日　法研〔2000〕12 号）

四川省高级人民法院：

你院川高法〔2000〕105 号《关于具有国家工作人员身份的人员在农村基金会兼职从事管理活动应如何认定犯罪主体身份问题的请示》收悉。经研究，答复如下：

国家工作人员自行到农村合作基金会兼职从事管理工作的，因其兼职工作与国家工作人员身份无关，应认定为农村合作基金会一般从业人员；国家机关、国有公司、企业、事业单位委派到农村合作基金会兼职从事管理工作的人员，以国家工作人员论。

14. 最高人民检察院《关于贯彻执行〈全国人民代表大会常务委员会关于《中华人民共和国刑法》第九十三条第二款的解释〉的通知》（2000 年 6 月 5 日　高检发研字〔2000〕12 号）（节录）

二、根据《解释》①，检察机关对村民委员会等村基层组织人员协助人民政府从事《解释》所规定的行政管理工作中发生的利用职务上的便利，非法占有公共财物，挪用公款，索取他人财物或者非法收受他人财物，构成犯罪的案件，应直接受理，分别适用刑法第三百八十二条、第三百八十三条、第三百八十四条和第三百八十五条、第三百八十六条的规定，以涉嫌贪污罪、挪用公款罪、受贿罪立案侦查。

三、各级检察机关在依法查处村民委员会等村基层组织人员贪污、受贿、挪用公款犯罪案件过程中，要根据《解释》和其他有关法律的规定，严格把握界限，准确认定村民委员会等村基层组织人员的职务活动是否属于协助人民政府从事《解释》所规定的行政管理工作，并正确把握刑法第三百八十二条、第三百八十三条贪污罪、第三百八十四条挪用公款罪和第三百八十五条、第三百八十六条受贿罪的构成要件。对村民委员会等村基层组织人员从事属于村民自治范围的经营、管理活动不能适用《解释》的规定。

---

① 指全国人民代表大会常务委员会《关于〈中华人民共和国刑法〉第九十三条第二款的解释》，下同。——作者注

15. 最高人民检察院对《关于中国证监会主体认定的请示》的答复函（2000年4月30日　高检发法字〔2000〕7号）

北京市人民检察院：

你院京检字〔2000〕41号《关于中国证监会主体认定的请示》收悉，经我院发函向中央机构编制委员会办公室查询核定，中央机构编制委员会办公室已作出正式复函，答复如下："中国证券监督管理委员会为国务院直属事业单位，是全国证券期货市场的主管部门。其主要职责是统一管理证券期货市场，按规定对证券期货监管机构实行垂直领导，所以，它是具有行政职责的事业单位。据此，北京证券监督管理委员会干部应视同为国家机关工作人员。"请你们按中编办答复意见办。

附件：《关于中国证券监督管理委员会机构性质问题的复函》（2000年4月14日　中编办函〔2000〕84号）

最高人民检察院：

《关于中国证券监督管理委员会是否属于国家机关的函》（高检发法字〔2000〕5号）收悉，现答复如下：

根据国办〔2000〕131号文件的规定，中国证券监督管理委员会为国务院直属事业单位，是全国证券期货市场的主管部门。其主要职责是统一管理证券期货市场，按规定对证券期货监管机构实行垂直领导，所以，它是具有行政职责的事业单位。据此，北京证券监督管理委员会干部应视同为国家机关工作人员。

16. 最高人民法院《全国法院审理经济犯罪案件工作座谈会纪要》[①]（2003年11月13日　法〔2003〕167号）（节录）

一、关于贪污贿赂犯罪和渎职犯罪的主体

（一）国家机关工作人员的认定

刑法中所称的国家机关工作人员，是指在国家机关中从事公务的人员，包括在各级国家权力机关、行政机关、司法机关和军事机关中从事公务的人员。

根据有关立法解释的规定，在依照法律、法规规定行使国家行政管理职权的组织中从事公务的人员，或者在受国家机关委托代表国家行使职权的组织中从事公务的人员，或者虽未列入国家机关人员编制但在国家机关中从事公务的人员，视为国家机关工作人员。在乡（镇）以上中国共产党机关、人民政协机关中从事公务的人员，司法实践中也应当视为国家机关工作人员。

（二）国家机关、国有公司、企业、事业单位委派到非国有公司、企业、事业单位、社会团体从事公务的人员的认定

所谓委派，即委任、派遣，其形式多种多样，如任命、指派、提名、批准等。不论被委派的人身份如何，只要是接受国家机关、国有公司、企业、事业单位委派，代表国家机关、国有公司、企业、事业单位在非国有公司、企业、事业单位、社会团体中从事组织、领导、

---

① 最高人民检察院反贪贿赂总局关于转发《全国法院审理经济犯罪案件工作座谈会纪要》的通知（〔2003〕高检反贪发字第190号）指出，该纪要对查办贪污贿赂犯罪工作具有重要指导意义，要求反贪干警在实践中掌握和运用。

监督、管理等工作，都可以认定为国家机关、国有公司、企业、事业单位委派到非国有公司、企业、事业单位、社会团体从事公务的人员。如国家机关、国有公司、企业、事业单位委派在国有控股或者参股的股份有限公司从事组织、领导、监督、管理等工作的人员，应当以国家工作人员论。国有公司、企业改制为股份有限公司后，原国有公司、企业的工作人员和股份有限公司新任命的人员中，除代表国有投资主体行使监督、管理职权的人外，不以国家工作人员论。

（三）"其他依照法律从事公务的人员"的认定

刑法第九十三条第二款规定的"其他依照法律从事公务的人员"应当具有两个特征：一是在特定条件下行使国家管理职能；二是依照法律规定从事公务。具体包括：(1) 依法履行职责的各级人民代表大会代表；(2) 依法履行审判职责的人民陪审员；(3) 协助乡镇人民政府、街道办事处从事行政管理工作的村民委员会、居民委员会等农村和城市基层组织人员；(4) 其他由法律授权从事公务的人员。

（四）关于"从事公务"的理解

从事公务，是指代表国家机关、国有公司、企业、事业单位、人民团体等履行组织、领导、监督、管理等职责。公务主要表现为与职权相联系的公共事务以及监督、管理国有财产的职务活动。如国家机关工作人员依法履行职责，国有公司的董事、经理、监事、会计、出纳人员等管理、监督国有财产等活动，属于从事公务。那些不具备职权内容的劳务活动、技术服务工作，如售货员、售票员等所从事的工作，一般不认为是公务。

二、关于贪污罪

（一）贪污罪既遂与未遂的认定

贪污罪是一种以非法占有为目的的财产性职务犯罪，与盗窃、诈骗、抢夺等侵犯财产罪一样，应当以行为人是否实际控制财物作为区分贪污罪既遂与未遂的标准。对于行为人利用职务上的便利，实施了虚假平账等贪污行为，但公共财物尚未实际转移，或者尚未被行为人控制就被查获的，应当认定为贪污未遂。行为人控制公共财物后，是否将财物据为己有，不影响贪污既遂的认定。

（二）"受委托管理、经营国有财产"的认定

刑法第三百八十二条第二款规定的"受委托管理、经营国有财产"，是指因承包、租赁、临时聘用等管理、经营国有财产。

（三）国家工作人员与非国家工作人员勾结共同非法占有单位财物行为的认定

对于国家工作人员与他人勾结，共同非法占有单位财物的行为，应当按照《最高人民法院关于审理贪污、职务侵占案件如何认定共同犯罪几个问题的解释》的规定定罪处罚。对于在公司、企业或者其他单位中，非国家工作人员与国家工作人员勾结，分别利用各自的职务便利，共同将本单位财物非法占有的，应当尽量区分主从犯，按照主犯的犯罪性质定罪。司法实践中，如果根据案件的实际情况，各共同犯罪人在共同犯罪中的地位、作用相当，难以区分主从犯的，可以贪污罪定罪处罚。

（四）共同贪污犯罪中"个人贪污数额"的认定

刑法第三百八十三条第一款规定的"个人贪污数额"，在共同贪污犯罪案件中应理解为个人所参与或者组织、指挥共同贪污的数额，不能只按个人实际分得的赃款数额来认定。对共同贪污犯罪中的从犯，应当按照其所参与的共同贪污的数额确定量刑幅度，并依照刑法第

二十七条第二款的规定，从轻、减轻处罚或者免除处罚。

17.《退耕还林条例》（2003 年 1 月 20 日　国务院令第 367 号）（节录）

第五十七条　国家工作人员在退耕还林活动中违反本条例的规定，有下列行为之一的，依照刑法关于贪污罪，受贿罪，挪用公款罪或者其他罪的规定，依法追究刑事责任；尚不够刑事处罚的，依法给予行政处分：

（一）挤占、截留、挪用退耕还林资金或者克扣补助粮食的；

（二）弄虚作假、虚报冒领补助资金和粮食的；

（三）利用职务上的便利收受他人财物或者其他好处的。

国家工作人员以外的其他人员有前款第（二）项行为的，依照刑法关于诈骗罪或者其他罪的规定，依法追究刑事责任……

18. 国务院《关于在对外公务活动中赠送和接受礼品的规定》（1993 年 12 月 5 日　国务院第 133 号令）（节录）

第二条　本规定所称的礼品，是指礼物、礼金、有价证券。

第三条　根据国际惯例和对外工作需要，必要时可以对外赠送礼物。礼物的金额标准另行规定。

第四条　对外赠送礼物必须贯彻节约、从简的原则。礼物应当以具有民族特色的纪念品、传统手工艺品和实用物品为主。

第五条　对来访的外宾，不主动赠送礼物。外宾向我方赠送礼物的，可以适当回赠礼物。

第六条　对外赠送礼物或者回赠礼物，必须经国务院所属部门或者省、自治区、直辖市人民政府批准，或者由其授权的机关批准。审批时，应当从严掌握。

第七条　在对外公务活动中接受的礼物，应当妥善处理。价值按我国市价折合人民币二百元以上的，自接受之日起（在国外接受礼物的，自回国之日起）一个月内填写礼品申报单并将应上缴的礼物上缴礼品管理部门或者受礼人所在单位；不满二百元，归受礼人本人或者受礼人所在单位。

在对外公务活动中，对方赠送礼金、有价证券时，应当予以谢绝；确实难以谢绝的，所收礼金、有价证券必须一律上缴国库。

第八条　在对外公务活动中，不得私相授受礼品，不得以明示或者暗示的方式索取礼品。

第九条　国务院机关事务管理局负责保管、处理国务院各部门上缴的礼品。

县级以上地方各级人民政府指定专门单位负责保管、处理该级人民政府各部门上缴的礼品。

第十条　礼品管理部门及有关部门对于收缴的礼品，应当登记造册，妥善保管，及时处理。礼品保管部门应当每年向受礼单位通报礼品处理情况。受礼单位应当将礼品处理情况告知受礼人。

第十一条　国家行政监察机关按照有关规定负责对对外赠送和接受礼品的情况进行监督、检查。

第十二条　国家行政机关工作人员违反本规定的，对负直接责任的机关有关领导人和直接责任人，给予行政处分；构成犯罪的，由司法机关依法追究刑事责任。

对国家行政机关工作人员的行政处分，按照干部管理权限和规定程序办理。

第十三条　国家行政机关工作人员在公务活动中向华侨和香港、澳门、台湾地区的居民赠送礼品和接受其礼品，依照本规定执行。

19. 国务院《国家行政机关及其工作人员在国内公务活动中不得赠送和接受礼品的规定》（1988年12月1日　国务院令第20号）

第一条　为了严肃政纪，保持国家行政机关及其工作人员廉洁，制定本规定。

第二条　国家行政机关及其工作人员在国内公务活动中，不得赠送和接受礼品。

第三条　国家行政机关及其工作人员不得假借名义或者以变相形式赠送和接受礼品：

（一）以鉴定会、评比会、业务会、订货会、展销会、招待会、茶话会、新闻发布会、座谈会、研讨会以及其他会议的形式；

（二）以祝贺春节、元旦、国庆节、中秋节和其他节假日的名义；

（三）以试用、借用、品尝、鉴定的名义；

（四）以祝寿、生日、婚丧嫁娶的名义；

（五）以其他形式和名义。

第四条　本规定所称的礼品，是指礼物、礼金、礼券以及以象征性低价收款的物品。

第五条　国家行政机关违反本规定第二、三条的规定，对负直接责任的机关有关领导人和直接责任者，根据数额多少，情节轻重，分别给予警告、记过、记大过、降级直至撤职处分。

第六条　国家行政机关工作人员违反本规定第二、三条的规定、接受礼品的，根据数额多少，情节轻重，分别给予警告、记过、记大过、降级直至撤职处分。

国家行政机关工作人员，违反本规定第二、三条的规定、赠送礼品的，应当给予批评教育；影响很坏的，给予警告或者记过处分。

各级国家行政机关的领导人违反前两款规定的，从重处分。

第七条　国家行政机关及其工作人员违反本规定第二、三条的规定，数额较少、情节轻微，经批评教育表示悔改的，可以免予行政处分。

第八条　国家行政机关及其工作人员为谋取不正当利益而赠送、接受或者索取礼品的，按照国家有关惩治行贿、受贿的法律、法规处理。

第九条　对接收的礼品一个月交出并上交国库。所收礼品不按期交出的，按贪污论处。

第十条　对国家行政机关工作人员赠送和接受礼品的行政处分，依照国家行政机关工作人员的管理权限和行政处分程序的规定办理。

第十一条　本规定由各级国家行政机关执行，各级监察部门负责监督、检查。

第十二条　各省、自治区、直辖市人民政府根据本规定制定实施办法。

第十三条　本规定自发布之日起施行。

二、挪用公款罪

【概念与构成】

挪用公款罪，是指国家工作人员利用职务上的便利，挪用公款归个人使用，进行非法活动，或者挪用公款数额较大，进行营利活动，或者挪用公款数额较大，超过 3 个月未还的行为。构成本罪需要具备以下四个要件：

（一）客体要件。本罪的犯罪客体是复杂客体，即国家工作人员职务行为的廉洁性和公款的占有使用收益权。犯罪对象限于公款，即公共财产中呈现货币、有价证券或金融票证形态的那一部分，其中包括人民币、外国货币（具体包括国家、集体所有的货币资金及客户置放金融机构的资金、用于扶贫和其他公益事业的社会捐助或者专项基金的货币资金以及由国家机关、国有公司、企业、集体企业和人民团体管理、使用或者运输中的货币）；国库券、政府债券、股票等有价证券；汇票、支票、本票、委托收款凭证、汇款凭证、银行存单、信用证或者附随的单据、文件，以及信用卡等金融票证。有价证券和金融票证，直接代表一定数额的货币，也可以成为本罪的犯罪对象。根据《刑法》第 384 条第 2 款的规定，挪用用于救灾、抢险、防汛、优抚、扶贫、移民、救济的现款或者物资归个人使用的，则应按本罪从重处罚。依此规定，挪用公款罪的对象不限于公款，还包括特定公物。但除上述特定公物以外的一般公物，不属于挪用公款罪的犯罪对象。

（二）客观要件。本罪在客观方面表现为行为人利用职务上的便利，挪用公款归个人使用，进行非法活动，或者挪用公款数额较大进行营利活动，或者挪用公款超过 3 个月不归还的行为。本罪的客观方面具体包括以下三方面的内容：

1. 行为人利用了职务上的便利。所谓利用职务上的便利，是指行为人利用自己主管、管理、经手公款的职权或者职务的便利条件。这既包括行为人直接经手、管理公款的便利条件，也包括行为人因其职务关系而具有的调拨、支配、使用公款的便利条件。

2. 挪用公款归个人使用。根据全国人大常委会 2002 年 4 月 28 日通过的《关于刑法第三百八十四条第一款的解释》，有下列情形之一的，属于挪用公款“归个人使用”：将公款供本人、亲友或者其他自然人使用的；以个人名义将公款供其他单位使用的；个人决定以单位名义将公款供其他单位使用，谋取个人利益的。

3. 挪用公款行为的具体表现形式包括三种：

（1）挪用公款进行非法活动的。所谓进行非法活动，即挪用公款归个人使用，进行国家法律、法规明令禁止的违法犯罪活动，包括犯罪活动和一般违法活动。这种挪用公款行为构成犯罪，既不要求达到数额较大的标准，也不要求挪用时间超过 3 个月未还。挪用公款给他人使用，不知道使用人将公款用于非法活动，数额较大，超过 3 个月未还的，构成挪用公款罪。明知使用人将公款用于非法活动的，应当认定为挪用人挪用公款进行非法活动。尽管这种情形下法律未规定数额较大的标准，但不可以认为没有数额的限制。根据 1998 年 5 月 9 日最高人民法院施行的《关于审理挪用公款案件具体应用法律若干问题的解释》（以下简称《挪用公款解释》)，挪用公款进行非法活动的，以挪用公款5000元至1万元为追究刑事责任的起点数额。

（2）挪用公款数额较大，进行营利活动的。营利活动，是指国家法律、法规允许的牟利活动，例如挪用公款存入银行、用于集资、购买股票、国债、炒股、开商店、办工厂等。这种挪用公款行为构成犯罪，要求挪用数额较大，但不受挪用时间和是否归还的限制。根据《挪用公款解释》，挪用公款进行营利活动的，以挪用公款数额1万元至3万元为起点，以挪用公款15万元至20万元为数额巨大的数额起点。

（3）挪用公款数额较大、超过3个月未还的。这种挪用公款行为是指挪用公款用于非法活动、营利活动以外的用途，如建私人住宅、还债、支付医药费、购置家具等。根据《挪用公款解释》，"数额较大"，以1万元至3万元作为起点，"数额巨大"以15万元至20万元作为起点。这里"未还"是指案发前（被司法机关、主管部门或者有关单位发现前）未还。如果挪用公款数额较大，超过3个月，在案发前已全部归还本金的，可以从轻处罚或减轻处罚。挪用正在生息或者需要支付利息的公款归个人使用，数额较大，超过3个月但在案发前全部归还本金的，可以从轻或者减轻处罚，给国家、集体造成的利息损失应予追缴；挪用公款数额巨大，超过3个月，案发前全部归还的，可以酌情从轻处罚。由此看来，只要挪用公款超过3个月，不管案发前是否归还，都构成挪用公款罪，但案发前已归还的情况可以作为从宽处罚的情节。

多次挪用公款不还，挪用公款数额累计计算；多次挪用公款，并以后次挪用的公款归还前次挪用的公款，挪用公款数额以案发时未还的实际数额认定。

（三）主体要件。本罪的主体是国家工作人员。根据2000年最高人民法院《关于对受委托管理、经营国有财产人员挪用国有资金行为如何定罪问题的批复》，对于受国家机关、国有公司、企业、事业单位、人民团体委托，管理、经营国有财产的非国家工作人员，利用职务上的便利，挪用国有资金归个人使用构成犯罪的，应当依照挪用资金罪的规定定罪处罚，而不构成挪用公款罪。根据2000年4月29日全国人大常委会《关于〈刑法〉第九十三条第二款的解释》，村民委员会等村基层组织的人员在协助人民政府从事行政管理工作时，利用职务上的便利挪用公款的，构成挪用公款罪。此外，2010年最高人民法院《关于办理国家出资企业中职务犯罪案件具体应用法律若干问题的意见》第六条还规定：经国家机关、国有公司、企业、事业单位提名、推荐、任命、批准等，在国有控股、参股公司及其分支机构中从事公务的人员，应当认定为国家工作人员。具体的任命机构和程序，不影响国家工作人员的认定。经国家出资企业中负有管理、监督国有资产职责的组织批准或者研究决定，代表其在国有控股、参股公司及其分支机构中从事组织、领导、监督、经营、管理工作的人员，应当认定为国家工作人员。国家出资企业中的国家工作人员，在国家出资企业中持有个人股份或者同时接受非国有股东委托的，不影响其国家工作人员身份的认定。

（四）主观要件。本罪在主观上是故意，即明知是公款而有意违反有关规定予以挪用，目的是非法取得公款的使用权，日后准备归还。至于挪用的动机是多种多样的，有的是为了进行非法活动，有的是为了进行营利活动，有的则是出于生活上的某种需要。挪用公款给他人使用，如果明知使用人用于营利活动或者非法活动的，应当认定为挪用人挪用公款进行营利活动或者非法活动。如果不知道使用人用公款进行营利活动或者非法活动，则只有数额较大，超过3个月未还的，才构成挪用公款罪。

【立案标准】

1. 最高人民检察院《关于人民检察院直接受理立案侦查案件立案标准的规定（试行）》（1999年9月16日　高检发释字〔1999〕2号）（节录）

（二）挪用公款案（第384条，第185条第2款，第272条第2款）

挪用公款罪是指国家工作人员利用职务上的便利，挪用公款归个人使用，进行非法活动的，或者挪用公款数额较大、进行营利活动的，或者挪用公款数额较大、超过三个月未还的行为。

国有金融机构工作人员和国有金融机构委派到非国有金融机构从事公务的人员，利用职务上的便利，挪用本单位或者客户资金的，以挪用公款罪追究刑事责任。

国有公司、企业或者其他国有单位中从事公务的人员和国有公司、企业或者其他国有单位委派到非国有公司、企业以及其他单位从事公务的人员，利用职务上的便利，挪用本单位资金归个人使用或者借贷给他人，数额较大，超过三个月未还的，或者虽未超过三个月，但数额较大，进行营利活动的，或者进行非法活动的，以挪用公款罪追究刑事责任。

涉嫌下列情形之一的，应予立案：

1. 挪用公款归个人使用，数额在5千元至1万元以上，进行非法活动的；
2. 挪用公款数额在1万元至3万元以上，归个人进行营利活动的；
3. 挪用公款归个人使用，数额在1万元至3万元以上，超过3个月未还的。

各省级人民检察院可以根据本地实际情况，在上述数额幅度内，确定本地区执行的具体数额标准，并报最高人民检察院备案。

“挪用公款归个人使用”，既包括挪用者本人使用，也包括给他人使用。

多次挪用公款不还的，挪用公款数额累计计算；多次挪用公款并以后次挪用的公款归还前次挪用的公款，挪用公款数额以案发时未还的数额认定。

挪用公款给其他个人使用的案件，使用人与挪用人共谋，指使或者参与策划取得挪用款的，对使用人以挪用公款罪的共犯追究刑事责任。

四、附则

（四）本规定中有关挪用公款罪案中的“非法活动”，既包括犯罪活动，也包括其他违法活动。

2. 最高人民法院《关于审理挪用公款案件具体应用法律若干问题的解释》（1998年5月9日　法释〔1998〕9号）（节录）

第一条　刑法第三百八十四条规定的“挪用公款归个人使用”，包括挪用者本人使用或者给他人使用。

挪用公款给私有公司、私有企业使用的，属于挪用公款归个人使用。

第二条　对挪用公款罪，应区分三种不同情况予以认定：

（一）挪用公款归个人使用，数额较大、超过三个月未还的，构成挪用公款罪。

挪用正在生息或者需要支付利息的公款归个人使用，数额较大，超过三个月但在案发前全部归还本金的，可以从轻处罚或者免除处罚。给国家、集体造成的利息损失应予追缴。挪用公款数额巨大，超过三个月，案发前全部归还的，可以酌情从轻处罚。

（二）挪用公款数额较大，归个人进行营利活动的，构成挪用公款罪，不受挪用时间和是否归还的限制。在案发前部分或者全部归还本息的，可以从轻处罚；情节轻微的，可以免除处罚。

挪用公款存入银行、用于集资、购买股票、国债等，属于挪用公款进行营利活动。所获取的利息、收益等违法所得，应当追缴，但不计入挪用公款的数额。

（三）挪用公款归个人使用，进行赌博、走私等非法活动的，构成挪用公款罪，不受“数额较大”和挪用时间的限制。

挪用公款给他人使用，不知道使用人用公款进行营利活动或者用于非法活动，数额较大、超过三个月未还的，构成挪用公款罪；明知使用人用于营利活动或者非法活动的，应当认定为挪用人挪用公款进行营利活动或者非法活动。

第三条　挪用公款归个人使用，“数额较大、进行营利活动的”，或者“数额较大、超过三个月未还的”，以挪用公款一万元至三万元为“数额较大”的起点，以挪用公款十五万元至二十万元为“数额巨大”的起点。挪用公款“情节严重”，是指挪用公款数额巨大，或者数额虽未达到巨大，但挪用公款手段恶劣；多次挪用公款；因挪用公款严重影响生产、经营，造成严重损失等情形。

“挪用公款归个人使用，进行非法活动的”，以挪用公款五千元至一万元为追究刑事责任的数额起点。挪用公款五万元至十万元以上的，属于挪用公款归个人使用，进行非法活动，“情节严重”的情形之一。挪用公款归个人使用，进行非法活动，情节严重的其他情形，按照本条第一款的规定执行。

各高级人民法院可以根据本地实际情况，按照本解释规定的数额幅度，确定本地区执行的具体数额标准，并报最高人民法院备案。

挪用救灾、抢险、防汛、优抚、扶贫、移民、救济款物归个人使用的数额标准，参照挪用公款归个人使用进行非法活动的数额标准。

第四条　多次挪用公款不还，挪用公款数额累计计算；多次挪用公款，并以后次挪用的公款归还前次挪用的公款，挪用公款数额以案发时未还的实际数额认定。

第五条　“挪用公款数额巨大不退还的”，是指挪用公款数额巨大，因客观原因在一审宣判前不能退还的。

第七条　因挪用公款索取、收受贿赂构成犯罪的，依照数罪并罚的规定处罚。

挪用公款进行非法活动构成其他犯罪的，依照数罪并罚的规定处罚。

第八条 挪用公款给他人使用，使用人与挪用人共谋，指使或者参与策划取得挪用款的，以挪用公款罪的共犯定罪处罚。

【司法认定】

（一）挪用公款罪的犯罪对象——“公款”的理解

1. “公款”是否仅限于货币

挪用公款罪的犯罪对象是公款，但是根据有关规定，“公款”不限于货币，还包括国库券、政府债券、股票等有价证券；汇票、支票、本票、委托收款凭证、汇款凭证、银行存单、信用证或者附随的单据、文件，以及信用卡等金融票证。有价证券和金融票证虽然不能像现金一样在市场上流通，但按照国家规定可以随时自由兑换为货币，从而实现其货币职能，是以特殊形式表现的货币形态。高检院 1997 年 10 月 13 日给宁夏回族自治区人民检察院的《关于挪用国库券如何定性问题的批复》指出：“国家工作人员利用职务上的便利，挪用公有或本单位的国库券的行为以挪用公款论；符合刑法第三百八十四条、第二百七十二条第二款规定的情形构成犯罪的，按挪用公款罪追究刑事责任。”2003 年 11 月 13 日《全国法院审理经济犯罪案件工作座谈会纪要》规定：“挪用金融票证、有价证券用于质押，使公款处于风险之中，与挪用公款为他人提供担保没有实质的区别，符合刑法关于挪用公款罪规定的，以挪用公款罪定罪处罚，挪用公款数额以实际或者可能承担的风险数额认定。”

2. “公款”是否包括公物

根据《刑法》第 384 条第 2 款的规定，挪用用于救灾、抢险、防汛、优抚、扶贫、移民、救济款物归个人使用的，从重处罚。按照该规定，挪用公款罪的犯罪对象并不完全限于公款，还包括用于上述目的的特定物。

根据 2003 年最高人民检察院《关于挪用失业保险基金和下岗职工基本生活保障资金的行为适用法律问题的批复》，挪用失业保险基金和下岗职工基本生活保障资金属于挪用救济款物。

挪用除上述特定款物之外的一般公物（即非特定公物），是否可以构成挪用公款罪呢？2000 年 3 月 15 日最高人民检察院发布的《关于国家工作人员挪用非特定公物能否定罪的请示的批复》：“刑法第三百八十四条规定的挪用公款罪中未包括挪用非特定公物归个人使用的行为，对该行为不依挪用公款罪处罚。”

3. 挪用公款罪中的“公款”是否限于纯粹国有性质的资金

虽然《刑法》第 384 条规定了挪用公款罪的犯罪对象限于公款，但是该条对于“公款”是否限于纯粹国有性质的资金并没有加以限定。全面理解刑法的相关规定，我们可以作出判断。

首先，《刑法》第 272 条第 1 款规定，“公司、企业或者其他单位的工作人员，利用职务上的便利，挪用本单位资金归个人使用或者借贷给他人”的，构成挪用资金罪。本条第2款又规定：“国有公司、企业或者其他国有单位中从事公务的人员和国有单位、企业或者其他国有单位委派到非国有公司、企业，以及其他单位从事公务的人员有前款行为的，依照本法第三百八十四条的规定定罪处罚。”

其次，《刑法》第185条第1款也规定：“商业银行、证券交易所、期货交易所、证券公司、期货经纪公司、保险公司或者其他金融机构的工作人员利用职务上的便利，挪用本单位或者客户资金的，依照本法第二百七十二条的规定定罪处罚。”本条第2款规定：“国有商业银行、证券交易所、期货交易所、证券公司、期货经纪公司、保险公司或者其他国有金融机构的工作人员和国有商业银行、证券交易所、期货交易所、证券公司、期货经纪公司、保险公司或者其他国有金融机构委派到前款规定中的非国有机构从事公务的人员有前款行为的，依照本法第三百八十四条的规定定罪处罚。”

由此可以看出，如果行为人是国有单位、企业或者其他国有单位委派到非国有公司、企业以及其他单位从事公务的人员，其利用职务上的便利，挪用该非国有单位的资金归个人使用或者借贷给他人，只要同时在数额、未归还用款期限以及资金用途方面符合挪用公款罪的要件，就应当以挪用公款罪定罪处罚，而不论这些资金是否公有或公有所占比例多大，其犯罪数额也应是实际挪用的全部数额。另外，根据第185条的规定，行为人挪用的“公款”也不限于本单位资金，还包括客户资金等。因此，可以得出结论，挪用公款罪中的“公款”不限于纯粹国有性质的资金。

（二）如何理解“归个人使用”

根据2002年4月28日全国人大常委会通过的《关于刑法第三百八十四条第一款的解释》的规定，“挪用公款归个人使用”包括三种情形：（1）将公款供本人、亲友或者其他自然人使用的；（2）以个人名义将公款供其他单位使用的；（3）个人决定以单位名义将公款供其他单位使用，谋取个人利益。正确理解这一规定，需要注意以下问题：

1. 不能认为该立法解释第（二）、（三）项明确规定挪用公款“供其他单位使用”的，可以构成挪用公款罪，就认为挪用公款罪不再以“归个人使用”为必要要件。这两项规定的情形也没有超出“归个人使用”的范畴，只是对“归个人使用”的扩充性解释，并非在其之外增加了一个构成要件。立法解释第（二）、（三）项规定情形的前提条件是“以个人名义”或者“个人决定以单位名义……谋取个人利益”。如果去掉这一限制，则不属于“归个人使用”了。因此，立法解释的意义在于突出挪用公款罪“公款私用”的本质，并未突破“归个人使用”的立法定位，更不意味着“归单位使用”也是挪用公款罪的客观构成要件。其中，“以个人名义将公款供其他单位使用”，其实质是先将公款挪给自己使用，然后自己再处分公款；“个人决定以单位名义将公款供其他单位使用”，实际上是个人将公款作为谋取利益的手段。因此，两者本质上仍然属于挪用公款“归个人使用”。

2. 这里“以个人名义”可以理解为，“打着个人的旗号”。实践中多表现为在单位的出借条上或者其他提供款项的文件上签的是个人的名字，且无单位的公章。这样，虽然把单位的公款借给了其他单位，但手续上反映的却是个人把钱借出。在司法实践中，对于将公款供其他单位使用的，认定是否属于“以个人名义”，不能只看形式，要从实质上把握。对于行为人逃避财务监管，或者与使用人约定以个人名义进行，或者借款、还款都以个人名义进行，将公款给其他单位使用的，应认定为“以个人名义”。具体地说，“以个人名义”主要有三种情况：一是逃避财物监管，将公款借给其他单位使用。二是行为人与使用人约定以个人名义进行。三是尽管没有约定，但借款、还款都是以个人名义进行的。

在“以个人名义”的前提下将公款供其他单位使用的，不要求“谋取个人利益”即构成挪用公款罪，这是因为单位负责人虽然在其职权范围内有支配、使用公款的权力，但他们若以“个人名义”将公款供其他单位使用，如前所述，性质上与挪用公款供其本人使用没有区别，即同样是将公款置于个人的非法支配之下。

3. 这里“个人决定以单位名义将公款供其他单位使用，谋取个人利益”，属于以公款谋取个人私利的一种表现形式，也符合公款私用的本质特征。其中“个人决定”是除了单位决策层面集体研究决定以外的体现挪用人个人意志的各种情况，既包括行为人在职权范围内决定，也包括超越职权范围决定。

这里“谋取个人利益”既可以表现为一种主观意图，也可以表现为一种客观行为，且不以谋取利益行为之实施为必需；既包括行为人与使用人事先约定谋取个人利益实际尚未获取的情况，也包括虽未事先约定但实际已获取了个人利益的情况；既包括不正当利益，也包括正当利益；既包括财产性利益，也包括非财产性利益，但这种非财产性利益应当是具体的实际利益，如解决住房及子女升学、就业等。个人利益是否实现，不影响犯罪的成立。实践中存在着把抽象的亲友关系认定为个人利益的偏差，应当予以纠正。

要注意把“个人决定”和“单位决定”区分开来。“单位决定”将公款给个人使用是指经单位领导集体研究决定将公款给个人使用，或者单位负责人为了单位的利益，决定将公款给个人使用的。此时，不应以挪用公款罪定罪处罚。上述行为致使单位遭受重大损失，构成其他犯罪的，依照刑法的有关规定对责任人员定罪处罚。同时，这里的个人，也不仅指单个的自然人，也可以是群体的个人（共同犯罪），只要不是单位的意志即可。

（三）关于“营利活动”的理解和适用

1. 挪用公款用作私营企业的注册资金，是否算进行营利活动？

实践中，有这样的情况，挪用公款用于私营企业的注册资金证明，以取得工商登记。挪用的数额虽较大，但挪用时间很短，仅有几天时间，对于这种行为，能否视为进行营利活动，有人认为，营利活动一般是指将挪用的公款直接投入营利性的生产、流通等领域的行为，但上述行为虽然其目的是为了营利，但其行为的本身是为了骗取工商登记，究其实质上是一种违法行为，一般说以“非法活动”认定较为适宜。也有人认为属于营利。主要是惩治犯意的目的，骗取只是一种手段。我们认为，挪用公款用于私营企业的注册资金证明，虽不同于购货、炒股、投资等一般常见的营利活动，被挪用的公款尽管没有直接投入营利性的生产活动，但都是为私营企业的生产经营活动做准备，注册验资行为是私营企业整个营利活动中重要的、不可或缺的环节，属于进行营利活动。2003 年最高人民法院《全国法院审理经济犯罪案件工作座谈会纪要》规定：申报注册资本是为进行生产经营活动作准备，属于成立公司、企业进行营利活动的组成部分。因此，挪用公款归个人用于公司、企业注册资本验资证明的，应当认定为挪用公款进行营利活动。

2. 挪用公款归还营利活动中所欠债务（包括个人贷款）是否算营利活动？

我们认为，挪用公款用于归还个人贷款或私人借款的，应根据个人贷款或私人借款的用途认定其挪用行为的性质。归还营利活动中所欠的债务属于营利活动中的一种支付结算方式，拿挪用的公款去还营利活动中的欠债，虽然是按约履行给付义务，但这种给付，还贷是经济活动的组成部分，有的到期还了债，但原先贷款所购的货物可能还在，尚可能继续进行营利活动，所以不是一种单纯的履约还贷，而是一种营利性活动的继续。对于这种情况，一般应视为进行营利活动。但是如果归还个人贷款，还债，纯属于个人生活贷款和债务，则不属于进行“营利活动”范围，而是一般性个人使用行为，“数额较大”且“超过三个月未还的”可按挪用公款罪认定。2003 年最高人民法院《全国法院审理经济犯罪案件工作座谈会纪要》规定：挪用公款归还个人欠款的，应当根据产生欠款的原因，分别认定属于挪用公款的何种情形。归还个人进行非法活动或者进行营利活动产生的欠款，应当认定为挪用公款进行非法活动或者进行营利活动。

3. 挪用公款数额较大，私自存入银行取息或者放贷取息，是否算进行营利活动？

我们认为，在一般情况下，挪用公款作个人储蓄以获取利息，包括购买股票、债券、国库券的，应视为营利活动，按挪用公款罪认定较为妥当。理由：首先，营利活动不同于经营活动，营利活动包括一切合法形式的追求利益的活动。将公款存入银行取息，挪用人追求的是公款的利息，理应属于营利性的活动。其次，将行为人占有收益的行为，等同于相同数量的公款占有，也是没有法律依据的。根据我国关于贪利性犯罪的一般规定，行为人非法占有财物的孳息，是不计算在犯罪数额以内的，因此，认为挪用公款存入银行所得的利息，即是贪污的数额，是违反法律规定的精神的。如果认为侵吞利息是侵吞公款的一种手段就要以贪污论处，那么，挪用公款进行其他营利活动而获得的收益又将如何处理，能否也作为贪污认定呢？1998年最高人民法院《关于审理挪用公款案件具体应用法律若干问题的解释》规定：挪用公款存入银行、用于集资、购买股票、国债等，属于挪用公款进行营利活动。所获取的利息、收益等违法所得，应当追缴，但不计入挪用公款的数额。

至于放贷取息问题，鉴于目前金融市场的发展，从政策上讲，并未禁止私人放贷，只是在利率上有限制，即不准放高利贷，因此，很难认定放贷取息是一种违法活动。根据1991年8月13日最高人民法院下发的《关于人民法院审理借贷案件的若干意见》第6条的规定：民间借贷的利率可以适当高于银行的利率，各地人民法院可根据本地区的实际情况，具体掌握，但最高不得超过银行同类贷款利率的四倍（包括利率本数）。超出此限度的，超出部分的利息不予保护。《中国人民银行关于取缔地下钱庄及打击高利贷行为的通知》（银发〔2002〕30号）也规定："民间个人借贷利率由借贷双方协商确定，但双方协商的利率不得超过中国人民银行公布的金融机构同期、同档次贷款利率（不含浮动）的4倍。超过上述标准的，应界定为高利借贷行为。"

（四）挪用公款罪与非罪的界限

1. 挪用公款罪与合法借贷行为的界限

合法借贷行为和挪用行为，都系与职务相关的行为。因此，两者有诸多共同之处，如主体都具有经管公共财产的职务身份，形式都是将公款转给个人使用，具体对象都是公款，行为都具有违法性。这是两者容易混淆的原因之一。然而，合法借贷行为与挪用毕竟不同，它有许多自身的特征：第一，主体的法人性。借贷行为人一般是单位的负责人或其他主管财务人员。这些人，对内有经营决策权、公共财产支配权，对外有代表单位进行民事活动的资格。如果不是以单位的名义，而是个人擅自决定将公款借贷给个人，自然是个人行为。第二，形式的合法性，借贷都要经过一定的程序（如一般经过批准或由领导决定，有的经集体研究），办理一定的手续（如订立借贷合同，由借款人出具借据或收据），通过财务入账，形式上是合法的。而挪用，是未经领导批准擅自动用公款的行为，一般不需办理何种手续，一经挪用，就不具备合法性。第三，动机的公利性。借贷，一般是出于为单位谋利，如有的是出于为单位创收，有的是出于把单位的死钱变成活钱，搞活经济。而挪用是出于谋私利，即通过取得公款的使用权而从中取得经济上的利益或其他好处。

实践中，对以下几种借贷行为应以挪用论处：行为人利用职权自批自借，或互批互借，或假名、冒名借贷，或由他人借款后又转归自己使用。因为在这种情况下，借贷行为具备挪用的主客观构成要件。

对以下几种借贷行为，不能以挪用论处，应根据实际情况，区别对待：

第一，对及时收回本息，未给单位造成损失的，一般可作违反财经纪律处理。因为这种情况下，行为的社会危害性小，情节显著轻微，不宜以犯罪论处。

第二，不能及时收回本息，虽采取了积极追讨措施，但仍造成重大损失的，对直接负责的主管人员，应按玩忽职守罪论处。因为其主观上对造成的危害结果具有过失心理态度。

第三，在办理借贷过程中，收受对方财物，数额较大的，应以受贿罪论处，因为这也是一种权钱交易的行为。

第四，明知对方借款是用于走私等犯罪活动而予以借贷的应以走私等犯罪共犯论处，因为这是一种资助犯罪的行为。

第五，内外勾结诈骗公款的，应以共犯论处。其中，主犯系内部人员的，应以共同贪污罪论处，主犯系外部人员的，则以共同诈骗罪论处。行为的性质是由主犯行为决定。

2. 挪用公款罪与一般挪用公款违法行为的界限

区分二者主要从以下三方面来把握：

一是挪用公款的数额标准，二是挪用公款的时间标准，三是挪用公款归谁使用。挪用公款归个人使用，进行赌博、走私等非法活动，原则上只要实施上述行为的，就可以构成犯罪，一般不受挪用公款数额和时间的限制。但是，根据《刑法》第 13 条的规定，情节显著轻微，危害不大的，不认为是犯罪的规定和上述最高人民检察院和最高人民法院的司法解释，一般挪用公款归个人使用进行非法活动的，以挪用公款 5 千元至 1 万元为追究刑事责任的数额起点。挪用公款不满 5 千元至 1 万元的，一般不构成犯罪；如果挪用公款不足 5 千元至 1 万元的，其他情节严重的，如挪用公款手段恶劣、多次挪用公款、因挪用公款严重影响生产、经营，造成严重损失等情形的，也可以认定为构成挪用公款罪。

挪用公款归个人进行营利活动，必须数额较大才构成犯罪，但不到数额较大不构成犯罪。根据“两高”的有关司法解释，挪用公款数额在 1 万元至 3 万元为数额较大的起点。即挪用公款进行营利活动，数额在 1 万元至 3 万元以上的，可以构成挪用公款罪，达不到这一数额标准的，不构成本罪，是一般挪用公款违法行为。

挪用公款进行非法活动、营利活动以外的活动的，构成犯罪既有挪用公款数额较大的标准，又有必须超过 3 个月未还的时间标准，即挪用公款在 1 万元至 3 万元以上，且超过 3 个月未还的，才构成挪用公款罪；达不到上述标准的，不构成本罪，是一般挪用公款违法行为。

（五）挪用公款罪与彼罪的界限

1. 挪用公款罪与贪污罪的界限

二者在犯罪客体、主观故意和利用职务上的便利等有相同和相似之处，其主要区别参见贪污罪一节中有关论述。

在实践中，任何认定挪用公款罪转化为贪污罪也是难点之一，对此应重点把握行为人的主观故意。目前，根据有关的司法解释，携带挪用的公款潜逃应依照《刑法》第382条、第383条的规定（即贪污罪的规定）定罪处罚。除此之外，根据最高人民法院《全国法院审理经济犯罪案件工作座谈会纪要》的规定，具有以下情形之一的可以认定行为人具有非法占有公款的目的，从而认定行为人转化为贪污罪：

（1）行为人挪用公款后采取虚假发票平账、销毁有关账目等手段，使所挪用的公款已难以在单位财务账目上反映出来，且没有归还行为的。

（2）行为人截取单位收入不入账，非法占有，使所占有的公款难以在单位财务账目上反映出来，且没有归还行为的。

（3）有证据证明行为人有能力归还所挪用的公款而拒不归还，并隐瞒挪用的公款去向的。

2. 挪用公款罪与挪用特定款物罪的界限

二者在行为方式上都表现为挪用，在主观要件、犯罪对象等也有许多相同和相似之处。当挪用的对象均为救灾、抢险、防汛等特定款物时，其主要区别是：

其一，挪用的用途不同。前者一般是挪用公款归本人或者其他个人使用，在本质上是“公款私用”；后者是将特定款物挪归单位的其他事项使用，没有专款专用。

其二，犯罪客体不同。两罪侵犯的客体都是复杂客体，都有侵犯公共财产所有权的一面，但前者同时还侵犯了国家工作人员职务行为的廉洁性；后者则同时还侵犯了国家的财经管理制度。

其三，犯罪主体不同。两罪的主体虽然都是特殊主体，但前者为国家工作人员；后者是管理、支配、经手特定款物的直接责任人员。

其四，特定的犯罪成立要件不同。挪用公款达到规定的数额标准即构成犯罪；后者须情节严重，给国家和人民群众利益造成重大损害的，才构成犯罪。

3. 挪用公款罪与挪用资金罪的界限

二者在主观和客观方面都有许多相同和相似之处。主观方面都是故意，客观方面都是利用职务上的便利进行的。其主要区别是：

其一，犯罪主体不同。前者的主体是特殊主体，即国家工作人员；后者的主体虽然也是特殊主体，但一般是公司、企业或其他单位中不具有国家工作人员身份的人员。如果是受国有公司、企业或者其他国有单位委派在非国有公司、企业或者其他单位从事公务的人员挪用本单位资金的，以挪用公款罪定罪处罚。犯罪主体不同，这是划清两罪界限的关键所在。

其二，犯罪客体和对象不同。前者的客体是复杂客体，既侵犯了国家工作人员职务行为的廉洁性，又侵犯了公款的占有使用收益权；后者侵犯的是简单客体，即仅限于本单位资金的占有使用收益权。前者的犯罪对象是公款；后者的对象则是非国有单位的资金。

其三，客观方面不尽相同，前者的行为表现仅限于挪用公款归个人使用，后者不但表现为挪用本单位资金归个人使用，还包括借贷给他人。

【刑事责任】

《刑法》第384条规定：犯挪用公款罪，处五年以下有期徒刑或者拘役；情节严重的，处五年以上有期徒刑。挪用公款数额巨大不退还的，处十年以上有期徒刑或者无期徒刑。

挪用用于救灾、抢险、防汛、优抚、扶贫、移民、救济款物归个人使用的，从重处罚。

【办案依据】

1.《中华人民共和国刑法》（1997年3月14日修订）（节录）

第二百七十二条　公司、企业或者其他单位的工作人员，利用职务上的便利，挪用本单位资金归个人使用或者借贷给他人，数额较大、超过三个月未还的，或者虽未超过三个月，但数额较大、进行营利活动的，或者进行非法活动的，处三年以下有期徒刑或者拘役；挪用本单位资金数额巨大的，或者数额较大不退还的，处三年以上十年以下有期徒刑。

国有公司、企业或者其他国有单位中从事公务的人员和国有公司、企业或者其他国有单位委派到非国有公司、企业以及其他单位从事公务的人员有前款行为的，依照本法第三百八十四条的规定定罪处罚。

第二百七十三条　挪用用于救灾、抢险、防汛、优抚、扶贫、移民、救济款物，情节严重，致使国家和人民群众利益遭受重大损害的，对直接责任人员，处三年以下有期徒刑或者拘役；情节特别严重的，处三年以上七年以下有期徒刑。

第三百八十四条　国家工作人员利用职务上的便利，挪用公款归个人使用，进行非法活动的，或者挪用公款数额较大、进行营利活动的，或者挪用公款数额较大、超过三个月未还的，是挪用公款罪，处五年以下有期徒刑或者拘役；情节严重的，处五年以上有期徒刑。挪用公款数额巨大不退还的，处十年以上有期徒刑或者无期徒刑。

挪用用于救灾、抢险、防汛、优抚、扶贫、移民、救济款物归个人使用的，从重处罚。

2.《中华人民共和国刑法修正案》（1999年12月25日）（节录）

七、将刑法第一百八十五条修改为："商业银行、证券交易所、期货交易所、证券公司、期货经纪公司、保险公司或者其他金融机构的工作人员利用职务上的便利，挪用本单位或者客户资金的，依照本法第二百七十二条的规定定罪处罚。

"国有商业银行、证券交易所、期货交易所、证券公司、期货经纪公司、保险公司或者其他国有金融机构的工作人员和国有商业银行、证券交易所、期货交易所、证券公司、期货经纪公司、保险公司或者其他国有金融机构委派到前款规定中的非国有机构从事公务的人员有前款行为的，依照本法第三百八十四条的规定定罪处罚。”

3. 全国人大常委会《关于刑法第三百八十四条第一款的解释》（2002年4月28日）

全国人民代表大会常务委员会讨论了刑法第三百八十四条第一款规定的国家工作人员利用职务上的便利，挪用公款“归个人使用”的含义问题，解释如下：有下列情形之一的，属于挪用公款“归个人使用”：

（一）将公款供本人、亲友或者其他自然人使用的；

（二）以个人名义将公款供其他单位使用的；

（三）个人决定以单位名义将公款供其他单位使用，谋取个人利益的。

4. 全国人大常委会《关于〈中华人民共和国刑法〉第九十三条第二款的解释（2009年修正）》（参见本书第17～18页）

5. 最高人民法院、最高人民检察院《关于办理职务犯罪案件严格适用缓刑、免予刑事处罚若干问题的意见》（2012年8月8日　法发〔2012〕17号）（参见本书第22～23页）

6. 最高人民法院《关于挪用公款犯罪如何计算追诉期限问题的批复》（2003年10月10日　法释〔2003〕16号）

天津市高级人民法院：

你院津高法〔2002〕4号《关于挪用公款犯罪如何计算追诉期限问题的请示》收悉。经研究，答复如下：

根据刑法第八十九条、第三百八十四条的规定，挪用公款归个人使用，进行非法活动的，或者挪用公款数额较大、进行营利活动的，犯罪的追诉期限从挪用行为实施完毕之日起计算；挪用公款数额较大、超过三个月未还的，犯罪的追诉期限从挪用公款罪成立之日起计算。挪用公款行为有连续状态的，犯罪的追诉期限应当从最后一次挪用行为实施完毕之日或者犯罪成立之日起计算。

7. 最高人民法院、最高人民检察院《关于办理妨害预防、控制突发传染病疫情等灾害的刑事案件具体应用法律若干问题的解释》（2003年5月15日）（参见本书第21页）

8. 最高人民检察院《关于挪用失业保险基金和下岗职工基本生活保障资金的行为适用法律问题的批复》（2003年1月30日　高检发释字〔2003〕1号）

辽宁省人民检察院：

你院辽检发研字〔2002〕9号《关于挪用职工失业保险金和下岗职工生活保障金是否属于挪用特定款物的请示》收悉。经研究，批复如下：

挪用失业保险基金和下岗职工基本生活保障资金属于挪用救济款物。挪用失业保险基金和下岗职工基本生活保障资金，情节严重，致使国家和人民群众利益遭受重大损害的，对直接责任人员，应当依照刑法第二百七十三条的规定，以挪用特定款物罪追究刑事责任；国家工作人员利用职务上的便利，挪用失业保险基金和下岗职工基本生活保障资金归个人使用，构成犯罪的，应当依照刑法第三百八十四条的规定，以挪用公款罪追究刑事责任。

9. 最高人民检察院《关于国家工作人员挪用非特定公物能否定罪的请示的批复》（2000年3月15日　高检发释字〔2000〕1号）

山东省人民检察院：

经研究认为，刑法第384条规定的挪用公款罪中未包括挪用非特定公物归个人使用的行为，对该行为不以挪用公款罪论处。如构成其他犯罪的，依照刑法的相关规定定罪处罚。

10. 最高人民检察院《关于挪用国库券如何定性问题的批复》（1997年10月13日　高检发释字〔1997〕5号）

宁夏回族自治区人民检察院：

你院宁检发字〔1997〕43号《关于国库券等有价证券是否可以成为挪用公款罪所侵犯的对象以及以国库券抵押贷款的行为如何定性等问题的请示》收悉。关于挪用国库券如何定性的问题，经研究，批复如下：

国家工作人员利用职务上的便利，挪用公有或本单位的国库券的行为以挪用公款论；符合刑法第384条、第272条第2款规定的情形构成犯罪的，按挪用公款罪追究刑事责任。

11. 最高人民检察院《关于认真贯彻执行全国人大常委会〈关于刑法第二百九十四条第一款的解释〉和〈关于刑法第三百八十四条第一款的解释〉的通知》（2002年5月13日　高检发研字〔2002〕11号）

各省、自治区、直辖市人民检察院，军事检察院，新疆生产建设兵团人民检察院：

第九届全国人民代表大会常务委员会第二十七次会议于2002年4月28日通过了《全国人民代表大会常务委员会关于〈中华人民共和国刑法〉第二百九十四条第一款的解释》和《全国人民代表大会常务委员会关于〈中华人民共和国刑法〉第三百八十四条第一款的解释》（以下统称《解释》）。为保证《解释》的正确贯彻执行，特通知如下：

一、本次全国人大常委会审议通过的有关刑法的两个法律解释，是立法的重要补充形式，与法律具有同等效力，对于健全社会主义法制，保证国家法律的统一正确实施具有重要意义，尤其对于当前开展“严打”整治斗争，进一步加大反腐败工作力度，将会发挥积极的作用。各级人民检察院要提高对《解释》重要性的认识，组织检察人员认真学习《解释》，全面、深刻领会立法解释的精神，充分发挥法律监督作用，严厉打击黑社会性质组织犯罪和挪用公款犯罪。

二、要正确适用法律，积极发挥检察职能作用。各级人民检察院在办理相关案件的过程中，要充分运用刑法和立法解释的有关规定，依法开展立案侦查和批捕、起诉工作，严格按照《解释》加强对黑社会性质组织和挪用公款犯罪的打击力度，积极发挥检察机关的职能作用。根据《解释》的规定，黑社会性质组织是否有国家工作人员充当“保护伞”，即是否要有国家工作人员参与犯罪或者为犯罪活动提供非法保护，不影响黑社会性质组织的认定，对于同时具备《解释》规定的黑社会性质组织四个特征的案件，应依法予以严惩，以体现“打早打小”的立法精神。同时，对于确有“保护伞”的案件，也要坚决一查到底，绝不姑息。对于国家工作人员利用职务上的便利，实施《解释》规定的挪用公款“归个人使用”的三种情形之一的，无论使用公款的是个人还是单位以及单位的性质如何，均应认定为挪用公款归个人使用，构成犯罪的，应依法严肃查处。

三、要注意区分罪与非罪界限，切实提高办案质量。各级人民检察院在办理相关案件时，要严格依法进行，严格区分罪与非罪，此罪与彼罪的界限，切实保证办案质量。要特别注意区分黑社会性质组织犯罪与一般犯罪集团、流氓恶势力团伙违法犯罪的界限、挪用公款犯罪与单位之间违反财经纪律拆借资金行为的界限，做到办案的法律效果和社会效果的有机统一。

12. 最高人民检察院《关于贯彻执行〈全国人民代表大会常务委员会关于《中华人民共和国刑法》第九十三条第二款的解释〉的通知》（2000年6月5日　高检发研字〔2000〕12号）（节录）

二、根据《解释》①，检察机关对村民委员会等村基层组织人员协助人民政府从事《解释》所规定的行政管理工作中发生的利用职务上的便利，非法占有公共财物、挪用公款、索取他人财物或者非法收受他人财物，构成犯罪的案件，应直接受理，分别适用刑法第三百八十二条、第三百八十三条、第三百八十四条和第三百八十五条、第三百八十六条的规定，以涉嫌贪污罪，挪用公款罪，受贿罪立案侦查。

三、各级检察机关在依法查处村民委员会等村基层组织人员贪污、受贿、挪用公款犯罪案件过程中，要根据《解释》和其他有关法律的规定，严格把握界限，准确认定村民委员会等村基层组织人员的职务活动是否属于协助人民政府从事《解释》所规定的行政管理工作，并正确把握刑法第三百八十二条、第三百八十三条贪污罪，第三百八十四条挪用公款罪和第三百八十五条、第三百八十六条受贿罪的构成要件。对村民委员会等村基层组织人员从事属于村民自治范围的经营、管理活动不能适用《解释》的规定。

13. 最高人民法院《全国法院审理经济犯罪案件工作座谈会纪要》（2003年11月13日　法〔2003〕167号）（节录）

四、关于挪用公款罪

（一）单位决定将公款给个人使用行为的认定

经单位领导集体研究决定将公款给个人使用，或者单位负责人为了单位的利益，决定将公款给个人使用的，不以挪用公款罪定罪处罚。上述行为致使单位遭受重大损失，构成其他犯罪的，依照刑法的有关规定对责任人员定罪处罚。

（二）挪用公款供其他单位使用行为的认定

根据全国人大常委会《关于〈中华人民共和国刑法〉第三百八十四条第一款的解释》的规定，“以个人名义将公款供其他单位使用的”、“个人决定以单位名义将公款供其他单位使用，谋取个人利益的”，属于挪用公款“归个人使用”。在司法实践中，对于将公款供其他单位使用的，认定是否属于“以个人名义”，不能只看形式，要从实质上把握。对于行为人逃避财务监管，或者与使用人约定以个人名义进行，或者借款、还款都以个人名义进行，将公款给其他单位使用的，应认定为“以个人名义”。“个人决定”既包括行为人在职权范围内决定，也包括超越职权范围决定。“谋取个人利益”，既包括行为人与使用人事先约定谋取个人利益实际尚未获取的情况，也包括虽未事先约定但实际已获取了个人利益的情况。其中的“个人利益”，既包括不正当利益，也包括正当利益；既包括财产性利益，也包括非财产性利益，但这种非财产性利益应当是具体的实际利益，如升学、就业等。

（三）国有单位领导向其主管的具有法人资格的下级单位借公款归个人使用的认定

国有单位领导利用职务上的便利指令具有法人资格的下级单位将公款供个人使用的，属于挪用公款行为，构成犯罪的，应以挪用公款罪定罪处罚。

---

① 指全国人大常委会《关于〈中华人民共和国刑法〉第九十三条第二款的解释》，下同。——作者注

（四）挪用有价证券、金融凭证用于质押行为性质的认定

挪用金融凭证、有价证券用于质押，使公款处于风险之中，与挪用公款为他人提供担保没有实质的区别，符合刑法关于挪用公款罪规定的，以挪用公款罪定罪处罚，挪用公款数额以实际或者可能承担的风险数额认定。

（五）挪用公款归还个人欠款行为性质的认定

挪用公款归还个人欠款的，应当根据产生欠款的原因，分别认定属于挪用公款的何种情形。归还个人进行非法活动或者进行营利活动产生的欠款，应当认定为挪用公款进行非法活动或者进行营利活动。

（六）挪用公款用于注册公司、企业行为性质的认定

申报注册资本是为进行生产经营活动作准备，属于成立公司、企业进行营利活动的组成部分。因此，挪用公款归个人用于公司、企业注册资本验资证明的，应当认定为挪用公款进行营利活动。

（七）挪用公款后尚未投入实际使用的行为性质的认定

挪用公款后尚未投入实际使用的，只要同时具备"数额较大"和"超过三个月未还"的构成要件，应当认定为挪用公款罪，但可以酌情从轻处罚。

（八）挪用公款转化为贪污的认定

挪用公款罪与贪污罪的主要区别在于行为人主观上是否具有非法占有公款的目的。挪用公款是否转化为贪污，应当按照主客观相一致的原则，具体判断和认定行为人主观上是否具有非法占有公款的目的。在司法实践中，具有以下情形之一的，可以认定行为人具有非法占有公款的目的：

1. 根据《最高人民法院关于审理挪用公款案件具体应用法律若干问题的解释》第六条的规定，行为人"携带挪用的公款潜逃的"，对其携带挪用的公款部分，以贪污罪定罪处罚。

2. 行为人挪用公款后采取虚假发票平账、销毁有关账目等手段，使所挪用的公款已难以在单位财务账目上反映出来，且没有归还行为的，应当以贪污罪定罪处罚。

3. 行为人截取单位收入不入账，非法占有，使所占有的公款难以在单位财务账目上反映出来，且没有归还行为的，应当以贪污罪定罪处罚。

4. 有证据证明行为人有能力归还所挪用的公款而拒不归还，并隐瞒挪用的公款去向的，应当以贪污罪定罪处罚。

14.《中华人民共和国刑事诉讼法（2012年修正）》（节录）

第二百三十四条　公安机关、人民检察院和人民法院对查封、扣押、冻结的犯罪嫌疑人、被告人的财物及其孳息，应当妥善保管，以供核查，并制作清单，随案移送。任何单位和个人不得挪用或者自行处理。对被害人的合法财产，应当及时返还。对违禁品或者不宜长期保存的物品，应当依照国家有关规定处理。

对作为证据使用的实物应当随案移送，对不宜移送的，应当将其清单、照片或者其他证明文件随案移送。

人民法院作出的判决，应当对查封、扣押、冻结的财物及其孳息作出处理。

人民法院作出的判决生效以后，有关机关应当根据判决对查封、扣押、冻结的财物及其孳息进行处理。对查封、扣押、冻结的赃款赃物及其孳息，除依法返还被害人的以外，一律上缴国库。

司法工作人员贪污、挪用或者私自处理查封、扣押、冻结的财物及其孳息的，依法追究刑事责任；不构成犯罪的，给予处分。

15.《中华人民共和国劳动法》（1995年1月1日）（节录）

第一百零四条 国家工作人员和社会保险基金经办机构的工作人员挪用社会保险基金，构成犯罪的，依法追究刑事责任。

16.《工伤保险条例》（2004年1月1日 国务院令第375号）（节录）

第十二条 工伤保险基金存入社会保障基金财政专户，用于本条例规定的工伤保险待遇、劳动能力鉴定以及法律、法规规定的用于工伤保险的其他费用的支付。任何单位或者个人不得将工伤保险基金用于投资运营、兴建或者改建办公场所、发放奖金，或者挪作其他用途。

第五十四条 单位或者个人违反本条例第十二条规定挪用工伤保险基金，构成犯罪的，依法追究刑事责任……

17.《失业保险条例》（1999年1月22日 国务院令第258号）（节录）

第十一条 失业保险基金必须存入财政部门在国有商业银行开设的社会保障基金财政专户，实行收支两条线管理，由财政部门依法进行监督。

存入银行和按照国家规定购买国债的失业保险基金，分别按照城乡居民同期存款利率和国债利息计息。失业保险基金的利息并入失业保险基金。

失业保险基金专款专用，不得挪作他用，不得用于平衡财政收支。

第三十一条 任何单位、个人挪用失业保险基金的，追回挪用的失业保险基金；有违法所得的，没收违法所得，并入失业保险基金；构成犯罪的，依法追究刑事责任；尚不构成犯罪的，对直接负责的主管人员和其他直接责任人员依法给予行政处分。

三、受贿罪

【概念与构成】

受贿罪，是指国家工作人员利用职务上的便利，索取他人财物的，或者非法收受他人财物，为他人谋取利益的行为。构成本罪需要具备以下四个要件：

（一）客体要件。本罪的犯罪客体是国家工作人员职务行为的廉洁性，因索取他人财物而构成的受贿罪在主要侵犯职务行为的廉洁性的同时，还侵犯了被迫交付财物的他人的财产权利。

（二）客观要件。本罪在客观方面表现为利用职务上的便利，索取他人财物，或者非法收受他人财物并为他人谋利益的行为。受贿罪的行为表现内容较多，下面逐一加以阐述：

1. 利用职务上的便利。是指利用本人职务范围内的权力，即自己职务上主管、负责或者承办某项公共事务的职权及其所形成的便利条件。它包括两种形式：

第一，直接利用本人职权、职务范围内的权力，即行为人直接利用本人职务范围内主管、负责、承办钱、物或者人事等各种权力，强调的是权钱交易的直接性。在这种情况下，行为人有独立的处理问题并做出一定行为的资格，无须他人的配合，就可以利用自己的职权，以实施或不实施自己的职务行为，为请托人谋取利益。

第二，利用与职务有关的便利条件，即虽然不是直接利用职权，但将本人的职权或地位，作用于他人的职权或职务，通过他人的职权或职务，为他人谋取利益，体现了权钱交易、权物交易的间接性。最典型的是通过命令、指示、指挥等方式，利用与自己有直接隶属关系的下级国家工作人员职务上的行为，为请托人谋取利益。

受贿罪中的利用职务之便与贪污罪中的利用职务之便，虽然概念相同，但内涵有所差别，如前者的职务范围较为广泛，包括主管、管理、经办钱、物或者人事等各种职权，而后者的职务范围则仅限于主管、管理、经手公共财物或者受委托管理、经营国有财产的职权；前者既包括直接利用本人的职权，还包括利用与职务相关的便利条件，而后者则一般仅限于直接利用本人的职权，不包括间接利用职务之便。

2. 索取、收受他人财物。利用职务上的便利索取他人财物和非法收受他人财物分别是受贿的两种形式。

所谓索取他人财物（即索贿），是指行为人利用职务上的便利，主动向他人索要或勒索并收取财物。索取贿赂的基本特征是行为人索要行为的主动性和他人交付财物的被动性。索贿行为既可以是明示的即明确地向他人表达索取的要求，也可以是暗示的，即拐弯抹角地使他人领会其索取的意向；既可以是本人直接索取，也可以是通过他人间接索取。

所谓收受他人财物，是指行为人以许诺、着手或者已经在公务活动中为行贿人谋取利益为条件，被动地接受对方给付自己的财物。收受贿赂的基本特征是行贿人给付财物的主动性、自愿性和受贿人接受他人财物的被动性。至于其被动的程度，既可以是在行贿人主动给付财物后，连句客套话都没有，理直气壮地接受；也可以是再三婉拒终而接受；还可以是行贿人当时留下财物本人并不知晓，当行贿人走后才发现并接受。

3. 为他人谋取利益。所谓为他人谋取利益，是指受贿人为他人谋求取得某种特定利益。这里所说的利益，既可以是合法的利益，也可以是非法的利益；可以是物质性利益，也可以是非物质性利益。为他人谋取利益包括四种情况：其一，已经许诺为他人谋取利益，但尚未实际进行；其二，正在实施为他人谋取利益的行为，但尚未取得成果；其三，为他人谋取利益已经取得一定进展，但尚未完全实现；其四，为他人谋取利益，已经全部实现了他人的要求。由此可以看出，为他人谋取利益，不能仅限于为他人谋取到了利益，只要许诺为他人谋取利益即可。这种许诺可以是明示的，也可以是默许的；可以是真实的，也可以是虚假的。虚假许诺，是指国家工作人员具有为他人谋取利益的职权或者职务条件，在他人有求于自己的职务行为时，并不打算为他人谋取利益，却又承诺为他人谋取利益。但虚假承诺构成受贿罪是有条件的：其一，一般只能在收受财物后作虚假承诺；其二，许诺的内容与国家工作人员的职务有关联；其三，因为许诺而在客观上形成了为他人谋取利益的约定。为他人谋取的利益是否兑现，为他人谋取利益是否在收受贿赂之前、当时，无论是之前还是之后，均不影响受贿罪的构成。根据最高人民检察院有关立案标准的规定，索取他人财物的，不论是否“为他人谋取利益”，均可构成受贿罪。非法收受他人财物的，必须同时具备“为他人谋取利益”的条件，才能构成受贿罪。但是为他人谋取的利益是否正当，为他人谋取的利益是否实现，不影响受贿罪的认定。

为他人谋取利益是主观要件还是客观要件，关于这个问题国内学术界也有不同意见。我们认为，为他人谋利益，始自许诺，终至实现，是一种行为。因此，把“为他人谋取利益”理解为客观要件似乎更为适当。最高人民法院下发的《全国法院审理经济犯罪案件工作座谈会纪要》认为：“为他人谋取利益包括承诺、实施和实现三个阶段的行为。只要具有其中一个阶段的行为，如国家工作人员收受他人财物时，根据他人提出的具体请托事项，承诺为他人谋取利益的，就具备了为他人谋取利益的要件。明知他人有具体请托事项而收受其财物的，视为承诺为他人谋取利益。”这一规定事实上也把“为他人谋取利益”作为一种客观行为，但是该规定把“承诺”纳入到客观行为的范畴中，从而扩大了上述“客观要件说”的范围。

4. 斡旋受贿。《刑法》第 388 条规定，国家工作人员利用本人职权或者地位形成的便利条件，通过其他工作人员职务上的行为，为请托人谋取不正当利益，索取或者收受请托人财物的以受贿论处。这就是理论上所说的斡旋受贿或间接受贿，其客观方面表现为利用本人职权或者地位形成的便利条件，通过其他国家工作人员职务上的行为，为请托人谋取不正当利益，索取或者收受请托人财物的行为。斡旋受贿的须具有以下行为特征：

其一，利用本人职权或者地位形成的便利条件。这是利用职务上的便利的第二种形式，即所谓间接利用职务之便。这里所说的本人职权，是指在行为人职务范围内，并能对其他国家工作人员形成制约或者施加影响的权力，其中不包括直接利用本人掌握的职权。所谓地位，是指行为人所在的能对其他国家工作人员形成制约或者施加影响的领导岗位，或者在领导身边工作或负有特定职责并从事公务活动的工作岗位。这种地位是因职务产生的，不是因声望、名誉等所形成的一般社会地位。无论是利用本人职权还是利用本人地位形成的便利条件，都是源于本人的职务。如果行为人利用自己与其他国家工作人员的亲友关系，则不属于斡旋受贿行为。

其二，为请托人谋取不正当利益。这是受贿人用以同请托人进行权钱交易的条件。如果说索取贿赂形式的一般受贿罪，不要求行为人为他人谋取利益，收受贿赂形式的一般受贿罪，虽要求行为人为他人谋取利益，但不问谋取的是合法利益还是非法利益的话，则斡旋受贿罪要求必须是为请托人谋取不正当利益。所谓谋取不正当利益，是指谋取违反法律、法规、国家政策和国务院各部门规章规定的利益，以及要求国家工作人员或者有关单位提供违反法律、法规、国家政策和国务院各部门规章规定的帮助或方便条件。如果行为人通过其他国家工作人员职务上的行为为请托人谋取的是正当利益，从中索取或者收受了请托人的财物，则不能构成斡旋受贿。

其三，通过其他国家工作人员的职务行为，为请托人谋取不正当利益。这里的职务行为，是指其他国家工作人员实施的职权范围内的行为。通过其他国家工作人员的职务行为是以行为人利用职务之便为前提和基础的，同时也是行为人利用本人职权或者地位形成的便利条件的一种表现形式。

其四，索取或者收受请托人财物。在斡旋受贿罪中，行为人取得贿赂的形式也有两种，即索贿和收受。与一般受贿罪不同的是：斡旋受贿罪中，无论是索取贿赂的形式还是收受贿赂的形式，均以为请托人谋取不正当利益为必要。不像一般受贿罪那样，要求具备为他人谋取利益的要件只限于收受贿赂一种形式。

5. 收受回扣、手续费。《刑法》第385条第2款规定，国家工作人员在经济往来中，违反国家规定，在账外私自收受各种名义的回扣、手续费，归个人所有的，应当以受贿论处。所谓“违反国家规定”，是指违反全国人大及其常委会制定的法律、国务院制定的行政法规和行政措施、发布的决定和命令。《反不正当竞争法》等法律和国务院制定的有关决定对回扣、手续费的性质都有规定。确定行为的法律性质，应参照上述有关法律法规。所谓“回扣”，是指在商品交易中，卖方在收取的价款中扣出一部分返还给买方或者买方经办人的现金。所谓“手续费”是指多种费用的统称，如好处费、辛苦费、介绍费、酬劳费、活动费、信息费等。所谓账外暗中收受各种名义的回扣、手续费，是指未在依法设立的财务账目上按照财务会计制度如实记载。

为了有效惩治新型受贿犯罪行为，最高人民法院、最高人民检察院于2007年7月8日发布了《关于办理受贿刑事案件适用法律若干问题的意见》（以下简称《意见》）。该《意见》规定将下列行为纳入了刑法规范：

1. 交易形式的受贿。国家工作人员利用职务上的便利为请托人谋取利益，以下列交易形式收受请托人财物的，以受贿论处：

（1）以明显低于市场的价格向请托人购买房屋、汽车等物品的；

（2）以明显高于市场的价格向请托人出售房屋、汽车等物品的；

（3）以其他交易形式非法收受请托人财物的。

受贿数额按照交易时当地市场价格与实际支付价格的差额计算。

前款所列市场价格包括商品经营者事先设定的不针对特定人的最低优惠价格。根据商品经营者事先设定的各种优惠交易条件，以优惠价格购买商品的，不属于受贿。

2. 收受干股的受贿。国家工作人员利用职务上的便利为请托人谋取利益，收受请托人提供的干股的，以受贿论处。这里干股是指未出资而获得的股份。其中进行了股权转让登记，或者相关证据证明股份发生了实际转让的，受贿数额按转让行为时股份价值计算，所分红利按受贿孳息处理。股份未实际转让，以股份分红名义获取利益的，实际获利数额应当认定为受贿数额。

3. 以合作投资名义的受贿。国家工作人员利用职务上的便利为请托人谋取利益，由请托人出资，“合作”开办公司或者进行其他“合作”投资的，以受贿论处。受贿数额为请托人给国家工作人员的出资额。

国家工作人员利用职务上的便利为请托人谋取利益，以合作开办公司或者其他合作投资的名义获取“利润”，没有实际出资和参与管理、经营的，以受贿论处。

4. 以委托投资证券、期货或者其他委托理财的名义受贿。国家工作人员利用职务上的便利为请托人谋取利益，以委托请托人投资证券、期货或者其他委托理财的名义，未实际出资而获取“收益”，或者虽然实际出资，但获取“收益”明显高于出资应得收益的，以受贿论处。受贿数额，前一情形，以“收益”额计算；后一情形，以“收益”额与出资应得收益额的差额计算。

5. 以赌博形式受贿。根据最高人民法院、最高人民检察院《关于办理赌博刑事案件具体应用法律若干问题的解释》第 7 条规定，国家工作人员利用职务上的便利为请托人谋取利益，通过赌博方式收受请托人财物的，构成受贿。

实践中应注意区分贿赂与赌博活动、娱乐活动的界限。具体认定时，主要应当结合以下因素进行判断：（1）赌博的背景、场合、时间、次数；（2）赌资来源；（3）其他赌博参与者有无事先通谋；（4）输赢钱物的具体情况和金额大小。

根据最高人民法院、最高人民检察院《关于办理国家出资企业中职务犯罪案件具体应用法律若干问题的意见》（2010 年 11 月 26 日）第 5 条的规定：国家工作人员在国家出资企业改制过程中利用职务上的便利为请托人谋取利益，事先约定在其不再具有国家工作人员身份后收受请托人财物，或者在身份变化前后连续收受请托人财物的，依照刑法第三百八十五条、第三百八十六条的规定，以受贿罪定罪处罚。

（三）主体要件。本罪的主体是特殊主体，即必须是国家工作人员（《刑法》第 93 条的规定）。另外，村民委员会等村民基层组织人员在从事规定的七种协助政府的行政管理工作：1. 救灾、抢险、防汛、优抚、移民、救济款物的管理和发放；2. 社会捐助公益事业款物的管理和发放；3. 土地的经营、管理和宅基地的管理；4. 土地征用补偿费用的管理和发放；5. 代征、代缴税款；6. 有关计划生育、户籍、征兵工作；7. 协助人民政府从事的其他行政管理工作时，利用职务上的便利，受贿为他人牟利或索贿的，可以构成受贿罪。根据 2000 年 7 月 21 日最高人民法院《关于国家工作人员利用职务上的便利为他人谋取利益离退休后收受财物行为如何处理问题的批复》，国家工作人员利用职务上的便利为请托人谋取利益，并与请托人事先约定，在其离退休后收受请托人财物，构成犯罪的，以受贿罪定罪处罚。2010 年最高人民法院《关于办理国家出资企业中职务犯罪案件具体应用法律若干问题的意见》第 6 条还规定：经国家机关、国有公司、企业、事业单位提名、推荐、任命、批准等，在国有控股、参股公司及其分支机构中从事公务的人员，应当认定为国家工作人员。具体的任命机构和程序，不影响国家工作人员的认定。经国家出资企业中负有管理、监督国有资产职责的组织批准或者研究决定，代表其在国有控股、参股公司及其分支机构中从事组织、领导、监督、经营、管理工作的人员，应当认定为国家工作人员。国家出资企业中的国家工作人员，在国家出资企业中持有个人股份或者同时接受非国有股东委托的，不影响其国家工作人员身份的认定。

（四）主观要件。本罪在主观方面出自为故意，即行为人明知其利用职务上的便利，索取他人财物或者非法收受他人财物并为他人谋取利益的行为会损害国家工作人员职务行为的廉洁性而仍然决意为之。

【立案标准】

最高人民检察院《关于人民检察院直接受理立案侦查案件立案标准的规定（试行）》（1999 年 9 月 16 日　高检发释字〔1999〕2 号）（节录）

（三）受贿案（第 385 条，第 386 条，第 388 条，第 163 条第 3 款，第 184 条第 2 款）

受贿罪是指国家工作人员利用职务上的便利，索取他人财物的，或者非法收受他人财物，为他人谋取利益的行为。

“利用职务上的便利”，是指利用本人职务范围内的权力，即自己职务上主管、负责或者承办某项公共事务的职权及其所形成的便利条件。

索取他人财物的，不论是否“为他人谋取利益”，均可构成受贿罪。非法收受他人财物的，必须同时具备“为他人谋取利益”的条件，才能构成受贿罪。但是为他人谋取的利益是否正当，为他人谋取的利益是否实现，不影响受贿罪的认定。

国家工作人员在经济往来中，违反国家规定，收受各种名义的回扣、手续费，归个人所有的，以受贿罪追究刑事责任。

国有公司、企业中从事公务的人员和国有公司、企业委派到非国有公司、企业从事公务的人员利用职务上的便利，索取他人财物或者非法收受他人财物，为他人谋取利益，或者在经济往来中，违反国家规定，收受各种名义的回扣、手续费，归个人所有的，以受贿罪追究刑事责任。

国有金融机构工作人员和国有金融机构委派到非国有金融机构从事公务的人员在金融业务活动中索取他人财物或者非法收受他人财物，为他人谋取利益的，或者违反国家规定，收受各种名义的回扣、手续费归个人所有的，以受贿罪追究刑事责任。

国家工作人员利用本人职权或者地位形成的便利条件，通过其他国家工作人员职务上的行为，为请托人谋取不正当利益，索取请托人财物或者收受请托人财物的，以受贿罪追究刑事责任。

涉嫌下列情形之一的，应予立案：

1. 个人受贿数额在5千元以上的；

2. 个人受贿数额不满5千元，但具有下列情形之一的：

（1）因受贿行为而使国家或者社会利益遭受重大损失的；

（2）故意刁难、要挟有关单位、个人，造成恶劣影响的；

（3）强行索取财物的。

四、附则

（二）本规定中有关犯罪数额“不满”，是指接近该数额且已达到该数额的百分之八十以上。

（五）本规定中有关贿赂罪案中的“谋取不正当利益”，是指谋取违反法律、法规、国家政策和国务院各部门规章规定的利益，以及谋取违反法律、法规、国家政策和国务院各部门规章规定的帮助或者方便条件。

【司法认定】

（一）关于“利用职务上的便利”与“利用职权或者地位形成的便利条件”的相互关系问题

《刑法》第385条规定了“利用职务上的便利”而构成的受贿罪（有人称直接受贿）外，又在第388条规定了“利用职权或者地位形成的便利条件”而构成的斡旋受贿罪（有人称间接受贿）。一般的理解，“利用职务上的便利”不应当包含“利用职权或者地位形成的便利条件”，二者是并列关系。

同时，需要注意的是，这里的“利用职务上的便利”所包含的权力及其所形成的便利条件，实质上体现为行为人本人职务所产生的对于一定的公共事务或者一定的公职人员的管理、制约关系。因此，行为人利用与其本人在职务上有隶属、制约关系的国家工作人员的职权，实质上也是利用其本人的职权，不属于《刑法》第388条的“利用本人职权和地位形成的便利条件”。理由是：那些具体实施职务行为的国家工作人员都是受该受贿行为人的领导、管理和制约的。所谓“隶属”关系，是某一单位内部国家工作人员之间或者上下级单位的国家工作人员之间的一种管理和被管理、领导和被领导的关系。这里需要强调的是，利用本人职权并不局限于个人职责上的分工。担任单位领导职务的国家工作人员与单位内部职能部门及下级部门的国家工作人员之间，就是一种领导和被领导的关系，而不论该部门是否属于该领导所主管或者分管。《全国法院审理经济犯罪案件工作座谈会纪要》也指出："担任单位领导职务的国家工作人员通过不属自己主管的下级部门的国家工作人员的职务为他人谋取利益的，应当认定为'利用职务上的便利'为他人谋取利益。"所谓"制约"关系，是指行为人虽然不直接领导、管理其他国家工作人员，但其职务范围内的权力能够派生出对于其他国家工作人员行为的约束力。这种"制约"关系，可能表现在单位内部或某一系统内上下级之间、各职能部门之间的约束关系，也可能表现在担任某种职务的国家工作人员在处理公共事务时，直接与有关单位或人员之间的约束关系。

2003年最高人民法院《全国法院审理经济犯罪案件工作座谈会纪要》也明确指出，《刑法》第385条第1款规定的"利用职务上的便利"，既包括利用本人职务上主管、负责或者承办某项公共事务的职权，也包括利用职务上有隶属、制约关系的其他国家工作人员的职权。担任单位领导职务的国家工作人员通过不属自己主管的下级部门的国家工作人员的职务为他人谋取利益的，应当认定为"利用职务上的便利"为他人谋取利益。

上述规定同时告诉我们，《刑法》第388条的"利用本人职权和地位形成的便利条件"不包含利用职务上有隶属、制约关系的其他国家工作人员的职权。行为人只是利用其职务对第三者具有非隶属、制约关系性的影响作用。这种影响力的程度上限是还没有达到制约的程度，也就是请托人利益实现的根本原因在于第三者职务行为的行使，而不在于行为人职务的行使；其下线是超出亲友关系等一般社会关系的范围，否则不是犯罪。正如有学者所说，其职务对第三者的影响力是一种基于行为人职务身份而形成的尚没有达到制约程度影响作用。

（二）国家工作人员与非国家工作人员共同受贿问题

国家工作人员与非国家工作人员共同受贿的现象可以区分为两种情形：一是与国家工作人员有财产共有关系的人成立受贿罪的共犯；二是与国家工作人员没有财产共有关系的人成立受贿罪的共犯。实践中发生率比较高的是前一种情形。

1. 与国家工作人员有财产共有关系的人成立的受贿罪共犯

这些人主要是指国家工作人员的配偶、子女等，即通常所说的"近亲属"。有的近亲属，如已经成家并独立生活的子女，与国家工作人员之间虽无财产共有关系却有财产继承关系，所以也与配偶作为同一种情形予以考虑。根据《全国法院审理经济犯罪案件工作座谈会纪要》，国家工作人员的近亲属向国家工作人员代为转达请托事项，收受请托人财物并告知该国家工作人员，或者国家工作人员明知其近亲属收受了他人财物，仍按照近亲属的要求利用职权为他人谋取利益的，对该国家工作人员应认定为受贿罪，其近亲属以受贿罪共犯论处。

（1）实践中，问题较多的是国家工作人员利用职务上的便利为他人谋取利益，其配偶、子女收受他人财物，或者国家工作人员将其非法收受的财物交给其配偶、子女的情形。对此情形，只要能够证实国家工作人员与其配偶、子女相互勾结，由国家工作人员利用职务上的便利为他人谋取利益，由其配偶、子女收受财物的，则属于共同犯罪中的分工问题，应当追究其配偶、子女受贿罪的刑事责任。

（2）配偶、子女作为共同受贿犯罪的帮助犯或者教唆犯。这是司法实践常见的情形。配偶、子女作为帮助犯，主要表现在用各种方法为国家工作人员收受贿赂创造条件，如与国家工作人员共同商议收受贿赂事项，传递信息，沟通关系并收受财物；协助国家工作人员向请托人索取财物等。配偶、子女作为教唆犯，主要表现为诱导、劝说、催促甚至威逼国家工作人员索取财物，致使国家工作人员产生受贿犯罪的故意，并实施了受贿行为。对于上述情形，若能证明国家工作人员的配偶、子女实施了帮助或者教唆行为，就可以认定为受贿罪的共犯。

但要注意的是，配偶、子女明知他人所送财物系国家工作人员为他人谋取利益所得而代为收受，但事先没有教唆或帮助行为，或者明知系国家工作人员受贿所得而与其共享的，属于知情不举，不能以受贿罪的共犯追究刑事责任。

（3）通常情况下，近亲属收受了他人送给国家工作人员的贿赂都会如实转告，但也不能排除个别相反的情况。少数国家工作人员的近亲属利用国家工作人员的特殊身份，主动向请托人索取贿赂，事后因不敢或不愿意将收受他人钱物的事告诉国家工作人员，而国家工作人员却利用职务便利为请托人谋取了利益。这应当如何处理呢？

这种情况，我们认为，由于国家工作人员与近亲属缺少共同受贿的意思联络，无共同受贿的故意，不能以共同受贿罪定罪处罚。国家工作人员如果利用职权为他人谋取利益，构成其他犯罪的，可依照刑法的有关规定处理。

2. 与国家工作人员没有财产共有关系的人成立受贿罪的共犯

近年来，高级干部受贿案件中行为人与其情人联手受贿的现象，特别引人注目。近亲属以外的其他人与国家工作人员通谋，由国家工作人员利用职务上的便利为请托人谋取利益，收受请托人财物后双方共同占有的，构成受贿罪共犯。这里“双方共同占有”有可能表现为“共同经手”或者“共同保管”，但更多的时候表现为双方共同意志支配下由一方实施的处分行为。司法实践中，对于国家工作人员利用职务上的便利为他人谋取利益，其关系人收受他人财物，或者国家工作人员将其非法收受的财物交由其关系人占有的，其关系人能否构成受贿罪的共犯，应根据具体案件的情节区别对待：

首先，国家工作人员的关系人利用国家工作人员职务上的便利，为请托人谋取利益，共同收受请托人的财物与国家工作人员分享的，构成受贿罪共犯。但是，促使行贿人向国家工作人员行贿，但没有与国家工作人员共同占有贿赂财物的，对关系人不能以受贿罪的共犯认定。

其次，国家工作人员利用职务上的便利为请托人谋取利益，并指定他人将财物送给其关系人，构成犯罪的，应以受贿罪定罪处罚。这种情况下，对于接受财物的关系人，不一定按照共犯处理，但不影响该国家工作人员成立受贿罪。

对于与国家工作人员有实际上的财产共有关系的人，要求国家工作人员利用职务上的便利为请托人谋取利益的，自己收受财物没有交给国家工作人员的，对国家工作人员及其关系人应以受贿罪的共犯论处。

根据《全国法院审理经济犯罪案件工作座谈会纪要》，近亲属以外的其他人与国家工作人员通谋，由国家工作人员利用职务上的便利为请托人谋取利益，收受请托人财物后双方共同占有的，构成受贿罪共犯。国家工作人员利用职务上的便利为他人谋取利益，并指定他人将财物送给其他人，构成犯罪的，应以受贿罪定罪处罚。

最高人民法院、最高人民检察院《关于办理受贿刑事案件适用法律若干问题的意见》第6条规定：国家工作人员利用职务上的便利为请托人谋取利益，要求或者接受请托人以给特定关系人安排工作为名，使特定关系人不实际工作却获取所谓薪酬的，以受贿论处。第7条规定：国家工作人员利用职务上的便利为请托人谋取利益，授意请托人以本意见所列形式，将有关财物给予特定关系人的，以受贿论处。特定关系人与国家工作人员通谋，共同实施前款行为的，对特定关系人以受贿罪的共犯论处。特定关系人以外的其他人与国家工作人员通谋，由国家工作人员利用职务上的便利为请托人谋取利益，收受请托人财物后双方共同占有的，以受贿罪的共犯论处。第11条规定：本意见所称“特定关系人”，是指与国家工作人员有近亲属、情妇（夫）以及其他共同利益关系的人。该《意见》首次将过去法律规定的“利害关系人”扩展为“特定关系人”。

（三）受贿罪与非罪的界限

1.“贿赂”的理解和认定

对贿赂的含义一直有不同的理解，概括起来主要有三种：其一，财物说。认为贿赂仅限于金钱和可以用金钱计算的财物，不包括其他利益。其二，财产性利益说。认为贿赂除了包括金钱及其他财物而外，还应当包括其他物质性利益，如提供房屋使用权、免费旅游、免除债务等。其三，需要说，又称为利益说。认为凡是能够满足人的物质或精神需求的一切有形或者无形、物质或者非物质、财产或非财产性的利益，均应视为贿赂。其中非财产性利益，如安排子女就业、解决招工指标、提供出国机会、提职晋级，乃至色情服务等。在1997年修订刑法的讨论过程中，对贿赂的范围如何确定曾有过激烈的争论。现行《刑法》第385条、第387条、第388条、第389条均明确将贿赂罪的犯罪对象规定为财物，即采用了第一种观点，对此没有异议。2008年11月20日“两高”《关于办理商业贿赂刑事案件适用法律若干问题的意见》第7条规定：商业贿赂中的财物，既包括金钱和实物，也包括可以用金钱计算数额的财产性利益，如提供房屋装修、含有金额的会员卡、代币卡（券）、旅游费用等。具体数额以实际支付的资费为准。该规定扩大了“贿赂”的范围，适应了当前司法实践的需要。

2. 受贿罪与接受馈赠的界限

在受贿案件中，行贿人为达到其目的，常乘受贿人家中婚丧嫁娶之机以重礼，或借口馈赠礼品以行贿之实。而受贿人也往往自认为接受送礼，最多属于不正之风，尚不构成犯罪，因而心安理得地加以接受，这种案件罪与非罪的界限，有时很难区分。礼尚往来是我国的民俗，不能把接受馈赠认定为受贿罪。受贿罪的实质是“权钱交易”，而接受馈赠是出于亲友、同事的情谊，二者有本质的不同，其界限要着重以下几方面把握：

（1）从双方的关系看，双方是同学、同乡、亲友及其他私人关系，还是有利害关系的当事人与主管人的关系。正常馈赠一般发生在有密切关系的个人之间，这种密切关系往往由来已久，且在馈赠发生之后仍保持和发展这种关系；而贿赂则是发生在有利害关系的当事人与主管人之间，双方的利害关系是由于国家工作人员的特定身份而临时产生，且随贿赂目的得逞后而逐渐淡化。

（2）从行为的动机来看，正常馈赠是行为人基于亲情、友情而无偿将财物送与他人；而贿赂则是行贿人为使他人利用职务之便为自己谋取利益而将财物给予他人。

（3）从行为的方式来看，正常馈赠一般是公开进行，为他人知悉；而贿赂则总是秘密进行，行为的双方都采取各种手段掩盖、隐匿、毁灭可能被查获的罪证。

（4）从行为的时间上看，馈赠发生的时间一般确定；而贿赂则必然发生在行贿人有求受贿人利用职务为其谋取利益之时。

（5）从行为的标的物来看，正常馈赠的财物一般为私人财物；而用以贿赂的财物，既可能是国家、集体的，也可能是私人的，且标的物价值一般较大。

实践中要注意防止把那种“明礼暗贿”、“形礼实贿”、“以礼代贿”的受贿分子漏出法网，也要防止把一般的接受馈赠行为认定为受贿罪而予以惩治。

实践中有这样的情况，国家工作人员利用职务上的便利，为他人谋利益，收受物品后，只付少量现金。有人认为这是买便宜货，不构成受贿，这是不正确的。这往往是行贿、受贿双方掩盖犯罪行为的一种手段，情节严重、数量较大的，应认定为受贿罪。

3. 正当借贷关系和以借为名的受贿行为的界限

有些受贿案件受贿人是以借为名索取、收受贿赂，一旦事发，则以所谓“借贷（款）”、“借用”进行搪塞、掩盖其受贿行为。由于这种案件的行为人以

"借"方的面貌出现，有其一定的狡诈性和复杂性。国家工作人员利用职务上的便利，以借为名向他人索取财物，或者非法收受财物为他人谋取利益的，应当认定为受贿。具体认定时，不能仅仅看是否有书面借款手续，应当根据以下因素综合判定：（1）有无正当、合理的借款事由：首先，应当核算"借"方家庭经济的收支情况，在此基础上，看收支是否平衡，从而认定有无"借"的必要；其次，审查有无银行存款，一般说来，借方家庭有银行存款就不需向别人借款；最后，分析借款用途。应从两方面入手：一是看借款人借款的说法是否和实际用途符合；二是看当事人将"借款"是否用于非法活动，或用于可花可不花的费用支出。（2）款项的去向。（3）双方平时关系如何、有无经济往来。以借为名收受贿赂的案件，一般双方当事人之间具有利益关系。所谓利益关系是指借贷双方相互有利可图。一般来说，利益关系是当事人产生以借为名的受贿的犯意、动机的基础和必要条件，是办理这类案件应考虑的重要因素。（4）出借方是否要求国家工作人员利用职务上的便利为其谋取利益。（5）借款后是否有归还的意思表示及行为。考察对所借款项有无归还意图。仔细审查"借贷"的具体情况，对于正确区分行为人的行为是一般的民事借贷，还是以借为名，确认借款人有无归还意图，从而认定以借为名的索贿起着关键性作用。（6）是否有归还的能力。（7）未归还的原因。等等。

4. 受贿罪与取得合法报酬的界限

合法报酬，是指一些在国家研究、学术机构工作的科研人员，在国有公司、企业工作的工程技术人员，在法律、政策允许的范围内，或利用业余、休息时间，用自己的知识和能力，为他人进行某项工作或提供咨询服务而获得的报酬。合法报酬应当视为合法收入而不是受贿行为。如为本单位推销产品、承揽业务，而按规定取得的报酬；经本单位领导批准，为外单位提供业务而按规定获得的奖励等，都属于合法收入。对这些合法收入要坚决依法保护。在承认和保护合法报酬的同时，也要防止某些国家工作人员以收取"合法报酬"为掩护，行索贿受贿之实。在认定科技人员受贿案件时，应注意把握以下问题：

一是考察科技人员是否具备国家工作人员身份。《刑法》第385条明确将国家工作人员规定为受贿罪主体。科技人员要构成本罪，必须具备国家工作人员的身份。只有依法受公共组织委托从事具有公务性质的科技活动，以及在科技活动中具有行政管理职责的科技人员，才能成为受贿罪的主体。凡从事不具有公务性质的科学活动或业余兼职从事科技活动的科技人员，则不能构成受贿罪主体。

二是正确认定科技人员索取或收受财物是否是利用职务之便完成的。科技人员利用职务上的便利为他人谋取利益，索取或非法收受他人财物的受贿行为，主要有以下情形：（1）科技人员利用关键技术向对方索取财物。科技人员根据本单位的指派、委托从事技术活动，利用手中的关键技术，刁难对方，索取对方财物，应以受贿罪论处。(2) 科技人员在技术咨询等活动当中，提供了合同约定以外的技术服务或劳务，收取相应报酬，一般说来是允许的，但科技人员利用职务上的便利索取或收受合理报酬以外的利益时，就有构成受贿罪的可能。

三是正确认定业余兼职的含义及科技人员在业余兼职中收取报酬与受贿罪的界限。科技人员在业余兼职中收取报酬是合法的，受法律保护的。但是，如果科技人员兼职是受主管部门或单位任命或委派，则可通过利用职务上便利索取或非法收受他人财物，为他人谋取利益而构成受贿罪。

5. 受贿罪与一般受贿行为的界限

一般受贿行为是指国家工作人员利用职务上的便利，索取他人财物的，或者非法收受他人财物为他人谋取利益，但是社会危害性尚未达到犯罪的程度，而不以受贿罪论处的情形。一般受贿行为不构成犯罪，由所在的单位或者上级主管机关给予行政处分。

二者的关键区别在两个方面：一是犯罪数额，二是犯罪情节。其中数额起主导作用，情节则起辅助作用。根据《刑法》第 383 条的规定，个人受贿数额在 5 千元以上的，应以犯罪处理；受贿不满 5 千元的，情节较重，也应以犯罪处理，如果情节较轻，则由有关单位予以行政处分。由此可见，犯罪情节在受贿罪的构成中，只有在受贿数额不足 5 千元的情况下，才起决定作用。对此，有两个问题需要解决：一是构成受贿罪的数额是否有最低的限制。答案是肯定的。根据《最高人民检察院关于人民检察院直接受理立案侦查案件立案标准的规定（试行）》(以下简称《规定（试行）》)：“本规定中有关犯罪数额‘不满’，是指接近该数额且已达该数额的百分之八十以上。”受贿罪以受贿数额 5 千元以上为追诉起点。按前述规定，对个人受贿数额不满 5 千元须追究刑事责任的，则必须达到受贿犯罪数额的“百分之八十以上”，即受贿最低数额为 4 千元以上；与此同时，《规定（试行）》对这种个人受贿数额不满 5 千元进行立案侦查，还明确规定必须同时具有其他情节严重的情形。二是情节严重应如何理解。根据过去的司法解释和有关司法机关的意见，情节严重应包括如下几种情况：因为受贿使国家、社会或者群众的利益遭受重大损失的；故意刁难逼取贿赂或者强行索贿的；因为受贿使国家机关、国家工作人员的形象受到严重损害、使人民群众对党和政府不信任，甚至造成社会不安定因素等。上述情节既包括行为方式，也包括行为所造成的后果。

（四）受贿罪与彼罪的界限

1. 受贿罪与非国家工作人员受贿罪的界限

非国家人员受贿罪，原称为公司、企业人员受贿罪，是《刑法》第 163 条的规定。2006 年 6 月 29 日第十届全国人民代表大会常务委员会第二十二次会议通过的《中华人民共和国刑法修正案（六）》第七条对该条修改为：“公司、企业或者其他单位的工作人员利用职务上的便利，索取他人财物或者非法收受他人财物，为他人谋取利益，数额较大的，处五年以下有期徒刑或者拘役；数额巨大的，处五年以上有期徒刑，可以并处没收财产。

公司、企业或者其他单位的工作人员在经济往来中，利用职务上的便利，违反国家规定，收受各种名义的回扣、手续费，归个人所有的，依照前款的规定处罚。

国有公司、企业或者其他国有单位中从事公务的人员和国有公司、企业或者其他国有单位委派到非国有公司、企业以及其他单位从事公务的人员有前两款行为的，依照本法第三百八十五条、第三百八十六条的规定定罪处罚。”

2007 年 10 月 25 日公布的《最高人民法院、最高人民检察院关于执行〈中华人民共和国刑法〉确定罪名的补充规定（三）》取消“公司、企业人员受贿罪”罪名，由“非国家工作人员受贿罪”替代。

受贿罪与非国家工作人员受贿罪，在客观行为表现、犯罪对象和主观方面有相同之处。但两者亦有以下不同：

（1）犯罪主体不同。本罪的主体是国家工作人员，而非国家工作人员受贿罪的主体是除国家工作人员以外的公司、企业或者其他单位的工作人员。

（2）犯罪的客观方面不同。本罪的受贿行为构成犯罪并不必然要求数额较大，索取他人财物构成受贿罪时也不要求为他人谋取利益。而非国家工作人员受贿罪则要求无论是以索取他人财物还是以非法收受他人财物的方式构成该罪，都要求具有为他人谋取利益这一要件，并且索取或者收受的财物必须达到数额较大。

（3）犯罪客体不同。本罪侵犯的客体主要是国家工作人员公务行为的廉洁性，而非国家工作人员受贿罪侵犯的客体首先是公司、企业或者其他单位的管理秩序，其次才是侵犯了公司、企业或者其他单位人员业务行为的廉洁性。

2. 受贿罪与贪污罪的界限

受贿罪与贪污罪都是特殊主体，主观方面均为故意，有相同或近似之处。其主要区别是：

（1）主体范围不同。本罪的主体只限于国家工作人员；贪污罪的主体除了国家工作人员而外，还包括非国家工作人员中受国有单位委托管理、经营国有财产的人员。

（2）犯罪客体和对象不同。本罪侵犯的客体是国家工作人员职务行为的廉洁性，犯罪对象是贿赂，即他人的财物，其中既可以是私人所有的财物，也可以是公共财物；贪污罪侵犯的客体是复杂客体，即国家工作人员职务行为的廉洁性和公共财物的所有权，但其犯罪对象仅限于公共财产。

（3）客观表现形式不同。本罪一般表现为行为人利用职务上的便利，索取他人财物，或者非法收受他人财物并为他人谋取利益的行为；贪污罪表现为行为人利用职务上的便利，使用侵吞、窃取、骗取或者其他手段非法占有公共财物的行为。而且在利用职务上的便利的含义上也不尽相同。

（4）犯罪目的不同。本罪目的在于获取他人的贿赂；贪污罪的目的在于非法占有公共财物。

受贿罪与贪污罪最容易发生混淆的是行为人在经济往来中收取他人财物的场合。《刑法》第385条第2款规定："国家工作人员在经济往来中，违反国家规定，收受各种名义的回扣、手续费，归个人所有的，以受贿论处。"但是，经济往来中，也有的国家工作人员以收取回扣、好处费、手续费、奖金等名义，假借经济往来之名，行侵占本单位财物之实的。还有的国家工作人员利用职务上的便利将他人或其他单位让利给本单位的回扣（合法或非法不限）据为己有。后两种情况都属于贪污行为。区分经济往来中受贿罪与贪污罪应主要从以下两个方面考察：

第一，考察回扣、好处费、手续费、奖金等各种财物的性质是否真实，即这些回扣、好处费、手续费、奖金实质上究竟是来源于交易对方，还是来源于行为人本单位，是行为人在本单位财产没有遭受损失的前提下收取不正当利益（出卖自己职务行为的对价），还是行为人将本来就属于单位的财物通过交易形式假借交易对方之手而迂回占有（以职务行为损公肥私）。对于行为人在经济往来中，明显背离市场规律，采取高价买进、低价卖出而后从交易对方套取回扣、奖金等，应当认定为贪污罪，因为这些财物原本属于行为人所在单位。

第二，考察交易对方是将回扣、好处费等各种财物给予行为人还是行为人所在单位。当交易对方明确表示给予行为人所在单位回扣、好处费（无论是合法还是非法）时，行为人将之据为己有的，属于贪污行为，因为此时，回扣、好处费等属于行为人单位或应上缴。当交易对方明确表示给予行为人回扣、好处费时，则不存在合法回扣的问题，属于上述第一种情形的定贪污，否则定受贿。

3. 受贿罪与敲诈勒索罪的界限

敲诈勒索罪，是指以非法占有为目的，采用威胁、要挟等手段，强行勒索公私财物的行为。受贿罪与敲诈勒索罪在主观方面都是故意，有时主体都是国家工作人员，在客观方面敲诈勒索罪的索取财物手段与受贿罪的索取财物手段相类似，因此两者有类似之处。但区别也是存在的：

（1）犯罪主体不同。本罪的主体是特殊主体，而敲诈勒索罪的主体则是一般主体。

（2）犯罪的客观方面不同。是否利用职务上的便利勒索他人的财物，是区分本罪与敲诈勒索罪的关键。本罪表现为行为人利用职务上的便利，主动向请托人索要或者勒索财物；而敲诈勒索罪则表现为行为人单纯使用威胁或者要挟的手段，迫使被害人交付财物。

（3）犯罪客体不同。以索贿方式构成的受贿罪侵犯的客体主要是公务行为的廉洁性，同时也侵犯了他人的财产权利。而敲诈勒索罪侵犯的客体则主要是他人的财产权利，同时侵犯了他人的人身权利或者其他利益。

4. 受贿罪与诈骗罪的界限

受贿罪与诈骗罪都有非法占有公私财物的特点，但也有以下不同：

（1）犯罪主体不同。前者是特殊主体，而后者则是一般主体。

（2）犯罪客体不同。前者为复杂客体，其中主要客体是国家机关的正常管理活动；后者则是公私财产所有权。

（3）客观行为表现不同。前者是行为人利用职务之便，索取他人财物或非法收受他人财物；而后者则是以虚构事实、隐瞒真相，骗取公私财物。

当国家工作人员向他人作出利用职务之便为其谋利的虚假承诺而索取或收受他人财物时，容易将这类行为作为受贿罪追究刑事责任。此时，这二者在主观方面的区别是：诈骗罪主观上的目的是单一的，只具有故意编造虚假事实而骗取他人财物的目的。在以虚假承诺利用职务之便为他人谋利为手段的诈骗罪中，行为人并不真正打算利用职务之便为他人谋利。而是以这种虚假承诺作为骗取对方交出财物的手段；受贿罪主观上的目的是双重的，即具有非法获取他人财物的目的和利用职务之便为他人谋取某种利益的目的。

在客观方面虽然上述形式的诈骗罪和受贿罪十分相似，行为人都向他人作出利用职务之便为他人谋利的许诺，实施了向他人索要或收受财物的行为。从形式上看，好像都具备了受贿罪客观方面的全部要件。但是，仔细分析就会发现，诈骗罪中行为人所作的许诺是不真实的、虚假的。是骗取他人信任的一种手段，不会付诸实践；而受贿罪中行为人所作的许诺是真实的，为他人谋取利益的目的促使行为人为实施这一许诺而作出努力以满足行贿人的需要。当然，受贿人有时也可能在受贿后尚未来得及利用职务之便为他人谋利，受贿人就被揭发而不能实践许诺，或者已经开始利用职务之便为他人谋利，但由于意志以外的原因而未得逞；但这与根本不会利用职务之便去为他人谋利的诈骗罪完全不同。因此，只要行为人具有以利用职务之便为他人谋利的虚假承诺为手段骗取他人财物的目的，并且实施了这种虚假承诺的行为，其行为就构成诈骗罪，而不是受贿罪。

实践中，可以从以下两方面来分析判断行为人作出的利用职务之便为他人谋利的许诺是否虚假：

一是查明行为人是否具有为他人谋利的客观可能性，即行为人是否具有某种职务上的便利条件？如果行为人不具有为他人谋利必须具备的职务上的便利条件，即故意向他人谎称自己具有这种职务上便利条件的，其所作的承诺就是虚假的。

二是查明行为人是否具有为他人谋取利益的主观真实性。有的情况下，行为人在客观上虽然具有为他人谋取利益的职务上的便利条件，但主观上并不真正打算利用职务为他人谋取利益，在收受他人的财物之后，也不作任何努力为行贿人谋利，或者根本就没有为行贿人谋利的意思表示，这实际上也是一种虚假承诺。

【刑事责任】

根据《刑法》第386条和第383条的规定，对犯受贿罪的，根据受贿所得数额及情节，分别依照下列规定处罚：

（一）个人受贿数额在十万元以上的，处十年以上有期徒刑或者无期徒刑，可以并处没收财产；情节特别严重的，处死刑，并处没收财产。

（二）个人受贿数额在五万元以上不满十万元的，处五年以上有期徒刑，可以并处没收财产；情节特别严重的，处无期徒刑，并处没收财产。

（三）个人受贿数额在五千元以上不满五万元的，处一年以上七年以下有期徒刑；情节严重的，处七年以上十年以下有期徒刑。个人受贿数额在五千元以上不满一万元，犯罪后有悔改表现、积极退赃的，可以减轻处罚或者免予刑事处罚，由其所在单位或者上级主管机关给予行政处分。

（四）个人受贿数额不满五千元，情节较重的，处二年以下有期徒刑或者拘役；情节较轻的，由其所在单位或者上级主管机关酌情给予行政处分。

对多次受贿未经处理的，按照累计贪污数额处罚。索贿的从重处罚。

【办案依据】

1.《中华人民共和国刑法》（1997年3月14日修订）（节录）

第九十三条 本法所称国家工作人员，是指国家机关中从事公务的人员。国有公司、企业、事业单位、人民团体中从事公务的人员和国家机关、国有公司、企业、事业单位委派到非国有公司、企业、事业单位、社会团体从事公务的人员，以及其他依照法律从事公务的人员，以国家工作人员论。

第一百六十三条 公司、企业的工作人员利用职务上的便利，索取他人财物或者非法收受他人财物，为他人谋利益，数额较大的，处五年以下有期徒刑或者拘役；数额巨大的，处五年以上有期徒刑，可以并处没收财产。公司、企业的工作人员在经济往来中，违反国家规定，收受各种名义的回扣、手续费，归个人所有的，依照前款的规定处罚。国有公司、企业中从事公务的人员和国有公司、企业委派到非国有公司、企业从事公务的人员有前两款行为的，依照本法第三百八十五条、第三百八十六条的规定定罪处罚。

第一百八十四条 银行或者其他金融机构的工作人员在金融业务活动中索取他人财物或者非法收受他人财物，为他人谋取利益的，或者违反国家规定，收受各种名义的回扣、手续费，归个人所有的，依照本法第一百六十三条的规定定罪处罚。国有金融机构工作人员和国有金融机构委派到非国有金融机构从事公务的人员有前款行为的，依照本法第三百八十五条、第三百八十六条的规定定罪处罚。

第三百八十三条　对犯贪污罪的，根据情节轻重，分别依照下列规定处罚：

（一）个人贪污数额在十万元以上的，处十年以上有期徒刑或者无期徒刑，可以并处没收财产；情节特别严重的，处死刑，并处没收财产。

（二）个人贪污数额在五万元以上不满十万元的，处五年以上有期徒刑，可以并处没收财产；情节特别严重的，处无期徒刑，并处没收财产。

（三）个人贪污数额在五千元以上不满五万元的，处一年以上七年以下有期徒刑；情节严重的，处七年以上十年以下有期徒刑。个人贪污数额在五千元以上不满一万元，犯罪后有悔改表现、积极退赃的，可以减轻处罚或者免予刑事处罚，由其所在单位或者上级主管机关给予行政处分。

（四）个人贪污数额不满五千元，情节较重的，处二年以下有期徒刑或者拘役；情节较轻的，由其所在单位或者上级主管机关酌情给予行政处分。对多次贪污未经处理的，按照累计贪污数额处罚。

第三百八十五条　国家工作人员利用职务上的便利，索取他人财物的，或者非法收受他人财物，为他人谋取利益的，是受贿罪。国家工作人员在经济往来中，违反国家规定，收受各种名义的回扣、手续费，归个人所有的，以受贿论处。

第三百八十六条　对犯受贿罪的，根据受贿所得数额及情节，依照本法第三百八十三条的规定处罚。索贿的从重处罚。

第三百八十八条　国家工作人员利用本人职权或者地位形成的便利条件，通过其他国家工作人员职务上的行为，为请托人谋取不正当利益，索取请托人财物或者收受请托人财物的，以受贿论处。

第三百九十九条　司法工作人员徇私枉法、徇情枉法，对明知是无罪的人而使他受追诉、对明知是有罪的人而故意包庇不使他受追诉，或者在刑事审判活动中故意违背事实和法律作枉法裁判的，处五年以下有期徒刑或者拘役；情节严重的，处五年以上十年以下有期徒刑；情节特别严重的，处十年以上有期徒刑。在民事、行政审判活动中故意违背事实和法律作枉法裁判，情节严重的，处五年以下有期徒刑或者拘役；情节特别严重的，处五年以上十年以下有期徒刑。

司法工作人员贪赃枉法，有前两款行为的，同时又构成本法第三百八十五条规定之罪的，依照处罚较重的规定定罪处罚。

2. 全国人大常委会《关于〈中华人民共和国刑法〉第三百一十三条的解释》（2002年8月29日）

全国人民代表大会常务委员会讨论了刑法第三百一十三条规定的“对人民法院的判决、裁定有能力执行而拒不执行，情节严重”的含义问题，解释如下：

刑法第三百一十三条规定的“人民法院的判决、裁定”，是指人民法院依法作出的具有执行内容并已发生法律效力的判决、裁定。人民法院为依法执行支付令、生效的调解书、仲裁裁决、公证债权文书等所作的裁定属于该条规定的裁定。

下列情形属于刑法第三百一十三条规定的“有能力执行而拒不执行，情节严重”的情形：

（一）被执行人隐藏、转移、故意毁损财产或者无偿转让财产、以明显不合理的低价转让财产，致使判决、裁定无法执行的；

（二）担保人或者被执行人隐藏、转移、故意毁损或者转让已向人民法院提供担保的财产，致使判决、裁定无法执行的；

（三）协助执行义务人接到人民法院协助执行通知书后，拒不协助执行，致使判决、裁定无法执行的；

（四）被执行人、担保人、协助执行义务人与国家机关工作人员通谋，利用国家机关工作人员的职权妨害执行，致使判决、裁定无法执行的；

（五）其他有能力执行而拒不执行，情节严重的情形。

国家机关工作人员有上述第四项行为的，以拒不执行判决、裁定罪的共犯追究刑事责任。国家机关工作人员收受贿赂或者滥用职权，有上述第四项行为的，同时又构成刑法第三百八十五条、第三百九十七条规定之罪的，依照处罚较重的规定定罪处罚。

3. 全国人大常委会《关于〈中华人民共和国刑法〉第九十三条第二款的解释（2009年修正）》（2000年4月29日）（参见本书第17～18页）

4. 最高人民法院、最高人民检察院《关于办理国家出资企业中职务犯罪案件具体应用法律若干问题的意见》（2010年11月26日　法发〔2010〕49号）（节录）

五、关于改制前后主体身份发生变化的犯罪的处理

国家工作人员在国家出资企业改制前利用职务上的便利实施犯罪，在其不再具有国家工作人员身份后又实施同种行为，依法构成不同犯罪的，应当分别定罪，实行数罪并罚。

国家工作人员利用职务上的便利，在国家出资企业改制过程中隐匿公司、企业财产，在其不再具有国家工作人员身份后将所隐匿财产据为己有的，依照刑法第三百八十二条、第三百八十三条的规定，以贪污罪定罪处罚。

国家工作人员在国家出资企业改制过程中利用职务上的便利为请托人谋取利益，事先约定在其不再具有国家工作人员身份后收受请托人财物，或者在身份变化前后连续收受请托人财物的，依照刑法第三百八十五条、第三百八十六条的规定，以受贿罪定罪处罚。

六、关于国家出资企业中国家工作人员的认定

经国家机关、国有公司、企业、事业单位提名、推荐、任命、批准等，在国有控股、参股公司及其分支机构中从事公务的人员，应当认定为国家工作人员。具体的任命机构和程序，不影响国家工作人员的认定。

经国家出资企业中负有管理、监督国有资产职责的组织批准或者研究决定，代表其在国有控股、参股公司及其分支机构中从事组织、领导、监督、经营、管理工作的人员，应当认定为国家工作人员。

国家出资企业中的国家工作人员，在国家出资企业中持有个人股份或者同时接受非国有股东委托的，不影响其国家工作人员身份的认定。

七、关于国家出资企业的界定

本意见所称"国家出资企业"，包括国家出资的国有独资公司、国有独资企业，以及国有资本控股公司、国有资本参股公司。

是否属于国家出资企业不清楚的，应遵循"谁投资、谁拥有产权"的原则进行界定。企业注册登记中的资金来源与实际出资不符的，应根据实际出资情况确定企业的性质。企业实际出资情况不清楚的，可以综合工商注册、分配形式、经营管理等因素确定企业的性质。

八、关于宽严相济刑事政策的具体贯彻

办理国家出资企业中的职务犯罪案件时，要综合考虑历史条件、企业发展、职工就业、社会稳定等因素，注意具体情况具体分析，严格把握犯罪与一般违规行为的区分界限。对于主观恶意明显、社会危害严重、群众反映强烈的严重犯罪，要坚决依法从严惩处；对于特定历史条件下、为了顺利完成企业改制而实施的违反国家政策法律规定的行为，行为人无主观恶意或者主观恶意不明显，情节较轻，危害不大的，可以不作为犯罪处理。

对于国家出资企业中的职务犯罪，要加大经济上的惩罚力度，充分重视财产刑的适用和执行，最大限度地挽回国家和人民利益遭受的损失。不能退赃的，在决定刑罚时，应当作为重要情节予以考虑。

5. 最高人民法院、最高人民检察院《关于办理商业贿赂刑事案件适用法律若干问题的意见》（2008 年 11 月 20 日）

为依法惩治商业贿赂犯罪，根据刑法有关规定，结合办案工作实际，现就办理商业贿赂刑事案件适用法律的若干问题，提出如下意见：

一、商业贿赂犯罪涉及刑法规定的以下八种罪名：（1）非国家工作人员受贿罪（刑法第一百六十三条）；（2）对非国家工作人员行贿罪（刑法第一百六十四条）；（3）受贿罪（刑法第三百八十五条）；（4）单位受贿罪（刑法第三百八十七条）；（5）行贿罪（刑法第三百八十九条）；（6）对单位行贿罪（刑法第三百九十一条）；（7）介绍贿赂罪（刑法第三百九十二条）；（8）单位行贿罪（刑法第三百九十三条）。

二、刑法第一百六十三条、第一百六十四条规定的“其他单位”，既包括事业单位、社会团体、村民委员会、居民委员会、村民小组等常设性的组织，也包括为组织体育赛事、文艺演出或者其他正当活动而成立的组委会、筹委会、工程承包队等非常设性的组织。

三、刑法第一百六十三条、第一百六十四条规定的“公司、企业或者其他单位的工作人员”，包括国有公司、企业以及其他国有单位中的非国家工作人员。

四、医疗机构中的国家工作人员，在药品、医疗器械、医用卫生材料等医药产品采购活动中，利用职务上的便利，索取销售方财物，或者非法收受销售方财物，为销售方谋取利益，构成犯罪的，依照刑法第三百八十五条的规定，以受贿罪定罪处罚。

医疗机构中的非国家工作人员，有前款行为，数额较大的，依照刑法第一百六十三条的规定，以非国家工作人员受贿罪定罪处罚。

医疗机构中的医务人员，利用开处方的职务便利，以各种名义非法收受药品、医疗器械、医用卫生材料等医药产品销售方财物，为医药产品销售方谋取利益，数额较大的，依照刑法第一百六十三条的规定，以非国家工作人员受贿罪定罪处罚。

五、学校及其他教育机构中的国家工作人员，在教材、教具、校服或者其他物品的采购等活动中，利用职务上的便利，索取销售方财物，或者非法收受销售方财物，为销售方谋取利益，构成犯罪的，依照刑法第三百八十五条的规定，以受贿罪定罪处罚。

学校及其他教育机构中的非国家工作人员，有前款行为，数额较大的，依照刑法第一百六十三条的规定，以非国家工作人员受贿罪定罪处罚。

学校及其他教育机构中的教师，利用教学活动的职务便利，以各种名义非法收受教材、教具、校服或者其他物品销售方财物，为教材、教具、校服或者其他物品销售方谋取利益，数额较大的，依照刑法第一百六十三条的规定，以非国家工作人员受贿罪定罪处罚。

六、依法组建的评标委员会、竞争性谈判采购中谈判小组、询价采购中询价小组的组成人员，在招标、政府采购等事项的评标或者采购活动中，索取他人财物或者非法收受他人财物，为他人谋取利益，数额较大的，依照刑法第一百六十三条的规定，以非国家工作人员受贿罪定罪处罚。

依法组建的评标委员会、竞争性谈判采购中谈判小组、询价采购中询价小组中国家机关或者其他国有单位的代表有前款行为的，依照刑法第三百八十五条的规定，以受贿罪定罪处罚。

七、商业贿赂中的财物，既包括金钱和实物，也包括可以用金钱计算数额的财产性利益，如提供房屋装修、含有金额的会员卡、代币卡（券）、旅游费用等。具体数额以实际支付的资费为准。

八、收受银行卡的，不论受贿人是否实际取出或者消费，卡内的存款数额一般应全额认定为受贿数额。使用银行卡透支的，如果由给予银行卡的一方承担还款责任，透支数额也应当认定为受贿数额。

九、在行贿犯罪中，"谋取不正当利益"，是指行贿人谋取违反法律、法规、规章或者政策规定的利益，或者要求对方违反法律、法规、规章、政策、行业规范的规定提供帮助或者方便条件。

在招标投标、政府采购等商业活动中，违背公平原则，给予相关人员财物以谋取竞争优势的，属于"谋取不正当利益"。

十、办理商业贿赂犯罪案件，要注意区分贿赂与赠与的界限。主要应当结合以下因素全面分析、综合判断：(1) 发生财物往来的背景，如双方是否存在亲友关系及历史上交往的情形和程度；(2) 往来财物的价值；(3) 财物往来的缘由、时机和方式，提供财物方对于接受方有无职务上的请托；(4) 接受方是否利用职务上的便利为提供方谋取利益。

十一、非国家工作人员与国家工作人员通谋，共同收受他人财物，构成共同犯罪的，根据双方利用职务便利的具体情形分别定罪追究刑事责任：

(1) 利用国家工作人员的职务便利为他人谋取利益的，以受贿罪追究刑事责任。

(2) 利用非国家工作人员的职务便利为他人谋取利益的，以非国家工作人员受贿罪追究刑事责任。

(3) 分别利用各自的职务便利为他人谋取利益的，按照主犯的犯罪性质追究刑事责任，不能分清主从犯的，可以受贿罪追究刑事责任。

6. 最高人民法院、最高人民检察院《关于办理受贿刑事案件适用法律若干问题的意见》（2007 年 7 月 8 日）

为依法惩治受贿犯罪活动，根据刑法有关规定，现就办理受贿刑事案件具体适用法律若干问题，提出以下意见：

一、关于以交易形式收受贿赂问题

国家工作人员利用职务上的便利为请托人谋取利益，以下列交易形式收受请托人财物的，以受贿论处：

(1) 以明显低于市场的价格向请托人购买房屋、汽车等物品的；

(2) 以明显高于市场的价格向请托人出售房屋、汽车等物品的；

(3) 以其他交易形式非法收受请托人财物的。

受贿数额按照交易时当地市场价格与实际支付价格的差额计算。

前款所列市场价格包括商品经营者事先设定的不针对特定人的最低优惠价格。根据商品经营者事先设定的各种优惠交易条件，以优惠价格购买商品的，不属于受贿。

二、关于收受干股问题

干股是指未出资而获得的股份。国家工作人员利用职务上的便利为请托人谋取利益，收受请托人提供的干股的，以受贿论处。进行了股权转让登记，或者相关证据证明股份发生了实际转让的，受贿数额按转让行为时股份价值计算，所分红利按受贿孳息处理。股份未实际转让，以股份分红名义获取利益的，实际获利数额应当认定为受贿数额。

三、关于以开办公司等合作投资名义收受贿赂问题

国家工作人员利用职务上的便利为请托人谋取利益，由请托人出资，“合作”开办公司或者进行其他“合作”投资的，以受贿论处。受贿数额为请托人给国家工作人员的出资额。

国家工作人员利用职务上的便利为请托人谋取利益，以合作开办公司或者其他合作投资的名义获取“利润”，没有实际出资和参与管理、经营的，以受贿论处。

四、关于以委托请托人投资证券、期货或者其他委托理财的名义收受贿赂问题

国家工作人员利用职务上的便利为请托人谋取利益，以委托请托人投资证券、期货或者其他委托理财的名义，未实际出资而获取“收益”，或者虽然实际出资，但获取“收益”明显高于出资应得收益的，以受贿论处。受贿数额，前一情形，以“收益”额计算；后一情形，以“收益”额与出资应得收益额的差额计算。

五、关于以赌博形式收受贿赂的认定问题

根据《最高人民法院、最高人民检察院关于办理赌博刑事案件具体应用法律若干问题的解释》第七条规定，国家工作人员利用职务上的便利为请托人谋取利益，通过赌博方式收受请托人财物的，构成受贿。

实践中应注意区分贿赂与赌博活动、娱乐活动的界限。具体认定时，主要应当结合以下因素进行判断：（1）赌博的背景、场合、时间、次数；（2）赌资来源；（3）其他赌博参与者有无事先通谋；（4）输赢钱物的具体情况和金额大小。

六、关于特定关系人“挂名”领取薪酬问题

国家工作人员利用职务上的便利为请托人谋取利益，要求或者接受请托人以给特定关系人安排工作为名，使特定关系人不实际工作却获取所谓薪酬的，以受贿论处。

七、关于由特定关系人收受贿赂问题

国家工作人员利用职务上的便利为请托人谋取利益，授意请托人以本意见所列形式，将有关财物给予特定关系人的，以受贿论处。

特定关系人与国家工作人员通谋，共同实施前款行为的，对特定关系人以受贿罪的共犯论处。特定关系人以外的其他人与国家工作人员通谋，由国家工作人员利用职务上的便利为请托人谋取利益，收受请托人财物后双方共同占有的，以受贿罪的共犯论处。

八、关于收受贿赂物品未办理权属变更问题

国家工作人员利用职务上的便利为请托人谋取利益，收受请托人房屋、汽车等物品，未变更权属登记或者借用他人名义办理权属变更登记的，不影响受贿的认定。

认定以房屋、汽车等物品为对象的受贿，应注意与借用的区分。具体认定时，除双方交代或者书面协议之外，主要应当结合以下因素进行判断：（1）有无借用的合理事由；（2）是

否实际使用；（3）借用时间的长短；（4）有无归还的条件；（5）有无归还的意思表示及行为。

九、关于收受财物后退还或者上交问题

国家工作人员收受请托人财物后及时退还或者上交的，不是受贿。

国家工作人员受贿后，因自身或者与其受贿有关联的人、事被查处，为掩饰犯罪而退还或者上交的，不影响认定受贿罪。

十、关于在职时为请托人谋利，离职后收受财物问题

国家工作人员利用职务上的便利为请托人谋取利益之前或者之后，约定在其离职后收受请托人财物，并在离职后收受的，以受贿论处。

国家工作人员利用职务上的便利为请托人谋取利益，离职前后连续收受请托人财物的，离职前后收受部分均应计入受贿数额。

十一、关于"特定关系人"的范围

本意见所称"特定关系人"，是指与国家工作人员有近亲属、情妇（夫）以及其他共同利益关系的人。

十二、关于正确贯彻宽严相济刑事政策的问题

依照本意见办理受贿刑事案件，要根据刑法关于受贿罪的有关规定和受贿罪权钱交易的本质特征，准确区分罪与非罪、此罪与彼罪的界限，惩处少数，教育多数。在从严惩处受贿犯罪的同时，对于具有自首、立功等情节的，依法从轻、减轻或者免除处罚。

7. 最高人民法院、最高人民检察院《关于办理赌博刑事案件具体应用法律若干问题的解释》（2005年5月13日　法释〔2005〕3号）（节录）

第七条　通过赌博或者为国家工作人员赌博提供资金的形式实施行贿、受贿行为，构成犯罪的，依照刑法关于贿赂犯罪的规定定罪处罚。

8. 最高人民法院《关于国家工作人员利用职务上的便利为他人谋取利益离退休后收受财物行为如何处理问题的批复》（2000年7月21日　法释〔2000〕21号）

江苏省高级人民法院：

你院苏高法〔1999〕65号《关于国家工作人员在职时为他人谋利，离退休后收受财物是否构成受贿罪的请示》收悉。经研究，答复如下：

国家工作人员利用职务上的便利为请托人谋取利益，并与请托人事先约定，在其离退休后收受请托人财物，构成犯罪的，以受贿罪定罪处罚。

9. 最高人民法院、最高人民检察院、公安部、国家工商行政管理局《关于依法查处盗窃、抢劫机动车案件的规定》（1998年5月8日　公通字〔1998〕31号）（节录）

八、公安、工商行政管理人员利用职务上的便利，索取或者非法收受他人财物，为赃车入户、过户、验证构成犯罪的，依照《刑法》第三百八十五条、第三百八十六条的规定处罚。

10. 最高人民检察院研究室《关于集体性质的乡镇卫生院院长利用职务之便收受他人财物的行为如何适用法律问题的答复》（2003年4月2日　〔2003〕高检研发第9号）

山东省人民检察院研究室：

你院《关于工人身份的乡镇卫生院院长利用职务之便收受贿赂如何适用法律问题的请示》（鲁检发研字〔2001〕第10号）收悉。经研究，答复如下：

经过乡镇政府或者主管行政机关任命的乡镇卫生院院长，在依法从事本区域卫生工作的

管理与业务技术指导，承担医疗预防保健服务工作等公务活动时，属于刑法第九十三条第二款规定的其他依照法律从事公务的人员。对其利用职务上的便利，索取他人财物的，或者非法收受他人财物，为他人谋取利益的，应当依照刑法第三百八十五条、第三百八十六条的规定，以受贿罪追究刑事责任。

11. 最高人民检察院研究室《关于佛教协会工作人员能否构成受贿罪或者公司、企业人员受贿罪主体问题的答复》（2003 年 1 月 13 日　〔2003〕高检研发第 2 号）

浙江省人民检察院研究室：

你室《关于佛教协会工作人员能否构成受贿罪或公司、企业人员受贿罪主体的请示》（检研请〔2002〕9 号）收悉。经研究，答复如下：

佛教协会属于社会团体，其工作人员除符合刑法第九十三条第二款的规定属于受委托从事公务的人员外，既不属于国家工作人员，也不属于公司、企业人员。根据刑法的规定，对非受委托从事公务的佛教协会的工作人员利用职务之便收受他人财物，为他人谋取利益的行为，不能按受贿罪或者公司、企业人员受贿罪追究刑事责任。

12. 最高人民检察院《关于贯彻执行〈全国人民代表大会常务委员会关于《中华人民共和国刑法》第九十三条第二款的解释〉的通知》（2000 年 6 月 5 日　高检发研字〔2000〕12 号）（节录）

三、各级检察机关在依法查处村民委员会等村基层组织人员贪污、受贿、挪用公款犯罪案件过程中，要根据《解释》① 和其他有关法律的规定，严格把握界限，准确认定村民委员会等村基层组织人员的职务活动是否属于协助人民政府从事《解释》所规定的行政管理工作，并正确把握刑法第三百八十二条、第三百八十三条贪污罪，第三百八十四条挪用公款罪和第三百八十五条、第三百八十六条受贿罪的构成要件。对村民委员会等村基层组织人员从事属于村民自治范围的经营、管理活动不能适用《解释》的规定。

四、各级检察机关在依法查处村民委员会等村基层组织人员涉嫌贪污、受贿、挪用公款犯罪案件过程中，要注意维护农村社会的稳定，注重办案的法律效果与社会效果的统一。对疑难、复杂、社会影响大的案件，下级检察机关要及时向上级检察机关请示。上级检察机关要认真及时研究，加强指导，以准确适用法律，保证办案质量。

13. 最高人民法院《全国法院审理经济犯罪案件工作座谈会纪要》（2003 年 11 月 13 日　法〔2003〕167 号）（节录）

三、关于受贿罪

（一）关于“利用职务上的便利”的认定

刑法第三百八十五条第一款规定的“利用职务上的便利”，既包括利用本人职务上主管、负责、承办某项公共事务的职权，也包括利用职务上有隶属、制约关系的其他国家工作人员的职权。担任单位领导职务的国家工作人员通过不属自己主管的下级部门的国家工作人员的职务为他人谋取利益的，应当认定为“利用职务上的便利”为他人谋取利益。

---

① 指全国人大常委会《关于〈中华人民共和国刑法〉第九十三条第二款的解释》，下同。——作者注

（二）“为他人谋取利益”的认定

为他人谋取利益包括承诺、实施和实现三个阶段的行为。只要具有其中一个阶段的行为，如国家工作人员收受他人财物时，根据他人提出的具体请托事项，承诺为他人谋取利益的，就具备了为他人谋取利益的要件。明知他人有具体请托事项而收受其财物的，视为承诺为他人谋取利益。

（三）“利用职权或地位形成的便利条件”的认定

刑法第三百八十八条规定的“利用本人职权或者地位形成的便利条件”，是指行为人与被其利用的国家工作人员之间在职务上虽然没有隶属、制约关系，但是行为人利用了本人职权或者地位产生的影响和一定的工作联系，如单位内不同部门的国家工作人员之间、上下级单位没有职务上隶属、制约关系的国家工作人员之间、有工作联系的不同单位的国家工作人员之间等。

（四）离职国家工作人员收受财物行为的处理

参照《最高人民法院关于国家工作人员利用职务上的便利为他人谋取利益离退休后收受财物行为如何处理问题的批复》规定的精神，国家工作人员利用职务上的便利为请托人谋取利益，并与请托人事先约定，在其离职后收受请托人财物，构成犯罪的，以受贿罪定罪处罚。

（五）共同受贿犯罪的认定

根据刑法关于共同犯罪的规定，非国家工作人员与国家工作人员勾结，伙同受贿的，应当以受贿罪的共犯追究刑事责任。非国家工作人员是否构成受贿罪共犯，取决于双方有无共同受贿的故意和行为。国家工作人员的近亲属向国家工作人员代为转达请托事项，收受请托人财物并告知该国家工作人员，或者国家工作人员明知其近亲属收受了他人财物，仍按照近亲属的要求利用职权为他人谋取利益的，对该国家工作人员应认定为受贿罪，其近亲属以受贿罪共犯论处。近亲属以外的其他人与国家工作人员通谋，由国家工作人员利用职务上的便利为请托人谋取利益，收受请托人财物后双方共同占有的，构成受贿罪共犯。

国家工作人员利用职务上的便利为他人谋取利益，并指定他人将财物送给其他人，构成犯罪的，应以受贿罪定罪处罚。

（六）以借款为名索取或者非法收受财物行为的认定

国家工作人员利用职务上的便利，以借为名向他人索取财物，或者非法收受财物为他人谋取利益的，应当认定为受贿。具体认定时，不能仅仅看是否有书面借款手续，应当根据以下因素综合判定：(1) 有无正当、合理的借款事由；(2) 款项的去向；(3) 双方平时关系如何、有无经济往来；(4) 出借方是否要求国家工作人员利用职务上的便利为其谋取利益；(5) 借款后是否有归还的意思表示及行为；(6) 是否有归还的能力；(7) 未归还的原因；等等。

（七）涉及股票受贿案件的认定

在办理涉及股票的受贿案件时，应当注意：(1) 国家工作人员利用职务上的便利，索取或非法收受股票，没有支付股本金，为他人谋取利益，构成受贿罪的，其受贿数额按照收受股票时的实际价格计算。(2) 行为人支付股本金而购买较有可能升值的股票，由于不是无偿收受请托人财物，不以受贿罪论处。(3) 股票已上市且已升值，行为人仅支付股本金，其“购买”股票时的实际价格与股本金的差价部分应认定为受贿。

14.《中华人民共和国建筑法》（1998 年 3 月 1 日）（节录）

第十七条 发包单位及其工作人员在建筑工程发包中不得收受贿赂、回扣或者索取其他好处。

承包单位及其工作人员不得利用向发包单位及其工作人员行贿、提供回扣或者给予其他好处等不正当手段承揽工程。

第六十八条 在工程发包与承包中索贿、受贿、行贿，构成犯罪的，依法追究刑事责任；不构成犯罪的，分别处以罚款，没收贿赂的财物，对直接负责的主管人员和其他直接责任人员给予处分。

对在工程承包中行贿的承包单位，除依照前款规定处罚外，可以责令停业整顿，降低资质等级或者吊销资质证书。

15.《中华人民共和国检察官法（2001年修正）》（1995年7月1日）（节录）

第三十五条 检察官不得有下列行为：

（二）贪污受贿。

第三十六条 检察官有本法第三十五条所列行为之一的，应当给予处分；构成犯罪的，依法追究刑事责任。

16.《中华人民共和国法官法（2001年修正）》（1995年7月1日）（节录）

第三十二条 法官不得有下列行为：

（二）贪污受贿。

第三十三条 法官有本法第三十二条所列行为之一的，应当给予处分；构成犯罪的，依法追究刑事责任。

17.《中华人民共和国对外贸易法（2004年修正）》（1994年5月12日）（节录）

第六十五条第二款 依照本法负责对外贸易管理工作的部门的工作人员利用职务上的便利，索取他人财物，或者非法收受他人财物为他人谋取利益，构成犯罪的，依法追究刑事责任；尚不构成犯罪的，依法给予行政处分。

四、单位受贿罪

【概念与构成】

单位受贿罪，是指国家机关、国有公司、企业、事业单位、人民团体，索取、非法收受他人财物，为他人谋取利益，情节严重，或者在经济往来中，在账外暗中收受各种名义的回扣、手续费的行为。构成本罪需要具备以下四个要件：

（一）客体要件。本罪侵犯的客体，是国有单位正常管理活动和声誉。

本罪的对象是财物、回扣、手续费。其所有权人既可以是单位也可以是自然人；其主要包括有价值或使用价值的商品、物品、有价证券、货币等。

（二）客观要件。本罪在客观表现上，有两项内容：

1. 索取、收受他人的财物，为他人谋取利益，情节严重的行为。例如商业银行利用发放贷款的职务便利，向申请贷款的单位或个人索要好处费、回扣等。索取，是指主动向他人索要；收受是指非主动地接受；为他人谋取利益既包括非法利益，也包括正当利益。至于是否实现了为他人谋取利益，并不影响本罪成立。在这里，无论是索取贿赂形式还是收受贿赂形式，都要求同时具备为他人谋取利益的要件，而且必须是情节严重的。所谓情节严重，主要是指索取、收受他人大量财物或者索取、收受他人财物，为他人谋取利益，给国家利益造成重大损害的。

2. 在经济往来中，在账外暗中收受各种名义的回扣、手续费的行为。如果国家机关、国家公司、企业、事业单位、人民团体实施了索取、收受他人财物、为他人谋取利益的行为但索取、收受的财物不足定罪标准，并且没有其他严重情节，则应按一般单位受贿行为对待，不宜按犯罪处理。另外，对于实施了索取、收受他人财物的行为，但没有为他人谋取利益的，或者对于收受回扣和手续费在账上记载的，也不宜按犯罪论处。

（三）主体要件。本罪的主体是国有单位，包括：国家机关、国有公司、企业、事业单位、人民团体。这里国家机关是指国家的权力机关、行政机关、审判机关、检察机关和军队中的机关。国有公司、企业是指财产完全属于国家所有的公司、企业。国有事业单位是指国家主办的文化、体育 、教育 、卫生、科研机构。人民团体是指由国家预算划拨经费的政治性群众组织，如各民主党派、各级工会组织、共青团、妇联、工商联等。集体经济组织、中外合资企业、中外合作企业、外商独资企业和私营企业，不能成为单位受贿罪的主体。

（四）主观要件。本罪在主观方面表现为直接故意。即国有公司、企业、事业单位、机关、团体具有索取或者收受贿赂，为他人谋取利益的动机、目的。单位受贿罪的这种故意，是经单位决策机构的授权或同意，由其直接负责的主管人员和其他责任人员故意收受或索取贿赂的行为表现出来的，是法人整体意志的体现。

【立案标准】

最高人民检察院《关于人民检察院直接受理立案侦查案件立案标准的规定（试行）》（1999年9月16日　高检发释字〔1999〕2号）（节录）

（四）单位受贿案（第387条）

单位受贿罪是指国家机关、国有公司、企业、事业单位、人民团体，索取、非法收受他人财物，为他人谋取利益，情节严重的行为。

索取他人财物或者非法收受他人财物，必须同时具备为他人谋取利益的条件，且是情节严重的行为，才能构成单位受贿罪。

国家机关、国有公司、企业、事业单位、人民团体，在经济往来中，在账外暗中收受各种名义的回扣、手续费的，以单位受贿罪追究刑事责任。

涉嫌下列情形之一的，应予立案：

1. 单位受贿数额在10万元以上的；

2. 单位受贿数额不满10万元，但具有下列情形之一的：

（1）故意刁难、要挟有关单位、个人，造成恶劣影响的；

（2）强行索取财物的；

（3）致使国家或者社会利益遭受重大损失的。

【司法认定】

（一）单位受贿罪与非罪的界限

1. 单位受贿罪与一般单位受贿行为的界限

根据刑法的规定，构成本罪必须是为他人谋取利益且情节严重的行为。因此，如果没有为他人谋取利益，或者虽然为他人谋取利益，情节不严重的，都不能构成本罪，是一般单位受贿行为。所谓情节严重，可参照最高人民检察院的上述立案标准来判定。此外，非国有单位受贿的，也是一般受贿行为，不构成本罪。

2. 单位受贿罪与单位收受正当回扣、手续费的界限

单位在经济往来中，在账外暗中收受各种名义的回扣、手续费的，构成单位受贿罪。单位依照法律规定或者商品交换中的惯例收受的正当的回扣、手续费，按单位收入入账，是合法的行为，不构成单位受贿罪。二者区分的关键是看收受的回扣、手续费是否是依法收受。单位依法收受的回扣、手续费是合法行为。单位在账外暗中非法收受回扣、手续费，实际上是收受贿赂的行为，可以构成本罪。

3. 单位受贿罪与单位在经济往来中不正之风的界限

单位受贿罪是在经济往来中，进行权钱交易，国有单位以国家授予的职权的便利条件，收受他人财物，为他人谋取利益的犯罪行为。经济往来中的不正之风，是指在经济交往活动中，以公款请客送礼，互相给予免费旅游等。这是一种经济往来中的不正之风，不构成单位受贿罪，应给予直接责任人员行政、纪律处分，不能以单位受贿罪追究刑事责任。

4. 单位受贿罪与以单位名义接受捐赠、接受赞助的界限

单位受贿罪是以单位的权利与行贿单位进行权钱交易，行贿、受贿双方都有违法谋取利益的目的，因而是非法的，情节严重的，构成犯罪。单位接受捐赠、赞助是无代价的接受，根据政策、法律规定的项目，如残疾人的福利基金、希望工程、防汛救灾、抢险救灾等捐款；兴办社会福利事业的单位接受有关单位和个人捐赠的款物，都是无偿的赠与，这是对社会有益的行为，是合法的行为，不能以犯罪论处。区分的关键是看单位接收的款物项目是否有国家政策法律依据。有国家政策法律依据的项目就是合法的接受捐赠，是合法行为。否则，以接受捐赠为名，实际上以职权为他人谋利，收受他人财物的行为，则是单位受贿犯罪行为。

5. 单位受贿罪与非国有单位受贿行为的界限

我国刑法规定的单位受贿罪的主体只限于国有单位，即国家机关、国有公司、企业、事业单位、人民团体。非国有单位也可能实施索取、非法收受他人财物，为他人谋利益的行为，但只能是一般违法行为，给予单位的直接责任人员行政、纪律处分，不构成单位受贿罪。

（二）单位受贿罪与相关犯罪的界限

1. 单位受贿罪与受贿罪的界限

单位受贿罪也是通过直接负责的主管人员和其他直接责任人员来实施的，很容易与受贿罪相混淆。两者的区别主要表现在三方面：

一是单位受贿罪是在单位意志支配下，以单位名义实施的；受贿罪则是国家工作人员在自己个人意志支配下，为谋取私利而进行的。简单地讲，前者是单位犯罪，后者是自然人犯罪。

二是单位受贿罪中收受的他人财物，要归单位整体所有，即直接责任人员的行为为单位带来了非法利益；而受贿罪中收受的财物归被受贿人个人非法占有。司法实践中，单位的意志是由主要领导决定形成的，只要该领导者决定后实施的受贿行为是以单位名义进行的，并且非法利益也归单位，就应认定为单位受贿罪。如果是单位成员（主要是领导）假借单位名义索取、收受他人财物，但把财物占为己有的，则应按个人受贿罪处理。

三是单位受贿罪无论是索取贿赂形式还是收受贿赂形式，都要求同时具备为他人谋取利益的要件，而且必须是情节严重的；而受贿罪收受贿赂须同时具备为他人谋取利益的要件，索取贿赂则不要求具备为他人谋取利益的要件，并且没有情节严重的要求。

2. 单位受贿罪与非国家工作人员受贿罪的界限

二者的区别主要表现在以下四个方面：

一是犯罪主体不同。本罪是单位犯罪，其主体是国家机关、国有公司、企业、事业单位、人民团体；非国家工作人员受贿罪是自然人犯罪，其主体是非国有公司、企业或者其他单位的工作人员。

二是犯罪意志形成过程不同。本罪的犯罪意志形成过程可能是领导个别决定的，也可能是由决策机构集体决定的，但单位直接负责人员的行为都是在单位意志的支配下，以单位名义实施的；非国家工作人员受贿罪则纯粹是在个人的自由意志支配下决定的。

三是受贿所得去向不同。本罪的受贿所得归单位所有，犯罪行为给单位带来了非法利益，犯罪所得亦归属于单位，从事单位犯罪的个人并没有从犯罪所得得到额外分成；而非国家工作人员受贿罪所得完全归个人所有。

四是对构成犯罪法定后果的要求不同。本罪要求具有“情节严重”的后果，所谓情节严重主要是指索取、收受他人大量财物或者索取、收受他人财物，为他人谋取利益，给国家利益造成重大损害的。最高人民检察院《关于人民检察院直接受理立案侦查案件立案标准的规定》（试行）中已有明确规定；而非国家工作人员受贿罪要求“数额较大”，所谓“数额较大”，参照最高人民法院《关于办理违反公司法受贿、侵占、挪用等刑事案件适用法律若干问题的解释》第1条规定，是指索取或收受5000元至20000元以上者。

【刑事责任】

《刑法》第387条规定：犯单位受贿罪，对单位判处罚金，并对其直接负责的主管人员和其他直接责任人员，处五年以下有期徒刑或者拘役。

【办案依据】

1.《中华人民共和国刑法》（1997年3月14日修订）（节录）

第三百八十七条　国家机关、国有公司、企业、事业单位、人民团体，索取、非法收受他人财物，为他人谋取利益，情节严重的，对单位判处罚金，并对其直接负责的主管人员和其他直接责任人员，处五年以下有期徒刑或者拘役。

前款所列单位，在经济往来中，在账外暗中收受各种名义的回扣、手续费的，以受贿论，依照前款的规定处罚。

2.《中华人民共和国刑法修正案（九）》（2015年8月29日）

四十九：将刑法第三百九十三条修改为：“单位为谋取不正当利益而行贿，或者违反国家规定，给予国家工作人员以回扣、手续费，情节严重的，对单位判处罚金，并对其直接负责的主管人员和其他直接责任人员，处五年以下有期徒刑或者拘役，并处罚金。因行贿取得的违法所得归个人所有的，依照本法第三百八十九条、第三百九十条的规定定罪处罚。”

3. 最高人民法院、最高人民检察院《关于办理商业贿赂刑事案件适用法律若干问题的意见》（2008年11月20日）（参见本书第63～64页）

五、利用影响力受贿罪

【概念与构成】

利用影响力受贿罪，是指国家工作人员的近亲属或其他与该国家工作人员关系密切的人，通过该国家工作人员职务上的行为，或利用该国家工作人员职权或地位形成的便利条件，通过其他国家工作人员职务上的行为，或离职的国家工作人员或者其近亲属以及其他与其关系密切的人，利用该离职的国家工作人员原职权或者地位形成的便利条件，通过其他国家工作人员职务上的行为，为请托人谋取不正当利益，索取请托人财物，或者非法收受请托人财物，数额较大或有其他严重情节的行为。《中华人民共和国刑法修正案（七）》新增了利用影响力受贿罪，首次将“影响力”犯罪纳入到刑事范畴中。构成本罪需要具备以下四个要件：

（一）客体要件。对于本罪侵犯的客体，刑法学界看法不一。根据我国目前理论界的通说，受贿罪侵犯的客体是国家工作人员职务行为的廉洁性。而本罪的行为人是利用国家工作人员的职务行为或者是利用国家工作人员职权或地位形成的便利条件，去为请托人谋取不正当利益，使国家工作人员的职权受到损害，从而侵犯了公职人员职务行为的正当性。国家工作人员的职权是国家依法授予的，也只能在职权范围内依法行使才是正当的，一切基于“近亲属”、“关系密切”的人情关系而超越职权、滥用职权都是不正当的行为。因此，我们支持将利用影响力受贿罪侵犯的客体定位为对职务行为正当性的侵犯。

（二）客观要件。本罪在客观方面有两种表现：

一是关系密切人通过该国家工作人员职务上的行为，为请托人谋取不正当利益，索取请托人财物，或者非法收受请托人财物，数额较大或有其他严重情节的行为；或是关系密切人，利用该国家工作人员职权或地位形成的便利条件，通过其他国家工作人员职务上的行为，为请托人谋取不正当利益，索取请托人财物，或者非法收受请托人财物，数额较大或有其他严重情节的行为。

二是离职的国家工作人员或其关系密切人，利用该离职的国家工作人员原职权或地位形成的便利条件，通过其他国家工作人员职务上的行为，为请托人谋取不正当利益，索取请托人财物，或者非法收受请托人财物，数额较大或有其他严重情节的行为。

在司法认定中应注意以下问题：

1. 本罪客观行为的本质特征是利用影响力

利用影响力，是本罪与受贿犯罪的质的区别。所谓影响力是指一个人在与他人交往的过程中，影响或改变他人心理和行为的一种能力[①]。有人将影响力划分为权力性影响力和非权力性影响力。权力性影响力是权力因素在组织和社会的作用下而产生的强制性影响，以外推力的形式发生作用，具有不可抗拒性、强迫性和外在性的特点。而非权力性影响力是领导者自身的非权力因素所产生的自然影响力。它是由领导者的人格因素引起的，为被领导者认可，以内驱力的形式影响

① 李德民：《非正式组织和非权力性影响力》，载《中国行政管理》1997年第9期，第23页。

和改变被领导者心理与行为的一种力量。[1] 这样，厘清了影响力的含义之后，我们可以用它来分析利用影响力进行交易行为的具体情况，以便于将利用影响力受贿行为与其他贿赂犯罪行为区分开来。

按照条文规定，行为人利用影响力，主要表现在以下三个方面：

一是国家工作人员的“近亲属”和与其“关系密切”的人，利用与国家工作人员“关系密切”这一千丝万缕的联系所形成的影响力。

二是国家工作人员的“近亲属”、与其“关系密切”的人，利用与之有密切关系的国家工作人员的职权或者地位形成的便利条件所形成的影响力。这种影响力在司法实践中表现为两种情况：一种是行为人通过利用行为人与国家工作人员关系密切所形成的影响力，使该国家工作人员利用自己的职权或地位形成的便利条件，通过该国家工作人员的职务行为为请托人谋取不正当利益。另一种是行为人直接利用与之有密切关系的国家工作人员职权或地位形成的便利条件，通过其他国家工作人员的职务行为为请托人谋取不正当利益。

三是离职的国家工作人员或者其近亲属、与其“关系密切”的人，“利用该离职的国家工作人员原职权或者地位形成的便利条件所形成的影响力”。

上述三种利用影响力的行为，都是通过行为人以外的国家工作人员的职务上的行为发挥作用，而行为人本身并不具有相应的职权。所以，本罪的本质特征只能是利用影响力，而不是行为人的职权。

2. 本罪的交易条件是为请托人谋取不正当利益

利用影响力受贿的条件是为“请托人谋取不正当利益”。什么是不正当利益？“两高”司法解释中规定：是指谋取违反法律、法规、国家政策和国务院各部门规章规定的利益，以及要求国家工作人员或者有关单位提供违反法律、法规、国家政策和国务院各部门规章规定的帮助和方便条件。本罪中规定的“不正当利益”是一个包括物质利益和非物质利益在内极为宽泛的概念，它与受贿犯罪以“谋取利益”为条件的范畴是不同的。也就是说，如果行为人为请托人谋取的是“正当利益”，则不符合本罪的客观要件，所以，这也是本罪与受贿犯罪构成上的区别之一。

3. 本罪的交易对象是财物

行为人为请托人谋取不正当利益，其对价物的内容是财物。所以，行为人在客观方面实施的标志性行为就是“索取请托人财物或者收受请托人财物”。

4. （原）职权或者地位形成的便利条件

（原）职权或者地位形成的便利条件的含义，学界有不同的看法。我们认

---

[1] 张永恒：《充分发挥领导者的非权力影响力》，载《理论视野》2005 年第 6 期，第 15 页。

为，对此，可以参照2003年最高人民法院《全国法院审理经济犯罪案件工作座谈会议纪要》第3条第3项对《刑法》第388条规定的“利用本人职权或者地位形成的便利条件”的解释办理，即指行为人与被其利用的国家工作人员之间在职务上虽然没有隶属、制约关系，但是行为人利用了本人职权或者地位产生的影响和一定的工作联系，如单位内不同部门的国家工作人员之间、上下级单位没有职务上隶属、制约关系的国家工作人员之间、有工作联系的不同单位的国家工作人员之间等。

（三）主体要件。利用影响力受贿罪为特殊主体，即包括年满16周岁，具有刑事责任能力的国家工作人员的近亲属或者其他与该国家工作人员关系密切的人；离职的国家工作人员或者其近亲属以及其他与其关系密切的人。本罪属自然人犯罪，不包括单位。在司法认定中有以下问题需要注意：

1. 近亲属的范畴

我国关于近亲属的范畴，在不同的部门法中具有不同的规定。多数学者认为，《刑事诉讼法》第82条第（6）项将祖父母、外祖父母、孙子女、外孙子女以及同父异母或者同母异父的兄弟姐妹、养兄弟姐妹、继兄弟姐妹等非同胞兄弟姐妹等亲属排除出近亲属之列，不仅与我国民事、行政方面的法律规定及司法解释相矛盾，与我国的传统的亲属观念不相符合，也缺乏现实合理性。因此，考虑到传统的亲属伦理观念、现实合理性以及利用影响力受贿罪的立法目的在于惩治特定人员利用影响力受贿的行为等因素，对于利用影响力受贿罪中的“近亲属”而言，《刑事诉讼法》第82条第（6）项规定的“近亲属”的范围明显过窄，应予适当扩大，目前应以最高人民法院《关于执行〈民法通则〉若干问题的意见（试行）》所确定的“近亲属”的范围为宜。

2. 关系密切人的范畴

利用影响力受贿罪，将“关系密切人”的范围定为“国家工作人员的近亲属或者其他与该国家工作人员关系密切的人”，而并没有明确哪些是“与该国家工作人员关系密切的人”，这属于刑法的模糊性术语。然而，这种模糊性术语在司法实践中却带来了诸多不便，到底以什么样的标准去确定行为人是否属于“关系密切人”，这直接关系到“关系密切人”的范围大小，打击犯罪的范畴。

从司法实践中来看，我们认为，判断“关系密切人”应由法律或法规规定采用事后推定法进行判断，以利于在实践中把握。即如果行为人可以通过国家工作人员职务上的行为，或者利用该国家工作人员职权或者地位形成的便利条件，通过其他国家工作人员职务上的行为，为请托人谋取不正当利益，索取请托人财物或者收受请托人财物，则可以推定行为人与该国家工作人员关系密切，其就应认定“关系密切人”。

职务犯罪侦查办案一本通

3. 离职的国家工作人员

根据《刑法》第93条的规定，国家工作人员指包括国家机关中从事公务的人员；国有公司、企业、事业单位、人民团体中从事公务的人员；国家机关、国有公司、企业、事业单位委派到非国有公司、企业、事业单位、社会团体从事公务的人员；其他依照法律从事公务的人员。离职的国家工作人员即指曾经是国家工作人员，但由于离休、退休、辞职、辞退等原因，现在已经不再行使国家管理职能，从事与职权相联系的公共事务以及监督、管理国有财产的职务活动的人。①

4. 利用影响力受贿罪的主体可由国家工作人员构成

有人认为，利用影响力受贿罪法律规定的犯罪主体只能由非国家工作人员构成，如果主体是国家工作人员，则应构成《刑法》第388条的斡旋型受贿罪。②但我们认为，这个问题有待于进一步考证。根据《刑法修正案（七）》对利用影响力受贿罪的解释为：国家工作人员的近亲属或者其他与该国家工作人员关系密切的人，通过该国家工作人员职务上的行为，或者利用该国家工作人员职权或者地位形成的便利条件，通过其他国家工作人员职务上的行为，为请托人谋取不正当利益，索取请托人财物或者收受请托人财物。也就是说，与国家工作人员关系密切的人利用国家工作人员职权，通过其他国家工作人员职务上的行为，为请托人谋取不正当利益时，主观上并没有与该国家工作人员事前或事中进行共同受贿的故意，才使与国家工作人员关系密切的人构成利用影响力受贿罪。若是与该国家工作人员在事前或事中有共同受贿的故意，则与该国家工作人员一起构成受贿罪的共犯。这个解释中，并没有指出主体一定是非国家工作人员。国家工作人员也可以作为关系密切的人，只要双方没有共同受贿的故意，同样也可以构成利用影响力受贿罪。

上述犯罪主体的范围较之过去“两高”司法解释中使用的“特定关系人”范围要大些，但也必须严格掌握界限，不能把单纯利用亲情、人情关系为请托人谋取不正当利益的人都视为本罪主体。

（四）主观要件。行为人主观方面是出于故意，其目的是索取或收受请托人财物。本罪的故意内容应当包括两个方面：一是故意以影响力为请托人谋取不正当利益；二是以占有请托人财物为目的。在司法实践中，只要行为人利用影响力为请托人谋取不正当利益的行为已经实施，不论是事前索取或收受请托人财物还是事后获取财物，均不影响主观要件的成立。

---

① 葛磊：《〈刑法修正案〉（七）深度解读与实务》，中国法制出版社2009年版。

② 赵秉志2009年10月接受《法制日报》记者的采访。

【立案标准】

《刑法修正案（七）》出台后，至今为止没有司法解释对本罪的立案标准加以规定，如何认定学界认识不一。第一种观点认为，利用影响力受贿罪的社会危害性小于受贿罪，法定刑明显低于受贿罪，其立案数额应当高于受贿罪。第二种观点认为，利用影响力受贿罪的立案数额可以参照受贿罪的立案数额。

将“数额”和“情节”同时纳入利用影响力受贿罪的构成要件，是我国贿赂罪立法的一个创新。立法之所以同时规定数额和情节两个量刑因素，且对本罪具体数额标准不作规定，主要是考虑到受贿罪与贪污罪不同。在受贿犯罪中，受贿的数额可能不大，但给国家或人民的利益造成的损失可能巨大。因此，对利用影响力受贿罪的量刑要同时考虑数额和情节因素。第一种观点认为利用影响力受贿罪的社会危害性小于受贿罪，并不能当然得出其立案数额应当高于受贿罪立案数额标准的结论。正是由于利用影响力受贿罪的社会危害性相比直接利用职权受贿要轻，立法者才对利用影响力受贿罪规定了比受贿罪更轻的法定刑，这本身就是对利用影响力受贿罪一般违法性程度的法律评价。

我们赞成第二种观点。关于本罪的立案标准，在新的司法解释出台之前，建议参照1999年《最高人民检察院关于人民检察院直接受理立案侦查案件立案标准的规定（试行）》中关于受贿罪立案数额的规定。依据其规定，“受贿立案数额为：（1）个人受贿数额在5000元以上的；（2）个人受贿金额不满5000元，但具有下列情形之一的：因受贿行为而使国家或者社会利益遭受重大损失的；故意刁难、要挟有关单位、个人，造成恶劣影响的；强行索取财物的”。

【司法认定】

（一）本罪与行为人收受贿赂与接受馈赠的区别

接受馈赠是与职务行为无关的，根源于我国礼尚往来风俗习惯的公民间的正常行为。接受馈赠与收受贿赂在实质上截然不同，接受馈赠是合法的、正当的，接受亲朋好友纯粹因为感情或亲情而无条件给予的财物；而收受贿赂是以交易为目的，以做出某种有社会危害性的行为为交易对象的非法行为。我们认为，要区别这两种行为要从以下几点入手：第一，馈赠者必须是与接受馈赠者较为亲密以当地风俗适合给予接受者馈赠的自然人；第二，给予馈赠的原因必须是基于当地风俗习惯；第三，馈赠财物的数额应该考虑当地消费水平和风俗中相应馈赠的轻重习惯。

（二）本罪与正常借款行为的界限

司法实践中，有些本罪的犯罪嫌疑人，为逃避法律追究，往往辩称是向请托人的借款。两者的界限容易混淆。《全国法院审理经济犯罪案件工作座谈会纪要》中有关受贿罪法律适用问题部分的规定，国家工作人员利用职务上的便利，以借为名向他人索取财物，或者非法收受财物为他人谋取利益的，应当认定为受贿。具体认定时，不能仅仅看是否有书面借款手续，应当根据以下因素综合判定：(1) 有无正当、合理的借款事由；(2) 款项的去向；(3) 双方平时关系如何、有无经济往来；(4) 出借方是否要求国家工作人员利用职务上的便利为其谋取利益；(5) 借款后是否有归还的意思表示及行为；(6) 是否有归还的能力；(7) 未归还的原因；等等。应当说，该司法文件为我们具体认定“名借实贿”提供了总体方针和指导性意见，是我们处理此类案件的重要参考依据。

(三) 本罪与受贿罪的界限

两罪的相同点表现在两个方面：1. 主观方面相同。两个犯罪行为主观方面都表现为故意。即行为人明知自己的行为违反法律规定或者违反职务职责要求，仍决意实施索取或者收受他人财物的行为。受贿的故意可以产生在为他人谋取利益之前，也可以产生在为他人谋取利益之后，受贿故意产生的先后对成立犯罪没有影响。行为人构成利用影响力受贿罪还必须以其与该国家工作人员或者其他国家工作人员没有共同的受贿故意为前提。如果行为人与该国家工作人员或者其他国家工作人员存在着共同的受贿故意，则不构成利用影响力受贿罪，而应当构成受贿罪的共犯。2. 交易对象都是财物。有关“贿赂”的范围本书在上文已经阐述。

两罪的不同点表现在三个方面：1. 侵犯的客体不同。受贿罪侵犯的客体是国家工作人员职务活动的廉洁性，同时在一定程度上还可能对国家机关、国有公司、企业、事业单位、人民团体的正常管理活动造成妨碍。利用影响力受贿罪的犯罪客体不同于受贿罪的客体。行为人是利用国家工作人员的职务行为或者是利用国家工作人员职权或地位形成的便利条件，或者利用离职的国家工作人员原职权或者地位形成的便利条件，为请托人谋取不正当利益，使国家工作人员的职权受到损害，从而侵犯了公职人员职务行为的正当性。国家工作人员的职权是依法授予的，也只能在职权范围内依法行使才是正当的。一切基于“近亲属”、“关系密切的人”的关系而超越职权、滥用职权都是不正当的行为。因此，利用影响力受贿罪的客体就应理解为对国家工作人员行为正当性的侵犯。因而二犯罪行为的客体存在明显差异。2. 客观方面不同。这是二犯罪行为最本质的区别。(1) 行为方式不同。受贿罪利用的是行为人职务上的便利，利用的职务便利侧重于对事项的决定和处置的管理性。其中斡旋受贿行为必须是行为人利用自己的职权或者地位形成的便利条件，通过其他国家工作人员的职务行为来进行。行为人与被利用的国家工作人员之间虽然没有隶属、制约关系，但是行为人利用了本人职权或者地位产生的影响和工作联系。而利用影响力受贿罪的行为方式分为两种：一是行为人利用其与国家工作人员的特殊关系，对国家工作人员施加影响，促使国家工作人员利用职务上的便利，为请托人谋取不正当利益，从而索取或者收受请托人的财物；二是行为人利用国家工作人员的职权或者地位形成的便利条件，通过其他国家工作人员职务上的行为，为请托人谋取不正当利益，索取或者收受请托人的财物。为请托人谋取不正当利益是否已经实现并不影响利用影响力受贿罪的成立。(2) 对“谋利”的要求不同。受贿行为有索取和收受两种方式：一是索取他人财物，是主动索要，请托人则是被迫给予财物。索贿人的主观恶性程度高于被动收受者，因此此时不要求以为他人谋取利益为必要条件；二是非法收受他人财物，是被动收受财物，此时必须具有为他人谋取利益的行为。同时，所谋取的利益既可以是正当利益，也可以是不正当利益，即为他人谋取的利益是否正当并不影响受贿罪的成立。并且受贿人为他人谋取的利益是否实现也不影响受贿罪的成立。而斡旋受贿与利用影响力受贿罪都要求必须是为请托人谋取利益，且必须是不正当利益。如果谋取的是正当利益则不成立“斡旋受贿”与利用影响力受贿罪。根据“两高”的相关司法解释，所谓不正当利益应包括以下三个方面：一是违反法律、法规、规章或者政策的利益。这里的“规章”、“政策”既包括国务院的部门规章和政策，也包括地方各级党委、政府制定的规章和政策，也包括各部门的行业规范，称之为非法实体利益；二是要求国家工作人员或有关单位违反法律、法规、规章、政策、行业规范的规定提供帮助或方便条件，即非法程序利益；三是在招标、政府采购等商业活动中，违反公平原则，给予相关人员谋取竞争优势。(3) 主体不同。受贿罪的主体是国家工作人员，即特殊主体，其范围应当按照《刑法》第 93 条的规定来确定。而利用影响力受贿罪的主体为年满 16 周岁，具有刑事责任能力的国家工作人员的近亲属或者其他与该国家工作人员关系密切的人；离职的国家工作人员或者其近亲属以及其他与其关系密切的人。

(四) 本罪与受贿罪共犯的界限

典型案例：

李某系县委书记邵某的妻子，在本县人民医院兴建住院部大楼之际，李某利用邵某的身份和职权形成的便利条件，通过该医院原院长周某、原党委书记薛某(均另案处理) 职务上的行为令原本不能中标的某建筑公司获得了该医院住院部大楼工程的承建权。在此过程中，李某先后收取该建筑公司给付的贿赂款总计 30 余万元。本案中，对于李某行为的定性，存在两种意见：第一种意见认定李某的行为成立受贿罪共犯；第二种意见则认定李某的行为成立利用影响力受贿罪。

构成利用影响力受贿罪的前提，是行为人在国家工作人员不知情的情况下实施的犯罪行为，如果非国家工作人员与国家工作人员勾结，伙同受贿的，应当以受贿罪的共犯追究刑事责任。这就牵涉到对受贿罪共犯问题的准确把握。

根据《刑法》第 25 条的规定：成立共同犯罪，行为人应当具有共同的犯罪故意和共同的犯罪行为。基于此，国家工作人员与特定关系人构成受贿罪共同犯罪需要同时满足共同的受贿故意和共同的受贿犯罪行为两个条件。

《全国法院审理经济犯罪案件工作座谈会纪要》（以下简称《纪要》）和最高人民法院、最高人民检察院《关于办理受贿刑事案件适用法律若干问题的意见》（以下称《意见》）分别对受贿罪共同犯罪进行了明确的规定。其中，《纪要》规定：非国家工作人员与国家工作人员勾结，伙同受贿的，应当以受贿罪的共犯追究刑事责任。国家工作人员的近亲属向国家工作人员代为转达请托事项，收受请托人财物并告知该国家工作人员，或者国家工作人员明知其近亲属收受了他人财物，仍按照近亲属的要求利用职权为他人谋取利益的，对该国家工作人员应认定为受贿罪，其近亲属以受贿罪共犯论处。近亲属以外的其他人与国家工作人员通谋，由国家工作人员利用职务上的便利为请托人谋取利益，收受请托人财物后双方共同占有的，构成受贿罪共犯。国家工作人员利用职务上的便利为他人谋取利益，并指定他人将财物送给其他人，构成犯罪的，应以受贿罪定罪处罚。

《意见》指出：特定关系人与国家工作人员通谋，由国家工作人员利用职务上的便利为请托人谋取利益，同时授意请托人将有关财物给予特定关系人的，构成受贿罪共犯。特定关系人以外的其他人与国家工作人员通谋，由国家工作人员利用职务上的便利为请托人谋取利益，收受请托人财物后双方共同占有的，以受贿罪的共犯论处。

综合以上法律文件，我们认为以下四种情形构成受贿罪共同犯罪：（1）特定关系人向国家工作人员代为转达请托事项，收受请托人财物并告知该国家工作人员；（2）国家工作人员明知特定关系人收受了他人财物，仍按照其要求利用职权为他人谋取利益；（3）特定关系人以外的其他人与国家工作人员通谋，由国家工作人员利用职务上的便利为请托人谋取利益，收受请托人财物后双方共同占有；（4）国家工作人员与特定关系人通谋，国家工作人员利用职务上的便利为请托人谋取利益，并授意请托人将财物给予特定关系人。

根据以上分析，我们认为，非国家工作人员是否构成受贿罪共犯，取决于双方有无共同受贿的故意和行为，国家工作人员的近亲属向国家工作人员代为转达请托事项，收受请托人财物并告知该国家工作人员，或者国家工作人员明知其近亲属收受了他人财物，仍按照近亲属的要求利用职权为他人谋取利益的，对该国家工作人员应认定为受贿罪，其近亲属以受贿罪共犯论处。近亲属以外的其他人与国家工作人员通谋，由国家工作人员利用职务上的便利为请托人谋取利益，收受请托人财物后双方共同占有的，也构成受贿罪共犯。

也可以说，国家工作人员与其近亲属或者其他与国家工作人员关系密切的人之间是否存在“通谋”将不仅影响对双方的定罪量刑，而且还会直接影响到国家工作人员罪与非罪的问题，这些问题在《刑法修正案（七）》实施前后都是一样的。不同的是，在《刑法修正案（七）》实施前，双方否认“通谋”，则双方可能都不构成犯罪；在《刑法修正案（七）》实施后，双方否认“通谋”，非国家工作人员一方则可能构成利用影响力受贿罪。因此，《刑法修正案（七）》新增利用影响力受贿罪实际上是加大了而不是减弱了对贿赂犯罪的惩治力度。

在典型案例中，李某利用邵某县委书记的身份和地位，对医院施加影响，令其将工程承包给特定建筑公司，李某行为的定性取决于其与邵某之间是否存在通谋，如果存在，那么二人构成受贿罪的共同犯罪；如果不存在，则邵某因为缺乏犯罪故意和犯罪行为而不构成犯罪，李某单独构成利用影响力受贿罪。

（五）本罪与介绍贿赂罪的区别

典型案例：

被告人初某某于2009年8月某日，受付某委托让其找人为公安机关正在侦查的曹某某一案斡旋，初找到在牡丹江某法院刑事审判庭担任助理审判员工作的朋友刘某某，让刘为曹某某等人办理从轻处罚等相关事宜，刘同意后当即给办理该案的公安人员打电话询问案件进展情况，同时刘也应允初某某待曹某某案件到法院时尽量帮忙。事后，初某某找到付某，谎称为曹家办事需要钱款，付某将此事转告给曹某某等人的亲属，曹家同意出钱办事。自2009年9月1日起，曹家分多次将40万元汇入付某账户。在此期间，被告人初某某经常与刘某某相聚（包括吃喝），刘还向初借款3千元，通过此事二人关系更加密切。案件起诉到法院后，被告人初某某随时向刘某某询问案件情况，刘某某利用担任该案合议庭成员的便利条件，将案件进展及审理情况透露给初，初再将此情况转告付某。为此，付某便分多次将40万元中的35万元交给初某某，剩余5万元按照初的要求汇入刘某某的工资卡上。后在初某某的要求下，曹家又直接汇入刘某某工资卡上10万元。事后，初某某曾两次以做生意他人给其汇款为由，向刘某某借出工资卡，先后将15万元提出占为己有。综上，被告人初某某利用刘某某在法院工作的职务行为及影响，多次向曹某某的亲属索要并收受钱款计50万元，除其中2千元用于为曹家请辩护人、3千元以借为名交给刘某某及与刘某某等人相聚时吃喝消费数千元外，剩余49万余元被初某某据为己有。

对于初某某的行为构成何种犯罪，主要有以下四种意见：

观点一：被告人初某某的行为构成诈骗罪。理由是初某某在主观上具有非法占有为目的，事前初某某与付某及要求办事的曹家还进行了商议，客观上他隐瞒了索取钱款的真相，使财物所有人、管理人信以为真，“自愿地”交出财物。因此，被告人初某某的行为构成诈骗罪。

观点二：被告人初某某的行为构成受贿罪的共犯。理由是被告人初某某本人虽然不是国家工作人员，但他与国家工作人员（法院的刘某某）相互勾结，取得财物所有人、管理人信任后，利用国家工作人员的职务便利为他人谋取利益，共同收受他人财物。因此，被告人初某某的行为构成受贿罪的共犯。

观点三：被告人初某某的行为构成介绍贿赂罪。理由是被告人初某某利用自己与国家工作人员（法院的刘某某）的关系，在行贿人和国家工作人员之间进行联系、沟通，以牵线搭桥的方式促使行贿、受贿得以实现。因此，被告人初某某的行为构成介绍贿赂罪。

观点四：被告人初某某的行为构成利用影响力受贿罪。理由是被告人初某某与国家工作人员（法院的刘某某）之间的关系较为密切，通过刘某某担任案件合议庭成员职务上的行为，为请托人谋取不正当利益，收受请托人钱款，数额特别巨大。因此，被告人初某某的行为符合利用影响力受贿罪的犯罪构成。

我国《刑法》第392条规定了介绍贿赂罪。所谓介绍贿赂罪，是指行为人明知某人欲通过行贿谋求国家工作人员的职务行为而向国家工作人员提供该信息或向国家工作人员引见该行贿人。主要表现为在行贿人与受贿人之间进行撮合、沟通，牵线搭桥，使行贿和受贿得以实现。两罪在主观方面均为故意，犯罪对象均为财物，客观方面都有收受贿赂的行为。两罪区别体现如下：

1. 主观上故意的内容不同。利用影响力受贿罪的故意内容为，明知自己是利用对国家工作人员的影响力而收受贿赂。而介绍贿赂罪的行为人主观上具有向国家工作人员介绍贿赂的故意。

2. 客观方面不尽相同。利用影响力受贿罪的客观行为如前所述。而介绍贿赂罪的行为人在客观上具有介绍行贿人与受贿人沟通关系，促使行贿实现的行为。再者，在利用影响力受贿罪中的国家工作人员对影响力者的行为有可能完全不知情，但在介绍贿赂罪里国家工作人员对介绍贿赂行为是完全知情的。

根据以上分析，再来看典型案例。首先，被告人初某某的行为不构成诈骗罪。诈骗罪是指以非法占有为目的，采用虚构事实或者隐瞒真相的方法，骗取数额较大的公私财物的行为。本案被告人初某某收取50万元的过程是：付某与初某某商议通过在法院工作的刘某某为曹家办事（初某某的确熟悉刘某某，此点付某及曹家都得到了认证）——付某及曹家交给初某某50万元要求办事——初某某通过刘某某为曹家提供了案件相关信息。因此50万元的取得过程没有欺骗，是双方的合意行为，尽管初某某隐瞒了其中打给刘某某工资卡上15万元的事实真相（因为此款是初某某向曹家索要的，刘某某并不知情，事后初某某实际占有了此款），也不能就此影响整个案件的定性，因为得到本案钱款的原因都是为了行贿。故被告人初某某的行为不符合诈骗罪的构成要件。

其次，被告人初某某的行为不构成受贿罪的共犯。被告人初某某并不是国家工作人员，其如果成为受贿罪的共犯，就需要与国家工作人员通谋，利用国家工作人员的职务便利为他人谋取利益，共同收受他人财物。本案初某某为给曹家办事虽然与刘某某多次相聚，刘某某还交给初某某3千元，但二人没有共同收受他人财物的合意，本案收受50万元是初某某个人索取的，刘某某对此并不知情，其中打到刘某某工资卡上15万元初某某也隐瞒了事实的真相，事后被初某某提走。刘某某虽然收取了三千元，但这是向初某某本人借的钱款，并非贿赂款，即刘某某并没有实际占有贿赂款。由此可见，索取贿赂款是初某某的个人行为，不是他与国家工作人员共同收受他人的钱款。故被告人初某某的行为不符合受贿罪共犯的构成要件。

最后，被告人初某某的行为不构成介绍贿赂罪。介绍贿赂罪在客观方面表现为行为人在行贿人和受贿人之间实施沟通、撮合，促使行贿与受贿得以实现。介绍贿赂人不同于行贿或受贿一方的帮助犯，他必须与贿赂行为的双方都有联系，是根据行贿、受贿双方的意图办事，在行贿人和受贿人之间进行撮合，促使国家工作人员接受贿赂的同时，介绍贿赂人也从中得到“好处”。本案被告人初某某没有撮合的故意，也没有撮合的行为（因为初某某根本就没有告诉刘某某自己收受他人贿赂款，而刘某某也没有向初某某索取贿赂款），有的是初某某教唆曹家行贿使自己从中渔利，而作为国家工作人员的刘某某对此并不知情。因此，被告人初某某的行为也不符合介绍贿赂罪的构成要件。

我们认为，被告人初某某的行为构成利用影响力受贿罪。本案被告人初某某与在法院工作的刘某某虽然是朋友，但关系可称较为密切，二人经常聚在一起吃喝玩乐，甚至刘先后两次将自己的工资卡借给初使用，刘还向初借款 3 千元。初某某利用刘某某担任曹某某案件合议庭成员的便利条件，通过刘某某提供的信息将案件进展及审理情况透露给付某及曹家，为请托人谋取不正当利益，累计索取请托人贿赂款达 50 万元（绝大部分被初占有并使用），数额特别巨大。

综上，被告人初某某主观上企图占有近 50 万元，客观上利用自己与国家工作人员即刘某某较为密切的关系，通过刘某某职务上的行为及影响，为请托人谋取不正当利益，以行贿为由多次索取请托人贿赂款计 50 万元，并将 49 万余元据为己有。因为没有证据证实刘某某对初某某索取贿赂款之事知情或占有部分钱款，所以应该由初某某单独对此承担责任，故应以利用影响力受贿罪追究初某某的刑事责任。

（六）本罪与非国家工作人员受贿罪的区别

初看《刑法》第 163 条规定的非国家工作人员受贿罪与第 388 条规定的利用影响力受贿罪，两者的主体都是非国家工作人员，但深究起来，非国家工作人员受贿罪的主体是特殊主体，即公司、企业或者其他单位工作人员，而利用影响力受贿罪的主体是除国家工作人员以外的所有人，即利用影响力受贿罪的犯罪主体包含了非国家工作人员受贿罪的犯罪主体。另外，在犯罪客体方面，非国家工作人员受贿罪侵犯的是国家对公司、企业和其他单位的管理秩序和社会主义公平竞争的交易秩序，而利用影响力受贿罪则侵犯了国家工作人员的职务廉洁性以及国家机关、国有企事业单位的正常工作秩序，两者的社会危害程度不同。在犯罪客观方面，非国家工作人员受贿罪的行为人利用的是自己在本单位的职务便利，而利用影响力受贿罪的行为人则是利用了与其关系密切的国家工作人员的身份优势，即影响力。

（七）本罪与诈骗罪的界限

利用影响力受贿罪与诈骗罪的区分主要是看行为人是否利用其对国家工作人员的影响力为请托人谋取不正当利益，可分为以下三种情况讨论：

1. 行为人本来同国家工作人员没有关系，但冒充某国家工作人员的近亲属或是其他关系密切的人而收受或索取了他人的财物，不论其主观上是否有为他人谋取不正当利益的目的，显然都是在以虚构事实、隐瞒真相的手段骗取他人财物，应该以诈骗罪对其定罪量刑。

2. 行为人虽然是国家工作人员的近亲属或其他关系密切的人，但其主观上并没有利用这种影响力为请托人谋取不正当利益的目的，客观上却索取或收受他人财物的，我们认为应当对此分为两种情况讨论。第一种是行为人做出虚假承诺，告知请托人将利用其影响力为请托人谋取不正当利益，但主观上却无此目的。此种情况应当认定为利用影响力受贿罪。我国有学者认为，受贿罪的客观构成要件要素中最低要求是许诺为他人谋取利益，即国家工作人员只要在非法收受他人财物之前或之后许诺为他人谋取利益，就构成受贿罪，而不管该承诺是否是虚假承诺，因为该行为侵害了职务行为的不可收买性。在受贿罪中国家工作人员的虚假许诺行为本身就会使人们产生“国家工作人员的职务行为是可以收买的”这种错觉，因此具有法益侵害的危险性，应当认定为受贿罪。我们认为，在行为人没有想利用影响力去影响国家工作人员为请托人谋取不正当利益的情况下，如果其做出了虚假承诺，请托人基于行为人同国家工作人员具有近亲属或其他密切关系，同样会使人们产生“国家工作人员的职务行为是可以收买的”这种错觉，也同样使国家工作人员职务行为的不可收买性受到了侵害，从利用影响力受贿罪是为弥补受贿罪处罚不足的立法原意出发，即使行为人做出的是虚假承诺，也应当将这种行为认定为利用影响力受贿罪。第二种是行为人没有做出虚假承诺，主观上也没有利用影响力为请托人谋取不正当利益的目的，但收受了请托人的财物。我们认为此种情况应当认定为诈骗罪。理由是行为人主观上有非法占有他人财物的目的，客观上实施了非法收受他人财物的行为，符合诈骗罪的犯罪构成特征。

3. 行为人系国家工作人员的近亲属或其他关系密切的人，并且有利用了这种关系为请托人谋取不正当利益的目的，索取或收受他人财物的，应该以利用影响力受贿罪定罪量刑。

（八）本罪的未遂和中止

本罪行为人的犯罪未得逞，大致可以分为两类：一是行为人自身以外的原因，例如请托人拒绝交付财物等；二是行为人自身对完成犯罪有不利影响的因素，例如其身体状况导致无法利用影响力影响国家工作人员。通过以上论述，“为他人谋取不正当利益”这一要件似乎没有得到体现，其实不然，因为在本罪中，请托人的不正当利益必须通过受贿人向其他国家工作人员提出要求或者请求这一环节才能实现，受贿人向其他国家工作人员提出要求或请求的这一行为其实正是受贿人对为请托人谋取不正当利益作出了承诺并且实施的手段。

对于一些特殊情形，如行为人自认为具备影响力，但具体到为请托人谋取特定利益却欠缺某种影响力，该误认则属于认识错误，宜按照本罪的未遂处理，但前提必须是该行为人与国家工作人员有某种特殊的关系，因为没有此条件该行为人就无法成为利用影响力受贿罪的主体。又如，如果行为人对影响力的大小认识发生错误，则根据法定符合说，这应属于同一犯罪构成内的事实认识错误，不影响行为人成立利用影响力受贿罪。

如果出现以下情形就应当认为犯罪行为已经既遂：其一，索取或者收受财物后，已经着手为请托人谋取利益，但尚未谋取到利益；其二，已经着手为请托人谋取到部分利益，但未完全实现；其三，为请托人谋取利益，已经完全实现。所以，本罪的犯罪中止必须要求行为人在收受或者索取财物后，还没有开始施加影响为请托人谋取不正当利益的行为。或者已经开始施加影响为请托人谋取利益但仍未收受或者索取请托人财物。否则，就只能成立犯罪既遂。

【刑事责任】

《刑法修正案（七）》规定：国家工作人员的近亲属或者其他与该国家工作人员关系密切的人，通过该国家工作人员职务上的行为，或者利用该国家工作人员职权或者地位形成的便利条件，通过其他国家工作人员职务上的行为，为请托人谋取不正当利益，索取请托人财物或者非法收受请托人财物，数额较大或者有其他较重情节的，处三年以下有期徒刑或者拘役，并处罚金；数额巨大或者有其他严重情节的，处三年以上七年以下有期徒刑，并处罚金；数额特别巨大或者有其他特别严重情节的，处七年以上有期徒刑，并处罚金或者没收财产。

【办案依据】

1.《中华人民共和国刑法修正案（七）》（2009年2月28日）（节录）

十三、在刑法第三百八十八条后增加一条作为第三百八十八条之一：“国家工作人员的近亲属或者其他与该国家工作人员关系密切的人，通过该国家工作人员职务上的行为，或者利用该国家工作人员职权或者地位形成的便利条件，通过其他国家工作人员职务上的行为，为请托人谋取不正当利益，索取请托人财物或者收受请托人财物，数额较大或者有其他较重情节的，处三年以下有期徒刑或者拘役，并处罚金；数额巨大或者有其他严重情节的，处三年以上七年以下有期徒刑，并处罚金；数额特别巨大或者有其他特别严重情节的，处七年以上有期徒刑，并处罚金或者没收财产。

“离职的国家工作人员或者其近亲属以及其他与其关系密切的人，利用该离职的国家工作人员原职权或者地位形成的便利条件实施前款行为的，依照前款的规定定罪处罚。”

2.《党政领导干部选拔任用工作有关事项报告办法（试行）》（2010年3月9日）（节录）

第四条　本条第（三）项所称领导干部的近亲属，是指与领导干部有夫妻关系、直系血亲关系、三代以内旁系血亲以及近姻亲关系的人员。

3. 最高人民法院、最高人民检察院《关于办理商业贿赂刑事案件适用法律若干问题的意见》（2008年11月20日）（参见本书第63～64页）

六、行 贿 罪

【概念与构成】

行贿罪，是指为谋取不正当利益，给予国家工作人员以财物的行为。构成本罪需要具备以下四个要件：

（一）客体要件。本罪侵犯的客体是国家工作人员职务行为的廉洁性。犯罪对象仅限于国家工作人员。行贿与受贿往往是对应存在的，是引发受贿犯罪的温床。因此，在惩处受贿罪的同时，必须打击行贿犯罪活动。

（二）客观要件。本罪在客观方面表现为行为人给予国家工作人员以财物的行为。与受贿的形式相对应，行贿也分为两种情形：一是行为人主动给予受贿人以财物。在这种情况下，无论行为人意图谋取的正当利益是否实现，均不影响行贿罪的成立。二是行为人因国家工作人员索要而被动给予其财物。在这种情况下，如果行为人是因被国家工作人员勒索而被迫交付财物，只有在行为人获得不正当利益的情况下，才能构成行贿罪。如果没有获得不正当利益的，不是行贿。此外，根据《刑法》第389条第2款之规定，在经济往来中，违反国家规定，给予国家工作人员以财物，数额较大的，或者违反国家规定，给予国家工作人员以各种名义的回扣、手续费的，也应以行贿论处。

（三）主体要件。本罪的主体是一般主体，凡是年满16周岁具有刑事责任能力的自然人均可成为本罪的主体。

（四）主观要件。本罪在主观方面表现为故意，并且具有谋取不正当利益的犯罪目的。根据1999年3月4日最高人民法院、最高人民检察院《关于在办理受贿犯罪大要案的同时要严肃查处严重行贿犯罪分子的通知》和1999年9月16日最高人民检察院《关于人民检察院直接受理立案侦查案件立案标准的规定（试行）》，“谋取不正当利益”，是指谋取违反法律、法规、国家政策和国务院各部门规章规定的利益，以及要求国家工作人员或者有关单位提供违反法律、法规、国家政策和国务院各部门规章规定的帮助或方便条件。根据这一规定，“不正当利益”应当包括两个方面：（1）非法利益。即违反法律、法规、国家政策和国务院各部门规章规定的利益。（2）要求他人或者单位提供违法的帮助或者方便条件所取得的利益。

【立案标准】

1. 最高人民检察院《关于人民检察院直接受理立案侦查案件立案标准的规定（试行）》（1999年9月16日　高检发释字〔1999〕2号）（节录）

一、贪污贿赂犯罪案件

（五）行贿案（第389条、第390条）

行贿罪是指为谋取不正当利益，给予国家工作人员以财物的行为。

在经济往来中，违反国家规定，给予国家工作人员以财物，数额较大的，或者违反国家规定，给予国家工作人员以各种名义的回扣、手续费的，以行贿罪追究刑事责任。

涉嫌下列情形之一的，应予立案：

1. 行贿数额在1万元以上的；

2. 行贿数额不满1万元，但具有下列情形之一的：

（1）为谋取非法利益而行贿的；

（2）向3人以上行贿的；

（3）向党政领导、司法工作人员、行政执法人员行贿的；

（4）致使国家或者社会利益遭受重大损失的。

因被勒索给予国家工作人员以财物，已获得不正当利益的，以行贿罪追究刑事责任。

四、附则

（二）本规定中有关犯罪数额“不满”，是指接近该数额且已达到该数额的百分之八十以上。

（五）本规定中有关贿赂罪案中的“谋取不正当利益”，是指谋取违反法律、法规、国家政策和国务院各部门规章规定的利益，以及谋取违反法律、法规、国家政策和国务院各部门规章规定的帮助或者方便条件。

2. 最高人民法院、最高人民检察院《关于办理行贿刑事案件具体应用法律若干问题的解释》（2013年1月1日　法释〔2012〕22号）

为依法惩治行贿犯罪活动，根据刑法有关规定，现就办理行贿刑事案件具体应用法律的若干问题解释如下：

第一条　为谋取不正当利益，向国家工作人员行贿，数额在一万元以上的，应当依照刑法第三百九十条的规定追究刑事责任。

第二条　因行贿谋取不正当利益，具有下列情形之一的，应当认定为刑法第三百九十条第一款规定的“情节严重”：

（一）行贿数额在二十万元以上不满一百万元的；

（二）行贿数额在十万元以上不满二十万元，并具有下列情形之一的：

1. 向三人以上行贿的；

2. 将违法所得用于行贿的；

3. 为实施违法犯罪活动，向负有食品、药品、安全生产、环境保护等监督管理职责的国家工作人员行贿，严重危害民生、侵犯公众生命财产安全的；

4. 向行政执法机关、司法机关的国家工作人员行贿，影响行政执法和司法公正的；

（三）其他情节严重的情形。

第三条　因行贿谋取不正当利益，造成直接经济损失数额在一百万元以上的，应当认定为刑法第三百九十条第一款规定的“使国家利益遭受重大损失”。

第四条　因行贿谋取不正当利益，具有下列情形之一的，应当认定为刑法第三百九十条第一款规定的“情节特别严重”：

（一）行贿数额在一百万元以上的；

（二）行贿数额在五十万元以上不满一百万元，并具有下列情形之一的：

1. 向三人以上行贿的；

2. 将违法所得用于行贿的；

3. 为实施违法犯罪活动，向负有食品、药品、安全生产、环境保护等监督管理职责的国家工作人员行贿，严重危害民生、侵犯公众生命财产安全的；

4. 向行政执法机关、司法机关的国家工作人员行贿，影响行政执法和司法公正的；

（三）造成直接经济损失数额在五百万元以上的；

（四）其他情节特别严重的情形。

第五条　多次行贿未经处理的，按照累计行贿数额处罚。

第六条　行贿人谋取不正当利益的行为构成犯罪的，应当与行贿犯罪实行数罪并罚。

第七条　因行贿人在被追诉前主动交待行贿行为而破获相关受贿案件的，对行贿人不适用刑法第六十八条关于立功的规定，依照刑法第三百九十条第二款的规定，可以减轻或者免除处罚。

单位行贿的，在被追诉前，单位集体决定或者单位负责人决定主动交待单位行贿行为的，依照刑法第三百九十条第二款的规定，对单位及相关责任人员可以减轻处罚或者免除处罚；受委托直接办理单位行贿事项的直接责任人员在被追诉前主动交代自己知道的单位行贿行为的，对该直接责任人员可以依照刑法第三百九十条第二款的规定减轻处罚或者免除处罚。

【司法认定】

（一）行贿罪与非罪的界限

1. 经济往来中行贿罪的认定

按照《刑法》第385条第2款的规定，在经济往来中，违反国家规定，给予国家工作人员以财物，数额较大，或者违反国家规定，给予国家工作人员以各种名义的回扣、手续费的，以行贿论处。这两种形式的行贿罪与一般行贿罪在构成特征上是不尽相同的。除了犯罪主体也是一般主体而外，还应具备下列条件：即其一，必须是在经济往来中，如签订、履行合同和进行其他商品交易活动过程中；其二，必须是违反了国家有关规定，即违反全国人大及其常务委员会制定的法律和决定、国务院制定的行政法规、规章、发布的命令、决定等；其三，必须达到一定的数额。具体数额参照上述立案标准。

2. 行贿与赠与的界限

赠与是一种正当合法的民事行为，与行贿具有截然不同的性质。区分二者的关键在于主观目的不同。行贿是行为人为了使对方利用职务之便给自己谋取不正当利益，具有以贿买权的性质；赠与则是当事人为了增加亲友情谊，具有礼尚往来的性质。但是，主观目的的判断是一个较为复杂的问题。司法实践，要划清二者的界限主要应当结合以下因素全面分析、综合判断：（1）发生财物往来的背景，如双方是否存在亲友关系及历史上交往的情形和程度；（2）往来财物的价值；（3）财物往来的缘由、时机和方式，提供财物方对于接受方有无职务上的请托；（4）接受方是否利用职务上的便利为提供方谋取利益。此外还应当综合双方给付财物是否附带条件、给付财物是否公开、给付财物是否纯粹出于自愿等各种因素，综合分析，区别对待。

3. 行贿罪与经济上的不正之风的界限

区分二者的关键也是行为人主观上有无使国家工作人员利用职务之便为自己谋取不正当的利益的目的。一般说来，关系到与受贿罪界限的下列情况应属经济上的不正当之风：一是行为人因国家工作人员积极履行职责，使其正当利益得以实现，为了表示答谢而给付少量财物的；二是行为人因正当利益应当解决而未得到解决，为了促进解决，无奈之下送钱送物给有关国家工作人员的；三是行为人为谋取不正当利益，因对方勒索而给付对方财物，但不正当利益仍未获得的，等等。

4. 行贿罪与一般行贿行为的界限

一般认为，为谋取不正当利益，给予国家工作人员以财物，数额较小，又不具有其他严重情节的，应属于一般行贿行为；数额较大或者具有其他严重情节的，才构成行贿罪。至于数额较大的标准以及其他严重情节的确定，可参照上述立案标准。最高人民法院、最高人民检察院《关于在办理受贿犯罪大要案的同时要严肃查处严重行贿犯罪分子的通知》规定，行贿数额巨大、多次行贿或者向多人行贿的属于严重行贿犯罪行为。

（二）行贿罪与彼罪的界限

1. 行贿罪与对非国家工作人员行贿罪的界限

对非国家工作人员行贿罪是指为谋取不正当利益，给予公司、企业或者其他单位的工作人员以财物，数额较大的行为。两罪在主观上都是为了谋取不正当利益，在客观方面都表现为实施了给予他人以财物的行为，两罪的区别主要表现在：

其一，犯罪主体不同。对非国家工作人员行贿罪既可以由自然人实施，也可以由单位实施；而行贿罪只能由自然人实施（单位行贿的，另有罪名）。

其二，两罪侵犯的客体和对象不同。为达到谋取不正当利益的目的，用财物收买公司、企业或者其他单位工作人员，必然会干扰和妨碍公司、企业或者其他单位的正常业务活动，所以对非国家工作人员行贿罪侵犯的客体主要是公司、企业或者其他单位的管理秩序，犯罪对象只能是公司、企业或者其他单位中除国家工作人员以外的工作人员。行贿罪侵犯的客体，是国家工作人员职务行为的廉洁性，行贿对象只限于国家工作人员。

2. 行贿罪与受贿罪的关系

在认定行贿罪时，还应该注意行贿罪与受贿罪之间的关系。传统的观点认为行贿罪与受贿罪是对向犯的一种，即只要有受贿罪，必然有行贿罪的发生；反过来，只要有行为构成行贿罪，就必然有受贿罪的存在，两者是相辅相成、互为因果的关系。我们认为，这种论断失之偏颇，两者并非不可分离，两者既有密切联系但彼此又各有不同的犯罪构成，是两个相对独立的犯罪。行贿罪的成立，是不以对方构成受贿罪为前提的。同样，在特定情况下，受贿一方也不能因对方不构成行贿罪而不予定罪。关键在于行为人是否具备各自的犯罪构成要件。具体包括以下情形：

（1）行贿罪与受贿罪同时存在的情形。例如行为人为谋取走私等非法利益而行贿，收受其贿赂的国家工作人员为其谋取利益的，就同时存在了行贿罪与受贿罪。

（2）受贿罪成立而行贿罪不成立的。例如因被勒索给予国家工作人员以财物，没有获得不正当利益的，不构成行贿罪，但勒索财物的国家工作人员构成受贿罪。刑法规定，只要行为人利用职务之便，有索取他人财物的行为，即可构成受贿罪，这种规定也是与索贿行为本身的社会危害性紧密联系的。但是如果被勒索人没有获取不正当利益，则被勒索一方不构成行贿罪，就会出现只有受贿罪而没有行贿罪的情况。

（3）存在行贿罪而不存在受贿罪的。如前所述，行贿罪中当行贿人向国家工作人员给付财物表明其“谋取非法利益”的意志时，其行为已经完成，至于行贿人是否实际谋取到利益、受贿人是否愿意或实际收受到了财物并不能影响其行贿行为的成立。相对人的态度只能决定受贿罪是否成立。具体而言，又可分为两种情况：第一，国家工作人员当场拒绝接受行贿人的财物，行贿人最后将财物拿走的情形就是国家工作人员既没有收受贿赂的故意，也没有收受贿赂的行为，当然也就构不成受贿罪。但行贿人只要是为了谋取不正当利益，其行为仍符合行贿罪的构成要件，即可成立行贿罪。第二，行贿人不听劝阻，死推硬放将行贿的财物留放在国家工作人员处，国家工作人员及时交给有关部门处理；或国家工作人员碍于情面，在劝说无效的情况下，将贿赂暂时留下，待行贿方离开后，迅速交有关部门处理的情形。在这种情况下，国家工作人员虽然收受了财物，但主观上不具备收受财物的故意，客观方面也表现为将收受的财物交给有关部门，显然也不构成受贿罪。但对于行贿方而言，主观上认为国家公务的公正性与廉洁性是可以收买的，客观上有行贿的行为，如果其追求的是一种不正当利益，根据刑法的规定，仍然成立行贿罪。

3. 行贿罪与单位行贿罪的界限

两罪的主要区别在于犯罪主体不同。行贿罪是自然人为了个人利益而向国家工作人员行贿；单位行贿罪则是公司、企业、事业单位、机关、人民团体等单位，为了单位利益，以单位名义进行行贿，因行贿取得的违法所得完全归单位所有。如果以单位名义行贿，而将行贿获取的违法所得归个人所有的，则应当以行贿罪论处。

【刑事责任】

根据《刑法》第 390 条第 1 款的规定，犯本罪的，处 5 年以下有期徒刑或者拘役；因行贿谋取不正当利益，情节严重的，或者使国家利益遭受重大损失的，处 5 年以上 10 年以下有期徒刑；情节特别严重的，处 10 年以上有期徒刑或者无期徒刑，可以并处没收财产。《刑法》第 390 条第 2 款同时规定，行贿人在被追诉前主动交待行贿行为的，可以减轻处罚或者免除处罚。

值得一提的是，为加强对行贿罪的打击力度，《刑法修正案（九）》四十五条规定：将刑法第三百九十条修改为："对犯行贿罪的，处五年以下有期徒刑或者拘役，并处罚金；因行贿谋取不正当利益，情节严重的，或者使国家利益遭受重大损失的，处五年以上十年以下有期徒刑，并处罚金；情节特别严重的，或者使国家利益遭受特别重大损失的，处十年以上有期徒刑或者无期徒刑，并处罚金或者没收财产。

"行贿人在被追诉前主动交待行贿行为的，可以从轻或者减轻处罚。其中，犯罪较轻的，对侦破重大案件起关键作用的，或者有重大立功表现的，可以减轻或者免除处罚。"

四十六条规定：在刑法第三百九十条后增加一条，作为第三百九十条之一："为谋取不正当利益，向国家工作人员的近亲属或者其他与该国家工作人员关系密切的人，或者向离职的国家工作人员或者其近亲属以及其他与其关系密切的人行贿的，处三年以下有期徒刑或者拘役，并处罚金；情节严重的，或者使国家利益遭受重大损失的，处三年以上七年以下有期徒刑，并处罚金；情节特别严重的，或者使国家利益遭受特别重大损失的，处七年以上十年以下有期徒刑，并处罚金。

"单位犯前款罪的，对单位判处罚金，并对其直接负责的主管人员和其他直接责任人员，处三年以下有期徒刑或者拘役，并处罚金。"

四十七条规定：将刑法第三百九十一条第一款修改为："为谋取不正当利益，给予国家机关、国有公司、企业、事业单位、人民团体以财物的，或者在经济往来中，违反国家规定，给予各种名义的回扣、手续费的，处三年以下有期徒刑或者拘役，并处罚金。"

四十八条规定：将刑法第三百九十二条第一款修改为："向国家工作人员介绍贿赂，情节严重的，处三年以下有期徒刑或者拘役，并处罚金。"

【办案依据】

1.《中华人民共和国刑法》（1997年3月14日修订）（节录）

第三百八十九条　为谋取不正当利益，给予国家工作人员以财物的，是行贿罪。

在经济往来中，违反国家规定，给予国家工作人员以财物，数额较大的，或者违反国家规定，给予国家工作人员以各种名义的回扣、手续费的，以行贿论处。

因被勒索给予国家工作人员以财物，没有获得不正当利益的，不是行贿。

第三百九十条　对犯行贿罪的，处五年以下有期徒刑或者拘役；因行贿谋取不正当利益，情节严重的，或者使国家利益遭受重大损失的，处五年以上十年以下有期徒刑；情节特别严重的，处十年以上有期徒刑或者无期徒刑，可以并处没收财产。

行贿人在被追诉前主动交待行贿行为的，可以减轻处罚或者免除处罚。

2.《中华人民共和国刑法修正案（九）》（2015年8月29日）（节录）

四十五、将刑法第三百九十条修改为："对犯行贿罪的，处五年以下有期徒刑或者拘役，并处罚金；因行贿谋取不正当利益，情节严重的，或者使国家利益遭受重大损失的，处五年以上十年以下有期徒刑，并处罚金；情节特别严重的，或者使国家利益遭受特别重大损失的，处十年以上有期徒刑或者无期徒刑，并处罚金或者没收财产。

"行贿人在被追诉前主动交代行贿行为的，可以从轻或者减轻处罚。其中，犯罪较轻的，对侦破重大案件起关键作用的，或者有重大立功表现的，可以减轻或者免除处罚。"

四十六、在刑法第三百九十条后增加一条，作为第三百九十条之一："为谋取不正当利益，向国家工作人员的近亲属或者其他与该国家工作人员关系密切的人，或者向离职的国家工作人员或者其近亲属以及其他与其关系密切的人行贿的，处三年以下有期徒刑或者拘役，并处罚金；情节严重的，或者使国家利益遭受重大损失的，处三年以上七年以下有期徒刑，并处罚金；情节特别严重的，或者使国家利益遭受特别重大损失的，处七年以上十年以下有期徒刑，并处罚金。

"单位犯前款罪的，对单位判处罚金，并对其直接负责的主管人员和其他直接责任人员，处三年以下有期徒刑或者拘役，并处罚金。"

四十七、将刑法第三百九十一条第一款修改为："为谋取不正当利益，给予国家机关、国有公司、企业、事业单位、人民团体以财物的，或者在经济往来中，违反国家规定，给予各种名义的回扣、手续费的，处三年以下有期徒刑或者拘役，并处罚金。"

四十八、将刑法第三百九十二条第一款修改为："向国家工作人员介绍贿赂，情节严重的，处三年以下有期徒刑或者拘役，并处罚金。"

3. 最高人民法院、最高人民检察院《关于办理行贿刑事案件具体应用法律若干问题的解释》（2013年1月1日）（参见本书第88~89页）

4. 最高人民法院、最高人民检察院《关于办理商业贿赂刑事案件适用法律若干问题的意见》（2008年11月20日）（参见本书第63~64页）

5. 最高人民法院、最高人民检察院《关于在办理受贿犯罪大要案的同时要严肃查处严重行贿犯罪分子的通知》（1999年3月4日　高检会〔1999〕1号）（节录）

二、对于为谋取不正当利益而行贿，构成行贿罪，向单位行贿罪，单位行贿罪的，必须依法追究刑事责任。“谋取不正当利益”是指谋取违反法律、法规、国家政策和国务院各部门规章规定的利益，以及要求国家工作人员或者有关单位提供违反法律、法规、国家政策和国务院各部门规章规定的帮助或者方便条件。

对于向国家工作人员介绍贿赂，构成犯罪的案件，也要依法查处。

三、当前要特别注意依法严肃惩处下列严重行贿犯罪行为：

1. 行贿数额巨大、多次行贿或者向多人行贿的；

2. 向党政干部和司法工作人员行贿的；

3. 为进行走私、偷税、骗税、骗汇、逃汇、非法买卖外汇等违法犯罪活动，向海关、工商、税务、外汇管理等行政执法机关工作人员行贿的；

4. 为非法办理金融、证券业务，向银行等金融机构、证券管理机构工作人员行贿，致使国家利益遭受重大损失的；

5. 为非法获取工程、项目的开发、承包、经营权，向有关主管部门及其主管领导行贿，致使公共财产、国家和人民利益遭受重大损失的；

6. 为制售假冒伪劣产品，向有关国家机关、国有单位及国家工作人员行贿，造成严重后果的；

7. 其他情节严重的行贿犯罪行为。

四、在查处严重行贿、介绍贿赂犯罪案件中，既要坚持从严惩处的方针，又要注意体现政策。行贿人、介绍贿赂人具有刑法第三百九十条第二款、第三百九十二条第二款规定的，在被追诉前主动交代行贿、介绍贿赂犯罪情节的，依法分别可以减轻或者免除处罚；行贿人、介绍贿赂人在被追诉后如实交代行贿、介绍贿赂行为的，也可以酌情从轻处罚。

五、在依法严肃查处严重行贿、介绍贿赂犯罪案件中，要讲究斗争策略，注意工作方法。要把查处受贿犯罪大案要案同查处严重行贿、介绍贿赂犯罪案件有机地结合起来，通过打击行贿、介绍贿赂犯罪，促进受贿犯罪大案要案的查处工作，推动查办贪污贿赂案件工作的全面、深入开展。

6. 国务院办公厅《关于继续整顿和规范药品生产经营秩序加强药品管理工作的通知》（1996 年 4 月 16 日　国办发〔1996〕14 号）（节录）

二、严肃查处药品购销活动中的回扣问题

当前，在药品购销活动中，存在着相当普遍的给予和收受回扣的违法行为，或以折扣、让利等各种名义搞回扣，造成国家税收流失和企业的不平等竞争，推动药品价格上涨，加重了企业和患者的负担，扰乱了社会和经济秩序，腐蚀了一批工作人员，并使制售假劣药品的违法犯罪活动有可乘之机，必须下大力气严肃查处。国务院有关部门要密切配合，统一行动，采取有效措施，对回扣违法行为依法认真查处，坚决刹住这股歪风，并针对产生回扣风的深层次原因，从根本上进行综合治理。

各级卫生行政部门、药品生产经营行业主管部门要结合队伍建设和职业道德教育，抓紧组织对本行业药品购销活动中的回扣问题，进行全面的自查自纠，并进一步建立健全有关规章制度，严格管理，堵塞漏洞。对自查出来的回扣款项，要按照有关规定，上交财政部门。

国务院决定对药品购销活动中的回扣违法行为进行一次专项检查，并责成国家工商行政管理局会同卫生部、国家医药管理局、国家中医药管理局、国务院纠正行业不正之风办公室等部门和单位，按照共同研究的工作方案，组织实施。要组成联合检查组，对药品生产、经营企业和医疗机构的药品购销情况进行抽查，重点查处典型案件。对检查出来的单位或个人除没收收受的回扣款等非法所得外，并以行贿、受贿论处；构成犯罪的，由司法机关依法追究当事人的刑事责任。对顶风作案、情节严重的单位和个人，要严肃处理，并通过新闻媒介公开曝光，以起到震慑和教育作用。

7.《中华人民共和国律师法（2001年修正）》（1997年1月1日）（节录）

第三十五条　律师在执业活动中不得有下列行为：

（四）向法官、检察官、仲裁员以及其他有关工作人员请客送礼或者行贿，或者指使、诱导当事人行贿。

第四十五条　律师有下列行为之一的，由省、自治区、直辖市人民政府司法行政部门吊销律师执业证书；构成犯罪的，依法追究刑事责任：

（二）向法官、检察官、仲裁员以及其他有关工作人员行贿或者指使、诱导当事人行贿的。

七、对单位行贿罪

【概念与构成】

对单位行贿罪，是指为谋取不正当利益，给予国家机关、国有公司、企业、事业单位、人民团体以财物的，或者在经济往来中，违反国家规定，给予上述单位各种名义的回扣、手续费的行为。构成本罪需要具备以下四个要件：

（一）客体要件。本罪的客体是复杂客体，即国家工作人员职务的廉洁性和国家机关、国有公司、企业、事业单位、人民团体等国有单位的正常管理活动。行贿的对象必须是国家机关、国有公司、企业、事业单位、人民团体，向非国家机关、国有公司、企业、事业单位、人民团体给予财物的，不能构成对单位行贿罪。如果是给予上述国有单位中的国家工作人员以财物，并有谋取不正当利益的目的，构成犯罪的，应当以行贿罪定罪处罚。

（二）客观要件。本罪的客观方面有两种具体表现形式：一是给予国家机关、国有公司、企业、事业单位、人民团体以财物。二是在经济往来中，违反国家规定，给予国家机关、国有公司、企业、事业单位、人民团体各种名义的回扣、手续费。构成对单位行贿罪以谋取不正当利益为犯罪构成要件，如果行为人是为谋取合法利益而向国家机关、国有公司、企业、事业单位、人民团体行贿的，不构成犯罪。行为人为谋取不正当利益，向上述国有单位行贿的，无论不正当利益是否谋取到，均不影响本罪的成立，只要行为人实施了给予上述国有单位以财物的行为，均构成对单位行贿罪，而不正当利益是否谋取到，只能作为量刑时予以考虑的情形之一。

（三）主体要件。本罪的主体既可以是自然人，也可以是单位。无论是自然人主体还是单位主体，都是一般主体。即任何已满16周岁的具有刑事责任能力的自然人和任何所有制性质的单位都能成为本罪的主体。

（四）主观要件。本罪的主观方面表现为直接故意，且以谋取不正当利益为目的。对于不正当利益的含义，1999 年 3 月 14 日最高人民法院、最高人民检察院《关于在办理受贿犯罪大要案的同时要严肃查处严重行贿犯罪分子的通知》对此作了明确规定："谋取不正当利益是指谋取违反法律、法规、国家政策和国务院各部门规章规定的利益，以及要求国家工作人员或者有关单位提供违反法律、法规、国家政策和国务院各部门规章规定的帮助或者方便条件。"至于谋取的不正当利益是归个人，还是归单位以及谋取的不正当利益是否得到，均不影响本罪的成立。

【立案标准】

最高人民检察院《关于人民检察院直接受理立案侦查案件立案标准的规定（试行）》（1999 年 9 月 16 日　高检发释字〔1999〕2 号）（节录）

（六）对单位行贿案（第 391 条）

对单位行贿罪是指为谋取不正当利益，给予国家机关、国有公司、企业、事业单位、人民团体以财物，或者在经济往来中，违反国家规定，给予上述单位各种名义的回扣、手续费的行为。

涉嫌下列情形之一的，应予立案：

1. 个人行贿数额在 10 万元以上、单位行贿数额在 20 万元以上的；

2. 个人行贿数额不满 10 万元、单位行贿数额在 10 万元以上不满 20 万元，但具有下列情形之一的：

（1）为谋取非法利益而行贿的；

（2）向 3 个以上单位行贿的；

（3）向党政机关、司法机关、行政执法机关行贿的；

（4）致使国家或者社会利益遭受重大损失的。

【司法认定】

（一）对单位行贿罪与非罪的界限

在区分罪与非罪的界限时，要注意将本罪与为谋取正当利益而送钱送物和因被勒索而给予财物两种情况区分开来。如果行为人为了谋取正当合法的利益，如本来应当给办理的营业执照、户口转移等手续由于长期得不到解决，或者为了尽早得到解决而采取送钱送物的手段，或者捐款资助学校、医院改善办学、医疗条件，向科研单位提供经费；或者被勒索而被迫给予国家机关、国有公司、企业、事业单位、人民团体以财物的，则不构成对单位行贿罪。如果为谋取不正当利益，即使被勒索的情况下行为人向有关单位给付财物的，仍应以对单位行贿罪论处。其次，要把本罪与一般行贿行为区别开来。只有行贿达到一定数额的才以本罪论处（该数额参考上述立案标准）。否则，只能按一般行贿行为处理。

（二）对单位行贿罪与彼罪的界限

1. 对单位行贿罪与行贿罪的界限

两罪主观上都出于直接故意，都有谋取不正当利益的目的，在客观上都实施了给予财物的行为，两罪之间的区别主要表现在：

（1）两罪的犯罪主体不同。行贿罪的犯罪主体只能是自然人；对单位行贿罪的犯罪主体既可以是自然人，也可以是单位。

（2）犯罪客观方面不尽相同。对行贿罪而言，如果因被勒索给予国家工作人员以财物，没有获得不正当利益的，不是行贿。对单位行贿罪没有这一规定。

（3）给予财物的对象不同。行贿罪给予财物的对象是国家工作人员，根据《刑法》第93条的规定，国家工作人员是指在国家机关中从事公务的人员，国有公司、企业、事业单位、人民团体中从事公务的人员和国家机关、国有公司、企业、事业单位委派到非国有公司、企业、事业单位、社会团体从事公务的人员，以及其他依照法律从事公务的人员。对单位行贿罪给予财物的对象则是国家机关、国有公司、企业、事业单位、人民团体。

（4）两罪的处罚不同。第一，行贿罪的法定刑比对单位行贿罪的法定刑重。行贿罪的法定最高刑为无期徒刑，对单位行贿罪的最高法定刑为三年有期徒刑。第二，《刑法》第390条第2款规定，行贿人在被追诉前主动交待行贿行为的，可以减轻处罚或者免除处罚。对单位行贿罪则没有这方面的规定。

（5）两罪构成犯罪的数额标准不同。一般情况下，行贿数额在1万元以上的构成行贿罪；对单位行贿罪则要求个人行贿数额在10万元以上，单位行贿数额在20万元以上。在具有高检院《立案标准》规定的情形时，行贿数额不满1万元也可以构成行贿罪；对单位行贿罪则要求个人行贿数额不满10万元，单位行贿数额在10万元以上不满20万元的，也可构成。

2. 对单位行贿罪与单位行贿罪的界限

两罪在主观上都是直接故意犯罪，而且都有谋取不正当利益的目的。在客观上都实施了给予财物的行为。两罪的主要区别是：

（1）犯罪主体不同。对单位行贿罪的犯罪主体包括自然人和单位；单位行贿罪的犯罪主体只能是公司、企业、事业单位、机关、团体，不能由自然人构成。

（2）两罪给予财物的对象不同。对单位行贿罪是为谋取不正当利益而给予国家机关、国有公司、企业、事业单位、人民团体等国有单位以财物；单位行贿罪则是单位为谋取不正当利益向国家工作人员行贿。

（3）两罪的处罚不同。其一，两罪的法定刑不尽相同。虽然构成两罪都要对构成犯罪的单位处以罚金，但对单位行贿罪中自然人犯本罪及单位中直接负责的主管人员和其他直接责任人员的法定最高刑为3年有期徒刑；单位行贿罪中对直接负责的主管人员和其他直接责任人员的法定最高刑为5年有期徒刑。其二，单位行贿罪中，如果因行贿而取得的违法所得归单位中的个人所有的，对该个人应当依照个人行贿罪的规定定罪处罚，以行贿罪定罪，不再以单位行贿罪定罪，且最高法定刑可达到无期徒刑。但是，对单位行贿罪中没有这方面的规定。

3. 对单位行贿罪与对非国家工作人员行贿罪的界限

两罪在主观上都是直接故意犯罪，都是为了谋取不正当利益，并且都实施了行贿行为。两罪之间的区别主要表现在：

（1）给予财物的对象不同。对单位行贿罪的犯罪对象是单位，且仅限于国家机关、国有公司、企业、事业单位、人民团体。对非国家机关工作人员行贿罪的犯罪对象是自然人，且仅限于公司、企业或者其他单位的工作人员。

（2）两罪的处罚不同。其一，两罪的法定刑不同。对单位行贿罪的最高法定刑为 3 年有期徒刑，对非国家工作人员行贿罪的最高法定刑可达 10 年有期徒刑，并且对于个人亦并处罚金。其二，根据《刑法》第 164 条第 3 款的规定，对非国家工作人员行贿的行贿人在被追诉前主动交代行贿行为的，可以减轻处罚或者免除处罚，而对单位行贿罪则没有这方面的规定。

【刑事责任】

《刑法》第 391 条规定，凡本罪处三年以下有期徒刑或者拘役。

单位犯前款罪的，对单位判处罚金，并对其直接负责的主管人员和其他直接责任人员，依照前款的规定处罚。

《刑法修正案（九）》（草案）第四十二条规定：将刑法第三百九十一条第一款修改为："为谋取不正当利益，给予国家机关、国有公司、企业、事业单位、人民团体以财物的，或者在经济往来中，违反国家规定，给予各种名义的回扣、手续费的，处三年以下有期徒刑或者拘役，并处罚金。"

【办案依据】

1.《中华人民共和国刑法》（1997 年 3 月 14 日修订）（节录）

第三百九十一条 为谋取不正当利益，给予国家机关、国有公司、企业、事业单位、人民团体以财物的，或者在经济往来中，违反国家规定，给予各种名义的回扣、手续费的，处三年以下有期徒刑或者拘役。

单位犯前款罪的，对单位判处罚金，并对其直接负责的主管人员和其他直接责任人员，依照前款的规定处罚。

2. 最高人民法院、最高人民检察院《关于办理商业贿赂刑事案件适用法律若干问题的意见》（2008 年 11 月 20 日）（参见本书第 63～64 页）

八、介绍贿赂罪

【概念与构成】

介绍贿赂罪，是指向国家工作人员介绍贿赂，情节严重的行为。构成本罪需要具备以下四个要件：

职务犯罪侦查办案一本通

（一）客体要件。本罪的犯罪客体是国家工作人员职务行为的廉洁性，犯罪对象只能是国家工作人员。

（二）客观要件。本罪在客观上必须有向国家工作人员介绍贿赂，情节严重的行为。“介绍贿赂”是指在行贿人与受贿人之间沟通关系、撮合条件，使贿赂行为得以实现的行为。这种行为可以分为两种基本形式，一种是介绍行贿，即接受行贿人的请托，向国家工作人员介绍贿赂；另一种是介绍受贿，即为受贿人物色可能的行贿人，居间介绍。实践中，常见的介绍贿赂行为包括为行贿人物色行贿对象或者为索贿者物色索贿对象，介绍双方认识，安排双方见面，传达各方意见，代表行贿人或者受贿人商谈贿赂条件，传达作为贿赂的财物等。只要行为人出于介绍贿赂的目的，实施介绍贿赂行为，不论行贿和受贿最终是否得以实现，情节严重的，均构成介绍贿赂罪。

介绍贿赂行为与行贿或者受贿帮助行为不同。介绍贿赂行为的目的本身不是行贿也不是受贿，而是指在帮助行贿受贿双方建立贿赂关系，其结果是不仅对行贿的实现起促进作用，同时对受贿的实现也起促进作用。也即介绍贿赂的行为不仅指向行贿人和行贿犯罪，而且也指向受贿人和受贿犯罪，既不能单纯地看成是行贿罪的帮助犯，也不能单纯地看成是受贿罪的帮助犯。因此大多数国家的刑法中都专门规定类似的介绍贿赂犯罪。我国刑法也专门将介绍贿赂行为单独规定为犯罪而不作为行贿罪或受贿罪的帮助犯处理。

此外，介绍贿赂罪仅限于自然人向国家工作人员介绍贿赂的行为，不包括向单位介绍贿赂行为，以及向单位居间介绍贿赂的行为。

（三）主体要件。本罪的主体是一般主体，即达到刑事责任年龄，具有辨认控制能力的自然人，单位不能成为本罪主体。实践中，介绍贿赂的人一般身份比较特殊，绝大多数是与受贿者“关系不一般”的人，比如配偶、子女、秘书、司机等，即人们常说的“贿托”，实际上就是行贿受贿过程中的“托儿”，有人干脆称其为“腐败托儿”。当前尤为突出的是家属作为中间人接受行贿人贿赂。这是一个比较复杂的问题，不可一概而论，如果受贿人家属接受行贿人财物后，积极要求或怂恿受贿人利用职务之便为请托人谋利益，促使行贿与受贿得以实现，情节严重的，可以按介绍贿赂罪论处。如果介绍贿赂人系国家工作人员、刑事案件中的辩护人、代理人，则应当从重处罚，因为这类人实施介绍贿赂行为，违背了其特定身份的义务要求，造成的社会影响更为恶劣，危害更为严重。

（四）主观要件。本罪在主观上具有向国家工作人员介绍贿赂的直接故意，即明知其行为将促成国家工作人员受贿而故意为之，行为人有时也从中牟利，但是否具有从中牟利的目的，不是构成本罪的直接要件，有时候行为人可能是出于亲友情面或讨好他人等原因而居间介绍。行为人实施介绍贿赂的动机如何，不影响本罪的成立，只在量刑时也可以考虑。如果行为人在主观上没有介绍贿赂的故意，不知道行为人给付国家工作人员以财物的真正目的，被蒙蔽而从中帮助的，即使请托人和受贿人分别构成行贿罪和受贿罪，行为人也不构成介绍贿赂罪。

【立案标准】

最高人民检察院《关于人民检察院直接受理立案侦查案件立案标准的规定（试行）》（1999年9月16日　高检发释字〔1999〕2号）（节录）

（七）介绍贿赂案（第392条）

介绍贿赂罪是指向国家工作人员介绍贿赂，情节严重的行为。

“介绍贿赂”是指在行贿人与受贿人之间沟通关系、撮合条件，使贿赂行为得以实现的行为。

涉嫌下列情形之一的，应予立案：

1. 介绍个人向国家工作人员行贿，数额在2万元以上的；介绍单位向国家工作人员行贿，数额在20万元以上的。

2. 介绍贿赂数额不满上述标准，但具有下列情形之一的：

(1) 为使行贿人获取非法利益而介绍贿赂的；

(2) 3次以上或者为3人以上介绍贿赂的；

(3) 向党政领导、司法工作人员、行政执法人员介绍贿赂的；

(4) 致使国家或者社会利益遭受重大损失的。

【司法认定】

（一）介绍贿赂罪与非罪的界限

1. 介绍贿赂罪与一般介绍行为的界限

依照刑法的规定，介绍贿赂的成立，以“情节严重”为条件。一般介绍贿赂行为的构成，则没有数额、手段、危害后果等方面的特定要求，情节严重的具体掌握，必须综合考虑介绍贿赂的动机、手段、后果、是否牟利等。实践中应予考虑的因素有：

（1）介绍贿赂行为对促成行贿受贿得以实现的作用。在实践中，介绍贿赂行为对行贿受贿的作用有所不同，有的行为人只是在行贿人和受贿人之间沟通行贿和受贿的意图，有的则作为中介在行贿和受贿之间商谈具体条件，有的甚至传达作为受贿的财物，表现出情节轻重和社会危害性大小的不同，是定罪量刑时必须考虑的因素，如果是仅仅偶然在行贿和受贿之间提起受贿意图，而没考虑其他意图的，一般可以不以犯罪论处；相反，如果积极从中撺掇，对行贿和受贿起重要作用的，应当追究刑事责任。

（2）介绍贿赂的后果。介绍贿赂的后果是多方面的。有的体现为行贿受贿的后果，包括因介绍贿赂而得以实现的行贿、受贿的具体数额，因行贿受贿给国家的利益造成的损害等。这些都反映介绍贿赂行为的社会危害性。

（3）介绍贿赂人实施介绍贿赂行为的动机、目的和其他情节。例如，行为人是否以谋利为目的或者从中收取了财物，是否多次实施介绍贿赂行为。其中，因介绍贿赂收取财物的数额是反映介绍贿赂行为情节轻重的重要标准，只要是介绍贿赂收取财物数额较大的，即应追究刑事责任。司法实践中，对于数额较大的掌握，可参照受贿罪的起刑数额标准执行，因为介绍贿赂罪与行贿罪、受贿罪相比危害性较小，法定刑较低，因此，数额标准不宜高于受贿罪的起刑点。

在认定介绍贿赂罪是否情节严重的时候，往往需要考虑多个因素。因介绍贿赂收取较大数额财物的，或者多次实施介绍贿赂行为的，或者对行贿受贿的实现起重要作用的，或者因行贿受贿的实现给国家的利益造成严重损害的，或者在社会上造成恶劣影响的，都应视为情节严重，依法追究刑事责任。介绍贿赂情节不严重，不应追究刑事责任的，可以由有关部门给予党纪政纪处分。

2. 介绍贿赂罪与正常中介行为的界限

介绍贿赂行为，是一种法律所禁止的中介活动，因其居间促成的是行贿、受贿违法犯罪活动，故而具有较大的社会危害性，与正常的中介活动具有较大的区别。正常的中介活动是一种市场行为，其收取中介利润是平等的民事主体之间订立居间合同进行合法居间活动的收益，不是权钱交易的结果，是为国家法律所允许的正常经济活动。区分二者时应注意三点：第一，要分清介绍人行为指向的对象是行贿、受贿双方，还是买卖双方；行为的后果是促使行贿、受贿的实现，还是促使经济业务往来的成功。第二，分清介绍人的故意内容是明知行为所指向的对象。双方有行贿、受贿意图，而故意从中介绍，借以非法获利，还是试图通过居间中介，收取必要的报酬。前者是介绍贿赂，后者为居间活动。第三，从总体上把握。介绍贿赂行为具有社会危害性，而合法的居间活动不具有社会危害性，相反它有利于社会发展。

此外，缺乏介绍贿赂故意的不构成介绍贿赂罪。介绍贿赂故意是指明知是在为受贿人与行贿人进行的贿赂交易作中介而故意地促成这一交易的心理状态。根据犯罪构成理论，介绍贿赂罪的主观方面只能是故意，过失不构成本罪。在现实生活中，常有人受蒙骗而介绍贿赂，对这种情况，就不能认定构成介绍贿赂罪。

3. 介绍贿赂罪与介绍贿赂给予单位、非国家工作人员行为的界限

我国《刑法》第392条规定的介绍贿赂罪是向国家工作人员介绍贿赂的行为。

在介绍贿赂罪当中，行贿人可以是自然人，也可以是单位，对此争议不大。但是在介绍贿赂罪中的受贿人包括哪些，介绍行贿人向非国家工作人员行贿（如公司、企业人员受贿）或者向国家机关等国有单位行贿如何处理呢？我们认为，对此，刑法没有规定，按照罪刑法定的原则，对这样的行为不能认定为犯罪。但同时我们认为，介绍行贿人向国家机关等国有单位行贿的行为，社会危害同样很大，应当纳入刑法规范的范畴。虽然从刑事立法的规定我们可以发现，向单位行贿罪处3年以下有期徒刑或拘役，而行贿罪最高可判处无期徒刑，前者的刑罚要比后者低得多。这在一定程度上反映了立法为何未将单位作为介绍贿赂罪的对象。然而因此就不将单位作为介绍贿赂罪的对象，理由似乎不够充分，而且由于受贿者在事发后常常假借单位名义推卸责任，司法机关则需要去证明介绍贿赂罪的接收对象系国家工作人员，以及在介绍贿赂人认识到贿赂的接收对象系国家工作人员，这些问题徒增司法证明难度，使得这个本来就难以把握的犯罪的认定更为困难，因此刑法修改时应当增加单位作为介绍贿赂罪中的受贿人。

4. 介绍贿赂罪与介绍业务、介绍关系行为的界限

介绍贿赂罪的目的是行贿与受贿之间的交易，具有明确的介绍贿赂的目的，才构成介绍贿赂罪。行为人只是介绍业务、介绍人与人之间的关系，没有介绍贿赂的目的，虽然被介绍人在业务活动中有行贿与受贿行为，介绍人不能构成介绍贿赂犯罪行为。

（二）介绍贿赂罪与彼罪的界限

1. 介绍贿赂与受贿罪、行贿罪共犯的界限

依照现行刑法和相关司法解释的规定，在司法实践中应把介绍贿赂作为一种独立的中介犯罪行为，其与受贿罪和行贿罪不存在共犯关系。首先，介绍贿赂罪的主体是一般主体，而且仅限于自然人向国家工作人员介绍贿赂的，不包括向国有单位介绍贿赂，也不包括单位介绍贿赂的行为，而且介绍贿赂行为的目的本身不是受贿也不是行贿，而是旨在行贿人和受贿人之间沟通关系、撮合条件，以帮助双方建立贿赂联系。鉴于此，介绍贿赂罪与行贿罪、受贿罪共犯的区别关键在于：主观上行贿罪、受贿罪的共犯认识到自己的行为是在帮助行贿一方或受贿一方，因而其行为主要是为一方服务；而介绍贿赂行为人认识到自己是处于第三者的地位介绍贿赂，其行为主要是促成双方的行为内容得以实现。介绍贿赂人应与贿赂行为的双方都有联系，是根据行贿、受贿双方的意图办事，如果行为人只与其中一方有联系，为一方出谋划策，则构成一方的共犯。另外，介绍贿赂的行为人通常是在他人有了行贿或受贿的故意后，才从中牵线搭桥的。如果他人本无行贿或受贿的意图，只是在行为人的极力诱导、怂恿等行为下才产生行贿、受贿意识，便不再是介绍贿赂的性质，而是教唆犯。如果在教唆后，又在实施介绍贿赂行为的，应按他所教唆的犯罪的共犯定罪。

2. 介绍贿赂罪的成立是否以行贿人和受贿人构成犯罪为前提

有人认为，介绍贿赂是在行贿人和受贿人之间牵线搭桥，促成行贿和受贿的成功，故介绍贿赂罪和行贿罪、受贿罪是一种依附和被依附的关系。从性质上来说，行贿罪重于介绍贿赂罪，既然性质更严重的行贿行为都不构成犯罪，则举重以明轻，介绍贿赂行为更不能以犯罪论处。我们认为，这种观点不能成立。

首先，介绍贿赂罪和行贿罪、受贿罪之间不存在依附和被依附的关系，它本身具有独立的犯罪构成。介绍贿赂人在行贿人和受贿人之间牵线搭桥，促成贿赂的成功，这种贿赂掮客的存在，本身就具有社会危害性，对其应进行独立评价。

其次，从微观上分析，介绍贿赂和行贿、受贿的关系无非以下几种：一是介绍贿赂后行贿人和受贿人分别构成行贿罪和受贿罪；二是介绍贿赂后受贿人构成受贿罪，行贿人因为不是为了谋取不正当利益或其他原因而不构成行贿罪；三是介绍贿赂后行贿人构成行贿罪，受贿人因为某种特殊原因不构成受贿罪，这种情况一般比较少见；四是介绍贿赂后行贿人和受贿人因为行贿和受贿数额未达到成罪标准或其他原因而不构成行贿罪和受贿罪。在第一种情况下，介绍贿赂人构成介绍贿赂罪没有疑义。第二种情况虽然行贿人不构成行贿罪，但介绍贿赂行为使受贿人构成受贿罪，即使仅从介绍贿赂行为和受贿罪成立的关联性来说，其社会危害性也是显而易见的，也应当构成介绍贿赂罪。同理，第三种情况也应当以介绍贿赂罪处罚。第四种情况比较复杂，需要具体问题具体分析。如果介绍贿赂人只实施了一次介绍贿赂行为，而行贿人和受贿人均不构成行贿罪和受贿罪，则在这种情况下，可以认为介绍贿赂行为尚未达到情节严重，不以介绍贿赂罪处罚；但是，如果行为人实施了多次介绍贿赂行为，甚至成为职业贿赂掮客，即使每次介绍贿赂行为因为行贿受贿的数额未达到犯罪的标准，行贿人和受贿人都不构成行贿罪和受贿罪，但介绍贿赂人必须以介绍贿赂罪处罚。因为在这种情况下，介绍贿赂行为的社会危害性已远远大于单独一次介绍贿赂的行为，而且其社会危害性与其单独介绍的每一次行贿和受贿行为都不具有可比性。

3. 介绍贿赂罪和斡旋受贿行为的界限

当前我国刑法没有将斡旋受贿作为独立罪名，而只是将其作为受贿罪的一种特殊形式而规定，但其在表现形式上与介绍贿赂罪却有不少相似之处，如行贿人都是“居间人”等。正是由于此，在实践中两者也易于混淆，我们区分介绍贿赂罪与斡旋受贿行为应主要注意以下几点：

（1）两者主体不同，介绍贿赂罪是一般主体，而斡旋受贿行为是特殊主体，只能是国家工作人员。

（2）客观方面不同，首先，斡旋受贿必须是利用职权或地位的便利条件，介绍贿赂不需要利用该条件；其次，斡旋受贿行为人必须索取或接受请托人财物，而介绍贿赂罪对此不作要求，只要行为人实施了介绍贿赂行为，情节严重，即成立本罪，至于是否收取了“中介费”及收取费用多少都不影响定罪。

（3）两者主观方面也略有不同，即斡旋受贿行为人主观上须有占有贿赂且为请托人谋取不正当利益的意图，而介绍贿赂人则不需要有此意图，其只要有对行贿人、受贿人双方进行撮合，使他们贿赂行为得以实现的意图即可。

根据关于斡旋受贿和介绍贿赂的法律规定，以及对两者犯罪构成的分析，不难看出，斡旋受贿在客观特征上与介绍贿赂具有许多相似的地方，“斡旋”一词的本意是调解的意思，从中撮合、沟通条件是其应有之义，二者都是在请托人与受托人之间进行撮合、沟通，行为人只是“中介”，都是利用受托人职务上的便利，为请托人谋取利益。正是斡旋受贿与介绍贿赂行为外在表现形式的趋同性，实务中，人们对二者的界限总是不甚明确，易于混淆。

我们认为应从以下几方面具体区分斡旋受贿与介绍贿赂：

首先，从外在的表现形式看，虽然斡旋受贿与介绍贿赂都是在请托人与受托人之间进行撮合、沟通的行为，但斡旋受贿的行为人是特殊的“中介”，具有特殊的主体和主客观要求。如上述分析：二者主体上皆可是国家工作人员；故意内容都可有收受他人财物和谋取不正当利益的故意；客观行为上都是利用受托人职务上的便利，均可利用本人职权或者地位形成的便利条件，收受他人财物和为请托人谋取不正当利益。但当这种在请托人与受托人之间进行的撮合、沟通行为，同时具备了①国家工作人员；②利用本人职权或者地位形成的便利条件；③为请托人谋取不正当利益；④索取或收受他人财物这四个行为要素时，就符合了斡旋受贿的犯罪构成。而介绍贿赂罪对上述行为要素则无要求，可有可无，其存在不影响介绍贿赂的成立。因此斡旋受贿与介绍贿赂行为的表现形式区别在于：是否同时具备上述四个行为要素。

其次，从内在的本质特征看，斡旋受贿行为更接近于受贿罪。因其要求具备国家工作人员的主体，且利用了这一特殊主体职权和地位所形成的便利条件，收受他人财物和为其谋取不正当利益，因此其具备一般介绍贿赂行为表现方式的同时，又兼容了受贿罪的特征，在介绍贿赂人与请托人之间形成了权钱交易，更接近于受贿罪的本质特征，显然比一般介绍贿赂行为具有更大的人身危险性，更深的社会危害性，为此，刑法对此特殊介绍贿赂行为专门设定，而以受贿罪论处，也就处以比一般介绍贿赂行为更重的刑期，是符合罪刑相适应这一刑法原则的，也是合理、公正的。

因此，斡旋贿赂与介绍贿赂行为的本质区别在于：介绍贿赂人与请托人之间是否形成权钱交易。

如何理解国家工作人员“利用本人职权或者地位形成的便利条件”，准确把握“利用本人职权或者地位形成的便利条件”的内涵和外延，是区分斡旋受贿与介绍贿赂、直接受贿的关键，实践中也存在诸多异议。

为此，最高人民法院关于《全国法院审理经济犯罪案件工作座谈会纪要》中指出：刑法第三百八十八条规定的“利用本人职权或者地位形成的便利条件”，是指行为人与被其利用的国家工作人员之间在职务上虽然没有隶属、制约关系，但是行为人利用了本人职权或者地位产生的影响和一定的工作联系，如单位内不同部门的国家工作人员之间、上下级单位没有职务上隶属、制约关系的国家工作人员之间、有工作联系的不同单位的国家工作人员之间等。该解释应该说是合理的，对司法实践无疑具有指导意义。

结合上述解释，我们认为，无论是利用本人职权还是利用本人地位形成的便利条件，都是源于本人的职务，实质是利用国家工作人员的身份，是否属于“利用本人职权或者地位形成的便利条件”，关键是确定行为人与第三人的关系，这关系到罪与非罪的界限。应明确以下几点：

首先，行为人与被利用的国家工作人员之间在职务上并非隶属、制约关系。因为如果行为人职务对第三者具有制约作用，那么在此情况下利用与职务有关的便利条件，通过第三者为他人谋取利益，索取或收受他人财物的，属于直接受贿。

其次，行为人与被利用的国家工作人员之间并非单纯的亲属、朋友关系、基于利用非职权或因声望、名誉所形成的纯自然的关系。如果行为人的职务对第三者不具有任何影响作用，那么在此情况下利用上述关系，通过第三者为他人谋取利益，索取或收受他人财物的，对行为人来说，其根本没有利用职务上的便利，也就不构成受贿犯罪，如介绍了贿赂，则是介绍贿赂罪。

最后，排除职务上的制约关系、单纯亲友关系，斡旋受贿中行为人的职务与第三人的关系，只有一种情况，就是行为人职务对第三者具有影响力。这种影响力的上限还没有达到制约的程度，也就是请托人利益实现的根本原因在于第三者职务行为的行使，而不在于行为人职务的行使；其下限是超出亲友关系等一般社会关系的范围，所以行为人与第三者的关系是非制约性的影响关系，也就是《全国法院审理经济犯罪案件工作座谈会纪要》中“行为人利用了本人职权或者地位产生的影响和一定的工作联系”而形成的关系。

因此，在斡旋受贿中，基于行为人与第三人这种关系，他们之间形成的一定利益驱动的存在，而该利益可能是明示的或暗含的，也可能是现实的或可预期但必定实现的；但该利益不能是已经发生但现在已经不存在的，因其无法与朋友关系进行界定，也不能是将来可能发生的利益，因不能以其将来可能发生关系，而认为现在就有关系。并且行为人与第三人这种关系的性质，第三者是否履行职务行为来满足行为人受贿的目的，具有意志上相对自主选择性。

4. 介绍贿赂罪与诈骗罪的界限

介绍贿赂罪与诈骗罪在犯罪构成上是完全不同的，在一般情况下是能分清界限的。但是如果介绍贿赂人是用欺诈手段，将贿赂财物骗为已有的，或者部分骗为已有的，是定介绍贿赂罪还是定为诈骗罪就容易混淆。区分两罪的关键是看行为人主观上的目的，如果行为人以介绍贿赂为名，以欺骗的手段，骗取他人财物为已有的，使贿赂行为不可能实现的，则应定为诈骗罪；如果行为人主观上是为介绍贿赂，而中间又侵占贿赂的，只要行贿受贿得以实现的，应当以介绍贿赂罪处罚。

（三）本罪的一罪与数罪问题

如果国家工作人员利用本人职权或者地位形成的便利条件，通过其他国家工作人员职务上的行为，为请托人谋取不正当利益，索取请托人财物或者收受请托人财物的同时，也具有向其所利用的国家工作人员介绍贿赂的行为并且情节严重的，行为人有两个行为，两个故意，构成两个犯罪，应以受贿罪和介绍贿赂罪对行为人实行数罪并罚。

【刑事责任】

《刑法》第392条规定，犯本罪，处三年以下有期徒刑或者拘役。

介绍贿赂人在被追诉前主动交待介绍贿赂行为的，可以减轻处罚或者免除处罚。

《刑法修正案（九）》四十八条规定：将刑法第三百九十二条第一款修改为："向国家工作人员介绍贿赂，情节严重的，处三年以下有期徒刑或者拘役，并处罚金。"

【法律依据】

1.《中华人民共和国刑法》（1997年3月14日修订）（节录）

第三百九十二条 向国家工作人员介绍贿赂，情节严重的，处三年以下有期徒刑或者拘役。

介绍贿赂人在被追诉前主动交待介绍贿赂行为的，可以减轻处罚或者免除处罚。

2.《中华人民共和国刑法修正案（九）》（2015年8月29日）（节录）

四十八、将刑法第三百九十二条第一款修改为："向国家工作人员介绍贿赂，情节严重的，处三年以下有期徒刑或者拘役，并处罚金。"

3. 最高人民法院、最高人民检察院《关于办理商业贿赂刑事案件适用法律若干问题的意见》（2008年11月20日）（参见本书第63~64页）

九、单位行贿罪

【概念与构成】

单位行贿罪，是指公司、企业、事业单位、机关、团体为谋取不正当利益而行贿，或者违反国家规定，给予国家工作人员以回扣、手续费，情节严重的行为。构成本罪需要具备以下四个要件：

（一）客体要件。本罪侵犯的客体是国家工作人员职务行为的廉洁性。犯罪对象仅限于国家工作人员。

（二）客观要件。本罪在客观方面表现为直接负责的主管人员或直接责任人员根据本单位的意志以单位名义实施行贿，情节严重的行为。这里的“行贿”具体包括以下两种情形：一是为谋取不正当利益而行贿；二是违反国家规定，给予国家工作人员以回扣、手续费。

司法实践中常见的单位行贿行为主要有：（1）经单位研究决定的由有关人员实施的行贿行为；（2）经单位主管人员批准，由有关人员实施的行贿行为；（3）单位主管人员以法定代表人的身份实施的行贿行为。

需要指出的是，根据《刑法》的有关规定，行贿行为的违法所得必须归单位所有，如果归个人所有，应以自然人的行贿罪论处。最高人民法院《关于审理单位犯罪案件具体应用法律有关问题的解释》第2条、第3条分别规定：个人为进行违法犯罪活动而设立的公司、企业、事业单位实施犯罪的，或者公司、企业、事业单位设立后，以实施犯罪为主要活动的，不以单位犯罪论处；盗用单位名义实施犯罪，违法所得由实施犯罪的个人私分的，依照刑法有关自然人犯罪的规定定罪处罚。实践中适用本条时，要注意如果单位没有行贿的故意，而是因被勒索被迫给予国家机关、国有公司、企业、事业单位中从事公务的人员和国家机关、国有公司、企业、事业单位委派到非国有公司、企业、事业单位、社会团体中从事公务的人员以财物的，不能认定为单位行贿。在追究单位行贿罪的刑事责任时，还应注意对因行贿而进行违法犯罪活动进而构成其他犯罪的，依照数罪并罚的规定处理。

此外，“情节严重”是构成单位行贿罪的必要条件之一，也是与行贿罪、对单位行贿罪相区别的一个重要标志。至于如何认定该罪的“情节严重”，则应从主、客观两方面，即主观上的罪过程度与客观上造成的社会危害程度来确定，具有下列情形之一的应视为“情节严重”：

1. 行贿数额大。根据最高人民检察院《关于人民检察院直接受理立案侦查案件立案标准的规定（试行）》中的有关规定，单位行贿数额在20万元以上的，应予立案。

2. 具有其他严重情节。根据最高人民检察院在上述司法解释中所作的解释，单位为谋取不正当利益而行贿，数额在10万元以上不满20万元，但具有下列情形之一的，应同样予以立案：（1）为谋取非法利益而行贿的；（2）向3人以上行贿的；（3）向党政领导、司法工作人员、行政执法人员行贿的；（4）致使国家或者社会利益遭受重大损失的。

（三）主体要件。本罪的犯罪主体必须是单位。这里所讲的单位，根据《刑法》第30条的规定，应指公司、企业、事业单位、机关、团体。而根据最高人民法院《关于审理单位犯罪案件具体应用法律有关问题的解释》的规定，“公司、企业、事业单位”，既包括国有、集体所有的公司、企业、事业单位，也包括依法设立的合资经营、合作经营企业和具有法人资格的独资、私营等公司、企业、事业单位。

（四）主观方面。本罪在主观方面只能是直接故意，并且具有为本单位谋取不正当利益的目的。

【立案标准】

最高人民检察院《关于人民检察院直接受理立案侦查案件立案标准的规定（试行）》（1999年9月16日　高检发释字〔1999〕2号）（节录）

（八）单位行贿案（第393条）

单位行贿罪是指公司、企业、事业单位、机关、团体为谋取不正当利益而行贿，或者违反国家规定，给予国家工作人员以回扣、手续费，情节严重的行为。

涉嫌下列情形之一的，应予立案：

1. 单位行贿数额在20万元以上的；

2. 单位为谋取不正当利益而行贿，数额在10万元以上不满20万元，但具有下列情形之一的：

（1）为谋取非法利益而行贿的；

（2）向3人以上行贿的；

（3）向党政领导、司法工作人员、行政执法人员行贿的；

（4）致使国家或者社会利益遭受重大损失的。

因行贿取得的违法所得归个人所有的，依照本规定关于个人行贿的规定立案，追究其刑事责任。

【司法认定】

（一）本罪的犯罪对象是否包括国有单位

单位行贿罪的犯罪对象只能是国家工作人员，不包括国有单位。理由是：

1. 在《刑法》第八章贪污贿赂罪中规定了四种行贿行为：（1）自然人对国家工作人员的行贿；（2）自然人对国有单位的行贿；（3）单位对国有单位的行贿；（4）单位对国家工作人员的行贿。而“两高”分别就《刑法》的罪名的确定问题的有关司法解释，都将第一种情形确定为“行贿罪”；对第二、三种情形定义为“对单位行贿罪”；而对第四种情形规定为“单位行贿罪”。若将单位也列为“单位行贿罪”的犯罪对象，势必造成“单位行贿罪”和“对单位行贿罪”这两种犯罪在犯罪对象上相互包容，这是不符合逻辑的。

2. 认定单位行贿罪的犯罪对象包括国有单位，势必造成在单位对国有单位的行贿犯罪行为的定罪量刑上产生分歧，给公正执法带来负面影响。如果按照上述观点，单位为谋取不正当利益而给予国有单位，即国家机关、国有公司、企业、事业单位、人民团体以财物的行贿行为，既可构成“对单位行贿罪”，也可构成“单位行贿罪”。而这两罪在量刑方面明显不同，根据《刑法》第391条及

第 393 条规定，“对单位行贿罪”的法定最高刑为 3 年有期徒刑，而“单位行贿罪”的法定最高刑为 5 年有期徒刑。上述对同一具体行为在定罪与量刑上存在的双重标准，显然已违反了刑法总则所确定的罪刑法定原则。所以，“单位行贿罪”的犯罪对象只能是国家工作人员。

（二）单位内部机构能否成为单位行贿罪的犯罪主体

所谓单位内部机构是相对于单位整体而言的，是指法人的分支机构，单位内设的科、室、部等下属小单位。单位内部机构能否成为单位行贿罪的犯罪主体也是让人产生疑惑的问题。1999 年 6 月 18 日最高人民法院《关于审理单位犯罪案件具体应用法律有关问题的解释》规定：以单位名义实施犯罪，违法所得归单位所有的，也是单位犯罪；以单位的下属部门（内部职能部门）或者分支机构名义实施犯罪，违法所得亦归单位的下属部门（内部职能部门）或者分支机构所有的，亦应认定为单位犯罪；不能因为单位的下属部门（内部职能部门）或者分支结构没有可供执行罚金的财产，就不将其认定为单位犯罪而按照个人犯罪处理。否则，就陷入了注重刑事责任承担能力而不是根据犯罪意志判断犯罪主体的错误立场。最高人民法院 2001 年 1 月 21 日印发的《全国法院审理金融犯罪案件工作座谈会纪要》也指出：以单位名义实施犯罪，违法所得归单位所有的，是单位犯罪。以单位的分支机构或者内设机构、部门的名义实施犯罪，违法所得亦归分支机构或者内设机构、部门所有的，应认定为单位犯罪。不能因为单位的分支机构或者内设机构、部门没有可供执行罚金的财产，就不将其认定为单位犯罪，而按照个人犯罪处理。根据上述规定，单位内部机构也应成为本罪的犯罪主体。

（三）单位违反国家规定，给予国家工作人员以回扣、手续费构成的单位受贿罪，是否须以具有为本单位谋取不正当利益的目的为要件

有的观点认为《刑法》第 393 条将单位行贿罪分为两种情形：一种是单位为谋取不正当利益而行贿的；另一种是单位违反国家规定，给予国家工作人员以回扣、手续费，即准行贿行为。对于前一种情形，已明确规定为单位“谋取不正当利益”这一要件。而对后一种情形，则不需要为单位“谋取不正当利益”这一要件。他们认为，如果对第二种情形也必须具备为单位“谋取不正当利益”这一要件，势必放纵单位行贿犯罪的发生，甚至有人认为，这势必形成为谋取正当利益而行贿应受法律保护的推断。因而建议，无论谋取什么样的利益，只要给予国家工作人员以财物，所取得或可能取得的利益是通过国家工作人员的职权所完成的，即构成行贿犯罪。我们认为，持该种见解的人割裂了“谋取不正当利益”与“违反国家规定”之间应有的联系，这就是对于谋取自身应得利益，如果是通过违反国家规定的形式或手段获得，因该形式与手段的非法性，实质上已转化为“谋取不正当利益”。“两高”于 1999 年 3 月 4 日《关于在办理受贿犯罪

大要案的同时严肃查处严重行贿犯罪分子的通知》中对“谋取不正当利益”作了如下解释：“谋取不正当利益”是指谋取违反法律、法规、国家政策和国务院各部门规章规定的利益，以及要求国家工作人员或者有关单位提供违反法律、法规、国家政策和国务院各部门规章规定的帮助或者方便条件。”这句话的前半段是指典型的不正当利益，而后半段则是由合法利益因其使用的手段或采取的形式的非法而转化为“不正当利益”。持否定“不正当利益”为单位行贿罪必备构成要件的人，其目的是出于打击受贿犯罪的需要，他们认为受贿与行贿是一对导致腐败的孪生兄弟，受贿必须严惩，行贿岂能宽恕，因而力主取消“谋取不正当利益”这一构成要件。显然，这已超出了“两高”司法解释的权限，只能由立法机关根据反腐败斗争的需要对刑法的有关规定作适当修改。在当前的法律条件下，我们应严格按照《刑法》的罪刑法定原则，以“谋取不正当利益”作为单位行贿罪的构成要件，严惩此类犯罪，对于某些单位因被勒索而给予国家工作人员以财物，没有获得不正当利益的，不能认定为行贿犯罪。

（四）单位行贿罪的共同犯罪问题

就单位行贿罪的共同犯罪而言，在目前主要有两种情况：

1. 单位与单位之间的共同行贿犯罪。其特点是：（1）参与共同行贿的主体都是单位，所有具体实施人都是为实现其单位的意志而进行的行贿犯罪。（2）各单位都是为实施行贿而共同结合在一起，彼此的地位都是平等的，但也不排除有些上级单位对下级单位、势力大的单位对势力小的单位进行胁迫、利诱。（3）具有共同行贿的故意并由各单位的具体实施人产生和表现出来。（4）具有共同的行贿目的，都是为各自单位谋取不正当利益，所谋得的不正当利益为共同参与行贿的单位所瓜分。

单位共同行贿罪的刑事责任尽管法律没有明确规定，但应根据单位在共同行贿罪中所处的地位和作用，分别按单位主犯、单位从犯、单位胁从犯和单位教唆犯处罚。

2. 单位与自然人之间的共同行贿犯罪。其特点是：（1）参与共同行贿的主体既有单位也有自然人。（2）单位与自然人为了实施行贿犯罪活动结合在一起，他们各自以独立的主体参加行贿犯罪，彼此地位平等，没有隶属关系。（3）单位中的具体实施人是按单位的意志进行行贿犯罪活动，自然人按个人的意志进行行贿犯罪活动，但彼此之间形成统一的行贿故意和完整的行贿犯罪行为。（4）行贿犯罪所得利益分别为单位和自然人所有。

单位与自然人的共同行贿犯罪，应根据单位和自然人在共同犯罪中所起的作用确定，只有单位起主要作用的或单位与自然人作用相当的，才能构成单位行贿罪的共同犯罪；而自然人起主要作用的，则应确定为行贿罪的共同犯罪。

(五) 单位对单位行贿的定性问题

单位对单位行贿的，究竟是认定为单位行贿罪还是对单位行贿罪呢？

首先应当明确，《刑法》第393条单位行贿罪所说的“单位为谋取不正当利益而行贿”，这里的“行贿”仅仅是指对国家工作人员的行贿，而不包括对国有单位的行贿，否则，将与该条后述的与“单位为谋取不正当利益而行贿”相并列的“违反国家规定，给予国家工作人员以回扣、手续费”所包含的行为内容不相协调。而《刑法》第391条第1款已经明确对单位行贿罪中财物的去向只能是国有单位。因此，单位对单位行贿行为的定性分三种情况：

1. 单位（不论是否国有单位）对国家工作人员行贿的，构成单位行贿罪；

2. 单位（不论是否国有单位）对国有单位行贿的，构成对单位行贿罪；

3. 单位（不论是否国有单位）对非国有单位行贿的，属于法无明文规定的行为，无罪。

另外，顺便指出，依据《刑法》第164条的规定，单位（不论是否国有单位）对非国家工作人员的公司、企业或者其他单位工作人员行贿的，构成对非国家工作人员行贿罪（该罪主体包括单位）。

(六) 单位行贿罪与非罪的界限

1. 单位行贿罪与单位送礼的界限

二者有本质的不同：(1) 动机不同。单位行贿罪是为了谋取不正当利益；而单位送礼的动机则是多种多样，有的是为了解决单位的实际困难，有的是为讨好上级主管部门，有的是害怕上级部门的刁难等。(2) 行为表现形式不同。单位行贿罪的对象只能是国家工作人员，不包括非国家工作人员和单位，一般是在隐蔽的情况下进行的；而单位送礼的对象一般是上级单位的领导，或主管的业务部门，一般是公开送礼。(3) 社会危害后果不同。单位行贿罪是犯罪行为，对社会的危害严重；而单位送礼属于不正之风，其社会危害性小于单位行贿犯罪行为。

2. 单位行贿罪与给予国家工作人员正常报酬的界限

单位给予国家工作人员正常报酬是单位根据国家法律政策规定，对国家工作人员向其提供科技服务、经济项目服务、法律咨询服务和利用业余时间为其提供业务协作的国家工作人员相应的奖励和报酬。这是合法行为。而以单位的名义行贿，是为了谋取不正当利益进行的权钱交易活动，是违法犯罪行为。

3. 单位行贿罪与一般违法行为的界限

构成本罪，必须达到“情节严重”。否则，不能按犯罪。这里情节严重，可参考上述最高人民检察院的有关立案标准。

(七) 单位行贿罪与相关犯罪的界限

1. 行贿罪与单位行贿罪的界限

两罪的主要区别在于犯罪主体不同。行贿罪是自然人为了个人利益而向国家工作人员行贿；单位行贿罪则是公司、企业、事业单位、机关、人民团体等单位，为了单位利益，以单位名义进行行贿，因行贿取得的违法所得完全归单位所有。如果以单位名义行贿，而将行贿获取的违法所得归个人所有的，则应当以行贿罪论处。

2. 对单位行贿罪与单位行贿罪的界限

两罪在主观上都是直接故意犯罪，而且都有谋取不正当利益的目的。在客观上都实施了给予财物的行为。两罪的主要区别是：

（1）犯罪主体不同。对单位行贿罪的犯罪主体包括自然人和单位；单位行贿罪的犯罪主体只能是公司、企业、事业单位、机关、团体，不能由自然人构成。

（2）两罪给予财物的对象不同。对单位行贿罪是为谋取不正当利益而给予国家机关、国有公司、企业、事业单位、人民团体等国有单位以财物；单位行贿罪则是单位为谋取不正当利益向国家工作人员行贿。

（3）两罪的处罚不同。其一，两罪的法定刑不尽相同。虽然构成两罪都要对构成犯罪的单位处以罚金，但对单位行贿罪中自然人犯本罪及单位中直接负责的主管人员和其他直接责任人员的法定最高刑为三年有期徒刑；单位行贿罪中对直接负责的主管人员和其他直接责任人员的法定最高刑为五年有期徒刑。其二，单位行贿罪中，如果因行贿而取得的违法所得归单位中的个人所有的，对该个人应当依照个人行贿罪的规定定罪处罚，以行贿罪定罪，不再以单位行贿罪定罪，且最高法定刑可达到无期徒刑。但是，对单位行贿罪中没有这方面的规定。

3. 单位行贿罪与对非国家工作人员行贿罪的界限

二者的区别表现在：（1）犯罪主体不同。单位行贿罪的主体只能是单位；而对非国家工作人员行贿罪的主体既包括自然人，也包括单位。（2）接受财物的对象不同。单位行贿罪给予财物的对象是国家工作人员；而对非国家工作人员行贿罪给予财物的对象是公司、企业或者其他单位的非国家工作人员。

【刑事责任】

根据《刑法》第393条的规定，犯单位行贿罪的，对单位判处罚金，并对其直接负责的主管人员和直接责任人员处5年以下有期徒刑或者拘役。因行贿取得的违法所得归个人所有的，依照行贿罪定罪处罚。

《刑法修正案（九）》四十九条规定：将刑法第三百九十三条修改为："单位为谋取不正当利益而行贿，或者违反国家规定，给予国家工作人员以回扣、手续费，情节严重的，对单位判处罚金，并对其直接负责的主管人员和其他直接责任人员，处五年以下有期徒刑或者拘役，并处罚金。因行贿取得的违法所得归个人所有的，依照本法第三百八十九条、第三百九十条的规定定罪处罚。"

【办案依据】

1.《中华人民共和国刑法》（1997 年 3 月 14 日修订）（节录）

第三百九十三条　单位为谋取不正当利益而行贿，或者违反国家规定，给予国家工作人员以回扣、手续费，情节严重的，对单位判处罚金，并对其直接负责的主管人员和其他直接责任人员，处五年以下有期徒刑或者拘役。因行贿取得的违法所得归个人所有的，依照本法第三百八十九条、第三百九十条的规定定罪处罚。

2.《中华人民共和国刑法修正案（九）》（2015 年 8 月 29 日）（节录）

四十九、将刑法第三百九十三条修改为："单位为谋取不正当利益而行贿，或者违反国家规定，给予国家工作人员以回扣、手续费，情节严重的，对单位判处罚金，并对其直接负责的主管人员和其他直接责任人员，处五年以下有期徒刑或者拘役，并处罚金。因行贿取得的违法所得归个人所有的，依照本法第三百八十九条、第三百九十条的规定定罪处罚。"

3. 最高人民法院、最高人民检察院《关于办理商业贿赂刑事案件适用法律若干问题的意见》（2008 年 11 月 20 日）（参见本书第 63～64 页）

十、巨额财产来源不明罪

【概念与构成】

巨额财产来源不明罪，是指国家工作人员的财产或者支出明显超过合法收入，差额巨大，而本人又不能说明其来源是合法的行为。构成本罪需要具备以下四个要件：

（一）客体要件。本罪侵犯的客体是国家工作人员的廉洁性和公私财产的所有权。我国的国家工作人员担负着依法履行国家赋予的政治、经济、文化及社会生产等方面的职责任务，本应廉洁为官，奉公守法。但是，巨额财产来源不明罪行为人为谋取私利，采取非法手段敛取巨额财产，一方面损害了国家工作人员廉洁奉公的形象；另一方面，这些财产归根到底是属于国家、集体或者私人所有的合法财产，行为人对之非法占有，也侵犯了公私财产的所有权。

（二）客观要件。本罪在客观方面表现为国家工作人员的财产或支出明显超过合法收入，且差额巨大，本人不能说明其合法来源。

首先，行为人拥有的财产或者支出明显超过合法收入，而且差额巨大。这里所说的财产，是指行为人实际拥有的财产，包括住房、交通工具、存款等，名义上是属于他人实质是行为人的财产，应当属于行为人拥有的财产。这里的支出，是指行为人已经对外支付的款物，包括赠与他人的款物。合法收入，是指按法律规定应属于行为人合法占有的财产，如工资、奖金、继承的遗产、接受馈赠、捐助等。根据 1999 年 9 月 16 日最高人民检察院发布施行的《关于人民检察院直接受理立案侦查案件立案标准的规定》(试行)的规定，巨额财产来源不明，数额在30万元以上的，应予立案。

其次，行为人不能说明其拥有的财产或支出与合法收入之间巨大差额的来源及其合法性。行为人不能说明其来源是合法的，包括行为人虽然“说明”了，但司法机关查证不能证明其说明的合法来源的情况。差额部分的财产被推定为“非法所得”。本罪的行为状态，表现为国家工作人员对数额巨大的不合法财产的占有和支配。

(三)主体要件。本罪的主体是国家工作人员，根据刑法的规定，其具体范围应包括：一是国家机关工作人员包括各级权力机关、行政机关、司法机关以及军事机关的公务人员；二是国有公司、企业、事业单位、人民团体中从事公务的人员以及国家机关、国有公司、企业、事业单位委派到非国有公司、企业、事业单位、社会团体从事公务的人员；三是其他依照法律从事公务的人员。

(四)主观要件。本罪在主观上是故意，即行为人明知自己非法拥在巨额财产并不能说明的行为会发生侵犯公私财产的所有权，损害国家工作人员的廉洁形象的侵害结果，并且希望该结果的发生。本罪主观故意的内容应从其认识因素和意志因素两方面来把握。其认识因素是行为人不但明知其巨额财产的真实来源，明知其通知非法手段取得巨额财产会受到法律制裁，而且也明知其拒不说明或不真实说明巨额财产的来源会损害国家工作人员的廉洁形象，其意志因素是行为人不但希望非法占有巨额财产，并且放任国家工作人员的廉洁形象受到损害。

【立案标准】

最高人民检察院《关于人民检察院直接受理立案侦查案件立案标准的规定(试行)》(1999年9月16日　高检发释字〔1999〕2号)(节录)

(九)巨额财产来源不明案(第395条第1款)

巨额财产来源不明罪是指国家工作人员的财产或者支出明显超出合法收入，差额巨大，而本人又不能说明其来源是合法的行为。

涉嫌巨额财产来源不明，数额在30万元以上的，应予立案。

【司法认定】

(一)家庭成员能否构成巨额财产来源不明罪的共犯

实践中，被责令说明财产来源的国家工作人员的家属可能是国家工作人员，也可能不是国家工作人员。因此，应分两种情形分别加以对待：

1. 被责令说明财产来源的家属是非国家工作人员，一律不能构成巨额财产来源不明罪的共犯。理由是：巨额财产来源不明罪是职务犯罪，构成本罪的主体必须是国家工作人员且必须是从事公务之人，并且主观上明知财产来源不合法而故意占有和使用，案发后，又不履行"说明"义务，故意拒不说明财产的真实来源，或有意编造财产来源的合法途径。而非国家工作人员没有义务向司法机关说明巨额财产的来源途径，以及解释财产的合法性，因此，他们不能构成巨额财产来源不明罪的共犯。但应当指出的是，如果家庭成员明知财产来源非法，又与相关证人串供、藏匿、转移有关犯罪证据和巨额财产，情节严重的，可以构成包庇罪和窝赃罪，但仍不能以巨额财产来源不明罪共犯论处。因为他们实施上述行为的目的是为了掩盖国家工作人员的犯罪行为而不是为了掩盖巨额财产真实来源。

2. 对被责令说明财产来源的家属是国家工作人员的，应责令其说明自己知道的家庭财产的来源，但是否构成巨额财产来源不明罪，不能一概而论，仍应区别情况，作出不同的处理。如宋某夫妇均为国家工作人员，丈夫宋某平时从不过问家庭事务，本人的收入均交由妻子保管使用，对妻子的收入也不关心。当司法机关发现其家庭财产和支出明显超过合法收入时，不仅宋某有义务说明其交给妻子保管的收入来源，其妻也有义务向司法机关说明其本人的收入来源及家庭支出情况。妻子能够说明其本人收入来源合法，但不能说明丈夫交其保管的财产来源的，不能认定妻子有罪；反之，妻子不能说明自己收入来源的或拒不说明其应知的家庭收入来源的，应认为其构成巨额财产来源不明罪。

（二）巨额财产来源不明罪与非罪的界限

1. "差额巨大"的理解和认定

根据刑法的规定，只有国家工作人员的财产或者支出明显超过合法收入，差额巨大的才能构成本罪。根据最高人民检察院的上述立案标准，这里"差额巨大"是指数额在30万元以上的。没有达到这一标准的，不构成犯罪。

2. 本罪与"财产虽差额巨大，但能说明其财产合法来源"的情况的区别

有的国家工作人员除正常工作外，利用自己的一技之长和业余时间从事一些科研、技术咨询等获得的报酬可能大大超过其日常工资收入；有的国家工作人员的家属从事高收入的职业，获得的报酬较多；也有的国家工作人员有很富裕的亲属朋友，因接受遗产或者馈赠而变得很富有。这些当事人对其财产的来源能说明其合法性，经初步核实无误，则不能以本罪论处。

3. 本人财产和家庭财产的界限

巨额财产来源不明罪中，国家工作人员的财产支出超过差额巨大的部分是指其本人财产，不是指与家庭成员共同的财产。如果家庭成员拥有这部分差额巨大的财产，其身份也是国家工作人员，则应责令该家庭成员说明来源；若该家庭成员不是国家工作人员，对此则不能以巨额财产来源不明罪论处。

4. 如何计算非法所得的数额

国家工作人员的合法收入是计算非法所得的基础。国家工作人员的合法收入，应当包括国家工作人员的工资、奖金、国家发放的各种补贴、本人的其他收入、亲友的馈赠和依法继承的财产。非法所得数额应以国家工作人员的财产或者支出与其合法收入的差额部分计算。计算非法所得时，应经合法收入部分扣除，只计算差额部分。如果行为人能够说明财产的来源是合法的，并经查证属实的，应作为本人的合法收入；如果行为人不能说明财产的来源是合法的，则应减去其合法所得，其行为构成巨额财产来源不明罪。

（三）巨额财产来源不明罪与贪污罪、受贿罪的界限

巨额财产来源不明罪与贪污罪和受贿罪有密切的联系，在犯罪客体、犯罪主体、犯罪主观方面都基本相同，而且很多来源不明的巨额财产就是通过贪污、受贿等犯罪获得的。但巨额财产来源不明罪与贪污罪、受贿罪在犯罪客观方面的表现有很大的不同：前者只要求国家工作人员拥有超过合法收入的巨额财产，而且行为人不能说明其来源，司法机关也不能查明其来源的，即可构成。至于该巨额财产是否通过贪污、受贿等犯罪手段获得的，对构成本罪没有影响。后者要求国家工作人员必须利用职务之便，实施了贪污、受贿的行为，司法机关已收集到行为人实施贪污、受贿犯罪活动的相关证据，且犯罪数额较大的，才能构成。因此，对于行为的巨额财产若能够查实证明是来自于贪污、受贿犯罪，即应以贪污罪、受贿罪定罪，而不应以巨额财产来源不明罪定罪；如果只能查实证明一部分财产贪污、受贿所得；另一部分无法证明，而两部分的数额均达到各自定罪判刑的起刑数额，则应分别以贪污罪、受贿罪与巨额财产来源不明定罪，实行数罪并罚。

另外，根据刑法的规定，贪污罪的主体除国家工作人员外，还包括受国家机关、国有公司、企业、事业单位、人民团体委托管理、经营国有财产的人员，其主体范围要广于巨额财产来源不明罪和受贿罪。

（四）如何理解本罪举证责任

由于刑法规定“国家工作人员的财产或支出明显超过合法收入，差额巨大，经责令说明来源，本人不能说明其来源合法的，差额部分以非法所得论”，因此许多学者就此认为本罪的举证责任倒置或证明责任转移，导致了许多地方的司法机关认为，只要运用证据证明行为人占有财产或支出明显超过其合法收入，举证任务就已完成，剩下的主要责任则由被告人承担。如果被告人无法举出足够的证据证明自己的财产来源合法，就构成巨额财产来源不明罪。从而对办理贪污、受贿案件不积极、不主动、不深入，侦查适可而止，半途而废，最终放纵了犯罪。

我们认为，该罪的设立的确减轻了公诉机关的证明责任，但并没有改变证明

规则，即由公诉机关举证而不是举证责任倒置。这里“责令说明来源”，并不是要被告人举出足够的证据来证明来源的合法，而是要求被告人说明财产的真实来源，由司法机关去查证核实，并不要求被告人对“说明”的真实性负责。在我国刑事诉讼法中，无论是公诉案件还是自诉案件的犯罪嫌疑人、被告人都不负举证责任，这一举证责任规则是不容违背的。让一个被司法机关控制下的行为人去承担举证责任既是不现实的，也是不合理的。正因如此，该条款中用“说明”一词，而不是“证明”。

（五）如何理解“不能说明合法来源”

根据最高人民法院《全国法院审理经济犯罪案件工作座谈会纪要》，本罪所谓的“不能说明”应包括四种情况：

（1）行为人拒不说明财产来源，对此种情况，检察机关无须调查取证即可认定为“不能说明”。

（2）行为人无法说明财产的具体来源。

（3）行为人所说的财产来源经司法机关查证并不属实，行为人不能继续说明，比较常见的手法就是称该财产为已故父母的遗产或海外亲友赠送，对此，检察机关应调查其已故父母生前的经济状况，是否有可能留下遗产，是否有海外亲友，如果查实其父母生前贫困，不可能有巨额遗产或其根本没有海外亲友，即可确定其“说明”虚假，认定其“不能说明”。

（4）行为人所说的财产来源因线索不具体等原因，司法机关无法查实，但能排除存在来源合法的可能性和合理性的。

与“不能说明”相对的是，“已予说明”也可能表现为两种情况：一是行为人说明后经查证属实。此时，如果证实的财产来源于合法途径，则不构成犯罪；如果为非法途径，如贪污、受贿、盗窃、走私等，构成犯罪的，分别定贪污罪、受贿罪、盗窃罪、走私罪等。二是行为人说明后有关机关经查证无法确定是否属实，也不能排除存在来源合法的可能性和合理性的。此时，我们认为，应视为已经说明。因为举证责任的主体是检察机关，他们必须提供“说明”不真实的确凿证据，证明行为人提出的财产来源是虚假的，否则，应视为“能够说明”。如张某“说明”其财产中有20万元是其朋友支付的借款利息，并提供了这些人的姓名，经核查，得到了其中5人的证实，但其他多名证人因外出做生意等暂时无法核实，因此现有证据材料不能排除张某有获取此笔财产的可能，这种情形，我们不能认为是行为人未能说明财产来源，而只能认为其“已经说明”，作无罪处理。

（六）本罪定罪后查明财产真实来源的处理问题

根据目前我国刑事诉讼有错必纠的客观公正原则，对定罪后查明财产真实来源改判与否，应结合原判决当时被告人说明的具体情况，根据被告人“不能说明”的不同态度，分别决定是否适用审判监督程序。

1. 被告人在侦查阶段态度恶劣，拒绝对财产真实来源作出说明。如查明财产来源合法，不得撤销原判，原判是根据被告人当时不能说明财产来源合法的情况下依法作出的，且被告人当时拒绝说明，就得最终承担对自己不利的法律后果。如果查明巨额财产来源非法且又构成其他犯罪的，不撤销原判，根据发现漏罪的处理原则，依法对新发现罪行重新作出判决，根据数罪并罚的原则决定执行的刑期。

2. 被告人在侦查之中，分辨不出财产的具体来源而无法说明。此种情况如果查明财产是合法来源，则应按照审判监督程序，重新改判，撤销原判决，返还被追缴的财产。如查明是非法来源又构成其他犯罪，则按照审判监督程序对新发现的罪行作出判决，原判认定犯罪数额减去新认定的数额，如不构成巨额财产来源不明罪的则撤销原判，用新发现罪名的刑期减去已执行的刑期，决定要执行的刑期。如果原判认定犯罪数额减去新认定的数额，仍然构成巨额财产来源不明罪，则重新作出判决，根据数罪并罚的原则决定执行的刑期。

3. 被告人说明了财产来源，经司法机关查证不属实。定罪后司法机关经查证属实，且来源合法的，根据审判监督程序，撤销原判，返还被追缴的财产。定罪后司法机关查明财产来源非法，且构成其他犯罪，被告人当时故意作虚假说明的，则前述第一种情况处理。被告人确因记忆不清说明有误的，则对新罪作出判决，原判减去新罪数额后不构成巨额财产来源不明罪的，则撤销原判，原判减去新罪认定的数额后构成巨额财产来源不明罪的，按照数罪并罚的原则决定刑期，减去已执行刑期，决定实际继续执行的刑期。

4. 被告人说明了财产来源，因线索不具体等原因，司法机关当时无法查实。定罪后司法机关经查证属实，且来源合法的，根据审判监督程序，撤销原判，返还被追缴的财产。定罪后司法机关查明财产来源非法，且构成其他犯罪，被告人当时故意说明不具体的，则参照前述第一种情况处理。被告人确因记忆不清说明不具体的，则对新罪作出判决，原判减去新罪数额后不构成巨额财产来源不明罪的，则撤销原判，原判减去新罪认定数额后构成巨额财产来源不明罪的，按照数罪并罚的原则决定刑期，减去已执行刑期，决定实际继续执行刑期。

（七）巨额财产来源不明罪的自首认定问题

对于巨额财产来源不明罪是否存在自首有不同的认识。我们认为本罪存在自首。从刑法第 67 条关于自首的规定看，自首分一般自首和特别自首两种。一般自首是指犯罪分子犯罪以后自动投案，如实供述自己的罪行的行为；特别自首是指被采取强制措施的犯罪嫌疑人、被告人和正在服刑的罪犯，如实供述司法机关还未掌握的本人其他罪行的行为。本罪行为人既可能成立一般自首，也可能成立特别自首。就一般自首而言，行为人成立本罪的自首，其自首成立的条件除了

"自动投案"外，"如实供述自己的罪行"这一条件的内容是：行为人在投案之后如实供述自己拥有来源不明的巨额财产。但不要求行为人在如实供述拥有巨额财产的同时还供述巨额财产的真实来源。就特别自首而言，行为人成立巨额财产来源不明罪的自首，其自首成立的条件是因为其他犯罪被采取强制措施或者被判处刑罚、正在服刑，如实供述了司法机关尚未掌握的自己有来源不明的巨额财产的罪行。

（八）行为人如实说明巨额财产来源于贪污受贿等犯罪，可否成立贪污受贿犯罪的自首

在司法实践中，往往存在这样一种现象：涉嫌巨额财产来源不明的犯罪嫌疑人，或者被控巨额财产来源不明的被告人，在被责令说明巨额财产合法来源之后，如实说明巨额财产来源于贪污、受贿等犯罪，而经查证属实且贪污、受贿的数额又达到了定罪量刑标准，此时，行为人可否成立贪污、受贿罪的自首？对此也有不同的看法，我们认为，此时行为人应当成立贪污罪、受贿罪的自首。理由是：首先，行为人的行为符合自首的条件。因为此时司法机关并未掌握巨额财产来源于贪污、受贿的犯罪。其次，行为人是否如实说明其真实来源，完全是自愿、主动的，不存在行为人的如实说明行为因缺乏"自动性"而不成立自首。最后，从刑事政策的角度，承认上述行为成立自首，有利于鼓励犯罪分子主动交代更为严重的犯罪事实，为司法机关查明更为严重的犯罪事实提供条件。

【刑事责任】

根据《刑法》第395条第1款规定，犯巨额财产来源不明罪的，处5年以下有期徒刑或者拘役，财产的差额部分予以追缴。

《刑法修正案（七）》十四条规定：将刑法第三百九十五条第一款修改为："国家工作人员的财产、支出明显超过合法收入，差额巨大的，可以责令该国家工作人员说明来源，不能说明来源的，差额部分以非法所得论，处五年以下有期徒刑或者拘役；差额特别巨大的，处五年以上十年以下有期徒刑。财产的差额部分予以追缴。"

【办案依据】

1.《中华人民共和国刑法》（1997年3月14日修订）（节录）

第三百九十五条 国家工作人员的财产或者支出明显超过合法收入，差额巨大的，可以责令说明来源。本人不能说明其来源是合法的，差额部分以非法所得论，处五年以下有期徒刑或者拘役，财产的差额部分予以追缴。

2. 最高人民法院《全国法院审理经济犯罪案件工作座谈会纪要》（2003年11月13日 法〔2003〕167号）（节录）

五、关于巨额财产来源不明罪

（一）行为人不能说明巨额财产来源合法的认定

刑法第三百九十五条第一款规定的“不能说明”，包括以下情况：（1）行为人拒不说明财产来源；（2）行为人无法说明财产的具体来源；（3）行为人所说的财产来源经司法机关查证并不属实；（4）行为人所说的财产来源因线索不具体等原因，司法机关无法查实，但能排除存在来源合法的可能性和合理性的。

（二）“非法所得”的数额计算

刑法第三百九十五条规定的“非法所得”，一般是指行为人的全部财产与能够认定的所有支出的总和减去能够证实的有真实来源的所得。在具体计算时，应注意以下问题：（1）应把国家工作人员个人财产和与其共同生活的家庭成员的财产、支出等一并计算，而且一并减去他们所有的合法收入以及确属与其共同生活的家庭成员个人的非法收入。（2）行为人所有的财产包括房产、家具、生活用品、学习用品及股票、债券、存款等动产和不动产；行为人的支出包括合法支出和不合法的支出，包括日常生活、工作、学习费用、罚款及向他人行贿的财物等；行为人的合法收入包括工资、奖金、稿酬、继承等法律和政策允许的各种收入。（3）为了便于计算犯罪数额，对于行为人的财产和合法收入，一般可以从行为人有比较确定的收入和财产时开始计算。

3. 中共中央办公厅、国务院办公厅《关于党政机关县（处）级以上领导干部收入申报的规定》（1995年4月30日　中办发〔1995〕8号）（节录）

第二条　各级党的机关、人大机关、行政机关、政协机关、审判机关、检察机关的县（处）级以上（含县、处级，下同）领导干部须依照本规定申报收入。

社会团体、事业单位的县（处）级以上领导干部，以及国有大、中型企业的负责人，适用本规定。

第三条　申报人必须申报下列各项收入：

1. 工资；
2. 各类奖金、津贴、补贴及福利费等；
3. 从事咨询、讲学、写作、审稿、书画等劳务所得；
4. 事业单位的领导干部、企业单位的负责人承包经营、承租经营所得。

第四条　申报人于每年7月1日至20日申报本年度上半年的收入；次年1月1日至20日申报前一年度下半年的收入。因特殊情况不能按时申报的，经接受申报部门批准，可以适当延长申报时限。

第五条　各单位组织人事部门负责接受本单位申报人的收入申报，并须按照干部管理权限将申报材料报送相应的上级组织人事部门备案。

第六条　申报人不申报或者不如实申报收入的，由所在党组织、行政部门或者纪检监察机关责令其申报、改正，并视情节轻重给予批评教育或者党纪政纪处分。

第七条　各级纪检监察机关负责对本规定执行情况进行监督检查。

十一、隐瞒境外存款罪

【概念与构成】

隐瞒境外存款罪，是指国家工作人员对于个人在境外的存款，依照国家规定应当申报而隐瞒不报，数额较大的行为。构成本罪需要具备以下四个要件：

（一）客体要件。本罪侵犯的客体是国家的廉政制度。国家工作人员在境外的存款，应当依照国家规定申报。某些国家工作人员置宪法和法律规定于不顾，在涉外公务活动中，不惜损害国家的利益，以权谋私，进行钱权交易，大肆进行贪污、受贿等违法犯罪活动，将在国内外贪污、受贿等非法所得的赃款存入境外，隐瞒不报，破坏了国家廉政制度。本罪的犯罪对象是“境外存款”，所谓境外存款，是指在我国国（边）境以外的国家和地区（包括香港、澳门、台湾地区）存入金融机构的货币、有价证券、支付凭证、贵重金属及其制品等。

存款的来源，不论国家工作人员在境外的工作报酬、继承遗产或接受赠与，还是违法犯罪所得；也不论是本人亲自存在境外，还是托人辗转存于境外，都是境外存款，均为本罪的犯罪对象。但是其他财产，如房产、汽车等不能成为本罪的犯罪对象。

（二）客观要件。本罪在客观方面表现为国家工作人员在境外依照国家规定应当申报而隐瞒不报，且数额较大的行为。依照国家规定申报在境外的存款，是国家工作人员应当履行的义务，以便国家对其在境外的收入进行监督。因此，隐瞒境外存款罪必须以违反国家规定的国家工作人员申报境外存款的特定义务为前提；如果没有向国家申报境外存款的义务，则不构成犯罪。

根据1999年9月16日最高人民检察院发布施行的《关于人民检察院直接受理立案侦查案件立案标准的规定》（试行）的规定，隐瞒境外存款折合人民币数额在30万元以上的，应予立案。

（三）主体要件。本罪的主体是特殊主体，即只能由国家工作人员构成。非国家工作人员的一般公民，没有特定的申报财产义务，也没有申报境外存款的义务，因而不能成为本罪的主体。

（四）主观要件。本罪在主观上是故意，即行为人明知自己的境外存款应当申报而故意隐瞒不报。隐瞒境外存款不报罪是故意犯罪，这种故意表现为先有在境外存款的行为，并且明知国家的申报规定，然后有意隐瞒拒不申报。不是出于故意隐瞒，而是对国家的申报规定不明知，在主观无过错的情况下没有申报的，或者由于客观上的原因未及时申报的，都不能构成此罪。隐瞒不报境外存款的动机是多种多样的，有的是为了掩盖非法收入，有的是出于对国家的不信任，但无论是何种动机，都不影响隐瞒境外存款罪的成立。

【立案标准】

最高人民检察院《关于人民检察院直接受理立案侦查案件立案标准的规定（试行）》（1999年9月16日　高检发释字〔1999〕2号）（节录）

（十）隐瞒境外存款案（第395条第2款）

隐瞒境外存款罪是指国家工作人员违反国家规定，故意隐瞒不报在境外的存款，数额较大的行为。

涉嫌隐瞒境外存款，折合人民币数额在30万元以上的，应予立案。

【司法认定】

（一）本罪中所提及的“境外”是否包括台湾、香港和澳门地区

本罪所提及的“境外”是指我国大陆地区以外，是地域概念，因而应当包括台湾、香港和澳门地区。

（二）将存款存储于外资在我国境内设立的金融机构是否属于在境外存款

上面提到，本罪所说“境外”，是指我国大陆地区以外，是一个地域概念。另外，根据我国《商业银行法》及其他金融法律法规，外国金融机构或者组织在我国大陆地区设立的银行或其他金融机构，其设立和经营都必须符合我国法律规定，接受我国有关主管部门（如银监会）的监督管理。因此，不论金融机构的资本来源是中国还是外国，只要设立在我国大陆地区以外的，都应视为“境外”；国家工作人员存储于设立在我国大陆地区以外的各国或地区的存款，都应视为“在境外的存款”。相反，即使资本来源于国外，但只要是设立在我国大陆地区的金融机构，就不应视为境外金融机构，国家工作人员存储于设立在我国大陆地区的外资银行、外国银行分行，也不应视为“在境外的存款”。同样，国家工作人员在港澳台地区存款以及在国外存款的，即使银行资本来源于我国大陆商业银行（如中国银行在国外、港澳台地区设立的分行），也属于“在境外的存款”。

（三）“存款”是否包括人民币

本罪所说的“存款”包括外汇是没有疑问的，但是否也包括人民币却有不同看法。我们认为这里存款的货币种类没有限制，应当包括人民币。首先，从法律规定上来看，《刑法》第395条对于存款的性质并没有加以限制；其次，人民币也可以在境外存储，比如香港、澳门等；最后，国家工作人员隐瞒境外存储人民币的行为，同样侵犯了我国的廉政制度。

（四）隐瞒境外存款罪与非罪的界限

1. 注意从主体上区分罪与非罪的界限

根据刑法的规定，本罪是以违反国家规定的申报境外存款的特定义务为前提的。根据1995年4月中共中央办公厅、国务院办公厅《关于党政机关县（处）

级以上领导干部收入申报的规定》第2条的规定，只有各级党的机关、人大机关、行政机关、政协机关、审判机关、检察机关的县（处）级以上（含县、处级）领导干部，社会团体、事业单位的县（处）级以上领导干部，以及国有大、中型企业的负责人才有申报自己财产的法定义务，如果他们在境外有存款而又不申报的，就可能构成本罪，至于其他人员，即使是国家工作人员只要没有申报自己财产的法定义务，即使在境外有存款并且数额较大，也不能构成本罪。实践中应当严格按照国家有关财产申报的规定，对本罪在认定时注意从主体上严格区分罪与非罪。

2. 注意从数额上区分罪与非罪

根据刑法的规定，只有隐瞒不报的境外存款数额较大的，才能构成隐瞒境外存款罪；数额没有达到“较大”的，不能以犯罪论处。根据1999年9月16日最高人民检察院发布施行的《关于人民检察院直接受理立案侦查案件立案标准的规定》（试行）的规定，隐瞒境外存款折合人民币数额在30万元以上的，应予立案。此外，构成本罪，并不要求其境外存款必须是非法所得。这里的境外存款的数额，既可以是合法取得的，也可以是违法犯罪所得。

3. 注意从情节上区分罪与非罪

《刑法》第395条第2款规定：“国家工作人员在境外的存款，应当依照国家规定申报。数额较大、隐瞒不报的，处二年以下有期徒刑或者拘役；情节较轻的，由其所在单位或者上级主管机关酌情给予行政处分。”可以看出，根据该规定，国家工作人员隐瞒不报的境外存款，即使数额较大，但情节较轻的，也不能以犯罪论处，而是由其所在单位或者上级主管机关酌情给予行政处分。这里的“情节较轻”是指以下几种情形：（1）数额虽然较大，当刚刚达到定罪标准或略高于定罪标准，本人又有悔改表现的；（2）明显属于合法收入而暂存境外的；（3）经教育或督促改变错误做法及时向有关部门申报、如实交代的，等等。实践中应注意根据立法精神，从情节上区分罪与非罪，防止打击面过宽。

（五）隐瞒境外存款罪与逃汇罪的界限

根据《刑法》第190条的规定，国有公司、企业或者其他国有单位，违反国家规定，擅自将外汇存放境外，或者将境内的外汇非法转移到境外，情节严重的，构成逃汇罪。逃汇罪与隐瞒境外存款罪在形式上有相似之处，有时不易掌握二者的界限。实践中，可以从以下几方面区分隐瞒境外存款罪与逃汇罪：

1. 犯罪主体不同。本罪的犯罪主体是国家工作人员，单位不能成为本罪主体；逃汇罪的主体则是单位，即国有公司、企业或者其他国有单位，自然人不能单独成为逃汇罪的犯罪主体。

2. 客观表现不同。本罪在客观上表现为国家工作人员在境外有数额较大的存款，应当申报而隐瞒不报的行为。逃汇罪在客观上表现为单位逃汇的行为，具体有两种表现：（1）擅自将外汇存放境外。即国有单位违反国家规定，将其外汇收入或者使用的外汇私自存放在境外；（2）将境内的外汇非法转移到境外。即国有单位违反国家规定，未经外汇管理机关批准，擅自将其在境内的外汇通过携带、邮寄等方式转移到境外。

3. 犯罪故意不同。本罪和逃汇罪都是故意犯罪，但其故意内容不同：本罪行为人的动机主要是为了隐瞒非法所得，逃避国家机关的监督；逃汇罪行为人的动机在于逃避国家对外汇的管理，非法使用自己控制的外汇，以谋取本单位的利益。

（六）本罪与巨额财产来源不明罪的界限

二者的主要区别是：（1）犯罪客体不同。本罪侵犯的客体是国家的廉政制度，而巨额财产来源不明罪侵犯的客体是国家工作人员的廉洁性和公私财产的所有权。（2）客观方面不同。本罪在客观上表现为行为人不向国家有关部门申报境外存款，该存款是合法抑或非法收入在所不问。而巨额财产来源不明罪是行为人对其合法收入以外的差额部分拒不说明或不能说明来源，该差额部分即推定为非法收入。

【刑事责任】

根据《刑法》第395条第2款的规定，犯隐瞒境外存款罪的，处2年以下有期徒刑或者拘役；情节较轻的，由其所在单位或者上级主管机关酌情给予行政处分。

【办案依据】

1.《中华人民共和国刑法》（1997年3月14日修订）（节录）

第三百九十五条第二款 国家工作人员在境外的存款，应当依照国家规定申报。数额较大、隐瞒不报的，处二年以下有期徒刑或者拘役；情节较轻的，由其所在单位或者上级主管机关酌情给予行政处分。

2. 中共中央办公厅、国务院办公厅《关于党政机关县（处）级以上领导干部收入申报的规定》（1995年4月30日　中办发〔1995〕8号）（节录）

第二条 各级党的机关、人大机关、行政机关、政协机关、审判机关、检察机关的县（处）级以上（含县、处级，下同）领导干部须依照本规定申报收入。

社会团体、事业单位的县（处）级以上领导干部，以及国有大、中型企业的负责人，适用本规定。

第三条 申报人必须申报下列各项收入：

1. 工资；

2. 各类奖金、津贴、补贴及福利费等；

3. 从事咨询、讲学、写作、审稿、书画等劳务所得；

4. 事业单位的领导干部、企业单位的负责人承包经营、承租经营所得。

第四条　申报人于每年7月1日至20日申报本年度上半年的收入；次年1月1日至20日申报前一年度下半年的收入。因特殊情况不能按时申报的，经接受申报部门批准，可以适当延长申报时限。

第五条　各单位组织人事部门负责接受本单位申报人的收入申报，并须按照干部管理权限将申报材料报送相应的上级组织人事部门备案。

第六条　申报人不申报或者不如实申报收入的，由所在党组织、行政部门或者纪检监察机关责令其申报、改正，并视情节轻重给予批评教育或者党纪政纪处分。

第七条　各级纪检监察机关负责对本规定执行情况进行监督检查。

十二、私分国有资产罪

【概念与构成】

私分国有资产罪，是指国家机关、国有公司、企业、事业单位、人民团体，违反国家规定，以单位名义将国有资产集体私分给个人，数额较大的行为。构成本罪需要具备以下四个要件：

（一）客体要件。本罪侵犯的客体是单位公务行为的廉洁性和国家财产所有权。本罪侵犯的对象是国有资产。

（二）客观要件。客观方面表现为违反国家规定，以单位名义将国有资产集体私分给个人，数额较大的行为。具体包括三个基本要素：

（1）违反国家规定。即违反全国人民代表大会及其常务委员会制定的法律和决定，国务院制定的行政法规、规定的行政措施、发布的决定和命令。这是构成本罪的前提条件。

（2）以单位的名义将国有资产集体私分给个人。这是由单位负责人或者单位决策机构集体讨论决定，将国有资产私分给单位所有职工，至少是单位大多数职工。如果只是单位内几个负责人私分，或者在少数单位员工中私分，应属贪污行为。

《刑法修正案（九）》（草案）第2条规定：国有公司、企业违反国家规定，在改制过程中隐匿公司、企业财产，转为职工集体持股的改制后公司、企业所有的，对其直接负责的主管人员和其他直接责任人员，依照刑法第三百九十六条第一款的规定，以私分国有资产罪定罪处罚。改制后的公司、企业中只有改制前公司、企业的管理人员或者少数职工持股，改制前公司、企业的多数职工未持股的，依照本意见第一条的规定，以贪污罪定罪处罚。

（3）数额较大。这里所谓数额较大，原则上应理解为集体私分国有资产的总额较大，而非指每一个人所分数额较大。换言之，由于单位职工众多，因而按人头私分的结果，每一个人所分数额即便并不大，但私分总额大者，仍应成立这里的数额较大。根据1999年9月16日最高人民检察院发布施行的《关于人民检察院直接受理立案侦查案件立案标准的规定》（试行）的规定，涉嫌私分国有资产，累计数额在10万元以上的，应予立案。

（三）主体要件。本罪主体是国家机关、国有公司、企业、事业单位、人民团体。本罪是单位犯罪，但根据法律规定只处罚私分国有资产的直接负责的主管人员和其他直接责任人员。

（四）主观要件。本罪在主观方面是直接故意犯罪。行为须有明知是国有资产而故意违反国家规定，将其集体私分给个人的确定故意。如疏忽大意地误将国有资产当作企业资金加以集体私分者，不能成立本罪，情节严重者，可按有关渎职犯罪处理。

【立案标准】

最高人民检察院《关于人民检察院直接受理立案侦查案件立案标准的规定（试行）》（1999年9月16日　高检发释字〔1999〕2号）（节录）

（十一）私分国有资产案（第396条第1款）

私分国有资产罪是指国家机关、国有公司、企业、事业单位、人民团体，违反国家规定，以单位名义将国有资产集体私分给个人，数额较大的行为。

涉嫌私分国有资产，累计数额在10万元以上的，应予立案。

四、附则

（六）本规定中有关私分国有资产罪案中的"国有资产"，是指国家依法取得和认定的，或者国家以各种形式对企业投资和投资收益、国家向行政事业单位拨款等形成的资产。

【司法认定】

（一）如何理解和认定"国有资产"

1．"国有资产"与"国有财产"的关系

本罪的犯罪对象仅限于"国有资产"，那么何为"国有资产"？根据1993年《国家国有资产管理局国有资产产权界定和产权纠纷处理暂行办法》和1999年最高人民检察院《关于人民检察院直接受理立案侦查案件立案标准的规定（试行）》的规定，这里"国有资产"，是指国家依法取得和认定的，或者国家以各种形式对企业投资和投资收益、国家向行政事业单位拨款等形成的资产。

在刑法中，在使用了"国有资产"这一概念的同时，还使用了"国有财产"的概念，因此，正确理解和认定"国有资产"，要特别注意"国有资产"和"国有财产"的区别。首先可以肯定，立法者在不同条文中分别使用这两个概念，清楚地表明了立法者的态度，即国有财产与国有资产是两个不同概念。在经济学上，财产（property）和资产（asset）有严格的分野。财产，是指物质财富以及与物质财富有直接关系的其他权益（如债权、知识产权等）的总和。一般来说，财产具有相对静态的意义。只有当财产作为生产要素进入商品生产领域中，具有增值要求时，才被称为资产。因此，资产具有鲜明的商品交换特征，是相对动态的概念。资产又可以区分为广义和狭义两种：广义的资产在内涵和外延上与财产相同，泛指资产的权利主体所有的各种形态的物质财富。狭义的资产，指资产的权利主体为取得一定的经济效益而投入到经营性活动中的各种形态的资产。经济学的原理对我们不无启迪意义。根据资产与财产在内涵上的差异，国有资产也有广义与狭义之分，广义的国有资产与国有财产等同，泛指我国境内外属于全民所有（即国有所有）的各种形态的财产。狭义的国有资产，是指国家投入到生产经营领域内的各种形态的资产。刑法条文中的国有资产只能作狭义的理解，否则就无法解释刑法为什么对同一概念使用两个不同术语。国有资产的内容十分丰富，但是作为本罪犯罪对象的国有资产主要是国家机关、国有公司、企业、事业单位、人民团体使用管理的固定资产、流动资产、金融性资产，并不能涵盖国有资产的全部类型。国有资产中的无形资产不存在被私分的问题。草原、滩涂、矿藏等资源性资产，通常也不存在被私分的问题。

2. 变卖报废物品和废旧物品的收益是否属于"国有资产"

报废物品是指已经严重损害或者修理费用超过其自身价值，因而在生产经营中无法得到利用的生产设备、工具等物品。这些物品通常不能再行创造其他价值，但其本身尚具有一定的交换价值，因此可以通过变卖、转让等方式获取财产价值。而废旧物品是指本身已经过了有效使用期限或在生产经营中的使用价值已经利用殆尽的物品，如单位中的废旧报纸杂志、废旧的办公用品。这类废旧物品一般通过变卖，仍旧可以获取一定的财产价值。此类物品本来的财产形态，即完好的生产设备、工具或新购的办公用品等，属于生产经营中的国有资产。而变卖后的收益只不过是这些物品通过交换后实现的另一种价值形态，性质上和它本来的财产性质应当是一致的，所以仍然属于国有资产。

3. 折旧完毕的财产是否属于"国有资产"

这些财产一般经过一定的折旧年限，在账面上的资产额已经为零。但由于这些财产本身还具有一定的使用价值与交换价值，因此仍旧可以通过转让或变卖等方式，实现一定的财产价值。这类物品通过转让、变卖等方式后实现的财产价值只不过是原财产的一种价值变体，性质上并无二致，因而属于国有资产。

（二）"违反国家规定"的理解和认定

刑法规定私分国有资产的行为首先必须是违反国家规定的行为，但对于它违反的是哪些国家规定，并无明确列举，也没有任何司法解释予以说明。我们认为，“违反国家规定”，是指违反全国人民代表大会及其常务委员会制定的法律和决定，国务院制定的行政法规、规定的行政措施、发布的决定和命令。不应把范围局限于有关国有资产方面的法律法规，而应包括所有法律、法规、规章、制度。另外，“违反国家规定”，是否包括地方性法律、法规、规章、制度呢？我们认为，对于“违反国家规定”的理解，应当严格按照《刑法》第96条的规定进行理解。《刑法》第96条明文规定：“本法所称违反国家规定，是指违反全国人民代表大会及其常务委员会制定的法律和决定，国务院制定的行政法规、规定的行政措施、发布的决定和命令。”按照刑法总则指导刑法分则的一般原理，上述关于“违反国家规定”的定义，应当适用于刑法分则中所有“违反国家规定”的规范，包括私分国有资产罪的规范。如果对《刑法》第96条作扩大的解释，无疑会不当地扩大私分国有资产罪的成立范围。

（三）“集体私分给个人”的理解和认定

就一般意义而言，集体是指由许多个人组成的一个整体。可见，集体是一个同个人相对的概念。这里“集体”是指国有单位中包括单位决策层在内的大部分工作人员组成的整体，而这个整体不一定是由单位的所有工作人员组成。集体必须从单位这一整体性概念中才能得到准确的理解。既然集体是指单位内形成的集体，那么这一集体必须由单位内全部或大部分人员才能构成，否则相对于整个单位而言，就不能称为“集体”了，也许称为“团体”更适用一些。此外，考虑到本罪是单位犯罪，因此私分国有资产行为的决定往往是由单位的领导决策层作出的，单位中的其他工作人员一般不知道这一决策过程或不了解所分财物的性质，所以本罪中的“集体”是指分得财物时的集体性，而并不是私分决定作出时的集体性。因此在实际私分过程中，只要私分行为代表了单位的意志，且单位中的大部分工作人员分得了财物，即使其中的某些工作人员未参与这一决策过程或不了解所分财物的性质，并不影响“集体”的认定。而且设立本罪是为了防止国有单位中的领导人员和其他工作人员共同私分国有资产，从而更好地保护国有资产的保值、增值。

实践中要注意，不能把集体理解为国有单位中的所有人，包括单位领导在内全部工作人员。从而认为，在私分国有资产时，只要单位中任何一名工作人员未分得非法利益，即认为这种行为不构成私分国有资产罪。也不能把集体理解为由国有单位中部分人员组成的多个人的整体。从而认为，只要国有单位中多个人共同私分国有资产，就能构成本罪。

当然，对于单位中大部分工作人员的理解也是一个相对的概念，可以理解为单位中相对多数的工作人员组成的群体，但是也需要结合具体的案情进行具体分析。

另外，在私分时，可能是平均分配，也可能是按照不同标准进行分配。直接负责集体私分的主管人员和其他直接责任人员，是否分得财物或分得多少，不影响本罪的成立。

（四）“以单位名义”的理解和认定

“以单位名义”是指由单位决策层或有决策权的负责人决定，或者单位成员集体表决通过私分国有资产，体现了单位的意思和意志。并非所有单位成员的行为都可以冠以“单位名义”，关键在于“单位名义”是否体现了单位的意志。只有体现了单位意志，才有集体私分国有资产给个人的行为。其主要表现形式有：（1）单位决策层集体决定；（2）单位有决策权的负责人决定；（3）经人提议，单位成员集体表决通过。在这三种形式中，前两种人在法律上能代表单位，所以其职务行为也是以单位名义实施的。除了第二种形式自己提议自己决定，其他两种都要有一个提议者，而且在我国目前体制下，决定或表决要真正冠以“单位名义”还需要对国有资产负有管理职责的主管人员首肯。所以私分国有资产行为实际上也是这些自然人主观上希望或放纵的结果。

（五）本罪主体的理解和认定

1. 本罪是单位犯罪还是自然人犯罪

目前多数人认为，本罪是单位犯罪，而不是自然人犯罪。我们也赞成这种观点，理由是：第一，《刑法》第396条规定：“国家机关、国有公司、企业、事业单位、人民团体，违反国家规定，以单位名义将国有资产私分给个人……”这就说明，集体私分国有资产罪的主体是特殊主体，即国家机关、国有公司、企业、事业单位、人民团体，个人不能独立构成本罪。第二，谋利性不是单位犯罪的必备条件，不可否认，单位犯罪一般是为了谋取单位的非法利益，但并不是所有的单位犯罪都是为了谋取本单位的利益，从修订后的刑法看，有些单位犯罪其主观上不要求谋取利益，如单位非法出借枪支罪等。第三，从单位犯罪处罚原则的规定看，《刑法》第31条规定：“单位犯罪的，对单位判处罚金并对其直接负责的主管人员和其他直接责任人员判处刑罚。本法分则和其他法律另有规定的，依照规定。”这就是说，如果刑法分则和其他法律规定单位不适用两罚原则的，就不能对单位判处罚金，而只能追究单位有关责任人员的刑事责任。第四，从私分国有资产罪的主观目的来看，是以单位名义，以单位分配的形式将国有资产分发给个人，而不是为单位整体谋取利益，故并不要求对单位判处罚金。第五，经集体研究决定或者由负责人决定后实施犯罪行为是构成本罪的根本特征。

2. 单位的分支机构或内设部门能否成为本罪的主体

实践中常常发生单位的分支机构或内设部门私分国有资产的行为，对此行为的定性，有人认为根据《刑法》第396条的规定，私分国有资产罪的犯罪主体必须是国家机关、国有公司、企业、事业单位、人民团体，而上述单位内部设立的科、室等机构是单位的职能部门，无可以自由支配的国有资产，不能成为本罪的主体。其中一种观点认为，这种私分国有资产的行为应认定为个人行为，应以贪污罪追究个人的刑事责任。另一种观点认为，分支机构、内设部门私分国有资产的行为在客观上表现为全部人员或大部分人员分到了款物，而且在内部具有公开性，这些特征不符合贪污罪的客观表现，根据罪刑法定原则，对此行为不宜以犯罪论处。

我们认为上述两种观点过于机械地理解了单位的概念。我国刑法规定的单位犯罪并不要求单位必须具有法人资格，不具有法人资格的组织也可以构成单位犯罪。所谓单位就是依法成立的一种组织，也包括该组织依法成立的分支机构和内设部门。1999 年 6 月 18 日最高人民法院发布的《关于审理单位犯罪案件具体应用法律有关问题的解释》规定：以单位名义实施犯罪，违法所得归单位所有的，也是单位犯罪；以单位的下属部门（内部职能部门）或者分支机构名义实施犯罪，违法所得亦归单位的下属部门（内部职能部门）或者分支机构所有的，亦应认定为单位犯罪；不能因为单位的下属部门（内部职能部门）或者分支机构没有可供执行罚金的财产，就不将其认定为单位犯罪而按照个人犯罪处理。否则，就陷入了注重刑事责任承担能力而不是根据犯罪意志判断犯罪主体的错误立场。2001 年 1 月 21 日最高人民法院发布的《全国法院审理金融犯罪案件工作座谈会纪要》规定：“以单位的分支机构或者内设机构、部门的名义实施犯罪，违法所得亦归分支机构或者内设机构、部门所有的，应认定为单位犯罪。不能因为单位的分支机构或者内设机构、部门没有可供执行罚金的财产，就不将其认定为单位犯罪，而按照个人犯罪处理。”从上述规定的精神可以看出，单位的分支机构、内设部门是可以构成单位犯罪主体的。该纪要对单位犯罪的本质认识是：只要某组织以自己名义实施犯罪行为，并且犯罪所得归该组织所有的，也就是说不是归某个人或某几个人所有的，应当认定为单位犯罪。单位分支机构、内设部门按照一定程序私分国有资产给部门内部人员，完全符合这一本质要求。这样的规定符合本罪避免国有资产的流失，重点打击那些损公肥私、集体私分国有资产行为的立法本意。我国刑法之所以规定单位犯罪，不称其为法人犯罪，也是为了能包括不具有法人资格的有关组织的犯罪行为。

3. “直接负责的主管人员”及“其他直接责任人员”的认定

根据上述《全国法院审理金融犯罪案件工作座谈会纪要》，单位犯罪中“直接负责的主管人员”，是在单位实施的犯罪中起决定、批准、授意、纵容、指挥等作用的人员，一般是单位的主管负责人，包括法定代表人。“其他直接责任人员”，是在单位犯罪中具体实施犯罪并起较大作用的人员，既可以是单位的经营管理人员，也可以是单位的职工，包括聘任、雇用的人员。应当注意的是，在单位犯罪中，对于受单位领导指派或奉命而参与实施了一定犯罪行为的人员，一般不宜作为直接责任人员追究刑事责任。因此，本罪的“直接负责的主管人员”是指国有单位中对集体私分国有资产起决定、批准、授意、纵容、指挥等作用的人员；“其他直接责任人员”是指将国有资产集体私分并起较大作用的人员。在司法实践的具体认定中，还应注意：

（1）在区分是本罪的“直接负责的主管人员”还是“其他直接责任人员”时，应当根据行为人在本罪中的实际地位和作用进行判断，而不能片面地根据其在单位中的职务地位的高低来判断。

（2）无论是“直接负责的主管人员”还是“其他直接责任人员”，行为人在主观上一定要对“国有资产”和私分行为具有主观认识，如果国有单位中某个领导主观上不明知所分的“国有资产”性质，或者没有认识到私分行为的性质，则不应认定其为“直接负责的主管人员”或“其他直接责任人员”。

（3）应当将单位业务、事业的组织、管理、监督行为同犯罪的组织、管理、监督行为区分开来，不能认为在国有单位中凡是具有组织、管理、监督职责的人员都是犯罪的直接责任人员。

（4）对本罪的“直接负责的主管人员”和“其他直接责任人员”，应当根据其在单位犯罪中的地位、作用和犯罪情节，分别处以相应的刑罚。根据《全国法院审理金融犯罪案件工作座谈会纪要》，主管人员与直接责任人员，在个案中，不是当然的主、从犯关系，有的案件，主管人员与直接责任人员在实施犯罪行为的主从关系不明显的，可不分主、从犯。但具体案件可以分清主、从犯，且不分清主、从犯，在同一法定刑档次、幅度内量刑无法做到罪刑相适应的，应当分清主、从犯，依法处罚。

（六）乱发财物和私分国有资产犯罪的界限

乱发财物是指单位违反国家规定，超越权限，擅自提高和扩大工资、补贴标准及范围，以奖金、津贴、补助等名义发放或变相发放现金、食品和生活用品等。其资金来源是单位合法占有的资金，数额较小；发放钱物的形式是在单位财务的账面上发放，其性质属于违反财经纪律的行为。私分国有资产，则是指国家机关、国有公司、企业、事业单位、人民团体违反国家规定，以单位名义将国有资产集体私分给个人，数额较大的行为（一般参考《立案标准》，私分国有资产累计数额在10万元以上的，作为构成犯罪的起点，数额较小的不以犯罪论处），其性质属于违反《刑法》的经济犯罪行为。两者之间最显著的区别在于所发放的资金、物品的来源是否为国家所有，如为单位资金，即为违反财政纪律，不构成犯罪；如为国有资产，则构成私分国有资产。目前，个别行业、部门尤其是效益较好的单位，往往巧立名目，发放各种超标准的补贴、奖金，我们认为只要明显违反国家规定，累计数额达10万元以上即构成私分国有资产罪，但具体处理起来亦不能一概而论。一个十几名职工的单位私分10万元应该按犯罪处理，而一个上万名职工的企业，私分10万元人均尚不足百元，明显不宜按犯罪处理。再者一个单位一次或两次且间隔时间较短即私分国资几十万元理应按犯罪处理，而另一单位次数较多，且时间跨度较大，五六年的时间才私分国资累计达几十万元，亦不宜按犯罪处理。所以说认定本罪还要根据私分的次数、时间跨度、人均数额等具体情况具体对待。

（七）私分国有资产罪与非罪的界限

1. 私分国有资产罪与贪污罪的界限

二者的区别主要表现在：

（1）主要表现在主观意志的外在形态表现不同

共同贪污罪主观意志的外在形态表现为是自然人的个体（或少数人）犯罪意志，具有将公共财产非法据为己有的目的。而私分国有资产罪主观意志的外在形态则是个体犯罪意志的集合，表现为一种群体犯罪意志，且具有非法将国有资产为单位谋利的目的。这种群体犯罪意志有时直接表现为单位的决策机构所做的犯罪决定上，它是个体犯罪意志的集中。

（2）表现在犯罪主体不同

共同贪污罪的犯罪主体均是身为国家工作人员的自然人，而私分国有资产罪的犯罪主体只能是国有单位，任何自然人都不能成为私分国有资产罪的犯罪主体。尽管《刑法》第396条规定对“直接负责的主管人员和其他责任人员”判处有期徒刑或者拘役，但这并不表明自然人就可以成为单位犯罪的主体，在单位犯罪中，自然人是以单位犯罪的责任者身份，而不是以犯罪主体的身份来承担刑事责任的。因为自然人在单位犯罪中，是否承担刑事责任取决于单位这一犯罪主体的行为在法律上是否能够判定为有罪，所以自然人在单位犯罪中承担刑事责任是处于依附单位的地位的，绝不能在脱离单位被判定为有罪的前提下单独承担刑事责任，所以自然人在单位犯罪中，只能与单位一同成为受罚主体，而不能与单位一同构成犯罪主体。

（3）客观方面有明显不同

二者的区别在于犯罪方式上是否以单位名义和集体私分两点。其一，共同贪污罪在侵吞公共财物时是几个人名义，而私分国有资产罪在犯罪时是以单位名义。其二，在犯罪所得的归属上，共同贪污罪占有公共财物是归共同犯罪几个人所得。其他人无份，也不知道。私分国有资产罪将国有资产集体私分，单位全部职工至少绝大多数职工均参加了分配，也就是人人有份。并且在私分时大家都知情。特别需要注意的是在有的贪污案件中，是经单位一些领导甚至是领导班子研究决定，非法将公共财物私分给单位的少数人的，由于非法将公共财物占有的只是少数人，所以这类案件就是相对于单位的少数自然人集体贪污的共同犯罪，他们不是为了单位全体成员的利益，而是为了个人中饱私囊。而私分国有资产罪是单位犯罪，单位犯罪的本质特征就是为单位的利益实施犯罪，所以尽管有时是法定代表人的决定，甚至是决策机构的决议，只要不是为单位全体成员谋利的，都不应按单位犯罪处理，而应按共同贪污定罪量刑。

（4）犯罪的行为表现及其社会危害程度存在显著差异

从本质方面看，私分国有资产罪的特点是有权决定者利用职权便利非法为“大家”谋利益，因此，其主观恶性程度相对较轻；共同贪污罪的特点则是有权决定者（即国家工作人员）利用职权便利为极少数人谋私利，由此显现出较深的主观恶性程度。私分国有资产罪中的有权决定者可能是一人，也可能为数人，但相对于其他参与私分国有资产者必须是少数人；此处的“大家”既可以是单位里的所有成员，也可以是单位里一定层面的所有人员，如单位里的中层干部等；但必须是有权决定者之外的单位里的多数人。有权决定者所获取的，通常只是私分国有资产总数中的一份，数额相对较小；“大家”所获取的，因份额较多，往往占私分国有资产总数中的大部分。由此构成本罪的基本特点，就是少数人为多数人非法谋利益。共同贪污犯罪表现在要么是少数几个有权决定者相互勾结共同侵吞公共财产；要么是一个或几个有权决定者与极少数公款知情者或具体操办的财会人员相勾结，共同将公共财产侵吞。共同贪污犯罪的基本特点就是各个共犯人系彼此利用、共同以权谋私，因而属于严重的职务犯罪类型。

此外，从司法认定层面分析，如果对集体私分国有资产的行为论以贪污罪，将全部私分数额认定为上述有权决定者的“个人贪污数额”，则既与客观事实不尽符合，理论上也与贪污罪应以“个人贪污数额”为定罪量刑之基础的立法精神相背离，实践中还很容易造成量刑畸重的结果，从而导致司法不公。如果仅将上述有权决定者个人分得的份额认定为“个人贪污数额”，则又存在对其他大部分被非法占有的数额没有给予必要法律评价的问题。可见，集体私分国有资产的行为是一种有别于共同贪污犯罪的新型职务犯罪。由于有权决定者系擅用职权为“大家”非法谋利益，并非单纯为个人谋私利，客观上个人非法占有的数额又通常较少，因而从立法上与贪污罪相区别，给予较宽处罚是必要的，也是正当的。

（5）犯罪数额及量刑上的不同

根据1999年9月16日最高人民检察院《关于人民检察院直接受理立案侦查案件立案标准的规定（试行）》的规定，“涉嫌私分国有资产，累计数额在10万元以上的，应予立案”。即私分国有资产罪追究刑事责任的起点是10万元，这里的10万元是指集体私分国有资产的总额，而不是指国有单位每一个人所分得的数额。在一段时间内连续私分国有资产的，应以累计的数额计算，即使每次私分的总额不够10万元，累计数额超过10万元的，就应该认定犯罪。关于私分国有资产个人所得数额悬殊问题。在司法实践中这是一个普遍存在的问题，也是私分国有资产罪与共同贪污罪区分的又一个难点。一些犯罪分子以集体私分的名义，实质是为少数人谋取非法利益，因害怕法律对其个人进行处罚，因此以集体私分为借口，为自己或单位某几个人牟取较大利益，单位其他职工“喝汤”的现象十分普遍。例如在私分过程中，单位直接负责的主管人员分得上几十万元，而其他职工只分得几千元甚至更少。

由于私分国有资产罪与贪污罪在立案标准、法定刑上相差很多，贪污罪的立案标准要大大低于私分国有资产罪，而法定刑又重于私分国有资产罪，承担刑事责任的主体范围也不同，因此往往有些犯罪分子利用此种手段试图逃避或减轻法律的制裁。我们认为在分析上述行为应认定何罪时，要根据客观行为表现结合犯罪分子的主观心理状态严格加以细究。如果在私分之前，由有决定权的主管人员或其他直接责任人员根据参与私分人员的级别、工龄、行政职级、业务等级、工作贡献等名义制定出不同档次，全体私分人员都是按照此计算方法计算出具体数额，即使拿最高档次的人与拿最低档次的人之间数额相差悬殊，也应以私分国有资产罪来认定。

从这种行为的客观表现来分析其主观心理状态，是将国有资产集体私分，而不是分给自己或某几个人，至于制定的私分政策是否合理不予考虑。因为这种行为反映的是单位整体意志，符合以单位名义集体私分的特征。反之，如果私分前没有制定统一的标准，也未经单位集体研究决定，而是由主管人员或直接责任人员一手操纵，将国有资产私分时，主管人员或直接责任人的数额与其他职工数额悬殊巨大，其他职工也并不明知此种情况；或者是对其他职工的私分制定了标准，而主管人员或直接责任人在标准之外，又私分了数额较大的国有资产或公共财产的，可以推定主管人员或直接责任人是以私分的形式来掩盖其个人利用职务之便，侵吞、占有国有资产的目的，应认定为贪污罪。

2. 私分国有资产罪和徇私舞弊低价折股、出售国有资产罪的界限

私分国有资产罪与徇私舞弊低价折股、出售国有资产罪有许多相似之处：两罪的对象都是国有资产；两罪的后果都造成了国有资产的流失。两罪的区别主要表现在：

第一，两罪的行为方式不同。私分国有资产罪表现为用集体私分的形式，将国有资产以单位名义集体私分给个人，私分的方式既可以是无偿的，也可以是低价出卖的形式进行，但在单位内部是公开的，国有资产流失到单位内部成员；而徇私舞弊低价折股、出售国有资产罪，表现为行为人为徇私情而违反国家有关规定，将国有资产以低于国有资产的实际价值出卖，使国家利益遭受严重损失的行为。国有资产流失的方向既可以是向内部人员，也可以是向外流失。

第二，两罪的主体性质不同。私分国有资产罪是纯正的单位犯罪，只能由国家机关、国有公司、企业、事业单位、人民团体等经营、主管、经手国有资产的单位构成。徇私舞弊低价折股、出售国有资产罪是自然人犯罪，只能是国有公司、企业直接负责的主管人员或者其上级主管部门直接负责的主管人员。

3. 私分国有资产罪与私分罚没财物罪的界限

该罪与私分罚没财物罪的区别有：

第一，主体不同，前者为国家机关、国有公司、企业、事业单位、人民团体，而后者则专指司法机关和行政执法机关。

第二，犯罪对象不同，前者为国有资产，而后者则专指罚没财物。应该说，“罚没财物”属于国有资产，同时司法机关和行政执法机关属于国家机关，因此有人主张不一定将该罪名独立出来，可以包括在私分国有资产罪之中。但是，实践中，有的司法机关和行政执法机关违反国家规定，以各种名目私分应上交国家的罚没财物的行为时有发生，且性质严重，危害性极大。一方面该行为与刑法第 396 条第 1 款规定的私分国有资产的行为性质一致、危害一样。另一方面该行为的主体和所侵害的对象具有某些特殊性，并且该行为是一种严重的腐败行为。

【刑事责任】

根据《刑法》第 396 条的规定：犯本罪，对其直接负责的主管人员和其他直接责任人员，处三年以下有期徒刑或者拘役，并处或者单处罚金；数额巨大的，处三年以上七年以下有期徒刑，并处罚金。

【办案依据】

1.《中华人民共和国刑法》（1997 年 3 月 14 日修订）（节录）

第三百九十六条　国家机关、国有公司、企业、事业单位、人民团体，违反国家规定，以单位名义将国有资产集体私分给个人，数额较大的，对其直接负责的主管人员和其他直接责任人员，处三年以下有期徒刑或者拘役，并处或者单处罚金；数额巨大的，处三年以上七年以下有期徒刑，并处罚金。

2. 最高人民法院《关于全国法院审理金融犯罪案件工作座谈会纪要》（2001 年 1 月 21 日法〔2001〕8 号）（节录）

（一）关于单位犯罪问题

根据刑法和《最高人民法院关于审理单位犯罪案件具体应用法律有关问题的解释》的规定，以单位名义实施犯罪，违法所得归单位所有的，是单位犯罪。

1. 单位的分支机构或者内设机构、部门实施犯罪行为的处理。以单位的分支机构或者内设机构、部门的名义实施犯罪，违法所得亦归分支机构或者内设机构、部门所有的，应认定为单位犯罪。不能因为单位的分支机构或者内设机构、部门没有可供执行罚金的财产，就不将其认定为单位犯罪，而按照个人犯罪处理。

2. 单位犯罪直接负责的主管人员和其他直接责任人员的认定：直接负责的主管人员，是在单位实施的犯罪中起决定、批准、授意、纵容、指挥等作用的人员，一般是单位的主管负责人，包括法定代表人。其他直接责任人员，是在单位犯罪中具体实施犯罪并起较大作用的人员，既可以是单位的经营管理人员，也可以是单位的职工，包括聘任、雇佣的人员。应当注意的是，在单位犯罪中，对于受单位领导指派或奉命而参与实施了一定犯罪行为的人员，一般不宜作为直接责任人员追究刑事责任。对单位犯罪中的直接负责的主管人员和其他直接责任人员，应根据其在单位犯罪中的地位、作用和犯罪情节，分别处以相应的刑罚，主管人员与直接责任人员，在个案中，不是当然的主、从犯关系，有的案件，主管人员与直接责任人员在实施犯罪行为上的主从关系不明显的，可不分主、从犯。但具体案件可以分清主、从犯，且不分清主、从犯，在同一法定刑档次、幅度内量刑无法做到罪刑相适应的，应当分清主、从犯，依法处罚。

3. 对未作为单位犯罪起诉的单位犯罪案件的处理。对于应当认定为单位犯罪的案件，检察机关只作为自然人犯罪案件起诉的，人民法院应及时与检察机关协商，建议检察机关对犯罪单位补充起诉。如检察机关不补充起诉的，人民法院仍应依法审理，对被起诉的自然人根据指控的犯罪事实、证据及庭审查明的事实，依法按单位犯罪中的直接负责的主管人员或者其他直接责任人员追究刑事责任，并应引用刑罚分则关于单位犯罪追究直接负责的主管人员和其他直接责任人员刑事责任的有关条款。

4. 单位共同犯罪的处理。两个以上单位以共同故意实施的犯罪，应根据各单位在共同犯罪中的地位、作用大小，确定犯罪单位。

3. 国有资产管理局《国有资产产权界定和产权纠纷处理暂行办法》（1993 年 3 月 21 日国资法规发〔1993〕68 号）（节录）

第二条 本办法下列用语的含义：国有资产。系指国家依法取得和认定的，或者国家以各种形式对企业投资和投资收益、国家向行政事业单位拨款等形成的资产。产权。系指财产所有权以及与财产所有权有关的经营权、使用权等财产权。不包括债权。产权界定。系指国家依法划分财产所有权和经营权、使用权等产权归属，明确各类产权主体行使权利的财产范围及管理权限的一种法律行为。产权纠纷。系指由于财产所有权及经营权、使用权等产权归属不清而发生的争议。

第四条 产权界定应遵循“谁投资、谁拥有产权”的原则进行。在界定过程中，既要维护国有资产所有者及经营使用者的合法权益，又不得侵犯其他财产所有者的合法权益。

4.《企业国有资产所有权界定的暂行规定》（1991 年 3 月 2 日）（节录）

第四条 本规定所称企业国有资产是指国家以各种形式对企业的投资和投资收益形成的资产。

没有法律依据归集体、个人或外国政府、法人、公民所有的资产均属国有资产。

第八条 全民所有制企业单位中由下列投资形成的资产均属国有：

1. 各级人民政府、国家行政部门或国家其他单位的各种形式的实物投资、货币投资和所有权应属国家的发明创造和技术成果等无表资产投资；

2. 全民所有制企业单位依据国家规定或经国家批准用于投资或归还投资贷款的减免税金；

3. 全民所有制企业单位依据国家规定或经国家批准用于归还投资贷款的利润；

4. 全民所有制企业单位依照国家规定，通过从经营收入中提取、从成本费用中列支和从留用利润中提取所建立的各种专项基金，不包括按国家规定提取用于职工工资、奖励、福利等分配给个人消费的基金；

5. 国家银行、国家投资公司及其他全民所有制金融经营单位用财政拨款和留用利润转入的信贷基金、投资基金、财政周转金及其他经营基金和资本金；

6. 以国家机关名义担保，或实际上由国家承担投资风险，完全用国内外借入资金和国家以各种方式投资创办的全民所有制企业，其内部积累的资金；

7. 全民所有制企业用国有资产兼并、购买其他企业单位所取得的资产产权；

8. 其他依法应属国有的资产。

第九条　集体所有制企业中由下列投资形成的资产属于国有：

1. 各级人民政府、国家行政部门或国家其他单位用各种形式的实物投资、货币投资和所有权应属国家的无形资产投资所创办的以集体所有制名义注册登记的企业单位，其资产所有权界定参照本规定第八条办理，按国家法律、法规规定属于无偿资助的除外；

2. 全民所有制企业单位用国有资产在集体企业中的投资以及按照投资份额应取得的资产收益留给集体企业发展生产的资金；

3. 其他按法律、法规规定应属国有的资产。

第十条　在股份制企业、联营企业和中外合资、合作经营企业中由国家出资以及税后利润和专项基金中国家按照投资或协议应占有的份额，属于国有资产。

第十一条　全民所有制企业单位用留用利润转作风险抵押金、实行分账制，或将国有资产租赁给集体或个人经营等，都不改变国有资产所有权的归属。

十三、私分罚没财物罪

【概念与构成】

私分罚没财物罪，是指司法机关、行政执法机关违反国家规定，将应当上缴国家的罚没财物，以单位名义集体私分给个人的行为。构成本罪需要具备以下四个要件：

（一）客体要件。本罪侵犯的客体是复杂客体，即国家工作人员职务行为的廉洁性和国家对罚没财物的所有权。本罪的犯罪对象是罚没财物。这里罚没财物包括：（1）司法机关、行政执法机关追缴、没收的违法犯罪所得的赃款、赃物及其犯罪工具等。例如贪污赃款、走私的财物、犯罪用的汽车、赌资等。（2）行政执法机关依据有关法律、法规，对公民、法人组织的行政罚款，例如环保部门对污染环境、限期不改的企业施以行政罚款；交管部门对违背交通法规、违章驶车的车主所施以的交通行政罚款；等等。（3）法律、法规授权的机构依据有关法律、法规，对违背有关行政法律秩序的公民、法人组织的罚款。例如国家文物管理部门授权文物所在地的文物管理机构，对参观文物时毁坏文物者所处以的罚款。此类罚没财物，依据我国财政部1993年《关于对行政收费、罚没收入实行预算管理的规定》，均当折价上缴国家财政，拒不上缴而擅自留作单位自用者，属行政违法行为；拒不上缴而又集体加以私分者，构成本罪行为。

（二）客观要件。本罪在客观方面表现为行为人违反国家规定，将应当上缴国家的罚没财物以单位名义集体私分给个人的行为。具体包括以下几个要素：

1. 违反国家规定。即违反全国人民代表大会及其常务委员会制定的法律和决定，国务院制定的行政法规、规定的行政措施、发布的决定和命令。这是构成本罪的前提条件。

2. 以单位的名义将应当上缴的罚没收入集体私分给个人。即由单位负责人或者单位决策机构集体讨论决定，将应当上缴的罚没收入私分给单位所有职工，至少是单位大多数职工。如果只是单位内几个负责人私分，或者在少数单位员工中私分，应属贪污行为。具体又可将这一行为划分为两个阶段：一是截留罚没财物，即将应当上缴国家的罚没财物不予上缴，而留在本单位。截留的财物必须是应当上缴的罚没财物。二是私分，即以单位名义集体私分给个人。这里私分的标的，既可以是应当上缴国家的罚没的款项，也可以是应当上缴的罚没的物品；私分的方式既可以是按人头均分，也可以是依其职位、职称、工作业绩、岗位的不同有所侧重的私分；私分的次数，既可以是一次性地集体私分，也可以是持续性地集体私分。上述两个阶段的行为必须同时具备，方可构成本罪。如果只有截留行为，并没有私分行为，则不能构成本罪。

3. 数额较大。根据1999年9月16日最高人民检察院《关于人民检察院直接受理立案侦查案件立案标准的规定》（试行）的规定：涉嫌集体私分罚没财物，累计数额在10万元以上的，应予立案。

（三）主体要件。本罪主体是单位，即司法机关、行政执法机关。司法机关即法院、检察院、公安机关、国家安全机关等。行政执法机关即海关、工商管理机关、税务机关、卫生检查机关、商检部门、环境保护部门等。自然人不能构成本罪，但本罪处罚的则是单位的直接负责的主管人员和其他直接责任人员。

由法律、法规授权的机构依据有关法律、法规对违背有关行政法律秩序的公民、法人组织施以行政罚款者，由于其既非司法机关，又非行政执法机关，因而此类机构如有集体私分罚没财物行为者，原则上不能构成本罪，可给予有关行政违法处理。

（四）主观要件。本罪在主观方面表现为故意，即上述单位明知罚没财物应依照有关国家规定，上缴国库，但仍以单位名义集体私分给个人的行为。

【立案标准】

最高人民检察院《关于人民检察院直接受理立案侦查案件立案标准的规定（试行）》（1999年9月16日　高检发释字〔1999〕2号）（节录）

（十二）私分罚没财物案（第396条第2款）

私分罚没财物罪是指司法机关、行政执法机关违反国家规定，将应当上缴国家的罚没财物，以单位名义集体私分给个人的行为。

涉嫌私分罚没财物，累计数额在10万元以上，应予立案。

【司法认定】

（一）私分罚没财物罪与非罪的界限

1. 注意从客观上区分罪与非罪

根据刑法的规定，构成本罪在客观上必须是行为人违反国家规定，将应当上缴国家的罚没财物予以截留，以单位名义集体私分给个人。如果只有截留行为没有私分行为，例如将截留的罚没财物存入银行私分利息、将截留的罚没财物用于单位基本建设、购买办公用品、交通工具、通信设备等，均不能以私分罚没财物罪论处。

有的司法机关、行政执法机关将罚没的计算机、摩托、汽车等交付个人使用，既未正式过户给个人，也未称正式分配给个人。对此应具体情况具体分析处理：（1）凡属大面积地或持续而长期地将此罚没财物私分个人长期使用，且任随个人处置或带回家私用者，此类情况，其虽无所有权之名，但已有所有权之实，对此单位，可以考虑以本罪论罪；（2）凡属偶尔私分部分罚没财物给部分职工使用，或虽然是大面积地调拨私人使用，但主要作为公家配发给个人的办公用品使用者，不宜按本罪定性处理，而宜按一般行政违法处理。

2. 注意从数额上区分本罪与非罪

刑法规定，构成本罪必须达到数额较大，数额较小的，不能以犯罪论处。根据最高人民检察院《关于人民检察院直接受理立案侦查案件立案标准的规定》（试行）的规定：涉嫌集体私分罚没财物，累计数额在10万元以上的，应予立案。

3. 注意从主体上区分本罪与非罪

刑法规定本罪的主体是特殊主体，即司法机关、行政执法机关。但是构成本罪，只追究单位直接负责的主管人员和其他直接责任人员的刑事责任。根据2001年1月21日最高人民法院印发的《全国法院审理金融犯罪案件工作座谈会纪要》，单位犯罪中“直接负责的主管人员”，是在单位实施的犯罪中起决定、批准、授意、纵容、指挥等作用的人员，一般是单位的主管负责人，包括法定代表人。“其他直接责任人员”，是在单位犯罪中具体实施犯罪并起较大作用的人员，既可以是单位的经营管理人员，也可以是单位的职工，包括聘任、雇用的人员。应当注意的是，在单位犯罪中，对于受单位领导指派或奉命而参与实施了一定犯罪行为的人员，一般不宜作为直接责任人员追究刑事责任。因此，对于私分罚没财物的单位其他成员，不以犯罪论处。

（二）私分罚没财物罪与彼罪的界限

1. 本罪与贪污罪的界限

本罪和贪污罪在犯罪构成上有相似之处，有时不易区分二者的界限。两者的主要区别有以下几方面：

（1）犯罪主体不同。本罪的主体是单位，贪污罪的主体是自然人。

（2）犯罪对象不同。本罪的犯罪对象是应当上缴国家的罚没财物；贪污罪的犯罪对象是公共财产。

（3）客观表现不同。本罪在客观上表现为以单位名义集体私分应当上缴国家的罚没财物，对本单位人员来说，该行为是公开的；贪污罪在客观上表现为利用职务上的便利侵吞、窃取、骗取或者以其他手段非法占有公共财物，是纯粹的个人行为，是一种不公开的行为。即使是单位少数人以私分的形式贪污，也是在不公开的形式下进行的，并非以单位的名义进行私分。

2. 本罪与私分国有资产罪的界限

二者的区别主要表现在：

（1）犯罪主体不同。本罪的主体只能是司法机关、行政执法机关；私分国有资产罪的主体可以是任何国家机关，而且国有公司、企业、事业单位、人民团体也可以成为私分国有资产罪的犯罪主体。

（2）犯罪对象不同。本罪的犯罪对象只能是应当上缴国家的罚没财物；私分国有资产罪的犯罪对象则是罚没财物以外的任何形式的国有资产。

3. 本罪与挪用公款罪的界限

两罪都是从贪污罪中分离出来的独立的犯罪。两罪在犯罪对象和犯罪主观方面都有相似之处，容易混淆。二者的主要区别有两点：

（1）犯罪行为不同。本罪的犯罪行为是以单位名义集体私分罚没财物归个人所有的行为；而挪用公款罪的犯罪行为是利用职务之便，擅自挪用公款归个人使用的行为。一是集体私分的行为，二是私自挪用的行为，是两种不同的行为表现。

（2）犯罪目的不同。私分罚没财物罪的犯罪目的是个人非法占有应上缴国库的罚没财产；而挪用公款罪的犯罪目的是使用公款，没有占有全部公款的所有权，准备使用后归还。

如果行为人以单位名义暂借罚没财物给个人使用，使用结束后必须归还，情节严重的，属于挪用公款犯罪行为，可以定为挪用公款罪。如果行为人是以单位的名义暂借罚没财物给个人，使罚没财物流入个人之手，长期占有，实际上是以单位的名义集体私分罚没财物归个人所有，应定为私分罚没财物罪。

（三）正确认定本罪一罪与数罪的不同情形

司法实践中，对于有的单位成员，既是私分罚没财物的主要责任人员，又有贪污截留罚没财物的行为，对其应以私分罚没财物罪、贪污罪分别定罪量刑，实行数罪并罚。

【刑事责任】

根据《刑法》第396条第2款的规定，犯本罪的，对单位直接负责的主管人员和其他直接责任人员，处三年以下有期徒刑，并处或者单处罚金；数额巨大的，处三年以上七年以下有期徒刑，并处罚金。

【办案依据】

1.《中华人民共和国刑法》（1997年3月14日修订）（节录）

第三百九十六条　国家机关、国有公司、企业、事业单位、人民团体，违反国家规定，以单位名义将国有资产集体私分给个人，数额较大的，对其直接负责的主管人员和其他直接责任人员，处三年以下有期徒刑或者拘役，并处或者单处罚金；数额巨大的，处三年以上七年以下有期徒刑，并处罚金。

司法机关、行政执法机关违反国家规定，将应当上缴国家的罚没财物，以单位名义集体私分给个人的，依照前款的规定处罚。

2. 最高人民法院《关于全国法院审理金融犯罪案件工作座谈会纪要》（2001年1月21日法〔2001〕8号）（节录）（参见本书第135~136页）

3.《中华人民共和国刑事诉讼法（2012年修正）》（2012年3月14）（节录）

第二百三十四条　公安机关、人民检察院和人民法院对查封、扣押、冻结的犯罪嫌疑人、被告人的财物及其孳息，应当妥善保管，以供核查，并制作清单，随案移送。任何单位和个人不得挪用或者自行处理。对被害人的合法财产，应当及时返还。对违禁品或者不宜长期保存的物品，应当依照国家有关规定处理。

对作为证据使用的实物应当随案移送，对不宜移送的，应当将其清单、照片或者其他证明文件随案移送。

人民法院作出的判决，应当对查封、扣押、冻结的财物及其孳息作出处理。

人民法院作出的判决生效以后，有关机关应当根据判决对查封、扣押、冻结的财物及其孳息进行处理。对查封、扣押、冻结的赃款赃物及其孳息，除依法返还被害人的以外，一律上缴国库。

司法工作人员贪污、挪用或者私自处理查封、扣押、冻结的财物及其孳息的，依法追究刑事责任；不构成犯罪的，给予处分。

4.《中华人民共和国行政处罚法》（1996年10月1日）（节录）

第五十三条　除依法应当予以销毁的物品外，依法没收的非法财物必须按照国家规定公开拍卖或者按照国家有关规定处理。

罚款、没收违法所得或者没收非法财物拍卖的款项，必须全部上缴国库，任何行政机关或者个人不得以任何形式截留、私分或者变相私分；财政部门不得以任何形式向作出行政处罚决定的行政机关返还罚款、没收的违法所得或者返还没收非法财物的拍卖款项。

第五十八条第一款　行政机关将罚款、没收的违法所得或者财物截留、私分或者变相私分的，由财政部门或者有关部门予以追缴，对直接负责的主管人员和其他直接责任人员依法给予行政处分；情节严重构成犯罪的，依法追究刑事责任。

第二部分　渎职犯罪

一、渎职罪共性问题的理解与认定

（一）渎职罪主体的理解和认定

1997年修订刑法对1979年刑法关于渎职罪的规定作了较大幅度的修改，其中一个重大的修改就是渎职罪的主体由原来的“国家工作人员”限制为“国家机关工作人员”（故意泄露国家秘密罪和过失泄露国家秘密罪除外），非国家机关工作人员不能作为渎职犯罪的主体并单独构成渎职罪。1997年刑法虽然对渎职犯罪的主体作了一些修改，但是在之后的司法实践中，执法人员仍然遇到了很多问题，难以操作，在学界也争议不断。

为解决上述问题，2002年12月28日，第九届全国人大常委会第31次会议通过了《关于〈中华人民共和国刑法〉第九章渎职罪主体适用问题的解释》。该立法解释规定：在依照法律、法规规定行使国家行政管理职权的组织中从事公务的人员，或者在受国家机关委托代表国家机关行使职权的组织中从事公务的人员，或者虽未列入国家机关人员编制但在国家机关中从事公务的人员，在代表国家机关行使职权时，有渎职行为，构成犯罪的，依照刑法关于渎职罪的规定追究刑事责任。根据上述立法解释，最高人民检察院于2006年7月26日发布实施的《关于渎职侵权犯罪案件立案标准的规定》中，对渎职罪的主体作了相应的解释和细化。该解释在附则第（三）项规定：“本规定中的‘国家机关工作人员’，是指在国家机关中从事公务的人员，包括在各级国家权力机关、行政机关、司法机关和军事机关中从事公务的人员。在依照法律、法规规定行使国家行政管理职权的组织中从事公务的人员，或者在受国家机关委托代表国家行使职权的组织中从事公务的人员，或者虽未列入国家机关人员编制但在国家机关中从事公务的人员，在代表国家机关行使职权时，视为国家机关工作人员。在乡（镇）以上中国共产党机关、人民政协机关中从事公务的人员，视为国家机关工作人员。”根据上述规定，渎职犯罪的主体范围应当包括：

（1）在国家机关中从事公务的人员，这类人员即传统意义上的国家机关工作人员，又可称为纯正的国家机关工作人员，主要包括在国家各级权力机关、行政机关、司法机关和军事机关中从事公务的人员。

（2）在依照法律、法规规定行使国家行政管理职权的组织中从事公务的人员。主要包括以下几种情况：一是某些法律、法规直接授权规定某些非国家机关的组织在某些领域行使国家行政管理职权、监督职权。例如中国证监会和保监会等。二是在机构改革中，有些国家机关被调整为事业单位，但仍然保留着某些行政管理的职能，例如，国家专利局、国家知识产权局、国家气象局、国家地震局、中科院、社科院等单位都属于国务院直属事业单位，但是，由于我国法律、法规明确规定了它们在相关行业的行政管理职权，因而这些单位在行使管理职权时就具有行政机关的性质，相应地，在这些单位行使行政管理职权时从事公务的人员，应视为国家机关工作人员。三是在一些非国家机关所设的具有国家机关性质的机构，如铁路、林业、油田等系统内设立的纪检、监察、审计以及公安司法机构等，它们都属于企业编制，经费也来自于本系统、企业自身的经营收入，但它们事实上行使着国家管理职能，因而应视为国家机关，对于在这些机关中从事公务的人员实施的渎职行为，只要符合犯罪构成的其他条件，就应以渎职罪论处。最高人民检察院在《关于企业事业单位的公安机构在机构改革中其工作人员能否构成渎职侵权犯罪主体问题的批复》就体现了这一精神。

（3）在受国家机关委托代表国家机关行使职权的组织中从事公务的人员。《行政处罚法》第18条规定：行政机关依照法律、法规或者规章的规定，可以在其法定权限内委托符合法定条件的组织实施行政处罚，受委托组织在委托范围内，以委托行政机关名义实施行政处罚。在实践中，一些国家行政机关将部分行政处罚权进行了委托授权。如一些地方的卫生行政部门委托卫生防疫站向食品卫生经营企业和食品生产经营人员发放卫生许可证；文化局委托其事业单位文化市场管理办公室负责开办文化娱乐场所的审批；矿山企业的地质测量机构，对本企业矿产资源的开发利用与保护工作进行监督管理，行使行政检查权等，都属于此类委托。接受委托的组织可以委托行政机关名义实施行政处罚。很显然，接受委托的组织行使的仍是国家的行政处罚权。在受委托的组织中从事公务的人员，与委托授权的国家机关工作人员所拥有的该项行政处罚权是相同的。

此外，全国人大常委会《关于〈中华人民共和国刑法〉第九十三条第二款的解释》曾规定，村民委员会等村基层组织人员协助人民政府从事代征、代缴税款以及管理和经营国有土地等行政管理工作时，属于刑法第九十三条第二款规定的“其他依照法律从事公务的人员。”我们认为，依据全国人大《关于〈中华人民共和国刑法〉第九章渎职罪主体适用问题的解释》的精神，这些人员实际上是受国家机关委托代为行使管理职权的人员，应当视为国家机关工作人员。同样，城市居民委员会尽管在该立法解释中并未规定，但如果其协助国家机关从事行政管理工作时，其中的工作人员也应视为国家机关工作人员，依法可以成为渎职罪的主体。

（4）虽未列入国家机关人员编制但在国家机关中从事公务的人员。这主要是指那些虽不属于国家机关的正式在编人员，但由于临时借调、聘用等关系而在国家机关中行使国家机关职权的人员。如对外代表各级人大或人大常委会履行职能的各级人大代表；各级政协委员；各级人民法院的人民陪审员；在监狱行使监管、看守职责的合同制民警、武警战士等。需要说明的是，上述人员有可能具有双重身份，这时候需要具体分析他们是否在以上述身份从事公务，比如各级人民代表，在各级人民代表大会开会期间，是以人民代表的身份出现并行使国家职权的，此时属于国家机关工作人员范围。在人民代表大会闭会期间，人民代表以本职工作单位人员身份出现，主要从事非国家职权活动，此时一般认为他们不具有国家机关工作人员身份。如果此时某人民代表非法拘禁他人，不能以《刑法》第238条第4款认定为国家机关工作人员，适用从重处罚，而只能以一般主体的非法拘禁罪予以处罚。在人大闭会期间，人民代表行使的人大的监督、检查等职权，具有国家公共管理的性质，此时他们应属于国家机关工作人员范围。而各级人民代表大会常务委员会是常设机构，行使国家公共管理职能具有经常性，且常务委员会组成人员数量少，工作集中，具有持续性的特点，因而应被认定为国家机关工作人员。

（5）在中国共产党的各级机关、各级政协机关、各民主党派机关、人民团体中从事公务的人员。考虑到我国的国情、中国共产党在国家的实际地位和发挥的作用，以及为维护中国共产党的形象和利益，有利于打击犯罪，从刑法的意义上讲，中国共产党各级机关的工作人员属于国家机关工作人员。但是，需要说明的是，党机关里的人员要进行合理划分。作为国家机关工作人员的，应当是指参与对某一区域的党的事务进行管理的工作人员，而并不是指所有党员，因此：

① 根据宪法和法律规定，国家机关的最低一级为乡（镇），与此对应，只有中国共产党中央及其各部委党组和省（自治区、直辖市）、市、县（包括自治州、自治县）、镇、乡的中国共产党委员会才可以作为国家机关，而中国共产党的基层组织，如党支部、党小组等，仅是党的一级组织，其所从事的工作同国家管理没有直接联系，本质上并非公务行为，因此，其工作人员不能作为刑法意义上的国家机关工作人员；

② 只有能够领导国家和国家武装力量的党中央、中央军委，实行党委领导下的行政负责制的国务院和各级地方政府、各类国家机关中的中共各级党委的工作人员应当属于国家机关工作人员，而那些在不具有国家机关性质和职能的公司、企业、事业单位、各人民团体和群众性自治组织中的各级党组织中工作的人员则不属于国家机关工作人员。

虽然从严格意义上讲，人民政协不是国家机关，但政协历史上曾起过国家权力机关的重要作用。正如我国宪法序言当中明确指出的那样："中国人民政治协商会议是有广泛代表性的统一战线组织，过去发挥了重要的历史作用，今后在国家政治生活中、社会生活和对外友好活动中，在进行社会主义现代化建设、维护国家的统一和团结的斗争中，将进一步发挥它的重要作用。”尤其是政协还具有自己的章程和全国委员会专门委员会通则，不仅具有宪法依据，而且具有一些规范性文件作保证，且有国家划拨全额经费，担负着政治协商和民主监督的职能，它同国家权力机关的活动有着十分密切的联系，可以直接左右或影响权力机关的决策与活动。所以，从这一意义上讲，人民政协各级机关中的专职工作人员，也应当列入国家机关工作人员的范围内，属于全国人大常委会《关于〈中华人民共和国刑法〉第九章渎职罪主体适用问题的解释》中所规定的“在依照法律、法规规定行使国家行政管理职权的组织中从事公务的人员”，应作为渎职罪的主体。

在有关的文件中，我们也可以找到将党的各级机关的工作人员和政协各级机关的工作人员作为国家机关工作人员规定。例如，2006 年 7 月 26 日施行的《最高人民检察院关于渎职侵权犯罪案件立案标准的规定》：在乡（镇）以上中国共产党机关、人民政协机关中从事公务的人员，视为国家机关工作人员。最高人民法院于 2003 年 11 月 13 日下发的《全国法院审理经济犯罪案件工作座谈会纪要》也指出：“在乡（镇）以上中国共产党机关、人民政协机关中从事公务的人员，司法实践中也应当视为国家机关工作人员。”

此外，各民主党派在我国是非常重要的政治组织，在我国的政治生活中发挥着重要的参政、议政作用，这个作用具有国家管理的性质，符合国家机关工作人员的本质特征——从事公务，因而其工作人员应视为国家机关工作人员。人民团体是指由于历史原因而形成的具有一定的行政管理职能、由国家编委统一制定编制、费用由国家财政支付、没有在民政部门登记的团体，具体包括乡级以上工会、妇女联合会、科学技术协会、青年联合会、共青团、华侨联合会、台湾同胞联谊会、工商联合会等。人民团体的性质决定了其从事管理事务的工作人员具有从事公务的性质，应视为国家机关工作人员。值得注意的是，人民团体与社会团体是两个完全不同的概念。所谓“社会团体”，根据 1998 年 10 月 25 日颁布的《社会团体登记管理条例》的规定，是指中国公民自愿组成，为实现会员共同意愿，按照其章程开展活动的非营利性社会组织。二者的区别表现在：（1）人民团体费用由国家财政支付，社会团体费用自筹；（2）人民团体在现行体制下行使一定的行政管理职能，社会团体则行使自我约束、自我管理、自我规范、自我发展的职能；（3）人民团体由国家编委统一制定编制，社会团体则没有编制；（4）人民团体由国家组织，勿需在民政部门登记，而社会团体则必须经业务主管单位审查同意，在民政部门登记。

2013 年 1 月 9 日最高人民法院、最高人民检察院《关于办理渎职刑事案件适用法律若干问题的解释（一）》第 7 条规定：依法或者受委托行使国家行政管理职权的公司、企业、事业单位的工作人员，在行使行政管理职权时滥用职权或者玩忽职守，构成犯罪的，应当依照《全国人民代表大会常务委员会关于〈中华人民共和国刑法〉第九章渎职罪主体适用问题的解释》的规定，适用渎职罪的规定追究刑事责任。由于刑法在国家机关工作人员渎职罪之外还于第一百六十八条规定了国有公司、企业、事业单位人员的失职、滥用职权犯罪，实践中对于该立法解释规定的“组织”是否包括国有公司、企业、事业单位存在不同意见。“两高”认为，《刑法》第168条与立法解释的规定并不冲突，前者针对企业管理事务，后者限于国家行政管理事务。

（二）“从事公务”的含义和特征

1979年商务版《现代汉语词典》对“公务”一词的解释是：“关于国家或集体的事务”。1989年版《辞海》对“公务”一词的解释是：“公事”。我们认为，这里公务是指公共事务，它包括国家事务和集体事务两个方面，这是确定无疑的。对国家工作人员从事的公务包括国家事务，理论界和司法界并无疑义，争议的焦点是应否把集体事务包括在刑法中的公务范围之内？我们认为，无论从刑法的立法沿革上看，还是从1997年刑法的有关规定看，都不应将集体事务包括在刑法中的公务之内。显而易见，作为在国家机关中从事公务的国家机关工作人员，其所从事的“公务”就更应严格地限定在国家事务的范畴中了。具体讲，我们这里所说的公务，是指对国家事务所进行的管理、组织、领导、监督等活动。它具有如下四个特征：

（1）管理性，即对国家事务进行管理。它包括的范围很广，涉及国家对政治、经济、文化、军事、文体、卫生、科技以及与社会秩序有关的各种事务的管理。这种管理，是从事组织、领导、监督、实施等管理性的职务活动，处于管理主体地位，它不同于直接从事具体的物质的生产或社会服务性的劳务活动。

（2）国家代表性，从事公务必须以国家机关的名义进行。国家机关工作人员从事的公务活动当然具有国家代表性，但在具体表现形式上，它是以国家机关名义进行的。如果某种行为是以个人名义实施的，即使行为人具有国家机关工作人员的身份，也不能成为公务活动，也就不可能构成渎职罪。

（3）人员特定性，即公务活动必须是具有一定职务身份的人员所进行的职务活动。公务活动是国家对政治、经济、文化等各项事业的管理活动，从事公务的人员为了更好地进行自己的工作，就需要享有一定的管理权限。因此，国家依一定程序赋予这些人员一定的职务身份，使他们在职务范围内具有一定的权力，以利于他们从事活动。

（4）合法性，即公务活动必须在国家赋予的管理权限内（即法律规定的权限内）行使，超出权限范围进行活动就不是从事公务。

因此，所谓“从事公务”是指代表国家机关、国有公司、企业、事业单位、人民团体等履行组织、领导、监督、管理等职责。

在理论上和司法实践当中，正确理解“从事公务”这一特征，需要认清“公务”与“职务”、“劳务”、“私务”的区别。

所谓职务，在一般意义上，是指“职位所规定应该担任的工作”[①]。而在法律意义上，职务则意味着获得一定的法定身份，代表国家、集体或者社会团体执行一定的具有管理性质的事务。职务与公务是有区别的，职务的范围比较广泛，妨碍职务行为，破坏职务应承担的责任并不一定会破坏到国家管理职能。但是公务行为则不同，它的范围却是有一定的限制，即它不仅如职务一样需要一定的法定权力和身份，而且这种行为还必须是一种国家管理行为或者由国家管理行为所派生出来的行为，所以在该种行为中的一些非正常现象（如渎职、主体廉洁性遭破坏等），就会破坏国家的管理职能。可见，公务带有国家管理的性质，而职务则包含有社会管理的性质，公务的范围要比职务狭窄[②]。

公务的上述特征决定了它不同于劳务和私务。何谓“劳务”，当前众说纷纭。有人说，“劳务”是指直接从事物质资料生产的体力性活动；而有的人则认为，“劳务”是指以劳动提供的服务性活动等。我们认为，所谓劳务不单是指直接从事物质资料生产的体力性活动，它是一个泛指，凡一切以劳力为主从事生产性、经营性、社会服务性的活动，都叫劳务。公务与劳务的区别表现在：①公务只能存在于国家机关、国有公司、企业、事业单位、人民团体中，而劳务既可以存在于国家机关、国有公司、企业、事业单位、人民团体中，也可以存在于非国有单位中；②公务是在国家机关、国有公司、企业、事业单位、人民团体的各种职能部门中，从事组织、领导、监督、管理等职务活动，它与一定的管理职权、履行一定的职务密切相关，一般不直接从事物质生产活动，而劳务主要是从事物质生产活动或服务性劳动；③从事公务的人员一般按其职务享有处理一定国家事务的权力，而从事劳务的人，一般都接受从事公务人员的管理，在其管理之下进行活动，不具有处理国家事务的权力。公务与私务的区别表现在：①公务是代表国家，以国家名义进行的活动，而私务是代表个人，以个人名义进行的活动；②公务具有国家事务的管理性质，而私务则不具备这种性质，即使私务中存在一定的管理职能，也只是一种个人行为，而不是管理国家事务的行为；③公务是以国家利益为中心，为国家利益服务，而私务以个人利益为中心，以实现个人目的为宗旨，为个人利益服务。[③]

① 《现代汉语词典》（修订本），商务印书馆1996年版，第1616页。

② 孙谦、尹伊君：《国家工作人员职务犯罪论》，载《法学研究》1998年第4期。

③ 郝守才：《我国刑法中国家工作人员的界定标准》，载《河南省政法管理干部学院学报》2002年第4期。

（三）渎职罪是否都属于结果犯

渎职罪是否都属于结果犯的问题，实际上是研究渎职罪既遂形态类型的问题。根据我国刑法分则对各种直接故意犯罪构成要件的不同规定，刑法理论一般认为，犯罪既遂包括结果犯、行为犯、危险犯和举动犯四种类型。结果犯是指不仅要实施具体犯罪构成客观要件的行为，而且必须发生法定的犯罪结果才构成既遂的犯罪。这里法定的犯罪结果，是专指犯罪行为通过对犯罪对象的作用而给犯罪客体造成的物质性的、可以具体测量确定的、有形的损害结果。行为犯是指以法定的犯罪行为的完成作为既遂标志的犯罪。危险犯是指以行为人实施的危害行为造成法律规定的发生某种危害结果的危险状态作为既遂标志的犯罪。举动犯是指按照法律规定，行为人一着手犯罪实行行为即告犯罪完成和完全符合构成要件，从而构成既遂的犯罪。

我们认为，我国刑法中渎职罪既遂形态的类型，包括结果犯和行为犯两种。其中，结果犯居多，比如，滥用职权罪，滥用管理公司、证券职权罪，徇私舞弊不征、少征税款罪，徇私舞弊发售发票、抵扣税款、出口退税罪等；行为犯为少数，比如，徇私枉法罪，私放在押人员罪，徇私舞弊减刑、假释、暂予监外执行罪等。在现行刑法的渎职罪的规定当中，没有危险犯和举动犯的规定。

（四）非物质损失的理解和认定

根据最新的司法解释，非物质性损失可以成为渎职罪的严重危害后果之一，进而构成犯罪，比如2006年7月26日颁布的《最高人民检察院关于渎职侵权犯罪案件立案标准的规定》第1条第1项规定："滥用职权罪是指国家机关工作人员超越职权，违法决定、处理其无权决定、处理的事项，或者违反规定处理公务，致使公共财产、国家和人民利益遭受重大损失的行为。涉嫌下列情形之一的，应予立案：…… 8. 严重损害国家声誉，或者造成恶劣社会影响的……"这里渎职罪的非物质性危害结果，应包括严重损害国家声誉和造成恶劣社会影响。但是，2012年7月9日《最高人民法院、最高人民检察院关于办理渎职刑事案件适用法律若干问题的解释（一）》删去《立案标准》中"严重损害国家声誉"的规定，主要考虑是国家声誉比较抽象、原则，实践中不易把握，用"造成恶劣社会影响"概括。这里造成恶劣的社会影响，是指国家机关工作人员在公务活动中，滥用职权、玩忽职守、徇私舞弊，严重损害国家机关的形象，引起群众不满，影响了一定地区社会的稳定等。主要表现为：（1）渎职行为造成某一地区、某一行业系统不稳定，引起群众性上访事件、静坐、游行及其他冲突事件发生。（2）渎职行为损害党和国家方针政策，造成民族团结的矛盾纠纷。（3）因渎职行为而引起他人自杀或精神失常或妻离子散等，造成亲属不断上访，干扰国家机关工作秩序。（4）渎职行为损害国家机关工作秩序，使一定地区民众对该地区国家机关缺乏信任，公信力大为下降。（5）因渎职行为影响国家机关处理抗洪、抢险等自然灾害或突发事件。(6) 渎职行为造成其他恶劣社会影响。

(五) 经济损失的理解和认定

1999 年 8 月 6 日最高人民检察院颁布的《关于人民检察院直接受理立案侦查案件立案标准的规定(试行)》明确规定了间接经济损失作为重大经济损失的数额，比如，对于玩忽职守罪涉嫌直接经济损失不满 30 万元，但间接经济损失超过 100 万元的，应予立案。2006 年 7 月 26 日颁布的《最高人民检察院关于渎职侵权犯罪案件立案标准的规定》再一次对此加以确认，比如，该解释规定：滥用职权罪造成个人财产直接经济损失 10 万元以上，或者直接经济损失不满 10 万元，但间接经济损失 50 万元以上的等情形的，应予立案。同时，上述规定还对直接经济损失、间接经济损失的概念予以了明确规定："直接经济损失"，是指与行为有直接因果关系而造成的财产损毁、减少的实际价值；"间接经济损失"，是指由直接经济损失引起和牵连的其他损失，包括失去的在正常情况下可以获得的利益和为恢复正常的管理活动或者挽回所造成的损失所支付的各种开支、费用等。有下列情形之一的，虽然有债权存在，但已无法实现债权的，可以认定为已经造成了经济损失：(1) 债务人已经法定程序被宣告破产，且无法清偿债务；(2) 债务人潜逃，去向不明；(3) 因行为人责任，致使超过诉讼时效；(4) 有证据证明债权无法实现的其他情况。

根据上述规定，直接经济损失和间接经济损失，是指立案时确已造成的经济损失。移送审查起诉前，犯罪嫌疑人及其亲友自行挽回的经济损失，以及由司法机关或者犯罪嫌疑人所在单位及其上级主管部门挽回的经济损失，不予扣减，但可作为对犯罪嫌疑人从轻处理的情节考虑。以检察院立案时为标准，在立案前挽回的损失可以扣减，而在立案后挽回的损失则不予扣减。

2012 年 7 月 9 日最高人民法院、最高人民检察院《关于办理渎职刑事案件适用法律若干问题的解释(一)》对此有所修改，第 8 条规定：本解释规定的"经济损失"，是指渎职犯罪或者与渎职犯罪相关联的犯罪立案时已经实际造成的财产损失，包括为挽回渎职犯罪所造成损失而支付的各种开支、费用等。立案后至提起公诉前持续发生的经济损失，应一并计入渎职犯罪造成的经济损失。债务人经法定程序被宣告破产，债务人潜逃、去向不明，或者因行为人的责任超过诉讼时效等，致使债权已经无法实现的，无法实现的债权部分应当认定为渎职犯罪的经济损失。渎职犯罪或者与渎职犯罪相关联的犯罪立案后，犯罪分子及其亲友自行挽回的经济损失，司法机关或者犯罪分子所在单位及其上级主管部门挽回的经济损失，或者因客观原因减少的经济损失，不予扣减，但可以作为酌定从轻处罚的情节。

该《解释(一)》未延续上述《立案标准》分别规定的做法，主要有两点考虑：一是直接经济损失与间接经济损失的认定标准不统一，行政执法与刑事司法不衔接。例如，《水域污染事故渔业损失计算方法》规定的直接经济损失包括清除污染费和监测部门取证、鉴定等工作的实际费用，为消除、减少环境污染采取的处理、处置以及监测等合理措施而发生的费用。这里的直接经济损失实际上涵括了《立案标准》规定的间接经济损失，即“正常情况下可以获得的利益和为恢复正常的管理活动或者挽回所造成的损失所支付的各种开支、费用等”。二是间接经济损失的外延不易界定，带有不确定性。在缺乏行之有效的界定标准的情况下，以间接经济损失作为定罪量刑标准有可能会影响到案件的公正处理。需要强调指出的是，《解释（一）》未区分直接经济损失和间接经济损失不意味着否定间接经济损失，而是将间接损失有条件地纳入到经济损失计算中去。为此，《解释（一）》第 8 条规定，经济损失是指渎职犯罪或者与渎职犯罪相关联的犯罪立案时“已经实际造成的财产损失”，包括为挽回渎职犯罪所造成损失而支付的各种开支、费用等。

（六）渎职罪之间的法条竞合的认定和处理

为了使渎职罪的规定更加科学严谨，对渎职罪的打击更加有效，1997 年刑法对滥用职权型、玩忽职守型渎职犯罪采用了一般规定和特别规定（即普通法与特别法）相结合的规定方式。首先，《刑法》第 397 条对滥用职权罪和玩忽职守罪作了一般性的规定。通过这一规定不仅使我们对滥用职权型罪和玩忽职守型罪的特征和犯罪构成有了一个全局性的把握，也使得刑法在惩治这两类犯罪时法网严密，不会遗漏司法实践中的相关犯罪行为，起到了拾遗补阙的作用。其次，为了突出打击的重点，刑法还在渎职罪一章中，对司法实践中常见的、多发的、需要严厉打击的一些发生在特定国家机关工作人员、特定国家机关和部门中的一些特殊的滥用职权和玩忽职守行为作了特别的规定。其中，滥用职权罪的特别规定包括：《刑法》第 400 条所规定的私放在押人员罪，第 403 条所规定的滥用管理公司、证券职权罪，第 407 条所规定的违法发放林木采伐许可证罪，第 410 条所规定的非法批准征用、占用土地罪，非法低价出让国有土地使用权罪，第 415 条所规定的办理偷越国（边）境人员出入境证件罪，第 416 条第 2 款所规定的阻碍解救被拐卖、绑架妇女、儿童罪等。玩忽职守罪的特别规定包括：《刑法》第 400 条第 2 款所规定的失职致使在押人员脱逃罪，第 406 条所规定的国家机关工作人员签订、履行合同失职被骗罪，第 409 条所规定的传染病防治失职罪，第 412 条第 2 款所规定的商检失职罪，第 413 条所规定的动植物检疫失职罪，第 19 条所规定的失职造成珍贵文物损毁、流失罪和最高人民法院、最高人民检察院《关于办理渎职刑事案件适用法律若干问题的解释（一）》第九条规定的食品监管渎职罪等。刑法这样的规定方式，既突出了打击的重点，又不会遗漏犯罪，有利于打击犯罪。

由此可见，既然《刑法》第 397 条规定的滥用职权罪和玩忽职守罪与上述列举的罪名之间是一般和特殊的关系，那么它们之间实际上就是包含和被包含的关系，因此属于刑法中的法条竞合关系。

如何把握一般罪名与特别罪名的关系，实践中存在不同看法，集中体现在两个问题上：一是同时符合特别罪名规定和一般罪名规定，特别罪名的法定刑轻于一般罪名的，能否以处罚更重的一般罪名处理？二是不符合特别罪名规定但符合一般罪名规定的，能否以一般罪名定罪处罚？

基于量刑需要提出的第一个问题根本上属于立法问题。鉴于《刑法》第 397 条已明确规定“本法另有规定的，依照规定”，故不管特别罪名的法定刑高于还是低于一般罪名，凡是符合特别罪名构成要件的，应一律以特别罪名追究刑事责任。据此，2013 年最高人民法院、最高人民检察院《关于办理渎职刑事案件适用法律若干问题的解释（一）》第 2 条第 1 款规定，“国家机关工作人员实施滥用职权或者玩忽职守犯罪行为，触犯刑法分则第九章第三百九十八条至第四百一十九条规定的，依照该规定定罪处罚”。

对于第二个问题，上述《解释（一）》持肯定立场，规定：国家机关工作人员滥用职权或者玩忽职守，因不具备徇私舞弊等情形，不符合刑法分则第九章第三百九十八条至第四百一十九条的规定，但依法构成第三百九十七条规定的犯罪的，以滥用职权罪或者玩忽职守罪定罪处罚。主要考虑是：（1）特别法优于一般法原则主要针对的是法条竞合条件下同时构成多个犯罪的罪名选择问题，而这里只触犯了一般罪名规定，不存在法条竞合和罪名选择的问题；（2）就立法而言特别法优于一般法并非绝对性原则，刑法在生产、销售伪劣商品罪一节中明确规定，不构成特别罪名但构成一般罪名亦即生产、销售伪劣产品罪的，可以一般罪名定罪处罚；（3）司法解释在法律规定限度内可以具有一定的补漏功能，对于因不具备徇私舞弊等要件而不构成特别罪名的严重渎职行为以一般罪名处理，体现了实践打击需要，也不违反立法本意。适用本规定时，需要注意徇私的理解问题。对刑法规定中的“徇私”作何理解，长期存在争议，一种意见认为仅指徇个人私情、私利；另一种意见认为不仅包括徇个人之私，而且包括徇单位、集体之私。《解释（一）》未对“徇私”的理解作出明确规定，但本条规定实际上间接回应了徇私舞弊的理解和相关定罪思路，即在坚持“徇私”应为徇个人私情、私利的基础上，通过转适用一般罪名解决为单位利益实施的渎职行为的刑事责任追究问题。

（七）渎职罪有相伴的共生犯罪时，行为人性质的认定

在司法实践当中，徇私舞弊、滥用职权型的渎职罪，其渎职行为的内容往往就是庇护、放纵他人的犯罪行为，因此这些渎职罪往往与他人的犯罪行为具有共生性。例如，徇私舞弊不征、少征税款罪与偷税罪，放纵走私罪与走私罪，在实

践中往往并发。由此便产生出一个问题：当渎职者在明知其渎职行为所庇护的对象（他人）实施犯罪行为的情况下，对渎职者究竟应当认定为渎职罪还是他人所犯之罪的共犯呢？我们认为，在这种情况下，渎职者的渎职行为实际上兼有渎职罪构成要件和共犯构成要件的双重性质，即其同一个行为在观念上、形式上同时符合两个犯罪构成，属于想象竞合犯形态，依照想象竞合犯的处罚原则，对行为人应当择一重罪处断。以徇私舞弊不征、少征税款案件为例，如果税务机关工作人员在税收征收管理中，与纳税人相互勾结，共谋税务机关工作人员在纳税人缴纳税款过程中少征税款或者干脆不征税款（这种情形，有时税务机关工作人员对偷税人的偷税行为予以积极帮助、配合，甚至出谋划策；有时是税务机关工作人员和偷税人双方对偷税行为心照不宣，前者假装不知）并付诸实施，致使国家税收遭受重大损失的，则税务机关工作人员的行为，一方面符合《刑法》第404条规定的徇私舞弊不征、少征税款罪的构成；另一方面也符合偷税罪共犯的构成。在这种情形下，应当以税务机关工作人员所少征、未征的税款（亦即偷税人所偷税款）的实际数额依据，在比较徇私舞弊不征、少征税款罪和偷税罪二罪的刑罚轻重后，选择处罚较重的一罪定罪从重处罚。

但需要补充说明的是，如果渎职者的行为不构成相应渎职罪时，则应以他人所犯之罪的共犯处理。还以徇私舞弊不征、少征税款案件为例，如果国家机关工作人员的徇私舞弊不征、少征税款的行为不构成徇私舞弊不征、少征税款罪，同时他所帮助的人又构成了逃税罪，则对渎职者应以逃税罪的共犯论处。

此外，在这样的情形下，通常渎职者和他罪的行为人主观上的共同故意和意思联络是显而易见的。比如，放纵走私罪中的走私犯，要想实现走私就一定要通过渎职的海关工作人员来实现，而海关工作人员明知他人走私还放纵，这一般情形下一定是有默契、有计划而实施的。但是，也不能排除在某些极特殊的情况下，二者却是没有共同犯罪的故意，比如走私者没有事先和海关人员密谋，联络而冒险实施走私行为，而有关的海关工作人员在没有和走私者有任何沟通，完全没有准备的情况下发现了他人的走私行为，但该海关人员违背自己的职责要求，为发泄私愤、实施报复，胆小怕事等原因，而放纵了走私行为。此时，渎职者和走私者没有共同犯罪的故意，不能形成典型的共同犯罪。渎职者既是走私罪的间接实行犯，同时渎职者的帮助行为又单独构成放纵走私罪，此时还是属于想象竞合犯的情形，应择一重罪处理。

总之，当渎职罪有相伴的共生犯罪时，分三种情况处理：1. 如果渎职者的渎职行为构成犯罪，此时行为人的行为属于想象竞合犯，应择一重罪处断；2. 如果渎职者的渎职行为不构成犯罪，则应以他人所犯之罪的共犯处断；3. 如果渎职者单方有帮助他人犯罪的故意和行为，而被帮助者完全不知情时，渎职者的行为属于想象竞合犯，应择一重罪处断。

最高人民法院、最高人民检察院《关于办理渎职刑事案件适用法律若干问题的解释（一）》第4条规定：国家机关工作人员实施渎职行为，放纵他人犯罪或者帮助他人逃避刑事处罚，构成犯罪的，依照渎职罪的规定定罪处罚。

国家机关工作人员与他人共谋，利用其职务行为帮助他人实施其他犯罪行为，同时构成渎职犯罪和共谋实施的其他犯罪共犯的，依照处罚较重的规定定罪处罚。

国家机关工作人员与他人共谋，既利用其职务行为帮助他人实施其他犯罪，又以非职务行为与他人共同实施该其他犯罪行为，同时构成渎职犯罪和其他犯罪的共犯的，依照数罪并罚的规定定罪处罚。

（八）渎职罪“基础案”的认定和处理

渎职罪的“基础案”，是指存在于相关的渎职犯罪之中，根据法律的规定，作为该渎职罪成立的基础，而为该渎职罪构成所必备条件之一的案件。它有两个突出的特点：一是它存在于相关的渎职犯罪（也有人称之为“原案”）中；二是它是相关的渎职罪成立的基础。

渎职罪中涉及“基础案”的罪名包括六个，即：（1）徇私枉法罪（《刑法》第399条第1款）；（2）徇私舞弊不移交刑事案件罪（《刑法》第402条）；（3）国家机关工作人员签订、履行合同失职罪（《刑法》第406条）；（4）放纵走私罪（《刑法》第411条）；（5）放纵制售伪劣商品犯罪行为罪（《刑法》第414条）；（6）帮助犯罪分子逃避处罚罪（《刑法》第417条）。

“基础案”有罪未必是“原案”之罪成立的前提，“基础案”的性质可分为三种情况：一是完全无罪的情况，如徇私枉法罪中“无罪的人”；二是可能涉嫌犯罪也可能是一般违法行为的情况，如放纵走私罪中的“走私行为”；三是涉嫌犯罪的情况，如徇私舞弊不移交刑事案件罪中的“刑事案件”，放纵制售伪劣商品犯罪行为中的“制售伪劣商品犯罪行为”以及帮助犯罪分子逃避处罚罪中的“犯罪分子”。

“基础案”的成立应以“有证据证明有犯罪事实，需要追究刑事责任”为标准。

【办案依据】

1. 全国人大常委会《关于〈中华人民共和国刑法〉第九章渎职罪主体适用问题的解释》（2002年12月28日）

全国人大常委会根据司法实践中遇到的情况，讨论了刑法第九章渎职罪主体的适用问题，解释如下：

第二编分则第九章渎职罪在依照法律、法规规定行使国家行政管理职权的组织中从事公务的人员，或者在受国家机关委托代表国家机关行使职权的组织中从事公务的人员，或者虽未列入国家机关人员编制但在国家机关中从事公务的人员，在代表国家机关行使职权时，有渎职行为，构成犯罪的，依照刑法关于渎职罪的规定追究刑事责任。

2. 最高人民法院、最高人民检察院《关于办理渎职刑事案件适用法律若干问题的解释(一)》(2013年1月9日)

为依法惩治渎职犯罪，根据刑法有关规定，现就办理渎职刑事案件适用法律的若干问题解释如下：

第一条 国家机关工作人员滥用职权或者玩忽职守，具有下列情形之一的，应当认定为刑法第三百九十七条规定的“致使公共财产、国家和人民利益遭受重大损失”：

（一）造成死亡1人以上，或者重伤3人以上，或者轻伤9人以上，或者重伤2人、轻伤3人以上，或者重伤1人、轻伤6人以上的；

（二）造成经济损失30万元以上的；

（三）造成恶劣社会影响的；

（四）其他致使公共财产、国家和人民利益遭受重大损失的情形。

具有下列情形之一的，应当认定为刑法第三百九十七条规定的“情节特别严重”：

（一）造成伤亡达到前款第（一）项规定人数3倍以上的；

（二）造成经济损失150万元以上的；

（三）造成前款规定的损失后果，不报、迟报、谎报或者授意、指使、强令他人不报、迟报、谎报事故情况，致使损失后果持续、扩大或者抢救工作延误的；

（四）造成特别恶劣社会影响的；

（五）其他特别严重的情节。

第二条 国家机关工作人员实施滥用职权或者玩忽职守犯罪行为，触犯刑法分则第九章第三百九十八条至第四百一十九条规定的，依照该规定定罪处罚。

国家机关工作人员滥用职权或者玩忽职守，因不具备徇私舞弊等情形，不符合刑法分则第九章第三百九十八条至第四百一十九条的规定，但依法构成第三百九十七条规定的犯罪的，以滥用职权罪或者玩忽职守罪定罪处罚。

第三条 国家机关工作人员实施渎职犯罪并收受贿赂，同时构成受贿罪的，除刑法另有规定外，以渎职犯罪和受贿罪数罪并罚。

第四条 国家机关工作人员实施渎职行为，放纵他人犯罪或者帮助他人逃避刑事处罚，构成犯罪的，依照渎职罪的规定定罪处罚。

国家机关工作人员与他人共谋，利用其职务行为帮助他人实施其他犯罪行为，同时构成渎职犯罪和共谋实施的其他犯罪共犯的，依照处罚较重的规定定罪处罚。

国家机关工作人员与他人共谋，既利用其职务行为帮助他人实施其他犯罪，又以非职务行为与他人共同实施该其他犯罪行为，同时构成渎职犯罪和其他犯罪的共犯的，依照数罪并罚的规定定罪处罚。

第五条 国家机关负责人员违法决定，或者指使、授意、强令其他国家机关工作人员违法履行职务或者不履行职务，构成刑法分则第九章规定的渎职犯罪的，应当依法追究刑事责任。

以“集体研究”形式实施的渎职犯罪，应当依照刑法分则第九章的规定追究国家机关负有责任的人员的刑事责任。对于具体执行人员，应当在综合认定其行为性质、是否提出反对意见、危害结果大小等情节的基础上决定是否追究刑事责任和应当判处的刑罚。

第六条 以危害结果为条件的渎职犯罪的追诉期限，从危害结果发生之日起计算；有数个危害结果的，从最后一个危害结果发生之日起计算。

第七条　依法或者受委托行使国家行政管理职权的公司、企业、事业单位的工作人员，在行使行政管理职权时滥用职权或者玩忽职守，构成犯罪的，应当依照《全国人民代表大会常务委员会关于〈中华人民共和国刑法〉第九章渎职罪主体适用问题的解释》的规定，适用渎职罪的规定追究刑事责任。

第八条　本解释规定的“经济损失”，是指渎职犯罪或者与渎职犯罪相关联的犯罪立案时已经实际造成的财产损失，包括为挽回渎职犯罪所造成损失而支付的各种开支、费用等。立案后至提起公诉前持续发生的经济损失，应一并计入渎职犯罪造成的经济损失。

债务人经法定程序被宣告破产，债务人潜逃、去向不明，或者因行为人的责任超过诉讼时效等，致使债权已经无法实现的，无法实现的债权部分应当认定为渎职犯罪的经济损失。

渎职犯罪或者与渎职犯罪相关联的犯罪立案后，犯罪分子及其亲友自行挽回的经济损失，司法机关或者犯罪分子所在单位及其上级主管部门挽回的经济损失，或者因客观原因减少的经济损失，不予扣减，但可以作为酌定从轻处罚的情节。

第九条　负有监督管理职责的国家机关工作人员滥用职权或者玩忽职守，致使不符合安全标准的食品、有毒有害食品、假药、劣药等流入社会，对人民群众生命、健康造成严重危害后果的，依照渎职罪的规定从严惩处。

第十条　最高人民法院、最高人民检察院此前发布的司法解释与本解释不一致的，以本解释为准。

3. 最高人民法院、最高人民检察院《关于办理危害食品安全刑事案件适用法律若干问题的解释》（2013年5月4日　法释〔2013〕12号）

为依法惩治危害食品安全犯罪，保障人民群众身体健康、生命安全，根据刑法有关规定，对办理此类刑事案件适用法律的若干问题解释如下：

第一条　生产、销售不符合食品安全标准的食品，具有下列情形之一的，应当认定为刑法第一百四十三条规定的“足以造成严重食物中毒事故或者其他严重食源性疾病”：

（一）含有严重超出标准限量的致病性微生物、农药残留、兽药残留、重金属、污染物质以及其他危害人体健康的物质的；

（二）属于病死、死因不明或者检验检疫不合格的畜、禽、兽、水产动物及其肉类、肉类制品的；

（三）属于国家为防控疾病等特殊需要明令禁止生产、销售的；

（四）婴幼儿食品中生长发育所需营养成分严重不符合食品安全标准的；

（五）其他足以造成严重食物中毒事故或者严重食源性疾病的情形。

第二条　生产、销售不符合食品安全标准的食品，具有下列情形之一的，应当认定为刑法第一百四十三条规定的“对人体健康造成严重危害”：

（一）造成轻伤以上伤害的；

（二）造成轻度残疾或者中度残疾的；

（三）造成器官组织损伤导致一般功能障碍或者严重功能障碍的；

（四）造成十人以上严重食物中毒或者其他严重食源性疾病的；

（五）其他对人体健康造成严重危害的情形。

第三条　生产、销售不符合食品安全标准的食品，具有下列情形之一的，应当认定为刑法第一百四十三条规定的“其他严重情节”：

（一）生产、销售金额二十万元以上的；

（二）生产、销售金额十万元以上不满二十万元，不符合食品安全标准的食品数量较大或者生产、销售持续时间较长的；

（三）生产、销售金额十万元以上不满二十万元，属于婴幼儿食品的；

（四）生产、销售金额十万元以上不满二十万元，一年内曾因危害食品安全违法犯罪活动受过行政处罚或者刑事处罚的；

（五）其他情节严重的情形。

第四条 生产、销售不符合食品安全标准的食品，具有下列情形之一的，应当认定为刑法第一百四十三条规定的“后果特别严重”：

（一）致人死亡或者重度残疾的；

（二）造成三人以上重伤、中度残疾或者器官组织损伤导致严重功能障碍的；

（三）造成十人以上轻伤、五人以上轻度残疾或者器官组织损伤导致一般功能障碍的；

（四）造成三十人以上严重食物中毒或者其他严重食源性疾病的；

（五）其他特别严重的后果。

第五条 生产、销售有毒、有害食品，具有本解释第二条规定情形之一的，应当认定为刑法第一百四十四条规定的“对人体健康造成严重危害”。

第六条 生产、销售有毒、有害食品，具有下列情形之一的，应当认定为刑法第一百四十四条规定的“其他严重情节”：

（一）生产、销售金额二十万元以上不满五十万元的；

（二）生产、销售金额十万元以上不满二十万元，有毒、有害食品的数量较大或者生产、销售持续时间较长的；

（三）生产、销售金额十万元以上不满二十万元，属于婴幼儿食品的；

（四）生产、销售金额十万元以上不满二十万元，一年内曾因危害食品安全违法犯罪活动受过行政处罚或者刑事处罚的；

（五）有毒、有害的非食品原料毒害性强或者含量高的；

（六）其他情节严重的情形。

第七条 生产、销售有毒、有害食品，生产、销售金额五十万元以上，或者具有本解释第四条规定的情形之一的，应当认定为刑法第一百四十四条规定的“致人死亡或者有其他特别严重情节”。

第八条 在食品加工、销售、运输、贮存等过程中，违反食品安全标准，超限量或者超范围滥用食品添加剂，足以造成严重食物中毒事故或者其他严重食源性疾病的，依照刑法第一百四十三条的规定以生产、销售不符合安全标准的食品罪定罪处罚。

在食用农产品种植、养殖、销售、运输、贮存等过程中，违反食品安全标准，超限量或者超范围滥用添加剂、农药、兽药等，足以造成严重食物中毒事故或者其他严重食源性疾病的，适用前款的规定定罪处罚。

第九条 在食品加工、销售、运输、贮存等过程中，掺入有毒、有害的非食品原料，或者使用有毒、有害的非食品原料加工食品的，依照刑法第一百四十四条的规定以生产、销售有毒、有害食品罪定罪处罚。

在食用农产品种植、养殖、销售、运输、贮存等过程中，使用禁用农药、兽药等禁用物质或者其他有毒、有害物质的，适用前款的规定定罪处罚。

在保健食品或者其他食品中非法添加国家禁用药物等有毒、有害物质的，适用第一款的规定定罪处罚。

第十条　生产、销售不符合食品安全标准的食品添加剂，用于食品的包装材料、容器、洗涤剂、消毒剂，或者用于食品生产经营的工具、设备等，构成犯罪的，依照刑法第一百四十条的规定以生产、销售伪劣产品罪定罪处罚。

第十一条　以提供给他人生产、销售食品为目的，违反国家规定，生产、销售国家禁止用于食品生产、销售的非食品原料，情节严重的，依照刑法第二百二十五条的规定以非法经营罪定罪处罚。

违反国家规定，生产、销售国家禁止生产、销售、使用的农药、兽药，饲料、饲料添加剂，或者饲料原料、饲料添加剂原料，情节严重的，依照前款的规定定罪处罚。

实施前两款行为，同时又构成生产、销售伪劣产品罪，生产、销售伪劣农药、兽药罪等其他犯罪的，依照处罚较重的规定定罪处罚。

第十二条　违反国家规定，私设生猪屠宰厂（场），从事生猪屠宰、销售等经营活动，情节严重的，依照刑法第二百二十五条的规定以非法经营罪定罪处罚。

实施前款行为，同时又构成生产、销售不符合安全标准的食品罪，生产、销售有毒、有害食品罪等其他犯罪的，依照处罚较重的规定定罪处罚。

第十三条　生产、销售不符合食品安全标准的食品，有毒、有害食品，符合刑法第一百四十三条、第一百四十四条规定的，以生产、销售不符合安全标准的食品罪或者生产、销售有毒、有害食品罪定罪处罚。同时构成其他犯罪的，依照处罚较重的规定定罪处罚。

生产、销售不符合食品安全标准的食品，无证据证明足以造成严重食物中毒事故或者其他严重食源性疾病，不构成生产、销售不符合安全标准的食品罪，但是构成生产、销售伪劣产品罪等其他犯罪的，依照该其他犯罪定罪处罚。

第十四条　明知他人生产、销售不符合食品安全标准的食品，有毒、有害食品，具有下列情形之一的，以生产、销售不符合安全标准的食品罪或者生产、销售有毒、有害食品罪的共犯论处：

（一）提供资金、贷款、账号、发票、证明、许可证件的；

（二）提供生产、经营场所或者运输、贮存、保管、邮寄、网络销售渠道等便利条件的；

（三）提供生产技术或者食品原料、食品添加剂、食品相关产品的；

（四）提供广告等宣传的。

第十五条　广告主、广告经营者、广告发布者违反国家规定，利用广告对保健食品或者其他食品作虚假宣传，情节严重的，依照刑法第二百二十二条的规定以虚假广告罪定罪处罚。

第十六条　负有食品安全监督管理职责的国家机关工作人员，滥用职权或者玩忽职守，导致发生重大食品安全事故或者造成其他严重后果，同时构成食品监管渎职罪和徇私舞弊不移交刑事案件罪、商检徇私舞弊罪、动植物检疫徇私舞弊罪、放纵制售伪劣商品犯罪行为罪等其他渎职犯罪的，依照处罚较重的规定定罪处罚。

负有食品安全监督管理职责的国家机关工作人员滥用职权或者玩忽职守，不构成食品监管渎职罪，但构成前款规定的其他渎职犯罪的，依照该其他犯罪定罪处罚。

负有食品安全监督管理职责的国家机关工作人员与他人共谋，利用其职务行为帮助他人实施危害食品安全犯罪行为，同时构成渎职犯罪和危害食品安全犯罪共犯的，依照处罚较重的规定定罪处罚。

第十七条 犯生产、销售不符合安全标准的食品罪，生产、销售有毒、有害食品罪，一般应当依法判处生产、销售金额二倍以上的罚金。

第十八条 对实施本解释规定之犯罪的犯罪分子，应当依照刑法规定的条件严格适用缓刑、免予刑事处罚。根据犯罪事实、情节和悔罪表现，对于符合刑法规定的缓刑适用条件的犯罪分子，可以适用缓刑，但是应当同时宣告禁止令，禁止其在缓刑考验期限内从事食品生产、销售及相关活动。

第十九条 单位实施本解释规定的犯罪的，依照本解释规定的定罪量刑标准处罚。

第二十条 下列物质应当认定为“有毒、有害的非食品原料”：

（一）法律、法规禁止在食品生产经营活动中添加、使用的物质；

（二）国务院有关部门公布的《食品中可能违法添加的非食用物质名单》《保健食品中可能非法添加的物质名单》上的物质；

（三）国务院有关部门公告禁止使用的农药、兽药以及其他有毒、有害物质；

（四）其他危害人体健康的物质。

第二十一条 “足以造成严重食物中毒事故或者其他严重食源性疾病”“有毒、有害非食品原料”难以确定的，司法机关可以根据检验报告并结合专家意见等相关材料进行认定。必要时，人民法院可以依法通知有关专家出庭作出说明。

第二十二条 最高人民法院、最高人民检察院此前发布的司法解释与本解释不一致的，以本解释为准。

4. 最高人民法院、最高人民检察院、公安部、国家安全部、司法部、全国人大常委会法制工作委员会《关于刑事诉讼法实施中若干问题的规定》（1998年1月19日）（节录）

2. 中华人民共和国刑事诉讼法规定人民检察院管辖“国家工作人员的渎职犯罪”案件，修订后的刑法已将渎职罪的主体修改为国家机关工作人员。根据这一修改，人民检察院管辖的“渎职犯罪”，是指刑法分则第九章规定的渎职罪。另外，刑法分则第四章第二百四十八条规定的监管人员殴打、体罚、虐待被监管人罪，由人民检察院管辖。刑法分则第三章破坏社会主义市场经济秩序罪中规定的犯罪由公安机关管辖。

5. 最高人民检察院《关于企业事业单位的公安机构在机构改革过程中其工作人员能否构成渎职侵权犯罪主体问题的批复》（2002年5月16日　高检发释字〔2002〕3号）

陕西省人民检察院：

你院陕检发研〔2001〕159号《关于对企业事业单位的公安机构在机构改革过程中其工作人员能否构成渎职侵权犯罪主体问题的请示》收悉。经研究，批复如下：

企业事业单位的公安机构在机构改革过程中虽尚未列入公安机关建制，其工作人员在行使侦查职责时，实施渎职侵权行为的，可以成为渎职侵权犯罪的主体。

6. 最高人民检察院《关于渎职侵权犯罪案件立案标准的规定》（2006年7月26日　高检发释字〔2006〕2号）（节录）

三、附则

（三）本规定中的“国家机关工作人员”，是指在国家机关中从事公务的人员，包括在各级国家权力机关、行政机关、司法机关和军事机关中从事公务的人员。在依照法律、法规规定行使国家行政管理职权的组织中从事公务的人员，或者在受国家机关委托代表国家行使职权的组织中从事公务的人员，或者虽未列入国家机关人员编制但在国家机关中从事公务的人员，在代表国家机关行使职权时，视为国家机关工作人员。在乡（镇）以上中国共产党机关、人民政协机关中从事公务的人员，视为国家机关工作人员。

7. 最高人民检察院《关于认真贯彻执行〈中华人民共和国刑法修正案（四）〉和〈全国人大常委会关于《中华人民共和国刑法》第九章渎职罪主体适用问题的解释〉的通知》（2003 年 1 月 14 日　高检发研字〔2003〕1 号）（节录）

二、要严格依法办案，充分发挥检察机关的职能作用。《刑法修正案（四）》将走私液态废物、气态废物行为、非法雇用童工行为、非法采伐、毁坏国家重点保护的植物行为、非法收购、运输、加工、出售珍贵树木或者国家重点保护的其他植物及其制品行为和非法运输盗伐、滥伐的林木行为，特别是将枉法执行判决、裁定行为，作为单独犯罪专门作了规定。《刑法修正案（四）》还加大了对生产、销售不符合标准的医用器材罪，走私罪，非法收购盗伐、滥伐的林木罪的打击力度。《解释》① 对刑法第九章渎职罪主体的适用问题作了明确规定。各级检察机关在办理相关案件的过程中，要严格按照《刑法修正案（四）》和《解释》的有关规定，依法进行立案侦查和批捕、起诉工作。要进一步加大查办和预防职务犯罪的工作力度，对于《解释》所规定的人员在代表国家机关行使职权时侵犯公民人身权利、民主权利，构成犯罪的，也应当依照刑法有关规定追究刑事责任。

8. 最高人民法院《全国法院审理经济犯罪案件工作座谈会纪要》（2003 年 11 月 13 日　法〔2003〕167 号）（节录）

一、关于贪污贿赂犯罪和渎职犯罪的主体

（一）国家机关工作人员的认定

刑法中所称的国家机关工作人员，是指在国家机关中从事公务的人员，包括在各级国家权力机关、行政机关、司法机关和军事机关中从事公务的人员。

根据有关立法解释的规定，在依照法律、法规规定行使国家行政管理职权的组织中从事公务的人员，或者在受国家机关委托代表国家行使职权的组织中从事公务的人员，或者虽未列入国家机关人员编制但在国家机关中从事公务的人员，视为国家机关工作人员。在乡（镇）以上中国共产党机关、人民政协机关中从事公务的人员，司法实践中也应当视为国家机关工作人员。

（二）国家机关、国有公司、企业、事业单位委派到非国有公司、企业、事业单位、社会团体从事公务的人员的认定

所谓委派，即委任、派遣，其形式多种多样，如任命、指派、提名、批准等。不论被委派的人身份如何，只要是接受国家机关、国有公司、企业、事业单位委派，代表国家机关、国有公司、企业、事业单位在非国有公司、企业、事业单位、社会团体中从事组织、领导、监督、管理等工作，都可以认定为国家机关、国有公司、企业、事业单位委派到非国有公司、

① 指全国人大常委会《关于〈中华人民共和国刑法〉第九章渎职罪主体适用问题的解释》，下同。——作者注

企业、事业单位、社会团体从事公务的人员。如国家机关、国有公司、企业、事业单位委派在国有控股或者参股的股份有限公司从事组织、领导、监督、管理等工作的人员，应当以国家工作人员论。国有公司、企业改制为股份有限公司后，原国有公司、企业的工作人员和股份有限公司新任命的人员中，除代表国有投资主体行使监督、管理职权的人外，不以国家工作人员论。

（三）“其他依照法律从事公务的人员”的认定

刑法第九十三条第二款规定的“其他依照法律从事公务的人员”应当具有两个特征：一是在特定条件下行使国家管理职能；二是依照法律规定从事公务。具体包括：（1）依法履行职责的各级人民代表大会代表；（2）依法履行审判职责的人民陪审员；（3）协助乡镇人民政府、街道办事处从事行政管理工作的村民委员会、居民委员会等农村和城市基层组织人员；（4）其他由法律授权从事公务的人员。

（四）关于“从事公务”的理解

从事公务，是指代表国家机关、国有公司、企业、事业单位、人民团体等履行组织、领导、监督、管理等职责。公务主要表现为与职权相联系的公共事务以及监督、管理国有财产的职务活动。如国家机关工作人员依法履行职责，国有公司的董事、经理、监事、会计、出纳人员等管理、监督国有财产等活动，属于从事公务。那些不具备职权内容的劳务活动、技术服务工作，如售货员、售票员等所从事的工作，一般不认为是公务。

二、滥用职权罪

【概念与构成】

滥用职权罪，是指国家机关工作人员超越职权，违法决定、处理其无权决定、处理的事项，或者违反规定处理公务，致使公共财产，国家和人民利益遭受重大损失的行为。构成本罪需要具备以下四个要件：

（一）客体要件。本罪侵犯的客体，是国家机关正常行使国家权力、管理国家事务的活动。

（二）客观要件。本罪在客观方面表现为，国家机关工作人员滥用职权，致使或者足以致使公共财产、国家和人民利益遭受重大损失的行为。从客观方面认定滥用职权罪应从三个方面来把握：

首先，行为人实施了滥用职权的行为。滥用职权主要是指行为人超越其职权，违法决定、处理其无权决定、处理的事项，或者在其职权范围内，违反规定的标准和程序处理公务的行为。具体有两种表现：

1. 越权行使的行为，即超越职权，违法决定、处理其无权决定、处理的事项，通俗地讲就是行为人不正确地行使职权已经超出了其所拥有的职权范围，使用职权过了头。如某乡党委书记擅自组织人员以执行公务为名在本乡境内的国道上征收过境费就属于越权行使的行为。因为在公路上是否设卡，如何收费的权利都属于国务院的有关部门，作为党委书记无此权利；再如某县县长和县委书记擅自决定，在该县境内走私三类物品的允许罚款放行，结果给国家造成重大的损失，该县县长和县委书记的行为也属于越权行使的行为。

2. 不当行使的行为，即在其职权范围内，违反规定的标准和程序处理公务的行为。也就是说应该这么做却那么做，应该那么做而这么做，或者应该做而不做，不应该做而做等。例如，某位领导，在听到上级决定在本省对领导干部进行异地交流的消息后，违背有关规定，在没有与当地组织部门进行沟通，并且没有进行民主推荐和组织考察的情况下，就突击提拔多名干部的行为等。

上述两种表现的区别是：后者是在其职权范围内，不正确地使用其职权；前者则是其不正确地使用职权已经超出了其所拥有的职权范围。

其次，滥用职权罪在客观上还必须发生了致使公共财产，国家和人民利益遭受重大损失的严重后果。就是说，并不是所有滥用职权的行为都构成滥用职权罪，如果仅有滥用职权行为而没有发生致使公共财产、国家和人民利益遭受重大损失的严重后果，那么不能仅以滥用职权的行为就认为行为人构成滥用职权罪，哪怕行为人滥用职权行为性质恶劣，情节严重，如果没有发生致使公共财产，国家和人民利益遭受重大损失的结果，也不能认为构成滥用职权罪。比如，上面我们提到的那位突击提拔干部的领导，虽然属于滥用职权的行为，但由于其行为并没有导致公共财产、国家和人民利益遭受重大损失的严重后果，那么他只受到了党纪、政纪的处理，而不能因此而受到刑事追究。具体的致使公共财产、国家和人民利益遭受重大损失的严重后果的情形请参照后附的《最高人民检察院关于渎职侵权犯罪案件立案标准的规定》、《最高人民检察院关于人民检察院直接受理立案侦查案件立案标准的规定（试行）》以及最高人民法院、最高人民检察院《关于办理渎职刑事案件适用法律若干问题的解释（一）》的相关内容。

最后，滥用职权罪在客观上还表现为滥用职权行为与公共财产，国家和人民利益遭受重大损失的客观危害结果（或危险状态）之间必须具有刑法因果关系，也就是说，只有滥用职权的行为与重大损失的客观危害后果（危险状态）之间存在刑法因果关系，才可以据此追究行为人滥用职权罪的刑事责任；如果滥用职权行为与重大损失的客观危害结果（危险状态）之间不存在刑法因果关系，那么即使客观上存在国家工作人员滥用职权的行为和重大损失的客观危害后果（危险状态），也不能就想当然地据此追究国家机关工作人员行为的刑事责任。

（三）主体要件。本罪的主体为特殊主体，即只能是国家机关工作人员，非国家机关工作人员不能成为本罪主体。

（四）主观要件。本罪在主观方面，通常表现为故意犯罪，但在某些情况下，过失也可以成为本罪的主观要件。

【立案标准】

1. 最高人民法院、最高人民检察院《关于办理渎职刑事案件适用法律若干问题的解释(一)》(2013年1月9日)(节录)

第一条 国家机关工作人员滥用职权或者玩忽职守,具有下列情形之一的,应当认定为刑法第三百九十七条规定的"致使公共财产、国家和人民利益遭受重大损失":

(一)造成死亡1人以上,或者重伤3人以上,或者轻伤9人以上,或者重伤2人、轻伤3人以上,或者重伤1人、轻伤6人以上的;

(二)造成经济损失30万元以上的;

(三)造成恶劣社会影响的;

(四)其他致使公共财产、国家和人民利益遭受重大损失的情形。

具有下列情形之一的,应当认定为刑法第三百九十七条规定的"情节特别严重":

(一)造成伤亡达到前款第(一)项规定人数3倍以上的;

(二)造成经济损失150万元以上的;

(三)造成前款规定的损失后果,不报、迟报、谎报或者授意、指使、强令他人不报、迟报、谎报事故情况,致使损失后果持续、扩大或者抢救工作延误的;

(四)造成特别恶劣社会影响的;

(五)其他特别严重的情节。

2. 最高人民检察院《人民检察院直接受理立案侦查的渎职侵权重特大案件标准(试行)》(2002年1月1日 高检发〔2001〕13号)(节录)

一、滥用职权案

(一)重大案件

1. 致人死亡二人以上,或者重伤五人以上,或者轻伤十人以上的;

2. 造成直接经济损失五十万元以上的。

(二)特大案件

1. 致人死亡五人以上,或者重伤十人以上,或者轻伤二十人以上的;

2. 造成直接经济损失一百万元以上的。

3. 最高人民检察院《关于渎职侵权犯罪案件立案标准的规定》(2006年7月26日 高检发释字〔2006〕2号)(节录)

一、渎职犯罪案件

(一)滥用职权案(第三百九十七条)

滥用职权罪是指国家机关工作人员超越职权,违法决定、处理其无权决定、处理的事项,或者违反规定处理公务,致使公共财产、国家和人民利益遭受重大损失的行为。

涉嫌下列情形之一的,应予立案:

1. 造成死亡1人以上,或者重伤2人以上,或者重伤1人、轻伤3人以上,或者轻伤5人以上的;

2. 导致10人以上严重中毒的;

3. 造成个人财产直接经济损失10万元以上,或者直接经济损失不满10万元,但间接经济损失50万元以上的；

4. 造成公共财产或者法人、其他组织财产直接经济损失20万元以上，或者直接经济损失不满20万元，但间接经济损失100万元以上的；

5. 虽未达到3、4两项数额标准，但3、4两项合计直接经济损失20万元以上，或者合计直接经济损失不满20万元，但合计间接经济损失100万元以上的；

6. 造成公司、企业等单位停业、停产6个月以上，或者破产的；

7. 弄虚作假，不报、缓报、谎报或者授意、指使、强令他人不报、缓报、谎报情况，导致重特大事故危害结果继续、扩大，或者致使抢救、调查、处理工作延误的；

8. 严重损害国家声誉，或者造成恶劣社会影响的；

9. 其他致使公共财产、国家和人民利益遭受重大损失的情形。

国家机关工作人员滥用职权，符合刑法第九章所规定的特殊渎职罪构成要件的，按照该特殊规定追究刑事责任；主体不符合刑法第九章所规定的特殊渎职罪的主体要件，但滥用职权涉嫌前款第1项至第9项规定情形之一的，按照刑法第三百九十七条的规定以滥用职权罪追究刑事责任。

（十八）违法发放林木采伐许可证案（第四百零七条）

（第三款）林业主管部门工作人员之外的国家机关工作人员，违反森林法的规定，滥用职权或者玩忽职守，致使林木被滥伐40立方米以上或者幼树被滥伐2000株以上，或者致使防护林、特种用途林被滥伐10立方米以上或者幼树被滥伐400株以上，或者致使珍贵树木被采伐、毁坏4立方米或者4株以上，或者致使国家重点保护的其他植物被采伐、毁坏后果严重的，或者致使国家严禁采伐的林木被采伐、毁坏情节恶劣的，按照刑法第三百九十七条的规定以滥用职权罪或者玩忽职守罪追究刑事责任。

【司法认定】

（一）如何理解滥用职权罪中的“职权”

这里所研究的“职权”并非一般意义上的，而是特定在滥用职权罪中。滥用职权罪中的“职权”，是指国家所赋予的，行为人个人所享有的，对国家事务进行管理的职责和权力。这里的“职权”应当反映出以下特点：

1. 国家性。即这种权力的来源是国家的，国家机关工作人员是代表国家行使权力的。

2. 公务性（管理性）。滥用职权罪的主体是国家机关工作人员。国家机关工作人员是指在国家机关中从事公务的人员。因而，在滥用职权罪中，犯罪主体所拥有的“职权”和其所从事的“公务”具有着密不可分的内在联系。所谓公务，是指对国家事务所进行的管理活动（包括组织、领导、监督、实施等活动）。这里要区分公务与职务。所谓职务，在一般意义上，是指“职位所规定应该担任的工作”①。而在法律意义上，职务则意味着获得一定的法定身份，代表国家、

① 《现代汉语词典》（修订本），商务印书馆1996年版，第1616页。

集体或者社会团体执行一定的具有管理性质的事务。职务与公务是有区别的，职务的范围比较广泛，妨碍职务行为，破坏职务应承担的责任并不一定会破坏到国家管理职能。但是公务行为则不同，它的范围却是有一定的限制，即它不仅如职务一样需要一定的法定权力和身份，而且这种行为还必须是一种国家管理行为或者由国家管理行为所派生出来的行为，所以在该种行为中的一些非正常现象（如渎职、主体廉洁性遭破坏等），就会破坏国家的管理职能。可见，公务带有国家管理的性质，而职务则包含有社会管理的性质，公务的范围要比职务狭窄①。作为滥用职权罪中的权力应是指公务而非职务。

3. 个人所属性。就是说这里的“职权”只是归渎职行为人个人所有的，而非他人的，或者单位的。当然，从实质上讲，其“职权”属于其所属单位，属于国家，但是其滥用的只能是国家、单位赋予了其特定的那部分权力。

（二）如何理解“超越职权，违法决定、处理其无权决定、处理的事项，或者违反规定处理公务”的规定

所谓“行为人超越其职权，违法决定、处理其无权决定、处理的事项的行为”，是指行为人超越法律、法规规定的权限或授权、委托范围，擅自行使他无权行使的权力，并违法地对相关事项作出决定、处理的行为。该行为有两个特征：一是超越了行为人的职权范围；二是越权行为与其自身的职权具有密切的关联性，即本来属于行为人职务有权处理的事项，但在实体上或者程序上超越了其职务上有权处理的限度。司法实践中，逾越职权行为主要包括以下三种类型：（1）横向越权，指行为人行使了属于其他国家机关的专有职权，或者说是不同性质的国家机关之间的越权。（2）纵向越权，指具有上下级隶属关系的同一性质但不同级别国家机关之间的越权。既包括上级对下级职责范围内的工作滥用指令，也包括下级对上级职权范围的侵犯。（3）内部越权，指依照有关规定，某类问题应由该单位或机关通过内部民主讨论后形成决策，而行为人却独断专行、不倾听或不采纳别人的意见。

所谓“行为人违反规定处理公务的行为”，是指行为人在其所享有的法律、法规规定的或授权、委托的职权范围内，违反了行使职权的特定标准或特定程序，处理公务的行为。该行为有两个特征：一是行为人没有超越其应当享有的职权范围；二是处理公务时违反了相应的标准和程序。司法实践中，该行为通常表现为行为人随心所欲、滥施淫威、胡作非为，应当这样做却那样做，不应当做却做，应当做却不做等。比如海关工作人员应依法对进口货物进行检查，本应抽样检查，却滥施淫威，强制全部开箱检查，或者本应全部开箱检查，却随心所欲，擅自决定抽样检查，或者对进口货物本不应放行，却胡作非为予以放行，或对进

① 孙谦、尹伊君：《国家工作人员职务犯罪论》，载《法学研究》1998年第4期。

口货物本应放行却不予放行等。

（三）滥用职权是否包含放弃职责

滥用职权是否包含放弃职责的问题，实际上也是滥用职权行为是否限于作为的问题。我们认为，滥用职权行为只能是作为，故意放弃职守的行为不属于滥用职权。理由是：其一，滥用职权与放弃职守具有不同的含义，前者是已经行使了职权，即作为；而后者则是未履行职责，即不作为。既然有职不守，有权不用，何来滥用之说？其二，从行政诉讼的角度看，在滥用职权案件中，双方当事人争议的焦点是被诉具体行政行为是否合法或适当；在行政不作为（含放弃职守）案件中，双方当事人争议的焦点是被告是否具有相应的法定职责和是否存在不履行或拖延履行法定职责的事实。对于滥用职权的行为，人民法院应当判决撤销或者部分撤销，并可以判决被告重新作出具体行政行为，对于行政不作为人民法院应当判决被告在一定期限内履行。根据我国行政诉讼法的有关规定，将故意放弃职守的行为确认为滥用职权既不合法，也不科学。其三，从犯罪特征看，故意放弃职守与过失放弃职守同属于玩忽职守的行为，不应将犯罪客观方面特征迥异的滥用职权行为与故意放弃职守的行为合二为一，硬性结合为一个罪名。① 此外，从滥用职权罪的立法过程来看，刑法修改前，对于滥用职权和故意不履行职责的行为都是以玩忽职守罪论处的。而上述两种情况下的行为人主观方面常常表现为故意的心理态度，很多人认为这与玩忽职守罪的主观要件不符，因而建议将玩忽职守罪分解为三类犯罪：一是玩忽职守罪；二是滥用职权罪；三是故意不履行职责罪。立法机关只是部分采纳了上述建议，即将实践中表现比较突出的滥用职权的行为独立出来规定为一类犯罪。所以，故意不履行职责（放弃职责）的行为仍属于玩忽职守犯罪的范畴。

（四）本罪与非罪的界限

根据《刑法》第397条的规定，滥用职权行为是否致使公共财产、国家和人民利益遭受了重大损失，是划分滥用职权罪与一般的滥用职权违法行为的界限。如果滥用职权行为仅仅造成了一般损失，不能以犯罪论处，只能按照一般违法行为对行为人进行相应的行政、党纪处分；如果损失重大，则应论之以滥用职权罪。具体可根据2006年7月26日施行的《最高人民检察院关于渎职侵权犯罪案件立案标准的规定》和最高人民法院、最高人民检察院《关于办理渎职刑事案件适用法律若干问题的解释（一）》的规定判断。

上述《解释（一）》第一条第一款规定在上述《立案标准》关于滥用职权案、玩忽职守案有关规定基础上作了适当修改，主要修改之处如下：一是将滥用职权罪和玩忽职守罪的定罪量刑标准合二为一。《立案标准》中滥用职权案的立

① 李永鑫、吴步钦：《滥用职权罪散论》，载《人民检察》1998年第3期。

案标准略低于玩忽职守案，现将两罪标准合二为一，主要考虑是：《刑法》第397条对滥用职权罪和玩忽职守罪作了并列规定，两罪的法定刑完全相同，实践中滥用职权罪和玩忽职守罪立案有时难以区分，规定统一入罪门槛既有利于及时立案，也不影响判决时根据案件具体情况准确定罪和在量刑时予以区别。本款中将滥用职权和玩忽职守罪的定罪量刑标准作统一规定，并不是否认两罪犯罪构成上的本质区别，而只是规定统一的入罪门槛和量刑幅度。二是对伤亡人数的比例关系进行了调整，大体上按照1死亡、3重伤、9轻伤的比例进行规定。三是删去“严重中毒”的规定，主要是考虑到“严重中毒”与伤亡后果存在一定的交叉，而且实践中对“严重中毒”缺少明确的认定依据。四是在经济损失的认定上作统一规定，不区分“个人财产与公共财产或者法人、其他组织财产”，也不区分“直接经济损失与间接经济损失”。前者主要出于平等保护，方便实践操作；后者主要是认为区分直接经济损失和间接经济损失的做法有时影响损失计算的确定性，为此，《解释（一）》第8条对“经济损失”的认定作出专门规定。此外，将滥用职权罪的定罪标准由《立案标准》确定的20万元上提至30万元，也符合当前社会发展实际。五是删去“造成公司、企业等单位停业、停产、破产”的规定，主要考虑到公司、企业有大有小，以此判断危害后果具有不确定性，统一以经济损失为判断标准更具合理性和可操作性。六是删去了《立案标准》关于滥用职权案应予立案情形规定中的“弄虚作假，不报、缓报、谎报或者授意、指使、强令他人不报、缓报、谎报情况，导致重特大事故危害结果继续、扩大，或者致使抢救、调查、处理工作延误的”规定。七是删去《立案标准》中玩忽职守案应予立案情形中“海关、外汇管理部门的工作人员严重不负责任，造成100万美元以上外汇被骗或者逃汇1000万美元以上的”规定。八是删去《立案标准》中“严重损害国家声誉”的规定，主要考虑是国家声誉比较抽象、原则，实践中不易把握，用“造成恶劣社会影响”也可以概括。

需要注意的是，在司法实践中，对国家机关工作人员滥用职权或者玩忽职守造成上述“严重中毒”、“公司、企业等单位停业、停产、破产”、“严重损害国家声誉”等后果的，不意味着就不定罪处罚，而是应该根据案件具体情况，认定造成的人员伤亡、经济损失、社会影响等情况，适用该《解释（一）》第1条第1款的相应规定，有的可以适用该《解释（一）》第1条第1款第4项兜底条款“其他致使公共财产、国家和人民利益遭受重大损失的情形”追究刑事责任。

该《解释（一）》第一条第二款是关于滥用职权罪和玩忽职守罪第二档量刑幅度的适用标准，即滥用职权或者玩忽职守“情节特别严重”的认定问题，具体包括五种情形：（一）造成伤亡达到前款第一项规定人数3倍以上的；（二）造成经济损失150万元以上的；（三）造成前款规定的损失后果，不报、迟报、谎报或者授意、指使、强令他人不报、迟报、谎报事故情况，致使损失后果持续、扩大或者抢救工作延误的；（四）造成特别恶劣社会影响的；（五）其他特别严重的情节。相对于第一款规定而言，一是对人身伤亡数量标准掌握在3倍的比例关系，经济损失数额标准掌握在5倍的比例关系予以规定。二是将“造成前款规定的损失后果，不报、缓报、谎报或者授意、指使、强令他人不报、缓报、谎报事故情况，致使损失后果持续、扩大或者抢救工作延误的”作为“情节特别严重”的情形之一予以规定。这里采用结果加情节的标准，既明确了处罚的依据是造成了损失后果，又将有不报、缓报、谎报作为加重处罚的情节，体现了对此类行为的从严处理，增强了可操作性。三是规定了“造成特别恶劣社会影响的”和“其他特别严重的情节”的兜底性规定。

（五）本罪与本章其他罪的法条竞合关系

本罪仅是对国家机关工作人员滥用职权犯罪的一个概括的规定，只适用于那些刑法分则没有明确规定的国家机关工作人员因滥用职权构成犯罪的情况。如果刑法分则有明确规定的，由于这些规定与规定滥用职权罪的法条形成法规竞合，那么，应按特殊法优于普通法的原则处理，即适用该特别规定，而不再以滥用职权罪论处。如《刑法》第410条规定了国家机关工作人员徇私舞弊，违反土地管理法规，滥用职权，非法批准征用、占用土地或者非法低价出让国有土地使用权，情节严重的行为的，就不能以本罪处理，而应依照《刑法》第410条的规定以非法批准征用、占用土地罪和非法低价出让国有土地使用权罪论处。

最高人民法院、最高人民检察院《关于办理渎职刑事案件适用法律若干问题的解释（一）》第二条也规定：国家机关工作人员实施滥用职权或者玩忽职守犯罪行为，触犯刑法分则第九章第三百九十八条至第四百一十九条规定的，依照该规定定罪处罚。

国家机关工作人员滥用职权或者玩忽职守，因不具备徇私舞弊等情形，不符合刑法分则第九章第三百九十八条至第四百一十九条的规定，但依法构成第三百九十七条规定的犯罪的，以滥用职权罪或者玩忽职守罪定罪处罚。

（六）行为人收受贿赂后又滥用职权的定性

实践中，对实施《刑法》第399条规定以外的渎职犯罪同时构成受贿罪的是从一重处罚还是数罪并罚存在认识分歧，各地做法不一，有必要通过司法解释予以明确。

最高人民法院、最高人民检察院《关于办理渎职刑事案件适用法律若干问题的解释（一）》第三条明确规定，国家机关工作人员实施渎职犯罪并收受贿赂，同时构成受贿罪的，除刑法另有规定外，以渎职犯罪和受贿罪数罪并罚。主要考虑：一是从一重罪论处不能全面体现法律对国家机关工作人员渎职犯罪和利用职权受贿犯罪的否定评价，既不利于更好地实现罪刑相适应原则，也不利于对渎职犯罪的查处。实践中存在两方面倾向：一方面，受贿罪的法定刑一般都会比徇私舞弊类渎职犯罪的法定刑高，这类犯罪往往仅立案为单纯的贪污贿赂案件，只要查实了受贿问题后往往就不再追查渎职问题，致使受贿行为造成的严重渎职后果被掩盖；另一方面，有的地方为确保能以渎职罪名判决，在深挖受贿上积极性不高，甚至人为掩盖较大数额的受贿犯罪，造成重罪轻判，大案小查，影响打击效果。二是受贿犯罪不以为他人实际谋取利益，更不以渎职为他人谋取非法利益为构成要件，渎职犯罪和受贿犯罪的犯罪构成相互独立，行为人实质上实施了两个独立的犯罪行为，不存在重复评价的问题。

（七）本罪与贪污罪的竞合问题

行为人利用职权侵吞、骗取公共财物，从本质上讲亦具有滥用职权的性质，如果因其贪污行为又致使其他公共财产、国家和人民利益遭受重大损失的，则同时触犯本罪与贪污罪，属想象竞合，对之宜择一重罪以后者等处罚。

【刑事责任】

根据《刑法》第397条第一款的规定：犯本罪的，处三年以下有期徒刑或者拘役；情节特别严重的，处三年以上七年以下有期徒刑。本法另有规定的，依照规定。

根据本条第二款规定，徇私舞弊犯本罪的，处五年以下有期徒刑或者拘役；情节特别严重的，处五年以上十年以下有期徒刑。本法另有规定的，依照规定。

【办案依据】

1.《中华人民共和国刑法》（1997年3月14日修订）（节录）

第三百九十七条 国家机关工作人员滥用职权或者玩忽职守，致使公共财产、国家和人民利益遭受重大损失的，处三年以下有期徒刑或者拘役；情节特别严重的，处三年以上七年以下有期徒刑。本法另有规定的，依照规定。

国家机关工作人员徇私舞弊，犯前款罪的，处五年以下有期徒刑或者拘役；情节特别严重的，处五年以上十年以下有期徒刑。本法另有规定的，依照规定。

2. 全国人大常委会《关于〈中华人民共和国刑法〉第三百一十三条的解释》（2002年8月29日）

全国人民代表大会常务委员会讨论了刑法第三百一十三条规定的“对人民法院的判决、裁定有能力执行而拒不执行，情节严重”的含义问题，解释如下：

刑法第三百一十三条规定的“人民法院的判决、裁定”，是指人民法院依法作出的具有执行内容并已发生法律效力的判决、裁定。人民法院为依法执行支付令、生效的调解书、仲裁裁决、公证债权文书等所作的裁定属于该条规定的裁定。

下列情形属于刑法第三百一十三条规定的“有能力执行而拒不执行，情节严重”的情形：

（一）被执行人隐藏、转移、故意毁损财产或者无偿转让财产、以明显不合理的低价转让财产，致使判决、裁定无法执行的；

（二）担保人或者被执行人隐藏、转移、故意毁损或者转让已向人民法院提供担保的财产，致使判决、裁定无法执行的；

（三）协助执行义务人接到人民法院协助执行通知书后，拒不协助执行，致使判决、裁定无法执行的；

（四）被执行人、担保人、协助执行义务人与国家机关工作人员通谋，利用国家机关工作人员的职权妨害执行，致使判决、裁定无法执行的；

（五）其他有能力执行而拒不执行，情节严重的情形。

国家机关工作人员有上述第四项行为的，以拒不执行判决、裁定罪的共犯追究刑事责任。国家机关工作人员收受贿赂或者滥用职权，有上述第四项行为的，同时又构成刑法第三百八十五条、第三百九十七条规定之罪的，依照处罚较重的规定定罪处罚。

3. 全国人民代表大会常务委员会《关于惩治骗购外汇、逃汇和非法买卖外汇犯罪的决定》（1998年12月29日）（节录）

六、海关、外汇管理部门的工作人员严重不负责任，造成大量外汇被骗购或者逃汇，致使国家利益遭受重大损失的，依照刑法第三百九十七条的规定定罪处罚。

4. 最高人民法院、最高人民检察院《关于办理渎职刑事案件适用法律若干问题的解释（一）》（2013年1月9日）（参见本罪立案标准部分的有关内容）

5. 最高人民法院、最高人民检察院、公安部、国家工商行政管理局《关于依法查处盗窃、抢劫机动车案件的规定》（1998年5月8日　公通字〔1998〕31号）（节录）

九、公安、工商行政管理人员或者其他国家机关工作人员滥用职权或者玩忽职守、徇私舞弊，致使赃车入户、过户、验证的，给予行政处分；致使公共财产、国家和人民利益遭受重大损失的，依照《刑法》第三百九十七条的规定处罚。

6. 最高人民检察院《关于镇财政所所长是否适用国家机关工作人员的批复》（2000年5月4日　高检发研字〔2000〕9号）

上海市人民检察院：

你院沪检发〔2000〕30号文收悉。经研究，批复如下：

对于属行政执法事业单位的镇财政所中按国家机关在编干部管理的工作人员，在履行政府行政公务活动中，滥用职权或玩忽职守构成犯罪的，应以国家机关工作人员论。

7. 最高人民检察院《关于合同制民警能否成为玩忽职守罪主体问题的批复》（2000年10月9日　高检发研字〔2000〕20号）

辽宁省人民检察院：

你院辽检发诉字〔1999〕76号《关于犯罪嫌疑人李海玩忽职守一案的请示》收悉。经研究，批复如下：

根据刑法第93条第2款的规定，合同制民警在依法执行公务期间，属其他依照法律从事公务的人员，应以国家机关工作人员论。对合同制民警在依法执行公务活动中的玩忽职守行为，符合刑法第397条规定的玩忽职守罪构成条件的，依法以玩忽职守罪追究刑事责任。

8. 最高人民检察院《关于属工人编制的乡（镇）工商所所长能否依照刑法第397条的规定追究刑事责任问题的批复》（2000年10月31日　高检发研字〔2000〕23号）

江西省人民检察院：

你院赣检研发〔2000〕3号《关于乡（镇）工商所所长（工人编制）是否属于国家机关

工作人员的请示》收悉。经研究，批复如下：

根据刑法第93条第2款的规定，经人事部门任命，但为工人编制的乡（镇）工商所所长，依法履行工商行政管理职责时，属其他依照法律从事公务的人员，应以国家机关工作人员论。如果玩忽职守，致使公共财产、国家和人民利益遭受重大损失，可适用刑法第397条的规定，以玩忽职守罪追究刑事责任。

9. 最高人民法院、最高人民检察院《关于办理妨害预防、控制突发传染病疫情等灾害的刑事案件具体应用法律若干问题的解释》（2003年5月15日　法释〔2003〕8号）（节录）

第十五条　在预防、控制突发传染病疫情等灾害的工作中，负有组织、协调、指挥、灾害调查、控制、医疗救治、信息传递、交通运输、物资保障等职责的国家机关工作人员，滥用职权或者玩忽职守，致使公共财产、国家和人民利益遭受重大损失的，依照刑法第三百九十七条的规定，以滥用职权罪或者玩忽职守罪定罪处罚。

10. 最高人民法院、最高人民检察院《关于办理非法制造、买卖、运输、储存毒鼠强等禁用剧毒化学品刑事案件具体应用法律若干问题的解释》（2003年10月1日　法释〔2003〕14号）（节录）

第四条　对非法制造、买卖、运输、储存毒鼠强等禁用剧毒化学品行为负有查处职责的国家机关工作人员，滥用职权或者玩忽职守，致使公共财产、国家和人民利益遭受重大损失的，依照刑法第三百九十七条的规定，以滥用职权罪或者玩忽职守罪追究刑事责任。

11. 最高人民法院、最高人民检察院《关于办理盗窃油气、破坏油气设备等刑事案件具体应用法律若干问题的解释》（2007年1月19日　法释〔2007〕3号）（节录）

第七条　国家机关工作人员滥用职权或者玩忽职守，实施下列行为之一，致使公共财产、国家和人民利益遭受重大损失的，依照刑法第三百九十七条的规定，以滥用职权罪或者玩忽职守罪定罪处罚：

（一）超越职权范围，批准发放石油、天然气勘查、开采、加工、经营等许可证的；

（二）违反国家规定，给不符合法定条件的单位、个人发放石油、天然气勘查、开采、加工、经营等许可证的；

（三）违反《石油天然气管道保护条例》等国家规定，在油气设备安全保护范围内批准建设项目的；

（四）对发现或者经举报查实的未经依法批准、许可擅自从事石油、天然气勘查、开采、加工、经营等违法活动不予查封、取缔的。

12. 最高人民法院、最高人民检察院《关于办理危害矿山生产安全刑事案件具体应用法律若干问题的解释》（2007年3月1日　法释（2007）5号）（节录）

第九条　国家机关工作人员滥用职权或者玩忽职守，危害矿山生产安全，具有下列情形之一，致使公共财产、国家和人民利益遭受重大损失的，依照刑法第三百九十七条的规定定罪处罚：

（一）对不符合矿山法定安全生产条件的事项予以批准或者验收通过的；

（二）对于未依法取得批准、验收的矿山生产经营单位擅自从事生产经营活动不依法予以处理的；

（三）对于已经依法取得批准的矿山生产经营单位不再具备安全生产条件而不撤销原批准或者发现违反安全生产法律法规的行为不予查处的；

（四）强令审核、验收部门及其工作人员实施本条第（一）项行为，或者实施其他阻碍下级部门及其工作人员依法履行矿山安全生产监督管理职责行为的；

（五）在矿山生产安全事故发生后，负有报告职责的国家机关工作人员不报或者谎报事故情况，贻误事故抢救的；

（六）其他滥用职权或者玩忽职守的行为。

第十一条　国家工作人员违反规定投资入股矿山生产经营，构成本解释涉及的有关犯罪的，作为从重情节依法处罚。

第十二条　危害矿山生产安全构成犯罪的人，在矿山生产安全事故发生后，积极组织、参与事故抢救的，可以酌情从轻处罚。

13. 最高人民检察院研究室《关于买卖尚未加盖印章的空白〈边境证〉行为如何适用法律问题的答复》（2002年9月25日　〔2002〕高检研发第19号）

重庆市人民检察院研究室：

你院《关于对买卖尚未加盖印章的空白〈边境证〉案件适用法律问题的请示》（渝检（研）〔2002〕11号）收悉。经研究，答复如下：

对买卖尚未加盖发证机关的行政印章或者通行专用章印鉴的空白《中华人民共和国边境管理区通行证》的行为，不宜以买卖国家机关证件罪追究刑事责任。国家机关工作人员实施上述行为，构成犯罪的，可以按滥用职权等相关犯罪依法追究刑事责任。

14. 最高人民检察院法律政策研究室《关于对海事局工作人员如何使用法律问题的答复》（2003年1月13日　〔2003〕高检研发第1号）

辽宁省人民检察院研究室：

你院《关于辽宁海事局的工作人员是否为国家机关工作人员的主体认定请示》（辽检发读检字〔2002〕1号）收悉。经研究，答复如下：

根据国办发〔1999〕90号、中编办函〔2000〕184号等文件的规定，海事局负责行使国家水上安全监督和防止船舶污染及海上设施检验、航海保障的管理职权，是国家执法监督机构。海事局及其分支机构工作人员在从事上述公务活动中，滥用职权或者玩忽职守，致使公共财产、国家和人民利益遭受重大损失的，应当依照刑法第三百九十七条的规定，以滥用职权罪或者玩忽职守罪追究刑事责任。

15. 最高人民法院、最高人民检察院、公安部《关于严格执行刑事诉讼法，切实纠防超期羁押期限的通知》（2003年11月12日　法〔2003〕163号）（节录）

五、严格执行超期羁押责任追究制度。超期羁押侵犯犯罪嫌疑人、被告人的合法权益，损害司法公正，对此必须严肃查处，绝不姑息。本通知发布以后，凡违反刑事诉讼法和本通知的规定，造成犯罪嫌疑人、被告人超期羁押的，对于直接负责的主管人员和其他直接责任人员，由其所在单位或者上级主管机关依照有关规定予以行政或者纪律处分；造成犯罪嫌疑人、被告人超期羁押，情节严重的，对于直接负责的主管人员和其他直接责任人员，依照刑法第三百九十七条的规定，以玩忽职守罪或者滥用职权罪追究刑事责任。

16.《中华人民共和国草原法（2002年修正）》（1985年10月1日）（节录）

第五十六条　国务院草原行政主管部门和草原面积较大的省、自治区的县级以上地方人民政府草原行政主管部门设立草原监督管理机构，负责草原法律、法规执行情况的监督检查，对违反草原法律、法规的行为进行查处。

草原行政主管部门和草原监督管理机构应当加强执法队伍建设，提高草原监督检查人员的政治、业务素质。草原监督检查人员应当忠于职守，秉公执法。

第六十一条 草原行政主管部门工作人员及其他国家机关有关工作人员玩忽职守、滥用职权，不依法履行监督管理职责，或者发现违法行为不予查处，造成严重后果，构成犯罪的，依法追究刑事责任；尚不够刑事处罚的，依法给予行政处分。

17.《中华人民共和国矿产资源法（1996年修正）》（1986年10月1日）（节录）

第四十七条 负责矿产资源勘查、开采监督管理工作的国家工作人员和其他有关国家工作人员徇私舞弊、滥用职权或者玩忽职守，违反本法规定批准勘查、开采矿产资源和颁发勘查许可证、采矿许可证，或者对违法采矿行为不依法予以制止、处罚，构成犯罪的，依法追究刑事责任；不构成犯罪的，给予行政处分。违法颁发的勘查许可证、采矿许可证，上级人民政府地质矿产主管部门有权予以撤销。

18.《中华人民共和国证券法（2005年修订）》（1999年7月1日）（节录）

第一百八十二条 国务院证券监督管理机构工作人员必须忠于职守，依法办事，公正廉洁，不得利用职务便利牟取不正当利益，不得泄露所知悉的有关单位和个人的商业秘密。

第二百二十八条 证券监督管理机构的工作人员和发行审核委员会的组成人员，不履行本法规定的职责，滥用职权、玩忽职守，利用职务便利牟取不正当利益，或者泄露所知悉的有关单位和个人的商业秘密的，依法追究法律责任。

第二百三十一条 违反本法规定，构成犯罪的，依法追究刑事责任。

19.《危险化学品安全管理条例》（2002年3月15日　国务院令第344号）（节录）

第五十五条 对生产、经营、储存、运输、使用危险化学品和处置废弃危险化学品依法实施监督管理的有关部门工作人员，有下列行为之一的，依法给予降级或者撤职的行政处分；触犯刑律的，依照刑法关于受贿罪，滥用职权罪，玩忽职守罪或者其他罪的规定，依法追究刑事责任：

（一）利用职务上的便利收受他人或者其他好处，对不符合本条例规定条件的涉及生产、经营、储存、运输、使用危险化学品和处置废弃危险化学品的事项予以批准或者许可的；

（二）发现未依法取得批准或者许可的单位和个人擅自从事有关活动或者接到举报后不予取缔或者不依法予以处理的；

（三）对已经依法取得批准或者许可的单位和个人不履行监督管理职责，发现其不再具备本条例规定的条件而不撤销原批准、许可或者发现违反本条例的行为不予查处的。

第五十六条 发生危险化学品事故，有关部门未依照本条例的规定履行职责，组织实施救援或者采取必要措施，减少事故损失，防止事故蔓延、扩大，或者拖延、推诿的，对负有责任的主管人员和其他直接责任人员依法给予降级或者撤职的行政处分；触犯刑律的，依照刑法关于滥用职权罪，玩忽职守罪或者其他罪的规定，依法追究刑事责任。

20.《中华人民共和国安全生产法》（2002年11月1日）（节录）

第七十七条 负有安全生产监督管理职责的部门的工作人员，有下列行为之一的，给予降级或者撤职的行政处分；构成犯罪的，依照刑法有关规定追究刑事责任：

（一）对不符合法定安全生产条件的涉及安全生产的事项予以批准或者验收通过的；

（二）发现未依法取得批准、验收的单位擅自从事有关活动或者接到举报后不予取缔或者不依法予以处理的；

（三）对已经依法取得批准的单位不履行监督管理职责，发现其不再具备安全生产条件而不撤销原批准或者发现安全生产违法行为不予查处的。

第九十一条　生产经营单位主要负责人在本单位发生重大生产安全事故时，不立即组织抢救或者在事故调查处理期间擅离职守或者逃匿的，给予降职、撤职的处分，对逃匿的处十五日以下拘留；构成犯罪的，依照刑法有关规定追究刑事责任。

生产经营单位主要负责人对生产安全事故隐瞒不报、谎报或者拖延不报的，依照前款规定处罚。

第九十二条　有关地方人民政府、负有安全生产监督管理职责的部门，对生产安全事故隐瞒不报、谎报或者拖延不报的，对直接负责的主管人员和其他直接责任人员依法给予行政处分；构成犯罪的，依照刑法有关规定追究刑事责任。

21.《禁止使用童工规定》（2002年12月1日　国务院令第364号）（节录）

第十二条　国家行政机关工作人员有下列行为之一的……；构成犯罪的，依照刑法关于滥用职权罪，玩忽职守罪或者其他罪的规定，依法追究刑事责任：

（一）劳动保障等有关部门工作人员在禁止使用童工的监督检查工作中发现使用童工的情况，不予制止、纠正、查处的；

（二）公安机关的人民警察违反规定发放身份证或者在身份证上登录虚假出生年月的；

（三）工商行政管理部门工作人员发现申请人是不满16周岁的未成年人，仍然为其从事个体经营发放营业执照的。

22.《退耕还林条例》（2003年1月20日　国务院令第367号）（节录）

第五十八条　国家机关工作人员在退耕还林活动中违反本条例的规定，有下列行为之一的，由其所在单位或者上一级主管部门责令限期改正，退还分摊的和多收取的费用，对直接负责的主管人员和其他直接责任人员，依照刑法关于滥用职权罪，玩忽职守罪或者其他罪的规定，依法追究刑事责任；尚不够刑事处罚的，依法给予行政处分：

（一）未及时处理有关破坏退耕还林活动的检举、控告的；

（二）向供应补助粮食的企业和退耕还林者分摊粮食调运费用的；

（三）不及时向持有验收合格证明的退耕还林者发放补助粮食和生活补助费的；

（四）在退耕还林合同生效时，对自行采购种苗的退耕还林者未一次付清种苗造林补助费的；

（五）集中采购种苗的，在退耕还林验收合格后，未与退耕还林者结算种苗造林补助费的；

（六）集中采购的种苗不合格的；

（七）集中采购种苗的，向退耕还林者强行收取超出国家规定种苗造林补助费标准的种苗费的；

（八）为退耕还林者指定种苗供应商的；

（九）批准粮食企业向退耕还林者供应不符合国家质量标准的补助粮食或者将补助粮食折算成现金、代金券支付的；

（十）其他不依照本条例规定履行职责的。

23.《特种设备安全监察条例》（2003年3月11日　国务院令第373号）（节录）

第八十六条　特种设备安全监督管理部门及其特种设备安全监察人员，有下列违法行为之一的……；触犯刑律的，依照刑法关于受贿罪，滥用职权罪，玩忽职守罪或者其他罪的规定，依法追究刑事责任：

（一）不按照本条例规定的条件和安全技术规范要求，实施许可、核准、登记的；

（二）发现未经许可、核准、登记擅自从事特种设备的生产、使用或者检验检测活动不予取缔或者不依法予以处理的；

（三）发现特种设备生产、使用单位不再具备本条例规定的条件而不撤销其原许可，或者发现特种设备生产、使用违法行为不予查处的；

（四）发现特种设备检验检测机构不再具备本条例规定的条件而不撤销其原核准，或者对其出具虚假的检验检测结果、鉴定结论或者检验检测结果、鉴定结论严重失实的行为不予查处的；

（五）对依照本条例规定在其他地方取得许可的特种设备生产单位重复进行许可，或者对依照本条例规定在其他地方检验检测合格的特种设备，重复进行检验检测的；

（六）发现有违反本条例和安全技术规范的行为或者在用的特种设备存在严重事故隐患，不立即处理的；

（七）发现重大的违法行为或者严重事故隐患，未及时向上级特种设备安全监督管理部门报告，或者接到报告的特种设备安全监督管理部门不立即处理的。

24.《中华人民共和国放射性污染防治法》（2003 年 10 月 1 日）（节录）

第四十八条 放射性污染防治监督管理人员违反法律规定，利用职务上的便利收受他人财物、谋取其他利益，或者玩忽职守，有下列行为之一的，依法给予行政处分；构成犯罪的，依法追究刑事责任：

（一）对不符合法定条件的单位颁发许可证和办理批准文件的；

（二）不依法履行监督管理职责的；

（三）发现违法行为不予查处的。

25.《中华人民共和国港口法》（2004 年 1 月 1 日）（节录）

第五十六条 交通主管部门、港口行政管理部门、海事管理机构等不依法履行职责，有下列行为之一的，对直接负责的主管人员和其他直接责任人员依法给予行政处分；构成犯罪的，依法追究刑事责任：

（一）违法批准建设港口设施使用港口岸线、违法批准建设港口危险货物作业场所或者实施卫生除害处理的专用场所，或者违法批准船舶载运危险货物进出港口、违法批准在港口内进行危险货物的装卸、过驳作业的；

（二）对不符合法定条件的申请人给予港口经营许可或者港口理货业务经营许可的；

（三）发现取得经营许可的港口经营人、港口理货业务经营人不再具备法定许可条件而不及时吊销许可证的；

（四）不依法履行监督检查职责，对违反港口规划建设港口、码头或者其他港口设施的行为，未经依法许可从事港口经营、港口理货业务的行为，不遵守安全生产管理规定的行为，危及港口作业安全的行为，以及其他违反本法规定的行为，不依法予以查处的。

26.《中华人民共和国居民身份证法》（2004 年 1 月 1 日）（节录）

第十九条 人民警察有下列行为之一的，根据情节轻重，依法给予行政处分；构成犯罪的，依法追究刑事责任：

（一）利用制作、发放、查验居民身份证的便利，收受他人财物或者谋取其他利益的；

（二）非法变更公民身份号码，或者在居民身份证上登载本法第三条第一款规定项目以外的信息或者故意登载虚假信息的；

（三）无正当理由不在法定期限内发放居民身份证的；

（四）违反规定查验、扣押居民身份证，侵害公民合法权益的；

（五）泄露因制作、发放、查验、扣押居民身份证而知悉的公民个人信息，侵害公民合法权益的。

27.《中华人民共和国行政许可法》（2004年7月1日）（节录）

第七十四条　行政机关实施行政许可，有下列情形之一的……；构成犯罪的，依法追究刑事责任：

（一）对不符合法定条件的申请人准予行政许可或者超越法定职权作出准予行政许可决定的；

（二）对符合法定条件的申请人不予行政许可或者不在法定期限内作出准予行政许可决定的；

（三）依法应当根据招标、拍卖结果或者考试成绩择优作出准予行政许可决定，未经招标、拍卖或者考试，或者不根据招标、拍卖结果或者考试成绩择优作出准予行政许可决定的。

第七十七条　行政机关不依法履行监督职责或者监督不力，造成严重后果的，由其上级行政机关或者监察机关责令改正，对直接负责的主管人员和其他直接责任人员依法给予行政处分；构成犯罪的，依法追究刑事责任。

三、玩忽职守罪

【概念与构成】

玩忽职守罪，是指国家机关工作人员严重不负责任，不履行或不认真履行职责，致使公共财产，国家和人民利益遭受重大损失的行为。构成本罪需要具备以下四个要件：

（一）客体要件。本罪侵犯的客体，是国家机关正常行使国家权力、管理国家事务的活动。

（二）客观要件。本罪在客观方面表现为，行为人玩忽职守，致使公共财产，国家和人民利益遭受重大损失的行为。具体讲，包括三方面的内容：

首先，行为人具有玩忽职守的行为。一般认为，玩忽职守就是不履行或不认真履行职责的行为。

其次，玩忽职守的行为，只有致使公共财产，国家和人民利益遭受重大损失的，才构成犯罪，否则不能以犯罪论。遭受重大损失的认定标准参考2006年7月26日《最高人民检察院关于渎职侵权犯罪案件立案标准的规定》，1999年《最高人民检察院关于人民检察院直接受理立案侦查案件立案标准的规定（试行)》以及最高人民法院、最高人民检察院《关于办理渎职刑事案件适用法律若干问题的解释(一)》的相关规定。

最后，玩忽职守行为与重大损失的客观危害后果之间存在刑法因果关系。构成玩忽职守罪在客观方面还表现为，玩忽职守行为与重大损失的客观危害结果之间存在刑法因果关系，就是说，只有玩忽职守行为与重大损失的客观危害后果之间存在刑法因果关系，才可以据此追究行为人玩忽职守罪的刑事责任；如果玩忽职守行为与重大损失的客观危害结果之间不存在刑法因果关系，那么即使客观上存在国家工作人员玩忽职守行为和重大损失的客观危害后果，也不能就据此追究国家工作人员玩忽职守行为的刑事责任。

(三) 主体要件。本罪的主体为特殊主体，即国家机关工作人员，非国家机关工作人员不能构成。

(四) 主观要件。本罪在主观方面主要由过失构成，也就是说，大多数玩忽职守罪的行为人对于其行为所造成的危害社会的结果，即“致使公共财产，国家和人民利益遭受重大损失的”结果，在主观上并不是出于故意而希望，追求或者放任的结果，而是过失造成的。他对于发生这种危害结果本来是应当预见到的，他应当知道自己擅离职守或者在职守中马虎从事对待自己的职责，可能会发生一定的社会危害结果，但是他疏忽大意而没有预见，或者虽然已经预见到可能会发生，但他凭着自己的知识或者经验而轻信可以避免，以致发生了造成严重损失的危害结果。

【立案标准】

1. 最高人民法院、最高人民检察院《关于办理渎职刑事案件适用法律若干问题的解释(一)》(2013年1月9日)(节录)

第一条 国家机关工作人员滥用职权或者玩忽职守，具有下列情形之一的，应当认定为刑法第三百九十七条规定的“致使公共财产、国家和人民利益遭受重大损失”：

(一) 造成死亡1人以上，或者重伤3人以上，或者轻伤9人以上，或者重伤2人、轻伤3人以上，或者重伤1人、轻伤6人以上的；

(二) 造成经济损失30万元以上的；

(三) 造成恶劣社会影响的；

(四) 其他致使公共财产、国家和人民利益遭受重大损失的情形。

具有下列情形之一的，应当认定为刑法第三百九十七条规定的“情节特别严重”：

(一) 造成伤亡达到前款第(一)项规定人数3倍以上的；

(二) 造成经济损失150万元以上的；

(三) 造成前款规定的损失后果，不报、迟报、谎报或者授意、指使、强令他人不报、迟报、谎报事故情况，致使损失后果持续、扩大或者抢救工作延误的；

(四) 造成特别恶劣社会影响的；

（五）其他特别严重的情节。

2. 最高人民检察院《人民检察院直接受理立案侦查的渎职侵权重特大案件标准（试行）》（2002年1月1日　高检发〔2001〕13号）（节录）

二、玩忽职守案

（一）重大案件

1. 致人死亡三人以上，或者重伤十人以上，或者轻伤十五人以上的；

2. 造成直接经济损失一百万元以上的。

（二）特大案件

1. 致人死亡七人以上，或者重伤十五人以上，或者轻伤三十人以上的；

2. 造成直接经济损失二百万元以上的。

3. 最高人民检察院《关于渎职侵权犯罪案件立案标准的规定》（2006年7月26日　高检发释字〔2006〕2号）（节录）

一、渎职犯罪案件

（二）玩忽职守案（第三百九十七条）

玩忽职守罪是指国家机关工作人员严重不负责任，不履行或者不认真履行职责，致使公共财产、国家和人民利益遭受重大损失的行为。

涉嫌下列情形之一的，应予立案：

1. 造成死亡1人以上，或者重伤3人以上，或者重伤2人、轻伤4人以上，或者重伤1人、轻伤7人以上，或者轻伤10人以上的；

2. 导致20人以上严重中毒的；

3. 造成个人财产直接经济损失15万元以上，或者直接经济损失不满15万元，但间接经济损失75万元以上的；

4. 造成公共财产或者法人、其他组织财产直接经济损失30万元以上，或者直接经济损失不满30万元，但间接经济损失150万元以上的；

5. 虽未达到3.4两项数额标准，但3.4两项合计直接经济损失30万元以上，或者合计直接经济损失不满30万元，但合计间接经济损失150万元以上的；

6. 造成公司、企业等单位停业、停产1年以上，或者破产的；

7. 海关、外汇管理部门的工作人员严重不负责任，造成100万美元以上外汇被骗购或者逃汇1000万美元以上的；

8. 严重损害国家声誉，或者造成恶劣社会影响的；

9. 其他致使公共财产、国家和人民利益遭受重大损失的情形。

国家机关工作人员玩忽职守，符合刑法第九章所规定的特殊渎职罪构成要件的，按照该特殊规定追究刑事责任；主体不符合刑法第九章所规定的特殊渎职罪的主体要件，但玩忽职守涉嫌前款第1项至第9项规定情形之一的，按照刑法第三百九十七条的规定以玩忽职守罪追究刑事责任。

（十八）违法发放林木采伐许可证案（第四百零七条）

（第三款）林业主管部门工作人员之外的国家机关工作人员，违反森林法的规定，滥用职权或者玩忽职守，致使林木被滥伐40立方米以上或者幼树被滥伐2000株以上，或者致使防护林、特种用途林被滥伐10立方米以上或者幼树被滥伐400株以上，或者致使珍贵树木被采伐、毁坏4立方米或者4株以上，或者致使国家重点保护的其他植物被采伐、毁坏后果严重的，或者致使国家严禁采伐的林木被采伐、毁坏情节恶劣的，按照刑法第三百九十七条的规定以滥用职权罪或者玩忽职守罪追究刑事责任。

【司法认定】

（一）玩忽职守罪客观行为的理解和认定

根据有关的司法解释，玩忽职守客观上表现为不履行或不认真履行职责的行为。

1. 不履行职责。这里“不履行职责”一般表现为不作为，即应该做而不做。在实践中表现为以下两种类型：第一种是擅离职守型，即行为人不遵照规章制度对职守的要求，在执行职务过程中擅自脱离工作岗位，因而未尽职责。如仓库保管员擅离职守，致使仓库大量物资被盗，等等。擅离职守的特点是往往有较明确的时间和空间要求，一般是在特定的时间内擅自脱离工作岗位。第二种是在岗而未履行职责型，即行为人虽然没有脱离岗位，但没有实施法律和职务所规定职责范围内的特定义务。这种类型可表现为以下三种情况：一种是拒绝履行职责，如不执行上级部门的指示、命令和规定，或者阳奉阴违，弄虚作假，欺上瞒下，造成重大伤亡或重大经济损失等；另一种是放弃职责，如司法工作人员对属于自己职责范围内的事放任不管严重失职造成严重后果等；再一种是未尽职责，如外贸管理人员发现进口商品质次货劣，或货物残损短缺，又不及时采取措施，致使延误索赔期，造成重大损失等。不正确履行职责是指国家机关工作人员并非不履行职责，而是履行了职责但不正确。这两种类型的区别在于后者是“在岗”而“不守”，前者是“离岗”而“不守”。

2. 不认真履行职责。“不认真履行职责”是指国家机关工作人员并非不履行职责，而是履行了职责，但不认真，表现为作为。在实践中表现为以下几种类型：第一种是在职务活动时出现差错。如税务机关工作人员疏忽大意，在执行职务的过程中少收、漏收大量税款，给国家造成重大损失的行为等。第二种是在执行职务活动中，决策失误，如对重大事务的决策，不认真调查、研究、咨询、审定、主观臆断、盲目拍板、决策失误；对建筑安装工程，不经质量检查，不进行竣工验收，便轻率决定投入使用，造成重大人身伤亡和财产损失等。第三种是采取措施不及时，不得力的情况，如外贸管理人员发现进口商品质次货劣或货物残损短少，不及时采取措施，致使延误索赔期，造成重大损失，如果该管理人员采取了措施，只是不及时，不得力，那么在某种意义上，应属履行了职责，只是不正确；如果根本没有采取措施，则属于未履行职责。

（二）如何认定玩忽职守罪的因果关系

查明行为与危害结果之间的因果关系，是正确认定犯罪的成立并且确定刑罚的客观基础。但是在司法实践中，玩忽职守案件往往与一些重大责任事故、科学技术水平以及其他人的行为因素等相互交织，具有一定的特殊性和复杂性，在认定上具有一定的难度。

玩忽职守罪的因果关系，是指行为人不履行或者不认真履行自己职责的行为与公共财产、国家和人民利益遭受重大损失的危害结果之间的引起与被引起的关系。从司法实践和玩忽职守罪的特征来看，玩忽职守行为与危害结果因果关系有以下特点：

1. 职务关联性

玩忽职守罪是一种典型的职务犯罪，相应的玩忽职守罪中的因果关系也与行为人的职务和职责有着非常密切的联系。在分析和判断玩忽职守罪的因果关系时，不可避免地要涉及行为人的特定职务和职责。在有些情况下，行为人的行为与危害结果之间虽然具有直接的引起与被引起的因果关系，但由于这种因果关系与行为人的职守并无联系，那么就不能认定具有玩忽职守罪的因果关系。例如，某单位的会计因办私事，便委托同单位的一位人事干部替他到银行存入巨额公款。该人事干部在路上不慎将公款遗失，使国家的财产造成重大损失。这里该人事干部遗失公款的行为虽然与国家财产重大损失的危害结果之间具有直接的引起与被引起的因果关系，但由于这种因果关系与该人事干部的职守并无联系，存款并不是人事干部的业务，他并不具有会计的职务，也没有这方面的职守要求。因此，该干部的行为与危害结果之间并不存在刑法意义上的玩忽职守罪成立要件之一的因果关系，故而不能认定为成立玩忽职守罪。在对行为人职责考察的时候，要注意全面认定，而不只是片面地注重岗位职责和法定职责。国家机关工作人员的职责，依其职责范围分有社会职责、行业职责、岗位职责。社会职责是作为国家机关工作人员在社会生活中所应遵循的法律法规所规定的纪律和对社会公益所应履行的义务。行业职责是指国家机关工作人员在所从事的行业中应当遵守的行业规范、纪律和履行的义务。如保守机密的职责、服从命令的职责。岗位职责是国家机关工作人员所处在的工作岗位的工作职责。依其职责的法律根据分为确定性职责和概括性职责。法定性职责是指法律、法规、规章明确规定了的国家机关工作人员的职责。公认性职责是指虽没有法律、法规明确规定，但根据宪法和其他法律、法规的精神，被社会普遍认同的，特定国家机关工作人员应该履行的职责。

2. 偶然因果关系的多发性

在司法实践当中，玩忽职守罪的因果关系常常表现为偶然因果关系，就是说，许多玩忽职守犯罪的危害结果得以发生，并非行为人所实施的玩忽职守行为所必然造成的。更常见的是，行为人所实施的玩忽职守行为可能发生危害社会的结果，也可能不发生危害社会的结果，客观危害结果之所以发生往往是中间介入了其他人的行为。比如说我们上面提到的那起巨款丢失的案件，虽然人事干部不构成玩忽职守罪，但是对于那名会计来讲，按照会计的职守，他本应自己到银行存款，却为办私事违背职守的要求，擅自将存款的工作委托给不该委托的人去办理，致使公共财产受到重大损失。此时，该会计违背职守的行为与危害结果之间存在着因果关系。而且就该会计玩忽职守的行为与公款丢失重大损失的危害结果之间可以说是由于第三者的行为介入才具有了联系，因此又具有偶然性，因为就一般而言，该会计委托他人到银行存款并不必然地产生公款丢失的危害后果，只是由于第三者的介入才使该会计的玩忽职守行为与公款丢失的危害后果之间具有联系。虽然这种因果关系纯属偶然，但该会计仍应承担玩忽职守罪的刑事责任，一方面会计主观上有罪过（疏忽大意过失），而且实际上也发生了巨额公款丢失的严重后果，另一方面会计玩忽职守的行为对巨额公款丢失后果的发生起了重要的作用，完全达到了据以追究刑事责任的程度。

3. 间接因果关系的常见性

与多发的偶然因果关系相适应，许多玩忽职守犯罪因果关系呈现出间接性的特点，也即客观危害后果的发生并非行为人玩忽职守行为所直接造成的，而是由与行为人玩忽职守行为有关的他人的行为所直接造成的。因此就行为人玩忽职守行为与所发生的客观危害后果的联系而言，两者具有间接性，也即属于间接因果关系。例如，河南省遂平县石寨派出所所长王某一次与其女同学、驻马店市副市长陈某在车上闲谈，其间王某下车到商场买衣服，将装有专用手枪的手提包交给陈某保管，王某买衣服回到车上后，陈某将手提包交还王某，但偷走了王某的手枪。当天晚上陈某在家用王某的手枪自杀身亡。王某后被以玩忽职守罪判处刑罚。从该案看，陈某的死与王某的危害行为（即违反有关法律、法规规定没有妥善保管和使用枪支）不仅不存在必然的因果关系，同样也不存在直接的因果关系。陈某要自杀，主意既定，没有王某的手枪也可能采取其他方式自杀身亡，王某的手枪只是给陈某提供了方便，陈某的死亡并不是王某的玩忽职守行为所直接造成的。但是即便如此，王某还是要承担玩忽职守罪的刑事责任。

4. 多样性

玩忽职守的因果关系还呈现出多样性的特点，除了我们上面所提到的偶然因果关系，间接因果关系，当然还有必然因果关系。在必然因果关系之中又包括两种：一是独立的必然因果关系，即由玩忽职守行为单独地、直接地引起危害结果发生的关系。其中又分为两种，单个玩忽职守行为与重大损失结果之间的必然联系，比如外贸主管人员发现商品质低货劣数量短少而不及时索赔的行为与延误索赔期使国家蒙受重大损失之间的关系；违法森立法规定，超过批准的年采伐限额发放林木采伐许可证的行为与森林遭受重大破坏之间的关系；数个玩忽职守行为与重大损失结果之间的必然联系。二是介入式的必然因果关系，即行为人在其他导致危害结果发生的原因已经存在的条件下实施了玩忽职守行为，其中又分为在自然原因中介入玩忽职守行为、在他人的故意中介入玩忽职守行为和在他人的过失犯罪中介入玩忽职守行为，导致危害结果的必然发生三种。

在司法实践中，证实玩忽职守行为与渎职危害结果之间的因果关系，既是重点也是难点。要特别注意很多玩忽职守案件，行为人的玩忽职守行为与渎职危害结果之间是偶然或者间接因果关系，我们不能因此而否认行为人对危害结果应承担的责任，从而放纵了罪犯。

（三）本罪与非罪的界限

1. 玩忽职守罪与一般玩忽职守行为的界限

玩忽职守罪与一般玩忽职守行为是两个不同性质的问题。其相同点都属于违法行为，都表现为行为人的不履行或不正确履行自己应负的职责和义务，没有恪尽职守。不同点是只有因玩忽职守而使公共财产、国家和人民利益遭受重大损失的行为，才能构成玩忽职守罪。“致使公共财产，国家和人民利益遭受重大损失”的认定，以《最高人民检察院关于渎职侵权犯罪案件立案标准的规定》以及最高人民法院、最高人民检察院《关于办理渎职刑事案件适用法律若干问题的解释（一）》的有关规定为依据。

2. 玩忽职守罪与工作失误的界限

国家机关工作人员在履行职责时，因政策不明确、制度不完善，或设备故障等客观因素的限制，造成了公共财产、国家或者人民利益的重大损失，但是其主观上对危害结果的产生既无故意，也无所谓过失，虽然后果严重，但是因为行为人主观上无罪过，因此不构成犯罪。具体说，二者的区别主要表现在：

首先，客观方面的表现不同。工作失误表现为行为人不认真履行自己的工作和义务，而玩忽职守犯罪表现为行为人不履行或不正确履行自己的工作职责和义务。

其次，导致发生严重结果的原因不同。工作失误是行为人意志以外的原因，是由于一些具体政策界限不清，管理上存在弊端，以及由于国家工作人员文化水平不高、技术水平、业务能力、业务素质较差、缺乏工作经验，以致在积极工作中发生错误，造成国家和人民利益遭受重大损失。而玩忽职守罪，则是违反工作纪律和规章，对工作极端不负责任等行为造成国家和人民利益遭受重大损失。

（四）本罪与相关犯罪的界限

1. 如何区分玩忽职守罪和滥用职权罪

玩忽职守罪与滥用职权罪的确有很多相同点，主要表现在：（1）侵犯的客体相同。两罪侵犯的客体都是国家机关正常行使国家权力、管理国家事务的活动。这也是渎职罪的同类客体。虽然两罪往往还同时侵犯了公民的权利或者社会主义市场经济秩序，但两罪所侵犯的主要还是国家机关正常行使国家权力、管理国家事务的活动。因为滥用职权和玩忽职守罪从其引起的后果看，可能侵犯了公民的人身权利，引起人身伤亡，或者使公共财产、国家和人民财产造成重大损失，但这些都属于两种罪的社会危害性客观表现，其本质仍然属于侵犯了国家机关的正常管理活动。(2) 主体相同。两罪的主体都是国家机关工作人员。(3) 客观方面有相同之处，都是结果犯，即滥用职权行为和玩忽职守行为只有“致使公共财产、国家和人民利益遭受重大损失”的，才构成犯罪。是否造成“重大损失”是区分罪与非罪的重要标准，未造成重大损失，属于一般的渎职行为，可以由有关部门给予批评教育或者行政处分。这些玩忽职守罪和滥用职权罪的相同之处，学界看法一致，没有异议。

我们认为两罪的不同点主要表现在以下三个方面：

(1) 侵犯的直接客体不完全相同。虽然两罪都侵犯了国家机关正常行使国家权力、管理国家事务的活动，但两罪侵犯的直接客体又有所差别，前者是正当性，后者是勤政性。任何一个国家机关工作人员，都应当在职务活动中正确地履行职责，依法贯彻执行国家的方针、政策，一切胡作非为的滥用职权活动，都是对国家机关工作人员职务活动正当性原则的侵犯，从而危害到国家机关的正常管理活动。因此，滥用职权罪的直接客体是国家机关工作人员职务活动的正当性。任何一个国家机关工作人员，都应当恪尽职守，完成国家机关赋予的任务，一切擅离职守的不履行职责行为或马虎草率的不认真履行职责的行为，都是对国家机关工作人员职务活动勤政性原则的侵犯，从而危害到国家机关的正常管理活动。因此，玩忽职守罪的直接客体是国家机关工作人员职务活动的勤政性。

(2) 客观方面不同。首先，两罪的犯罪行为的性质和具体表现不同。滥用职权罪在客观方面的本质属性是对职权的“滥用”。这种“滥用”主要表现为两种情形：一是超越职权的滥用，即行为人超越法定权力范围，违法决定无权决定的事项、擅自处理无权处理的事务；二是在其职权范围内违法行使职权的滥用，即行为人在其职权范围内违反法定办事程序，胡作非为，滥施淫威，随心所欲地违法处理公务。玩忽职守罪在客观方面的本质属性是对职守的“玩忽”。这种“玩忽”行为，主要表现为两种情形：一是不履行职责，即行为人严重不负责任，对法定职责义务，该为而不为，放弃职守、擅离岗位；二是不认真履行职责，即行为人严重不负责任，对法定职责义务，马虎草率、敷衍塞责。

其次，两罪的犯罪行为方式不同。根据我们的分析，滥用职权罪只能由作为构成，而玩忽职守罪既可以由作为构成，也可以由不作为构成，并且主要表现为不作为。滥用职权罪主要表观为以作为的方式超越法定职权，决定、处理无权处理的事项，或者违法行使职权随心所欲处理公务，这就是说，滥用职权罪的行为方式表现为作为。我们认为，放弃职责的行为应属于玩忽职守的客观表现，而不应归入滥用职权罪当中。所以滥用职权罪不可能由不作为构成。玩忽职守罪主要表现为以不作为的方式对工作严重不负责任，该为而不为，放弃职守、擅离岗位、不履行职责。但对玩忽职守是否可以由作为构成，则有不同认识。笔者认为，在履行职责中不认真、马虎草率、敷衍塞责，还是一种作为的方式，与不履行职责的放弃职守等不作为是有区别的，故不能认为玩忽职守罪只能由不作为方式构成。

最后，对犯罪成立所要求的危害的要求不同。虽然两罪都是结果犯，但是鉴于滥用职权罪与玩忽职守罪的行为人在主观恶性上有一定的差异，故在最高人民检察院《关于人民检察院直接受理立案侦查案件立案标准的规定（试行）》中，对两种犯罪的危害结果要件作出了略有区别的司法解释。如滥用职权造成死亡1人，或者重伤2人、轻伤5人以上即可立案，而玩忽职守除造成死亡1人以外，重伤3人、轻伤10人以上才能立案；滥用职权造成直接经济损失达20万元即可立案，而玩忽职守则要30万元才能立案等。

（3）主观方面不同。滥用职权罪主要是由故意构成，玩忽职守罪主要由过失构成。

2. 玩忽职守罪与危害公共安全犯罪的界限

有些危害公共安全罪的主体也可能是国家机关工作人员，这些犯罪与本罪的区别主要在于：（1）玩忽职守罪只能由国家机关工作人员构成，而危害公共安全的犯罪主体可能是国家机关工作人员，也可以是其他职工。（2）玩忽职守罪只能发生在国家机关工作人员履行法定义务的过程中，而危害公共安全的犯罪一般发生在各种生产、作业以及直接从事指挥、作业的过程中。（3）玩忽职守罪属于渎职罪，侵害是客体为国家机关的正常管理活动以及公共财产、国家和人民的利益，而危害公共安全的犯罪所侵害的客体为公共安全。

3. 玩忽职守罪与本章其他玩忽职守犯罪的界限

《刑法》在第397条规定将玩忽职守罪规定为“口袋罪名”的同时，又在本章的其他条文中将一些由特定的国家工作人员在特定的领域内所实施的玩忽职守的行为规定为独立的犯罪。如《刑法》第399条第3款的执行判决、裁定失职罪，第400条第2款司法工作人员失职致使在押人员脱逃罪，第406条国家机关工作人员签订、履行合同失职被骗罪，第408条国家机关工作人员环境监管失职罪，第409条传染病防治失职罪，第412条第2款商检失职罪，第413条第2款动植物检疫失职罪，第419条失职造成珍贵文物损毁、流失罪，以及其他章节第167条签订、履行合同失职被骗等。这些罪名与《刑法》第397条的玩忽职守罪是特别法与一般法的关系。因此，凡是行为人的行为符合上述规定的，按照上述规定的犯罪定罪处罚，不能按玩忽职守罪处理。

最高人民法院、最高人民检察院《关于办理渎职刑事案件适用法律若干问题的解释（一）》第2条规定：国家机关工作人员实施滥用职权或者玩忽职守犯罪行为，触犯刑法分则第九章第三百九十八条至第四百一十九条规定的，依照该规定定罪处罚。

国家机关工作人员滥用职权或者玩忽职守，因不具备徇私舞弊等情形，不符合刑法分则第九章第三百九十八条至第四百一十九条的规定，但依法构成第三百九十七条规定的犯罪的，以滥用职权罪或者玩忽职守罪定罪处罚。

【刑事责任】

根据《刑法》第397条第1款的规定：犯本罪的，处三年以下有期徒刑或者拘役；情节特别严重的，处三年以上七年以下有期徒刑。本法另有规定的，依照规定。

根据本条第2款规定，徇私舞弊犯本罪的，处五年以下有期徒刑或者拘役；情节特别严重的，处五年以上十年以下有期徒刑。本法另有规定的，依照规定。

【办案依据】

参见本书滥用职权罪部分【办案依据】的内容。

四、故意泄露国家秘密罪和过失泄露国家秘密罪

【概念与构成】

故意泄露国家秘密罪是指国家机关工作人员或者非国家机关工作人员违反保守国家秘密法，故意使国家秘密被不应知悉者知悉，或者故意使国家秘密超出了限定的接触范围，情节严重的行为。构成本罪需要具备以下四个要件：

（一）客体要件。本罪侵犯的客体是国家的保密制度。国家秘密，是关系到国家安全和利益，依照法律规定的程序确定，在一定时间内只限于一定范围的人员知晓的事项。保守国家秘密是一切国家机关、武装力量、政党、社会团体、企事业单位和每个公民对国家应尽的义务，它是一项维护国家安全和利益、保卫和促进社会主义建设事业发展的重要工作。任何泄露国家机密的行为，都会给国家的安全和人民的利益造成严重危害。

本罪的犯罪对象是国家秘密。根据《保守国家秘密法》第8条，国家秘密主要包括：(1)国家事务的重大决策中的秘密事项；(2)国防建设和武装力量活动中的秘密事项；(3)外交和外事活动中的秘密事项以及对外承担保密义务的事项；(4)国民经济和社会发展中的秘密事项；(5)科学技术中的秘密事项；(6)维护国家安全活动和追查刑事犯罪中的秘密事项；(7)其他经国家保密工作部门确定应当保守的国家秘密事项。另外，政党的秘密事项符合国家秘密性质

的，也属于国家秘密。至于具体的保密范围，则由各机关、各单位根据上述规定具体划定，并且根据该法第 9 条规定的秘密程度分类。

依照《保守国家秘密法》第 9 条的规定，国家秘密的密级分为“绝密”、“机密”、“秘密”三级。“绝密”是最重要的国家秘密，泄露会使国家的安全和利益遭受特别严重的损害；“机密”是重要的国家秘密，泄露会使国家的安全和利益遭受严重的损害：“秘密”是一般的国家秘密，泄露会使国家的安全和利益遭受损害，作为本罪的对象的秘密，则只要是国家的秘密级的秘密即可。

（二）客观要件。本罪在客观方面，行为人必须具有违反国家保密法的规定，故意泄露国家秘密，情节严重的行为。所谓国家保密法，主要是 1988 年 9 月 5 日全国人大常委会通过，并于 1989 年 5 月 1 日起施行的《中华人民共和国保守国家秘密法》，以及 1990 年 5 月 25 日颁布并实施的《中华人民共和国保守国家秘密法实施办法》。各个有关的国家机关，依据国家保密法所规定的保密范围、保密制度和职责、要求结合本部门、本单位的实际情况所作的具体保密规定，都是国家保密法的具体实施规定，违反了这些具体实施规定的，必然违反保密法规，所以在审判实践中都认为属于违反国家保密法的行为。

所谓泄露，就是行为人把自己掌管的或者知道的国家秘密让不应该知道的人知道，或者使国家秘密超出了限定的接触范围。泄露行为的方式可以是多种多样的，可以是口头泄露，也可以是书面泄露；可以是用交实物的方法泄露，也可以是用密写、影印、拍摄、复制等方法泄露，泄露的不同方式，不影响泄露国家秘密罪的成立。但是，如果是他人以盗窃、侦察、破译、遥测等方式获取了秘密，因而造成的泄露，而本人没有违反保密法规定，不属于泄露国家秘密罪的行为，不能据此而追究主管、经管该项秘密的人员或其他有关人员的泄密责任。

泄露国家秘密，必须是情节严重的，才构成犯罪。2006 年 7 月 26 日《最高人民检察院关于渎职侵权犯罪案件立案标准的规定》第 1 条第（3）项规定了故意泄露国家秘密的 8 种情形，应予立案。(具体见后附的立案标准。)

（三）主体要件。本罪的主体一般情况下为特殊主体，只有国家机关工作人员才能构成本罪，因为通常情况只有国家机关工作人员才能掌握、了解国家秘密，非国家机关工作人员也可构成本罪，但性质上不属于渎职罪，为方便起见本法在条文中作统一规定予以定罪处罚。

（四）主观要件。本罪在主观方面表现为故意，过失不能构成本罪。其动机则多种多样，如为了显示自己消息灵通而加以炫耀；为了贪图私利而加以出售；因贪恋女色或碍于情面而泄露；被威胁利诱而提供等。

过失泄露国家秘密罪是指国家机关工作人员或者非国家机关工作人员违反保守国家秘密法，过失泄露国家秘密，或者遗失国家秘密载体，致使国家秘密被不应知悉者知悉或者超出了限定的接触范围，情节严重的行为。构成本罪需要具备以下四个要件：

（一）客体要件。本罪所侵害的客体是国家保密制度。

（二）客观要件。本罪在客观方面表现为违反国家保密法的规定，过失泄露国家秘密或者遗失国家秘密载体，致使国家秘密被不应知悉者知悉或者超出了限定的接触范围，情节严重的行为。《最高人民检察院关于渎职侵权犯罪案件立案标准的规定》第1条第四项规定了过失泄露国家秘密的6种情形应予立案。（具体见后附的立案标准。）

（三）主体要件。本罪的主体一般情况下为特殊主体，只有国家机关工作人员才能构成本罪。因为通常情况只有国家机关工作人员才能掌握、了解国家秘密。但是非国家机关工作人员亦可构成本罪，而成为本罪主体。

（四）主观要件。本罪在主观方面表现为过失，如果出于故意，则不是构成本罪而是构成故意泄露国家秘密罪。过失，一般是因为疏忽大意、工作马虎、玩忽职守、违反保守国家秘密的有关规章制度等造成，如将保密文件不按规定放置而让他人看见，不认真保管致使丢失等，但也不排除出于过于自信的过失。

【立案标准】

1. 最高人民检察院《人民检察院直接受理立案侦查的渎职侵权重特大案件标准（试行）》（2002年1月1日　高检发〔2001〕13号）（节录）

三、故意泄露国家秘密案

（一）重大案件

1. 故意泄露绝密级国家秘密一项以上，或者泄露机密级国家秘密三项以上，或者泄露秘密级国家秘密五项以上的；

2. 故意泄露国家秘密造成直接经济损失五十万元以上的；

3. 故意泄露国家秘密对国家安全构成严重危害的；

4. 故意泄露国家秘密对社会秩序造成严重危害的。

（二）特大案件

1. 故意泄露绝密级国家秘密二项以上，或者泄露机密级国家秘密五项以上，或者泄露秘密级国家秘密七项以上的；

2. 故意泄露国家秘密造成直接经济损失一百万元以上的；

3. 故意泄露国家秘密对国家安全构成特别严重危害的；

4. 故意泄露国家秘密对社会秩序造成特别严重危害的。

四、过失泄露国家秘密案

（一）重大案件

1. 过失泄露绝密级国家秘密一项以上，或者泄露机密级国家秘密五项以上，或者泄露秘密级国家秘密七项以上并造成严重危害后果的；

2. 过失泄露国家秘密造成直接经济损失一百万元以上的；

3. 过失泄露国家秘密对国家安全构成严重危害的；

4. 过失泄露国家秘密对社会秩序造成严重危害的。

（二）特大案件

1. 过失泄露绝密级国家秘密二项以上，或者泄露机密级国家秘密七项以上，或者泄露秘密级国家秘密十项以上的；

2. 过失泄露国家秘密造成直接经济损失二百万元以上的；

3. 过失泄露国家秘密对国家安全构成特别严重危害的；

4. 过失泄露国家秘密对社会秩序造成特别严重危害的。

2. 最高人民检察院《关于渎职侵权犯罪案件立案标准的规定》（2006年7月26日　高检发释字〔2006〕2号）（节录）

一、渎职犯罪案件

（三）故意泄露国家秘密案（第三百九十八条）

故意泄露国家秘密罪是指国家机关工作人员或者非国家机关工作人员违反保守国家秘密法，故意使国家秘密被不应知悉者知悉，或者故意使国家秘密超出了限定的接触范围，情节严重的行为。

涉嫌下列情形之一的，应予立案：

1. 泄露绝密级国家秘密1项（件）以上的；

2. 泄露机密级国家秘密2项（件）以上的；

3. 泄露秘密级国家秘密3项（件）以上的；

4. 向非境外机构、组织、人员泄露国家秘密，造成或者可能造成危害社会稳定、经济发展、国防安全或者其他严重危害后果的；

5. 通过口头、书面或者网络等方式向公众散布、传播国家秘密的；

6. 利用职权指使或者强迫他人违反国家保守秘密法的规定泄露国家秘密的；

7. 以牟取私利为目的泄露国家秘密的；

8. 其他情节严重的情形。

（四）过失泄露国家秘密案（第三百九十八条）

过失泄露国家秘密罪是指国家机关工作人员或者非国家机关工作人员违反保守国家秘密法，过失泄露国家秘密，或者遗失国家秘密载体，致使国家秘密被不应知悉者知悉或者超出了限定的接触范围，情节严重的行为。

涉嫌下列情形之一的，应予立案：

1. 泄露绝密级国家秘密1项（件）以上的；

2. 泄露机密级国家秘密3项（件）以上的；

3. 泄露秘密级国家秘密4项（件）以上的；

4. 违反保密规定，将涉及国家秘密的计算机或者计算机信息系统与互联网相连接，泄露国家秘密的；

5. 泄露国家秘密或者遗失国家秘密载体，隐瞒不报、不如实提供有关情况或者不采取补救措施的；

6. 其他情节严重的情形。

【司法认定】

（一）如何理解“国家秘密”

1. 国家秘密的概念

所谓秘密是与公开相对而言的，就是个人或集团在一定的时间和范围内，为保护自身的安全和利益，需要加以隐蔽、保护、限制、不让外界客体知悉的事项的总称。构成秘密的基本要素有三点：一是隐蔽性；二是莫测性；三是时间性。一般地说，秘密都是暂时的、相对的和有条件的，这是由秘密的性质所决定的。

《保守国家秘密法》（以下简称《保密法》）第 2 条规定：“国家秘密是关系国家的安全和利益，依照法定程序确定，在一定时间内只限一定范围的人员知悉的事项。”根据《保密法》第 9 条的规定，国家秘密的密级分为“绝密”、“机密”、“秘密”三级。“绝密”是最重要的国家秘密，泄露会使国家的安全和利益遭受特别严重的损害；“机密”是重要的国家秘密，泄露会使国家的安全和利益遭受严重的损害；“秘密”是一般的国家秘密，泄露会使国家的安全和利益遭受损害。应当指出的是，根据 1979 年刑法第 186 条的规定，只有泄露国家重要机密，情节严重的，才构成犯罪。我国过去的司法实践，一般是把属于“机密”、“绝密”的秘密事项视为重要机密，而现行刑法对此作了修改，即凡是由国家保密工作部门确定密级和在保密期限内的国家秘密事项，都可以构成本罪的犯罪对象。这就是说，根据现行刑法的规定，泄露“秘密”级的国家秘密也可以构成本罪。

2. 国家秘密的特征

按照上述规定，“国家秘密”具备三个基本特征：

（1）“关系国家的安全和利益”。这是构成国家秘密的关键性要素，是国家秘密的本质特征，也是区分国家秘密与非国家秘密的主要标准。

（2）“依照法定程序确定”。是国家秘密的程序特征。关系国家安全和利益的事项，必须在履行确定相应密级的程序后，才能成为法律认可的国家秘密。所谓法定程序，是指《保密法》和《保密法实施办法》就确定、变更国家秘密的密级和保密期限及解密所作出的一系列相应的规定。这些规定，分列在《保密法》第 10 条至第 16 条和《保密法实施办法》第二章中。国家秘密的这一要素，是强调确定国家秘密的统一性与合法性，防止主观随意性，从而保证定密的严肃性，避免随意确定国家秘密及其密级所造成的混乱现象。

（3）“在一定时间内只限一定范围的人员知悉”。这是国家秘密的时空特征。关系国家安全和利益的事项，一旦经过法定程序确定为国家秘密就必须限定在“一定时间内”，只能是“一定范围人员”才能知悉，不得为“一定范围”以外的人员知悉。

国家秘密的上述三个组成要素或基本特征，是互相联系、缺一不可的。虽关系国家的安全和利益，但并不要求限制或不可能限制知悉范围和时间的，就不应确定为国家秘密；某一事项关系国家安全和利益，又必须限制知悉范围，但未依照法定程序确定和标明其为国家秘密，则发生泄密后，除追究泄密者的责任外，同时还要追究不按规定确定和标明国家秘密及其密级的有关单位和人员的责任。

3. 国家秘密的范围

按照《保密法》第 8 条和第 10 条的规定，国家秘密又分为基本范围和具体范围。

《保密法》第 8 条规定了国家秘密的基本范围，国家秘密包括下列秘密事项：

（1）国家事务的重大决策中的秘密事项；

（2）国防建设和武装力量活动中的秘密事项；

（3）外交和外事活动中的秘密事项以及对外承担保密义务的事项；

（4）国民经济和社会发展中的秘密事项；

（5）科学技术中的秘密事项；

（6）维护国家安全活动和追查刑事犯罪中的秘密事项；

（7）其他经国家保密工作部门确定应当保守的国家秘密事项。

政党的秘密事项中，符合国家秘密诸要素的，属于国家秘密。

此外，《保密法实施办法》第 4 条又从某一事项泄露所造成的后果这个角度对何为“关系国家的安全和利益”，其范围是什么作了规定：

（1）危害国家政权的巩固和防御能力；

（2）影响国家统一、民族团结和社会安定；

（3）损害国家在对外活动中的政治、经济利益；

（4）影响国家领导人、外国要员的安全；

（5）妨害国家重要的安全保卫工作；

（6）使保护国家秘密的措施可靠性降低或者失效；

（7）削弱国家的经济、科技实力；

（8）使国家机关依法行使职权失去保障。

凡属泄露后会造成上述后果之一的，都属于“关系国家的安全和利益”的事项。

4. 国家秘密与工作秘密、商业秘密的区别

《反不正当竞争法》第 10 条规定，本条所称的商业秘密，是指不为公众所知悉的，能为权利人带来经济利益，具有实用性并经权利人采取保密措施的技术信息和经营信息。如商业工作规划、计划，重要商品的储备计划、库存数量、购销平衡数字，财务会计报表；商品进出口意向、计划、报价方案，外汇额度；特殊商品的生产配方、工艺技术诀窍、科技攻关项目，通信保密保障等。

根据《公务员法》第12条第（6）项的规定，公务员有保守国家秘密和工作秘密的义务。工作秘密的含义应为：国家工作部门或工作人员所拥有的、不能擅自公开的以机关、单位为主体的那一部分事项。它有两个特征：（1）除国家秘密以外的，在公务活动中不得公开扩散的事项；（2）一旦泄露会给本机关、单位的工作带来被动和损害。

国家秘密与商业秘密、工作秘密的区别表现在以下几方面：

（1）三个“秘密”立法意图不同。

“国家秘密”这一概念是1982年《宪法》中提出来的，后来在《保密法》中对其法律特征又作了规定，意在告诫公民在自己从事的工作中接触国家秘密，合法利用国家秘密，均应遵守《保守国家秘密法》的规定。

“商业秘密”第一次是在1979年颁布的《民事诉讼法》中提出的，在1993年颁布的《反不正当竞争法》中给它规定了法律特征。其立法本意是告诫所有经营者在经营活动中遵循自愿、平等、公平、诚实信用的原则，不得违背公认的商业道德。

“工作秘密”是在国务院颁布的《国家公务员暂行条例》中提出的，告诉国家工作人员除了要保守国家秘密之外，还要承担保守工作中不能擅自公开的那一部分事项的义务。

（2）三个“秘密”的法律特征不同。

“国家秘密”的法律特征有三点：①关系国家的安全和利益的事项；②依照法定程序确定；③在一定时间内只限一定范围的人员知悉。

“商业秘密”的法律特征有四点：①不为公众所知悉；②能为权利人带来经济利益；③具有实用性；④权利人采取了保密措施。

“工作秘密”其含义包括三点：①除国家秘密以外的，在公务活动中不得公开扩散的事项；②一旦泄露会给本机关、单位的工作带来被动和损害。

（3）三个“秘密”的权利主体不同。

“国家秘密”的权利主体是“国家”，作为国家秘密唯一拥有人的特定主体。

“商业秘密”的权利主体是作为不特定的民事主体（集团或个人）拥有。

“工作秘密”以本机关、单位为拥有主体。

（4）三个“秘密”确定程序不同。

“国家秘密”强调要经过法定程序确定，并且在《保密法》中规定了一套极为严格的确定程序。

“商业秘密”的确定程序没有明确规定，只要权利人自行明确即可。

“工作秘密”由各机关、单位自行制定相应办法，妥善管理。

(5) 三个“秘密”的标志不同。

“国家秘密”分为三个等级，同时又原则地规定了区分三个密级的标准。三个不同的等级如何在密件或密品上标志也有专门的规定。

“商业秘密”的分级与标志可自行确定，但不得与国家秘密标志相同。

“工作秘密”不分等级、其标志尚未统一规定，但习惯上标为“内部”。

(6) 三个“秘密”一旦泄露危害的对象不同。

“国家秘密”一旦泄露危害的是国家的安全和利益。

“商业秘密”一旦被侵犯，会损害商业秘密权利人的利益，严重的会危及市场秩序。如果经营信息和技术信息一旦泄露后会损害国家安全和利益，那它就应该被定为国家秘密而不是商业秘密。

“工作秘密”一旦扩散或公开，会给本机关工作造成被动和损害。

(7) 三个“秘密”一旦泄露所承担的法律责任不同。

“国家秘密”一旦被泄露，除了要承担行政责任外，构成犯罪的还应承担刑事责任。

“商业秘密”一旦被侵犯，并构成不正当竞争行为，要分别承担民事赔偿责任、行政处罚责任或刑事责任。

“工作秘密”一旦被泄露，要承担行政责任，受到行政处分。

(二) 两罪罪与非罪的界限

根据刑法的规定，构成故意泄露国家秘密罪和过失泄露国家秘密罪，都必须以情节严重为必备要件。否则不能以犯罪论处。情节严重的标准，可参照2006年7月26日最高人民检察院《关于渎职侵权犯罪案件立案标准的规定》的规定加以认定。

(三) 故意泄露国家秘密罪与侵犯商业秘密罪的界限

故意泄露国家秘密罪和侵犯商业秘密罪是相近的犯罪，二者在有些方面类似，比如二者都是故意犯罪，都会因泄露秘密而使权利人的利益遭受损失等。在司法实践中，有时难以区分两罪，比如商业秘密是否都不是国家秘密？是不是有些事项既是商业秘密，又是国家秘密，如何处理？等等。根据《刑法》第219条的规定，侵犯商业秘密罪是指以盗窃、利诱、胁迫或者其他不正当手段获取权利人的商业秘密的，或者披露、使用或者允许他人使用以前项手段获取的权利人的商业秘密，或者违反约定或者违反权利人有关保守商业秘密的要求，披露、使用或者允许他人使用其所掌握的商业秘密，给商业秘密的权利人造成重大损失的行为。明知或应知上述行为，获取、使用或者披露他人商业秘密的，以侵犯商业秘密论。两罪的区别主要表现在五个方面：

1. 客体不同。侵犯商业秘密罪侵犯的客体是商业秘密权利人的所有权，是属于破坏社会主义经济秩序的犯罪行为；泄露国家秘密罪侵犯的客体是国家保密制度，是属于渎职犯罪。

2. 对象不同。侵犯商业秘密罪的犯罪对象是他人的技术信息和经营信息等商业秘密；泄露国家秘密罪的犯罪对象是国家秘密，包括财政、国防、外交、经济、文教、科技等方面的秘密。

3. 主体不同。侵犯商业秘密罪的主体是一般主体，包括自然人和单位；泄露国家秘密罪的犯罪主体是特殊主体，一般是国家机关工作人员，但非国家机关工作人员也可以构成此罪，单位不构成此罪。

4. 客观方面不同。侵犯商业秘密罪的客观行为不仅有泄露，还包括盗窃、利诱、胁迫等获取商业秘密的行为，以及非法使用或许可他人使用商业秘密的行为；泄露国家秘密罪仅仅指泄露行为。

5. 主观方面不同。侵犯商业秘密罪是故意犯罪，而且大部分是直接故意，并具有营利动机；泄露国家秘密罪也是故意犯罪，既有直接故意也有间接故意，犯罪动机比较复杂多样。

上述差别，在理论上的阐述是明确的。但是在司法实践中有些实际问题容易混淆。比如商业秘密是否都不是国家秘密，或者说国家秘密是否包括商业秘密。关于国家秘密和商业秘密的概念和区别，我们在上文也有阐述了。根据它们的特征，我们知道，国家作为国家秘密的所有权人，其所掌握的国家秘密并非都不属于能为国家（权利人）带来经济利益，具有实用性的技术信息和经营信息。也就是说有些国家秘密应当属于商业秘密，此时这些秘密既是商业秘密，也是国家秘密。比如上述典型案例中，被告人所泄露的烟草机械技术图纸就既是商业秘密，也是国家秘密。在这种情况下，行为人的行为既触犯了侵犯商业秘密罪，也触犯了故意泄露国家秘密罪，属于一行为触犯数法条的法条竞合犯。按照刑法理论对法条竞合犯的适用原则，应以重罪论处。

（四）故意泄露国家秘密罪与为境外机构、组织、人员窃取、刺探、收买、非法提供国家秘密或者情报罪的界限

在司法实践中，故意泄露国家秘密罪与为境外机构、组织、人员窃取、刺探、收买、非法提供国家秘密或者情报罪也是容易混淆的两个犯罪，特别是当行为人将其所知悉的国家秘密泄露给境外的机构、组织或者人员时，应如何定性、处理，常常会有模糊的认识。根据《刑法》第111条的规定，为境外机构、组织、人员窃取、刺探、收买、非法提供国家秘密或者情报罪是指为境外机构、组织、人员窃取、刺探、收买、非法提供国家秘密或者情报，危害国家安全的行为。故意泄露国家秘密罪与为境外窃取、刺探、收买、非法提供国家秘密、情报罪的主要区别在于：

1. 犯罪客体不同。本罪侵犯的客体是国家的保密制度；后者侵犯的客体是国家安全。

2. 犯罪对象有所不同。本罪的犯罪对象只能是国家秘密；后者的犯罪对象则包括国家秘密和情报。

3. 犯罪客观方面不同。本罪表现为泄露国家秘密，情节严重的行为；后者表现为为境外机构、组织、人员窃取、刺探、收买或非法提供国家秘密或者情报的行为，没有“情节严重”的要求。

4. 犯罪主观方面不同。本罪表现为行为人明知自己的行为会造成国家秘密的泄露而希望或者放任这种结果的发生；后者则还要求行为人明知所泄露国家秘密的对方是境外机构、组织或者人员。

5. 犯罪主体不同。本罪的主体主要是国家机关工作人员，只有少数情况下才能由非国家机关工作人员构成；后者的主体是一般主体。

那么，当行为人将其所知悉的国家秘密泄露给境外的机构、组织或者人员时，应如何定性、处理呢？我们认为，此时应该考察行为人对其受密对象是境外的机构、组织或者人员的身份性质是否明知。如果行为人明知其受密对象是境外的机构、组织或者人员而仍将国家秘密对其泄露的，此时就发生了法条竞合。在这种情况下，应按照重法优于轻法的处罚原则，适用重法，即按照为境外窃取、刺探、收买、非法提供国家秘密、情报罪定罪处罚。如果行为人不明知是向境外的机构、组织、人员泄密的，仍应以故意泄露国家秘密罪论处。

（五）故意泄露国家秘密罪与非法获取国家秘密罪的界限

根据《刑法》第282条的规定，非法获取国家秘密罪，是指以窃取、刺探、收买方法，非法获取国家秘密的行为。

它们之间除了在侵犯的客体、犯罪主体上有根本的不同和在犯罪主观方面有些不同外，区别的关键是具体实施的行为不同，前者是行为人将知悉的国家秘密向不应知悉的人泄露的行为，是由内向外的行为动向；后者是行为人通过窃取、刺探、收买的方法非法获取国家秘密的行为，是从外向内的行为动向。如果一个人出于泄露国家秘密的罪过心理，先非法获取国家秘密而又实施泄露国家秘密行为的，成立吸收犯，从一重罪处断。

【刑事责任】

《刑法》第398条规定，故意或者过失泄露国家秘密，情节严重的，处三年以下有期徒刑或者拘役；情节特别严重的，处三年以上七年以下有期徒刑。

非国家机关工作人员犯前款罪的，依照前款的规定酌情处罚。

【办案依据】

1.《中华人民共和国刑法》（1997年3月14日修订）（节录）

第三百九十八条　国家机关工作人员违反保守国家秘密法的规定，故意或者过失泄露国家秘密，情节严重的，处三年以下有期徒刑或者拘役；情节特别严重的，处三年以上七年以下有期徒刑。

非国家机关工作人员犯前款罪的，依照前款的规定酌情处罚。

2.《中华人民共和国刑法修正案（九）》（2015年8月29日）（节录）

三十六、在刑法第三百零八条后增加一条，作为第三百零八条之一："司法工作人员、辩护人、诉讼代理人或者其他诉讼参与人，泄露依法不公开审理的案件中不应当公开的信息，造成信息公开传播或者其他严重后果的，处三年以下有期徒刑、拘役或者管制，并处或者单处罚金。

"有前款行为，泄露国家秘密的，依照本法第三百九十八条的规定定罪处罚。

"公开披露、报道第一款规定的案件信息，情节严重的，依照第一款的规定处罚。

"单位犯前款罪的，对单位判处罚金，并对其直接负责的主管人员和其他直接责任人员，依照第一款的规定处罚"。

3. 最高人民法院《关于审理为境外窃取、刺探、收买、非法提供国家秘密、情报案件具体应用法律若干问题的解释》（2001年1月22日）（节录）

第六条 通过互联网将国家秘密或者情报非法发送给境外的机构、组织、个人的，依照刑法第一百一十一条的规定定罪处罚；将国家秘密通过互联网予以发布，情节严重的，依照刑法第三百九十八条的规定定罪处罚。

第七条 审理为境外窃取、刺探、收买、非法提供国家秘密案件，需要对有关事项是否属于国家秘密以及属于何种密级进行鉴定的，由国家保密工作部门或者省、自治区、直辖市保密工作部门鉴定。

4. 最高人民法院、最高人民检察院《关于办理组织和利用邪教组织犯罪案件具体应用法律若干问题的解释（二）》（2001年6月11日　法释〔2001〕19号）（节录）

第八条 邪教组织人员为境外窃取、刺探、收买、非法提供国家秘密、情报的，以窃取、刺探、收买方法非法获取国家秘密的，非法持有国家绝密、机密文件、资料、物品拒不说明来源与用途的，或者泄露国家秘密情节严重的，分别依照刑法第一百一十一条为境外窃取、刺探、收买、非法提供国家秘密、情报罪，第二百八十二条第一款非法获取国家秘密罪，第二百八十二条第二款非法持有国家绝密、机密文件、资料、物品罪，第三百九十八条故意泄露国家秘密罪，过失泄露国家秘密罪的规定定罪处罚。

5. 最高人民法院、国家保密局《关于执行〈关于审理为境外窃取、刺探、收买、非法提供国家秘密、情报案件具体应用法律若干问题的解释〉有关问题的通知》（2001年8月22日〔2001〕117号）

各省、自治区、直辖市高级人民法院，解放军军事法院，新疆维吾尔自治区高级人民法院生产建设兵团分院；各省、自治区、直辖市保密局：

为正确执行最高人民法院法释〔2001〕4号《关于审理为境外窃取、刺探、收买、非法提供国家秘密、情报案件具体应用法律若干问题的解释》，审理好涉及情报的刑事案件，现就有关情报的鉴定问题通知如下：

人民法院审理为境外窃取、刺探、收买、非法提供情报案件，需要对有关事项是否属于情报进行鉴定的，由国家保密工作部门或者省、自治区、直辖市保密工作部门鉴定。

6. 国家科委、国家保密局《科学技术保密规定》（1995年1月6日）（节录）

第七条 关系国家的安全和利益，一旦泄露会造成下列后果之一的科学技术，应当列入国家科学技术秘密范围：

（一）削弱国家的防御和治安能力；

（二）影响我国技术在国际上的先进程度；

（三）失去我国技术的独有性；

（四）影响技术的国际竞争能力；

（五）损害国家声誉、权益和对外关系。

第二十一条　在对外科学技术交流合作中，确需对外提供国家科学技术秘密的，应当按照国家有关规定办理审批手续。

因工作确需携运国家科学技术秘密资料、物品出境，应当按照国家有关规定进行保密审查，并办理出境手续。

第二十二条　接待境外人员参观国家科学技术秘密事项，应当由接待单位按照行政隶属关系报省、自治区、直辖市的科技主管部门或者中央国家机关各部门的科技主管机构审查批准。

第二十九条　绝密级国家秘密技术在保密期限内不得申请专利或者保密专利。

机密级、秘密级国家秘密技术在保密期限内可申请保密专利，但机密级的应当报国家科委批准，秘密级的应当报省、自治区、直辖市的科技主管部门或者中央国家机关各部门的科技主管机构批准。

机密级、秘密级国家秘密技术申请专利或者由保密专利转为专利的，应当按照本规定第十四条的规定先行办理解密手续。

第三十条　各级机关、单位对于为科学技术保密工作做出贡献、成绩显著的集体和个人，应当给予奖励；对于违反国家保密法规的行为，应当给予批评教育；对于情节严重，给国家安全和利益造成损害的，应当依照有关法律、法规给予有关责任人员以行政处分，触犯刑律的，交由司法机关追究其刑事责任。

7. 科学技术部、国家保密局、对外贸易经济合作部《国家秘密技术出口审查规定》（1998年10月30日　国科发计字〔1998〕425号）（节录）

第二条　本规定所称的国家秘密技术，是指经科学技术部、国家保密局审查、确认并在特定范围内发布的《国家秘密技术项目通告》中的项目。

依据《科学技术保密规定》，由产生单位确定为国家秘密技术，并在上报、审查过程中的项目，适用本规定。

第五条　国家秘密技术出口保密审查、审批机构及权限：

（一）绝密级国家秘密技术禁止出口。

（二）机密级国家秘密技术，由申请单位按行政隶属关系经省、自治区、直辖市、计划单列市或国务院各部委、直属机构的科技保密管理机构审查同意后，报科学技术部审批。

（三）秘密级国家秘密技术，由申请单位按行政隶属关系上报省、自治区、直辖市、计划单列市或国务院各部委、直属机构的科技保密管理机构审批，报科学技术部备案。

第十四条　违反本规定，未经批准、许可出口国家秘密技术，或擅自超出批准、许可范围，或在申请出口时弄虚作假，致使国家秘密泄露的，依法追究有关责任人的法律责任。

8. 《中华人民共和国专利法（2000年修正）》（1985年4月1日）（节录）

第二十条　中国单位或者个人将其在国内完成的发明创造向外国申请专利的，应当先向国务院专利行政部门申请专利，委托其指定的专利代理机构办理，并遵守本法第四条的规定。

中国单位或者个人可以根据中华人民共和国参加的有关国际条约提出专利国际申请。申请人提出专利国际申请的，应当遵守前款规定。

国务院专利行政部门依照中华人民共和国参加的有关国际条约、本法和国务院有关规定处理专利国际申请。

第六十四条 违反本法第二十条规定向外国申请专利，泄露国家秘密的，由所在单位或者上级主管机关给予行政处分；构成犯罪的，依法追究刑事责任。

9.《中华人民共和国保守国家秘密法》（1989年5月1日）（节录）

第三十一条 违反本法规定，故意或者过失泄露国家秘密，情节严重的，依照刑法第一百八十六条①的规定追究刑事责任。

违反本法规定，泄露国家秘密，不够刑事处罚的，可以酌情给予行政处分。

10.《中华人民共和国人民银行法（2003年修正）》（1995年3月8日）（节录）

第五十条 中国人民银行的工作人员泄露国家秘密或者所知悉的商业秘密，构成犯罪的，依法追究刑事责任；尚不构成犯罪的，依法给予行政处分。

11.《中华人民共和国法官法（2001年修正）》（1995年7月1日）（节录）

第三十二条 法官不得有下列行为：

（六）泄露国家秘密或者审判工作秘密。

第三十三条 法官有本法第三十二条所列行为之一的，应当给予处分；构成犯罪的，依法追究刑事责任。

12.《中华人民共和国检察官法（2001年修正）》（1995年7月1日）（节录）

第三十五条 检察官不得有下列行为：

（六）泄露国家秘密或者检察工作秘密。

第三十六条 检察官有本法第三十五条所列行为之一的，应当给予处分；构成犯罪的，依法追究刑事责任。

13. 全国人大常委会《关于维护互联网安全的决定》（2000年12月28日）（节录）

二、为了维护国家安全和社会稳定，对有下列行为之一，构成犯罪的，依照刑法有关规定追究刑事责任：

（二）通过互联网窃取、泄露国家秘密、情报或者军事秘密。

五、徇私枉法罪

【概念与构成】

徇私枉法罪，是指司法工作人员徇私枉法、徇情枉法，对明知是无罪的人而使他受追诉，对明知是有罪的人而故意包庇不使他受追诉，或者在刑事审判活动中故意违背事实和法律作枉法裁判的行为。构成本罪需要具备以下四个要件：

（一）客体要件。本罪侵害的客体，是司法机关的正常管理活动。侵害的对

① 指79刑法条文。——作者注

象，既包括有罪的人，也包括无罪的人。这里的“人”既包括犯罪的个人（自然人），也包括企事业单位（法人）。

（二）客观要件。本罪在客观方面，主要表现为三种行为方式：一是明知是无罪的人而使他受追诉；二是明知是有罪的人而故意包庇不使他受追诉；三是在刑事审判活动中故意违背事实和法律作枉法裁判。至于具体方法、手段可能是多种多样的，如自己或指示他人搜集，制造假的证据材料，篡改、毁灭足以证实事实真相的证据材料，歪曲事实，曲解法律，玩弄或违反诉讼程序等。尽管徇私枉法行为可能发生在刑事诉讼的各个环节，行为的方法、手段各种各样，但其结果都是为了使无罪的人受到追诉，使有罪的人不受追诉，或者作出枉法裁判。当然是否实际发生了所预期的结果，不影响犯罪的成立。

司法工作人员徇私枉法罪的上述行为，必须是司法工作人员利用其职权来进行。如果虽是司法人员，但他包庇罪犯或陷害好人，没有利用他的职权，则不能构成本罪。如果其行为构成其他犯罪，如包庇罪、伪证罪、诬告陷害罪，则应按刑法所规定的各该犯罪定罪处罚。

（三）主体要件。本罪的主体，是特殊主体，即司法工作人员。根据《刑法》第94条的规定，本法所称司法工作人员，是指有侦查、检察、审判、监管职责的工作人员。

（四）主观要件。本罪在主观上是故意，即必须是明知有罪而故意包庇，明知无罪而故意陷害，或者故意作枉法裁判。过失不能构成本罪。

【立案标准】

1. 最高人民检察院《人民检察院直接受理立案侦查的渎职侵权重特大案件标准（试行）》（2002年1月1日　高检发〔2001〕13号）（节录）

五、枉法追诉、裁判案

（一）重大案件

1. 对依法可能判处三年以上七年以下有期徒刑的犯罪分子，故意包庇不使其受追诉的；

2. 致使无罪的人被判处三年以上七年以下有期徒刑的。

（二）特大案件

1. 对依法可能判处七年以上有期徒刑、无期徒刑、死刑的犯罪分子，故意包庇不使其受追诉的；

2. 致使无罪的人被判处七年以上有期徒刑、无期徒刑、死刑的。

2. 最高人民检察院《关于渎职侵权犯罪案件立案标准的规定》（2006年7月26日　高检发释字〔2006〕2号）（节录）

一、渎职犯罪案件

（五）徇私枉法案（第三百九十九条第一款）

徇私枉法罪是指司法工作人员徇私枉法、徇情枉法，对明知是无罪的人而使他受追诉、对明知是有罪的人而故意包庇不使他受追诉，或者在刑事审判活动中故意违背事实和法律作枉法裁判的行为。

涉嫌下列情形之一的，应予立案：

1. 对明知是没有犯罪事实或者其他依法不应当追究刑事责任的人，采取伪造、隐匿、毁灭证据或者其他隐瞒事实、违反法律的手段，以追究刑事责任为目的立案、侦查、起诉、审判的；

2. 对明知是有犯罪事实需要追究刑事责任的人，采取伪造、隐匿、毁灭证据或者其他隐瞒事实、违反法律的手段，故意包庇使其不受立案、侦查、起诉、审判的；

3. 采取伪造、隐匿、毁灭证据或者其他隐瞒事实、违反法律的手段，故意使罪重的人受较轻的追诉，或者使罪轻的人受较重的追诉的；

4. 在立案后，采取伪造、隐匿、毁灭证据或者其他隐瞒事实、违反法律的手段，应当采取强制措施而不采取强制措施，或者虽然采取强制措施，但中断侦查或者超过法定期限不采取任何措施，实际放任不管，以及违法撤销、变更强制措施，致使犯罪嫌疑人、被告人实际脱离司法机关侦控的；

5. 在刑事审判活动中故意违背事实和法律，作出枉法判决、裁定，即有罪判无罪、无罪判有罪，或者重罪轻判、轻罪重判的；

6. 其他徇私枉法应予追究刑事责任的情形。

【司法认定】

（一）“徇私”的理解和认定

1. “徇私”是主观内容还是客观表现？

目前一般认为，“徇私”是徇私枉法罪的主观方面的犯罪动机。我国刑法理论认为，犯罪动机是指刺激犯罪人实施犯罪行为以达到犯罪目的的内心冲动或者内心起因。“徇私”完全符合犯罪目的的特征：（1）徇私徇情中的“徇”字即有因为、依从之意；（2）徇私、徇情是一个非常不确定的概念，具有内在性、不确定性和隐蔽性，符合动机的客观表现；（3）私情、私利应当是刺激、促使司法工作人员实施枉法行为的内心原动力，在这种动力起因的驱使下，行为人希望通过实施枉法行为达到枉法目的来满足这种动因；（4）徇私、徇情产生于实施犯罪行为之前，而枉法的目的则是与犯罪行为并生的，这也符合动机与目的的逻辑关系。

认为“徇私”是徇私枉法罪的客观方面的表现的观点，既不符合立法原意，也不切合司法实际。首先，从《刑法》第 399 条第 1 款的规定来看，其中的徇私、徇情，主要是指行为人的一种主观动机，并不要求这种犯罪动机必须客观外化为一种徇私行为，并决定着犯罪的成立。其次，就司法实践来看，虽然在很多情况下会出现徇私行为与枉法行为相伴产生，如贪赃枉法，但是，在有些情况下构成本罪根本不可能存在独立的徇私行为，犯罪人的动机完全是通过其枉法追诉或裁判行为得以实现的。例如，出于袒护亲友或泄愤报复而枉法追诉、裁判的，在客观方面除了表现出枉法行为外，并不可能存在实际的徇私行为。

2.“徇私”是否是本罪的必备构成要件？

从当前刑法规定的实然性的角度去看，虽然传统刑法理论认为，犯罪动机不是犯罪构成的必要要件，它不影响犯罪的性质，只是衡量犯罪社会危害程度的一个因素，但是，从《刑法》第399条第1款关于本罪罪状的表述及最高人民法院、最高人民检察院关于本罪所确定的罪名来看，应当将“徇私、徇情”这一犯罪动机理解为本罪构成要件之一。犯罪动机成为犯罪构成要件在我国有立法例。如我国刑法对挪用公款罪的规定，出于非法活动或营利或个人使用的三种动机之一，就是构成该罪的必要要件，又如行贿罪中也明确规定了“为谋取非法利益”这一动机要件。

3.“徇私”的内涵是什么？

何谓“徇私”，其内涵是什么，刑法法条中没有明确规定，高检院关于立案标准的司法解释也未加以阐释。97年刑法修改前，1996年《最高人民检察院关于办理徇私舞弊犯罪案件适用法律若干问题的解释》对徇私的具体含义作过如下规定：司法工作人员，“为贪图钱财、袒护亲友、泄愤报复，或者其他私情私利，具有下列行为之一的，应当依照刑法第一百八十八条（徇私舞弊罪）的规定追究刑事责任”。虽然该司法解释是在刑法修改前作出的，但它对我们当前正确理解“徇私”的内涵仍具参考价值。根据该解释，“徇私”包括两个方面：一是徇私，二是徇情。97年修订刑法对此也予以了明确。通常认为，所谓“徇私”，即是指为了个人利益而枉法，主要是指贪图钱财而枉法；“徇情”，即是屈从私情而枉法，主要表现为出于私人关系或感情、袒护亲友或者泄愤报复而枉法。司法实践部门一直以来也是持这种观点。97年修订刑法之所以将“徇情”从“徇私”的情形中特别提出来加以规定，是因为在过去的司法实践中，很多司法人员往往不自觉地把“徇私”等同于贪图钱财，把“徇情”排除在外，对立法本意理解不全面。97年修订刑法将“徇情”从“徇私”中单独列出，以突出“徇情”也是该罪成立的一个重要的犯罪动机。就是说“徇情”本质上应当包含在“徇私”之中。

“徇私”中“私”的范围，学界有不同的认识。“两高”的有关司法解释也出现了矛盾。1999年最高人民检察院颁布的《关于人民检察院直接受理立案侦查案件立案标准的规定（试行）》规定：直接负责的主管人员和其他责任人员为牟取本单位的私利而不移交刑事案件，情节严重的，应予立案。这种观点认为，渎职罪的主要特征在于渎职而不在于贪利。从立法原意上看，徇私不仅包括行为人通过自己的渎职行为获取一定的财产性利益（实物、货币等），也包括非财产性利益（如女色、提拔升迁、子女就业等），还包括人情关系。从行为性质看，徇个人之私与徇小团体之私均违反了国家的根本利益，本质特征具有同一性，且后者的危害性往往胜于前者；从司法实践来看，为谋取小团体利益而实施的渎职犯罪行为屡见不鲜，行为人一般也可以从中获得直接的财产性利益或工作、生活条件的改善等。此外，如果把刑法第九章渎职罪中相关犯罪涉及徇小团体利益之私的行为都以第397条规定的滥用职权罪或玩忽职守罪追究刑事责任，那么该条就将衍化为新的“口袋罪”，这也是与刑法的修改和立法的精神相背离的。而2003年最高人民法院印发的《全国法院审判经济犯罪案件工作座谈会纪要》第6条第4项指出：徇私舞弊型渎职犯罪的“徇私”应理解为徇个人私情、私利。国家机关工作人员为了本单位的利益，实施滥用职权、玩忽职守行为，构成犯罪的，依照《刑法》第397条第1款的规定定罪处罚。

2013年最高人民法院、最高人民检察院《关于办理渎职刑事案件适用法律若干问题的解释（一）》第2条规定：国家机关工作人员实施滥用职权或者玩忽职守犯罪行为，触犯刑法分则第九章第三百九十八条至第四百一十九条规定的，依照该规定定罪处罚。国家机关工作人员滥用职权或者玩忽职守，因不具备徇私舞弊等情形，不符合刑法分则第九章第三百九十八条至第四百一十九条的规定，但依法构成第三百九十七条规定的犯罪的，以滥用职权罪或者玩忽职守罪定罪处罚。

该《解释》未对“徇私”的理解作出明确规定，但本条规定实际上间接回应了徇私舞弊的理解和相关定罪思路，即在坚持“徇私”应为徇个人私情、私利的基础上，通过转适用一般罪名解决为单位利益实施的渎职行为的刑事责任追究问题。

（二）如何理解“有罪的人”

刑法对徇私枉法罪主观方面明知的内容作了具体的规定，即明知是无罪的人而使他受追诉，明知是有罪的人而故意包庇不使他受追诉。对于什么是“有罪的人”实践中有模糊认识虽然从文理解释的角度看，“有罪的人”应当被理解为被司法机关判决有罪的人，而且我国《刑事诉讼法》明文规定：未经人民法院判决，对任何人都不得确定有罪。但是，在司法实践当中，司法工作人员的徇私枉法，只能在他们的具体案件的执法过程中，而此时，涉案的有关人员，都是未经司法机关判决有罪的人。如果将“有罪的人”界定为已被法院判决的人，一方面没有对他枉法的可能，从逻辑上产生矛盾；另一方面必然导致对部分司法工作人员利用自己职务之便故意包庇放纵犯罪的枉法行为，无法纳入徇私枉法罪，其结果是放纵了徇私枉法犯罪人。最高人民检察院在《人民检察院直接受理立案侦查案件立案标准的规定》（试行）中将“有罪的人”解释为“明知有犯罪事实需要追究刑事责任的人”。可见，所谓“有罪的人”应是：具有确凿的犯罪证据，能够证明其犯罪事实，需要追究刑事责任的人。此外，所谓“追诉”，是指司法机关或者依法有告诉权的人对犯有罪行的人，依照法律规定提起诉讼，以追究其刑事责任的活动。因此，从广义上讲，追诉逻辑外延，既包括对立案前的举报、控告、自首等材料的审查，又包括立案、侦查、起诉与审判以及审判监督程序等内容。与此相适应，“有罪的人”应当包括立案、侦查、起诉与审判等过程中犯罪嫌疑人、被告人和罪犯。

（三）“枉法”的理解和认定

所谓“枉法”，一般是指执法的人歪曲和破坏法律。根据刑法的规定，徇私枉法罪中的枉法是指司法工作人员在刑事诉讼过程中违背事实和法律进行追诉、裁判或者不进行刑事追诉的行为。具体而言，刑事枉法是由违背事实和枉法追诉裁判这两个部分有机组成的。其一，违背事实是行为人的手段行为，是实现枉法目的的重要途径。实践中，绝大多数情况下，行为人是通过伪造、篡改、隐匿或毁灭案件事实证据等手段，进而实施枉法追诉或者枉法裁判行为的。当然，不排除个别情况下行为人并不违背案件事实，而直接歪曲法律进行枉法追诉或裁判。其二，枉法追诉和裁判是行为人的目的行为，是本罪客观方面的核心与关键。根据《刑法》第 399 条第 1 款的规定，枉法追诉与枉法裁判是指对明知有罪之人而使其不受追诉，对明知无罪之人而使其受追诉，以及使有罪者判无罪或重罪轻判、轻罪重判，或者使无罪者判有罪的行为。

根据不同的标准，可以对“枉法”行为进行以下几种分类：

根据枉法行为实施的阶段不同，可以将枉法行为分为两种：其一，枉法追诉行为，指侦查、检察人员在刑事侦查或者起诉（包括抗诉）活动中违背事实和法律所实施的刑事追诉行为；其二，枉法裁判行为，指审判人员在刑事审判活动中违背事实和法律所实施的刑事审判行为。

根据枉法的对象不同，可以将枉法行为分为对无罪之人的枉法和对有罪之人的枉法。前者是指对明知是无罪之人而使其受到刑事追诉或被判有罪；后者是指对有罪之人进行枉法追诉或裁判。具体来讲，对有罪之人的枉法行为包括以下几种情况：（1）对明知是有罪之人而使其不受追诉或判其无罪。（2）对有罪之人故意加重或故意减轻追诉（以下简称故重故轻追诉）。（3）对有罪之人故意重罪轻判或轻罪重判。

根据危害行为的表现形式为标准，枉法行为可以分为作为形式的枉法和不作为形式的枉法。对明知是无罪的人而使他受追诉，以及在刑事审判活动中故意违背事实和法律作枉法裁判这两种枉法行为显然只能由作为构成，应属于作为形式的枉法行为。对明知是有罪的人而不使他受追诉这种枉法行为可以采取作为的形式实施，也可以采取不作为的形式实施，实践中采取作为的形式更为常见。

（四）行为人利用职务之便是否是本罪的构成要件

虽然徇私枉法罪是典型的职务犯罪中的一种，但是当前的刑法条文和司法解释均未明确规定“利用职务之便”是构成该罪的必备要件。我们认为，“利用职务之便”应当是该罪的必备要件之一。其原因：

一是徇私枉法罪的渎职性决定的。渎职犯罪莫不与职务相联系，莫不利用职务滥用职权或不履行职责。所谓“渎”应指职务上的作为与不作为，“职”是指职权与职责的统一，渎职应指亵渎职责和职权，即应为职责而不为职责或不应为职权而为职权；同时，渎职应是渎本人之职，即利用职务便利是利用本人职务上的便利，而非利用他人职务上的便利。徇私枉法罪作为典型的渎职犯罪，其渎职性决定了行为人欲徇私枉法必然渎本人之职，而渎职必然是利用职务上的便利。

二是徇私枉法罪的犯罪构成决定的。徇私枉法罪的主体是司法工作人员，侵害的客体是司法机关的正常活动与司法公正，犯罪主体对客体的侵害是通过“出入人罪”即包庇放纵有罪的人或枉法追诉无罪的人来这实现的。司法工作人员不是利用职务便利包庇放纵有罪的人或枉法追诉无罪的人，侵害的客体是社会管理秩序中的司法秩序或公民的人身权利，而不是侵害司法机关的正常活动与司法公正，没有侵害徇私枉法罪的客体，当然不符合徇私枉法罪的犯罪构成。

三是法律规定体现的。1999 年最高人民检察院颁布的《关于人民检察院直接受理立案侦查案件立案标准的规定（试行）》第 3 条规定：“在立案后，故意违背事实和法律，应该采取强制措施而不采取强制措施，或者虽然采取强制措施，但无正当理由中断侦查或者超过法定期限不采取任何措施，实际放任不管，以及违法撤销、变更强制措施，致使犯罪嫌疑人、被告人实际脱离司法机关侦控的。”这一关于徇私枉法罪规定中的“立案”、“采取强制措施”、“撤销、变更强制措施”，无一不是需要由司法人员“利用职务上的便利”才能完成。

（五）违法采取或变更强制措施的认定

徇私枉法罪在很多情况下表现为行为人非法采取强制措施或非法变更强制措施追究当事人的刑事责任，或者借此帮助犯罪分子逃避刑事追究。其中有两个问题的认定方面需要进一步明确和廓清，使司法工作者在处理相关案件时有一个清晰的思路：

1. 对明知是无罪的人采取强制措施的，行为人是否构成徇私枉法罪？

如果行为人为徇私、徇情，以追究刑事责任为目的，对明知是无罪的人而采取强制措施的，则行为人构成该罪，否则不构成该罪。司法实践中，对明知无罪的人采取强制措施而构成徇私枉法罪的认定要符合三个条件：（1）被采取强制措施的对象是无罪的人，既包括没有证据证明实施了犯罪行为的人，也包括根据《刑法》第 13 条规定情节显著轻微、危害不大，不认为是犯罪的人；（2）行为人采取强制措施的目的是为了追究刑事责任；（3）客观上实施了对无罪的人采取强制措施的行为。

2. 对明知是有罪的人不采取强制措施或者违法撤销、变更强制措施，行为人是否构成徇私枉法罪？

这样的行为原则上都应以徇私枉法罪论处。根据2006年7月26日最高人民检察院《关于渎职侵权犯罪案件立案标准的规定》：在立案后，采取伪造、隐匿、毁灭证据或者其他隐瞒事实、违反法律的手段，应当采取强制措施而不采取强制措施，或者虽然采取强制措施，但中断侦查或者超过法定期限不采取任何措施，实际放任不管，以及违法撤销、变更强制措施，致使犯罪嫌疑人、被告人实际脱离司法机关侦控的，属于重大损失，应予立案。在具体认定上，应具备下列三个条件：（1）行为人主观上具有徇私、徇情的犯罪动机；（2）明知对犯罪嫌疑人、被告人不采取强制措施不足以防止其社会危害性，仍然不采取强制措施或者变更为其他如取保候审、监视居住措施；（3）行为人不采取强制措施或者改变强制措施的行为违反了刑事诉讼法关于对犯罪嫌疑人采取强制措施的条件规定；（4）造成犯罪嫌疑人、被告人脱离司法机关侦控，或毁灭、伪造证据，使司法机关无法追究其刑事责任的后果。如果行为人虽然对犯罪嫌疑人、被告人变更了强制措施，违背了刑事诉讼法的有关规定，但其并未终止对犯罪行为的调查，也未放任不管，犯罪嫌疑人、被告人能够遵守有关规定，在传讯的时候及时到案，没有毁灭、伪造证据等行为的，不应以徇私枉法罪追究刑事责任。

（六）如何办理故重故轻追诉的案件

根据刑法规定，徇私枉法罪在客观方面有三种行为方式。但是，在司法实践中大量存在的故意进行加重追诉或者故意进行减轻追诉行为（即故重故轻追诉）却未能纳入刑法的规定。所谓故重追诉，是指刑事司法工作人员徇私枉法、徇情枉法对明知是犯有较轻罪行的犯罪嫌疑人、被告人故意以较重罪行进行追诉。所谓故轻追诉，是指刑事司法工作人员徇私枉法、徇情枉法，对明知是犯有较重罪行的犯罪嫌疑人、被告人故意追诉其较轻的刑事责任。

为弥补这一漏洞，最高人民检察院《关于渎职侵权犯罪案件立案标准的规定》第（五）项第3款规定：采取伪造、隐匿、毁灭证据或者其他隐瞒事实、违反法律的手段，故意使罪重的人受较轻的追诉，或者使罪轻的人受较重的追诉的，应予立案。根据这一规定，故重故轻的案件已被纳入到徇私枉法罪的客观表现之中，可以依法追究行为人徇私枉法罪的刑事责任。

（七）本罪罪与非罪的界限

司法工作人员如果不是出于徇私、徇情动机，造成错押、错捕当事人的，一般不构成本罪，但应根据不同情节，区别对待。对于出于严重官僚主义，极端不负责，草率从事，造成严重后果的，可按玩忽职守罪论处；对于情节严重，造成一定后果，可由所在单位酌情给予行政处分；对于因缺乏经验，思想方法主观片面，或因任务紧，案件多而粗枝大叶，调查研究不深入细致，事实证据不清，或因政策水平低，缺乏专业能力等原因而造成的，则应作为一般工作错误，给予批评教育，使其总结经验教训，提高政策水平和业务能力，改进工作；必要时，予以纪律处分。

（八）本罪与相关犯罪的界限

1. 本罪与枉法裁判罪的界限

两罪的区别主要在于：（1）犯罪发生的领域不同。前者发生在刑事诉讼的侦查、检察、审判领域之中；而后者则发生在民事、行政审判领域之中。（2）犯罪的成立对犯罪情节的要求不同。前者的成立则不以情节严重作为犯罪成立的必备构成要件，只要行为人实施了徇私枉法的行为即构成该罪，情节是否严重以及是否特别严重只是确定其应适用的量刑幅度的标准；而后者的成立，不仅要求行为人在民事、行政审判活动中实施了枉法裁判的行为，而且要求这一行为必须"情节严重"，否则，不能成立该罪。

2. 本罪与报复陷害罪的界限

两者的主要区别在于：（1）侵犯的客体不同。前者侵犯的客体是司法机关的正常活动；而后者侵犯的是公民的民主权利。（2）犯罪的客观行为不同。前者是发生在刑事案件的追诉、审判过程中的枉法行为；后者则是针对特定的对象即控告人、申诉人、批评人、举报人采取各种打击报复手段进行陷害。（3）犯罪主体不同。前者的主体只能是司法工作人员；而后者的主体包括司法工作人员在内的国家机关工作人员。司法工作人员为徇私情打击报复控告人、申诉人、批评人、举报人，明知是无罪的人而追究他们的刑事责任，应以徇私枉法罪论处。

3. 本罪与伪证罪的界限

两者的主要区别在于：（1）侵犯的客体不同。前者只是侵犯了司法机关的正常活动，属于渎职罪的范畴；而后者侵犯的则是复杂客体，既妨害了司法机关的正常活动，又侵犯了公民的人身权利，属于妨害社会管理秩序罪的范畴。（2）犯罪的客观表现不同。前者在客观方面表现为司法工作人员对明知是无罪的人而使他受追诉，对明知是有罪的人而故意包庇使其不受追诉，或者在刑事审判活动中故意违背事实和法律作枉法裁判的行为；而后者在客观方面则表现为在刑事诉讼中，证人、鉴定人、记录人、翻译人对与案件有重要关系的情节，故意作虚假证明、鉴定、记录、翻译，意图陷害他人或者隐匿罪证的行为。（3）犯罪主体不同。前者的主体是司法工作人员；而后者的主体则是刑事诉讼中的证人、鉴定人、记录人、翻译人。

4. 本罪与包庇罪的界限

两者的区别主要在于：（1）行为发生的场合不同。前者只能发生在刑事案件的侦查、审查起诉过程中；而后者则没有这种限制。（2）犯罪主体不同。前者的主体是特殊主体，即司法工作人员；而后者的主体是一般主体，无论是国家机关工作人员还是普通公民，只要达到刑事责任年龄、具有刑事责任能力，实施了包庇犯罪分子行为的自然人，都可以成为包庇罪的犯罪主体。

5. 本罪与诬告陷害罪的界限

两罪都可能产生使无罪的人受到刑事追诉的结果。二者的区别主要是：(1) 犯罪主体不同。本罪的主体是特殊主体，只能由司法工作人员才能构成，而后者则是一般主体。(2) 客观方面表现不同。本罪表现为利用职权实施枉法追诉或者枉法裁判行为，而后者则表现为捏造他人犯罪事实并加以告发的行为，并未利用职权。(3) 侵犯的客体不同。本罪所侵犯的是司法机关的正常活动，而后者侵犯的是他人的人身权利，同时也侵犯了司法机关的正常活动。

(九) 本罪的既遂与未遂问题

本罪属于行为犯，即司法工作人员只要对明知是无罪的人实施了足以使他受到追诉的行为，或者对明知是有罪的人实施了足以使其不受到追诉的行为，或者实施了违背事实和法律的裁判，完成了全部法定行为，无论上述行为是否达到目的，均为本罪既遂。若司法工作人员在实施徇私枉法、徇情枉法行为过程中，由于意志以外的原因，如被他人发现检举，或犯罪嫌疑人、被告人自首，或行为人工作发生变动而未能继续完成法定行为，其已经实施的行为又不足以达到徇私枉法、徇情枉法的目的，为本罪未遂。

(十) 本罪一罪与数罪的认定

实践中办理徇私枉法案件时，往往会遇到行为人同时伴有受贿行为的情况，对此，根据《刑法》第399条的规定，司法工作人员贪赃枉法，凡有本罪，同时又构成受贿罪的，依照处罚较重的规定定罪处罚。这里判断处罚较重不仅要看法定刑的高低，而且要根据受贿的数额和情节确定应当处刑的档次，以及本罪所应处刑的档次，二者进行比较，如果按受贿罪判处的刑罚高于按本罪判处的刑罚时，就按照受贿罪的规定定罪处罚，否则，就按照本罪的规定定罪处罚。

在办理徇私枉法案件时，还会遇到这种情况，即行为人还实施了刑讯逼供行为或收买证人作证行为。对此应区别对待：(1) 对行为人在实施本罪行为过程中进行了刑讯逼供行为并已构成犯罪的，由于其实施的实际上是两个相对独立的行为，所以应该分别以本罪和刑讯逼供罪实行数罪并罚。(2) 行为人在实施本罪过程中有收买证人行为的，由于这种伪证行为已直接为本罪所规定的行为所包括，所以，此时不能实行数罪并罚，而只能以本罪追究刑事责任。

【刑事责任】

根据《刑法》第399条第1款、第3款的规定，犯本罪的，处5年以下有期徒刑或者拘役；情节严重的，处5年以上10以下有期徒刑；情节特别严重的，处10年以上有期徒刑。司法工作人员贪赃枉法，犯有本罪行为的，同时又构成受贿罪的，依照处罚较重的犯罪定罪处罚。

【办案依据】

1.《中华人民共和国刑法》（1997年3月14日修订）（节录）

第三百九十九条 司法工作人员徇私枉法、徇情枉法，对明知是无罪的人而使他受追诉、对明知是有罪的人而故意包庇不使他受追诉，或者在刑事审判活动中故意违背事实和法律作枉法裁判的，处五年以下有期徒刑或者拘役；情节严重的，处五年以上十年以下有期徒刑；情节特别严重的，处十年以上有期徒刑。

在民事、行政审判活动中故意违背事实和法律作枉法裁判，情节严重的，处五年以下有期徒刑或者拘役；情节特别严重的，处五年以上十年以下有期徒刑。

司法工作人员贪赃枉法，有前两款行为的，同时又构成本法第三百八十五条规定之罪的，依照处罚较重的规定定罪处罚。

2. 最高人民检察院《人民检察院错案责任追究条例（试行）》（1998年7月17日）（节录）

第六条 徇私枉法、徇情枉法，对明知是无罪的人而使他受追诉、对明知是有罪的人而故意包庇不使他受追诉，制造错案的，应当依法追究责任。

故意包庇不使受追诉的犯罪事实，既可以是全部的犯罪事实，也可以是部分犯罪事实或者情节。

第二十六条 对具有本条例第六条规定行为构成犯罪的，依照刑法第三百九十九条的规定追究刑事责任。

3. 最高人民检察院法律政策研究室《关于非司法工作人员是否可以构成徇私枉法罪共犯问题的答复》（2003年4月16日 〔2003〕高检研发第11号）

江西省人民检察院法律政策研究室：

你院《关于非国家机关工作人员是否可以构成徇私枉法罪共犯问题的请示》（赣检发研字〔2002〕7号）收悉。经研究，答复如下：

非司法工作人员与司法工作人员勾结，共同实施徇私枉法行为，构成犯罪的，应当以徇私枉法罪的共犯追究刑事责任。

4.《中华人民共和国法官法（2001年修正）》（1995年7月1日）（节录）

第三十二条 法官不得有下列行为：

（三）徇私枉法。

第三十三条 法官有本法第三十二条所列行为之一的，应当给予处分；构成犯罪的，依法追究刑事责任。

5.《中华人民共和国检察官法（2001年修正）》（1995年7月1日）（节录）

第三十五条 检察官不得有下列行为：

（三）徇私枉法。

第三十六条 检察官有本法第三十五条所列行为之一的，应当给予处分；构成犯罪的，依法追究刑事责任。

六、民事、行政枉法裁判罪

【概念与构成】

民事、行政枉法裁判罪是指司法工作人员在民事、行政审判活动中，故意违背事实和法律作枉法裁判，情节严重的行为。构成本罪需要具备以下四个要件：

（一）客体要件。本罪所侵害的客体是国家审判机关的正常活动。

（二）客观要件。本罪在客观方面表现为在民事、行政审判活动中违背事实和法律作枉法裁判，情节严重的行为。违背事实和法律作枉法裁判的行为的具体方式多种多样，有的是故意伪造、收集证据材料；有的是引诱、贿买甚至胁迫他人提供伪证；有的是篡改、毁灭证据材料；有的是故意歪曲理解法律甚至无视法律规定；有的是违反诉讼程序，压制甚或剥夺当事人的诉讼权利；等等。枉法裁判行为必须发生在民事、行政审判活动中。枉法裁判的行为必须达到情节严重才能构成本罪。虽有枉法裁判的行为，但尚未达到情节严重，仅属违法违纪行为，应以行政纪律手段处理。对民事、行政枉法裁判罪的“情节严重”有明确的规定，可详见后附的【立案标准】部分。

（三）主体要件。本罪的主体为特殊主体，即仅限于司法工作人员。实际能构成本罪的主要是那些从事民事、行政审判工作的审判人员，因为只有他们才能利用职权而枉法裁判，具体包括各级人民法院院长、副院长、审判委员会委员、庭长、副庭长、审判员及助理审判员等。

（四）主观要件。本罪在主观方面必须出于故意，即明知自己的行为违背了事实和法律属枉法裁判但仍然决意为之。过失不能构成本罪。如果由于过失致使国家和人民利益及公共财产遭受重大损失，构成犯罪的，应定玩忽职守罪。

【立案标准】

1. 最高人民检察院《人民检察院直接受理立案侦查的渎职侵权重特大案件标准（试行）》（2002 年 1 月 1 日　高检发〔2001〕13 号）（节录）

六、民事、行政枉法裁判案

（一）重大案件

1. 枉法裁判，致使公民的财产损失十万元以上、法人或者其他组织财产损失五十万元以上的；

2. 枉法裁判，引起当事人及其亲属精神失常或者重伤的。

（二）特大案件

1. 枉法裁判，致使公民的财产损失五十万元以上、法人或者其他组织财产损失一百万元以上的；

2. 引起当事人及其亲属自杀死亡的。

2. 最高人民检察院《关于渎职侵权犯罪案件立案标准的规定》（2006 年 7 月 26 日　高检发释字〔2006〕2 号）（节录）

一、渎职犯罪案件

（六）民事、行政枉法裁判案（第三百九十九条第二款）

民事、行政枉法裁判罪是指司法工作人员在民事、行政审判活动中，故意违背事实和法律作枉法裁判，情节严重的行为。

涉嫌下列情形之一的，应予立案：

1. 枉法裁判，致使当事人或者其近亲属自杀、自残造成重伤、死亡，或者精神失常的；

2. 枉法裁判，造成个人财产直接经济损失 10 万元以上，或者直接经济损失不满 10 万元，但间接经济损失 50 万元以上的；

3. 枉法裁判，造成法人或者其他组织财产直接经济损失 20 万元以上，或者直接经济损失不满 20 万元，但间接经济损失 100 万元以上的；

4. 伪造、变造有关材料、证据，制造假案枉法裁判的；

5. 串通当事人制造伪证，毁灭证据或者篡改庭审笔录而枉法裁判的；

6. 徇私情、私利，明知是伪造、变造的证据予以采信，或者故意对应当采信的证据不予采信，或者故意违反法定程序，或者故意错误适用法律而枉法裁判的；

7. 其他情节严重的情形。

【司法认定】

（一）枉法调解是否构成民事枉法裁判罪

在民事审判活动中，对于法律关系明确、事实清楚的民事案件，在征得当事人双方同意后，审判人员可以主持双方调解结案。实践证明，法院调解有利于纠纷的迅速彻底解决和协议的自动履行。但是，少数审判人员由于急于结案，追求调解结案率或者当事人不懂法，故意违反调解自愿的法律规定，采取强迫、胁迫的方式甚至利用职权编造事实、伪造证据和法律文书，使当事人和解达成调解协议，而实际上却损害了当事人的合法利益。这种枉法调解的现象，在民事审判活动中并不鲜见。根据刑法的规定，民事枉法裁判是违背法律和事实作出裁判的行为。那么，人民法院的审判人员在民事诉讼活动中枉法调解是否构成民事枉法裁判罪呢？我们认为，枉法调解不能构成民事枉法裁判罪。主要理由是：

首先，《刑法》第 399 条第 2 款规定民事枉法裁判罪，只限于违背事实和法律作出的裁判行为，而顾名思义，“裁判”只包括人民法院依照职权所作出的判决书和裁定书，不包括调解书。

其次，判决和裁定是人民法院在双方当事人不能达成调解协议时，以国家审判机关的名义作出的权威性判定，它代表的是一种国家意志，不以当事人的意志为转移。而民事调解的形成，尽管审判人员在双方当事人之间做了大量的说服教育工作，甚至有欺诈、强迫的因素，但调解书发生法律效力的前提则必须是双方当事人已经签收。《民事诉讼法》第 91 条还规定："调解未达成协议或者调解书送达之前一方反悔的，人民法院应当及时判决。"既然当事人签收了调解书，就说明当事人是以自己的意志而作出的一种诉讼行为，调解书发生法律效力的原因，不是由于审判人员违背事实和法律主持达成调解，而是双方当事人自主自愿地签收了调解书。处分原则是我国民事诉讼的一项基本原则，双方当事人有权对争议的民事权益进行和解，一旦达成调解协议并签收调解书，法律就应当尊重当事人对自己实体权利和诉讼权利的处分权。因此，法院的民事裁判和调解在性质上是截然不同的，不能将其等量齐观。

再次，现有的法律规定和司法解释也没有将民事裁判和民事调解等同起来。1998 年最高人民法院《关于受理拒不执行判决、裁定案件具体运用法律若干问题的解释》，把拒不执行判决、裁定罪的对象严格限制为"人民法院的判决、裁定"，并没有扩及法院的民事调解书；2002 年全国人大常委会《关于〈中华人民共和国刑法〉第三百一十三条的解释》，虽然提到了生效的调解书，但并没有表明调解书本身可以成为拒不执行判决、裁定罪的对象，而是指人民法院为依法执行生效调解书所作出的裁定。因此，不能将上述立法解释作为枉法调解也可定为民事枉法裁判罪的注解。

最后，据统计，人民法院受理的民事案件，调解结案的约占 50% 以上。如果将枉法调解认定为民事枉法裁判罪，就会有相对一部分当事人以审判人员欺诈、强迫、胁迫调解为由，要求法院撤销生效调解书并对案件进行再审，必然加重法院本已不堪重负的民事审判工作量，影响法院正常的审判活动和工作秩序，也不利于维护国家法律的权威。而且，大量的基层法院审判人员会因惧怕民事枉法裁判被追诉，不得不放弃在我国有着优良的传统并且实践证明行之有效的、普遍而又十分重要的法院调解。这种可能出现的不利局面，是立法者所不愿看到的。

（二）"集体讨论"的枉法裁判行为责任如何界定

从近年来各地查处的枉法裁判案件情况看，枉法裁判由合议庭作出的占多数，其中不少还经分管领导审批或经审判委员会讨论决定。由于这类枉法裁判的结果往往表现为集体的一致意见，犯罪行为不容易被发现，即使发现系错案，也往往形成谁都有责任，谁都不负责任的局面，犯罪人得以推卸责任或分散责任。因此有必要对这类案件作深入的分析和研究。

实践中可以通过以下两个方面进行分析判断：首先要看参加讨论者对案件是否具有决定权。只有对案件有决定权的人，才具有构成枉法裁判罪的资格和条件。因此，从审判实践看，只有以下人员可以成为枉法判决罪的主体：（1）独任审判员或合议庭成员；（2）审判委员会委员；（3）分管领导。其次要看集体讨论者对枉法裁判作出支持的主观故意。共同的明知和共同的故意是认定集体讨论者是否成为枉法裁判共犯的关键条件。

1. 合议庭成员共同枉法的认定。合议庭作枉法裁判，通常在以下情况下发生：第一种是合议庭成员共同接受案件一方当事人的吃请、送礼或说情等，具有徇私枉法、徇情枉法的共同故意；第二种是合议庭成员法律观念淡薄，不敢坚持原则，明知他人在实施枉法裁判行为却睁一只眼闭一只眼，作出支持的决定；第三种是合议庭成员责任心不强，未参加庭审，评议走过场等，致使合议庭形同虚设，成了“独任审判”，犯罪人有了可乘之机，审判实践中常见的“欺骗合议庭成员”多为此种。第一种情况符合共同犯罪的构成要件，应以共同犯罪追究责任。第二种情况中审判人员明知他人在作枉法裁判却作出支持的决定，实际上是在徇情枉法，对自己支持行为的性质和后果是明知的，因此他与其他合议庭成员有共同枉法的故意，应以共同犯罪追究责任。第三种情况下，合议庭成员虽然有一定的责任，但这是由于责任心不强所致，没有枉法裁判的故意，与枉法裁判犯罪有本质区别，不能以共同犯罪论处，责任应由犯罪人个人承担。

2. 审判委员会委员共同枉法的认定。合议庭提交审判委员会讨论决定的案件，审判委员会成员已经直接参与了该案的审判活动，并对案件的处理结果行使最终决定权，客观上具备了枉法裁判罪的资格和条件，因此如果该集体讨论是导致枉法裁判的直接原因，且决策者有共同枉法的明知和共同的故意，那么参与集体讨论者可以成为枉法裁判罪的共谋，应对共同决策者以共同犯罪依法追究责任。因为集体违背事实和法律，同样是枉法，是一种渎职犯罪。

但不是所有经集体讨论的枉法裁判都应以共同犯罪追究责任，因为实践中大多数“集体讨论”实质上仍是少数人的行为，并非真正反映了集体意见，如：(1) 自议自决型，即集体讨论是在个别人操纵之下进行，参与讨论者在某种权势逼迫之下，不敢提出反对意见，强行形成所谓的“集体决策”；(2) 部分明知故意型，即虽有反对意见，但因有共同故意的人占多数，枉法裁判结果最终以“少数服从多数”得以通过；(3) 欺骗诱导型，即由于个别人虚假汇报导致集体讨论作出错误决定。以上种种，虽为“集体讨论”，其实质仍是个别人意志的反映，只能由行为人或极少数人承担法律责任。

3. 分管领导共同枉法的认定。长期以来，我国法院独任审判员和合议庭办案不具有最终决定权，判决需经庭长、院长层层审批在这种情况下，如果领导者明知案件承办人在实施枉法裁判行为而积极予以支持，那么应与案件承办人一起构成枉法裁判的共同犯罪。然而，近两年来某些地方法院对审判方式进行了改革，落实了审判责任制，主审法官和合议庭拥有了独立裁判权，这种情况下主管领导对案件不再有决定权，他们对裁判文书的审批或签发实际上成了法律文书制作的一道程序，因此一旦发生枉法裁判，即使主管领导是明知的，责任只能由主审法官和合议庭成员自己承担，以免推卸或分散责任现象的发生。主管领导玩忽职守情节严重的，其责任应另行追究。[①]

最高人民法院、最高人民检察院《关于办理渎职刑事案件适用法律若干问题的解释（一）》第5条规定：国家机关负责人员违法决定，或者指使、授意、强令其他国家机关工作人员违法履行职务或者不履行职务，构成刑法分则第九章规定的渎职犯罪的，应当依法追究刑事责任。

以“集体研究”形式实施的渎职犯罪，应当依照刑法分则第九章的规定追究国家机关负有责任的人员的刑事责任。对于具体执行人员，应当在综合认定其行为性质、是否提出反对意见、危害结果大小等情节的基础上决定是否追究刑事责任和应当判处的刑罚。

（三）关于下级法官执行上级违法命令而作出的民事、行政枉法裁判问题

下级法官执行上级违法命令而作出的民事、行政枉法裁判构成民事、行政枉法裁判罪。因为，既然下级审判员明知上级领导的指令是错误的，那么，该审判员在主观上就存在着枉法裁判罪的故意，是难以免责的。2005年4月27日十届全国人大常委会第15次会议通过《公务员法》，并且将法官、检察员纳入其调整范围。《公务员法》第54条规定：“公务员执行公务时，认为上级的决定或者命令有错误的，可以向上级提出改正或者撤销该决定或者命令的意见；上级不改变该决定或命令，或者要求立即执行的，公务员应当执行该决定或命令，执行的后果由上级负责，公务员不承担责任；但是，公务员执行明显违法的决定或命令的，应当依法承担相应的责任。”根据此法律规定，如果下级法官对上级违法命令提出过异议而上级强行要求执行或要求立即执行的，即使下级法官违背事实和法律作出了民事枉法裁判，与上级法官不构成共同犯罪；如果下级法官所接受的上级命令、指令，严重违反法律程序，所要求作出的裁判严重违背案件事实和法律，仍依命令、指令枉法裁判构成犯罪的，应以共同故意犯罪处理。作出上级命令、指令者是主犯，下级执行命令者是从犯。[②]

最高人民法院、最高人民检察院《关于办理渎职刑事案件适用法律若干问题的解释（一）》第5条规定：国家机关负责人员违法决定，或者指使、授意、强令其他国家机关工作人员违法履行职务或者不履行职务，构成刑法分则第九章规定的渎职犯罪的，应当依法追究刑事责任。

（四）追究行为人民事、行政枉法裁判罪刑事责任的时间问题

追究行为人民事、行政枉法裁判罪刑事责任的时间问题主要涉及两种情况，即发现存在枉法裁判行为但法律文书尚未发生法律效力或者裁判得到二审（或

---

① 王晓霞：《民事、行政枉法裁判罪的若干问题》，载《人民检察》2000年第11期。

② 刘德法、孔德琴：《民事枉法裁判罪若干问题研究》，载《郑州大学学报》2006年第2期。

再审）维持。此时，只要裁判已经作出，且有证据证明确实存在枉法行为并已达到法律规定的查处标准，检察机关就可以立案查处。其理由是：1. 从犯罪构成角度看，枉法裁判一旦作出，犯罪处于完成状态，具备了犯罪构成的全部要件，案件是否经过二审或二审是否改判，不改变犯罪事实存在的客观情况。2. 对民事、行政裁判是否错误，检察人员虽没有最终的决定权，但可以根据已有的材料及有关实体法、程序法以及司法解释分析、判断一审裁判是否符合事实和法律，从犯罪构成四要素来分析判断行为人是否构成犯罪。3. 枉法裁判与否关键看审判人员是否违背事实和法律，二审裁判仅仅是可供判断的证据之一，并非唯一标准。此外，法院的二审裁判并非绝对正确。4. 如果把二审改判作为立案依据，那么一些枉法裁判案件的原审法院承办人就会想方设法活动于上级法院，使案件能得到“维持原判”的结果，致使枉法裁判案件无法查处。因此，后一种观点更有利于检察院有效地行使法律监督职责。

（五）民事、行政枉法裁判罪与徇私枉法罪的界限

二者都有违背事实和法律作枉法裁判的行为。其主要区别是：

1. 主体不同。本罪的主体只能是审判人员，而徇私枉法罪的主体除审判人员之外，还包括其他司法工作人员。

2. 行为发生的领域不同。本罪是发生在民事、行政审判领域的枉法裁判，而徇私枉法行为则既可能发生在刑事审判活动中，也可能发生在立案侦查、审查起诉阶段。

3. 行为所指向的对象不同。前者针对民事、行政诉讼的当事人，后者则针对一般公民与刑事案件的犯罪嫌疑人或被告人。

【刑事责任】

《刑法》第 399 条第 2 款的规定，犯本罪的，处五年以下有期徒刑或者拘役；情节特别严重的，处五年以上十年以下有期徒刑。

【办案依据】

《中华人民共和国刑法》（1997 年 3 月 14 日修订）（节录）

第三百九十九条　司法工作人员徇私枉法、徇情枉法，对明知是无罪的人而使他受追诉、对明知是有罪的人而故意包庇不使他受追诉，或者在刑事审判活动中故意违背事实和法律作枉法裁判的，处五年以下有期徒刑或者拘役；情节严重的，处五年以上十年以下有期徒刑；情节特别严重的，处十年以上有期徒刑。

在民事、行政审判活动中故意违背事实和法律作枉法裁判，情节严重的，处五年以下有期徒刑或者拘役；情节特别严重的，处五年以上十年以下有期徒刑。

司法工作人员贪赃枉法，有前两款行为的，同时又构成本法第三百八十五条规定之罪的，依照处罚较重的规定定罪处罚。

七、执行判决、裁定失职罪和执行判决、裁定滥用职权罪

【概念与构成】

执行判决、裁定失职罪是指司法工作人员在执行判决、裁定活动中，严重不负责任，不依法采取诉讼保全措施、不履行法定执行职责，或者违法采取保全措施、强制执行措施，致使当事人或者其他人的利益遭受重大损失的行为。

执行判决、裁定滥用职权罪是指司法工作人员在执行判决、裁定活动中，滥用职权，不依法采取诉讼保全措施、不履行法定执行职责，或者违法采取保全措施、强制执行措施，致使当事人或者其他人的利益遭受重大损失的行为。

构成两罪需要具备以下四个要件：

（一）客体要件。两罪侵犯的客体均为国家司法机关的正常执行活动和国家的司法公正。国家司法机关的正常活动，是司法机关依法办案，严格执法，实现法律所体现的公平与正义这一终极价值目标的具体过程。尤其是执行判决、裁定的活动，是其中最重要的组成部分之一。如果没有严格的执行活动作保障，公正的判决、裁定本身将成为一纸空文，寻求司法解决纠纷也将变得毫无意义。因此，执行活动只有严格依法进行，才能实现司法公正。

（二）客观要件。两罪的客观方面表现不同，一个主要是消极的不作为，一个是积极的作为，这也是两罪的主要区别之一。

执行判决、裁定失职罪，是行为人失职不履行或者不正确履行判决、裁定执行职责的行为。其行为方式主要表现为消极的不作为：（1）不履行或不正确履行法定执行职责；（2）不采取或不正确采取诉讼保全措施等。

执行判决、裁定滥用职权罪，是指在执行判决、裁定活动中，行为人滥用执行职权的行为。其行为方式表现为积极的作为：（1）违法采取诉讼保全措施；（2）违法采取强制执行措施；（3）超越执行权限的行为也应列入，如决定或批准自己无权决定、批准的事项。

在正确认识两罪的客观方面时，应当注意把握以下几个方面：（1）行为人在执行判决裁定过程中是否实施了严重不负责或滥用职权的行为；（2）是否造成了当事人或者其他人利益的重大损失；（3）行为人严重不负责或者滥用职权的行为与当事人或者其他人利益遭受重大损失之间是否存在因果关系。如果仅有上述行为而没有给当事人或者其他人利益造成重大损失，则不构成本罪；即使当事人或者其他人利益遭受重大损失，但此重大损失不是由行为人不负责任或滥用职权的行为所造成，即这两者间没有因果关系的，同样也不构成本罪；（4）行

为是否包含财产刑执行中的渎职行为？根据立法解释，刑法罪名中的“判决、裁定”是指人民法院依法作出的具有执行内容并已发生法律效力的判决、裁定。人民法院为依法执行支付令、生效的调解书、仲裁裁决、公证债权文书等所作的裁定属于该条规定的裁定。刑事附带民事诉讼判决、裁定中的民事赔偿部分尽管在法院内部的执行分工上不尽一致，但已明确属于民事执行范畴。有适用罚金、没收财产、追缴非法所得等内容的生效刑事判决、裁定中显然也“具有执行内容”，但司法实践中这部分执行基本处于落空状态，同样需要相应的刑罚规制作为后盾，应当将财产刑执行中的渎职行为纳入该两罪的调整范畴。

（三）主体要件。两罪的主体都是司法工作人员。其中主要是人民法院负有执行职责的执行工作人员及其主管人员。负有监管职责的看守所、监狱等部门的国家机关工作人员以及负有履行义务的被执行人不能成为两罪的犯罪主体。至于其他国家机关人员利用职务上的便利、影响等强行干涉执行工作人员执行判决、裁定的，有可能成为本罪的共犯，但其不能作为本罪的犯罪主体单独构成本罪。

（四）主观要件。执行判决、裁定失职罪在主观方面以过失为主。即执行工作人员作为司法人员，理应恪尽职守，尽心尽力，在履行执行判决、裁定职责过程中尽职尽责，但行为人却因为责任心不强等种种原因，或政策把握不准，或措施采取不当，对自己失职的行为可能造成当事人或者其他人利益重大损失的后果持一种疏忽大意或过于自信的心态，应当预见而没有预见，或者已经预见但轻信能够避免。最终造成当事人或者其他人利益重大损失不是执行工作人员所希望和追求的。

执行判决、裁定滥用职权罪的主观方面主要表现为故意。即行为人明知自己滥用职权会导致当事人或者其他人利益遭受重大损失的结果，却由于种种原因希望或者放任这种结果的发生。也就是说，执行判决、裁定滥用职权罪可以是直接故意，也可以是间接故意，但多数情况不是间接故意。所谓滥用，即明知不可为而故意为之的行为，从司法实践的具体情况来看，执行工作人员为达到其不可告人的目的，滥用手中的执行权力，不该为而有意为之的事例并不鲜见，但此罪中对滥用职权所导致的危害结果，执行工作人员持间接故意者居多。至于滥用职权出于何种动机，欲达何种目的，并不影响该罪的成立。

【立案标准】

最高人民检察院《关于渎职侵权犯罪案件立案标准的规定》（2006 年 7 月 26 日　高检发释字〔2006〕2 号）（节录）

一、渎职犯罪案件

（七）执行判决、裁定失职案（第三百九十九条第三款）

执行判决、裁定失职罪是指司法工作人员在执行判决、裁定活动中，严重不负责任，不依法采取诉讼保全措施、不履行法定执行职责，或者违法采取保全措施、强制执行措施，致使当事人或者其他人的利益遭受重大损失的行为。

涉嫌下列情形之一的，应予立案：

1. 致使当事人或者其近亲属自杀、自残造成重伤、死亡，或者精神失常的；

2. 造成个人财产直接经济损失 15 万元以上，或者直接经济损失不满 15 万元，但间接经济损失 75 万元以上的；

3. 造成法人或者其他组织财产直接经济损失 30 万元以上，或者直接经济损失不满 30 万元，但间接经济损失 150 万元以上的；

4. 造成公司、企业等单位停业、停产 1 年以上，或者破产的；

5. 其他致使当事人或者其他人的利益遭受重大损失的情形。

（八）执行判决、裁定滥用职权案（第三百九十九条第三款）

执行判决、裁定滥用职权罪是指司法工作人员在执行判决、裁定活动中，滥用职权，不依法采取诉讼保全措施、不履行法定执行职责，或者违法采取保全措施、强制执行措施，致使当事人或者其他人的利益遭受重大损失的行为。

涉嫌下列情形之一的，应予立案：

1. 致使当事人或者其近亲属自杀、自残造成重伤、死亡，或者精神失常的；

2. 造成个人财产直接经济损失 10 万元以上，或者直接经济损失不满 10 万元，但间接经济损失 50 万元以上的；

3. 造成法人或者其他组织财产直接经济损失 20 万元以上，或者直接经济损失不满 20 万元，但间接经济损失 100 万元以上的；

4. 造成公司、企业等单位停业、停产 6 个月以上，或者破产的；

5. 其他致使当事人或者其他人的利益遭受重大损失的情形。

【司法认定】

（一）如何理解两罪中的“司法工作人员”

本罪的主体是特殊主体，即司法工作人员。但是本罪的性质决定了本罪的主体只能是人民法院依法对执行工作负有组织、指挥、监督职责和具体执行职责的有关司法工作人员，即本罪的主体不能是所有的司法工作人员，也不能是在人民法院工作的所有司法工作人员。在《人民法院组织法》颁布之前，理论界存在“审执合一”和“审执分立”的争议。《人民法院组织法》第 41 条作了“地方各级人民法院设执行员，办理民事案件判决和裁定的执行事项，办理刑事案件判决和裁定中关于财产部分的执行事项”后，争议基本中止。《人民法院执行工作若干问题的规定（试行）》（以下简称《规定》）第 1 条更加明确地指出“人民法院根据需要，依据有关法律的规定，设立执行机构，专门负责执行工作”。执行机构是人民法院的组成部分，代表国家行使执行权能，但执行权和审判权是两种不同的国家权力。目前，全国各级人民法院普遍设立了执行机构——“执行庭”或“执行局”。鉴于执行工作的复杂性和从方便当事人出发，并非一切判决、裁定均由执行机构负责执行。我们认为，依据《规定》等的精神，本罪的犯罪主体具体包括：

一是在人民法院执行机构中专门负责执行工作即法院执行庭或执行局的司法工作人员。如《规定》第2条规定：“执行机构负责执行下列生效法律文书：(1) 发生法律效力并具有给付内容的民事、行政判决、裁定、调解书，民事制裁决定、支付令，以及刑事附带民事判决、裁定、调解书；(2) 依法应由人民法院执行的行政处罚决定、行政处理决定；(3) 我国仲裁机构作出的仲裁裁决和调解书，人民法院依据我国仲裁法有关规定作出的财产保全和证据保全裁定；(4) 公证机关依法赋予强制执行效力的关于追偿债款、物品的债权文书；(5) 经人民法院裁定承认其效力的外国法院作出的判决、裁定，以及国外仲裁机构作出的仲裁裁决；(6) 法律规定由人民法院执行的其他法律文书。”《规定》第4条规定：人民法庭审结的“复杂、疑难或被执行人不在本法院辖区的案件，由执行机构负责执行”。

二是审理案件的审判庭负责执行的司法工作人员。如《规定》第3条规定：“人民法院在审理民事、行政案件中作出的财产保全和先予执行裁定，由审理案件的审判庭负责执行”。

三是人民法院负责执行的司法工作人员。如《规定》第4条规定：人民法庭审结的非复杂、非疑难或被执行人在本法院辖区的案件，由人民法院负责执行。

四是负责具体执行工作人员所在人民法院的有关负责人。对判决、裁定负有具体执行职责所在人民法院的负责人，如院长、副院长是可以成为本罪主体的。因为，执行工作本身是人民法院的重要业务工作之一，执行机构是人民法院的组成部分，执行人员是人民法院的工作人员，人民法院的负责人对其所在法院的各项业务工作负有组织、指挥、管理、监督职责，人民法院负责人完全有可能利用自己的职权对执行工作进行不正当的干涉。

五是其他受院长指派从事执行工作的法院工作人员。

（二）如何理解两罪中的“判决、裁定”

两罪中的“判决、裁定”是指人民法院依法作出的具有执行内容并已发生法律效力的判决、裁定。依据上述《规定》和理论的概括，执行根据有以下八种：

1. 发生法律效力并具有给付内容的民事、行政判决、裁定，民事制裁决定、支付令。

2. 人民法院通过审理案件而制作的有给付内容的调解书或当事人在人民法院主持下达成的调解协议。

3. 发生法律效力的具有给付内容的刑事判决、裁定以及刑事附带民事判决、裁定、调解书。

4. 人民法院准予执行的外国法院的生效判决、裁定，以及国外仲裁机构作出的仲裁裁决。

5. 国内仲裁机构制作的生效仲裁裁决书和调解书，以及人民法院依据我国仲裁法的有关规定作出的财产保全和证据保全裁定。

6. 我国涉外仲裁机关制作的有给付义务内容的仲裁裁决书。如我国对外经济贸易仲裁委员会、海事仲裁委员会依法仲裁所作出的裁决书。

7. 公证机关依法赋予强制执行效力的法律文书。依据《公证暂行条例》第4条规定，对追偿债款、物品的债权文书，公证机关认为无疑义的，可在该文书上签署具有强制执行的效力。

8. 法律规定由人民法院执行的其他法律文书，如依法应由人民法院执行的行政处罚决定、行政处理决定。可见，“判决、裁定”除我国人民法院所作的判决、裁定外，还包括我国法院承认的外国法院所作的判决、裁定以及我国其他机关、机构所作的决定、裁决。

（三）执行判决、裁定滥用职权罪与滥用职权罪的界定

执行判决、裁定滥用职权罪是滥用职权犯罪在民事（行政）判决、裁定执行过程中的具体表现，是特殊的滥用职权犯罪的一种。实际上，本罪就是广义上的滥用职权罪。在《刑法修正案（四）》颁布之前，由于刑法没有单独规定人民法院执行人员滥用职权的犯罪行为，对之是以滥用职权罪追究刑事责任的。“鉴于实践中对此认识不明确，追究刑事责任情况少，群众意见较大。”①《刑法修正案（四）》才将之独立规定为犯罪。在刑法理论上，二者之间属于法条竞合的情况，滥用职权罪是普通法条、一般法条，执行判决、裁定滥用职权罪为特殊法条、个别法条。如果行为人的行为同时触犯该两条法律的规定时，依据处理法条竞合的刑法原则，特别法条优于普通法条、个别法条优于一般法条的规定，以执行判决、裁定滥用职权罪定罪处罚。

同时，两罪之间存在的明显区别：

1. 两罪的犯罪主体不同。执行判决、裁定滥用职权罪的犯罪主体为负有执行判决、裁定职责的执行工作人员；而滥用职权罪的犯罪主体则为国家机关工作人员。

2. 两罪的客观方面表现不同。执行判决、裁定滥用职权罪仅表现为在执行判决、裁定过程中，超越职权或者违法采取诉讼保全措施和强制执行措施，致使当事人或者其他人利益遭受重大损失的行为；而滥用职权罪则表现为行为人超越

---

① 郎胜、雷建斌：《刑法修正案（四）修正了哪些内容》，载《检察日报》2003年1月9日第3版。

职权，违法决定、处理其无权决定、处理的事项，或者违反规定处理公务，给公共财产、国家和人民利益造成重大损失。

3. 两罪所侵犯的客体不同。执行判决、裁定滥用职权罪侵犯的客体是司法机关的正常活动和司法公正；而滥用职权罪所侵犯的客体则为国家机关行使国家权力、管理国家事务的活动。

（四）执行判决、裁定失职罪与玩忽职守罪的界定

两罪的相同点表现在，主观方面都主要表现为过失；客观方面都要求行为本身必须造成重大损失等严重后果。从本质上讲，执行判决、裁定失职罪也是一个严重的玩忽职守犯罪行为，是玩忽职守罪的表现形式之一，二者之间存在包容关系，属普通法与特别法的关系、一般法与个别法的关系，在刑法理论上属于法条竞合。玩忽职守罪属普通法条、一般法条，执行判决、裁定失职罪属特别法条、个别法条。根据处理法条竞合关系的刑法原理，应该依照特别法条优于普通法条的原则，按照执行判决、裁定失职罪定罪处罚。

二者之间的区别表现在三个方面：

1. 两罪的犯罪主体不同。执行判决、裁定失职罪，其主体是负有执行判决、裁定职责的执行工作人员，属于司法工作人员的一部分，并且仅限于民事、行政判决、裁定的执行范围；而玩忽职守罪的主体则是所有的国家机关工作人员。

2. 两罪所侵犯的客体不同。执行判决、裁定失职罪所侵犯的客体是司法机关的正常活动和司法公正；而玩忽职守罪所侵犯的客体是国家机关对社会的正常管理职能。

3. 两罪在客观方面表现不同。执行判决、裁定失职罪在客观方面表现为执行工作人员在执行判决、裁定过程中不负责任，不依法采取诉讼保全措施，不履行法定职责，致使当事人或者其他人的利益遭受重大损失的行为；而玩忽职守罪在客观方面则表现为行为人严重不负责任，不履行或不正确履行公职所要求的职责，致使公共财产、国家和人民利益遭受重大损失的行为。

（五）执行判决、裁定滥用职权罪与拒不执行判决、裁定罪界定

从理论上说，它们的区别是非常明显的。因为，执行判决、裁定滥用职权罪是判决、裁定的执行者滥用执行职权而构成的犯罪；拒不执行判决、裁定罪则是对人民法院的判决、裁定负有执行义务且有能力执行的人拒不执行而构成的犯罪。依据全国人大常委会《关于刑法第三百一十三条的解释》，拒不执行判决、裁定罪的主体包括“被执行人、担保人和协助执行义务人”。但该《解释》同时规定：“国家机关工作人员有上述第四项行为的，以拒不执行判决、裁定罪的共犯追究刑事责任。”“第四项行为”即“被执行人、担保人、协助执行义务人与国家机关工作人员通谋，利用国家机关工作人员的职权妨害执

行，致使判决、裁定无法执行的”。如果此处的国家机关工作人员是对判决、裁定负有组织、指挥、监督或具体执行职责的“司法工作人员”，应当如何定罪处罚？

我们认为，“利用国家机关工作人员的职权妨害执行”，实际上它只能是以滥用职权或玩忽职守的方式予以妨害，实践中应当根据具体情况，分别定罪处罚：

1. 如果“致使判决、裁定无法执行的”，尚未造成当事人或者其他人的利益重大损失的，则以拒不执行判决、裁定罪论处。

2. 如果因滥用职权“致使判决、裁定无法执行的”，已经造成当事人或者其他人的利益重大损失的，则属于想象竞合犯。依据对想象竞合犯“从一重处断原则”对之应当以本罪论处。因为，执行判决、裁定滥用职权罪的法定刑是“五年以下有期徒刑或者拘役”和“五年以上十年以下有期徒刑”，而拒不执行判决、裁定罪的法定刑只是“三年以下有期徒刑、拘役或者罚金。”即执行判决、裁定滥用职权罪的法定刑重于拒不执行判决、裁定罪。

3. 如果因玩忽职守“致使判决、裁定无法执行的”，已经造成当事人或者其他人的利益重大损失的，也属于想象竞合犯。对之，应当以执行判决、裁定失职罪论处。

【刑事责任】

《刑法》第399条规定，犯本罪，处五年以下有期徒刑或者拘役；致使当事人或者其他人的利益遭受特别重大损失的，处五年以上十年以下有期徒刑。

【办案依据】

1.《中华人民共和国刑法》（1997年3月14日修订）（节录）

第三百九十九条第三款 在执行判决、裁定活动中，严重不负责任或者滥用职权，不依法采取诉讼保全措施、不履行法定执行职责，或者违法采取诉讼保全措施、强制执行措施，致使当事人或者其他人的利益遭受重大损失的，处五年以下有期徒刑或者拘役；致使当事人或者其他人的利益遭受特别重大损失的，处五年以上十年以下有期徒刑。

第四款 司法工作人员收受贿赂，有前三款行为的，同时又构成本法第三百八十五条规定之罪的，依照处罚较重的规定定罪处罚。

2. 最高人民法院、最高人民检察院《关于办理渎职刑事案件适用法律若干问题的解释（一）》（2013年1月9日）（参见本书第154~155页）

八、枉法仲裁罪

【概念与构成】

枉法仲裁罪，是指依法承担仲裁职责的人员，在仲裁活动中故意违背事实和法律作枉法仲裁，情节严重的行为。构成本罪需要具备以下四个要件：

（一）客体要件。本罪侵犯的客体是双重客体，即我国仲裁机构正常的仲裁活动和仲裁当事人的合法权益。其中，本罪主要侵犯的是正常的仲裁活动和秩序，因此，刑法修正案将本罪增设在“渎职罪”一章中，将其作为《刑法》第399条之一。

仲裁是指仲裁人员按照争议双方或者多方当事人自愿达成的协议，依照事实和法律，对当事人之间的争议进行裁决的活动。由于仲裁具有一裁终局的制度，且当事人可以依照民事诉讼法的有关规定向人民法院申请对仲裁裁决以国家强制力予以执行，这就使得仲裁活动在某种程度上具有“准司法”活动的性质，其裁决结果直接关系到当事人个人甚至国家、集体的经济利益和正常的市场经济秩序。正因如此，我国《仲裁法》规定，“仲裁应当根据事实，符合法律规定，公平合理的解决纠纷”，还规定仲裁员在仲裁案件时有索贿受贿、徇私舞弊、枉法裁决行为的，应当依法承担法律责任，仲裁委员会应当将其除名。仲裁人员的枉法仲裁活动与人民法院的审判人员枉法裁判比较，同样具有破坏法制建设，侵害当事人合法权益的社会危害性，且实践表明，在我国现阶段对于仲裁人员的枉法仲裁行为的刑法规制具有现实的必要。因此，2006年6月颁布实施的《刑法修正案（六）》第20条正式将枉法仲裁应承担的刑事责任予以了明确规定。这一规定对于确保仲裁人员依法履行仲裁职责，维护仲裁机构的正常秩序和良好信誉，保障公民个人、集体和国家的合法利益，是十分必要的。

本罪的犯罪对象是仲裁裁决。仲裁裁决是仲裁庭按照仲裁规则在审理案件过程中或审结后，根据查明的事实和认定的证据，依法对当事人提交仲裁的争议事项所作的权威性决断。仲裁裁决是仲裁机构行使裁决权的最终结果，其表现形式为书面形式，仲裁裁决应当经仲裁员签名，并加盖仲裁委员会印章。仲裁裁决既包括最终裁决，也包括临时裁决，既包括缺席裁决，也包括合意裁决。对于仲裁活动中的枉法调解，是否应当作为本罪的犯罪对象，将是一个会产生争议的问题。我们认为，我国《刑法》第399条第2款规定的民事、行政枉法裁判罪中，同样规定以民事、行政裁判为犯罪对象，但在司法实践中亦将枉法调解纳入枉法裁判的范畴，且仲裁调解也应当遵循合法的原则和查明事实、分清是非的原则，因此，对于仲裁活动中的枉法调解，也应当适用枉法仲裁罪予以定罪处罚，当然，在枉法调解的认定上，应当充分注意到调解活动的特殊性。

（二）客观要件。本罪在客观方面表现为在仲裁活动中，故意违背事实和法律作枉法裁决，情节严重的行为。其具体表现形式包括违背事实作出枉法裁决、违背法律作出枉法裁决和同时违背事实和法律作出枉法裁决。正确理解本罪的客观方面构成要件，关键在于对"违背事实和法律"行为的内涵和外延进行准确的界定。

违背事实的行为，应当理解为违背为证据所证明的仲裁案件的事实的行为。由于提交仲裁的纠纷发生在仲裁之前，对案件事实需要依靠证据予以认定，因此，仲裁人员认定事实的过程就是其审查、判断、收集证据的过程。一般来说，违背事实的行为包括以下几种情形：一是漠视事实，对于有确实、充分证据证明的事实不予以认定；二是捏造事实，通过伪造、毁灭证据等方式，故意不认定案件事实或者歪曲事实；三是违反证据规则，颠倒证据的证明效力，采信不应采信的证据或者故意回避证据之间的矛盾而作出认定。

违背法律的行为，既包括违背实体法的行为，也包括违背程序法的行为。一般表现为故意混淆争议事项法律关系的性质，故意回避应当适用的法律，或者违反仲裁法规定的仲裁程序，从而导致当事人责任分配，赔偿数额的确认上明显不符合法律规定的情形。作出枉法裁决，应当是指行为人已经作出了裁决行为，如果将枉法裁决理解为包括将要作出的裁决，则会扩大对仲裁活动监督的范围，影响仲裁活动的正常进行。因此，本罪的构成要求行为人的枉法裁决已经发生法律效力。

本罪属于情节犯，只有情节严重的枉法仲裁行为，才应当追究其刑事责任，对于情节轻微，危害不大的，可以以其他方式进行追究。判断情节是否严重，应当综合考虑枉法仲裁的动机和目的、枉法仲裁行为实施的方式和手段、枉法仲裁的后果、仲裁人员的一贯表现等情节。

本罪的行为方式既可以是作为，也可以是不作为。作为型的枉法仲裁是指行为人采用积极的方式，如毁灭、伪造证据、制造虚假裁决书等。不作为型的枉法仲裁则是指行为人拒不履行其法定的职责，如不收集应当收集的证据、拒不接受当事人正确的意见等。

（三）主体要件。本罪是特殊主体，必须是依法承担仲裁职责的人员。根据我国仲裁法的规定，承担仲裁职责的人员主要是指仲裁员。仲裁员是具备仲裁法规定的资格，由仲裁委员会聘任，并经当事人选定或仲裁委员会主任指定对当事人提交仲裁的争议进行裁决的人员。仲裁法对仲裁员的资格、聘任、权限以及责任均有明确的规定。

枉法仲裁罪的主体除仲裁员外，还应当包括仲裁委员会的主任、副主任和委员。我国《刑法修正案（六）》规定的枉法仲裁罪主体，是指依法承担仲裁职责的人员，而不是仲裁员，这表明，立法规制的主体并不是以是否具有仲裁员资格为标准，而是以在仲裁活动中是否依法承担一定的仲裁职责为标准。而我国仲裁法也赋予了仲裁委员会主任、副主任和委员在仲裁活动中一定的权限和责任，如《仲裁法》规定仲裁委员会负责仲裁申请的受理、送达及财产保全等事项，还规定仲裁委员会主任有权指定仲裁员以及决定仲裁员的回避等，因此，在仲裁活动中承担相应职责的仲裁委员会组成人员，在其承担职责范围内，也应当可以成为枉法仲裁罪的主体。

仲裁委员会的其他工作人员以及仲裁协会的工作人员，不能单独成为枉法仲裁罪的主体，这些工作人员虽然参与到仲裁活动的组织、运作过程中，但并未承担法定的仲裁职责，如果这些工作人员参与了枉法仲裁的犯罪活动，应当参照相关司法解释的精神，以共犯追究其刑事责任。人民法院负责审查撤销仲裁裁决的审判人员，不能成为本罪的主体，如果其有枉法裁判的行为，应当以民事、行政枉法裁判罪追究其刑事责任。

本罪只能由自然人构成，单位不能成为枉法仲裁罪的主体，如果仲裁庭或者仲裁委员会经过集体讨论，实施枉法仲裁行为的，应当追究直接负责的主要人员和其他直接责任人员的刑事责任，不能认定为单位犯罪。

（四）主观要件。本罪在主观方面只能是故意，过失不能构成本罪。仲裁活动是一项专业性很强的活动，仲裁员一般均具有相当的专业水平和资历，但在实践中，仲裁人员由于过失而导致裁决违背事实和法律的现象，也是客观存在的，对于过失造成的违法裁决，不能追究行为人的刑事责任，如果符合人民法院撤销仲裁裁决的，应当由人民法院撤销裁决，予以补救。本罪的构成，对犯罪目的和犯罪动机并没有特殊的要求。我们认为，本罪属于行为犯，其主观故意的心理态度应当是指行为人在违背事实和法律上是明知的，在作出枉法裁决上是积极追求的。对于枉法裁决所造成的危害后果，则不一定要求是故意或者明知的。

本罪的成立，对于犯罪目的和犯罪动机没有特殊的要求。《刑法修正案(六)》规定的枉法仲裁罪，没有对徇私动机的要求。这就是说，对于行为人枉法仲裁的，无论是出于徇私的动机，即贪图钱财、袒护亲友、泄愤报复或者其他私情私利，还是出于其他非为私情私利的动机，包括出于地方保护主义、受地方党政领导干预或者为仲裁机构牟取不当利益等，均可以构成本罪。当然，行为人枉法仲裁的动机，也直接关系到其行为是否能够认定为情节严重以及刑罚的裁量，因此在认定本罪时也不可忽视。

【司法认定】

（一）枉法仲裁罪的“故意”的理解和认定

枉法仲裁罪的构成，要求行为人故意违背事实和法律作枉法裁决，在查清行为人实施了违背事实和法律作枉法裁决的行为后，对该罪主观故意的认定，将会成为司法实践中认定该罪的关键。在认定枉法仲裁罪的主观故意时，应当采用主客观相结合的判断标准，并充分考虑到仲裁员专业水平和资格的特殊性进行综合认定。在司法实践中，应当从行为人枉法仲裁的行为是否明显违反仲裁员对法律和仲裁规则的注意义务，违反仲裁员职业所要求其具备的认知常识上进行判断，对于行为人实施了违反上述基本注意义务，进行枉法仲裁的，即使其否认存在主观上的故意，也应当予以推定认定。同时，在司法实践中，还应当把握仲裁活动的特殊性，对于没有证据表明行为人实施了收受贿赂、伪造、毁灭证据等明显违背法律的行为，而是由于证据的采信以及对法律的理解上出现偏差而导致仲裁裁决出现错误的，应当不以枉法仲裁罪论处。

（二）枉法仲裁罪与非罪的区分

本罪是情节犯，根据《刑法修正案（六）》第20条的规定，只有“情节严重”的，才能构成犯罪，因而情节严重与否，是划清行为人的行为是否构成犯罪的重要标志。在司法实践中，应当结合具体案情认真考察行为人的行为是否属于情节严重。此外，本罪主观方面只能由故意构成，法条明确排除了过失构成本罪的可能，因此，在司法实践中，应当认真考察行为人的主观心理态度是否是故意，如果行为人的主观心理态度为过失，不能以本罪论处。目前关于“情节严重”还没有明确的法律规定，有关部门应当尽快对此作出解释，以便司法操作。

（三）枉法仲裁罪与民事、行政枉法裁判罪的界限

民事、行政枉法裁判罪，是指审判人员在民事、行政审判活动中故意违背事实和法律作枉法裁判，情节严重的行为。该两罪在客观方面都表现为在纠纷解决过程中，故意违背事实和法律作枉法裁决，情节严重的行为。两罪的区别主要有以下两点：一是犯罪主体不同。枉法仲裁罪主体为依法承担仲裁职责的人员；民事、行政枉法裁判罪的主体则是在民事、行政诉讼中从事审判工作的审判人员。二是发生的活动领域不同。枉法裁判罪发生在仲裁活动过程中；而民事、行政枉法裁判罪则发生在民事、行政诉讼领域中的审判过程之中。

（四）枉法仲裁罪与提供虚假证明文件罪的界限

提供虚假证明文件罪，是指承担资产评估、验资、验证、会计、审计、法律服务等职责的单位或个人故意提供虚假证明文件，情节严重的行为。提供虚假证明文件罪与枉法仲裁罪的区别主要有：一是在犯罪主体不同。枉法仲裁罪主体为依法承担仲裁职责的人员，单位不可以成为本罪的主体；提供虚假证明文件罪的主体为承担资产评估、验资、验证、会计、审计、法律服务等职责的中介组织或者中介组织的人员，即中介单位可以成为本罪的主体。二是发生的活动领域不同。枉法仲裁罪发生在仲裁活动过程中；而提供虚假证明文件罪则发生在资产评

估、验资、验证、会计、审计、法律服务等活动过程中。

（五）受贿而枉法仲裁的情形罪数形态的认定

在实践中，枉法仲裁的行为往往与受贿行为交织、结合在一起。如果仲裁人员具备国家工作人员身份，行为人的行为则会涉及受贿罪与枉法仲裁罪的罪数形态的认定问题；而如果仲裁人员不具有国家工作人员身份，行为人的行为则会涉及公司、企业或其他单位人员受贿罪与枉法仲裁罪的罪数形态的认定问题。具体而言，受贿而枉法仲裁的案件，大体上分为以下两种情况：一是仲裁人员既收受他人财物又枉法仲裁，但只有一种行为构成犯罪而另一种行为虽违法但尚未构成犯罪的。这种情形下，只须按照行为人符合犯罪构成的行为定罪量刑，而尚未构成犯罪的违法行为则可以作为对符合犯罪构成的行为从重处罚的情节。二是仲裁人员既收受他人财物又枉法仲裁，并且两种行为均已构成犯罪的情形。这种情形符合想象竞合犯的特征，可以按照“从一重罪处罚”来认定处理。

【刑事责任】

根据《刑法》第 399 条的规定，犯本罪，处 3 年以下有期徒刑或者拘役；情节特别严重的，处 3 年以上 7 年以下有期徒刑。

【办案依据】

1.《中华人民共和国刑法》（1997 年 3 月 14 日修订）（节录）

第三百九十九条第五款 依法承担仲裁职责的人员，在仲裁活动中故意违背事实和法律作枉法裁决，情节严重的，处三年以下有期徒刑或者拘役；情节特别严重的，处三年以上七年以下有期徒刑。

2. 最高人民法院、最高人民检察院《关于办理渎职刑事案件适用法律若干问题的解释（一）》（2013 年 1 月 9 日）（参见本书第 154 ~ 155 页）

九、私放在押人员罪和失职致使在押人员脱逃罪

【概念与构成】

私放在押人员罪是指司法工作人员私放在押（包括在羁押场所和押解途中）的犯罪嫌疑人、被告人或者罪犯的行为。

失职致使在押人员脱逃罪是指司法工作人员由于严重不负责任，不履行或者不认真履行职责，致使在押（包括在羁押场所和押解途中）的犯罪嫌疑人、被告人、罪犯脱逃，造成严重后果的行为。

构成两罪需要具备以下四个要件：

（一）客体要件。两罪侵犯的客体是国家监管机关的监管制度，即看守所、

拘留所、少年犯管教所、拘役所、劳改队、监狱等监管机关的监管制度。凡经公安机关、检察院、人民法院拘留、逮捕、判刑的犯罪嫌疑人、被告或者罪犯，一般说，都是因他们实施了或可能实施危害社会的行为，需要受到刑罚。监管机关关押罪犯的目的，是为了惩罚和改造他们，使他们成为自食其力的新人，消除其继续犯罪的条件。而私放这些在押人员或者由于失职使其逃脱关押，不仅使其有继续犯罪的可能，而且破坏监管机关的监管制度。

两罪的犯罪对象，是被关押的犯罪嫌疑人、被告人和罪犯，包括已决犯和未决犯。所谓犯罪嫌疑人，是指在人民检察院向人民法院提起公诉以前，正处在侦查、起诉阶段的涉嫌犯罪的人；所谓被告人，是指人民检察院将犯罪嫌疑人起诉到人民法院以后，或者自诉人提出自诉，要求人民法院通过审判追究刑事责任的人；所谓罪犯，是指由人民法院生效裁判宣告为有罪的人。已被判刑劳改的罪犯，一般都是罪行较重或十分严重，有人身危险性，需要与社会隔离的人，对他们实行关押，不仅是因为他们罪行较重，而且为了防止他们继续危害社会。如果把那些有危险性罪犯非法释放或者由于失职使其逃脱关押，无异于“放虎归山”，为他们继续犯罪创造条件。被逮捕关押的犯罪嫌疑人、被告人，对他们能否看管好，关系到案件的审判能否正常进行，特别是抓获共同犯罪案件的成员，关系到整个案件能否顺利破获。因此，非法放走犯罪嫌疑人、被告人或者由于失职使其逃脱关押，将会给审判工作带来很大的危害，由此可见，把私放犯罪嫌疑人、被告人、罪犯或者由于失职使这些人员逃脱关押作为犯罪来惩办，是十分必要的。

（二）客观要件

1. 私放在押人员罪在客观方面表现为私自将被关押的犯罪嫌疑人、被告人、罪犯非法释放的行为。

虽然《刑法》第400条的规定没有说明实施本罪必须是利用职务上的便利，但是，由于本罪属于渎职类犯罪，所以它必然是利用职务上的便利来实施，如果没有利用职务之便或者依法释放罪犯的，均不构成本罪。所谓利用职务上的便利是指行为人利用自己看管、管教、押解、提审等便利条件。所谓私放，是指没有经过合法手续，而私自释放犯罪嫌疑人、被告人、罪犯，使其逃避关押。

私放犯罪嫌疑人、被告人、罪犯可由作为和不作为构成。具行为方式有的是滥用职权，篡改刑期，使犯罪嫌疑人、被告人、罪犯“合法”逃避关押；有的虽未篡改刑期，但假借事由，将刑期未满的犯罪嫌疑人、被告人、罪犯擅自作为刑满释放；有的则把依法逮捕的罪犯有意当作错捕释放；也有的利用提审、押解罪犯的机会私放犯罪嫌疑人、被告人、罪犯而谎称罪犯脱逃；或者为罪犯逃离关押场所创造条件等。私放犯罪嫌疑人、被告人、罪犯采取何种方式，在什么场合，是在关押场所，还是在押解途中，都不影响定罪。但私放犯罪嫌疑人、被告人、罪犯的手段是否恶劣及其危害后果的大小，是量刑考虑的轻重情节。具体情节参见后附的【立案标准】的有关内容。

2. 失职致使在押人员脱逃罪在客观方面表现为司法工作人员玩忽职守，严重不负监管职责，致使在押的犯罪嫌疑人、被告人或者罪犯脱逃，造成严重后果的行为。所谓脱逃，是指在押的犯罪嫌疑人、被告人或者罪犯从羁押场所如看守所、拘役所、监狱、未成年犯管教所等或者押解途中或者审判场所逃走，从而脱离司法机关及其工作人员的监管。虽然在押但不是在押的犯罪嫌疑人、被告人或者罪犯，而是其他人员如被行政、司法拘留的人员、劳动教养人员逃离羁押，不能构成本罪，构成犯罪的，亦应以他罪如玩忽职守罪论处。所谓严重不负责任，是指在羁押场所、押解途中未按规定采取有关看守、监管措施；擅离看守、监管岗位；发现犯罪嫌疑人、被告人或者罪犯有脱逃迹象，不及时采取有效的防范措施；在犯罪嫌疑人、被告人或者罪犯脱逃时，不及时组织、进行追捕等。在押犯罪嫌疑人、被告人或者罪犯的脱逃是由于行为人的玩忽职守、严重不负责任而造成。如果没有玩忽职守、严重不负责任的行为或者虽有玩忽职守、严重不负责任的行为但与在押人员的脱逃没有刑法上的因果关系，也不能以本罪论处。

本罪属结果犯，只有造成严重后果时才构成犯罪，所谓造成严重后果，一般是指致使重要的犯罪嫌疑人、被告人或者罪犯脱逃；致使多名犯罪嫌疑人、被告人或者罪犯脱逃：由于犯罪嫌疑人、被告人的脱逃致使案件的侦查、起诉、审判受到严重影响：犯罪嫌疑人、被告人或者罪犯脱逃后打击报复控告人、举报人、证人和司法工作人员，继续犯罪，危害社会等。具体可参见后附【立案标准】中的有关内容。

（三）主体要件。两罪的主体都是司法工作人员，主要是负有监管职责的司法工作人员。其中包括在看守所、拘留所、少年犯管教所、拘役所、劳改队、监狱工作的管教人员和看守人员，以及执行逮捕和押解罪犯的人员。

（四）主观要件。私放在押人员罪在主观方面表现为故意，即明知是犯罪嫌疑人、被告人、罪犯，而故意将其非法释放，犯罪的动机是多种多样的，有的是由于贪赃受贿，有的是出于包庇同伙，有的是徇亲私情等，犯罪动机不影响本罪的成立。失职致使在押人员脱逃罪在主观方面必须出于过失，但这是针对在押人员脱逃这一后果而言的，对于其玩忽职守的行为，则表现为明知故犯。

【立案标准】

1. 最高人民检察院《人民检察院直接受理立案侦查的渎职侵权重特大案件标准（试行）》（2002年1月1日　高检发〔2001〕13号）（节录）

七、私放在押人员案

（一）重大案件

1. 私放三人以上的；

2. 私放可能判处有期徒刑十年以上或者余刑在五年以上的重大刑事犯罪分子的；

3. 在押人员被私放后又实施重大犯罪的。

（二）特大案件

1. 私放五人以上的；

2. 私放可能判处无期徒刑以上的重大刑事犯罪分子的；

3. 在押人员被私放后又犯罪致人死亡的。

八、失职致使在押人员脱逃案

（一）重大案件

1. 致使脱逃五人以上的；

2. 致使可能判处无期徒刑或者死刑缓期二年执行的重大刑事犯罪分子脱逃的；

3. 在押人员脱逃后实施重大犯罪致人死亡的。

（二）特大案件

1. 致使脱逃十人以上的；

2. 致使可能判处死刑的重大刑事犯罪分子脱逃的；

3. 在押人员脱逃后实施重大犯罪致人死亡二人以上的。

2. 最高人民检察院《关于渎职侵权犯罪案件立案标准的规定》（2006年7月26日　高检发释字〔2006〕2号）（节录）

一、渎职犯罪案件

（九）私放在押人员案（第四百条第一款）

私放在押人员罪是指司法工作人员私放在押（包括在羁押场所和押解途中）的犯罪嫌疑人、被告人或者罪犯的行为。

涉嫌下列情形之一的，应予立案：

1. 私自将在押的犯罪嫌疑人、被告人、罪犯放走，或者授意、指使、强迫他人将在押的犯罪嫌疑人、被告人、罪犯放走的；

2. 伪造、变造有关法律文书、证明材料，以使在押的犯罪嫌疑人、被告人、罪犯逃跑或者被释放的；

3. 为私放在押的犯罪嫌疑人、被告人、罪犯，故意向其通风报信、提供条件，致使该在押的犯罪嫌疑人、被告人、罪犯脱逃的；

4. 其他私放在押的犯罪嫌疑人、被告人、罪犯应予追究刑事责任的情形。

（十）失职致使在押人员脱逃案（第四百条第二款）

失职致使在押人员脱逃罪是指司法工作人员由于严重不负责任，不履行或者不认真履行职责，致使在押（包括在羁押场所和押解途中）的犯罪嫌疑人、被告人、罪犯脱逃，造成严重后果的行为。

涉嫌下列情形之一的，应予立案：

1. 致使依法可能判处或者已经判处10年以上有期徒刑、无期徒刑、死刑的犯罪嫌疑人、被告人、罪犯脱逃的；

2. 致使犯罪嫌疑人、被告人、罪犯脱逃3人次以上的；

3. 犯罪嫌疑人、被告人、罪犯脱逃以后，打击报复报案人、控告人、举报人、被害人、证人和司法工作人员等，或者继续犯罪的；

4. 其他致使在押的犯罪嫌疑人、被告人、罪犯脱逃，造成严重后果的情形。

【司法认定】

（一）关于私放在押人员罪的既遂与未遂的标准问题

只要司法工作人员利用职权实施了非法私放在押人员的行为即构成本罪的既遂，而不能以犯罪嫌疑人、被告人、罪犯已经脱离了监管人或押解人的监管为既遂与否的标准。本罪是行为犯。所谓行为犯，是指以行为人的犯罪行为是否完成作为犯罪既遂与否标志的犯罪。根据这样的理论，就本罪而言，只要司法工作人员利用职权实施了非法私放在押人员的行为即构成本罪的既遂。如果把在押人员是否脱离监管人员的控制范围作为标准，则是从根本上忽视了本罪是行为犯这一根本性质，混淆了行为犯与结果犯的界限。当然，在认定本罪的犯罪形态时也不能以行为人一经实施私放行为即认定既遂，否则就混淆了行为犯与举动犯的界限。在司法实践中，还应注意，本罪作为行为犯要求以行为实施即行为本身的完成程度为区分标准只有达到一定的量度才能构成既遂。具体而言，在本罪中只能是司法工作人员利用职务便利实施完毕非法私放的行为才能认定为既遂。如果行为实施完毕后，在押人员脱离监控，则此结果只是本罪的一个量刑情节。

（二）“临时私放”的行为如何认定

在司法实践中我们也经常遇到这样的问题，少数司法干警出于贪利或者其他动机，与在押人员私下约定保证按期返回羁押场所而将其秘密释放的行为。我们把这样的行为称为“临时私放”。对于“临时私放”的行为应如何定性处理呢？“临时私放”行为的行为人主观上虽然没有私放在押人员的犯罪故意，当时行为人已经预见自己违规“临时私放”的行为可能会导致在押人员的脱逃，但是他当时相信在押人员会按照“约定”按时返回，因此，如果“临时私放”的行为客观上导致了在押人员的脱逃，那么行为人主观上就具有过于自信的犯罪过失，应以失职致使在押人员脱逃罪论处；当然，如果“临时私放”的行为并没有导致在押人员的脱逃，在押人员按照“约定”返回了，此时行为人属于一般违法行为，可以考虑给予党籍、政纪处理。

（三）如何理解“在押人员”

私放在押人员罪具有特定的犯罪对象，即“在押人员”，具体包括：被关押的犯罪嫌疑人、被告人和罪犯，包括已决犯和未决犯。因此，如果行为人私放的是在押的劳教人员或被行政拘留、司法拘留的人员，则不成立本罪。私放的对象不是“在押的”人员，如系被取保候审、监视居住以及被假释、缓刑、管制、暂予监外执行的人员，也不成立本罪。对于这里的“罪犯”的理解，大家看法一致，不存在争议。这里的“被告人”是“被人民检察院提起公诉或者自诉人提出自诉，要求人民法院通过审判追究刑事责任的人。”因为根据我国刑事诉讼法的规定，自诉案件的被告人如果符合逮捕的条件，也可被人民法院决定逮捕从而处于在押状态，即成为在押的被告人。这里的“犯罪嫌疑人”，是指在人民检察院向人民法院提起公诉以前，正处于立案侦查和审查起诉阶段涉嫌犯罪的人。由于犯罪嫌疑人是指在人民检察院向人民法院提起公诉以前，正处于立案侦查和审查起诉阶段涉嫌犯罪的人，因此，司法工作人员私放被抓获的现行犯等立案以前的疑犯的，不成立私放在押人员罪，构成他罪的，依照他罪的有关规定追究刑事责任。

（四）在押人员构成脱逃罪是否是失职致使在押人员脱逃罪成立的前提

在押人员构成脱逃罪不是失职致使在押人员脱逃罪成立的前提，也就是说，在这样的情形下，即使在押人员不构成脱逃罪，失职的司法工作人员也构成失职致使在押人员脱逃罪。理由是：1.《刑法》第400条第2款规定的失职致使在押人员脱逃罪，是无须以人犯构成脱逃罪为前提条件的。既然目前法律没有明确规定，也无相关司法解释，那么对该罪做这样的理解和要求是于法无据的。2.《刑法》第400条第1款规定的私放在押人员罪是故意犯罪，第2款规定的失职致使在押人员脱逃罪是过失犯罪。从法律规定的设置及立法本意来看，第400条第2款的规定，目的重在处罚司法工作人员不负责任的过失犯罪行为，只要司法人员工作严重不负责任致使在押人员脱逃（只要具有脱逃行为即可），并造成严重后果，即应构成该罪，并无必要以在押人犯构成脱逃罪为前提。

（五）失职致使在押人员脱逃罪与非罪的界限

失职致使在押人员脱逃罪属于玩忽职守罪的特别规定，凡司法工作人员玩忽职守，致使在押人员脱逃，构成犯罪的，都应以特别法条即失职致使在押人员脱逃罪定罪量刑。失职致使在押人员脱逃罪在主观上必出于过失，如果明知某在押人员企图逃跑，但却放任不管，属于故意，此时应以私放在押人员定罪，如果不知道其想逃跑，或者知道其想脱逃但根据环境条件，在押人员的自身能力因素轻易相信其逃跑不了，结果致使逃跑，构成犯罪的，则应以失职致使在押人员脱逃罪定罪。

（六）私放在押人员罪与徇私枉法罪的界限

私放在押人员罪的目的是使犯罪嫌疑人、被告人、罪犯摆脱监管机关和监管人员的控制，最终逃避法律制裁，这与徇私枉法罪中明知是有罪的人而故意包庇不使他受追诉，或者故意做枉法裁判，把有罪判为无罪，故意使罪犯逍遥法外，在实质上都是为了包庇罪犯。它们都侵犯了司法机关的正常活动；在客观上又都利用了职务上的便利条件，主体主要都是司法工作人员。两者的区别在于：一是在客观方面表现不同。犯本罪的司法工作人员主要是利用监管或押解罪犯的职务之便，非法将罪犯私自放走；而徇私枉法罪的行为在客观上则是利用立案、侦查、预审、起诉和审判的合法权力，徇私枉法，对明知是有罪的人，作出不予立案、起诉的决定或者无罪判决、裁定，包庇罪犯。二是主体要件的职责权限不同。本罪的主体主要是对罪犯负有监管、押解职责的司法工作人员；而徇私枉法罪的主体，则主要是对刑事案件有立案、侦查、预审、起诉或审判权的司法工作人员。

【刑事责任】

根据《刑法》第400条的规定，犯私放在押人员罪，处五年以下有期徒刑或者拘役；情节严重的，处五年以上十年以下有期徒刑；情节特别严重的，处十年以上有期徒刑。

犯失职致使在押人员脱逃罪，处三年以下有期徒刑或者拘役；造成特别严重后果的，处三年以上十年以下有期徒刑。

【办案依据】

1.《中华人民共和国刑法》（1997年3月14日修订）（节录）

第四百条 司法工作人员私放在押的犯罪嫌疑人、被告人或者罪犯的，处五年以下有期徒刑或者拘役；情节严重的，处五年以上十年以下有期徒刑；情节特别严重的，处十年以上有期徒刑。

司法工作人员由于严重不负责任，致使在押的犯罪嫌疑人、被告人或者罪犯脱逃，造成严重后果的，处三年以下有期徒刑或者拘役；造成特别严重后果的，处三年以上十年以下有期徒刑。

2. 最高人民法院《关于未被公安机关正式录用的人员、狱医能否构成失职致使在押人员脱逃罪主体问题的批复》（2000年9月22日　法释〔2000〕28号）

吉林省高级人民法院：

你院吉高法〔1999〕158号《关于未被正式录用的司法工作人员受委托执行职务的是否符合犯罪主体要件问题的请示》收悉。经研究，答复如下：

对于未被公安机关正式录用，受委托履行监管职责的人员，由于严重不负责任，致使在押人员脱逃，造成严重后果的，应当依照刑法第四百条第二款的规定定罪处罚。

不负监管职责的狱医，不构成失职致使在押人员脱逃罪的主体。但是受委派承担了监管职责的狱医，由于严重不负责任，致使在押人员脱逃，造成严重后果的，应当依照刑法第四百条第二款的规定定罪处罚。

3. 最高人民检察院《关于工人等非监管机关在编监管人员私放在押人员行为和失职致使在押人员脱逃行为适用法律问题的解释》（2001年3月2日　高检发释字〔2001〕2号）

为依法办理私放在押人员犯罪案件和失职致使在押人员脱逃犯罪案件，对工人等非监管机关在编监管人员私放在押人员行为和失职致使在押人员脱逃行为如何适用法律问题解释如下：

工人等非监管机关在编监管人员在被监管机关聘用受委托履行监管职责的过程中私放在押人员的，应当依照刑法第四百条第一款的规定，以私放在押人员罪追究刑事责任；由于严重不负责任，致使在押人员脱逃，造成严重后果的，应当依照刑法第四百条第二款的规定，以失职致使在押人员脱逃罪追究刑事责任。

4. 最高人民法院、最高人民检察院《关于办理渎职刑事案件适用法律若干问题的解释（一）》（2013年1月9日）（参见本书第154~155页）

5.《中华人民共和国监狱法（2012年修正）》（1994年12月29日）（节录）

第十四条 监狱的人民警察不得有下列行为：

（二）私放罪犯或者玩忽职守造成罪犯脱逃；

监狱的人民警察有前款所列行为，构成犯罪的，依法追究刑事责任；尚未构成犯罪的，应当予以行政处分。

十、徇私舞弊减刑、假释、暂予监外执行罪

【概念与构成】

徇私舞弊减刑、假释、暂予监外执行罪是指司法工作人员徇私舞弊，对不符合减刑、假释、暂予监外执行条件的罪犯予以减刑、假释、暂予监外执行的行为。构成本罪需要具备以下四个要件：

（一）客体要件。本罪侵犯的客体，是国家司法机关的正常活动。徇私舞弊行为使国家法律、法令的顺利实施受到严重干扰，损害了国家司法机关的威信；尤其是司法工作人员徇私舞弊行为必然会严重损害国家和人民利益或者侵犯公民人身权利、民主权利和其他合法权益，在群众中造成恶劣影响，影响国家机关的正常活动。

（二）客观要件。本罪在客观方面表现为徇私舞弊，对不符合减刑、假释、暂予监外执行条件的罪犯，予以减刑、假释或监外执行的行为。

司法工作人员徇私舞弊行为首先必须是利用职务之便进行的。所谓利用职务之便是指利用职权或者与职务有关的便利条件。职权是指本人职务范围内的权利；与职务有关的便利条件是指虽然不是直接利用职权，但是利用了本人的职权或地位形成的便利条件。

所谓减刑，是指对被判处管制、拘役、有期徒刑、无期徒刑、死刑缓期2年执行的犯罪分子，在执行刑罚的过程中，如果认真遵守监规，接受教育改造，确有悔改或立功表现等法定事由，而由人民法院依法适当减轻原判刑罚的一种刑罚制度。所谓假释，是指对被判处有期徒刑或者无期徒刑的犯罪分子，经过法定期限后，如果认真遵守监规，接受教育改造，确有悔改表现，不致再危害社会，由人民法院依法裁定有条件地提前释放的刑罚制度。所谓暂予监外执行，是指对被判处有期徒刑或者拘役的罪犯，由于出现具有严重疾病需要保外就医等法律规定的某种特殊情况，不适宜在监狱执行刑罚所暂时采取的一种不予关押而在监狱外执行的变通办法。

《刑法》第50条、第78条、第82条以及《刑事诉讼法》第214条，对减刑、假释、暂予监外执行分别作了一些具体的规定。如果罪犯不符合上述规定的条件，行为人徇私舞弊，为其减刑、假释或决定暂予监外执行，即可构成本罪，根据本罪主体性质的不同，其行为方式具体可分为两种情况：一是监狱、未成年犯管教所等执行机关的工作人员明知罪犯不符合减刑、假释或者暂予监外执行的条件，捏造事实，伪造证据，如伪造悔改或立功表现、病历诊断证明、实际执行的刑期等，制作、报请内容虚假的有关减刑、假释、暂予监外执行的材料；二是有权决定减刑、假释、暂予监外执行的司法工作人员明知罪犯不符合减刑、假释或者暂予监外执行的条件，而非法作出减刑、假释裁定或者暂予监外执行的决定。

（三）主体要件。本罪主体要件，是特殊主体，即必须具有司法职权的国家司法工作人员，实际能构成其罪的，则为那些具有报请或者决定减刑、假释、暂予监外执行职权的司法工作人员，非上述人员包括非司法工作人员以及虽为司法工作人员但没有报请或决定减刑、假释、暂予监外执行的职权，都不能单独构成本罪。与司法工作人员伙同进行本罪行为的，以共犯追究刑事责任。

（四）主观要件。本罪在主观方面必须是出于故意，即行为人明知自己的徇私舞弊行为是违反有关法律规定的，明知自己行为可能产生的后果，而对这种后果的发生持希望或者放任的态度。过失不构成本罪。至于行为人的犯罪动机可能是多种多样的，有的是为了贪图钱财等不法利益，有的是因碍于亲朋好友情面而徇私舞弊，有的是出于报复或嫉妒心理而徇私舞弊等，动机如何对本罪构成没有影响，可以在量刑时作为因素之一予以考虑。

【立案标准】

1. 最高人民检察院《人民检察院直接受理立案侦查的渎职侵权重特大案件标准（试行）》（2002年1月1日　高检发〔2001〕13号）（节录）

九、徇私舞弊减刑、假释、暂予监外执行案

（一）重大案件

1. 办理三次以上或者一次办理三人以上的；

2. 为重大刑事犯罪分子办理减刑、假释、暂予监外执行的。

（二）特大案件

1. 办理五次以上或者一次办理五人以上的；

2. 为特别重大刑事犯罪分子办理减刑、假释、暂予监外执行的。

2. 最高人民检察院《关于渎职侵权犯罪案件立案标准的规定》（2006年7月26日　高检发释字〔2006〕2号）（节录）

一、渎职犯罪案件

（十一）徇私舞弊减刑、假释、暂予监外执行案（第四百零一条）

徇私舞弊减刑、假释、暂予监外执行罪是指司法工作人员徇私舞弊，对不符合减刑、假释、暂予监外执行条件的罪犯予以减刑、假释、暂予监外执行的行为。

涉嫌下列情形之一的，应予立案：

1. 刑罚执行机关的工作人员对不符合减刑、假释、暂予监外执行条件的罪犯，捏造事实，伪造材料，违法报请减刑、假释、暂予监外执行的；

2. 审判人员对不符合减刑、假释、暂予监外执行条件的罪犯，徇私舞弊，违法裁定减刑、假释或者违法决定暂予监外执行的；

3. 监狱管理机关、公安机关的工作人员对不符合暂予监外执行条件的罪犯，徇私舞弊，违法批准暂予监外执行的；

4. 不具有报请、裁定、决定或者批准减刑、假释、暂予监外执行权的司法工作人员利用职务上的便利，伪造有关材料，导致不符合减刑、假释、暂予监外执行条件的罪犯被减刑、假释、暂予监外执行的；

5. 其他徇私舞弊减刑、假释、暂予监外执行应予追究刑事责任的情形。

【司法认定】

（一）如何理解本罪的"减刑"

减刑应该有广义和狭义之分。就狭义而言，减刑是指《刑法》第78条规定的减刑，即指被判处管制、拘役、有期徒刑、无期徒刑的犯罪分子，在刑罚执行期间，确有悔改立功表现的，适当减轻其原判刑罚的制度。但是仅把《刑法》第78条作为减刑的全部内容是不可取的。作为狭义减刑的《刑法》第78条，当然属于本罪所说的减刑的范围。同时，除上述狭义减刑之外，下列情况也应视为本罪的减刑：

1. 对死缓犯的减刑

目前，刑法学界或者司法实务中，较为一致认为死缓犯的减刑，是一种法定的"特殊形式的减刑"。这是因为死缓符合"减刑"的实质内涵和立法本意。而且在一些法律文件中对此也予以了肯定，如1994年12月9日颁布的《中华人民共和国监狱法》，死缓犯的减刑和其余四种主刑的减刑，都明确地规定在该法第3章第4节"减刑"中；1997年10月28日最高人民法院《关于办理减刑、假释案件具体应用法律若干问题的规定》第9条对死缓的减刑也作了明确的规定。

2. 对附加刑的减刑

《刑法》第34条规定了三种附加刑即罚金、剥夺政治权利、没收财产。另外，第35条还规定了专门针对境外人员的驱逐出境。这些附加刑既可以附加主刑适用，也可单独适用。对附加刑的减免能否成为本罪所谓的"减刑"。由于没收财产无论是附加适用还是单独适用，都是一次性执行完毕，因此，很难设想它会发生减刑问题。也正因如此，司法工作人员徇私舞弊对没收财产减免的，不构成本罪，符合他罪特征的，依照相关的条款定罪处罚。而罚金和剥夺政治权利在执行的时候，也可能出现减刑的情况。

《刑法》第53条规定：罚金在判决指定的期限内一次或者分期缴纳。期满不缴纳的，强制缴纳。对于不能全部缴纳罚金的，人民法院在任何时候发现被执行人有可以执行的财产，应当随时追缴。如果由于遭遇不能抗拒的灾祸缴纳确实有困难的，可以酌情减少或者免除。可见，无论是单独还是附加适用罚金都有可能出现减刑的情况。

《刑法》第57条规定：在死刑缓期执行减为有期徒刑或者无期徒刑减为有期徒刑的时候，应当把附加剥夺政治权利的期限改为三年以上十年以下。虽然法律没有具体规定管制、拘役和有期徒刑附加剥夺政治权利以及单独适用剥夺政治权利是否可以减刑，但从相关的法律规定中可以得出肯定的结论。如果主刑是管制，由于附加的剥夺政治权利刑期等同于管制的刑期，而且和管制同时执行，那么管制减刑的同时就是对剥夺政治权利的减刑。如果主刑是拘役或者徒刑，由于附加剥夺政治权利的刑期从徒刑、拘役执行完毕之日或者从假释之日起计算而且剥夺政治权利的效力当然施用于主刑执行期间。因此，当这两种主刑减刑时，附加的剥夺政治权利也会出现减刑的情况。这是因为这两种主刑在执行的时候，也同样执行着剥夺政治权利的附加刑，而且此时主刑执行的刑期并不计算在附加刑的刑期内，因此主刑的减刑当然也意味着剥夺政治权利的减刑。需要注意的是，剥夺政治权利的刑期是从徒刑、拘役执行完毕之日或者从假释之日起计算，那么当主刑减刑时，被宣告执行的剥夺政治权利刑期也可减刑。至于独立适用剥夺政治权利刑罚，虽然没有相关的法律、法规或者司法解释规定可以减刑，但是依据刑罚执行的教育改造原则，应当认为它也是可以减刑的。对于附加刑的减刑也应当遵循《刑法》第79条关于减刑的程序性规定。如果是附加主刑适用的罚金刑以及剥夺政治权利，由于主刑的减刑同时也可能会启动附加刑的减刑，这时应由执行机关提出减刑建议书（既包括主刑也包括附加刑的建议），然后由中级人民法院组成合议庭审理来决定是否减刑。如果是独立适用的罚金刑或者剥夺政治权利（包括主刑执行完毕，剥夺政治权利刑期开始计算时），同样也应该由执行机关提出减刑建议，由中级人民法院组成合议庭来裁定是否给予减刑。如果司法人员徇私舞弊，利用职权违背实体法和程序法的规定，超过法律规定的减刑幅度，对附加的剥夺政治权利刑罚予以减刑；或者在没有法律根据的情况下，对罚金刑或者单独适用剥夺政治权利刑罚予以减刑的时候，都可以徇私舞弊减刑罪论处。

特赦减免不属于《刑法》第401条中的减刑，虽然从广义上讲将特赦视为减刑并无不可，但我国特赦的程序极为严格，每次特赦都是由全国人大常委会根据中共中央或者国务院的建议通过决定并由最高人民法院和高级人民法院负责执行，在设有国家主席期间，均由国家主席颁发特赦令。由于司法工作人员根本无权对罪犯特赦减免，因此，他们超越职权对罪犯搞所谓“特赦减免”的，不构成《刑法》第401条中规定的徇私舞弊减刑罪，构成他罪的，依照其他相关犯罪的规定追究刑事责任。

（二）对于符合条件的罪犯却故意不予办理的减刑、假释、暂予监外执行的行为应如何处理

按照刑法的规定，本罪的客观方面表现为对不符合条件的罪犯，办理减刑、假释、暂予监外执行。但是对于违背法律规定，对应该办理减刑、假释或暂予监外执行的服刑人员，却徇私舞弊，消极地不提起建议或不让减刑、假释或暂予监外执行的行为，《刑法》第 401 条显然没有规定，对此应如何理解和处理呢？

我们认为，在这一问题上，刑法规定出现了疏漏。国家机关工作人员的消极不作为同样极大侵害了公民的合法权利，损害了国家正常的司法改造制度，也应属于刑法打击的对象。事实上，在我国刑法第九章的渎职罪中，也有很多对国家机关工作人员消极不作为处罚的规定，比如《刑法》第 402 条规定的徇私舞弊不移交刑事案件罪等。因此，根据罪刑法定的原则，在刑法没有修改之前，对于徇私舞弊不予减刑、假释、暂予监外执行的行为显然不能以《刑法》第 401 条处理，但是可以《刑法》第 399 条规定的徇私枉法罪处理，因为这种行为也可解释成"在刑事审判过程中故意违背事实和法律作枉法裁判"。

（三）没有减刑、假释、暂予监外执行建议权、决定权和监督权的司法工作人员为罪犯伪造立功材料应当如何定性

本罪的立法目的就是为了打击刑罚执行领域中的司法腐败，因此它所针对的对象显然是对减刑、假释、暂予监外执行享有建议权、决定权和监督权的司法工作人员。为罪犯伪造立功材料的其他司法工作人员不能单独构成本罪。但是，鉴于没有减刑、假释、暂予监外执行建议权、决定权和监督权的司法工作人员为罪犯伪造立功材料的严重社会危害性，也不能放纵该行为，在司法实践中，应根据具体情况分别处理：

1. 如果享有建议权、决定权和监督权的司法工作人员明知是不享有上述权利的人伪造的材料，并且通过伪造的材料进行徇私舞弊减刑、假释、暂予监外执行，此时，二者形成了共同犯罪，对于不享有上述权利的人伪造材料的行为应当以徇私舞弊减刑、假释、暂予监外执行罪的帮助犯论处。

2. 如果享有建议权、决定权和监督权的司法工作人员误以为该伪造材料为真实的材料而给予减刑、假释、暂予监外执行的，此时，二者没有共同犯罪的故意，对不享有上述权利的人伪造材料的行为，可以帮助伪造证据罪论处。

3. 如果享有建议权、决定权和监督权的司法工作人员发现该材料是不享有上述权利的人伪造的材料，因而没有给罪犯以减刑、假释、暂予监外执行，此时，对不享有上述权利的人伪造材料的行为也应以帮助伪造证据罪论处。

（四）本罪罪与非罪的界限

要特别注意区分本罪与国家工作人员工作失误的界限。如果行为人主观上不是明知，而是由于其业务知识、经验不足，或者是调查研究不够充分，工作作风不够深入，思想方法简单片面造成认识偏颇而发生的错误行为，即使实施将不符合条件的罪犯予以减刑、假释、暂予监外执行的行为，一般也不构成犯罪，如果情节严重或者造成重大后果而构成其他犯罪的，应以其他相应犯罪论处。

（五）本罪与徇私枉法罪的界限

两罪在客体、主体、主观方面都具有相同之处，主要区别是：（1）犯罪对象不同，本罪的对象是已决罪犯；徇私枉法罪的对象可以是任何人。（2）客观行为不同，本罪是对不符合减刑、假释、暂予监外执行条件的罪犯予以减刑、假释或者暂予监外执行的行为：后罪则表现为对明知是无罪的人而使他受追诉，对明知是有罪的人而故意包庇不使他受追诉，或者在刑事审判活动中故意违背事实和法律作枉法裁判的行为。

【刑事责任】

根据《刑法》第401条的规定，犯本罪的，处三年以下有期徒刑或者拘役：情节严重的，处三年以上七年以下有期徒刑。

【办案依据】

1.《中华人民共和国刑法》（1997年3月14日修订）（节录）

第四百零一条 司法工作人员徇私舞弊，对不符合减刑、假释、暂予监外执行条件的罪犯，予以减刑、假释或者暂予监外执行的，处三年以下有期徒刑或者拘役；情节严重的，处三年以上七年以下有期徒刑。

2. 最高人民法院、最高人民检察院《关于办理渎职刑事案件适用法律若干问题的解释（一）》（2013年1月9日）（参见本书第154～155页）

十一、徇私舞弊不移交刑事案件罪

【概念与构成】

私舞弊不移交刑事案件罪，是指工商行政管理、税务、监察等行政执法人员，徇私舞弊，对依法应当移交司法机关追究刑事责任的案件不移交，情节严重的行为。构成本罪需要具备以下四个要件：

（一）客体要件。本罪侵犯的客体是行政执法机关的正常执法活动。行政执法机关担负着执行法律、法规，管理国家、维护国家安全、社会秩序、经济秩序的职责，享有法律授予的行政处罚权、行政裁决权。如公安、工商、税务、海关、卫生、检疫等部门。这些行政执法机关的执法人员，是否依法行政，严格执法，直接关系到行政机关的形象，关系到国家和人民的利益。若行政执法人员违背职责，徇私舞弊，枉法行政，对依法应当移交司法机关追究刑事责任的案件不移交，必将给国家和人民利益造成重大损失，破坏国家机关的管理活动。因此，必须对严重徇私舞弊的行政执法人员依法予以刑事制裁。

（二）客观要件。本罪在客观方面，表现为对依法应当移交司法机关追究刑事责任的不移交，情节严重的行为。

行政执法人员徇私舞弊行为首先必须是利用职务之便进行的。所谓利用职务之便，是指利用职权或者与职务有关的便利条件。职权是指本人职务范围内的权利；与职务有关的便利条件是指虽然不是直接利用职权，但是利用了本人的职权或地位形成的便利条件。

依法应当移交司法机关追究刑事责任的不移交，是指行政执法人员在履行职责的过程中，明知违法行为已经构成犯罪，应当移送司法机关追究刑事责任而不移送，予以隐瞒、掩饰；或者大事减小，以行政处罚代替刑事处罚。不移交行为只有情节严重的，才能构成犯罪。具体的认定参见后附的【立案标准】。

（三）主体要件。本罪的犯罪主体为特殊主体，即是行政执法人员，具体是指在国家公安、工商、税务、海关、检疫等行政机关中依法行使行政职权的公务人员，大体包括以下几类：（1）国务院及国管局组成部门中拥有执法权的人员；（2）国务院直属机构以及国务院各部委管理的国家局中拥有执法权的人员；（3）地方各级人民政府及其职能部门中享有执法权的人员；（4）地方人民政府的派出机关中享有执法权的人员；（5）依照法律、法规的授权决定而设立的、具有行政主体资格的专门机关中享有执法权的人员；（6）依法设立的各种公务组织中享有行政执法权的人员。

（四）主观要件。本罪在主观方面，必须是出于故意，即行为人明知应当移交司法机关追究刑事责任而故意不移交，明知自己行为可能产生的后果，而对这种后果的发生持希望或者放任的态度，至于行为人的犯罪动机可能是多种多样的，有的是为了贪图钱财等不法利益，有的是因碍于亲朋好友情面而徇私舞弊，有的是出于报复或嫉妒心理而徇私舞弊等，动机如何对本罪构成没有影响，可以在量刑时作为因素之一予以考虑。

【立案标准】

1. 最高人民检察院《人民检察院直接受理立案侦查的渎职侵权重特大案件标准（试行）》（2002年1月1日　高检发〔2001〕13号）（节录）

十、徇私舞弊不移交刑事案件案

（一）重大案件

1. 对犯罪嫌疑人依法可能判处五年以上十年以下有期徒刑的重大刑事案件不移交的；

2. 五次以上不移交犯罪案件，或者一次不移交犯罪案件涉及五名以上犯罪嫌疑人的；

3. 以罚代刑，放纵犯罪嫌疑人，致使犯罪嫌疑人继续进行刑事犯罪的。

（二）特大案件

1. 对犯罪嫌疑人依法可能判处十年以上有期徒刑、无期徒刑、死刑的特别重大刑事案件不移交的；

2. 七次以上不移交犯罪案件，或者一次不移交犯罪案件涉及七名以上犯罪嫌疑人的；

3. 以罚代刑，放纵犯罪嫌疑人，致使犯罪嫌疑人继续进行严重刑事犯罪的。

2. 最高人民检察院《关于渎职侵权犯罪案件立案标准的规定》（2006 年 7 月 26 日　高检发释字〔2006〕2 号）（节录）

一、渎职犯罪案件

（十二）徇私舞弊不移交刑事案件案（第四百零二条）

徇私舞弊不移交刑事案件罪是指工商行政管理、税务、监察等行政执法人员，徇私舞弊，对依法应当移交司法机关追究刑事责任的案件不移交，情节严重的行为。

涉嫌下列情形之一的，应予立案：

1. 对依法可能判处 3 年以上有期徒刑、无期徒刑、死刑的犯罪案件不移交的；

2. 不移交刑事案件涉及 3 人次以上的；

3. 司法机关提出意见后，无正当理由仍然不予移交的；

4. 以罚代刑，放纵犯罪嫌疑人，致使犯罪嫌疑人继续进行违法犯罪活动的；

5. 行政执法部门主管领导阻止移交的；

6. 隐瞒、毁灭证据，伪造材料，改变刑事案件性质的；

7. 直接负责的主管人员和其他直接责任人员为牟取本单位私利而不移交刑事案件，情节严重的；

8. 其他情节严重的情形。

三、附则

（五）本规定中的“徇私舞弊”，是指国家机关工作人员为徇私情、私利，故意违背事实和法律，伪造材料，隐瞒情况，弄虚作假的行为。

【司法认定】

（一）本罪的主体——行政执法人员的范围的理解和认定

徇私舞弊不移交刑事案件罪的主体是行政执法人员。所谓行政执法 ，是指行政主体执行、适用法律及从属于法律的法规、规章的活动，是行政主体处理涉及特定行政相对方特定事项的具体行政行为。行政执法行为的主体包括行政机关和法律、法规授权的组织。所谓行政执法人员，既包括行政执法机关中从事执法的人员，也包括法律、法规授权的组织中从事执法的人员，同时还包括行政机关委托的组织中从事执法的人员，以及直接受行政机关委托从事执法的人员。根据有关行政法律规定，在我国从事行政执法的，不仅有国家机关，还包括由法律法规授权的组织以及由国家机关所委托的组织和个人。这种组织分为公务组织和社会组织两类。公务组织，是国家依法设立的专门从事某项管理公共事务职能的组织，如中国纺织协会、中国轻工协会等。这些公务组织通过法律、法规授权享有一定的管理公共事务的职权并履行职责，对自己行为后果独立承担法律责任，成为行政法上的主体。所谓社会组织，主要是指某些事业单位、企业单位、社会团体等，它们经过法律、法规特别授权，也可取得某项或某方面职权而成为行政主体。例如，卫生防疫站、食品检验所是事业单位等。对于那些仅被国家机关委托从事代征代收等事务性工作，而无追究法律责任职责的被委托人或被委托组织的工作人员，不能成为本罪主体。

2002 年 12 月 28 日第九届全国人大常委会第 31 次会议通过的《关于〈中华人民共和国刑法〉第九章渎职罪主体适用问题的解释》和 2006 年 7 月 26 日施行的最高人民检察院《关于渎职侵权犯罪案件立案标准的规定》，“在依照法律、法规规定行使国家行政管理职权的组织中从事公务的人员，或者在受国家机关委托代表国家机关行使职权的组织中从事公务的人员，或者虽未列入国家机关人员编制但在国家机关中从事公务的人员，在代表国家机关行使职权时，有渎职行为，构成犯罪的，依照刑法关于渎职罪的规定追究刑事责任。”

（二）公安人员能否成为本罪的主体

在我国，公安机关既是行政执法机关，又是司法机关。如公安机关办理出入境证件、户籍管理、治安管理等，都属行政执法机关的执法活动，而进行侦查却是属于司法机关的司法活动。因此在公安机关中，既有行政执法人员，又有司法工作人员。那么，到底如何区分公安行政行为和刑事侦查行为呢？或者说划分公安行政行为和刑事侦查行为的标准是什么呢？

我们认为，在办理公安机关涉及犯罪的案件时，应具体行为具体分析。具体到每一个案件，只从公安机关的行为程序、行为机构、行为种类、行为最终结果等几个方面入手才能最终把公安机关的行政行为和刑事侦查行为区分开来。对于公安机关在实施行政执法时的不移交行为，应以徇私舞弊不移交刑事案件罪追究其责任；对于公安机关在实施刑事侦查行为时的不移交行为，应以徇私枉法罪追究其责任。

（三）纪检、监察人员是否属于本罪的主体

行政执法人员应当包括监察人员，监察人员在查处行政违纪案件过程中对已构成犯罪的刑事案件徇私舞弊不移交的，应以徇私舞弊不移交刑事案件罪追究。我国的监察机关是各级人民政府的隶属机关，对人民政府负责并报告工作。《行政监察法》第 43 条规定：“监察机关在办理监察事项中，发现所调查的事项不属于监察机关职责范围内的，应当移送有处理权的单位处理；涉嫌犯罪的，应当移送司法机关依法处理。”从这条可以看出，监察机关有义务把监察过程中发现的刑事案件移交司法机关，这也说明了我国法律是把监察机关作为行政机关来对待的。最高人民检察院《关于渎职侵权犯罪案件立案标准的规定》，徇私舞弊不移交刑事案件罪是指工商行政管理、税务、监察等行政执法人员，徇私舞弊，对依法应当移交司法机关追究刑事责任的案件不移交，情节严重的行为。该规定也将监察人员包含在了行政执法人员当中，为我们理解和适用法律提供了依据。

而单纯的纪检人员属于党的纪律检查系统，属于党的内部纪律检查，并不具有行政执法的性质，因而不具有行政执法人员的身份，不能成为本罪的主体。

（四）本罪“应移交的对象”是指犯罪嫌疑人还是刑事案件

本罪的犯罪对象是依法应当移交司法机关追究刑事责任的刑事案件。理由是：第一，刑事案件不是一个虚无缥缈的、主观的东西，其总是体现为一定的证据材料或诉讼文书，而这都是物质的，属于“物”的范畴，因此，将本罪的犯罪对象界定为刑事案件与我国刑法理论关于犯罪对象的通说并不冲突。第二，将本罪的犯罪对象界定为犯罪嫌疑人与行政执法的实际不相符。在执法过程中，行政执法人员有时会发现涉嫌犯罪的犯罪嫌疑人。但在很多情况下，行政执法人员发现的仅仅是造成一定危害后果而涉嫌犯罪的违法行为，并不知道犯罪嫌疑人是谁，或者知道犯罪嫌疑人是谁也难以抓获，按照第一种观点，其即使将涉嫌犯罪的行政违法案件的所有重要材料都移交司法机关，但由于没有移交犯罪嫌疑人，而同样面临涉嫌徇私舞弊不移交刑事案件犯罪的可能。第三，国务院《行政机关移送涉嫌犯罪案件的规定》第1条、第6条也强调，应当移送的是涉嫌犯罪的案件，而非犯罪嫌疑人。所以，本罪的犯罪对象应是刑事案件。

这里刑事案件的范围，必须是行政执法人员负有“应当移交义务”的刑事案件，而对于没有应当移交义务的，即使其因徇私舞弊而没有移交，也不能构成本罪。对不作为犯罪而言，行为人的作为义务是其犯罪构成中的核心要件。本罪中，行为人的作为义务是“依法应当移交”的义务，如果行为人没有依法应当移交的义务，就失去了构成本罪的前提。对于不同领域的行政执法人员来说，其行政执法职权是有限定范围的，相应地，其“依法应当移交”的义务也限定于这一范围，超出这一范围，即使行政执法人员发现了涉嫌犯罪的案件，也不负应当移交的义务。因此，本罪的犯罪对象并不是所有的刑事案件，而主要限于行政执法职权范围之内的，行政执法人员负有移交义务的刑事案件。

另外，应当移交的刑事案件主要限于公诉案件，对于既可以通过公诉程序，也可以通过自诉程序启动诉讼的刑事案件，只有在严重危害社会秩序和国家利益，或者认为被告人可能被判处三年以上有期徒刑，或者经司法机关通知移送而拒不移送时，才属于应当移交的范围。但是，如果公安机关根据举报或控告，对上述案件已经立案侦查，或者被害人已向人民法院提起自诉并被受理的，公安机关和人民法院通知行政执法机关移送的，行政执法机关就应当依照法律规定将其移送司法机关。此时，这些案件属于应当移交的范围。当然，如果行政执法人员将此类可以移交司法机关追究刑事责任，也可以不移交的案件误认为“依法应当移交”的案件，而伪造材料，隐瞒情况，徇私舞弊不移交的，属于刑法理论上的对象不能犯，应以徇私舞弊不移交刑事案件罪的未遂犯论处。

（五）“不移交”是否限于“不直接向司法机关移交”

对此，实践中有模糊认识，有人认为，徇私舞弊不移交刑事案件罪中的“不移交”限于不直接向司法机关移交。我们认为，这里“不移交”不限于“不直接向司法机关移交”。根据2001年7月4日国务院公布的《行政执法机关移送涉嫌犯罪案件的规定》第5条第2款“行政执法机关正职负责人或主持工作的负责人应当自接到报告之日起3日内作出批准移送或不批准移送的决定。决定批准的，应当在24小时内向同级公安机关移送”。如果仅限于不直接向司法机关移送，似乎就只有行政执法机关正职负责人或主持工作的负责人能构成第402条的犯罪主体了，这样一来就大大缩小了此罪的犯罪主体范围，这与刑事立法的精神是明显相违背的。因为“行政执法机关作为一个社会管理组织，往往是由一般办事人员、中层管理人员、单位领导等多个层级组成的。任何一件重大事项都要经过层层审批，像移交刑事案件这样的事情，就更是如此”①，而且上述规定第5条第1款也规定了“行政执法机关对应当向公安机关移送的涉嫌犯罪案件，应当立即指定2名或2名以上行政执法人员组成专案组专门负责，核实情况后提出移送涉嫌犯罪的案件的书面报告，报经本机关正职负责人或主持工作的负责人审批”。在行政执法人员报本单位负责人审批的过程中，完全有可能出现行政执法人员不向本部门的上级报批或“舞弊”而不移交的行为，这也有可能构成徇私舞弊不移交刑事案件罪，所以，“不移交”不应限于“不直接向司法机关移交”。当然，行政执法机关内部的“不移交”的间接后果是不能依法移交司法机关追究刑事责任。

（六）本罪与国家工作人员工作失误的界限

如果行为人主观上不是明知，而是出于其业务知识、经验不足，或者是调查研究不够充分，工作作风不够深入，思想方法简单片面造成认识偏颇而发生的错误行为，即使造成一定危害后果的，一般也不构成犯罪，如果情节严重或者造成重大后果而构成其他犯罪的，应以其他相应犯罪论处。

（七）本罪与徇私枉法罪的界限

两罪都是特殊主体，都表现为徇私枉法，都侵犯了国家机关的正常活动。但两罪之间的区别是明显的：（1）主体不同。本罪的主体是行政执法人员；后罪的主体是司法工作人员。（2）客观行为不同。本罪是利用行政执法的职权，对

① 王作富、刘志远：《论徇私舞弊不移交刑事案件罪的司法适用》，载《中国刑事法杂志》2000年第3期。

依法应当移交司法机关追究刑事责任的不移交的行为；后罪则表现为利用司法职权，违背事实和法律，作刑事枉法追诉或者枉法裁判的行为。（3）本罪侵犯的直接客体是行政机关的行政管理、行政执法活动；后罪侵犯的直接客体是司法机关的正常活动。

（八）本罪与包庇罪的界限

二者区别主要表现在：

1. 犯罪主体不同。本罪的犯罪主体是特殊主体，即必须是行政执法人员才能构成；包庇罪由一般主体即可构成。

2. 客观方面不同。本罪必须是利用职务之便或违背职责实施的行为才构成；而包庇罪不必利用职务之便即可构成。

【刑事责任】

《刑法》第402条规定，犯本罪，处三年以下有期徒刑或者拘役；造成严重后果的，处三年以上七年以下有期徒刑。

【办案依据】

1.《中华人民共和国刑法》（1997年3月14日修订）（节录）

第四百零二条 行政执法人员徇私舞弊，对依法应当移交司法机关追究刑事责任的不移交，情节严重的，处三年以下有期徒刑或者拘役；造成严重后果的，处三年以上七年以下有期徒刑。

2. 最高人民检察院《人民检察院办理行政执法机关移送涉嫌犯罪案件的规定》（2001年12月3日 高检发释字〔2001〕4号）

根据《中华人民共和国刑事诉讼法》的有关规定，结合《行政执法机关移送涉嫌犯罪案件的规定》，现就人民检察院办理行政执法机关移送涉嫌犯罪案件的有关问题作如下规定：

一、对于行政执法机关移送检察机关的涉嫌犯罪案件，统一由人民检察院控告检察部门受理。

人民检察院控告检察部门受理行政执法机关移送的涉嫌犯罪案件后，应当登记，并指派二名以上检察人员进行初步审查。

二、人民检察院控告检察部门审查行政执法机关移送的涉嫌犯罪案件，应当根据不同情况，提出移送有关部门的处理意见，三日内报主管副检察长或者检察长批准，并通知移送的行政执法机关：

（一）对于不属于检察机关管辖的案件，移送其他有管辖权的机关处理；

（二）对于属于检察机关管辖，但不属于本院管辖的案件，移送有管辖权的人民检察院办理；

（三）对于属于本院管辖的案件，转本院反贪、渎职侵权检察部门办理。

对于性质不明、难以归口办理的案件，可以先由控告检察部门进行必须的调查。

三、对于不属于本院管辖但又必须采取紧急措施的案件，人民检察院控告检察部门在报经主管副检察长或者检察长批准后，应当先采取紧急措施，再行移送。

四、对于行政执法机关移送的涉嫌犯罪案件，人民检察院反贪、渎职侵权检察部门应当审查是否附有下列材料：

（一）涉嫌犯罪案件移送书；

（二）涉嫌犯罪案件情况的调查报告；

（三）涉案物品清单；

（四）有关检验报告或者鉴定结论；

（五）其他有关涉嫌犯罪的材料。

人民检察院可以要求移送案件的行政执法机关补充上述材料和证据。

五、对于行政执法机关移送的涉嫌犯罪案件，人民检察院经审查，认为符合立案条件的，应当及时作出立案决定，并通知移送的行政执法机关。

六、对于行政执法机关移送的涉嫌犯罪案件，人民检察院经审查，认为不符合立案条件的，可以作出不立案决定；对于需要给予有关责任人员行政处分、行政处罚或者没收违法所得的，可以提出检察意见，移送有关主管部门处理，并通知移送的行政执法机关。

七、对于人民检察院的不立案决定，移送涉嫌犯罪案件的行政执法机关可以在收到不立案决定书后五日内要求作出不立案决定的人民检察院复议。人民检察院刑事申诉检察部门应当指派专人进行审查，并在收到行政执法机关要求复议意见书后七日内作出复议决定。

行政执法机关对复议决定不服的，可以在收到人民检察院复议决定书后五日内向上一级人民检察院提请复核。上一级人民检察院应当在收到行政执法机关提请复核意见书后十五日内作出复核决定。对于原不立案决定错误的，应当及时纠正，并通知作出不立案决定的下级人民检察院执行。

八、对于人民检察院决定立案侦查的案件，办理案件的人民检察院应当将立案决定和案件的办理结果及时通知移送案件的行政执法机关。

九、移送涉嫌犯罪案件的行政执法机关对公安机关不予立案决定或者不予立案的复议决定有异议，建议人民检察院依法进行立案监督的，统一由人民检察院侦查监督部门办理。

十、人民检察院应当依法对公安机关办理行政执法机关移送涉嫌犯罪案件进行立案监督。对于具有下列情形之一的，人民检察院应当要求公安机关在收到人民检察院《要求说明不立案理由通知书》后七日内将关于不立案理由的说明书面答复人民检察院：

（一）人民检察院认为公安机关对应当立案侦查的案件而不立案侦查的；

（二）被害人认为公安机关对应当立案侦查的案件而不立案侦查，向人民检察院提出的；

（三）移送涉嫌犯罪案件的行政执法机关对公安机关不予立案决定或者不予立案的复议决定有异议，建议人民检察院依法进行立案监督的。

人民检察院认为公安机关不立案理由不能成立，应当通知公安机关在收到《通知立案书》后十五日内决定立案，并将立案决定书送达人民检察院。

十一、对于人民检察院认为公安机关不立案理由成立的，或者认为公安机关的不立案理由不成立而通知公安机关立案，公安机关已经立案的，人民检察院应当及时通知提出立案监督建议的行政执法机关。

十二、各级人民检察院对行政执法机关不移送涉嫌犯罪案件，具有下列情形之一的，可以提出检察意见：

（一）检察机关发现行政执法机关应当移送的涉嫌犯罪案件而不移送的；

（二）有关单位和个人举报的行政执法机关应当移送的涉嫌犯罪案件而不移送的；

（三）隐匿、销毁涉案物品或者私分涉案财物的；

（四）以行政处罚代替刑事追究而不移送的。

有关行政执法人员涉嫌犯罪的，依照刑法的有关规定，追究刑事责任。

十三、各级人民检察院对公安机关不接受行政执法机关移送的涉嫌犯罪案件，或者逾期不作出立案或者不予立案决定，在检察机关依法实施立案监督后，仍不接受或者不作出决定的，可以向公安机关提出检察意见。

有关公安人员涉嫌犯罪的，依照刑法的有关规定，追究刑事责任。

十四、最高人民检察院对地方各级人民检察院，上级人民检察院对下级人民检察院办理的行政执法机关移送的涉嫌犯罪案件，应加强指导和监督，对不依法办理以及办理过程中的违法违纪问题，要依照有关规定严肃处理；构成犯罪的，依法追究刑事责任。

十五、各级人民检察院对于其他机关和部门移送的涉嫌犯罪案件，依照本规定办理。

3. 最高人民法院、最高人民检察院《关于办理渎职刑事案件适用法律若干问题的解释（一）》（2013年1月9日）（参见本书第154～155页）

（三）部门意见

4. 公安部《关于打击拐卖妇女儿童犯罪适用法律和政策有关问题的意见》（2000年3月24日）（节录）

六、关于不解救或者阻碍解救被拐卖的妇女、儿童等渎职犯罪

（三）行政执法人员徇私情、私利，伪造材料，隐瞒情况，弄虚作假，对依法应当移交司法机关追究刑事责任的拐卖妇女、儿童犯罪案件不移交司法机关处理，构成犯罪的，以徇私舞弊不移交刑事案件罪移送人民检察院追究刑事责任。

5.《中华人民共和国行政处罚法（2009年修正）》（1996年10月1日）（节录）

第七条 公民、法人或者其他组织因违法受到行政处罚，其违法行为对他人造成损害的，应当依法承担民事责任。

违法行为构成犯罪，应当依法追究刑事责任，不得以行政处罚代替刑事处罚。

第二十二条 违法行为构成犯罪的，行政机关必须将案件移送司法机关，依法追究刑事责任。

第六十一条 行政机关为牟取本单位私利，对应当依法移交司法机关追究刑事责任的不移交，以行政处罚代替刑罚，由上级行政机关或者有关部门责令纠正；拒不纠正的，对直接负责的主管人员给予行政处分；徇私舞弊、包庇纵容违法行为的，依照刑法有关规定追究刑事责任。

6.《中华人民共和国监察法（2010年修正）》（1997年5月9日）（节录）

第四十八条 监察人员滥用职权、徇私舞弊、玩忽职守、泄露秘密的，依法给予行政处分；构成犯罪的，依法追究刑事责任。

7.《行政执法机关移送涉嫌犯罪案件的规定》（2001年7月9日　国务院令第310号）（节录）

第二条 本规定所称行政执法机关，是指依照法律、法规或者规章的规定，对破坏社会

主义市场经济秩序、妨害社会管理秩序以及其他违法行为具有行政处罚权的行政机关，以及法律、法规授权的具有管理公共事务职能、在法定授权范围内实施行政处罚的组织。

第三条　行政执法机关在依法查处违法行为过程中，发现违法事实涉及的金额、违法事实的情节、违法事实造成的后果等，根据刑法关于破坏社会主义市场经济秩序罪，妨害社会管理秩序罪等罪的规定和最高人民法院、最高人民检察院关于破坏社会主义市场经济秩序罪，妨害社会管理秩序罪等罪的司法解释以及最高人民检察院、公安部关于经济犯罪案件的追诉标准等规定，涉嫌构成犯罪，依法需要追究刑事责任的，必须依照本规定向公安机关移送。

第四条　行政执法机关在查处违法行为过程中，必须妥善保存所收集的与违法行为有关的证据。

行政执法机关对查获的涉案物品，应当如实填写涉案物品清单，并按照国家有关规定予以处理。对易腐烂、变质等不宜或者不易保管的涉案物品，应当采取必要措施，留取证据；对需要进行检验、鉴定的涉案物品，应当由法定检验、鉴定机构进行检验、鉴定，并出具检验报告或者鉴定结论。

第五条　行政执法机关对应当向公安机关移送的涉嫌犯罪案件，应当立即指定2名或者2名以上行政执法人员组成专案组专门负责，核实情况后提出移送涉嫌犯罪案件的书面报告，报经本机关正职负责人或者主持工作的负责人审批。

行政执法机关正职负责人或者主持工作的负责人应当自接到报告之日起3日内作出批准移送或者不批准移送的决定。决定批准的，应当在24小时内向同级公安机关移送；决定不批准的，应当将不予批准的理由记录在案。

第六条　行政执法机关向公安机关移送涉嫌犯罪案件，应当附有下列材料：

（一）涉嫌犯罪案件移送书；

（二）涉嫌犯罪案件情况的调查报告；

（三）涉案物品清单；

（四）有关检验报告或者鉴定结论；

（五）其他有关涉嫌犯罪的材料。

第七条　公安机关对行政执法机关移送的涉嫌犯罪案件，应当在涉嫌犯罪案件移送书的回执上签字；其中，不属于本机关管辖的，应当在24小时内转送有管辖权的机关，并书面告知移送案件的行政执法机关。

第八条　公安机关应当自接受行政执法机关移送的涉嫌犯罪案件之日起3日内，依照刑法、中华人民共和国刑事诉讼法以及最高人民法院、最高人民检察院关于立案标准和公安部关于公安机关办理刑事案件程序的规定，对所移送的案件进行审查。认为有犯罪事实，需要追究刑事责任，依法决定立案的，应当书面通知移送案件的行政执法机关；认为没有犯罪事实，或者犯罪事实显著轻微，不需要追究刑事责任，依法不予立案的，应当说明理由，并书面通知移送案件的行政执法机关，相应退回案卷材料。

第九条　行政执法机关接到公安机关不予立案的通知书后，认为依法应当由公安机关决定立案的，可以自接到不予立案通知书之日起3日内，提请作出不予立案决定的公安机关复议，也可以建议人民检察院依法进行立案监督。

作出不予立案决定的公安机关应当自收到行政执法机关提请复议的文件之日起3日内作出立案或者不予立案的决定，并书面通知移送案件的行政执法机关。移送案件的行政执法机关对公安机关不予立案的复议决定仍有异议的，应当自收到复议决定通知书之日起3日内建议人民检察院依法进行立案监督。

公安机关应当接受人民检察院依法进行的立案监督。

第十条 行政执法机关对公安机关决定不予立案的案件，应当依法作出处理；其中，依照有关法律、法规或者规章的规定应当给予行政处罚的，应当依法实施行政处罚。

第十一条 行政执法机关对应当向公安机关移送的涉嫌犯罪案件，不得以行政处罚代替移送。

行政执法机关向公安机关移送涉嫌犯罪案件前已经作出的警告，责令停产停业，暂扣或者吊销许可证、暂扣或者吊销执照的行政处罚决定，不停止执行。

依照行政处罚法的规定，行政执法机关向公安机关移送涉嫌犯罪案件前，已经依法给予当事人罚款的，人民法院判处罚金时，依法折抵相应罚金。

第十二条 行政执法机关对公安机关决定立案的案件，应当自接到立案通知书之日起3日内将涉案物品以及与案件有关的其他材料移交公安机关，并办结交接手续；法律、行政法规另有规定的，依照其规定。

第十三条 公安机关对发现的违法行为，经审查，没有犯罪事实，或者立案侦查后认为犯罪事实显著轻微，不需要追究刑事责任，但依法应当追究行政责任的，应当及时将案件移送同级行政执法机关，有关行政执法机关应当依法作出处理。

第十四条 行政执法机关移送涉嫌犯罪案件，应当接受人民检察院和监察机关依法实施的监督。

任何单位和个人对行政执法机关违反本规定，应当向公安机关移送涉嫌犯罪案件而不移送的，有权向人民检察院、监察机关或者上级行政执法机关举报。

第十五条 行政执法机关违反本规定，隐匿、私分、销毁涉案物品的，由本级或者上级人民政府，或者实行垂直管理的上级行政执法机关，对其正职负责人根据情节轻重，给予降级以上的行政处分；构成犯罪的，依法追究刑事责任。

对前款所列行为直接负责的主管人员和其他直接责任人员，比照前款的规定给予行政处分；构成犯罪的，依法追究刑事责任。

第十六条 行政执法机关违反本规定，逾期不将案件移送公安机关的，由本级或者上级人民政府，或者实行垂直管理的上级行政执法机关，责令限期移送，并对其正职负责人或者主持工作的负责人根据情节轻重，给予记过以上的行政处分；构成犯罪的，依法追究刑事责任。

行政执法机关违反本规定，对应当向公安机关移送的案件不移送，或者以行政处罚代替移送的，由本级或者上级人民政府，或者实行垂直管理的上级行政执法机关，责令改正，给予通报；拒不改正的，对其正职负责人或者主持工作的负责人给予记过以上的行政处分；构成犯罪的，依法追究刑事责任。

对本条第一款、第二款所列行为直接负责的主管人员和其他直接责任人员，分别比照前两款的规定给予行政处分；构成犯罪的，依法追究刑事责任。

第十七条 公安机关违反本规定，不接受行政执法机关移送的涉嫌犯罪案件，或者逾期不作出立案或者不予立案的决定的，除由人民检察院依法实施立案监督外，由本级或者上级人民政府责令改正，对其正职负责人根据情节轻重，给予记过以上的行政处分；构成犯罪的，依法追究刑事责任。

对前款所列行为直接负责的主管人员和其他直接责任人员，比照前款的规定给予行政处分；构成犯罪的，依法追究刑事责任。

第十八条　行政执法机关在依法查处违法行为过程中，发现贪污贿赂、国家工作人员渎职或者国家机关工作人员利用职权侵犯公民人身权利和民主权利等违法行为，涉嫌构成犯罪的，应当比照本规定及时将案件移送人民检察院。

十二、滥用管理公司、证券职权罪

【概念与构成】

滥用管理公司、证券职权罪，是指工商行政管理、证券管理等国家有关主管部门的工作人员徇私舞弊、滥用职权，对不符合法律规定条件的公司设立、登记申请或者股票、债券发行、上市申请予以批准或者登记，致使公共财产、国家和人民利益遭受重大损失的行为，以及上级部门、当地政府强令登记机关及其工作人员实施上述行为的行为。构成本罪需要具备以下四个要件：

（一）客体要件。本罪侵犯的客体是公司设立审批、登记机关和股票、债券发行、上市审批机关的正常活动，我国《公司》、《公司登记管理条例》、《证券法》、《企业债券管理条例》等法律、法规，对公司的设立条件和申请登记程序、股票、债券发行、上市的条件和审批程序，都做出了明确具体的规定，并通过法律授权给国家有关行政主管部门、工商行政管理部门、证券管理部门对公司设立、登记申请或者股票、债券发行、上市申请依法进行审查、批准或者登记。负责审批或登记职责的上述国家机关工作人员，只有严格依法办事，按照法定条件进行审批或登记，才能保障国家对公司的正常监管活动，维护社会经济秩序，促进经济建设的顺利发展。若徇私舞弊，滥用职权，非法批准公司设立登记、股票、债券发行、上市申请，必将破坏国家对公司的正常监管活动，致使公共财产、国家和人民利益遭受重大损失。因此，刑法规定，对上述有关主管部门的国家机关工作人员的这种渎职行为而造成严重后果的，必须依法予以刑事制裁。

（二）客观要件。本罪在客观方面表现为国家有关主管部门国家机关工作人员徇私舞弊、滥用职权，对不符合法律规定条件的公司设立、登记申请或者股票、债券发行、上市申请，予以批准或者登记，致使公共财产、国家和人民利益遭受重大损失的行为。

我国《公司法》、《证券法》、《合同法》等对于公司的设立、登记以及股票、债券的发行、上市都规定了极为严格的条件（具体可参见《公司法》第19条、第152条、第162条，《合同法》第137条）。行为人对不符合法律规定条件的公司设立、登记申请或者股票、债券发行、上市申请，予以批准或者登记的行为，必须因此行为致使公共财产、国家和人民利益遭受重大损失，否则，即使实施了对不符合法律规定条件的公司设立、登记申请或者股票、债券发行、上市申请予以批准或者登记的行为，但如没有给公共财产、国家和人民利益造成损失，或者虽有损失但不是重大损失，亦不能构成本罪。是否造成公共财产、国家和人民利益重大损失，是本罪与非罪的一个重要界限。所谓重大损失，主要是指造成巨大直接经济损失的；造成恶劣的政治影响的等情况。具体可参见后附的【立案标准】相关内容。

（三）主体要件。本罪的主体是国家有关主管部门的国家机关工作人员，本条所称“有关主管部门”是指负责对公司设立、登记申请或者股票、债券发行、上市申请的条件是否符合法律规定予以审核、批准或者登记的国家机关。所称“上级部门”，是广义的，它既包括登记机关，即工商行政管理机关的上级领导管理部门，也包括工商行政管理机关以外的对工商行政管理机关负有领导责任的部门。同时这里所说的上级部门，不仅仅是指上级部门的负责人，也包括在上级部门工作的具体工作人员。

（四）主观要件。本罪在主观方面，可以是故意也可以是过失。

【立案标准】

1. 最高人民检察院《人民检察院直接受理立案侦查的渎职侵权重特大案件标准（试行）》（2002 年 1 月 1 日　高检发〔2001〕13 号）（节录）

十一、滥用管理公司、证券职权案

（一）重大案件

1. 造成直接经济损失五十万元以上的；

2. 因违法批准或者登记致使发生刑事犯罪的。

（二）特大案件

1. 造成直接经济损失一百万元以上的；

2. 因违法批准或者登记致使发生重大刑事犯罪的。

2. 最高人民检察院《关于渎职侵权犯罪案件立案标准的规定》（2006 年 7 月 26 日　高检发释字〔2006〕2 号）（节录）

一、渎职犯罪案件

（十三）滥用管理公司、证券职权案（第四百零三条）

滥用管理公司、证券职权罪是指工商行政管理、证券管理等国家有关主管部门的工作人员徇私舞弊，滥用职权，对不符合法律规定条件的公司设立、登记申请或者股票、债券发行、上市申请予以批准或者登记，致使公共财产、国家和人民利益遭受重大损失的行为，以及上级部门、当地政府强令登记机关及其工作人员实施上述行为的行为。

涉嫌下列情形之一的，应予立案：

1. 造成直接经济损失 50 万元以上的；

2. 工商管理部门的工作人员对不符合法律规定条件的公司设立、登记申请，违法予以批准、登记，严重扰乱市场秩序的；

3. 金融证券管理机构工作人员对不符合法律规定条件的股票、债券发行、上市申请，违法予以批准，严重损害公众利益，或者严重扰乱金融秩序的；

4. 工商管理部门、金融证券管理机构的工作人员对不符合法律规定条件的公司设立、登记申请或者股票、债券发行、上市申请违法予以批准或者登记，致使犯罪行为得逞的；

5. 上级部门、当地政府直接负责的主管人员强令登记机关及其工作人员，对不符合法律规定条件的公司设立、登记申请或者股票、债券发行、上市申请予以批准或者登记，致使公共财产、国家或者人民利益遭受重大损失的；

6. 其他致使公共财产、国家和人民利益遭受重大损失的情形。

三、附则

（五）本规定中的“徇私舞弊”，是指国家机关工作人员为徇私情、私利，故意违背事实和法律，伪造材料，隐瞒情况，弄虚作假的行为。

【司法认定】

（一）如何理解本罪的主体范围

本罪的主体是工商行政管理、证券管理等国家有关主管部门的工作人员。根据我国公司法的规定，股份有限公司的设立采取审批主义，即必须经过国务院授权的部门或者省级人民政府批准；有限责任公司的设立，原则上适用登记准则主义，除非其他法律、法规有相反规定。同时，根据《公司登记管理条例》和《中国人民银行法》的规定，工商行政管理机关是公司登记机关；中国人民银行有权审批金融机构的设立、变更、终止及其业务范围。根据《证券法》的规定，公开发行证券，必须符合法律、行政法规规定的条件，并依法报经国务院证券监督管理机构或者国务院授权的部门核准或者审批；股份有限公司申请其股票上市交易、公司申请其发行的公司债券上市交易，必须报经国务院证券监督管理机构核准。因此，本罪的主体主要包括下述人员：

（1）法律、行政法规规定的审批有限责任公司设立的国家机关的国家工作人员；

（2）审批股份有限公司设立的国务院授权的部门或者省级人民政府中的国家工作人员；

（3）审批以募股方式设立股份有限公司的国务院证券管理部门中的国家工作人员；

（4）公司设立的登记机关的国家工作人员，一般是指工商行政管理机关中的国家工作人员；

（5）审批股票发行的国务院授权部门或者省级人民政府，或者国务院证券管理部门中的国家工作人员；

(6) 审批股票上市的国务院证券管理部门中的国家工作人员;

(7) 审批债券发行的国务院证券管理部门中的国家工作人员;

(8) 中国人民银行主管金融机构设立审批事项的工作人员。

证券交易所是提供证券集中竞价交易场所的不以盈利为目的的法人。它本身并非证券管理部门。一般而言，证券交易所的工作人员不能构成本罪。但根据《证券法》第43条第2款和第50条第2款的规定，国务院证券监督管理机构可以授权证券交易所依照法定条件和法定程序核准股票、公司债券上市申请。因此，我们认为，在证券交易所根据国务院证券监督管理机构的授权，核准股票、公司债券上市申请时，应当认为其在履行证券监督管理职责，具有证券管理的职权；若其工作人员徇私舞弊，对不符合法律规定条件的股票、公司债券上市申请予以核准，致使公共财产、国家和人民利益遭受重大损失的，应以本罪论处。

(二) 关于上级部门强令实施滥用管理公司、证券职权行为的处理

实践中，有时存在有关主管部门及其工作人员并非出于自愿而是迫于上级部门的指示才不得已对不符合法律规定条件的公司设立、登记申请予以批准或者登记的情况，对此公司法和刑法均作了规定。根据规定，对于上级部门强令登记机关及其工作人员实施滥用管理公司、证券职权行为，致使公共财产、国家和人民利益遭受重大损失的，对该上级部门直接负责的主管人员，以本罪处罚；尚未造成重大损失的，依法给予行政处分。

所谓上级部门，其不仅包括上级工商行政管理机关，而且亦包括上级工商行政管理机关以外的对工商行政管理负有领导责任的人员，如政府中的主管领导等。上级部门直接负责的主管人员，不仅包括上级部门的负责人，而且亦包括上级部门中的具体工作人员。至于强令，则是指上级部门明知公司设立、登记申请或股票、债券发行、上市申请不符合法律规定的条件却指使、命令、要求登记机关及其工作人员非法予以批准或登记。

(三) 本罪与相关犯罪的界限

1. 本罪与滥用职权罪的界限

二者都是特殊主体的职务犯罪，而且都是滥用职权的行为，都要求使公共财产、国家和人民利益造成了重大损失。二者的主要区别是：(1) 主体不同。本罪是负责公司设立、登记或者股票、债券发行、上市审批工作的国家有关主管部门的国家机关工作人员，而后者则包括所有的国家机关工作人员。(2) 行为方式不同，本罪表现为国家有关主管部门国家机关工作人员徇私舞弊、滥用职权，对不符合法律规定条件的公司设立、登记申请或者股票、债券发行、上市申请，予以批准或者登记的行为，而后者的表现形式则很多。总的来说，表现为超越职权、擅自决定、处理无权决定和处理的事项或者违反规定处理公务的行为。

（3）主观动机不尽相同，本罪行为人是出于徇私舞弊，而后者则不要求有此动机。此外，二者还是特殊法和一般法的关系。

2. 本罪和擅自发行股票、公司、企业债券罪的界限

二者的区别是：（1）犯罪主体不同。本罪是特殊主体，而后者则是一般主体，自然人和单位均可构成；（2）行为方式不同。本罪表现为国家有关主管部门国家机关工作人员徇私舞弊、滥用职权，对不符合法律规定条件的公司设立、登记申请或者股票、债券发行、上市申请，予以批准或者登记的行为，而后者则表现为未经国家有关主管部门批准，擅自发行股票或者债券。

【刑事责任】

《刑法》第403条规定，犯本罪，处五年以下有期徒刑或者拘役。

上级部门强令登记机关及其工作人员实施前款行为的，对其直接负责的主管人员，依照前款的规定处罚。

【办案依据】

1.《中华人民共和国刑法》（1997年3月14日修订）（节录）

第四百零三条　国家有关主管部门的国家机关工作人员，徇私舞弊，滥用职权，对不符合法律规定条件的公司设立、登记申请或者股票、债券发行、上市申请，予以批准或者登记，致使公共财产、国家和人民利益遭受重大损失的，处五年以下有期徒刑或者拘役。

上级部门强令登记机关及其工作人员实施前款行为的，对其直接负责的主管人员，依照前款的规定处罚。

2.《中华人民共和国公司法（2013年修正）》（1994年7月1日）（节录）

第二百零八条　公司登记机关对不符合本法规定条件的登记申请予以登记，或者对符合本法规定条件的登记申请不予登记的，对直接负责的主管人员和其他直接责任人员，依法给予行政处分。

第二百零九条　公司登记机关的上级部门强令公司登记机关对不符合本法规定条件的登记申请予以登记的，或者对符合本法规定条件的登记申请不予登记的，或者对违法登记进行包庇的，对直接负责的主管人员和其他直接责任人员依法给予行政处分。

第二百一十五条　违反本法规定，构成犯罪的，依法追究刑事责任。

3.《中华人民共和国证券法（2014年修正）》（1999年7月1日）（节录）

第二百二十七条　国务院证券监督管理机构或者国务院授权的部门有下列情形之一的，对直接负责的主管人员和其他直接责任人员，依法给予行政处分：

（一）对不符合本法规定的发行证券、设立证券公司等申请予以核准、批准的；

十三、徇私舞弊不征、少征税款罪

【概念与构成】

徇私舞弊不征、少征税款罪是指税务机关工作人员徇私舞弊，不征、少征应征税款，致使国家税收遭受重大损失的行为。构成本罪需要具备以下四个要件：

（一）客体要件。本罪侵害的客体是国家的税收征收管理制度和国家税收机关的正常管理活动。税收是国家财政收入的主要来源。依法保障国家的税收，对于增加国家的综合国力具有重要的意义。全国人大常委会相继通过了《税收征收管理法》等一系列涉税法律、法规，为依法打击涉税犯罪，保障国家的财政收入提供了必要的法律武器。徇私舞弊不征、少征税款，不仅会使国家的财政收入受到损失，侵犯国家的税收管理制度，而且会侵犯税务机关工作人员职务行为的廉洁性，侵犯国家税收机关的正常管理活动。

（二）客观要件。本罪在客观方面表现为徇私舞弊，不征或者少征应征税款，致使国家税收遭受重大损失的行为。

税务工作人员徇私舞弊行为首先必须是利用职务之便进行的。所谓利用职务之便，是指利用职权或者与职务有关的便利条件。职权是指本人职务范围内的权利；与职务有关的便利条件是指虽然不是直接利用职权，但是利用了本人的职权或地位形成的便利条件。

其次必须有不征、少征应征税款的行为。所谓应征税款，是指税务机关根据法律、行政法规规定的税种税率应当向纳税人征收的税款。所谓不征，是指税务机关工作人员明知纳税人应当缴纳税款，但是不向其征收，或者违反法律、行政法规规定，擅自决定纳税人免缴税款。所谓少征，是指税务机关的工作人员向纳税人实际征收的税款少于应征税款，或者明知不具备减税条件，弄虚作假擅自决定减税的。

徇私舞弊，不征或者少征应征税款的行为表现在税收征管的各个环节中，如税务登记、账簿、凭证管理、纳税申报、税款征收（包括税款的缴纳、退还、补缴和追征、税收减免、应纳税额的核定、纳税担保）以及税务检查，税务工作人员只要在上述各个环节中违背事实和法律、法规，滥用征管职权，搞虚假税务登记，涂改账簿，伪造纳税凭证、擅自减少应纳税数额等，都是徇私舞弊行为。

最后，不征、少征应征税款的行为必须致使国家税收遭受重大的损失。“致使国家税收遭受重大损失”是指行为人徇私舞弊，不征或少征的税款，由于主客观原因，国家无法再实际予以征收。如果行为人不征或少征的应征税款，税务机关发现以后，依法征收并如数收归国库，那么则不能认为行为人不征或少征的应征税款已致使国家税收遭受重大损失，从而不认为成立犯罪。

（三）主体要件。本罪的主体要件是特殊主体，是履行征收税款职责的国家工作人员，即税务机关的工作人员。税务机关的工作人员，也就是指在各级税务局、税务分局和税务所中代表国家依法负有向纳税人或纳税单位征收税款义务并行使征收税款职权的人员。

（四）主观要件。本罪的主观方面表现为故意。即税务机关的工作人员，明知自己不征或者少征税款的行为，破坏了有关税收管理法规，会给国家税收造成严重损失，仍然希望或放任这种危害结果的发生。

过失不构成本罪，如果税务工作人员在税收征管中玩忽职守，严重不负责任，过失地给国家税收造成重大损失的，应按《刑法》第397条的玩忽职守罪追究刑事责任，至于行为人的犯罪动机可能是多种多样的，有的是为了贪图钱财等不法利益，有的是因碍于亲朋好友情面而徇私舞弊，有的是出于报复或嫉妒心理而徇私舞弊等，动机如何对本罪构成没有影响，可以在量刑时作为因素之一予以考虑。

【立案标准】

1. 最高人民检察院《人民检察院直接受理立案侦查的渎职侵权重特大案件标准（试行）》（2002年1月1日　高检发〔2001〕13号）（节录）

十二、徇私舞弊不征、少征税款案

（一）重大案件

造成国家税收损失累计达三十万元以上的。

（二）特大案件

造成国家税收损失累计达五十万元以上的。

2. 最高人民检察院《关于渎职侵权犯罪案件立案标准的规定》（2006年7月26日　高检发释字〔2006〕2号）（节录）

一、渎职犯罪案件

（十四）徇私舞弊不征、少征税款案（第四百零四条）

徇私舞弊不征、少征税款罪是指税务机关工作人员徇私舞弊，不征、少征应征税款，致使国家税收遭受重大损失的行为。

涉嫌下列情形之一的，应予立案：

1. 徇私舞弊不征、少征应征税款，致使国家税收损失累计达10万元以上的；

2. 上级主管部门工作人员指使税务机关工作人员徇私舞弊不征、少征应征税款，致使国家税收损失累计达10万元以上的；

3. 徇私舞弊不征、少征应征税款不满10万元，但具有索取或者收受贿赂或者其他恶劣情节的；

4. 其他致使国家税收遭受重大损失的情形。

三、附则

（五）本规定中的“徇私舞弊”，是指国家机关工作人员为徇私情、私利，故意违背事实和法律，伪造材料，隐瞒情况，弄虚作假的行为。

【司法认定】

（一）税务机关工作人员明知纳税人逃税，为徇私情、私利故意不征、少征税款的行为应如何定性

对于税务机关工作人员出于徇私情、私利，明知纳税人逃税犯罪只是假装不知，对逃税犯罪行为采取放任的态度，并因此不征、少征税款的行为，应以本罪论处。

（二）税收罚款是否属于应纳税款的范围

所谓应征税款，是指税务机关根据法律、行政法规规定的税种税率应当向纳税人征收的税款。具体来讲，就是按照《税收征收管理法》、《个人所得税法》、《企业所得税暂行条例》以及其他法律法规规定的税种、税率应向纳税人征收的税款。税收作为国家财政收入的一种最主要的形式，是国家或政府为满足社会公共需要，凭借政治权力按法定标准强制、无偿地参与国民收入分配。从性质上看，具有无偿性、强制性和固定性的特点。所以说，应征税款是纳税主体应承担的缴纳义务。

税收罚款与税款在性质上是不同的。税收罚款是属于税务行政处罚行为，是税务机关在认定纳税人、扣缴义务人行政违法的基础上，依法决定对纳税人、扣缴义务人进行行政处罚的行为之一。应该说，税收罚款是建立在纳税主体违法的基础之上，应征税款是建立在纳税人生产经营基础之上的。税收是国家税法规定而产生，而罚款是行为人违法产生的法律后果。由此看来，税收罚款不能成为税收的组成部分，只能是税收管理的组成部分。所以，在计算应征税款中，不应包括税收罚款，不征或者少征税款罪的行为对象只能是税款，不能包括税收罚款。

（三）擅自决定缓征税款的行为是否属于不征、少征应征税款的行为

通过法定形式，要求纳税人、扣缴义务人按期缴纳税款或者解缴税款，是税收强制性、固定性特征所决定的，也是纳税人履行纳税义务的一项重要内容。同时《税收征收管理法》考虑到了纳税人在其履行纳税义务的过程中可能遇到特殊困难的客观情况，为了保护纳税人的合法权益，对于有特殊困难不能按期缴纳税款的，经省、自治区、直辖市税务机关批准，可以延期缴纳税款，但最长不得超过3个月。这里的特殊困难包括两方面：一是指不可抗力事件发生；二是指当期货币资金不足以缴纳税款。擅自缓征税款，是指行为人对业已到期的税款故意不征，拖延入库时间，或者编造理由，擅自做出违法延缓征收的决定。对于缓征税款的行为，有时从主观上来看，很难做出是徇私情或徇私利的判断，如有些税

务机关在本年度已完成了税收任务，为了在下一年度能保证完成税收任务，对于一些税源大户，采取缓征税款的行为，从客观上看，行为人实施的行为，没有实施不征或少征税款的行为，而是实施了对税款征缴的拖延。对此行为，根据税务征收的有关管理规定，属于行政违法行为，由其上级机关或者行政监察机关责令改正，对直接负责的主管人员和其他直接责任人员给予行政处分，《刑法》中没有将此行为规定为犯罪行为。从另一方面来讲，如果确实是由于税务人员出于私利或私情，对纳税人做出缓征税款的行为，如果没有给国家税收造成无法追缴的重大损失，也不宜认定为犯罪行为。但如果实施此行为给国家税收造成了重大损失，如纳税人过期拒绝缴纳，通过税务机关无法追回，其行为的性质就发生了改变，如果符合 1999 年《关于人民检察院直接受理立案侦查案件立案标准的规定（试行）》的标准，“一是为徇私情、私利，违反规定，对应当征收的税款擅自决定停征、减征或者免征，或者伪造材料，隐瞒情况，弄虚作假，不征、少征应征税款，致使国家税收损失累计达 10 万元以上的；二是徇私舞弊不征、少征应征税款不满 10 万元，但具有索取或者收受贿赂或者其他恶劣情节”的，就应该属于刑法管辖的范围了。

（四）本罪罪与非罪的区别

在税收征管实践中，出现的不征或者少征税款的现象，应该具体问题具体分析，既要从主观上分析是否具有徇私舞弊的犯罪故意，又要从客观上分析税务人员的业务素质；既要有力地打击徇私舞弊不征、少征税款罪的犯罪分子，又要有效地保护税务人员的工作积极性，下面一些情形就应认真分清罪与非罪的区别。

1. 税务机关定期定额导致少征税款。按照税法的规定，税务机关对纳税人的征收方式有查账征收、查定征收、查验征收、定期定额征收等。对定期定额征收主要会出现其实际销售额或者营业额远远高于所定的定额而少征税款，对这类问题只要经过集体研究且所定定额没有明显低于同行业标准，对参加定额的税务人员都不能认定有罪。

2. 批准减免税出现的不征或者少征税款。纳税人提供虚假材料骗取减免税，如提供国防工程或者军队系统的建筑安装工程的材料骗取免征营业税；提供新办企业的材料骗取减免企业所得税；谎报残疾人人数得以福利企业而获取减免税等，这些材料可以是真实的，但却与客观事实不符，税务人员只能凭书面的材料同意减免税的审批，对因此造成不征少征税款的税务人员，不宜追究其刑事责任。

3. 税务检查没有发现逃税造成少征税款。对纳税人进行检查，要求税务人员谙熟财务会计知识和税收，往往出现的问题是前面一些素质低些的税务人员检查时没有发现逃税行为，但之后素质较高的检查人员查出了巨大逃税额，对这类因税务人业务素质原因造成少征税款的，不应定罪。

【刑事责任】

《刑法》第404条规定，犯本罪，处五年以下有期徒刑或者拘役；造成特别重大损失的，处五年以上有期徒刑。

【办案依据】

1.《中华人民共和国刑法》（1997年3月14日修订）（节录）

第四百零四条 税务机关的工作人员徇私舞弊，不征或者少征应征税款，致使国家税收遭受重大损失的，处五年以下有期徒刑或者拘役；造成特别重大损失的，处五年以上有期徒刑。

2. 最高人民法院、最高人民检察院《关于办理渎职刑事案件适用法律若干问题的解释(一)》（2013年1月9日）（参见本书第154~155页）

3.《中华人民共和国税收征收管理法（2013年修正）》（1993年1月1日）（节录）

第八十二条 税务人员徇私舞弊或者玩忽职守，不征或者少征应征税款，致使国家税收遭受重大损失，构成犯罪的，依法追究刑事责任；尚不构成犯罪的，依法给予行政处分。

税务人员滥用职权，故意刁难纳税人、扣缴义务人的，调离税收工作岗位，并依法给予行政处分。

税务人员对控告、检举税收违法违纪行为的纳税人、扣缴义务人以及其他检举人进行打击报复的，依法给予行政处分；构成犯罪的，依法追究刑事责任。

税务人员违反法律、行政法规的规定，故意高估或者低估农业税计税产量，致使多征或者少征税款，侵犯农民合法权益或者损害国家利益，构成犯罪的，依法追究刑事责任；尚不构成犯罪的，依法给予行政处分。

十四、徇私舞弊发售发票、抵扣税款、出口退税罪

【概念与构成】

徇私舞弊发售发票、抵扣税款、出口退税罪，是指税务机关的工作人员违反法律、法规的规定，在发售发票、抵扣税款、出口退税工作中徇私舞弊，致使国家利益遭受重大损失的行为。构成本罪需要具备以下四个要件：

（一）客体要件。本罪所侵犯的客体是税务机关的正常工作秩序。徇私舞弊行为使国家税收法律、法规的顺利实施受到严重干扰，损害了国家税务机关的威信。

本条所称发票，是指在购销商品、提供或者接受服务以及从事其他经营活动中，开具、收取的收付款凭证。发售发票，是指主管税务机关根据已依法办理税务登记的单位或个人提出的领购发票申请向其出售发票的活动。抵扣税款，是指凭发票抵扣税款制度，发票上所注明的税款是唯一可以抵扣的税款。增值税专用

发票就是以商品和劳动增值额为征税对象，并具有抵扣税款功能的专门用于增值税的收付款凭证。此外，具有同增值税专用发票相同功能，可以抵扣税款的普通发票有农业产品收购发票、废旧物品收购发票、运输发票等。出口退税，是指税务机关依法向出口商品的生产或经营单位退还该商品在生产、流通环节已征收的增值税和消费税。国家制定这一税收政策的目的，是为了鼓励出口贸易，增强我国出口产品在国际市场上的竞争力。

（二）客观要件。本罪在客观方面表现为违反法律、行政法规的规定，在发售发票、抵扣税款、出口退税工作中徇私舞弊，致使国家利益遭受重大损失的行为。

我国对发票实行严格的管理制度，在一系列的法律、行政法规中都有规定，税务机关都有一整套的工作纪律和规章制度，以及工作人员的职责和权利、义务，只有违反了法律、行政法规、工作纪律和规章制度的行为，才能成为徇私舞弊行为。“违反法律行政法规规定”是指违反《税收征收管理法》、《发票管理办法》、《增值税暂行条例》等法律、行政法规关于发票发售、税款抵扣和出口退税制度的规定。

税务工作人员在发售发票、抵扣税款、出口退税工作中，违反法律、行政法规的规定，向不该领取发票的人发售了发票，或向可以领取的人多发售了发票，或使犯罪分子非法抵扣、骗取出口退税的行为得逞，致使国家税款大量流失。具体表现为以下几种行为：

1. 在发售发票过程中的徇私舞弊，主要是指，给不具备申购发票条件的单位和个人发售发票，或者领购发票的单位和个人虽具备规定的条件，但未按规定的数量向其发售发票等。

2. 在抵扣税款工作中的徇私舞弊，指由于税务机关的工作人员不认真负责，致使不应抵扣的国家税款被非法抵扣等。

根据我国有关法律、法规的规定，增值税专用发票作为抵扣税款凭证必须符合下列条件：（1）购货方必须是享有税款抵扣权的增值税一般纳税人；（2）开具的增值税专用发票必须真实、正确、完整、有效，如有下列情形之一，不得作为进项税额的抵扣凭证：字迹不清、涂改以及项目填写不齐全的；票物不符、票面金额与实际收取的金额不符或者票面各项内容有误的；单联开具或上下联金额、增值税额等内容不一致的；发票联或抵扣联未加盖财务专用章的；只取得发票联或抵扣联的；未按规定时限开具专用发票的；伪造的专用发票。下列项目的进项税额不得从销项税额中抵扣：购进固定资产；用于非应税项目的购进货物或者应税劳务；用于免税项目的购进货物或者应税劳务；用于集体福利或个人消费的购进货物或者应税劳务；非正常损失的购进货物；等等。

税务机关中主管抵扣税款的工作人员，应当认真履行自己的职责，就纳税人提供的证明真伪，抵扣税款的数额，是否属于应当抵扣的税种、货物内容进行仔细详尽的审查。不应当抵扣的税款而抵扣，以及应少抵扣的而多抵扣，从而致使税收遭受重大损失的，就应依本罪定罪科刑。

3. 在出口退税工作中的徇私舞弊，指由于税务机关的工作人员的疏忽，致使骗取出口退税行为得逞的行为。

退还出口货物的增值税、消费税应当符合下列条件：

（1）退税的主体仅限于具有出口经营权的企业以及其他特准退税企业。后者包括对外承包工程公司，对外承接修理修配业务的企业，外轮供应公司、远洋运输供应公司，利用国际金融组织或外国政府贷款采取国际招标方式销售机电产品、建筑材料而中标的企业，在国内采购货物而运往境外作为国外投资的企业等。非上述单位，就不能申请退税，否则即属违法，骗取出口退税的，则可构成骗取出口退税罪。

（2）必须是依法可以作为退税对象的货物才能予以退税，否则，即使是上述企业也不能申请退税，税务机关也不得批准退税。

（3）所退还的税收应是退税主体已经缴纳的增值税、消费税等税收，非上述税种不能成为出口退税的退税项目。

主管出口退税的税务机关在接到上述有关必备的出口退税的证明文件及资料后，应当认真审查核实，看申请退税人是否属于退税主体，即是否属于法律规定的可以退税的企业；货物是否已经报关并且在财务上做了销售处理；所提供的证明材料是否完整、真实、可靠；企业应退税款数额的计算是否正确等。如果徇私舞弊，滥用职权，不正确履行职责，造成国家税收重大流失的，就应当依本罪定罪。

徇私舞弊发售发票、抵扣税款、出口退税行为，只有使国家利益遭受重大损失才有可能构成本罪。如果仅有徇私舞弊的行为，但没有造成国家利益的实际损失，或者虽然造成了损失，但没有达到重大损失的程度，也只是一般的违法行为，而不能以本罪论处。何谓国家利益损失重大，其标准应是多方面的，如严重影响税收秩序，致使税务机关的正常活动处于极为混乱的状态中，造成恶劣的影响等。具体可参见后附的【立案标准】的相关内容。

（三）主体要件。本罪的主体是特殊主体，只有税务机关的工作人员才能成为本罪的主体，其他自然人均不能成为本罪的主体，单位也不能构成本罪的主体。

（四）主观要件。本罪在主观方面表现为故意，即行为人明知自己在办理发售发票、抵扣税款、出门退税工作中的徇私舞弊行为是违反有关法律规定的，明知自己行为可能致使国家利益遭受损失，而对这种后果的发生持希望或者放任的态度。至于行为人的犯罪动机可能是多种多样的，动机如何对本罪构成没有影响，可以在量刑时作为因素之一予以考虑。

如果是税务机关的工作人员在发售发票、抵扣税款、出口退税工作中由于疏忽大意，严重不负责，致使国家利益遭受损失的，应按照本法第397条规定的玩忽职守罪追究刑事责任。如税务工作人员事先与偷税、非法购买增值税专用发票、骗取出口退税分子通谋，应按照共同犯罪定罪处罚。

【立案标准】

1. 最高人民检察院《人民检察院直接受理立案侦查的渎职侵权重特大案件标准（试行）》（2002年1月1日　高检发〔2001〕13号）（节录）

十三、徇私舞弊发售发票、抵扣税款、出口退税案

（一）重大案件

造成国家税收损失累计达三十万元以上的。

（二）特大案件

造成国家税收损失累计达五十万元以上的。

2. 最高人民检察院《关于渎职侵权犯罪案件立案标准的规定》（2006年7月26日　高检发释字〔2006〕2号）（节录）

一、渎职犯罪案件

（十五）徇私舞弊发售发票、抵扣税款、出口退税案（第四百零五条第一款）

徇私舞弊发售发票、抵扣税款、出口退税罪是指税务机关工作人员违反法律、行政法规的规定，在办理发售发票、抵扣税款、出口退税工作中徇私舞弊，致使国家利益遭受重大损失的行为。

涉嫌下列情形之一的，应予立案：

1. 徇私舞弊，致使国家税收损失累计达10万元以上的；

2. 徇私舞弊，致使国家税收损失累计不满10万元，但发售增值税专用发票25份以上或者其他发票50份以上或者增值税专用发票与其他发票合计50份以上，或者具有索取、收受贿赂或者其他恶劣情节的；

3. 其他致使国家利益遭受重大损失的情形。

三、附则

（五）本规定中的“徇私舞弊”，是指国家机关工作人员为徇私情、私利，故意违背事实和法律，伪造材料，隐瞒情况，弄虚作假的行为。

【司法认定】

（一）本罪罪与非罪的界限

认定徇私舞弊发售发票、抵扣税款、出口退税罪与非罪的界限，除认真把握法律对本罪主体、主观方面、客观方面的规定外，还要注意查明是否致使国家利益遭受重大损失。只有致使国家利益遭受重大损失的行为，才构成本罪。对于虽违法办理了发售发票、抵扣税款、出口退税，但被及时发现，没有造成损失的，不以犯罪论处，而应由有关主管部门依法追究其行政责任。

（二）本罪与相关犯罪的界限

1. 诈骗罪、骗取国家出口退税款罪、非法出售增值税专用发票罪等犯罪的界限

行为人在办理发售发票、抵扣税款、出口退税工作中的徇私舞弊行为，往往会在实际上为他人实施诈骗、骗取国家出口退税款、非法出售增值税专用发票等犯罪起到帮助作用，因此，必须注意划清本罪与这些犯罪的界限，其关键在于查明行为人主观上是否与这些犯罪分子具有共同的犯罪故意。如果查明行为人主观上与诈骗、骗取国家出口退税款等犯罪分子具有共同犯罪的故意而相互勾结，那么，其在客观上所实施的非法办理发售发票、抵扣税款、出口退税行为就属于诈骗、骗取国家出口退税款等犯罪的帮助犯，应当以这些犯罪的共犯定罪处罚，而不再按本罪处罚。

2. 区分本罪与徇私舞弊不征、少征税款罪的界限

徇私舞弊发售发票、抵扣税款、出口门退税罪与徇私舞弊不征、少征税款罪相比，在主体、客观方面均有相同或相似之处，但在客观及主观方面上则有明显的差别。两者在客观方面的区别主要表现为：

其一，两者虽都发生在税收征管领域，但发生的具体阶段不同。徇私舞弊不征、少征税款罪往往直接发生在税务机关的工作人员在征收税收的过程中，或者应当履行征收税收职责而故意不履行。徇私舞弊发售发票则往往发生在征收税收之前，徇私舞弊出口退税又往往发生在征收税收之后。只有抵扣税款的行为可以发生在征收过程中。

其二，行为的具体方式不同，徇私舞弊不征、少征税款罪的舞弊方式往往表现为不作为，即行为人为徇私情私利而故意不履行其应当履行的职责，也可以表现为不正确履行其职责。徇私舞弊发售发票、抵扣税款、出口退税罪则往往表现为作为，即行为人为徇私情私利，故意通过其积极的行为去违法发售发票、抵扣税款或办理出口退税。

【刑事责任】

《刑法》第405条规定：犯本罪，处五年以下有期徒刑或者拘役；致使国家利益遭受特别重大损失的，处五年以上有期徒刑。

【办案依据】

《中华人民共和国刑法》（1997年3月14日修订）（节录）

第四百零五条 税务机关的工作人员违反法律、行政法规的规定，在办理发售发票、抵扣税款、出口退税工作中，徇私舞弊，致使国家利益遭受重大损失的，处五年以下有期徒刑或者拘役；致使国家利益遭受特别重大损失的，处五年以上有期徒刑。

十五、违法提供出口退税凭证罪

【概念与构成】

违法提供出口退税凭证罪，是指税务机关以外的其他国家机关的工作人员违反国家规定，在提供出口货物报关单、出口收汇核销单等出口退税凭证的工作中，徇私舞弊，致使国家利益遭受重大损失的行为。构成本罪需要具备以下四个要件：

（一）客体要件。本罪侵犯的客体是国家的税收管理制度和国家机关的正常管理活动。为了鼓励企业出口创汇，参与国际竞争，从1985年开始，我国按照国际惯例，逐步实行出口退税制度，即在企业产品出口后，根据增值税专用发票、出口货物报关单和出口收汇单证等，将其所缴纳的税款再退还给该企业。一些不法企业和个人利用该项税收优惠政策，大肆骗取出口退税活动，导致国家税款的大量流失。而有些国家机关工作人员徇私舞弊，为他人非法提供这些出口退税凭证，严重干扰了国家对出口退税的管理制度，同时也使国家的税收利益受到危害。

（二）客观要件。本罪的客观方面表现为行为人违反国家规定，在提供出口货物报关单、出口收汇核销单等出口退税凭证的工作中，徇私舞弊，致使国家利益遭受重大损失的行为。而违反国家规定，在提供出口货物报关单、出口收汇核算单等出口退税凭证的工作中，徇私舞弊，只有致使国家利益遭受重大损失的，才构成本罪，否则不构成犯罪，可作为一般徇私舞弊行为，由主管部门予以处理。所谓致使国家利益遭受重大损失，是指致使犯罪分子骗取国家出口退税款的行为得逞，国库税款损失重大等。具体可参见后附的【立案标准】的相关内容。

（三）主体要件。本罪的主体是特殊主体。即税务机关的工作人员以外的其他国家机关工作人员，主要是指承担着提供出口货物报关单和出口收汇核算单等出口退税凭证职责的海关工作人员等国家机关工作人员。凡是办理出口退税凭证工作的国家机关工作人员，都可以成为本罪的主体。

（四）主观要件。本罪在主观方面只能依故意构成，即行为人明知自己在提供出口货物报关单、出口收汇核销单等出口退税凭证的工作中的徇私舞弊行为是违反国家有关规定的，明知自己的行为可能致使国家利益遭受重大损失，而对此后果持希望或放任的态度。

【立案标准】

1. 最高人民检察院《人民检察院直接受理立案侦查的渎职侵权重特大案件标准（试行）》（2002年1月1日　高检发〔2001〕13号）（节录）

十四、违法提供出口退税凭证案

（一）重大案件

造成国家税收损失累计达三十万元以上的。

（二）特大案件

造成国家税收损失累计达五十万元以上的。

2. 最高人民检察院《关于渎职侵权犯罪案件立案标准的规定》（2006年7月26日　高检发释字〔2006〕2号）（节录）

一、渎职犯罪案件

（十六）违法提供出口退税凭证案（第四百零五条第二款）

违法提供出口退税凭证罪是指海关、外汇管理等国家机关工作人员违反国家规定，在提供出口货物报关单、出口收汇核销单等出口退税凭证的工作中徇私舞弊，致使国家利益遭受重大损失的行为。

涉嫌下列情形之一的，应予立案：

1. 徇私舞弊，致使国家税收损失累计达10万元以上的；

2. 徇私舞弊，致使国家税收损失累计不满10万元，但具有索取、收受贿赂或者其他恶劣情节的；

3. 其他致使国家利益遭受重大损失的情形。

三、附则

（五）本规定中的“徇私舞弊”，是指国家机关工作人员为徇私情、私利，故意违背事实和法律，伪造材料，隐瞒情况，弄虚作假的行为。

【司法认定】

（一）违法提供出口退税凭证罪与骗取出口退税罪共犯的界限

违法提供出口退税凭证罪与骗取出口退税罪的区别是：前者是由国家机关工作人员实施的渎职犯罪，后者是个人或单位实施的破坏经济秩序的犯罪；前者是徇私舞弊为他人违法提供出口退税凭证，给国家利益造成重大损失的行为，后者是一种利用欺骗手段实施的特殊诈骗犯罪。在司法实践中，有的海关、商检、外汇管理等部门的工作人员，在提供出口货物报关单、出口收汇核销单等出口退税凭证的工作中徇私舞弊，与一些骗取出口退税的单位或个人相互勾结，通过违法提供出口退税凭证，主动帮助他们骗取国家出口退税。对于这种情形，如何对有关国家机关工作人员的行为定性呢？笔者认为，应视纳税人的骗取出口退税行为是否构成骗取出口退税罪以及徇私舞弊违法提供出口退税凭证行为是否达到定罪标准的不同情况来进行判断：（1）如果骗取出口退税行为达到骗取出口退税罪的定罪标准，违法提供出口退税凭证行为也达到定罪标准，那么有关国家机关工作人员的行为同时符合违法提供出口退税凭证罪和骗取出口退税罪（共犯）的构成，对有关国家机关工作人员应按照想象竞合犯的处罚原则，从一重罪处罚。（2）如果骗取出口退税行为达到骗取出口退税罪的定罪标准，而违法提供出口退税凭证行为达不到定罪标准，那么对有关国家机关工作人员以骗取出口退税罪的共犯定罪处罚。（3）如果违法提供出口退税凭证行为达到定罪标准，而骗取出口退税行为未达到骗取出口退税罪的定罪标准，那么对有关国家机关工作人员的行为以违法提供出口退税凭证罪定罪处罚。

（二）区分本罪与徇私舞弊发售发票、抵扣税款、出口退税罪的界限

两者的区别主要有以下几个方面：

1. 主体不同。违法提供出口退税凭证罪的主体是税务机关以外的其他国家机关工作人员，主要是海关等国家机关的工作人员。徇私舞弊发售发票、抵扣税款、出口退税罪的主体仅限于税务机关工作人员。

2. 客观方面不同，违法提供出口退税凭证罪的客观方面主要表现为行为人为徇私情、私利，违反国家规定，非法提供出口货物报关单、出口收汇核销单等出口退税凭证，致使国家利益遭受重大损失的行为。徇私舞弊发售发票、抵扣税款、出口退税罪的客观方面包括三种形式，即徇私办理发售发票、徇私办理抵扣税款、徇私办理出口退税。违法提供出口退税凭证罪的客观方面与徇私舞弊发售发票、抵扣税款罪相比，比较容易区分，在此不再赘述，违法提供出口退税凭证罪与徇私舞弊出口退税罪相比，其区别主要表现为：一是行为发生的阶段不同，违法提供出口退税凭证的行为一般发生在办理出口退税前；徇私办理出口退税往往发生在办理出口退税过程中，并以伪造或非法提供的出口退税凭证为前提。二是行为发生的部门不同。违法提供出口退税凭证罪发生在税务机关以外的其他国家机关；徇私舞弊出口退税则发生在税务机关在办理出口退税的工作之中。三是行为的方式不同。前者是徇私提供出口退税凭证；后者是徇私办理出口退税。

（三）违法提供出口退税凭证罪中的一罪与数罪问题

司法实践中，海关、商检、外汇管理等部门的工作人员违法提供出口退税凭证的行为，往往与受贿行为交织在一起。即行为人收受他人贿赂甚至索取贿赂，以此作为交换条件，为他人违法提供出口退税凭证。如果收受贿赂、索贿的数额达不到受贿罪的起刑数额标准，而违法提供出口退税凭证的行为造成了国家利益遭受重大损失结果的，自然对行为人以违法提供出口退税凭证罪定罪处罚，收受贿赂、索贿的行为作为酌定情节考虑。因为根据最高人民检察院关于立案标准的规定，违法提供出口退税凭证，“徇私舞弊，致使国家税收损失累计不满 10 万元，但具有索取或者收受贿赂或者其他恶劣情节的”，属于成立违法提供出口退税凭证罪的条件之一。因此，可以从一重罪处断。但是，如果有关国家机关工作人员的受贿行为符合受贿罪的构成，而违法提供出口退税凭证的行为也造成了国家利益重大损失的结果的，对行为人应该如何定罪处罚呢？笔者认为，《刑法》第 399 条第 3 款关于司法工作人员贪赃枉法，同时构成徇私枉法罪、枉法裁判罪和受贿罪依照处罚较重的规定定罪处罚的规定，不应当视为对牵连犯实行数罪并罚的例外，而恰恰应当把它看成是体现目前刑法理论通说观点的一个规定。我国现行刑法和司法解释对于牵连犯的处罚原则，既有按照从一重罪处罚原则来处理

的，也有实行数罪并罚的。因此，对于牵连犯的处罚应当坚持如下原则：凡法律或司法解释规定构成受贿罪的，均应以所犯渎职罪名和受贿罪实行数罪并罚。

【刑事责任】

《刑法》第405条规定：犯本罪，处五年以下有期徒刑或者拘役；致使国家利益遭受特别重大损失的，处五年以上有期徒刑。

【办案依据】

《中华人民共和国刑法》（1997年3月14日修订）（节录）

第四百零五条 税务机关的工作人员违反法律、行政法规的规定，在办理发售发票、抵扣税款、出口退税工作中，徇私舞弊，致使国家利益遭受重大损失的，处五年以下有期徒刑或者拘役；致使国家利益遭受特别重大损失的，处五年以上有期徒刑。

其他国家机关工作人员违反国家规定，在提供出口货物报关单、出口收汇核销单等出口退税凭证的工作中，徇私舞弊，致使国家利益遭受重大损失的，依照前款的规定处罚。

十六、国家机关工作人员签订、履行合同失职被骗罪

【概念与构成】

国家机关工作人员签订、履行合同失职被骗罪，是指国家机关工作人员在签订、履行合同过程中，因严重不负责任，不履行或者不认真履行职责被诈骗，致使国家利益遭受重大损失的行为。构成本罪需要具备以下四个要件：

（一）客体要件。本罪侵犯的客体是国家机关正常行使国家权力、管理国家事务的活动。

（二）客观要件。本罪在客观方面表现为国家机关工作人员在签订、履行合同过程中，因严重不负责任被诈骗，致使国家利益遭受重大损失的行为。具体包括以下要件：

1. 必须有在签订、履行合同的过程中违反有关工作纪律和规章制度，严重不负责任的行为，包括作为和不作为。本条规定的犯罪行为发生在签订、履行合同的过程中。所谓签订，是指当事人双方就合同的主要条款经过协商，达成一致。所谓履行，是指合同当事人对于合同中所规定的事项全部并适当地完成。所谓严重不负责任，一般有如下一些表现：粗枝大叶、盲目轻信，不认真审查对方当事人的合同主体资格、资信情况；不认真审查对方的履约能力和货源情况；应当公证或者鉴证的不予公证或鉴证；贪图个人私利、关心的不是产品的质量和价格，而是个人能否得到回扣，从中捞取多少、得到好处后，在质量上舍优取劣，

在价格上舍低就高，在路途上舍近求远、在供货来源上舍公取私；销售商品时对并非滞销甚至是紧俏的商品，让价出售或赊销，以权谋私，导致被骗；无视规章制度和工作纪律，擅自越权签订或者履行合同；急于推销产品，上当受骗；不辨真假，盲目吸收投资，同假外商签订引资合作等协议；违反规定为他人签订合同提供担保，导致发生纠纷时承担担保责任；等等。

2. 必须具有因严重不负责被诈骗，致使国家利益造成重大损失的结果。根据最高人民检察院《关于渎职侵权犯罪案件立案标准的规定》第1条第17项的规定，国家机关工作人员签订、履行合同失职被骗，涉嫌下列情形之一的，应予立案：(1) 造成直接经济损失30万元以上，或者直接经济损失不满30万元，但间接经济损失150万元以上的；(2) 其他致使国家利益遭受重大损失的情形。

3. 严重不负责任行为与造成的重大损失结果之间，必须具有刑法上的因果关系，这是确定刑事责任的客观基础，严重不负责任行为与造成的严重危害结果之间的因果关系错综复杂，有直接因果，也有间接因果；有主要因果，也有次要因果；有领导者的责任，也有直接责任人员的过失行为，构成本罪，应当追究刑事责任的，则是指严重不负责任行为与造成的严重危害结果之间有必然因果联系的行为。

（三）主体要件。本罪主体为特殊主体，即是国家机关工作人员。

（四）主观要件。本罪在主观方面可以由过失构成，也可以由故意构成。

【立案标准】

1. 最高人民检察院《人民检察院直接受理立案侦查的渎职侵权重特大案件标准（试行）》(2002年1月1日　高检发〔2001〕13号)(节录)

十五、国家机关工作人员签订、履行合同失职被骗案

(一) 重大案件

造成直接经济损失一百万元以上的。

(二) 特大案件

造成直接经济损失二百万元以上的。

2. 最高人民检察院《关于渎职侵权犯罪案件立案标准的规定》(2006年7月26日　高检发释字〔2006〕2号)(节录)

一、渎职犯罪案件

(十七) 国家机关工作人员签订、履行合同失职被骗案（第四百零六条）

国家机关工作人员签订、履行合同失职被骗罪是指国家机关工作人员在签订、履行合同过程中，因严重不负责任，不履行或者不认真履行职责被诈骗，致使国家利益遭受重大损失的行为。

涉嫌下列情形之一的，应予立案：

1. 造成直接经济损失30万元以上，或者直接经济损失不满30万元，但间接经济损失

150万元以上的；

2. 其他致使国家利益遭受重大损失的情形。

【司法认定】

（一）如何理解本罪中的“合同”

本罪所指“合同”应包括民事合同、行政合同和劳动合同，但不包括有关身份关系的合同及国家合同。这里的“合同”应包括民事合同、行政合同和劳动合同，但不包括有关身份关系的合同及国家合同。这是因为刑法上的合同不能等同于民法上的合同。尽管合同法将合同仅限于发生债权债务的民事合同，但不同法律部门对同一法律概念，完全可能有不同的含义，如行政法和劳动法上的合同含义就与民法不一样。将行政合同、劳动合同纳入刑法合同的范围，也具有实践基础。在实践中，国家机关工作人员在签订、履行行政、劳动合同时，由于严重不负责任而被骗，致使国家利益遭受重大损失的渎职行为，也完全可以与民事合同方面的失职被骗行为一样，适用本罪加以处罚，以维护国家利益，体现刑法的公正。

不发生债权债务的合同（如结婚、自愿离婚等）不属于本罪中所指的合同。《合同法》明确规定：“婚姻、收养、监护等有关身份关系的协议，适用其他法律的规定。”在刑法中，自然也就不能将它纳入其范围。国家合同之所以不应包括于《刑法》第406条的范围中，是因为国际法中的“国家合同”，其涉及的内容并非一般的债权债务关系，而是有关政治、军事、外交、司法等事务，签订的程序也比较复杂，往往属于立法行为，与一般的民事合同、行政合同和劳动合同有着根本的区别，不能归为一类。如果在这些领域发生渎职行为，可以按滥用职权罪或玩忽职守罪论处。

（二）如何理解本罪的客观表现

所谓在签订、履行合同过程中，因严重不负责任被诈骗，致使国家利益遭受重大损失的行为，可以概括为“时间性、失职性、被骗性和后果的严重性”四个要素。

1. 时间性。即本罪只能发生在签订、履行合同的过程中。签订、履行合同是市场经济条件下，经济活动契约化的一种基础性活动。国家机关作为社会成员之一，在进行正常的经济活动中，必然存在与其他平等主体的自然人、法人、其他组织之间签订、履行合同的问题。合同过程，可分为签订和履行两个既相互联系又相互区别的过程。“签订合同”，是指平等主体的当事人双方就合同的主要条款经过协商达成一致的过程。“履行合同”，是指合同当事人对于合同中所规定的事项全部并适当地完成，将双方当事人的合同目的予以实现的行为。合同生效后，除非法定情况，都应全面、实际、正确地履行。“签订、履行合同过程中”，是指合同已经生效，正在履行尚未履行完毕这一时间内。因此，如果严重不负责任被诈骗，致使国家利益遭受重大损失的行为发生在签订合同之前或者履行合同之后，均不构成本罪。

2. 失职性。即行为人必须有严重不负责任的行为。严重不负责任，是指在签订、履行合同过程中不履行或不正确履行避免签订、履行合同被诈骗并致使国家利益遭受重大损失的职责。严重不负责任的具体表现形式繁多，归纳起来主要有：没有严格审查合同的形式、内容；没有严格审查签订合同的对方主体资格和履约能力；在履行合同中没有及时采取必要措施导致合同未能履行或者未能完全履行。

3. 被骗性。即行为人在签订、履行合同过程中，由于自己严重不负责任的行为导致被合同对方当事人诈骗。“严重不负责任”与“被诈骗”之间具有因果关系，即没有“被诈骗”就没有本罪。因此，实践中认定本罪应当与对方进行诈骗的行为结合起来。即只有对方进行诈骗的，本罪才可能构成。如果对方不是诈骗，如因经营不善、意外事件、不可抗力等诈骗外的其他原因导致不能履行合同的，国家机关工作人员即使因严重不负责任造成了国家利益重大损失的，也不构成本罪，但可能构成玩忽职守罪。当然，对方诈骗罪的成立，并不意味着本罪一定成立。如国家机关工作人员认真履行了职责还是被对方诈骗或者虽因严重不负责任的行为被诈骗但未造成国家利益重大损失的，就不构成本罪。

4. 后果的严重性，本罪是结果犯。即因为失职被诈骗直接导致了国家利益遭受重大损失的严重后果。重大损失是被诈骗的客观表现，失职被诈骗与重大损失之间具有刑法上的因果关系。如果失职被诈骗并没有导致国家利益重大损失的，不构成本罪。“重大损失”，是指国家机关工作人员所在单位在签订、履行合同中致使对方成功地骗取了数额巨大的国有财产或因对方不履行合同而使国家利益遭受重大损失。它包括给国家和人民造成了重大的物质性损失和非物质性损失，直接经济损失和间接经济损失。

（三）本罪的“诈骗”的具体内容是什么

在一般情况下，国家机关工作人员构成本罪的前提是，对方当事人实施了合同诈骗行为。但如果对方当事人具体实施的是集资诈骗、票据诈骗、信用证诈骗、有价证券诈骗以及销售伪劣产品等行为的，国家机关工作人员是否能构成本罪呢？

我们认为，在同一部法律里，不同条文中的相同用语的含义应当保持一致。所以，本罪中的诈骗，应当是指以虚构事实或隐瞒真相的方法，非法占有他人财物的行为。具体包括合同诈骗、集资诈骗、票据诈骗、信用证诈骗、有价证券诈骗等。而销售伪劣产品、故意提供不合格武器装备、军事设施等行为，则不属于诈骗的范围。所以，国家机关工作人员在签订、履行合同过程中，严重不负责任，购买了伪劣产品或者不合格武器装备、军事设施等，致使国家利益遭受重大损失的，对该国家机关工作人员不能认定为国家机关工作人员签订、履行合同失职被骗罪，而应以玩忽职守罪追究刑事责任。

（四）国家机关工作人员与诈骗犯罪分子通谋的定罪问题

国家机关工作人员在明知对方欲实施诈骗犯罪的情况下，与诈骗犯罪分子通谋，并利用签订、履行合同的职务便利，帮助诈骗犯罪分子实施犯罪，其行为成立诈骗犯罪的共犯。同时，再进一步分析，国家机关工作人员利用签订、履行合同的职务便利，与他人合谋，骗取本单位的财物，此行为又构成贪污罪。所以，此时国家机关工作人员已同时构成了诈骗犯罪的共犯和贪污罪两罪。这种情形属于刑法理论中的想象竞合犯。与国家机关工作人员相对应，诈骗犯罪分子也同时成立贪污罪的共犯和诈骗犯罪两罪。按照想象竞合犯从一重处断的处罚原则，对国家机关工作人员和诈骗犯罪分子都应以贪污罪定罪处罚。这亦符合《刑法》第 382 条第 3 款的规定。

【刑事责任】

《刑法》第 406 条规定，犯本罪，处三年以下有期徒刑或者拘役；致使国家利益遭受特别重大损失的，处三年以上七年以下有期徒刑。

【办案依据】

1.《中华人民共和国刑法》（1997 年 3 月 14 日修订）（节录）

第四百零六条 国家机关工作人员在签订、履行合同过程中，因严重不负责任被诈骗，致使国家利益遭受重大损失的，处三年以下有期徒刑或者拘役；致使国家利益遭受特别重大损失的，处三年以上七年以下有期徒刑。

2. 最高人民法院《全国法院审理经济犯罪案件工作座谈会纪要》（2003 年 11 月 13 日 法〔2003〕167 号）（节录）

六、关于渎职罪

（一）渎职犯罪行为造成的公共财产重大损失的认定

根据刑法规定，玩忽职守、滥用职权等渎职犯罪是以致使公共财产、国家和人民利益遭受重大损失为构成要件的。其中，公共财产的重大损失，通常是指渎职行为已经造成的重大经济损失。在司法实践中，有以下情形之一的，虽然公共财产作为债权存在，但已无法实现债权的，可以认定为行为人的渎职行为造成了经济损失：（1）债务人已经法定程序被宣告破产；（2）债务人潜逃，去向不明；（3）因行为人责任，致使超过诉讼时效；（4）有证据证明债权无法实现的其他情况。

十七、违法发放林木采伐许可证罪

【概念与构成】

违法发放林木采伐许可证罪，是指林业主管部门的工作人员违反森林法的规定，超过批准的年采伐限额发放采伐许可证或者违反规定滥发林木采伐许可证，情节严重，致使森林遭受严重破坏的行为。构成本罪需要具备以下四个要件：

（一）客体要件。本罪侵害的客体是国家的林业管理制度，具体是指国家审核发放林木采伐许可证部门对许可证的正常管理活动。鉴于森林的重要作用与地位，国家对森林的采伐实行限量采伐的保护性措施，以保护森林的再生能力。采伐林木必须严格按照国家审批限额予以采伐，同时必须申请采伐许可证并对之实行统一管理，而长期以来由于对森林资源的经济效益和环境效益缺乏全面的认识，片面注意经济效益而出现滥伐森林的现象，并且日趋严重。更有甚者，有的单位或个人擅自倒卖、伪造林木采伐许可证，破坏国家对森林的限额采伐。本法规定违法发放林木采伐许可证罪具有特殊意义，对于适用法律武器特别是刑罚手段打击超发、滥发林木采伐许可证的违法犯罪行为不仅必要，也有利于我国对森林资源采伐的统一管理。

（二）客观要件。本罪在客观方面表现为违反森林法的规定超过批准的年采伐限额发放林木采伐许可证或者违反规定滥发林木采伐许可证，情节严重的行为。

第一，行为人必须有违反森林法规定的行为。违反森林法的规定，主要是指违反我国《森林法》及其《实施细则》中有关森林年采伐限额的制定和审批、采伐森林和林木的范围与方式、林木采伐许可证的申请与核发职权等方面的规定。

第二，行为必须具有超过批准的年采伐限额发放林木采伐许可证或者违反规定滥发林木采伐许可证的行为。年采伐限额，是指国家根据合理经营、永续利用的原则对森林和林木实行的每年限制采伐的控制指标。根据《森林法实施细则》第16条规定，全民所有的森林和林木以国营林业局、国有林场、农场、厂矿为单位，集体所有的森林和林木以县为单位，根据合理经营、永续利用，用材林的消耗量低于生长量的原则，提出年森林采伐限额指标，逐级上报，由省、自治区、直辖市林业主管部门汇兑、平衡，经同级人民政府审核后，报国务院批准。除了用材林的成熟林和过熟林蓄积量超过用材林的总蓄积量的三分之二的个别省和自治区以外，其他省、自治区、直辖市都必须按用材林的消耗量低于生长量的原则，核定年森林采伐量。该细则第18条还规定，凡采伐全民所有制单位经营、集体所有制单位所有的森林和林木以及农民村民自留山的林木，都必须纳入国家的年度木材生产计划，但采伐农村居民自留山的薪炭林除外。

林木采伐许可证，是指国家林业行政主管部门，根据需要采伐林木的单位或个人的申请，经审查核实后而签发的允许采伐林木的证明，主要包括准许采伐的树种、数量（蓄积）、面积、方式、时间、地点以及完成更新造林的期限等内容，是单位、个人采伐林木的法律凭证，凡采伐林木都必须申请林木采伐许可证，但农村居民采伐自留地和房前屋后个人所有的零星林木以及采伐竹子和不是以生产竹材为主要目的的竹林除外，遇有紧急抢险情况，必须就地采伐林木的，也可以免除申请林木采伐许可证，但事后组织抢险的单位和部门应当将采伐情况报当地县级以上林业主管部门备案。林木采伐许可证的审核签发，对铁路、公路的防护林和城镇林木的更新采伐，由有关主管部门进行；农村集体经济组织采伐林木、由县级林业主管部门进行；农村居民采伐自留山和个人承包集体的林木，由县级林业主管部门或者委托的乡、镇人民政府进行。县属国营林场的机关、团体、学校，由所在地的县林业主管部门核发；省、自治区、直辖市和设区的市、自治州所属的国营林业局、国有林场、其他国有企业、事业单位和部队，由所在地的省、自治区、直辖市林业主管部门或其授权的单位核发采伐许可证；林业部直属的国营林业局，由林业部或者授权的单位核发。国有林业企业事业单位申请采伐许可证时，必须提出伐区调查设计文件和上年度更新验收证明。其他单位申请采伐许可证时，必须提出有关采伐的目的、地点、林种、林况、面积、蓄积、方式和更新措施等内容的文件、部队还应提交师级以上领导机关同意采伐的文件，个人则必须提交包括采伐的地点、面积、树种、株数、蓄积、更新时间等内容的文件。

超过批准的采伐限额发放林木采伐许可证，是指明知国家批准的林木年采伐限额已经届满，仍然继续发放采伐许可证。违反规定滥发林木采伐许可证，是指超越自己的职权或者明知他人采伐许可证申请的内容不符合法律规定仍然予以批准而发给采伐许可证。

第三，滥用职权、滥发采伐许可证的行为，必须情节严重，致使森林遭受严重破坏的，才构成违法发放林木采伐许可证罪。

（三）主体要件。本罪的主体是特殊主体，即是林业主管部门的工作人员，其他部门的工作人员不能构成违法发放林木采伐许可证罪。林业主管部门是从中央到地方各级人民政府中的林业管理部门，如林业部等。

（四）主观方面。本罪的主观方面是故意，既包括直接故意也包括间故意。一般属于间接故意的情况较多，即对森林遭受严重破坏后果持放任态度，但不排除追求和希望这种结果发生的情况。

【立案标准】

1. 最高人民法院《关于审理破坏森林资源刑事案件具体应用法律若干问题的解释》（2000年12月11日　法释〔2000〕36号）（节录）

第十二条　林业主管部门的工作人员违反森林法的规定，超过批准的年采伐限额发放林木采伐许可证或者违反规定滥发林木采伐许可证，具有下列情形之一的，属于刑法第四百零七条规定的“情节严重，致使森林遭受严重破坏”，以违法发放林木采伐许可证罪定罪处罚：

（一）发放林木采伐许可证允许采伐数量累计超过批准的年采伐限额，导致林木被采伐数量在十立方米以上的；

（二）滥发林木采伐许可证，导致林木被滥伐二十立方米以上的；

（三）滥发林木采伐许可证，导致珍贵树木被滥伐的；

（四）批准采伐国家禁止采伐的林木，情节恶劣的；

（五）其他情节严重的情形。

第十七条　本解释规定的林木数量以立木蓄积计算，计算方法为：原木材积除以该树种的出材率。

本解释所称“幼树”，是指胸径五厘米以下的树木。

滥伐林木的数量，应在伐区调查设计允许的误差额以上计算。

2. 最高人民检察院《人民检察院直接受理立案侦查的渎职侵权重特大案件标准（试行）》（2002年1月1日　高检发〔2001〕13号）（节录）

十六、违法发放林木采伐许可证案

（一）重大案件

1. 发放林木采伐许可证允许采伐数量累计超过批准的年采伐限额，导致林木被采伐数量在二十立方米以上的；

2. 滥发林木采伐许可证，导致林木被滥伐四十立方米以上的；

3. 滥发林木采伐许可证，导致珍贵树木被滥伐二株或者二立方米以上的；

4. 批准采伐国家禁止采伐的林木，情节特别恶劣的。

（二）特大案件

1. 发放林木采伐许可证允许采伐数量累计超过批准的年采伐限额，导致林木被采伐数量超过三十立方米的；

2. 滥发林木采伐许可证，导致林木被滥伐六十立方米以上的；

3. 滥发林木采伐许可证，导致珍贵树木被滥伐五株或者五立方米以上的；

4. 批准采伐国家禁止采伐的林木，造成严重后果的。

3. 最高人民检察院《关于渎职侵权犯罪案件立案标准的规定》（2006年7月26日　高检发释字〔2006〕2号）（节录）

一、渎职犯罪案件

（十八）违法发放林木采伐许可证案（第四百零七条）

违法发放林木采伐许可证罪是指林业主管部门的工作人员违反森林法的规定，超过批准的年采伐限额发放林木采伐许可证或者违反规定滥发林木采伐许可证，情节严重，致使森林遭受严重破坏的行为。

涉嫌下列情形之一的，应予立案：

1. 发放林木采伐许可证允许采伐数量累计超过批准的年采伐限额，导致林木被超限额采伐10立方米以上的；

2. 滥发林木采伐许可证，导致林木被滥伐20立方米以上，或者导致幼树被滥伐1000株以上的；

3. 滥发林木采伐许可证，导致防护林、特种用途林被滥伐5立方米以上，或者幼树被滥伐200株以上的；

4. 滥发林木采伐许可证，导致珍贵树木或者国家重点保护的其他树木被滥伐的；

5. 滥发林木采伐许可证，导致国家禁止采伐的林木被采伐的；

6. 其他情节严重，致使森林遭受严重破坏的情形。

林业主管部门工作人员之外的国家机关工作人员，违反森林法的规定，滥用职权或者玩忽职守，致使林木被滥伐40立方米以上或者幼树被滥伐2000株以上，或者致使防护林、特种用途林被滥伐10立方米以上或者幼树被滥伐400株以上，或者致使珍贵树木被采伐、毁坏4立方米或者4株以上，或者致使国家重点保护的其他植物被采伐、毁坏后果严重的，或者致使国家严禁采伐的林木被采伐、毁坏情节恶劣的，按照刑法第三百九十七条的规定以滥用职权罪或者玩忽职守罪追究刑事责任。

【司法认定】

（一）本罪罪与非罪的界限

情节严重，致使森林遭受严重破坏是本罪的必备要件。如果行为人违法发放林木采伐许可证的行为并未造成森林资源的严重破坏，或者行为人违法发放林木采伐许可证超出限额或者违法发放许可证的数量不大，情节不严重，而采伐人进一步超出采伐许可证规定的范围滥伐林木而导致森林资源遭受严重破坏的，不构成犯罪。

（二）本罪与相关犯罪的界限

1. 本罪与滥伐林木罪的界限。二者的区别主要表现在三方面：

（1）犯罪主体不同。本罪的主体是林业主管部门的工作人员且只能是自然人，后者的主体为一般主体，自然人和单位均可构成。

（2）行为表现形式不同。本罪行为是违反森林法的规定，超过批准的年采伐限额发放林木采伐许可证或者违反规定滥发林木采伐许可证，本身不能直接造成森林的破坏，只有通过这些持有非法发放的许可证的人的采伐行为，才能造成林木的破坏。后者的行为具体表现为非法采伐珍贵林木，毁坏珍贵林木，滥伐其他林木直接造成森林资源的破坏。

（3）发生的场合不同。本罪发生在林业管理过程中，是一种职务犯罪，属渎职罪；滥伐林木罪则发生在林木的采伐过程中或其他场合，与职务无关，属破坏国家环境资源的犯罪。

2. 本罪与滥用职权罪的界限。本罪与《刑法》第397条第1款所规定的滥用职权罪是特殊法与一般法的关系，一般情况下，应依据特殊法优一般法的原则适用本罪。但是《刑法》第397条第2款所定的滥用职权罪要求具有徇私情节，而违法发放林木采伐许可证罪则不要求必须具有徇私情节，两罪虽然也属法条竞合关系，但不属于法条竞合的法条包容关系，而属于法条竞合中的交叉关系。《刑法》第397条第2款规定的，本法另有规定的，依照规定，不能照搬使用，不能完全按照特殊法优于一般法的原则处理。因此，具有徇私舞弊情节的违法发放林木采伐许可证并造成严重后果的行为在实用法律上比较复杂。一般情况下，应紧扣行为人的主要特征比较适用。行为人具有较轻的徇私舞弊情节而违法发放林木采伐许可证且情节严重的，应定为违法发放林木采伐许可证罪；对于具有严重的徇私舞弊情节的，应按照滥用职权罪处罚。

【刑事责任】

《刑法》第407条规定，林业主管部门的工作人员违反森林法的规定，超过批准的年采伐限额发放林木采伐许可证或者违反规定滥发林木采伐许可证，情节严重，致使森林遭受严重破坏的，处三年以下有期徒刑或者拘役。

【办案依据】

1.《中华人民共和国刑法》（1997年3月14日修订）（节录）

第四百零七条　林业主管部门的工作人员违反森林法的规定，超过批准的年采伐限额发放林木采伐许可证或者违反规定滥发林木采伐许可证，情节严重，致使森林遭受严重破坏的，处三年以下有期徒刑或者拘役。

2.《中华人民共和国森林法（1998年修正）》（1985年1月1日）（节录）

第三十三条　审核发放采伐许可证的部门，不得超过批准的年采伐限额发放采伐许可证。

第四十一条　违反本法规定，超过批准的年采伐限额发放林木采伐许可证或者超越职权发放林木采伐许可证、木材运输证件、批准出口文件、允许进出口证明书的……；构成犯罪的，依法追究刑事责任。

十八、环境监管失职罪

【概念与构成】

环境监管失职罪，是指负有环境保护监督管理职责的国家机关工作人员严重不负责任，导致发生重大环境污染事故，致使公私财产遭受重大损失或者造成人身伤亡的严重后果的行为。构成本罪需要具备以下四个要件：

（一）客体要件。本罪侵犯的客体是国家对保护环境防治污染的管理制度。环境是人类自身赖以生存和发展的基础。保护环境是一切单位和每个公民应尽的义务，更是环境保护部门及其工作人员的职责。环境保护部门的工作人员，因严重不负责任，造成重大环境污染事故，导致公私财物重大损失或者人员伤亡的，是一种严重的渎职行为，直接危害了环境保护部门的正常管理活动，因此，必须依法予以刑事制裁。

（二）客观要件。本罪在客观方面表现为严重不负责任，导致发生重大环境污染事故，致使公私财产遭受重大损失或者造成人身伤亡的严重后果的行为。具体包括以下要素：

第一，必须有严重不负责任的行为。严重不负责任，是指行为人有我国《环境保护法》、《水污染防治法》、《大气污染防治法》、《海洋环境保护法》、《固体废物污染防治法》等法律及其他有关法规所规定的关于环境保护部门监管工作人员不履行职责，工作极不负责的行为。实践中，严重不负责任的表现多种多样，如对建设项目任务书中的环境影响报告不作认真审查，或者防治污染的设施不进行审查验收即批准投入生产、使用；对不符合环境保护条件的企业、事业单位，发现污染隐患，不采取预防措施，不依法责令其整顿，以防止污染事故发生；对造成环境严重污染的企业、事业单位应当提出限期治理意见而不提出治理意见；或者虽然提出意见，令其整顿，但不认真检查、监督是否整顿治理以及是否符合条件；应当现场检查排污单位的排污情况而不作现场检查，发现环境受到严重污染应当报告当地政府的却不报告或者虽作报告但不及时；等等。

第二，严重不负责任的行为必须导致重大环境污染事故的发生，致使公私财产遭受重大损失或者造成人身伤亡的严重后果，才能构成本罪。所谓环境污染、是指由于有关单位违反法律、法规规定，肆意、擅自向土地、水体、大气排放、倾倒或者处置有放射性的废物、含传染病病原体的废物、有毒物质或其他危险废物，致使土地、水体、大气等环境的物理、化学、生物或者放射性等方面特性的改变，影响环境的有效利用、危害人体健康或者破坏生态环境，造成环境恶化的现象。所谓环境污染事故，则是因为环境污染致使在利用这些环境的过程中造成人身伤亡、公私财产遭受损失后果。根据最高人民检察院《关于人民检察院直接受理立案侦查案件立案标准的规定》（试行）的规定，涉嫌下列情形之一的，应予立案：(1）造成直接经济损失30万元以上的；（2）造成人员死亡1人以上，或者重伤3人以上，或者轻伤10人以上的；（3）使一定区域内的居民的身心健康受到严重危害的；（4）其他致使公私财产遭受重大损失或者造成人员伤亡严重后果的情形。

第三，严重不负责任行为与造成的重大损失结果之间，必须具有刑法上的因果关系，这是确定刑事责任的客观基础。严重不负责任行为与造成的严重危害结果之间的因果关系错综复杂，构成本罪，应当追究刑事责任的，则是指严重不负责任行为与造成的严重危害后果之间有必然因果联系的行为。

（三）主体要件。本罪主体为特殊主体，即是负有环境保护监督管理职责的国家机关工作人员，具体是指在国务院环境保护行政主管部门、县级以上地方人民政府环境保护行政主管部门从事环境保护工作的人员，以及在国家海洋行政主管部门、港务监督、渔政渔港监督、军队环境保护部门和各级公安、交通、铁路、民航管理部门中，依照有关法律的规定对环境污染防治实施监督管理的人员。此外，县级以上人民政府的土地、矿产、林业、农业、水利行政主管部门中依照有关法律的规定对资源的保护实施监督管理的人员，也可以构成本罪的主体。负有环境保护监督管理职责的国家机关，既包括对环境保护工作实施统一监督管理工作的各级环境行政主管部门，也包括环境保护的协管部门，即依照有关法律规定对环境污染防治实施监督管理的其他部门，例如：国家海洋行政主管部门负责组织海洋环境的调查、监测、监视、开展科学研究，并主管海洋石油勘探开发和防止海洋倾倒废物污染损害的环保工作；港务监督部门负责船舶排污的监督及调查处理、港区水域的监视；军队环保部门负责军用船舶排污的监督和军港水域的监视；各级交通部门的航政机关负责对船舶污染实行监督管理；各级公安、交通、铁道、渔业管理部门根据各自的职责对机动车、船舶污染大气实施监督管理；县级以上地方人民政府的土地、矿产、林业、农业、水利行政主管部门，分别依照《土地管理法》、《矿产资源法》、《森林法》、《野生动物保护法》、《草原法》、《渔业法》、《水法》的规定对有关资源的保护实施监督管理。由此可见，本罪主体范围十分广泛，并不局限于某一特定部门，凡对环境保护实行监督管理职责的工作人员，无论在政府的何种部门工作，都可以构成本罪。

（四）主观要件。本罪在主观方面必须出于过失，即针对发生重大环境污染事故，致使公私财产遭受重大损失或者造成人身伤亡的严重后果而言，是应当预见却由于疏忽大意而没有预见或者虽然预见但却轻信能够避免，以致发生了这种严重后果。

【立案标准】

1. 最高人民检察院《人民检察院直接受理立案侦查的渎职侵权重特大案件标准（试行）》（2002年1月1日　高检发〔2001〕13号）（节录）

十七、环境监管失职案

（一）重大案件

1. 造成直接经济损失一百万元以上的；

2. 致人死亡二人以上或者重伤五人以上的；

3. 致使一定区域生态环境受到严重危害的。

（二）特大案件

1. 造成直接经济损失三百万元以上的；

2. 致人死亡五人以上或者重伤十人以上的；

3. 致使一定区域生态环境受到严重破坏的。

2. 最高人民检察院《关于渎职侵权犯罪案件立案标准的规定》（2006年7月26日　高检发释字〔2006〕2号）（节录）

一、渎职犯罪案件

（十九）环境监管失职案（第四百零八条）

环境监管失职罪是指负有环境保护监督管理职责的国家机关工作人员严重不负责任，不履行或者不认真履行环境保护监管职责导致发生重大环境污染事故，致使公私财产遭受重大损失或者造成人身伤亡的严重后果的行为。

涉嫌下列情形之一的，应予立案：

1. 造成死亡1人以上，或者重伤3人以上，或者重伤2人、轻伤4人以上，或者重伤1人、轻伤7人以上，或者轻伤10人以上的；

2. 导致30人以上严重中毒的；

3. 造成个人财产直接经济损失15万元以上，或者直接经济损失不满15万元，但间接经济损失75万元以上的；

4. 造成公共财产、法人或者其他组织财产直接经济损失30万元以上，或者直接经济损失不满30万元，但间接经济损失150万元以上的；

5. 虽未达到3.4两项数额标准，但3.4两项合计直接经济损失30万元以上，或者合计直接经济损失不满30万元，但合计间接经济损失150万元以上的；

6. 造成基本农田或者防护林地、特种用途林地10亩以上，或者基本农田以外的耕地50亩以上，或者其他土地70亩以上被严重毁坏的；

7. 造成生活饮用水地表水源和地下水源严重污染的；

8. 其他致使公私财产遭受重大损失或者造成人身伤亡严重后果的情形。

3. 最高人民法院《关于审理环境污染刑事案件具体应用法律若干问题的解释》（2006年7月28日　法释〔2006〕4号）（节录）

第一条　具有下列情形之一的，属于刑法第三百三十八条、第三百三十九条和第四百零八条规定的"公私财产遭受重大损失"：

（一）致使公私财产损失三十万元以上的；

（二）致使基本农田、防护林地、特种用途林地五亩以上，其他农用地十亩以上，其他土地二十亩以上基本功能丧失或者遭受永久性破坏的；

（三）致使森林或者其他林木死亡五十立方米以上，或者幼树死亡二千五百株以上的。

第二条　具有下列情形之一的，属于刑法第三百三十八条、第三百三十九条和第四百零八条规定的“人身伤亡的严重后果”或者“严重危害人体健康”：

（一）致使一人以上死亡、三人以上重伤、十人以上轻伤，或者一人以上重伤并且五人以上轻伤的；

（二）致使传染病发生、流行或者人员中毒达到《国家突发公共卫生事件应急预案》中突发公共卫生事件分级Ⅲ级情形关于突发公共卫生事件分级Ⅲ级的情形，严重危害人体健康的；

（三）其他致使“人身伤亡的严重后果”或者“严重危害人体健康”的情形。

第四条　本解释所称“公私财产损失”，包括污染环境行为直接造成的财产损毁、减少的实际价值，为防止污染扩大以及消除污染而采取的必要的、合理的措施而发生的费用。

【司法认定】

（一）本罪罪与非罪的界限

负有环境保护监督管理职责的国家机关工作人员严重不负责任的行为，能否构成环境监管失职罪，关键看是否导致发生重大环境污染事故，致使公私财产遭受重大损失或者造成人身伤亡的严重后果。如果导致发生重大环境污染事故，致使公私财产遭受重大损失或者造成人身伤亡严重后果，应依法认定构成环境监管失职罪。相反，如果没有导致发生重大环境污染事故，或者虽然导致重大环境污染事故，但没有致使公私财产遭受重大损失或者造成人身伤亡的严重后果，依法不应认为构成环境监管失职罪。对没有构成环境监管失职罪的环境监管失职行为，应由所在单位或者上级主管机关给予行政处分。

（二）此罪与彼罪的界限

1. 环境监管失职罪与玩忽职守罪的界限。《刑法》第397条所规定的玩忽职守罪是指国家机关工作人员严重不负责任，不履行或者不认真履行职责，致使公共财产、国家和人民利益遭受重大损失的行为。玩忽职守罪与环境监管失职罪是一般与特殊、概括与具体的关系。如果负有环境保护监督管理职责的国家机关工作人员严重不负责任的行为依法符合环境监管失职罪的构成要件，同时也符合玩忽职守罪的构成要件，应依法认定构成环境监管失职罪，不能认为构成玩忽职守罪并以玩忽职守罪定罪处罚。只有依法认定不构成环境监管失职罪，同时又符合玩忽职守罪构成要件的情况下，才可依法认定构成玩忽职守罪。环境监管失职罪与玩忽职守罪的主要区别是：其一，客体不同，环境监管失职罪的客体是负有环境保护监督管理职责的国家机关工作人员违反环境保护法规的规定，妨害国家对环境保护的监督管理活动；而玩忽职守罪的客体是国家机关工作人员违反国家机关工作人员职务勤政性的要求，妨害一般国家机关的管理活动。其二，主体不同，环境监管失职罪的主体是负有环境保护监督管理职责的国家机关工作人员，是特殊国家机关工作人员主体；而玩忽职守罪的主体是国家机关工作人员，主体具有一般性。也就是说，只有负有环境保护监督管理职责的国家机关工作人员才能构成环境监管失职罪，其他国家机关工作人员不能成为环境监管失职罪的主体并构成环境监管失职罪；而对玩忽职守罪来说，任何国家机关的工作人员都可以成为玩忽职守罪的主体，并构成玩忽职守罪。其三，客观危害后果不完全相同，环境监管失职罪的客观危害后果是导致发生重大环境污染事故，致使公私财产遭受重大损失或者造成人身伤亡的严重后果；而玩忽职守罪的客观危害后果是致使公共财产、国家和人民利益遭受重大损失。

2. 环境监管失职罪与重大环境污染事故罪的界限

《刑法》第338条所规定的重大环境污染事故罪是指违反国家规定，向土地、水体、大气排放、倾倒或者处置有放射性的废物、含传染病病原体的废物、有毒物质或者其他危险废物，造成重大环境污染事故，致使公私财产遭受重大损失或者人身伤亡的严重后果的行为。环境监管失职罪与重大环境污染事故罪就客观危害后果来说，都造成重大环境污染事故，致使公私财产遭受重大损失或者人身伤亡的严重后果，因此在一定程度上容易混淆。二者的主要区别是：其一，客体不同，环境监管失职罪的客体是负有环境保护监督管理职责的国家机关工作人员违反环境保护的法律、法规规定，妨害了国家对环境保护的监督管理活动；而重大环境污染事故罪的客体是企业、事业单位或者其他有关人员违反环境保护法律、法规的规定，破坏了环境资源的保护。其二，主体不同，环境监管失职罪的主体是负有环境保护监督管理职责的国家机关工作人员，而重大环境污染事故罪的主体则一般是建设生产单位中的直接负责的主管人员和其他直接责任人员或者其他个人。其三，客观表现不同，环境监管失职罪在客观上表现为负有环境保护监督管理职责的国家机关工作人员在依法履行环境保护监督管理职责的过程中严重不负责任，而重大环境污染事故罪则表现为行为人违反国家规定，向土地、水体、大气排放、倾倒或者处置有放射性的废物、含传染病病原体的废物、有毒物质或者其他危险废物。需要指出的是，如果有关人员违反国家规定向土地、水体、大气排放、倾倒或者处置有放射性的废物、含传染病病原体的废物、有毒物质或者其他危险废物，造成重大环境污染事故，致使公私财产遭受重大损失或者人身伤亡的严重后果，与负有环境保护监督管理职责的国家机关工作人员严重不负责任的行为有关，那么他们可能依法分别构成重大环境污染事故罪和环境监管失职罪。

【刑事责任】

根据《刑法》第408条的规定，犯环境监管失职罪，处三年以下有期徒刑或者拘役。

【办案依据】

1.《中华人民共和国刑法》（1997年3月14日修订）（节录）

第四百零八条　负有环境保护监督管理职责的国家机关工作人员严重不负责任，导致发生重大环境污染事故，致使公私财产遭受重大损失或者造成人身伤亡的严重后果的，处三年以下有期徒刑或者拘役。

2.《中华人民共和国水污染防治法（2008年修正）》（1984年11月1日）（节录）

第八条　县级以上人民政府环境保护主管部门对水污染防治实施统一监督管理。

交通主管部门的海事管理机构对船舶污染水域的防治实施监督管理。

县级以上人民政府的水利行政、国土资源、卫生、建设、农业、渔业等部门以及重要江河、湖泊的流域水资源保护机构，在各自的职责范围内，对水污染防治实施监督管理。

第五十八条　违反本法规定，构成违反治安管理行为的，依法给予治安管理处罚；构成犯罪的，依法追究刑事责任。

3.《中华人民共和国环境保护法（2014年修订）》（1989年12月26日）（节录）

第十条　国务院环境保护行政主管部门，对全国环境保护工作实施统一监督管理。

县级以上地方人民政府环境保护行政主管部门，对本辖区的环境保护工作实施统一监督管理。

县级以上人民政府有关部门和军队环境保护部门，依照有关法律的规定对资源保护和污染防治等环境保护工作实施监督管理。

第六十九条　违反本法规定，构成犯罪的，依法追究刑事责任。

4.《中华人民共和国固体废物污染环境防治法（2013年修正）》（1996年4月1日）（节录）

第十条　国务院环境保护行政主管部门对全国固体废物污染环境的防治工作实施统一监督管理。国务院有关部门在各自的职责范围内负责固体废物污染环境防治的监督管理工作。

县级以上地方人民政府环境保护行政主管部门对本行政区域内固体废物污染环境的防治工作实施统一监督管理。县级以上地方人民政府有关部门在各自的职责范围内负责固体废物污染环境防治的监督管理工作。

国务院建设行政主管部门和县级以上地方人民政府环境卫生行政主管部门负责生活垃圾清扫、收集、贮存、运输和处置的监督管理工作。

第七十三条　固体废物污染环境防治监督管理人员滥用职权、玩忽职守、徇私舞弊，构成犯罪的，依法追究刑事责任；尚不构成犯罪的，依法给予行政处分。

5.《中华人民共和国环境噪声污染防治法》（1997年3月1日）（节录）

第六十二条　环境噪声污染防治监督管理人员滥用职权、玩忽职守、徇私舞弊的，由其所在单位或者上级主管机关给予行政处分；构成犯罪的，依法追究刑事责任。

6.《中华人民共和国海洋环境保护法（2013年修正）》（2000年4月1日）（节录）

第五条 国务院环境保护行政主管部门作为对全国环境保护工作统一监督管理的部门，对全国海洋环境保护工作实施指导、协调和监督，并负责全国防治陆源污染物和海岸工程建设项目对海洋污染损害的环境保护工作。

国家海洋行政主管部门负责海洋环境的监督管理，组织海洋环境的调查、监测、监视、评价和科学研究，负责全国防治海洋工程建设项目和海洋倾倒废弃物对海洋污染损害的环境保护工作。

国家海事行政主管部门负责所辖港区水域内非军事船舶和港区水域外非渔业、非军事船舶污染海洋环境的监督管理，并负责污染事故的调查处理；对在中华人民共和国管辖海域航行、停泊和作业的外国籍船舶造成的污染事故登轮检查处理。船舶污染事故给渔业造成损害的，应当吸收渔业行政主管部门参与调查处理。

国家渔业行政主管部门负责渔港水域内非军事船舶和渔港水域外渔业船舶污染海洋环境的监督管理，负责保护渔业水域生态环境工作，并调查处理前款规定的污染事故以外的渔业污染事故。

军队环境保护部门负责军事船舶污染海洋环境的监督管理及污染事故的调查处理。

沿海县级以上地方人民政府行使海洋环境监督管理权的部门的职责，由省、自治区、直辖市人民政府根据本法及国务院有关规定确定。

第九十四条 海洋环境监督管理人员滥用职权、玩忽职守、徇私舞弊，造成海洋环境污染损害的，依法给予行政处分；构成犯罪的，依法追究刑事责任。

7.《中华人民共和国大气污染防治法》（2000年9月1日）（节录）

第三条 国家采取措施，有计划地控制或者逐步削减各地方主要大气污染物的排放总量。

地方各级人民政府对本辖区的大气环境质量负责，制定规划，采取措施，使本辖区的大气环境质量达到规定的标准。

第六十五条 环境保护监督管理人员滥用职权、玩忽职守的，给予行政处分；构成犯罪的，依法追究刑事责任。

十九、食品监管渎职罪

【概念与构成】

食品监管渎职罪，是指负有食品安全监督管理职责的国家机关工作人员，滥用职权或者玩忽职守，导致发生重大食品安全事故或者造成其他严重后果的行为。

2011年2月25日通过的《刑法修正案（八）》第49条规定，在《刑法》第408条“环境监管失职罪”后增加一款：“负有食品安全监督管理职责的国家机关工作人员，滥用职权或者玩忽职守，导致发生重大食品安全事故或者造成其他严重后果的，处五年以下有期徒刑或者拘役；造成特别严重后果的，处五年以上十年以下有期徒刑。”2011年4月27日最高人民法院、最高人民检察院《关于执行〈中华人民共和国刑法〉确定罪名的补充规定（五）》将该条罪名确定为“食品监管渎职罪”。本罪所针对的打击对象为卫生、农业、质量监管、食品药品监督管理、工商行政管理等部门滥用职权或玩忽职守的国家工作人员，以加强对地方政府和监管部门违法失职人员的责任追究，督促监管机制发挥最大作用。2013 年最高人民法院、最高人民检察院《关于办理渎职刑事案件适用法律若干问题的解释（一）》第 9 条规定：负有监督管理职责的国家机关工作人员滥用职权或者玩忽职守，致使不符合安全标准的食品、有毒有害食品、假药、劣药等流入社会，对人民群众生命、健康造成严重危害后果的，依照渎职罪的规定从严惩处。构成本罪需要具备以下四个要件：

（一）客体要件。食品监管渎职行为侵犯的客体是食品监管机关的正常监督管理活动，同时侵犯公共和个人的合法权益。

（二）客观要件。根据《刑法修正案（八）》关于本罪的规定，本罪的客观方面表现为，负有食品安全监管职责的相关工作人员滥用职权或者玩忽职守，导致发生重大食品安全事故或者发生其他严重后果的行为。具体而言，本罪的渎职行为可分为滥用职权行为和玩忽职守行为两种类型。

食品安全监管机关工作人员滥用职权的行为，是指不依法行使食品安全监管职务上的权力的行为，既包括非法行使本人职务范围内的权力，也包括超越本人职权范围而实施的有关行为。首先，滥用职权应是滥用食品安全监督管理机关工作人员的一般职务权限，如果行为人实施的行为与其一般的职务权限没有任何关系，则不属于滥用职权。其次，行为人或者是以不当目的实施职务行为，或者是以不法方法实施职务行为；在出于不当目的实施职务行为的情况下，即使从行为的方法上看没有超越职权，也属于滥用职权。最后，滥用职权的行为违反了职务行为的宗旨，或者说与其职务行为的宗旨相违背。

食品安全监管玩忽职守的行为，是指严重不负责任，不履行职责或者不正确履行职责的行为，如擅离职守、马虎行事、搪塞敷衍等。不履行，是指行为人应当履行且有条件、有能力履行职责，但违背职责没有履行，其中包括擅离职守的行为；不正确履行，是指在履行职责的过程中，违反职责规定，马虎草率、粗心大意。

“重大食品安全事故”或者“其他严重后果”的界定对认定是否构成本罪相当关键。根据《食品安全法》第 99 条规定：“本法下列用语的含义：食品，指各种供人食用或者饮用的成品和原料以及按照传统既是食品又是药品的物品，但是不包括以治疗为目的的物品。食品安全，指食品无毒、无害，符合应当有的营养要求，对人体健康不造成任何急性、亚急性或者慢性危害。食品安全事故，指食物中毒、食源性疾病、食品污染等源于食品，对人体健康有危害或者可能有危害的事故。”

因此，从字面上理解重大食品安全事故应是指，重大的食物中毒、食源性疾病、食品污染等源于食品、对人体健康有危害或者可能有危害的事故；而根据国务院发布的《国家重大食品安全事故应急预案》，可以将食品安全事故分为四级，即特别重大食品安全事故、重大食品安全事故、较大食品安全事故和一般食品安全事故。对于事故等级的评估核定，由卫生行政部门会同有关部门依照有关规定进行。鉴于各部门和各地方行政规章不可能完全统一，可能无法明确安全事故的等级界限，我们认为相关司法解释有必要尽快出台，从而确定罪与非罪的标准。在确定了“重大食品安全事故”的统一标准后，根据同类解释规则，“其他严重后果”的界限便可以确定，即与“重大食品安全事故”的严重程度相当的情形。而在相关司法解释出台之前，在司法实践中具体认定“重大食品安全事故”或者“其他严重后果”时，不妨参见2006年7月26日最高人民检察院发布的《关于渎职侵权犯罪案件标准的规定》和国务院发布的《国家重大食品安全事故应急预案》。

在判断食品监管渎职罪的客观方面时，一定要把握食品安全监管机关工作人员的滥用职权行为和玩忽职守行为同重大食品安全事故结果或者其他严重后果之间的因果关系。而食品监管渎职罪的因果关系具有其本身的特点，即偶然性和间接性——“重大食品安全事故”或者“其他严重后果”的发生，并不是行为人所实施的食品监管渎职行为所必然造成的，在许多情况下，行为人实施渎职行为可能会导致重大损失后果的发生，也可能不发生重大损失的后果。也就是说，行为人所实施的渎职行为并不必然地导致本罪得以成立的客观危害后果的发生，客观危害后果之所以发生经常是中间介入了他人的行为或者由于某些事件的发生，是其他人的行为或者客观事件直接造成本罪客观危害后果的发生。即客观危害后果的发生并不是行为人的渎职行为所直接造成，而是由与行为人的渎职行为有关的他人行为或者客观事件的发生所直接造成。

（三）主体要件。本罪的主体是特殊主体，即负有食品安全监督管理职责的国家机关工作人员。根据我国现行《刑法》第93条的规定可知，国家机关工作人员属于国家工作人员中的一种类型。但并非任何国家机关工作人员都可构成本罪，本罪就主体做出了进一步的限定，即必须是负有食品安全监督管理职责的国家机关工作人员。我国《食品安全法》将食品安全的监管工作赋予了卫生行政、农业行政、质量监督、工商行政管理、食品药品监督管理部门的工作人员。故对于本罪主体需要结合渎职罪的一般规定和《食品安全法》的相关规定予以认定。

（四）主观要件。本罪的渎职行为可分为滥用职权行为和玩忽职守行为两种类型，所以，对于本罪的主观方面可以从这两个方面出发予以认定。对于“玩忽职守型”的食品监管渎职罪的主观方面，学界并无争议，认为其主观方面为过失，即应当预见自己玩忽职守的行为可能导致发生重大食品安全事故或者造成其他严重后果的危害结果，因为疏忽大意而没有预见，或者已经预见而轻信能够避免。但是，对于“滥用职权型”的食品监管渎职罪的主观方面，学界则存在较大的争议，主要有以下几种观点：第一种观点认为滥用职权的主观心理态度只能是间接故意；第二种观点认为滥用职权的主观心理态度只能是过失；第三种观点认为滥用职权的主观心理态度既可以是过失，也可以是间接故意；第四种观点认为滥用职权的主观心理态度既可以是过失，也可以是间接故意与直接故意；第五种观点认为滥用职权的主观心理态度为故意，即行为人明知自己滥用职权的行为会破坏食品安全监督管理机关的正常活动，损害公众对食品安全监管机关工作人员职务活动的合法性、客观公正性的信赖的危害结果，并且希望或者放任这种结果发生；而“重大食品安全事故”或“严重后果”虽然是本罪的构成要件，但宜作为客观的超过要素，不要求行为人希望或者放任这种结果发生。

【立案标准】

最高人民法院、最高人民检察院《关于办理渎职刑事案件适用法律若干问题的解释（一）》第九条规定：负有监督管理职责的国家机关工作人员滥用职权或者玩忽职守，致使不符合安全标准的食品、有毒有害食品、假药、劣药等流入社会，对人民群众生命、健康造成严重危害后果的，依照渎职罪的规定从严惩处。

【司法认定】

（一）本罪与放纵制售伪劣商品犯罪行为罪的关系

在现行刑法中，与食品监管渎职罪相关联的是第414条放纵制售伪劣商品犯罪行为罪。所谓放纵制售伪劣商品犯罪行为罪，是指对生产、销售伪劣商品犯罪行为负有追究责任的国家机关工作人员，徇私舞弊，不履行法律规定的追究职责，情节严重的行为。要构成本罪，必须要有放纵生产、销售伪劣商品犯罪行为的行为，对此，可以从以下两个方面进行理解和把握：第一，生产、销售伪劣商品的行为必须构成犯罪，一般的生产、销售伪劣商品行为不能成为本罪的前提，同时我们认为，生产、销售伪劣商品的行为构成犯罪，并不局限于或仅指构成刑法第三章第一节所列犯罪，还包括侵犯知识产权犯罪中与生产、销售伪劣商品罪形成想象竞合犯的那部分犯罪；第二，生产、销售伪劣商品犯罪行为最终是否被追究刑事责任不影响本罪的构成，而只是对本罪的情节是否严重产生影响。

食品监管渎职罪与放纵制售伪劣商品犯罪行为罪犯罪主体相同，即均为国家机关的工作人员，但两者的犯罪领域不同，前者为食品安全领域，后者为所有商品领域；客观方面也不尽相同，后者放纵的必须是刑事案件，常常采取的是以罚代刑；而前者渎职行为的前提既可以是犯罪行为，也可以是一般食品安全违法违规行为。但是本罪与放纵制售伪劣商品犯罪行为罪存在着一定的竞合关系，即在食品安全领域，负有食品安全监管职责的国家工作人员可能有放纵制售伪劣食品的犯罪行为，并且最终造成重大食品安全事故或者发生其他严重后果，这时，行为人的行为既符合本罪的构成要件，同时也符合放纵制售伪劣商品犯罪行为罪犯罪的构成要件。对于此种情况应当如何处理呢？刑法学界有人认为，这时应适用“特殊条款优先”的规则，食品监管渎职罪是特殊法条，放纵制售伪劣产品罪是一般法条，即渎职罪与相关犯罪法条关系及其适用选择问题是刑法立法细分造成的，相互之间形成双重的法条竞合关系。但是，我们并不同意这种观点，我们认为，食品监管渎职罪与放纵制售伪劣商品犯罪行为罪都是渎职罪中的具体罪名，它们之间并不存在法条竞合的关系，因此，对上述情形，应采用想象竞合的原理，即择一从重处罚。

（二）本罪与受贿罪的关系

针对食品监管渎职罪，《刑法修正案（八）》规定，“徇私舞弊犯本罪的，从重处罚”。徇私舞弊中的“徇私”可分为徇私情、徇私利。在徇私舞弊的食品监管渎职罪中，如果徇私利的行为本身又构成受贿罪，应如何处理？我们认为，不妨把这个问题转换一下，即若受贿罪中行为人利用职务便利为请托人谋取不正当利益的行为本身又涉嫌其他罪名，应如何处理？对此问题，刑事立法及相关司法解释只对少数罪名做了规定，且规定的处理方式有所不同：如《刑法》第 399 条第 4 款规定受贿而又徇私枉法、枉法裁判的，择一重罪论处；而最高人民法院 1998 年 4 月 6 日《关于审理挪用公款案件具体应用法律若干问题的解释》第 7 条规定，因挪用公款索取、收受贿赂构成犯罪的，依照数罪并罚的规定处理。对于《刑法》第 399 条第 4 款的性质，刑法学界有“注意规定”与“法律拟制”之争：有的学者认为该规定属于注意规定，因而可以在渎职罪中推而广之；而有的学者主张该款规定属于特别规定，并进一步指出该款只是规定因受贿而犯徇私枉法、枉法裁判罪的，才能依照处罚较重的规定定罪处罚。

要想厘清本罪与受贿罪的关系，首先需要厘清两罪法条的内涵及其关系。我们认为，就徇私舞弊的食品监管渎职罪而言，“徇私”仅仅属于行为的动机，是一种主观的超过要素，不存在与之对应的客观事实；而“舞弊”虽然属于本罪的客观的构成要件要素，但它并没有自己独特的意义，其仅仅表现为行为人滥用职权或玩忽职守，对危害食品安全的行为不予监管。而受贿罪中的“非法收受他人财物，为他人谋取利益”中的“为他人谋取利益”虽然是受贿罪的客观构成要素，但它仅仅表现为一种承诺，因为，只要行为人收受他人财物，并且承诺为他人谋取利益的，职务行为的不可收买性就受到了侵害，而不需要行为人客观上有为他人谋取利益的行为，更不需要为他人谋取的利益已经实现。

因此，如果在徇私舞弊的食品监管渎职罪中，行为人徇私利的行为本身又构成受贿罪，则表现为行为人的舞弊行为构成食品监管渎职罪，而其徇私利的行为又构成受贿罪，数行为侵犯数罪名，应当进行数罪并罚。而《刑法》第 399 条第 4 款的规定只能属于法律拟制，不具有普遍意义。

最高人民法院、最高人民检察院《关于办理渎职刑事案件适用法律若干问题的解释（一）》第 3 条规定：国家机关工作人员实施渎职犯罪并收受贿赂，同时构成受贿罪的，除刑法另有规定外，以渎职犯罪和受贿罪数罪并罚。

（三）本罪中有关共同犯罪的问题

从实践反映的情况看，食品监管渎职行为也可能发生在以下情形，即食品生产单位、销售单位生产、销售不符合食品安全标准的食品，而食品监管机关工作人员为徇私情在明知的情况下不予监管的；或者，监管人员在执法过程中发现食品生产单位生产的食品不符合食品安全管理法，因徇私情、私利而不依法监管的。上述两种情况中，监管人员都是明知食品生产单位或人员未按法律法规生产合格食品，而故意放任不管。对此，认为监管人员的渎职行为系他人从事食品安全犯罪的不作为的帮助犯。如果上述行为同时构成食品监管渎职罪，则属于一行为触犯数罪名，应择一从重处罚。

最高人民法院、最高人民检察院《关于办理渎职刑事案件适用法律若干问题的解释（一）》第 4 条规定：国家机关工作人员实施渎职行为，放纵他人犯罪或者帮助他人逃避刑事处罚，构成犯罪的，依照渎职罪的规定定罪处罚。国家机关工作人员与他人共谋，利用其职务行为帮助他人实施其他犯罪行为，同时构成渎职犯罪和共谋实施的其他犯罪共犯的，依照处罚较重的规定定罪处罚。国家机关工作人员与他人共谋，既利用其职务行为帮助他人实施其他犯罪，又以非职务行为与他人共同实施该其他犯罪行为，同时构成渎职犯罪和其他犯罪的共犯的，依照数罪并罚的规定定罪处罚。

（四）食品监管渎职罪的因果关系的认定

渎职犯罪中因果关系的确认，历来是认定的难点之一，食品监管渎职罪也不例外。《食品安全法》第 75 条规定："调查食品安全事故，除了查明事故单位的责任，还应当查明负有监督管理和认证职责的监督管理部门、认证机构的工作人员失职、渎职情况。"该条规定说明食品安全事故的发生，固然与生产者、销售者有关，但负有监督管理和认证职责的监督管理部门、认证机构的工作人员也具有不可推卸的责任。结合《刑法》第 408 条之一，当负有监督管理职责的国家机关工作人员滥用职权或者玩忽职守，导致发生重大食品安全事故或者造成其他严重后果的，就要追究其刑事责任。由于食品安全事故的发生，与生产者、销售者以及负有监督管理职责的国家机关工作人员均有关系，因此，需要对事故的原因、结果和各自的责任进行厘清。

首先，食品安全事故发生的直接原因，是生产者、销售者生产、销售了不符合安全标准的食品（刑法第一百四十三条），或者是有毒、有害的食品（第一百四十四条）。对于生产、销售不符合安全标准的食品，只要"足以造成严重食物中毒事故或者其他严重食源性疾病的”（危险犯），即构成生产、销售不符合安全标准的食品罪，处三年以下有期徒刑或者拘役，并处罚金；如果“对人体健康造成严重危害或者有其他严重情节的”，处三年以上七年以下有期徒刑，并处罚金；如果“后果特别严重的”（结果犯），处七年以上有期徒刑或者无期徒刑，并处罚金或者没收财产。对于生产、销售有毒、有害食品的，只要实施了该行为，即便危害后果还没有发生，也构成犯罪既遂（行为犯），处五年以下有期徒刑，并处罚金；如果“对人体健康造成严重危害或者有其他严重情节的”，处五年以上十年以下有期徒刑，并处罚金；如果“致人死亡或者有其他特别严重情节的”（结果犯），处十年以上有期徒刑、无期徒刑或者死刑，并处罚金或者没收财产。

其次，食品安全事故发生的间接原因，是负有监督管理职责的国家机关工作人员滥用职权或者玩忽职守，导致发生重大食品安全事故或者造成其他严重后果。即危害结果的发生，与负有监督管理职责的国家机关工作人员的行为之间，具有间接的因果关系。负有监督管理职责的国家机关工作人员，如果他们尽职尽责，正确地、合法地履行了他们的监督管理职责，食品安全事故就能最大限度地避免，使人民群众免受其害；或者即便最终因为各种原因未能避免，但负有监督管理职责的国家机关工作人员也因为已经履行了自己的职责，而可以免责。但是，如果负有监督管理职责的国家机关工作人员，滥用职权，不该管的乱管，该管的不管；或者是收受财物，为生产者、销售者谋取利益；或者因生产者、销售者是自己的亲友，而睁一只眼闭一只眼；或者是懈怠职责，不闻不问等，因而导致发生重大食品安全事故或者造成其他严重后果的，就构成食品监管渎职罪。

需要注意的是，生产、销售不符合安全标准的食品罪，只要存在“足以造成严重食物中毒事故或者其他严重食源性疾病的”危险，即使还没有发生危害后果，也照样构成犯罪；而生产、销售有毒、有害的食品罪，无论危害后果发生与否，都不影响犯罪的成立。但食品监管渎职罪则不同，“发生重大食品安全事故或者造成其他严重后果”，是本罪成立的必备要件，即负有监督管理职责的国家机关工作人员，不仅要有滥用职权或者玩忽职守的行为，而且还要发生重大食品安全事故或者造成其他严重后果，才能构成本罪。如果存在滥用职权或者玩忽职守的行为，但未发生重大食品安全事故或者造成其他严重后果，是不能认定构成犯罪的。这也是食品监管渎职罪案件较少的原因之一。

【刑事责任】

《刑法》第 408 条规定：“负有食品安全监督管理职责的国家机关工作人员，滥用职权或者玩忽职守，导致发生重大食品安全事故或者造成其他严重后果的，处五年以下有期徒刑或者拘役；造成特别严重后果的，处五年以上十年以下有期徒刑。"

"徇私舞弊犯前款罪的，从重处罚。"

最高人民法院、最高人民检察院《关于办理渎职刑事案件适用法律若干问题的解释（一）》第九条规定：负有监督管理职责的国家机关工作人员滥用职权或者玩忽职守，致使不符合安全标准的食品、有毒有害食品、假药、劣药等流入社会，对人民群众生命、健康造成严重危害后果的，依照渎职罪的规定从严惩处。

【办案依据】

1.《中华人民共和国刑法》（1997年3月14日修订）（节录）

第四百零八条 负有食品安全监督管理职责的国家机关工作人员，滥用职权或者玩忽职守，导致发生重大食品安全事故或者造成其他严重后果的，处五年以下有期徒刑或者拘役；造成特别严重后果的，处五年以上十年以下有期徒刑。

徇私舞弊犯前款罪的，从重处罚。

2. 最高人民法院、最高人民检察院《关于办理渎职刑事案件适用法律若干问题的解释（一）》（2013年1月9日）（节录）

第九条 负有监督管理职责的国家机关工作人员滥用职权或者玩忽职守，致使不符合安全标准的食品、有毒有害食品、假药、劣药等流入社会，对人民群众生命、健康造成严重危害后果的，依照渎职罪的规定从严惩处。

3. 最高人民法院、最高人民检察院《关于办理危害食品安全刑事案件适用法律若干问题的解释》（2013年5月4日 法释〔2013〕12号）

为依法惩治危害食品安全犯罪，保障人民群众身体健康、生命安全，根据刑法有关规定，对办理此类刑事案件适用法律的若干问题解释如下：

第一条 生产、销售不符合食品安全标准的食品，具有下列情形之一的，应当认定为刑法第一百四十三条规定的"足以造成严重食物中毒事故或者其他严重食源性疾病"：

（一）含有严重超出标准限量的致病性微生物、农药残留、兽药残留、重金属、污染物质以及其他危害人体健康的物质的；

（二）属于病死、死因不明或者检验检疫不合格的畜、禽、兽、水产动物及其肉类、肉类制品的；

（三）属于国家为防控疾病等特殊需要明令禁止生产、销售的；

（四）婴幼儿食品中生长发育所需营养成分严重不符合食品安全标准的；

（五）其他足以造成严重食物中毒事故或者严重食源性疾病的情形。

第二条 生产、销售不符合食品安全标准的食品，具有下列情形之一的，应当认定为刑法第一百四十三条规定的"对人体健康造成严重危害"：

（一）造成轻伤以上伤害的；

（二）造成轻度残疾或者中度残疾的；

（三）造成器官组织损伤导致一般功能障碍或者严重功能障碍的；

（四）造成十人以上严重食物中毒或者其他严重食源性疾病的；

（五）其他对人体健康造成严重危害的情形。

第三条 生产、销售不符合食品安全标准的食品，具有下列情形之一的，应当认定为刑法第一百四十三条规定的“其他严重情节”：

（一）生产、销售金额二十万元以上的；

（二）生产、销售金额十万元以上不满二十万元，不符合食品安全标准的食品数量较大或者生产、销售持续时间较长的；

（三）生产、销售金额十万元以上不满二十万元，属于婴幼儿食品的；

（四）生产、销售金额十万元以上不满二十万元，一年内曾因危害食品安全违法犯罪活动受过行政处罚或者刑事处罚的；

（五）其他情节严重的情形。

第四条 生产、销售不符合食品安全标准的食品，具有下列情形之一的，应当认定为刑法第一百四十三条规定的“后果特别严重”：

（一）致人死亡或者重度残疾的；

（二）造成三人以上重伤、中度残疾或者器官组织损伤导致严重功能障碍的；

（三）造成十人以上轻伤、五人以上轻度残疾或者器官组织损伤导致一般功能障碍的；

（四）造成三十人以上严重食物中毒或者其他严重食源性疾病的；

（五）其他特别严重的后果。

第五条 生产、销售有毒、有害食品，具有本解释第二条规定情形之一的，应当认定为刑法第一百四十四条规定的“对人体健康造成严重危害”。

第六条 生产、销售有毒、有害食品，具有下列情形之一的，应当认定为刑法第一百四十四条规定的“其他严重情节”：

（一）生产、销售金额二十万元以上不满五十万元的；

（二）生产、销售金额十万元以上不满二十万元，有毒、有害食品的数量较大或者生产、销售持续时间较长的；

（三）生产、销售金额十万元以上不满二十万元，属于婴幼儿食品的；

（四）生产、销售金额十万元以上不满二十万元，一年内曾因危害食品安全违法犯罪活动受过行政处罚或者刑事处罚的；

（五）有毒、有害的非食品原料毒害性强或者含量高的；

（六）其他情节严重的情形。

第七条 生产、销售有毒、有害食品，生产、销售金额五十万元以上，或者具有本解释第四条规定的情形之一的，应当认定为刑法第一百四十四条规定的“致人死亡或者有其他特别严重情节”。

第八条 在食品加工、销售、运输、贮存等过程中，违反食品安全标准，超限量或者超范围滥用食品添加剂，足以造成严重食物中毒事故或者其他严重食源性疾病的，依照刑法第一百四十三条的规定以生产、销售不符合安全标准的食品罪定罪处罚。

在食用农产品种植、养殖、销售、运输、贮存等过程中，违反食品安全标准，超限量或者超范围滥用添加剂、农药、兽药等，足以造成严重食物中毒事故或者其他严重食源性疾病的，适用前款的规定定罪处罚。

第九条 在食品加工、销售、运输、贮存等过程中，掺入有毒、有害的非食品原料，或者使用有毒、有害的非食品原料加工食品的，依照刑法第一百四十四条的规定以生产、销售有毒、有害食品罪定罪处罚。

在食用农产品种植、养殖、销售、运输、贮存等过程中，使用禁用农药、兽药等禁用物质或者其他有毒、有害物质的，适用前款的规定定罪处罚。

在保健食品或者其他食品中非法添加国家禁用药物等有毒、有害物质的，适用第一款的规定定罪处罚。

第十条 生产、销售不符合食品安全标准的食品添加剂，用于食品的包装材料、容器、洗涤剂、消毒剂，或者用于食品生产经营的工具、设备等，构成犯罪的，依照刑法第一百四十条的规定以生产、销售伪劣产品罪定罪处罚。

第十一条 以提供给他人生产、销售食品为目的，违反国家规定，生产、销售国家禁止用于食品生产、销售的非食品原料，情节严重的，依照刑法第二百二十五条的规定以非法经营罪定罪处罚。

违反国家规定，生产、销售国家禁止生产、销售、使用的农药、兽药，饲料、饲料添加剂，或者饲料原料、饲料添加剂原料，情节严重的，依照前款的规定定罪处罚。

实施前两款行为，同时又构成生产、销售伪劣产品罪，生产、销售伪劣农药、兽药罪等其他犯罪的，依照处罚较重的规定定罪处罚。

第十二条 违反国家规定，私设生猪屠宰厂（场），从事生猪屠宰、销售等经营活动，情节严重的，依照刑法第二百二十五条的规定以非法经营罪定罪处罚。

实施前款行为，同时又构成生产、销售不符合安全标准的食品罪，生产、销售有毒、有害食品罪等其他犯罪的，依照处罚较重的规定定罪处罚。

第十三条 生产、销售不符合食品安全标准的食品，有毒、有害食品，符合刑法第一百四十三条、第一百四十四条规定的，以生产、销售不符合安全标准的食品罪或者生产、销售有毒、有害食品罪定罪处罚。同时构成其他犯罪的，依照处罚较重的规定定罪处罚。

生产、销售不符合食品安全标准的食品，无证据证明足以造成严重食物中毒事故或者其他严重食源性疾病，不构成生产、销售不符合安全标准的食品罪，但是构成生产、销售伪劣产品罪等其他犯罪的，依照该其他犯罪定罪处罚。

第十四条 明知他人生产、销售不符合食品安全标准的食品，有毒、有害食品，具有下列情形之一的，以生产、销售不符合安全标准的食品罪或者生产、销售有毒、有害食品罪的共犯论处：

（一）提供资金、贷款、账号、发票、证明、许可证件的；

（二）提供生产、经营场所或者运输、贮存、保管、邮寄、网络销售渠道等便利条件的；

（三）提供生产技术或者食品原料、食品添加剂、食品相关产品的；

（四）提供广告等宣传的。

第十五条 广告主、广告经营者、广告发布者违反国家规定，利用广告对保健食品或者其他食品作虚假宣传，情节严重的，依照刑法第二百二十二条的规定以虚假广告罪定罪处罚。

第十六条 负有食品安全监督管理职责的国家机关工作人员，滥用职权或者玩忽职守，导致发生重大食品安全事故或者造成其他严重后果，同时构成食品监管渎职罪和徇私舞弊不移交刑事案件罪、商检徇私舞弊罪、动植物检疫徇私舞弊罪、放纵制售伪劣商品犯罪行为罪等其他渎职犯罪的，依照处罚较重的规定定罪处罚。

负有食品安全监督管理职责的国家机关工作人员滥用职权或者玩忽职守，不构成食品监管渎职罪，但构成前款规定的其他渎职犯罪的，依照该其他犯罪定罪处罚。

负有食品安全监督管理职责的国家机关工作人员与他人共谋，利用其职务行为帮助他人实施危害食品安全犯罪行为，同时构成渎职犯罪和危害食品安全犯罪共犯的，依照处罚较重的规定定罪处罚。

第十七条 犯生产、销售不符合安全标准的食品罪，生产、销售有毒、有害食品罪，一般应当依法判处生产、销售金额二倍以上的罚金。

第十八条 对实施本解释规定之犯罪的犯罪分子，应当依照刑法规定的条件严格适用缓刑、免予刑事处罚。根据犯罪事实、情节和悔罪表现，对于符合刑法规定的缓刑适用条件的犯罪分子，可以适用缓刑，但是应当同时宣告禁止令，禁止其在缓刑考验期限内从事食品生产、销售及相关活动。

第十九条 单位实施本解释规定的犯罪的，依照本解释规定的定罪量刑标准处罚。

第二十条 下列物质应当认定为“有毒、有害的非食品原料”：

（一）法律、法规禁止在食品生产经营活动中添加、使用的物质；

（二）国务院有关部门公布的《食品中可能违法添加的非食用物质名单》《保健食品中可能非法添加的物质名单》上的物质；

（三）国务院有关部门公告禁止使用的农药、兽药以及其他有毒、有害物质；

（四）其他危害人体健康的物质。

第二十一条 “足以造成严重食物中毒事故或者其他严重食源性疾病”“有毒、有害非食品原料”难以确定的，司法机关可以根据检验报告并结合专家意见等相关材料进行认定。必要时，人民法院可以依法通知有关专家出庭作出说明。

第二十二条 最高人民法院、最高人民检察院此前发布的司法解释与本解释不一致的，以本解释为准。

二十、传染病防治失职罪

【概念与构成】

传染病防治失职罪，是指从事传染病防治的政府卫生行政部门的工作人员严重不负责任，不履行或者不认真履行传染病防治监管职责，导致传染病传播或者流行，情节严重的行为。构成本罪需要具备以下四个要件：

（一）客体要件。本罪侵犯的客体是国家对传染病防治的管理制度。传染病是危害严重的流行性疾病。传染病的传播或者流行，不仅严重危害人民的身体健康，而且会严重影响传染病流行区人民的正常生产和生活。从事传染病防治的政府卫生行政部门工作人员，严重不负责任，而导致发生传染病传播或者流行，就直接破坏了传染病防治的管理制度。

（二）客观要件。本罪在客观方面表现为从事传染病防治工作的政府卫生行政部门工作人员严重不负责任，导致传染病传播或者流行，情节严重的行为。

严重不负责任，是指从事传染病防治的政府卫生行政部门工作人员不履行法律和其职务要求的防治传染病的职责或者在履行职务中敷衍塞责、草率应付，极端不负责任，没有切实履行起应当履行、能够履行的义务。其具体表现形式是多种多样的，如，发现重大疫情应当报告而不报告或不立即报告；发现有传染病传播或流行的可能，应当采取措施而不采取措施；对传染病病人应当采取隔离治疗措施而未采取措施；应当对传染病的预防、治疗、监测、控制和疫情的管理措施进行监督、检查而不作监督、检查或者虽作监督、检查却不认真负责；发现有关单位与个人不符合传染病防治法的规定，应当责令其改进而不责令改进或者责令改进但不作检查或不作认真的检查；等等。

导致传染病传播或者流行，是指致使传染病通过一定的途径播散给其他健康的人，致使一个地区某种传染病发病率显著超过该病历年的一般发病率水平。严重不负责任的行为必须达到情节严重，虽然因其行为造成了传染病传播或流行，但不属于情节严重，也不能构成本罪。情节严重的认定，请参见【立案标准】的有关内容。

（三）主体要件。本罪的主体为特殊主体，即从事传染病防治的政府卫生行政部门工作人员。从事传染病防治的政府卫生行政部门工作人员，是指各级政府行政主管部门主管传染病防治工作的人员。各级政府领导传染病防治工作、制订传染病防治计划并组织实施。具体职责是：组织开展预防传染病的卫生健康教育；组织力量消灭病媒昆虫、动物等；有计划地建设改造公共卫生设施、创造改善公共卫生的条件；遇有传染病暴发、流行，要组织力量补救，决定紧急措施的实施等。

（四）主观要件。本罪在主观方面，主要由过失构成，也可以由故意构成。

【立案标准】

1. 最高人民检察院《人民检察院直接受理立案侦查的渎职侵权重特大案件标准（试行）》（2002年1月1日　高检发〔2001〕13号）（节录）

十八、传染病防治失职案

（一）重大案件

1. 导致乙类、丙类传染病流行的；

2. 致人死亡二人以上或者残疾五人以上的。

（二）特大案件

1. 导致甲类传染病传播的；

2. 致人死亡五人以上或者残疾十人以上的。

2. 最高人民法院、最高人民检察院《关于办理妨害预防、控制突发传染病疫情等灾害的刑事案件具体应用法律若干问题的解释》（2003年5月15日　法释〔2003〕8号）（节录）

第十六条　在预防、控制突发传染病疫情等灾害期间，从事传染病防治的政府卫生行政部门的工作人员，或者在受政府卫生行政部门委托代表政府卫生行政部门行使职权的组织中从事公务的人员，或者虽未列入政府卫生行政部门人员编制但在政府卫生行政部门从事公务的人员，在代表政府卫生行政部门行使职权时，严重不负责任，导致传染病传播或者流行，情节严重的，依照刑法第四百零九条的规定，以传染病防治失职罪定罪处罚。

在国家对突发传染病疫情等灾害采取预防、控制措施后，具有下列情形之一的，属于刑法第四百零九条规定的“情节严重”：

（一）对发生突发传染病疫情等灾害的地区或者突发传染病病人、病原携带者、疑似突发传染病病人，未按照预防、控制突发传染病疫情等灾害工作规范的要求做好防疫、检疫、隔离、防护、救治等工作，或者采取的预防、控制措施不当，造成传染范围扩大或者疫情、灾情加重的；

（二）隐瞒、缓报、谎报或者授意、指使、强令他人隐瞒、缓报、谎报疫情、灾情，造成传染范围扩大或者疫情、灾情加重的；

（三）拒不执行突发传染病疫情等灾害应急处理指挥机构的决定、命令，造成传染范围扩大或者疫情、灾情加重的；

（四）具有其他严重情节的。

第十八条 本解释所称“突发传染病疫情等灾害”，是指突然发生，造成或者可能造成社会公众健康严重损害的重大传染病疫情、群体性不明原因疾病以及其他严重影响公众健康的灾害。

3. 最高人民检察院《关于渎职侵权犯罪案件立案标准的规定》（2006 年 7 月 26 日 高检发释字〔2006〕2 号）（节录）

一、渎职犯罪案件

（二十）传染病防治失职案（第四百零九条）

传染病防治失职罪是指从事传染病防治的政府卫生行政部门的工作人员严重不负责任，不履行或者不认真履行传染病防治监管职责，导致传染病传播或者流行，情节严重的行为。

涉嫌下列情形之一的，应予立案：

1. 导致甲类传染病传播的；

2. 导致乙类、丙类传染病流行的；

3. 因传染病传播或者流行，造成人员重伤或者死亡的；

4. 因传染病传播或者流行，严重影响正常的生产、生活秩序的；

5. 在国家对突发传染病疫情等灾害采取预防、控制措施后，对发生突发传染病疫情等灾害的地区或者突发传染病病人、病原携带者、疑似突发传染病病人，未按照预防、控制突发传染病疫情等灾害工作规范的要求做好防疫、检疫、隔离、防护、救治等工作，或者采取的预防、控制措施不当，造成传染范围扩大或者疫情、灾情加重的；

6. 在国家对突发传染病疫情等灾害采取预防、控制措施后，隐瞒、缓报、谎报或者授意、指使、强令他人隐瞒、缓报、谎报疫情、灾情，造成传染范围扩大或者疫情、灾情加重的；

7. 在国家对突发传染病疫情等灾害采取预防、控制措施后，拒不执行突发传染病疫情等灾害应急处理指挥机构的决定、命令，造成传染范围扩大或者疫情、灾情加重的；

8. 其他情节严重的情形。

【司法认定】

（一）“严重不负责任”的理解和认定

这里“工作严重不负责任”，即行为人在其职务工作中实施了违反传染病防治法规定的严重不负责任的行为。本罪是因违反行政法规而被刑法规定为犯罪的，它与作为行政法的传染病防治法之间存有一种从属关系，其客观行为的具体方式规定在传染病防治法中。行为人构成本罪以违反有关行政法为前提，行政违法性的有无和程度，往往是界定本罪罪与非罪的标志。这可从作为行政法的传染病防治法中得到印证，例如，《传染病防治法》第39条规定，行为人“玩忽职守，造成传染病传播或者流行，情节严重、构成犯罪的”，依照刑法规定追究刑事责任。《国内交通卫生检疫条例》第15条在规定了行政处罚、行政处分后进一步规定，违反该法“情节严重，引起检疫传染病传播或者有传播严重危险，构成犯罪的，依法追究刑事责任”。这些规定表明，超出行政处罚范围的传染病防治失职行为应由刑法调整。如果行为人行政违法达到情节严重，引起“非典”等传染病传播的，则由量变发生质变，由行政违法变成了刑事犯罪。也就是说，本罪中的“违反传染病防治法的规定”与传染病防治方面行政法的规定体现出一种关联性的层次衔接。传染病防治失职罪的行政从属性，主要表现在两个方面：

1. 概念上的行政从属性。就本罪而言，刑法中涉及的专业性概念和有关术语的解释应当以作为行政法的传染病防治法的规定为依据，如传染病“暴发”指在一个局部地区短期内突然发生多例同一种传染病病人；“疫区”指传染病在人群中暴发或者流行，其病原体向周围传播时可能波及的地区；“卫生处理”指消毒、杀虫、灭鼠等卫生措施以及隔离、留验、就地检验等医学措施；“隔离”指将染疫人收留在指定的处所，限制其活动并进行治疗，直到消除传染病传播的危险；“留验”，指将染疫嫌疑人收留在指定的处所进行诊察和检验。又如，对“密切接触者”和“一般接触者”，应当依照卫生部2003年5月9日第11号公告（即《传染性非典型肺炎密切接触者判定标准和处理原则（试行）》）的规定进行判定和处理，对非典疫情报告、通报和公布、预防与控制、医疗救治、监督管理等，应当依照卫生部新近发布的《传染性非典型肺炎防治管理办法》的规定进行。

2. 违法性要件的行政从属性。即是说传染病防治失职罪的客观行为方式及程度应当依照行政法的规定界定。根据刑法和作为行政法的传染病防治法律、法规的规定，本罪在具体行为方式上表现为，行为人实施了下列工作中违反传染病防治规定，严重不负责任、不履行或不正确履行法定职责情形之一的行为：对发生“非典”等传染病疫情的地区或“非典”等传染病病人、病原携带者、疑似传染病病人，未按照预防、控制疫情工作规范的要求做好防疫、检疫、隔离、防护、救治等工作，或者采取的防控措施不当；隐瞒、缓报、谎报或授意、指使、强令他人瞒、缓、谎报疫情；拒不执行非典等传染病疫情应急处理指挥机构的决定、命令；对“非典”等传染病的预防、治疗、监测、控制和疫情管理措施不进行监督检查，或监督、检查不认真；不按规定责令被检查单位或个人限期改进非典等传染病防治管理工作；不依法对违反传染病防治法的单位或个人给予行政处罚，等等。

（二）“导致传染病传播或者流行，情节严重”的理解

所谓导致传染病传播或流行，是指在一定范围内导致传染病防治法所规定的甲类、乙类、丙类传染病疫情的发生。传染病指由于致病性微生物，如细菌、病毒、立克次体、寄生虫等侵入人体，能使人体健康受到某种损害甚至危及生命的，可以通过各种不同途径直接或间接传播，造成人群中发病或流行的一种疾病。根据《传染病防治法》第3条规定，传染病分为甲、乙、丙三类。甲类传染病是传染性强、传播途径易实现、传播速度快、人群普遍易感的烈性传染病，包括鼠疫和霍乱。这是我国《国内交通卫生检疫条例》确定的检疫传染病，也是国际检疫传染病，一经发现，必须立即向世界卫生组织通报。乙类传染病是与甲类比较，传染性、传播途径、速度、易感人群次之的传染病，包括病毒性肝炎、细菌性和阿米巴性痢疾、伤寒和副伤寒、艾滋病、淋病、梅毒、脊髓灰质炎、麻疹、百日咳、白喉、流行性脑脊髓膜炎、猩红热、流行性出血热、狂犬病、钩端螺旋体病、布鲁氏菌病、炭疽、流行性和地方性斑疹伤寒、流行性乙型脑炎、黑热病、疟疾、登革热。丙类传染病是根据其可能发生和流行的范围，通过确定疾病监测区和实验室进行监测管理的传染病，包括肺结核、血吸虫病、丝虫病、包虫病、麻风病、流行性感冒、流行性腮腺炎、风疹、新生儿破伤风、急性出血性结膜炎，除霍乱、痢疾、伤寒和副伤寒以外的感染性腹泻病。根据情况，国务院可以增加或减少甲类传染病病种，卫生部可以增加或减少乙类、丙类传染病病种，并予公布。所谓传播，是指传染病在一定范围内扩散，使不特定多数人感染上传染病，实际上已经造成了传染病传播的后果。流行指一个地区某种传染病发病率显著超过该病历年的一般发病率水平。

根据《最高人民检察院关于渎职侵权犯罪案件立案标准的规定》，传染病防治失职，情节严重包括以下情形：1. 导致甲类传染病传播的；2. 导致乙类、丙类传染病流行的；3. 因传染病传播或者流行，造成人员重伤或者死亡的；4. 因传染病传播或者流行，严重影响正常的生产、生活秩序的；5. 在国家对突发传染病疫情等灾害采取预防、控制措施后，对发生突发传染病疫情等灾害的地区或者突发传染病病人、病原携带者、疑似突发传染病病人，未按照预防、控制突发传染病疫情等灾害工作规范的要求做好防疫、检疫、隔离、防护、救治等工作，或者采取的预防、控制措施不当，造成传染范围扩大或者疫情、灾情加重的；

6. 在国家对突发传染病疫情等灾害采取预防、控制措施后，隐瞒、缓报、谎报或者授意、指使、强令他人隐瞒、缓报、谎报疫情、灾情，造成传染范围扩大或者疫情、灾情加重的；7. 在国家对突发传染病疫情等灾害采取预防、控制措施后，拒不执行突发传染病疫情等灾害应急处理指挥机构的决定、命令，造成传染范围扩大或者疫情、灾情加重的；8. 其他情节严重的情形。是否具备上述情节，也是区分本罪与非罪的重要标准。

（三）本罪的主观罪过是否包含故意

我们认为，本罪主观上既可以由故意构成，也可以由过失构成。通常表现为过失，在某些情况下也可以故意构成。本罪的实际危害事由往往是已经存在或发生了的或是突发性的（如非典），因此通常这种危害事由本身不是行为人应当或能够预见的，行为人的过错在于，当这种突发性危害发生时没有依照职责去履行或全面履行制止这种危害事态继续发展的法定义务。行为人不履行或不全面履行职责不仅因为实际发生的危害难以控制，而且履行职责与其自身利益存在重大冲突（例如披露疫情，可能会影响其政绩评价）。面对这种重大冲突时，行为人可能会违法作出放弃职守而保护自身利益的选择。因此，此时行为人不履行职责的行为是在对危害结果的“放任”心态支配下实施的。对于危害已经发生或已经不可避免的情况，行为人不履行或不完全履行职责的主观罪过是“间接故意”。在界定或认定传染病防治失职案的主观罪过的性质时，有学者认为，当行为人面临这种重大冲突时，其自身的保护行为本身并不是违法的，甚至还是一种“自然权利”，因此提议在追究失职者的刑事责任时，“不必过于苛刻”。[①] 有学者对此却不能赞成，他们认为，2002 年 12 月 23 日全国人大常委会法制工作委员会副主任胡康生指出：“1997 年修改刑法时……主要考虑是国家机关工作人员行使着国家公权力，这些人员如果玩忽职守、滥用职权或者徇私舞弊，社会危害较大，为使国家机关工作人员正确行使权力，有必要对国家机关工作人员的渎职行为单独做出规定。”可见对于渎职罪国家的重视程度。在现实生活中，当保护国家和人民利益的法定职责与行为人自身利益发生严重冲突时，行为人要做出保护国家和人民利益而牺牲自身利益的正确选择，不仅要求行为人具有忠于职守的法律意识，并且需要行为人具有献身精神等高尚的道德情操，这种要求与本罪主体的特殊身份和他们所肩负的重大使命是相一致的。因此，立法者才有意使行为人对自己的不道德行为付出刑罚的代价。我们认为后一种意见是很有道理的，对国家机关工作人员应作出更严格的要求，与此相适应，他们的失职行为也应受到法律的严厉惩罚。

① 倪培兴：《犯罪客体与主观罪过的性质——以渎职罪为范例的分析（下）》，载《人民检察》2001 年第 8 期。

（四）本罪的犯罪主体都包含哪些人

根据刑法的规定，本罪是特殊主体，理论上也称之为身份犯，即只有具有政府卫生行政机关工作人员身份、从事传染病防治公务之身份的人员，才能成为本罪主体。全国人大常委会于2002年12月28日做出《关于〈中华人民共和国刑法〉第九章渎职罪主体适用问题的解释》以及最高人民法院、最高人民检察院《关于办理妨害预防、控制突发传染病疫情等灾害的刑事案件具体应用法律若干问题的解释》，从事传染病防治的政府卫生行政部门的工作人员，或者在受政府卫生行政部门委托代表政府卫生行政部门行使职权的组织中从事公务的人员，或者虽未列入政府卫生行政部门人员编制，但在政府卫生行政部门从事公务的人员，都可以成为本罪的主体。根据卫生部发布的《传染性非典型肺炎防治管理办法》，县级以上卫生行政部门、各级疾病预防控制机构、各级各类医疗机构分别承担责任范围内非典的监督管理、监测管理、防治管理工作，凡在这些部门或机构中从事公务的人员，均可以成为本罪的主体。

（五）传染病防治失职罪与工作失误的界限

因工作失误往往也会给国家和人民的利益造成重大损失，在这一点上与传染病防治失职罪有相同之处。但两者有严格的区别：（1）客观行为特征不同。工作失误，行为人是认真履行自己的职责义务；而传染病防治失职罪则表现为行为人不履行或不正确履行自己的职责义务。（2）导致发生危害结果的原因不同。工作失误，是由于制度不完善，一些具体政策界限不清，管理上存在弊端，以及由于国家工作人员文化水平不高，业务素质较差，缺乏工作经验，因而计划不周，措施不当，打法不对，以致在积极工作中发生错误，造成国家和人民利益遭受重大损失。而传染病防治失职罪，则是违反工作纪律和规章，严重官僚主义，对工作极端不负责任等行为造成严重后果的。

【刑事责任】

《刑法》第409条规定，从事传染病防治的政府卫生行政部门的工作人员严重不负责任，导致传染病传播或者流行，情节严重的，处三年以下有期徒刑或者拘役。

【办案依据】

1.《中华人民共和国刑法》（1997年3月14日修订）（节录）

第四百零九条 从事传染病防治的政府卫生行政部门的工作人员严重不负责任，导致传染病传播或者流行，情节严重的，处三年以下有期徒刑或者拘役。

2.《中华人民共和国传染病防治法（2013年修订）》（2004年12月1日）（节录）

第三条 本法规定的传染病分为甲类、乙类和丙类。

甲类传染病是指：鼠疫、霍乱。

乙类传染病是指：传染性非典型肺炎、艾滋病、病毒性肝炎、脊髓灰质炎、人感染高致病性禽流感、麻疹、流行性出血热、狂犬病、流行性乙型脑炎、登革热、炭疽、细菌性和阿米巴性痢疾、肺结核、伤寒和副伤寒、流行性脑脊髓膜炎、百日咳、白喉、新生儿破伤风、猩红热、布鲁氏菌病、淋病、梅毒、钩端螺旋体病、血吸虫病、疟疾。

丙类传染病是指：流行性感冒、流行性腮腺炎、风疹、急性出血性结膜炎、麻风病、流行性和地方性斑疹伤寒、黑热病、包虫病、丝虫病，除霍乱、细菌性和阿米巴性痢疾、伤寒和副伤寒以外的感染性腹泻病。

国务院卫生行政部门根据传染病暴发、流行情况和危害程度，可以决定增加、减少或者调整乙类、丙类传染病病种并予以公布。

第六十五条　地方各级人民政府未依照本法的规定履行报告职责，或者隐瞒、谎报、缓报传染病疫情，或者在传染病暴发、流行时，未及时组织救治、采取控制措施的，由上级人民政府责令改正，通报批评；造成传染病传播、流行或者其他严重后果的，对负有责任的主管人员，依法给予行政处分；构成犯罪的，依法追究刑事责任。

第六十六条　县级以上人民政府卫生行政部门违反本法规定，有下列情形之一的，由本级人民政府、上级人民政府卫生行政部门责令改正，通报批评；造成传染病传播、流行或者其他严重后果的，对负有责任的主管人员和其他直接责任人员，依法给予行政处分；构成犯罪的，依法追究刑事责任：

（一）未依法履行传染病疫情通报、报告或者公布职责，或者隐瞒、谎报、缓报传染病疫情的；

（二）发生或者可能发生传染病传播时未及时采取预防、控制措施的；

（三）未依法履行监督检查职责，或者发现违法行为不及时查处的；

（四）未及时调查、处理单位和个人对下级卫生行政部门不履行传染病防治职责的举报的；

（五）违反本法的其他失职、渎职行为。

第六十七条　县级以上人民政府有关部门未依照本法的规定履行传染病防治和保障职责的，由本级人民政府或者上级人民政府有关部门责令改正，通报批评；造成传染病传播、流行或者其他严重后果的，对负有责任的主管人员和其他直接责任人员，依法给予行政处分；构成犯罪的，依法追究刑事责任。

第六十八条　疾病预防控制机构违反本法规定，有下列情形之一的，由县级以上人民政府卫生行政部门责令限期改正，通报批评，给予警告；对负有责任的主管人员和其他直接责任人员，依法给予降级、撤职、开除的处分，并可以依法吊销有关责任人员的执业证书；构成犯罪的，依法追究刑事责任：

（一）未依法履行传染病监测职责的；

（二）未依法履行传染病疫情报告、通报职责，或者隐瞒、谎报、缓报传染病疫情的；

（三）未主动收集传染病疫情信息，或者对传染病疫情信息和疫情报告未及时进行分析、调查、核实的；

（四）发现传染病疫情时，未依据职责及时采取本法规定的措施的；

（五）故意泄露传染病病人、病原携带者、疑似传染病病人、密切接触者涉及个人隐私的有关信息、资料的。

第六十九条 医疗机构违反本法规定，有下列情形之一的，由县级以上人民政府卫生行政部门责令改正，通报批评，给予警告；造成传染病传播、流行或者其他严重后果的，对负有责任的主管人员和其他直接责任人员，依法给予降级、撤职、开除的处分，并可以依法吊销有关责任人员的执业证书；构成犯罪的，依法追究刑事责任：

（一）未按照规定承担本单位的传染病预防、控制工作、医院感染控制任务和责任区域内的传染病预防工作的；

（二）未按照规定报告传染病疫情，或者隐瞒、谎报、缓报传染病疫情的；

（三）发现传染病疫情时，未按照规定对传染病病人、疑似传染病病人提供医疗救护、现场救援、接诊、转诊的，或者拒绝接受转诊的；

（四）未按照规定对本单位内被传染病病原体污染的场所、物品以及医疗废物实施消毒或者无害化处置的；

（五）未按照规定对医疗器械进行消毒，或者对按照规定一次使用的医疗器具未予销毁，再次使用的；

（六）在医疗救治过程中未按照规定保管医学记录资料的；

（七）故意泄露传染病病人、病原携带者、疑似传染病病人、密切接触者涉及个人隐私的有关信息、资料的。

第七十条 采供血机构未按照规定报告传染病疫情，或者隐瞒、谎报、缓报传染病疫情，或者未执行国家有关规定，导致因输入血液引起经血液传播疾病发生的，由县级以上人民政府卫生行政部门责令改正，通报批评，给予警告；造成传染病传播、流行或者其他严重后果的，对负有责任的主管人员和其他直接责任人员，依法给予降级、撤职、开除的处分，并可以依法吊销采供血机构的执业许可证；构成犯罪的，依法追究刑事责任。

非法采集血液或者组织他人出卖血液的，由县级以上人民政府卫生行政部门予以取缔，没收违法所得，可以并处十万元以下的罚款；构成犯罪的，依法追究刑事责任。

第七十一条 国境卫生检疫机关、动物防疫机构未依法履行传染病疫情通报职责的，由有关部门在各自职责范围内责令改正，通报批评；造成传染病传播、流行或者其他严重后果的，对负有责任的主管人员和其他直接责任人员，依法给予降级、撤职、开除的处分；构成犯罪的，依法追究刑事责任。

第七十三条 违反本法规定，有下列情形之一，导致或者可能导致传染病传播、流行的，由县级以上人民政府卫生行政部门责令限期改正，没收违法所得，可以并处五万元以下的罚款；已取得许可证的，原发证部门可以依法暂扣或者吊销许可证；构成犯罪的，依法追究刑事责任：

（一）饮用水供水单位供应的饮用水不符合国家卫生标准和卫生规范的；

（二）涉及饮用水卫生安全的产品不符合国家卫生标准和卫生规范的；

（三）用于传染病防治的消毒产品不符合国家卫生标准和卫生规范的；

（四）出售、运输疫区中被传染病病原体污染或者可能被传染病病原体污染的物品，未进行消毒处理的；

（五）生物制品生产单位生产的血液制品不符合国家质量标准的。

第七十四条 违反本法规定，有下列情形之一的，由县级以上地方人民政府卫生行政部门责令改正，通报批评，给予警告，已取得许可证的，可以依法暂扣或者吊销许可证；造成传染病传播、流行以及其他严重后果的，对负有责任的主管人员和其他直接责任人员，依法给予降级、撤职、开除的处分，并可以依法吊销有关责任人员的执业证书；构成犯罪的，依法追究刑事责任：

（一）疾病预防控制机构、医疗机构和从事病原微生物实验的单位，不符合国家规定的条件和技术标准，对传染病病原体样本未按照规定进行严格管理，造成实验室感染和病原微生物扩散的；

（二）违反国家有关规定，采集、保藏、携带、运输和使用传染病菌种、毒种和传染病检测样本的；

（三）疾病预防控制机构、医疗机构未执行国家有关规定，导致因输入血液、使用血液制品引起经血液传播疾病发生的。

第七十七条　单位和个人违反本法规定，导致传染病传播、流行，给他人人身、财产造成损害的，应当依法承担民事责任。

第七十八条　本法中下列用语的含义：

（一）传染病病人、疑似传染病病人：指根据国务院卫生行政部门发布的《中华人民共和国传染病防治法规定管理的传染病诊断标准》，符合传染病病人和疑似传染病病人诊断标准的人。

（二）病原携带者：指感染病原体无临床症状但能排出病原体的人。

二十一、非法批准征用、占用土地罪

【概念与构成】

非法批准征用、占用土地罪，是指国家机关工作人员徇私舞弊，违反土地管理法、森林法、草原法等法律以及有关行政法规中关于土地管理的规定，滥用职权，非法批准征用、占用耕地、林地等农用地以及其他土地，情节严重的行为。构成本罪需要具备以下四个要件：

（一）客体要件。本罪侵犯的客体，是国家土地管理、城市规划等机关的正常活动以及其他有关国家机关的正常管理活动。徇私舞弊行为使国家土地管理法律、法规的顺利实施受到严重干扰，损害了国家土地管理、城市规划机关的威信，损害了国家和人民利益。

本罪的犯罪对象是土地。土地是我们赖以生存的自然资源，国有土地是社会主义全民所有的公共财产的重要组成部分，违法批准征用、占用土地的行为，造成国家土地资源的浪费，可耕地面积减少，使国家土地使用收益大量流失。

（二）客观要件。本罪在客观方面表现为徇私舞弊，违反土地管理法规，滥用职权，非法批准征用、占用土地，情节严重的行为。

所谓征用土地，是指国家为了进行经济、文化、国防建设以及兴办社会公共事业的需要，依照有关法律规定的条件及程序，将属于集体所有的土地收归国有的一种措施。所谓占用土地，是指对土地事实上的控制、管理与使用。

（三）主体要件。本罪主体是特殊主体，即国家机关工作人员，主要是指在各级政府中的主管人员，土地管理、城市规划等部门的工作人员。

（四）主观要件。本罪在主观方面必须是出于故意，即行为人明知自己的徇私舞弊行为是违反有关法律规定的，明知自己行为可能产生的后果，而对这种后果的发生持希望或者放任的态度。行为人的犯罪动机是徇私，有的是为了贪图钱财等不法利益，有的是因碍于亲朋好友情面而徇私舞弊，有的是出于报复或嫉妒心理而徇私舞弊等。

【立案标准】

1. 最高人民法院《关于审理破坏土地资源刑事案件具体应用法律若干问题的解释》（2000年6月22日　法释〔2000〕14号）（节录）

第四条　国家机关工作人员徇私舞弊，违反土地管理法规，滥用职权，非法批准征用、占用土地，具有下列情形之一的，属于非法批准征用、占用土地“情节严重”，依照刑法第四百一十条的规定，以非法批准征用、占用土地罪定罪处罚：

（一）非法批准征用、占用基本农田十亩以上的；

（二）非法批准征用、占用基本农田以外的耕地三十亩以上的；

（三）非法批准征用、占用其他土地五十亩以上的；

（四）虽未达到上述数量标准，但非法批准征用、占用土地造成直接经济损失三十万元以上；造成耕地大量毁坏等恶劣情节的。

第五条　实施第四条规定的行为，具有下列情形之一的，属于非法批准征用、占用土地“致使国家或者集体利益遭受特别重大损失”：

（一）非法批准征用、占用基本农田二十亩以上的；

（二）非法批准征用、占用基本农田以外的耕地六十亩以上的；

（三）非法批准征用、占用其他土地一百亩以上的；

（四）非法批准征用、占用土地，造成基本农田五亩以上，其他耕地十亩以上严重毁坏的；

（五）非法批准征用、占用土地造成直接经济损失五十万元以上等恶劣情节的。

2. 最高人民检察院《人民检察院直接受理立案侦查的渎职侵权重特大案件标准（试行）》（2002年1月1日　高检发〔2001〕13号）（节录）

十九、非法批准征用、占用土地案

（一）重大案件

1. 非法批准征用、占用基本农田二十亩以上的；

2. 非法批准征用、占用基本农田以外的耕地六十亩以上的；

3. 非法批准征用、占用其他土地一百亩以上的；

4. 非法批准征用、占用土地，造成基本农田五亩以上，其他耕地十亩以上严重毁坏的；

5. 非法批准征用、占用土地造成直接经济损失五十万元以上的。

（二）特大案件

1. 非法批准征用、占用基本农田三十亩以上的；

2. 非法批准征用、占用基本农田以外的耕地九十亩以上的；

3. 非法批准征用、占用其他土地一百五十亩以上的；

4. 非法批准征用、占用土地，造成基本农田十亩以上，其他耕地二十亩以上严重毁坏的；

5. 非法批准征用、占用土地造成直接经济损失一百万元以上的。

3. 最高人民法院《关于审理破坏林地资源刑事案件具体应用法律若干问题的解释》（2005年12月30日　法释〔2005〕15号）（节录）

第二条　国家机关工作人员徇私舞弊，违反土地管理法规，滥用职权，非法批准征用、占用林地，具有下列情形之一的，属于刑法第四百一十条规定的“情节严重”，应当以非法批准征用、占用土地罪判处三年以下有期徒刑或者拘役：

（一）非法批准征用、占用防护林地、特种用途林地数量分别或者合计达到十亩以上；

（二）非法批准征用、占用其他林地数量达到二十亩以上；

（三）非法批准征用、占用林地造成直接经济损失数额达到三十万元以上，或者造成本条第（一）项规定的林地数量分别或者合计达到五亩以上或者本条第（二）项规定的林地数量达到十亩以上毁坏。

第三条　实施本解释第二条规定的行为，具有下列情形之一的，属于刑法第四百一十条规定的“致使国家或者集体利益遭受特别重大损失”，应当以非法批准征用、占用土地罪判处三年以上七年以下有期徒刑：

（一）非法批准征用、占用防护林地、特种用途林地数量分别或者合计达到二十亩以上；

（二）非法批准征用、占用其他林地数量达到四十亩以上；

（三）非法批准征用、占用林地造成直接经济损失数额达到六十万元以上，或者造成本条第（一）项规定的林地数量分别或者合计达到十亩以上或者本条第（二）项规定的林地数量达到二十亩以上毁坏。

第六条　单位实施破坏林地资源犯罪的，依照本解释规定的相关定罪量刑标准执行。

第七条　多次实施本解释规定的行为依法应当追诉且未经处理的，应当按照累计的数量、数额处罚。

4. 最高人民检察院《关于渎职侵权犯罪案件立案标准的规定》（2006年7月26日　高检发释字〔2006〕2号）（节录）

一、渎职犯罪案件

（二十一）非法批准征用、占用土地案（第四百一十条）

非法批准征用、占用土地罪是指国家机关工作人员徇私舞弊，违反土地管理法、森林法、草原法等法律以及有关行政法规中关于土地管理的规定，滥用职权，非法批准征用、占用耕地、林地等农用地以及其他土地，情节严重的行为。

涉嫌下列情形之一的，应予立案：

1. 非法批准征用、占用基本农田10亩以上的；

2. 非法批准征用、占用基本农田以外的耕地30亩以上的；

3. 非法批准征用、占用其他土地50亩以上的；

4. 虽未达到上述数量标准，但造成有关单位、个人直接经济损失30万元以上，或者造成耕地大量毁坏或者植被遭到严重破坏的；

5. 非法批准征用、占用土地，影响群众生产、生活，引起纠纷，造成恶劣影响或者其他严重后果的；

6. 非法批准征用、占用防护林地、特种用途林地分别或者合计10亩以上的；

7. 非法批准征用、占用其他林地20亩以上的；

8. 非法批准征用、占用林地造成直接经济损失30万元以上，或者造成防护林地、特种用途林地分别或者合计5亩以上或者其他林地10亩以上毁坏的；

9. 其他情节严重的情形。

三、附则

（五）本规定中的“徇私舞弊”，是指国家机关工作人员为徇私情、私利，故意违背事实和法律，伪造材料，隐瞒情况，弄虚作假的行为。

【司法认定】

（一）什么是非法批准征用、占用土地

本罪客观方面具体包括两种行为：一是非法批准征用土地的行为。所谓土地征用，是指为了国家建设，将集体所有的土地收归国有而使用的行为。要实行征用土地，必须具备以下几个条件：第一，征地是一种政府行为，是政府的专有权力，其他任何单位和个人都没有征地权；第二，必须依法取得批准；第三，必须依法对被征地单位进行补偿，造成劳动力剩余的必须予以安置；第四，被征地单位必须服从，不得阻挠征地；第五，征地行为必须向社会公开，接受社会的公开监督。二是非法批准占用土地的行为，是指非法批准土地改变用途和超过规定的面积而占用土地等情形。具体来讲，非法批准征用、占用土地的行为主要包括以下类型：

（一）无权批准征用土地而批准。《土地管理法》及其《土地管理实施条例》对征用土地的批准权作出了明确规定。

1. 国务院的批准权包括：（1）基本农田，即依照土地利用总体规划和《基本农田保护条例》划入基本农田保护区，禁止占用的耕地。（2）基本农田以外的耕地超过35公顷的。比原规定占用耕地1000亩（66.7公顷）的批准权缩小了一半。这里不包括同时征用基本农田的行为。（3）其他土地超过70公顷的包括了耕地之外的所有土地，同时也包括征用耕地35公顷以下其他土地的总面积超过70公顷，都必须报国务院批准。其他都为省级人民政府的审批权。

根据中央确定的土地要实行集中统一管理的原则，新《土地管理法》对农用地转为建设用地实行两级审批的原则，即国务院和省级人民政府，但考虑到我国的实际情况，将乡村企业、农村公共设施、公益事业和农民宅基地等占用农用地的，授权地（市）级人民政府审批。（1）国务院批准的建设项目占用农用地的，包括，按照国家基本建设程序规定，由国务院及国务院有关部门批准可行性研究报告的项目，并且是在城市建设用地区之外需要单独选址的项目。包括国务院和国务院有关部门批准的能源、交通、水利、矿山等项目，也包括了中央军委批准建设的军事项目用地。（2）省、自治区、直辖市人民政府批准可行性研究报告的铁路、公路、各种管线及大型的能源、交通、水利等基本设施需要在城市建设用地区外单独选址的项目用地。（3）城市建设用地区内统一征地的，包括直辖市，省、自治区人民政府政府所在地城市、城区人口在100万以上的其他城市，以及国务院指定的其他城市的城市扩张用地。这里要说明的是这些城市只有城市本身扩张用地城市报国务院审批，而市辖县的县城扩张则由省级政府批准，市内农村集体建设用地扩张由地（市）办理农用地转用。但对一些市设的开发区、卫星城将按城市区扩张同样对待，需报国务院批准。

2. 省级人民政府的批准权限包括：（1）除了报国务院审批之外的其他城市的市区扩张占用农用地的。（2）县和县级市所在的城镇及其他镇建设扩张占用农用地的。（3）地、市以下政府批准可行性研究或建设项目需要占用农用地的。

3. 省级人民政府批准或省级人民政府可以授权设区的市、自治州批准的权限包括：（1）乡镇土地利用总体规划确定的村庄、集镇建设用地区内的农民宅基地、乡村企业、乡村公共设施、公益设施建设占用农用地的。（2）农村道路、水利及其他建设可以使用农村集体所有农用地的。

（二）超越批准权限批准征用土地。根据《土地管理法》及其《土地管理实施条例》的规定，征用土地的审批权限如下：国家建设征用农民集体土地，应依法报国务院或省、自治区、直辖市人民政府批准。征用下列土地由国务院批准：一是基本农田；二是基本农田以外的耕地超过35公顷的；三是其他土地超过70公顷的。征用上述土地以外的土地的，由省、自治区、直辖市人民政府批准，并报国务院备案。在实践中，一些行为人往往超过自己有权批准的面积批准征用土地。

（三）不按照土地利用总体规划确定的用途批准征用土地。根据《土地管理法》及其相关法规规定，各级人民政府应当依据国民经济和社会发展规划、国土整治和资源环境保护的要求、土地供给能力以及各项建设对土地的需求，组织编制土地利用总体规划。土地利用总体规划实行分级审批。省、自治区、直辖市的土地利用总体规划，报国务院批准；省、自治区人民政府所在地的市、人口在100万以上的城市以及经国务院指定的城市的土地利用总体规划，报经省、自治区人民政府审查同意后，报国务院批准；其他土地利用总体规划，逐级上报省、自治区、直辖市人民政府批准；其中乡（镇）土地利用总体规划可以由省级人民政府授权的设区的市、自治州人民政府批准。土地利用总体规划一经批准，就必须严格执行。经批准的土地利用总体规划要修改，必须经原批准机关批准；未经批准，不得改变土地利用总体规划确定的土地用途。

（四）违反法律规定的程序批准征用土地。根据《土地管理法》等的规定，征用土地应当遵守法定的程序。以征用农用地为例，根据《土地管理法实施条例》的规定，能源、交通、水利、矿山、军事设施等建设项目确需要使用土地利用总体规划确定的城市建设用地范围以外的土地，涉及农用地的，按照以下规定办理：第一，建设项目可行性研究论证时，由土地行政主管部门对建设项目用地有关事项进行审查，提出建设项目用地预审报告；可行性研究报告报批时，必须附具土地行政主管部门出具的建设项目用地预审报告。第二，建设单位持建设项目的有关批准文件，向市、县人民政府土地行政主管部门提出建设用地申请，由市、县土地行政主管部门审查，拟订农用地转用方案、补充耕地方案、征用土地方案和供地方案（涉及国有农用地的，不拟订征用土地方案），经市、县人民政府审核同意后，逐级上报有批准权的人民政府批准；其中，补充耕地方案由批准农用地转用方案的人民政府在批准农用地转用方案时一并批准；供地方案由批准征用土地的人民政府在批准征用方案时一并批准（涉及国有农用地的，供地方案由批准农用地转用的人民政府在批准农用地转用方案时一并批准）。第三，农用地转用方案、补充耕地方案、征用土地方案和供地方案经批准后，由市、县人民政府组织实施，向建设单位颁发建设用地批准书。有偿使用国有土地的，由市、县人民政府土地行政主管部门与土地使用者签订有偿使用合同；划拨使用国有土地的，由市、县人民政府土地行政主管部门向土地使用者核发国有土地划拨决定书。建设项目确需使用土地利用总体规划确定的城市建设用地范围外的土地，涉及农民集体所有的未利用土地的，只报批征用土地方案和供地方案。

此外，本罪的犯罪对象是土地。根据全国人大常委会2001年8月31日通过并发布施行的《关于刑法第二百二十八条、第三百四十二条、第四百一十条的解释》规定，是指耕地、林地等农用地以及其他土地。

（二）非法批准征用、占用土地罪的主体包括哪些人

首先，从依法批准征用、占用土地的设定权限，可以看出该犯罪主体有以下三类：一是县级以上人民政府领导。主要是政府中分管土地管理工作的领导；二是县级以上土地管理部门的负责人。包括法定代表人和分管建设用地的领导；三是土地管理部门具体办理建设用地的经办人员。包括业务处（科）长、办事人。

其次，根据规定的程序，批准用地应先由土地管理部门用地处（科）室的督促检可经办人审查，处（科）长审核签字，再报分管副局长签字后报局长签字。最后送政府分管领导签字批准。

再次，非法批准征用、占用土地犯罪案件，究竟应追究谁的刑事责任？如

果从该罪条款字面上理解，应追究有批准权的人员的刑事责任。那么，上述“国家机关工作人员”仅指县级以上人民政府的分管领导。因为，根据修订后的《土地管理法》规定，只有县级以上人民政府的分管领导才能代表同级政府行使批准权。这样，该罪对土地管理部门的负责人和直接经办人员就没有约束力。这在情理上和法理上显然都是不公平的，也不符合《刑法》的立法原意。

最后，为了准确认定该罪的犯罪主体，严肃法律，分清责任，应根据具体情况区别对待。具体来说：1. 如果是徇私舞弊将基本农田改为非基本农田，耕地改为非耕地报批，骗取政府领导批准的，则应追究具体办理建设用地人员的刑事责任。如果是政府领导或土地管理部门领导徇私舞弊，授意经办人员改变土地用途报批而批准的，则应追究政府领导或土地管理部门领导的刑事责任。2. 如果是无权批准或超越批准权限而非法批准用地的，应追究有徇私舞弊行为的土地管理部门法定代表人或政府主管领导人的刑事责任。

综上，因土地管理部门的领导和具体经办人员是直接贯彻执行《土地管理法》等法律、法规的国家机关工作人员，实践中，他们一般是非法批准征用、占用土地罪的主要主体。

（三）本罪与相关犯罪的界限

1. 本罪与非法占用农用土地罪的界限

二者的前提相同，都要求违反土地管理法规；对象相似，都涉及土地；二者都可能造成土地的毁坏。二罪的不同之处在于：

（1）主体不同。本罪是特殊主体，只能由国家机关工作人员构成，后者的主体既可以是自然人，也可以是单位。

（2）犯罪的客观表现形式不同。本罪的客观方面表现为徇私舞弊，违反《土地管理法》、《森林法》、《草原法》等法律以及有关行政法规中关于土地管理的规定，滥用职权，非法批准征用、占用土地，情节严重的行为。后者表现为违反土地管理法规，非法占用耕地、林地等农用地，改变被占用土地用途，数量较大，造成耕地、林地等农用地大量毁坏行为。

（3）前提条件不同。本罪要求行为人滥用职权实施，而后者没有这个要求。

（4）犯罪对象不完全相同。本罪的对象是土地，包括农用地和其他土地，而非法占用农用地罪的犯罪对象是农用地，范围要小于本罪。

2. 本罪与非法转让、倒卖土地使用权罪的界限

二者都属于破坏土地资源的犯罪。其不同之处表现为：

（1）主体不同。本罪为特殊主体，行为人必须是国家机关工作人员。

（2）行为方式不同。本罪的行为是非法批准征用、占用土地；后者的行为是非法转让、倒卖土地使用权。

（3）前提不同。本罪要求行为人滥用职权实施犯罪行为，非法转让、倒卖土地使用权罪没有此项要求。

（4）主观目的不同。本罪无特殊的目的要求，而非法转让、倒卖土地使用权罪则必须以牟利为目的。

【刑事责任】

《刑法》第410条规定，犯本罪处三年以下有期徒刑或者拘役；致使国家或者集体利益遭受特别重大损失的，处三年以上七年以下有期徒刑。

【办案依据】

1.《中华人民共和国刑法》（1997年3月14日修订）（节录）

第四百一十条 国家机关工作人员徇私舞弊，违反土地管理法规，滥用职权，非法批准征用、占用土地，或者非法低价出让国有土地使用权，情节严重的，处三年以下有期徒刑或者拘役；致使国家或者集体利益遭受特别重大损失的，处三年以上七年以下有期徒刑。

2. 全国人大常委会《关于〈中华人民共和国刑法〉第二百二十八条、第三百四十二条、第四百一十条的解释》（2002年1月1日）

全国人民代表大会常务委员会讨论了刑法第二百二十八条、第三百四十二条、第四百一十条规定的"违反土地管理法规"和第四百一十条规定的"非法批准征用、占用土地"的含义问题，解释如下：

刑法第二百二十八条、第三百四十二条、第四百一十条规定的"违反土地管理法规"，是指违反土地管理法、森林法、草原法等法律以及有关行政法规中关于土地管理的规定。

刑法第四百一十条规定的"非法批准征用、占用土地"，是指非法批准征用、占用耕地、林地等农用地以及其他土地。

3.《中华人民共和国土地管理法（2004年修正）》（1999年1月1日）（节录）

第七十三条 买卖或者以其他形式非法转让土地的，由县级以上人民政府土地行政主管部门没收违法所得；对违反土地利用总体规划擅自将农用地改为建设用地的，限期拆除在非法转让的土地上新建的建筑物和其他设施，恢复土地原状，对符合土地利用总体规划的，没收在非法转让的土地上新建的建筑物和其他设施；可以并处罚款；对直接负责的主管人员和其他直接责任人员，依法给予行政处分；构成犯罪的，依法追究刑事责任。

第七十八条 无权批准征用、使用土地的单位或者个人非法批准占用土地的，超越批准权限非法批准占用土地的，不按照土地利用总体规划确定的用途批准用地的，或者违反法律规定的程序批准占用、征用土地的，其批准文件无效，对非法批准征用、使用土地的直接负责的主管人员和其他直接责任人员，依法给予行政处分；构成犯罪的，依法追究刑事责任。非法批准、使用的土地应当收回，有关当事人拒不归还的，以非法占用土地论处。

非法批准征用、使用土地，对当事人造成损失的，依法应当承担赔偿责任。

4.《中华人民共和国草原法（2013年修正）》（2003年3月1日）（节录）

第六十三条 无权批准征用、使用草原的单位或者个人非法批准征用、使用草原的，超越批准权限非法批准征用、使用草原的，或者违反法律规定的程序批准征用、使用草原，构成犯罪的，依法追究刑事责任；尚不够刑事处罚的，依法给予行政处分。非法批准征用、使用草原的文件无效。非法批准征用、使用的草原应当收回，当事人拒不归还的，以非法使用草原论处。

非法批准征用、使用草原，给当事人造成损失的，依法承担赔偿责任。

二十二、非法低价出让国有土地使用权罪

【概念与构成】

非法低价出让国有土地使用权罪，是指国家机关工作人员徇私舞弊，违反土地管理法、森林法、草原法等法律以及有关行政法规中关于土地管理的规定，滥用职权，非法低价出让国有土地使用权，情节严重的行为。构成本罪需要具备以下四个要件：

（一）客体要件。本罪侵犯的客体是国家对国有土地使用管理的正常活动。我国《土地管理法》、《土地管理法实施条例》、《城镇国有土地使用权出让和转让暂行条例》等法律、法规，对出让国有土地使用权的批准权限、程序和要求等都作了明确具体的规定，这对于合理开发、利用、经营土地，加强土地管理，促进城市建设和经济发展有着十分重要的作用。国家机关工作人员徇私舞弊，违反土地管理法规，滥用职权，非法低价出让国有土地使用权，就直接侵犯了国家对国有土地的使用管理制度，破坏了国有土地使用管理的正常活动。

（二）客观要件。本罪在客观方面表现为违反土地管理法规，徇私舞弊、滥用职权，非法低价出让国有土地使用权，情节严重的行为。出让，是指不以谋利为目的而卖出所享有的土地使用权。所谓土地使用权，是指对土地的占有、使用、收益的权利。违反土地管理法规，主要是指违反《土地管理法》、《协议出让国有土地使用权最低价确定办法》等有关出让国有土地使用权的规定，如越权审批出让或者出让给不符合条件的单位与个人。低价出让，是指以低于国有土地使用权最低价的价格出让国有土地使用权。非法低价出让国有土地使用权的行为必须情节严重才能构成本罪。虽有非法低价出让行为，但情节尚不属于严重，也不能以本罪论处。所谓情节严重，可参见后附的【立案标准】的相关内容。

（三）主体要件。本罪的主体为国家机关工作人员。任何国家机关工作人员，只要违法低价出让国有土地使用权，情节达到了严重的程度，即可构成本罪。非国家机关工作人员则不能构成本罪。

（四）主观要件。本罪在主观方面必须出于故意，并且具有徇私的目的。即明知自己违反土地管理法规，在低价出让国有土地使用权，但为了徇私而仍决意为之。过失不能构成本罪。对工作严重不负责任，玩忽职守，过失低价出让国有

土地的，即使构成犯罪，也不是本罪，而是玩忽职守罪。虽然出于故意，但不是为了徇私，也不能以本罪论处，构成犯罪的，应是滥用职权罪。

【立案标准】

1. 最高人民法院《关于审理破坏土地资源刑事案件具体应用法律若干问题的解释》（2000年6月22日　法释〔2000〕14号）（节录）

第六条　国家机关工作人员徇私舞弊，违反土地管理法规，非法低价出让国有土地使用权，具有下列情形之一的，属于“情节严重”，依照刑法第四百一十条的规定，以非法低价出让国有土地使用权罪定罪处罚：

（一）出让国有土地使用权面积在三十亩以上，并且出让价额低于国家规定的最低价额标准的百分之六十的；

（二）造成国有土地资产流失价额在三十万元以上的。

第七条　实施第六条规定的行为，具有下列情形之一的，属于非法低价出让国有土地使用权，“致使国家和集体利益遭受特别重大损失”：

（一）非法低价出让国有土地使用权面积在六十亩以上，并且出让价额低于国家规定的最低价额标准的百分之四十的；

（二）造成国有土地资产流失价额在五十万元以上的。

第九条　多次实施本解释规定的行为依法应当追诉的，或者一年内多次实施本解释规定的行为未经处理的，按照累计的数量、数额处罚。

2. 最高人民检察院《人民检察院直接受理立案侦查的渎职侵权重特大案件标准（试行）》（2002年1月1日　高检发〔2001〕13号）（节录）

二十、非法低价出让国有土地使用权案

（一）重大案件

1. 出让国有土地使用权面积在六十亩以上，并且出让价额低于国家规定的最低价额标准的百分之六十的；

2. 造成国有土地资产流失价额在五十万元以上的。

（二）特大案件

1. 出让国有土地使用权面积在九十亩以上，并且出让价额低于国家规定的最低价额标准的百分之四十的；

2. 造成国有土地资产流失价额在一百万元以上的。

3. 最高人民法院《关于审理破坏林地资源刑事案件具体应用法律若干问题的解释》（2005年12月30日　法释〔2005〕15号）（节录）

第四条　国家机关工作人员徇私舞弊，违反土地管理法规，非法低价出让国有林地使用权，具有下列情形之一的，属于刑法第四百一十条规定的“情节严重”，应当以非法低价出让国有土地使用权罪判处三年以下有期徒刑或者拘役：

（一）林地数量合计达到三十亩以上，并且出让价额低于国家规定的最低价额标准的百分之六十；

（二）造成国有资产流失价额达到三十万元以上。

第五条　实施本解释第四条规定的行为，造成国有资产流失价额达到六十万元以上的，属于刑法第四百一十条规定的"致使国家和集体利益遭受特别重大损失"，应当以非法低价出让国有土地使用权罪判处三年以上七年以下有期徒刑。

第六条　单位实施破坏林地资源犯罪的，依照本解释规定的相关定罪量刑标准执行。

第七条　多次实施本解释规定的行为依法应当追诉且未经处理的，应当按照累计的数量、数额处罚。

4. 最高人民检察院《关于渎职侵权犯罪案件立案标准的规定》（2006年7月26日　高检发释字〔2006〕2号）（节录）

一、渎职犯罪案件

（二十二）非法低价出让国有土地使用权案（第四百一十条）

非法低价出让国有土地使用权罪是指国家机关工作人员徇私舞弊，违反土地管理法、森林法、草原法等法律以及有关行政法规中关于土地管理的规定，滥用职权，非法低价出让国有土地使用权，情节严重的行为。

涉嫌下列情形之一的，应予立案：

1. 非法低价出让国有土地30亩以上，并且出让价额低于国家规定的最低价额标准的百分之六十的；

2. 造成国有土地资产流失价额30万元以上的；

3. 非法低价出让国有土地使用权，影响群众生产、生活，引起纠纷，造成恶劣影响或者其他严重后果的；

4. 非法低价出让林地合计30亩以上，并且出让价额低于国家规定的最低价额标准的百分之六十的；

5. 造成国有资产流失30万元以上的；

6. 其他情节严重的情形。

三、附则

（五）本规定中的"徇私舞弊"，是指国家机关工作人员为徇私情、私利，故意违背事实和法律，伪造材料，隐瞒情况，弄虚作假的行为。

【司法认定】

（一）如何理解"国有土地"和"国有土地使用权"

1. 国有土地的含义。我国实行土地公有制，具体包括土地国家所有制和土地集体所有制。根据《土地管理法实施条例》的规定，国有土地包括以下土地：（1）城市市区的土地；（2）农村和城市郊区中已经被国家依法没收、征收、征购为国有的土地；（3）国家依法征用的原集体所有的土地；（4）依法不属于集体所有的林地、草地、荒地、滩涂及其他土地；（5）农村集体经济组织全部成员转为城镇居民的，原属于其成员的土地；（6）因国家组织移民、自然灾害等原因，农民成建制地集体迁移后不再使用的原属于迁移农民集体所有的土地。在我国，国家土地所有权的主体由宪法规定。《土地管理法》在国家土地所有权问题上的立法重点是对行使国家土地所有权的代表作出规定。《土地管理法》规定，国家土地所有权由国务院代表国家行使。同时，国务院可通过制定行政法规或发布行政命令，授权地方人民政府或其职能部门行使国家土地所有权。上述行使国家土地所有权的代表称为国有土地所有者代表。

2. 国有土地使用权的含义。国有土地使用权是用地者依其不同取得方式而享有的，具有不同法定权利内容的，与所有权相分离的，对国有土地所享有的用益性民事财产权利。国有土地使用权具有以下特征：（1）主体的广泛性。在我国，国有土地使用权的主体多为一般民事主体，对其身份资格多无特别限定。境内外法人、非法人组织及公民个人可依法取得国有土地使用权。（2）取得方式的多样性。国有土地所有者代表可依法通过出让、租赁、划拨等方式将国有土地使用权让与土地使用者。据此，用地者原始取得国有土地使用权。用地者也可依法通过市场交易的方式，继受取得国有土地使用权。（3）内容的差异性。国有土地使用权人对国有土地享有占用权、使用权，并依权利取得方式之不同享有不同的收益权、处分权。在我国，国有土地使用权可以不同方式而取得，而取得方式之不同将导致权利内容具有实质性差异。国有土地使用权需经法定登记予以确认。《土地管理法》规定，单位和个人使用的国有土地，由县级以上人民政府登记造册，核发证书，确认所有权。国有土地使用权因法律规定的情形而终止。一般说来，国有土地使用权终止的主要原因是国家依法收回土地使还是国有土地使用权的作价出资或者入股，在实质上都是国有土地使用权的有偿出让，即属于广义上的国有土地使用权出让行为，在造成国有土地资产流失之社会危害性与狭义的国有土地使用权行为并无两样。根据有关规定，国家以土地使用权作价出资或入股作为对企业的投资，国家对企业享有相应的投资者权益（股权），企业享有以出让方式获得的土地使用权。可见，在将国有土地使用权作价出资或入股作为企业的投资时，国家其实是向该企业出让国有土地使用权，只不过该企业不直接支付国有土地使用权出让金，而是以其他有偿形式如股息等形式回报。如果以低价作价出资或入股作为企业的投资，同样会造成国有土地资产流失的危害后果。

（二）非法低价转让国有土地使用权的行为是否能以非法低价出让国有土地使用权罪论处

根据刑法和有关司法解释的规定，非法低价转让国有土地使用权罪在客观上表现为违反土地管理法规，徇私舞弊、滥用职权，非法低价出让国有土地使用权，情节严重的行为。那么行为人非出让，而是非法转让国有土地使用权的行为如何认定呢？

根据《城镇国有土地使用权出让和转让暂行条例》规定，国有土地使用权的转让，是指国有土地使用者将土地使用权再转移的行为，包括出售、交换和赠与。未按照土地使用权出让合同规定的期限和条件投资开发、利用土地的，土地使用权不得转让。在我国国有土地使用权的转让具体包括以下几类：一是原出让土地使用权的转让；二是原划拨土地使用权的转让。《城市房地产管理法》第39条规定，以划拨方式取得土地使用权的，转让房地产时，应当按照国务院规定，报有批准权的人民政府审批。有批准权的人民政府准予转让的，应当由受让方办理土地使用权出让手续，并依照国家有关规定缴纳土地使用权出让金。以划拨方式取得土地使用权的，转让房地产报批时，有批准权的人民政府按照国家有关规定决定可以不办理土地使用权出让手续的，转让方应当按照国务院规定将转让房地产所获收益上缴国家或者作其他处理。根据上述规定，我们可以得知，如果国家机关以低于国家规定的价格转让以划拨方式取得的国有土地使用权的（尤其是不办理土地使用权出让手续时），其社会危害性与狭义的非法低价“出让”国有土地使用权行为没有任何区别。此外，根据《土地管理法》的规定，并非所有的国有单位都可以划拨方式取得国有土地使用权，大多数国有单位如大部分国有企业也要以出让方式取得国有土地使用权，这些国有单位以出让方式取得国有土地使用权后，国家机关工作人员（如国有资产管理部门的工作人员）在一定条件下也可以低价转让这种由国有单位行使的原来以出让方式获得的土地使用权。因而，我们认为，国家机关工作人员非法低价转让国有土地使用权，情节严重的，也应以非法低价出让国有土地使用权罪论处。

（三）如何认定国有土地使用权的出让价格

为加强城市国有土地使用权价格管理，维护市场价格正常秩序，保障国有土地所有者和使用者的合法权益，1995年12月1日国家计委发布了《城市国有土地使用权价格管理暂行办法》。根据这一文件的规定，政府对土地使用权价格实行直接管理与间接管理相结合的原则，建立以基准地价、标定地价为主调控，引导土地使用权价格形成的机制。基准地价和标定地价由县级以上人民政府价格主管部门会同有关部门制定，经有批准权的人民政府批准后，定期向社会公布。基准地价是城市规划区内一定时期的不同土地区域或级别、不同用途的土地使用权的平均价格；标定地价是以基准地价为基础确定的标准地块的一定使用年期的价格。基准地价、标定地价的制定，应当以专业评估机构地价评估结果为基础，根据国家宏观经济政策要求和房地产市场供求变化趋势，经组织专家论证后，合理确定。基准地价、标定地价应当每两年调整公布一次；在房地产市场价格波动较大时，也可以每年调整公布一次。经城市人民政府批准公布的基准地价、标定地价，应当报上一级人民政府价格主管部门备案。省级人民政府价格主管部门应将本地区主要城市的基准地价汇总后，报国务院价格主管部门备案。土地使用权出让，可以采取拍卖、招标或者双方协议的方式。以拍卖、招标方式出让土地使用权时，出让人应当事前依据政府公布的基准地价或标定地价制定土地出让底价，经政府价格主管部门会同有关部门审核后报同级人民政府批准。以协议方式出让的土地使用权价格不得低于政府确定的最低价格。土地使用权出让的最低价格由省级政府价格主管部门会同有关部门依据基准地价制定，报同级人民政府批准。

1999 年 6 月 28 日国家土地管理局发布了《协议出让国有土地使用权最低价确定办法》，根据这一规定，协议出让国有土地使用权最低价（以下简称协议出让最低价），是指上级人民政府为了宏观调控土地市场，防止低地价协议出让国有土地使用权而实施的出让金最低控制标准。协议出让最低价由省、自治区、直辖市人民政府土地管理部门会同有关部门拟定，报同级人民政府批准后下达市、县人民政府土地管理部门执行。协议出让最低价根据商业、住宅、工业等不同土地用途和土地级别的基准地价的一定比例确定，具体适用比例由省、自治区、直辖市确定，但直辖市计划单列市及省、自治区人民政府所在地的城市的具体适用比例，须报国家土地管理局核准。基准地价按《城镇土地估价规程》确定。基准地价调整时，协议出让最低价应当作相应调整。国家支持或重点扶持发展的产业及国家鼓励建设的项目用地，可以按行业或项目分类确定不同的协议出让最低价。确定协议出让最低价应当综合考虑征地拆迁费用、土地开发费用、银行利息及土地纯收益等基本因素。省、自治区、直辖市人民政府土地管理部门应当将确定的协议出让最低价在实施前报国家土地管理局备案。对确定协议出让最低价不符合本办法第七条规定要求的，国家土地管理局可以责令重新确定。以协议方式出让国有土地使用权时，其出让金低于协议出让最低价的，由负责监督检查的人民政府土地管理部门责令限期改正；逾期不改正的，土地使用权出让合同无效，由此造成的损失由出让方承担，有关责任人员由其所在单位或者上级机关视情节给予行政处分。

需要指出的是，本罪所指的非法低价出让国有土地使用权并非仅仅指低于出让最低价出让，还包括低于土地正常的市场价格出让。在实践中，还存在徇私舞弊将本应以出让的方式转移国有土地使用权，但行为人徇私舞弊，非法以划拨方式无偿给予用地者国有土地使用权，对这种行为，也应当以非法低价出让国有土地使用权罪论处，这其实是一种无偿出让国有土地使用权的行为，是低价出让国有土地使用权的极端形式。

（四）本罪罪与非罪的界限

根据刑法的规定，构成本罪必须是“情节严重”的行为，否则不构成犯罪。“情节严重”的认定，参见【立案标准】的有关内容。

【刑事责任】

《刑法》第 410 条规定，犯本罪，处三年以下有期徒刑或者拘役；致使国家或者集体利益遭受特别重大损失的，处三年以上七年以下有期徒刑。

【办案依据】

1.《中华人民共和国刑法》（1997年3月14日修订）（节录）

第四百一十条　国家机关工作人员徇私舞弊，违反上地管理法规，滥用职权，非法批准征用、占用土地，或者非法低价出让国有土地使用权，情节严重的，处三年以下有期徒刑或者拘役；致使国家或者集体利益遭受特别重大损失的，处三年以上七年以下有期徒刑。

2. 全国人大常委会《关于〈中华人民共和国刑法〉第二百二十八条、第三百四十二条、第四百一十条的解释》（2002年1月1日）

全国人民代表大会常务委员会讨论了刑法第二百二十八条、第三百四十二条、第四百一十条规定的"违反土地管理法规"和第四百一十条规定的"非法批准征用、占用土地"的含义问题，解释如下：

刑法第二百二十八条、第三百四十二条、第四百一十条规定的"违反土地管理法规"，是指违反土地管理法、森林法、草原法等法律以及有关行政法规中关于土地管理的规定。

刑法第四百一十条规定的"非法批准征用、占用土地"，是指非法批准征用、占用耕地、林地等农用地以及其他土地。

3.《中华人民共和国土地管理法（2004年修正）》（1999年1月1日）（节录）

第七十三条　买卖或者以其他形式非法转让土地的，由县级以上人民政府土地行政主管部门没收违法所得；对违反土地利用总体规划擅自将农用地改为建设用地的，限期拆除在非法转让的土地上新建的建筑物和其他设施，恢复土地原状，对符合土地利用总体规划的，没收在非法转让的土地上新建的建筑物和其他设施；可以并处罚款；对直接负责的主管人员和其他直接责任人员，依法给予行政处分；构成犯罪的，依法追究刑事责任。

第七十八条　无权批准征用、使用土地的单位或者个人非法批准占用土地的，超越批准权限非法批准占用土地的，不按照土地利用总体规划确定的用途批准用地的，或者违反法律规定的程序批准占用、征用土地的，其批准文件无效，对非法批准征用、使用土地的直接负责的主管人员和其他直接责任人员，依法给予行政处分；构成犯罪的，依法追究刑事责任。非法批准、使用的土地应当收回，有关当事人拒不归还的，以非法占用土地论处。

非法批准征用、使用土地，对当事人造成损失的，依法应当承担赔偿责任。

二十三、放纵走私罪

【概念与构成】

放纵走私罪是指海关工作人员徇私舞弊，放纵走私，情节严重的行为。构成本罪需要具备以下四个要件：

（一）客体要件。本罪侵犯的客体是国家的海关监管制度。海关是国家的进出境监督管理机关。海关工作人员徇私舞弊，放纵走私，不仅纵容走私违法犯罪行为，破坏了海关监督秩序，使国家海关法律、法规的顺利实施受到严重干扰，还损害了国家机关特别是海关的威信。《海关法》第56条规定，海关工作人员放纵走私的，根据情节轻重，给予行政处分或者依法追究刑事责任。

（二）客观要件。本罪在客观方面表现为海关工作人员，徇私舞弊，放纵走私，情节严重的行为。

海关工作人员徇私舞弊行为，首先必须是利用职务之便进行的。所谓利用职务之便，是指利用职权或者与职务有关的便利条件。职权是指本人职务范围内的权利；与职务有关的便利条件是指虽然不是直接利用职权，但是利用了本人的职权或地位形成的便利条件。

放纵走私，是指海关工作人员为贪图财物、袒护亲友或者其他私情私利，对明知是走私行为而予以放纵的行为。情节严重的行为，主要表现为海关工作人员，出于徇私情、图私利的动机，有法不依，有章不循，利用职权，对具有走私行为和走私犯罪的人故意包庇、放纵，对应该查处的不予查处、应该处罚的不予处罚、应该依法移交司法机关追究刑事责任的不移交的行为。徇私舞弊的方法，通常表现为搜集、制造提供假证据材料，篡改、毁灭证实真相的证据材料，歪曲事实，或者通风报信、私放、窝藏走私分子或者私放走私货物进出国（边）境等方法，纵容走私违法犯罪活动。需要注意的是，海关工作人员徇私舞弊，放纵走私的行为，一般发生在侦查或者查处阶段。

海关工作人员徇私舞弊、放纵走私的行为只有在情节严重时才构成犯罪，所谓情节严重，是指：多次放纵走私；放纵多名走私行为人；放纵走私犯罪分子；放纵走私行为造成严重后果的。具体可参见后附的【立案标准】部分的内容。

（三）主体要件。本罪主体为特殊主体，即海关工作人员。

（四）主观要件。本罪在主观方面主要是出于故意，即行为人明知自己的徇私舞弊行为是违反有关法律规定的，明知自己行为可能产生的后果，而对这种后果的发生持希望或者放任的态度。至于行为人的犯罪动机是徇私，有的是为了贪图钱财等不法利益，有的是因碍于亲朋好友情面而徇私舞弊，有的是出于报复或嫉妒心理而徇私舞弊等。

【立案标准】

1. 最高人民检察院《人民检察院直接受理立案侦查的渎职侵权重特大案件标准（试行）》（2002年1月1日　高检发〔2001〕13号）（节录）

二十一、放纵走私案

（一）重大案件

造成国家税收损失累计达三十万元以上的。

（二）特大案件

造成国家税收损失累计达五十万元以上的。

2. 最高人民检察院《关于渎职侵权犯罪案件立案标准的规定》（2006 年 7 月 26 日 高检发释字〔2006〕2 号）（节录）

一、渎职犯罪案件

（二十三）放纵走私案（第四百一十一条）

放纵走私罪是指海关工作人员徇私舞弊，放纵走私，情节严重的行为。

涉嫌下列情形之一的，应予立案：

1. 放纵走私犯罪的；

2. 因放纵走私致使国家应收税额损失累计达 10 万元以上的；

3. 放纵走私行为 3 起次以上的；

4. 放纵走私行为，具有索取或者收受贿赂情节的；

5. 其他情节严重的情形。

三、附则

（五）本规定中的"徇私舞弊"，是指国家机关工作人员为徇私情、私利，故意违背事实和法律，伪造材料，隐瞒情况，弄虚作假的行为。

【司法认定】

（一）海关工作人员在办理走私案件中，对应当移交司法机关的案件不移交，如何认定

此时应分两种情况区别对待：

1. 如果海关工作人员在办理走私案件的过程中，发现走私行为可能构成走私罪，却徇私舞弊，既不将案件移交司法机关追究刑事责任，也不按海关法做出处理，应认定放纵走私罪。

2. 如果海关工作人员徇私舞弊不将案件移交司法机关追究刑事责任，而是以海关法处理了事的，则应认定为徇私舞弊不移交刑事案件罪。我们认为，首先，放纵走私罪的本质在于，明知是走私犯罪而故意放行的行为，就是说，作为海关工作人员对于走私行为没有做任何处理，而是听之任之。这种情况当然也就谈不上移交司法机关处理的问题。与放纵走私罪相比，徇私舞弊不移交刑事案件罪的本质在于，对本应移交司法机关处理的构成犯罪的案件不移交而是以海关法处理了事，从而干扰了正常的法律秩序，也姑息了走私犯罪。因此，是否按照海关法进行处理，是法律设定的两罪区别的关键所在。其次，在放纵走私罪中，由于确实放纵了走私，社会危害性严重。而在徇私舞弊不移交刑事案件罪中，虽然没有按规定移交司法机关处理，但还是依照海关法做出了一定的处理，行为的社会危害性相对轻一些。因此，放纵走私罪的法定刑重于徇私舞弊不移交刑事案件罪，是符合罪责刑相适应原则的。

（二）本罪与非罪的界限

如果行为人主观上不是明知，而是由于其业务知识、经验不足，或者是调查

研究不够充分，工作作风不够深入，思想方法简单等造成认识偏颇而发生的错误行为，即使造成一定危害后果的，一般也不构成犯罪，如果情节严重或者造成重大后果而构成其他犯罪的，应以其他相应犯罪论处。

（三）本罪与玩忽职守罪的界限

海关工作人员严重不负责任，对应当发现的走私行为没有发现，造成严重后果的，应以玩忽职守罪处罚。两罪的主要区别在于：本罪的主体只能是海关工作人员，而后罪的主体不仅包括海关工作人员，而且包括其他国家机关工作人员；本罪的主观方面是直接故意，而后罪的主观方面只能是过失。

（四）本罪与放行偷越国（边）境人员罪的界限

本罪与后罪的主体都可以是海关工作人员，主观上都是故意，且有明确的徇私动机，在客观方面都表现为把非法出入境行为作为合法行为予以放纵。但本罪的客体是海关监管活动，而后罪的客体则主要是国（边）境管理秩序；本罪放纵的是走私行为，而后罪放纵的则是非法进出国（边）境的行为。

【刑事责任】

《刑法》第411条规定，犯本罪，处五年以下有期徒刑或者拘役；情节特别严重的，处五年以上有期徒刑。

【办案依据】

1.《中华人民共和国刑法》（1997年3月14日修订）（节录）

第四百一十一条 海关工作人员徇私舞弊，放纵走私，情节严重的，处五年以下有期徒刑或者拘役；情节特别严重的，处五年以上有期徒刑。

2. 最高人民法院、最高人民检察院、海关总署《关于办理走私刑事案件适用法律若干问题的意见》（2002年7月8日 法〔2002〕139号）（节录）

十六、关于放纵走私罪的认定问题

依照刑法第四百一十一条的规定，负有特定监管义务的海关工作人员徇私舞弊，利用职权，放任、纵容走私犯罪行为，情节严重的，构成放纵走私罪。放纵走私行为，一般是消极的不作为。如果海关工作人员与走私分子通谋，在放纵走私过程中以积极的行为配合走私分子逃避海关监管或者在放纵走私之后分得赃款的，应以共同走私犯罪追究刑事责任。

海关工作人员收受贿赂又放纵走私的，应以受贿罪和放纵走私罪数罪并罚。

3.《中华人民共和国海关法（2013年修正）》（1987年7月1日）（节录）

第七十二条 海关工作人员必须秉公执法，廉洁自律，忠于职守，文明服务，不得有下列行为：

（一）包庇、纵容走私或者与他人串通进行走私。

第九十六条 海关工作人员有本法第七十二条所列行为之一的，依法给予行政处分；有违法所得的，依法没收违法所得；构成犯罪的，依法追究刑事责任。

二十四、商检徇私舞弊罪

【概念与构成】

商检徇私舞弊罪，是指国家商检部门、商检机构的工作人员徇私舞弊，故意伪造检验结果的行为。构成本罪需要具备以下四个要件：

（一）客体要件。本罪侵犯的客体是国家进出口商品检验部门、机构的正常活动及国家其他有关机关的正常活动。

（二）客观要件。本罪在客观方面表现为国家商检部门、商检机构的工作人员徇私舞弊，故意伪造检验结果的行为。

徇私舞弊，伪造检验结果，是指行为人明知商检制度和我国《进出口商品检验法》等法律、法规有关商品检验的规定，却为图私利、徇私情，有法不依，有章不循，滥用职权，违背事实，作黑白颠倒的商检结果或者出具虚假的商品检验证单的行为。行为的表现形式多种多样，如对不合格的商品作检验合格的结果，对合格的商品作检验不合格的结果；为出具检验证书更换检验标的物；或者直接篡改检验证书；等等。本罪是行为犯，只要行为人实施了伪造检验结果的行为，就已经侵犯了国家的进出口商检制度，构成犯罪既遂。造成严重后果，只是加重法定刑的问题。根据最高人民检察院《关于渎职侵权犯罪案件立案标准的规定》，商检徇私舞弊，只要涉嫌下列情形之一的，应予立案：（1）采取伪造、变造的手段对报检的商品的单证、印章、标志、封识、质量认证标志等作虚假的证明或者出具不真实的证明结论的；（2）将送检的合格商品检验为不合格，或者将不合格商品检验为合格的；（3）对明知是不合格的商品，不检验而出具合格检验结果的；（4）其他伪造检验结果应予追究刑事责任的情形。

（三）主体要件。本罪的主体为特殊主体，即国家商检部门、商检机构的工作人员。所谓国家商检部门，是指国务院商品检验部门，即国家进出口商品检验局。所谓商检机构，是指国家商检部门设在各地的进出口商品检验机构，即各省、市、自治区进出口商品检验局。应当注意的是，在国家商检部门或商检机构指定的检验机构中工作的人员，如果有徇私舞弊，伪造检验结果的行为，也应以本罪论处。所谓国家商检部门或商检机构指定的检验机构，是指国家商检局指定的关于专门从事进出口商品检验的法人机构，如中国进出口商品检验总公司及其分公司，以及由于某些商品具有特殊性，一般检验机构很难从事这项检验工作，国家指定的专门负责对特殊进出口商品进行检验的有关机构，如进出口药品的检验由卫生部指定的药品检验部门办理；进出口食品的卫生检验和检疫由食品卫生检验机构办理；计量器具的检验由计量部门办理；进出口锅炉及压力容器的检验由劳动和社会保障部锅炉压力容器安全监察部门办理；船舶、主要船用设备及材料、集装箱的船舶规范检验由交通部船舶规范检验机构办理等。

（四）主观要件。本罪在主观方面只能由故意构成，过失不构成本罪。虽为故意但不徇私，而滥用职权伪造、出具虚假商检结果的，如果造成公共财产、国家和人民利益重大损失，则应以滥用职权罪定罪。至于其动机，有的是为了帮助亲朋好友，有的是泄愤报复，有的是讨好上级，有的是为了女色等。动机如何，不会影响本罪成立。

【立案标准】

1. 最高人民检察院《人民检察院直接受理立案侦查的渎职侵权重特大案件标准（试行）》（2002年1月1日）（节录）

二十二、商检徇私舞弊案

（一）重大案件

1. 造成直接经济损失五十万元以上的；

2. 徇私舞弊，三次以上伪造检验结果的。

（二）特大案件

1. 造成直接经济损失一百万元以上的；

2. 徇私舞弊，五次以上伪造检验结果的。

2. 最高人民检察院《关于渎职侵权犯罪案件立案标准的规定》（2006年7月26日　高检发释字〔2006〕2号）（节录）

一、渎职犯罪案件

（二十四）商检徇私舞弊案（第四百一十二条第一款）

商检徇私舞弊罪是指出入境检验检疫机关、检验检疫机构工作人员徇私舞弊，伪造检验结果的行为。

涉嫌下列情形之一的，应予立案：

1. 采取伪造、变造的手段对报检的商品的单证、印章、标志、封识、质量认证标志等作虚假的证明或者出具不真实的证明结论的；

2. 将送检的合格商品检验为不合格，或者将不合格商品检验为合格的；

3. 对明知是不合格的商品，不检验而出具合格检验结果的；

4. 其他伪造检验结果应予追究刑事责任的情形。

三、附则

（五）本规定中的“徇私舞弊”，是指国家机关工作人员为徇私情、私利，故意违背事实和法律，伪造材料，隐瞒情况，弄虚作假的行为。

【司法认定】

（一）本罪罪与非罪的界限

根据刑法的规定，本罪的构成，并不需要造成严重后果。造成严重后果只是本罪加重处罚的情节。只要行为人在主观上是故意，并且实施了徇私舞弊，伪造商检结果的行为，就可构成犯罪。当然，在实践中还需注意并非只要有这种行为就构成，还需要根据行为人伪造的次数、情节、涉及商品的数额、造成的影响等因素具体分析，综合判断。

（二）本罪与相关犯罪的界限

1. 本罪与滥用职权罪的界限

本罪也是商检人员徇私舞弊滥用职权的渎职犯罪，它与《刑法》第 397 条规定的滥用职权罪都是行为人滥用职权的结果。主观上也有相同之处。二者的区别主要是：

（1）主体不同。本罪的主体是特定的，即国家的商检机构的工作人员。后者的主体是泛指国家机关工作人员。

（2）犯罪对象不同。本罪的犯罪对象是商品检验检疫法律法规中规定必须进行商品检验的商品，如果商检人员伪造商检结果不是应该进行商品检验的商品，则不构成本罪，而根据其行为的性质和造成的危害结果的大小，以滥用职权罪或其他罪的共犯处罚；后者则没有特定犯罪对象。

2. 本罪与逃避商检罪的界限

二者的最终目的与结果都是使应该进行商品检验才能进口或出口的商品没有检验或虽检验但不合格的商品，进口或出口，破坏国家商品检验制度的行为。二者造成的危害结果在客观上也基本相同。二者的区别主要是：

（1）犯罪的主体不同。本罪的主体是特殊主体，即国家商检部门、商检机构的工作人员和这些部门、机构指定的商检机构的检验人员；后者的主体是一般主体，包括自然人和单位，只应当向商检机构报检的进出口商品发货人和收货人。

（2）犯罪的客观方面表现不同。后者表现为违反进出口商检法规定，对应当由商检机构检验的进口商品未报检验而擅自在境内销售或使用，或者对应当由商检机构检验的出口商品未报检验合格而擅自出口，以及对商检机构抽检不合格的上述商品以外的商品擅自出口，情节严重的行为。本罪则表现为行为人徇私舞弊、伪造商检结果，如使不合格的商品成为合格的商品，从而得以以合法的形式进出口的行为。

【刑事责任】

根据《刑法》第 412 条的规定，犯本罪，处五年以下有期徒刑或者拘役；造成严重后果的，处五年以上十年以下有期徒刑。

【办案依据】

1.《中华人民共和国刑法》（1997 年 3 月 14 日修订）（节录）

第四百一十二条 国家商检部门、商检机构的工作人员徇私舞弊，伪造检验结果的，处五年以下有期徒刑或者拘役；造成严重后果的，处五年以上十年以下有期徒刑。

2.《中华人民共和国进出口商品检验法（2013 年修正）》（1989 年 8 月 1 日）（节录）

第三十八条 国家商检部门、商检机构的工作人员滥用职权，故意刁难的，徇私舞弊，伪造检验结果的，或者玩忽职守，延误检验出证的，依法给予行政处分；构成犯罪的，依法追究刑事责任。

3.《中华人民共和国进出口商品检验法实施条例（2013 年修正）》（2005 年 12 月 1 日）（节录）

第五十九条 出入境检验检疫机构的工作人员滥用职权，故意刁难当事人的，徇私舞弊，伪造检验结果的，或者玩忽职守，延误检验出证的，依法给予行政处分；违反有关法律、行政法规规定签发出口货物原产地证明的，依法给予行政处分，没收违法所得；构成犯罪的，依法追究刑事责任。

二十五、商检失职罪

【概念与构成】

商检失职罪，是指国家商检部门、商检机构的工作人员玩忽职守，严重不负责任，对应当检验的物品不检验，或者延误检验出证，错误出证，导致国家利益遭受重大损失的行为。构成本罪需要具备以下四个要件：

（一）客体要件。本罪侵犯的客体是国家进出口商品检验部门、机构的正常活动及国家其他有关机关的正常活动。

（二）客观要件。本罪在客观方面表现为国家商检部门、商检机构的工作人员玩忽职守，严重不负责任，对应当检验的物品不检验，或者延误检验出证，错误出证，导致国家利益遭受重大损失的行为。

所谓玩忽职守，严重不负责任，是指不履行职守或者不正确、不认真履行自己的职守。在本罪具体表现为三种情况：

（1）对应当检验的物品不检验。根据《商品检验法》第 5 条规定，对于《商检机构实施检验的进出口商品种类表》中所列的商品（除经收货人、发货人申请，国家商检部门审查批准可以免检的外），以及其他法律、行政法规规定必须经商检机构检验的进出口商品，必须经商检机构或者国家商检部门、商检机构指定的检验机构检验。应当检验而不检验，并出于过失致使国家利益遭受重大损失的，则即构成本罪。应当检验而不检验，既包括根本不作检验，又包括虽然检验但只对部分物品及内容进行检验，即不对应当检验的进出口商品就其品种、质量、规格、数量、重量、包装以及是否符合安全、卫生要求等作全面的检验。

（2）延误检验出证。其是指虽然对应当检验的进出口商品进行了检验，但由于工作拖拉而致商品检验出具结果超出了法定的商品检验出证的期限。此时，只要超出了时间，不论其检验结果是否出错，都可构成本罪客观行为。根据《商品检验法》规定，对进口商品，应当在对外贸易合同约定的索赔期限内检验完毕，并出具检验结果证明；对出口商品，则要求在不延误装运的期限内检验完毕，并出具检验结果证明。

（3）错误出证。是指对应检商品进行检验后所出具的检验结果证明内容错误，与被检商品的客观情况不相符合，如把合格检验为不合格，不合格又检验成合格等。既可以是检验的全部内容不符合事实，也可以是其中的部分内容，如规格、数量、包装等部分内容不符合事实。

本罪是结果犯，只有使国家利益遭受重大损失的，才构成犯罪。所谓致使国家利益遭受重大损失，一般是指大批出口商品被退回，或者给予外商巨额经济赔偿；大批合同订单被取消；或者进口不合格商品不能使用、销售；严重损害了对外贸易关系；使国家的声誉受到严重影响等。重大损失的认定参见后附的【立案标准】的有关内容。

（三）主体要件。本罪的主体为特殊主体，即国家商检部门、商检机构的工作人员。所谓国家商检部门，是指国务院商品检验部门，即国家进出口商品检验局。所谓商检机构，是指国家商检部门设在各地的进出口商品检验机构，即各省、市、自治区进出口商品检验局。应当注意的是，在国家商检部门或商检机构指定的检验机构中工作的人员，如果有徇私舞弊，伪造检验结果的行为，也应以本罪论处。所谓国家商检部门或商检机构指定的检验机构，是指国家商检局指定的关于专门从事进出口商品检验的法人机构，如中国进出口商品检验总公司及其分公司，以及由于某些商品具有特殊性，一般检验机构很难从事这项检验工作，国家指定的专门负责对特殊进出口商品进行检验的有关机构，如进出口药品的检验由卫生部指定的药品检验部门办理；进出口食品的卫生检验和检疫由食品卫生检验机构办理；计量器具的检验由计量部门办理；进出口锅炉及压力容器的检验由劳动和社会保障部锅炉压力容器安全监察部门办理；船舶、主要船用设备及材料、集装箱的船舶规范检验由交通部船舶规范检验机构办理等。

（四）主观要件。本罪在主观方面只能由过失构成，故意不构成本罪。

【立案标准】

1. 最高人民检察院《人民检察院直接受理立案侦查的渎职侵权重特大案件标准（试行）》（2002年1月1日）（节录）

二十三、商检失职案

（一）重大案件

1. 造成直接经济损失一百万元以上的；

2. 五次以上不检验或者延误检验出证、错误出证的。

（二）特大案件

1. 造成直接经济损失三百万元以上的；

2. 七次以上不检验或者延误检验出证、错误出证的。

2. 最高人民检察院《关于渎职侵权犯罪案件立案标准的规定》（2006年7月26日　高检发释字〔2006〕2号）（节录）

一、渎职犯罪案件

（二十五）商检失职案（第四百一十二条第二款）

商检失职罪是指出入境检验检疫机关、检验检疫机构工作人员严重不负责任，对应当检验的物品不检验，或者延误检验出证、错误出证，致使国家利益遭受重大损失的行为。

涉嫌下列情形之一的，应予立案：

1. 致使不合格的食品、药品、医疗器械等商品出入境，严重危害生命健康的；

2. 造成个人财产直接经济损失15万元以上，或者直接经济损失不满15万元，但间接经济损失75万元以上的；

3. 造成公共财产、法人或者其他组织财产直接经济损失30万元以上，或者直接经济损失不满30万元，但间接经济损失150万元以上的；

4. 未经检验，出具合格检验结果，致使国家禁止进口的固体废物、液态废物和气态废物等进入境内的；

5. 不检验或者延误检验出证、错误出证，引起国际经济贸易纠纷，严重影响国家对外经贸关系，或者严重损害国家声誉的；

6. 其他致使国家利益遭受重大损失的情形。

三、附则

（五）本规定中的“徇私舞弊”，是指国家机关工作人员为徇私情、私利，故意违背事实和法律，伪造材料，隐瞒情况，弄虚作假的行为。

【司法认定】

（一）本罪罪与非罪的界限

本罪只有造成严重后果，才应追究行为的刑事责任。即行为人出具不真实的商检结果，并且造成严重后果，才能构成本罪。如果并未造成严重后果，行为人过失出具不真实商检结果的，并不构成犯罪。

（二）本罪与玩忽职守罪的界限

二者的区别是：

（1）行为的对象不同。本罪的对象是对应当进行检验的进出口商品，后者的对象不特定。

(2) 主体不同。本罪是国家商检部门、商检机构的工作人员。后者是国家机关工作人员。

(3) 客观方面不同。本罪表现为行为人玩忽职守，严重不负责任，对应当检验的物品不检验，或者延误检验出证，错误出证，导致国家利益遭受重大损失的行为。后者表现为不履行、不认真履行职责，致使公共财产、国家和人民利益遭受重大损失的行为。

(三) 本罪与重大责任事故罪的界限

二者的区别主要表现在：

(1) 犯罪主体不同。本罪主体是国家商检部门、商检机构的工作人员。后者的主体可以是国家工作人员，也可以是非国家工作人员。

(2) 侵犯的客体不同。本罪的客体是国家进出口商品检验部门、机构的正常活动及国家其他有关机关的正常活动。后者的客体是公共安全。

(3) 发生的领域和环节不同。本罪只能发生在应当对进出口商品进行检验的过程中；后者发生在工厂、矿山、林场、建筑企业或者其他企业、事业单位的生产、作业中，以及直接指挥生产、作业的过程中。

【刑事责任】

根据《刑法》第412条的规定，犯本罪，处五年以下有期徒刑或者拘役；造成严重后果的，处五年以上十年以下有期徒刑。

【办案依据】

1.《中华人民共和国刑法》(1997年3月14日修订)(节录)

第四百一十二条 国家商检部门、商检机构的工作人员徇私舞弊，伪造检验结果的，处五年以下有期徒刑或者拘役；造成严重后果的，处五年以上十年以下有期徒刑。

前款所列人员严重不负责任，对应当检验的物品不检验，或者延误检验出证、错误出证，致使国家利益遭受重大损失的，处三年以下有期徒刑或者拘役。

2.《中华人民共和国进出口商品检验法(2013年修正)》(1989年8月1日)(节录)

第三十八条 国家商检部门、商检机构的工作人员滥用职权，故意刁难的，徇私舞弊，伪造检验结果的，或者玩忽职守，延误检验出证的，依法给予行政处分；构成犯罪的，依法追究刑事责任。

3.《中华人民共和国进出口商品检验法实施条例(2013年修正)》(2005年12月1日)(节录)

第五十九条 出入境检验检疫机构的工作人员滥用职权，故意刁难当事人的，徇私舞弊，伪造检验结果的，或者玩忽职守，延误检验出证的，依法给予行政处分；违反有关法律、行政法规规定签发出口货物原产地证明的，依法给予行政处分，没收违法所得；构成犯罪的，依法追究刑事责任。

二十六、动植物检疫徇私舞弊罪

【概念与构成】

动植物检疫徇私舞弊罪，是指动植物检疫机关的检疫人员徇私舞弊，伪造检疫结果的行为。构成本罪需要具备以下四个要件：

（一）客体要件。本罪侵犯的客体是国家动植物检疫机关的正常活动。徇私舞弊行为使国家动植物检疫法律、法规的顺利实施受到严重干扰，损害了国家动植物检疫机关的威信，影响国家动植物检疫机关的正常活动。

（二）客观要件。本罪在客观方面表现为检疫人员徇私舞弊，伪造检疫结果的行为。

根据《进出境动植物检疫法》及其实施条例规定，进出境的动植物、动植物产品和其他检疫物，装载动植物、动植物物品和其他检疫物的容器、包装铺垫材料以及来自动植物检疫区的运输工具、进境拆解的废旧船舶，有关法律、行政法规、国际条约规定或者贸易合同约定应当实施进出境动植物检疫的其他货物物品应当依法进行检疫。

伪造检疫结果，是指滥用职权，出具虚假的、不符合应检物品实际情况的检疫结果，如根本不对应检动植物等检疫物进行检疫而出具检疫结果；明知为不合格的检疫物品为了徇私仍然签发、出具检疫合格的单证或在海关报关单上加盖检疫合格印章，为检疫合格的检疫物品出具不合格的检疫证明等。其具体表现在所出具的检疫放行通知单、动物过境许可证、动物检疫证书、植物检疫证书、动物健康证书、兽医卫生证书、熏蒸消毒证书等由检疫机关出具的有关动植物及其产品及其他检疫物健康或者卫生情况检疫证书中。应当指出，伪造检疫结果，既包括伪造、出具被检疫内容全部虚假的结果，又包括伪造、出具被检疫的内容部分不符合事实的结果。

构成本罪，不要求造成严重后果；造成严重后果，是本罪的加重情节。

根据最高人民检察院《关于渎职侵权犯罪案件立案标准的规定》行为人徇私舞弊，伪造检疫结果涉嫌下列情形之一的，应予立案：（1）采取伪造、变造的手段对检疫的单证、印章、标志、封识等作虚假的证明或者出具不真实的结论的；（2）将送检的合格动植物检疫为不合格，或者将不合格动植物检疫为合格的；（3）对明知是不合格的动植物，不检疫而出具合格检疫结果的；（4）其他伪造检疫结果应予追究刑事责任的情形。

（三）主体要件。本罪的主体是特殊主体，即动植物检疫机关的检疫人员。动植物检疫机关，包括国家动植物检疫机关及其在对外开放的口岸和进出境动植物检疫业务集中的地点设立的口岸动植物检疫机关。

（四）主观要件。本罪在主观方面必须是出于故意，即行为人明知自己的徇私舞弊行为是违反有关法律规定的，明知自己行为可能产生的后果，而对这种后果的发生持希望或者放任的态度。行为人的犯罪动机是徇私，有的是为了贪图钱财等不法利益，有的是因碍于亲朋好友情面而徇私舞弊，有的是出于报复或嫉妒心理而徇私舞弊等。

【立案标准】

1. 最高人民检察院《人民检察院直接受理立案侦查的渎职侵权重特大案件标准（试行）》（2002年1月1日　高检发〔2001〕13号）（节录）

二十四、动植物检疫徇私舞弊案

（一）重大案件

1. 徇私舞弊，三次以上伪造检疫结果的；

2. 造成直接经济损失五十万元以上的。

（二）特大案件

1. 徇私舞弊，五次以上伪造检疫结果的；

2. 造成直接经济损失一百万元以上的。

2. 最高人民检察院《关于渎职侵权犯罪案件立案标准的规定》（2006年7月26日　高检发释字〔2006〕2号）（节录）

一、渎职犯罪案件

（二十六）动植物检疫徇私舞弊案（第四百一十三条第一款）

动植物检疫徇私舞弊罪是指出入境检验检疫机关、检验检疫机构工作人员徇私舞弊，伪造检疫结果的行为。

涉嫌下列情形之一的，应予立案：

1. 采取伪造、变造的手段对检疫的单证、印章、标志、封识等作虚假的证明或者出具不真实的结论的；

2. 将送检的合格动植物检疫为不合格，或者将不合格动植物检疫为合格的；

3. 对明知是不合格的动植物，不检疫而出具合格检疫结果的；

4. 其他伪造检疫结果应予追究刑事责任的情形。

【司法认定】

（一）本罪罪与非罪的界限

根据刑法的规定，构成本罪并不要求实际造成严重后果。严重后果是对行为量刑时考虑的因素。只要行为人明知其伪造检疫结果，但仍故意实施伪造行为的，就可成立本罪。当然，构成犯罪还必须具有一定的标准，并非一切伪造检疫结果的行为都构成犯罪，而应根据具体情况分析。如需根据行为人伪造的次数、情节及动植物检疫数额的大小，造成的影响等综合认定。

（二）本罪与相关犯罪的界限

1. 本罪与妨害国境卫生检疫罪的界限

两罪都是故意犯罪，而且都可能引起检疫病进入社会生产、人民生活之中，造成大范围、大面积的传播，危害不特定多数人的健康和财产。但是二者又有原则的区别：

（1）主体不同。前罪的主体只能是动植物检疫机关的检疫人员，其他自然人或单位都不能成为该罪的主体；后者的主体则是自然人和单位都能成为其犯罪的主体。

（2）故意内容不一样。前罪行为人的故意是明知自己伪造动植物检疫结果而为之；后罪行为人的故意是明知应当接受国境卫生检疫检查，而故意逃避或拒绝检查。

（3）客观方面不同。前罪表现为行为人徇私舞弊，伪造检疫结果；后罪表现为行为人违反国境检疫规定，逃避对人身或者物品的卫生检查，已经引起检疫传染病的传播，或者有引起检疫传染病传播危险的行为。前罪的犯罪对象是对应当进行检疫的进出境动植物的卫生检疫。后罪的犯罪对象则是对进出境的人身或物品的卫生检疫。

2. 本罪与逃避动植物检疫罪的界限

两罪都是与动植物检疫有关，违反进出境动植物检疫法的规定的犯罪，二者的区别主要表现在：

（1）主体不同。前罪的主体是特殊主体，只能是动植物检疫机关的检疫人员。后罪的主体是一般主体，主要是指运输、携带、邮寄动植物，动植物产品和其他检疫物进出境的人员。

（2）主观方面不同。前罪是故意犯罪；后罪则是故意违反动植物检疫规定，逃避或拒绝接受检查，但对引起重大动植物疫情这一结果是过失。

（3）客观方面不同。前罪是行为人徇私舞弊、伪造检验结果；后者是违反进出境动植物检疫法的规定，引起重大动植物疫情的行为。必须有严重结果，才能成立该罪。而前者则不以有危害结果为成立要件。

3. 本罪与商检徇私舞弊罪的界限

两罪都是故意犯罪，都是通过伪造、变造手段实施犯罪行为。但两罪之间也存在原则区别：

（1）犯罪主体不同。本罪的主体是动植物检疫机关的检疫人员；后者的主体是国家商检机构工作的商检人员。

（2）客观方面不同。前者表现为伪造动植物检疫结果；后者表现为伪造商品检验的结果。

(3) 客体不同。前者侵犯的客体是国家对进出境动植物进行检疫的管理活动；后者侵犯的客体是国家对进出境商品实行检验的正常管理活动。

(三) 本罪一罪与数罪的不同情形

根据刑法的规定，动植物检疫机关的检疫人员，徇私舞弊，伪造检疫结果的，构成本罪。实践中，行为人伪造检疫结果如果出于贪利动机，还应查明行为人是否还同时存在受贿的情形。如果收受他人财物等已达到受贿罪的立案标准，对行为人应当以本罪和受贿罪实行数罪并罚。

【刑事责任】

根据《刑法》第413条规定，犯本罪，处五年以下有期徒刑或者拘役；造成严重后果的，处五年以上十年以下有期徒刑。

【办案依据】

1.《中华人民共和国刑法》(1997年3月14日修订)(节录)

第四百一十三条　动植物检疫机关的检疫人员徇私舞弊，伪造检疫结果的，处五年以下有期徒刑或者拘役；造成严重后果的，处五年以上十年以下有期徒刑。

2.《中华人民共和国进出境动植物检疫法(2013年修正)》(1992年4月1日)(节录)

第四十五条　动植物检疫机关检疫人员滥用职权，徇私舞弊，伪造检疫结果，或者玩忽职守，延误检疫出证，构成犯罪的，依法追究刑事责任；不构成犯罪的，给予行政处分。

3.《中华人民共和国动物防疫法(2013年修正)》(1998年1月1日)(节录)

第七十一条　动物疫病预防控制机构及其工作人员违反本法规定，有下列行为之一的，由本级人民政府或者兽医主管部门责令改正，通报批评；对直接负责的主管人员和其他直接责任人员依法给予处分：

(一) 未履行动物疫病监测、检测职责或者伪造监测、检测结果的；

(二) 发生动物疫情时未及时进行诊断、调查的；

(三) 其他未依照本法规定履行职责的行为。

第八十四条　违反本法规定，构成犯罪的，依法追究刑事责任。

违反本法规定，导致动物疫病传播、流行等，给他人人身、财产造成损害的，依法承担民事责任。

二十七、动植物检疫失职罪

【概念与构成】

动植物检疫失职罪，是指动植物检疫机关的检疫人员严重不负责任，对应当检疫的检疫物不检疫，或者延误检疫出证、错误出证，致使国家利益遭受重大损失的行为。构成本罪需要具备以下四个要件：

（一）客体要件。本罪侵犯的客体是国家动植物检疫机关的正常活动。徇私舞弊行为使国家动植物检疫法律、法规的顺利实施受到严重干扰，损害了国家动植物检疫机关的威信，影响国家动植物检疫机关的正常活动。

（二）客观要件。本罪在客观方面表现为动植物检疫机关的检疫人员严重不负责任，对应当检疫的物品不检疫，或者延误检疫出证、错误出证，致使国家利益遭受重大损失的行为。

严重不负责任，是一种严重违背职责义务的行为。我国《进出境动植物检疫法》对检疫机关及其工作人员规定了一系列的职责，如对进出境的动植物、动植物产品和其他检疫物，装载动植物、动植物产品和其他检疫物的装载容器、包装物，以及来自动植物疫区的运输工具，应依照该法规定实施检疫；对输入、输出动植物、动植物产品和其他检疫物，由口岸动植物检疫机关实施检疫，经检疫合格的，检疫机关应签发检疫单证或检疫证书，经检疫不合格的，应签发《检疫处理通知单》；输入、输出的动植物、动植物产品和其他检疫物，需调离海关监管区检疫的，检疫机关应签发《检疫调离通知单》，等等。动植物检疫机关的检疫人员不履行或不忠实履行法律所规定的这些职责，严重不负责任，对应当检疫的物品不检疫，或者不按照规定的地点和期限检疫出证，或者出具与实际情况不相符合的检疫单证，致使国家利益遭受重大损失的，符合本罪的客观特征。就方式而言，可分为 3 种情况：（1）对应当检疫的检疫物不检疫，既包括对全部应当检疫的检疫物未进行检验，又包括只对其中部分应当检疫的检疫物进行检疫，对其他应当检疫的检疫物不进行检疫，如只检疫动植物本身，不检疫其装载工具、包装物等。（2）延误检疫出证。虽然对应当检疫的检疫品进行了检疫，但却未按规定的检疫时间出具检疫结果证明，即超过了检疫期限。超过了检疫期限，不论其所出具的检疫结果是否错误，如果给国家利益造成重大损失的，都可构成本罪。（3）错误出证，即对检疫物在检疫后出具了不符合检疫物实际情况的虚假的检疫结果证明，如将不合格检疫为合格，将合格检疫成不合格等。只要具有上述 3 种严重不负责任行为的方式之一即可构成本罪。

本罪属结果犯，只有使国家利益遭受重大损失时才构成犯罪。所谓致使国家利益遭受重大损失，一般是指致使国家遭受重大经济损失；引起动植物疫情，或者有引起动植物疫情严重后果的；严重影响国家的对外贸易关系，损害国家的声誉等。具体标准可参见后附的【立案标准】的相关内容。

（三）主体要件。本罪的主体是特殊主体，即动植物检疫机关的检疫人员。动植物检疫机关，包括国家动植物检疫机关及其在对外开放的口岸和进出境动植物检疫业务集中的地点设立的口岸动植物检疫机关。

（四）主观要件。本罪在主观方面只能由过失构成，故意不构成本罪。

【立案标准】

1. 最高人民检察院《人民检察院直接受理立案侦查的渎职侵权重特大案件标准（试行）》（2002年1月1日　高检发〔2001〕13号）（节录）

二十五、动植物检疫失职案

（一）重大案件

1. 造成直接经济损失一百万元以上的；

2. 导致疫情发生，造成人员死亡二人以上的；

3. 五次以上不检疫，或者延误检疫出证、错误出证，严重影响国家对外经贸关系和国家声誉的。

（二）特大案件

1. 造成直接经济损失三百万元以上的；

2. 导致疫情发生，造成人员死亡五人以上的；

3. 七次以上不检疫，或者延误检疫出证、错误出证，严重影响国家对外经贸关系和国家声誉的。

2. 最高人民检察院《关于渎职侵权犯罪案件立案标准的规定》（2006年7月26日　高检发释字〔2006〕2号）（节录）

（二十七）动植物检疫失职案（第四百一十三条第二款）

动植物检疫失职罪是指出入境检验检疫机关、检验检疫机构工作人员严重不负责任，对应当检疫的检疫物不检疫，或者延误检疫出证、错误出证，致使国家利益遭受重大损失的行为。

涉嫌下列情形之一的，应予立案：

1. 导致疫情发生，造成人员重伤或者死亡的；

2. 导致重大疫情发生、传播或者流行的；

3. 造成个人财产直接经济损失15万元以上，或者直接经济损失不满15万元，但间接经济损失75万元以上的；

4. 造成公共财产或者法人、其他组织财产直接经济损失30万元以上，或者直接经济损失不满30万元，但间接经济损失150万元以上的；

5. 不检疫或者延误检疫出证、错误出证，引起国际经济贸易纠纷，严重影响国家对外经贸关系，或者严重损害国家声誉的；

6. 其他致使国家利益遭受重大损失的情形。

【司法认定】

（一）本罪罪与非罪的界限

根据刑法的规定，本罪只有致使国家利益遭受重大损失的，才构成犯罪。这里的“国家利益遭受重大损失”可参照最高人民检察院《关于渎职侵权犯罪案件立案标准的规定》来认定。此外，实践中还应注意本罪与因工作失误或制度、检验方法等原因而导致的延误检疫出证、错误出证的区别。二者的区别主要是：

（1）从主观上，要看行为人是否违反职责规定，主观上是否预见到自己的行为可能发生重大损失的后果。如果违反了职责规定，且主观上应当预见到其行为可能发生危害的结果，但却没有预见，则主观上存在过失。如果行为人并未违反职责，那么即使发生了危害结果，也属主观上无法预见，属意外事件。

（2）从客观上，要看行为人违反职责规定的行为与所发生的危害结果是否具有刑法上的因果关系，即因果作用力的大小，构成危害结果大小如何，如果没有刑法上的因果关系或因果关系的作用力不大，则属于工作失误。如果具有刑法上的因果关系，并且因果关系的作用力足够大，则属于犯罪。

（二）本罪与玩忽职守罪的区别

两罪都是过失犯罪，都是因对工作不负责任、玩忽职守，致使国家利益遭受重大损失的行为。实践中应当从以下几方面把握二者的界限：（1）行为的对象不同。本罪的对象是对应当进行检疫的进出境动植物。后者的对象没有特定。（2）主体不同。前者的主体是国家检疫机构、部门的动植物检疫人员。后者的主体是国家机关工作人员。（3）客观方面的表现不同。前者表现为动植物检疫机关的检疫人员严重不负责，对应当检疫的物品不检疫或者延误检疫出证、错误出证，致使国家利益遭受重大损失的行为。后者表现为不履行、不正确履行或放弃履行职责，致使公共财产、国家和人民利益遭受重大损失的行为。后者的含义和范围比前者要广。如果动植物检疫人员对工作严重不负责任的行为不符合商检失职罪的具体规定，则应以玩忽职守罪处罚，而不是一概以动植物检疫失职罪处罚。

【刑事责任】

根据《刑法》第413条的规定，犯本罪，处三年以下有期徒刑或者拘役。

【办案依据】

1.《中华人民共和国刑法》（1997年3月14日修订）（节录）

第四百一十三条 动植物检疫机关的检疫人员徇私舞弊，伪造检疫结果的，处五年以下有期徒刑或者拘役；造成严重后果的，处五年以上十年以下有期徒刑。

前款所列人员严重不负责任，对应当检疫的检疫物不检疫，或者延误检疫出证、错误出证，致使国家利益遭受重大损失的，处三年以下有期徒刑或者拘役。

2.《中华人民共和国进出境动植物检疫法（2013年修正）》（1992年4月1日）（节录）

第四十五条 动植物检疫机关检疫人员滥用职权，徇私舞弊，伪造检疫结果，或者玩忽职守，延误检疫出证，构成犯罪的，依法追究刑事责任；不构成犯罪的，给予行政处分。

3.《中华人民共和国动物防疫法（2013年修正）》（1998年1月1日）（节录）

第七十一条 动物疫病预防控制机构及其工作人员违反本法规定，有下列行为之一的，由本级人民政府或者兽医主管部门责令改正，通报批评；对直接负责的主管人员和其他直接责任人员依法给予处分：

（一）未履行动物疫病监测、检测职责或者伪造监测、检测结果的；

（二）发生动物疫情时未及时进行诊断、调查的；

（三）其他未依照本法规定履行职责的行为。

第八十四条　违反本法规定，构成犯罪的，依法追究刑事责任。

违反本法规定，导致动物疫病传播、流行等，给他人人身、财产造成损害的，依法承担民事责任。

二十八、放纵制售伪劣商品犯罪行为罪

【概念与构成】

放纵制售伪劣商品犯罪行为罪，是指对生产、销售伪劣商品犯罪行为负有追究责任的国家机关工作人员，徇私舞弊，不履行法律规定的追究职责，情节严重的行为。构成本罪需要具备以下四个要件：

（一）客体要件。本罪侵犯的客体是国家对产品质量的监督管理制度。生产、销售伪劣商品的犯罪活动，已成为建立社会主义市场经济体制新形势下危害国计民生的一个突出问题，因而国家十分重视对生产、销售的商品质量的监督管理。如在产品质量法中，具体确定了产品质量监督管理的机构、职责和制度，规定了产品质量责任，并列举了构成犯罪的生产、销售伪劣商品的种种行为。这些规定对于加强产品质量的监督管理，明确产品质量责任，惩治生产、销售伪劣商品的行为，保护用户和消费者的合法权益，保障人体健康以及人身、财产安全，维护社会经济秩序，有着十分重要的意义。国家机关工作人员，徇私舞弊，不履行法律规定的追究职责，必然妨害有关法律、法规的贯彻实施，破坏国家对产品质量的监督管理制度，严重妨害监督管理活动。

（二）客观要件。本罪在客观方面表现为徇私舞弊，对生产、销售伪劣商品犯罪的行为不履行法律规定的追究责任，情节严重的行为。构成本罪表现为不作为。而且表现为纯正的不作为。

构成本罪，必须是不履行法律规定的追究生产、销售伪劣商品犯罪行为达到情节严重的程度。情节严重，一般是指多次不追究生产、销售伪劣商品犯罪的企业事业单位或者个人；或者对多个有生产、销售伪劣商品犯罪行为的单位或者个人不予追究；或者不追究性质严重的生产、销售伪劣商品的企业事业单位或者个人；或者因不追究行为造成严重的后果或者恶劣的影响。具体可参见后附的【立案标准】的相关内容。

（三）主体要件。本罪的主体为特殊主体，即负有追究责任的国家机关工作人员。主要是指负有法律规定的查处生产、销售伪劣商品的违法犯罪行为的义务的国家工作人员，包括各级政府中主管查禁生产、销售伪劣商品的人员；有查禁职责的公、检、法机关中的司法人员；以及行业主管部门如技术监督部门和工商行政管理部门中的人员。

（四）主观要件。本罪在主观方面是故意。即明知是有生产、销售伪劣商品犯罪行为的犯罪分子而不予追究刑事责任。如果不知是犯罪分子，而不予追究刑事责任，不构成本罪。本罪的动机是徇私。

【立案标准】

1. 最高人民法院、最高人民检察院《关于办理生产、销售伪劣商品刑事案件具体应用法律若干问题的解释》（2001年4月10日　法释〔2001〕10号）（节录）

第八条　国家机关工作人员徇私舞弊，对生产、销售伪劣商品犯罪不履行法律规定的查处职责，具有下列情形之一的，属于刑法第四百一十四条规定的"情节严重"：

（一）放纵生产、销售假药或者有毒、有害食品犯罪行为的；

（二）放纵依法可能判处二年有期徒刑以上刑罚的生产、销售伪劣商品犯罪行为的；

（三）对三个以上有生产、销售伪劣商品犯罪行为的单位或者个人不履行追究职责的；

（四）致使国家和人民利益遭受重大损失或者造成恶劣影响的。

2. 最高人民检察院《人民检察院直接受理立案侦查的渎职侵权重特大案件标准（试行）》（2002年1月1日　高检发〔2001〕13号）（节录）

二十六、放纵制售伪劣商品犯罪行为案

（一）重大案件

1. 放纵生产、销售假药或者有毒、有害食品犯罪行为，情节恶劣或者后果严重的；

2. 放纵依法可能判处五年以上十年以下有期徒刑刑罚的生产、销售伪劣商品犯罪行为的；

3. 五次以上或者对五个以上有生产、销售伪劣商品犯罪行为的单位或者个人不履行追究职责的。

（二）特大案件

1. 放纵生产、销售假药或者有毒、有害食品犯罪行为，造成人员死亡的；

2. 放纵依法可能判处十年以上刑罚的生产、销售伪劣商品犯罪行为的；

3. 七次以上或者对七个以上有生产、销售伪劣商品犯罪行为的单位或者个人不履行追究职责的。

3. 最高人民检察院《关于渎职侵权犯罪案件立案标准的规定》（2006年7月26日　高检发释字（2006）2号）（节录）

一、渎职犯罪案件

（二十八）放纵制售伪劣商品犯罪行为案（第四百一十四条）

放纵制售伪劣商品犯罪行为罪是指对生产、销售伪劣商品犯罪行为负有追究责任的国家机关工作人员徇私舞弊，不履行法律规定的追究职责，情节严重的行为。

涉嫌下列情形之一的，应予立案：

1. 放纵生产、销售假药或者有毒、有害食品犯罪行为的；

2. 放纵生产、销售伪劣农药、兽药、化肥、种子犯罪行为的；

3. 放纵依法可能判处3年有期徒刑以上刑罚的生产、销售伪劣商品犯罪行为的；

4. 对生产、销售伪劣商品犯罪行为不履行追究职责，致使生产、销售伪劣商品犯罪行为得以继续的；

5. 3次以上不履行追究职责，或者对3个以上有生产、销售伪劣商品犯罪行为的单位或者个人不履行追究职责的；

6. 其他情节严重的情形。

三、附则

（五）本规定中的“徇私舞弊”，是指国家机关工作人员为徇私情、私利，故意违背事实和法律，伪造材料，隐瞒情况，弄虚作假的行为。

【司法认定】

（一）本罪罪与非罪的界限

根据刑法的规定，放纵制售伪劣商品的行为只有情节严重的，才构成犯罪。这里情节严重，可以参照前述【立案标准】的相关内容。此外，构成本罪并不要求实际发生了犯罪分子没有被追诉或者没有被追究责任的结果。只要行为人徇私舞弊，不履行法律规定的追究职责，情节严重，即构成本罪。

实践中，常常有利用国家工作人员政策水平不高、业务能力不强、工作作风不细，而生产、销售伪劣商品，逃避法律制裁的现象。对此，负有查究职责的国家工作人员并没有主观上的罪过，不能对此以犯罪论处。就是说，区分工作失误与构成犯罪的关键在于考察行为人主观是否有罪过。

（二）本罪与相关犯罪的界限

1. 本罪与徇私枉法罪的界限

从广义上讲本罪也是一种徇私枉法行为，但本罪与徇私枉法罪有明显不同，主要区别是：

（1）本罪的主体是对生产、销售伪劣商品负有追究责任的国家机关工作人员，这些人员包括部分司法人员，也包括司法人员以外的其他国家机关工作人员；徇私枉法罪的主体只能是司法人员，即依法从事侦查、审判、监管工作的人员。

（2）本罪是对制售伪劣商品的犯罪行为和犯罪分子徇私舞弊，不履行法律规定的职责，从而放纵这种犯罪行为；徇私枉法罪的行为比较复杂，也包括明知是无罪的人而使其受追诉和在刑事审判活动中故意违背事实和法律作枉法裁判。

（3）本罪行为所对应的犯罪是特定的，只能是制售伪劣商品的犯罪，且只能用不作为的方式实施；徇私枉法行为对应的犯罪是不特定的，只要是具备了刑法分则具体条文规定的犯罪构成的行为即可，并且徇私枉法行为既可以用作为的方式实施，也可以用不作为的方式实施。

（4）司法工作人员明知是制售伪劣商品的犯罪分子而故意包庇不使他受到追诉的，同时构成本罪与徇私枉法罪，应按想象竞合犯，从一重罪处罚。

2. 本罪与窝藏、包庇罪的界限

二者都是故意犯罪，都实施了包庇行为，使本应受到法律追究、制裁的犯罪行为人得以逃避法律的制裁，因此，容易混淆二者的界限。二者的区别主要是：

（1）主体不同。前罪的主体是特殊主体，即对生产、销售伪劣商品犯罪行为负有追究责任的国家机关工作人员；后罪的主体是一般主体，凡达到刑事责任年龄，具有刑事责任能力的自然人均可构成本罪。

（2）客观方面表现不同。前罪表现为对负有的查究生产、销售伪劣商品犯罪行为的职责不履行或不正确履行，是其对职责的不履行和利用职务进行的徇私舞弊行为。后罪则表现为实施了帮助犯罪分子的行为，如提供隐蔽处所，向犯罪分子提供钱物，提示方向、线路和场所，以帮助其逃匿；或向司法机关提供不真实的证明，为犯罪分子掩盖罪行等，实质在于为犯罪分子提供条件，帮助其逃避法律制裁。如果行为人对制售伪劣商品的犯罪行为予以包庇是利用了职务，则应以前罪定罪，如果没有利用职务，则应以后罪定罪。

（3）行为对象不同。前罪是对生产、销售伪劣商品的犯罪分子；后罪是对一切犯罪分子，包括未决犯和已决犯。

（4）客体不同。前罪侵犯的客体是国家对产品质量的监督管理制度；后罪侵犯的客体是司法机关同犯罪分子作斗争的正常活动。

【刑事责任】

根据《刑法》第414条的规定，犯本罪的，处五年以下有期徒刑或者拘役。

【办案依据】

1.《中华人民共和国刑法》（1997年3月14日修订）（节录）

第四百一十四条 对生产、销售伪劣商品犯罪行为负有追究责任的国家机关工作人员，徇私舞弊，不履行法律规定的追究职责，情节严重的，处五年以下有期徒刑或者拘役。

2.《中华人民共和国产品质量法（2000年修正）》（1993年9月1日）（节录）

第八条 国务院产品质量监督部门主管全国产品质量监督工作。国务院有关部门在各自的职责范围内负责产品质量监督工作。

县级以上地方产品质量监督部门主管本行政区域内的产品质量监督工作。县级以上地方人民政府有关部门在各自的职责范围内负责产品质量监督工作。

法律对产品质量的监督部门另有规定的，依照有关法律的规定执行。

第六十五条 各级人民政府工作人员和其他国家机关工作人员有下列情形之一的，依法给予行政处分；构成犯罪的，依法追究刑事责任：

（一）包庇、放纵产品生产、销售中违反本法规定行为的；

（二）向从事违反本法规定的生产、销售活动的当事人通风报信，帮助其逃避查处的；

（三）阻挠、干预产品质量监督部门或者工商行政管理部门依法对产品生产、销售中违反本法规定的行为进行查处，造成严重后果的。

3.《消费者权益保护法（2013年修正）》（1994年1月1日）（节录）

第六十一条　国家机关工作人员玩忽职守或者包庇经营者侵害消费者合法权益的行为的，由其所在单位或者上级机关给予行政处分；情节严重，构成犯罪的，依法追究刑事责任。

二十九、办理偷越国（边）境人员出入境证件罪

【概念与构成】

办理偷越国（边）境人员出入境证件罪，是指负责办理护照、签证以及其他出入境证件的国家机关工作人员，对明知是企图偷越国（边）境的人员，予以办理出入境证件的行为。构成本罪需要具备以下四个要件：

（一）客体要件。本罪侵犯的客体是国家的出入境管理制度。国家对出入境的人员实行严格的管理制度，对维护国家的主权、安全和社会秩序，保护公民出入境的正当权益，促进国际交往，有着十分重要的意义。《公民出境入境管理法》和《外国人入境出境管理法》明确规定了我国的出入境管理制度和出入境管理人员的职责。出入境管理人员违反职责，对明知是企图偷越国（边）境的人员，予以办理出入境证件的，就直接侵害了国家的出入国（边）境管理制度，会给国家安全和社会管理秩序造成严重的损害。因此，对这种渎职行为必须予以刑事制裁。

（二）客观要件。本罪在客观方面表现为在办理护照、签证以及其他出入境证件的过程中，对明知是企图偷越国（边）境的人员，予以办理出入境证件的行为。越境，指越过国（边）境。其中，国境是我国和邻国的国境线；边境是指我国实行有效管理的区域即大陆与属于我国领土但未对其实施有效管理的澳门、台湾地区以及大陆与香港地区的分界线。越境必须持有有效的护照、签证或其他诸如边境公务通行证、过境通行证、港澳同胞回乡证等出入境证件。如果没有上述证件或使用超过有效期限的出入境证件而越境的，则都是偷越国（边）境。如果对企图偷越境人员办理出入境证件，即可构成本罪。所谓办理，在本罪中是指对于不符合条件的企图偷越境人员利用职务，非法签发护照、签证等有效证件的行为。所谓护照，是指一国主管机关发给本国公民出国旅行、在外居留、经商等，以证明其国籍和身份的证件，包括外交护照、公务护照和普通护照。所谓签证，是指国内或国外主管机关在本国公民或外国公民所持有的护照或者其他旅行证件上签证、盖章，表示准许其出入国（边）境的行为。除护照、签证外，还有其他可以凭其出入国（边）境的证件，如边防证、海员证、过境通行证、港澳同胞回

乡证等。构成本罪，须利用职务上的便利。所谓利用职务，是指利用自己职务范围内的权力，以及地位形成的便利条件。如果没有利用职务，就不可能构成本罪，构成犯罪的，应以他罪如伪造国家机关证件罪等论处。根据最高人民检察院《关于渎职侵权犯罪案件立案标准的规定》负责办理护照、签证以及其他出入境证件的国家机关工作人员涉嫌在办理护照、签证以及其他出入境证件的过程中，对明知是企图偷越国（边）境的人员而予以办理出入境证件的，应予立案。

（三）主体要件。本罪的主体要件为特殊主体，只能由负责办理护照、签证以及其他出入境证件的国家机关工作人员构成，如外交、外事、公安等有关的人员。根据我国出入境管理有关法律、法规的规定，负责办理护照、签证以及其他出入境证件的国家机关是公安部、公安部授权的地方公安机关和外交部、外交部授权的地方外事部门。公安机关和外事部门在国内办理签证、证件的分工，原则上是外交和公务护照的签证由外交部和地方外事部门办理；普通护照的签证由公安机关办理。因而，能够成为办理偷越国（边）境人员出入境证件罪的犯罪主体的，就只能是上述国家机关中负责办理护照、签证等出入境证件的国家机关工作人员。

（四）主观要件。本罪在主观方面是故意犯罪，即明知他人是企图偷越国（边）境的人员而故意给其办理出入境证件，构成本罪须以明知为要件，如果因工作不负责任、疏忽大意、审查不严等原因而错误地为企图偷越国（边）境人员办理了出入境证件，则不构成本罪。但对于严重不负责任，草率从事，造成严重后果的，应当按玩忽职守罪论处。对“明知”的认定，不能仅凭犯罪嫌疑人、被告人的口供，而应根据案件的整个过程、情节予以全面的分析，只要能证明行为人知道或者应当知道对方是企图偷越国（边）境的人员仍予以办理出入境证件的，应可以认定为“明知”。本罪不要求必须以营利为目的。其动机是各种各样，有的可能是出于私利，有的是出于亲友情面等。过失不构成本罪，如后果严重的，可以玩忽职守罪论。

【立案标准】

1. 最高人民检察院《人民检察院直接受理立案侦查的渎职侵权重特大案件标准（试行）》（2002年1月1日　高检发〔2001〕13号）（节录）

二十七、办理偷越国（边）境人员出入境证件案

（一）重大案件

1. 违法办理三人以上的；

2. 违法办理三次以上的；

3. 违法为刑事犯罪分子办证的。

（二）特大案件

1. 违法办理五人以上的；

2. 违法办理五次以上的；

3. 违法为严重刑事犯罪分子办证的。

2. 最高人民检察院《关于渎职侵权犯罪案件立案标准的规定》（2006年7月26日　高检发释字（2006）2号）（节录）

一、渎职犯罪案件

（二十九）办理偷越国（边）境人员出入境证件案（第四百一十五条）

办理偷越国（边）境人员出入境证件罪是指负责办理护照、签证以及其他出入境证件的国家机关工作人员，对明知是企图偷越国（边）境的人员，予以办理出入境证件的行为。

负责办理护照、签证以及其他出入境证件的国家机关工作人员涉嫌在办理护照、签证以及其他出入境证件的过程中，对明知是企图偷越国（边）境的人员而予以办理出入境证件的，应予立案。

【司法认定】

（一）本罪罪与非罪的界限

根据刑法的规定，本罪必须是负责办理护照、签证以及其他出入境证件的国家机关工作人员，对明知是企图偷越国（边）境的人员，予以办理出入境证件的行为。如果行为人不负责任，疏忽大意，审查不严而错误地为企图偷越国（边）境的人员办理了出入境证件，且没有造成严重后果的，则不构成犯罪，只是一般违纪违法行为。对“明知”的判定，不能仅凭犯罪嫌疑人、被告人的口供，而应根据案件的整个过程、情节予以全面分析。

（二）本罪与相关犯罪的界限

1. 本罪与提供伪造、变造的出入境证件罪的界限

由于司法实践中有时会发生负责办理护照、签证以及其他出入境证件的国家机关工作人员，对明知是企图偷越国（边）境的人员，提供伪造、变造的护照、签证等出入境证件的行为，容易导致法律适用上的模糊，因此，有必要区分两罪。两罪的主要区别是：

（1）在犯罪主体上，本罪的主体限定为负责办理护照、签证以及其他出入境证件的国家机关工作人员，是特殊主体，结合我国出入境管理法规及其实施细则的规定，这些国家机关工作人员是指外交部、外事机构、公安部门、港务监督局等有权发证的机关及他们授权的机关工作人员，而提供伪造、变造的出入境证件罪的主体则没有身份上的限制，它不是国家机关工作人员职务上的犯罪，它可以由包括国家机关工作人员在内的所有达到刑事责任年龄具有刑事责任能力的自然人实施，其主体是一般主体。

（2）在犯罪客观方面上，本罪表现为对明知是企图偷越国（边）境的人员，予以办理出入境证件的行为，而提供伪造、变造的护照、签证等出入境证件罪，则表现为向他人提供伪造、变造的护照、签证等出入境证件的行为，其中“伪造的出入境证件”，是指无权制作护照、签证等出入境证件的人，非法制作的出入境证件；“变造的出入境证件”，是指用涂改、抹擦、拼接等方法，对真实的出入境证件进行加工改制，改变其真实内容所制作的出入境证件；“提供”既可以是有偿的，也可以是无偿的，不论伪造、变造的出入证件是行为人自己伪造、变造的，还是他人伪造、变造的，不影响该罪的成立。

（3）在犯罪主观方面，故意的内容不同。本罪的主观故意表现为行为人明知是企图偷越国（边）境的人员，仍予以办理出入境证件，追求让企图偷越国（边）境人员偷越国（边）境，或对企图偷越国（边）境表示放任不管；而后罪的主观故意表现为明知是伪造、变造的出入境证件而提供给他人。

2. 本罪与放行偷越国（边）境人员罪的界限

放行偷越国（边）境人员罪是指边防、海关等国家机关工作人员，对明知是偷越国（边）境的人员，予以放行的行为。由于在实践中，该罪往往发生在为偷越国（边）境人员办理出入境证件罪之后，是后继的另一种破坏我国出入境管理秩序的犯罪，因此，有必要区别两罪的不同。两罪的主要区别是：

（1）两罪在客观方面的表现不同。后罪表现为对明知是偷越国（边）境的人员而予以放行的行为，这里的“放行”，是指让偷越国（边）境的人员通过边卡、口岸，进出国（边）境；而本罪在客观方面，则表现为在办理护照、签证以及其他出入境证件的过程中，对明知是企图偷越国（边）境的人员，予以办理出入境证件的行为；

（2）两罪的主体不同。后罪的主体是边防、海关等国家机关的工作人员，而本罪的主体为负责办理护照、签证以及其他出入境证件的国家机关工作人员，即指在外交、外事、公安等部门工作，依法行使办理护照、签证以及其他出入境证件职权的人员。

（三）本罪一罪与数罪的认定

在司法实践中，要正确区分办理偷越国（边）境人员出入境证件罪的一罪与数罪的不同情形。如果行为人在实施本罪过程中索贿、受贿且数额尚未达到犯罪程度的，按犯本罪且“情节严重”的法定刑幅度处刑。如果索贿、受贿数额达到了犯罪数额的，由于行为人是分别基于两个不同的犯罪故意，实施了两个不存在牵连关系、吸收关系等非数罪并罚情形的犯罪行为，符合两种具体犯罪的犯罪构成，故构成数罪，应分别定罪，按数罪并罚原则，实行并罚。

如果行为人在实施该罪过程中，采取的是伪造、变造的出入境证件给企图偷越国（边）境人员办理出入境证件的，由于两个犯罪行为基于手段与目的的牵连关系，故不以数罪处理，而应按处理牵连犯的原则“从一重罪”，以本罪且

"情节严重"的法定刑从重处罚。

如果行为人在实施本罪的过程中，采取伪造、变造或盗窃本机关印章的手段，给企图偷越国（边）境人员办理出入境证件的，也不以数罪处理，也按处理牵连犯的原则"从一重罪"，以本罪且"情节严重"的法定刑从重处罚。

【刑事责任】

根据《刑法》第415条规定，犯本罪，处三年以下有期徒刑或者拘役；情节严重的，处三年以上七年以下有期徒刑。

【办案依据】

1.《中华人民共和国刑法》（1997年3月14日修订）（节录）

第四百一十五条　负责办理护照、签证以及其他出入境证件的国家机关工作人员，对明知是企图偷越国（边）境的人员，予以办理出入境证件的，或者边防、海关等国家机关工作人员，对明知是偷越国（边）境的人员，予以放行的，处三年以下有期徒刑或者拘役；情节严重的，处三年以上七年以下有期徒刑。

2.《中华人民共和国出境入境管理法》（2013年7月1日）（节录）

第四条　公安部、外交部按照各自职责负责有关出境入境事务的管理。

中华人民共和国驻外使馆、领馆或者外交部委托的其他驻外机构（以下称驻外签证机关）负责在境外签发外国人入境签证。出入境边防检查机关负责实施出境入境边防检查。县级以上地方人民政府公安机关及其出入境管理机构负责外国人停留居留管理。

公安部、外交部可以在各自职责范围内委托县级以上地方人民政府公安机关出入境管理机构、县级以上地方人民政府外事部门受理外国人入境、停留居留申请。

公安部、外交部在出境入境事务管理中，应当加强沟通配合，并与国务院有关部门密切合作，按照各自职责分工，依法行使职权，承担责任。

第十一条第一款　中国公民出境入境，应当向出入境边防检查机关交验本人的护照或者其他旅行证件等出境入境证件，履行规定的手续，经查验准许，方可出境入境。

第十二条　中国公民有下列情形之一的，不准出境：

（一）未持有效出境入境证件或者拒绝、逃避接受边防检查的；

（二）被判处刑罚尚未执行完毕或者属于刑事案件被告人、犯罪嫌疑人的；

（三）有未了结的民事案件，人民法院决定不准出境的；

（四）因妨害国（边）境管理受到刑事处罚或者因非法出境、非法居留、非法就业被其他国家或者地区遣返，未满不准出境规定年限的；

（五）可能危害国家安全和利益，国务院有关主管部门决定不准出境的；

（六）法律、行政法规规定不准出境的其他情形。

第十五条　外国人入境，应当向驻外签证机关申请办理签证，但是本法另有规定的除外。

第十六条　签证分为外交签证、礼遇签证、公务签证、普通签证。

对因外交、公务事由入境的外国人，签发外交、公务签证；对因身份特殊需要给予礼遇的外国人，签发礼遇签证。外交签证、礼遇签证、公务签证的签发范围和签发办法由外交部规定。

对因工作、学习、探亲、旅游、商务活动、人才引进等非外交、公务事由入境的外国人，签发相应类别的普通签证。普通签证的类别和签发办法由国务院规定。

第二十一条 外国人有下列情形之一的，不予签发签证：

（一）被处驱逐出境或者被决定遣送出境，未满不准入境规定年限的；

（二）患有严重精神障碍、传染性肺结核病或者有可能对公共卫生造成重大危害的其他传染病的；

（三）可能危害中国国家安全和利益、破坏社会公共秩序或者从事其他违法犯罪活动的；

（四）在申请签证过程中弄虚作假或者不能保障在中国境内期间所需费用的；

（五）不能提交签证机关要求提交的相关材料的；

（六）签证机关认为不宜签发签证的其他情形。

对不予签发签证的，签证机关可以不说明理由。

第二十五条 外国人有下列情形之一的，不准入境：

（一）未持有效出境入境证件或者拒绝、逃避接受边防检查的；

（二）具有本法第二十一条第一款第一项至第四项规定情形的；

（三）入境后可能从事与签证种类不符的活动的；

（四）法律、行政法规规定不准入境的其他情形。

对不准入境的，出入境边防检查机关可以不说明理由。

第二十七条 外国人出境，应当向出入境边防检查机关交验本人的护照或者其他国际旅行证件等出境入境证件，履行规定的手续，经查验准许，方可出境。

第二十八条 外国人有下列情形之一的，不准出境：

（一）被判处刑罚尚未执行完毕或者属于刑事案件被告人、犯罪嫌疑人的，但是按照中国与外国签订的有关协议，移管被判刑人的除外；

（二）有未了结的民事案件，人民法院决定不准出境的；

（三）拖欠劳动者的劳动报酬，经国务院有关部门或者省、自治区、直辖市人民政府决定不准出境的；

（四）法律、行政法规规定不准出境的其他情形。

第八十五条 履行出境入境管理职责的工作人员，有下列行为之一的，依法给予处分：

（一）违反法律、行政法规，为不符合规定条件的外国人签发签证、外国人停留居留证件等出境入境证件的；

（二）违反法律、行政法规，审核验放不符合规定条件的人员或者交通运输工具出境入境的；

……

（六）滥用职权、玩忽职守、徇私舞弊，不依法履行法定职责的其他行为。

第八十八条 违反本法规定，构成犯罪的，依法追究刑事责任。

第八十九条 本法下列用语的含义：

出境，是指由中国内地前往其他国家或者地区，由中国内地前往香港特别行政区、澳门特别行政区，由中国大陆前往台湾地区。

入境，是指由其他国家或者地区进入中国内地，由香港特别行政区、澳门特别行政区进入中国内地，由台湾地区进入中国大陆。

三十、放行偷越国（边）境人员罪

【概念与构成】

放行偷越国（边）境人员罪，是指边防、海关等国家机关工作人员，对明知是偷越国（边）境的人员，予以放行的行为。构成本罪需要具备以下四个要件：

（一）客体要件。本罪侵犯的客体是国家的海关或边防的正常活动。根据我国有关法律规定，海关是进境出境的监督管理机关，海关人员有权查阅进境出境人员的证件。人员出境入境时，应向边防检查站出示证件，边防检查站人员对未持有护照等出入境证件、持无效出入境证件、持伪造、涂改、冒用的出入境证件或拒绝交付出入境证件的人员有权不予放行，这是边防、海关等国家机关工作人员的权力，也是其必须履行的职责。如果海关、边防等国家机关工作人员不认真履行职责，对明知是偷越国（边）境的人员私自放行，则构成了犯罪。

（二）客观要件。本罪在客观方面表现为利用职务之便，非法放行他人偷越国（边）境的行为。所谓利用职务之便，是指利用主管、经管、经手办理护照、签证或负责审查、核对护照、签证等出入境证件的职务之便。如果国家工作人员没有利用职务之便，而以其他方法帮助他人偷越国（边）境的，应按偷越国（边）境罪的共犯论处。所谓非法放行他人偷越国（边）境，是指违反规定，为企图偷越国（边）境人员签发护照、签证等有效出入境证件，或者不履行检查出入境的职责，对偷越国（边）境人员予以放进或放出的行为。

如果上述国家工作人员与组织、运送他人偷越国（边）境的犯罪分子相勾结，实施上述非法放行偷越国（边）境的行为，则应属于组织他人偷越国（边）境罪和运送他人偷越国（边）境罪的共犯，因此，应依照组织他人偷越国（边）境罪和运送他人偷越国（边）境罪定罪处罚。根据最高人民检察院《关于渎职侵权犯罪案件立案标准的规定》，边防、海关等国家机关工作人员涉嫌在履行职务过程中，对明知是偷越国（边）境的人员而予以放行的，应予立案。

（三）主体要件。本罪的主体要件为特殊主体，即海关、边防等国家机关工作人员。

（四）主观要件。本罪在主观方面是故意犯罪，即明知是偷越国（边）境的人员，而故意予以放行。本罪不要求必须以营利为目的。其动机是各种各样，有的可能是出于私利，有的是出于亲友情面等。过失不构成本罪，如后果严重的，可以玩忽职守罪论处。

【立案标准】

1. 最高人民检察院《人民检察院直接受理立案侦查的渎职侵权重特大案件标准（试行）》（2002年1月1日　高检发〔2001〕13号）（节录）

二十八、放行偷越国（边）境人员案

（一）重大案件

1. 违法放行三人以上的；

2. 违法放行三次以上的；

3. 违法放行刑事犯罪分子的。

（二）特大案件

1. 违法放行五人以上的；

2. 违法放行五次以上的；

3. 违法放行严重刑事犯罪分子的。

2. 最高人民检察院《关于渎职侵权犯罪案件立案标准的规定》（2006年7月26日　高检发释字〔2006〕2号）（节录）

一、渎职犯罪案件

（三十）放行偷越国（边）境人员案（第四百一十五条）

放行偷越国（边）境人员罪是指边防、海关等国家机关工作人员，对明知是偷越国（边）境的人员予以放行的行为。

边防、海关等国家机关工作人员涉嫌在履行职务过程中，对明知是偷越国（边）境的人员而予以放行的，应予立案。

【司法认定】

（一）本罪罪与非罪的界限

根据刑法的规定，本罪必须是边防、海关这些负责查验、审阅申请出入境人员有关有效证件、询问有关情况，并依法决定是否准许其进出通过国（边）境的国家机关的工作人员所为，并且，在主观方面限定于故意，即明知对方是偷越国（边）境人员，却仍予以放行、准许其出入国（边）境，所以，区分本罪与非罪的界限，主要从两个方面来掌握：

1. 从主体上来把握。如果不是由边防、海关等负责查验、查阅出入境人员有关有效证件、询问有关情况，并依法决定是否准许其进入通过国（边）境的国家机关工作人员，就谈不上对明知是偷越国（边）境人员予以放行，也就不可能单独构成放行偷越国（边）境人员罪。如果事先与边防、海关等国家机关工作人员有通谋的，可以构成本罪的共犯。

2. 从主观方面来把握。如果行为人不存在明知是偷越国（边）境人员的情况，而是由于疏忽大意、工作不负责任、审查不严等原因造成偷越国（边）境人员非法出入国（边）境的，则不构成犯罪，只是一般违法违纪行为，如果致使公共财产、国家和人民利益遭受重大损失的，如导致犯有其他重大犯罪的多人偷越国（边）境的，则可构成玩忽职守罪。

（二）本罪与相关犯罪的界限

1. 本罪与为偷越国（边）境人员办理出入境证件罪的界限

由于两罪都是在明知企图偷越国（边）境人员的情况下实施的，客观上都程度不同地推动着企图偷越国（边）境人员的非法出入国（边）境。二者的区别是：

（1）犯罪主体不同。本罪是负责查验、查阅申请出入国（边）境人员有关有效证件、询问有关情况，并依法决定是否准许其进出通过国（边）境的边防、海关等国家机关工作人员职务上的犯罪，故该罪的主体只能是边防、海关等国家机关工作人员；而后者是负责办理护照、签证以及其他出入境证件的外交、外事、公安、港务监督部门工作人员的一种职务犯罪，所以，该罪的主体是负责办理护照、签证以及其他出入境证件的国家机关工作人员。

（2）在犯罪客观方面的具体表现不一样。本罪在客观方面表现为明知是不履行法定的必备手续，不在规定的关卡、口岸进出国（边）境，或虽在规定的关卡、口岸出入境，但以伪造的证件或其他欺骗手段蒙混出入境的，却仍准许其非法出入通过国（边）境，而后者在客观方面表现为明知是不履行必备的法定手续、不按规定提交必要的各种文件、证明，或者明知提交的各种文件、证明是虚构的、伪造、变造的，却仍发给出入境证件。

2. 本罪与滥用职权罪的界限

两罪的区别是：

（1）直接客体不同。本罪的直接客体是我国的出入境管理秩序，而后者侵犯的直接客体是国家机关的正常秩序。

（2）犯罪客观方面的具体表现有差异。本罪表现为明知是偷越国（边）境的人员，仍予以放行，准许其非法出入通过国（边）境；而后者表现为违反法律、法规规定的权限和程序，擅自处理自己无权决定、处理的事项，或者违反规定处理公务的行为。

（3）犯罪主体范围不同。本罪的主体是边防、海关等负责查验申请出入境人员有关有效证件，并依法决定是否准许其出入通过国（边）境的特定国家机关的工作人员，而滥用职权罪的主体没有这种限制，它的范围比较广泛。

（4）犯罪主观方面不完全相同。本罪是一种故意犯罪，既可以由直接故意构成，也可由间接故意构成，但过失不构成本罪。而后者在主观方面既可以是故意，也可以是过失。

（三）本罪一罪与数罪的认定

在司法实践中，要正确区分本罪一罪与数罪的不同情形，如果行为人在实施该罪过程中索贿、受贿且数额尚未达到犯罪程度的，按本罪一罪论处，如果索贿、受贿数额达到了犯罪数额的，由于行为人是分别基于两个不同的犯罪故意，实施了两个不存在牵连关系、吸收关系等非数罪并罚情形的犯罪行为，符合两种具体犯罪的犯罪构成，故构成数罪，应分别定罪，按数罪并罚原则，实行并罚。

倘若行为人以提供伪造、变造的出入境证件或出售出入境证件的方法，利用职务之便，对明知是偷越国（边）境的人员，予以放行的，因两罪间存在牵连关系，故不以数罪论，而按处理牵连犯的原则，“从一重罪”处断。

【刑事责任】

根据《刑法》第415条的规定，犯本罪，处三年以下有期徒刑或者拘役；情节严重的，处三年以上七年以下有期徒刑。

【办案依据】

1.《中华人民共和国刑法》（1997年3月14日修订）（节录）

第四百一十五条 负责办理护照、签证以及其他出入境证件的国家机关工作人员，对明知是企图偷越国（边）境的人员，予以办理出入境证件的，或者边防、海关等国家机关工作人员，对明知是偷越国（边）境的人员，予以放行的，处三年以下有期徒刑或者拘役；情节严重的，处三年以上七年以下有期徒刑。

2.《中华人民共和国出境入境管理法》（2013年7月1日）（节录）

第四条 公安部、外交部按照各自职责负责有关出境入境事务的管理。

中华人民共和国驻外使馆、领馆或者外交部委托的其他驻外机构（以下称驻外签证机关）负责在境外签发外国人入境签证。出入境边防检查机关负责实施出境入境边防检查。县级以上地方人民政府公安机关及其出入境管理机构负责外国人停留居留管理。

公安部、外交部可以在各自职责范围内委托县级以上地方人民政府公安机关出入境管理机构、县级以上地方人民政府外事部门受理外国人入境、停留居留申请。

公安部、外交部在出境入境事务管理中，应当加强沟通配合，并与国务院有关部门密切合作，按照各自职责分工，依法行使职权，承担责任。

第十一条第一款 中国公民出境入境，应当向出入境边防检查机关交验本人的护照或者其他旅行证件等出境入境证件，履行规定的手续，经查验准许，方可出境入境。

第十二条 中国公民有下列情形之一的，不准出境：

（一）未持有效出境入境证件或者拒绝、逃避接受边防检查的；

（二）被判处刑罚尚未执行完毕或者属于刑事案件被告人、犯罪嫌疑人的；

（三）有未了结的民事案件，人民法院决定不准出境的；

（四）因妨害国（边）境管理受到刑事处罚或者因非法出境、非法居留、非法就业被其他国家或者地区遣返，未满不准出境规定年限的；

（五）可能危害国家安全和利益，国务院有关主管部门决定不准出境的；

（六）法律、行政法规规定不准出境的其他情形。

第十五条　外国人入境，应当向驻外签证机关申请办理签证，但是本法另有规定的除外。

第十六条　签证分为外交签证、礼遇签证、公务签证、普通签证。

对因外交、公务事由入境的外国人，签发外交、公务签证；对因身份特殊需要给予礼遇的外国人，签发礼遇签证。外交签证、礼遇签证、公务签证的签发范围和签发办法由外交部规定。

对因工作、学习、探亲、旅游、商务活动、人才引进等非外交、公务事由入境的外国人，签发相应类别的普通签证。普通签证的类别和签发办法由国务院规定。

第二十一条　外国人有下列情形之一的，不予签发签证：

（一）被处驱逐出境或者被决定遣送出境，未满不准入境规定年限的；

（二）患有严重精神障碍、传染性肺结核病或者有可能对公共卫生造成重大危害的其他传染病的；

（三）可能危害中国国家安全和利益、破坏社会公共秩序或者从事其他违法犯罪活动的；

（四）在申请签证过程中弄虚作假或者不能保障在中国境内期间所需费用的；

（五）不能提交签证机关要求提交的相关材料的；

（六）签证机关认为不宜签发签证的其他情形。

对不予签发签证的，签证机关可以不说明理由。

第二十五条　外国人有下列情形之一的，不准入境：

（一）未持有效出境入境证件或者拒绝、逃避接受边防检查的；

（二）具有本法第二十一条第一款第一项至第四项规定情形的；

（三）入境后可能从事与签证种类不符的活动的；

（四）法律、行政法规规定不准入境的其他情形。

对不准入境的，出入境边防检查机关可以不说明理由。

第二十七条　外国人出境，应当向出入境边防检查机关交验本人的护照或者其他国际旅行证件等出境入境证件，履行规定的手续，经查验准许，方可出境。

第二十八条　外国人有下列情形之一的，不准出境：

（一）被判处刑罚尚未执行完毕或者属于刑事案件被告人、犯罪嫌疑人的，但是按照中国与外国签订的有关协议，移管被判刑人的除外；

（二）有未了结的民事案件，人民法院决定不准出境的；

（三）拖欠劳动者的劳动报酬，经国务院有关部门或者省、自治区、直辖市人民政府决定不准出境的；

（四）法律、行政法规规定不准出境的其他情形。

第八十五条　履行出境入境管理职责的工作人员，有下列行为之一的，依法给予处分：

（一）违反法律、行政法规，为不符合规定条件的外国人签发签证、外国人停留居留证件等出境入境证件的；

（二）违反法律、行政法规，审核验放不符合规定条件的人员或者交通运输工具出境入境的；

……

（六）滥用职权、玩忽职守、徇私舞弊，不依法履行法定职责的其他行为。

第八十八条　违反本法规定，构成犯罪的，依法追究刑事责任。

第八十九条 本法下列用语的含义：

出境，是指由中国内地前往其他国家或者地区，由中国内地前往香港特别行政区、澳门特别行政区，由中国大陆前往台湾地区。

入境，是指由其他国家或者地区进入中国内地，由香港特别行政区、澳门特别行政区进入中国内地，由台湾地区进入中国大陆。

三十一、不解救被拐卖、绑架妇女、儿童罪

【概念与构成】

不解救被拐卖、绑架妇女、儿童罪，是指对被拐卖、绑架的妇女、儿童负有解救职责的国家机关工作人员，接到被拐卖、绑架的妇女、儿童及其家属的解救要求或者接到其他人的举报，而对被拐卖、绑架的妇女、儿童不进行解救，造成严重后果的行为。构成本罪需要具备以下四个要件：

（一）客体要件。本罪侵犯的客体是国家机关工作人员解救妇女、儿童的职务活动和国家机关的信誉。负有解救职责的国家机关工作人员本应认真负责地履行自己解救被拐卖、绑架的妇女、儿童的职责，如果其拒不履行其职责，不但使国家工作人员解救妇女、儿童的职务活动不能进行或难以进行，还会使被拐卖、绑架的妇女、儿童及其亲属和群众对国家机关不信任和不满，损害国家机关的信誉。

被拐卖的妇女与儿童，是指为拐卖妇女、儿童的犯罪分子所控制、出卖的妇女与儿童，包括出于出卖目的，而为犯罪分子所绑架的妇女、儿童及所偷盗的婴幼儿。被拐卖的妇女与儿童如已被他人收买的，也应属于被拐卖的妇女与儿童，从而可以成为本罪对象。被绑架的妇女与儿童，是指实施绑架的犯罪分子所控制的妇女与儿童，如出于勒索财物的目的而绑架的妇女、儿童以及除出卖目的之外的其他目的而进行绑架并把被绑架人作为人质的妇女与儿童。不属上述的妇女与儿童，即使为犯罪分子所控制如进行非法剥夺人身自由、强奸、强制猥亵妇女、猥亵儿童、暴力干涉婚姻自由等所暂时或较长时间控制的妇女及儿童，也不可能成为本罪对象。对于后者这种妇女与儿童，置之不顾，不进行解救的，不可能构成本罪。

（二）客观要件。本罪在客观方面表现为对被拐卖、绑架的妇女、儿童负有解救职责的国家机关工作人员接到被拐卖、绑架的妇女、儿童及其家属的解救要求或者接到其他人的举报，而不进行解救，造成严重后果的行为。行为人负有解救被拐卖、绑架的妇女、儿童的职责，并接到“解救要求”或“举报”。这是履行解救义务的前提条件。必须具有不进行解救的行为，即行为人接到解救要求或者举报后，不履行解救职责。所谓不进行解救，是指接到解救要求或者举报后，

不采取任何解救措施，或者推诿、拖延解救工作。这是一种不作为的犯罪。如不向主管负责解救的部门汇报情况；不制定解救方案、计划；不安排布置解救行动等。必须是因为不解救而造成严重后果。虽有不解救的行为，但未造成严重后果的，不构成本罪。所谓造成严重后果，主要是指造成被拐卖、绑架的妇女、儿童或者其亲属重伤、死亡等后果以及引起其他犯罪案件发生，等等。具体可参见后附的【立案标准】的相关内容。

（三）主体要件。本罪的主体是特殊主体，即负有解救被拐卖、绑架的妇女、儿童职责的国家机关工作人员。国家机关工作人员的范围是非常宽泛的，但只有那些负有特定的解救职责的国家机关工作人员，才可能成为本罪的主体。虽然本人是国家机关工作人员，但其如果不负有特定的解救职责，便不能构成本罪。这里的“解救职责”，是指在职务范围内或责任范围内具有“解救”的内容。在我国，负有解救被拐卖、绑架的妇女、儿童职责的国家机关工作人员一般包括各级人民政府中主管解救工作的工作人员、公安机关的工作人员以及其他负有会同公安机关解救职责的国家机关工作人员，如法院、检察、司法、民政甚至妇联部门等的工作人员。非国家机关工作人员或者虽为国家机关工作人员但不负有解救职责的，不能构成本罪。

（四）主观要件。本罪在主观方面表现为故意，过失不构成本罪。即明知是被拐卖、绑架的妇女、儿童需要进行解救而不进行解救。对于因不解救而造成严重的后果而言，则可能属于过失，也可以是间接故意。至于其动机可多种多样，有的是怕麻烦，有的是怕报复，有的是为了私情等，其动机如何，则不影响本罪成立。

【立案标准】

1. 最高人民检察院《人民检察院直接受理立案侦查的渎职侵权重特大案件标准（试行）》（2002年1月1日　高检发〔2001〕13号）（节录）

二十九、不解救被拐卖、绑架妇女、儿童案

（一）重大案件

1. 五次或者对五名以上被拐卖、绑架的妇女、儿童不进行解救的；

2. 因不解救致人死亡的。

（二）特大案件

1. 七次或者对七名以上被拐卖、绑架的妇女、儿童不进行解救的；

2. 因不解救致人死亡三人以上的。

2. 最高人民检察院《关于渎职侵权犯罪案件立案标准的规定》（2006年7月26日　高检发释字〔2006〕2号）（节录）

一、渎职犯罪案件

（三十一）不解救被拐卖、绑架妇女、儿童案（第四百一十六条第一款）

不解救被拐卖、绑架妇女、儿童罪是指对被拐卖、绑架的妇女、儿童负有解救职责的公安、司法等国家机关工作人员接到被拐卖、绑架的妇女、儿童及其家属的解救要求或者接到其他人的举报，而对被拐卖、绑架的妇女、儿童不进行解救，造成严重后果的行为。

涉嫌下列情形之一的，应予立案：

1. 导致被拐卖、绑架的妇女、儿童或者其家属重伤、死亡或者精神失常的；
2. 导致被拐卖、绑架的妇女、儿童被转移、隐匿、转卖，不能及时进行解救的；
3. 对被拐卖、绑架的妇女、儿童不进行解救3人次以上的；
4. 对被拐卖、绑架的妇女、儿童不进行解救，造成恶劣社会影响的；
5. 其他造成严重后果的情形。

【司法认定】

（一）注意区分本罪罪与非罪的界限

如前所述，不解救被拐卖、绑架的妇女、儿童罪既然是负有解救职责的国家机关工作人员，在应当履行解救职责并且也能够履行解救职责的情况下，以消极的不作为行为方式实施的不解救被拐卖、绑架的妇女、儿童，并且造成了严重后果，那么，在实践中，就应当从以下三个方面来把握罪与非罪的界限：（1）从主体身份的认定上来区分罪与非罪的界限。不解救被拐卖、绑架的妇女、儿童罪是对被拐卖、绑架的妇女、儿童负有解救职责的国家机关工作人员的一种职务犯罪，如果认定行为人不负有解救被拐卖、绑架的妇女、儿童的职责，或者根本与解救被拐卖、绑架的妇女、儿童职责没有关系，那么，其即使接到被拐卖、绑架的妇女、儿童及其家属的解救要求或者接到其他人的举报后，不进行解救，且造成了严重后果的，也不构成犯罪，只能算作违反道德或违反纪律的行为。（2）从行为是否造成了严重后果上来把握罪与非罪的界限。根据刑法的视定，不解救被拐卖、绑架的妇女、儿童罪在客观方面必须具备“造成严重后果”的要件，不具备“造成严重后果”的，则不构成犯罪，只属于一般违法行为，应处以行政处分、行政处罚。所谓“造成严重后果”，可参照最高人民检察院的有关立案标准来认定。（3）从行为人应当履行解救职责时是否能够履行方面来区分罪与非罪的界限。负有解救被拐卖、绑架的妇女、儿童职责的国家机关工作人员，只有在能够履行其应当履行的解救职责时而不进行解救，并造成严重后果的，才构成犯罪，否则，当其遇到了无法预见或无法抗拒的自然灾害或外来阻力，如接到解救举报后，正准备采取措施组织营救时，突然发生地震，或者意想不到，被犯罪分子的同伙非法捆绑起来，以至于自己没有也无法履行解救职责，造成了被拐卖、绑架的妇女、儿童或其家属发生伤亡事故或者引发其他犯罪案件的，则不构成犯罪。

（二）本罪与相关犯罪的界限

1. 本罪与利用职务阻碍解救被拐卖、绑架的妇女、儿童罪的界限

由于不解救被拐卖、绑架的妇女、儿童罪与利用职务阻碍解救被拐卖、绑架的妇女、儿童罪，均是负有解救被拐卖、绑架的妇女、儿童的国家机关工作人员的职务犯罪，两者在侵犯的客体、犯罪主体、犯罪主观方面存在着共性，因此，为了更好地掌握这两种犯罪的犯罪特征，正确适用法律，准确惩治负有解救职责的国家机关工作人员的不同职务犯罪，有必要将这两种犯罪的界限予以正确划分。这两种犯罪的主要区别表现在客观方面的具体行为特征不同，本罪在客观方面是负有解救职责的国家机关工作人员，接到被害人及其家属的解救要求或其他人的举报后，在应当履行并且能够履行解救职责的情况下，以消极的不进行解救的不作为行为方式，造成了被害人或其家属发生伤、亡事件或引发出其他犯罪案件等严重危害后果，而后罪在客观方面，表现为负责或者参与解救的国家机关工作人员利用其负有的解救被拐卖、绑架的妇女、儿童的职务或者职权范围内的便利条件，对解救工作人为地设置障碍，干扰解救工作的顺利进行，其具体表现形式，在实际生活中多种多样，但基本上都是积极的作为，当然不排除个别情况下的以消极不作为来阻碍解救工作，同时，本罪是行为犯，客观上，不要求造成某种危害后果。

2. 本罪与玩忽职守罪的界限

本罪是对被拐卖、绑架的妇女、儿童负有解救职责的国家机关工作人员的玩忽职守（确切地说，应该是放弃职守）的犯罪，因此，为了保证正确适用法律，有必要将不解救被拐卖、绑架的妇女、儿童罪与玩忽职守罪加以区分。这两种职务犯罪的界限可以从以下几个主要方面来认识和掌握：（1）侵犯的直接客体不同。本罪侵犯的直接客体是被拐卖、绑架的妇女、儿童的人身安全，而玩忽职守罪侵犯的直接客体则是国家机关的正常管理秩序；（2）在客观方面的具体表现不同。本罪在客观方面的表现很具体，并与违背解救职责联系在一起，即表现为负有解救职责的国家机关工作人员，接到被拐卖、绑架的妇女、儿童及其家属的解救要求或者接到其他人的举报，却以消极的不履行解救职责的不作为方式，对被拐卖、绑架的妇女、儿童不进行解救，并因此造成了严重后果，而玩忽职守罪在客观方面的表现很笼统，带有一般性，即表现为放弃职守，不履行自己应当履行的职责，或者是在履行职责的过程中，马虎草率，敷衍塞责，严重不负责任，并且因此致使公共财产、国家和人民利益遭受重大损失；（3）犯罪主体范围不同。本罪的主体限定为对被拐卖、绑架的妇女、儿童负有解救职责的国家机关工作人员，具体包括各级政府中有关主管打击拐卖、绑架妇女、儿童违法犯罪活动，解救被拐卖、绑架的妇女、儿童的工作的工作人员，公安机关的工作人员以及其他负有会同公安机关解救被拐卖、绑架的妇女、儿童职责的国家机关工作人员，而玩忽职守罪的主体是国家机关工作人员。

本罪与玩忽职守罪是特殊规定与一般规定的关系，按照特别法优于一般法的规定，对这类案件应按本罪处理。

【刑事责任】

根据《刑法》第416条的规定，犯本罪，处五年以下有期徒刑或者拘役。

【办案依据】

1.《中华人民共和国刑法》（1997年3月14日修订）（节录）

第四百一十六条 对被拐卖、绑架的妇女、儿童负有解救职责的国家机关工作人员，接到被拐卖、绑架的妇女、儿童及其家属的解救要求或者接到其他人的举报，而对被拐卖、绑架的妇女、儿童不进行解救，造成严重后果的，处五年以下有期徒刑或者拘役。

2. 公安部《关于打击拐卖妇女儿童犯罪适用法律和政策有关问题的意见》（2000年3月24日 公通字〔2000〕25号）（节录）

六、关于不解救或者阻碍解救被拐卖的妇女、儿童等渎职犯罪

对被拐卖的妇女、儿童负有解救职责的国家机关工作人员不履行解救职责，或者袒护、纵容甚至支持买卖妇女、儿童，为买卖妇女、儿童人员通风报信，或者以其他方法阻碍解救工作的，要依法处理：

（一）对被拐卖的妇女、儿童负有解救职责的公安、司法等国家机关工作人员接到被拐卖的妇女、儿童及其家属的解救要求或者接到其他人的举报，而对被拐卖的妇女、儿童不进行解救的，要交由其主管部门进行党纪、政纪、警纪处分；构成犯罪的，应当以不解救被拐卖妇女、儿童罪移送人民检察院追究刑事责任。

（二）对被拐卖的妇女、儿童负有解救职责的公安、司法等国家机关工作人员利用职务阻碍解救被拐卖的妇女、儿童，构成犯罪的，应当以阻碍解救被拐卖妇女、儿童罪移送人民检察院追究刑事责任。

三十二、阻碍解救被拐卖、绑架妇女、儿童罪

【概念与构成】

阻碍解救被拐卖、绑架妇女、儿童罪，是指对被拐卖、绑架的妇女、儿童负有解救职责的公安、司法等国家机关工作人员利用职务阻碍解救被拐卖、绑架的妇女、儿童的行为。构成本罪需要具备以下四个要件：

（一）客体要件。本罪所侵害的客体为复杂客体，其既侵犯了国家机关及其工作人员的信誉，而且还侵犯了被拐卖、绑架妇女、儿童的人身权利。其侵害的对象由其所侵害的客体的多重性所决定，亦具有多重性，一般包括依法正在执行解救公务活动的国家机关工作人员，协助执行解救活动的非国家机关工作人员和

被拐卖、绑架的妇女或儿童。

（二）客观要件。本罪在客观方面表现为利用职务阻碍解救被拐卖、被绑架的妇女、儿童的行为。所谓利用职务，是指负有解救职责的国家机关工作人员利用职权范围主管、负责解救被拐卖、绑架的妇女、儿童工作的便利，而不是利用国家机关工作人员身份的便利阻碍解救工作。所谓解救职责是指法律、法规所赋予的把被拐卖、绑架的妇女、儿童从人贩子、收买人或绑架人手中解脱出来、安置或者送返被害人等解救工作的职责。我国目前履行这些职责的机关、组织主要为公安机关、民政、妇联。故主管解救工作的也主要是这些机关和组织的工作人员。

对“解救被拐卖、绑架的妇女、儿童”中的“解救”应作广义的理解。它既包括负有解救职责的国家机关工作人员依法履行职责，以使被拐卖、绑架、收买的妇女、儿童摆脱他人非法控制，解除其与买主非法形成的各种社会关系的公务行为，也应包括被收买的妇女、儿童及其亲友要求解救的行为，或普通公民进行的解救行为。

“阻碍解救”中“阻碍”的行为多种多样，如向犯罪分子通风报信，泄露解救的执行人员、时间、步骤等消息；在他人要求解除收买人与被收买人之间非法形成的婚姻、收养关系时，宣布这种关系“合法”予以维护；对要求解救的被收卖、绑架的妇女、儿童及其亲属进行威胁、蒙骗，令其不得报案，要求解救；责令被拐卖、绑架的妇女、儿童与买主共同生活；向上级部门或要求提供协助的其他执行解救公务的国家工作人员提供虚假的情况或拒绝提供或隐瞒情况；利用自己知道内情的便利为他人如何阻碍解救出谋划策等。

本罪客观行为可以表现为作为，也可以表现为不作为。

本罪不要求有具体的危害后果，只要负有解救职责的国家机关工作人员利用职务实施了阻碍解救的行为，无论是否得逞，是否造成严重后果，均构成本罪。

（三）主体要件。本罪的主体是特殊主体，即负有解救被拐卖、绑架的妇女、儿童职责的国家机关工作人员。国家机关工作人员的范围是非常宽泛的，但只有那些负有特定的解救职责的国家机关工作人员，才可能成为本罪的主体。虽然本人是国家机关工作人员，并且实施了阻碍解救的行为，但其如果不负有特定的解救职责，便不能构成本罪。这里的“解救职责”，是指在职务范围内或责任范围内具有“解救”的内容。根据有关法律规定，各级人民政府对被拐卖、绑架的妇女、儿童有解救职责，解救职责由公安机关会同有关部门执行。具体指各级人民政府、公安、检察、法院、民政、妇联等部门中主管、分管和直接参与解救工作的国家工作人员。上述人员负有把被拐卖、绑架的妇女、儿童从人贩子、收买人或者绑架人手中解脱出来，以及安置送返被害人等解救工作职责。

（四）主观要件。本罪在主观方面表现为故意且必须是直接故意。行为人既认识到自己的行为是在阻碍解救被拐卖、绑架的妇女、儿童，也希望发生被拐卖、绑架的妇女、儿童未获解救的结果。如只是认识到自己行为可能阻碍解救被拐卖的妇女、儿童，但主观上并不希望发生这种结果的，不构成本罪，导致严重后果的，以玩忽职守罪论处。

【立案标准】

1. 最高人民检察院《人民检察院直接受理立案侦查的渎职侵权重特大案件标准（试行）》（2002 年 1 月 1 日　高检发〔2001〕13 号）（节录）

三十、阻碍解救被拐卖、绑架妇女、儿童案

（一）重大案件

1. 三次或者对三名以上被拐卖、绑架的妇女、儿童阻碍解救的；

2. 阻碍解救致人死亡的。

（二）特大案件

1. 五次或者对五名以上被拐卖、绑架的妇女、儿童阻碍解救的；

2. 阻碍解救致人死亡二人以上的。

2. 最高人民检察院《关于渎职侵权犯罪案件立案标准的规定》（2006 年 7 月 26 日　高检发释字〔2006〕2 号）（节录）

一、渎职犯罪案件

（三十二）阻碍解救被拐卖、绑架妇女、儿童案（第四百一十六条第二款）

阻碍解救被拐卖、绑架妇女、儿童罪是指对被拐卖、绑架的妇女、儿童负有解救职责的公安、司法等国家机关工作人员利用职务阻碍解救被拐卖、绑架的妇女、儿童的行为。

涉嫌下列情形之一的，应予立案：

1. 利用职权，禁止、阻止或者妨碍有关部门、人员解救被拐卖、绑架的妇女、儿童的；

2. 利用职务上的便利，向拐卖、绑架者或者收买者通风报信，妨碍解救工作正常进行的；

3. 其他利用职务阻碍解救被拐卖、绑架的妇女、儿童应予追究刑事责任的情形。

【司法认定】

（一）本罪罪与非罪的界限

本罪必须是对被拐卖、绑架的妇女、儿童负有解救职责的国家机关工作人员利用职务之便利实施阻碍解救行为。对被拐卖、绑架的妇女、儿童不负有解救职责或者与解救工作无关的国家机关工作人员，即使利用其职务的影响实施了某些干扰、妨碍解救工作的行为，也不构成犯罪，只是一般违法、违纪行为，如果是以暴力、威胁方法阻碍解救的，构成《刑法》第 277 条规定的妨碍公务罪。如果所实施的阻碍解救工作的行为不是利用职务之便实施的，不构成犯罪，属于一般违法违纪行为。

（二）本罪与相关犯罪的界限

1. 本罪与妨害公务罪的界限

（1）侵犯的客体不同。尽管二者都可能同为侵犯国家工作人员解救妇女、儿童的公务活动，然而前罪还侵犯了国家机关的声誉。

（2）客观方面不同。妨害公务罪只能是以暴力、威胁的方法阻碍国家工作人员的解救公务，而本罪阻碍的方法多种多样，但都只能是利用职务阻碍，且被阻碍的解救活动。被妨害的公务必须是国家工作人员执行的解救公务；而本罪既可以是阻碍解救妇女、儿童的公务，又可以是其他公民的非公务的解救活动。

（3）主观方面不同。妨害公务罪行为人主观上只须明知阻碍的是国家工作人员执行公务即可，不须明知何种公务、何类国家工作人员执行公务。而本罪行为人主观上是明知自己阻碍的是解救妇女、儿童的公务活动。

（4）主体的区别。妨害公务罪是一般主体，而本罪主体为特殊主体，仅限于负有解救职责的国家工作人员。

2. 本罪与聚众阻碍解救被收买的妇女、儿童罪的界限

（1）侵犯客体不同。本罪除侵犯国家工作人员解救妇女、儿童的公务活动外，还侵犯国家机关的声誉，而聚众阻碍解救被收买的妇女、儿童罪不侵犯国家机关的声誉。

（2）客观方面不同。本罪客观行为多种多样，且限定为利用职务实施，阻碍的解救活动可以是公务也可以是非公务；而聚众阻碍解救被收买的妇女儿童罪行为形式只限定为以“聚众”的形式，且阻碍的仅限于解救被收买的妇女、儿童的公务行为。

（3）主体上不同。本罪主体仅限于负有解救职责的国家机关工作人员，而聚众阻碍解救被收买的妇女、儿童罪的主体为实施阻碍行为的首要分子，可以是国家机关工作人员，也可以是非国家机关工作人员。

（4）主观方面不同。本罪主观故意的内容是意图阻碍解救被拐卖、绑架的妇女、儿童的公务活动和非公务活动，而聚众阻碍解救被收买的妇女、儿童罪的故意内容是意图阻碍解救被收买的妇女、儿童的公务活动。

3. 本罪与不解救被拐卖、绑架妇女、儿童罪的界限

二者侵犯的客体和主体要件相同，区别是：

（1）在客观方面，本罪行为既可以是作为，也可以是不作为，但主要表现为作为形式，且构成该罪不以发生严重后果为条件。但拒不解救妇女、儿童罪行为只能是不作为，且构成要以发生严重后果为条件。

（2）主观上的区别。本罪行为人主观上必须是直接故意，不管是明知自己行为必然会发生还是可能会发生阻碍解救活动的结果，但意志因素上均是希望发生阻碍解救活动的后果，拒不解救妇女、儿童罪主观上只能是不希望发生阻碍解救妇女、儿童的活动，或对不履行解救职责所导致的严重后果没预见到必然发生，或不期望其发生。

【刑事责任】

根据《刑法》第416条的规定，犯本罪，处二年以下有期徒刑或者拘役。

【办案依据】

1.《中华人民共和国刑法》（1997年3月14日修订）（节录）

第四百一十六条 对被拐卖、绑架的妇女、儿童负有解救职责的国家机关工作人员，接到被拐卖、绑架的妇女、儿童及其家属的解救要求或者接到其他人的举报，而对被拐卖、绑架的妇女、儿童不进行解救，造成严重后果的，处五年以下有期徒刑或者拘役。

负有解救职责的国家机关工作人员利用职务阻碍解救的，处二年以上七年以下有期徒刑；情节较轻的，处二年以下有期徒刑或者拘役。

2. 公安部《关于打击拐卖妇女儿童犯罪适用法律和政策有关问题的意见》（2000年3月24日　公通字〔2000〕25号）（节录）

六、关于不解救或者阻碍解救被拐卖的妇女、儿童等渎职犯罪

对被拐卖的妇女、儿童负有解救职责的国家机关工作人员不履行解救职责，或者袒护、纵容甚至支持买卖妇女、儿童，为买卖妇女、儿童人员通风报信，或者以其他方法阻碍解救工作的，要依法处理：

（一）对被拐卖的妇女、儿童负有解救职责的公安、司法等国家机关工作人员接到被拐卖的妇女、儿童及其家属的解救要求或者接到其他人的举报，而对被拐卖的妇女、儿童不进行解救的，要交由其主管部门进行党纪、政纪、警纪处分；构成犯罪的，应当以不解救被拐卖妇女、儿童罪移送人民检察院追究刑事责任。

（二）对被拐卖的妇女、儿童负有解救职责的公安、司法等国家机关工作人员利用职务阻碍解救被拐卖的妇女、儿童，构成犯罪的，应当以阻碍解救被拐卖妇女、儿童罪移送人民检察院追究刑事责任。

三十三、帮助犯罪分子逃避处罚罪

【概念与构成】

帮助犯罪分子逃避处罚罪，是指有查禁犯罪活动职责的司法及公安、国家安全、海关、税务等国家机关工作人员，向犯罪分子通风报信、提供便利，帮助犯罪分子逃避处罚的行为。构成本罪需要具备以下四个要件：

（一）客体要件。本罪侵犯的客体是国家机关的威信和正常活动。本罪的犯罪对象必须是犯罪分子，其中包括犯罪之后，潜逃在外，尚未抓获的犯罪分子，也包括尚未被司法机关发觉的犯罪分子。

（二）客观要件。本罪在客观方面表现为有查禁犯罪活动职责的国家机关工作人员，向犯罪分子通风报信、提供便利，帮助犯罪分子逃避处罚的行为。

通风报信、提供便利的行为可能发生在犯罪分子被发现后，也可能发生在犯罪分子被发现前。所谓通风报信，是指向犯罪分子泄露、提供有关查禁犯罪活动的情况、信息，如查禁的时间、地点、人员、方案、计划、部署等。其既可以当面口述，又可以通过电话、短信等方式告知，还可以通过第三人转告。所谓提供便利条件，是指向犯罪分子提供住处等隐藏处所；提供钱、物、交通工具、证件资助其逃跑；或者指点迷津，协助其串供、隐匿、毁灭、伪造、篡改证据，等等。无论其提供便利的方式如何，其目的只有一个，即帮助犯罪分子逃避制裁，免受刑事追究或者其他处罚如行政处罚。

行为人实施上述行为必须是利用其查禁犯罪活动的职责便利，不论行为的结果如何，只要行为人利用其查禁犯罪活动的职责便利条件，实施了向犯罪分子通风报信、提供便利，帮助犯罪分子逃避处罚的行为，即构成犯罪。情节是否严重，只是量刑轻重问题。

（三）主体要件。本罪的主体为特殊主体，只能是负有查禁犯罪活动职能的国家机关工作人员，非上述人员不能构成本罪主体。有查禁犯罪活动职责的国家机关工作人员，此外，各级党委、政府机关中主管查禁犯罪活动的人员也包括在内。

（四）主观要件。本罪在主观方面表现为故意，即要求行为人必须出于故意才能构成。行为人明知其为犯罪分子处于查禁之列，仍然向其通风报信、提供便利，目的在于使犯罪分子逃避处罚。至于行为人主观上出于何种动机，是出于恻隐之心还是基于亲朋关系等，在此不问。如果不知是犯罪分子，无意透露消息提供便利的，不构成本罪。但是一旦发现是犯罪分子仍然为其通风报信、提供便利，帮助其逃避处罚的，则应以本罪论处。

【立案标准】

1. 最高人民检察院《人民检察院直接受理立案侦查的渎职侵权重特大案件标准（试行）》（2002年1月1日　高检发〔2001〕13号）（节录）

三十一、帮助犯罪分子逃避处罚案

（一）重大案件

1. 三次或者使三名以上犯罪分子逃避处罚的；

2. 帮助重大刑事犯罪分子逃避处罚的。

（二）特大案件

1. 五次或者使五名以上犯罪分子逃避处罚的；

2. 帮助二名以上重大刑事犯罪分子逃避处罚的。

2. 最高人民检察院《关于渎职侵权犯罪案件立案标准的规定》（2006年7月26日 高检发释字〔2006〕2号）（节录）

一、渎职犯罪案件

（三十三）帮助犯罪分子逃避处罚案（第四百一十七条）

帮助犯罪分子逃避处罚罪是指有查禁犯罪活动职责的司法及公安、国家安全、海关、税务等国家机关工作人员，向犯罪分子通风报信、提供便利，帮助犯罪分子逃避处罚的行为。

涉嫌下列情形之一的，应予立案：

1. 向犯罪分子泄露有关部门查禁犯罪活动的部署、人员、措施、时间、地点等情况的；
2. 向犯罪分子提供钱物、交通工具、通讯设备、隐藏处所等便利条件的；
3. 向犯罪分子泄露案情的；
4. 帮助、示意犯罪分子隐匿、毁灭、伪造证据，或者串供、翻供的；
5. 其他帮助犯罪分子逃避处罚应予追究刑事责任的情形。

【司法认定】

（一）“利用职务之便”是否是本罪的必备要件

虽然刑法没有明确规定本罪行为必须“利用职务之便”，但同样要求行为人行为必须与其查禁犯罪的特定职责密切相关。因为查禁犯罪活动有着严格的程序规定，一方面，活动的参与者必须具有查禁犯罪职责的身份，另一方面，不同的案件或同一案件的办案程序中不同的环节，由特定的单位部门和人员分工负责，有查禁犯罪职责身份的人不一定能参加某一具体的查禁犯罪活动，如尚处在公安侦查阶段的案件，法院审判人员显然尚无查禁该犯罪的职责，又如检察院侦查人员甲和乙分别办理A案和B案，均承担着打击犯罪的职责，但甲对乙办理的B案或乙对甲办理的A案来说，却不具有查禁的职责，因此，并不是所有具有查禁犯罪活动职责身份的人向犯罪分子通风报信、提供便利都构成本罪，只有“利用查禁犯罪的职务之便”进行的通风报信、提供便利行为才是帮助犯罪分子逃避处罚的行为。因此，在实践中要分清行为人向犯罪分子通风报信、提供便利行为利用的是“职务之便”还是“工作之便”或是其他便利条件，从而对罪与非罪、此罪与彼罪作出正确判断。

从司法实践看，利用职务之便，往往有以下情形：（1）利用直接承办或参与办理特定、具体案件的职务便利；（2）利用协助办理查禁犯罪活动的便利，如协助外地司法机关工作人员办案等；（3）利用领导、监督查禁犯罪的便利。通常包括两种情形，一是单位中主管、分管侦查、检察、审判、监管等工作的领导，利用他们在查禁犯罪活动中具有的领导、指挥、决策的职务便利，二是上级业务部门工作人员利用其在查禁犯罪活动中的纵向领导、指导、监督的职务便利；（4）利用监管的职务便利。

（二）对本罪中“犯罪分子”的理解

理解本罪中的“犯罪分子”，应该把握以下几个方面：

1. 本罪中的“犯罪分子”主要是指尚未经过人民法院审理并确定有罪的犯罪嫌疑人。“犯罪分子”并不是一个严格的刑法学术语，它的含义比较模糊，使用的场合也很多，除了刑法学研究、刑事立法和刑事司法中使用外，日常生活中也经常用到它，其含义会随着使用主体、使用场合的不同而发生变化。在刑事司法活动中，被司法机关怀疑实施了犯罪行为、准备或已经开始被追诉但尚未被人民法院依法审判并被确定构成犯罪的人，叫犯罪嫌疑人或刑事被告人；经过人民法院的依法审判并被确定构成犯罪的人，叫犯罪人或罪犯。“犯罪分子”一词既可以指上述的犯罪嫌疑人（或刑事被告人），也可以指上述的罪犯，还可以同时指犯罪嫌疑人和罪犯。现行刑法中的“犯罪分子”一词，在总则中大多是指罪犯，而在分则中则主要是指犯罪嫌疑人。具体到本罪而言，帮助犯罪分子逃避处罚中的“犯罪分子”，主要是指在国家机关工作人员通风报信、提供便利时尚未受到追诉而实际犯有罪行的人或尚未经人民法院审判的犯罪嫌疑人或者刑事被告人等。

2. 本罪中的“犯罪分子”也包括被人民法院依法审判并被确定构成犯罪的人，即罪犯。一般而言，已经被人民法院判定有罪的人，由于查禁犯罪的主要工作已经结束，犯罪分子已被判决，通风报信、提供便利已无法帮助其逃避应得的处罚，如果司法人员为罪犯提供条件帮助其脱逃以逃避处罚的，应构成《刑法》第400条第1款规定的私放在押人员罪，因而不能成为本罪的行为对象。但是，不能排除已决犯在刑罚执行的过程中脱逃而重新成为抓捕的对象，在这种情况下，他们仍然可能成为被帮助逃避处罚的对象。因此，在特定的情况下，罪犯也是可以成为本罪的对象的。

3. 本罪中的“犯罪分子”不以最终被人民法院确定有罪为要件。这是因为，首先，犯罪嫌疑人在被追诉的过程中，如果国家机关工作人员为其通风报信、提供便利条件，可能会导致司法机关无法获取足够证据来认定其构成犯罪，还可能会导致司法机关因犯罪嫌疑人潜逃而无法通过审判来确定其构成犯罪。如果已被法院确定有罪为要件，就是在鼓励国家机关工作人员“将帮助进行到底”，因为如果帮助成功，犯罪嫌疑人逃脱了法律制裁，那么他们不会被认定构成本罪；相反，如果帮助不成功，他们将要构成本罪。这显然是不可思议的。其次，如果本罪的成立以被帮助的犯罪嫌疑人最终被人民法院确定有罪为前提，那么从刑事诉讼上来说，本罪就必须等待被帮助的犯罪嫌疑人审理完毕之后才能审理，且不说诉讼期间如何解决，单是本罪的独立性问题就值得怀疑。因此，如果司法机关已经开始对犯罪嫌疑人进行追诉活动，国家机关工作人员为其通风报信、提供便利以帮助其逃避处罚的，即使人民法院最终并未将犯罪嫌疑人确定为罪犯，国家机关工作人员仍然可以构成本罪。

综上所述，本罪中的“犯罪分子”应指触犯刑法而应当或已经受到刑罚处罚的人，包括犯罪嫌疑人、被告人和罪犯。

（三）本罪罪与非罪的界限

如果行为人是无意中泄露了有关查禁活动的情况，或在不知情的情况下提供了一些便利，又没有给公共财产、国家和人民利益造成重大损失的，则不构成犯罪，属于一般违法违纪行为，要及时进行教育。如果行为人虽然不是故意向犯罪分子通风报信、提供便利，但过失泄露情况、提供便利，给公共财产、国家和人民的利益造成了重大损失的，应认定为国家机关工作人员玩忽职守罪；如果行为人是故意向犯罪分子通风报信、提供便利，以达到帮助犯罪分子逃避处罚的目的，则构成帮助犯罪分子逃避处罚罪。在司法实际中，如何认定行为人是无意中泄露查禁犯罪活动的有关情况及在不知情的情况下提供的便利，一般说来，可以从行为人与犯罪分子的关系、客观环境等诸方面综合分析、考察，科学判定。

（四）本罪与相关犯罪的界限

1. 本罪与徇私枉法罪的界限

根据《刑法》第 399 条的规定，徇私枉法罪是指司法工作人员徇私枉法、徇情枉法，对明知是无罪的人而使他受追诉、对明知是有罪的人而故意包庇不使他受追诉，或者在刑事审判活动中故意违背事实和法律作枉法裁判的行为。从犯罪的构成要件上来看，本罪与徇私枉法罪既有明显区别，也存在交叉重合之处。

（1）从犯罪成立的时间要求来看，本罪既可以发生在刑事诉讼过程之中，也可以发生在行政机关追究一般违法行为的过程中；徇私枉法罪只能发生在刑事诉讼的过程之中。

（2）从主体的范围上来看，本罪的主体是有查禁犯罪活动职责的国家机关工作人员，包括各级党委、政府机关中主管查禁犯罪活动的人员，公、检、法、司机关的工作人员以及海关、工商等其他有查禁犯罪活动职责的行政执法机关的工作人员；徇私枉法罪的主体是司法工作人员。

（3）从犯罪的主观方面来看，本罪对行为人是否出于徇私或徇情的动机没有明确要求；徇私枉法罪明确规定行为人必须出于徇私或徇情的动机。

（4）从客观方面来看，本罪要求行为人向犯罪分子通风报信、提供便利，帮助犯罪分子逃避处罚。行为的对象是犯罪分子，行为的结果是犯罪分子逃避处罚；徇私枉法罪要求行为人对明知是无罪的人而使他受追诉、对明知是有罪的人而故意包庇不使他受追诉，或者在刑事审判活动中故意违背事实和法律作枉法裁判。行为的对象是犯罪分子或无罪的人，行为的结果是犯罪分子逃避追诉、审判或者无罪的人受到追诉或者审判。

2. 本罪与窝藏、包庇罪的界限

二者的区别主要是：

（1）侵犯的直接客体不同。本罪的直接客体是国家机关的正常管理秩序，后者侵犯的直接客体是我国的正常司法秩序。

(2) 犯罪主体范围不同。本罪是负有查禁犯罪活动职责的国家机关工作人员的职务犯罪，其主体自然限定于有查禁犯罪活动职责的国家机关工作人员，是特殊主体；而后者的主体则是一般主体，没有身份上的特殊要求。

(3) 犯罪客观方面表现不同。本罪表现为故意向犯罪分子通风报信、提供便利，帮助其逃避处罚；而后者表现为明知是犯罪的人而为其提供隐藏处所、财物，帮助其逃匿或者作假证明包庇的行为。

(五) 本罪一罪与数罪的认定

1. 本罪与包庇黑社会性质组织罪的竞合

包庇黑社会性质组织罪，根据《刑法》第 294 条第 4 款的规定，是指国家机关工作人员包庇黑社会性质的组织的行为。本罪与包庇黑社会性质组织罪在构成要件方面存在差别：(1) 从主体上看，本罪的主体是有查禁犯罪活动职责的国家机关工作人员，而包庇黑社会性质组织罪的主体是国家机关工作人员，只要是国家机关工作人员即可，并不要求有查禁犯罪活动的职责。(2) 从客观行为看，本罪是行为人向犯罪分子通风报信、提供便利，而包庇黑社会性质组织罪是包庇黑社会性质的组织，至于包庇的具体行为方式，在所不限。(3) 从行为的对象看，本罪的对象是犯罪分子，包括各类犯罪的犯罪分子，并不专指某一类犯罪的犯罪分子，而包庇黑社会性质组织罪的对象是黑社会性质组织的成员，具有特定性。同时，两罪的共同之处也是很清楚的：都可由负有查禁犯罪活动职责的国家机关工作人员构成，都可表现为通风报信、提供便利的行为，都可以黑社会性质组织中的犯罪分子为对象。因此，实践中对两罪的区分也容易发生混淆。例如，某市公安局查处一个黑社会性质组织案件，欲对犯罪嫌疑人甲采取强制措施。该公安局负责查处的公安人员乙在甲的家人向其探问情况时，将上述消息告知了甲的家人。甲得知后逃匿，后被捕获。对于上述案件中的行为人乙应定本罪还是包庇黑社会性质组织罪呢?

2000 年 12 月 4 日最高人民法院《关于审理黑社会性质组织犯罪的案件具体应用法律若干问题的解释》第 5 条规定："刑法第二百九十四条第四款规定的'包庇'，是指国家机关工作人员为使黑社会性质组织及其成员逃避查禁，而通风报信，隐匿、毁灭、伪造证据，阻止他人作证、检举揭发，指使他人作伪证，帮助逃匿，或者阻挠其他国家机关工作人员依法查禁等行为。"因此，乙的行为已经构成包庇黑社会性质组织罪，同时，乙的行为也完全符合本罪的构成要件，属于法条竞合，依照重法优于轻法的原则，对行为人应定包庇黑社会性质组织罪。

2. 本罪与帮助毁灭、伪造证据罪的竞合

帮助毁灭、伪造证据罪，根据《刑法》第 307 条第 2 款的规定，主体为一般主体，客观方面表现为，在诉讼中帮助当事人毁灭、伪造证据，主观方面是故意。负有查禁犯罪活动职责的国家机关工作人员在诉讼中帮助犯罪分子毁灭、伪造证据的，情节严重的，即同时构成本罪与帮助毁灭、伪造证据罪，按照法条竞合的原则应依本罪对行为人定罪处罚。但值得注意的是，第 307 条第 3 款规定："司法工作人员犯前两款罪的（即妨害作证罪和帮助毁灭、伪造证据罪——作者注），从重处罚。"该款规定似乎是排除了对司法工作人员实施帮助犯罪分子毁灭、伪造证据行为定其他罪名（包括本罪）的可能性，我们认为不能这样理解，因为在这种情况下，即使按照帮助毁灭、伪造证据罪对行为人从重处罚，最高刑也只有 3 年有期徒刑，而与本罪的 10 年有期徒刑相差悬殊。所以，我们认为应对第 307 条第 3 款规定的适用范围进行限制，司法工作人员在刑事诉讼活动中帮助犯罪分子毁灭、伪造证据的，仍然按本罪定罪，不适用第 307 条第 3 款的规定；而在民事和行政等诉讼活动中帮助当事人毁灭、伪造证据的，以帮助毁灭、伪造证据罪定罪，适用第 307 条第 3 款的规定。

【刑事责任】

根据《刑法》第 417 条的规定，犯本罪，处三年以下有期徒刑或者拘役；情节严重的，处三年以上十年以下有期徒刑。

【办案依据】

1.《中华人民共和国刑法》（1997 年 3 月 14 日修订）（节录）

第四百一十七条 有查禁犯罪活动职责的国家机关工作人员，向犯罪分子通风报信、提供便利，帮助犯罪分子逃避处罚的，处三年以下有期徒刑或者拘役；情节严重的，处三年以上十年以下有期徒刑。

2. 最高人民法院、最高人民检察院、公安部、国家工商行政管理局《关于依法查处盗窃、抢劫机动车案件的规定》（1998 年 5 月 8 日　公通字〔1998〕31 号）（节录）

十、公安人员对盗窃、抢劫的机动车辆，非法提供机动车牌证或者为其取得机动车牌证提供便利，帮助犯罪分子逃避处罚的，依照《刑法》第四百一十七条规定处罚。

3. 公安部《关于打击拐卖妇女儿童犯罪适用法律和政策有关问题的意见》（2000 年 3 月 24 日　公通字〔2000〕25 号）（节录）

六、关于不解救或者阻碍解救被拐卖的妇女、儿童等渎职犯罪

（四）有查禁拐卖妇女、儿童犯罪活动职责的国家机关工作人员，向拐卖妇女、儿童的犯罪分子通风报信、提供便利，帮助犯罪分子逃避处罚，构成犯罪的，以帮助犯罪分子逃避处罚罪移送人民检察院追究刑事责任。

三十四、招收公务员、学生徇私舞弊罪

【概念与构成】

招收公务员、学生徇私舞弊罪，是指国家机关工作人员在招收公务员、省级以上教育行政部门组织招收学生的工作中徇私舞弊，情节严重的行为。构成本罪需要具备以下四个要件：

（一）客体要件。本罪侵犯的客体是国家机关的正常活动和招收工作制度。招收工作关系到招收对象的前途和命运，是一项政策性很强的工作，在招考工作中的徇私舞弊，严重破坏了国家对招收公务员、学生招考制度，妨害了国家对人才的选拔、培养，危害了国家机关的管理活动。因此，对招收公务员、学生工作中的徇私舞弊情节严重的行为予以刑罚制裁，对严肃招考和维护国家人才、干部选拔培养制度，以及反腐倡廉、净化社会风气，促进社会主义精神文明建设都具有十分重要的意义。

（二）客观要件。本罪在客观方面表现为利用职务之便或者不依法履行职责，在招收公务员、学生工作中徇私舞弊，情节严重的行为。

所谓公务员，严格来讲是指各级行政机关中除工勤人员以外的依法从事公务的人员。但在本罪中宜作广义理解，其应是指各种国家机关包括党的机关、权力机关、行政机关、检察机关、审判机关、政治协商会议机关等中除工勤人员以外的依法从事公务的人员。所谓学生，包括大、中、小各级各类学校的学生，如研究生、大学生、中学生、小学生等。无论是哪类学生，都必须是需经过考试和按规定条件录取的学生。所谓招收，是指通过考试按照国家规定的条件予以录用、录取。既包括向社会公开招考，亦包括在某一范围内进行招收，但不包括某一单位的内部考试录用人员。所谓徇私舞弊，是指出于个人目的，将不符合招收条件的人员予以录用或录取。其方式可多种多样，有的是篡改年龄；有的是篡改考试成绩；有的是隐瞒不良表现如违法犯罪行为；有的是伪造体检表、个人履历表及立功受奖记录；有的是篡改档案材料；有的是故意排挤符合条件的候选人以便让不符合条件的人补缺；如此等等，但无论其方式如何，其目的都是为将不符合条件的情况隐瞒或者伪装为符合条件，以违反规定予以录用、录取。徇私舞弊情节是否严重，是划分本罪罪与非罪的显著特征。

构成本罪的情节严重为要件。所谓情节严重，主要是指由于徇私舞弊，给国家招考声誉造成极坏的影响，或者严重扰乱了招考工作的正常秩序，造成人力、财力的重大损失；严重危害考生个人身心健康，给考生或者其家庭造成重大损失；多次实施徇私舞弊行为；等等。具体的认定可参见后附的【立案标准】的相关内容。

（三）主体要件。本罪的主体是特殊主体，即是负有招收公务员、学生职责的国家机关工作人员。负有特定招收公务员、学生职责的国家机关工作人员，主要是负责招收公务员、招生的国家机关工作人员，如各级人民政府中的人事部门、教育行政管理部门的工作人员。其他国家机关如果向社会公开招考公务人员，其工作人员如果徇私舞弊，情节严重的，亦可构成本罪，其他人员不能成为本罪主体。

（四）主观要件。本罪在主观方面，必须是出于故意，即行为人明知自己的徇私舞弊行为是违反有关法律规定的，明知自己行为可能产生的后果，而对这种后果的发生持希望或者放任的态度。

【立案标准】

1. 最高人民检察院《人民检察院直接受理立案侦查的渎职侵权重特大案件标准（试行）》（2002年1月1日　高检发〔2001〕13号）（节录）

三十二、招收公务员、学生徇私舞弊案

（一）重大案件

1. 五次以上招收不合格公务员、学生或者一次招收五名以上不合格公务员、学生的；

2. 造成县区范围内招收公务员、学生工作重新进行的；

3. 因招收不合格公务员、学生，导致被排挤的合格人员或者其亲属精神失常的。

（二）特大案件

1. 七次以上招收不合格公务员、学生或者一次招收七名以上不合格公务员、学生的；

2. 造成地市范围内招收公务员、学生工作重新进行的；

3. 因招收不合格公务员、学生，导致被排挤的合格人员或者其亲属自杀的。

2. 最高人民检察院《关于渎职侵权犯罪案件立案标准的规定》（2006年7月26日　高检发释字〔2006〕2号）（节录）

一、渎职犯罪案件

（三十四）招收公务员、学生徇私舞弊案（第四百一十八条）

招收公务员、学生徇私舞弊罪是指国家机关工作人员在招收公务员、省级以上教育行政部门组织招收的学生工作中徇私舞弊，情节严重的行为。

涉嫌下列情形之一的，应予立案：

1. 徇私舞弊，利用职务便利，伪造、变造人事、户口档案、考试成绩或者其他影响招收工作的有关资料，或者明知是伪造、变造的上述材料而予以认可的；

2. 徇私舞弊，利用职务便利，帮助5名以上考生作弊的；

3. 徇私舞弊招收不合格的公务员、学生3人次以上的；

4. 因徇私舞弊招收不合格的公务员、学生，导致被排挤的合格人员或者其近亲属自杀、自残造成重伤、死亡，或者精神失常的；

5. 因徇私舞弊招收公务员、学生，导致该项招收工作重新进行的；

6. 其他情节严重的情形。

三、附则

（五）本规定中的“徇私舞弊”，是指国家机关工作人员为徇私情、私利，故意违背事实和法律，伪造材料，隐瞒情况，弄虚作假的行为。

【司法认定】

（一）本罪主体的认定

招收公务员、学生徇私舞弊罪的主体是特殊主体，即国家机关工作人员。具体来讲，一般是指政府职能部门具有招录公务员与学生职权的工作人员。依据有关法律规定，招收公务员主要是国务院人事部门、省级人民政府人事部门负责组织，其他有关的组织、人事部门负责实施。根据《教育法》规定，国务院教育行政部门主管全国的教育事业，县级以上地方各级人民政府教育行政部门主管本行政区域内的教育工作。招收学生工作主要由这些部门以及政府设置的其他有关的招生部门负责实施。本罪的主体主要是上述部门的工作人员，具体应是指具有招收公务员、学生工作职责的国家机关工作人员，包括国家机关中主管招收公务员工作的领导人员以及具体负责招收公务员工作的人事部门的工作人员、教育部门的工作人员以及其他与招收公务员、学生工作有关的国家机关工作人员等。非上述人员不能成为招收公务员、学生徇私舞弊罪的犯罪主体，不能构成招收公务员、学生徇私舞弊罪。

司法实践中，具体负责招收学生考试的工作人员大多数为在校老师，而监考老师能否成为招收学生徇私舞弊罪的犯罪主体，理论界及司法实务界对此有一定的争议。号称中国“招收学生徇私舞弊第一案”的广东电白高考舞弊案就是以此罪对徇私舞弊的监考老师进行定罪处罚的。全国人大常委会对关于《渎职罪主体》的立法解释规定：在依照法律、法规行使国家行政管理职权的组织中从事公务的人员，或者是受国家机关委托代表国家机关行使职权的组织中从事公务的人员，或者未列入国家机关人员编制，但在国家机关中从事公务的人员，在代表国家机关行使职权时，有渎职行为，构成犯罪的，依照刑法有关渎职罪的规定追究刑事责任。其实全国人大常委会的司法解释明确了这么一点：对于国家机关工作人员的认定，身份如何并不重要，其职责是什么，是否享有相应职权，才是最为关键。因为单纯有一定身份者，如果不享有相应的职权，就没有渎职的可能；而享有相应职权，如果不能恪尽职守，就可能使管理相对人的权利受到侵害，也会损害国家机关的形象。因而，依据全国人大的上述立法解释，监考老师虽不是国家机关工作人员，但是监考老师是受教育行政部门委托，具体负责考试招录工作的，如其在招录过程中徇私舞弊招收不合格的学生，造成严重后果的也按招收学生徇私舞弊罪处理。如广东电白高考舞弊案中的杨某在收受考生家长钱物后，为考生提供答案舞弊，法院即以招收学生徇私舞弊罪对其定罪量刑的。

（二）本罪罪与非罪的界限

对于国家机关工作人员在招收公务员、学生工作中徇私舞弊，是否构成犯罪，关键在于是否具备严重情节。如果情节严重，应依法认定为构成招收公务员、学生徇私舞弊罪。而对于情节没有达到严重程度的，则不构成招收公务员、学生徇私舞弊罪。对于不构成招收公务员的徇私舞弊犯罪的招收公务员徇私舞弊行为，根据《公务员法》的规定，对主要的或者直接负责人员，根据情节轻重，给予批评教育或者行政处分。因此，区分罪与非罪的界限在于是否情节严重。

【刑事责任】

根据《刑法》第418条的规定，犯本罪，处三年以下有期徒刑或者拘役。

【办案依据】

《中华人民共和国刑法》（1997年3月14日修订）（节录）

第四百一十八条　国家机关工作人员在招收公务员、学生工作中徇私舞弊，情节严重的，处三年以下有期徒刑或者拘役。

三十五、失职造成珍贵文物损毁、流失罪

【概念与构成】

失职造成珍贵文物损毁、流失罪，是指文物行政部门、公安机关、海关、城乡建设规划部门等国家机关工作人员严重不负责任，造成珍贵文物损毁或者流失，后果严重的行为。构成本罪需要具备以下四个要件：

（一）客体要件。本罪侵犯的客体是国家机关的正常活动。由于国家工作人员对本职工作严重不负责，不遵纪守法，违反规章制度，不履行应尽的职责义务，致使国家机关的文物保护工作遭到破坏，给国家、集体和人民利益造成严重损害，从而危害了国家机关的正常活动。

犯罪对象为珍贵文物，毁损一般的文物，不构成本罪。所谓珍贵文物，是指具有重要历史、艺术、科学价值的文物，主要包括国家规定的一、二级文物，三级文物要确定为珍贵文物的，应经国家文物鉴定委员会确认。其中，一级文物是指具有特别重要价值的代表性文物；二级文物是指具有重要价值的文物；三级文物为具有一定价值的文物。至于文物，按照《文物保护法》第2条的规定，则是指：

（1）具有历史、艺术、科学价值的古文化遗址、古墓葬、古建筑、石窟寺和石刻；

（2）与重大历史事件、革命运动和著名人物有关的，具有重要纪念意义、教育意义和史料价值的建筑物、遗址和纪念物；

（3）历史各时代的珍贵艺术品、工艺美术品；

（4）重要的革命文献资料以及具有历史、艺术和科学价值的手稿、古旧图书资料等；

（5）反映历史上各时代、各民族社会制度、社会生产、社会生活的代表性实物。古脊椎动物化石和古人类化石同文物一样受国家保护。

（二）客观要件。本罪在客观方面表现为国家机关工作人员违反工作纪律、规章制度，擅离职守不尽职责义务，或者不正确履行职责义务，造成珍贵文物损毁或者流失，后果严重的行为。

严重不负责任，是指不履行法律规定和其职务要求的文物保护、管理职责，或者在履行职务中敷衍塞责，草率应付，不尽职责。其具体表现形式是多种多样的，例如对馆藏珍贵文物不按《文物馆藏品管理办法》的规定建立固定、专用的库房，设专人管理；库房设备和措施不符合防火、防盗、防潮、防虫、防尘、防光、防震、防空气污染的要求；珍贵文物出库归库手续不健全；安全检查制度形同虚设；发现不安全因素，不及时采取措施纠正；发生火灾、文物失窃等案件不及时报告当地公安部门、文物行政管理部门和国家文物局等。具体表现如何，不影响本罪的成立。所谓损毁，即损坏和毁灭，既包括使珍贵文物部分破损，使其丧失部分价值，即造成原有价值的减少，例如，使能作为珍贵文物的手稿大面积污损，致其字迹难以辨认，又包括使珍贵文物完全毁灭，从而丧失其全部价值，如珍贵书画被烧毁，珍贵陶器、瓷器被砸碎等。所谓流失，是指被盗、遗失而下落不明或者流落至国外、境外。

本罪是结果犯，严重不负责任的行为必须后果严重，才构成犯罪。后果严重的认定可参见后附的【立案标准】的有关内容。

（三）主体要件。本罪主体是特殊主体，即国家机关工作人员。本条所称“国家机关工作人员”是指负有管理、保护文物职责的国家机关工作人员，包括博物馆（院）、纪念馆、图书馆的工作人员、文化行政部门中主管文物保护工作的人员等，并非指所有的国家工作人员。

（四）主观要件。本罪的主观方面只能由过失构成，故意不构成本罪，也就是说，行为人对于其行为所造成重大损失结果，在主观上并不是出于故意而是由于过失造成的。也就是他应当知道自己严重不负责任的行为，可能会造成珍贵文物损毁或者流失，但是他由于疏忽大意而没有预见，或者是虽然已经预见到可能会发生，但他凭借着自己的知识或者经验而轻信可以避免，以致发生了造成严重损失的危害结果。行为人主观上的过失是针对造成重大损失的结果而言，但并不排斥行为人对违反工作纪律和规章制度或对自己的作为和不作为行为可能是故意的情形。如果行为人在主观上对于危害结果的发生不是出于过失，而是出于故意，不仅预见到，而且希望或者放任它的发生，那就不构成本罪，而构成其他的故意犯罪。

【立案标准】

1. 最高人民检察院《人民检察院直接受理立案侦查的渎职侵权重特大案件标准（试行）》（2002年1月1日　高检发〔2001〕13号）（节录）

三十三、失职造成珍贵文物损毁、流失案

（一）重大案件

1. 导致国家一级文物损毁或者流失一件以上的；

2. 导致国家二级文物损毁或者流失三件以上的；

3. 导致国家三级文物损毁或者流失五件以上的；

4. 导致省级文物保护单位严重损毁的。

（二）特大案件

1. 导致国家一级文物损毁或者流失三件以上的；

2. 导致国家二级文物损毁或者流失五件以上的；

3. 导致国家三级文物损毁或者流失十件以上的；

4. 导致全国重点文物保护单位严重损毁的。

2. 最高人民检察院《关于渎职侵权犯罪案件立案标准的规定》（2006年7月26日　高检发释字〔2006〕2号）（节录）

一、渎职犯罪案件

（三十五）失职造成珍贵文物损毁、流失案（第四百一十九条）

失职造成珍贵文物损毁、流失罪是指文物行政部门、公安机关、工商行政管理部门、海关、城乡建设规划部门等国家机关工作人员严重不负责任，造成珍贵文物损毁或者流失，后果严重的行为。

涉嫌下列情形之一的，应予立案：

1. 导致国家一、二、三级珍贵文物损毁或者流失的；

2. 导致全国重点文物保护单位或者省、自治区、直辖市级文物保护单位损毁的；

3. 其他后果严重的情形。

【司法认定】

（一）本罪罪与非罪的界限

本罪要求必须造成严重后果的才构成犯罪，否则造成一般性的文物损毁或者流失的，就不能以犯罪论处。所谓严重后果的认定，可以参照最高人民检察院的有关立案标准。

（二）本罪与玩忽职守罪的界限

二者的区别主要表现在：

（1）侵害的直接客体有所不同。本罪的直接客体是国家对文物保护、管理的正常秩序，而玩忽职守罪侵害的直接客体则是国家机关的正常管理秩序，二者的区别是，前者带有行业特点，与特定管理部门的管理工作性质相关，具有针对性，而后者只是泛指各种国家机关的管理秩序，内容不确定，很原则。

（2）犯罪客观方面的表现不同。本罪在客观上表现为行为人在文物保护、管理工作中严重不负责任，造成珍贵文物损毁或者流失，后果严重的行为；而后者在客观上表现为严重不负责任，不履行或者不认真履行职责的行为。

（3）犯罪主体范围不同。本罪的主体限定为负责保护、管理文物的国家机关工作人员，而后者的主体是国家机关工作人员，比前者的范围宽泛。

二者是特殊与一般的关系。

【刑事责任】

根据《刑法》第419条的规定，犯本罪，处三年以下有期徒刑或者拘役。

【办案依据】

1.《中华人民共和国刑法》（1997年3月14日修订）（节录）

第四百一十九条　国家机关工作人员严重不负责任，造成珍贵文物损毁或者流失，后果严重的，处三年以下有期徒刑或者拘役。

2.《中华人民共和国文物保护法（2013年修正）》（1982年11月19日）（节录）

第七十六条　文物行政部门、文物收藏单位、文物商店、经营文物拍卖的拍卖企业的工作人员，有下列行为之一的……；构成犯罪的，依法追究刑事责任：

（四）因不负责任造成文物保护单位、珍贵文物损毁或者流失的。

前款被开除公职或者被吊销从业资格的人员，自被开除公职或者被吊销从业资格之日起十年内不得担任文物管理人员或者从事文物经营活动。

第三部分　国家机关工作人员利用职权实施的侵犯公民人身权利、民主权利犯罪

一、非法拘禁罪

【概念与构成】

非法拘禁罪，是指以拘禁或者其他方法非法剥夺他人人身自由的行为。构成本罪需要具备以下四个要件：

（一）客体要件。本罪侵犯的客体是他人的身体自由权，所谓身体自由权，是指以身体的动静举止不受非法干预为内容的人格权，亦即在法律范围内按照自

己的意志决定自己身体行动的自由权利，公民的身体自由，是公民正常工作、生产、生活和学习的保证，失去身体自由，就失去了从事一切正常活动的可能。我国《宪法》第37条规定："中华人民共和国公民的人身自由不受侵犯。任何公民，非经人民检察院批准或者决定或者人民法院决定，并由公安机关执行，不受逮捕，禁止非法拘禁和以其他方法非法剥夺或者限制公民的人身自由。"因此，非法拘禁是一种严重剥夺公民身体自由的行为。

本罪侵害的对象，是依法享有人身权利的任何自然人。即包括无辜公民、犯错误的人、有一般违法行为的人和犯罪嫌疑人。

（二）客观要件。本罪客观上表现为非法剥夺他人身体自由的行为。这里的"他人"没有限制，既可以是守法公民，也可以是犯有错误或有一般违法行为的人，还可以是犯罪嫌疑人。行为的特征是非法拘禁他人或者以其他方法非法剥夺他人的身体自由。凡符合这一特征的均应认定为非法剥夺人身自由罪，如非法逮捕、拘留、监禁、扣押、绑架，办封闭式"学习班"、"隔离审查"等均是非法剥夺人身自由。概括起来分为两类：一类是直接拘束人的身体，剥夺其身体活动自由，如捆绑；另一类是间接拘束人的身体，剥夺其身体活动自由，即将他人监禁于一定场所，使其不能或明显难以离开、逃出。此外，无论是以暴力、胁迫方法拘禁他人，还是以欺诈方法拘禁他人，均不影响本罪的成立。

非法剥夺人身自由是一种持续行为，即该行为在一定时间内处于继续状态，使他人在一定时间内失去身体自由，不具有间断性。时间持续的长短不影响本罪的成立，只影响量刑。但时间过短、瞬间性的剥夺人身自由的行为，则难以认定成立本罪。

剥夺人身自由的行为必须是非法的。司法机关根据法律规定，对于有犯罪事实和重大嫌疑的人采取拘留、逮捕等限制人身自由的强制措施的行为，不成立本罪。但发现不应拘捕时，借故不予释放，继续羁押的，则应认为是非法剥夺人身自由。对于正在实行犯罪或犯罪后及时被发觉的、通缉在案的、越狱逃跑的、正在被追捕的人，群众依法扭送至司法机关的，是一种权利，而不是非法剥夺人身自由。依法收容精神病患者的，也不是非法剥夺人身自由的行为。

（三）主体要件。本罪的主体既可以是国家工作人员，也可以是一般公民。从实际发生的案件来看，多为掌握一定职权的国家工作人员或基层农村干部。另外，这类案件往往涉及的人员较多。有的是经干部会议集体讨论决定的；有的是经上级领导同意或默许的；有的是直接策划、指挥者；有的是动手捆绑、奉命看守者。因此，处理时要注意，依法应当追究刑事责任的，只是其中的直接责任者和出于陷害、报复和其他卑鄙动机的人员。对其他人员应实行区别对待，一般不追究刑事责任。

（四）主观要件。本罪在主观方面表现为故意，并以剥夺他人人身自由为目的。过失不构成本罪。非法拘禁他人的动机是多种多样的。不管出于什么动机，只要具有非法剥夺他人人身自由的目的，故意实施了非法拘禁他人，即构成本罪，如果非法剥夺他人人身自由是为了其他犯罪目的，其他犯罪比非法拘禁罪处罚更重的，应以其他罪论处。

【立案标准】

1. 最高人民检察院《人民检察院直接受理立案侦查的渎职侵权重特大案件标准（试行）》（2002年1月1日　高检发〔2001〕13号）（节录）

三十四、国家机关工作人员利用职权实施的非法拘禁案

（一）重大案件

1. 致人重伤或者精神失常的；

2. 明知是人大代表而非法拘禁的，或者明知是无辜的人而非法拘禁的；

3. 非法拘禁持续时间超过一个月，或者一次非法拘禁十人以上的。

（二）特大案件

非法拘禁致人死亡的。

2. 最高人民检察院《关于渎职侵权犯罪案件立案标准的规定》（2006年7月26日　高检发释字〔2006〕2号）（节录）

二、国家机关工作人员利用职权实施的侵犯公民人身权利、民主权利犯罪案件

（一）国家机关工作人员利用职权实施的非法拘禁案（第二百三十八条）

非法拘禁罪是指以拘禁或者其他方法非法剥夺他人人身自由的行为。

国家机关工作人员利用职权非法拘禁，涉嫌下列情形之一的，应予立案：

1. 非法剥夺他人人身自由24小时以上的；

2. 非法剥夺他人人身自由，并使用械具或者捆绑等恶劣手段，或者实施殴打、侮辱、虐待行为的；

3. 非法拘禁，造成被拘禁人轻伤、重伤、死亡的；

4. 非法拘禁，情节严重，导致被拘禁人自杀、自残造成重伤、死亡，或者精神失常的；

5. 非法拘禁3人次以上的；

6. 司法工作人员对明知是没有违法犯罪事实的人而非法拘禁的；

7. 其他非法拘禁应予追究刑事责任的情形。

【司法认定】

（一）非法限制他人人身自由行为能否构成本罪

我国1979年刑法在以第一百四十三条规定非法拘禁罪的情况下，还以第一百四十四条专门规定了非法管制罪。但我国1997年刑法取消了此一罪名。那么，在1997年刑法施行后，对于非法管制他人的行为应如何处理呢？

我们认为，在必要时完全可以非法拘禁罪定罪处罚。理由如下：首先，“限

制”与“剥夺”并没有截然不同的界限，难以作出恰当的区分。“限制”实际上也是一种剥夺，至少是部分剥夺。其次，从目前理论中的通说来看，已不再将非法拘禁罪仅局限于使被害人“完全”失去自由行动的可能，而将限制他人自由的行为也纳入其中了。再次，通过刑法解释将“限制”纳入“剥夺”的范畴，并不违背罪刑法定原则。一则，这一解释符合立法原意与立法初衷。刑法中设立非法拘禁罪的目的，在于保障公民的人身自由不受侵犯。而非法限制他人人身自由的行为也是对他人人身自由的侵犯，当其具有相当社会危害程度时，也有给予刑法规制的必要。二则，通过解释将“限制”纳入“剥夺”之范畴只是一种不违背罪刑法定原则的扩大解释，而并非类推解释。又次，对非法限制人身自由的行为论以非法拘禁罪是有立法与司法依据的。我国 1997 年《刑法》第 241 条第 3 款明确规定，收买被拐卖的妇女、儿童，非法限制其人身自由的，依照本法的有关规定定罪处罚。而最高人民法院《关于执行〈中华人民共和国刑法〉确定罪名的规定》则进一步将该行为解释为非法拘禁罪。最后，从外国刑法理论来看，通常也将非法限制他人人身自由的行为论以非法拘禁罪。

（二）非法拘禁罪与非罪的界限

1. 一般非法拘禁行为与非法拘禁犯罪的界限

非法拘禁行为，只有达到相当严重的程度，才构成犯罪。因此，应当根据情节轻重、危害大小、动机为私为公、拘禁时间长短等因素，综合分析，来确定非法拘禁行为的性质。

2. 违法拘捕与非法拘禁罪的界限

两者的区别主要在于违法拘留、逮捕是违反拘留、逮捕法规的行为，一般是司法人员在依照法定职权和条件的情况决定、批准、执行拘捕时，违反法律规定的有关程序、手续和时限，并不具有非法拘禁的动机和目的。如一般的超时限报捕、批捕；未及时办理、出示拘留、逮捕证；未依法及时通知犯罪嫌疑人家属或单位；未先办理延期手续而超期羁押人犯的等，都不构成非法拘禁罪。因各种客观因素造成错拘、错捕的，也不构成犯罪。

（三）本罪与相关犯罪的界限

1. 非法拘禁罪和绑架罪的界限

非法拘禁罪和绑架罪有相似之处，在理论上和司法实践中它们的界限常被混淆。两罪的主要区别表现在以下方面：

（1）非法拘禁罪的主观方面表现为非法剥夺他人人身自由的故意，而其目的动机在所不问，只是作为量刑的情节。绑架罪的主观方面则表现为直接剥夺他人人身自由的故意，并且具有勒索财物或满足其他不法要求的目的，而且此目的对行为人来说比剥夺人身自由的故意要来得直接，剥夺人身自由是为达到该目的而实施。犯罪目的是绑架罪的构成要件，如果没有特定的犯罪目的就不能认定为绑架罪，这在理论界又称为“目的犯”。

（2）非法拘禁罪侵犯的客体为单一客体，即公民的人身自由权。绑架罪的客体应该是复杂客体，即侵害了他人人身权利和财产权利。绑架罪中，一般既有绑架的行为，又有勒索财物的行为。

如果已经绑架了他人，但还没有勒索赎金或提出不法要求的，应认定为非法拘禁罪或绑架罪吗？对此，我们认为，绑架罪中的目的应该是实行行为，绑架罪的客观方面应表现为复合行为，即绑架罪是由绑架行为（或偷盗婴幼儿行为）与勒索财物或提出不法要求行为（当行为人绑架他人作为人质时）两方面组成的。如果仅从法律条文的字面上来解释，把绑架罪的客观行为看成单一行为，显然是违背立法意愿的。首先，按照此标准，行为人一经实行绑架他人或偷盗婴幼儿行为，即成既遂，行为人即使自动放弃勒索财物或提出不法要求的行为，也不能构成犯罪中止，这不仅不合常理，也与刑法鼓励犯罪分子自动放弃本可以继续实施的犯罪的精神相悖。其次，虽然《刑法》第239条将绑架罪规定为以勒索财物为目的，但并不排除有与之相对应的勒索财物实行行为存在，实践中绑架罪中的犯罪分子在实行绑架后往往都有勒索财物的实行行为。当然，把勒索财物作为绑架罪的构成要件，并不是说财物要勒索到手或不法要求得到实现才构成既遂，而是说只要实施了绑架和勒索财物的行为即可成为绑架的既遂，至于行为人勒索财物的目的是否达到，可以作为一个量刑依据加以考虑。事实上，在有充分证据证实行为人是以勒索财物或满足不法要求为目的，实行绑架他人或偷盗婴幼儿行为的，在尚未实行勒索财物或提出不法要求行为时，行为人出于意志以外的原因或自动放弃，应分别认定为绑架罪的未遂或中止形态，但这种情况要严格把握行为人的主观目的。

实践中，索债型非法拘禁罪与绑架罪的区分也是一个难点问题。为索取债务而非法扣押、拘禁他人的，也构成非法拘禁罪，是该罪的一种特殊情况，常被称为“索债型非法拘禁罪”。而绑架罪是指以勒索财物为目的，使用暴力、胁迫或者其他方法绑架他人，或者绑架他人作为人质的行为。二者都是严重危害他人人身自由权利和社会正常秩序的行为。绑架索债型犯罪的定罪往往涉及非法拘禁罪与绑架罪的择一适用问题。区分这两种行为应着重从以下几方面考察：（1）犯罪构成上的区别 。一是侵犯的客体不完全相同。索债型非法拘禁罪是单一客体，主要是他人的人身自由权利；而绑架罪则是复杂客体，包含了被害人的人身自由权利和他人的财产权益。二是行为目的不同。索债型非法拘禁罪仅仅是为了追索自己的债务而使被害人遭受监禁之苦，在其主观上并无获取他人财物或其他不法利益的企图或要求；绑架罪则通过对被害人的人身自由进行胁迫，意在勒索他人财物或将其他不法利益占为己有。三是在主观上二者也不尽相同。索债型非法拘禁罪是故意并以剥夺他人人身自由、索取债务为目的；绑架罪则是直接故意并具有勒索财物或获取其他非法利益的目的。（2）当事人之间关系的区别。索债型非法拘禁罪的行为与被害人或被要求交付财物的人之间存在债权债务关系，至于这一债务是否确实存在，是否合法，暂且不论。所以被害人大多为行为人的“债务人”或与之有密切关系的人，而绑架罪行为人为的是“求财”，是夺取属于他人的财物归己所有，为此，犯罪行为侵犯的对象，范围更宽泛，主要选取家境富裕、能支付大量赎金者下手，而非仅仅局限于自己的“债务人”。（3）主观恶性和社会危害性强度的区别。索债型非法拘禁罪为的是“索债”，而绑架罪中并不涉及这一“债”的关系，这也是二者最大的区别所在。它决定了行为人的犯罪欲望、主观恶性、行为动机，进而决定了其行为的社会危害性和人身危险性。因为索债型非法拘禁罪的行为人其所有行为的目的都是围绕追回对方“拖欠”自己的债务，实现自己的债权，维护自身的利益，只要这一目的达到了，通常就会罢手，而且索要财物的数额大多不会超出债务范围。但绑架罪则不同，为的是非法占有他人财物，行为人为了攫取更多的财物，往往会采取暴力强度及危害性更大的手段，并常常伴随着伤害人质人身、生命的故意，甚至可能出现“撕票”等现象，主观恶性和社会危害性明显强于前者。（4）法定刑及惩处力度的区别。从《刑法》对两罪设定的法定刑看，两罪相差十分悬殊，如绑架罪的起点刑是十年有期徒刑，致使被绑架人死亡的，处死刑；而非法拘禁罪的一般情节则在三年以下处罚，致人死亡的，处十年以上有期徒刑。对前者惩罚的严厉性明显大于后者。这样规定也要符合刑法中“罪责刑相应”的原则，对行为危害性大的，就应予以相应程度的惩罚，更有力地剥夺、限制行为人再次犯罪的能力，让其为自己的错误承担相应的责任，感受到一定的痛苦，以更好地教育、改造他，阻碍其继续犯罪。此外，还应注意，“在定性方面，前者在绑架过程中杀害被绑架人的，仍定绑架罪；后者在拘禁过程中使用暴力致人伤残、死亡的，不再定非法拘禁罪，而是定故意伤害罪、故意杀人罪”。

在索债型非法拘禁罪案件中，判定当事人之间的“债务关系”也是一个难点问题，实践中应注意从以下几方面把握：（1）合法的债务。当事人之间的确存在合法的债权债务关系，而且能够通过足够的证据予以证明，行为人实施扣押、拘禁他人的行为就是为了追讨自己的债务，是因日常民商事债权债务纠纷引发的，在力图通过私力救济、解决问题的过程中因为采用了非法途径维护合法权益，具备了相应的犯罪构成，而转化为刑事案件，是比较典型的索债型非法拘禁罪。（2）非法的债务。这一问题在最高院的相关司法解释中已有定论：行为人为索取高利贷、赌债等法律不予保护的债务，非法扣押拘禁他人的，依照《刑法》第238条的规定定罪处罚。即将在民商事范畴内于法无据的债务也纳入到刑事范畴中索债型非法拘禁罪所涉及的“债”的范围里。这样规定，是由于尽管当事人之间的债权债务关系不受法律保护，但行为人在主观上认为这是实际存在的，所以才采取绑架、拘禁的途径来迫使对方清偿债务，属于“事出有因，与那些典型的、无缘无故地扣押、绑架他人勒索财物的行为不可同日而语，这样规定，既符合司法实践突出打击绑架罪的需要”，也符合了罪刑责相应的原则和立法主旨。(3) 超过实际数额的债务。当行为人在追索债务的过程中，索取的财物数额大于实际存在的债务时，对行为性质的认定要看超过数额的大小。如果数额太大，则表明此时行为人的主观意图、行为动机已发生了根本性地转化，从最初的、纯粹的追索债务变成了既要追债又想勒索为他人所有的财物，主观恶性变得更为恶劣，已同时触犯了索债型非法拘禁罪和绑架罪，应从一重罪处罚，以绑架罪定罪量刑。反之，如果数额相差不大，说明行为人也许只是对债务范围、数目的理解、认定上存在误解、异议，其主观恶性并无实质性的改变，所以，仍应认定为索债型非法拘禁罪，这也符合罪刑相应原则。(4) 债权债务并不实际存在。有时，当事人间的债权债务关系缺乏足够的证据予以查清；或者行为人的利益确实受到了损失，但这一结果与被害人或被索要财物之人的言行并无明确的因果关系，双方之间并不存在实际的债权债务关系，只是行为人认错了对象，张冠李戴，或没有弄清事情的真相，而是想当然地将二者联系到了一起，在其主观上认定对方拖欠了自己的债务，因而对被害人实施了犯罪行为。此时仍应以索债型非法拘禁罪对其定罪量刑，债权债务关系的明确与否不应是区别两罪的标准。因为这种情况下，从处罚的合理性考虑，通过扩大非法拘禁罪的范围以缩小绑架罪的范围，如果行为人与被拘禁人间存在既往的民事行为，行为人主观上为了索取债务而扣押、拘禁他人，但债务关系难以查清，处于待定状态，或根本不存在，对此，本着有利于被告人原则，以非法拘禁罪论处。这样处理应更加符合刑法的立法主旨。

2. 非法拘禁罪与刑讯逼供罪的界限

两者都属于侵犯人身权利的犯罪，实践中往往互相牵连，容易混淆。两者的区别在于：

(1) 主体要件不同。前者是一般主体，后者只能是国家工作人员。

(2) 犯罪对象不同。前者是一般公民，后者只能是被控有违法犯罪行为的犯罪嫌疑人。

(3) 犯罪行为表现和目的不同。前者是以拘禁或者其他强制方法非法剥夺他人人身自由，后者是对犯罪嫌疑人使用肉刑或者变相肉刑逼取口供。如果两罪一起发生，互有关联的，一般应按牵连犯罪从一重罪处理。非国家工作人员有类似“刑讯逼供”等关押行为的，不定刑讯逼供罪，可以非法拘禁罪论处。

(四) 非法拘禁罪的一罪与数罪

1. 非法拘禁罪与故意杀人罪、故意伤害罪、刑讯逼供罪及暴力取证罪的牵连、竞合

非法拘禁罪与故意杀人罪、故意伤害罪的牵连，通常表现为在非法拘禁过程中，行为人对被害人进行暴力加害，或者行为人用非法拘禁方法故意使被害人因冻饿等原因而死亡、受伤等。对于在非法拘禁中对被害人加害的情况，应当注意，本条第2款明确规定，非法拘禁“使用暴力致人伤残、死亡的”，依照故意伤害罪、故意杀人罪定罪处罚。因此，一方面，对于这种情况只应按一重罪即故意伤害罪或故意杀人罪定罪处罚，另一方面，要注意其适用的条件：必须是在非法拘禁中“使用暴力”且“致人伤残、死亡”。这里的“伤残”不包括轻伤，而是指重伤，但不限于肢体残废的情形，而是包括各种对于人身健康有重大伤害的情形在内。至于上述后一种情况，即行为人目的即在于故意伤害、故意杀害被害人，只不过其方法采用了非法拘禁而已，自然应按牵连犯的处罚原则，从一重罪定罪处罚，即按故意伤害罪或故意杀人罪定罪处罚。非法拘禁罪与刑讯逼供罪、暴力取证罪形成牵连犯形态或想象竞合犯形态的情况，表现为司法工作人员非法将犯罪嫌疑人、被告人或证人拘禁，在此过程中又进行刑讯逼供或暴力逼取证言的行为。对于这种情形，应按刑讯逼供罪或暴力取证罪对行为人定罪处罚。当然，如果行为人在拘禁他人进行刑讯逼供、暴力逼取证言过程中致人伤残、死亡的，应以故意伤害罪、故意杀人罪定罪处罚。

2. 非法拘禁罪与妨害公务罪的想象竞合

妨害公务罪，是指以暴力、威胁方法阻碍国家机关工作人员依法执行职务、以暴力、威胁、方法阻碍全国人大和地方各级人大代表依法执行代表职务，或者在自然灾害和突发事件中，以暴力、威胁方法阻碍红十字会工作人员依法履行职责的行为。除故意阻碍国家安全机关、公安机关依法执行国家安全工作任务造成严重后果的行为构成妨害公务罪，不需要“暴力、威胁方法”外，暴力、威胁方法是其他妨害公务行为构成犯罪必备的行为方法条件。妨害公务罪中的暴力，一般是指对国家机关工作人员等特定人员的身体实行打击或强制，例如殴打、捆绑等。司法实践中，往往有以捆绑等非法拘禁的方法妨害公务的案件发生。这实际上是一行为同时触犯两个罪名，属于想象竞合犯，对此应择一重罪从重处罚。但是，本法对非法拘禁罪和妨害公务罪基本构成的法定刑设置基本相同，这就涉及究竟应以哪个罪名对行为人定罪处罚的问题。我们认为，应以妨害公务罪定罪处罚，这样可以更好地反映行为的整体性质和本质特征。当然，如果在非法拘禁妨害公务中过失致人重伤或死亡的，应当依照非法拘禁罪定罪处罚，因为本条对非法拘禁致人重伤、死亡的规定了结果加重犯的法定刑（不过，如是故意致人重伤、死亡，则对行为人应定故意伤害罪或故意杀人罪，不再以非法拘禁或妨害公务罪定性）。

3. 非法拘禁罪与暴力干涉婚姻自由罪的想象竞合

暴力干涉婚姻自由罪与非法拘禁罪的竞合问题，在表现上也大致相同于妨害公务罪的情况，所不同的是，暴力干涉婚姻自由罪在我国刑法上规定为“告诉的才处理”，而非法拘禁罪却无此规定，这样，当两个罪名在特定情况下发生竞合关系时，应分不同情况予以分析：

（1）如果以非法拘禁干涉他人婚姻自由，尚未造成严重后果，且被害人未向司法机关告发的，不宜追究被告人的刑事责任。由于本法规定了告诉才处理的原则，在处理暴力干涉婚姻自由罪与非法拘禁罪的想象竞合时，如果当事人未告诉，就不宜按通常的处理原则适用非法拘禁罪；如果当事人已告诉，则应按想象竞合犯处理，以非法拘禁罪论处。

（2）如果以非法拘禁方法干涉他人婚姻自由，引起被害人死亡的，应以想象竞合犯的原则追究被告人的刑事责任。这是因为，《刑法》第257条规定，暴力干涉他人婚姻自由引起被害人死亡的，不在“告诉的才处理”之列。因此，出现这种情况的，应以想象竞合犯的原则处理。不过本条规定非法拘禁致人死亡的，处10年以上有期徒刑，《刑法》第257条规定暴力干涉婚姻自由致人死亡的，法定刑为2年以上7年以下有期徒刑，二者相比较，前者为重，因此应适用非法拘禁罪的条款。但是，考虑到前者重得多，而且考虑到《刑法》第257条的立法精神，在适用非法拘禁“致人死亡”的法定刑时，可适当取其轻者。

（3）以非法拘禁方法干涉他人婚姻自由，致人重伤的，应视当事人是否告诉而分别处理：第一，当事人向司法机关告诉的，应按想象竞合犯的原则，以非法拘禁罪的基本构成的法定刑追究被告人的刑事责任，而不能以非法拘禁“致人重伤”的法定刑处理。这是因为《刑法》第257条虽未指明暴力干涉婚姻自由致人重伤的应如何处理，但从该条第2款的规定看，只把“致使被害人死亡”这一情节作为加重构成，所以根据其立法原意，致人重伤的，也包括在《刑法》第257条第1款即暴力干涉婚姻自由罪的基本构成中，属于“告诉的才处理”的范畴。第二，如果当事人未告诉的，就不应追究行为人的刑事责任。

【刑事责任】

根据《刑法》第238条规定，犯本罪，处三年以下有期徒刑、拘役、管制或者剥夺政治权利。具有殴打、侮辱情节的，从重处罚。

犯前款罪，致人重伤的，处三年以上十年以下有期徒刑；致人死亡的，处十年以上有期徒刑。使用暴力致人伤残、死亡的，依照本法第二百三十四条、第二百三十二条的规定定罪处罚。

为索取债务非法扣押、拘禁他人的，依照前两款的规定处罚。

国家机关工作人员利用职权犯前三款罪的，依照前三款的规定从重处罚。

【办案依据】

1.《中华人民共和国刑法》（1997年3月14日修订）（节录）

第二百三十八条　非法拘禁他人或者以其他方法非法剥夺他人人身自由的，处三年以下有期徒刑、拘役、管制或者剥夺政治权利。具有殴打、侮辱情节的，从重处罚。

犯前款罪，致人重伤的，处三年以上十年以下有期徒刑；致人死亡的，处十年以上有期徒刑。使用暴力致人伤残、死亡的，依照本法第二百三十四条、第二百三十二条的规定定罪处罚。

为索取债务非法扣押、拘禁他人的，依照前两款的规定处罚。

国家机关工作人员利用职权犯前三款罪的，依照前三款的规定从重处罚。

2.《中华人民共和国宪法（2014年修正）》（1982年12月4日）（节录）

第三十七条 中华人民共和国公民的人身自由不受侵犯。

任何公民，非经人民检察院批准或者决定或者人民法院决定，并由公安机关执行，不受逮捕。

禁止非法拘禁和以其他方法非法剥夺或者限制公民的人身自由，禁止非法搜查公民的身体。

3.《中华人民共和国民事诉讼法》（2012年8月31日修正）（节录）

第一百一十七条 采取对妨害民事诉讼的强制措施必须由人民法院决定。任何单位和个人采取非法拘禁他人或者非法私自扣押他人财产追索债务的，应当依法追究刑事责任，或者予以拘留、罚款。

4.《中华人民共和国人民警察法（2012年修正）》（节录）

第二十二条 人民警察不得有下列行为：

……

（五）非法剥夺、限制他人人身自由，非法搜查他人的身体、物品、住所或者场所；

第四十八条 人民警察有本法第二十二条所列行为之一的，应当给予行政处分；构成犯罪的，依法追究刑事责任。……

5. 最高人民法院《关于对为索取法律不予保护的债务非法拘禁他人行为如何定罪问题的解释》（2000年6月30日）

为了正确适用刑法，现就为索取高利贷、赌债等法律不予保护的债务，非法拘禁他人行为如何定罪问题解释如下：

行为人为索取高利贷、赌债等法律不予保护的债务，非法扣押、拘禁他人的，依照刑法第二百三十八条的规定定罪处罚。

二、非法搜查罪

【概念与构成】

非法搜查罪，是指非法对他人的身体或住宅进行搜查的行为。构成本罪需要具备以下四个要件：

（一）客体要件。本罪侵犯的客体是他人的隐私权。所谓隐私权，是指自然人享有的住宅和个人生活不受侵扰，与社会无关的个人信息和个人事务不被不当披露为内容的人格权，包括个人信息的控制权、个人生活的自由权和私人领域的

职务犯罪侦查办案一本通

占有权。搜查是司法机关对刑事案件进行侦查过程中，采取的一项收集证据、查获犯罪人的措施，是对他人隐私权的一种妨害，必须依法进行，否则就构成对他人隐私权的侵犯。

（二）客观要件。本罪在客观方面表现为非法搜查他人身体和住宅的行为，所谓搜查，是指搜索检查，既包括对他人身体的搜查，如摸索、掏翻等，又包括对他人住宅的搜查，如搜索、翻看、检查、挖掘等。

非法搜查是合法搜查的对称。我国《刑事诉讼法》第 109 条至第 113 条对享有搜查权的人员、搜查的对象、地点以及程序作了明确的规定：（1）享有搜查权的人员是侦查人员，即经合法授权或批准依法对刑事案件执行侦查、预审等任务的侦查人员，包括公安机关和国家安全机关的侦查人员以及人民检察院自行侦查案件的侦查人员；（2）搜查的对象为犯罪嫌疑人以及可能隐藏罪犯或者证据的人；（3）搜查的地点包括上述人的身体、物品、住处和其他有关的地点；（4）搜查的程序有四：一是出示搜查证。在一般情况下，进行搜查必须向被搜查人出示搜查证，除非在执行逮捕、拘留时遇紧急情况，才可以无证进行搜查。二是要求被搜查人或其家属、邻居或其他见证人在场。三是只能由女工作人员搜查妇女的身体。四是搜查的情况应当写成笔录，笔录应由侦查人员和被搜查人员或他的家属、邻居或其他见证人共同签名或者盖章。如果拒绝签名盖章，应当在笔录上注明符合上述规定的搜查，即为合法搜查。

在司法实践中，非法搜查主要有三种情况：第一种是无搜查权的机关、团体、单位的工作人员或其他个人，为了寻找失物、有关人或达到其他目的而对他人的身体或住宅进行搜查的；第二种是有搜查权的人员，未经合法批准或授权，滥用权力，非法进行搜查的；第三种是有搜查权的机关和人员不按照法定的程序、手续进行搜查的。具备上述之一的就属于非法搜查。

搜查的对象，根据《刑法》第 245 条的规定，仅限于他人的身体和住宅。如果不是针对身体或住宅搜查，而是非法搜查机关或其他单位的办公室、仓库、车辆、船只、飞机等场所，则不能以本罪论处。构成犯罪的，可以他罪如妨害公务罪、抢劫罪、盗窃罪、故意毁坏财物罪等论处。如果是在上述场所对他人的人身进行搜查的，仍可构成本罪。至于住宅，则是指公民居住、生活的场所，既包括公民长期居住的生活场所，如私人建造的住宅、公寓等，又包括公民临时居住、生活的场所，如较长时间租住的旅店，还包括公民居住、办公两用的房间以及以船为家的渔民船只等。搜查住宅，不仅指搜查住宅内，而且还包括和住宅紧紧相连、构成住宅整体的庭院以及构成整个住宅组成部分的其他用房如储藏室等。

（三）主体要件。本罪的主体是一般主体。凡达到刑事责任年龄且具备刑事责任能力的自然人均能构成本罪，无论其是否是有搜查权的侦查人员。也有人认为本罪是特殊主体，即有搜查权的侦查人员。理由是：搜查是法律赋予侦查人员的特有权利，本罪正是为防止其滥用这一权利而规定的。实际上，无搜查权的人擅自对他人的身体或住宅进行非法搜查，亦构成本罪，有搜查权的侦查人员作为司法人员，其滥用职权，实施本行为，依本条第2款的规定从重处罚。

（四）主观要件。本罪在主观方面表现为直接故意，不能由间接故意或者过失构成。其动机可以是各种各样的，如有的是为了搜寻控告对方的“罪证”；有的是为了查找失窃的财物；有的是为了寻找离家出走的亲人等，但何种动机不影响本罪的成立。

【立案标准】

1. 最高人民检察院《人民检察院直接受理立案侦查的渎职侵权重特大案件标准（试行）》（2002年1月1日　高检发〔2001〕13号）（节录）

三十五、国家机关工作人员利用职权实施的非法搜查案

（一）重大案件

1. 五次以上或者一次对五人（户）以上非法搜查的；

2. 引起被搜查人精神失常的。

（二）特大案件

1. 七次以上或者一次对七人（户）以上非法搜查的；

2. 引起被搜查人自杀的。

2. 最高人民检察院《关于渎职侵权犯罪案件立案标准的规定》（2006年7月26日　高检发释字〔2006〕2号）（节录）

二、国家机关工作人员利用职权实施的侵犯公民人身权利、民主权利犯罪案件

（二）国家机关工作人员利用职权实施的非法搜查案（第二百四十五条）

非法搜查罪是指非法搜查他人身体、住宅的行为。

国家机关工作人员利用职权非法搜查，涉嫌下列情形之一的，应予立案：

1. 非法搜查他人身体、住宅，并实施殴打、侮辱等行为的；

2. 非法搜查，情节严重，导致被搜查人或者其近亲属自杀、自残造成重伤、死亡，或者精神失常的；

3. 非法搜查，造成财物严重损坏的；

4. 非法搜查3人（户）次以上的；

5. 司法工作人员对明知是与涉嫌犯罪无关的人身、住宅非法搜查的；

6. 其他非法搜查应予追究刑事责任的情形。

【司法认定】

（一）本罪罪与非罪的界限

1. 非法搜查与合法搜查的界限

对于有合法依据，严格依照法定程序，由有搜查权的人对犯罪嫌疑人、可能

隐藏罪犯或者罪证的人的身体、住宅等进行搜查的，就是合法的搜查行为。因此，对搜查合法与否的认定，应当从搜查主体、搜查的法律依据及搜查程序三方面来认定，只有上述三项内容均符合法律规定时，搜查才是合法的，缺一不可，否则就是非法搜查的行为。

2. 本罪与非法搜查违法行为的界限

本罪是行为犯，但并非所有非法搜查的行为都构成犯罪，对于情节显著轻微，危害不大的，不以犯罪论处。所谓“情节显著轻微、危害不大”是指非法搜查没有造成被搜查人或者其近亲属自杀、自残造成重伤、死亡，或者精神失常的；没有造成财物严重损坏；非法搜查不足3人（户）次；司法工作人员对不明知是与涉嫌犯罪无关的人身、住宅进行的非法搜查等情形。

（二）非法搜查罪与其他犯罪的界限

1. 本罪与非法搜查为手段的其他犯罪的界限

非法搜查罪一般是以目的行为不构成犯罪（如为了查找欠物）为前提的，如果行为人出于其他犯罪目的（如为了抢劫）而对他人人身或住宅进行搜查的，应以目的行为吸收非法搜查行为，按目的行为定罪，如定抢劫罪。

2. 本罪与非法侵入住宅罪的界限

两者常常具有一定的牵连关系。当行为人非法侵入他人住宅的目的是进行非法搜查时，一般以后一行为吸收前一行为，定非法搜查罪。但是，如果前一行为情节恶劣而后一行为情节一般，则以前一行为吸收后一行为，定非法侵入住宅罪。

3. 本罪与抢劫罪、盗窃罪、侮辱妇女罪等的界限

后面这些犯罪在客观方面亦可能采取非法搜查的行为，此时非法搜查仅是实施其犯罪的手段行为，如盗窃犯罪分子在侵入他人住宅后非法翻箱倒柜、盗走他人珍贵物品的，就包括了非法搜查的牵连行为，此时，如果构成他罪的，应择一重罪即后者定罪科刑。倘若不构成他罪，如非法搜查后仅是盗取少量财物，但情节恶劣构成犯罪的，则可以以本罪论处，而把其他行为作为本罪的一个量刑情节予以考虑。

4. 本罪与伪造、变造、买卖国家机关证件罪，盗窃、抢夺国家机关证件罪的界限

一般情况下，本罪与后者不会发生混淆。但在伪造、变造或者买卖司法机关的搜查证后又进行非法搜查的，其即触犯本罪与后罪，对之，可以牵连犯择一重罪处罚的原则进行处理。如果行为人出于非法占有的目的，在伪造司法机关的搜查证后又冒充司法人员进行搜查，且劫取他人财物的，则应以抢劫罪定罪科刑，而不是构成本罪，亦不是构成伪造国家机关证件罪等。

【刑事责任】

根据《刑法》第245条的规定，犯本罪，处三年以下有期徒刑或者拘役。

司法工作人员滥用职权，犯前款罪的，从重处罚。

【办案依据】

1.《中华人民共和国刑法》（1997年3月14日修订）（节录）

第二百四十五条 非法搜查他人身体、住宅，或者非法侵入他人住宅的，处三年以下有期徒刑或者拘役。

司法工作人员滥用职权，犯前款罪的，从重处罚。

2.《中华人民共和国宪法（2004年修正）》（1982年12月4日）（节录）

第三十九条 中华人民共和国公民的住宅不受侵犯。禁止非法搜查或者非法侵入公民的住宅。

3.《中华人民共和国人民警察法（2012年修正）》（1995年2月28日）（节录）

第二十二条 人民警察不得有下列行为：

……

（五）非法剥夺、限制他人人身自由，非法搜查他人的身体、物品、住所或者场所；

第四十八条 人民警察有本法第二十二条所列行为之一的，应当给予行政处分；构成犯罪的，依法追究刑事责任。……

三、刑讯逼供罪

【概念与构成】

刑讯逼供罪，是指司法工作人员对犯罪嫌疑人、被告人使用肉刑或者变相肉刑逼取口供的行为。构成本罪需要具备以下四个要件：

（一）客体要件。本罪侵犯的是复杂客体，即公民的人身权利和国家司法机关的正常活动。我国法律严格保护公民的人身权利，即使是被怀疑或者被指控犯有罪行而受审的人，也不允许非法侵犯其人身权利。刑讯逼供会造成受审人的肉体伤害和精神损害，因此，直接侵犯了公民的人身权利。而按照刑讯逼供所得的口供定案，又往往是造成冤假错案的原因，因此，又妨害了司法机关的正常活动，破坏了社会主义法制，损害了司法机关的威信。

本罪侵害的对象是犯罪嫌疑人和被告人。所谓犯罪嫌疑人，是指根据一定证据被怀疑可能是实施犯罪行为的人。所谓被告人，是指依法被控诉有罪，并由司法机关追究刑事责任的人。证人不能成为本罪侵害的对象，如果对他们刑讯逼供构成犯罪的，按暴力取证罪论处。

（二）客观要件。本罪在客观上表现为对犯罪嫌疑人、被告人使用肉刑或者变相肉刑，逼取口供的行为。首先，刑讯的对象是侦查过程中的犯罪嫌疑人和起诉、审判过程中的刑事被告人。犯罪嫌疑人、被告人的行为实际上是否构成犯罪，对本罪的成立没有影响。其次，刑讯方法必须是使用肉刑或者变相肉刑。所谓肉刑，是指对被害人的肉体施行暴力，如吊打、捆绑、殴打以及其他折磨人的肉体的方法。所谓变相肉刑，是指对被害人使用非暴力的摧残和折磨，如冻、饿、烤、晒等。无论是使用肉刑还是变相肉刑，均可成立本罪。最后，必须有逼供行为，即逼迫犯罪嫌疑人、被告人作出行为人所期待的口供。诱供、指供是错误的审讯方法，但不是刑讯逼供。

（三）主体要件。本罪主体是特殊主体，即司法工作人员。刑讯逼供是行为人在刑事诉讼过程中，利用职权进行的一种犯罪活动，构成这种主体要件的只能是有权办理刑事案件的司法人员。

（四）主观要件。本罪在主观上只能是故意，并且具有逼取口供的目的。至于行为人是否得到供述，犯罪嫌疑人、被告人的供述是否符合事实，均不影响本罪成立。如果行为人对犯罪嫌疑人、被告人使用肉刑或者变相肉刑不是为了逼取口供，而是出于其他目的，则不构成本罪。犯罪动机不影响本罪成立。司法实践中有人主张，犯罪动机是“为公”的（如为了迅速结案），就不应以犯罪论处；犯罪动机是“为私”的（如为了挟嫌报复），才应以犯罪论处。我们认为，这种观点不妥当。不管是为公还是为私，刑讯逼供行为都侵犯了他人的人身权利，具有犯罪的社会危害性。上述不同动机只能影响量刑，不能影响定罪。

【立案标准】

1. 最高人民检察院《人民检察院直接受理立案侦查的渎职侵权重特大案件标准（试行）》（2002年1月1日　高检发〔2001〕13号）（节录）

三十六、刑讯逼供案

（一）重大案件

1. 致人重伤或者精神失常的；

2. 五次以上或者对五人以上刑迅逼供的；

3. 造成冤、假、错案的。

（二）特大案件

1. 致人死亡的；

2. 七次以上或者对七人以上刑迅逼供的；

3. 致使无辜的人被判处十年以上有期徒刑、无期徒刑、死刑的。

2. 最高人民检察院《关于渎职侵权犯罪案件立案标准的规定》（2006年7月26日　高检发释字〔2006〕2号）（节录）

二、国家机关工作人员利用职权实施的侵犯公民人身权利、民主权利犯罪案件

（三）刑讯逼供案（第二百四十七条）

刑讯逼供罪是指司法工作人员对犯罪嫌疑人、被告人使用肉刑或者变相肉刑逼取口供的行为。

涉嫌下列情形之一的，应予立案：

1. 以殴打、捆绑、违法使用械具等恶劣手段逼取口供的；

2. 以较长时间冻、饿、晒、烤等手段逼取口供，严重损害犯罪嫌疑人、被告人身体健康的；

3. 刑讯逼供造成犯罪嫌疑人、被告人轻伤、重伤、死亡的；

4. 刑讯逼供，情节严重，导致犯罪嫌疑人、被告人自杀、自残造成重伤、死亡，或者精神失常的；

5. 刑讯逼供，造成错案的；

6. 刑讯逼供3人次以上的；

7. 纵容、授意、指使、强迫他人刑讯逼供，具有上述情形之一的；

8. 其他刑讯逼供应予追究刑事责任的情形。

【司法认定】

（一）如何理解本罪的主体和对象

按照刑法罪刑法定的原则，对于本罪犯罪主体和犯罪对象应作狭义的理解，而不能随意扩充。

1. 关于本罪的犯罪主体，应严格限定在刑法规定的司法工作人员当中，其主要理由是：（1）刑讯逼供作为一种借助国家机关权力侵犯公民人身权利的犯罪，必然要求犯罪主体手中掌握有一定的国家权力，而能够“刑讯”就必然要求主体具有“审讯权”这一前提。只有依法具有审讯权的人对他人的讯问才是有法律依据的，才是合法的。不具有合法审讯权的国家工作人员对他人进行所谓的“审讯”本身就是非法的。国家机关、企业事业单位依法处理行政、经济、社会治安方面违法乱纪的工作人员行使的是行政法赋予的调查询问权，而非刑事诉讼法赋予的司法讯问权。所以他们不具备刑讯逼供罪的主体资格。（2）修改后的刑法明确规定刑讯通供罪的对象为犯罪嫌疑人和被告人。在刑事诉讼法中，犯罪嫌疑人是指在公诉案件中涉嫌犯罪正在被立案侦查和审查起诉的刑事当事人。被告人是指同涉嫌犯罪而被检察机关提起公诉或者被自诉人提起自诉的刑事当事人。也就是说，一旦某人在案件中被称为“犯罪嫌疑人”或“被告人”，那么就说明此案已经进入刑事诉讼程序，他所面对的办案人员只能是公安机关的侦查人员、检察机关负责审查起诉或提起公诉的人员以及人民法院的审判人员。

依法对违反行政、经济法规享有处理权的国家工作人员，在办理行政案件过程中对违法人员施以肉刑或变相肉刑，对其不以刑讯逼供罪定罪处罚，但并不意味着不追究其刑事责任。一旦发生了上述情况可视具体情节依《刑法》第234条故意伤害罪或第238条非法拘禁罪之规定定罪处罚，这样既不会放纵犯罪，又可罚当其罪。

2. 关于本罪的犯罪对象，根据现有法律的规定应仅限于犯罪嫌疑人和被告人。也有学者对刑法的有关规定提出了不同的看法，认为刑讯逼供罪侵犯对象范围可以归纳为：行政司法、刑事司法过程中一切有违法嫌疑和违法行为的相对人。包括治安案件、行政案件当事人、被采取强制措施的一切犯罪嫌疑人、被告人、自诉案件中的被告人等。而不应该是仅限于刑事诉讼中的犯罪嫌疑人和被告人两种人。我们认为这种观点有一定的道理，但是需要立法或司法机关的解释加以确认，在此之前，应严格按照罪刑法定的原则，把本罪的对象限定在犯罪嫌疑人和被告人的范畴中。

（二）如何理解和认定“致人伤残、死亡”

刑讯逼供致人伤残或者死亡，以故意伤害罪、故意杀人罪定罪，不是没有条件的，必须符合故意杀人罪、故意伤害罪的基本构成条件。即以行为人对被逼供人的伤残、死亡主观上至少存在放任的意志态度为必要；如果是出于过失致人伤残、死亡，则应以刑讯逼供罪的结果加重犯处理。结合《刑法》第247条的规定，可将司法实践中发生的种种因刑讯逼供致人伤残、死亡的情形，分别以下几种情况加以处理：

（1）刑讯逼供过程中，行为人对犯罪嫌疑人、被告人被刑讯致残、死亡结果具有放任乃至希望心理的，应定故意伤害罪或故意杀人罪，并从重处罚。

（2）刑讯逼供过程中，行为人对犯罪嫌疑人、被告人身体受到伤害具有希望或放任心理，但出乎意料因伤重而导致当场死亡或经抢救无效死亡的，应定故意伤害（致人死亡）罪，而不应定故意杀人罪。

（3）刑讯逼供过程中，被害人自杀身亡的，行为人对此一般都是过失或者意外，不能认定为故意杀人罪，一般仍应认定为刑讯逼供罪。

（4）刑讯逼供过程中，行为人对犯罪嫌疑人、被告人的伤残、死亡具有过失心理的，属于刑讯逼供罪结果加重的情形，但由于刑法没有规定刑讯逼供罪的结果加重犯，对此可以按照想象竞合犯的处理原则进行处断。

（5）行为人对刑讯逼供致人死亡具有故意心理的案件中，并非一律对行为人只定故意杀人罪一罪，也存在对行为人以刑讯逼供罪和故意杀人罪实行数罪并罚的可能。这种情况不具有刑讯逼供向故意杀人罪转化的必备特征，完全是两个犯意，实施了两个独立的行为。当然按这种情形处理的案件极少。另外，认定行为人对伤残、死亡结果是出于故意还是过失，不能仅凭行为人的说明，还主要应考虑案件的各种客观因素进行综合衡量。

（三）本罪罪与非罪的界限

1. 刑讯逼供罪与一般刑讯逼供行为的界限

二者的区别主要在于情节的轻重不同。最高人民检察院《关于渎职侵权犯罪案件立案标准的规定》可作为刑讯逼供行为罪与非罪界限的重要参考，即（1）以殴打、捆绑、违法使用械具等恶劣手段逼取口供的；（2）以较长时间冻、饿、晒、烤等手段逼取口供，严重损害犯罪嫌疑人、被告人身体健康的；（3）刑讯逼供造成犯罪嫌疑人、被告人轻伤、重伤、死亡的；（4）刑讯逼供，情节严重，导致犯罪嫌疑人、被告人自杀、自残造成重伤、死亡，或者精神失常的；（5）刑讯逼供，造成错案的；（6）刑讯逼供3人次以上的；（7）纵容、授意、指使、强迫他人刑讯逼供，具有上述情形之一的；（8）其他刑讯逼供应予追究刑事责任的情形。

2. 刑讯逼供行为与某些错误的审讯方法以及其他一些特定条件下的审讯方法的界限

使用肉刑或变相肉刑的逼供行为是成立刑讯逼供罪的前提。如果某审讯方法虽属错误但并非刑讯行为，则不构成刑讯逼供罪。如对犯罪嫌疑人采取引供、劝供、诱供、指名问供的方法等，它与刑讯逼供罪虽然都是为了获取口供，但由于其在客观方面并没使用肉刑或变相肉刑，即没有采用刑讯方法，实属一种错误的违法的审讯方法，虽然应当依法予以严厉的批评教育甚至给予必要的处分，但不能认定构成犯罪。此外，一些特定条件下的审讯行为虽然形似于刑讯的某些地方，但实为合法的必要的审讯方法，也不能认定为刑讯行为。如突击审讯行为，就是特殊情况下，对重大案件的犯罪嫌疑人，为了及时捕获其他共犯以破获全案，防止证据被毁或串供，有必要集中时间、集中人力进行突击讯问，其目的是弄清案情，并非为逼取有罪的口供，而且也未使用肉刑或变相肉刑，这种情况下虽然在客观上可能会一定程度地影响受审人的休息，给其造成一定的肉体或精神上的痛苦，但其与刑讯所惯用的“车轮战”有明显的不同。

（四）本罪与相关犯罪的界限

1. 本罪与非法拘禁罪的界限

刑讯逼供罪和非法拘禁罪具有一些相似之处，如犯罪客体都包括公民的人身权利，客观方面都可能给他人造成一定的肉体伤害，在主观方面都是故意犯罪。但二者有着本质的区别，主要表现在：

（1）犯罪客体不同。刑讯逼供罪的犯罪客体是复杂客体，既侵犯了公民的人身权利又侵犯了司法机关的正常活动；而非法拘禁罪的犯罪客体是单一客体，即公民的人身自由权利。

（2）犯罪对象不同。刑讯逼供罪的犯罪对象具有特定性，仅为犯罪嫌疑人或刑事被告人；而非法拘禁罪的犯罪对象不受任何限制，可以是任何公民，当然犯罪嫌疑人、刑事被告人也可以成为非法拘禁罪的对象。

（3）客观方面不同。刑讯逼供在客观上表现为司法工作人员利用职权对他人使用肉刑或变相肉刑逼取口供的行为。实践中常见的手段主要有罚站、罚跪、冻饿、暴晒、吊打、不准休息、滥用械具等；而非法拘禁罪在客观上表现为非法强制剥夺或限制他人人身自由的行为，主要手段有强行关押、捆绑、禁闭、隔离审查、监护审查等。

（4）犯罪主体不同。刑讯逼供主体是特殊主体，只有司法工作人员才能构成；而非法拘禁罪的主体属于一般主体，即无论是否为司法工作人员均可构成。在这有两类主体值得注意：一是机关、团体、企业、事业单位的保卫干部。二是乡、镇、村干部和武装部长、民兵连长。这些人员既不是司法工作人员，也没有合法的审讯权力，因而也不能成为刑讯逼供罪的主体。

（5）犯罪目的不同。两罪虽然都是故意犯罪，但犯罪目的不同。刑讯逼供罪的目的是为了获取有罪、罪重的口供；非法拘禁罪的目的是为了剥夺他人人身自由。在实践中应注意，虽然有的行为人对他人非法拘禁，甚至采取肉刑或变相肉刑的方法，以获取其有罪的口供，但由于犯罪主体、犯罪对象等方面不具备刑讯逼供罪的条件，其行为也只能以非法拘禁罪定罪，而不能以刑讯逼供罪定罪。

2. 本罪与暴力取证罪的界限

二罪被规定在同一条文中，其两者主体、主观罪过相同，采用的手段也相似，在客观方面都可实施暴力行为，主要区别有：

（1）犯罪对象不同。刑讯逼供罪的对象是犯罪嫌疑人或刑事被告人；暴力取证罪的犯罪对象则是证人。这里的证人不限于刑事诉讼中的证人，也包括民事、行政案件中的证人。

（2）行为方式不完全相同。刑讯逼供罪的行为方式包括采取肉刑和变相肉刑两种，即既可以采取暴力方式，也可以采取非暴力方式；而暴力取证罪则只能采取暴力方式。

（3）行为方式的时空条件不同。刑讯逼供罪只能发生在刑事诉讼中；而暴力取证罪则既可以发生在刑事诉讼中，也可以发生在民事、行政诉讼中。

（4）犯罪目的不同。刑讯逼供罪的目的在于逼取口供；而暴力取证罪的目的则在于逼取证人的证言。

3. 本罪与故意伤害罪、故意杀人罪的界限

刑讯逼供罪和故意伤害罪、故意杀人罪都是故意侵犯公民人身权利的犯罪，都有可能对他人的健康乃至生命造成侵害，有一定的相似之处。但从刑法理论上分析，刑讯逼供罪与故意伤害罪、故意杀人罪的区别还是比较明显的：

（1）侵犯的客体不同。刑讯逼供罪侵犯的是复杂客体，即公民的人身权利和司法机关的正常活动；而故意伤害罪与故意杀人罪侵犯的都是简单客体，即分别为公民的健康权与公民的生命权。

（2）侵犯的对象不同。刑讯逼供罪的犯罪对象是特定的，即仅限于犯罪嫌疑人和被告人；而故意伤害罪、故意杀人罪的犯罪对象是不特定的，可以是任何公民。另外，发生的时空条件也不同，刑讯逼供罪仅能发生在刑事诉讼活动领域；而故意伤害罪、故意杀人罪发生的时空条件没有任何限制。

（3）犯罪客观方面表现不同。本罪在客观上要求利用职务之便，对被害人使用肉刑或变相肉刑，但是否给被害人的身体健康造成损害不是本罪构成的必要条件；而故意伤害罪、故意杀人罪没有任何方法及时空条件的限制，只要是对公民的人身实施伤害或对公民的生命予以剥夺，并使被害人的身体健康受到一定程度的损害或致使被害人死亡即构成犯罪。

（4）犯罪目的不同。刑讯逼供罪的目的是为了逼取口供，动机常常在于尽快破案；而故意伤害罪、故意杀人罪目的是伤害公民的健康或剥夺他人的生命。

（5）犯罪主体不同。刑讯逼供罪是特殊主体，即仅限于司法工作人员；而故意伤害罪、故意杀人罪则是一般主体，即任何达到刑事责任年龄并具有刑事责任能力的人都可构成。

【刑事责任】

根据《刑法》第247条的规定，犯本罪，处三年以下有期徒刑或者拘役。致人伤残、死亡的，依照本法第二百三十四条、第二百三十二条的规定定罪从重处罚。

【办案依据】

1.《中华人民共和国刑法》（1997年3月14日修订）（节录）

第二百四十七条 司法工作人员对犯罪嫌疑人、被告人实行刑讯逼供或者使用暴力逼取证人证言的，处三年以下有期徒刑或者拘役。致人伤残、死亡的，依照本法第二百三十四条、第二百三十二条的规定定罪从重处罚。

2.《中华人民共和国监狱法（2012年修正）》（1994年12月29日）（节录）

第十四条 监狱的人民警察不得有下列行为：

（三）刑讯逼供或者体罚、虐待罪犯；

……

监狱的人民警察有前款所列行为，构成犯罪的，依法追究刑事责任；尚未构成犯罪的，应当予以行政处分。

3.《中华人民共和国法官法（2001年修正）》（1995年2月28日）（节录）

第三十二条 法官不得有下列行为：

（3）刑讯逼供；

……

第三十三条　法官有本法第三十二条所列行为之一的，应当给予处分；构成犯罪的，依法追究刑事责任。

4.《中华人民共和国检察官法（2001年修正）》（1995年2月28日）（节录）

第三十五条　检察官不得有下列行为：

（4）刑讯逼供；

……

第三十六条　检察官有本法第三十五条所列行为之一的，应当给予处分；构成犯罪的，依法追究刑事责任。

5.《中华人民共和国人民警察法（2012年修正）》（1995年2月28日）（节录）

第二十二条　人民警察不得有下列行为：

（四）刑讯逼供或者体罚、虐待人犯；

……

第四十八条　人民警察有本法第二十二条所列行为之一的，应当给予行政处分；构成犯罪的，依法追究刑事责任。……

四、暴力取证罪

【概念与构成】

暴力取证罪，是指司法工作人员以暴力逼取证人证言的行为。构成本罪需要具备以下四个要件：

（一）客体要件。本罪侵犯的客体是公民的人身权利和国家司法机关的正常活动。本罪的犯罪对象为证人。所谓证人，是指司法工作人员和案件当事人以外的了解案件情况的人。

（二）客观要件。本罪在客观方面表现为司法工作人员使用暴力逼取证人证言的行为。所谓暴力，既包括捆绑悬吊、鞭抽棒打、电击水灌、火烧水烫等直接伤害证人人身使其遭受痛苦而被迫作证的肉刑，亦包括采取长时间罚站、不准睡觉、冻饿、暴晒等折磨证人身体、限制证人人身自由而迫其作证的变相肉刑。证人是当事人以外的了解案件情况并向司法机关进行陈述的诉讼参与人。其知道案件情况，还未向司法机关陈述，有关人员使用暴力欲逼取其证言，亦应视为本罪的证人。证人，不仅包括刑事诉讼中的证人，而且还包括民事诉讼含经济纠纷的处理、行政诉讼中的证人，但不包括诉讼活动以外的证人，如仲裁活动、纪律检查机关、行政机关调查取证活动中的证人。依本条规定，逼取证人证言，致人伤残、死亡的，依《刑法》第234条关于故意伤害罪、第232条关于故意杀人罪的规定，从重处罚。

（三）主体要件。本罪的主体为特殊主体，即司法工作人员，与刑讯逼供罪相同。

（四）主观要件。本罪在主观方面表现为直接故意，且具有明确的逼取证言的目的。

【立案标准】

1. 最高人民检察院《人民检察院直接受理立案侦查的渎职侵权重特大案件标准（试行）》（2002年1月1日　高检发〔2001〕13号）（节录）

三十七、暴力取证案

（一）重大案件

1. 致人重伤或者精神失常的；

2. 五次以上或者对五人以上暴力取证的。

（二）特大案件

1. 致人死亡的；

2. 七次以上或者对七人以上暴力取证的。

2. 最高人民检察院《关于渎职侵权犯罪案件立案标准的规定》（2006年7月26日　高检发释字〔2006〕2号）（节录）

二、国家机关工作人员利用职权实施的侵犯公民人身权利、民主权利犯罪案件

（四）暴力取证案（第二百四十七条）

暴力取证罪是指司法工作人员以暴力逼取证人证言的行为。

涉嫌下列情形之一的，应予立案：

1. 以殴打、捆绑、违法使用械具等恶劣手段逼取证人证言的；

2. 暴力取证造成证人轻伤、重伤、死亡的；

3. 暴力取证，情节严重，导致证人自杀、自残造成重伤、死亡，或者精神失常的；

4. 暴力取证，造成错案的；

5. 暴力取证3人次以上的；

6. 纵容、授意、指使、强迫他人暴力取证，具有上述情形之一的；

7. 其他暴力取证应予追究刑事责任的情形。

【司法认定】

（一）如何理解暴力取证罪中“证人”的范围

本罪只要求行为人通过暴力手段逼取其认为是证人的证言的行为足已，至于客观上是不是证人，司法人员主观上是否发生认识上的错误，即把本来不符合上述规定的人错误地当作证人，都不影响本罪的成立。事实上，本罪所侵害的主要客体是公民的人身权利，侵害的次要客体是司法机关的正常活动，这就告诉我们，只要在诉讼活动中，司法人员使用暴力逼取了他们认为是证人的证言的行为就可以构成本罪。此外，刑事案件中的被害人作为诉讼当事人，其诉讼地位虽然不同于证人，但被害人的陈述与证人证言一样，都是刑事诉讼中重要的证明案件

情况的言词证据，且作为犯罪行为的直接受害者，被害人所作的陈述较为全面地反映了案件情况。为保证被害人的人身权利，暴力取证罪的对象“证人”应当作扩大解释，即应当将其理解为包括被害人在内。

因此，暴力取证罪中的“证人”应作广义理解，主要包括：（1）一切与案件有关或者了解案情，并向司法机关提供自己所知道的案件情况的人，这些人中，也包括犯罪嫌疑人、被告人，以及知道或者了解案件，但不愿作证或者拒绝作证的人；（2）刑事案件中的被害人；（3）与案件无关或者不了解案情，被误认为与案件有关或者了解案情，而让其作证的人。

（二）如何理解暴力取证罪中的“暴力”

根据法律规定，本罪中的暴力应当解释为轻伤以下的暴力，否则，就会违背罪刑法定和罪、责、刑相适应的刑法基本原则。《刑法》第247条明确规定：“……逼取证人证言的，处三年以下有期徒刑或者拘役。致人伤残、死亡的，依照本法第二百三十四条、第二百三十二条的规定定罪从重处罚。”可见，法条已经把严重的暴力行为造成被害人伤亡后果的，按照故意伤害罪或者故意杀人罪定罪处罚，实际上所判处的刑罚都会高于本罪的最高法定刑3年有期徒刑。所以本罪的暴力是不能超出轻伤害的程度的，即狭义“暴力”说是可取的。此外，应当将“使用暴力”与“使用肉刑或者变相肉刑”区别开来。使用肉刑当然是暴力手段，但变相肉刑未必都能视为暴力，如罚跪、罚站、不许睡觉等，都属于精神上的摧残，是不能称之为暴力的。

（三）本罪罪与非罪的界限

本罪是行为犯，行为人只要实施了暴力取证的行为，就构成既遂。但是对于情节显著轻微，危害不大的，应当依照《刑法》第13条“但书”的规定，不构成犯罪，只是一般的违法行为，如为获取证言只是轻微的拳打脚踢，未造成证人、被害人的身体伤害，同时，也没有造成恶劣影响，未造成冤假错案的，可不认定为犯罪。在区别本罪罪与非罪的界限时，要注意避免两种错误的观点：一是只要不造成他人身体伤害的后果，一律不认定为犯罪；二是只要对证人、被害人实施了暴力行为，就一律构成犯罪，而不问是否存在情节显著轻微的情况。

（四）本罪与相关犯罪的界限

1. 本罪与刑讯逼供罪的界限

二罪被规定在同一条文中，其两者主体、主观罪过相同，采用的手段也相似，在客观方面都可实施暴力行为，主要区别参见前述刑讯逼供罪部分的内容。

2. 本罪与故意伤害罪、故意杀人罪的界限

本罪和故意伤害罪、故意杀人罪都是故意侵犯公民人身权利的犯罪，都有可能对他人的健康乃至生命造成分侵害，有一定的相似之处。但从刑法理论上分析，本罪与故意伤害罪、故意杀人罪的区别还是比较明显的：

（1）侵犯的客体不同。本罪侵犯的是复杂客体，即公民的人身权利和司法机关的正常活动；而故意伤害罪与故意杀人罪侵犯的都是简单客体，即分别为公民的健康权与公民的生命权。

（2）侵犯的对象不同。本罪的犯罪对象是证人；而故意伤害罪、故意杀人罪的犯罪对象是不特定的，可以是任何公民。

（3）犯罪客观方面表现不同。本罪表现为司法工作人员使用暴力逼取证人证言的行为。但是否给被害人的身体健康造成损害不是本罪构成的必要条件；而故意伤害罪、故意杀人罪没有任何方法及时空条件的限制，只要是对公民的人身实施伤害或对公民的生命予以剥夺，并使被害人的身体健康受到一定程度的损害或致使被害人死亡即构成犯罪。

（4）犯罪目的不同。本罪的目的是获得证言，动机常常在于尽快破案；而故意伤害罪、故意杀人罪目的是伤害公民的健康或剥夺他人的生命。

（5）犯罪主体不同。本罪是特殊主体，即仅限于司法工作人员；而故意伤害罪、故意杀人罪则是一般主体，即任何达到刑事责任年龄并具有刑事责任能力的人都可构成。

【刑事责任】

根据《刑法》第 247 条规定，犯本罪，处三年以下有期徒刑或者拘役。致人伤残、死亡的，依照本法第二百三十四条、第二百三十二条的规定定罪从重处罚。

【办案依据】

《中华人民共和国刑法》（1997 年 3 月 14 日修订）（节录）

第二百四十七条 司法工作人员对犯罪嫌疑人、被告人实行刑讯逼供或者使用暴力逼取证人证言的，处三年以下有期徒刑或者拘役。致人伤残、死亡的，依照本法第二百三十四条、第二百三十二条的规定定罪从重处罚。

五、虐待被监管人罪

【概念与构成】

虐待被监管人罪，是指监狱、拘留所、看守所、拘役所、劳教所等监管机构的监管人员对被监管人进行殴打或者体罚虐待，情节严重的行为。构成本罪需要具备以下四个要件：

（一）客体要件。本罪侵犯的客体是复杂客体，即被监管人的人身权利和监管机关的正常活动。对被监管的人进行体罚虐待，往往施用肉刑，捆绑打骂，侮辱人格，进行精神折磨，侵犯公民的人身权利。

（二）客观要件。本罪在客观方面表现为违反监管法规，对被监管人进行殴打或者体罚虐待，情节严重的行为。所谓被监管人，是指依法被限制人身自由的人包括一切已决或未决的在押犯罪嫌疑人和被告人，及其他依法拘留、监管的人。这些人包括在监狱、劳动改造场所中服刑的已决犯，在看守所、拘留所关押的犯罪嫌疑人和被告人，以及因违反治安管理处罚法等被拘留或者其他依法被监管的人。殴打，是指造成被监管人肉体上的暂时痛苦的行为。体罚虐待，是指殴打以外的，能够对被监管人肉体或精神进行摧残或折磨的一切方法，如罚趴、罚跑、罚晒、罚冻、罚饿、辱骂，强迫超体力劳动，不让睡觉，不给水喝等手段。需要指出的是，本罪中的殴打、体罚虐待，不要求具有一贯性，一次性殴打、体罚虐待情节严重的，就足以构成犯罪。至于行为人是直接实施殴打、体罚虐待行为，还是借被监管人之手实施殴打、体罚虐待其他被监管人的行为，只是方式上的差异，不影响本罪的成立。行为人默许被监管人殴打、体罚虐待其他被监管人的，亦应视为“指使被监管人殴打或体罚虐待其他被监管人”的行为。

殴打、体罚虐待被监管人的行为只有在情节严重时才构成犯罪。所谓情节严重，一般是指使用酷刑摧残，手段恶劣；一贯殴打、体罚虐待被监管人，屡教不改的；殴打、体罚虐待多人多次，影响很坏，等等。监管人员实施殴打、体罚虐待的行为，致使被监管人伤残、死亡的，依《刑法》第 234 条关于故意伤害罪、第 232 条关于故意杀人罪的规定定罪从重处罚。

（三）主体要件。本罪的主体是特殊主体，即监狱、拘留所、看守所等监管机构、场所的监管人员。对本罪主体的认定，在司法实践中，并不以直接对被监管人实施体罚虐待者为限，有的司法工作人员未直接动手实施体罚虐待，而是在执行管教过程中，违反监管法规，指使、授意、纵容或者暗示某个或某些被监管人对其他被监管人实施体罚虐待，情节严重的，依本条第 2 款之规定，亦可构成本罪的主体。在这种情况下，实施体罚虐待的被监管人并非监管人员，固然不能单独构成本罪的主体，但他们是体罚虐待行为的直接实施者，仍可构成本罪的共犯。但由于被监管人有可能是在胁迫或诱骗之下参与的，所以应视其所起的作用和地位，按照共同犯罪的有关规定，在量刑上予以酌情考虑。

（四）主观要件。本罪在主观方面表现为故意，过失不能构成本罪，即监管人员对其实施的体罚虐待及违反监管法规的行为是故意。犯罪目的一般是为了压服被监管人。犯罪动机各种各样，有的是为泄愤报复，有的是逞威逞能等。不管出于何种动机，都不影响犯罪成立。但是，犯罪动机是否恶劣，可作为量刑轻重的情节考虑。

【立案标准】

1. 最高人民检察院《人民检察院直接受理立案侦查的渎职侵权重特大案件标准（试行）》（2002年1月1日　高检发〔2001〕13号）（节录）

三十八、虐待被监管人案

（一）重大案件

1. 致使被监管人重伤或者精神失常的；

2. 对被监管人五人以上或五次以上实施虐待的。

（二）特大案件

1. 致使被监管人死亡的；

2. 对被监管人七人以上或七次以上实施虐待的。

2. 最高人民检察院《关于渎职侵权犯罪案件立案标准的规定》（2006年7月26日　高检发释字〔2006〕2号）（节录）

二、国家机关工作人员利用职权实施的侵犯公民人身权利、民主权利犯罪案件

（五）虐待被监管人案（第二百四十八条）

虐待被监管人罪是指监狱、拘留所、看守所、拘役所、劳教所等监管机构的监管人员对被监管人进行殴打或者体罚虐待，情节严重的行为。

涉嫌下列情形之一的，应予立案：

1. 以殴打、捆绑、违法使用械具等恶劣手段虐待被监管人的；

2. 以较长时间冻、饿、晒、烤等手段虐待被监管人，严重损害其身体健康的；

3. 虐待造成被监管人轻伤、重伤、死亡的；

4. 虐待被监管人，情节严重，导致被监管人自杀、自残造成重伤、死亡，或者精神失常的；

5. 殴打或者体罚虐待3人次以上的；

6. 指使被监管人殴打、体罚虐待其他被监管人，具有上述情形之一的；

7. 其他情节严重的情形。

【司法认定】

（一）本罪中的“监管机构”应如何理解

现行《刑法》第148条所规定的监管机构除了监狱、拘留所、看守所之外，还包括其他监管具有犯罪嫌疑人或已被判决有罪之人的机构（如对被判处管制、缓刑和被假释的罪犯实行监管的机构）和监管因实行一般违法行为被强制收容之人的机构（如劳动教养所、强制戒毒所、对卖淫嫖娼人员的收容教育所等依法成立的强制收容教育机构）。

（二）在监管机构中担任警戒任务的武装警察能否成为本罪的主体

我们认为，虽然《监狱法》明确规定由武装警察负责监狱的武装警戒，但在实践中，武装警察履行监管职责的情况也客观存在，因此，如果武装警察单纯

地担负监管机构的警戒护卫任务，其工作性质与对违法犯罪人员的监管这一带有监视、监督、教育性质的活动有本质的不同，因而在其具有殴打或者体罚、虐待被监管人行为需要作为犯罪处理时，应以其他犯罪论处，而不能以本罪论处。但如果其担任的工作带有监管的性质时，对被监管人具有殴打或者体罚、虐待行为，情节严重的，应以本罪论处。

（三）如何理解“殴打、体罚虐待”

本罪中的“殴打”是指对于那些同时具有力度较强、时间较迅疾（一次动作）、工具为钝器（也包括手掌、拳头、脚、头、肩部等身体的能够用来击打的较大部位）、击打部位较大等特点的打击。此外，理解本罪中的“殴打”，还应注意以下两个问题：一是构成本罪的殴打行为，并不要求是多次或连续多次实施，也不要求殴打的时间要很长，行为人即使只进行一次殴打行为且时间比较短暂，但如果其行为达到情节严重的程度，也足以构成本罪。二是应把可能构成本罪的殴打行为与不构成本罪的打击被监管人身体的行为区别开来。后者仅限于监管人员为了实行防卫、避险行为而实行的情况，在这种情况中，如果监管人员的防卫、避险行为属于正当防卫、紧急避险，自然不构成犯罪；如果其防卫、避险行为过当，可能构成其他犯罪，但不能构成本罪。

本罪中的“体罚”是指依靠一定的强制力量，使被监管人的身体或身体的某一部分在一个较长的时间内处于特定的运动或静止的状态，并因此造成被监管人心理痛苦或身体极度疲劳或疼痛的行为。本罪中“虐待”，是指针对被监管人采用殴打、体罚之外的非人道手段侵害其人身权益，使其遭受身体或心理痛苦的作为或不作为。理解本罪中虐待的含义，应注意以下两个问题：（1）对这里的“非人道”，一般应理解为违反有关法律、法规以及各监管机构内部或其上级主管部门制定的规章制度中关于被监管人监管方面的禁止性规范或命令性规范。在法律、法规或规章制度没有规定的情况下，应将“非人道”理解为从社会伦理或道义上看不应当对被监管人实行的作为或不作为。（2）在有关监管人员不具有给予被监管人以法律、法规或规章制度要求的生活、生产等方面待遇的能力因而产生“虐待”被监管人的后果时，不能认定构成本罪。从实践中看，虐待行为主要表现为滥用械具、侮辱人格、有病不给治疗、克扣囚衣囚粮等生活用品或使被监管人挨饿、挨渴、受冻、受热，居住在卫生、采光、通风等环境条件恶劣的房舍或其他建筑物中，等等。

（四）构成本罪是否要求行为发生在行为人履行监管职责活动过程中

现行《刑法》第248条将本罪的主体限定于监管机构的监管人员，表明设立虐待被监管人罪的意旨除了要保障被监管人的人身权益外，还具有惩治监管人员亵渎职务以保障监管工作正常顺利进行的一面。因此，强调监管人员殴打或体罚虐待被监管人的行为须发生在其履行监管职责过程中，并将其作为本罪客观构成要件中的一个构成要素就非常必要。但是，把握这一要素时，应当注意以下两个问题：（1）这里所说的在履行监管职责过程中，其时间范围应自监管人担任监管职务或拥有监管职权时起到监管人被解除监管职务或监管职权时止。只要其殴打或者体罚虐待被监管人的行为发生在此期间内，就具备了本罪的客观构成要件，即使该行为系在其下班或休假期间，也应当如此认定。因为虽然其在行为时并不对被监管人进行监管，但其担任的职务并没有解除，由此其行为已经亵渎了监管人员的监管职责，并在被监管人中造成了恶劣的影响，进而影响了监管工作的正常顺利进行。也即行为人的行为已侵害了刑法所要保护的法益，没有理由不作为本罪处理。（2）殴打或体罚虐待的被监管人只能是行为人担负的监管职责范围内所监管的人员。如果监管人员对本人所监管范围之外的其他被监管人员实行殴打或体罚虐待，不能单独构成虐待被监管人罪。如果对其他被监管人具有监管职责的人员存在容许、默许甚至指使行为人实行殴打或体罚虐待行为，而行为人对此明知的，两者构成虐待被监管人罪的共犯；如果不存在该种情况的，对行为人的行为不能认定为虐待被监管人罪，构成故意伤害罪、侮辱罪、非法拘禁罪等其他犯罪的，按相应的犯罪定罪处罚。

（五）本罪罪与非罪的界限

《刑法》第 247 条规定，本罪的处理是以“情节严重”为构成要件的，所以，是否情节严重是区别本罪与虐待被监管人一般违法行为的关键。实践中，监管人员对被监管人仅有一般的殴打行为，不能构成犯罪。“情节严重”的标准可参照最高人民检察院《关于渎职侵权犯罪案件立案标准的规定》。

（六）本罪与相关犯罪的界限

1. 本罪与刑讯逼供罪的界限

两罪的区别是：（1）犯罪对象不同。本罪的犯罪对象是被监管人，后罪的对象是犯罪嫌疑人、被告人。（2）犯罪主体不尽相同。本罪的犯罪主体是监管人员，刑讯逼供罪的犯罪主体是司法工作人员，监管人员属于司法人员。（3）犯罪目的不同。刑讯逼供罪的目的是逼取口供，本罪则不要求犯罪目的。

2. 本罪与侮辱罪的界限

两罪均为故意犯罪，都包括暴力侮辱及其他侮辱方法。两罪的区别主要表现在：（1）犯罪主体不同。本罪是由特殊主体构成，即监狱、拘留所、看守所等监管机构的监管人员。侮辱罪的犯罪主体则为一般主体。（2）犯罪的主观方面虽然都是故意，但是本罪则或是出于报复，或是出于取乐。（3）客观方面不尽相同。本罪的行为包括殴打、体罚虐待，既有肉体上的折磨，也有精神上的虐待。侮辱罪在客观上可分为暴力侮辱和其他方法的侮辱。（4）两罪的犯罪对象不同。本罪的犯罪对象是被监管人，污辱罪的犯罪对象可以是任何人。

3. 本罪与故意伤害罪的界限

二者的区别是：（1）主体不同。本罪的主体是特殊主体，即监狱、拘留所、看守所等监管机构的监管人员。而故意伤害罪的主体是一般主体。（2）客体不同。本罪的客体是复杂客体，即侵犯了他人的人身权利，也妨害了监管机关的正常活动。而故意伤害罪侵犯的客体是单一客体，即仅仅侵犯了他人的身心健康。（3）二者在客观方面的表现不尽相同。本罪的殴打、体罚虐待行为往往是持续或连续的，而故意伤害的行为一般是一次性的。（4）二者与职务活动的关系不同。本罪中的殴打、体罚虐待行为是监管人员在执行职务活动过程中，利用执行监管职责的职务之便，违反监管法规，对被监管人员实施的渎职犯罪行为，它与职务活动紧密相连；而故意伤害罪则与职务活动毫无关系，如果监管人员对被监管人员实施殴打等犯罪行为与其执行的职务活动无关，则构成故意伤害罪，而不属于渎职犯罪。

4. 本罪与虐待罪的界限

两罪在客体、主客观方面大体相同，因此，二者又是容易混淆。两者的区别主要是：（1）侵害的对象不同。本罪侵害的是依法被国家监管机构监管的有违法犯罪行为的人员；而后者侵害的则是与行为人共同生活的家庭成员，他们大都是遵纪守法的人员。（2）犯罪主体不同。本罪的犯罪主体是在监狱、看守所、拘留所等监管机构中行使监管职责的工作人员，是特殊主体；而后者的犯罪主体则是与被害人共同生活的家庭成员，是一般主体，可以是任何公民。

【刑事责任】

根据《刑法》第248条规定，犯本罪，处三年以上十年以下有期徒刑。致人伤残、死亡的，依照本法第二百三十四条、第二百三十二条的规定定罪从重处罚。

监管人员指使被监管人殴打或者体罚虐待其他被监管人的，依照前款的规定处罚。

【办案依据】

1.《中华人民共和国刑法》（1997年3月14日修订）（节录）

第二百四十八条　监狱、拘留所、看守所等监管机构的监管人员对被监管人进行殴打或者体罚虐待，情节严重的，处三年以下有期徒刑或者拘役；情节特别严重的，处三年以上十年以下有期徒刑。致人伤残、死亡的，依照本法第二百三十四条、第二百三十二条的规定定罪从重处罚。

监管人员指使被监管人殴打或者体罚虐待其他被监管人的，依照前款的规定处罚。

2.《中华人民共和国监狱法（2012年修正）》（1994年12月29日）（节录）

第十四条　监狱的人民警察不得有下列行为：

（三）刑讯逼供或者体罚、虐待罪犯；

……

监狱的人民警察有前款所列行为，构成犯罪的，依法追究刑事责任；尚未构成犯罪的，应当予以行政处分。

3.《中华人民共和国人民警察法（2012年修正）》（1995年2月28日）（节录）

第二十二条 人民警察不得有下列行为：

（四）刑讯逼供或者体罚、虐待人犯；

……

第四十八条 人民警察有本法第二十二条所列行为之一的，应当给予行政处分；构成犯罪的，依法追究刑事责任。……

4.《中华人民共和国看守所条例》（1990年3月17日）（节录）

第四条 看守所监管人员，必须坚持严密警戒看管与教育相结合的方针，坚持依法管理、严格管理、科学管理和文明管理，保障人犯的合法权益。严禁打骂、体罚、虐待人犯。

5.《关于看守所使用械具问题的通知》（1991年6月17日）（节录）

六、各级公安机关对所属看守所使用械具的情况，要经常进行检查监督。对使用不符合规定的械具或者滥用械具的，要及时纠正，严肃处理；滥用械具造成严重后果的，对有关责任人，要分别情节轻重，给予行政记录处分；构成犯罪的，要依法追究刑事责任。

六、报复陷害罪

【概念与构成】

报复陷害罪，是指国家机关工作人员滥用职权、假公济私，对控告人、申诉人、批评人、举报人实行报复陷害的行为。构成本罪需要具备以下四个要件：

（一）客体要件。本罪侵犯的客体是公民的民主权利和国家机关的正常活动。这里的民主权利是指公民的批评权、申诉权、控告和举报权。这些权利是我国公民享有的重要的民主权利，是公民行使管理国家权利的一个重要方面，受到国家法律的严格保护。报复陷害是同国家工作人员滥用职权、假公济私联系在一起的，因此，不仅侵犯了公民的民主权利，而且还严重损害了国家机关的声誉，破坏了国家机关的正常活动。本罪侵害的客体是复杂客体。

本罪侵害的对象，只限于控告人、申诉人、批评人、举报人这四种人。所谓控告人，是指向司法机关和其他党政机关告发、检举国家工作人员违法失职的人。控告人既可以是一般公民，也可以是国家工作人员。所谓申诉人，是指对于自己所受的处分不服，向原处理机关或其上级机关提出申诉意见，要求改变原来处分的人，也包括不服法院已经发生法律效力的判决或裁定，向原审法院或上级法院提出再审请求的人。申诉人并不限于受处分的公民本人，还包括为他人申诉的其他公民。所谓批评人，是指对国家机关和国家机关工作人员工作上的缺点、错误或思想作风，提出批评意见的人。所谓举报人，是指揭发、检举国家机关或其工作人员违法、犯罪事实的人。根据《宪法》第41条的规定，上述控告人、申诉人、批评人、举报人在提出控告、申诉和批评意见时，不得捏造事实进行诬告陷害，否则，不仅不属于本条的保护对象，如果情节严重，还应当依照《刑法》第243条诬告陷害罪论处。

（二）客观要件。本罪在客观方面表现为滥用职权、假公济私，对控告人、申诉人或批评人、举报人实行打击报复陷害的行为。行为人必须是滥用职权、假公济私，即违反有关规定，超出职权范围，假借公事名义，陷害他人，在这个意义上说，报复陷害行为是一种渎职行为。报复陷害的方式多种多样，如制造种种理由或借口，非法克扣工资、奖金，或开除公职、党籍，或降职、降薪，或压制学术、技术职称的评定等。如果所采取的报复陷害行为与行为人的职权没有关系，则不构成本罪。如行为人对控告人进行身体伤害的行为，就不是滥用职权，因而不构成本罪。

（三）主体要件。本罪的主体是特殊主体，即国家机关工作人员。国家机关工作人员，是指在国家机关从事公务的人员。非国家机关工作人员是不可能滥用职权报复陷害他人的，如果实施了报复陷害行为，应根据其行为的性质和侵犯的客体，构成什么罪，就以什么罪论处。

（四）主观要件。本罪在主观方面表现为直接故意，并且具有报复陷害他人的目的。如果没有报复陷害的目的，而是由于政策水平不高，思想方法主观片面，工作作风简单粗暴、对事实未能查清等原因，对控告人、申诉人、批评人、举报人处理不当，致使其遭受损失的，属于工作上的失误，不构成犯罪。

【立案标准】

1. 最高人民检察院《人民检察院直接受理立案侦查的渎职侵权重特大案件标准（试行）》（2002年1月1日　高检发〔2001〕13号）（节录）

三十九、报复陷害案

（一）重大案件

1. 致人精神失常的；

2. 致人其他合法权益受到损害，后果严重的。

（二）特大案件

1. 致人自杀死亡的；

2. 后果特别严重，影响特别恶劣的。

2. 最高人民检察院《关于渎职侵权犯罪案件立案标准的规定》（2006年7月26日　高检发释字〔2006〕2号）（节录）

二、国家机关工作人员利用职权实施的侵犯公民人身权利、民主权利犯罪案件

（六）报复陷害案（第二百五十四条）

报复陷害罪是指国家机关工作人员滥用职权、假公济私，对控告人、申诉人、批评人、举报人实行打击报复、陷害的行为。

涉嫌下列情形之一的，应予立案：

1. 报复陷害，情节严重，导致控告人、申诉人、批评人、举报人或者其近亲属自杀、自残造成重伤、死亡，或者精神失常的；

2. 致使控告人、申诉人、批评人、举报人或者其近亲属的其他合法权利受到严重损害的；

3. 其他报复陷害应予追究刑事责任的情形。

【司法认定】

（一）本罪罪与非罪的界限

国家工作人员滥用职权，实行打击报复，但情节显著轻微，危害不大的，一般不以犯罪论处，可予批评教育，或者给予相应的行政纪律处分。但报复陷害，致使被害人的人身权利、民主权利或者其他权利受到严重损害的；手段恶劣的；致人精神失常或自杀的；以及造成其他严重后果的，应当以报复陷害罪论处。

本罪的主观方面是直接故意，并且意图报复、陷害他人。如果行为人无此目的，只是由于工作不负责任，因失职致使控告人、申诉人、批评人、举报人的人身权利、民主权利或者其他合法权利受到损害的，或者因工作方法不当，采取措施不得力，处理问题不恰当等导致他人的合法权益受到损害的，属于工作上的失误，不应当以本罪论处。

（二）本罪与相关犯罪的界限

1. 本罪与诬告陷害罪的界限

这两种犯罪都侵犯了公民的人身权利、民主权利和国家机关的正常活动，都有陷害他人的故意。其主要区别在于：（1）主体要件不同。报复陷害罪的主体只能是国家机关工作人员，而诬告陷害罪的主体则可以是任何公民。（2）犯罪目的不同。报复陷害罪的目的是打击报复陷害他人，而诬告陷害罪的目的则是意图使他人枉受刑事追究。（3）犯罪手段不同。报复陷害罪必须是基于职务，滥用职权或假公济私，诬告陷害罪则不要求必须利用职权。（4）陷害的对象不同。报复陷害罪只限于控告人、申诉人、批评人、举报人这四种人，而诬告陷害罪可以是任何干部和群众。

2. 本罪和打击报复证人罪的界限

（1）犯罪客体不同。打击报复证人罪侵犯的客体是复杂客体，即国家司法机关的正常活动和公民依法作证的民主权利。证人是案件得到合法、公证处理的关键性因素之一，有些案件特别是刑事案件，证人的作用尤为重要。对证人进行打击报复必然会导致证人不敢作证或推翻原来所作出的证言，从而破坏司法机关执法活动的进行。因此，本罪属于妨害司法罪之类。报复陷害罪侵犯的客体是公民依法享有的控告、申诉、批评、检举等民主权利，同时也妨害了国家机关的正常管理活动，

（2）犯罪的客观方面不同。打击报复证人罪的客观表现为对证人进行打击

报复的行为。既可以是行为人利用手中职权，假公济私，对证人进行打击报复，也可以是行为人没有利用职权而对证人采用恐吓、行凶、伤害等手段进行报复。打击报复证人罪侵害的对象只能是依法作证的证人。这里的证人是指知道的案件事实情况并向司法机关提供证词的人。报复陷害罪的客观方面则表现为行为人利用手中的职权，假公济私，对他人进行报复陷害的行为。其侵害的对象只限于控告人、申诉人、批评人、举报人。

（3）主观方面不同。两罪的主观特征都表现为直接故意，但行为人具体的故意内容不同。打击报复证人罪的行为人出于报复证人的目的，明知自己的行为必然会妨害国家司法机关的正常活动和侵害证人的合法权益，却希望这种结果的发生；报复陷害罪的行为人则出于报复陷害控告人、申诉人、批评人、举报人的目的，明知自己的行为会侵害上述人等的民主权利，妨害国家机关的管理活动，却希望其结果的发生。

（4）两者的主体要件不同。打击报复证人罪的主体为一般主体，凡年满16周岁具有刑事责任能力的人都可构成本罪，行为人既可以是国家工作人员，也可以是一般的公民；而报复陷害罪的主体则为特殊主体，即只有国家机关工作人员才能构成本罪。

3. 本罪与滥用职权罪的界限

所谓滥用职权罪是指国家机关工作人员超越职权，擅自决定，处理其无权决定处理的事务，或者故意违法、违纪处理公务，致使公共财产、国家和人民利益遭受重大损失的行为。本罪与报复陷害罪的主要区别表现在以下几个方面：

（1）侵犯的客体不同。滥用职权罪侵害的客体是国家机关的正常管理活动。报复陷害罪侵害的客体则主要是我国公民依法享有的控告权、申诉权、批评权、检举权等民主权利，同时也妨害了国家机关的正常管理活动。

（2）客观方面不同。滥用职权罪的客观方面表现为行为人滥用职权，并导致了公共财产、国家和人民利益遭受重大损失的行为。两个方面缺一不可。报复陷害罪的客观方面要求行为人必须滥用职权，假公济私，对他人进行报复陷害。其滥用职权的表现形式可能与滥用职权罪相同，但并不以造成重大损失为要件；报复陷害罪侵害的对象仅限于控告人、申诉人、批评人、举报人，滥用职权罪侵害的对象则既可是物，也可是人，被侵害的人没有身份限制。

（3）主观方面不同。滥用职权罪的主观方面是故意，既可以是直接故意，也可以是间接故意。其故意的具体内容是行为人明知自己滥用职权的行为会造成公共财产、国家和人民的利益遭受重大损失的结果，而希望或放任该结果的发生；报复陷害罪的行为人，则主观上具有报复陷害控告人、申诉人、批评人、举报人的目的，明知自己的行为会侵犯上述人等的民主权利和妨害国家机关的正常管理活动，却希望这种结果的发生，只有直接故意才能构成此罪。

【刑事责任】

根据《刑法》第254条规定，犯本罪，处二年以下有期徒刑或者拘役；情节严重的，处二年以上七年以下有期徒刑。

【办案依据】

1.《中华人民共和国刑法》（1997年3月14日修订）（节录）

第二百五十四条　国家机关工作人员滥用职权、假公济私，对控告人、申诉人、批评人、举报人实行报复陷害的，处二年以下有期徒刑或者拘役；情节严重的，处二年以上七年以下有期徒刑。

2.《中华人民共和国宪法（2004年修正）》（1982年12月4日）（节录）

第四十一条　中华人民共和国公民对于任何国家机关和国家工作人员，有提出批评和建议的权利；对于任何国家机关和国家工作人员的违法失职行为，有向有关国家机关提出申诉、控告或者检举的权利，但是不得捏造或者歪曲事实进行诬告陷害。

对于公民的申诉、控告或者检举，有关国家机关必须查清事实，负责处理。任何人不得压制和打击报复。

由于国家机关和国家工作人员侵犯公民权利而受到损失的人，有依照法律规定取得赔偿的权利。

3.《中华人民共和国全国人民代表大会和地方各级人民代表大会代表法（2010年修正）》（1992年4月3日）（节录）

第四十四条　一切组织和个人都必须尊重代表的权利，支持代表执行代表职务。

有义务协助代表执行代表职务而拒绝履行义务的，有关单位应当予以批评教育，直至给予行政处分。

阻碍代表依法执行代表职务的，根据情节，由所在单位或者上级机关给予行政处分，或者适用《中华人民共和国治安管理处罚法》第五十条的规定处罚；以暴力、威胁方法阻碍代表依法执行代表职务的，依照刑法有关规定追究刑事责任。

对代表依法执行代表职务进行打击报复的，由所在单位或者上级机关责令改正或者给予行政处分；国家工作人员进行打击报复构成犯罪的，依照刑法有关规定追究刑事责任。

4.《中华人民共和国教师法（2009年修正）》（1993年10月31日）（节录）

第三十六条　对依法提出申诉、控告、检举的教师进行打击报复的，由其所在单位或者上级机关责令改正；情节严重的，可以根据具体情况给予行政处分。

国家工作人员对教师打击报复构成犯罪的，依照刑法第一百四十六条①的规定追究刑事责任。

5.《中华人民共和国审计法（2006年修正）》（1994年8月31日）（节录）

第五十一条　报复陷害审计人员的，依法给予处分；构成犯罪的，依法追究刑事责任。

---

① 指79年刑法条文——作者注

七、破坏选举罪

【概念与构成】

破坏选举罪，是指在选举各级人民代表大会代表和国家机关领导人员时，以暴力、威胁、欺骗、贿赂、伪造选举文件、虚报选举票数或者编造选举结果等手段破坏选举或者妨害选民和代表自由行使选举权和被选举权，情节严重的行为。构成本罪需要具备以下四个要件：

（一）客体要件。本罪侵犯的客体是公民的选举权利和国家的选举制度。选举权利包括选举权和被选举权。选举权利是公民基本的政治权利，是我国人民当家做主，行使国家权利的重要标志。选举制度是国家的重要制度，是国家民主政治的基本保护，任何侵犯公民选举权利的自由行使，破坏选举制度的行为，都是侵犯公民民主权利，损害国家的政治生活，必须依法惩处。

（二）客观要件。本罪在客观方面表现为在选举各级人民代表大会代表和国家机关领导人员时，采用各种手段破坏选举或者妨害选民和代表自由行使选举权和被选举权，情节严重的行为。

1. 必须具有破坏选举或者妨害选民和代表自由行使选举权和被选举权的行为。所谓破坏选举，是指以各种方法扰乱、妨害整个选举活动包括选民登记、提出候选人、投票选举、补选、罢免等正常的进行。所谓妨害选民和代表自由行使选举权和被选举权，是指利用各种手段使得选民和代表不能按自己的意志自由地行使自己的选举和被选举的权利。如不准公民参加选举活动；逼迫、诱使选民或代表不选举某人或选举某人等。其中，选民是指直接参加选举活动，选举产生县级以下包括县、乡、镇人民代表大会代表的所有具有选举权的公民。所谓代表，是指由选民直接选举产生的县级以下包括县、乡、镇等人民代表大会的代表以及由县级以上包括县级人民代表大会的代表间接选举产生的上一级人民代表大会代表。至于破坏选举或妨害选民和代表自由行使选举权和被选举权的方式则多种多样，既可以表现为积极的作为如以暴力妨害，又可以表现为消极的不作为如故意漏登选民名单。归纳起来，主要是：(1）暴力手段，即对选民、代表及其工作人员采取殴打、捆绑等人身伤害的手段或者捣乱选举场所，砸毁选举设施进行破坏。(2）威胁手段，即以暴力伤害、毁坏财产、揭露隐私、破坏名誉等相要挟，对选民、代表及有关工作人员实施精神强制进行破坏。(3）欺骗手段，即虚构事实，散布、扩散各种谣言或隐瞒事实真相，以混淆视听进行干扰破坏。(4）贿赂手段，即利用金钱、财物或者其他物质利益甚或女色勾引、收买选民、代表或有关工作人员以进行破坏。(5）伪造选举文件，即伪造选民证、选票、候选人的情况资料、选举文件进行破坏。

(6) 虚报选举票数，即对选民、代表的投票总数、赞成票数、反对票数、弃权票数等进行以少报多或以多报少的虚假报告进行破坏。(7) 其他手段，如撕毁选民名单、候选人情况；在选民名单、候选人名单、选票上涂写侮辱性词句；对与自己不同意见的选民、代表进行打击报复；等等。

2. 破坏选举的行为必须是发生在选举各级人民代表大会代表和国家机关领导人员的活动中，即破坏的是各级权力机关的选举活动。如果不是发生在其中，而是在选举开始以前或者结束以后以及是在选举权力机关代表和国家机关领导人员以外的选举，如工会、共青团、妇联等社会团体的选举，各级党组织及其他民主党派的选举，企业、事业单位的领导人员的选举等，就不属于本罪的破坏选举。对之，构成犯罪的，应以他罪定罪，而不能以本罪论处。至于选举活动，则包括选民登记、提出候选人、投票选举、补选、罢免以及人民代表大会换届选举、补选的一切活动过程。

3. 破坏选举的行为还必须属于情节严重才能构成本罪。仅有破坏行为，尚未达到情节严重，也不能以本罪论处。所谓情节严重主要是指破坏选举手段恶劣、后果严重或者造成恶劣影响的等情况。破坏选举，具有下列情形之一的，应予立案：(1) 以暴力、胁迫或者欺骗、贿赂等非法手段强迫或不让选民投某人的票，或强行宣布合法选举无效的；(2) 伪造选举文件和选票，虚报选票数，或在选举进行中故意扰乱选举会场秩序，情节恶劣的；(3) 在选举期间对控告、检举在选举中营私舞弊或违法乱纪行为的公民进行压制、打击报复，情节严重的。

(三) 主体要件。本罪的主体是一般主体，可以是普通公民，也可以是国家工作人员。但有些破坏选举的行为，如有意不真实地介绍候选人的情况、变更、伪造、虚报选举结果的，只能由选举工作人员才能实施，因此，不是选举工作人员的不构成本罪。

(四) 主观要件。本罪在主观方面表现为故意。一般出于破坏选举或妨害选民、代表自由行使选举权利的目的。犯罪的动机是各种各样的，有的是出于给自己或自己亲友争取选票，有的是想阻止自己不满的候选人当选，也有的是对选举工作有意见等。不同的动机，不影响定罪。过失不构成本罪。

【立案标准】

1. 最高人民检察院《人民检察院直接受理立案侦查的渎职侵权重特大案件标准（试行）》（2002 年 1 月 1 日　高检发〔2001〕13 号）（节录）

四十、国家机关工作人员利用职权实施的破坏选举案

(一) 重大案件

1. 导致乡镇选举无法进行或者选举无效的；

2. 实施破坏选举行为，取得县级领导职务或者人大代表资格的。

（二）特大案件

1. 导致县级以上选举无法进行或者选举无效的；

2. 实施破坏选举行为，取得市级以上领导职务或者人大代表资格的。

2. 最高人民检察院《关于渎职侵权犯罪案件立案标准的规定》（2006 年 7 月 26 日　高检发释字〔2006〕2 号）（节录）

二、国家机关工作人员利用职权实施的侵犯公民人身权利、民主权利犯罪案件

（七）国家机关工作人员利用职权实施的破坏选举案（第二百五十六条）

破坏选举罪是指在选举各级人民代表大会代表和国家机关领导人员时，以暴力、威胁、欺骗、贿赂、伪造选举文件、虚报选举票数或者编造选举结果等手段破坏选举或者妨害选民和代表自由行使选举权和被选举权，情节严重的行为。

国家机关工作人员利用职权破坏选举，涉嫌下列情形之一的，应予立案：

1. 以暴力、威胁、欺骗、贿赂等手段，妨害选民、各级人民代表大会代表自由行使选举权和被选举权，致使选举无法正常进行，或者选举无效，或者选举结果不真实的；

2. 以暴力破坏选举场所或者选举设备，致使选举无法正常进行的；

3. 伪造选民证、选票等选举文件，虚报选举票数，产生不真实的选举结果或者强行宣布合法选举无效、非法选举有效的；

4. 聚众冲击选举场所或者故意扰乱选举场所秩序，使选举工作无法进行的；

5. 其他情节严重的情形。

【司法认定】

（一）本罪罪与非罪的界限

《全国人民代表大会和地方各级人民代表大会选举法》第十一章对破坏选举的制裁中规定：为保障选民和代表自由行使选举权和被选举权，对有下列违法行为的，应当依法给予行政处分或者刑事处分：（1）以金钱或者其他财物贿赂选民或者代表，妨害选民和代表自由行使选举权和被选举权的；（2）以暴力、威胁、欺骗、贿赂等非法手段破坏选举或者妨害选民和代表自由行使选举权和被选举权的；（3）伪造选举文件、虚报选举票数或者有其他违法行为的；（4）对于控告、检举选举中违法行为的人，或者对于提出要求罢免代表的人进行压制、报复的。上述违法行为，每一种都可以是犯罪行为。因此，应当根据事实、情节、后果、危害及行为人的主观恶性程度，区分罪与非罪的界限。对情节恶劣、严重的，以破坏选举罪论处。情节较轻的，可作为一般违法行为，给予行政处分。

此外，如有些地方为图省事不差额选举，或者不按时公布选民和候选人名单的，都不构成本罪。

（二）本罪与相关犯罪的界限

1. 本罪和寻衅滋事罪的界限

二罪的区别主要表现在：

（1）两罪的主观方面不同。两罪都为故意犯罪，但行为人认知的内容不同。

寻衅滋事罪的行为人明知自己的行为会发生破坏社会秩序的危害后果，而希望或者放任这种结果的发生。其目的往往是为了满足耍威风、取乐等不正常的精神刺激或其他不健康的心理需要。破坏选举罪则要求行为人明知自己的行为会妨害选举活动的进行及妨害选民和代表自由行使选举权和被选举权，而希望或放任这种结果的发生。其目的往往是出于个人政治上的野心或者是发泄个人的不满等。

（2）客观方面不同。根据本法的规定，寻衅滋事罪的客观方面有四种表现：其一，随意殴打他人，情节恶劣的；其二，追逐、拦截、辱骂他人，情节恶劣的；其三，强拿硬要或者任意毁损、占用公私财物，情节恶劣的；其四，在公共场所起哄闹事，造成公共场所秩序严重混乱的。其行为没有明确的时间要求。破坏选举则要求行为人的行为必须发生在选举各级人民代表大会代表和国家机关领导人员时。其客观方面的具体表现为行为人以暴力、威胁、欺骗、贿赂、伪造选举文件、虚报选举票数等手段破坏选举或者妨害选民和代表自由行使选举权和被选举权。可见，寻衅滋事罪的犯罪手段相对而言，较为单一，主要表现为暴力，破坏选举罪的犯罪手段则较为多样化。从犯罪对象上看，破坏选举罪侵犯的对象主要是选民和代表，寻衅滋事罪的侵犯对象则通常为不特定的人或者财物。

（3）侵犯的客体不同，寻衅滋事罪侵犯的客体是社会公共秩序，即人们遵守共同生产规则而形成的正常秩序。破坏选举罪侵犯的客体为公民的选举权和被选举权以及国家的选举制度。

2. 本罪与伪造国家机关公文、证件、印章罪的界限

行为人以伪造选举文件的手段破坏选举的行为，构成犯罪的，往往易与伪造国家机关公文、证件、印章罪混淆。《刑法》第280条第1款规定了伪造国家机关公文、证件、印章罪，其和以伪造选举文件的手段破坏选举的主要区别是：

（1）主观方面不同。伪造国家机关公文、证件、印章罪的行为人主观方面表现为故意，但其犯罪的动机通常是为了取得某种利益，或者是为了赢利，有的则是为了实施其他犯罪活动作准备等。以伪造选举文件手段实施破坏选举罪的行为人则往往具有明确的破坏选举的目的。

（2）客观方面不同。伪造国家机关公文、证件、印章罪侵犯的对象为国家机关的公文、证件、印章。国家机关包括国家的权力机关、行政机关、司法机关、军事机关等。而以伪造选举文件手段破坏选举的行为人伪造的只限于选举文件，这些选举文件则是属于国家权力机关的公文，如各级人民代表大会主持选举工作机关制定、发布的关于选举工作的文件，不包括其他国家机关以及国家权力机关制定、发布的与选举工作无关的公文、证件等。

（3）侵犯的客体不同，伪造国家机关公文、证件、印章罪侵犯的客体是国家机关的公文、证件、印章的信誉以及国家机关对公文、证件、印章的管理活动。以伪造选举文件的手段破坏选举的犯罪行为侵害的客体则是国家的选举制度及选民和代表的选举权和被选举权。

3. 破坏选举罪和妨害公务罪的界限

两罪的主要区别表现在：

（1）客观方面不同。以暴力、威胁的方法阻碍代表依法执行职务构成妨害公务罪，其中的代表职务，是指全国人民代表大会和地方各级人民代表大会组织法规定的人民代表在其所在各级人民代表大会中的职务。只要行为人以暴力、威胁方法阻碍人民代表行使其上述代表职务的，就构成妨害公务罪，并且没有情节严重的要件限制。以暴力、威胁的手段妨害代表自由行使选举权和被选举权构成破坏选举罪的仅限于在选举各级人民代表大会代表和国家机关领导人员时，侵害代表依法享有的选举权的情形，不包括对代表依法享有的其他职权的侵害。当然，从广义上看，侵害代表的选举权是妨害其公务行为的一种，这里存在着法条竞合的关系，相对于妨害代表执行公务的犯罪来说，妨害代表自由行使选举权和被选举权的破坏选举罪则属于特别法。

（2）从犯罪客体上看，妨害代表执行公务的犯罪侵犯的是各级人大代表依法享有的各种职权，同时也侵害了人民代表大会的根本制度。破坏选举罪中妨害代表自由行使选举权和被选举权的侵害客体仅限于代表的选举权和国家的选举制度。

【刑事责任】

根据《刑法》第256条规定，犯本罪，情节严重的，处三年以下有期徒刑、拘役或者剥夺政治权利。

【办案依据】

1.《中华人民共和国刑法》（1997年3月14日修订）（节录）

第二百五十六条　在选举各级人民代表大会代表和国家机关领导人员时，以暴力、威胁、欺骗、贿赂、伪造选举文件、虚报选举票数等手段破坏选举或者妨害选民和代表自由行使选举权和被选举权，情节严重的，处三年以下有期徒刑、拘役或者剥夺政治权利。

2.《中华人民共和国全国人民代表大会和地方各级人民代表大会选举法（2010年修正）》（1979年7月1日）（节录）

第十一章　对破坏选举的制裁

第五十五条　为保障选民和代表自由行使选举权和被选举权，对有下列行为之一，破坏选举，违反治安管理规定的，依法给予治安管理处罚；构成犯罪的，依法追究刑事责任：

（一）以金钱或者其他财物贿赂选民或者代表，妨害选民和代表自由行使选举权和被选举权的；

（二）以暴力、威胁、欺骗或者其他非法手段妨害选民和代表自由行使选举权和被选举权的；

（三）伪造选举文件、虚报选举票数或者有其他违法行为的；

（四）对于控告、检举选举中有违法行为的人，或者对于提出要求罢免代表的人进行压制、报复的。

国家工作人员有前款所列行为的，还应当依法给予行政处分。

下编　诉讼程序的适用

一、案件管辖

管辖是指国家专门机关在受理刑事案件方面的职权范围上的分工。我国刑事诉讼中的管辖包括公安机关、人民检察院和人民法院等在受理刑事案件上的权限划分和人民法院系统内部在第一审刑事案件上的权限划分。前者为立案管辖，后者为审判管辖。案件管辖的实质是把案件在不同专门机关之间以及同一系统内部不同机构之间进行分配。职务犯罪侦查中的案件管辖是立案管辖，主要是职务犯罪案件立案权限的划分。

【主要程序】

1. 贪污贿赂犯罪案件的范围

人民检察院直接受理立案侦查的贪污贿赂犯罪案件是指刑法分则第八章规定的贪污贿赂犯罪及其他章中明确规定依照第八章相关条文定罪处罚的犯罪案件。具体包括：

（1）贪污案（第 382 条，第 183 条第 2 款，第 271 条第 2 款，第 394 条）；

（2）挪用公款案（第 384 条，第 185 条第 2 款，第 272 条第 2 款）；

（3）受贿案（第 385 条，第 388 条，第 163 条第 3 款，第 184 条第 2 款）；.

（4）单位受贿案（第 387 条）；

（5）利用影响力受贿案（第 388 条之一）；

（6）行贿案（第 389 条）；

（7）对单位行贿案（第 391 条）；

（8）介绍贿赂案（第 392 条）；

（9）单位行贿案（第 393 条）；

（10）巨额财产来源不明案（第 395 条第 1 款）；

（11）隐瞒境外存款案（第 395 条第 2 款）；

（12）私分国有资产案（第 396 条第 1 款）；

（13）私分罚没财物案（第 396 条第 2 款）。

2. 渎职侵权犯罪案件的范围

人民检察院直接受理立案侦查的渎职犯罪案件包括：

刑法分则第九章规定的渎职犯罪案件：

(1) 滥用职权案（第397条第1款）；
(2) 玩忽职守案（第397条第1款）；
(3) 国家机关工作人员徇私舞弊案（第397条第2款）；
(4) 故意泄露国家秘密案（第398条）；
(5) 过失泄露国家秘密案（第398条）；
(6) 枉法追诉、裁判案（第399条第1款）；
(7) 民事、行政枉法裁判案（第399条第2款）；
(8) 私放在押人员案（第400条第1款）；
(9) 失职致使在押人员脱逃案（第400条第2款）；
(10) 徇私舞弊减刑、假释、暂予监外执行案（第401条）；
(11) 徇私舞弊不移交刑事案件案（第402条）；
(12) 滥用管理公司、证券职权案（第403条）；
(13) 徇私舞弊不征、少征税款案（第404条）；
(14) 徇私舞弊发售发票、抵扣税款、出口退税案（第405条第1款）；
(15) 违法提供出口退税凭证案（第405条第2款）；
(16) 国家机关工作人员签订、履行合同失职被骗案（第406条）；
(17) 违法发放林木采伐许可证案（第407条）；
(18) 环境监管失职案（第408条）；
(19) 传染病防治失职案（第409条）；
(20) 非法批准征用、占用土地案（第410条）；
(21) 非法低价出让国有土地使用权案（第410条）；
(22) 放纵走私案（第411条）；
(23) 商检徇私舞弊案（第412条第1款）；
(24) 商检失职案（第412条第2款）；
(25) 动植物检疫徇私舞弊案（第413条第1款）；
(26) 动植物检疫失职案（第413条第2款）；
(27) 放纵制售伪劣商品犯罪行为案（第414条）；
(28) 办理偷越国（边）境人员出入境证件案（第415条）；
(29) 放行偷越国（边）境人员案（第415条）；
(30) 不解救被拐卖、绑架妇女、儿童案（第416条第1款）；
(31) 阻碍解救被拐卖、绑架妇女、儿童案（第416条第2款）；
(32) 帮助犯罪分子逃避处罚案（第417条）；
(33) 招收公务员、学生徇私舞弊案（第418条）；
(34) 失职造成珍贵文物损毁、流失案（第419条）；
(35) 执行判决、裁定失职案（2002年12月28日起实施的《刑法修正案

(四)》第8条第3款所增设);

(36) 执行判决、裁定滥用职权案(2002年12月28日起实施的《刑法修正案(四)》第8条第3款所增设);

(37) 枉法仲裁案(2006年6月29日起实施的《刑法修正案(六)》第20条所增设)。

国家机关工作人员利用职权实施的下列侵犯公民人身权利和民主权利的犯罪案件:

(1) 非法拘禁案(第238条);

(2) 非法搜查案(第245条);

(3) 刑讯逼供案(第247条);

(4) 暴力取证案(第247条);

(5) 虐待被监管人案(第248条);

(6) 报复陷害案(第254条);

(7) 破坏选举案(第256条)。

国家机关工作人员利用职权实施的其他重大的犯罪案件,需要由人民检察院直接受理的时候,经省级以上人民检察院决定,可以由人民检察院立案侦查。

3. 互涉案件的管辖

(1) 人民检察院侦查贪污贿赂、渎职侵权等职务犯罪案件涉及公安机关管辖的刑事案件,应当将属于公安机关管辖的刑事案件移送公安机关;同时,公安机关侦查刑事案件涉及人民检察院管辖的职务犯罪案件时,应当将职务犯罪案件移送人民检察院。在上述情况中,如果涉嫌主罪属于公安机关管辖,由公安机关为主侦查,人民检察院予以配合;如果涉嫌主罪属于人民检察院管辖,由人民检察院为主侦查,公安机关予以配合。

(2) 对于一人犯数罪、共同犯罪、多个犯罪嫌疑人实施的犯罪相互关联,并案处理有利于查明案件事实和诉讼进行的,人民检察院可以对相关犯罪案件并案处理。

(3) 军事检察院、铁路运输检察院等专门人民检察院的管辖以及军队、武装警察与地方互涉刑事案件的管辖,按照有关规定执行。

(4) 国家机关工作人员实施渎职行为,放纵他人犯罪或者帮助他人逃避刑事处罚,构成犯罪的,依照渎职罪的规定定罪处罚。国家机关工作人员与他人共谋,利用其职务行为帮助他人实施其他犯罪行为,同时构成渎职犯罪和共谋实施的其他犯罪共犯的,依照处罚较重的规定定罪处罚。国家机关工作人员与他人共谋,既利用其职务行为帮助他人实施其他犯罪,又以非职务行为与他人共同实施该其他犯罪行为,同时构成渎职犯罪和其他犯罪的共犯的,依照数罪并罚的规定定罪处罚。

4. 地域管辖

（1）职务犯罪案件，主要由犯罪嫌疑人工作单位所在地的人民检察院管辖；如果由其他人民检察院管辖更为适宜的，可以由其他人民检察院管辖。

（2）对管辖不明确的案件，可以由有关人民检察院协商确定管辖。对管辖权有争议的或者情况特殊的案件，由共同的上级人民检察院指定管辖。

（3）几个人民检察院都有权管辖的案件，由最初受理的人民检察院管辖。必要时，可以由主要犯罪地的人民检察院管辖。

5. 级别管辖

人民检察院对直接受理的案件实行分级立案侦查的制度。最高人民检察院立案侦查全国性的重大犯罪案件；省、自治区、直辖市人民检察院立案侦查全省（自治区、直辖市）性的重大犯罪案件；分、州、市人民检察院立案侦查本辖区的重大犯罪案件；基层人民检察院立案侦查本辖区的犯罪案件。

上级人民检察院在必要的时候，可以直接侦查或者组织、指挥、参与侦查下级人民检察院管辖的案件，也可以将本院管辖的案件交由下级人民检察院侦查；下级人民检察院认为案情重大、复杂，需要由上级人民检察院侦查的案件，可以请求移送上级人民检察院侦查。

上级人民检察院可以指定下级人民检察院立案侦查管辖不明或者需要改变管辖的案件。

6. 内部机构的分工

人民检察院按照法律规定设置内部机构，在刑事诉讼中实行侦查、审查逮捕、审查起诉等业务分工，各司其职，互相制约，保证办案质量。

职务犯罪侦查部门负责贪污贿赂、渎职侵权等犯罪案件的侦查工作。

刑事执行检察监督部门负责监管场所发生的贪污贿赂案件的侦查工作。

民事行政检察部门对在办理民事行政抗诉案件过程中发现的审判人员贪污贿赂、渎职侵权等犯罪案件线索，经检察长同意，可以进行初查；经初查，符合立案条件的，经检察长批准，可以直接立案侦查。

刑事执行检察部门和民事行政检察部门负责侦查的贪污贿赂、渎职侵权案件，如属于重大、复杂或者跨地区犯罪案件，应当报告检察长，检察长可以将案件交由反贪污贿赂部门办理，刑事执行检察部门或者民事行政检察部门予以配合。

人民检察院其他业务部门在实施法律监督工作中，发现涉嫌贪污贿赂犯罪行为的，报经检察长同意后，可以进行初查。经初查，认为应当立案追究刑事责任的，应当移送职务犯罪侦查部门办理。

人民检察院办理刑事案件，由检察人员承办，办案部门负责人审核，检察长或者检察委员会决定。

【注意事项】

1. 对于国家机关工作人员组织、领导、参加黑社会性质组织犯罪，包庇、纵容黑社会性质组织犯罪，以及参与实施破坏社会主义市场经济秩序犯罪的案件，由公安机关依法查处。对于国家机关工作人员充当黑恶势力以及破坏社会主义市场经济秩序犯罪的“保护伞”所涉及的贪污贿赂、渎职犯罪案件，由检察机关依法查处。检察机关在查处贪污贿赂、渎职犯罪案件中发现的黑社会性质组织犯罪、破坏社会主义市场经济秩序犯罪等刑事犯罪案件线索，要及时移送公安机关查处。

在案件查处过程中，国家机关工作人员同时涉嫌公安机关管辖的案件和检察机关管辖的案件，以主罪确定由检察机关或者公安机关为主侦查，在侦查过程中公安机关或者检察机关予以配合。对于一时难以分清主罪和从罪的，由最先发现案件线索的检察机关或者公安机关先行侦查，再根据案件具体情况确定主要侦查机关。

2. 地方工作人员与现役军人（含在军队编制序列内的其他人员，下同）共同作案的贪污贿赂、渎职侵权犯罪案件，发生在军队营区的，地方人民检察院应当按照案件管辖范围的分工，协助军事检察院进行侦查；查清犯罪事实后，是地方人员作案的，由军事检察院移交有管辖权的地方人民检察院处理。发生在非军队营区的，军事检察院应按照案件管辖范围的分工，协助地方人民检察院进行侦查；查清犯罪事实后，是现役军人作案的，由地方人民检察院移交其所在部队保卫部门、军事检察院处理。

3. 新疆生产建设兵团所属的国家工作人员职务犯罪案件，属检察机关管辖的，由兵团检察机关立案侦查。对于兵团所属的国家工作人员与地方国家工作人员共同实施的职务犯罪案件，依据主要犯罪地或者在共同犯罪中起主要作用的犯罪嫌疑人工作单位所在地确定侦查管辖。侦查终结后，由与审判管辖相适应的兵团检察机关或者地方检察机关审查起诉。

【办案依据】

1.《中华人民共和国刑事诉讼法》（1979 年 7 月 1 日第五届全国人民代表大会第二次会议通过。根据 1996 年 3 月 17 日第八届全国人民代表大会第四次会议《关于修改〈中华人民共和国刑事诉讼法〉的决定》第一次修正，根据 2012 年 3 月 14 日第十一届全国人民代表大会第五次会议《关于修改〈中华人民共和国刑事诉讼法〉的决定》第二次修正。以下简称为《中华人民共和国刑事诉讼法（2012 年修正）》）（节录）

第三条 对刑事案件的侦查、拘留、执行逮捕、预审，由公安机关负责。检察、批准逮捕、检察机关直接受理的案件的侦查、提起公诉，由人民检察院负责。审判由人民法院负责。除法律特别规定的以外，其他任何机关、团体和个人都无权行使这些权力。

人民法院、人民检察院和公安机关进行刑事诉讼，必须严格遵守本法和其他法律的有关规定。

第四条 国家安全机关依照法律规定，办理危害国家安全的刑事案件，行使与公安机关相同的职权。

第十八条 刑事案件的侦查由公安机关进行，法律另有规定的除外。

贪污贿赂犯罪，国家工作人员的渎职犯罪，国家机关工作人员利用职权实施的非法拘禁、刑讯逼供、报复陷害、非法搜查的侵犯公民人身权利的犯罪以及侵犯公民民主权利的犯罪，由人民检察院立案侦查。对于国家机关工作人员利用职权实施的其他重大的犯罪案件，需要由人民检察院直接受理的时候，经省级以上人民检察院决定，可以由人民检察院立案侦查。

自诉案件，由人民法院直接受理。

2. 最高人民法院、最高人民检察院、公安部、国家安全部、司法部、全国人大常委会法制工作委员会《关于实施刑事诉讼法若干问题的规定》（2012 年 12 月 26 日）（节录）

1. 公安机关侦查刑事案件涉及人民检察院管辖的贪污贿赂案件时，应当将贪污贿赂案件移送人民检察院；人民检察院侦查贪污贿赂案件涉及公安机关管辖的刑事案件，应当将属于公安机关管辖的刑事案件移送公安机关。在上述情况中，如果涉嫌主罪属于公安机关管辖，由公安机关为主侦查，人民检察院予以配合；如果涉嫌主罪属于人民检察院管辖，由人民检察院为主侦查，公安机关予以配合。

2. 刑事诉讼法第二十四条中规定："刑事案件由犯罪地的人民法院管辖。"刑事诉讼法规定的"犯罪地"，包括犯罪的行为发生地和结果发生地。

3. 具有下列情形之一的，人民法院、人民检察院、公安机关可以在其职责范围内并案处理：

（一）一人犯数罪的；

（二）共同犯罪的；

（三）共同犯罪的犯罪嫌疑人、被告人还实施其他犯罪的；

（四）多个犯罪嫌疑人、被告人实施的犯罪存在关联，并案处理有利于查明案件事实的。

3.《人民检察院刑事诉讼规则（试行）》（2012 年 10 月 16 日由最高人民检察院第十一届检察委员会第八十次会议第二次修订）（节录）

第二条 人民检察院在刑事诉讼中的任务，是立案侦查直接受理的案件、批准或者决定逮捕、审查起诉和提起公诉、对刑事诉讼实行法律监督，保证准确、及时地查明犯罪事实，正确应用法律，惩罚犯罪分子，保障无罪的人不受刑事追究，保障国家刑事法律的统一正确实施，维护社会主义法制，尊重和保障人权，保护公民的人身权利、财产权利、民主权利和其他权利，保障社会主义建设事业的顺利进行。

第三条 人民检察院办理刑事案件，应当严格遵守《中华人民共和国刑事诉讼法》规定的各项基本原则和程序以及其他法律的有关规定。

第四条 人民检察院办理刑事案件，由检察人员承办，办案部门负责人审核，检察长或者检察委员会决定。

第五条 人民检察院按照法律规定设置内部机构，在刑事诉讼中实行案件受理、立案侦查、侦查监督、公诉、控告、申诉、监所检察等业务分工，各司其职，互相制约，保证办案质量。

第六条 在刑事诉讼中，最高人民检察院领导地方各级人民检察院和专门人民检察院的工作，上级人民检察院领导下级人民检察院的工作。检察长统一领导检察院的工作。

第七条 在刑事诉讼中，上级人民检察院对下级人民检察院作出的决定，有权予以撤销或者变更；发现下级人民检察院办理的案件有错误的，有权指令下级人民检察院予以纠正。

下级人民检察院对上级人民检察院的决定应当执行，如果认为有错误的，应当在执行的同时向上级人民检察院报告。

第八条 人民检察院立案侦查贪污贿赂犯罪、国家工作人员的渎职犯罪、国家机关工作人员利用职权实施的非法拘禁、刑讯逼供、报复陷害、非法搜查的侵犯公民人身权利的犯罪以及侵犯公民民主权利的犯罪案件。

贪污贿赂犯罪是指刑法分则第八章规定的贪污贿赂犯罪及其他章中明确规定依照第八章相关条文定罪处罚的犯罪案件。

国家工作人员的渎职犯罪是指刑法分则第九章规定的渎职犯罪案件。

国家机关工作人员利用职权实施的侵犯公民人身权利和民主权利的犯罪案件包括：

（一）非法拘禁案（刑法第二百三十八条）；

（二）非法搜查案（刑法第二百四十五条）；

（三）刑讯逼供案（刑法第二百四十七条）；

（四）暴力取证案（刑法第二百四十七条）；

（五）虐待被监管人案（刑法第二百四十八条）；

（六）报复陷害案（刑法第二百五十四条）；

（七）破坏选举案（刑法第二百五十六条）。

第九条 国家机关工作人员利用职权实施的其他重大犯罪案件，需要由人民检察院直接受理的时候，经省级以上人民检察院决定，可以由人民检察院立案侦查。

第十条 对本规则第九条规定的案件，基层人民检察院或者分、州、市人民检察院需要直接立案侦查的，应当层报省级人民检察院决定。分、州、市人民检察院对于基层人民检察院层报省级人民检察院的案件，应当进行审查，提出是否需要立案侦查的意见，报请省级人民检察院决定。

报请省级人民检察院决定立案侦查的案件，应当制作提请批准直接受理书，写明案件情况以及需要由人民检察院立案侦查的理由，并附有关材料。

省级人民检察院应当在收到提请批准直接受理书后的十日以内作出是否立案侦查的决定。省级人民检察院可以决定由下级人民检察院直接立案侦查，也可以决定直接立案侦查。

第十一条 对于根据本规则第九条规定立案侦查的案件，应当根据案件性质，由人民检察院负责侦查的部门进行侦查。

报送案件的具体手续由发现案件线索的业务部门办理。

第十二条 人民检察院侦查直接受理的刑事案件涉及公安机关管辖的刑事案件，应当将属于公安机关管辖的刑事案件移送公安机关。在上述情况中，如果涉嫌主罪属于公安机关管辖，由公安机关为主侦查，人民检察院予以配合；如果涉嫌主罪属于人民检察院管辖，由人民检察院为主侦查，公安机关予以配合。

对于一人犯数罪、共同犯罪、多个犯罪嫌疑人实施的犯罪相互关联，并案处理有利于查明案件事实和诉讼进行的，人民检察院可以对相关犯罪案件并案处理。

第十三条　人民检察院对直接受理的案件实行分级立案侦查的制度。

最高人民检察院立案侦查全国性的重大犯罪案件；省、自治区、直辖市人民检察院立案侦查全省（自治区、直辖市）性的重大犯罪案件；分、州、市人民检察院立案侦查本辖区的重大犯罪案件；基层人民检察院立案侦查本辖区的犯罪案件。

第十四条　上级人民检察院在必要的时候，可以直接立案侦查或者组织、指挥、参与侦查下级人民检察院管辖的案件，也可以将本院管辖的案件指定下级人民检察院立案侦查；下级人民检察院认为案情重大、复杂，需要由上级人民检察院立案侦查的案件，可以请求移送上级人民检察院立案侦查。

第十五条　国家工作人员职务犯罪案件，由犯罪嫌疑人工作单位所在地的人民检察院管辖；如果由其他人民检察院管辖更为适宜的，可以由其他人民检察院管辖。

第十六条　对管辖不明确的案件，可以由有关人民检察院协商确定管辖。对管辖有争议的或者情况特殊的案件，由共同的上级人民检察院指定管辖。

第十七条　几个人民检察院都有权管辖的案件，由最初受理的人民检察院管辖。必要时，可以由主要犯罪地的人民检察院管辖。

第十八条　上级人民检察院可以指定下级人民检察院立案侦查管辖不明或者需要改变管辖的案件。

人民检察院在立案侦查中指定异地管辖，需要在异地起诉、审判的，应当在移送审查起诉前与人民法院协商指定管辖的相关事宜。

分、州、市人民检察院办理直接立案侦查的案件，需要将属于本院管辖的案件指定下级人民检察院管辖的，应当报请上一级人民检察院批准。

第十九条　军事检察院、铁路运输检察院等专门人民检察院的管辖以及军队、武装警察与地方互涉刑事案件的管辖，按照有关规定执行。

4. 最高人民检察院《关于人民检察院直接受理立案侦查案件范围的规定》（1998年5月11日　高检发释字〔1998〕1号）（节录）

根据刑事诉讼法第十八条的规定，现将人民检察院直接受理立案侦查的案件的范围规定如下：

一、刑法分则第八章规定的贪污贿赂犯罪及其他章中明确规定依照第八章相关条文定罪处罚的犯罪案件：

1. 贪污案（第382条，第183条第2款，第271条第2款，第394条）；
2. 挪用公款案（第384条，第185条第2款，第272条第2款）；
3. 受贿案（第385条，第388条，第163条第3款，第184条第2款）；
4. 单位受贿案（第387条）；
5. 行贿案（第389条）；
6. 对单位行贿案（第391条）；
7. 介绍贿赂案（第392条）；
8. 单位行贿案（第393条）；
9. 巨额财产来源不明案（第395条第1款）；
10. 隐瞒境外存款案（第395条第2款）；
11. 私分国有资产案（第396条第1款）；

12. 私分罚没财物案（第396条第2款）。

二、刑法分则第九章规定的渎职犯罪案件［需说明的是，此处列举的34类渎职犯罪案件均为1997年刑法典所规定，并未包括刑法修正案新增设的三类渎职犯罪案件。它们分别是：执行判决、裁定失职案，执行判决、裁定滥用职权案（均为2002年12月28日起实施的《刑法修正案（四）》第8条第3款所增设），枉法仲裁案（为2006年6月29日起实施的《刑法修正案（六）》第20条所增设）。因此，刑法第九章规定的渎职罪名实际上已增至37个。］：

1. 滥用职权案（第397条第1款）；
2. 玩忽职守案（第397条第1款）；
3. 国家机关工作人员徇私舞弊案（第397条第2款）；
4. 故意泄露国家秘密案（第398条）；
5. 过失泄露国家秘密案（第398条）；
6. 枉法追诉、裁判案（第399条第1款）；
7. 民事、行政枉法裁判案（第399条第2款）；
8. 私放在押人员案（第400条第1款）；
9. 失职致使在押人员脱逃案（第400条第2款）；
10. 徇私舞弊减刑、假释、暂予监外执行案（第401条）；
11. 徇私舞弊不移交刑事案件案（第402条）；
12. 滥用管理公司、证券职权案（第403条）；
13. 徇私舞弊不征、少征税款案（第404条）；
14. 徇私舞弊发售发票、抵扣税款、出口退税案（第405条第1款）；
15. 违法提供出口退税凭证案（第405条第2款）；
16. 国家机关工作人员签订、履行合同失职被骗案（第406条）；
17. 违法发放林木采伐许可证案（第407条）；
18. 环境监管失职案（第408条）；
19. 传染病防治失职案（第409条）；
20. 非法批准征用、占用土地案（第410条）；
21. 非法低价出让国有土地使用权案（第410条）；
22. 放纵走私案（第411条）；
23. 商检徇私舞弊案（第412条第1款）；
24. 商检失职案（第412条第2款）；
25. 动植物检疫徇私舞弊案（第413条第1款）；
26. 动植物检疫失职案（第413条第2款）；
27. 放纵制售伪劣商品犯罪行为案（第414条）；
28. 办理偷越国（边）境人员出入境证件案（第415条）；
29. 放行偷越国（边）境人员案（第415条）；
30. 不解救被拐卖、绑架妇女、儿童案（第416条第1款）；
31. 阻碍解救被拐卖、绑架妇女、儿童案（第416条第2款）；
32. 帮助犯罪分子逃避处罚案（第417条）；
33. 招收公务员、学生徇私舞弊案（第418条）；

34. 失职造成珍贵文物损毁、流失案（第419条）。

三、国家机关工作人员利用职权实施的下列侵犯公民人身权利和民主权利的犯罪案件：

1. 非法拘禁案（第238条）；

2. 非法搜查案（第245条）；

3. 刑讯逼供案（第247条）；

4. 暴力取证案（第247条）；

5. 虐待被监管人案（第248条）；

6. 报复陷害案（第254条）；

7. 破坏选举案（第256条）。

四、国家机关工作人员利用职权实施的其他重大的犯罪案件，需要由人民检察院直接受理的时候，经省级以上人民检察院决定，可以由人民检察院立案侦查。

5. 最高人民检察院《关于调整人民检察院直接受理案件侦查分工的通知》（2004年9月23日　高检发〔2004〕21号）

各省、自治区、直辖市人民检察院，军事检察院，新疆生产建设兵团人民检察院：

为了深入贯彻“强化法律监督，维护公平正义”的检察工作主题，把对诉讼活动的监督职能与对职务犯罪的侦查职能有机结合起来，进一步加大查办职务犯罪的力度，最高人民检察院决定，对人民检察院直接受理案件的侦查分工作如下调整：

一、监所检察部门负责监管场所发生的贪污贿赂、渎职侵权等案件的侦查工作。除虐待被监管人案、私放在押人员案、失职致使在押人员脱逃案、徇私舞弊减刑、假释、暂予监外执行案继续由监所检察部门负责侦查外，原由反贪污贿赂部门和渎职侵权检察部门负责侦查的监管场所发生的职务犯罪案件，划归监所检察部门负责侦查。

二、民事行政检察部门对在办理民事行政抗诉案件过程中发现的审判人员职务犯罪案件线索，经检察长同意，可以进行初查；经初查，符合立案条件的，经检察长批准，可以直接立案侦查。

三、监所检察部门和民事行政检察部门负责侦查的案件，如属于重大、复杂或者跨地区犯罪案件，应当报告检察长，检察长可以将案件交由反贪污贿赂部门或者渎职侵权检察部门办理，监所检察部门或者民事行政检察部门予以配合。

四、人民检察院其他业务部门在实施法律监督工作中，发现涉嫌职务犯罪行为的，报经检察长同意后，可以进行初查。经初查，认为应当立案追究刑事责任的，应当移送反贪污贿赂部门或者渎职侵权检察部门办理。

各级人民检察院要注意通过科学的侦查分工实现侦查资源的优化配置，加强法律监督职能。同时，要注意通过发挥侦查指挥中心的指挥协调作用实现侦查资源的整合，形成监督合力。实践中，要严格执行内部制约等有关规定，注意防止侦查权的滥用，通过完善相关工作机制确保依法独立公正有效地行使检察权。监所检察部门和民事行政检察部门要正确处理好侦查工作与原有业务工作的关系，通过行使侦查权进一步增强法律监督工作的实效。

各地在执行本通知中遇到的问题，请及时报告最高人民检察院。

6. 最高人民检察院、公安部《关于在严打整治斗争和整顿规范市场经济秩序工作中加强配合加大查办职务犯罪案件工作力度的通知》（2001年7月23日　高检发研字〔2001〕3号）（节录）

三、明确管辖，依法查处有关职务犯罪案件

对于国家机关工作人员组织、领导、参加黑社会性质组织犯罪，包庇、纵容黑社会性质组织犯罪，以及参与实施破坏社会主义市场经济秩序犯罪的案件，由公安机关依法查处。对于国家机关工作人员充当黑恶势力以及破坏社会主义市场经济秩序犯罪的“保护伞”所涉及的贪污贿赂、渎职犯罪案件，由检察机关依法查处。公安机关在严打整治斗争和整顿规范市场经济秩序工作中发现的职务犯罪案件线索，要及时移送检察机关查处。检察机关在查处贪污贿赂、渎职犯罪案件中发现的黑社会性质组织犯罪、破坏社会主义市场经济秩序犯罪等刑事犯罪案件线索，要及时移送公安机关查处。

在案件查处过程中，国家机关工作人员同时涉嫌公安机关管辖的案件和检察机关管辖的案件，以主罪确定由检察机关或者公安机关为主侦查，在侦查过程中公安机关或者检察机关予以配合。对于一时难以分清主罪和从罪的，由最先发现案件线索的检察机关或者公安机关先行侦查，再根据案件具体情况确定主要侦查机关。

四、加强配合，形成打击合力

在查处黑恶势力犯罪、破坏社会主义市场经济秩序犯罪以及职务犯罪案件过程中，检察机关和公安机关要加强配合。公安机关对查处的重大黑恶势力犯罪、破坏社会主义市场经济秩序犯罪案件，可以邀请人民检察院派人参加案件的讨论，确定取证方向。需要补充侦查的，检察机关要提出明确、具体的补充侦查提纲，公安机关要根据检察机关的要求，尽快补充侦查，以保证案件快侦、快诉。公安机关在案件查处过程中发现的职务犯罪案件线索要及时移交检察机关，并配合检察机关对职务犯罪案件的查处工作。检察机关要主动加强与公安机关的联系，对公安机关查处的重大黑恶势力犯罪、破坏社会主义市场经济秩序犯罪案件，要及时主动了解案件情况，参加对重大案件的讨论，认真审查证据，并注意发现有关职务犯罪案件线索。检察机关和公安机关要及时互通有关案件情况和资料信息，并根据查处案件的需要及时进行联系和沟通。必要时可召开联席会议，共同商讨，研究对策，形成打击合力。

7. 最高人民法院、最高人民检察院、公安部、司法部、民政部、总政治部《关于处理移交政府管理的军队离休干部犯罪案件若干问题的规定》（1991 年 10 月 17 日　〔1991〕政法字第 003 号）（节录）

一、案件的管辖与刑罚的执行

已移交政府管理的军队离休干部的犯罪案件，由地方公安机关、人民检察院、人民法院按照案件管辖范围受理。办案中，需要了解其在部队期间有关情况的，原部队应予以协助。对军队和地方互涉的案件，按照最高人民法院、最高人民检察院、公安部、总政治部《关于军队和地方互涉案件几个问题的规定》（〔1982〕政联字 8 号）以及有关的补充规定办理。

上述人员犯罪，被人民法院依法判处有期徒刑、无期徒刑和死刑缓期二年执行的，由司法行政机关指定的地方劳改场所执行；被判处有期徒刑宣告缓刑、拘役、管制、剥夺政治权利的，由公安机关执行。

8. 最高人民检察院《关于加强渎职侵权检察工作的决定》（2000 年 5 月 29 日　高检发〔2000〕17 号）（节录）

一、把加强渎职侵权检察工作摆在检察工作的重要位置来抓

2. 渎职侵权检察工作要本着“开拓、加强、规范、发展”的工作思路，总结以往的成功经验，适应“两法”修改带来的变化，立足于检察机关渎职侵权检察工作的长远发展，在开拓中加强，规范中发展。

3. 渎职侵权检察工作必须：

（1）坚持服从于服务于党和国家工作大局的指导思想；

（2）坚持以事实为根据，以法律为准绳，法律面前人人平等的原则；

（3）坚持上级检察院对下级检察院的领导；

（4）坚持专门机关与群众路线相结合的工作方法；

（5）坚持打防结合、标本兼治的方针。

4. 把依法积极查办案件作为加强渎职侵权检察工作的中心任务。切实做到：把查办渎职侵权犯罪工作摆在突出位置，决不动摇；办案力度必须进一步加大，决不放松；依法从重从严的方针必须长期坚持，决不手软。要突出重点，集中精力查办大案要案。根据党的十五大确定的反腐败总体部署，重点查办党政机关工作人员特别是县处级以上领导干部玩忽职守、滥用职权犯罪案件；司法人员枉法追诉、枉法裁判、刑讯逼供犯罪案件；负有管理市场、维护社会主义市场经济秩序、保护经济安全职责的行政执法人员滥用职权、徇私舞弊不移交刑事案件等犯罪案件；国家机关工作人员利用职权实施的非法拘禁、报复陷害、破坏选举等侵犯公民人身权利和民主权利的犯罪案件。要围绕国企改革和发展、西部大开发等重大战略部署的实施，根据本地实际，突出工作重点，结合办案，积极采取有效措施保护国有资产，在服务大局中发挥职能作用。

5. 大力提高侦查水平。坚持以证据为中心开展侦查工作，适应"两法"修改的要求，在严格办案程序、办案规范、办案纪律的基础上，努力增强侦查意识，善于运用刑事政策，切实讲究侦查艺术。要加强调查研究，重点分析渎职侵权犯罪特别是新领域、新罪名案件的手段、特点和规律，研究对策，摸索经验。对侦查工作中的疑难、复杂问题组织专题研究论证。要加强渎职侵权检察理论研究工作，逐步建立渎职侵权检察理论体系。

6. 切实加强对渎职侵权检察工作的领导。把加大查办渎职侵权犯罪案件工作的力度和打开渎职侵权检察工作局面，作为检验一个检察院工作整体推进的重要标准。各级检察长和主管副检察长要以高度的政治责任感抓好此项工作，及时研究解决工作部署、案件查办、队伍建设、物质保障等重大问题。对重大、疑难案件要亲自指挥协调、督促检查和具体指导，在关键案件、关键问题上发挥组织领导作用。

二、正确履行侦查工作职责

7. 重视案件的初查。初查可根据渎职侵权犯罪案件的特点分别采用不同方式，既可以秘密进行，也可以公开进行。对过失犯罪，或者危害结果比较明确的，可以公开调查。初查严禁对证人、关系人、被调查对象采取强制措施，不得查封、扣押、冻结财产。

初查中，可以请纪检监察、审计等部门配合调查。可以提前介入纪检监察、审计部门的调查工作。

8. 严格执行立案标准。发现有达到立案标准的涉嫌犯罪事实，需要追究刑事责任的；发现或认为造成公共财产、国家和人民利益重大损失是人为责任，有犯罪事实存在的，应当立案。

9. 严格按照刑事诉讼法关于案件管辖的规定办理案件。对涉嫌犯罪的国家机关工作人员同时又在企业、事业单位和其他组织兼职的，应按其犯罪过程中实际起作用的职务认定主体身份，确定案件管辖；对利用何种职务暂时难以确定，但已构成犯罪的，检察机关可先行立案侦查，待查清事实后，再按规定移送管辖。

对属于渎职犯罪案件认定要件的其他刑事犯罪案件，应当按管辖分工移送有关部门查处，涉及渎职犯罪的相关证据的，检察机关可直接进行调查，也可请有关单位、人员协助查证。对公安机关应当立案而不依法立案的案件，要依法通过立案监督程序通知其立案侦查。对重特大渎职犯罪案件所涉及的必须及时查清的案件，经上级检察机关同意，可以并案查处。

国家机关工作人员利用职权实施的其他重大的犯罪案件，需要由人民检察院直接受理的，经省级以上人民检察院决定，可以由人民检察院渎职侵权检察部门立案侦查。

10. 采取强制措施要严格依照法律规定，根据侦查工作需要，适时运用或变更。要树立强制措施是保障刑事诉讼顺利进行的法定手段，是法律规定的重要侦查对策的观念，增强采取强制措施的目的性和针对性。对过失犯罪嫌疑人，认罪态度好，能够积极配合侦查工作的，可以采取监视居住、取保候审强制措施或者不采取强制措施。严禁超期羁押和变相拘禁犯罪嫌疑人。

11. 办案中要依法全面、客观地收集证据，确保证据的合法性。要运用科技手段依法收集和固定证据，为侦查办案服务。

三、建立和完善案件管理体制和工作运行机制

12. 建立高效、协调、规范的侦查指挥协调机制。强化对查办渎职侵权犯罪大案要案工作的统一领导和指挥协调，逐步形成以最高人民检察院为中心的分级负责、逐级领导、信息畅通、指挥有效的侦查工作领导体制。坚持大案要案分级办理，充分发挥上级检察院在侦查工作中的指挥协调作用。上级检察院对重大案件、疑难案件可以交办、提办、参办、督办，对需要若干个检察院共同侦查或者需要并案侦查的重大案件，可以由参办检察院共同的上级检察院成立指挥机构，集中查办。上级检察院要建立办案骨干档案和办案人才库，必要时，统一调配，集中使用，突破大要案和疑难复杂案件。

13. 强化分州市院查办渎职侵权案件的责任和侦查指挥职能，建立以分州市院为“龙头”，县区院为支点的办案体制，形成区域联动，上下一体，指挥有力，协调高效的侦查工作运行机制。

分州市院直接指挥调度所辖县、区内的渎职侵权罪案侦查工作，一般案件可由县区院办理；大要案件、疑难案件可由分州市院直接办理或侦破后交由县区院办理，也可在分州市院的直接指挥调度下由县区院办理。

14. 建立健全渎职侵权犯罪案件备案审查制度。线索受理、初查、立案侦查、侦查终结、处理结果均应按规定向上级院备案。上级检察院收到备案后要及时审查，必要时应当派员指导。发现下级检察院办案中出现的问题和错误，应立即指出、纠正。对瞒案不报、压案不查、该立不立的，要督促；对督促无效的要通报批评。

15. 积极开展主办检察官的试点工作，建立和完善办案责任制。要逐步探索、建立符合渎职侵权案件侦查工作规律和特点，分工明确、权责清晰的办案责任制。要落实错案责任追究制，保障侦查工作依法进行。

16. 建立请求专业协作制度。根据渎职侵权案件涉及法律、法规多，领域广，技术性、专业性强等特点，办案中要争取有关部门和技术力量的协作和支持，可请审计、技术监督、工商、税务、稽核、仲裁等部门专业人员，以及发案单位的纪检监察部门、上级主管部门协助办案，也可向他们咨询，请其出具有关技术性证明。

17. 改革和完善办案考核机制。建立受理、初查、立案、破案、结案等贯穿侦查工作全部

职务犯罪侦查办案一本通

过程的综合业务考核体系，全面准确评价工作业绩。

18. 建立获取渎职侵权犯罪案件线索的信息网络和协作机制。加强渎职侵权检察宣传工作，采取多种形式鼓励公民和单位举报。加强与信访办、纠风办和各新闻单位的联系，建立健全与公安、法院、司法行政、纪检、监察、工商、税务、海关、审计等职能部门的联席会议制度和案件移送制度。

建立检察机关内设机构之间的情况通报、信息共享、线索移送、侦结反馈制度。把诉讼监督与查办渎职侵权犯罪案件工作有机地结合起来，协调配合，共同促进。各内设机构在办案中发现渎职侵权犯罪案件线索的，要及时移送渎职侵权检察部门，也可以共同初查。

19. 坚持检察机关自行侦查案件内部制约制度。严格实行渎职侵权犯罪案件线索管理、案件侦查、审查批捕、审查起诉、申诉复查职能分离。举报中心统一归口接受案件举报材料，对涉嫌渎职侵权犯罪案件的线索要在接受后七日内移送渎职侵权检察部门。对国家机关工作人员同时涉嫌渎职侵权犯罪和其他犯罪，主罪是渎职侵权犯罪的案件线索，应当优先移送渎职侵权检察部门进行初查。渎职侵权检察部门自行发现的案件线索经分管检察长批准，可以直接办理，但应当将案件线索和办理情况向线索管理部门备案。犯罪嫌疑人同时涉嫌贪污贿赂等其他犯罪的，经主管检察长批准，渎职侵权检察部门可以一并侦查。对重大案件的侦查，审查批捕、审查起诉部门可以提前介入，熟悉案情，审查证据，保证案件质量。各部门在案件线索移交和案件管理上要严格执行保密制度。

20. 深化检务公开。实行办案程序、办案标准、办案纪律公开，切实履行法律规定的告知义务。凡公开调查的过失型案件，结案后要向被调查对象及其所在单位通报调查结果，不断探索检务公开的新路子。

21. 完善渎职侵权犯罪预防机制。认真贯彻、落实最高人民检察院《关于加强预防职务犯罪工作的意见》，牢固树立标本兼治的思想，在不断加大查办渎职侵权犯罪案件的同时，重视做好预防工作，积极探索结合办案开展预防的最佳实现形式。根据渎职侵权犯罪所涉部门多数负有社会管理、市场管理职责的特点，要特别注意防止权钱交易和权力滥用，积极开展有针对性的行业预防和专项预防，不断探索犯罪预防的新方法、新措施，逐步形成检察机关与有关部门相互配合，共同预防犯罪的工作机制。要把渎职侵权犯罪预防工作纳入党委和政府的犯罪预防的总体格局之中。

22. 建立健全与纪检监察部门的案件移送和配合协作制度。要积极支持纪委对有关案件的协调，坚持各司其职，各负其责。对纪检监察机关查办的重大违纪违法案件，需要了解情况，熟悉案情的，应当积极介入，但不出具检察院的文书，不动用刑事法律手段。对纪检监察机关移送的涉嫌犯罪案件，要认真进行审查，属于检察机关管辖且符合立案条件的，应及时立案，开展侦查，并注意搞好工作上的衔接。检察机关受理或者立案侦查，尚不构成犯罪或依法作出不起诉决定的案件，认为需要追究党纪政纪责任的，要移送纪检监察机关处理。下级检察院需要提请上级纪委协调时，通过上级检察院办理。

23. 严格执行查办要案的党内请示报告制度。要案的初查需要接触被调查对象的，应向党委主要领导同志报告；立案要向党委请示，同时向上一级检察院报告，上级检察院应当及时进行协调。侦查终结时，案情发生重大变化的，要向党委报告和上级检察院备案。其他重要案件，在查办的同时也要主动争取党委的领导和支持。

坚持向人大报告制度，主动接受监督。渎职侵权检察工作的重大问题，要主动向人大及其常委会报告。对人大及其常委会作出的关于加强渎职侵权检察工作的决定、决议，要认真贯彻。

24. 要加强人权保护方面的国际交流，积极宣传我国在保护人权方面的立场、观点和所取得的成就。

积极开展渎职侵权检察工作的国际司法合作，按照法律和我国缔结或者参加的国际条约，规范涉外取证、缉捕和涉案款物移送等事宜，拓展国际司法合作渠道。

加强同港澳地区司法机关和有关部门的联系与合作。在办理涉港澳地区案件时，要按照国家有关规定办理手续。

9. 最高人民检察院《关于新疆生产建设兵团各级人民检察院案件管辖权的规定》（2001年6月21日　高检发研字〔2001〕2号）

根据《全国人民代表大会常务委员会关于新疆维吾尔自治区生产建设兵团设置人民法院和人民检察院的决定》和《中华人民共和国刑事诉讼法》的规定，现对新疆生产建设兵团各级人民检察院案件管辖作如下规定：

一、兵团所属的国家工作人员职务犯罪案件，属检察机关管辖的，由兵团检察机关立案侦查。

二、兵团各级检察机关的案件管辖范围，由兵团人民检察院依照《刑事诉讼法》、《人民检察院刑事诉讼规则》以及最高人民检察院其他有关案件管辖问题的规定另行规定。

三、兵团检察机关直接立案侦查的案件侦查终结后，依照刑事诉讼法有关管辖的规定，由与审判管辖相适应的兵团检察机关或者地方检察机关审查起诉。

四、对于兵团所属的国家工作人员与地方国家工作人员共同实施的职务犯罪案件，依据主要犯罪地或者在共同犯罪中起主要作用的犯罪嫌疑人工作单位所在地确定侦查管辖。侦查终结后，由与审判管辖相适应的兵团检察机关或者地方检察机关审查起诉。

五、发生在垦区内的案件，由兵团检察机关依照刑事诉讼法关于管辖的规定审查起诉。

六、兵团单位发生贪污贿赂、渎职等职务犯罪案件以外的其他刑事案件，所在城区未设兵团检察分院和基层检察院的，由地方人民检察院依照刑事诉讼法的有关规定审查逮捕、审查起诉。

七、根据宪法和法律关于上级检察机关领导下级检察机关的规定，兵团检察机关与新疆地方检察机关对案件管辖有争议的，由自治区人民检察院决定。

10. 最高人民法院、最高人民检察院、公安部、司法部《关于中国人民武装警察部队人员犯罪案件若干问题的规定》（1987年2月17日　〔87〕公发11号）

各省、自治区、直辖市高级人民法院、人民检察院、公安厅（局）、司法厅（局）：

为了明确中国人民武装警察部队人员犯罪案件的管辖，及时处理案件，加强部队建设，现作如下规定：

一、中国人民武装警察部队（以下简称武警部队）人员（包括干部、战士和在编职工，下同）犯罪案件，由地方县以上公安机关、人民检察院、人民法院管辖。具体案件的管辖分工，按照一九七九年十二月十五日《最高人民法院、最高人民检察院、公安部关于执行刑事诉讼法规定的案件管辖范围的通知》执行。

二、武警部队人员犯罪案件，属于公安机关管辖的，可由武警部队保卫部门负责侦查，需要逮捕、起诉或免予起诉的，由地方县以上公安机关提请或者移送同级人民检察院审查决定；属于人民检察院、人民法院管辖的，武警部队保卫部门应当将有关材料、证据提交受理案件的人民检察院、人民法院。人民检察院或人民法院认为需要对提交的材料、证据作进一步审核的，武警部队保卫部门应积极协助，提供方便。

三、人民法院审理武警部队人员犯罪案件，对于构成军人违反职责罪的，适用《中华人民共和国惩治军人违反职责罪暂行条例》。

四、下级人民法院受理武警部队人员犯罪案件，如涉及重要军事机密的，认为案情重大的，可以请求移送上一级人民法院审理；上级人民法院在必要的时候，也可以审判下级人民法院管辖的第一审武警部队人员犯罪案件。

五、人民法院审理武警部队人员犯罪案件依法应当公开进行的，可以组织武警部队人员出席旁听。需要人民陪审员参加合议庭的，可以从武警部队人员中选派。

六、武警部队人员犯罪，被人民法院判处刑罚，需在监狱或其他劳动改造场所执行的，由司法行政机关指定的场所执行；被判处拘役宣告缓刑、有期徒刑宣告缓刑、管制、剥夺政治权利，没有开除军籍的，由武警部队执行。

七、处理武警部队人员犯罪案件，可以参照人民解放军处理现役军人犯罪案件的有关规定。

11. 最高人民法院、最高人民检察院、公安部、国家安全部、司法部、解放军总政治部《办理军队和地方互涉刑事案件规定》（2009 年 5 月 1 日公布　自 2009 年 8 月 1 日起施行）

第一条　为了规范办理军队和地方互涉刑事案件（以下简称军地互涉案件）工作，依法及时有效打击犯罪，保护国家军事利益，维护军队和社会稳定，根据刑法、刑事诉讼法和其他有关规定，制定本规定。

第二条　本规定适用于下列案件：

（一）军人与地方人员共同犯罪的；

（二）军人在营区外犯罪的；

（三）军人在营区侵害非军事利益犯罪的；

（四）地方人员在营区犯罪的；

（五）地方人员在营区外侵害军事利益犯罪的；

（六）其他需要军队和地方协作办理的案件。

第三条　办理军地互涉案件，应当坚持分工负责、相互配合、及时规范、依法处理的原则。

第四条　对军人的侦查、起诉、审判，由军队保卫部门、军事检察院、军事法院管辖。军队文职人员、非现役公勤人员、在编职工、由军队管理的离退休人员，以及执行军事任务的预备役人员和其他人员，按照军人确定管辖。

对地方人员的侦查、起诉、审判，由地方公安机关、国家安全机关、人民检察院、人民法院管辖。列入中国人民武装警察部队序列的公安边防、消防、警卫部队人员，按照地方人员确定管辖。

第五条　发生在营区的案件，由军队保卫部门或者军事检察院立案侦查；其中犯罪嫌疑人不明确且侵害非军事利益的，由军队保卫部门或者军事检察院与地方公安机关或者国家安全机关、人民检察院，按照管辖分工共同组织侦查，查明犯罪嫌疑人属于本规定第四条第二款规定管辖的，移交地方公安机关或者国家安全机关、人民检察院处理。

发生在营区外的案件，由地方公安机关或者国家安全机关、人民检察院立案侦查；查明犯罪嫌疑人属于本规定第四条第一款规定管辖的，移交军队保卫部门或者军事检察院处理。

第六条 军队和地方共同使用的营房、营院、机场、码头等区域发生的案件，发生在军队管理区域的，按照本规定第五条第一款的规定办理；发生在地方管理区域的，按照本规定第五条第二款的规定办理。管理区域划分不明确的，由军队和地方主管机关协商办理。

军队在地方国家机关和单位设立的办公场所、对外提供服务的场所、实行物业化管理的住宅小区，以及在地方执行警戒勤务任务的部位、住处发生的案件，按照本规定第五条第二款的规定办理。

第七条 军人入伍前涉嫌犯罪需要依法追究刑事责任的，由地方公安机关、国家安全机关、人民检察院提供证据材料，送交军队军级以上单位保卫部门、军事检察院审查后，移交地方公安机关、国家安全机关、人民检察院处理。

军人退出现役后，发现其在服役期内涉嫌犯罪的，由地方公安机关、国家安全机关、人民检察院处理；但涉嫌军人违反职责罪的，由军队保卫部门、军事检察院处理。

第八条 军地互涉案件管辖不明确的，由军队军区级以上单位保卫部门、军事检察院、军事法院与地方省级公安机关、国家安全机关、人民检察院、人民法院协商确定管辖；管辖有争议或者情况特殊的案件，由总政治部保卫部与公安部、国家安全部协商确定，或者由解放军军事检察院、解放军军事法院报请最高人民检察院、最高人民法院指定管辖。

第九条 军队保卫部门、军事检察院、军事法院和地方公安机关、国家安全机关、人民检察院、人民法院对于军地互涉案件的报案、控告、举报或者犯罪嫌疑人自首的，都应当接受。对于不属于自己管辖的，应当移送主管机关处理，并通知报案人、控告人、举报人；对于不属于自己管辖而又必须采取紧急措施的，应当先采取紧急措施，然后移送主管机关处理。

第十条 军人在营区外作案被当场抓获或者有重大犯罪嫌疑的，地方公安机关、国家安全机关、人民检察院可以对其采取紧急措施，二十四小时内通知军队有关部门，及时移交军队保卫部门、军事检察院处理；地方人员在营区作案被当场抓获或者有重大犯罪嫌疑的，军队保卫部门、军事检察院可以对其采取紧急措施，二十四小时内移交地方公安机关、国家安全机关、人民检察院处理。

第十一条 地方人员涉嫌非法生产、买卖军队制式服装，伪造、盗窃、买卖或者非法提供、使用军队车辆号牌等专用标志，伪造、变造、买卖或者盗窃、抢夺军队公文、证件、印章，非法持有属于军队绝密、机密的文件、资料或者其他物品，冒充军队单位和人员犯罪等被军队当场查获的，军队保卫部门可以对其采取紧急措施，核实身份后二十四小时内移交地方公安机关处理。

第十二条 军队保卫部门、军事检察院办理案件，需要在营区外采取侦查措施的，应当通报地方公安机关、国家安全机关、人民检察院，地方公安机关、国家安全机关、人民检察院应当协助实施。

地方公安机关、国家安全机关、人民检察院办理案件，需要在营区采取侦查措施的，应当通报军队保卫部门、军事检察院，军队保卫部门、军事检察院应当协助实施。

第十三条 军队保卫部门、军事检察院、军事法院和地方公安机关、国家安全机关、人民检察院、人民法院相互移交案件时，应当将有关证据材料和赃款赃物等随案移交。

军队保卫部门、军事检察院、军事法院和地方公安机关、国家安全机关、人民检察院、人民法院依法获取的证据材料、制作的法律文书等，具有同等法律效力。

第十四条　军队保卫部门、军事检察院、军事法院和地方公安机关、国家安全机关、人民检察院、人民法院办理案件，经军队军区级以上单位保卫部门、军事检察院、军事法院与地方省级以上公安机关、国家安全机关、人民检察院、人民法院协商同意后，可以凭相关法律手续相互代为羁押犯罪嫌疑人、被告人。

第十五条　军队保卫部门、军事检察院、军事法院和地方公安机关、国家安全机关、人民检察院、人民法院对共同犯罪的军人和地方人员分别侦查、起诉、审判的，应当及时协调，依法处理。

第十六条　军人因犯罪被判处刑罚并开除军籍的，除按照有关规定在军队执行刑罚的以外，移送地方执行刑罚。

地方人员被军事法院判处刑罚的，除掌握重要军事秘密的以外，移送地方执行刑罚。

军队和地方需要相互代为对罪犯执行刑罚、调整罪犯关押场所的，由总政治部保卫部与司法部监狱管理部门或者公安部、国家安全部监所管理部门协商同意后，凭相关法律手续办理。

第十七条　战时发生的侵害军事利益或者危害军事行动安全的军地互涉案件，军队保卫部门、军事检察院可先行对涉嫌犯罪的地方人员进行必要的调查和采取相应的强制措施。查清主要犯罪事实后，移交地方公安机关、国家安全机关、人民检察院处理。

第十八条　军队保卫部门、军事检察院、军事法院和地方公安机关、国家安全机关、人民检察院、人民法院应当建立健全办案协作机制，加强信息通报、技术支持和协作配合。

第十九条　本规定所称军人，是指中国人民解放军的现役军官、文职干部、士兵及具有军籍的学员和中国人民武装警察部队的现役警官、文职干部、士兵及具有军籍的学员；军人身份自批准入伍之日获取，批准退出现役之日终止。

第二十条　本规定所称营区，是指由军队管理使用的区域，包括军事禁区、军事管理区，以及军队设立的临时驻地等。

第二十一条　中国人民武装警察部队（除公安边防、消防、警卫部队外）保卫部门、军事检察院、军事法院办理武警部队与地方互涉刑事案件，适用本规定。

第二十二条　本规定自2009年8月1日起施行。1982年11月25日最高人民法院、最高人民检察院、公安部、总政治部《关于军队和地方互涉案件几个问题的规定》和1987年12月21日最高人民检察院、公安部、总政治部《关于军队和地方互涉案件侦查工作的补充规定》同时废止。

二、受　　案

从程序上讲，受案是立案程序的一个环节。在检察环节，受案主要是指检察机关对案件材料的接受。在实际操作层面上，受案有单独的程序要求。

在受案环节，举报是检察机关案件材料的重要来源，举报工作应当遵循下列原则：(1) 依靠群众，方便群众；(2) 依法、及时、高效；(3) 统一管理，归口办理，分级负责；(4) 严格保密，保护公民合法权益；(5) 加强内部配合与制约，接受社会监督。

【主要程序】

1. 案件材料的来源

检察机关案件材料的来源主要包括：(1) 单位和个人的报案或举报；(2) 被害人的报案或控告；(3) 犯罪人的自首；(4) 检察机关办案过程中主动发现的线索；(5) 发案单位移交的涉嫌犯罪的线索；(6) 监察机关、公安机关、人民法院、人大等移送的案件线索；(7) 上级检察机关或领导交办的案件线索；(8) 党的纪检部门移送的案件线索；(9) 其他来源。

2. 受案部门

各级人民检察院应当设立举报中心负责举报工作。举报中心与控告检察部门合署办公，控告检察部门主要负责人兼任举报中心主任，地市级以上人民检察院配备一名专职副主任。有条件的地方，可以单设举报中心。

人民检察院举报中心统一受理举报和犯罪嫌疑人投案自首。

人民检察院举报中心负责统一管理举报线索。本院检察长、其他部门或者人员接收的职务犯罪案件线索，应当自收到之日起七日以内移送举报中心。

侦查部门自行发现的案件线索和有关机关或者部门移送人民检察院审查是否立案的案件线索，由侦查部门审查。

3. 对报案、举报、控告、自首的受理

(1) 对于报案、举报、控告、自首的一般受理

人民检察院对于报案、控告、举报以及犯罪人的自首，都应当接受。对于不属于本院管辖的有关犯罪的报案、控告、举报和自首，也应当接受。

报案、控告、举报可以用书面或者口头提出。接受口头报案、控告、举报的工作人员，应当写成笔录，经宣读无误后，由报案人、控告人、举报人签名或者盖章。

接受控告、举报的工作人员，应当向控告人、举报人说明诬告应负的法律责任。但是，只要不是捏造事实，伪造证据，即使控告、举报的事实有出入，甚至是错告的，也要和诬告严格加以区别。

举报中心对于所接受的举报线索，应当逐件登记举报人和被举报人的基本情况、举报的主要内容和办理情况。对于当面举报和电话举报，应当制作举报笔录，必要时可以录音。

对署名书面举报，经审查认为内容不清的，可约举报人面谈或者补充材料。

对于自首，应当制作自首笔录，由自首人在笔录上逐页签名或者盖章。

（2）举报人权利和注意事项的告知

人民检察院应当告知举报人享有以下权利：

①申请回避。举报人发现举报中心的工作人员有法定回避情形的，有权申请其回避。

②查询结果。举报人在举报后一定期限内没有得到答复时，有权向受理举报的人民检察院询问，要求给予答复。

③申诉复议。举报人对人民检察院对其举报事实作出不予立案决定后，有权就该不立案决定向上一级人民检察院提出申诉。举报人是受害人的，可以向作出该不立案决定的人民检察院申请复议。

④请求保护。举报人举报后，如果人身、财产安全受到威胁，有权请求人民检察院予以保护。

⑤获得奖励。举报人举报后，对符合奖励条件的，有权根据规定请求精神、物质奖励。

⑥法律法规规定的其他权利。

人民检察院应当告知举报人如实举报，依照法律规定，不得故意捏造事实，伪造证据，诬告陷害他人。

（3）对于举报线索的受理

①受理程序公开：各级人民检察院应当设立专门的举报接待场所，向社会公布通信地址、邮政编码、举报电话号码、举报网址、接待时间和地点、举报线索的处理程序以及查询举报线索处理情况和结果的方式等相关事项。

②走访举报：对以走访形式初次举报的以及职务犯罪嫌疑人投案自首的，举报中心应当指派 2 名以上工作人员专门接待，问明情况，并制作笔录，经核对无误后，由举报人、自首人签名、捺指印，必要时，经举报人、自首人同意，可以录音、录像；对举报人、自首人提供的有关证据材料、物品等应当登记，制作接受证据（物品）清单，并由举报人、自首人签名，必要时予以拍照，并妥善保管。

举报人提出预约接待要求的，经举报中心负责人批准，人民检察院可以指派 2 名以上工作人员在约定的时间到举报人认为合适的地方接谈。

对采用集体走访形式举报同一职务犯罪行为的，应当要求举报人推选代表，代表人数一般不超过 5 人。

③信函举报：对采用信函形式举报的，工作人员应当在专门场所进行拆阅。启封时，应当保持邮票、邮戳、邮编、地址和信封内材料的完整。

④传真举报：对采用传真形式举报的，参照《人民检察院举报工作规定》的相关规定办理。

⑤网络举报：对通过 12309 举报网站或者人民检察院门户网站进行举报的，

工作人员应当及时下载举报内容并导入举报线索处理系统。举报内容应当保持原始状态，不得作任何文字处理。

⑥电话举报：对采用电话形式举报的，工作人员应当准确、完整地记录举报人的姓名、地址、电话和举报内容。举报人不愿提供姓名等个人信息的，应当尊重举报人的意愿。

⑦举报材料的补充：有联系方式的举报人提供的举报材料内容不清的，有管辖权的人民检察院举报中心应当在接到举报材料后7日以内与举报人联系，建议举报人补充有关材料。

⑧紧急情形的处理：第19条反映被举报人有下列情形之一，必须采取紧急措施的，举报中心工作人员应当在接收举报后立即提出处理意见并层报检察长审批：A. 正在预备犯罪、实行犯罪或者在犯罪后即时被发觉的；B. 企图自杀或者逃跑的；C. 有毁灭、伪造证据或者串供可能的；D. 其他需要采取紧急措施的。

⑨线索管辖：职务犯罪举报线索实行分级管辖。上级人民检察院可以直接受理由下级人民检察院管辖的举报线索，经检察长批准，也可以将本院管辖的举报线索交由下级人民检察院办理。

下级人民检察院接收到上级人民检察院管辖的举报线索，应当层报上级人民检察院处理。收到同级人民检察院管辖的举报线索，应当及时移送有管辖权的人民检察院处理。

举报线索一般由被举报人工作单位所在地人民检察院管辖。认为由被举报犯罪地人民检察院管辖更为适宜的，可以由被举报犯罪地人民检察院管辖。

几个同级人民检察院都有权管辖的，由最初受理的人民检察院管辖。在必要的时候，可以移送主要犯罪地的人民检察院管辖。对管辖权有争议的，由其共同的上一级人民检察院指定管辖。

⑩检察长接待：除举报中心专职工作人员日常接待之外，各级人民检察院实行检察长和有关侦查部门负责人定期接待举报制度。接待时间和地点应当向社会公布。

⑪举报事故处理：对以举报为名阻碍检察机关工作人员依法执行公务，扰乱检察机关正常工作秩序的，应当进行批评教育，情节严重的，应当依照有关法律规定处理。

4. 举报线索的管理

（1）人民检察院举报中心负责统一管理举报线索。本院检察长、其他部门或者人员接收的职务犯罪案件线索，应当自收到之日起7日以内移送举报中心。

侦查部门自行发现的案件线索和有关机关或者部门移送人民检察院审查是否立案的案件线索，由侦查部门审查。

（2）人民检察院对于直接受理的要案线索实行分级备案的管理制度。县、处级干部的要案线索一律报省级人民检察院举报中心备案，其中涉嫌犯罪数额特别巨大或者犯罪后果特别严重的，层报最高人民检察院举报中心备案；厅、局级以上干部的要案线索一律报最高人民检察院举报中心备案。

（3）要案线索的备案，应当逐案填写要案线索备案表。备案应当在受理后7日以内办理；情况紧急的，应当在备案之前及时报告。

接到备案的上级人民检察院举报中心对于备案材料应当及时审查，如果有不同意见，应当在10日以内将审查意见通知报送备案的下级人民检察院。

（4）举报中心应当建立举报线索数据库，指定专人将举报人和被举报人的基本情况、举报线索的主要内容以及办理情况等逐项录入专用计算机。

多次举报的举报线索，有新的举报内容的，应当在案卡中补充完善，及时移送有关部门；没有新的举报内容的，应当在案卡中记录举报时间，标明举报次数，每月将重复举报情况通报有关部门。

（5）举报中心应当每半年清理一次举报线索，对线索的查办和反馈情况进行分析，查找存在问题，及时改进工作，完善管理制度。

（6）举报中心应当定期对举报线索进行分类统计，综合分析群众反映强烈的突出问题以及群众举报的特点和规律，提出工作意见和建议，向上级人民检察院举报中心和本院检察长报告。

5. 举报线索的审查处理

（1）举报中心对接收的举报线索，应当确定专人进行审查，根据举报线索的具体情况和管辖规定，自收到举报线索之日起7日以内作出以下处理：

①属于本院管辖的，依法受理并分别移送本院有关部门办理；属于人民检察院管辖但不属于本院管辖的，移送有管辖权的人民检察院办理。

②不属于人民检察院管辖的，移送有管辖权的机关处理，并且通知举报人、自首人；不属于人民检察院管辖又必须采取紧急措施的，应当先采取紧急措施，然后移送主管机关。

③属于性质不明难以归口的，应当进行必要的调查核实，查明情况后3日以内移送有管辖权的机关或者部门办理。

（2）侦查部门收到举报中心移送的举报线索，应当在3个月以内将处理情况回复举报中心；下级人民检察院接到上级人民检察院移送的举报材料后，应当在3个月以内将处理情况回复上级人民检察院举报中心。

（3）侦查部门应当在规定时间内书面回复查办结果。回复文书应当包括下列内容：

①举报人反映的主要问题；

②查办的过程；

③作出结论的事实依据和法律依据。

举报中心收到回复文书后应当及时审查，认为处理不当的，提出处理意见报检察长审批。

（4）上级人民检察院举报中心可以代表本院向下级人民检察院交办举报线索。

举报中心对移送本院有关部门和向下级人民检察院交办的举报线索，可以采取实地督办、网络督办、电话督办、情况通报等方式进行督办。

下级人民检察院举报中心负责管理上级人民检察院举报中心交办的举报线索。接到上级人民检察院交办的举报线索后，应当在3日以内提出处理意见，报检察长审批。

对上级人民检察院交办的举报线索，承办人民检察院应当在3个月以内办结。情况复杂，确需延长办理期限的，经检察长批准，可以延长3个月。延期办理的，由举报中心向上级人民检察院举报中心报告进展情况，并说明延期理由。法律另有规定的，从其规定。

办案部门应当在规定期限内办理上级人民检察院交办的举报线索，并向举报中心书面回复办理结果。回复办理结果应当包括举报事项、办理过程、认定的事实和证据、处理情况和法律依据以及执法办案风险评估情况等。举报中心应当制作交办案件查处情况报告，以本院名义报上一级人民检察院举报中心审查。

交办案件查处情况报告应当包括下列内容：①案件来源；②举报人、被举报人的基本情况及反映的主要问题；③查办过程；④认定的事实和证据；⑤处理情况和法律依据；⑥实名举报的答复情况。

上级人民检察院举报中心收到下级人民检察院交办案件查处情况报告后，应当认真审查。对事实清楚、处理适当的，予以结案；对事实不清，证据不足，定性不准，处理不当的，提出意见，退回下级人民检察院重新办理。必要时可以派员或者发函督办。

（5）举报中心对性质不明难以归口、检察长批交的举报线索应当进行初核。

对群众多次举报未查处的举报线索，可以要求侦查部门说明理由，认为理由不充分的，可以提出处理意见，报检察长决定。

对举报线索进行初核，应当经举报中心负责人审核后，报检察长批准。

初核一般应当在2个月以内终结。案情复杂或者有其他特殊情况需要延长初核期限的，应当经检察长批准，但最长不得超过3个月。

初核终结后，承办人员应当制作《初核终结报告》，根据初核查明的事实和证据，区分不同情形提出处理意见，经举报中心负责人审核后，报检察长决定：

①认为举报的犯罪事实属于检察机关管辖的，移送有管辖权的人民检察院处理；属于本院管辖的，移送本院侦查部门办理；

②认为举报的事实不属于检察机关管辖的，移送有管辖权的机关处理；

③认为举报所涉犯罪事实不存在，或者具有刑事诉讼法第15条规定的情形之一，不需要追究刑事责任的，终结初核并答复举报人。需要追究纪律责任的，移送纪检监察机关或者有关单位处理。

在作出初核结论10日以内，承办人员应当填写《举报线索初核情况备案表》，经举报中心负责人批准后，报上一级人民检察院举报中心备案。

上一级人民检察院举报中心认为处理不当的，应当在收到备案材料后10日以内通知下级人民检察院纠正。

6. 不立案举报线索审查

（1）举报人不服侦查部门的不立案决定向人民检察院反映，具有下列情形之一的，举报中心应当对不立案举报线索进行审查，但依照规定属于侦查部门和侦查监督部门办理的除外：

①举报中心移送到侦查部门，经侦查部门初查后决定不予立案的；

②领导机关或者本院领导批示由举报中心审查的。

（2）审查不立案举报线索，原则上由同级人民检察院举报中心进行。同级人民检察院举报中心认为由上一级人民检察院举报中心审查更为适宜的，应当提请上一级人民检察院举报中心审查。上一级人民检察院举报中心认为有必要审查下级人民检察院侦查部门的不予立案举报线索的，可以决定审查。

（3）审查不立案举报线索的范围应当仅限于原举报内容。对审查期间举报人提供的新的职务犯罪线索，举报中心应当及时移送有管辖权的人民检察院侦查部门审查办理。

（4）审查期间，举报人对不立案决定不服申请复议的，控告检察部门应当受理，并根据事实和法律进行审查，可以要求举报人提供有关材料。认为需要侦查部门说明不立案理由的，应当及时将案件移送侦查监督部门办理。

举报人申请复议，不影响对不立案举报线索的审查。但承办人认为需要中止审查的，经举报中心负责人批准，可以中止审查。

中止审查后，举报人对复议结果不服的理由成立，继续审查有必要的，不立案举报线索审查应当继续进行。

（5）不立案举报线索审查终结后，应当制作审查报告，提出处理意见。

（6）举报中心审查不立案举报线索，应当自收到侦查部门决定不予立案回复文书之日起一个月以内办结；情况复杂，期满不能办结的，经举报中心负责人批准，可以延长两个月。

（7）举报中心审查不立案举报线索，应当在办结后7日以内向上一级人民检察院举报中心备案。

对侦查部门重新作出立案决定的，举报中心应当将审查报告、立案决定书等相关文书，在立案后十日以内报上一级人民检察院举报中心备案。

（8）举报人不服下级人民检察院复议决定提出的申诉，上一级人民检察院控告检察部门应当受理，并根据事实和法律进行审查，可以要求举报人提供有关材料，认为需要侦查部门说明不立案理由的，应当及时将案件移送侦查监督部门办理。

7. 举报答复

（1）实名举报应当逐件答复。除联络方式不详无法联络的以外，应当将处理情况和办理结果及时答复举报人。

（2）对采用走访形式举报的，应当当场答复是否受理；不能当场答复的，应当自接待举报人之日起15日以内答复。

（3）答复可以采取口头、书面或者其他适当的方式。口头答复的，应当制作答复笔录，载明答复的时间、地点、参加人及答复内容、举报人对答复的意见等。书面答复的，应当制作答复函。邮寄答复函时不得使用有人民检察院字样的信封。

（4）人民检察院举报中心和侦查部门共同负责做好实名举报答复工作。

8. 举报人保护

（1）各级人民检察院应当采取下列保密措施：①举报线索由专人录入专用计算机，加密码严格管理，未经检察长批准，其他工作人员不得查看。②举报材料应当放置于保密场所，保密场所应当配备保密设施。未经许可，无关人员不得进入保密场所。③向检察长报送举报线索时，应当将相关材料用机要袋密封，并填写机要编号，由检察长亲自拆封。④严禁泄露举报内容以及举报人姓名、住址、电话等个人信息，严禁将举报材料转给被举报人或者被举报单位。⑤调查核实情况时，严禁出示举报线索原件或者复印件；除侦查工作需要外，严禁对匿名举报线索材料进行笔迹鉴定。⑥其他应当采取的保密措施。

（2）举报中心应当指定专人负责受理网上举报，严格管理举报网站服务器的用户名和密码，并适时更换。利用检察专线网处理举报线索的计算机应当与互联网实行物理隔离。通过网络联系、答复举报人时，应当核对密码，答复时不得涉及举报具体内容。

（3）受理实名举报后，应当对举报风险进行评估，必要时应当制定举报人保护预案，预防和处置打击报复实名举报人的行为。

（4）举报人向人民检察院实名举报后，在人身、财产安全受到威胁向人民检察院求助时，举报中心或者侦查部门应当迅速查明情况，向检察长报告。认为威胁确实存在的，应当及时通知当地公安机关；情况紧急的，应当先指派法警采取人身保护的临时措施保护举报人，并及时通知当地公安机关。

（5）举报人确有必要在诉讼中作证时，应当采取以下保护措施：①不公开真实姓名、住址和工作单位等个人信息；②采取不暴露外貌、真实声音等出庭作证措施；③禁止特定的人员接触举报人及其近亲属；④对举报人人身和住宅采取专门性保护措施；⑤其他必要的保护措施。

（6）对打击报复或者指使他人打击报复举报人及其近亲属的，经调查核实，应当视情节轻重分别作出处理：①尚未构成犯罪的，提出检察建议，移送主管机关或者部门处理；②构成犯罪的，依法追究刑事责任。

（7）对举报人因受打击报复，造成人身伤害或者名誉损害、财产损失的，应当支持其依法提出赔偿请求。

9. 举报奖励

（1）举报线索经查证属实，被举报人构成犯罪的，应当对积极提供举报线索、协助侦破案件有功的举报人给予一定的精神及物质奖励。

（2）人民检察院应当根据犯罪性质、犯罪数额和举报材料价值确定奖励金额。每案奖金数额一般不超过20万元。举报人有重大贡献的，经省级人民检察院批准，可以在20万元以上给予奖励，最高金额不超过50万元。有特别重大贡献的，经最高人民检察院批准，不受上述数额的限制。

（3）奖励举报有功人员，一般应当在判决或者裁定生效后进行。

奖励情况适时向社会公布。涉及举报有功人员的姓名、单位等个人信息的，应当征得举报人同意。

（4）符合奖励条件的举报人在案件查处期间死亡、被宣告死亡或者丧失行为能力的，检察机关应当给予依法确定的继承人或者监护人相应的举报奖励。

（5）举报奖励工作由举报中心具体承办。

10. 举报失实的澄清

（1）经查证举报失实，具有下列情形之一并且被举报人提出澄清要求或者虽未提出澄清要求，但本院认为有必要予以澄清的，在征求被举报人同意后，应当报请检察长批准，由侦查部门以适当方式澄清事实：①造成较大社会影响的；②因举报失实影响被举报人正常工作、生产、生活的。

（2）举报失实澄清应当在初查终结后1个月以内进行。举报中心开展举报线索不立案审查或者复议的，应当在审查或者复议结论作出后10个工作日以内进行。侦查监督部门开展不立案监督的，应当在监督程序完成后10个工作日以内进行。

（3）举报失实澄清应当在被举报人单位、居住地所在社区、承办案件的人民检察院或者被举报人同意的其他地点进行。

（4）举报失实澄清可以采取以下方式：①向被举报人所在单位、上级主管部门通报；②在一定范围内召开澄清通报会；③被举报人接受的其他澄清方式。

11. 责任追究

（1）举报中心在举报线索管理工作中，发现检察人员有违法违纪行为的，应当提出建议，连同有关材料移送本院纪检监察部门处理。

（2）具有下列情形之一，对直接负责的主管人员和其他直接责任人员，依照检察人员纪律处分条例等有关规定给予纪律处分；构成犯罪的，依法追究刑事责任：

①利用举报线索进行敲诈勒索、索贿受贿的；

②滥用职权，擅自处理举报线索的；

③徇私舞弊、玩忽职守，造成重大损失的；

④为压制、迫害、打击报复举报人提供便利的；

⑤私存、扣压、隐匿或者遗失举报线索的；

⑥违反举报人保护规定，故意泄露举报人姓名、地址、电话或者举报内容等，或者将举报材料转给被举报人、被举报单位的，或者应当制定举报人保护预案、采取保护措施而未制定或者采取，导致举报人受打击报复的；

⑦故意拖延，查处举报线索超出规定期限，造成严重后果的；

⑧隐瞒、谎报、未按规定期限上报重大举报信息，造成严重后果的。

【注意事项】

1. 严格遵守保密制度

（1）举报材料是在检察工作中产生的国家秘密和工作秘密，必须严格按照国家和最高人民检察院有关保密规定办理。

（2）举报的受理、登记、转办、保管等各个环节，都应当严格保密，要严防泄露或者遗失。办案人员不得私自摘抄、复制、扣压、销毁举报材料。

（3）不得泄露举报人的姓名、工作单位、家庭住址等情况；严禁将举报材料和举报人的有关情况透露或者转给被举报单位和被举报人。

（4）调查核实情况时，不得出示举报材料原件或者复印件，不得暴露举报人；对匿名信函除侦查工作需要外，不准鉴定笔迹。

（5）宣传报道和奖励举报有功人员，除本人同意外，不得公开举报人的姓名、单位。

2. 注意区分错告和诬告

只要不是捏造事实，伪造证据，即使举报、控告内容与事实有出入，甚至是错告的，也要和诬告严格加以区别。只有利用举报捏造事实，伪造证据，诬告陷害他人构成犯罪的，才依法追究刑事责任。

3. 提供相应的便利条件

人民检察院应当为举报人提供相应的便利条件。接谈举报人可以在举报人认为方便的地方进行，除设置举报接待室、举报箱、举报专用电话外，还可以创造其他便利条件。

4. 及时回避

检察人员在受理举报和办理案件过程中，发现有《刑事诉讼法》第28条或者第29条规定的情形之一的，应当自行提出回避；没有自行提出回避的，人民检察院应当按照《人民检察院刑事诉讼规则（试行）》第23条的规定决定其回避，当事人及其法定代理人有权要求其回避。

检察人员自行回避的，可以口头或者书面提出，并说明理由。口头提出申请的，应当记录在案。

应当回避的人员，本人没有自行回避，当事人和他们的法定代理人也没有申请其回避的，检察长或者检察委员会应当决定其回避。

关于回避的规定，适用于书记员、司法警察和人民检察院聘请或者指派的翻译人员、鉴定人。书记员、司法警察和人民检察院聘请或者指派的翻译人员、鉴定人的回避由检察长决定。

5. 防止无理取闹

对以举报为名无理取闹的人，要坚持原则，进行批评教育。对严重妨碍检察工作人员履行公务，扰乱检察机关正常工作秩序的，应当依照法律或者有关规定处理。

【办案依据】

1.《中华人民共和国刑事诉讼法（2012年修正）》（节录）

第十八条　刑事案件的侦查由公安机关进行，法律另有规定的除外。

贪污贿赂犯罪，国家工作人员的渎职犯罪，国家机关工作人员利用职权实施的非法拘禁、刑讯逼供、报复陷害、非法搜查的侵犯公民人身权利的犯罪以及侵犯公民民主权利的犯罪，由人民检察院立案侦查。对于国家机关工作人员利用职权实施的其他重大的犯罪案件，需要由人民检察院直接受理的时候，经省级以上人民检察院决定，可以由人民检察院立案侦查。

自诉案件，由人民法院直接受理。

第二十八条　审判人员、检察人员、侦查人员有下列情形之一的，应当自行回避，当事人及其法定代理人也有权要求他们回避：

（一）是本案的当事人或者是当事人的近亲属的；

（二）本人或者他的近亲属和本案有利害关系的；

（三）担任过本案的证人、鉴定人、辩护人、诉讼代理人的；

（四）与本案当事人有其他关系，可能影响公正处理案件的。

第二十九条　审判人员、检察人员、侦查人员不得接受当事人及其委托的人的请客送礼，不得违反规定会见当事人及其委托的人。

审判人员、检察人员、侦查人员违反前款规定的，应当依法追究法律责任。当事人及其法定代理人有权要求他们回避。

第三十条　审判人员、检察人员、侦查人员的回避，应当分别由院长、检察长、公安机关负责人决定；院长的回避，由本院审判委员会决定；检察长和公安机关负责人的回避，由同级人民检察院检察委员会决定。

对侦查人员的回避作出决定前，侦查人员不能停止对案件的侦查。

对驳回申请回避的决定，当事人及其法定代理人可以申请复议一次。

第三十一条 本章关于回避的规定适用于书记员、翻译人员和鉴定人。

辩护人、诉讼代理人可以依照本章的规定要求回避、申请复议。

第一百零七条 公安机关或者人民检察院发现犯罪事实或者犯罪嫌疑人，应当按照管辖范围，立案侦查。

第一百零八条 任何单位和个人发现有犯罪事实或者犯罪嫌疑人，有权利也有义务向公安机关、人民检察院或者人民法院报案或者举报。

被害人对侵犯其人身、财产权利的犯罪事实或者犯罪嫌疑人，有权向公安机关、人民检察院或者人民法院报案或者控告。

公安机关、人民检察院或者人民法院对于报案、控告、举报，都应当接受。对于不属于自己管辖的，应当移送主管机关处理，并且通知报案人、控告人、举报人；对于不属于自己管辖而又必须采取紧急措施的，应当先采取紧急措施，然后移送主管机关。

犯罪人向公安机关、人民检察院或者人民法院自首的，适用第三款规定。

第一百零九条 报案、控告、举报可以用书面或者口头提出。接受口头报案、控告、举报的工作人员，应当写成笔录，经宣读无误后，由报案人、控告人、举报人签名或者盖章。

接受控告、举报的工作人员，应当向控告人、举报人说明诬告应负的法律责任。但是，只要不是捏造事实，伪造证据，即使控告、举报的事实有出入，甚至是错告的，也要和诬告严格加以区别。

公安机关、人民检察院或者人民法院应当保障报案人、控告人、举报人及其近亲属的安全。报案人、控告人、举报人如果不愿公开自己的姓名和报案、控告、举报的行为，应当为他保守秘密。

第一百一十条 人民法院、人民检察院或者公安机关对于报案、控告、举报和自首的材料，应当按照管辖范围，迅速进行审查，认为有犯罪事实需要追究刑事责任的时候，应当立案；认为没有犯罪事实，或者犯罪事实显著轻微，不需要追究刑事责任的时候，不予立案，并且将不立案的原因通知控告人。控告人如果不服，可以申请复议。

2. 最高人民法院、最高人民检察院、公安部、国家安全部、司法部、全国人大常委会法制工作委员会《关于实施刑事诉讼法若干问题的规定》（2012年12月26日）（节录）

一、管辖

1. 公安机关侦查刑事案件涉及人民检察院管辖的贪污贿赂案件时，应当将贪污贿赂案件移送人民检察院；人民检察院侦查贪污贿赂案件涉及公安机关管辖的刑事案件，应当将属于公安机关管辖的刑事案件移送公安机关。在上述情况中，如果涉嫌主罪属于公安机关管辖，由公安机关为主侦查，人民检察院予以配合；如果涉嫌主罪属于人民检察院管辖，由人民检察院为主侦查，公安机关予以配合。

2. 刑事诉讼法第二十四条中规定："刑事案件由犯罪地的人民法院管辖。"刑事诉讼法规定的"犯罪地"，包括犯罪的行为发生地和结果发生地。

3. 具有下列情形之一的，人民法院、人民检察院、公安机关可以在其职责范围内并案处理：

（一）一人犯数罪的；

（二）共同犯罪的；

（三）共同犯罪的犯罪嫌疑人、被告人还实施其他犯罪的；

（四）多个犯罪嫌疑人、被告人实施的犯罪存在关联，并案处理有利于查明案件事实的。

3.《人民检察院刑事诉讼规则（试行）》（2012年10月16日由最高人民检察院第十一届检察委员会第八十次会议第二次修订）（节录）

第十一条 对于根据本规则第九条规定立案侦查的案件，应当根据案件性质，由人民检察院负责侦查的部门进行侦查。

报送案件的具体手续由发现案件线索的业务部门办理。

第十二条 人民检察院侦查直接受理的刑事案件涉及公安机关管辖的刑事案件，应当将属于公安机关管辖的刑事案件移送公安机关。在上述情况中，如果涉嫌主罪属于公安机关管辖，由公安机关为主侦查，人民检察院予以配合；如果涉嫌主罪属于人民检察院管辖，由人民检察院为主侦查，公安机关予以配合。

对于一人犯数罪、共同犯罪、多个犯罪嫌疑人实施的犯罪相互关联，并案处理有利于查明案件事实和诉讼进行的，人民检察院可以对相关犯罪案件并案处理。

第二十条 检察人员在受理举报和办理案件过程中，发现有刑事诉讼法第二十八条或者第二十九条规定的情形之一的，应当自行提出回避；没有自行提出回避的，人民检察院应当按照本规则第二十四条的规定决定其回避，当事人及其法定代理人有权要求其回避。

第二十一条 检察人员自行回避的，可以口头或者书面提出，并说明理由。口头提出申请的，应当记录在案。

第二十二条 人民检察院应当告知当事人及其法定代理人有依法申请回避的权利，并告知办理相关案件检察人员、书记员等的姓名、职务等有关情况。

第二十三条 当事人及其法定代理人的回避要求，应当书面或者口头向人民检察院提出，并说明理由；根据刑事诉讼法第二十九条的规定提出回避申请的，应当提供有关证明材料。人民检察院经过审查或者调查，符合回避条件的，应当作出回避决定；不符合回避条件的，应当驳回申请。

第二十四条 检察长的回避，由检察委员会讨论决定。检察委员会讨论检察长回避问题时，由副检察长主持，检察长不得参加。其他检察人员的回避，由检察长决定。

第二十五条 当事人及其法定代理人要求公安机关负责人回避，应当向公安机关同级的人民检察院提出，由检察长提交检察委员会讨论决定。

第二十六条 应当回避的人员，本人没有自行回避，当事人及其法定代理人也没有申请其回避的，检察长或者检察委员会应当决定其回避。

第二十七条 人民检察院作出驳回申请回避的决定后，应当告知当事人及其法定代理人如不服本决定，有权在收到驳回申请回避的决定书后五日以内向原决定机关申请复议一次。

第二十八条 当事人及其法定代理人对驳回申请回避的决定不服申请复议的，决定机关应当在三日以内作出复议决定并书面通知申请人。

第二十九条 人民检察院直接受理案件的侦查人员或者进行补充侦查的人员在回避决定作出以前或者复议期间，不得停止对案件的侦查。

第三十条 参加过本案侦查的侦查人员，不得承办本案的审查逮捕、起诉和诉讼监督工作。

第三十一条 因符合刑事诉讼法第二十八条或者第二十九条规定的情形之一而回避的检察人员，在回避决定作出以前所取得的证据和进行的诉讼行为是否有效，由检察委员会或者检察长根据案件具体情况决定。

第三十二条 本章所称检察人员，包括人民检察院检察长、副检察长、检察委员会委员、检察员和助理检察员。

第三十三条 本规则关于回避的规定，适用于书记员、司法警察和人民检察院聘请或者指派的翻译人员、鉴定人。

书记员、司法警察和人民检察院聘请或者指派的翻译人员、鉴定人的回避由检察长决定。

辩护人、诉讼代理人可以依照刑事诉讼法及本规则关于回避的规定要求回避、申请复议。

第一百五十二条 对于侦查机关、下级人民检察院移送的审查逮捕、审查起诉、延长侦查羁押期限、申请强制医疗、申请没收违法所得、提出或者提请抗诉、报请指定管辖等案件，由人民检察院案件管理部门统一受理。对人民检察院管辖的其他案件，需要由案件管理部门受理的，可以由案件管理部门受理。

第一百五十三条 人民检察院案件管理部门受理案件时，应当接收案卷材料，并立即审查下列内容：

（一）依据移送的法律文书载明的内容确定案件是否属于本院管辖；

（二）案卷材料是否齐备、规范，符合有关规定的要求；

（三）移送的款项或者物品与移送清单是否相符；

（四）犯罪嫌疑人是否在案以及采取强制措施的情况。

第一百五十四条 案件管理部门对接收的案卷材料审查后，认为具备受理条件的，应当及时进行登记，并立即将案卷材料和案件受理登记表移送相关办案部门办理。

经审查，认为案卷材料不齐备的，应当及时要求移送案件的单位补送相关材料。对于案卷装订不符合要求的，应当要求移送案件的单位重新装订后移送。

对于移送审查起诉的案件，如果犯罪嫌疑人在逃的，应当要求公安机关采取措施保证犯罪嫌疑人到案后再移送审查起诉。共同犯罪案件中部分犯罪嫌疑人在逃的，对在案的犯罪嫌疑人的审查起诉应当依法进行。

第一百五十五条 侦查机关送达的执行情况回执和人民法院送达的判决书、裁定书等法律文书，由案件管理部门负责接收。案件管理部门应当即时登记，并及时移送相关办案部门。

第一百五十六条 人民检察院办理直接立案侦查的案件，移送审查逮捕、审查起诉的，按照本规则第一百五十二条至第一百五十四条的规定办理。

第一百五十七条 人民检察院控告检察部门或者举报中心统一受理报案、控告、举报、申诉和犯罪嫌疑人投案自首，并根据具体情况和管辖规定，在七日以内作出以下处理：

（一）属于人民检察院管辖的，按照相关规定移送本院有关部门或者其他人民检察院办理；

（二）不属于人民检察院管辖的，移送有管辖权的机关处理，并且通知报案人、控告人、举报人、自首人。对于不属于人民检察院管辖又必须采取紧急措施的，应当先采取紧急措施，然后移送主管机关；

（三）对案件事实或者线索不明的，应当进行必要的调查核实，收集相关材料，查明情况后及时移送有管辖权的机关或者部门办理。

控告检察部门或者举报中心可以向下级人民检察院交办控告、申诉、举报案件，交办举报线索前应当向有关侦查部门通报，交办函及有关材料复印件应当转送本院有关侦查部门。控告检察部门或者举报中心对移送本院有关部门和向下级人民检察院交办的案件，应当依照有关规定进行督办。

第一百五十八条 控告检察部门或者举报中心对于以走访形式的报案、控告、举报和犯罪嫌疑人投案自首，应当指派两名以上工作人员接待，问明情况，并制作笔录，经核对无误后，由报案人、控告人、举报人、自首人签名、捺指印，必要时可以录音、录像；对报案人、控告人、举报人、自首人提供的有关证据材料、物品等应当登记，制作接受证据（物品）清单，并由报案人、控告人、举报人、自首人签名，必要时予以拍照，并妥善保管。

第一百五十九条 接受控告、举报的检察人员，应当告知控告人、举报人如实控告、举报和捏造、歪曲事实应当承担的法律责任。

第一百六十条 办案部门应当在规定期限内办理案件，并向控告检察部门或者举报中心书面回复办理结果。回复办理结果应当包括控告、申诉或举报事项、办理过程、认定的事实和证据、处理情况和法律依据以及执法办案风险评估情况等。

第一百六十一条 人民检察院举报中心负责统一管理举报线索。本院其他部门或者人员对所接受的犯罪案件线索，应当在七日以内移送举报中心。

有关机关或者部门移送人民检察院审查是否立案的案件线索和人民检察院侦查部门发现的案件线索，由侦查部门自行审查。

第一百六十二条 控告检察部门或者举报中心对于不愿公开姓名和举报行为的举报人，应当为其保密。

第一百六十三条 人民检察院对于直接受理的要案线索实行分级备案的管理制度。县、处级干部的要案线索一律报省级人民检察院举报中心备案，其中涉嫌犯罪数额特别巨大或者犯罪后果特别严重的，层报最高人民检察院举报中心备案；厅、局级以上干部的要案线索一律报最高人民检察院举报中心备案。

要案线索是指依法由人民检察院直接立案侦查的县、处级以上干部犯罪的案件线索。

第一百六十四条 要案线索的备案，应当逐案填写要案线索备案表。备案应当在受理后七日以内办理；情况紧急的，应当在备案之前及时报告。

接到备案的上级人民检察院举报中心对于备案材料应当及时审查，如果有不同意见，应当在十日以内将审查意见通知报送备案的下级人民检察院。

第一百六十五条 侦查部门收到举报中心移送的举报线索，应当在三个月以内将处理情况回复举报中心；下级人民检察院接到上级人民检察院移送的举报材料后，应当在三个月以内将处理情况回复上级人民检察院举报中心。情况复杂逾期不能办结的，报检察长批准，可以适当延长办理期限。

第一百六十六条 举报中心应当对作出不立案决定的举报线索进行审查，认为不立案决定错误的，应当提出意见报检察长决定。如果符合立案条件的，应当立案侦查。

举报中心审查不立案举报线索，应当在收到侦查部门决定不予立案回复文书之日起一个月以内办结；情况复杂，逾期不能办结的，经举报中心负责人批准，可以延长二个月。

侦查部门对决定不予立案的举报线索，应当在一个月以内退回举报中心。

第一百六十七条 举报中心对性质不明难以归口、检察长批交的举报线索应当进行初核。对群众多次举报未查处的举报线索，可以要求侦查部门说明理由，认为理由不充分的，报检察长决定。

4.《人民检察院举报工作规定》（1996年7月18日最高人民检察院检察委员会第五十八次会议通过，2009年4月8日最高人民检察院第十一届检察委员会第十一次会议修订，2014年7月21日最高人民检察院第十二届检察委员会第二十五次会议第二次修订）

第一章 总 则

第一条 为了进一步规范人民检察院举报工作，保障举报工作顺利开展，根据《中华人民共和国刑事诉讼法》等有关法律的规定，制定本规定。

第二条 人民检察院依法受理涉嫌贪污贿赂犯罪，国家工作人员的渎职犯罪，国家机关工作人员利用职权实施的非法拘禁、刑讯逼供、报复陷害、非法搜查的侵犯公民人身权利的犯罪以及侵犯公民民主权利的犯罪的举报。

第三条 人民检察院举报工作的主要任务是，受理、审查举报线索，答复、保护、奖励举报人，促进职务犯罪查办工作，保障反腐败工作顺利进行。

第四条 各级人民检察院应当设立举报中心负责举报工作。

举报中心与控告检察部门合署办公，控告检察部门主要负责人兼任举报中心主任，地市级以上人民检察院配备一名专职副主任。

有条件的地方，可以单设举报中心。

第五条 举报工作应当遵循下列原则：

（一）依靠群众，方便举报；

（二）依法、及时、高效；

（三）统一管理，归口办理，分级负责；

（四）严格保密，保护公民合法权益；

（五）加强内部配合与制约，接受社会监督。

第六条 人民检察院应当采取多种形式，充分利用现代信息技术，开展举报宣传。

第七条 任何公民、法人和其他组织依法向人民检察院举报职务犯罪行为，其合法权益受到法律的保护。人民检察院鼓励依法实名举报。

使用真实姓名或者单位名称举报，有具体联系方式并认可举报行为的，属于实名举报。

第八条 人民检察院应当告知举报人享有以下权利：

（一）申请回避。举报人发现举报中心的工作人员有法定回避情形的，有权申请其回避。

（二）查询结果。举报人在举报后一定期限内没有得到答复时，有权向受理举报的人民检察院询问，要求给予答复。

（三）申诉复议。举报人对人民检察院对其举报事实作出不予立案决定后，有权就该不立案决定向上一级人民检察院提出申诉。举报人是受害人的，可以向作出该不立案决定的人民检察院申请复议。

（四）请求保护。举报人举报后，如果人身、财产安全受到威胁，有权请求人民检察院予以保护。

（五）获得奖励。举报人举报后，对符合奖励条件的，有权根据规定请求精神、物质奖励。

（六）法律法规规定的其他权利。

第九条　人民检察院应当告知举报人如实举报，依照法律规定，不得故意捏造事实，伪造证据，诬告陷害他人。

第十条　人民检察院应当加强信息化建设，建立和完善举报信息系统，逐步实现上下级人民检察院之间、部门之间举报信息的互联互通，提高举报工作效率和管理水平。

第十一条　人民检察院应当加强与纪检监察机关、审判机关、行政执法机关的联系与配合，建立和完善举报材料移送制度。

第二章　举报线索的受理

第十二条　人民检察院举报中心统一受理举报和犯罪嫌疑人投案自首。

第十三条　各级人民检察院应当设立专门的举报接待场所，向社会公布通信地址、邮政编码、举报电话号码、举报网址、接待时间和地点、举报线索的处理程序以及查询举报线索处理情况和结果的方式等相关事项。

第十四条　对以走访形式初次举报的以及职务犯罪嫌疑人投案自首的，举报中心应当指派两名以上工作人员专门接待，问明情况，并制作笔录，经核对无误后，由举报人、自首人签名、捺指印，必要时，经举报人、自首人同意，可以录音、录像；对举报人、自首人提供的有关证据材料、物品等应当登记，制作接受证据（物品）清单，并由举报人、自首人签名，必要时予以拍照，并妥善保管。

举报人提出预约接待要求的，经举报中心负责人批准，人民检察院可以指派两名以上工作人员在约定的时间到举报人认为合适的地方接谈。

对采用集体走访形式举报同一职务犯罪行为的，应当要求举报人推选代表，代表人数一般不超过五人。

第十五条　对采用信函形式举报的，工作人员应当在专门场所进行拆阅。启封时，应当保持邮票、邮戳、邮编、地址和信封内材料的完整。

对采用传真形式举报的，参照前款规定办理。

第十六条　对通过12309举报网站或者人民检察院门户网站进行举报的，工作人员应当及时下载举报内容并导入举报线索处理系统。举报内容应当保持原始状态，不得作任何文字处理。

第十七条　对采用电话形式举报的，工作人员应当准确、完整地记录举报人的姓名、地址、电话和举报内容。举报人不愿提供姓名等个人信息的，应当尊重举报人的意愿。

第十八条　有联系方式的举报人提供的举报材料内容不清的，有管辖权的人民检察院举报中心应当在接到举报材料后七日以内与举报人联系，建议举报人补充有关材料。

第十九条　反映被举报人有下列情形之一，必须采取紧急措施的，举报中心工作人员应当在接收举报后立即提出处理意见并层报检察长审批：

（一）正在预备犯罪、实行犯罪或者在犯罪后即时被发觉的；

（二）企图自杀或者逃跑的；

（三）有毁灭、伪造证据或者串供可能的；

（四）其他需要采取紧急措施的。

第二十条　职务犯罪举报线索实行分级管辖。上级人民检察院可以直接受理由下级人民检察院管辖的举报线索，经检察长批准，也可以将本院管辖的举报线索交由下级人民检察院办理。

下级人民检察院接收到上级人民检察院管辖的举报线索，应当层报上级人民检察院处理。收到同级人民检察院管辖的举报线索，应当及时移送有管辖权的人民检察院处理。

第二十一条 举报线索一般由被举报人工作单位所在地人民检察院管辖。认为由被举报犯罪地人民检察院管辖更为适宜的，可以由被举报犯罪地人民检察院管辖。

几个同级人民检察院都有权管辖的，由最初受理的人民检察院管辖。在必要的时候，可以移送主要犯罪地的人民检察院管辖。对管辖权有争议的，由其共同的上一级人民检察院指定管辖。

第二十二条 除举报中心专职工作人员日常接待之外，各级人民检察院实行检察长和有关侦查部门负责人定期接待举报制度。接待时间和地点应当向社会公布。

第二十三条 对以举报为名阻碍检察机关工作人员依法执行公务，扰乱检察机关正常工作秩序的，应当进行批评教育，情节严重的，应当依照有关法律规定处理。

第三章 举报线索的管理

第二十四条 人民检察院举报中心负责统一管理举报线索。本院检察长、其他部门或者人员接收的职务犯罪案件线索，应当自收到之日起七日以内移送举报中心。

侦查部门自行发现的案件线索和有关机关或者部门移送人民检察院审查是否立案的案件线索，由侦查部门审查。

第二十五条 人民检察院对于直接受理的要案线索实行分级备案的管理制度。县、处级干部的要案线索一律报省级人民检察院举报中心备案，其中涉嫌犯罪数额特别巨大或者犯罪后果特别严重的，层报最高人民检察院举报中心备案；厅、局级以上干部的要案线索一律报最高人民检察院举报中心备案。

第二十六条 要案线索的备案，应当逐案填写要案线索备案表。备案应当在受理后七日以内办理；情况紧急的，应当在备案之前及时报告。

接到备案的上级人民检察院举报中心对于备案材料应当及时审查，如果有不同意见，应当在十日以内将审查意见通知报送备案的下级人民检察院。

第二十七条 举报中心应当建立举报线索数据库，指定专人将举报人和被举报人的基本情况、举报线索的主要内容以及办理情况等逐项录入专用计算机。

多次举报的举报线索，有新的举报内容的，应当在案卡中补充完善，及时移送有关部门；没有新的举报内容的，应当在案卡中记录举报时间，标明举报次数，每月将重复举报情况通报有关部门。

第二十八条 举报中心应当每半年清理一次举报线索，对线索的查办和反馈情况进行分析，查找存在问题，及时改进工作，完善管理制度。

第二十九条 举报中心应当定期对举报线索进行分类统计，综合分析群众反映强烈的突出问题以及群众举报的特点和规律，提出工作意见和建议，向上级人民检察院举报中心和本院检察长报告。

第四章 举报线索的审查处理

第三十条 举报中心对接收的举报线索，应当确定专人进行审查，根据举报线索的具体情况和管辖规定，自收到举报线索之日起七日以内作出以下处理：

（一）属于本院管辖的，依法受理并分别移送本院有关部门办理；属于人民检察院管辖但不属于本院管辖的，移送有管辖权的人民检察院办理。

（二）不属于人民检察院管辖的，移送有管辖权的机关处理，并且通知举报人、自首人；不属于人民检察院管辖又必须采取紧急措施的，应当先采取紧急措施，然后移送主管机关。

（三）属于性质不明难以归口的，应当进行必要的调查核实，查明情况后三日以内移送有管辖权的机关或者部门办理。

第三十一条 侦查部门收到举报中心移送的举报线索，应当在三个月以内将处理情况回复举报中心；下级人民检察院接到上级人民检察院移送的举报材料后，应当在三个月以内将处理情况回复上级人民检察院举报中心。

第三十二条 侦查部门应当在规定时间内书面回复查办结果。回复文书应当包括下列内容：

（一）举报人反映的主要问题；

（二）查办的过程；

（三）作出结论的事实依据和法律依据。

举报中心收到回复文书后应当及时审查，认为处理不当的，提出处理意见报检察长审批。

第三十三条 举报中心对移送侦查部门的举报线索，应当加强管理、监督和跟踪。

第三十四条 上级人民检察院举报中心可以代表本院向下级人民检察院交办举报线索。

第三十五条 举报中心对移送本院有关部门和向下级人民检察院交办的举报线索，可以采取实地督办、网络督办、电话督办、情况通报等方式进行督办。

第三十六条 下级人民检察院举报中心负责管理上级人民检察院举报中心交办的举报线索。接到上级人民检察院交办的举报线索后，应当在三日以内提出处理意见，报检察长审批。

第三十七条 对上级人民检察院交办的举报线索，承办人民检察院应当在三个月以内办结。情况复杂，确需延长办理期限的，经检察长批准，可以延长三个月。延期办理的，由举报中心向上级人民检察院举报中心报告进展情况，并说明延期理由。法律另有规定的，从其规定。

第三十八条 办案部门应当在规定期限内办理上级人民检察院交办的举报线索，并向举报中心书面回复办理结果。回复办理结果应当包括举报事项、办理过程、认定的事实和证据、处理情况和法律依据以及执法办案风险评估情况等。举报中心应当制作交办案件查处情况报告，以本院名义报上一级人民检察院举报中心审查。

第三十九条 交办案件查处情况报告应当包括下列内容：

（一）案件来源；

（二）举报人、被举报人的基本情况及反映的主要问题；

（三）查办过程；

（四）认定的事实和证据；

（五）处理情况和法律依据；

（六）实名举报的答复情况。

第四十条 上级人民检察院举报中心收到下级人民检察院交办案件查处情况报告后，应当认真审查。对事实清楚、处理适当的，予以结案；对事实不清，证据不足，定性不准，处理不当的，提出意见，退回下级人民检察院重新办理。必要时可以派员或者发函督办。

第四十一条 举报中心对性质不明难以归口、检察长批交的举报线索应当进行初核。

对群众多次举报未查处的举报线索，可以要求侦查部门说明理由，认为理由不充分的，可以提出处理意见，报检察长决定。

第四十二条 对举报线索进行初核，应当经举报中心负责人审核后，报检察长批准。

第四十三条 初核一般应当在两个月以内终结。案情复杂或者有其他特殊情况需要延长初核期限的，应当经检察长批准，但最长不得超过三个月。

第四十四条 初核终结后，承办人员应当制作《初核终结报告》，根据初核查明的事实和证据，区分不同情形提出处理意见，经举报中心负责人审核后，报检察长决定：

（一）认为举报的犯罪事实属于检察机关管辖的，移送有管辖权的人民检察院处理；属于本院管辖的，移送本院侦查部门办理；

（二）认为举报的事实不属于检察机关管辖的，移送有管辖权的机关处理；

（三）认为举报所涉犯罪事实不存在，或者具有刑事诉讼法第十五条规定的情形之一，不需要追究刑事责任的，终结初核并答复举报人。需要追究纪律责任的，移送纪检监察机关或者有关单位处理。

第四十五条 在作出初核结论十日以内，承办人员应当填写《举报线索初核情况备案表》，经举报中心负责人批准后，报上一级人民检察院举报中心备案。

上一级人民检察院举报中心认为处理不当的，应当在收到备案材料后十日以内通知下级人民检察院纠正。

第五章 不立案举报线索审查

第四十六条 举报人不服侦查部门的不立案决定向人民检察院反映，具有下列情形之一的，举报中心应当对不立案举报线索进行审查，但依照规定属于侦查部门和侦查监督部门办理的除外：

（一）举报中心移送到侦查部门，经侦查部门初查后决定不予立案的；

（二）领导机关或者本院领导批示由举报中心审查的。

第四十七条 审查不立案举报线索，原则上由同级人民检察院举报中心进行。

同级人民检察院举报中心认为由上一级人民检察院举报中心审查更为适宜的，应当提请上一级人民检察院举报中心审查。

上一级人民检察院举报中心认为有必要审查下级人民检察院侦查部门的不予立案举报线索的，可以决定审查。

第四十八条 审查不立案举报线索的范围应当仅限于原举报内容。对审查期间举报人提供的新的职务犯罪线索，举报中心应当及时移送有管辖权的人民检察院侦查部门审查办理。

第四十九条 审查期间，举报人对不立案决定不服申请复议的，控告检察部门应当受理，并根据事实和法律进行审查，可以要求举报人提供有关材料。认为需要侦查部门说明不立案理由的，应当及时将案件移送侦查监督部门办理。

举报人申请复议，不影响对不立案举报线索的审查。但承办人认为需要中止审查的，经举报中心负责人批准，可以中止审查。

中止审查后，举报人对复议结果不服的理由成立，继续审查有必要的，不立案举报线索审查应当继续进行。

第五十条 不立案举报线索审查终结后，应当制作审查报告，提出处理意见。

第五十一条 举报中心审查不立案举报线索，应当自收到侦查部门决定不予立案回复文书之日起一个月以内办结；情况复杂，期满不能办结的，经举报中心负责人批准，可以延长两个月。

第五十二条　举报中心审查不立案举报线索，应当在办结后七日以内向上一级人民检察院举报中心备案。

对侦查部门重新作出立案决定的，举报中心应当将审查报告、立案决定书等相关文书，在立案后十日以内报上一级人民检察院举报中心备案。

第五十三条　举报人不服下级人民检察院复议决定提出的申诉，上一级人民检察院控告检察部门应当受理，并根据事实和法律进行审查，可以要求举报人提供有关材料，认为需要侦查部门说明不立案理由的，应当及时将案件移送侦查监督部门办理。

第六章　举报答复

第五十四条　实名举报应当逐件答复。除联络方式不详无法联络的以外，应当将处理情况和办理结果及时答复举报人。

第五十五条　对采用走访形式举报的，应当当场答复是否受理；不能当场答复的，应当自接待举报人之日起十五日以内答复。

第五十六条　答复可以采取口头、书面或者其他适当的方式。口头答复的，应当制作答复笔录，载明答复的时间、地点、参加人及答复内容、举报人对答复的意见等。书面答复的，应当制作答复函。邮寄答复函时不得使用有人民检察院字样的信封。

第五十七条　人民检察院举报中心和侦查部门共同负责做好实名举报答复工作。

第七章　举报人保护

第五十八条　各级人民检察院应当依法保护举报人及其近亲属的安全和合法权益。

第五十九条　各级人民检察院应当采取下列保密措施：

（一）举报线索由专人录入专用计算机，加密码严格管理，未经检察长批准，其他工作人员不得查看。

（二）举报材料应当放置于保密场所，保密场所应当配备保密设施。未经许可，无关人员不得进入保密场所。

（三）向检察长报送举报线索时，应当将相关材料用机要袋密封，并填写机要编号，由检察长亲自拆封。

（四）严禁泄露举报内容以及举报人姓名、住址、电话等个人信息，严禁将举报材料转给被举报人或者被举报单位。

（五）调查核实情况时，严禁出示举报线索原件或者复印件；除侦查工作需要外，严禁对匿名举报线索材料进行笔迹鉴定。

（六）其他应当采取的保密措施。

第六十条　举报中心应当指定专人负责受理网上举报，严格管理举报网站服务器的用户名和密码，并适时更换。

利用检察专线网处理举报线索的计算机应当与互联网实行物理隔离。

通过网络联系、答复举报人时，应当核对密码，答复时不得涉及举报具体内容。

第六十一条　人民检察院受理实名举报后，应当对举报风险进行评估，必要时应当制定举报人保护预案，预防和处置打击报复实名举报人的行为。

第六十二条　举报人向人民检察院实名举报后，在人身、财产安全受到威胁向人民检察院求助时，举报中心或者侦查部门应当迅速查明情况，向检察长报告。认为威胁确实存在的，应当及时通知当地公安机关；情况紧急的，应当先指派法警采取人身保护的临时措施保护举报人，并及时通知当地公安机关。

第六十三条 举报人确有必要在诉讼中作证时，应当采取以下保护措施：

（一）不公开真实姓名、住址和工作单位等个人信息；

（二）采取不暴露外貌、真实声音等出庭作证措施；

（三）禁止特定的人员接触举报人及其近亲属；

（四）对举报人人身和住宅采取专门性保护措施；

（五）其他必要的保护措施。

第六十四条 对打击报复或者指使他人打击报复举报人及其近亲属的，经调查核实，应当视情节轻重分别作出处理：

（一）尚未构成犯罪的，提出检察建议，移送主管机关或者部门处理；

（二）构成犯罪的，依法追究刑事责任。

第六十五条 对举报人因受打击报复，造成人身伤害或者名誉损害、财产损失的，应当支持其依法提出赔偿请求。

第八章 举报奖励

第六十六条 举报线索经查证属实，被举报人构成犯罪的，应当对积极提供举报线索、协助侦破案件有功的举报人给予一定的精神及物质奖励。

第六十七条 人民检察院应当根据犯罪性质、犯罪数额和举报材料价值确定奖励金额。每案奖金数额一般不超过二十万元。举报人有重大贡献的，经省级人民检察院批准，可以在二十万元以上给予奖励，最高金额不超过五十万元。有特别重大贡献的，经最高人民检察院批准，不受上述数额的限制。

第六十八条 奖励举报有功人员，一般应当在判决或者裁定生效后进行。

奖励情况适时向社会公布。涉及举报有功人员的姓名、单位等个人信息的，应当征得举报人同意。

第六十九条 符合奖励条件的举报人在案件查处期间死亡、被宣告死亡或者丧失行为能力的，检察机关应当给予依法确定的继承人或者监护人相应的举报奖励。

第七十条 举报奖励工作由举报中心具体承办。

第九章 举报失实的澄清

第七十一条 人民检察院应当遵照实事求是、依法稳妥的原则，开展举报失实澄清工作。

第七十二条 经查证举报失实，具有下列情形之一并且被举报人提出澄清要求或者虽未提出澄清要求，但本院认为有必要予以澄清的，在征求被举报人同意后，应当报请检察长批准，由侦查部门以适当方式澄清事实：

（一）造成较大社会影响的；

（二）因举报失实影响被举报人正常工作、生产、生活的。

第七十三条 举报失实澄清应当在初查终结后一个月以内进行。举报中心开展举报线索不立案审查或者复议的，应当在审查或者复议结论作出后十个工作日以内进行。侦查监督部门开展不立案监督的，应当在监督程序完成后十个工作日以内进行。

第七十四条 举报失实澄清应当在被举报人单位、居住地所在社区、承办案件的人民检察院或者被举报人同意的其他地点进行。

第七十五条　举报失实澄清可以采取以下方式：

（一）向被举报人所在单位、上级主管部门通报；

（二）在一定范围内召开澄清通报会；

（三）被举报人接受的其他澄清方式。

第十章　责任追究

第七十六条　举报中心在举报线索管理工作中，发现检察人员有违法违纪行为的，应当提出建议，连同有关材料移送本院纪检监察部门处理。

第七十七条　具有下列情形之一，对直接负责的主管人员和其他直接责任人员，依照检察人员纪律处分条例等有关规定给予纪律处分；构成犯罪的，依法追究刑事责任：

（一）利用举报线索进行敲诈勒索、索贿受贿的；

（二）滥用职权，擅自处理举报线索的；

（三）徇私舞弊、玩忽职守，造成重大损失的；

（四）为压制、迫害、打击报复举报人提供便利的；

（五）私存、扣压、隐匿或者遗失举报线索的；

（六）违反举报人保护规定，故意泄露举报人姓名、地址、电话或者举报内容等，或者将举报材料转给被举报人、被举报单位的，或者应当制定举报人保护预案、采取保护措施而未制定或者采取，导致举报人受打击报复的；

（七）故意拖延，查处举报线索超出规定期限，造成严重后果的；

（八）隐瞒、谎报、未按规定期限上报重大举报信息，造成严重后果的。

第十一章　附　　则

第七十八条　本规定自公布之日起施行。最高人民检察院此前发布的有关举报工作的规定与本规定不一致的，适用本规定。

第七十九条　本规定由最高人民检察院负责解释。

5. 最高人民检察院、全国整顿和规范市场经济秩序领导小组办公室、公安部、监察部《关于在行政执法中及时移送涉嫌犯罪案件的意见》（2006 年 1 月 26 日　高检会〔2006〕2 号）（节录）

一、行政执法机关在查办案件过程中，对符合刑事追诉标准、涉嫌犯罪的案件，应当制作《涉嫌犯罪案件移送书》，及时将案件向同级公安机关移送，并抄送同级人民检察院。对未能及时移送并已作出行政处罚的涉嫌犯罪案件，行政执法机关应当于作出行政处罚十日以内向同级公安机关、人民检察院抄送《行政处罚决定书》副本，并书面告知相关权利人。

现场查获的涉案货值或者案件其他情节明显达到刑事追诉标准、涉嫌犯罪的，应当立即移送公安机关查处。

二、任何单位和个人发现行政执法机关不按规定向公安机关移送涉嫌犯罪案件，向公安机关、人民检察院、监察机关或者上级行政执法机关举报的，公安机关、人民检察院、监察机关或者上级行政执法机关应当根据有关规定及时处理，并向举报人反馈处理结果。

三、人民检察院接到控告、举报或者发现行政执法机关不移送涉嫌犯罪案件，经审查或者调查后认为情况基本属实的，可以向行政执法机关查询案件情况、要求行政执法机关提供有关案件材料或者派员查阅案卷材料，行政执法机关应当配合。确属应当移送公安机关而不移送的，人民检察院应当向行政执法机关提出移送的书面意见，行政执法机关应当移送。

四、行政执法机关在查办案件过程中，应当妥善保存案件的相关证据。对易腐烂、变质、灭失等不宜或者不易保管的涉案物品，应当采取必要措施固定证据；对需要进行检验、鉴定的涉案物品，应当由有关部门或者机构依法检验、鉴定，并出具检验报告或者鉴定结论。

行政执法机关向公安机关移送涉嫌犯罪的案件，应当附涉嫌犯罪案件的调查报告、涉案物品清单、有关检验报告或者鉴定结论及其他有关涉嫌犯罪的材料。

五、对行政执法机关移送的涉嫌犯罪案件，公安机关应当及时审查，自受理之日起十日以内作出立案或者不立案的决定；案情重大、复杂的，可以在受理之日起三十日以内作出立案或者不立案的决定。公安机关作出立案或者不立案决定，应当书面告知移送案件的行政执法机关、同级人民检察院及相关权利人。

公安机关对不属于本机关管辖的案件，应当在二十四小时以内转送有管辖权的机关，并书面告知移送案件的行政执法机关、同级人民检察院及相关权利人。

六、行政执法机关对公安机关决定立案的案件，应当自接到立案通知书之日起三日以内将涉案物品以及与案件有关的其他材料移送公安机关，并办理交接手续；法律、行政法规另有规定的，依照其规定办理。

七、行政执法机关对公安机关不立案决定有异议的，在接到不立案通知书后的三日以内，可以向作出不立案决定的公安机关提请复议，也可以建议人民检察院依法进行立案监督。

公安机关接到行政执法机关提请复议书后，应当在三日以内作出复议决定，并书面告知提请复议的行政执法机关。行政执法机关对公安机关不立案的复议决定仍有异议的，可以在接到复议决定书后的三日以内，建议人民检察院依法进行立案监督。

八、人民检察院接到行政执法机关提出的对涉嫌犯罪案件进行立案监督的建议后，应当要求公安机关说明不立案理由，公安机关应当在七日以内向人民检察院作出书面说明。对公安机关的说明，人民检察院应当进行审查，必要时可以进行调查，认为公安机关不立案理由成立的，应当将审查结论书面告知提出立案监督建议的行政执法机关；认为公安机关不立案理由不能成立的，应当通知公安机关立案。公安机关接到立案通知书后应当在十五日以内立案，同时将立案决定书送达人民检察院，并书面告知行政执法机关。

九、公安机关对发现的违法行为，经审查，没有犯罪事实，或者立案侦查后认为犯罪情节显著轻微，不需要追究刑事责任，但依法应当追究行政责任的，应当及时将案件移送行政执法机关，有关行政执法机关应当依法作出处理，并将处理结果书面告知公安机关和人民检察院。

十、行政执法机关对案情复杂、疑难，性质难以认定的案件，可以向公安机关、人民检察院咨询，公安机关、人民检察院应当认真研究，在七日以内回复意见。对有证据表明可能涉嫌犯罪的行为人可能逃匿或者销毁证据，需要公安机关参与、配合的，行政执法机关可以商请公安机关提前介入，公安机关可以派员介入。对涉嫌犯罪的，公安机关应当及时依法立案侦查。

十一、对重大、有影响的涉嫌犯罪案件，人民检察院可以根据公安机关的请求派员介入公安机关的侦查，参加案件讨论，审查相关案件材料，提出取证建议，并对侦查活动实施法律监督。

十二、行政执法机关在依法查处违法行为过程中，发现国家工作人员贪污贿赂或者国家机关工作人员渎职等违纪、犯罪线索的，应当根据案件的性质，及时向监察机关或者人民检察院移送。监察机关、人民检察院应当认真审查，依纪、依法处理，并将处理结果书面告知移送案件线索的行政执法机关。

十三、监察机关依法对行政执法机关查处违法案件和移送涉嫌犯罪案件工作进行监督，发现违纪、违法问题的，依照有关规定进行处理。发现涉嫌职务犯罪的，应当及时移送人民检察院。

十四、人民检察院依法对行政执法机关移送涉嫌犯罪案件情况实施监督，发现行政执法人员徇私舞弊，对依法应当移送的涉嫌犯罪案件不移送，情节严重，构成犯罪的，应当依照刑法有关的规定追究其刑事责任。

十五、国家机关工作人员以及在依照法律、法规规定行使国家行政管理职权的组织中从事公务的人员，或者在受国家机关委托代表国家机关行使职权的组织中从事公务的人员，或者虽未列入国家机关人员编制但在国家机关中从事公务的人员，利用职权干预行政执法机关和公安机关执法，阻挠案件移送和刑事追诉，构成犯罪的，人民检察院应当依照刑法关于渎职罪的规定追究其刑事责任。国家行政机关和法律、法规授权的具有管理公共事务职能的组织以及国家行政机关依法委托的组织及其工勤人员以外的工作人员，利用职权干预行政执法机关和公安机关执法，阻挠案件移送和刑事追诉，构成违纪的，监察机关应当依法追究其纪律责任。

十六、在查办违法犯罪案件工作中，公安机关、监察机关、行政执法机关和人民检察院应当建立联席会议、情况通报、信息共享等机制，加强联系，密切配合，各司其职，相互制约，保证准确有效地执行法律。

十七、本意见所称行政执法机关，是指依照法律、法规或者规章的规定，对破坏社会主义市场经济秩序、妨害社会管理秩序以及其他违法行为具有行政处罚权的行政机关，以及法律、法规授权的具有管理公共事务职能、在法定授权范围内实施行政处罚的组织，不包括公安机关、监察机关。

6.《关于人民检察院办理直接受理立案侦查案件实行内部制约的若干规定》（2004 年 6 月 24 日　高检发〔2004〕12 号）（节录）

第二条　人民检察院对贪污贿赂、渎职侵权等犯罪案件的受理、立案侦查、审查逮捕、审查起诉等工作由不同内设机构承办，实行分工负责、互相配合、互相制约。分管侦查工作的检察长不得同时分管侦查监督和公诉工作。

第三条　人民检察院举报中心统一受理、管理贪污贿赂、渎职侵权犯罪案件线索，其他内设机构收到对贪污贿赂、渎职侵权犯罪的举报材料，应当及时移交举报中心统一管理。举报中心对涉嫌贪污贿赂、渎职侵权等犯罪的案件线索，应当在受理后七日以内按照职能分工，移送本院侦查部门或者依照规定移送有管辖权的人民检察院。侦查部门对举报中心移送的举报线索应当在一个月以内将处理情况书面回复举报中心，逾期未回复的，举报中心应当催办，侦查部门应当说明理由。

第四条　侦查部门对举报中心移送的举报线索进行审查后，认为需要初查或者拟不予初查的，应当报检察长或者检察委员会决定。侦查部门对举报线索初查后，应当制作审查结论报告，提出提请批准立案侦查或者不予立案的处理意见，报检察长决定。对举报线索决定不予初查或者初查后决定不予立案的，侦查部门应当回复举报中心。举报中心认为决定不当的，应当报经分管检察长同意，提请检察长或者检察委员会决定。

7. 最高人民检察院《人民检察院办理行政执法机关移送涉嫌犯罪案件的规定》（2001年12月3日　高检发释字〔2001〕4号）（节录）

根据《中华人民共和国刑事诉讼法》的有关规定，结合《行政执法机关移送涉嫌犯罪案件的规定》，现就人民检察院办理行政执法机关移送涉嫌犯罪案件有关问题作如下规定：

一、对于行政执法机关移送检察机关的涉嫌犯罪案件，统一由人民检察院控告检察部门受理。

人民检察院控告检察部门受理行政执法机关移送的涉嫌犯罪案件后，应当登记，并指派二名以上检察人员进行初步审查。

二、人民检察院控告检察部门审查行政执法机关移送的涉嫌犯罪案件，应当根据不同情况，提出移送有关部门的处理意见，三日内报主管副检察长或者检察长批准，并通知移送的行政执法机关：

（一）对于不属于检察机关管辖的案件，移送其他有管辖权的机关处理；

（二）对于属于检察机关管辖，但不属于本院管辖的案件，移送有管辖权的人民检察院办理；

（三）对于属于本院管辖的案件，转本院反贪、渎职侵权检察部门办理。

对于性质不明、难以归口办理的案件，可以先由控告检察部门进行必须的调查。

三、对于不属于本院管辖但又必须采取紧急措施的案件，人民检察院控告检察部门在报经主管副检察长或者检察长批准后，应当先采取紧急措施，再行移送。

四、对于行政执法机关移送的涉嫌犯罪案件，人民检察院反贪、渎职侵权检察部门应当审查是否附有下列材料：

（一）涉嫌犯罪案件移送书；

（二）涉嫌犯罪案件情况的调查报告；

（三）涉案物品清单；

（四）有关检验报告或者鉴定结论；

（五）其他有关涉嫌犯罪的材料。

人民检察院可以要求移送案件的行政执法机关补充上述材料和证据。

五、对于行政执法机关移送的涉嫌犯罪案件，人民检察院经审查，认为符合立案条件的，应当及时作出立案决定，并通知移送的行政执法机关。

六、对于行政执法机关移送的涉嫌犯罪案件，人民检察院经审查，认为不符合立案条件的，可以作出不立案决定；对于需要给予有关责任人员行政处分、行政处罚或者没收违法所得的，可以提出检察意见，移送有关主管部门处理，并通知移送的行政执法机关。

七、对于人民检察院的不立案决定，移送涉嫌犯罪案件的行政执法机关可以在收到不立案决定书后五日内要求作出不立案决定的人民检察院复议。人民检察院刑事申诉检察部门应当指派专人进行审查，并在收到行政执法机关要求复议意见书后七日内作出复议决定。

行政执法机关对复议决定不服的，可以在收到人民检察院复议决定书后五日内向上一级人民检察院提请复核。上一级人民检察院应当在收到行政执法机关提请复核意见书后十五日内作出复核决定。对于原不立案决定错误的，应当及时纠正，并通知作出不立案决定的下级人民检察院执行。

八、对于人民检察院决定立案侦查的案件，办理案件的人民检察院应当将立案决定和案件的办理结果及时通知移送案件的行政执法机关。

九、移送涉嫌犯罪案件的行政执法机关对公安机关不予立案决定或者不予立案的复议决定有异议，建议人民检察院依法进行立案监督的，统一由人民检察院侦查监督部门办理。

十、人民检察院应当依法对公安机关办理行政执法机关移送涉嫌犯罪案件进行立案监督。对于具有下列情形之一的，人民检察院应当要求公安机关在收到人民检察院《要求说明不立案理由通知书》后七日内将关于不立案理由的说明书面答复人民检察院：

（一）人民检察院认为公安机关对应当立案侦查的案件而不立案侦查的；

（二）被害人认为公安机关对应当立案侦查的案件而不立案侦查，向人民检察院提出的；

（三）移送涉嫌犯罪案件的行政执法机关对公安机关不予立案决定或者不予立案的复议决定有异议，建议人民检察院依法进行立案监督的。

人民检察院认为公安机关不立案理由不能成立，应当通知公安机关在收到《通知立案书》后十五日内决定立案，并将立案决定书送达人民检察院。

十一、对于人民检察院认为公安机关不立案理由成立的，或者认为公安机关的不立案理由不成立而通知公安机关立案，公安机关已经立案的，人民检察院应当及时通知提出立案监督建议的行政执法机关。

十二、各级人民检察院对行政执法机关不移送涉嫌犯罪案件，具有下列情形之一的，可以提出检察意见：

（一）检察机关发现行政执法机关应当移送的涉嫌犯罪案件而不移送的；

（二）有关单位和个人举报的行政执法机关应当移送的涉嫌犯罪案件而不移送的；

（三）隐匿、销毁涉案物品或者私分涉案财物的；

（四）以行政处罚代替刑事追究而不移送的。

有关行政执法人员涉嫌犯罪的，依照刑法的有关规定，追究刑事责任。

十三、各级人民检察院对公安机关不接受行政执法机关移送的涉嫌犯罪案件，或者逾期不作出立案或者不予立案决定，在检察机关依法实施立案监督后，仍不接受或者不作出决定的，可以向公安机关提出检察意见。

有关公安人员涉嫌犯罪的，依照刑法的有关规定，追究刑事责任。

十四、最高人民检察院对地方各级人民检察院，上级人民检察院对下级人民检察院办理的行政执法机关移送的涉嫌犯罪案件，应加强指导和监督，对不依法办理以及办理过程中的违法违纪问题，要依照有关规定严肃处理；构成犯罪的，依法追究刑事责任。

十五、各级人民检察院对于其他机关和部门移送的涉嫌犯罪案件，依照本规定办理。

8.《行政执法机关移送涉嫌犯罪案件的规定》（2001年7月9日　国务院令第310号）（节录）

第十八条　行政执法机关在依法查处违法行为过程中，发现贪污贿赂、国家工作人员渎职或者国家机关工作人员利用职权侵犯公民人身权利和民主权利等违法行为，涉嫌构成犯罪的，应当比照本规定及时将案件移送人民检察院。

9. 最高人民检察院《检察机关办理案件必须严格执行的六条规定》（2001年4月9日第九届检察委员会第八十五次会议通过）（节录）

一、举报线索必须统一管理，个人不得私自处理，更不得瞒案不报、压案不查。

10. 最高人民检察院、审计署《关于建立案件移送和加强工作协作配合制度的通知》（2000年3月23日　审法发〔2000〕30号）（节录）

一、在查办贪污贿赂、渎职和其他违法犯罪案件工作中，检察机关和审计机关要加强工作联系，密切配合，建立案件移送制度，经常交流通报情况，研究解决工作中出现的问题，加大查办和打击贪污贿赂、渎职和其他违法犯罪活动的力度。也可根据工作需要，建立联席会议制度。

二、审计机关在审计监督过程中，发现被审计单位及有关人员违反刑事法律，按照人民检察院直接受理立案侦查案件立案标准的规定涉嫌构成犯罪，需要追究刑事责任的，应当将犯罪案件线索移送有管辖权的检察机关处理。审计机关向检察机关移送涉嫌犯罪案件线索时，应当将《审计机关移送处理书》及有关证据移送给检察机关。

三、检察机关接到审计机关移送的涉嫌犯罪案件线索后，要认真进行审查，决定立案的，应当将立案情况通知移送案件线索的审计机关。经审查不予立案的，检察机关应当制作不立案通知书，写明不立案的原因和法律依据，送达移送案件线索的审计机关，并向审计机关退还有关材料。审计机关对检察机关不立案的决定有异议的，可以在收到不立案通知书的10日内向检察机关申请复议，检察机关应当在收到复议申请的30日内作出复议决定，并将复议通知书送达申请复议的审计机关。

四、检察机关在查办案件过程中，需要审计机关协助查证的，审计机关应当予以配合。检察机关可以就涉及审计专业性的事项商请审计机关进行审计查证。

五、审计机关在审计过程中，认为有贪污贿赂、渎职和其他违法犯罪事实需要追究刑事责任的时候，可以要求检察机关提前介入，检察机关应当及时派员配合审查，熟悉案情，确定案件性质，为立案作好准备。

六、检察机关在办案活动中，发现有关单位有违反国家规定的财政、财务收支行为，属于审计监督范围的，应当将违法案件线索移送审计机关处理。审计机关应当及时向检察机关通报处理结果。

七、地方各级检察机关和审计机关接到本通知后，可以结合实际情况，制定工作联系、情况通报和案件移送的具体实施办法，建立和完善工作协作配合机制。

11. 最高人民检察院《关于检察机关反贪污贿赂工作若干问题的决定》（1999年9月17日最高人民检察院第九届检察委员会第四十五次会议通过，1999年11月8日　高检发〔1999〕27号）（节录）

四、健全落实规章制度，加强反贪污工作管理

22. 进一步落实好内部制约制度。检察机关各部门之间要互相配合、互相制约。举报中心统一接受案件举报材料，分流办理。对涉嫌贪污贿赂犯罪的案件线索要在接受后七日内移送反贪污贿赂侦查部门，由反贪污贿赂侦查部门依照规定的程序，及时进行初查、立案侦查，减少和避免案件线索积压。反贪污贿赂部门对于侦查工作中获得的贪污贿赂犯罪案件线索，经过分管反贪侦查工作的院领导批准，可以直接办理，但应当将案件线索交举报中心备案。举报中心接受举报时，可以请反贪污贿赂部门派员共同接谈。对重大案件的侦

查，审查批捕、审查起诉部门可以提前介入，熟悉案情，审查证据。反贪污贿赂部门也可以就收集证据等问题主动征求审查批捕、审查起诉部门的意见。检察机关各部门在案件线索的移交和案件管理上要严格执行保密制度。各部门在反贪污贿赂的重大问题上要统一认识，协调行动。

12. 最高人民检察院、公安部、国土资源部、海关总署、国家税务总局、国家环境保护总局、国家工商行政管理局、国家林业局、国家质量技术监督局、国家保密局《关于在查办渎职案件中加强协调配合建立案件移送制度的意见》（1999 年 12 月 30 日　高检会〔1999〕3 号）（节录）

一、在查办渎职案件工作中，检察机关与各部门之间要加强联系、协调和配合，根据情况可采取不同形式互通信息，研究问题，交换意见。

二、公安、国土资源等部门发现或经调查，认为本部门工作人员触犯《中华人民共和国刑法》分则第九章中有关条款的规定，涉嫌渎职犯罪，需要追究刑事责任的案件，应将有关材料移送相应的检察机关，发现其他国家机关工作人员的渎职犯罪案件线索，也应将有关材料移送相应的检察机关。

三、检察机关对公安、国土资源等部门移送的材料要及时审查，决定是否立案。对决定立案的案件，检察机关应及时将立案情况通知移送单位。对决定不予立案的，应制作不立案通知书，写明不立案的原因和法律依据，送达移送单位，并退还有关材料。移送单位对不立案决定有异议的，可以在收到不立案通知书的十日以内向检察机关申请复议，检察机关应当在收到复议申请的三十日以内作出复议决定，并将复议决定书送达申请复议单位。

四、检察机关接受群众举报或侦查中自行发现的公安、国土资源等部门工作人员的渎职案件，经查认为涉嫌渎职犯罪的，应向有关单位通报，并请求提供相关材料和协助侦查，有关单位应当协助。

五、检察机关对经过初查或侦查，认为不需要追究刑事责任，未予立案或在立案后作出撤销或不起诉决定的案件，可与相关单位交换意见。对认为应当追究党纪政纪责任的，应提出检察建议连同有关材料一起移送相应单位的纪检监察部门处理。对其中涉及领导干部的渎职案件，应按干部管理权限的规定，将检察建议和有关材料移送相应主管机关处理。对需要给予行政处罚、行政处分或者需要没收其违法所得的，应提出检察意见，移送有关主管机关处理。移送情况应向发案单位通报。

六、检察机关在查办公安、国土资源等部门工作人员的渎职犯罪案件中，如发现发案单位和相关部门在管理和制度等方面存在漏洞，需要进行整改的，应提出检察建议。发案单位和相关部门在接到检察机关提出的检察意见或检察建议后，应认真处理或整改，并将处理和整改情况向检察机关反馈。

七、检察机关与联合制定本意见之外的其他部门在查办渎职案件工作中的协调配合和案件的移送，参照此规定执行。

13. 最高人民检察院办公厅《关于办理全国人大代表转交案件的督查程序规定》（1999 年 4 月 5 日　〔1999〕高检办发第 22 号）（节录）

第二条　本规定所称全国人大代表转交的案件包括全国人大代表直接转交或通过其他形式转递的，要求检察机关办理或过问的各类举报、控告和申诉案件。

第三条　最高人民检察院办公厅负责全国人大代表转交案件的督查工作，其内设的专门机构具体承办转交案件的接收、登记、编号、拟办、报批、转办、催办、协调、结果审核、反馈、归档等工作。

第四条 最高人民检察院领导同志及各内设机构、各直属事业单位收到的全国人大代表转交的案件，一律送办公厅处理。地方各级人民检察院收到的全国人大代表转交的案件，一律层报最高人民检察院办公厅，办理结果由最高人民检察院办公厅答复代表。

第五条 最高人民检察院办公厅根据全国人大代表转交案件的具体内容，提出拟办意见，呈送院领导审批后，列入督办事项，交最高人民检察院有关内设机构或有关省级检察院办理。

第六条 对全国人大代表转交的案件，最高人民检察院各内设机构负责同志和省级检察院检察长要亲自过问，指定专人办理。一般案件应在3个月内办结，并由承办单位代拟给全国人大代表的答复函，经各内设机构和省级检察院负责同志审核后送最高人民检察院办公厅，办公厅核稿后报院领导审批。案情复杂或已进入司法程序不能如期办结的，届时应向办公厅报送办理进展情况，办结后再报最后结果。

第七条 最高人民检察院办公厅要经常对全国人大代表转交案件的办理情况进行检查，及时进行催办，督促承办单位快办快结。

第八条 最高人民检察院办公厅负责对全国人大代表转交案件办理情况的反馈，用《最高人民检察院落实全国人大代表意见和建议专用函》的形式答复代表。专用函由代表所在省、自治区、直辖市的人大常委会办公厅转送代表，同时抄送全国人大常委会办公厅、最高人民检察院各内设机构和有关省级检察院。重要案件的办理情况，由领导同志登门当面向代表反馈。

第九条 给全国人大代表答复函，内容要实事求是，符合客观实际，处理结果符合法律规定，文风要朴实、谦逊，用语要正确、妥当。

第十条 对中央领导同志批转和全国人大常委会、全国政协及全国政协委员转交案件的督查工作，参照上述规定办理。

三、初　　查

初查是人民检察院对自侦案件在立案前进行审查和调查的基本方式。与立案后的侦查相比较，初查的取证方式受到一定的限制，调查手段不完整。通常可以采用的措施包括询问、调取证据材料、查询等，但不能使用限制人身权利和财产权利的强制性措施。为了防止初查的滥用和保证初查的有效性，初查要严格执行内部审批制度，并须注意保密，同时要讲究一定的策略和方法。

【主要程序】

1. 初查定位

初查是检察机关对案件线索在立案前依法进行的审查，包括必要的调查。初查可以审查报案、控告、举报、自首材料，接谈举报人或者其他知情人，进行必要的调查和收集涉案信息等。

2. 初查的分工

（1）各级人民检察院初查的分工，按照检察机关直接立案侦查案件分级管辖的规定确定。地、州、市级人民检察院负责县处级干部犯罪线索的初查；省级人民检察院负责厅局级干部犯罪线索的初查；最高人民检察院负责省部级干部犯罪线索的初查。负责初查的人民检察院应当及时报告同级党委的主要领导同志。

（2）初查由侦查部门负责，在刑罚执行和监管活动中发现的应当由人民检察院直接立案侦查的案件线索，由监所检察部门负责初查。对于重大、复杂的案件线索，监所检察部门可以商请侦查部门协助初查；必要时也可以报检察长批准后，移送侦查部门初查，监所检察部门予以配合。

（3）上级人民检察院在必要时，可以直接初查或者组织、指挥、参与下级人民检察院的初查，可以将下级人民检察院管辖的案件线索指定辖区内其他人民检察院初查，也可以将本院管辖的案件线索交由下级人民检察院初查；下级人民检察院认为案情重大、复杂，需要由上级人民检察院初查的案件线索，可以提请移送上级人民检察院初查。

3. 初查措施和程序

（1）侦查部门对举报中心移交举报的线索进行审查后，认为需要初查的，应当报检察长或者检察委员会决定。

（2）检察长或者检察委员会决定初查的，承办人员应当制作初查工作方案，经侦查部门负责人审核后，报检察长审批。

（3）初查一般应当秘密进行，不得擅自接触初查对象。公开进行初查或者接触初查对象，应当经检察长批准。同时应当采取严密的安全防范措施。严禁在初查阶段以任何方式限制、剥夺调查对象的人身自由。

（4）在初查过程中，可以采取询问、查询、勘验、检查、鉴定、调取证据材料等不限制初查对象人身、财产权利的措施。不得对初查对象采取强制措施，不得查封、扣押、冻结初查对象的财产，不得采取技术侦查措施。

（5）根据初查工作需要，人民检察院可以商请有关部门配合调查。初查可以商请纪检监察、公安、审计、质监、工商、税务等部门配合调查，也可以提前介入有关部门对相关案件的调查。可以请举报人、可靠知情人和有关单位协助调查。

（6）调取、查阅账目资料的期限，一般不得超过1个月；确需延长的，经检察长批准可以适当延长。

（7）初查可以接谈举报人和知情人，向有关人员询问或补充材料。

（8）初查期间发现被查对象有自杀、行凶、逃跑或者毁灭、伪造证据、转移赃款赃物等情况，应及时向检察长报告，采取必要的防范措施。

(9) 初查中的调查取证、询问等工作应当由检察人员两人以上依法进行。参与初查的检察人员应当符合刑事诉讼法有关回避的规定。

(10) 以检察机关名义进行调查时，应当出示检察机关的证明文件和检察人员身份证明。

(11) 对案件进行初查的人民检察院可以委托其他人民检察院协助调查有关事项，委托协助调查应当提供初查审批表，并列明协助调查事项及有关要求。接受委托的人民检察院应当按照协助调查请求提供协助；对协助调查事项有争议的，应当提请双方共同的上级人民检察院协调解决。

(12) 初查一般应当在两个月内办结，重大、疑难、复杂案件线索的初查期限，由办案人员提出意见，经由部门负责人审核后报检察长批准，可以适当延长。

4. 初查后的处理

(1) 制作审查结论，提出处理意见

侦查部门对举报线索初查后，认为有犯罪事实需要追究刑事责任的，应当制作审查报告，提请批准立案侦查，报检察长决定。

对具有下列情形之一的，提请批准不予立案：

①具有《刑事诉讼法》第15条规定情形之一的；

②认为没有犯罪事实的；

③事实或者证据尚不符合立案条件的。

(2) 答复举报人和线索移送单位

对于实名举报，经初查决定不立案的，侦查部门应当制作不立案通知书，写明案由和案件来源、决定不立案的理由和法律依据，连同举报材料和调查材料，自作出不立案决定之日起10日以内移送本院举报中心，由举报中心答复举报人。必要时可以由举报中心与侦查部门共同答复。

对于其他机关或者部门移送的案件线索，经初查决定不立案的，侦查部门应当制作不立案通知书，写明案由和案件来源、决定不立案的理由和法律依据，自作出不立案决定之日起10日以内送达移送案件线索的单位。

对于属于错告的，如果对被控告人、被举报人造成不良影响的，应当自作出决定之日起1个月以内向其所在单位或者有关部门通报初查结论，澄清事实。

对于属于诬告陷害的，应当移送有关部门处理。

(3) 上报、回复初查情况

对上级人民检察院交办、指定管辖或者按照规定应当向上级人民检察院备案的案件线索，应当在初查终结后10日以内向上级人民检察院报告初查结论。

上级人民检察院认为处理不当的，应当在收到备案材料后10日以内通知下级人民检察院纠正。

（4）入卷、归档

初查终结后，相关材料应当立卷归档。立案进入侦查程序的，对于作为诉讼证据以外的其他材料应当归入侦查内卷。

【注意事项】

1. 严禁采取刑讯逼供等暴力手段违法取证，不得以协助调查取证等名义变相限制和剥夺证人的人身自由。

2. 不得借用其他机关的行政、纪律措施控制犯罪嫌疑人、被告人，不得参与其他机关对违法违纪人员的看管。

3. 积极支持纪委对有关案件的协调。对纪检监察机关查办的重大违纪违法案件，需要了解情况，熟悉案情的，应该积极介入。

4. 初查一般秘密进行。到被举报人、被控告人单位核实情况，不得暴露举报人、控告人的情况，不得出示举报材料的原件或复印件。初查应当避免打草惊蛇或给被调查人带来不必要的不良影响。

5. 不能随意接触被查对象。初查期间接触被查对象应当经过主管检察长或检察长批准。

6. 坚持查办要案的党内请示报告制度。要案初查，需要接触被查对象或者进行必要调查前，要向党委主要领导同志报告，立案要向党委请示。报告、请示的同时要向上一级检察院备案。上级检察院应当加强协调。侦查终结时，案情发生重大变化的要向党委报告。其他重要案件，在查办的同时也要主动争取党委的领导和支持。

7.《刑事诉讼法》以及《人民检察院刑事诉讼规则（试行）》关于回避的规定，适用于初查。

【文书与说明】

1. 线索初查方案

人民检察院

线索初查方案

一、被调查人的基本情况

被调查人×××（基本情况，包括姓名、曾用名、性别、出生年月日、身份证件种类及号码、民族、籍贯、文化程度、有无党派、是否人大代表或者政协委员、工作单位、职务级别或者职业、住址、有无犯罪记录等。）

二、线索来源

……（写明线索来源时间及渠道，如单位或公民举报、上级交办、有关部门移送、本院其他部门移交以及办案中发现等。)

三、涉嫌的犯罪事实

现×××涉嫌构成犯罪的事实有:

(一)

(二)

(三)

……

四、对线索的分析

对以上×××涉嫌犯罪的事实,承办人认为……(具体分析以上事实,指出涉嫌犯罪的罪名和构成犯罪的理由,大胆怀疑,缜密论证。)

五、初查方案

根据《人民检察院刑事诉讼规则(试行)》第一百六十八条、第一百七十三条之规定,拟展开初查工作,方案如下:

(一)

(二)

(三)

……

当否,请批示。

承办人:

年　月　日

2. 初查结论报告

人民检察院

初查结论报告

检反贪查结〔 〕 号

一、被调查人的基本情况

被调查人×××（基本情况，包括姓名、曾用名、性别、出生年月日、身份证件种类及号码、民族、籍贯、文化程度、有无党派、是否人大代表或者政协委员、工作单位、职务级别或者职业、住址、有无犯罪记录等。）

二、线索来源

……（写明线索来源时间及渠道，包括单位或公民举报、上级交办、有关部门移送、本院其他部门移交以及办案中发现等。）

三、调查的情况

……（具体写明调查的工作过程，包括调取过哪些证据，走访过哪些证人，在调查过程中发生过哪些与案情有关的事实等。）

四、查明的事实

……（一一列明调查查明的事实。）

五、主要证据

以上事实有下列证据证实：

……（逐一列明所取得的证据。）

六、处理意见及法律依据

（根据查明的事实，指出事实当中存在不构成犯罪或者不需要追究刑事责任的情况，说明不予立案的理由。）根据《中华人民共和国刑事诉讼法》第一百一十条及《人民检察院刑事诉讼规则（试行）》第一百七十六条第二款的规定，拟作不立案处理。

承办人：

年 月 日

3. 提请中止初查报告

人民检察院

提请中止初查报告

检反贪中查〔　　〕　号

一、被调查人的基本情况

被调查人×××（基本情况，包括姓名、曾用名、性别、出生年月日、身份证件种类及号码、民族、籍贯、文化程度、有无党派、是否人大代表或者政协委员、工作单位、职务级别或者职业、住址、有无犯罪记录等。）

二、线索来源

……（写明线索来源时间及渠道，包括单位或公民举报、上级交办、有关部门移送、本院其他部门移交以及办案中发现等。）

三、调查的情况

……（具体写明调查的工作过程，包括调取过哪些证据，走访过哪些证人，在调查过程中发生过哪些与案情有关的事等。）

四、查明的事实

……（一一列明调查查明的事实。）

五、主要证据

以上事实有下列证据证实：

……（逐一列明所取得的证据。）

六、中止初查的理由

（叙述有必要中止初查的情况。）

鉴于以上情况，特提请将本案件线索中止初查，待中止初查的情形消失后，恢复初查。

承办人：

年　月　日

【办案依据】

1.《中华人民共和国刑事诉讼法（2012年修正）》（节录）

第一百零七条　公安机关或者人民检察院发现犯罪事实或者犯罪嫌疑人，应当按照管辖范围，立案侦查。

第一百一十条　人民法院、人民检察院或者公安机关对于报案、控告、举报和自首的材料，应当按照管辖范围，迅速进行审查，认为有犯罪事实需要追究刑事责任的时候，应当立案；认为没有犯罪事实，或者犯罪事实显著轻微，不需要追究刑事责任的时候，不予立案，并且将不立案的原因通知控告人。控告人如果不服，可以申请复议。

2.《人民检察院刑事诉讼规则（试行）》（2012年10月16日由最高人民检察院第十一届检察委员会第八十次会议第二次修订）（节录）

第一百六十八条 侦查部门对举报中心移交的举报线索进行审查后，认为有犯罪事实需要初查的，应当报检察长或者检察委员会决定。

第一百六十九条 初查由侦查部门负责，在刑罚执行和监管活动中发现的应当由人民检察院直接立案侦查的案件线索，由监所检察部门负责初查。

对于重大、复杂的案件线索，监所检察部门可以商请侦查部门协助初查；必要时也可以报检察长批准后，移送侦查部门初查，监所检察部门予以配合。

第一百七十条 各级人民检察院初查的分工，按照检察机关直接立案侦查案件分级管辖的规定确定。

上级人民检察院在必要时，可以直接初查或者组织、指挥、参与下级人民检察院的初查，可以将下级人民检察院管辖的案件线索指定辖区内其他人民检察院初查，也可以将本院管辖的案件线索交由下级人民检察院初查；下级人民检察院认为案情重大、复杂，需要由上级人民检察院初查的案件线索，可以提请移送上级人民检察院初查。

第一百七十一条 检察长或者检察委员会决定初查的，承办人员应当制作初查工作方案，经侦查部门负责人审核后，报检察长审批。

第一百七十二条 初查一般应当秘密进行，不得擅自接触初查对象。公开进行初查或者接触初查对象，应当经检察长批准。

第一百七十三条 在初查过程中，可以采取询问、查询、勘验、检查、鉴定、调取证据材料等不限制初查对象人身、财产权利的措施。不得对初查对象采取强制措施，不得查封、扣押、冻结初查对象的财产，不得采取技术侦查措施。

第一百七十四条 根据初查工作需要，人民检察院可以商请有关部门配合调查。

第一百七十五条 对案件进行初查的人民检察院可以委托其他人民检察院协助调查有关事项，委托协助调查应当提供初查审批表，并列明协助调查事项及有关要求。接受委托的人民检察院应当按照协助调查请求提供协助；对协助调查事项有争议的，应当提请双方共同的上级人民检察院协调解决。

第一百七十六条 侦查部门对举报线索初查后，认为有犯罪事实需要追究刑事责任的，应当制作审查报告，提请批准立案侦查，报检察长决定。

对具有下列情形之一的，提请批准不予立案：

（一）具有刑事诉讼法第十五条规定情形之一的；

（二）认为没有犯罪事实的；

（三）事实或者证据尚不符合立案条件的。

第一百七十七条 对上级人民检察院交办、指定管辖或者按照规定应当向上级人民检察院备案的案件线索，应当在初查终结后十日以内向上级人民检察院报告初查结论。

上级人民检察院认为处理不当的，应当在收到备案材料后十日以内通知下级人民检察院纠正。

第一百七十八条 对于实名举报，经初查决定不立案的，侦查部门应当制作不立案通知书，写明案由和案件来源、决定不立案的理由和法律依据，连同举报材料和调查材料，自作出不立案决定之日起十日以内移送本院举报中心，由举报中心答复举报人。必要时可以由举报中心与侦查部门共同答复。

第一百七十九条 对于其他机关或者部门移送的案件线索，经初查决定不立案的，侦查部门应当制作不立案通知书，写明案由和案件来源、决定不立案的理由和法律依据，自作出不立案决定之日起十日以内送达移送案件线索的单位。

第一百八十条 对于属于错告的，如果对被控告人、被举报人造成不良影响的，应当自作出决定之日起一个月以内向其所在单位或者有关部门通报初查结论，澄清事实。

对于属于诬告陷害的，应当移送有关部门处理。

第一百八十一条 初查终结后，相关材料应当立卷归档。立案进入侦查程序的，对于作为诉讼证据以外的其他材料应当归入侦查内卷。

第一百八十二条 刑事诉讼法以及本规则关于回避的规定，适用于初查。

3.《关于人民检察院办理直接受理立案侦查案件实行内部制约的若干规定》（2004 年 6 月 24 日 高检发〔2004〕12 号）（节录）

第四条 侦查部门对举报中心移送的举报线索进行审查后，认为需要初查或者拟不予初查的，应当报检察长或者检察委员会决定。侦查部门对举报线索初查后，应当制作审查结论报告，提出提请批准立案侦查或者不予立案的处理意见，报检察长决定。对举报线索决定不予初查或者初查后决定不予立案的，侦查部门应当回复举报中心。举报中心认为决定不当的，应当报经分管检察长同意，提请检察长或者检察委员会决定。

4. 最高人民检察院《关于人民检察院在办理直接立案侦查案件工作中加强安全防范的规定》（2003 年 10 月 28 日）（节录）

第三条 初查一般不接触被调查对象，必须接触的应当报经主管检察长或检察长批准，同时应当采取严密的安全防范措施。严禁在初查阶段以任何方式限制、剥夺调查对象的人身自由。对符合立案条件的，应当及时立案，严格按照法定程序开展侦查工作。

第九条 严禁采取刑讯逼供等暴力手段违法取证，不得以协助调查取证等名义变相限制和剥夺证人的人身自由。

第十条 不得借用其他机关的行政、纪律措施控制犯罪嫌疑人、被告人，不得参与其他机关对违法违纪人员的看管。

5. 最高人民检察院《关于检察机关反贪污贿赂工作若干问题的决定》（1999 年 11 月 8 日 高检发〔1999〕27 号）（节录）

6. 初查是检察机关对案件线索在立案前依法进行的审查，包括必要的调查。初查可以审查报案、控告、举报、自首材料，接谈举报人或者其他知情人，进行必要的调查和收集涉案信息等。

初查一般不公开进行，一般不接触被查对象；不得对被查对象采取强制措施；不得查封、扣押、冻结财产。初查可以进行询问、查询；可以请纪检监察、审计等有关机关协助调查；可以请举报人、可靠知情人和有关单位协助调查。

以检察机关名义进行调查时，应当出示检察机关的证明文件和检察人员身份证明。

16. 各级检察院要积极支持纪委对有关案件的协调。对纪检监察机关查办的重大违纪违法案件，需要了解情况，熟悉案情的，应该积极介入；对纪检监察机关移送的涉嫌犯罪的案件，要认真进行审查，属于检察机关管辖且符合立案条件的，要及时立案，开展侦查；检察机关受理或者立案侦查，尚不构成犯罪或者依法作出不起诉决定的案件，认为需要追究党纪政纪责任的，要移送纪检监察机关。下级检察院需要提请上级纪委协调时，通过上级检察院办理。

21. 坚持查办要案的党内请示报告制度。要案初查，需要接触被查对象或者进行必要调查前，要向党委主要领导同志报告，立案要向党委请示。报告、请示的同时要向上一级检察院备案。上级检察院应当加强协调。侦查终结时，案情发生重大变化的要向党委报告。其他重要案件，在查办的同时也要主动争取党委的领导和支持。

6. 最高人民检察院《关于加强渎职侵权检察工作的决定》（2000年5月29日　高检发〔2000〕17号）（节录）

7. 重视案件的初查。初查可根据渎职侵权犯罪案件的特点分别采用不同方式，既可以秘密进行，也可以公开进行。对过失犯罪，或者危害结果比较明确的，可以公开调查。初查严禁对证人、关系人、被调查对象采取强制措施，不得查封、扣押、冻结财产。

初查中，可以请纪检监察、审计等部门配合调查。可以提前介入纪检监察、审计部门的调查工作。

7. 最高人民检察院《人民检察院侦查协作的暂行规定》（2000年10月12日　高检发反贪字〔2000〕23号）

为了加强和规范人民检察院侦查协作工作，增强整体优势，提高办案效率，根据《中华人民共和国刑事诉讼法》、《人民检察院刑事诉讼规则》和其他有关规定，结合办案实践，制定本规定。

第一条　侦查协作是指检察机关在依法查办贪污贿赂、侵权渎职等职务犯罪案件侦查活动中，对需要核实案情、调查取证、采取强制性措施等事宜所进行的协调、配合和合作。侦查协作应当遵循依法配合、快速有效、保守秘密、各负其责的原则。

第二条　办理职务犯罪案件的人民检察院，遇有与侦查相关的事宜，确有必要请求有关人民检察院予以协助的，可以请求侦查协作。

第三条　人民检察院提出侦查协作请求，应当具备以下条件：

（一）法律手续完备，包括立案决定书、请求协作函件及法律规定采取强制性措施等必需的法律文书和手续；

（二）协作事项具体明确，包括协查目的、协查要求、协查对象、协查内容等。

第四条　需要进行侦查协作的案件，应由案件承办人书面提出协作请求，层报主管检察长批准，并加盖院章。

第五条　侦查协作一般由办理案件的人民检察院（以下简称请求方）直接向负有协作义务的人民检察院（以下简称协作方）提出请求函件，并填写请求侦查协作表。涉及厅级以上领导干部、省级以上人大代表（政协委员）的侦查协作事项，应当通过省级以上人民检察院予以安排；涉及担任实职的县（处）级领导干部的侦查协作事项，应当通过分（州、市）以上人民检察院进行安排。

第六条　协作方人民检察院收到侦查协作请求后，应当依据法律和有关规定进行程序审查，并分别作出以下处理：

（一）符合侦查协作条件，法律手续及有关材料完备的，应当予以协作；

（二）法律手续及有关材料不完备的，应当告知请求方予以补充；

（三）对不符合侦查协作条件的，应当说明理由，不予协作，并将有关材料退回请求方。

第七条 请求方办理案件遇有紧急事项需要请求协作，无法及时办理有关请求协作手续的，可以商请协作方紧急协作，但是有关请求协作手续必须及时予以补办。

第八条 请求方派员到异地协助公安机关执行拘留、逮捕的，原则上应由请求方检察机关与当地公安机关取得联系后，通过公安协作渠道办理。必要时协作方检察机关也要予以配合。请求方到异地执行搜查、扣押、追缴涉案款物等，应当请当地检察机关协作，协作方应当予以配合。

第九条 最高人民检察院、上级人民检察院交办协作事项，下级人民检察院必须按要求执行。

第十条 提供侦查协作一般应当在收到侦查协作请求后十日内完成。情况紧急的，应当及时完成并反馈结果；情况复杂的，可以适当予以延长。由于客观原因无法提供协作的，应当在十日内通知请求协作的人民检察院。

第十一条 请求侦查协作事项办理完毕后，协作方应当将情况和材料及时向请求方反馈。协作事项属上级院交办的，协作方和请求方均应向各自的上级院报告。

第十二条 侦查协作中的争议，由有关各方协商解决。协商不成的，报各自上级人民检察院或者共同的上级人民检察院协调。经上级院协调确定的意见，有关人民检察院应当执行，不得拖延。

第十三条 协作方依照协作请求履行协作事宜，其引起的法律后果由请求方承担；协作方实施超越协作请求范围的行为所产生的法律后果，由协作方承担。

对不履行侦查协作职责或者阻碍侦查协作进行，给办案工作造成严重影响或者其他严重后果的，应当对有关单位予以通报批评，并责令改正；对直接负责的主管人员和其他直接责任人员，应当依照有关规定给予党纪政纪处分；玩忽职守、滥用职权、泄露秘密、通风报信构成犯罪的，依法追究其刑事责任。

第十四条 人民检察院依照规定履行协作职责不得收取费用。侦查协作经费列入办案业务经费预算统筹开支。最高人民检察院、省级人民检察院对提供侦查协作业务繁重、经费开支较大的地方人民检察院予以适当补助。

第十五条 侦查协作工作应纳入考核侦查部门办案成绩的重要内容和指标，各级人民检察院侦查部门应当确立专门机构或者指派专人具体负责侦查协作。上级检察院要加强对侦查协作工作的指导、协调和检查。

第十六条 人民检察院初查案件需要协作的，参照本规定的有关规定办理。

8. 最高人民检察院《关于要案线索备案、初查的规定》（1995年10月6日　高检发〔1995〕17号）

第一条 为了深入持久地开展反腐败斗争，依法查办要案，根据有关法律规定，结合工作实际，制定本规定。

第二条 本规定所称要案线索，是指依法由人民检察院直接受理和立案侦查的县处级以上干部涉嫌贪污、贿赂、徇私舞弊等职务犯罪的案件线索。

第三条 本规定所称初查，是指人民检察院在立案前对要案线索材料进行审查的司法活动。

第四条 对要案线索实行分级备案。县处级干部的要案线索一律层报省级人民检察院备案，其中涉嫌犯罪金额特别巨大或者犯罪后果特别严重的，层报最高人民检察院备案；厅局级以上干部的要案线索一律层报最高人民检察院备案。

第五条　地、州、市级人民检察院负责县处级干部犯罪线索的初查；省级人民检察院负责厅局级干部犯罪线索的初查；最高人民检察院负责省部级干部犯罪线索的初查。负责初查的人民检察院应当及时报告同级党委的主要领导同志。

根据需要，上级人民检察院可对下级人民检察院负责初查的要案线索直接初查或派员参与初查，也可将本院负责初查的要案线索交下级人民检察院初查。

第六条　各级人民检察院对于控告、检举和犯罪人自首的要案线索，都应依法受理，指定专人逐件登记，并及时报本院检察长研究，依照本《规定》第五条的规定，属应由本院初查的，应当及时报上级人民检察院备案，并提出初查意见；不属本院初查的，应当及时移送有关检察院处理。

前款规定适用于人民检察院在工作中发现的要案线索。

第七条　要案线索的备案和移送，应逐案填写《检察机关要案线索备案、移送表》。备案、移送应在受理后五日内办理，情况紧急的及时办理。

第八条　最高人民检察院和省级人民检察院对备案的要案线索，应当及时进行审查，如有不同意见，应及时通知有关下级人民检察院。下级人民检察院必须认真执行上级人民检察院的指示。

第九条　对应由本院初查的要案线索，经本院检察长研究决定，即可依法进行初查。

第十条　要案线索的初查工作应当秘密进行。

第十一条　对要案线索进行初查后，应当分别情况，作出处理：

（一）有犯罪事实或者有事实证明有犯罪重大嫌疑的，应当立案侦查；

（二）没有犯罪事实，或者犯罪事实显著轻微，不需要追究刑事责任的，不予立案，必要时可移送有关机关处理；

（三）属于错告，如果对被控告、检举人造成不良影响的，应向有关部门澄清事实；

（四）属诬告陷害的，应依法追究或移送有关机关追究诬告陷害人的责任。

初查后的处理情况，应在十日内按备案的范围报上级人民检察院。上级人民检察院如认为处理不当，应及时通知下级人民检察院依法处理。

第十二条　各级人民检察院举报中心具体承办要案线索的受理、移送、备案、统计等事项。其他业务部门应将每月受理的要案线索情况和处理结果，送举报中心，由举报中心统计上报并抄送本院统计部门。

第十三条　对要案线索必须严格保密。一旦发生泄密事件，要及时采取补救措施，并根据情况和造成的后果，对责任人予以纪律处分直至追究刑事责任。

第十四条　对涉嫌犯罪的要案线索，不得转送其他机关处理，不准压案不报、不查。违反本《规定》，该上报备案不上报备案，该初查不初查的，要视情节轻重，追究有关领导人的责任。

第十五条　最高人民检察院过去的文件、规定中有关内容与本《规定》相抵触的，以本《规定》为准。

第十六条　本《规定》的解释权属最高人民检察院。

9.《人民检察院举报工作规定》（1996 年 7 月 18 日最高人民检察院检察委员会第五十八次会议通过，2009 年 4 月 8 日最高人民检察院第十一届检察委员会第十一次会议修订）（节录）

第三十条 举报中心对性质不明难以归口、群众多次举报未查处的举报线索应当及时进行初核，查明举报的犯罪事实是否存在，是否属于本院管辖，是否需要立案侦查。

第三十一条 举报线索的初核应当报经检察长审批，按照《人民检察院控告申诉首办责任制实施办法（试行）》的有关规定，确定责任人及时办理。

初核前，举报中心应当向有关侦查部门通报。

第三十二条 初核可以采取询问、调取证据材料等措施，一般不得接触被举报人，不得采取强制措施，不得查封、扣押、冻结财产。

第三十三条 初核应当采取措施保障办案安全，防止发生安全事故。

第三十四条 初核后应当制作初核报告，提出处理意见，报检察长决定。

10. 最高人民检察院、中央纪律检查委员会《关于党的纪律检查委员会与国家检察机关建立联系制度的通知》（1988 年 11 月 21 日 高检会（经）字第 22 号 中纪发〔1988〕12 号）（节录）

二、建立案件移送制度。党的纪检机关查处的违犯党纪的案件，经审查已触犯刑律，需要追究刑事责任的，按照刑事诉讼法关于案件管辖的规定，及时将有关材料（复制件）移送相应的检察机关。检察机关要及时进行审查处理。检察机关在办案过程中，对于共产党员不构成犯罪，但确有严重错误和问题的案件，应及时将材料移送相应的纪检机关处理。

四、立　　案

立案是我国刑事诉讼中的一个独立的、必经诉讼阶段。它是指公安机关、人民检察院、人民法院对所获得的材料进行审查，判明是否有犯罪事实并需要追究刑事责任，依法决定是否交付侦查或审判的诉讼活动。在自侦案件中，立案标志着人民检察院对涉嫌犯罪的国家工作人员追诉活动的开始。其任务在于决定是否开始追究刑事犯罪。

检察机关自侦案件的立案需要具备三个基本条件：第一，有犯罪事实，即有一定的证据证明有刑法规定的构成犯罪的事实发生。第二，需要追究刑事责任，按照刑事实体法和程序法的规定，应当追究行为人的刑事责任。第三，属于人民检察院管辖的案件范围。

从结果上看，立案程序应当作出立案或不立案决定。

【主要程序】

1. 贪污贿赂犯罪案件的立案标准

（1）贪污罪，涉嫌下列情形之一的，应予立案：

①个人贪污数额在 5 千元以上的；

②个人贪污数额不满5千元，但具有贪污救灾、抢险、防汛、防疫、优抚、扶贫、移民、救济款物及募捐款物、赃款赃物、罚没款物、暂扣款物，以及贪污手段恶劣、毁灭证据、转移赃物等情节的。

（2）挪用公款罪，涉嫌下列情形之一的，应予立案：

①挪用公款归个人使用，数额在5千元至1万元以上，进行非法活动的；

②挪用公款数额在1万元至3万元以上，归个人进行营利活动的；

③挪用公款归个人使用，数额在1万元至3万元以上，超过3个月未还的。

各省级人民检察院可以根据本地实际情况，在上述数额幅度内，确定本地区执行的具体数额标准，并报最高人民检察院备案。

（3）受贿罪，涉嫌下列情形之一的，应予立案：

①个人受贿数额在5千元以上的；

②个人受贿数额不满5千元，但具有下列情形之一的：

A. 因受贿行为而使国家或者社会利益遭受重大损失的；

B. 故意刁难、要挟有关单位、个人，造成恶劣影响的；

C. 强行索取财物的。

（4）单位受贿罪，涉嫌下列情形之一的，应予立案：

①单位受贿数额在10万元以上的；

②单位受贿数额不满10万元，但具有下列情形之一的：

A. 故意刁难、要挟有关单位、个人，造成恶劣影响的；

B. 强行索取财物的；

C. 致使国家或者社会利益遭受重大损失的。

（5）行贿罪，涉嫌下列情形之一的，应予立案：

①行贿数额在1万元以上的；

②行贿数额不满1万元，但具有下列情形之一的：

A. 为谋取非法利益而行贿的；

B. 向3人以上行贿的；

C. 向党政领导、司法工作人员、行政执法人员行贿的；

D. 致使国家或者社会利益遭受重大损失的。

（6）对单位行贿罪，涉嫌下列情形之一的，应予立案：

①个人行贿数额在10万元以上，单位行贿数额在20万元以上的；

②个人行贿数额不满10万元、单位行贿数额不满20万元，但具有下列情形之一的：

A. 为谋取非法利益而行贿的；

B. 向3个以上单位行贿的；

C. 向党政机关、司法机关、行政执法机关行贿的；

D. 致使国家或者社会利益遭受重大损失的。

(7) 介绍贿赂罪，涉嫌下列情形之一的，应予立案：

①介绍个人向国家工作人员行贿，数额在2万元以上的；介绍单位向国家工作人员行贿，数额在20万元以上的；

②介绍贿赂数额不满上述标准，但具有下列情形之一的：

A. 为使行贿人获取非法利益而介绍贿赂的；

B. 3次以上或者为3人以上介绍贿赂的；

C. 向党政领导、司法工作人员、行政执法人员介绍贿赂的；

D. 致使国家或者社会利益遭受重大损失的。

(8) 单位行贿罪，涉嫌下列情形之一的，应予立案：

①单位行贿数额在20万元以上的；

②单位为谋取不正当利益而行贿，数额在10万元以上不满20万元，但具有下列情形之一的：

A. 为谋取非法利益而行贿的；

B. 向3人以上行贿的；

C. 向党政领导、司法工作人员、行政执法人员行贿的；

D. 致使国家或者社会利益遭受重大损失的。

(9) 巨额财产来源不明罪

涉嫌巨额财产来源不明，数额在30万元以上的，应予立案。

(10) 隐瞒境外存款罪

涉嫌隐瞒境外存款，折合人民币数额在30万元以上的，应予立案。

(11) 私分国有资产罪

涉嫌私分国有资产，累计数额在10万元以上的，应予立案。

(12) 私分罚没财物罪

涉嫌私分罚没财物，累计数额在10万元以上，应予立案。

2. 渎职侵权犯罪案件的立案标准

一、渎职犯罪案件

(一) 滥用职权案（第397条）

①造成死亡1人以上，或者重伤2人以上，或者重伤1人、轻伤3人以上，或者轻伤5人以上的；

②导致10人以上严重中毒的；

③造成个人财产直接经济损失10万元以上，或者直接经济损失不满10万元，但间接经济损失50万元以上的；

④造成公共财产或者法人、其他组织财产直接经济损失20万元以上，或者直接经济损失不满20万元，但间接经济损失100万元以上的；

⑤虽未达到3、4两项数额标准，但3、4两项合计直接经济损失20万元以上，或者合计直接经济损失不满20万元，但合计间接经济损失100万元以上的；

⑥造成公司、企业等单位停业、停产6个月以上，或者破产的；

⑦弄虚作假，不报、缓报、谎报或者授意、指使、强令他人不报、缓报、谎报情况，导致重特大事故危害结果继续、扩大，或者致使抢救、调查、处理工作延误的；

⑧严重损害国家声誉，或者造成恶劣社会影响的；

⑨其他致使公共财产、国家和人民利益遭受重大损失的情形。

国家机关工作人员滥用职权，符合刑法第九章所规定的特殊渎职罪构成要件的，按照该特殊规定追究刑事责任；主体不符合刑法第九章所规定的特殊渎职罪的主体要件，但滥用职权涉嫌前款第1项至第9项规定情形之一的，按照刑法第397条的规定以滥用职权罪追究刑事责任。

（二）玩忽职守案（第397条）

①造成死亡1人以上，或者重伤3人以上，或者重伤2人、轻伤4人以上，或者重伤1人、轻伤7人以上，或者轻伤10人以上的；

②导致20人以上严重中毒的；

③造成个人财产直接经济损失15万元以上，或者直接经济损失不满15万元，但间接经济损失75万元以上的；

④造成公共财产或者法人、其他组织财产直接经济损失30万元以上，或者直接经济损失不满30万元，但间接经济损失150万元以上的；

⑤虽未达到3、4两项数额标准，但3、4两项合计直接经济损失30万元以上，或者合计直接经济损失不满30万元，但合计间接经济损失150万元以上的；

⑥造成公司、企业等单位停业、停产1年以上，或者破产的；

⑦海关、外汇管理部门的工作人员严重不负责任，造成100万美元以上外汇被骗购或者逃汇1000万美元以上的；

⑧严重损害国家声誉，或者造成恶劣社会影响的；

⑨其他致使公共财产、国家和人民利益遭受重大损失的情形。

国家机关工作人员玩忽职守，符合刑法第九章所规定的特殊渎职罪构成要件的，按照该特殊规定追究刑事责任；主体不符合刑法第九章所规定的特殊渎职罪的主体要件，但玩忽职守涉嫌前款第1项至第9项规定情形之一的，按照刑法第397条的规定以玩忽职守罪追究刑事责任。

（三）故意泄露国家秘密案（第398条）

①泄露绝密级国家秘密1项（件）以上的；

②泄露机密级国家秘密2项（件）以上的；

③泄露秘密级国家秘密3项（件）以上的；

④向非境外机构、组织、人员泄露国家秘密，造成或者可能造成危害社会稳定、经济发展、国防安全或者其他严重危害后果的；

⑤通过口头、书面或者网络等方式向公众散布、传播国家秘密的；

⑥利用职权指使或者强迫他人违反国家保守秘密法的规定泄露国家秘密的；

⑦以牟取私利为目的泄露国家秘密的；

⑧其他情节严重的情形。

（四）过失泄露国家秘密案（第398条）

①泄露绝密级国家秘密1项（件）以上的；

②泄露机密级国家秘密3项（件）以上的；

③泄露秘密级国家秘密4项（件）以上的；

④违反保密规定，将涉及国家秘密的计算机或者计算机信息系统与互联网相连接，泄露国家秘密的；

⑤泄露国家秘密或者遗失国家秘密载体，隐瞒不报、不如实提供有关情况或者不采取补救措施的；

⑥其他情节严重的情形。

（五）徇私枉法案（第399条第1款）

①对明知是没有犯罪事实或者其他依法不应当追究刑事责任的人，采取伪造、隐匿、毁灭证据或者其他隐瞒事实、违反法律的手段，以追究刑事责任为目的立案、侦查、起诉、审判的；

②对明知是有犯罪事实需要追究刑事责任的人，采取伪造、隐匿、毁灭证据或者其他隐瞒事实、违反法律的手段，故意包庇使其不受立案、侦查、起诉、审判的；

③采取伪造、隐匿、毁灭证据或者其他隐瞒事实、违反法律的手段，故意使罪重的人受较轻的追诉，或者使罪轻的人受较重的追诉的；

④在立案后，采取伪造、隐匿、毁灭证据或者其他隐瞒事实、违反法律的手段，应当采取强制措施而不采取强制措施，或者虽然采取强制措施，但中断侦查或者超过法定期限不采取任何措施，实际放任不管，以及违法撤销、变更强制措施，致使犯罪嫌疑人、被告人实际脱离司法机关侦控的；

⑤在刑事审判活动中故意违背事实和法律，作出枉法判决、裁定，即有罪判无罪、无罪判有罪，或者重罪轻判、轻罪重判的；

⑥其他徇私枉法应予追究刑事责任的情形。

（六）民事、行政枉法裁判案（第399条第2款）

①枉法裁判，致使当事人或者其近亲属自杀、自残造成重伤、死亡，或者精神失常的；

②枉法裁判，造成个人财产直接经济损失10万元以上，或者直接经济损失

不满 10 万元，但间接经济损失 50 万元以上的；

③枉法裁判，造成法人或者其他组织财产直接经济损失 20 万元以上，或者直接经济损失不满 20 万元，但间接经济损失 100 万元以上的；

④伪造、变造有关材料、证据，制造假案枉法裁判的；

⑤串通当事人制造伪证，毁灭证据或者篡改庭审笔录而枉法裁判的；

⑥徇私情、私利，明知是伪造、变造的证据予以采信，或者故意对应当采信的证据不予采信，或者故意违反法定程序，或者故意错误适用法律而枉法裁判的；

⑦其他情节严重的情形。

（七）执行判决、裁定失职案（第 399 条第 3 款）

①致使当事人或者其近亲属自杀、自残造成重伤、死亡，或者精神失常的；

②造成个人财产直接经济损失 15 万元以上，或者直接经济损失不满 15 万元，但间接经济损失 75 万元以上的；

③造成法人或者其他组织财产直接经济损失 30 万元以上，或者直接经济损失不满 30 万元，但间接经济损失 150 万元以上的；

④造成公司、企业等单位停业、停产 1 年以上，或者破产的；

⑤其他致使当事人或者其他人的利益遭受重大损失的情形。

（八）执行判决、裁定滥用职权案（第 399 条第 3 款）

①致使当事人或者其近亲属自杀、自残造成重伤、死亡，或者精神失常的；

②造成个人财产直接经济损失 10 万元以上，或者直接经济损失不满 10 万元，但间接经济损失 50 万元以上的；

③造成法人或者其他组织财产直接经济损失 20 万元以上，或者直接经济损失不满 20 万元，但间接经济损失 100 万元以上的；

④造成公司、企业等单位停业、停产 6 个月以上，或者破产的；

⑤其他致使当事人或者其他人的利益遭受重大损失的情形。

（九）私放在押人员案（第 400 条第 1 款）

①私自将在押的犯罪嫌疑人、被告人、罪犯放走，或者授意、指使、强迫他人将在押的犯罪嫌疑人、被告人、罪犯放走的；

②伪造、变造有关法律文书、证明材料，以使在押的犯罪嫌疑人、被告人、罪犯逃跑或者被释放的；

③为私放在押的犯罪嫌疑人、被告人、罪犯，故意向其通风报信、提供条件，致使该在押的犯罪嫌疑人、被告人、罪犯脱逃的；

④其他私放在押的犯罪嫌疑人、被告人、罪犯应予追究刑事责任的情形。

（十）失职致使在押人员脱逃案（第 400 条第 2 款）

①致使依法可能判处或者已经判处 10 年以上有期徒刑、无期徒刑、死刑的

犯罪嫌疑人、被告人、罪犯脱逃的；

②致使犯罪嫌疑人、被告人、罪犯脱逃3人次以上的；

③犯罪嫌疑人、被告人、罪犯脱逃以后，打击报复报案人、控告人、举报人、被害人、证人和司法工作人员等，或者继续犯罪的；

④其他致使在押的犯罪嫌疑人、被告人、罪犯脱逃，造成严重后果的情形。

（十一）徇私舞弊减刑、假释、暂予监外执行案（第401条）

①刑罚执行机关的工作人员对不符合减刑、假释、暂予监外执行条件的罪犯，捏造事实，伪造材料，违法报请减刑、假释、暂予监外执行的；

②审判人员对不符合减刑、假释、暂予监外执行条件的罪犯，徇私舞弊，违法裁定减刑、假释或者违法决定暂予监外执行的；

③监狱管理机关、公安机关的工作人员对不符合暂予监外执行条件的罪犯，徇私舞弊，违法批准暂予监外执行的；

④不具有报请、裁定、决定或者批准减刑、假释、暂予监外执行权的司法工作人员利用职务上的便利，伪造有关材料，导致不符合减刑、假释、暂予监外执行条件的罪犯被减刑、假释、暂予监外执行的；

⑤其他徇私舞弊减刑、假释、暂予监外执行应予追究刑事责任的情形。

（十二）徇私舞弊不移交刑事案件案（第402条）

①对依法可能判处3年以上有期徒刑、无期徒刑、死刑的犯罪案件不移交的；

②不移交刑事案件涉及3人次以上的；

③司法机关提出意见后，无正当理由仍然不予移交的；

④以罚代刑，放纵犯罪嫌疑人，致使犯罪嫌疑人继续进行违法犯罪活动的；

⑤行政执法部门主管领导阻止移交的；

⑥隐瞒、毁灭证据，伪造材料，改变刑事案件性质的；

⑦直接负责的主管人员和其他直接责任人员为牟取本单位私利而不移交刑事案件，情节严重的；

⑧其他情节严重的情形。

（十三）滥用管理公司、证券职权案（第403条）

①造成直接经济损失50万元以上的；

②工商管理部门的工作人员对不符合法律规定条件的公司设立、登记申请，违法予以批准、登记，严重扰乱市场秩序的；

③金融证券管理机构工作人员对不符合法律规定条件的股票、债券发行、上市申请，违法予以批准，严重损害公众利益，或者严重扰乱金融秩序的；

④工商管理部门、金融证券管理机构的工作人员对不符合法律规定条件的公司设立、登记申请或者股票、债券发行、上市申请违法予以批准或者登记，致使

犯罪行为得逞的；

⑤上级部门、当地政府直接负责的主管人员强令登记机关及其工作人员，对不符合法律规定条件的公司设立、登记申请或者股票、债券发行、上市申请予以批准或者登记，致使公共财产、国家或者人民利益遭受重大损失的；

⑥其他致使公共财产、国家和人民利益遭受重大损失的情形。

（十四）徇私舞弊不征、少征税款案（第 404 条）

①徇私舞弊不征、少征应征税款，致使国家税收损失累计达 10 万元以上的；

②上级主管部门工作人员指使税务机关工作人员徇私舞弊不征、少征应征税款，致使国家税收损失累计达 10 万元以上的；

③徇私舞弊不征、少征应征税款不满 10 万元，但具有索取或者收受贿赂或者其他恶劣情节的；

④其他致使国家税收遭受重大损失的情形。

（十五）徇私舞弊发售发票、抵扣税款、出口退税案（第 405 条第 1 款）

①徇私舞弊，致使国家税收损失累计达 10 万元以上的；

②徇私舞弊，致使国家税收损失累计不满 10 万元，但发售增值税专用发票 25 份以上或者其他发票 50 份以上或者增值税专用发票与其他发票合计 50 份以上，或者具有索取、收受贿赂或者其他恶劣情节的；

③其他致使国家利益遭受重大损失的情形。

（十六）违法提供出口退税凭证案（第 405 条第 2 款）

①徇私舞弊，致使国家税收损失累计达 10 万元以上的；

②徇私舞弊，致使国家税收损失累计不满 10 万元，但具有索取、收受贿赂或者其他恶劣情节的；

③其他致使国家利益遭受重大损失的情形。

（十七）国家机关工作人员签订、履行合同失职被骗案（第 406 条）

①造成直接经济损失 30 万元以上，或者直接经济损失不满 30 万元，但间接经济损失 150 万元以上的；

②其他致使国家利益遭受重大损失的情形。

（十八）违法发放林木采伐许可证案（第 407 条）

①发放林木采伐许可证允许采伐数量累计超过批准的年采伐限额，导致林木被超限额采伐 10 立方米以上的；

②滥发林木采伐许可证，导致林木被滥伐 20 立方米以上，或者导致幼树被滥伐 1000 株以上的；

③滥发林木采伐许可证，导致防护林、特种用途林被滥伐 5 立方米以上，或者幼树被滥伐 200 株以上的；

④滥发林木采伐许可证，导致珍贵树木或者国家重点保护的其他树木被滥

伐的；

⑤滥发林木采伐许可证，导致国家禁止采伐的林木被采伐的；

⑥其他情节严重，致使森林遭受严重破坏的情形。

林业主管部门工作人员之外的国家机关工作人员，违反森林法的规定，滥用职权或者玩忽职守，致使林木被滥伐40立方米以上或者幼树被滥伐2000株以上，或者致使防护林、特种用途林被滥伐10立方米以上或者幼树被滥伐400株以上，或者致使珍贵树木被采伐、毁坏4立方米或者4株以上，或者致使国家重点保护的其他植物被采伐、毁坏后果严重的，或者致使国家严禁采伐的林木被采伐、毁坏情节恶劣的，按照刑法第397条的规定以滥用职权罪或者玩忽职守罪追究刑事责任。

（十九）环境监管失职案（第408条）

①造成死亡1人以上，或者重伤3人以上，或者重伤2人、轻伤4人以上，或者重伤1人、轻伤7人以上，或者轻伤10人以上的；

②导致30人以上严重中毒的；

③造成个人财产直接经济损失15万元以上，或者直接经济损失不满15万元，但间接经济损失75万元以上的；

④造成公共财产、法人或者其他组织财产直接经济损失30万元以上，或者直接经济损失不满30万元，但间接经济损失150万元以上的；

⑤虽未达到3、4两项数额标准，但3、4两项合计直接经济损失30万元以上，或者合计直接经济损失不满30万元，但合计间接经济损失150万元以上的；

⑥造成基本农田或者防护林地、特种用途林地10亩以上，或者基本农田以外的耕地50亩以上，或者其他土地70亩以上被严重毁坏的；

⑦造成生活饮用水地表水源和地下水源严重污染的；

⑧其他致使公私财产遭受重大损失或者造成人身伤亡严重后果的情形。

（二十）传染病防治失职案（第409条）

①导致甲类传染病传播的；

②导致乙类、丙类传染病流行的；

③因传染病传播或者流行，造成人员重伤或者死亡的；

④因传染病传播或者流行，严重影响正常的生产、生活秩序的；

⑤在国家对突发传染病疫情等灾害采取预防、控制措施后，对发生突发传染病疫情等灾害的地区或者突发传染病病人、病原携带者、疑似突发传染病病人，未按照预防、控制突发传染病疫情等灾害工作规范的要求做好防疫、检疫、隔离、防护、救治等工作，或者采取的预防、控制措施不当，造成传染范围扩大或者疫情、灾情加重的；

⑥在国家对突发传染病疫情等灾害采取预防、控制措施后，隐瞒、缓报、谎

报或者授意、指使、强令他人隐瞒、缓报、谎报疫情、灾情，造成传染范围扩大或者疫情、灾情加重的；

⑦在国家对突发传染病疫情等灾害采取预防、控制措施后，拒不执行突发传染病疫情等灾害应急处理指挥机构的决定、命令，造成传染范围扩大或者疫情、灾情加重的；

⑧其他情节严重的情形。

（二十一）非法批准征用、占用土地案（第410条）

①非法批准征用、占用基本农田10亩以上的；

②非法批准征用、占用基本农田以外的耕地30亩以上的；

③非法批准征用、占用其他土地50亩以上的；

④虽未达到上述数量标准，但造成有关单位、个人直接经济损失30万元以上，或者造成耕地大量毁坏或者植被遭到严重破坏的；

⑤非法批准征用、占用土地，影响群众生产、生活，引起纠纷，造成恶劣影响或者其他严重后果的；

⑥非法批准征用、占用防护林地、特种用途林地分别或者合计10亩以上的；

⑦非法批准征用、占用其他林地20亩以上的；

⑧非法批准征用、占用林地造成直接经济损失30万元以上，或者造成防护林地、特种用途林地分别或者合计5亩以上或者其他林地10亩以上毁坏的；

⑨其他情节严重的情形。

（二十二）非法低价出让国有土地使用权案（第410条）

①非法低价出让国有土地30亩以上，并且出让价额低于国家规定的最低价额标准的百分之六十的；

②造成国有土地资产流失价额30万元以上的；

③非法低价出让国有土地使用权，影响群众生产、生活，引起纠纷，造成恶劣影响或者其他严重后果的；

④非法低价出让林地合计30亩以上，并且出让价额低于国家规定的最低价额标准的百分之六十的；

⑤造成国有资产流失30万元以上的；

⑥其他情节严重的情形。

（二十三）放纵走私案（第411条）

①放纵走私犯罪的；

②因放纵走私致使国家应收税额损失累计达10万元以上的；

③放纵走私行为3起次以上的；

④放纵走私行为，具有索取或者收受贿赂情节的；

⑤其他情节严重的情形。

（二十四）商检徇私舞弊案（第412条第1款）

①采取伪造、变造的手段对报检的商品的单证、印章、标志、封识、质量认证标志等作虚假的证明或者出具不真实的证明结论的；

②将送检的合格商品检验为不合格，或者将不合格商品检验为合格的；

③对明知是不合格的商品，不检验而出具合格检验结果的；

④其他伪造检验结果应予追究刑事责任的情形。

（二十五）商检失职案（第412条第2款）

①致使不合格的食品、药品、医疗器械等商品出入境，严重危害生命健康的；

②造成个人财产直接经济损失15万元以上，或者直接经济损失不满15万元，但间接经济损失75万元以上的；

③造成公共财产、法人或者其他组织财产直接经济损失30万元以上，或者直接经济损失不满30万元，但间接经济损失150万元以上的；

④未经检验，出具合格检验结果，致使国家禁止进口的固体废物、液态废物和气态废物等进入境内的；

⑤不检验或者延误检验出证、错误出证，引起国际经济贸易纠纷，严重影响国家对外经贸关系，或者严重损害国家声誉的；

⑥其他致使国家利益遭受重大损失的情形。

（二十六）动植物检疫徇私舞弊案（第413条第1款）

①采取伪造、变造的手段对检疫的单证、印章、标志、封识等作虚假的证明或者出具不真实的结论的；

②将送检的合格动植物检疫为不合格，或者将不合格动植物检疫为合格的；

③对明知是不合格的动植物，不检疫而出具合格检疫结果的；

④其他伪造检疫结果应予追究刑事责任的情形。

（二十七）动植物检疫失职案（第413条第2款）

①导致疫情发生，造成人员重伤或者死亡的；

②导致重大疫情发生、传播或者流行的；

③造成个人财产直接经济损失15万元以上，或者直接经济损失不满15万元，但间接经济损失75万元以上的；

④造成公共财产或者法人、其他组织财产直接经济损失30万元以上，或者直接经济损失不满30万元，但间接经济损失150万元以上的；

⑤不检疫或者延误检疫出证、错误出证，引起国际经济贸易纠纷，严重影响国家对外经贸关系，或者严重损害国家声誉的；

⑥其他致使国家利益遭受重大损失的情形。

（二十八）放纵制售伪劣商品犯罪行为案（第414条）

①放纵生产、销售假药或者有毒、有害食品犯罪行为的；

②放纵生产、销售伪劣农药、兽药、化肥、种子犯罪行为的；

③放纵依法可能判处3年有期徒刑以上刑罚的生产、销售伪劣商品犯罪行为的；

④对生产、销售伪劣商品犯罪行为不履行追究职责，致使生产、销售伪劣商品犯罪行为得以继续的；

⑤3次以上不履行追究职责，或者对3个以上有生产、销售伪劣商品犯罪行为的单位或者个人不履行追究职责的；

⑥其他情节严重的情形。

（二十九）办理偷越国（边）境人员出入境证件案（第415条）

负责办理护照、签证以及其他出入境证件的国家机关工作人员涉嫌在办理护照、签证以及其他出入境证件的过程中，对明知是企图偷越国（边）境的人员而予以办理出入境证件的，应予立案。

（三十）放行偷越国（边）境人员案（第415条）

边防、海关等国家机关工作人员涉嫌在履行职务过程中，对明知是偷越国（边）境的人员而予以放行的，应予立案。

（三十一）不解救被拐卖、绑架妇女、儿童案（第416条第1款）

①导致被拐卖、绑架的妇女、儿童或者其家属重伤、死亡或者精神失常的；

②导致被拐卖、绑架的妇女、儿童被转移、隐匿、转卖，不能及时进行解救的；

③对被拐卖、绑架的妇女、儿童不进行解救3人次以上的；

④对被拐卖、绑架的妇女、儿童不进行解救，造成恶劣社会影响的；

⑤其他造成严重后果的情形。

（三十二）阻碍解救被拐卖、绑架妇女、儿童案（第416条第1款）

①利用职权，禁止、阻止或者妨碍有关部门、人员解救被拐卖、绑架的妇女、儿童的；

②利用职务上的便利，向拐卖、绑架者或者收买者通风报信，妨碍解救工作正常进行的；

③其他利用职务阻碍解救被拐卖、绑架的妇女、儿童应予追究刑事责任的情形。

（三十三）帮助犯罪分子逃避处罚案（第417条）

①向犯罪分子泄漏有关部门查禁犯罪活动的部署、人员、措施、时间、地点等情况的；

②向犯罪分子提供钱物、交通工具、通讯设备、隐藏处所等便利条件的；

③向犯罪分子泄漏案情的；

④帮助、示意犯罪分子隐匿、毁灭、伪造证据，或者串供、翻供的；

⑤其他帮助犯罪分子逃避处罚应予追究刑事责任的情形。

（三十四）招收公务员、学生徇私舞弊案（第418条）

①徇私舞弊，利用职务便利，伪造、变造人事、户口档案、考试成绩或者其他影响招收工作的有关资料，或者明知是伪造、变造的上述材料而予以认可的；

②徇私舞弊，利用职务便利，帮助5名以上考生作弊的；

③徇私舞弊招收不合格的公务员、学生3人次以上的；

④因徇私舞弊招收不合格的公务员、学生，导致被排挤的合格人员或者其近亲属自杀、自残造成重伤、死亡，或者精神失常的；

⑤因徇私舞弊招收公务员、学生，导致该项招收工作重新进行的；

⑥其他情节严重的情形。

（三十五）失职造成珍贵文物损毁、流失案（第419条）

①导致国家一、二、三级珍贵文物损毁或者流失的；

②导致全国重点文物保护单位或者省、自治区、直辖市级文物保护单位损毁的；

③其他后果严重的情形。

二、国家机关工作人员利用职权实施的侵犯公民人身权利、民主权利犯罪案件

（一）国家机关工作人员利用职权实施的非法拘禁案（第238条）

①非法剥夺他人人身自由24小时以上的；

②非法剥夺他人人身自由，并使用械具或者捆绑等恶劣手段，或者实施殴打、侮辱、虐待行为的；

③非法拘禁，造成被拘禁人轻伤、重伤、死亡的；

④非法拘禁，情节严重，导致被拘禁人自杀、自残造成重伤、死亡，或者精神失常的；

⑤非法拘禁3人次以上的；

⑥司法工作人员对明知是没有违法犯罪事实的人而非法拘禁的；

⑦其他非法拘禁应予追究刑事责任的情形。

（二）国家机关工作人员利用职权实施的非法搜查案（第245条）

①非法搜查他人身体、住宅，并实施殴打、侮辱等行为的；

②非法搜查，情节严重，导致被搜查人或者其近亲属自杀、自残造成重伤、死亡，或者精神失常的；

③非法搜查，造成财物严重损坏的；

④非法搜查3人（户）次以上的；

职务犯罪侦查办案一本通

⑤司法工作人员对明知是与涉嫌犯罪无关的人身、住宅非法搜查的；

⑥其他非法搜查应予追究刑事责任的情形。

（三）刑讯逼供案（第247条）

①以殴打、捆绑、违法使用械具等恶劣手段逼取口供的；

②以较长时间冻、饿、晒、烤等手段逼取口供，严重损害犯罪嫌疑人、被告人身体健康的；

③刑讯逼供造成犯罪嫌疑人、被告人轻伤、重伤、死亡的；

④刑讯逼供，情节严重，导致犯罪嫌疑人、被告人自杀、自残造成重伤、死亡，或者精神失常的；

⑤刑讯逼供，造成错案的；

⑥刑讯逼供3人次以上的；

⑦纵容、授意、指使、强迫他人刑讯逼供，具有上述情形之一的；

⑧其他刑讯逼供应予追究刑事责任的情形。

（四）暴力取证案（第247条）

①以殴打、捆绑、违法使用械具等恶劣手段逼取证人证言的；

②暴力取证造成证人轻伤、重伤、死亡的；

③暴力取证，情节严重，导致证人自杀、自残造成重伤、死亡，或者精神失常的；

④暴力取证，造成错案的；

⑤暴力取证3人次以上的；

⑥纵容、授意、指使、强迫他人暴力取证，具有上述情形之一的；

⑦其他暴力取证应予追究刑事责任的情形。

（五）虐待被监管人案（第248条）

①以殴打、捆绑、违法使用械具等恶劣手段虐待被监管人的；

②以较长时间冻、饿、晒、烤等手段虐待被监管人，严重损害其身体健康的；

③虐待造成被监管人轻伤、重伤、死亡的；

④虐待被监管人，情节严重，导致被监管人自杀、自残造成重伤、死亡，或者精神失常的；

⑤殴打或者体罚虐待3人次以上的；

⑥指使被监管人殴打、体罚虐待其他被监管人，具有上述情形之一的；

⑦其他情节严重的情形。

（六）报复陷害案（第254条）

①报复陷害，情节严重，导致控告人、申诉人、批评人、举报人或者其近亲属自杀、自残造成重伤、死亡，或者精神失常的；

②使控告人、申诉人、批评人、举报人或者其近亲属的其他合法权利受到严重损害的；

③其他报复陷害应予追究刑事责任的情形。

（七）国家机关工作人员利用职权实施的破坏选举案（第256条）

①以暴力、威胁、欺骗、贿赂等手段，妨害选民、各级人民代表大会代表自由行使选举权和被选举权，致使选举无法正常进行，或者选举无效，或者选举结果不真实的；

②以暴力破坏选举场所或者选举设备，致使选举无法正常进行的；

③伪造选民证、选票等选举文件，虚报选举票数，产生不真实的选举结果或者强行宣布合法选举无效、非法选举有效的；

④聚众冲击选举场所或者故意扰乱选举场所秩序，使选举工作无法进行的；

⑤其他情节严重的情形。

3. 分级立案

（1）人民检察院对直接受理的案件实行分级立案侦查的制度。最高人民检察院立案侦查全国性的重大犯罪案件；省、自治区、直辖市人民检察院立案侦查全省（自治区、直辖市）性的重大犯罪案件；分、州、市人民检察院立案侦查本辖区的重大犯罪案件；基层人民检察院立案侦查本辖区的犯罪案件。

（2）上级人民检察院在必要的时候，可以直接立案侦查或者组织、指挥、参与侦查下级人民检察院管辖的案件，也可以将本院管辖的案件指定下级人民检察院立案侦查；下级人民检察院认为案情重大、复杂，需要由上级人民检察院立案侦查的案件，可以请求移送上级人民检察院立案侦查。

4. 立案程序

（1）人民检察院对于直接受理的案件，经审查认为有犯罪事实需要追究刑事责任的，应当制作立案报告书，经检察长批准后予以立案。

侦查部门对举报线索初查后，应当制作审查结论报告，提出处理意见，报检察长决定：

①认为有犯罪事实需要追究刑事责任的，提请批准立案侦查；

②对具有下列情形之一的，提请批准不予立案：

A. 认为没有犯罪事实的；

B. 事实不清，证据不足的；

C. 具有《刑事诉讼法》第15条规定情形之一的。

（2）人民检察院决定对案件立案侦查的，应当以案为单位制作立案决定书，由检察长签名或盖章，并加盖人民检察院印章。在立案侦查过程中，发现新的犯罪嫌疑人需要并案侦查的，由承办人制作补充立案侦查决定书，由检察长签名或盖章，并加盖人民检察院印章。

5. 立案的内部制约

人民检察院侦查监督部门或者公诉部门发现本院侦查部门对应当立案侦查的案件不报请立案侦查的，应当提出报请立案侦查的建议，报经分管检察长同意后，送侦查部门。侦查部门同意报请立案侦查的，应当在报经检察长批准作出立案决定后将立案决定书复印件送侦查监督部门或者公诉部门；不同意报请立案侦查的，应当书面说明不立案理由，报分管检察长同意后回复侦查监督部门或者公诉部门。侦查监督部门或者公诉部门认为不立案理由不能成立的，应当报分管检察长同意后，报请检察长决定。

6. 备案审查

（1）人民检察院对于直接受理的案件，经审查认为有犯罪事实需要追究刑事责任的，应当制作立案报告书，经检察长批准后予以立案。在决定立案之日起3日以内，将立案备案登记表、提请立案报告和立案决定书一并报送上一级人民检察院备案。

（2）上一级人民检察院相对应的部门应当指定专人审查下级人民检察院报送的备案材料，对案件是否属于作出立案或者逮捕决定的检察机关管辖、是否符合立案或者逮捕条件、是否有其他应当立案或者逮捕的犯罪嫌疑人等进行审查。对于需要补报有关案件材料的，上一级人民检察院应当在收到备案材料之日起3日以内责成下级人民检察院补报。下级人民检察院应当在收到上一级人民检察院通知之日起3日以内，按要求报送。

（3）上一级人民检察院在审查备案材料过程中，可以向下级人民检察院了解案件事实、证据和适用法律等情况。

（4）上一级人民检察院应当审查下级人民检察院报送的备案材料，并在收到备案材料之日起30日以内，提出是否同意下级人民检察院立案的审查意见。认为下级人民检察院的立案决定错误的，应当在报经检察长或者检察委员会决定后，书面通知下级人民检察院纠正。上一级人民检察院也可以直接作出决定，通知下级人民检察院执行。

（5）下级人民检察院应当执行上一级人民检察院的决定，并在收到上一级人民检察院的书面通知或者决定之日起10日以内将执行情况向上一级人民检察院报告。

（6）下级人民检察院对上一级人民检察院的决定有异议的，可以在执行的同时向上一级人民检察院报告。

7. 要案的党内请示报告

要案立案要向党委请示，报告、请示的同时要向上一级检察院备案。上级检察院应当加强协调。侦查终结时，案情发生重大变化的要向党委报告。其他重要案件，在查办的同时也要主动争取党委的领导和支持。

8. 以事立案

（1）以事立案是指人民检察院依照管辖范围，对于发现的犯罪事实，或者对于报案、控告、举报和自首的材料，经过审查认为有犯罪事实，需要追究刑事责任，犯罪嫌疑人尚未确定的案件，所依法作出的立案决定。

（2）以事立案的案件范围为贪污、挪用公款、私分国有资产和私分罚没财物犯罪案件；滥用职权、玩忽职守等渎职犯罪案件，以及国家机关工作人员利用职权侵犯公民人身权利、民主权利的案件。这些案件经过初查，具有下列情形之一的，可以以事立案：

①必须通过侦查措施取证的；

②证据可能发生变化或者灭失的；

③犯罪造成的危害后果可能进一步扩大的。

（3）以事立案的，在确定犯罪嫌疑人之前，不得对涉案人员采取强制措施，不得查封、扣押、冻结涉案对象的财产。确定犯罪嫌疑人后，不需要另行立案，直接转为收集犯罪嫌疑人实施犯罪证据的阶段，依法全面使用侦查手段和强制措施。

（4）经过侦查，没有发现犯罪嫌疑人的，应当终止侦查；发现案件不属于本院管辖的，应当依照有关规定移送有管辖权的机关处理；确定犯罪嫌疑人后发现具有《刑事诉讼法》第15条规定的情形之一的，应当撤销案件。以事立案的案件应当纳入检察统计报表。

9. 不立案

人民检察院决定不予立案的，如果是被害人控告的，应当制作不立案通知书，写明案由和案件来源、决定不立案的原因和法律依据，由侦查部门在15日以内送达控告人，同时告知本院控告检察部门。控告人如果不服，可以在收到不立案通知书后10日以内申请复议。

对不立案的复议，由人民检察院控告检察部门受理。控告检察部门应当根据事实和法律进行审查，并可以要求控告人、申诉人提供有关材料，认为需要侦查部门说明不立案理由的，应当及时将案件移送侦查监督部门办理。

人民检察院认为被举报人的行为未构成犯罪，决定不予立案，但需要追究其党纪、政纪责任的，应当移送有管辖权的主管机关处理。

下级检察院需要提请上级纪委协调时，通过上级检察院办理。

决定不立案的，承办人应将不立案的卷宗材料归档保存。

【注意事项】

1. 要依法准确理解、掌握法律规定的立案条件，既要坚决又要慎重。

2. 对可能携款潜逃的贪污、贿赂等重大案犯，有管辖权的检察院一经发现或接到举报，应迅速查证，及时立案，不失时机地果断采取逮捕等强制措施。

3. 对纪检监察机关查办的重大违纪违法案件，需要了解情况，熟悉案情的，应该积极介入；对纪检监察机关移送的涉嫌犯罪的案件，要认真进行审查，属于检察机关管辖且符合立案条件的，要及时立案，开展侦查；检察机关受理或者立案侦查，尚不构成犯罪或者依法作出不起诉决定的案件，认为需要追究党纪政纪责任的，要移送纪检监察机关。

4. 人民检察院决定对人民代表大会代表立案，应当按照规定的程序向该代表所属的人民代表大会主席团或者常务委员会通报。各级人民检察院办理本级人大代表的案件，依法决定立案的，应当向本级人民代表大会主席团或人民代表大会常务委员会通报。办理上级人大代表的案件，应当层报人大代表所属人民代表大会同级的人民检察院办理。办理下级人大代表的案件，可以自行直接办理，也可以委托人大代表所属人民代表大会同级的人民检察院办理。

检察机关依法办理人大代表涉嫌犯罪的案件，应当报上一级人民检察院及该代表所属的人民代表大会同级的人民检察院备案；检察机关依法办理全国人大代表涉嫌犯罪的案件，需要对犯罪嫌疑人采取逮捕措施的，省级人民检察院应当依照法律的规定将意见报送最高人民检察院。

5. 审计机关在审计过程中，认为有贪污贿赂、渎职和其他违法犯罪事实需要追究刑事责任的时候，可以要求检察机关提前介入，检察机关应当及时派员配合审查，熟悉案情，确定案件性质，为立案做好准备。

【文书与说明】

1. 立案请示报告

人民检察院

立案请示报告

×检反贪请立〔　〕号

一、犯罪嫌疑人基本情况

（包括姓名、曾用名、性别、出生年月日、身份证件种类及号码、民族、籍贯、文化程度、有无党派、是否人大代表或者政协委员、工作单位、职务级别或者职业、住址、有无前科等。）

二、案件来源及初查经过

三、涉嫌犯罪事实及证据

四、立案侦查的理由和法律依据

（注意：案件来源属于自行发现的，立案的法律依据是《中华人民共和国刑事诉讼法》第一百零七条；案件来源属于报案（含有关部门移送）、控告、举报和自首的，立案的法律依据是《中华人民共和国刑事诉讼法》第一百一十条。）

承办人：

年　　月　　日

2. 立案备案登记表

人民检察院

直接受理侦查案件立案备案登记表

编号				姓名			
性别		年龄		民族		文化程度	
政治面貌		职务		担任实职		工作单位或住址	
人大代表	（层级）人大代表			政协委员	（层级）政协委员		
案件来源				受案日期			
受案案由							
初查日期				立案日期			

续表

立案案由			全案立案数额		
是否为再立案案件			是否数罪		
强制措施日期			是否共同犯罪		
嫌疑人对强制措施的意见					
潜逃日期			上网通缉通知书日期		
抓获日期			是否投案自首		
自杀、死亡日期					
案情摘要					
立案（逮捕）的理由及法律根据					
附注					
办案单位		办案部门		承办人	
填报人		报出年月			

注："人大代表"中非人大代表的填"非"，是人大代表的写明人大代表的层级。

3. 立案备案审查表

人民检察院

直接受理侦查案件立案备案审查表

编号		姓名		性别		年龄	
民族		文化程度		政治面貌			
职务		职级		担任实职			
人大代表	（层级）人大代表	政协委员	（层级）政协委员	工作单位或住址			
受案日期		受案案由		案件来源			
初查日期		初查结果		立案日期			
立案案由		全案立案数额		是否共同犯罪			
以事立案日期		确定犯罪嫌疑人日期		是否为再立案案件			
是否数罪							
强制措施种类及日期							
嫌疑人对强制措施意见							
潜逃日期		上网通缉通知书日期					
抓获日期		是否投案自首					
案情摘要							
审查人意见							
侦查指挥中心办公室主任意见							
局长意见							
检察长意见							
办案单位		办案部门		承办人			
填报人		报出年月					

4. 答复举报人通知书

人民检察院

答复举报人通知书

检举答〔 〕号

__________：

你（单位）的举报材料已收到。经审查，______________________________
____
____
____。

特此通知。

年　　月　　日

（院举报中心）

答复举报人通知书制作说明

本文书依据《中华人民共和国刑事诉讼法》第一百零八条、第一百一十条制作。为检察机关将受理的举报材料处理后，答复举报人时使用。

5. 立案决定书

人民检察院

立案决定书

（存　根）

检　立〔　〕　号

案由＿＿＿＿＿＿＿＿＿＿＿＿＿＿＿＿＿＿＿＿

涉案人基本情况（姓名、性别、年龄、身份证号码、工作单位、住址、是否人大代表、政协委员）＿＿＿＿＿＿

＿＿＿＿＿＿＿＿＿＿＿＿＿＿＿＿＿＿＿＿

批准人＿＿＿＿＿＿＿＿＿＿＿＿＿＿＿＿＿＿

承办人＿＿＿＿＿＿＿＿＿＿＿＿＿＿＿＿＿＿

办案单位＿＿＿＿＿＿＿＿＿＿＿＿＿＿＿＿＿

填发时间＿＿＿＿＿＿＿＿＿＿＿＿＿＿＿＿＿

填发人＿＿＿＿＿＿＿＿＿＿＿＿＿＿＿＿＿＿

第一联 统一保存

检立〔　〕号

人民检察院

立案决定书

检　立〔　〕　号

根据《中华人民共和国刑事诉讼法》第＿＿条的规定，本院决定对＿＿＿＿＿＿＿＿涉嫌一案立案侦查。

检察长（印）

年　月　日

（院印）

第二联 附卷

立案决定书制作说明

一、本文书依据《中华人民共和国刑事诉讼法》第十八条第二款、第一百零七条、第一百一十条的规定制作。为检察长、检察委员会决定对案件立案侦查时使用。

二、使用本文书时，对于贪污贿赂犯罪，国家机关工作人员的渎职犯罪，国家机关工作人员利用职权实施的非法拘禁、刑讯逼供、报复陷害、非法搜查的侵犯公民人身权利的犯罪以及侵犯公民民主权利的犯罪的案件，引用《中华人民共和国刑事诉讼法》第一百零七条、第一百一十条。对于国家机关工作人员利用职权实施其他重大犯罪案件，省级以上人民检察院决定直接由本院受理的，引用《中华人民共和国刑事诉讼法》第十八条第二款、第一百零七条、第一百一十条。

三、共同犯罪的案件，应当填写全部犯罪嫌疑人的姓名。以事立案的案件，不填写犯罪嫌疑人基本情况一栏。制作时由检察长签名或盖章，并加盖立案的人民检察院印章。

四、本文书以案为单位制作。

五、本文书共二联，第一联统一保存备查，第二联附卷。

6. 不立案通知书

人民检察院

不立案通知书

（存　根）

检　不立〔 〕号

控告单位或控告人________

被控告人基本情况（姓名、性别、年龄、身份证号码、工作单位、住址、是否人大代表、政协委员）________

不立案原因________

批准人________

承办人________

办案单位________

填发时间________

填发人________

第一联 统一保存

检　不立〔　〕号

人民检察院

不立案通知书

（副　本）

检 不立〔　〕号

______：

你（单位）控告______涉嫌______一案，经本院审查认为，________。根据《中华人民共和国刑事诉讼法》第______条的规定，决定不予立案。

特此通知。如果不服本决定，可以在收到本通知书后十日以内向本院申请复议。

年　月　日

（院印）

第二联 附卷

检　不立〔　〕号

人民检察院

不立案通知书

检 不立〔　〕号

______：

你（单位）控告______涉嫌______一案，经本院审查认为，________。根据《中华人民共和国刑事诉讼法》第______条的规定，决定不予立案。

特此通知。如果不服本决定，可以在收到本通知书后十日以内向本院申请复议。

年　月　日

（院印）

第三联 送达控告人

不立案通知书制作说明

一、本文书依据《中华人民共和国刑事诉讼法》第一百一十条、第十五条的规定制作。为人民检察院对于控告材料，经审查决定不予立案，将不予立案的原因通知控告人时使用。

二、本文书制作时，应列明不立案的原因。控告人包括个人和单位。法律依据根据案件的不同情况，分别引用《中华人民共和国刑事诉讼法》第一百一十条或第十五条。

三、本文以案为单位制作。

四、本文书共三联，第一联统一保存备查，第二联附卷，第三联送达控告人。

【办案依据】

1.《中华人民共和国刑事诉讼法（2012年修正）》（节录）

第三条 对刑事案件的侦查、拘留、执行逮捕、预审，由公安机关负责。检察、批准逮捕、检察机关直接受理的案件的侦查、提起公诉，由人民检察院负责。审判由人民法院负责。除法律特别规定的以外，其他任何机关、团体和个人都无权行使这些权力。

人民法院、人民检察院和公安机关进行刑事诉讼，必须严格遵守本法和其他法律的有关规定。

第十五条 有下列情形之一的，不追究刑事责任，已经追究的，应当撤销案件，或者不起诉，或者终止审理，或者宣告无罪：

（一）情节显著轻微、危害不大，不认为是犯罪的；

（二）犯罪已过追诉时效期限的；

（三）经特赦令免除刑罚的；

（四）依照刑法告诉才处理的犯罪，没有告诉或者撤回告诉的；

（五）犯罪嫌疑人、被告人死亡的；

（六）其他法律规定免予追究刑事责任的。

第一百零七条 公安机关或者人民检察院发现犯罪事实或者犯罪嫌疑人，应当按照管辖范围，立案侦查。

第一百一十条 人民法院、人民检察院或者公安机关对于报案、控告、举报和自首的材料，应当按照管辖范围，迅速进行审查，认为有犯罪事实需要追究刑事责任的时候，应当立案；认为没有犯罪事实，或者犯罪事实显著轻微，不需要追究刑事责任的时候，不予立案，并且将不立案的原因通知控告人。控告人如果不服，可以申请复议。

2.《人民检察院刑事诉讼规则（试行）》（2012年10月16日由最高人民检察院第十一届检察委员会第八十次会议第二次修订）（节录）

第十三条 人民检察院对直接受理的案件实行分级立案侦查的制度。

最高人民检察院立案侦查全国性的重大犯罪案件；省、自治区、直辖市人民检察院立案侦查全省（自治区、直辖市）性的重大犯罪案件；分、州、市人民检察院立案侦查本辖区的重大犯罪案件；基层人民检察院立案侦查本辖区的犯罪案件。

第十四条 上级人民检察院在必要的时候，可以直接立案侦查或者组织、指挥、参与侦查下级人民检察院管辖的案件，也可以将本院管辖的案件指定下级人民检察院立案侦查；下级人民检察院认为案情重大、复杂，需要由上级人民检察院立案侦查的案件，可以请求移送上级人民检察院立案侦查。

第十五条 国家工作人员职务犯罪案件，由犯罪嫌疑人工作单位所在地的人民检察院管辖；如果由其他人民检察院管辖更为适宜的，可以由其他人民检察院管辖。

第十六条 对管辖不明确的案件，可以由有关人民检察院协商确定管辖。对管辖有争议的或者情况特殊的案件，由共同的上级人民检察院指定管辖。

第十七条 几个人民检察院都有权管辖的案件，由最初受理的人民检察院管辖。必要时，可以由主要犯罪地的人民检察院管辖。

第十八条 上级人民检察院可以指定下级人民检察院立案侦查管辖不明或者需要改变管辖的案件。

人民检察院在立案侦查中指定异地管辖，需要在异地起诉、审判的，应当在移送审查起诉前与人民法院协商指定管辖的相关事宜。

分、州、市人民检察院办理直接立案侦查的案件，需要将属于本院管辖的案件指定下级人民检察院管辖的，应当报请上一级人民检察院批准。

第十九条 军事检察院、铁路运输检察院等专门人民检察院的管辖以及军队、武装警察与地方互涉刑事案件的管辖，按照有关规定执行。

第一百八十三条 人民检察院对于直接受理的案件，经审查认为有犯罪事实需要追究刑事责任的，应当制作立案报告书，经检察长批准后予以立案。在决定立案之日起三日以内，将立案备案登记表、提请立案报告和立案决定书一并报送上一级人民检察院备案。

上一级人民检察院应当审查下级人民检察院报送的备案材料，并在收到备案材料之日起三十日以内，提出是否同意下级人民检察院立案的审查意见。认为下级人民检察院的立案决定错误的，应当在报经检察长或者检察委员会决定后，书面通知下级人民检察院纠正。上一级人民检察院也可以直接作出决定，通知下级人民检察院执行。

下级人民检察院应当执行上一级人民检察院的决定，并在收到上一级人民检察院的书面通知或者决定之日起十日以内将执行情况向上一级人民检察院报告。下级人民检察院对上一级人民检察院的决定有异议的，可以在执行的同时向上一级人民检察院报告。

第一百八十四条 人民检察院决定不予立案的，如果是被害人控告的，应当制作不立案通知书，写明案由和案件来源、决定不立案的原因和法律依据，由侦查部门在十五日以内送达控告人，同时告知本院控告检察部门。控告人如果不服，可以在收到不立案通知书后十日以内申请复议。

对不立案的复议，由人民检察院控告检察部门受理。控告检察部门应当根据事实和法律进行审查，并可以要求控告人、申诉人提供有关材料，认为需要侦查部门说明不立案理由的，应当及时将案件移送侦查监督部门办理。

人民检察院认为被举报人的行为未构成犯罪，决定不予立案，但需要追究其党纪、政纪责任的，应当移送有管辖权的主管机关处理。

第一百八十五条　人民检察院决定对人民代表大会代表立案，应当按照本规则第一百三十二条规定的程序向该代表所属的人民代表大会主席团或者常务委员会进行通报。

3. 最高人民检察院《关于检察机关反贪污贿赂工作若干问题的决定》（1999 年 9 月 17 日最高人民检察院第九届检察委员会第四十五次会议通过，1999 年 11 月 8 日　高检发〔1999〕27 号）（节录）

7. 检察机关认为有犯罪事实需要追究刑事责任的，应当立案。要依法准确理解、掌握法律规定的立案条件，既要坚决又要慎重。根据案件的具体情况，符合立案条件的，可以直接立案。

16. 各级检察院要积极支持纪委对有关案件的协调。对纪检监察机关查办的重大违纪违法案件，需要了解情况，熟悉案情的，应该积极介入；对纪检监察机关移送的涉嫌犯罪的案件，要认真进行审查，属于检察机关管辖且符合立案条件的，要及时立案，开展侦查；检察机关受理或者立案侦查，尚不构成犯罪或者依法作出不起诉决定的案件，认为需要追究党纪政纪责任的，要移送纪检监察机关。下级检察院需要提请上级纪委协调时，通过上级检察院办理。

21. 坚持查办要案的党内请示报告制度。要案初查，需要接触被查对象或者进行必要调查前，要向党委主要领导同志报告，立案要向党委请示。报告、请示的同时要向上一级检察院备案。上级检察院应当加强协调。侦查终结时，案情发生重大变化的要向党委报告。其他重要案件，在查办的同时也要主动争取党委的领导和支持。

4. 最高人民检察院《关于加强渎职侵权检察工作的决定》（2000 年 5 月 29 日　高检发〔2000〕17 号）（节录）

8. 严格执行立案标准。发现有达到立案标准的涉嫌犯罪事实，需要追究刑事责任的；发现或认为造成公共财产、国家和人民利益重大损失是人为责任，有犯罪事实存在的，应当立案。

9. 严格按照刑事诉讼法关于案件管辖的规定办理案件。对涉嫌犯罪的国家机关工作人员同时又在企业、事业单位和其他组织兼职的，应按其犯罪过程中实际起作用的职务认定主体身份，确定案件管辖；对利用何种职务暂时难以确定，但已构成犯罪的，检察机关可先行立案侦查，待查清事实后，再按规定移送管辖。

对属于渎职犯罪案件认定要件的其他刑事犯罪案件，应当按管辖分工移送有关部门查处，涉及渎职犯罪的相关证据的，检察机关可直接进行调查，也可请有关单位、人员协助查证。对公安机关应当立案而不依法立案的案件，要依法通过立案监督程序通知其立案侦查。对重特大渎职犯罪案件所涉及的必须及时查清的案件，经上级检察机关同意，可以并案查处。

国家机关工作人员利用职权实施的其他重大的犯罪案件，需要由人民检察院直接受理的，经省级以上人民检察院决定，可以由人民检察院渎职侵权检察部门立案侦查。

5.《关于人民检察院办理直接受理立案侦查案件实行内部制约的若干规定》（2004 年 6 月 24 日　高检发〔2004〕12 号）（节录）

第五条　人民检察院侦查监督部门或者公诉部门发现本院侦查部门对应当立案侦查的案件不报请立案侦查的，应当提出报请立案侦查的建议，报经分管检察长同意后，送侦查部门。侦查部门同意报请立案侦查的，应当在报经检察长批准作出立案决定后将立案决定书复印件送侦查监督部门或者公诉部门；不同意报请立案侦查的，应当书面说明不立案理由，报分管检察长同意后回复侦查监督部门或者公诉部门。侦查监督部门或者公诉部门认为不立案理由不能成立的，应当报分管检察长同意后，报请检察长决定。

6. 最高人民检察院《关于人民检察院直接受理立案侦查案件立案标准的规定（试行）》（1999年8月6日　最高人民检察院第九届检察委员会第四十一次会议通过）（节录）

一、贪污贿赂犯罪案件

（一）贪污案（第382条、第383条，第183条第2款，第271条第2款，第394条）

贪污罪是指国家工作人员利用职务上的便利，侵吞、窃取、骗取或者以其他手段非法占有公共财物的行为。

利用职务上的便利是指利用职务上主管、管理、经手公共财物的权力及方便条件。

受国家机关、国有公司、企业、事业单位、人民团体委托管理、经营国有财产的人员，利用职务上的便利，侵吞、窃取、骗取或者以其他手段非法占有国有财物的，以贪污罪追究其刑事责任。

受委托管理、经营国有财产是指因承包、租赁、聘用等而管理、经营国有财产。

国有保险公司的工作人员和国有保险公司委派到非国有保险公司从事公务的人员利用职务上的便利，故意编造未曾发生的保险事故进行虚假理赔，骗取保险金归自己所有的，以贪污罪追究刑事责任。

国有公司、企业或者其他国有单位中从事公务的人员和国有公司、企业或者其他国有单位委派到非国有公司、企业以及其他非国有单位从事公务的人员，利用职务上的便利，将本单位财物非法占为己有的，以贪污罪追究刑事责任。

国家工作人员在国内公务活动或者对外交往中接受礼物，依照国家规定应当交公而不交公，数额较大的，以贪污罪追究刑事责任。

涉嫌下列情形之一的，应予立案：

1. 个人贪污数额在5千元以上的；

2. 个人贪污数额不满5千元，但具有贪污救灾、抢险、防汛、防疫、优抚、扶贫、移民、救济款物及募捐款物、赃款赃物、罚没款物、暂扣款物，以及贪污手段恶劣、毁灭证据、转移赃物等情节的。

（二）挪用公款案（第384条，第185条第2款，第272条第2款）

挪用公款罪是指国家工作人员利用职务上的便利，挪用公款归个人使用，进行非法活动的，或者挪用公款数额较大、进行营利活动的，或者挪用公款数额较大、超过三个月未还的行为。

国有金融机构工作人员和国有金融机构委派到非国有金融机构从事公务的人员，利用职务上的便利，挪用本单位或者客户资金的，以挪用公款罪追究刑事责任。

国有公司、企业或者其他国有单位中从事公务的人员和国有公司、企业或者其他国有单位委派到非国有公司、企业以及其他单位从事公务的人员，利用职务上的便利，挪用本单位资金归个人使用或者借贷给他人，数额较大，超过三个月未还的，或者虽未超过三个月，但数额较大，进行营利活动的，或者进行非法活动的，以挪用公款罪追究刑事责任。

涉嫌下列情形之一的，应予立案：

1. 挪用公款归个人使用，数额在5千元至1万元以上，进行非法活动的；

2. 挪用公款数额在1万元至3万元以上，归个人进行营利活动的；

3. 挪用公款归个人使用，数额在1万元至3万元以上，超过3个月未还的。

各省级人民检察院可以根据本地实际情况，在上述数额幅度内，确定本地区执行的具体数额标准，并报最高人民检察院备案。

挪用公款归个人使用，既包括挪用者本人使用，也包括给他人使用。

多次挪用公款不还的，挪用公款数额累计计算；多次挪用公款并以后次挪用的公款归还前次挪用的公款，挪用公款数额以案发时未还的数额认定。

挪用公款给其他个人使用的案件，使用人与挪用人共谋，指使或者参与策划取得挪用款的，对使用人以挪用公款罪的共犯追究刑事责任。

（三）受贿案（第385条、第386条，第388条，第163条第3款，第184条第2款）

受贿罪是指国家工作人员利用职务上的便利，索取他人财物的，或者非法收受他人财物，为他人谋取利益的行为。

利用职务上的便利，是指利用本人职务范围内的权力，即自己职务上主管、负责或者承办某项公共事务的职权及其所形成的便利条件。

索取他人财物的，不论是否为他人谋取利益，均可构成受贿罪。非法收受他人财物的，必须同时具备为他人谋取利益的条件，才能构成受贿罪。但是为他人谋取的利益是否正当，为他人谋取的利益是否实现，不影响受贿罪的认定。

国家工作人员在经济往来中，违反国家规定，收受各种名义的回扣、手续费，归个人所有的，以受贿罪追究刑事责任。

国有公司、企业中从事公务的人员和国有公司、企业委派到非国有公司、企业从事公务的人员利用职务上的便利，索取他人财物或者非法收受他人财物，为他人谋取利益，或者在经济往来中，违反国家规定，收受各种名义的回扣、手续费，归个人所有的，以受贿罪追究刑事责任。

国有金融机构工作人员和国有金融机构委派到非国有金融机构从事公务的人员在金融业务活动中索取他人财物或者非法收受他人财物，为他人谋取利益的，或者违反国家规定，收受各种名义的回扣、手续费归个人所有的，以受贿罪追究刑事责任。

国家工作人员利用本人职权或者地位形成的便利条件，通过其他国家工作人员职务上的行为，为请托人谋取不正当利益，索取请托人财物或者收受请托人财物的，以受贿罪追究刑事责任。

涉嫌下列情形之一的，应予立案：

1. 个人受贿数额在5千元以上的；

2. 个人受贿数额不满5千元，但具有下列情形之一的：

（1）因受贿行为而使国家或者社会利益遭受重大损失的；

（2）故意刁难、要挟有关单位、个人，造成恶劣影响的；

（3）强行索取财物的。

（四）单位受贿案（第387条）

单位受贿罪是指国家机关、国有公司、企业、事业单位、人民团体，索取、非法收受他人财物，为他人谋取利益，情节严重的行为。

索取他人财物或者非法收受他人财物，必须同时具备为他人谋取利益的条件，且是情节严重的行为，才能构成单位受贿罪。

国家机关、国有公司、企业、事业单位、人民团体，在经济往来中，在账外暗中收受各种名义的回扣、手续费的，以单位受贿罪追究刑事责任。

涉嫌下列情形之一的，应予立案：

1. 单位受贿数额在10万元以上的；

2. 单位受贿数额不满10万元，但具有下列情形之一的：

（1）故意刁难、要挟有关单位、个人，造成恶劣影响的；

（2）强行索取财物的；

（3）致使国家或者社会利益遭受重大损失的。

（五）行贿案（第389条、第390条）

行贿罪是指为谋取不正当利益，给予国家工作人员以财物的行为。

在经济往来中，违反国家规定，给予国家工作人员以财物，数额较大的，或者违反国家规定，给予国家工作人员以各种名义的回扣、手续费的，以行贿罪追究刑事责任。

涉嫌下列情形之一的，应予立案：

1. 行贿数额在1万元以上的；

2. 行贿数额不满1万元，但具有下列情形之一的：

（1）为谋取非法利益而行贿的；

（2）向3人以上行贿的；

（3）向党政领导、司法工作人员、行政执法人员行贿的；

（4）致使国家或者社会利益遭受重大损失的。

因被勒索给予国家工作人员以财物，已获得不正当利益的，以行贿罪追究刑事责任。

（六）对单位行贿案（第391条）

对单位行贿罪是指为谋取不正当利益，给予国家机关、国有公司、企业、事业单位、人民团体以财物，或者在经济往来中，违反国家规定，给予上述单位各种名义的回扣、手续费的行为。

涉嫌下列情形之一的，应予立案：

1. 个人行贿数额在10万元以上、单位行贿数额在20万元以上的；

2. 个人行贿数额不满10万元、单位行贿数额在10万元以上不满20万元，但具有下列情形之一的：

（1）为谋取非法利益而行贿的；

（2）向3个以上单位行贿的；

（3）向党政机关、司法机关、行政执法机关行贿的；

（4）致使国家或者社会利益遭受重大损失的。

（七）介绍贿赂案（第392条）

介绍贿赂罪是指向国家工作人员介绍贿赂，情节严重的行为。

介绍贿赂是指在行贿人与受贿人之间沟通关系、撮合条件，使贿赂行为得以实现的行为。

涉嫌下列情形之一的，应予立案：

1. 介绍个人向国家工作人员行贿，数额在2万元以上的；介绍单位向国家工作人员行贿，数额在20万元以上的；

2. 介绍贿赂数额不满上述标准，但具有下列情形之一的：

(1) 为使行贿人获取非法利益而介绍贿赂的；

(2) 3次以上或者为3人以上介绍贿赂的；

(3) 向党政领导、司法工作人员、行政执法人员介绍贿赂的；

(4) 致使国家或者社会利益遭受重大损失的。

(八) 单位行贿案 (第393条)

单位行贿罪是指公司、企业、事业单位、机关、团体为谋取不正当利益而行贿，或者违反国家规定，给予国家工作人员以回扣、手续费，情节严重的行为。

涉嫌下列情形之一的，应予立案：

1. 单位行贿数额在20万元以上的；

2. 单位为谋取不正当利益而行贿，数额在10万元以上不满20万元，但具有下列情形之一的：

(1) 为谋取非法利益而行贿的；

(2) 向3人以上行贿的；

(3) 向党政领导、司法工作人员、行政执法人员行贿的；

(4) 致使国家或者社会利益遭受重大损失的。

因行贿取得的违法所得归个人所有的，依照本规定关于个人行贿的规定立案，追究其刑事责任。

(九) 巨额财产来源不明案 (第395条第1款)

巨额财产来源不明罪是指国家工作人员的财产或者支出明显超出合法收入，差额巨大，而本人又不能说明其来源是合法的行为。

涉嫌巨额财产来源不明，数额在30万元以上的，应予立案。

(十) 隐瞒境外存款案 (第395条第2款)

隐瞒境外存款罪是指国家工作人员违反国家规定，故意隐瞒不报在境外的存款，数额较大的行为。

涉嫌隐瞒境外存款，折合人民币数额在30万元以上的，应予立案。

(十一) 私分国有资产案 (第396条第1款)

私分国有资产罪是指国家机关、国有公司、企业、事业单位、人民团体，违反国家规定，以单位名义将国有资产集体私分给个人，数额较大的行为。

涉嫌私分国有资产，累计数额在10万元以上的，应予立案。

(十二) 私分罚没财物案 (第396条第2款)

私分罚没财物罪是指司法机关、行政执法机关违反国家规定，将应当上缴国家的罚没财物，以单位名义集体私分给个人的行为。

涉嫌私分罚没财物，累计数额在10万元以上，应予立案。

二、渎职犯罪案件

(一) 滥用职权案 (第397条)

滥用职权罪是指国家机关工作人员超越职权，违法决定、处理其无权决定、处理的事项，或者违反规定处理公务，致使公共财产、国家和人民利益遭受重大损失的行为。涉嫌下列情形之一的，应予立案：

1. 造成死亡1人以上，或者重伤2人以上，或者轻伤5人以上的；

2. 造成直接经济损失20万元以上的；

3. 造成有关公司、企业等单位停产、严重亏损、破产的；

4. 严重损害国家声誉，或者造成恶劣社会影响的；

5. 其他致使公共财产、国家和人民利益遭受重大损失的情形；

6. 徇私舞弊，具有上述情形之一的。

（二）玩忽职守案（第397条）

玩忽职守罪是指国家机关工作人员严重不负责任，不履行或者不认真履行职责，致使公共财产、国家和人民利益遭受重大损失的行为。

涉嫌下列情形之一的，应予立案：

1. 造成死亡1人以上，或者重伤3人以上，或者轻伤10人以上的；

2. 造成直接经济损失30万元以上的，或者直接经济损失不满30万元，但间接经济损失超过100万元的；

3. 徇私舞弊，造成直接经济损失20万元以上的；

4. 造成有关公司、企业等单位停产、严重亏损、破产的；

5. 严重损害国家声誉，或者造成恶劣社会影响的；

6. 海关、外汇管理部门的工作人员严重不负责任，造成巨额外汇被骗或者逃汇的；

7. 其他致使公共财产、国家和人民利益遭受重大损失的情形；

8. 徇私舞弊，具有上述情形之一的。

（三）故意泄露国家秘密案（第398条）

故意泄露国家秘密罪是指国家机关工作人员或者非国家机关工作人员违反保守国家秘密法，故意使国家秘密被不应知悉者知悉，或者故意使国家秘密超出了限定的接触范围，情节严重的行为。

国家机关工作人员涉嫌故意泄露国家秘密行为，具有下列情形之一的，应予立案：

1. 泄露绝密级或机密级国家秘密的；

2. 泄露秘密级国家秘密3项以上的；

3. 向公众散布、传播国家秘密的；

4. 泄露国家秘密已造成严重危害后果的；

5. 利用职权指使或者强迫他人违反国家保守秘密法的规定泄露国家秘密的；

6. 以牟取私利为目的泄露国家秘密的；

7. 其他情节严重的情形。

非国家机关工作人员涉嫌故意泄露国家秘密犯罪行为的立案标准参照上述标准执行。

（四）过失泄露国家秘密案（第398条）

过失泄露国家秘密罪是指国家机关工作人员或者非国家机关工作人员违反保守国家秘密法，过失泄露国家秘密，或者遗失秘密文件，致使国家秘密被不应知悉者知悉或者超出了限定的接触范围，情节严重的行为。

国家机关工作人员涉嫌过失泄露国家秘密行为，具有下列情形之一的，应予立案：

1. 泄露绝密级国家秘密的；

2. 泄露机密级国家秘密3项以上的；

3. 泄露秘密级国家秘密3项以上，造成严重危害后果的；

4. 泄露国家秘密或者遗失秘密文件不如实提供有关情况的；

5. 其他情节严重的情形。

非国家机关工作人员涉嫌过失泄露国家秘密犯罪行为的立案标准参照上述标准执行。

（五）枉法追诉、裁判案（第399条）

枉法追诉、裁判罪是指司法工作人员徇私枉法、徇情枉法，对明知是无罪的人而使他受追诉、对明知是有罪的人而故意包庇不使他受追诉，或者在刑事审判活动中故意违背事实和法律作枉法裁判的行为。

涉嫌下列情形之一的，应予立案：

1. 对明知是无罪的人，采取伪造、隐匿、毁灭证据或者其他隐瞒事实、违背法律的手段，以追究刑事责任为目的进行立案、侦查（含采取强制措施）、起诉、审判的；

2. 对明知是有罪的人，即对明知有犯罪事实需要追究刑事责任的人，采取伪造、隐匿、毁灭证据或者其他隐瞒事实、违背法律的手段，故意包庇使其不受立案、侦查（含采取强制措施）、起诉、审判的；

3. 在立案后，故意违背事实和法律，应该采取强制措施而不采取强制措施，或者虽然采取强制措施，但无正当理由中断侦查或者超过法定期限不采取任何措施，实际放任不管，以及违法撤销、变更强制措施，致使犯罪嫌疑人、被告人实际脱离司法机关侦控的；

4. 在刑事审判活动中故意违背事实和法律，作出枉法判决、裁定，即有罪判无罪、无罪判有罪，或者重罪轻判、轻罪重判的；

5. 其他枉法追诉、不追诉、枉法裁判行为。

（六）民事、行政枉法裁判案（第399条）

民事、行政枉法裁判罪是指审判人员在民事、行政审判活动中，故意违背事实和法律作枉法裁判，情节严重的行为。

涉嫌下列情形之一的，应予立案：

1. 枉法裁判，致使公民财产损失或者法人或者其他组织财产损失重大的；

2. 枉法裁判，引起当事人及其亲属自杀、伤残、精神失常的；

3. 伪造有关材料、证据，制造假案枉法裁判的；

4. 串通当事人制造伪证，毁灭证据或者篡改庭审笔录而枉法裁判的；

5. 其他情节严重的情形。

（七）私放在押人员案（第400条第1款）

私放在押人员罪是指司法工作人员私放在押（包括在羁押场所和押解途中）的犯罪嫌疑人、被告人或者罪犯的行为。

涉嫌下列情形之一的，应予立案：

1. 私自将在押的犯罪嫌疑人、被告人、罪犯放走，或者授意、指使、强迫他人将在押的犯罪嫌疑人、被告人、罪犯放走的；

2. 伪造、变造有关法律文书，以使在押的犯罪嫌疑人、被告人、罪犯脱逃的；

3. 为在押的犯罪嫌疑人、被告人、罪犯通风报信、提供条件，帮助其脱逃的；

4. 其他私放在押的犯罪嫌疑人、被告人、罪犯的行为。

（八）失职致使在押人员脱逃案（第400条第2款）

失职致使在押人员脱逃罪是指司法工作人员由于严重不负责任，不履行或者不认真履行职责，致使在押的犯罪嫌疑人、被告人、罪犯脱逃，造成严重后果的行为。

涉嫌下列情形之一的，应予立案：

1. 致使依法可能判处或者已经判处10年以上有期徒刑、无期徒刑、死刑的犯罪嫌疑人、被告人、罪犯脱逃的；

2. 3次以上致使犯罪嫌疑人、被告人、罪犯脱逃，或者一次致使3名以上犯罪嫌疑人、被告人、罪犯脱逃的；

3. 犯罪嫌疑人、被告人、罪犯脱逃以后，打击报复控告人、检举人、被害人、证人和司法工作人员等，或者继续犯罪，危害社会的；

4. 其他致使在押的犯罪嫌疑人、被告人、罪犯脱逃，造成严重后果的行为。

（九）徇私舞弊减刑、假释、暂予监外执行案（第401条）

徇私舞弊减刑、假释、暂予监外执行罪是指司法工作人员徇私舞弊，对不符合减刑、假释、暂予监外执行条件的罪犯予以减刑、假释、暂予监外执行的行为。

涉嫌下列情形之一的，应予立案：

1. 刑罚执行机关的工作人员对不符合减刑、假释、暂予监外执行条件的罪犯，捏造事实，伪造材料，违法报请减刑、假释、暂予监外执行的；

2. 人民法院和监狱管理机关以及公安机关的工作人员为徇私情、私利，对不符合减刑、假释、暂予监外执行条件的罪犯的减刑、假释、暂予监外执行申请，违法裁定、决定减刑、假释、暂予监外执行的；

3. 不具有报请、裁定或决定减刑、假释、暂予监外执行权的司法工作人员利用职务上的便利，徇私情、私利，伪造有关材料，导致不符合减刑、假释、暂予监外执行条件的罪犯被减刑、假释、暂予监外执行的；

4. 其他违法减刑、假释、暂予监外执行的行为。

（十）徇私舞弊不移交刑事案件案（第402条）

徇私舞弊不移交刑事案件罪是指行政执法人员，徇私情、私利，伪造材料，隐瞒情况，弄虚作假，对依法应当移交司法机关追究刑事责任的刑事案件，不移交司法机关处理，情节严重的行为。

涉嫌下列情形之一的，应予立案：

1. 对依法可能判处3年以上有期徒刑、无期徒刑、死刑的犯罪案件不移交的；

2. 3次以上不移交犯罪案件，或者一次不移交犯罪案件涉及3名以上犯罪嫌疑人的；

3. 司法机关发现并提出意见后，无正当理由仍然不予移交的；

4. 以罚代刑，放纵犯罪嫌疑人，致使犯罪嫌疑人继续进行违法犯罪活动的；

5. 行政执法部门主管领导阻止移交的；

6. 隐瞒、毁灭证据，伪造材料，改变刑事案件性质的；

7. 直接负责的主管人员和其他直接责任人员为牟取本单位私利而不移交刑事案件，情节严重的；

8. 其他情节严重的情形。

（十一）滥用管理公司、证券职权案（第403条）

滥用管理公司、证券职权罪是指工商行政管理、人民银行、证券管理等国家有关主管部门的工作人员徇私舞弊，滥用职权，对不符合法律规定条件的公司设立、登记申请或者股票、债券发行、上市申请予以批准或者登记，致使公共财产、国家和人民利益遭受重大损失的行为，以及上级部门、当地政府强令登记机关及其工作人员实施上述行为的行为。

涉嫌下列情形之一的，应予立案：

1. 工商管理部门的工作人员对不符合法律规定条件的公司设立、登记申请，违法予以批准、登记，严重扰乱市场秩序的；

2. 金融证券管理机构工作人员对不符合法律规定条件的股票、债券发行、上市申请，违法予以批准，严重损害公众利益，或者严重扰乱金融秩序的；

3. 工商管理部门、金融证券管理机构的工作人员对不符合法律规定条件的公司设立、登记申请或者股票、债券发行、上市申请违法予以批准或者登记，致使犯罪行为得逞的；

4. 上级部门强令登记机关及其工作人员实施徇私舞弊，滥用职权，对不符合法律规定条件的公司设立、登记申请或者股票、债券发行、上市申请予以批准或者登记，致使公共财产、国家或者人民利益遭受重大损失的；

5. 其他致使公共财产、国家和人民利益遭受重大损失的情形。

（十二）徇私舞弊不征、少征税款案（第404条）

徇私舞弊不征、少征税款罪是指税务机关工作人员徇私舞弊，不征、少征应征税款，致使国家税收遭受重大损失的行为。

涉嫌下列情形之一的，应予立案：

1. 为徇私情、私利，违反规定，对应当征收的税款擅自决定停征、减征或者免征，或者伪造材料，隐瞒情况，弄虚作假，不征、少征应征税款，致使国家税收损失累计达10万元以上的；

2. 徇私舞弊不征、少征应征税款不满10万元，但具有索取或者收受贿赂或者其他恶劣情节的。

（十三）徇私舞弊发售发票、抵扣税款、出口退税案（第405条第1款）

徇私舞弊发售发票、抵扣税款、出口退税罪是指税务机关工作人员违反法律、行政法规的规定，在办理发售发票、抵扣税款、出口退税工作中徇私舞弊，致使国家利益遭受重大损失的行为。

涉嫌下列情形之一的，应予立案：

1. 为徇私情、私利，违反法律、行政法规的规定，伪造材料，隐瞒情况，弄虚作假，对不应发售的发票予以发售，对不应抵扣的税款予以抵扣，对不应给予出口退税的给予退税，或者擅自决定发售不应发售的发票、抵扣不应抵扣的税款、给予出口退税，致使国家税收损失累计达10万元以上的；

2. 徇私舞弊，致使国家税收损失累计不满10万元，但具有索取、收受贿赂或者其他恶劣情节的。

（十四）违法提供出口退税凭证案（第405条第2款）

违法提供出口退税凭证罪是指海关、商检、外汇管理等国家机关工作人员违反国家规定，在提供出口货物报关单、出口收汇核销单等出口退税凭证的工作中徇私舞弊，致使国家利益遭受重大损失的行为。

涉嫌下列情形之一的，应予立案：

1. 为徇私情、私利，违反国家规定，伪造材料，隐瞒情况，弄虚作假，提供不真实的出口货物报关单、出口收汇核销单等出口退税凭证，致使国家税收损失累计达10万元以上的；

2. 徇私舞弊，致使国家税收损失累计不满10万元，但具有索取、收受贿赂或者其他恶劣情节的。

（十五）国家机关工作人员签订、履行合同失职被骗案（第406条）

国家机关工作人员签订、履行合同失职被骗罪是指国家机关工作人员在签订、履行合同过程中，因严重不负责任，不履行或者不认真履行职责被诈骗，致使国家利益遭受重大损失的行为。

涉嫌下列情形之一的，应予立案：

1. 造成直接经济损失30万元以上的；

2. 其他致使国家利益遭受重大损失的情形。

（十六）违法发放林木采伐许可证案（第407条）

违法发放林木采伐许可证罪是指林业主管部门的工作人员违反森林法的规定，超过批准的年采伐限额发放林木采伐许可证或者违反规定滥发林木采伐许可证，情节严重，致使森林遭受严重破坏的行为。

涉嫌下列情形之一的，应予立案：

1. 发放林木采伐许可证允许采伐数量累计超过批准的年采伐限额，导致林木被伐数量超过10立方米的；

2. 滥发林木采伐许可证，导致林木被滥伐20立方米以上的；

3. 滥发林木采伐许可证，导致珍贵树木被滥伐的；

4. 批准采伐国家禁止采伐的林木，情节恶劣的；

5. 其他情节严重，致使森林遭受严重破坏的情形。

（十七）环境监管失职案（第408条）

环境监管失职罪是指负有环境保护监督管理职责的国家机关工作人员严重不负责任，不履行或不认真履行环境保护监管职责导致发生重大环境污染事故，致使公私财产遭受重大损失或者造成人身伤亡的严重后果的行为。

涉嫌下列情形之一的，应予立案：

1. 造成直接经济损失30万元以上的；

2. 造成人员死亡1人以上，或者重伤3人以上，或者轻伤10人以上的；

3. 使一定区域内的居民的身心健康受到严重危害的；

4. 其他致使公私财产遭受重大损失或者造成人身伤亡严重后果的情形。

（十八）传染病防治失职案（第409条）

传染病防治失职罪是指从事传染病防治的政府卫生行政部门的工作人员严重不负责任，不履行或者不认真履行传染病防治监管职责导致传染病传播或者流行，情节严重的行为。

涉嫌下列情形之一的，应予立案：

1. 导致甲类传染病传播的；

2. 导致乙类、丙类传染病流行的；

3. 因传染病传播或者流行，造成人员死亡或者残疾的；

4. 因传染病传播或者流行，严重影响正常的生产、生活秩序的；

5. 其他情节严重的情形。

（十九）非法批准征用、占用土地案（第410条）

非法批准征用、占用土地罪是指国家机关工作人员徇私舞弊，违反土地管理法规，滥用职权，非法批准征用、占用土地，情节严重的行为。

涉嫌下列情形之一的，应予立案：

1. 一次性非法批准征用、占用基本农田0.67公顷（10亩）以上，或者其他耕地2公顷（30亩）以上，或者其他土地3.33公顷（50亩）以上的；

2. 十二个月内非法批准征用、占用土地累计达到上述标准的；

3. 非法批准征用、占用土地数量虽未达到上述标准，但接近上述标准且导致被非法批准征用、占用的土地或者植被遭到严重破坏，或者造成有关单位、个人直接经济损失20万元以上的；

4. 非法批准征用、占用土地，影响群众生产、生活，引起纠纷，造成恶劣影响或者其他严重后果的。

（二十）非法低价出让国有土地使用权案（第410条）

非法低价出让国有土地使用权罪是指国家机关工作人员徇私舞弊，违反土地管理法规，滥用职权，非法低价出让国有土地使用权，情节严重的行为。

涉嫌下列情形之一的，应予立案：

1. 非法低价（包括无偿）出让国有土地使用权2公顷（30亩）以上，并且价格低于规定的最低价格的60%的；

2. 非法低价出让国有土地使用权的数量虽未达到上述标准，但造成国有土地资产流失价值20万元以上或者植被遭到严重破坏的；

3. 非法低价出让国有土地使用权，影响群众生产、生活，引起纠纷，造成恶劣影响或者其他严重后果的。

（二十一）放纵走私案（第411条）

放纵走私罪是指海关工作人员徇私舞弊，放纵走私，情节严重的行为。

涉嫌下列情形之一的，应予立案：

1. 放纵走私犯罪的；

2. 因放纵走私致使国家应收税额损失累计达10万元以上的；

3. 3次以上放纵走私行为或者一次放纵3起以上走私行为的；

4. 因收受贿赂而放纵走私的。

（二十二）商检徇私舞弊案（第412条第1款）

商检徇私舞弊罪是指国家商检部门、商检机构的工作人员徇私舞弊，伪造检验结果的行为。

国家商检部门，商检机构的工作人员涉嫌在商品检验过程中，为徇私情、私利，对报检的商品采取伪造、变造的手段对商检的单证、印章、标志、封识、质量认证标志等作虚假的证明或者出具不真实的结论，包括将送检的合格商品检验为不合格，或者将不合格检验为合格等行为的，应予立案。

（二十三）商检失职案（第412条第2款）

商检失职罪是国家商检部门、商检机构的工作人员严重不负责任，对应当检验的物品不检验，或者延误检验出证、错误出证，致使国家利益遭受重大损失的行为。

涉嫌下列情形之一的，应予立案：

1. 因不检验或者延误检验出证、错误出证，致使依法进出口商品不能进口或者出口，导致合同、订单被取消，或者外商向我方索赔或影响我方向外商索赔，直接经济损失达 30 万元以上的；

2. 因不检验或者延误检验出证、错误出证，致使不合格商品进口或者出口，严重损害国家和人民利益的；

3. 3 次以上不检验或者延误检验出证、错误出证，严重影响国家对外经贸关系或者国家声誉的。

（二十四）动植物检疫徇私舞弊案（第 413 条第 1 款）

动植物检疫徇私舞弊罪是指国家检验检疫部门及检验检疫机构中从事动植物检疫工作的人员徇私舞弊，伪造检疫结果的行为。

国家检验检疫部门及检验检疫机构中从事动植物检疫工作的人员涉嫌在动植物检疫过程中，为徇私情、私利，采取伪造、变造的手段对检疫的单证、印章、标志、封识等作虚假的证明或出具不真实的结论，包括将合格检为不合格，或者将不合格检为合格等行为的，应予立案。

（二十五）动植物检疫失职案（第 413 条第 2 款）

动植物检疫失职罪是指国家检验检疫部门及检验检疫机构中从事动植物检疫工作的人员严重不负责任，对应当检疫的检疫物不检疫，或者延误检疫出证、错误出证，致使国家利益遭受重大损失的行为。

涉嫌下列情形之一的，应予立案：

1. 因不检疫，或者延误检疫出证、错误出证，致使依法进出口的动植物不能进口或者出口，导致合同、订单被取消，或者外商向我方索赔或影响我方向外商索赔，直接经济损失达 30 万元以上的；

2. 因不检疫，或者延误检疫出证、错误出证，导致重大疫情发生、传播或者流行的；

3. 因不检疫或者延误检疫出证、错误出证，导致疫情发生，造成人员死亡或者残疾的；

4. 3 次以上不检疫，或者延误检疫出证、错误出证，严重影响国家对外经贸关系和国家声誉的。

（二十六）放纵制售伪劣商品犯罪行为案（第 414 条）

放纵制售伪劣商品犯罪行为罪是指对生产、销售伪劣商品犯罪行为负有追究责任的国家工商行政管理、质量技术监督等机关工作人员徇私舞弊，不履行法律规定的追究职责，情节严重的行为。

涉嫌下列情形之一的，应予立案：

1. 放纵制售假药、有毒、有害食品犯罪行为的；

2. 放纵依法可能判处 3 年有期徒刑以上刑罚的生产、销售伪劣商品犯罪行为的；

3. 对生产、销售伪劣商品犯罪行为不履行追究职责，致使生产、销售伪劣商品犯罪行为得以继续的；

4. 对生产、销售伪劣商品犯罪行为不履行追究职责，致使国家和人民利益遭受重大损失或者造成恶劣影响的；

5. 3 次以上不履行追究职责，或者对 3 个以上有生产、销售伪劣商品犯罪行为的单位或者个人不履行追究职责的。

（二十七）办理偷越国（边）境人员出入境证件案（第415条）

办理偷越国（边）境人员出入境证件罪是指负责办理护照、签证以及其他出入境证件的国家机关工作人员对明知是企图偷越国（边）境的人员，予以办理出入境证件的行为。

负责办理护照、签证以及其他出入境证件的国家机关工作人员涉嫌在办理护照、签证以及其他出入境证件的过程中，对明知是企图偷越国（边）境的人员而予以办理出入境证件的，应予立案。

（二十八）放行偷越国（边）境人员案（第415条）

放行偷越国（边）境人员罪是指边防、海关等国家机关工作人员对明知是偷越国（边）境的人员予以放行的行为。

边防、海关等国家机关工作人员涉嫌在履行职务过程中，对明知是偷越国（边）境的人员而予以放行的，应予立案。

（二十九）不解救被拐卖、绑架妇女、儿童案（第416条第1款）

不解救被拐卖、绑架妇女、儿童罪是指对被拐卖、绑架的妇女、儿童负有解救职责的公安、司法等国家机关工作人员接到被拐卖、绑架的妇女、儿童及其家属的解救要求或者接到其他人的举报，而对被拐卖、绑架的妇女、儿童不进行解救，造成严重后果的行为。

涉嫌下列情形之一的，应予立案：

1. 因不进行解救，导致被拐卖、绑架的妇女、儿童及其亲属伤残、死亡、精神失常的；

2. 因不进行解救，导致被拐卖、绑架的妇女、儿童被转移、隐匿、转卖，不能及时解救的；

3. 3次以上或者对3名以上被拐卖、绑架的妇女、儿童不进行解救的；

4. 对被拐卖、绑架的妇女、儿童不进行解救，造成恶劣社会影响的。

（三十）阻碍解救被拐卖、绑架妇女、儿童案（第416条第2款）

阻碍解救被拐卖、绑架妇女、儿童罪是指对被拐卖、绑架的妇女、儿童负有解救职责的公安、司法等国家机关工作人员利用职务阻碍解救被拐卖、绑架的妇女、儿童的行为。

涉嫌下列情形之一的，应予立案：

1. 利用职权，禁止、阻止或者妨碍有关部门、人员解救被拐卖、绑架的妇女、儿童的；

2. 利用职务上的便利，向拐卖、绑架者或者收买者通风报信，妨碍解救工作正常进行的；

3. 其他利用职务阻碍解救被拐卖、绑架的妇女、儿童的行为。

（三十一）帮助犯罪分子逃避处罚案（第417条）

帮助犯罪分子逃避处罚罪是指有查禁犯罪活动职责的司法及公安、国家安全、海关、税务等国家机关的工作人员向犯罪分子通风报信、提供便利，帮助犯罪分子逃避处罚的行为。

涉嫌下列情形之一的，应予立案：

1. 为使犯罪分子逃避处罚，向犯罪分子及其亲属泄露有关部门查禁犯罪活动的部署、人员、措施、时间、地点等情况的；

2. 为使犯罪分子逃避处罚，向犯罪分子及其亲属提供交通工具、通讯设备、隐藏处所等便利条件的；

3. 为使犯罪分子逃避处罚，向犯罪分子及其亲属泄露案情，帮助、指示其隐匿、毁灭、伪造证据及串供、翻供的；

4. 其他向犯罪分子通风报信、提供便利，帮助犯罪分子逃避处罚的行为。

（三十二）招收公务员、学生徇私舞弊案（第418条）

招收公务员、学生徇私舞弊罪是指国家机关工作人员在招收公务员、省级以上教育行政部门组织招收的学生工作中徇私舞弊，情节严重的行为。

涉嫌下列情形之一的，应予立案：

1. 徇私情、私利，利用职务便利，伪造、变造人事、户口档案、考试成绩等，弄虚作假招收公务员、学生的；

2. 徇私情、私利，3次以上招收或者一次招收3名以上不合格的公务员、学生的；

3. 因招收不合格的公务员、学生，导致被排挤的合格人员或者其亲属精神失常或者自杀的；

4. 因徇私舞弊招收公务员、学生，导致该项招收工作重新进行的；

5. 招收不合格的公务员、学生，造成恶劣社会影响的。

（三十三）失职造成珍贵文物损毁、流失案（第419条）

失职造成珍贵文物损毁、流失罪是指国家机关工作人员严重不负责任，造成珍贵文物损毁或者流失，后果严重的行为。

涉嫌下列情形之一的，应予立案：

1. 导致国家一、二、三级文物损毁或者流失的；

2. 导致全国重点文物保护单位或者省级文物保护单位损毁的；

3. 其他后果严重的情形。

三、国家机关工作人员利用职权实施的侵犯公民人身权利、民主权利犯罪案件

（一）国家机关工作人员利用职权实施的非法拘禁案（第238条）

非法拘禁罪是指以拘禁或者其他强制方法非法剥夺他人人身自由的行为。

国家机关工作人员涉嫌利用职权非法拘禁，具有下列情形之一的，应予立案：

1. 非法拘禁持续时间超过24小时的；

2. 3次以上非法拘禁他人，或者一次非法拘禁3人以上的；

3. 非法拘禁他人，并实施捆绑、殴打、侮辱等行为的；

4. 非法拘禁，致人伤残、死亡、精神失常的；

5. 为索取债务非法扣押、拘禁他人，具有上述情形之一的；

6. 司法工作人员对明知是无辜的人而非法拘禁的。

（二）国家机关工作人员利用职权实施的非法搜查案（第245条）

非法搜查罪是指非法搜查他人身体、住宅的行为。

国家机关工作人员涉嫌利用职权非法搜查，具有下列情形之一的，应予立案：

1. 非法搜查他人身体、住宅，手段恶劣的；

2. 非法搜查引起被搜查人精神失常、自杀或者造成财物严重损坏的；

3. 司法工作人员对明知是与涉嫌犯罪无关的人身、场所非法搜查的；

4. 3次以上或者对3人（户）以上进行非法搜查的。

（三）刑讯逼供案（第247条）

刑讯逼供罪是指司法工作人员对犯罪嫌疑人、被告人使用肉刑或者变相肉刑逼取口供的行为。

涉嫌下列情形之一的，应予立案：

1. 手段残忍、影响恶劣的；

2. 致人自杀或者精神失常的；

3. 造成冤、假、错案的；

4. 3 次以上或者对 3 人以上进行刑讯逼供的；

5. 授意、指使、强迫他人刑讯逼供的。

（四）暴力取证案（第 247 条）

暴力取证罪是指司法工作人员以暴力逼取证人证言、被害人陈述的行为。

涉嫌下列情形之一的，应予立案：

1. 手段残忍、影响恶劣的；

2. 致人自杀或者精神失常的；

3. 造成冤、假、错案的；

4. 3 次以上或者对 3 人以上进行暴力取证的；

5. 授意、指使、强迫他人暴力取证的；

（五）虐待被监管人案（第 248 条）

虐待被监管人罪是指监狱、拘留所、看守所、拘役所、劳教所等监管机构的监管人员对被监管人进行殴打或者体罚虐待，情节严重的行为。

涉嫌下列情形之一的，应予立案：

1. 造成被监管人轻伤的；

2. 致使被监管人自杀、精神失常或其他严重后果的；

3. 对被监管人 3 人以上或 3 次以上实施殴打、体罚虐待的；

4. 手段残忍、影响恶劣的；

5. 指使被监管人殴打、体罚虐待其他被监管人，具有上述情形之一的。

（六）报复陷害案（第 254 条）

报复陷害罪是指国家机关工作人员滥用职权、假公济私，对控告人、申诉人、批评人、举报人实行打击报复、陷害的行为；

涉嫌下列情形之一的，应予立案：

1. 致使被害人的人身权利、民主权利或者其他合法权利受到严重损害的；

2. 致人精神失常或者自杀的；

3. 手段恶劣、后果严重的。

（七）国家机关工作人员利用职权实施的破坏选举案（第 256 条）

破坏选举罪是指在选举各级人民代表大会代表和国家机关领导人员时，以暴力、威胁，欺骗、贿赂、伪造选举文件、虚报选举票数或者编造选举结果等手段破坏选举或者妨害选民和代表自由行使选举权和被选举权，情节严重的行为。

国家机关工作人员涉嫌利用职权破坏选举，具有下列情形之一的，应予立案：

1. 以暴力、威胁、欺骗、贿赂等手段，妨害选民、各级人民代表大会代表自由行使选举权和被选举权，致使选举无法正常进行或者选举结果不真实的；

2. 以暴力破坏选举场所或者选举设备，致使选举无法正常进行的；

3. 伪造选举文件，虚报选举票数，产生不真实的选举结果或者强行宣布合法选举无效、非法选举有效的；

4. 聚众冲击选举场所或者故意扰乱选举会场秩序，使选举工作无法进行的。

四、附则

（一）本规定中每个罪案名称后所注明的法律条款系《中华人民共和国刑法》的有关条款。

（二）本规定中有关犯罪数额“不满”，是指接近该数额且已达到该数额的百分之八十以上。

（三）本规定中的“直接经济损失”，是指与行为有直接因果关系而造成的财产损毁、减少的实际价值。“间接经济损失”，是指由直接经济损失引起和牵连的其他损失，包括失去的在正常情况下可能获得的利益和为恢复正常的管理活动或者挽回所造成的损失所支付的各种开支、费用等。

（四）本规定中有关挪用公款罪案中的“非法活动”，既包括犯罪活动，也包括其他违法活动。

（五）本规定中有关贿赂罪案中的“谋取不正当利益”，是指谋取违反法律、法规、国家政策和国务院各部门规章规定的利益，以及谋取违反法律、法规、国家政策和国务院各部门规章规定的帮助或者方便条件。

（六）本规定中有关私分国有资产罪罪案中的“国有资产”，是指国家依法取得和认定的，或者国家以各种形式对企业投资和投资收益、国家向行政事业单位拨款等形成的资产。

（七）本规定自公布之日起施行。本规定发布前有关人民检察院直接受理立案侦查案件的立案标准，与本规定有重复或者不一致的，适用本规定。

7. 最高人民检察院《关于渎职侵权犯罪案件立案标准的规定》（2006年7月26日　高检发释字〔2006〕2号）（节录）

根据《中华人民共和国刑法》、《中华人民共和国刑事诉讼法》和其他法律的有关规定，对国家机关工作人员渎职和利用职权实施的侵犯公民人身权利、民主权利犯罪案件的立案标准规定如下：

一、渎职犯罪案件

（一）滥用职权案（第三百九十七条）

滥用职权罪是指国家机关工作人员超越职权，违法决定、处理其无权决定、处理的事项，或者违反规定处理公务，致使公共财产、国家和人民利益遭受重大损失的行为。

涉嫌下列情形之一的，应予立案：

1. 造成死亡1人以上，或者重伤2人以上，或者重伤1人、轻伤3人以上，或者轻伤5人以上的；

2. 导致10人以上严重中毒的；

3. 造成个人财产直接经济损失10万元以上，或者直接经济损失不满10万元，但间接经济损失50万元以上的；

4. 造成公共财产或者法人、其他组织财产直接经济损失20万元以上，或者直接经济损失不满20万元，但间接经济损失100万元以上的；

5. 虽未达到3、4两项数额标准，但3、4两项合计直接经济损失20万元以上，或者合计直接经济损失不满20万元，但合计间接经济损失100万元以上的；

6. 造成公司、企业等单位停业、停产6个月以上，或者破产的；

7. 弄虚作假，不报、缓报、谎报或者授意、指使、强令他人不报、缓报、谎报情况，导致重特大事故危害结果继续、扩大，或者致使抢救、调查、处理工作延误的；

8. 严重损害国家声誉，或者造成恶劣社会影响的；

9. 其他致使公共财产、国家和人民利益遭受重大损失的情形。

国家机关工作人员滥用职权，符合刑法第九章所规定的特殊渎职罪构成要件的，按照该特殊规定追究刑事责任；主体不符合刑法第九章所规定的特殊渎职罪的主体要件，但滥用职权涉嫌前款第1项至第9项规定情形之一的，按照刑法第397条的规定以滥用职权罪追究刑事责任。

（二）玩忽职守案（第三百九十七条）

玩忽职守罪是指国家机关工作人员严重不负责任，不履行或者不认真履行职责，致使公共财产、国家和人民利益遭受重大损失的行为。

涉嫌下列情形之一的，应予立案：

1. 造成死亡1人以上，或者重伤3人以上，或者重伤2人、轻伤4人以上，或者重伤1人、轻伤7人以上，或者轻伤10人以上的；

2. 导致20人以上严重中毒的；

3. 造成个人财产直接经济损失15万元以上，或者直接经济损失不满15万元，但间接经济损失75万元以上的；

4. 造成公共财产或者法人、其他组织财产直接经济损失30万元以上，或者直接经济损失不满30万元，但间接经济损失150万元以上的；

5. 虽未达到3、4两项数额标准，但3、4两项合计直接经济损失30万元以上，或者合计直接经济损失不满30万元，但合计间接经济损失150万元以上的；

6. 造成公司、企业等单位停业、停产1年以上，或者破产的；

7. 海关、外汇管理部门的工作人员严重不负责任，造成100万美元以上外汇被骗购或者逃汇1000万美元以上的；

8. 严重损害国家声誉，或者造成恶劣社会影响的；

9. 其他致使公共财产、国家和人民利益遭受重大损失的情形。

国家机关工作人员玩忽职守，符合刑法第九章所规定的特殊渎职罪构成要件的，按照该特殊规定追究刑事责任；主体不符合刑法第九章所规定的特殊渎职罪的主体要件，但玩忽职守涉嫌前款第1项至第9项规定情形之一的，按照刑法第397条的规定以玩忽职守罪追究刑事责任。

（三）故意泄露国家秘密案（第三百九十八条）

故意泄露国家秘密罪是指国家机关工作人员或者非国家机关工作人员违反保守国家秘密法，故意使国家秘密被不应知悉者知悉，或者故意使国家秘密超出了限定的接触范围，情节严重的行为。

涉嫌下列情形之一的，应予立案：

1. 泄露绝密级国家秘密1项（件）以上的；

2. 泄露机密级国家秘密2项（件）以上的；

3. 泄露秘密级国家秘密3项（件）以上的；

4. 向非境外机构、组织、人员泄露国家秘密，造成或者可能造成危害社会稳定、经济发展、国防安全或者其他严重危害后果的；

5. 通过口头、书面或者网络等方式向公众散布、传播国家秘密的；

6. 利用职权指使或者强迫他人违反国家保守秘密法的规定泄露国家秘密的；

7. 以牟取私利为目的泄露国家秘密的；

8. 其他情节严重的情形。

（四）过失泄露国家秘密案（第三百九十八条）

过失泄露国家秘密罪是指国家机关工作人员或者非国家机关工作人员违反保守国家秘密法，过失泄露国家秘密，或者遗失国家秘密载体，致使国家秘密被不应知悉者知悉或者超出了限定的接触范围，情节严重的行为。

涉嫌下列情形之一的，应予立案：

1. 泄露绝密级国家秘密1项（件）以上的；

2. 泄露机密级国家秘密3项（件）以上的；

3. 泄露秘密级国家秘密4项（件）以上的；

4. 违反保密规定，将涉及国家秘密的计算机或者计算机信息系统与互联网相连接，泄露国家秘密的；

5. 泄露国家秘密或者遗失国家秘密载体，隐瞒不报、不如实提供有关情况或者不采取补救措施的；

6. 其他情节严重的情形。

（五）徇私枉法案（第三百九十九条第一款）

徇私枉法罪是指司法工作人员徇私枉法、徇情枉法，对明知是无罪的人而使他受追诉、对明知是有罪的人而故意包庇不使他受追诉，或者在刑事审判活动中故意违背事实和法律作枉法裁判的行为。

涉嫌下列情形之一的，应予立案：

1. 对明知是没有犯罪事实或者其他依法不应当追究刑事责任的人，采取伪造、隐匿、毁灭证据或者其他隐瞒事实、违反法律的手段，以追究刑事责任为目的立案、侦查、起诉、审判的；

2. 对明知是有犯罪事实需要追究刑事责任的人，采取伪造、隐匿、毁灭证据或者其他隐瞒事实、违反法律的手段，故意包庇使其不受立案、侦查、起诉、审判的；

3. 采取伪造、隐匿、毁灭证据或者其他隐瞒事实、违反法律的手段，故意使罪重的人受较轻的追诉，或者使罪轻的人受较重的追诉的；

4. 在立案后，采取伪造、隐匿、毁灭证据或者其他隐瞒事实、违反法律的手段，应当采取强制措施而不采取强制措施，或者虽然采取强制措施，但中断侦查或者超过法定期限不采取任何措施，实际放任不管，以及违法撤销、变更强制措施，致使犯罪嫌疑人、被告人实际脱离司法机关侦控的；

5. 在刑事审判活动中故意违背事实和法律，作出枉法判决、裁定，即有罪判无罪、无罪判有罪，或者重罪轻判、轻罪重判的；

6. 其他徇私枉法应予追究刑事责任的情形。

职务犯罪侦查办案一本通

（六）民事、行政枉法裁判案（第三百九十九条第二款）

民事、行政枉法裁判罪是指司法工作人员在民事、行政审判活动中，故意违背事实和法律作枉法裁判，情节严重的行为。

涉嫌下列情形之一的，应予立案：

1. 枉法裁判，致使当事人或者其近亲属自杀、自残造成重伤、死亡，或者精神失常的；

2. 枉法裁判，造成个人财产直接经济损失10万元以上，或者直接经济损失不满10万元，但间接经济损失50万元以上的；

3. 枉法裁判，造成法人或者其他组织财产直接经济损失20万元以上，或者直接经济损失不满20万元，但间接经济损失100万元以上的；

4. 伪造、变造有关材料、证据，制造假案枉法裁判的；

5. 串通当事人制造伪证，毁灭证据或者篡改庭审笔录而枉法裁判的；

6. 徇私情、私利，明知是伪造、变造的证据予以采信，或者故意对应当采信的证据不予采信，或者故意违反法定程序，或者故意错误适用法律而枉法裁判的；

7. 其他情节严重的情形。

（七）执行判决、裁定失职案（第三百九十九条第三款）

执行判决、裁定失职罪是指司法工作人员在执行判决、裁定活动中，严重不负责任，不依法采取诉讼保全措施、不履行法定执行职责，或者违法采取保全措施、强制执行措施，致使当事人或者其他人的利益遭受重大损失的行为。

涉嫌下列情形之一的，应予立案：

1. 致使当事人或者其近亲属自杀、自残造成重伤、死亡，或者精神失常的；

2. 造成个人财产直接经济损失15万元以上，或者直接经济损失不满15万元，但间接经济损失75万元以上的；

3. 造成法人或者其他组织财产直接经济损失30万元以上，或者直接经济损失不满30万元，但间接经济损失150万元以上的；

4. 造成公司、企业等单位停业、停产1年以上，或者破产的；

5. 其他致使当事人或者其他人的利益遭受重大损失的情形。

（八）执行判决、裁定滥用职权案（第三百九十九条第三款）

执行判决、裁定滥用职权罪是指司法工作人员在执行判决、裁定活动中，滥用职权，不依法采取诉讼保全措施、不履行法定执行职责，或者违法采取保全措施、强制执行措施，致使当事人或者其他人的利益遭受重大损失的行为。

涉嫌下列情形之一的，应予立案：

1. 致使当事人或者其近亲属自杀、自残造成重伤、死亡，或者精神失常的；

2. 造成个人财产直接经济损失10万元以上，或者直接经济损失不满10万元，但间接经济损失50万元以上的；

3. 造成法人或者其他组织财产直接经济损失20万元以上，或者直接经济损失不满20万元，但间接经济损失100万元以上的；

4. 造成公司、企业等单位停业、停产6个月以上，或者破产的；

5. 其他致使当事人或者其他人的利益遭受重大损失的情形。

（九）私放在押人员案（第四百条第一款）

私放在押人员罪是指司法工作人员私放在押（包括在羁押场所和押解途中）的犯罪嫌疑人、被告人或者罪犯的行为。

涉嫌下列情形之一的，应予立案：

1. 私自将在押的犯罪嫌疑人、被告人、罪犯放走，或者授意、指使、强迫他人将在押的犯罪嫌疑人、被告人、罪犯放走的；

2. 伪造、变造有关法律文书、证明材料，以使在押的犯罪嫌疑人、被告人、罪犯逃跑或者被释放的；

3. 为私放在押的犯罪嫌疑人、被告人、罪犯，故意向其通风报信、提供条件，致使该在押的犯罪嫌疑人、被告人、罪犯脱逃的；

4. 其他私放在押的犯罪嫌疑人、被告人、罪犯应予追究刑事责任的情形。

（十）失职致使在押人员脱逃案（第四百条第二款）

失职致使在押人员脱逃罪是指司法工作人员由于严重不负责任，不履行或者不认真履行职责，致使在押（包括在羁押场所和押解途中）的犯罪嫌疑人、被告人、罪犯脱逃，造成严重后果的行为。

涉嫌下列情形之一的，应予立案：

1. 致使依法可能判处或者已经判处10年以上有期徒刑、无期徒刑、死刑的犯罪嫌疑人、被告人、罪犯脱逃的；

2. 致使犯罪嫌疑人、被告人、罪犯脱逃3人次以上的；

3. 犯罪嫌疑人、被告人、罪犯脱逃以后，打击报复报案人、控告人、举报人、被害人、证人和司法工作人员等，或者继续犯罪的；

4. 其他致使在押的犯罪嫌疑人、被告人、罪犯脱逃，造成严重后果的情形。

（十一）徇私舞弊减刑、假释、暂予监外执行案（第四百零一条）

徇私舞弊减刑、假释、暂予监外执行罪是指司法工作人员徇私舞弊，对不符合减刑、假释、暂予监外执行条件的罪犯予以减刑、假释、暂予监外执行的行为。

涉嫌下列情形之一的，应予立案：

1. 刑罚执行机关的工作人员对不符合减刑、假释、暂予监外执行条件的罪犯，捏造事实，伪造材料，违法报请减刑、假释、暂予监外执行的；

2. 审判人员对不符合减刑、假释、暂予监外执行条件的罪犯，徇私舞弊，违法裁定减刑、假释或者违法决定暂予监外执行的；

3. 监狱管理机关、公安机关的工作人员对不符合暂予监外执行条件的罪犯，徇私舞弊，违法批准暂予监外执行的；

4. 不具有报请、裁定、决定或者批准减刑、假释、暂予监外执行权的司法工作人员利用职务上的便利，伪造有关材料，导致不符合减刑、假释、暂予监外执行条件的罪犯被减刑、假释、暂予监外执行的；

5. 其他徇私舞弊减刑、假释、暂予监外执行应予追究刑事责任的情形。

（十二）徇私舞弊不移交刑事案件案（第四百零二条）

徇私舞弊不移交刑事案件罪是指工商行政管理、税务、监察等行政执法人员，徇私舞弊，对依法应当移交司法机关追究刑事责任的案件不移交，情节严重的行为。

职务犯罪侦查办案一本通

涉嫌下列情形之一的，应予立案：

1. 对依法可能判处3年以上有期徒刑、无期徒刑、死刑的犯罪案件不移交的；

2. 不移交刑事案件涉及3人次以上的；

3. 司法机关提出意见后，无正当理由仍然不予移交的；

4. 以罚代刑，放纵犯罪嫌疑人，致使犯罪嫌疑人继续进行违法犯罪活动的；

5. 行政执法部门主管领导阻止移交的；

6. 隐瞒、毁灭证据，伪造材料，改变刑事案件性质的；

7. 直接负责的主管人员和其他直接责任人员为牟取本单位私利而不移交刑事案件，情节严重的；

8. 其他情节严重的情形。

（十三）滥用管理公司、证券职权案（第四百零三条）

滥用管理公司、证券职权罪是指工商行政管理、证券管理等国家有关主管部门的工作人员徇私舞弊，滥用职权，对不符合法律规定条件的公司设立、登记申请或者股票、债券发行、上市申请予以批准或者登记，致使公共财产、国家和人民利益遭受重大损失的行为，以及上级部门、当地政府强令登记机关及其工作人员实施上述行为的行为。

涉嫌下列情形之一的，应予立案：

1. 造成直接经济损失50万元以上的；

2. 工商管理部门的工作人员对不符合法律规定条件的公司设立、登记申请，违法予以批准、登记，严重扰乱市场秩序的；

3. 金融证券管理机构工作人员对不符合法律规定条件的股票、债券发行、上市申请，违法予以批准，严重损害公众利益，或者严重扰乱金融秩序的；

4. 工商管理部门、金融证券管理机构的工作人员对不符合法律规定条件的公司设立、登记申请或者股票、债券发行、上市申请违法予以批准或者登记，致使犯罪行为得逞的；

5. 上级部门、当地政府直接负责的主管人员强令登记机关及其工作人员，对不符合法律规定条件的公司设立、登记申请或者股票、债券发行、上市申请予以批准或者登记，致使公共财产、国家或者人民利益遭受重大损失的；

6. 其他致使公共财产、国家和人民利益遭受重大损失的情形。

（十四）徇私舞弊不征、少征税款案（第四百零四条）

徇私舞弊不征、少征税款罪是指税务机关工作人员徇私舞弊，不征、少征应征税款，致使国家税收遭受重大损失的行为。

涉嫌下列情形之一的，应予立案：

1. 徇私舞弊不征、少征应征税款，致使国家税收损失累计达10万元以上的；

2. 上级主管部门工作人员指使税务机关工作人员徇私舞弊不征、少征应征税款，致使国家税收损失累计达10万元以上的；

3. 徇私舞弊不征、少征应征税款不满10万元，但具有索取或者收受贿赂或者其他恶劣情节的；

4. 其他致使国家税收遭受重大损失的情形。

（十五）徇私舞弊发售发票、抵扣税款、出口退税案（第四百零五条第一款）

徇私舞弊发售发票、抵扣税款、出口退税罪是指税务机关工作人员违反法律、行政法规的规定，在办理发售发票、抵扣税款、出口退税工作中徇私舞弊，致使国家利益遭受重大损失的行为。

涉嫌下列情形之一的，应予立案：

1. 徇私舞弊，致使国家税收损失累计达10万元以上的；

2. 徇私舞弊，致使国家税收损失累计不满10万元，但发售增值税专用发票25份以上或者其他发票50份以上或者增值税专用发票与其他发票合计50份以上，或者具有索取、收受贿赂或者其他恶劣情节的；

3. 其他致使国家利益遭受重大损失的情形。

（十六）违法提供出口退税凭证案（第四百零五条第二款）

违法提供出口退税凭证罪是指海关、外汇管理等国家机关工作人员违反国家规定，在提供出口货物报关单、出口收汇核销单等出口退税凭证的工作中徇私舞弊，致使国家利益遭受重大损失的行为。

涉嫌下列情形之一的，应予立案：

1. 徇私舞弊，致使国家税收损失累计达10万元以上的；

2. 徇私舞弊，致使国家税收损失累计不满10万元，但具有索取、收受贿赂或者其他恶劣情节的；

3. 其他致使国家利益遭受重大损失的情形。

（十七）国家机关工作人员签订、履行合同失职被骗案（第四百零六条）

国家机关工作人员签订、履行合同失职被骗罪是指国家机关工作人员在签订、履行合同过程中，因严重不负责任，不履行或者不认真履行职责被诈骗，致使国家利益遭受重大损失的行为。

涉嫌下列情形之一的，应予立案：

1. 造成直接经济损失30万元以上，或者直接经济损失不满30万元，但间接经济损失150万元以上的；

2. 其他致使国家利益遭受重大损失的情形。

（十八）违法发放林木采伐许可证案（第四百零七条）

违法发放林木采伐许可证罪是指林业主管部门的工作人员违反森林法的规定，超过批准的年采伐限额发放林木采伐许可证或者违反规定滥发林木采伐许可证，情节严重，致使森林遭受严重破坏的行为。

涉嫌下列情形之一的，应予立案：

1. 发放林木采伐许可证允许采伐数量累计超过批准的年采伐限额，导致林木被超限额采伐10立方米以上的；

2. 滥发林木采伐许可证，导致林木被滥伐20立方米以上，或者导致幼树被滥伐1000株以上的；

3. 滥发林木采伐许可证，导致防护林、特种用途林被滥伐5立方米以上，或者幼树被滥伐200株以上的；

4. 滥发林木采伐许可证，导致珍贵树木或者国家重点保护的其他树木被滥伐的；

5. 滥发林木采伐许可证，导致国家禁止采伐的林木被采伐的；

6. 其他情节严重，致使森林遭受严重破坏的情形。

林业主管部门工作人员之外的国家机关工作人员，违反森林法的规定，滥用职权或者玩忽职守，致使林木被滥伐40立方米以上或者幼树被滥伐2000株以上，或者致使防护林、特种用途林被滥伐10立方米以上或者幼树被滥伐400株以上，或者致使珍贵树木被采伐、毁坏4立方米或者4株以上，或者致使国家重点保护的其他植物被采伐、毁坏后果严重的，或者致使国家严禁采伐的林木被采伐、毁坏情节恶劣的，按照刑法第397条的规定以滥用职权罪或者玩忽职守罪追究刑事责任。

（十九）环境监管失职案（第四百零八条）

环境监管失职罪是指负有环境保护监督管理职责的国家机关工作人员严重不负责任，不履行或者不认真履行环境保护监管职责导致发生重大环境污染事故，致使公私财产遭受重大损失或者造成人身伤亡的严重后果的行为。

涉嫌下列情形之一的，应予立案：

1. 造成死亡1人以上，或者重伤3人以上，或者重伤2人、轻伤4人以上，或者重伤1人、轻伤7人以上，或者轻伤10人以上的；

2. 导致30人以上严重中毒的；

3. 造成个人财产直接经济损失15万元以上，或者直接经济损失不满15万元，但间接经济损失75万元以上的；

4. 造成公共财产、法人或者其他组织财产直接经济损失30万元以上，或者直接经济损失不满30万元，但间接经济损失150万元以上的；

5. 虽未达到3、4两项数额标准，但3、4两项合计直接经济损失30万元以上，或者合计直接经济损失不满30万元，但合计间接经济损失150万元以上的；

6. 造成基本农田或者防护林地、特种用途林地10亩以上，或者基本农田以外的耕地50亩以上，或者其他土地70亩以上被严重毁坏的；

7. 造成生活饮用水地表水源和地下水源严重污染的；

8. 其他致使公私财产遭受重大损失或者造成人身伤亡严重后果的情形。

（二十）传染病防治失职案（第四百零九条）

传染病防治失职罪是指从事传染病防治的政府卫生行政部门的工作人员严重不负责任，不履行或者不认真履行传染病防治监管职责，导致传染病传播或者流行，情节严重的行为。

涉嫌下列情形之一的，应予立案：

1. 导致甲类传染病传播的；

2. 导致乙类、丙类传染病流行的；

3. 因传染病传播或者流行，造成人员重伤或者死亡的；

4. 因传染病传播或者流行，严重影响正常的生产、生活秩序的；

5. 在国家对突发传染病疫情等灾害采取预防、控制措施后，对发生突发传染病疫情等灾害的地区或者突发传染病病人、病原携带者、疑似突发传染病病人，未按照预防、控制突发传染病疫情等灾害工作规范的要求做好防疫、检疫、隔离、防护、救治等工作，或者采取的预防、控制措施不当，造成传染范围扩大或者疫情、灾情加重的；

6. 在国家对突发传染病疫情等灾害采取预防、控制措施后，隐瞒、缓报、谎报或者授意、指使、强令他人隐瞒、缓报、谎报疫情、灾情，造成传染范围扩大或者疫情、灾情加重的；

7. 在国家对突发传染病疫情等灾害采取预防、控制措施后，拒不执行突发传染病疫情等灾害应急处理指挥机构的决定、命令，造成传染范围扩大或者疫情、灾情加重的；

8. 其他情节严重的情形。

（二十一）非法批准征用、占用土地案（第四百一十条）

非法批准征用、占用土地罪是指国家机关工作人员徇私舞弊，违反土地管理法、森林法、草原法等法律以及有关行政法规中关于土地管理的规定，滥用职权，非法批准征用、占用耕地、林地等农用地以及其他土地，情节严重的行为。

涉嫌下列情形之一的，应予立案：

1. 非法批准征用、占用基本农田10亩以上的；

2. 非法批准征用、占用基本农田以外的耕地30亩以上的；

3. 非法批准征用、占用其他土地50亩以上的；

4. 虽未达到上述数量标准，但造成有关单位、个人直接经济损失30万元以上，或者造成耕地大量毁坏或者植被遭到严重破坏的；

5. 非法批准征用、占用土地，影响群众生产、生活，引起纠纷，造成恶劣影响或者其他严重后果的；

6. 非法批准征用、占用防护林地、特种用途林地分别或者合计10亩以上的；

7. 非法批准征用、占用其他林地20亩以上的；

8. 非法批准征用、占用林地造成直接经济损失30万元以上，或者造成防护林地、特种用途林地分别或者合计5亩以上或者其他林地10亩以上毁坏的；

9. 其他情节严重的情形。

（二十二）非法低价出让国有土地使用权案（第四百一十条）

非法低价出让国有土地使用权罪是指国家机关工作人员徇私舞弊，违反土地管理法、森林法、草原法等法律以及有关行政法规中关于土地管理的规定，滥用职权，非法低价出让国有土地使用权，情节严重的行为。

涉嫌下列情形之一的，应予立案：

1. 非法低价出让国有土地30亩以上，并且出让价额低于国家规定的最低价额标准的百分之六十的；

2. 造成国有土地资产流失价额30万元以上的；

3. 非法低价出让国有土地使用权，影响群众生产、生活，引起纠纷，造成恶劣影响或者其他严重后果的；

4. 非法低价出让林地合计30亩以上，并且出让价额低于国家规定的最低价额标准的百分之六十的；

5. 造成国有资产流失30万元以上的；

6. 其他情节严重的情形。

（二十三）放纵走私案（第四百一十一条）

放纵走私罪是指海关工作人员徇私舞弊，放纵走私，情节严重的行为。

涉嫌下列情形之一的，应予立案：

1. 放纵走私犯罪的；

2. 因放纵走私致使国家应收税额损失累计达10万元以上的；

3. 放纵走私行为3起次以上的；

4. 放纵走私行为，具有索取或者收受贿赂情节的；

5. 其他情节严重的情形。

（二十四）商检徇私舞弊案（第四百一十二条第一款）

商检徇私舞弊罪是指出入境检验检疫机关、检验检疫机构工作人员徇私舞弊，伪造检验结果的行为。

涉嫌下列情形之一的，应予立案：

1. 采取伪造、变造的手段对报检的商品的单证、印章、标志、封识、质量认证标志等作虚假的证明或者出具不真实的证明结论的；

2. 将送检的合格商品检验为不合格，或者将不合格商品检验为合格的；

3. 对明知是不合格的商品，不检验而出具合格检验结果的；

4. 其他伪造检验结果应予追究刑事责任的情形。

（二十五）商检失职案（第四百一十二条第二款）

商检失职罪是指出入境检验检疫机关、检验检疫机构工作人员严重不负责任，对应当检验的物品不检验，或者延误检验出证、错误出证，致使国家利益遭受重大损失的行为。

涉嫌下列情形之一的，应予立案：

1. 致使不合格的食品、药品、医疗器械等商品出入境，严重危害生命健康的；

2. 造成个人财产直接经济损失15万元以上，或者直接经济损失不满15万元，但间接经济损失75万元以上的；

3. 造成公共财产、法人或者其他组织财产直接经济损失30万元以上，或者直接经济损失不满30万元，但间接经济损失150万元以上的；

4. 未经检验，出具合格检验结果，致使国家禁止进口的固体废物、液态废物和气态废物等进入境内的；

5. 不检验或者延误检验出证、错误出证，引起国际经济贸易纠纷，严重影响国家对外经贸关系，或者严重损害国家声誉的；

6. 其他致使国家利益遭受重大损失的情形。

（二十六）动植物检疫徇私舞弊案（第四百一十三条第一款）

动植物检疫徇私舞弊罪是指出入境检验检疫机关、检验检疫机构工作人员徇私舞弊，伪造检疫结果的行为。

涉嫌下列情形之一的，应予立案：

1. 采取伪造、变造的手段对检疫的单证、印章、标志、封识等作虚假的证明或者出具不真实的结论的；

2. 将送检的合格动植物检疫为不合格，或者将不合格动植物检疫为合格的；

3. 对明知是不合格的动植物，不检疫而出具合格检疫结果的；

4. 其他伪造检疫结果应予追究刑事责任的情形。

（二十七）动植物检疫失职案（第四百一十三条第二款）

动植物检疫失职罪是指出入境检验检疫机关、检验检疫机构工作人员严重不负责任，对应当检疫的检疫物不检疫，或者延误检疫出证、错误出证，致使国家利益遭受重大损失的行为。

涉嫌下列情形之一的，应予立案：

1. 导致疫情发生，造成人员重伤或者死亡的；

2. 导致重大疫情发生、传播或者流行的；

3. 造成个人财产直接经济损失15万元以上，或者直接经济损失不满15万元，但间接经济损失75万元以上的；

4. 造成公共财产或者法人、其他组织财产直接经济损失30万元以上，或者直接经济损失不满30万元，但间接经济损失150万元以上的；

5. 不检疫或者延误检疫出证、错误出证，引起国际经济贸易纠纷，严重影响国家对外经贸关系，或者严重损害国家声誉的；

6. 其他致使国家利益遭受重大损失的情形。

（二十八）放纵制售伪劣商品犯罪行为案（第四百一十四条）

放纵制售伪劣商品犯罪行为罪是指对生产、销售伪劣商品犯罪行为负有追究责任的国家机关工作人员徇私舞弊，不履行法律规定的追究职责，情节严重的行为。

涉嫌下列情形之一的，应予立案：

1. 放纵生产、销售假药或者有毒、有害食品犯罪行为的；

2. 放纵生产、销售伪劣农药、兽药、化肥、种子犯罪行为的；

3. 放纵依法可能判处3年有期徒刑以上刑罚的生产、销售伪劣商品犯罪行为的；

4. 对生产、销售伪劣商品犯罪行为不履行追究职责，致使生产、销售伪劣商品犯罪行为得以继续的；

5. 3次以上不履行追究职责，或者对3个以上有生产、销售伪劣商品犯罪行为的单位或者个人不履行追究职责的；

6. 其他情节严重的情形。

（二十九）办理偷越国（边）境人员出入境证件案（第四百一十五条）

办理偷越国（边）境人员出入境证件罪是指负责办理护照、签证以及其他出入境证件的国家机关工作人员，对明知是企图偷越国（边）境的人员，予以办理出入境证件的行为。

负责办理护照、签证以及其他出入境证件的国家机关工作人员涉嫌在办理护照、签证以及其他出入境证件的过程中，对明知是企图偷越国（边）境的人员而予以办理出入境证件的，应予立案。

（三十）放行偷越国（边）境人员案（第四百一十五条）

放行偷越国（边）境人员罪是指边防、海关等国家机关工作人员，对明知是偷越国（边）境的人员予以放行的行为。

边防、海关等国家机关工作人员涉嫌在履行职务过程中，对明知是偷越国（边）境的人员而予以放行的，应予立案。

（三十一）不解救被拐卖、绑架妇女、儿童案（第四百一十六条第一款）

不解救被拐卖、绑架妇女、儿童罪是指对被拐卖、绑架的妇女、儿童负有解救职责的公安、司法等国家机关工作人员接到被拐卖、绑架的妇女、儿童及其家属的解救要求或者接到其他人的举报，而对被拐卖、绑架的妇女、儿童不进行解救，造成严重后果的行为。

涉嫌下列情形之一的，应予立案：

1. 导致被拐卖、绑架的妇女、儿童或者其家属重伤、死亡或者精神失常的；

2. 导致被拐卖、绑架的妇女、儿童被转移、隐匿、转卖，不能及时进行解救的；

3. 对被拐卖、绑架的妇女、儿童不进行解救3人次以上的；

4. 对被拐卖、绑架的妇女、儿童不进行解救，造成恶劣社会影响的；

5. 其他造成严重后果的情形。

（三十二）阻碍解救被拐卖、绑架妇女、儿童案（第四百一十六条第二款）

阻碍解救被拐卖、绑架妇女、儿童罪是指对被拐卖、绑架的妇女、儿童负有解救职责的公安、司法等国家机关工作人员利用职务阻碍解救被拐卖、绑架的妇女、儿童的行为。

涉嫌下列情形之一的，应予立案：

1. 利用职权，禁止、阻止或者妨碍有关部门、人员解救被拐卖、绑架的妇女、儿童的；

2. 利用职务上的便利，向拐卖、绑架者或者收买者通风报信，妨碍解救工作正常进行的；

3. 其他利用职务阻碍解救被拐卖、绑架的妇女、儿童应予追究刑事责任的情形。

（三十三）帮助犯罪分子逃避处罚案（第四百一十七条）

帮助犯罪分子逃避处罚罪是指有查禁犯罪活动职责的司法及公安、国家安全、海关、税务等国家机关工作人员，向犯罪分子通风报信、提供便利，帮助犯罪分子逃避处罚的行为。

涉嫌下列情形之一的，应予立案：

1. 向犯罪分子泄漏有关部门查禁犯罪活动的部署、人员、措施、时间、地点等情况的；

2. 向犯罪分子提供钱物、交通工具、通讯设备、隐藏处所等便利条件的；

3. 向犯罪分子泄漏案情的；

4. 帮助、示意犯罪分子隐匿、毁灭、伪造证据，或者串供、翻供的；

5. 其他帮助犯罪分子逃避处罚应予追究刑事责任的情形。

（三十四）招收公务员、学生徇私舞弊案（第四百一十八条）

招收公务员、学生徇私舞弊罪是指国家机关工作人员在招收公务员、省级以上教育行政部门组织招收的学生工作中徇私舞弊，情节严重的行为。

涉嫌下列情形之一的，应予立案：

1. 徇私舞弊，利用职务便利，伪造、变造人事、户口档案、考试成绩或者其他影响招收工作的有关资料，或者明知是伪造、变造的上述材料而予以认可的；

2. 徇私舞弊，利用职务便利，帮助5名以上考生作弊的；

3. 徇私舞弊招收不合格的公务员、学生3人次以上的；

4. 因徇私舞弊招收不合格的公务员、学生，导致被排挤的合格人员或者其近亲属自杀、自残造成重伤、死亡，或者精神失常的；

5. 因徇私舞弊招收公务员、学生，导致该项招收工作重新进行的；

6. 其他情节严重的情形。

（三十五）失职造成珍贵文物损毁、流失案（第四百一十九条）

失职造成珍贵文物损毁、流失罪是指文物行政部门、公安机关、工商行政管理部门、海关、城乡建设规划部门等国家机关工作人员严重不负责任，造成珍贵文物损毁或者流失，后果严重的行为。

涉嫌下列情形之一的，应予立案：

1. 导致国家一、二、三级珍贵文物损毁或者流失的；

2. 导致全国重点文物保护单位或者省、自治区、直辖市级文物保护单位损毁的；

3. 其他后果严重的情形。

二、国家机关工作人员利用职权实施的侵犯公民人身权利、民主权利犯罪案件

（一）国家机关工作人员利用职权实施的非法拘禁案（第二百三十八条）

非法拘禁罪是指以拘禁或者其他方法非法剥夺他人人身自由的行为。

国家机关工作人员利用职权非法拘禁，涉嫌下列情形之一的，应予立案：

1. 非法剥夺他人人身自由24小时以上的；

2. 非法剥夺他人人身自由，并使用械具或者捆绑等恶劣手段，或者实施殴打、侮辱、虐待行为的；

3. 非法拘禁，造成被拘禁人轻伤、重伤、死亡的；

4. 非法拘禁，情节严重，导致被拘禁人自杀、自残造成重伤、死亡，或者精神失常的；

5. 非法拘禁3人次以上的；

6. 司法工作人员对明知是没有违法犯罪事实的人而非法拘禁的；

7. 其他非法拘禁应予追究刑事责任的情形。

（二）国家机关工作人员利用职权实施的非法搜查案（第二百四十五条）

非法搜查罪是指非法搜查他人身体、住宅的行为。

国家机关工作人员利用职权非法搜查，涉嫌下列情形之一的，应予立案：

1. 非法搜查他人身体、住宅，并实施殴打、侮辱等行为的；

2. 非法搜查，情节严重，导致被搜查人或者其近亲属自杀、自残造成重伤、死亡，或者精神失常的；

3. 非法搜查，造成财物严重损坏的；

4. 非法搜查3人（户）次以上的；

5. 司法工作人员对明知是与涉嫌犯罪无关的人身、住宅非法搜查的；

6. 其他非法搜查应予追究刑事责任的情形。

（三）刑讯逼供案（第二百四十七条）

刑讯逼供罪是指司法工作人员对犯罪嫌疑人、被告人使用肉刑或者变相肉刑逼取口供的行为。

涉嫌下列情形之一的，应予立案：

1. 以殴打、捆绑、违法使用械具等恶劣手段逼取口供的；

2. 以较长时间冻、饿、晒、烤等手段逼取口供，严重损害犯罪嫌疑人、被告人身体健康的；

3. 刑讯逼供造成犯罪嫌疑人、被告人轻伤、重伤、死亡的；

4. 刑讯逼供，情节严重，导致犯罪嫌疑人、被告人自杀、自残造成重伤、死亡，或者精神失常的；

5. 刑讯逼供，造成错案的；

6. 刑讯逼供3人次以上的；

7. 纵容、授意、指使、强迫他人刑讯逼供，具有上述情形之一的；

8. 其他刑讯逼供应予追究刑事责任的情形。

（四）暴力取证案（第二百四十七条）

暴力取证罪是指司法工作人员以暴力逼取证人证言的行为。

涉嫌下列情形之一的，应予立案：

1. 以殴打、捆绑、违法使用械具等恶劣手段逼取证人证言的；

2. 暴力取证造成证人轻伤、重伤、死亡的；

3. 暴力取证，情节严重，导致证人自杀、自残造成重伤、死亡，或者精神失常的；

4. 暴力取证，造成错案的；

5. 暴力取证 3 人次以上的；

6. 纵容、授意、指使、强迫他人暴力取证，具有上述情形之一的；

7. 其他暴力取证应予追究刑事责任的情形。

（五）虐待被监管人案（第二百四十八条）

虐待被监管人罪是指监狱、拘留所、看守所、拘役所、劳教所等监管机构的监管人员对被监管人进行殴打或者体罚虐待，情节严重的行为。

涉嫌下列情形之一的，应予立案：

1. 以殴打、捆绑、违法使用械具等恶劣手段虐待被监管人的；

2. 以较长时间冻、饿、晒、烤等手段虐待被监管人，严重损害其身体健康的；

3. 虐待造成被监管人轻伤、重伤、死亡的；

4. 虐待被监管人，情节严重，导致被监管人自杀、自残造成重伤、死亡，或者精神失常的；

5. 殴打或者体罚虐待 3 人次以上的；

6. 指使被监管人殴打、体罚虐待其他被监管人，具有上述情形之一的；

7. 其他情节严重的情形。

（六）报复陷害案（第二百五十四条）

报复陷害罪是指国家机关工作人员滥用职权、假公济私，对控告人、申诉人、批评人、举报人实行打击报复、陷害的行为。

涉嫌下列情形之一的，应予立案：

1. 报复陷害，情节严重，导致控告人、申诉人、批评人、举报人或者其近亲属自杀、自残造成重伤、死亡，或者精神失常的；

2. 致使控告人、申诉人、批评人、举报人或者其近亲属的其他合法权利受到严重损害的；

3. 其他报复陷害应予追究刑事责任的情形。

（七）国家机关工作人员利用职权实施的破坏选举案（第二百五十六条）

破坏选举罪是指在选举各级人民代表大会代表和国家机关领导人员时，以暴力、威胁、欺骗、贿赂、伪造选举文件、虚报选举票数或者编造选举结果等手段破坏选举或者妨害选民和代表自由行使选举权和被选举权，情节严重的行为。

国家机关工作人员利用职权破坏选举，涉嫌下列情形之一的，应予立案：

1. 以暴力、威胁、欺骗、贿赂等手段，妨害选民、各级人民代表大会代表自由行使选举权和被选举权，致使选举无法正常进行，或者选举无效，或者选举结果不真实的；

2. 以暴力破坏选举场所或者选举设备，致使选举无法正常进行的；

3. 伪造选民证、选票等选举文件，虚报选举票数，产生不真实的选举结果或者强行宣布合法选举无效、非法选举有效的；

4. 聚众冲击选举场所或者故意扰乱选举场所秩序，使选举工作无法进行的；

5. 其他情节严重的情形。

三、附则

（一）本规定中每个罪案名称后所注明的法律条款系《中华人民共和国刑法》的有关条款。

（二）本规定所称“以上”包括本数；有关犯罪数额“不满”，是指已达到该数额百分之八十以上的。

（三）本规定中的“国家机关工作人员”，是指在国家机关中从事公务的人员，包括在各级国家权力机关、行政机关、司法机关和军事机关中从事公务的人员。在依照法律、法规规定行使国家行政管理职权的组织中从事公务的人员，或者在受国家机关委托代表国家行使职权的组织中从事公务的人员，或者虽未列入国家机关人员编制但在国家机关中从事公务的人员，在代表国家机关行使职权时，视为国家机关工作人员。在乡（镇）以上中国共产党机关、人民政协机关中从事公务的人员，视为国家机关工作人员。

（四）本规定中的“直接经济损失”，是指与行为有直接因果关系而造成的财产损毁、减少的实际价值；“间接经济损失”，是指由直接经济损失引起和牵连的其他损失，包括失去的在正常情况下可以获得的利益和为恢复正常的管理活动或者挽回所造成的损失所支付的各种开支、费用等。

有下列情形之一的，虽然有债权存在，但已无法实现债权的，可以认定为已经造成了经济损失：①债务人已经法定程序被宣告破产，且无法清偿债务；②债务人潜逃，去向不明；③因行为人责任，致使超过诉讼时效；④有证据证明债权无法实现的其他情况。

直接经济损失和间接经济损失，是指立案时确已造成的经济损失。移送审查起诉前，犯罪嫌疑人及其亲友自行挽回的经济损失，以及由司法机关或者犯罪嫌疑人所在单位及其上级主管部门挽回的经济损失，不予扣减，但可作为对犯罪嫌疑人从轻处理的情节考虑。

（五）本规定中的“徇私舞弊”，是指国家机关工作人员为徇私情、私利，故意违背事实和法律，伪造材料，隐瞒情况，弄虚作假的行为。

（六）本规定自公布之日起施行。本规定发布前有关人民检察院直接受理立案侦查的国家机关工作人员渎职和利用职权实施的侵犯公民人身权利、民主权利犯罪案件的立案标准，与本规定有重复或者不一致的，适用本规定。

对于本规定施行前发生的国家机关工作人员渎职和利用职权实施的侵犯公民人身权利、民主权利犯罪案件，按照《最高人民法院、最高人民检察院关于适用刑事司法解释时间效力问题的规定》办理。

8. 最高人民检察院反贪污贿赂总局、渎职侵权检察厅《关于检察机关职务犯罪侦查部门以犯罪事实立案的暂行规定》（2003年1月1日　高检渎检发〔2002〕第81号）

第一条　为了规范以犯罪事实立案（以下简称以事立案），保证办案质量，提高办案效率，推动职务犯罪侦查工作的深入发展，根据《中华人民共和国刑事诉讼法》的有关规定，并结合职务犯罪侦查工作实际，制定本规定。

第二条　以事立案是指人民检察院依照管辖范围，对于发现的犯罪事实，或者对于报案、控告、举报和自首的材料，经过审查认为有犯罪事实，需要追究刑事责任，犯罪嫌疑人尚未确定的案件，所依法作出的立案决定。

第三条　人民检察院对于符合本规定第二条规定的贪污、挪用公款、私分国有资产和私分罚没财物犯罪案件；滥用职权、玩忽职守等渎职犯罪案件，以及国家机关工作人员利用职权侵犯公民人身权利、民主权利的案件，经过初查，具有下列情形之一的，可以以事立案：

（一）必须通过侦查措施取证的；

（二）证据可能发生变化或者灭失的；

（三）犯罪造成的危害后果可能进一步扩大的。

第四条　侦查人员对案件材料审查后，认为有犯罪事实需要追究刑事责任的，应当制作提请立案报告和立案决定书。

第五条　经过侦查，有证据证明犯罪事实是由确定的犯罪嫌疑人实施的，应当制作确定犯罪嫌疑人报告。

第六条　确定犯罪嫌疑人之前，不得对涉案人员采取强制措施，不得查封、扣押、冻结涉案对象的财产。

第七条　确定犯罪嫌疑人后，不需要另行立案，直接转为收集犯罪嫌疑人实施犯罪证据的阶段，依法全面使用侦查手段和强制措施。

犯罪嫌疑人是县处级以上干部，或是县级以上人民代表大会代表的，应当依照有关规定办理。

第八条　经过侦查，没有发现犯罪嫌疑人的，应当终止侦查；发现案件不属于本院管辖的，应当依照有关规定移送有管辖权的机关处理；确定犯罪嫌疑人后发现具有《刑事诉讼法》第十五条规定的情形之一的，应当撤销案件。

第九条　立案、确定犯罪嫌疑人、终止侦查、侦查终结，应当报检察长批准或检察委员会研究决定。

第十条　采取以事立案方式侦查的案件，应当分别在作出立案、终止侦查和侦查终结决定后的三日内报上一级人民检察院备案，重大案件报省级人民检察院备案，特大案件层报最高人民检察院备案。

上级人民检察院收到备案材料后应当及时进行审查，发现问题应当及时予以纠正。

第十一条　以事立案的案件应当纳入检察统计报表。

第十二条　本规定自2003年1月1日起施行。

附件：以事立案的有关问题说明及文书样式

附一

关于执行《关于检察机关职务犯罪侦查部门以犯罪事实立案的暂行规定》几个具体问题的说明

一、关于运用以事立案的必要性

以事立案是《刑事诉讼法》规定的一种刑事立案方式。运用以事立案能够使查案工作及时进入侦查程序，有利于侦查人员依法及时使用侦查手段获取证据，查明案情，防止证据灭失和制止犯罪危害进一步扩大；以事立案对事不对人，有利于隐蔽侦查意图、克服办案阻力和工作被动；能够减少初查材料转化为证据的大量重复性工作，有利于提高办案效率，降低司法成本；能够有效地防止办案人员在初查阶段为获取证据而使用侦查手段等违法办案，对推动职务犯罪侦查工作的开展具有十分积极的意义。

二、关于侦查手段和强制措施的运用条件

以事立案因只是对事进行侦查，没有特定的犯罪嫌疑人，在这一阶段不存在对特定的对象的人身和财产采取限制性措施问题。所以，本《规定》对侦查手段和强制措施的运用作了规定：在确定犯罪嫌疑人前，不得对涉案人员采取强制措施，不得查封、扣押、冻结涉案对象的财产。

三、关于“确定犯罪嫌疑人”环节的设置问题

本《规定》中的“经过侦查，有证据证明犯罪事实是由确定的犯罪嫌疑人实施的，应当制作确定犯罪嫌疑人报告”这一规定的设置，有利于分清侦查工作阶段，即侦查工作由以事侦查转为以人、以事全面侦查阶段，有利于把握好侦查手段和强制措施的运用关，有利于准确统计考核。

四、关于以事立案的监督程序问题

本《规定》规定了以事立案的立案、确定犯罪嫌疑人、终止侦查、侦查终结等必须报检察长审批或检察委员会决定。同时，还规定运用以事立案方式侦查的案件，应当分别在作出立案决定、终止侦查、侦查终结后三日内报上一级人民检察院备案，便于上级人民检察院及时审查，发现问题予以纠正。

五、关于以事立案的统计问题

运用以事立案查办职务犯罪案件是侦查部门的一项重要工作，应当纳入检察机关的统计范畴。最高人民检察院已将以事立案的有关项目正式列入2003年1月1日即将启用的检察统计报表。由于以事立案在未确定犯罪嫌疑人之前，没有具体的犯罪嫌疑人，只是对“事”进行侦查，与以人立案意义不同，所以，在统计时应当区别对待。向社会公布的办案情况，应当仍以《检统1表》和《检统6表》中“立案”栏的案件数、人数、罪名为准，即包括以人立案和以事立案后确定犯罪嫌疑人的案件情况；以事立案经侦查确定犯罪嫌疑人的案件列入当月“立案”栏统计；经侦查，没有犯罪嫌疑人的，列入“终止侦查”栏统计，无须作撤案处理［详见附件七（略）］。

9. 最高人民检察院《人民检察院直接受理侦查案件立案、逮捕实行备案审查的规定（试行）》（2005年11月10日　高检发办字〔2005〕23号）（节录）

第二条　省级以下（含省级）人民检察院办理直接受理侦查案件，决定立案、逮捕的，应当报上一级人民检察院备案审查。

第三条（第一款） 人民检察院对直接受理侦查的案件决定立案的，应当在决定立案侦查之日起三日以内，由承办案件的部门填写立案备案登记表，连同提请立案报告和立案决定书，一并报送上一级人民检察院备案。

第四条　上一级人民检察院相对应的部门应当指定专人审查下级人民检察院报送的备案材料，对案件是否属于作出立案或者逮捕决定的检察机关管辖、是否符合立案或者逮捕条件、是否有其他应当立案或者逮捕的犯罪嫌疑人等进行审查。

对于需要补报有关案件材料的，上一级人民检察院应当在收到备案材料之日起三日以内责成下级人民检察院补报。下级人民检察院应当在收到上一级人民检察院通知之日起三日以内，按要求报送。

第五条　上一级人民检察院在审查备案材料过程中，可以向下级人民检察院了解案件事实、证据和适用法律等情况。

第六条　上一级人民检察院应当在收到备案材料之日起十日以内，由承办人填写备案审查表，提出是否同意下级人民检察院立案或者逮捕决定的审查意见，报部门负责人审批。认为下级人民检察院的立案或者逮捕决定错误的，或者发现下级人民检察院有应当立案而未立案或者应当逮捕犯罪嫌疑人而未决定逮捕情形的，应当在报经检察长或者检察委员会决定后，书面通知下级人民检察院纠正，或者由上一级人民检察院直接作出相关决定，通知下级人民检察院执行。

第七条　下级人民检察院应当执行上一级人民检察院的决定，并在收到上一级人民检察院的书面通知或者决定之日起五日以内，将执行情况向上一级人民检察院报告。

下级人民检察院对上一级人民检察院的决定有异议的，可以在执行的同时向上一级人民检察院报告。

10. 最高人民检察院《关于对携款潜逃的贪污、贿赂等案犯及时立案、报告的通知》（1992年6月18日　高检发贪检字〔1992〕39号）（节录）

（一）对可能携款潜逃的贪污、贿赂等重大案犯，有管辖权的检察院一经发现或接到举报，应迅速查证，及时立案，不失时机地果断采取逮捕等强制措施。对已经潜逃应当逮捕的案犯，要商公安部门发布通缉令，采取有效措施，追捕归案。对已经逃往境外的案犯，除及时立案、决定采取强制措施外，还应通过我国的国际刑警组织渠道缉捕。切实防止因未及时立案、采取强制措施，使案犯逃避法律惩罚的情况发生。

（二）各地检察机关要密切配合，加强对携款潜逃案件的查办工作。凡发现与潜逃案犯有关的情况应及时向承办单位通报，并配合缉捕，不得贻误。

（三）各级检察机关对于案犯携款潜逃的案件，要按照规定逐级上报。各省、自治区、直辖市人民检察院应按高检院“贪污、贿赂等案犯潜逃、自杀情况统计专项报表”的要求，逐月、按时报告。对于携款潜逃境外的，应实行专项报告制度，一案一报，并随时报告案件进展情况和遇到的问题。

（四）对于因案犯在逃而不能结案的案件，另行统计。

11. 最高人民检察院、审计署《关于建立案件移送和加强工作协作配合制度的通知》（2000年3月23日　审法发〔2000〕30号）（节录）

一、在查办贪污贿赂、渎职和其他违法犯罪案件工作中，检察机关和审计机关要加强工作联系，密切配合，建立案件移送制度，经常交流通报情况，研究解决工作中出现的问题，加大查办和打击贪污贿赂、渎职和其他违法犯罪活动的力度。也可根据工作需要，建立联席会议制度。

二、审计机关在审计监督过程中，发现被审计单位及有关人员违反刑事法律，按照人民检察院直接受理立案侦查案件立案标准的规定涉嫌构成犯罪，需要追究刑事责任的，应当将犯罪案件线索移送有管辖权的检察机关处理。审计机关向检察机关移送涉嫌犯罪案件线索时，应当将《审计机关移送处理书》及有关证据移送给检察机关。

三、检察机关接到审计机关移送的涉嫌犯罪案件线索后，要认真进行审查，决定立案的，应当将立案情况通知移送案件线索的审计机关。经审查不予立案的，检察机关应当制作不立案通知书，写明不立案的原因和法律依据，送达移送案件线索的审计机关，并向审计机关退还有关材料。审计机关对检察机关不立案的决定有异议的，可以在收到不立案通知书的10日内向检察机关申请复议，检察机关应当在收到复议申请的30日内作出复议决定，并将复议通知书送达申请复议的审计机关。

四、检察机关在查办案件过程中，需要审计机关协助查证的，审计机关应当予以配合。检察机关可以就涉及审计专业性的事项商请审计机关进行审计查证。

五、审计机关在审计过程中，认为有贪污贿赂、渎职和其他违法犯罪事实需要追究刑事责任的时候，可以要求检察机关提前介入，检察机关应当及时派员配合审查，熟悉案情，确定案件性质，为立案作好准备。

六、检察机关在办案活动中，发现有关单位有违反国家规定的财政、财务收支行为，属于审计监督范围的，应当将违法案件线索移送审计机关处理。审计机关应当及时向检察机关通报处理结果。

七、地方各级检察机关和审计机关接到本通知后，可以结合实际情况，制定工作联系、情况通报和案件移送的具体实施办法，建立和完善工作协作配合机制。

12. 最高人民检察院《人民检察院办理行政执法机关移送涉嫌犯罪案件的规定》（2001年12月3日　高检发释字〔2001〕4号）（节录）

一、对于行政执法机关移送检察机关的涉嫌犯罪案件，统一由人民检察院控告检察部门受理。

人民检察院控告检察部门受理行政执法机关移送的涉嫌犯罪案件后，应当登记，并指派二名以上检察人员进行初步审查。

二、人民检察院控告检察部门审查行政执法机关移送的涉嫌犯罪案件，应当根据不同情况，提出移送有关部门的处理意见，三日内报主管副检察长或者检察长批准，并通知移送的行政执法机关：

（一）对于不属于检察机关管辖的案件，移送其他有管辖权的机关处理；

（二）对于属于检察机关管辖，但不属于本院管辖的案件，移送有管辖权的人民检察院办理；

（三）对于属于本院管辖的案件，转本院反贪、渎职侵权检察部门办理。

对于性质不明、难以归口办理的案件，可以先由控告检察部门进行必需的调查。

三、对于不属于本院管辖但又必须采取紧急措施的案件，人民检察院控告检察部门在报经主管副检察长或者检察长批准后，应当先采取紧急措施，再行移送。

四、对于行政执法机关移送的涉嫌犯罪案件，人民检察院反贪、渎职侵权检察部门应当审查是否附有下列材料：

（一）涉嫌犯罪案件移送书；

（二）涉嫌犯罪案件情况的调查报告；

（三）涉案物品清单；

（四）有关检验报告或者鉴定结论；

（五）其他有关涉嫌犯罪的材料。

人民检察院可以要求移送案件的行政执法机关补充上述材料和证据。

五、对于行政执法机关移送的涉嫌犯罪案件，人民检察院经审查，认为符合立案条件的，应当及时作出立案决定，并通知移送的行政执法机关。

六、对于行政执法机关移送的涉嫌犯罪案件，人民检察院经审查，认为不符合立案条件的，可以作出不立案决定；对于需要给予有关责任人员行政处分、行政处罚或者没收违法所得的，可以提出检察意见，移送有关主管部门处理，并通知移送的行政执法机关。

七、对于人民检察院的不立案决定，移送涉嫌犯罪案件的行政执法机关可以在收到不立案决定书后五日内要求作出不立案决定的人民检察院复议。人民检察院刑事申诉检察部门应当指派专人进行审查，并在收到行政执法机关要求复议意见书后七日内作出复议决定。

行政执法机关对复议决定不服的，可以在收到人民检察院复议决定书后五日内向上一级人民检察院提请复核。上一级人民检察院应当在收到行政执法机关提请复核意见书后十五日内作出复核决定。对于原不立案决定错误的，应当及时纠正，并通知作出不立案决定的下级人民检察院执行。

八、对于人民检察院决定立案侦查的案件，办理案件的人民检察院应当将立案决定和案件的办理结果及时通知移送案件的行政执法机关。

九、移送涉嫌犯罪案件的行政执法机关对公安机关不予立案决定或者不予立案的复议决定有异议，建议人民检察院依法进行立案监督的，统一由人民检察院侦查监督部门办理。

十、人民检察院应当依法对公安机关办理行政执法机关移送涉嫌犯罪案件进行立案监督。对于具有下列情形之一的，人民检察院应当要求公安机关在收到人民检察院《要求说明不立案理由通知书》后七日内将关于不立案理由的说明书面答复人民检察院：

（一）人民检察院认为公安机关对应当立案侦查的案件而不立案侦查的；

（二）被害人认为公安机关对应当立案侦查的案件而不立案侦查，向人民检察院提出的；

（三）移送涉嫌犯罪案件的行政执法机关对公安机关不予立案决定或者不予立案的复议决定有异议，建议人民检察院依法进行立案监督的。

人民检察院认为公安机关不立案理由不能成立，应当通知公安机关在收到《通知立案书》后十五日内决定立案，并将立案决定书送达人民检察院。

十一、对于人民检察院认为公安机关不立案理由成立的，或者认为公安机关的不立案理由不成立而通知公安机关立案，公安机关已经立案的，人民检察院应当及时通知提出立案监督建议的行政执法机关。

十二、各级人民检察院对行政执法机关不移送涉嫌犯罪案件，具有下列情形之一的，可以提出检察意见：

（一）检察机关发现行政执法机关应当移送的涉嫌犯罪案件而不移送的；

（二）有关单位和个人举报的行政执法机关应当移送的涉嫌犯罪案件而不移送的；

（三）隐匿、销毁涉案物品或者私分涉案财物的；

（四）以行政处罚代替刑事追究而不移送的。

有关行政执法人员涉嫌犯罪的，依照刑法的有关规定，追究刑事责任。

十三、各级人民检察院对公安机关不接受行政执法机关移送的涉嫌犯罪案件，或者逾期不作出立案或者不予立案决定，在检察机关依法实施立案监督后，仍不接受或者不作出决定的，可以向公安机关提出检察意见。

有关公安人员涉嫌犯罪的，依照刑法的有关规定，追究刑事责任。

十四、最高人民检察院对地方各级人民检察院，上级人民检察院对下级人民检察院办理的行政执法机关移送的涉嫌犯罪案件，应加强指导和监督，对不依法办理以及办理过程中的违法违纪问题，要依照有关规定严肃处理；构成犯罪的，依法追究刑事责任。

十五、各级人民检察院对于其他机关和部门移送的涉嫌犯罪案件，依照本规定办理。

13. 最高人民检察院办公厅《关于严格执行人民代表大会代表执行职务司法保障规定的通知》（1994年6月22日　高检法研字〔1994〕7号）（节录）

一、人大代表代表人民的利益和意志，依照宪法和法律赋予本级人民代表大会的职权，参加行使国家权力。人民检察院要依法为人大代表执行代表职务提供司法保障，对于非法拘禁人大代表或以其他方法非法剥夺人大代表人身自由的，以暴力、威胁方法阻碍代表依法执行代表职务的，国家工作人员对人大代表依法执行代表职务进行打击报复构成犯罪的，应当严肃追究有关人员的法律责任。在办案中，遇有违反法律规定限制人大代表人身自由情形时，应当及时予以纠正，切实保障人大代表依法行使职权。

二、审查公安机关、安全机关提请批准逮捕的刑事案件被告人为县级以上人大代表时，经审查符合逮捕条件的，应当按照《中华人民共和国全国人民代表大会和地方各级人民代表大会代表法》第三十条的规定报告并经许可后再办理批捕手续。

三、各级人民检察院直接立案侦查的刑事案件，依法需要对本级人大代表决定采取逮捕，或者监视居住、取保候审、拘传等限制人身自由措施的，应当报经同级人民代表大会主席团或人民代表大会常务委员会许可。

各级人民检察院办理直接立案侦查的案件，对人大代表依法拘留的，应当由执行拘留的机关立即向该代表所属的人民代表大会主席团或者常务委员会报告。

四、各级人民检察院办理本级人大代表的案件，依法决定立案、决定提起公诉、免予起诉、不予起诉或撤销案件决定的，应当向本级人民代表大会主席团或人民代表大会常务委员会通报。

五、办理上级人大代表的案件，需要履行本通知第二、三、四条程序的，应当层报人大代表所属人民代表大会同级的人民检察院办理。

办理下级人大代表的案件，需要履行本通知第二、三、四条程序的，可以自行直接办理，也可以委托人大代表所属人民代表大会同级的人民检察院办理。

对于乡、民族乡、镇的人民代表大会代表依法决定或者批准逮捕，采取监视居住、取保候审、拘传等限制人身自由的措施，由人民检察院执行的，应当由县级人民检察院或上级人民检察院委托县级人民检察院立即报告乡、民族乡、镇的人民代表大会。

六、各级人民检察院办理有关人大代表的案件应报上一级人民检察院及人民代表所属的人民代表大会同级的人民检察院备案。

七、各级人民检察院在办理有关人大代表的案件中，遇到执行法律方面的问题，要及时层报最高人民检察院。

14. 最高人民检察院办公厅《关于严格执行人民代表大会代表执行职务司法保障规定的补充通知》（2000年4月5日　高检办发〔2000〕7号）（节录）

一、各级人民检察院应当进一步提高认识，认真、严格执行《关于严格执行人民代表大会代表执行职务司法保障规定的通知》的规定，依法严肃查处非法拘禁人大代表或者以其他方式非法剥夺人大代表人身自由的案件，切实为人大代表执行职务提供司法保障，维护人大代表的合法权益。

二、检察机关办理人大代表涉嫌犯罪的案件，应当严格依法进行。对于在办案中，违反法律规定限制人大代表人身自由的，应当及时纠正，并追究有关人员的责任。

三、各级人民检察院要继续坚持和完善备案、报告制度。检察机关依法办理人大代表涉嫌犯罪的案件，应当报上一级人民检察院及该代表所属的人民代表大会同级的人民检察院备案；检察机关依法办理全国人大代表涉嫌犯罪的案件，需要对犯罪嫌疑人采取逮捕措施的，省级人民检察院应当依照法律的规定将意见报送最高人民检察院。

五、侦查措施

在刑事诉讼中，侦查是指国家法定机关在办理案件过程中，为收集犯罪证据和查获犯罪嫌疑人而依法进行的专门调查工作和采取的有关强制性措施。专门调查工作包括讯问犯罪嫌疑人，询问证人、被害人，调取与案件有关的物证、书证、视听资料，查询、冻结汇款、存款、基金、债券，勘验、检查，鉴定、技术侦查等活动。强制性措施包括法律规定的强制措施和其他带有强制性的措施。

侦查的任务是收集证据，查获犯罪嫌疑人，查明犯罪事实；保障无罪的人不受刑事追究，保障犯罪嫌疑人和其他诉讼参与人的诉讼权利不受侵犯；教育公民自觉遵守法律，积极同犯罪行为作斗争。

侦查具有专门性、强制性和法定性等特征。

检察机关拥有对职务犯罪的侦查权。对职务犯罪的侦查必须坚持合法原则、客观原则、比例原则、及时原则。

检察机关侦查部门应当依照法定程序，收集能够证明犯罪嫌疑人有罪或无罪的各种证据。严禁刑讯逼供和以威胁、引诱、欺骗以及其他非法的方法收集证据，不得强迫任何人证实自己有罪。侦查过程中必须保证一切与案件有关或者了解案情的公民，有客观地充分地提供证据的条件，除特殊情况外，并且可以吸收他们协助调查。

侦查工作中要注意保守侦查秘密，严格执法，文明办案，保护诉讼参与人的合法权利。

侦查措施主要包括如下方面：(1) 讯问犯罪嫌疑人；(2) 询问证人；(3) 勘验、检查；(4) 搜查；(5) 调取、查封、扣押物证、书证和视听资料、电子数据；(6) 查询、冻结；(7) 鉴定；(8) 辨认；(9) 技术侦查；(10) 通缉、上网追逃、边控等等。

(一) 讯问犯罪嫌疑人

讯问犯罪嫌疑人是侦查人员以言词的方式对被怀疑实施犯罪行为的人进行讯问的一种侦查措施。讯问犯罪嫌疑人的功能在于：(1) 通过讯问犯罪嫌疑人，可以使无罪的人获得陈述无罪事实和理由的机会，从而防止冤枉无辜；(2) 通过讯问犯罪嫌疑人，可以判断犯罪嫌疑人的人身危险性；(3) 如果犯罪嫌疑人能如实陈述，可以获得查明案件事实的线索和证据。

讯问职务犯罪嫌疑人的具体任务包括：(1) 调查核实犯罪事实的相关情况；

（2）追查赃款、赃物的去向；（3）讯问同案犯罪嫌疑人情况；（4）查找其他涉案犯罪线索；（5）受理犯罪嫌疑人检举揭发与本案无关的犯罪事实和线索。

【主要程序】

1. 讯问人员

讯问犯罪嫌疑人必须由检察人员负责进行。讯问的时候，检察人员不得少于2人。

2. 讯问地点和时间

（1）对在现场发现的犯罪嫌疑人，经出示工作证件，可以口头传唤，并将传唤的原因和依据告知被传唤人。在讯问笔录中应当注明犯罪嫌疑人到案经过、到案时间和传唤结束时间。

（2）对于不需要逮捕、拘留的犯罪嫌疑人，办案人员应当制作《传唤通知书》或《拘传证》，报请检察长签发。办案人员凭工作证、《传唤通知书》传唤犯罪嫌疑人到所在市、县内的指定地点或者到他的住处进行讯问。传唤犯罪嫌疑人时，应当向犯罪嫌疑人出示《传唤通知书》和有关证件，并责令犯罪嫌疑人在《传唤通知书》上签名、捺指印或者盖章。

犯罪嫌疑人到案后，应当由其在传唤证上填写到案时间。传唤结束时，应当由其在传唤证上填写传唤结束时间。拒绝填写的，侦查人员应当在传唤证上注明。

（3）传唤犯罪嫌疑人时，其家属在场的，应当当场将传唤的原因和处所口头告知其家属，并在讯问笔录中注明。其家属不在场的，侦查人员应当及时将传唤的原因和处所通知被传唤人家属。无法通知的，应当在讯问笔录中注明。

（4）办案人员应当凭工作证、《拘传证》拘传犯罪嫌疑人。拘传犯罪嫌疑人在犯罪嫌疑人所在市、县内的地点进行。犯罪嫌疑人的工作单位、户籍地与居住地不在同一市、县的，拘传应当在犯罪嫌疑人的工作单位所在的市、县进行；特殊情况下，也可以在犯罪嫌疑人户籍地或者居住地所在的市、县内进行。

（5）传唤持续的时间不得超过12小时；案情特别重大、复杂，需要采取拘留、逮捕措施的，传唤持续的时间不得超过24小时。两次传唤间隔的时间一般不得少于12小时，不得以连续传唤的方式变相拘禁犯罪嫌疑人。

（6）犯罪嫌疑人被送交看守所羁押后，检察人员对其进行讯问，应当填写提讯、提解证，在看守所讯问室进行。因侦查工作需要，需要提押犯罪嫌疑人出所辨认或者追缴犯罪有关财物的，经检察长批准，可以提押犯罪嫌疑人出所，并应当由2名以上司法警察押解。不得以讯问为目的将犯罪嫌疑人提押出所进行讯问。押解女犯罪嫌疑人，应当由女工作人员途中负责生活管理。

3. 讯问的具体程序和要求

（1）讯问犯罪嫌疑人时，除特殊情况外，检察人员应当着检察服，做到仪表整洁，举止严肃、端庄，用语文明、规范。严禁刑讯逼供或者使用威胁、引诱、欺骗等非法方法进行讯问。

（2）对使用少数民族语言文字或者不通晓当地语言文字的犯罪嫌疑人进行讯问的，应当有翻译人员在场翻译。

（3）讯问聋、哑或者不通晓当地通用语言文字的人，人民检察院应当为其聘请通晓聋、哑手势或者当地通用语言文字且与本案无利害关系的人员进行翻译。翻译人员的姓名、性别、工作单位和职业应当记录在案。翻译人员应当在讯问笔录上签字。

（4）讯问犯罪嫌疑人的时候，应当首先查明犯罪嫌疑人的基本情况，包括姓名、出生年月日、籍贯、身份证号码、民族、职业、文化程度、工作单位及职务、住所、家庭情况、社会经历、是否属于人大代表、政协委员等；

（5）告知犯罪嫌疑人在侦查阶段的诉讼权利，有权自行辩护或委托律师辩护，告知其如实供述自己罪行可以依法从宽处理的法律规定；

（6）讯问犯罪嫌疑人是否有犯罪行为，让他陈述有罪的事实或者无罪的辩解，应当允许其连贯陈述。

（7）讯问时，对犯罪嫌疑人提出的辩解要认真查核。严禁刑讯逼供和以威胁、引诱、欺骗以及其他非法的方法获取供述。

（8）讯问犯罪嫌疑人，应当制作讯问笔录。讯问笔录应当忠实于原话，字迹清楚，详细具体，并交犯罪嫌疑人核对。犯罪嫌疑人没有阅读能力的，应当向他宣读。如果记载有遗漏或者差错，应当补充或者改正。犯罪嫌疑人认为讯问笔录没有错误的，由犯罪嫌疑人在笔录上逐页签名、盖章或者捺指印，并在末页写明“以上笔录我看过（向我宣读过），和我说的相符”，同时签名、盖章、捺指印并注明日期。如果犯罪嫌疑人拒绝签名、盖章、捺指印的，检察人员应当在笔录上注明。讯问的检察人员也应当在笔录上签名。

（9）讯问笔录应当与讯问录音、录像内容一致或者意思相符。禁止记录人员原封不动复制此前笔录中的讯问内容，作为本次讯问记录。

（10）讯问结束时，讯问人员应当对讯问笔录进行检查、核对，发现漏记、错记的，应当及时补正，并经犯罪嫌疑人签字确认。

（11）犯罪嫌疑人请求自行书写供述的，检察人员应当准许。必要的时候，检察人员也可以要求犯罪嫌疑人亲笔书写供述。犯罪嫌疑人应当在亲笔供述的末页签名、捺指印，并注明书写日期。检察人员收到后，应当在首页右上方写明“于某年某月某日收到”，并签名。

4. 录音录像

（1）人民检察院办理直接受理侦查的职务犯罪案件，讯问犯罪嫌疑人时，应当对每一次讯问的全过程实施不间断的录音、录像。

（2）讯问录音、录像是人民检察院在直接受理侦查职务犯罪案件工作中规范讯问行为、保证讯问活动合法性的重要手段。讯问录音、录像应当保持完整，不得选择性录制，不得剪接、删改。

（3）讯问录音、录像，实行讯问人员和录制人员相分离的原则。讯问由检察人员负责，不得少于二人；录音、录像应当由检察技术人员负责。特别情况下，经检察长批准，也可以指定其他检察人员负责。

（4）讯问录音、录像的，应当由检察人员填写《录音录像通知单》，写明讯问开始的时间、地点等情况送检察技术部门或者通知其他检察人员。检察技术部门接到《录音录像通知单》后，应当指派检察技术人员实施。其他检察人员接到通知后，应当按照本规定进行录制。

（5）讯问在押犯罪嫌疑人，应当在看守所进行。讯问未羁押的犯罪嫌疑人，除客观原因或者法律另有规定外，应当在人民检察院讯问室进行。

在看守所、人民检察院的讯问室或者犯罪嫌疑人的住处等地点讯问的，讯问录音、录像应当从犯罪嫌疑人进入讯问室或者讯问人员进入其住处时开始录制，至犯罪嫌疑人在讯问笔录上签字、捺指印，离开讯问室或者讯问人员离开犯罪嫌疑人的住处等地点时结束。

（6）讯问开始时，应当告知犯罪嫌疑人将对讯问进行全程同步录音、录像，告知情况应在录音、录像和笔录中予以反映。

（7）全程同步录像，录制的图像应当反映犯罪嫌疑人、检察人员、翻译人员及讯问场景等情况，犯罪嫌疑人应当在图像中全程反映，并显示与讯问同步的时间数码。在人民检察院讯问室讯问的，应当显示温度和湿度。

（8）讯问过程中，需要出示、核实或者辨认书证、物证等证据的，应当当场出示，让犯罪嫌疑人核实或者辨认，并对核实、辨认的全过程进行录音、录像。

（9）讯问过程中，因技术故障等客观情况无法录音、录像的，一般应当停止讯问，待故障排除后再行讯问。讯问停止的原因、时间和再行讯问开始的时间等情况，应当在笔录和录音、录像中予以反映。

无法录音、录像的客观情况一时难以消除又必须继续讯问的，讯问人员可以继续进行讯问，但应当告知犯罪嫌疑人，同时报告检察长并获得批准。未录音、录像的情况及告知、报告情况应当在笔录中予以说明，由犯罪嫌疑人签字确认。待条件具备时，应当对未录的内容及时进行补录。

（10）讯问结束后，录制人员应当立即将讯问录音、录像资料原件交给讯问人员，经讯问人员和犯罪嫌疑人签字确认后当场封存，交由检察技术部门保存。同时，复制讯问录音、录像资料存入讯问录音、录像数据管理系统，按照授权供审查决定逮捕、审查起诉以及法庭审理时审查之用。没有建立讯问录音、录像数据管理系统的，应当制作讯问录音、录像资料复制件，交办案人员保管，按照人民检察院刑事诉讼规则的有关规定移送。

讯问结束后，录制人员应当及时制作讯问录音、录像的相关说明，经讯问人员和犯罪嫌疑人签字确认后，交由检察技术部门立卷保管。

讯问录音、录像制作说明应当反映讯问的具体起止时间，参与讯问的检察人员、翻译人员及录制人员等姓名、职务、职称，犯罪嫌疑人姓名及案由，讯问地点等情况。讯问在押犯罪嫌疑人的，讯问人员应当在说明中注明提押和还押时间，由监管人员和犯罪嫌疑人签字确认。对犯罪嫌疑人拒绝签字的，应当在说明中注明。

（11）人民检察院直接受理侦查的案件，侦查部门移送审查决定逮捕、审查起诉时，应当注明讯问录音、录像资料存入讯问录音、录像数据管理系统，并将讯问录音、录像次数、起止时间等情况，随同案卷材料移送案件管理部门审查后，由案件管理部门移送侦查监督或者公诉部门审查。侦查监督或者公诉部门审查认为讯问活动可能涉嫌违法或者讯问笔录可能不真实，需要审查讯问录音、录像资料的，应当说明涉嫌违法讯问或者讯问笔录可能失实的时间节点并告知侦查部门。侦查部门应当及时予以授权，供侦查监督或者公诉部门对存入讯问录音、录像数据管理系统相应的讯问录音、录像资料进行审查。没有建立讯问录音、录像数据管理系统的，应当调取相应时段的讯问录音、录像资料并刻录光盘，及时移送侦查监督或者公诉部门审查。

移送讯问录音、录像资料复制件的，侦查监督部门审查结束后，应当将移送审查的讯问录音、录像资料复制件连同案卷材料一并送还侦查部门。公诉部门对移送的讯问录音、录像资料复制件应当妥善保管，案件终结后随案归档保存。

（12）讯问过程中犯罪嫌疑人检举揭发与本案无关的犯罪事实或者线索的，应当予以保密，不得泄露。违反本条规定，造成泄密后果的，应当追究相关责任。

庭前会议或者法庭审理过程中，人民法院、被告人及其辩护人认为被告人检举揭发与本案无关的犯罪事实或者线索影响量刑，需要举证、质证的，应当由承办案件的人民检察院出具证明材料，经承办人签名后，交公诉人向审判人员、被告人及其辩护人予以说明。提供的证明材料必须真实，发现证明材料失实或者是伪造的，经查证属实，应当追究相关责任。

（13）案件办理完毕，办案期间录制的讯问录音、录像资料存入讯问录音、录像数据管理系统的或者刻录光盘的原件，由检察技术部门向本院档案部门移交归档。讯问录音、录像资料的保存期限与案件卷宗保存期限相同。

5. 安全防范

（1）犯罪嫌疑人进入讯问区域后，应当指派专人对其一切活动贴身监护，同时应当关闭讯问区域的对外通道，并对犯罪嫌疑人、被告人的人身及携带物品进行检查，发现可能危害人身安全的物品应当予以暂时扣押。

（2）办案人员在讯问中要注意犯罪嫌疑人、被告人的心理变化和健康状况，发现异常情况，要及时采取有效措施，防止意外事件的发生。

（3）传唤犯罪嫌疑人，应当保证犯罪嫌疑人的饮食和必要的休息时间。

（4）讯问犯罪嫌疑人，禁止使用肉刑或者变相肉刑，禁止采用其他使被告人在肉体上或者精神上遭受剧烈疼痛或者痛苦的方法。

【注意事项】

1. 注意保护犯罪嫌疑人的合法权益。

（1）讯问犯罪嫌疑人时应当切实履行告知义务，告知犯罪嫌疑人依法享有的权利。

（2）检察人员第一次讯问犯罪嫌疑人后或者对其采取强制措施之日起，应当告知犯罪嫌疑人可以聘请律师为其提供法律咨询、代理申诉、控告或者为其申请取保候审，并将告知情况记明笔录。

（3）犯罪嫌疑人对于侦查人员提出的与案件无关的问题，犯罪嫌疑人有权拒绝回答。

2. 传唤、拘传犯罪嫌疑人需经检察长批准。

3. 告知其如实供述自己罪行可以依法从宽处理的法律规定。

4. 讯问犯罪嫌疑人应当分别进行。

5. 讯问录音、录像资料是检察机关讯问职务犯罪嫌疑人的工作资料，实行有条件调取查看或者法庭播放。

6. 刑事诉讼法有关回避的规定适用于录制人员。

7. 犯罪嫌疑人不同意录音、录像的，讯问人员应当进行解释，但不影响录音、录像进行。

8. 参与讯问录音、录像的人员，对讯问情况应当严格保密。泄露办案秘密的，应当追究相关责任。

9. 初查阶段询问初查对象需要录音或者录像的，应当告知初查对象。询问证人需要录音或者录像的，应当事先征得证人同意，并参照本规定执行。

10. 实施讯问录音、录像，禁止下列情形：

（一）未按照《刑事诉讼法》第121条和最高人民检察院《人民检察院讯问职务犯罪嫌疑人实行全程同步录音录像的规定》对讯问活动进行全程同步录音、录像的；

（二）对讯问活动采取不供不录等选择性录音、录像的；

（三）为规避监督故意关闭讯问录音录像系统、视频监控系统的；

（四）擅自公开或者泄露讯问录音、录像资料或者泄露办案秘密的；

（五）因玩忽职守、管理不善等造成讯问录音、录像资料遗失或者违规使用讯问录音、录像资料的；

（六）其他违反本规定或者玩忽职守、弄虚作假，给案件侦查、起诉、审判造成不良后果等情形的。

讯问人员、检察技术人员及其他有关人员具有以上情形之一的，根据《检察人员纪律处分条例（试行）》等规定，应当给予批评教育；情节较重，给案件侦查、起诉、审判造成较为严重后果或者对案件当事人合法权益造成较为严重侵害的，应当视情给予警告、记过、记大过处分；情节严重，给案件侦查、起诉、审判造成严重后果或者对案件当事人合法权益造成严重侵害的，应当视情给予降级、撤职或者开除处分；构成犯罪的，应当追究相关责任人员的刑事责任。

11. 讯问录音、录像资料一般不公开使用。需要公开使用的，应当由检察长决定。非办案部门或者人员需要查阅讯问录音、录像资料的，应当报经检察长批准。

12. 案件在申诉、复查过程中，涉及讯问活动合法性或者办案人员责任认定等情形，需要启封讯问录音、录像资料原件的，应当由检察长决定。启封时，被告人或者其委托的辩护人、近亲属应当到场见证。

13. 讯问应当依法、文明。不得将讯问室作为羁押、留宿犯罪嫌疑人、被告人或其他涉案人员的场所。不得在讯问室内询问证人，也不得将已经在押的犯罪嫌疑人、被告人提押到人民检察院讯问室讯问。

【文书与说明】

1. 犯罪嫌疑人权利义务告知书

犯罪嫌疑人诉讼权利义务告知书

根据《中华人民共和国刑事诉讼法》的有关规定，犯罪嫌疑人在人民检察院对案件进行侦查期间，有如下诉讼权利和义务：

1. 不通晓当地通用的语言文字的犯罪嫌疑人在讯问时有要求配备翻译人员的权利。有权用本民族语言文字进行诉讼。

2. 聋、哑的犯罪嫌疑人在讯问时有要求通晓聋、哑手势的人参加的权利。

3. 对于侦查人员、鉴定人、记录人、翻译人员有下列情形之一的，有权申请他们回避：（1）是本案的当事人或者是当事人的近亲属的；（2）本人或者他的近亲属和本案有利害关系的；（3）担任过本案的证人、鉴定人、辩护人、诉讼代理人的；（4）与本案当事人有其他关系，可能影响公正处理案件的。对于驳回申请回避的决定，可以申请复议一次。

4. 有权辩护。犯罪嫌疑人在接受讯问时有权为自己辩解。

5. 有权委托辩护人。犯罪嫌疑人自被侦查机关第一次讯问或者被采取强制措施之日起，有权委托辩护人，但在侦查期间只能委托律师作为辩护人。因经济困难等原因没有委托辩护人的，本人及其近亲属可以向法律援助机构提出申请。

6. 未满18周岁的犯罪嫌疑人有要求通知其法定代理人到场的权利，法定代理人可以代为行使诉讼权利。无法通知、法定代理人不能到场或是共犯的，可以通知犯罪嫌疑人的其他成年亲属，所在学校、单位或者居住地的村民委员会、居民委员会、未成年人保护组织的代表到场。

7. 对于侦查人员的提问，应当如实回答。但是对与本案无关的问题，有拒绝回答的权利，如实供述自己罪行可以从宽处理。

8. 有核对讯问笔录和自行书写供述的权利，如果犯罪嫌疑人没有阅读能力，侦查人员应当向其宣读；如果讯问笔录记载有遗漏或者差错，可以提出补充或者改正。对讯问笔录、勘验检查笔录、搜查笔录、查封扣押财物、文件清单以及送达的各种法律文书确认无误后，应当签名、捺指印。

9. 依法接受拘传、取保候审、监视居住、拘留、逮捕等强制措施和人身检查、搜查、扣押、鉴定等侦查措施。

10. 犯罪嫌疑人及其法定代理人、近亲属、聘请的律师对于采取强制措施超过法定期限的，有权要求解除强制措施。

11. 对于人民检察院及其侦查人员侵犯其诉讼权利和人身侮辱的行为，有权提出控告、举报。

犯罪嫌疑人（签字）：

日期：

犯罪嫌疑人诉讼权利义务告知书制作说明

一、本文书为新增法律文书。依据《刑事诉讼法》第九条、第十一条、第十四条、第二十八条、第三十二条、第三十三条、第三十四条、第五十条、第九十七条、第一百一十五条、第一百一十八条、第一百一十九条、第一百二十条、第一百二十一条、第一百三十九条、第二百七十条第一款规定制作。为人民检察院讯问犯罪嫌疑人依法告知其权利义务时使用。

二、此告知书在第一次讯问犯罪嫌疑人或对其采取强制措施之日交犯罪嫌疑人阅后签字附卷。

2. 讯问笔录的规范格式

人民检察院

讯问犯罪嫌疑人笔录

（第　　次）

时间：____年____月____日____时____分至____年____月____日____时____分
地点：____
讯问人：________________________ 记录人：________________
犯罪嫌疑人：____________________________________
问：____
____
____
____
____
____
____
____
（以下为末页内容）______________________________
____

本笔录向我读过（或我已看过），同我讲的一致。

犯罪嫌疑人：（由犯罪嫌疑人自己书写，并逐页签名）

年　　月　　日

讯问笔录举例

告知：（出示工作证件）我们是××人民检察院反贪污贿赂局的检察人员，现依法对你进行讯问。根据法律的规定，对于我们的提问，你应当如实回答，不得作虚假陈述。但是对于与本案无关的问题，你有拒绝回答的权利。根据中华人民共和国刑法第六十七条第三款的规定，犯罪嫌疑人是如实供述自己罪行的，可以从轻处罚；因其如实供述自己罪行，避免特别严重后果发生的，可以减轻处罚。（宣读并向犯罪嫌疑人送达《犯罪嫌疑人权利义务告知书》。）

问：以上告知，你清楚了吗？

答：清楚了。（签收《犯罪嫌疑人权利义务告知书》。）

问：介绍一下你的基本情况。

答：（犯罪嫌疑人的基本情况，包括姓名、曾用名、性别、出生年月日、身份证件种类及号码、民族、籍贯、文化程度、有无党派、是否人大代表或者政协委员、工作单位、职务级别或者职业、住址、有无前科等。）

问：介绍一下你的家庭情况。

答：（配偶、子女、父母、兄弟姐妹及其他重要家庭成员的年龄、工作单位、住址等。）

问：介绍一下你的个人简历。

答：（从中学毕业至今的学习、工作经历。）

问：你是否有犯罪行为？

答：（犯罪嫌疑人的有罪供述或者无罪辩解。）

（供述的主要内容。）

告知：法律规定，你有权委托律师作为辩护人。

问：你是否打算聘请律师？

答：（如打算，有无具体人选。如有，联系方式如何。）

问：本次讯问中，有无非法羁押、刑讯逼供、威胁、引诱、欺骗或者以其他非法方法获取口供的情形？

答：

问：你还有何补充？

答：

问：你以上所讲是否属实？

答：属实。

（犯罪嫌疑人写："以上笔录共×页我已看过（或者已向我宣读），与我讲的一致。"）

（犯罪嫌疑人签名、指印）

年　月　日

3. 传唤通知书

人民检察院
传唤通知书
（存　根）

检　传〔　　〕　号

案由＿＿＿＿＿＿＿＿

犯罪嫌疑人基本情况（姓名、性别、年龄、工作单位、住址、身份证号码、是否人大代表、政协委员）＿＿＿＿＿＿＿＿

应到时间＿＿＿＿＿＿＿＿

应到地点＿＿＿＿＿＿＿＿

批 准 人＿＿＿＿＿＿＿＿

批准时间＿＿＿＿＿＿＿＿

承办人＿＿＿＿＿＿＿＿

填发时间＿＿＿＿＿＿＿＿

填 发 人＿＿＿＿＿＿＿＿

第一联 统一保存

检传〔　〕号

人民检察院
传唤通知书
（副　本）

检　传〔　　〕　号

＿＿＿＿＿＿：

根据《中华人民共和国刑事诉讼法》第一百一十七条的规定，现通知居住在＿＿＿＿＿的犯罪嫌疑人＿＿＿＿于＿＿＿＿年＿＿＿月＿＿＿日＿＿＿时到达＿＿＿接受讯问。被传唤人必须持此件报到，无故不到，得以拘传。

年　月　日
（院印）

讯问开始时间：＿年＿月＿日＿时＿分

讯问结束时间：＿年＿月＿日＿时＿分

被讯问人：

第二联 附卷

检传〔　〕号

人民检察院
传唤通知书

检　询〔　　〕　号

＿＿＿＿＿＿：

根据《中华人民共和国刑事诉讼法》第一百一十七条的规定，现通知居住在＿＿＿＿＿的犯罪嫌疑人＿＿＿＿于＿＿＿＿年＿＿＿月＿＿＿日＿＿＿时到达＿＿＿接受讯问。被传唤人必须持此件报到，无故不到，得以拘传。

年　月　日
（检察院印）

第三联 送达被传唤人

传唤通知书制作说明

一、本文书依据《刑事诉讼法》第一百一十七条的规定制作。为人民检察院在办理案件过程中，通知未被采取拘留、逮捕强制措施的犯罪嫌疑人到指定地点接受讯问时使用。

二、讯问开始和结束时间应由犯罪嫌疑人填写并签名或盖章。犯罪嫌疑人拒绝签名或盖章的，应当在文书上注明。

三、本文书以人次为单位制作。

四、本文书共三联，第一联统一保存备查，第二联附卷，第三联送达被传唤人。

4. 提讯、提解证

人民检察院

提讯、提解证

检 提讯、提解〔　〕　号

犯罪嫌疑人		性别	
年龄		代号	
羁押期限		办案人员姓名	

提讯、提解时间	事　由	办案人员签名	收监或回所时间	看守员签名
年　月　日 时　分			年　月　日 时　分	
年　月　日 时　分			年　月　日 时　分	
年　月　日 时　分			年　月　日 时　分	

依法延长、重新计算羁押的，拘留转逮捕的，案件改变管辖的，更换办案人员的，应当重新办理《提讯证》。超过羁押期限的，原《提讯证》作废。提讯时侦查人员不得少于二人。

“事由”栏根据情况填写“讯问”、“出所辨认”、“出所起赃”等。

提讯、提解证制作说明

一、本文书依据《刑事诉讼法》第一百六十二条、第一百七十条的规定制作。为人民检察院从看守所提讯、提解在押犯罪嫌疑人时使用。

二、本文书以人为单位制作，每提讯、提解一次，在提讯、提解证上登记一行。提解犯罪嫌疑人出所辨认、起赃的，应当将提讯、提解证交由监管人员保存，将犯罪嫌疑人还押后取回。

三、本文书一联，使用完后附卷。

5. 提讯情况、提解情况记载

提讯情况记载

单位	犯罪嫌疑人	提讯时间	还押时间	提讯人员签名	监管人员签名
		年 月 日 时 分	年 月 日 时 分		
		年 月 日 时 分	年 月 日 时 分		
		年 月 日 时 分	年 月 日 时 分		
		年 月 日 时 分	年 月 日 时 分		
		年 月 日 时 分	年 月 日 时 分		
		年 月 日 时 分	年 月 日 时 分		
		年 月 日 时 分	年 月 日 时 分		
		年 月 日 时 分	年 月 日 时 分		
		年 月 日 时 分	年 月 日 时 分		
		年 月 日 时 分	年 月 日 时 分		
		年 月 日 时 分	年 月 日 时 分		
		年 月 日 时 分	年 月 日 时 分		
		年 月 日 时 分	年 月 日 时 分		
		年 月 日 时 分	年 月 日 时 分		
		年 月 日 时 分	年 月 日 时 分		
		年 月 日 时 分	年 月 日 时 分		
		年 月 日 时 分	年 月 日 时 分		
备注					

提讯情况、提解情况记载制作说明

一、本文书为新增法律文书。依据《刑事诉讼法》第一百六十二条、第一百七十条的规定制作。为人民检察院从看守所提讯犯罪嫌疑人和提解在押犯罪嫌疑人出所辨认有关证据时使用。

二、本文书在每一次提讯、提解犯罪嫌疑人时都必须详细记明提讯、提解的时间并由看守所监管人员签名。侦查终结时，该卷必须附卷。本文书可以根据需要复制。

职务犯罪侦查办案一本通

【办案依据】

1.《中华人民共和国刑事诉讼法（2012年修正）》（节录）

第四十八条　可以用于证明案件事实的材料，都是证据。

证据包括：

（一）物证；

（二）书证；

（三）证人证言；

（四）被害人陈述；

（五）犯罪嫌疑人、被告人供述和辩解；

（六）鉴定意见；

（七）勘验、检查、辨认、侦查实验等笔录；

（八）视听资料、电子数据。

证据必须经过查证属实，才能作为定案的根据。

第五十条　审判人员、检察人员、侦查人员必须依照法定程序，收集能够证实犯罪嫌疑人、被告人有罪或者无罪、犯罪情节轻重的各种证据。严禁刑讯逼供和以威胁、引诱、欺骗以及其他非法方法收集证据，不得强迫任何人证实自己有罪。必须保证一切与案件有关或者了解案情的公民，有客观地充分地提供证据的条件，除特殊情况外，可以吸收他们协助调查。

第五十二条　人民法院、人民检察院和公安机关有权向有关单位和个人收集、调取证据。有关单位和个人应当如实提供证据。

行政机关在行政执法和查办案件过程中收集的物证、书证、视听资料、电子数据等证据材料，在刑事诉讼中可以作为证据使用。

对涉及国家秘密、商业秘密、个人隐私的证据，应当保密。

凡是伪造证据、隐匿证据或者毁灭证据的，无论属于何方，必须受法律追究。

第五十三条　对一切案件的判处都要重证据，重调查研究，不轻信口供。只有被告人供述，没有其他证据的，不能认定被告人有罪和处以刑罚；没有被告人供述，证据确实、充分的，可以认定被告人有罪和处以刑罚。

证据确实、充分，应当符合以下条件：

（一）定罪量刑的事实都有证据证明；

（二）据以定案的证据均经法定程序查证属实；

（三）综合全案证据，对所认定事实已排除合理怀疑。

第五十四条　采用刑讯逼供等非法方法收集的犯罪嫌疑人、被告人供述和采用暴力、威胁等非法方法收集的证人证言、被害人陈述，应当予以排除。收集物证、书证不符合法定程序，可能严重影响司法公正的，应当予以补正或者作出合理解释；不能补正或者作出合理解释的，对该证据应当予以排除。

在侦查、审查起诉、审判时发现有应当排除的证据的，应当依法予以排除，不得作为起诉意见、起诉决定和判决的依据。

第五十七条　在对证据收集的合法性进行法庭调查的过程中，人民检察院应当对证据收集的合法性加以证明。

现有证据材料不能证明证据收集的合法性的，人民检察院可以提请人民法院通知有关侦查人员或者其他人员出庭说明情况；人民法院可以通知有关侦查人员或者其他人员出庭说明情况。有关侦查人员或者其他人员也可以要求出庭说明情况。经人民法院通知，有关人员应当出庭。

第一百一十六条 讯问犯罪嫌疑人必须由人民检察院或者公安机关的侦查人员负责进行。讯问的时候，侦查人员不得少于二人。

犯罪嫌疑人被送交看守所羁押以后，侦查人员对其进行讯问，应当在看守所内进行。

第一百一十七条 对不需要逮捕、拘留的犯罪嫌疑人，可以传唤到犯罪嫌疑人所在市、县内的指定地点或者到他的住处进行讯问，但是应当出示人民检察院或者公安机关的证明文件。对在现场发现的犯罪嫌疑人，经出示工作证件，可以口头传唤，但应当在讯问笔录中注明。

传唤、拘传持续的时间不得超过十二小时；案情特别重大、复杂，需要采取拘留、逮捕措施的，传唤、拘传持续的时间不得超过二十四小时。

不得以连续传唤、拘传的形式变相拘禁犯罪嫌疑人。传唤、拘传犯罪嫌疑人，应当保证犯罪嫌疑人的饮食和必要的休息时间。

第一百一十八条 侦查人员在讯问犯罪嫌疑人的时候，应当首先讯问犯罪嫌疑人是否有犯罪行为，让他陈述有罪的情节或者无罪的辩解，然后向他提出问题。犯罪嫌疑人对侦查人员的提问，应当如实回答。但是对与本案无关的问题，有拒绝回答的权利。

侦查人员在讯问犯罪嫌疑人的时候，应当告知犯罪嫌疑人如实供述自己罪行可以从宽处理的法律规定。

第一百一十九条 讯问聋、哑的犯罪嫌疑人，应当有通晓聋、哑手势的人参加，并且将这种情况记明笔录。

第一百二十条 讯问笔录应当交犯罪嫌疑人核对，对于没有阅读能力的，应当向他宣读。如果记载有遗漏或者差错，犯罪嫌疑人可以提出补充或者改正。犯罪嫌疑人承认笔录没有错误后，应当签名或者盖章。侦查人员也应当在笔录上签名。犯罪嫌疑人请求自行书写供述的，应当准许。必要的时候，侦查人员也可以要犯罪嫌疑人亲笔书写供词。

第一百二十一条 侦查人员在讯问犯罪嫌疑人的时候，可以对讯问过程进行录音或者录像；对于可能判处无期徒刑、死刑的案件或者其他重大犯罪案件，应当对讯问过程进行录音或者录像。

录音或者录像应当全程进行，保持完整性。

2. 最高人民法院、最高人民检察院、公安部、国家安全部、司法部、全国人大常委会法制工作委员会《关于实施刑事诉讼法若干问题的规定》（2012年12月26日）（节录）

19. 刑事诉讼法第一百二十一条第一款规定："侦查人员在讯问犯罪嫌疑人的时候，可以对讯问过程进行录音或者录像；对于可能判处无期徒刑、死刑的案件或者其他重大犯罪案件，应当对讯问过程进行录音或者录像。"侦查人员对讯问过程进行录音或者录像的，应当在讯问笔录中注明。人民检察院、人民法院可以根据需要调取讯问犯罪嫌疑人的录音或者录像，有关机关应当及时提供。

3. 最高人民法院《关于适用〈中华人民共和国刑事诉讼法〉的解释》（2012年11月5日最高人民法院审判委员会第1559次会议通过）（节录）

第八十条 对被告人供述和辩解应当着重审查以下内容：

（一）讯问的时间、地点，讯问人的身份、人数以及讯问方式等是否符合法律、有关规定；

（二）讯问笔录的制作、修改是否符合法律、有关规定，是否注明讯问的具体起止时间和地点，首次讯问时是否告知被告人相关权利和法律规定，被告人是否核对确认；

（三）讯问未成年被告人时，是否通知其法定代理人或者有关人员到场，其法定代理人或者有关人员是否到场；

（四）被告人的供述有无以刑讯逼供等非法方法收集的情形；

（五）被告人的供述是否前后一致，有无反复以及出现反复的原因；被告人的所有供述和辩解是否均已随案移送；

（六）被告人的辩解内容是否符合案情和常理，有无矛盾；

（七）被告人的供述和辩解与同案被告人的供述和辩解以及其他证据能否相互印证，有无矛盾。

必要时，可以调取讯问过程的录音录像、被告人进出看守所的健康检查记录、笔录，并结合录音录像、记录、笔录对上述内容进行审查。

第八十一条 被告人供述具有下列情形之一的，不得作为定案的根据：

（一）讯问笔录没有经被告人核对确认的；

（二）讯问聋、哑人，应当提供通晓聋、哑手势的人员而未提供的；

（三）讯问不通晓当地通用语言、文字的被告人，应当提供翻译人员而未提供的。

第八十二条 讯问笔录有下列瑕疵，经补正或者作出合理解释的，可以采用；不能补正或者作出合理解释的，不得作为定案的根据：

（一）讯问笔录填写的讯问时间、讯问人、记录人、法定代理人等有误或者存在矛盾的；

（二）讯问人没有签名的；

（三）首次讯问笔录没有记录告知被讯问人相关权利和法律规定的。

第八十三条 审查被告人供述和辩解，应当结合控辩双方提供的所有证据以及被告人的全部供述和辩解进行。

被告人庭审中翻供，但不能合理说明翻供原因或者其辩解与全案证据矛盾，而其庭前供述与其他证据相互印证的，可以采信其庭前供述。

被告人庭前供述和辩解存在反复，但庭审中供认，且与其他证据相互印证的，可以采信其庭审供述；被告人庭前供述和辩解存在反复，庭审中不供认，且无其他证据与庭前供述印证的，不得采信其庭前供述。

第九十五条 使用肉刑或者变相肉刑，或者采用其他使被告人在肉体上或者精神上遭受剧烈疼痛或者痛苦的方法，迫使被告人违背意愿供述的，应当认定为刑事诉讼法第五十四条规定的“刑讯逼供等非法方法”。

认定刑事诉讼法第五十四条规定的“可能严重影响司法公正”，应当综合考虑收集物证、书证违反法定程序以及所造成后果的严重程度等情况。

4. 最高人民法院《关于建立健全防范刑事冤假错案工作机制的意见》（2013 年 10 月 9 日 法发〔2013〕11 号）（节录）

8. 采用刑讯逼供或者冻、饿、晒、烤、疲劳审讯等非法方法收集的被告人供述，应当排除。

除情况紧急必须现场讯问以外，在规定的办案场所外讯问取得的供述，未依法对讯问进行全程录音录像取得的供述，以及不能排除以非法方法取得的供述，应当排除。

5.《人民检察院刑事诉讼规则（试行）》（2012 年 10 月 16 日由最高人民检察院第十一届检察委员会第八十次会议第二次修订）（节录）

第一百九十二条 讯问犯罪嫌疑人，由检察人员负责进行。讯问的时候，检察人员不得少于二人。

讯问同案的犯罪嫌疑人，应当分别进行。

第一百九十三条 对于不需要逮捕、拘留的犯罪嫌疑人，经检察长批准，可以传唤到犯罪嫌疑人所在市、县内的指定地点或者到他的住处进行讯问。

传唤犯罪嫌疑人，应当向犯罪嫌疑人出示传唤证和侦查人员的工作证件，并责令犯罪嫌疑人在传唤证上签名、捺指印。

犯罪嫌疑人到案后，应当由其在传唤证上填写到案时间。传唤结束时，应当由其在传唤证上填写传唤结束时间。拒绝填写的，侦查人员应当在传唤证上注明。

对在现场发现的犯罪嫌疑人，经出示工作证件，可以口头传唤，并将传唤的原因和依据告知被传唤人。在讯问笔录中应当注明犯罪嫌疑人到案经过、到案时间和传唤结束时间。

本规则第八十一条第二款的规定适用于传唤犯罪嫌疑人。

第一百九十四条 传唤犯罪嫌疑人时，其家属在场的，应当当场将传唤的原因和处所口头告知其家属，并在讯问笔录中注明。其家属不在场的，侦查人员应当及时将传唤的原因和处所通知被传唤人家属。无法通知的，应当在讯问笔录中注明。

第一百九十五条 传唤持续的时间不得超过十二小时；案情特别重大、复杂，需要采取拘留、逮捕措施的，传唤持续的时间不得超过二十四小时。两次传唤间隔的时间一般不得少于十二小时，不得以连续传唤的方式变相拘禁犯罪嫌疑人。

传唤犯罪嫌疑人，应当保证犯罪嫌疑人的饮食和必要的休息时间。

第一百九十六条 犯罪嫌疑人被送交看守所羁押后，检察人员对其进行讯问，应当填写提讯、提解证，在看守所讯问室进行。

因侦查工作需要，需要提押犯罪嫌疑人出所辨认或者追缴犯罪有关财物的，经检察长批准，可以提押犯罪嫌疑人出所，并应当由二名以上司法警察押解。不得以讯问为目的将犯罪嫌疑人提押出所进行讯问。

第一百九十七条 讯问犯罪嫌疑人一般按照下列顺序进行：

（一）查明犯罪嫌疑人的基本情况，包括姓名、出生年月日、籍贯、身份证号码、民族、职业、文化程度、工作单位及职务、住所、家庭情况、社会经历、是否属于人大代表、政协委员等；

（二）告知犯罪嫌疑人在侦查阶段的诉讼权利，有权自行辩护或委托律师辩护，告知其如实供述自己罪行可以依法从宽处理的法律规定；

（三）讯问犯罪嫌疑人是否有犯罪行为，让他陈述有罪的事实或者无罪的辩解，应当允许其连贯陈述。

犯罪嫌疑人对侦查人员的提问，应当如实回答。但是对与本案无关的问题，有拒绝回答的权利。

讯问犯罪嫌疑人时，应当告知犯罪嫌疑人将对讯问进行全程同步录音、录像，告知情况应当在录音、录像中予以反映，并记明笔录。

讯问时，对犯罪嫌疑人提出的辩解要认真查核。严禁刑讯逼供和以威胁、引诱、欺骗以及其他非法的方法获取供述。

第一百九十八条 讯问聋、哑或者不通晓当地通用语言文字的人，人民检察院应当为其聘请通晓聋、哑手势或者当地通用语言文字且与本案无利害关系的人员进行翻译。翻译人员的姓名、性别、工作单位和职业应当记录在案。翻译人员应当在讯问笔录上签字。

第一百九十九条 讯问犯罪嫌疑人，应当制作讯问笔录。讯问笔录应当忠实于原话，字迹清楚，详细具体，并交犯罪嫌疑人核对。犯罪嫌疑人没有阅读能力的，应当向他宣读。如果记载有遗漏或者差错，应当补充或者改正。犯罪嫌疑人认为讯问笔录没有错误的，由犯罪嫌疑人在笔录上逐页签名、盖章或者捺指印，并在末页写明"以上笔录我看过（向我宣读过），和我说的相符"，同时签名、盖章、捺指印并注明日期。如果犯罪嫌疑人拒绝签名、盖章、捺指印的，检察人员应当在笔录上注明。讯问的检察人员也应当在笔录上签名。

第二百条 犯罪嫌疑人请求自行书写供述的，检察人员应当准许。必要的时候，检察人员也可以要求犯罪嫌疑人亲笔书写供述。犯罪嫌疑人应当在亲笔供述的末页签名、捺指印，并注明书写日期。检察人员收到后，应当在首页右上方写明"于某年某月某日收到"，并签名。

第二百零一条 人民检察院立案侦查职务犯罪案件，在每次讯问犯罪嫌疑人的时候，应当对讯问过程实行全程录音、录像，并在讯问笔录中注明。

录音、录像应当由检察技术人员负责。特殊情况下，经检察长批准也可以由讯问人员以外的其他检察人员负责。

第二百零二条 人民检察院讯问犯罪嫌疑人实行全程同步录音、录像，应当按照最高人民检察院的有关规定办理。

6. 最高人民法院、最高人民检察院、公安部、国家安全部、司法部《关于办理死刑案件审查判断证据若干问题的规定》（2010年6月13日）（节录）

第十八条 对被告人供述和辩解应当着重审查以下内容：

（一）讯问的时间、地点、讯问人的身份等是否符合法律及有关规定，讯问被告人的侦查人员是否不少于二人，讯问被告人是否个别进行等。

（二）讯问笔录的制作、修改是否符合法律及有关规定，讯问笔录是否注明讯问的起止时间和讯问地点，首次讯问时是否告知被告人申请回避、聘请律师等诉讼权利，被告人是否核对确认并签名（盖章）、捺指印，是否有不少于二人的讯问人签名等。

（三）讯问聋哑人、少数民族人员、外国人时是否提供了通晓聋、哑手势的人员或者翻译人员，讯问未成年同案犯时，是否通知了其法定代理人到场，其法定代理人是否在场。

（四）被告人的供述有无以刑讯逼供等非法手段获取的情形，必要时可以调取被告人进出看守所的健康检查记录、笔录。

（五）被告人的供述是否前后一致，有无反复以及出现反复的原因；被告人的所有供述和辩解是否均已收集入卷；应当入卷的供述和辩解没有入卷的，是否出具了相关说明。

（六）被告人的辩解内容是否符合案情和常理，有无矛盾。

（七）被告人的供述和辩解与同案犯的供述和辩解以及其他证据能否相互印证，有无矛盾。

对于上述内容，侦查机关随案移送有录音录像资料的，应当结合相关录音录像资料进行审查。

第十九条 采用刑讯逼供等非法手段取得的被告人供述，不能作为定案的根据。

第二十条 具有下列情形之一的被告人供述，不能作为定案的根据：

（一）讯问笔录没有经被告人核对确认并签名（盖章）、捺指印的；

（二）讯问聋哑人、不通晓当地通用语言、文字的人员时，应当提供通晓聋、哑手势的人员或者翻译人员而未提供的。

第二十一条 讯问笔录有下列瑕疵，通过有关办案人员的补正或者作出合理解释的，可以采用：

（一）笔录填写的讯问时间、讯问人、记录人、法定代理人等有误或者存在矛盾的；

（二）讯问人没有签名的；

（三）首次讯问笔录没有记录告知被讯问人诉讼权利内容的。

第二十二条 对被告人供述和辩解的审查，应当结合控辩双方提供的所有证据以及被告人本人的全部供述和辩解进行。

被告人庭前供述一致，庭审中翻供，但被告人不能合理说明翻供理由或者其辩解与全案证据相矛盾，而庭前供述与其他证据能够相互印证的，可以采信被告人庭前供述。

被告人庭前供述和辩解出现反复，但庭审中供认的，且庭审中的供述与其他证据能够印证的，可以采信庭审中的供述；被告人庭前供述和辩解出现反复，庭审中不供认，且无其他证据与庭前供述印证的，不能采信庭前供述。

7. 最高人民法院、最高人民检察院、公安部、国家安全部、司法部《关于办理刑事案件排除非法证据若干问题的规定》（2010年6月13日）（节录）

第一条 采用刑讯逼供等非法手段取得的犯罪嫌疑人、被告人供述和采用暴力、威胁等非法手段取得的证人证言、被害人陈述，属于非法言词证据。

第二条 经依法确认的非法言词证据，应当予以排除，不能作为定案的根据。

第三条 人民检察院在审查批准逮捕、审查起诉中，对于非法言词证据应当依法予以排除，不能作为批准逮捕、提起公诉的根据。

第四条 起诉书副本送达后开庭审判前，被告人提出其审判前供述是非法取得的，应当向人民法院提交书面意见。被告人书写确有困难的，可以口头告诉，由人民法院工作人员或者其辩护人作出笔录，并由被告人签名或者捺指印。

人民法院应当将被告人的书面意见或者告诉笔录复印件在开庭前交人民检察院。

8. 最高人民检察院《人民检察院讯问职务犯罪嫌疑人实行全程同步录音录像的规定》（2014年3月17日最高人民检察院第十二届检察委员会第十八次会议通过）

第一条 为了进一步规范执法行为，依法惩治犯罪，保障人权，提高执法水平和办案质量，根据《中华人民共和国刑事诉讼法》、《人民检察院刑事诉讼规则（试行）》等有关规定，结合人民检察院直接受理侦查职务犯罪案件工作实际，制定本规定。

第二条 人民检察院讯问职务犯罪嫌疑人实行全程同步录音、录像，是指人民检察院办理直接受理侦查的职务犯罪案件，讯问犯罪嫌疑人时，应当对每一次讯问的全过程实施不间断的录音、录像。

讯问录音、录像是人民检察院在直接受理侦查职务犯罪案件工作中规范讯问行为、保证讯问活动合法性的重要手段。讯问录音、录像应当保持完整，不得选择性录制，不得剪接、删改。

讯问录音、录像资料是检察机关讯问职务犯罪嫌疑人的工作资料，实行有条件调取查看或者法庭播放。

第三条　讯问录音、录像，实行讯问人员和录制人员相分离的原则。讯问由检察人员负责，不得少于二人；录音、录像应当由检察技术人员负责。特别情况下，经检察长批准，也可以指定其他检察人员负责。刑事诉讼法有关回避的规定适用于录制人员。

第四条　讯问录音、录像的，应当由检察人员填写《录音录像通知单》，写明讯问开始的时间、地点等情况送检察技术部门或者通知其他检察人员。检察技术部门接到《录音录像通知单》后，应当指派检察技术人员实施。其他检察人员接到通知后，应当按照本规定进行录制。

第五条　讯问在押犯罪嫌疑人，应当在看守所进行。讯问未羁押的犯罪嫌疑人，除客观原因或者法律另有规定外，应当在人民检察院讯问室进行。

在看守所、人民检察院的讯问室或者犯罪嫌疑人的住处等地点讯问的，讯问录音、录像应当从犯罪嫌疑人进入讯问室或者讯问人员进入其住处时开始录制，至犯罪嫌疑人在讯问笔录上签字、捺指印，离开讯问室或者讯问人员离开犯罪嫌疑人的住处等地点时结束。

第六条　讯问开始时，应当告知犯罪嫌疑人将对讯问进行全程同步录音、录像，告知情况应在录音、录像和笔录中予以反映。

犯罪嫌疑人不同意录音、录像的，讯问人员应当进行解释，但不影响录音、录像进行。

第七条　全程同步录像，录制的图像应当反映犯罪嫌疑人、检察人员、翻译人员及讯问场景等情况，犯罪嫌疑人应当在图像中全程反映，并显示与讯问同步的时间数码。在人民检察院讯问室讯问的，应当显示温度和湿度。

第八条　讯问犯罪嫌疑人时，除特殊情况外，检察人员应当着检察服，做到仪表整洁，举止严肃、端庄，用语文明、规范。严禁刑讯逼供或者使用威胁、引诱、欺骗等非法方法进行讯问。

第九条　讯问过程中，需要出示、核实或者辨认书证、物证等证据的，应当当场出示，让犯罪嫌疑人核实或者辨认，并对核实、辨认的全过程进行录音、录像。

第十条　讯问过程中，因技术故障等客观情况无法录音、录像的，一般应当停止讯问，待故障排除后再行讯问。讯问停止的原因、时间和再行讯问开始的时间等情况，应当在笔录和录音、录像中予以反映。

无法录音、录像的客观情况一时难以消除又必须继续讯问的，讯问人员可以继续进行讯问，但应当告知犯罪嫌疑人，同时报告检察长并获得批准。未录音、录像的情况及告知、报告情况应当在笔录中予以说明，由犯罪嫌疑人签字确认。待条件具备时，应当对未录的内容及时进行补录。

第十一条　讯问结束后，录制人员应当立即将讯问录音、录像资料原件交给讯问人员，经讯问人员和犯罪嫌疑人签字确认后当场封存，交由检察技术部门保存。同时，复制讯问录音、录像资料存入讯问录音、录像数据管理系统，按照授权供审查决定逮捕、审查起诉以及法庭审理时审查之用。没有建立讯问录音、录像数据管理系统的，应当制作讯问录音、录像资料复制件，交办案人员保管，按照人民检察院刑事诉讼规则的有关规定移送。

讯问结束后，录制人员应当及时制作讯问录音、录像的相关说明，经讯问人员和犯罪嫌疑人签字确认后，交由检察技术部门立卷保管。

讯问录音、录像制作说明应当反映讯问的具体起止时间，参与讯问的检察人员、翻译人员及录制人员等姓名、职务、职称，犯罪嫌疑人姓名及案由，讯问地点等情况。讯问在押犯罪嫌疑人的，讯问人员应当在说明中注明提押和还押时间，由监管人员和犯罪嫌疑人签字确认。对犯罪嫌疑人拒绝签字的，应当在说明中注明。

第十二条 讯问笔录应当与讯问录音、录像内容一致或者意思相符。禁止记录人员原封不动复制此前笔录中的讯问内容，作为本次讯问记录。

讯问结束时，讯问人员应当对讯问笔录进行检查、核对，发现漏记、错记的，应当及时补正，并经犯罪嫌疑人签字确认。

第十三条 人民检察院直接受理侦查的案件，侦查部门移送审查决定逮捕、审查起诉时，应当注明讯问录音、录像资料存入讯问录音、录像数据管理系统，并将讯问录音、录像次数、起止时间等情况，随同案卷材料移送案件管理部门审查后，由案件管理部门移送侦查监督或者公诉部门审查。侦查监督或者公诉部门审查认为讯问活动可能涉嫌违法或者讯问笔录可能不真实，需要审查讯问录音、录像资料的，应当说明涉嫌违法讯问或者讯问笔录可能失实的时间节点并告知侦查部门。侦查部门应当及时予以授权，供侦查监督或者公诉部门对存入讯问录音、录像数据管理系统相应的讯问录音、录像资料进行审查。没有建立讯问录音、录像数据管理系统的，应当调取相应时段的讯问录音、录像资料并刻录光盘，及时移送侦查监督或者公诉部门审查。

移送讯问录音、录像资料复制件的，侦查监督部门审查结束后，应当将移送审查的讯问录音、录像资料复制件连同案卷材料一并送还侦查部门。公诉部门对移送的讯问录音、录像资料复制件应当妥善保管，案件终结后随案归档保存。

第十四条 案件提起公诉后在庭前会议或者法庭审理过程中，人民法院、被告人或者其辩护人对庭前讯问活动合法性提出异议的，或者被告人辩解因受刑讯逼供等非法方法而供述的，公诉人应当要求被告人及其辩护人提供相关线索或者材料。被告人及其辩护人提供相关线索或者材料的，公诉人可以将相关时段的讯问录音、录像资料提请法庭播放，对有关异议或者事实进行质证。

第十五条 公诉人认为讯问录音、录像资料不宜在法庭上播放的，应当建议在审判人员、公诉人、被告人及其辩护人的范围内进行播放、质证，必要时可以建议法庭通知讯问人员、录制人员参加。

第十六条 人民法院、被告人或者其辩护人对讯问录音、录像资料刻录光盘或者复制件提出异议的，公诉人应当将检察技术部门保存的相应原件当庭启封质证。案件审结后，经公诉人和被告人签字确认后对讯问录音、录像资料原件再行封存，并由公诉部门及时送还检察技术部门保存。

第十七条 讯问过程中犯罪嫌疑人检举揭发与本案无关的犯罪事实或者线索的，应当予以保密，不得泄露。违反本条规定，造成泄密后果的，应当追究相关责任。

庭前会议或者法庭审理过程中，人民法院、被告人及其辩护人认为被告人检举揭发与本案无关的犯罪事实或者线索影响量刑，需要举证、质证的，应当由承办案件的人民检察院出具证明材料，经承办人签名后，交公诉人向审判人员、被告人及其辩护人予以说明。提供的证明材料必须真实，发现证明材料失实或者是伪造的，经查证属实，应当追究相关责任。

第十八条　案件办理完毕，办案期间录制的讯问录音、录像资料存入讯问录音、录像数据管理系统的或者刻录光盘的原件，由检察技术部门向本院档案部门移交归档。讯问录音、录像资料的保存期限与案件卷宗保存期限相同。

讯问录音、录像资料一般不公开使用。需要公开使用的，应当由检察长决定。非办案部门或者人员需要查阅讯问录音、录像资料的，应当报经检察长批准。

案件在申诉、复查过程中，涉及讯问活动合法性或者办案人员责任认定等情形，需要启封讯问录音、录像资料原件的，应当由检察长决定。启封时，被告人或者其委托的辩护人、近亲属应当到场见证。

第十九条　参与讯问录音、录像的人员，对讯问情况应当严格保密。泄露办案秘密的，应当追究相关责任。

第二十条　初查阶段询问初查对象需要录音或者录像的，应当告知初查对象。询问证人需要录音或者录像的，应当事先征得证人同意，并参照本规定执行。

第二十一条　实施讯问录音、录像，禁止下列情形：

（一）未按照刑事诉讼法第121条和本规定对讯问活动进行全程同步录音、录像的；

（二）对讯问活动采取不供不录等选择性录音、录像的；

（三）为规避监督故意关闭讯问录音录像系统、视频监控系统的；

（四）擅自公开或者泄露讯问录音、录像资料或者泄露办案秘密的；

（五）因玩忽职守、管理不善等造成讯问录音、录像资料遗失或者违规使用讯问录音、录像资料的；

（六）其他违反本规定或者玩忽职守、弄虚作假，给案件侦查、起诉、审判造成不良后果等情形的。

讯问人员、检察技术人员及其他有关人员具有以上情形之一的，根据《检察人员纪律处分条例（试行）》等规定，应当给予批评教育；情节较重，给案件侦查、起诉、审判造成较为严重后果或者对案件当事人合法权益造成较为严重侵害的，应当视情给予警告、记过、记大过处分；情节严重，给案件侦查、起诉、审判造成严重后果或者对案件当事人合法权益造成严重侵害的，应当视情给予降级、撤职或者开除处分；构成犯罪的，应当追究相关责任人员的刑事责任。

第二十二条　本规定由最高人民检察院负责解释。自发布之日起施行。此前规定与本规定不一致的，以本规定为准。

9. 最高人民检察院《人民检察院讯问职务犯罪嫌疑人实行全程同步录音录像技术工作流程（试行）》（2006年12月4日）

第一条　为规范人民检察院讯问职务犯罪嫌疑人实行全程同步录音录像的技术工作，依据《人民检察院讯问职务犯罪嫌疑人实行全程同步录音录像的规定（试行）》和《人民检察院讯问职务犯罪嫌疑人实行全程同步录音录像的技术规范（试行）》制定本流程。

第二条　检察技术部门在接到办案部门的全程同步录音录像通知后，应当指派技术人员执行，并制作《人民检察院讯问全程同步录音录像受理登记表》。

第三条　录制人员在接受录制任务后，应当做好录制准备工作，对讯问场所及设备进行检查和调试。因特殊原因无法录制的，应当及时告知办案部门。

第四条 录制的起止时间，以被讯问人员进入讯问场所开始，以被讯问人核对讯问笔录、签字捺印手印结束后停止。

第五条 在固定场所进行全程同步录音录像的，应当以画中画方式显示，主画面反映被讯问人正面中景，全程反映被讯问人的体态、表情，并显示同步录像时间，辅画面反映讯问场所全景。

在临时场所进行全程同步录音录像，使用不具备画中画功能的录制设备时，录制画面主要反映被讯问人，同时兼顾讯问场所全景，并显示同步时间。

第六条 对参与讯问人员和讯问室温度、湿度，应当在讯问人员宣布讯问开始时以主画面反映。对讯问过程中使用证据、被讯问人辨认书证、物证、核对笔录、签字和捺印手印的过程应当以主画面反映。

第七条 录制人员应当监控录音录像系统设备的运行，因更换存储介质需要暂停录制时，应当提前告知讯问人员。因技术故障等客观原因需要停止录制时，应当立即告知讯问人员。排除故障继续录制时，应当在录音录像中反映讯问人员对中断录制的语言补正。

第八条 录制人员应当及时填写《人民检察院讯问全程同步录音录像工作说明》中有关录制工作的内容，客观记录讯问过程的录制、系统运行、技术人员交接，以及对使用光盘编号等情况。本人签名后，交讯问人员按要求安排填写，在录制资料副本移交时收回归档。

第九条 录制结束后，录制人员应当将录制资料的正本交讯问人员、被讯问人确认，当场装入人民检察院讯问全程同步录音录像资料密封袋，由录制人员、讯问人员、被讯问人三方封签，由被讯问人在封口处骑缝捺印手印。

第十条 技术部门应当将全程同步录音录像录制资料正本存放于专门的录制资料档案柜内，长期保存，并做到防尘、防潮、避免高温和挤压，以磁介质存储的资料要存放在防磁柜内。

录制资料副本应当在收到《人民检察院讯问全程同步录音录像工作说明》时移交委托录制的办案部门签收。

第十一条 根据《人民检察院讯问职务犯罪嫌疑人实行全程同步录音录像的规定（试行)》第十六条规定，需要技术处理的，经检察长批准，检察技术人员应当按照办案部门提交的《人民检察院讯问全程同步录音录像资料技术处理（复制）单》，以录制资料副本作为信号源，在办案人员的主持下进行技术处理。

第十二条 因特殊原因需要制作录制资料复制件的，经检察长批准，检察技术人员应当按照办案部门提交的《人民检察院讯问全程同步录音录像资料技术处理（复制）单》，以录制资料副本作为信号源，在办案人员的主持下进行复制。

第十三条 案件侦查终结后，技术部门应当将本案《人民检察院讯问全程同步录音录像受理登记表》、《人民检察院讯问全程同步录音录像工作说明》等文书材料制作全程同步录音录像技术协作卷宗予以保存。

第十四条 全程同步录音录像技术协作卷宗编号按照档案管理部门相关规定执行。

一案多人多次讯问的，在卷宗编号后加编被讯问人号和讯问次数，作为录制编号。每次讯问一个录制编号，当次讯问涉及的全部文书材料及录制资料均对应此编号。

第十五条 法庭需要对录制资料正本当庭启封质证的，技术部门在收到《人民检察院讯问全程同步录音录像资料档案调用单》后，将录制资料正本移交公诉部门签收。

第十六条 技术部门收到公诉部门返还的录制资料正本后，应当核实签收，归档保存。

第十七条　询问证人需要进行全程同步录音录像的，参照本流程执行。

10. 最高人民检察院《人民检察院讯问室的设置和使用管理办法》（2003年3月28日）

为了规范人民检察院讯问室的设置和使用管理，维护诉讼当事人的合法权益，保障办案工作依法、文明、安全进行，根据刑事诉讼法等有关规定，结合检察工作实际，制定本办法。

第一条　人民检察院讯问室是检察机关传唤或拘传犯罪嫌疑人、被告人到院进行讯问的专门场所。人民检察院应当按照《人民检察院办案用房和专业技术用房建设标准》设置和建设讯问室。讯问室应当符合国家有关建筑设计、环境质量及防火安全等方面的规定和标准。

第二条　讯问室应当设在一楼以下并且与其他办公区域保持适当的安全隔离，形成符合安全要求的全封闭讯问区域。确无条件设在一楼以下的，应当经上一级人民检察院检查合格后，方可投入使用。

第三条　讯问室的内墙应当采用软性饰面，窗户应当安装护栏，室内不得摆放与讯问无关的设施、物品，桌椅应当无坚硬锐角并适当固定，犯罪嫌疑人、被告人的座位与室内电气设施、设备之间应当保持安全距离，电源应当具有防护装置。

第四条　讯问区域内应当配套设置专用卫生间。讯问室与卫生间之间的通道及卫生间内的设施和门窗等也应当符合安全防范要求。讯问区域内还应当配备必要的应急药品。

第五条　讯问室应当具有良好的隔音功能，并配备应急照明设施。有条件的人民检察院还应当设置可对讯问区域的相关设备和设施应当由专人负责维护和管理。

第六条　使用讯问室应当依法、文明。不得在讯问室内询问证人，也不得将已经在押的犯罪嫌疑人、被告人提押到人民检察院讯问室讯问。不得将讯问室作为羁押、留宿犯罪嫌疑人、被告人或其他涉案人员的场所。

第七条　犯罪嫌疑人、被告人进入讯问区域后，人民检察院应当指派专人对其一切活动贴身监护，同时应当关闭讯问区域的对外通道，并对犯罪嫌疑人、被告人的人身及携带物品进行检查，发现可能危害人身安全的物品应当予以暂时扣押。有条件的人民检察院，还应当启动监控系统并指派专人值班，对犯罪嫌疑人、被告人在讯问区域内的活动进行全程监控。

第八条　办案人员在讯问中要注意犯罪嫌疑人、被告人的心理变化和健康状况，发现异常情况，要及时采取有效措施，防止意外事件的发生。有条件的人民检察院还应当在讯问过程中同步制作两套录音录像资料。录像资料的图像中应当记录与讯问同步的时间数码。

第九条　使用讯问室讯问犯罪嫌疑人、被告人，应当经主管检察长或部门负责人批准。在讯问结束后，使用人应当向批准人报告使用的起止时间。异地办案需要使用当地人民检察院讯问室的，应当提供相关法律文书，并服从当地检察院的管理。

第十条　本办法于下发之日起施行。凡因不执行本办法而造成严重后果的，应当依法依纪追究相关领导和其他责任人员的责任。

11. 最高人民检察院《关于人民检察院在办理直接立案侦查案件工作中加强安全防范的规定》（2003年3月28日）（节录）

第四条　传唤、拘传犯罪嫌疑人、被告人到检察机关接受讯问，应当在讯问室进行。人民检察院讯问室必须符合安全防范要求，不得把讯问室作为羁押室。异地传唤、拘传犯罪嫌疑人、被告人，应当在当地检察院机关的讯问室进行。

第五条　传唤、拘传犯罪嫌疑人、被告人的持续时间不得超过法律规定的12小时，不得以连续传唤、拘传的方式变相拘禁犯罪嫌疑人、被告人。讯问结束后，符合拘留、逮捕条件并有拘留、逮捕必要的应当依法及时办理拘留、逮捕手续，并立即通知公安机关执行；对于不采取拘留、逮捕强制措施的，应当通知单位或家属领回，或派员将其送回。

第六条 讯问在押犯罪嫌疑人、被告人必须在看守所进行，因辨认、提取证据、取赃等确需提押到看守所以外的，必须报经主管检察长批准，同时通知人民检察院驻看守所检察室对提押活动实施监督。在执行提押任务中，应当采取严密的安全防范措施，辨认、提取证据、取赃活动结束后，应当立即还押。

第七条 传唤、拘传、提押、看管等工作应当交由司法警察或明确专人负责，不得出现脱节、脱岗或由一人提押、看管等情形。

第八条 适用监视居住必须符合刑事诉讼法规定的条件，并依法由公安机关执行。检察机关不得自行执行监视居住，不得以监视居住的名义拘禁犯罪嫌疑人、被告人。

第九条 严禁采取刑讯逼供等暴力手段违法取证，不得以协助调查取证等名义变相限制和剥夺证人的人身自由。

第十条 不得借用其他机关的行政、纪律措施控制犯罪嫌疑人、被告人，不得参与其他机关对违法违纪人员的看管。

（二）询问证人、被害人

询问证人是指侦查人员依照法定程序，通过言词方式对证人进行询问的一种侦查活动。询问证人对于查明案情，收集犯罪证据具有重要意义，是侦查活动中运用十分广泛的措施。

【主要程序】

1. 询问人员

询问证人，应当由检察人员进行。询问的时候，检察人员不得少于2人。

2. 询问地点

（1）侦查人员询问证人，可以在现场进行，也可以到证人所在单位、住处或者证人提出的地点进行，在必要的时候，可以通知证人到人民检察院或者公安机关提供证言。

（2）在现场询问证人，应当出示工作证件，到证人所在单位、住处或者证人提出的地点询问证人，应当出示人民检察院的证明文件。到证人提出的地点进行询问的，应当在笔录中记明。

（3）不得在讯问室内询问证人。

3. 询问的具体程序和要求

（1）检察人员询问证人应当出示人民检察院的询问证人通知书和工作证。

（2）询问证人，应当问明证人的基本情况以及与当事人的关系，并且告知证人应当如实地提供证据、证言和有意作伪证或者隐匿罪证要负的法律责任。

（3）询问不满18岁的证人，应当通知其法定代理人或者有关人员到场。

（4）询问证人应当个别进行。

（5）询问不通晓当地通用语言、文字的证人，应当提供翻译，并且将这种情况记明笔录

（6）询问聋、哑的证人，应当有通晓聋、哑手势的人在场，并且将这种情况记明笔录。

（7）询问证人，应当制作询问笔录。询问笔录应当注明询问的起止时间和地点。询问笔录应当字迹清楚，详细具体，忠实原话，并交证人核对。对于没有阅读能力的，应当向他宣读。如果记载有遗漏或者差错，应当补充或者改正。证人认为询问笔录没有错误的，由证人在笔录上逐页签名或者盖章。证人请求自行书写证言的，应当准许。

（8）人民检察院应当保证一切与案件有关或者了解案情的公民，有客观充分地提供证据的条件，并为他们保守秘密。除特殊情况外，人民检察院可以吸收证人协助调查。

4. 安全防范

（1）证人因为在诉讼中作证，本人或者其近亲属的人身安全面临危险的，可以向人民检察院请求予以保护。人民检察院应当依法采取保护措施，必要时要求有关单位和个人配合。

（2）询问中涉及证人隐私的，应当保守秘密。

（3）人民检察院应当保障证人及其近亲属的安全。对证人及其亲属进行威胁、侮辱、殴打或者打击报复，构成犯罪或者应当给予治安管理处罚的，应当移送公安机关处理；情节轻微的，予以批评教育、训诫。

（4）严禁采取刑讯逼供等暴力手段违法取证，不得以协助调查取证等名义变相限制和剥夺证人的人身自由。

（5）侦查人员在询问过程中要注意证人、被害人的心理变化和健康状况，发现异常情况，及时采取措施，防止意外事件的发生。

【注意事项】

1. 人民检察院办理直接受理立案侦查的案件，对于有关机关在行政执法和查办案件过程中收集的涉案人员供述或者相关人员的证言、陈述，应当重新收集；确有证据证实涉案人员或者相关人员因路途遥远、死亡、失踪或者丧失作证能力，无法重新收集，但供述、证言或者陈述的来源、收集程序合法，并有其他证据相印证，经人民检察院审查符合法定要求的，可以作为证据使用。

2. 证人因履行作证义务而支出的交通、住宿、就餐等费用，应当给予补助。有工作单位的证人作证，所在单位不得克扣或者变相克扣其工资、奖金及其他福利待遇。

3. 注意审查判断证人证言的真实性：

（1）证言的内容是否为证人直接感知；

（2）证人作证时的年龄，认知、记忆和表达能力，生理和精神状态是否影

响作证；

（3）证人与案件当事人、案件处理结果有无利害关系；

（4）证言之间以及与其他证据之间能否相互印证，有无矛盾。

（5）处于明显醉酒、中毒或者麻醉等状态，不能正常感知或者正确表达的证人所提供的证言，不得作为证据使用。

（6）证人的猜测性、评论性、推断性的证言，不得作为证据使用，但根据一般生活经验判断符合事实的除外。

4. 不得向证人泄露案情，不得采用羁押、刑讯、威胁、引诱、欺骗以及其他非法方法获取证言。

5. 询问证人需要录音或者录像的，应当事先征得证人的同意，并参照《人民检察院讯问职务犯罪嫌疑人实行全程同步录音录像的规定（试行）》有关规定执行。

【文书与说明】

1. 证人诉讼权利义务告知书

证人诉讼权利义务告知书

根据《中华人民共和国刑事诉讼法》的规定，在人民检察院对案件进行侦查期间，证人有如下诉讼权利和义务：

1. 凡是知道案件情况的人，都有作证的义务。

2. 有用本民族的语言文字进行诉讼的权利。

对于侦查人员、鉴定人、记录人、翻译人员有下列情形之一的，证人及其法定代理人有权申请回避：（1）是本案的当事人或者是当事人的近亲属的；（2）本人或者他的近亲属和本案有利害关系的；（3）担任过本案的证人、鉴定人、辩护人、诉讼代理人的；（4）与本案当事人有其他关系，可能影响公正处理案件的。对驳回申请回避的决定，可以申请复议一次。

3. 未满18周岁的证人在接受询问时有权要求通知其法定代理人到场。

4. 应当如实地提供证据、证言，有意作伪证或者隐匿罪证应负相应的法律责任。

5. 有权核对询问笔录。没有阅读能力的，侦查人员应当向其宣读。如果记载有遗漏或者差错，有权提出补充或者改正，经核对无误后，应当在询问笔录上逐页签名、捺指印。有权自行书写亲笔证词。

6. 因在诉讼中作证，人身安全面临危险的，可以向公安机关、人民检察院、人民法院请求对本人或其近亲属予以保护。

7. 对侦查人员侵犯其诉讼权利或者进行人身侮辱的行为，有权提出控告。

8. 证人因履行作证义务而支出的交通、住宿、就餐等费用，有权获得补助。有工作单位的证人作证，所在单位不得克扣或者变相克扣其工资、奖金及其他福利待遇。

证人（签字）：

日期：

注：证人诉讼权利义务告知书制作说明

一、本文书为新增法律文书。依据《刑事诉讼法》第一百二十条、第一百二十四条的规定制作。为人民检察院依法询问证人时告知证人诉讼权利义务时使用。

二、本告知书在第一次询问时交证人阅后签字附卷。

2. 询问笔录

人民检察院

询问笔录

（第　次）

时间：____年____月____日____时____分至____年____月____日____时____分

地点：____________________

询问人：____________________ 记录人：____________________

被询问人：____________ 性别：________ 年龄：________ 民族：________

地址及联系方式：____________________

与犯罪嫌疑人____________是____________________

关系

问：____________________

____

____

____

____

____

（以下为末页内容）____________________

本笔录向我读过（或我已看过），同我讲的一致。

被询问人：

年　　月　　日

询问人：

询问笔录举例

告知：（出示工作证件）我们是××市人民检察院反贪污贿赂局的检察人员，现依法对你进行询问。法律规定，凡是知道案件情况的人，都有作证的义务；你应当如实提供有关证言和其他证据，但是对于与本案无关的问题，你有拒绝回答的权利；故意提供虚假证言或者其他证据，故意隐匿、毁灭证据都要负相应的法律责任。（向证人宣读并送达《证人权利和义务告知书》。）

问：你清楚了吗？

答：清楚了。

问：说说你的基本情况。

答：（姓名、曾用名、性别、出生年月日、身份证件种类及号码、民族、籍贯、文化程度、有无党派、是否人大代表或者政协委员、工作单位、职务级别或者职业、住址、有无犯罪记录等。）

问：

答：（证词的主要内容。）

问：本次询问中，有无非法羁押、刑讯逼供、威胁、引诱、欺骗或者以其他非法方法获取证言或者其他证据的情形？

答：

问：你还有何补充？

答：

问：你以上所讲是否属实？

答：属实。

（证人写：以上笔录共×页我已看过（或者已向我宣读），与我讲的一样。）

被询问人：（签名、指印）

年　　月　　日

询问人：

3. 询问通知书

人民检察院
询问通知书
（存 根）

检 询〔 〕 号

案由＿＿＿＿＿＿＿＿
犯罪嫌疑人＿＿＿＿＿＿
被询问人＿＿＿＿＿＿＿
性　别＿＿ 年龄＿＿
住　址＿＿＿＿＿＿＿
工作单位＿＿＿＿＿＿＿
应到时间＿＿＿＿＿＿＿
应到地点＿＿＿＿＿＿＿
批 准 人＿＿＿＿＿＿＿
批准时间＿＿＿＿＿＿＿
承办人＿＿＿＿＿＿＿＿
填发时间＿＿＿＿＿＿＿
填 发 人＿＿＿＿＿＿＿

第一联 统一保存

检询〔 〕号

人民检察院
询问通知书
（副 本）

检 询〔 〕 号

＿＿＿＿＿＿：

根据《中华人民共和国刑事诉讼法》第一百二十二条之规定，兹因＿＿＿＿＿＿一案，请你于＿＿＿＿年＿＿月＿＿日＿＿接受询问。

询问地点＿＿＿＿＿＿＿＿

年　月　日
（检察院印）

被询问人：
年　月　日

第二联 附卷

检询〔 〕号

人民检察院
询问通知书

检 询〔 〕 号

＿＿＿＿＿＿：

根据《中华人民共和国刑事诉讼法》第一百二十二条之规定，兹因＿＿＿＿＿＿一案，请你于＿＿＿＿年＿＿月＿＿日＿＿接受询问。

询问地点＿＿＿＿＿＿＿＿

年　月　日
（检察院印）

第三联 送达被询问人

注：询问通知书制作说明

一、本文书依据《刑事诉讼法》第一百二十二条、第一百二十五条规定制作。为人民检察院通知证人、被害人接受询问时使用。

二、制作本文书时以人为单位，一次一份。

三、本文书共三联，第一联统一保存备查，第二联附卷，第三联送达被询问人。

【办案依据】

1.《中华人民共和国刑事诉讼法（2012年修正）》（节录）

第四十八条 可以用于证明案件事实的材料，都是证据。

证据包括：

（一）物证；

（二）书证；

（三）证人证言；

（四）被害人陈述；

（五）犯罪嫌疑人、被告人供述和辩解；

（六）鉴定意见；

（七）勘验、检查、辨认、侦查实验等笔录；

（八）视听资料、电子数据。

证据必须经过查证属实，才能作为定案的根据。

第五十条 审判人员、检察人员、侦查人员必须依照法定程序，收集能够证实犯罪嫌疑人、被告人有罪或者无罪、犯罪情节轻重的各种证据。严禁刑讯逼供和以威胁、引诱、欺骗以及其他非法方法收集证据，不得强迫任何人证实自己有罪。必须保证一切与案件有关或者了解案情的公民，有客观地充分地提供证据的条件，除特殊情况外，可以吸收他们协助调查。

第五十一条 公安机关提请批准逮捕书、人民检察院起诉书、人民法院判决书，必须忠实于事实真象。故意隐瞒事实真象的，应当追究责任。

第五十二条 人民法院、人民检察院和公安机关有权向有关单位和个人收集、调取证据。有关单位和个人应当如实提供证据。

行政机关在行政执法和查办案件过程中收集的物证、书证、视听资料、电子数据等证据材料，在刑事诉讼中可以作为证据使用。

对涉及国家秘密、商业秘密、个人隐私的证据，应当保密。

凡是伪造证据、隐匿证据或者毁灭证据的，无论属于何方，必须受法律追究。

第五十四条 采用刑讯逼供等非法方法收集的犯罪嫌疑人、被告人供述和采用暴力、威胁等非法方法收集的证人证言、被害人陈述，应当予以排除。收集物证、书证不符合法定程序，可能严重影响司法公正的，应当予以补正或者作出合理解释；不能补正或者作出合理解释的，对该证据应当予以排除。

在侦查、审查起诉、审判时发现有应当排除的证据的，应当依法予以排除，不得作为起诉意见、起诉决定和判决的依据。

第五十九条　证人证言必须在法庭上经过公诉人、被害人和被告人、辩护人双方质证并且查实以后，才能作为定案的根据。法庭查明证人有意作伪证或者隐匿罪证的时候，应当依法处理。

第六十条　凡是知道案件情况的人，都有作证的义务。

生理上、精神上有缺陷或者年幼，不能辨别是非、不能正确表达的人，不能作证人。

第六十一条　人民法院、人民检察院和公安机关应当保障证人及其近亲属的安全。

对证人及其近亲属进行威胁、侮辱、殴打或者打击报复，构成犯罪的，依法追究刑事责任；尚不够刑事处罚的，依法给予治安管理处罚。

第六十二条　对于危害国家安全犯罪、恐怖活动犯罪、黑社会性质的组织犯罪、毒品犯罪等案件，证人、鉴定人、被害人因在诉讼中作证，本人或者其近亲属的人身安全面临危险的，人民法院、人民检察院和公安机关应当采取以下一项或者多项保护措施：

（一）不公开真实姓名、住址和工作单位等个人信息；

（二）采取不暴露外貌、真实声音等出庭作证措施；

（三）禁止特定的人员接触证人、鉴定人、被害人及其近亲属；

（四）对人身和住宅采取专门性保护措施；

（五）其他必要的保护措施。

证人、鉴定人、被害人认为因在诉讼中作证，本人或者其近亲属的人身安全面临危险的，可以向人民法院、人民检察院、公安机关请求予以保护。

人民法院、人民检察院、公安机关依法采取保护措施，有关单位和个人应当配合。

第六十三条　证人因履行作证义务而支出的交通、住宿、就餐等费用，应当给予补助。证人作证的补助列入司法机关业务经费，由同级政府财政予以保障。

有工作单位的证人作证，所在单位不得克扣或者变相克扣其工资、奖金及其他福利待遇。

第一百二十条　讯问笔录应当交犯罪嫌疑人核对，对于没有阅读能力的，应当向他宣读。如果记载有遗漏或者差错，犯罪嫌疑人可以提出补充或者改正。犯罪嫌疑人承认笔录没有错误后，应当签名或者盖章。侦查人员也应当在笔录上签名。犯罪嫌疑人请求自行书写供述的，应当准许。必要的时候，侦查人员也可以要犯罪嫌疑人亲笔书写供词。

第一百二十二条　侦查人员询问证人，可以在现场进行，也可以到证人所在单位、住处或者证人提出的地点进行，在必要的时候，可以通知证人到人民检察院或者公安机关提供证言。在现场询问证人，应当出示工作证件，到证人所在单位、住处或者证人提出的地点询问证人，应当出示人民检察院或者公安机关的证明文件。

询问证人应当个别进行。

第一百二十三条　询问证人，应当告知他应当如实地提供证据、证言和有意作伪证或者隐匿罪证要负的法律责任。

第一百二十四条　本法第一百二十条的规定，也适用于询问证人。

第二百七十条　对于未成年人刑事案件，在讯问和审判的时候，应当通知未成年犯罪嫌疑人、被告人的法定代理人到场。无法通知、法定代理人不能到场或者法定代理人是共犯的，也可以通知未成年犯罪嫌疑人、被告人的其他成年亲属，所在学校、单位、居住地基层组织或者未成年人保护组织的代表到场，并将有关情况记录在案。到场的法定代理人可以代为行使未成年犯罪嫌疑人、被告人的诉讼权利。

到场的法定代理人或者其他人员认为办案人员在讯问、审判中侵犯未成年人合法权益的，可以提出意见。讯问笔录、法庭笔录应当交给到场的法定代理人或者其他人员阅读或者向他宣读。

讯问女性未成年犯罪嫌疑人，应当有女工作人员在场。

审判未成年人刑事案件，未成年被告人最后陈述后，其法定代理人可以进行补充陈述。

询问未成年被害人、证人，适用第一款、第二款、第三款的规定。

2. 最高人民法院、最高人民检察院、公安部、国家安全部、司法部、全国人大常委会法制工作委员会《关于实施刑事诉讼法若干问题的规定》（2012年12月26日）（节录）

11. 刑事诉讼法第五十六条第一款规定："法庭审理过程中，审判人员认为可能存在本法第五十四条规定的以非法方法收集证据情形的，应当对证据收集的合法性进行法庭调查。"法庭经对当事人及其辩护人、诉讼代理人提供的相关线索或者材料进行审查后，认为可能存在刑事诉讼法第五十四条规定的以非法方法收集证据情形的，应当对证据收集的合法性进行法庭调查。法庭调查的顺序由法庭根据案件审理情况确定。

12. 刑事诉讼法第六十二条规定，对证人、鉴定人、被害人可以采取"不公开真实姓名、住址和工作单位等个人信息"的保护措施。人民法院、人民检察院和公安机关依法决定不公开证人、鉴定人、被害人的真实姓名、住址和工作单位等个人信息的，可以在判决书、裁定书、起诉书、询问笔录等法律文书、证据材料中使用化名等代替证人、鉴定人、被害人的个人信息。但是，应当书面说明使用化名的情况并标明密级，单独成卷。辩护律师经法庭许可，查阅对证人、鉴定人、被害人使用化名情况的，应当签署保密承诺书。

3. 最高人民法院《关于适用〈中华人民共和国刑事诉讼法〉的解释》（2012年11月5日最高人民法院审判委员会第1559次会议通过）（节录）

第七十四条 对证人证言应当着重审查以下内容：

（一）证言的内容是否为证人直接感知；

（二）证人作证时的年龄，认知、记忆和表达能力，生理和精神状态是否影响作证；

（三）证人与案件当事人、案件处理结果有无利害关系；

（四）询问证人是否个别进行；

（五）询问笔录的制作、修改是否符合法律、有关规定，是否注明询问的起止时间和地点，首次询问时是否告知证人有关作证的权利义务和法律责任，证人对询问笔录是否核对确认；

（六）询问未成年证人时，是否通知其法定代理人或者有关人员到场，其法定代理人或者有关人员是否到场；

（七）证人证言有无以暴力、威胁等非法方法收集的情形；

（八）证言之间以及与其他证据之间能否相互印证，有无矛盾。

第七十五条 处于明显醉酒、中毒或者麻醉等状态，不能正常感知或者正确表达的证人所提供的证言，不得作为证据使用。

证人的猜测性、评论性、推断性的证言，不得作为证据使用，但根据一般生活经验判断符合事实的除外。

第七十六条 证人证言具有下列情形之一的，不得作为定案的根据：

（一）询问证人没有个别进行的；

（二）书面证言没有经证人核对确认的；

（三）询问聋、哑人，应当提供通晓聋、哑手势的人员而未提供的；

（四）询问不通晓当地通用语言、文字的证人，应当提供翻译人员而未提供的。

第七十七条　证人证言的收集程序、方式有下列瑕疵，经补正或者作出合理解释的，可以采用；不能补正或者作出合理解释的，不得作为定案的根据：

（一）询问笔录没有填写询问人、记录人、法定代理人姓名以及询问的起止时间、地点的；

（二）询问地点不符合规定的；

（三）询问笔录没有记录告知证人有关作证的权利义务和法律责任的；

（四）询问笔录反映出在同一时段，同一询问人员询问不同证人的。

第七十八条　证人当庭作出的证言，经控辩双方质证、法庭查证属实的，应当作为定案的根据。

证人当庭作出的证言与其庭前证言矛盾，证人能够作出合理解释，并有相关证据印证的，应当采信其庭审证言；不能作出合理解释，而其庭前证言有相关证据印证的，可以采信其庭前证言。

经人民法院通知，证人没有正当理由拒绝出庭或者出庭后拒绝作证，法庭对其证言的真实性无法确认的，该证人证言不得作为定案的根据。

4.《人民检察院刑事诉讼规则（试行）》（2012年10月16日由最高人民检察院第十一届检察委员会第八十次会议第二次修订）（节录）

第六十四条　行政机关在行政执法和查办案件过程中收集的物证、书证、视听资料、电子数据证据材料，应当以该机关的名义移送，经人民检察院审查符合法定要求的，可以作为证据使用。

行政机关在行政执法和查办案件过程中收集的鉴定意见、勘验、检查笔录，经人民检察院审查符合法定要求的，可以作为证据使用。

人民检察院办理直接受理立案侦查的案件，对于有关机关在行政执法和查办案件过程中收集的涉案人员供述或者相关人员的证言、陈述，应当重新收集；确有证据证实涉案人员或者相关人员因路途遥远、死亡、失踪或者丧失作证能力，无法重新收集，但供述、证言或者陈述的来源、收集程序合法，并有其他证据相印证，经人民检察院审查符合法定要求的，可以作为证据使用。

根据法律、法规赋予的职责查处行政违法、违纪案件的组织属于本条规定的行政机关。

第六十五条　对采用刑讯逼供等非法方法收集的犯罪嫌疑人供述和采用暴力、威胁等非法方法收集的证人证言、被害人陈述，应当依法排除，不得作为报请逮捕、批准或者决定逮捕、移送审查起诉以及提起公诉的依据。

刑讯逼供是指使用肉刑或者变相使用肉刑，使犯罪嫌疑人在肉体或者精神上遭受剧烈疼痛或者痛苦以逼取供述的行为。

其他非法方法是指违法程度和对犯罪嫌疑人的强迫程度与刑讯逼供或者暴力、威胁相当而迫使其违背意愿供述的方法。

第七十六条　对于危害国家安全犯罪、恐怖活动犯罪、黑社会性质的组织犯罪、毒品犯罪等案件，人民检察院在办理案件过程中，证人、鉴定人、被害人因在诉讼中作证，本人或者其近亲属人身安全面临危险，向人民检察院请求保护的，人民检察院应当受理并及时进行审查，对于确实存在人身安全危险的，应当立即采取必要的保护措施。人民检察院发现存在上述情形的，可以主动采取保护措施。

人民检察院可以采取以下一项或者多项保护措施：

（一）不公开真实姓名、住址和工作单位等个人信息；

（二）建议法庭采取不暴露外貌、真实声音等出庭作证措施；

（三）禁止特定的人员接触证人、鉴定人、被害人及其近亲属；

（四）对人身和住宅采取专门性保护措施；

（五）其他必要的保护措施。

人民检察院依法决定不公开证人、鉴定人、被害人的真实姓名、住址和工作单位等个人信息的，可以在起诉书、询问笔录等法律文书、证据材料中使用化名代替证人、鉴定人、被害人的个人信息。但是应当另行书面说明使用化名的情况并标明密级。

人民检察院依法采取保护措施，可以要求有关单位和个人予以配合。

对证人及其近亲属进行威胁、侮辱、殴打或者打击报复，构成犯罪或者应当给予治安管理处罚的，人民检察院应当移送公安机关处理；情节轻微的，予以批评教育、训诫。

第七十七条 证人在人民检察院侦查、审查起诉阶段因履行作证义务而支出的交通、住宿、就餐等费用，人民检察院应当给予补助。

第二百零三条 人民检察院在侦查过程中，应当及时询问证人，并且告知证人履行作证的权利和义务。

人民检察院应当保证一切与案件有关或者了解案情的公民，有客观充分地提供证据的条件，并为他们保守秘密。除特殊情况外，人民检察院可以吸收证人协助调查。

第二百零四条 询问证人，应当由检察人员进行。询问的时候，检察人员不得少于二人。

第二百零五条 询问证人，可以在现场进行，也可以到证人所在单位、住处或者证人提出的地点进行。必要时，也可以通知证人到人民检察院提供证言。到证人提出的地点进行询问的，应当在笔录中记明。

询问证人应当个别进行。

在现场询问证人，应当出示工作证件。到证人所在单位、住处或者证人提出的地点询问证人，应当出示人民检察院的证明文件。

第二百零六条 询问证人，应当问明证人的基本情况以及与当事人的关系，并且告知证人应当如实提供证据、证言和故意作伪证或者隐匿罪证应当承担的法律责任，但是不得向证人泄露案情，不得采用羁押、暴力、威胁、引诱、欺骗以及其他非法方法获取证言。

第二百零七条 本规则第一百九十八条、第一百九十九条的规定，适用于询问证人。

5. 最高人民法院、最高人民检察院、公安部、国家安全部、司法部《关于办理死刑案件审查判断证据若干问题的规定》（2010年6月13日）（节录）

第十一条 对证人证言应当着重审查以下内容：

（一）证言的内容是否为证人直接感知。

（二）证人作证时的年龄、认知水平、记忆能力和表达能力，生理上和精神上的状态是否影响作证。

（三）证人与案件当事人、案件处理结果有无利害关系。

（四）证言的取得程序、方式是否符合法律及有关规定：有无使用暴力、威胁、引诱、欺骗以及其他非法手段取证的情形；有无违反询问证人应当个别进行的规定；笔录是否经证人核对确认并签名（盖章）、捺指印；询问未成年证人，是否通知了其法定代理人到场，其法定代理人是否在场等。

（五）证人证言之间以及与其他证据之间能否相互印证，有无矛盾。

第十二条 以暴力、威胁等非法手段取得的证人证言，不能作为定案的根据。

处于明显醉酒、麻醉品中毒或者精神药物麻醉状态，以致不能正确表达的证人所提供的证言，不能作为定案的根据。

证人的猜测性、评论性、推断性的证言，不能作为证据使用，但根据一般生活经验判断符合事实的除外。

第十三条 具有下列情形之一的证人证言，不能作为定案的根据：

（一）询问证人没有个别进行而取得的证言；

（二）没有经证人核对确认并签名（盖章）、捺指印的书面证言；

（三）询问聋哑人或者不通晓当地通用语言、文字的少数民族人员、外国人，应当提供翻译而未提供的。

第十四条 证人证言的收集程序和方式有下列瑕疵，通过有关办案人员的补正或者作出合理解释的，可以采用：

（一）没有填写询问人、记录人、法定代理人姓名或者询问的起止时间、地点的；

（二）询问证人的地点不符合规定的；

（三）询问笔录没有记录告知证人应当如实提供证言和有意作伪证或者隐匿罪证要负法律责任内容的；

（四）询问笔录反映出在同一时间段内，同一询问人员询问不同证人的。

第十五条 具有下列情形的证人，人民法院应当通知出庭作证；经依法通知不出庭作证证人的书面证言经质证无法确认的，不能作为定案的根据：

（一）人民检察院、被告人及其辩护人对证人证言有异议，该证人证言对定罪量刑有重大影响的；

（二）人民法院认为其他应当出庭作证的。

证人在法庭上的证言与其庭前证言相互矛盾，如果证人当庭能够对其翻证作出合理解释，并有相关证据印证的，应当采信庭审证言。

对未出庭作证证人的书面证言，应当听取出庭检察人员、被告人及其辩护人的意见，并结合其他证据综合判断。未出庭作证证人的书面证言出现矛盾，不能排除矛盾且无证据印证的，不能作为定案的根据。

第十六条 证人作证，涉及国家秘密或者个人隐私的，应当保守秘密。

证人出庭作证，必要时，人民法院可以采取限制公开证人信息、限制询问、遮蔽容貌、改变声音等保护性措施。

6. 最高人民法院、最高人民检察院、公安部、国家安全部、司法部《关于办理刑事案件排除非法证据若干问题的规定》（2010 年 6 月 13 日）（节录）

第一条 采用刑讯逼供等非法手段取得的犯罪嫌疑人、被告人供述和采用暴力、威胁等非法手段取得的证人证言、被害人陈述，属于非法言词证据。

第二条 经依法确认的非法言词证据，应当予以排除，不能作为定案的根据。

第三条 人民检察院在审查批准逮捕、审查起诉中，对于非法言词证据应当依法予以排除，不能作为批准逮捕、提起公诉的根据。

7. 最高人民检察院《人民检察院讯问职务犯罪嫌疑人实行全程同步录音录像的规定（试行）》（2005年11月1日）（节录）

第二十条 询问证人需要录音或者录像的，应当事先征得证人的同意，并参照本规定执行。

8. 最高人民检察院《人民检察院讯问室的设置和使用管理办法》（2003年3月28日）（节录）

第六条 使用讯问室应当依法、文明。不得在讯问室内询问证人，也不得将已经在押的犯罪嫌疑人、被告人提押到人民检察院讯问室讯问。不得将讯问室作为羁押、留宿犯罪嫌疑人、被告人或其他涉案人员的场所。

9. 最高人民检察院《关于人民检察院在办理直接立案侦查案件工作中加强安全防范的规定》（2003年3月28日）（节录）

第九条 严禁采取刑讯逼供等暴力手段违法取证，不得以协助调查取证等名义变相限制和剥夺证人的人身自由。

（三）勘验、检查

勘验、检查是侦查人员对于犯罪有关的场所、物品、尸体或人身进行查看、了解与检验，以发现和固定犯罪活动所遗留下来的各种痕迹和物品的一种侦查活动。勘验、检查的任务是发现、收集犯罪的痕迹和物品，分析研究犯罪行为的状况、作案的动机和手段，从而确定侦查的方向和调查的范围。在职务犯罪侦查过程中，对有关场所、物品进行勘验，对人身进行检查是查明案件事实、收集相关证据的重要途径。勘验和检查在对象上有所不同，前者是针对现场、物品和尸体，后者针对人身，但勘验和检查的主体、性质和任务相同。在必要的时候，经检察长批准，可以进行侦查实验。

【主要程序】

1. 勘验检查主体

职务犯罪侦查过程中的勘验、检查一般由检察人员进行。进行勘验、检查，应当持有检察长签发的《勘查证》。在必要的时候，可以指派检察技术人员或者聘请其他具有专门知识的人，在检察人员的主持下进行勘验、检查。委托具有勘验资格的单位（人员）进行勘验，应制作《委托勘验书》。

勘验时，人民检察院应当邀请2名与案件无关的见证人在场。

2. 尸体解剖

人民检察院在侦查中决定解剖死因不明的尸体时，应当通知死者家属到场，并让其在解剖通知书上签名或者盖章。死者家属无正当理由拒不到场或者拒绝签名、盖章的，不影响解剖的进行，但是应当在解剖通知书上记明。对于身份不明的尸体，无法通知死者家属的，应当记明笔录。

3. 人身检查

为了确定被害人、犯罪嫌疑人的某些特征、伤害情况或者生理状态，检察人员可以对人身进行检查，可以提取指纹信息，采集血液、尿液等生物样本。必要时，可以指派、聘请法医或者医师进行人身检查。采集血液等生物样本应当由医师进行。检查妇女的身体，应当由女工作人员或者医师进行。

犯罪嫌疑人如果拒绝检查，检察人员认为必要的时候，可以强制检查。

4. 笔录制作

勘验、检查的情况应当制作笔录，由参加勘验、检查的人和见证人签名或者盖章。

勘验、检查笔录应当记录提起勘验、检查的事由，勘验、检查的时间、地点，在场人员、现场方位、周围环境等，现场的物品、人身、尸体等的位置、特征等情况，以及勘验、检查、搜查的过程；文字记录与实物或者绘图、照片、录像应当相符。

5. 侦查实验

为了查明案情，在必要的时候，经检察长批准，可以进行侦查实验。侦查实验，在必要的时候可以聘请有关人员参加，也可以要求犯罪嫌疑人、被害人、证人参加。侦查实验，禁止一切足以造成危险、侮辱人格或者有伤风化的行为。侦查实验，应当制作笔录，记明侦查实验的条件、经过和结果，由参加侦查实验的人员签名或者盖章。必要时可以对侦查实验录音、录像。

【注意事项】

1. 职务犯罪案件中，犯罪现场相对特殊，尤其是贪污贿赂犯罪一般没有典型的犯罪现场，渎职侵权犯罪的现场也不同于一般犯罪案件。因此如果发现有犯罪现场，勘验、检查应当迅速及时，避免因时间原因造成证物或痕迹的湮灭。

2. 人身检查不得采用损害被检查人生命、健康或贬低其名誉或人格的方法。

3. 在人身检查过程中知悉的被检查人的个人隐私，检察人员应当保密。

4. 勘验、检查必须全面、认真、细致。

5. 检验尸体、检查活体必须严格遵守法律有关规定，相关检材提取、包装应遵守相关操作程序。

6. 为了保证勘验、检查的质量，防止和纠正可能的错误，必要时可以进行复验、复查。补充进行勘验、检查的，要说明再次勘验、检查的原由，前后勘验、检查的情况是否矛盾。

7. 勘验、检查时要注意现场、物品、痕迹等是否伪造、有无破坏；人身特征、伤害情况、生理状态有无伪装或者变化等情况。

8. 侦查实验的条件与事件发生时的条件不能有明显差异，不能存在影响实验结论科学性的其他情形。

【文书与说明】

1. 勘查证

人民检察院

勘 查 证

（存 根）

检 勘〔　〕号

案（事）由______

犯罪嫌疑人基本情况（姓名、性别、年龄、工作单位、住址、身份证号码、是否人大代表、政协委员）______

勘验、检查范围______

批　准　人______

批准时间______

承　办　人______

填发人______

填发时间______

第一联 统一保存

检 勘〔　〕号

人民检察院

勘 查 证

检 勘〔　〕号

根据《中华人民共和国刑事诉讼法》第一百二十六条、第一百二十八条的规定，兹派______等______人对______进行勘验检查。

检察长（印）

______年______月______日

（院印）

第二联 附卷

勘查证制作说明

一、本文书是依据《刑事诉讼法》第一百二十六条、第一百二十八条的规定制作。为人民检察院对与犯罪有关的场所、物品、人身、尸体进行勘验、检查时使用。制作时由检察长签名或者盖章，并加盖人民检察院印章。

二、本文书工作人员栏内可写侦查人员、被指派或聘请参加勘验的人员。检查的对象应为与犯罪有关的人身，勘验的对象为与犯罪有关的场所、物品、尸体，填写时应加以区分。

三、本文书以勘查次数为单位制作。

四、本文书共二联，第一联统一保存备查，第二联使用后附卷。

2. 勘验检查笔录

人民检察院

勘验检查笔录

检技勘〔　〕　号

一、基本情况

勘检事由：____________________

勘检起始时间：__________勘检结束时间：__________

勘检地点：____________________

勘检环境情况：(天气、光线、温度、风向等)

现场指挥人：__________ 到场时间：__________

勘检人：__________ 到场时间：__________

勘检人：__________ 到场时间：__________

见证人：__________证件名称/号码：__________

见证人：__________证件名称/号码：__________

其他人员：（包括笔录人、制图人、照相人、录像人、录音人、全程录音录像人等）

勘检设备和软件工具的名称、型号、版本号：__________

____

二、勘检过程：

勘验/检查情况：发现、提取、分析、固定证据的形式、方法和步骤：

____

____

____

三、勘检结果：
（提取固定痕迹、物证情况，制图和照相的数量，录像、录音的时间）
附件：（现场照片、物证照片、设备照片、现场图、录音录像、物品列表等）

现场指挥人：（签名）
勘 检 人：（签名）
见 证 人：（签名）
年 月 日

3. 提取痕迹物证登记表

提取痕迹物证登记表

序号	名称	基本特征	数量	提取部位	提取方法	提取人

注：本表为现场勘验笔录、检查笔录的组成部分。 年 月 日

（此处印制检察院名称）

勘验检查笔录（含提取痕迹物证登记表）制作说明

一、本文书为新增法律文书。本文书依据《刑事诉讼法》第一百二十六条的规定制作。为人民检察院在案件办理中，进行勘验检查时使用。

二、本文书所附提取痕迹物证登记表为勘验检查时，勘验检查人员提取痕迹物证时使用。需详细列明提取痕迹物证的名称、基本特征、数量、提取部位、提取方法、提取人，落款为检察院。

三、本文书一式二份，存检察卷、检察内卷各一份。

4. 解剖尸体通知书

人民检察院

解剖尸体通知书

（存　根）

检　剖〔　〕　号

案由________

犯罪嫌疑人基本情况（姓名、性别、年龄、工作单位、住址、身份证号码、是否人大代表、政协委员）________

死者姓名________

解剖检验目的________

解剖时间________

解剖地点________

批 准 人________

批准时间________

承 办 人________

填发人________

填发时间________

第一联 统一保存

检 剖〔 〕号

人民检察院

解剖尸体通知书

（副　本）

检　剖〔　〕　号

________：

根据《中华人民共和国刑事诉讼法》第一百二十六条、第一百二十九条的规定，我院办理________案件，决定于____年____月____日____时在____对________的尸体进行解剖检验，以查明死亡的原因，特通知你到场。

年　月　日

（院印）

死者家属：

年　月　日

第二联 附卷

检 剖〔 〕号

人民检察院

解剖尸体通知书

检　剖〔　〕　号

________：

根据《中华人民共和国刑事诉讼法》第一百二十六条、第一百二十九条的规定，我院办理________案件，决定于____年____月____日____时在____对________的尸体进行解剖检验，以查明死亡的原因，特通知你到场。

年　月　日

（检察院印）

第三联 送达死者家属

解剖尸体通知书制作说明

一、本文书是依据《刑事诉讼法》第一百二十六条、第一百二十九条、第一百六十二条的规定制作。为人民检察院在侦查中决定对死因不明的尸体进行解剖、检验，通知死者家属到场时使用。

二、本文书具有法定强制性，死者家属接到通知后，无正当理由拒不到场或拒绝签名、盖章的，不影响解剖的进行，但应当在第二联（副本）上注明。

三、本文书共三联，第一联统一保存备查，第二联由死者家属签名、盖章或注明情况后附卷，第三联送达死者家属。

5. 侦查实验笔录

侦查实验笔录

时间________年________月________日________时________分
至________年________月________日________时________分
地点____
侦查人员姓名、单位______________________________
____
侦查实验目的__________________________________
____
过程及结果___________________________________
____

侦查人员：__________
记录人：__________

侦查实验笔录制作说明

一、本文书为新增法律文书。依据《刑事诉讼法》第一百三十三条、第一百六十二条的规定制作，为人民检察院依法进行侦查实验时制作。

二、制作时，要详细说明侦查实验的过程，必要时，可以录音或录像，但仍然应当详细记录实验的完整过程及其过程中出现的情况。

【办案依据】

1.《中华人民共和国刑事诉讼法（2012年修正）》（节录）

第一百二十六条 侦查人员对于与犯罪有关的场所、物品、人身、尸体应当进行勘验或者检查。在必要的时候，可以指派或者聘请具有专门知识的人，在侦查人员的主持下进行勘验、检查。

第一百二十七条 任何单位和个人，都有义务保护犯罪现场，并且立即通知公安机关派员勘验。

第一百二十八条 侦查人员执行勘验、检查，必须持有人民检察院或者公安机关的证明文件。

第一百二十九条 对于死因不明的尸体，公安机关有权决定解剖，并且通知死者家属到场。

第一百三十条 为了确定被害人、犯罪嫌疑人的某些特征、伤害情况或者生理状态，可以对人身进行检查，可以提取指纹信息，采集血液、尿液等生物样本。

犯罪嫌疑人如果拒绝检查，侦查人员认为必要的时候，可以强制检查。

检查妇女的身体，应当由女工作人员或者医师进行。

第一百三十一条 勘验、检查的情况应当写成笔录，由参加勘验、检查的人和见证人签名或者盖章。

第一百三十二条 人民检察院审查案件的时候，对公安机关的勘验、检查，认为需要复验、复查时，可以要求公安机关复验、复查，并且可以派检察人员参加。

第一百三十三条 为了查明案情，在必要的时候，经公安机关负责人批准，可以进行侦查实验。

侦查实验的情况应当写成笔录，由参加实验的人签名或者盖章。

侦查实验，禁止一切足以造成危险、侮辱人格或者有伤风化的行为。

2. 最高人民法院《关于适用〈中华人民共和国刑事诉讼法〉的解释》（2012 年 11 月 5 日最高人民法院审判委员会第 1559 次会议通过）（节录）

第八十八条 对勘验、检查笔录应当着重审查以下内容：

（一）勘验、检查是否依法进行，笔录的制作是否符合法律、有关规定，勘验、检查人员和见证人是否签名或者盖章；

（二）勘验、检查笔录是否记录了提起勘验、检查的事由，勘验、检查的时间、地点，在场人员、现场方位、周围环境等，现场的物品、人身、尸体等的位置、特征等情况，以及勘验、检查、搜查的过程；文字记录与实物或者绘图、照片、录像是否相符；现场、物品、痕迹等是否伪造、有无破坏；人身特征、伤害情况、生理状态有无伪装或者变化等；

（三）补充进行勘验、检查的，是否说明了再次勘验、检查的原由，前后勘验、检查的情况是否矛盾。

第八十九条 勘验、检查笔录存在明显不符合法律、有关规定的情形，不能作出合理解释或者说明的，不得作为定案的根据。

第九十条 对辨认笔录应当着重审查辨认的过程、方法，以及辨认笔录的制作是否符合有关规定。

辨认笔录具有下列情形之一的，不得作为定案的根据：

（一）辨认不是在侦查人员主持下进行的；

（二）辨认前使辨认人见到辨认对象的；

（三）辨认活动没有个别进行的；

（四）辨认对象没有混杂在具有类似特征的其他对象中，或者供辨认的对象数量不符合规定的；

（五）辨认中给辨认人明显暗示或者明显有指认嫌疑的；

（六）违反有关规定、不能确定辨认笔录真实性的其他情形。

第九十一条　对侦查实验笔录应当着重审查实验的过程、方法，以及笔录的制作是否符合有关规定。

侦查实验的条件与事件发生时的条件有明显差异，或者存在影响实验结论科学性的其他情形的，侦查实验笔录不得作为定案的根据。

3.《人民检察院刑事诉讼规则（试行）》（2012年10月16日由最高人民检察院第十一届检察委员会第八十次会议第二次修订）（节录）

第二百零九条　检察人员对于与犯罪有关的场所、物品、人身、尸体应当进行勘验或者检查。在必要的时候，可以指派检察技术人员或者聘请其他具有专门知识的人，在检察人员的主持下进行勘验、检查。

第二百一十条　进行勘验、检查，应当持有检察长签发的勘查证。

勘查现场，应当拍摄现场照片，勘查的情况应当写明笔录并制作现场图，由参加勘查的人和见证人签名。对重大案件的现场，应当录像。

第二百一十一条　勘验时，人民检察院应当邀请二名与案件无关的见证人在场。

第二百一十二条　人民检察院解剖死因不明的尸体，应当通知死者家属到场，并让其在解剖通知书上签名或者盖章。

死者家属无正当理由拒不到场或者拒绝签名、盖章的，不影响解剖的进行，但是应当在解剖通知书上记明。对于身份不明的尸体，无法通知死者家属的，应当记明笔录。

第二百一十三条　为了确定被害人、犯罪嫌疑人的某些特征、伤害情况或者生理状态，人民检察院可以对人身进行检查，可以提取指纹信息，采集血液、尿液等生物样本。

必要时，可以指派、聘请法医或者医师进行人身检查。采集血液等生物样本应当由医师进行。

犯罪嫌疑人如果拒绝检查，检察人员认为必要的时候，可以强制检查。

检查妇女的身体，应当由女工作人员或者医师进行。

第二百一十四条　人身检查不得采用损害被检查人生命、健康或贬低其名誉或人格的方法。

在人身检查过程中知悉的被检查人的个人隐私，检察人员应当保密。

第二百一十五条　勘验、检查的情况应当制作笔录，由参加勘验、检查的人员和见证人签名或者盖章。

第二百一十六条　为了查明案情，在必要的时候，经检察长批准，可以进行侦查实验。

侦查实验，禁止一切足以造成危险、侮辱人格或者有伤风化的行为。

第二百一十七条　侦查实验，在必要的时候可以聘请有关专业人员参加，也可以要求犯罪嫌疑人、被害人、证人参加。

第二百一十八条　侦查实验，应当制作笔录，记明侦查实验的条件、经过和结果，由参加侦查实验的人员签名。必要时可以对侦查实验录音、录像。

4. 最高人民法院、最高人民检察院、公安部、国家安全部、司法部《关于办理死刑案件审查判断证据若干问题的规定》（2010年6月13日）（节录）

第六条 对物证、书证应当着重审查以下内容：

（一）物证、书证是否为原物、原件，物证的照片、录像或者复制品及书证的副本、复制件与原物、原件是否相符；物证、书证是否经过辨认、鉴定；物证的照片、录像或者复制品和书证的副本、复制件是否由二人以上制作，有无制作人关于制作过程及原件、原物存放于何处的文字说明及签名。

（二）物证、书证的收集程序、方式是否符合法律及有关规定；经勘验、检查、搜查提取、扣押的物证、书证，是否附有相关笔录或者清单；笔录或者清单是否有侦查人员、物品持有人、见证人签名，没有物品持有人签名的，是否注明原因；对物品的特征、数量、质量、名称等注明是否清楚。

（三）物证、书证在收集、保管及鉴定过程中是否受到破坏或者改变。

（四）物证、书证与案件事实有无关联。对现场遗留与犯罪有关的具备检验鉴定条件的血迹、指纹、毛发、体液等生物物证、痕迹、物品，是否通过 DNA 鉴定、指纹鉴定等鉴定方式与被告人或者被害人的相应生物检材、生物特征、物品等作同一认定。

（五）与案件事实有关联的物证、书证是否全面收集。

第七条 对在勘验、检查、搜查中发现与案件事实可能有关联的血迹、指纹、足迹、字迹、毛发、体液、人体组织等痕迹和物品应当提取而没有提取，应当检验而没有检验，导致案件事实存疑的，人民法院应当向人民检察院说明情况，人民检察院依法可以补充收集、调取证据，作出合理的说明或者退回侦查机关补充侦查，调取有关证据。

第八条 据以定案的物证应当是原物。只有在原物不便搬运、不易保存或者依法应当由有关部门保管、处理或者依法应当返还时，才可以拍摄或者制作足以反映原物外形或者内容的照片、录像或者复制品。物证的照片、录像或者复制品，经与原物核实无误或者经鉴定证明为真实的，或者以其他方式确能证明其真实的，可以作为定案的根据。原物的照片、录像或者复制品，不能反映原物的外形和特征的，不能作为定案的根据。

据以定案的书证应当是原件。只有在取得原件确有困难时，才可以使用副本或者复制件。书证的副本、复制件，经与原件核实无误或者经鉴定证明为真实的，或者以其他方式确能证明其真实的，可以作为定案的根据。书证有更改或者更改迹象不能作出合理解释的，书证的副本、复制件不能反映书证原件及其内容的，不能作为定案的根据。

第九条 经勘验、检查、搜查提取、扣押的物证、书证，未附有勘验、检查笔录，搜查笔录，提取笔录，扣押清单，不能证明物证、书证来源的，不能作为定案的根据。

物证、书证的收集程序、方式存在下列瑕疵，通过有关办案人员的补正或者作出合理解释的，可以采用：

（一）收集调取的物证、书证，在勘验、检查笔录，搜查笔录，提取笔录，扣押清单上没有侦查人员、物品持有人、见证人签名或者物品特征、数量、质量、名称等注明不详的；

（二）收集调取物证照片、录像或者复制品，书证的副本、复制件未注明与原件核对无异，无复制时间、无被收集、调取人（单位）签名（盖章）的；

（三）物证照片、录像或者复制品，书证的副本、复制件没有制作人关于制作过程及原物、原件存放于何处的说明或者说明中无签名的；

（四）物证、书证的收集程序、方式存在其他瑕疵的。

对物证、书证的来源及收集过程有疑问，不能作出合理解释的，该物证、书证不能作为定案的根据。

第十条　具备辨认条件的物证、书证应当交由当事人或者证人进行辨认，必要时应当进行鉴定。

第二十五条　对勘验、检查笔录应当着重审查以下内容：

（一）勘验、检查是否依法进行，笔录的制作是否符合法律及有关规定的要求，勘验、检查人员和见证人是否签名或者盖章等。

（二）勘验、检查笔录的内容是否全面、详细、准确、规范：是否准确记录了提起勘验、检查的事由，勘验、检查的时间、地点，在场人员、现场方位、周围环境等情况；是否准确记载了现场、物品、人身、尸体等的位置、特征等详细情况以及勘验、检查、搜查的过程；文字记载与实物或者绘图、录像、照片是否相符；固定证据的形式、方法是否科学、规范；现场、物品、痕迹等是否被破坏或者伪造，是否是原始现场；人身特征、伤害情况、生理状况有无伪装或者变化等。

（三）补充进行勘验、检查的，前后勘验、检查的情况是否有矛盾，是否说明了再次勘验、检查的原由。

（四）勘验、检查笔录中记载的情况与被告人供述、被害人陈述、鉴定意见等其他证据能否印证，有无矛盾。

第二十六条　勘验、检查笔录存在明显不符合法律及有关规定的情形，并且不能作出合理解释或者说明的，不能作为证据使用。

勘验、检查笔录存在勘验、检查没有见证人的，勘验、检查人员和见证人没有签名、盖章的，勘验、检查人员违反回避规定的等情形，应当结合案件其他证据，审查其真实性和关联性。

（四）搜查

搜查是侦查人员在侦查过程中，为了收集犯罪证据、查获犯罪嫌疑人，对有关的人身、处所、物品等进行搜索和检查的一种侦查措施。搜查的目的在于收集犯罪证据，查获犯罪嫌疑人，对象是一切可能隐藏罪犯和犯罪证据的人、物品或有关处所，因而不同于检查。

在职务犯罪侦查工作中，搜查对于及时收集证据、查获犯罪嫌疑人，防止犯罪嫌疑人逃跑、毁灭、转移犯罪证据具有重要意义。

【主要程序】

1. 搜查对象包括犯罪嫌疑人以及可能隐藏罪犯或者犯罪证据的人的身体、物品、住处、工作地点和其他有关的地方。

2. 在搜查前，应当了解被搜查对象的基本情况、搜查现场及周围环境，确定搜查的范围和重点，明确搜查人员的分工和责任。进行搜查之前，检查人员应当制作《搜查证》，报请检察长签发。

3. 搜查应当在检察人员的主持下进行，可以有司法警察参加。必要的时候，可以指派检察技术人员参加或者邀请当地公安机关、有关单位协助进行。

4. 执行搜查的检察人员不得少于 2 人。

5. 搜查时，应当向被搜查人或者他的家属出示《搜查证》、工作证。

6. 在执行逮捕、拘留的时候，遇有下列紧急情况之一，不另用搜查证也可以进行搜查，但是搜查结束后，搜查人员应当在 24 小时内向检察长报告，及时补办有关手续。

（1）可能随身携带凶器的；

（2）可能隐藏爆炸、剧毒等危险物品的；

（3）可能隐匿、毁弃、转移犯罪证据的；

（4）可能隐匿其他犯罪嫌疑人的；

（5）其他紧急情况。

7. 人民检察院到本辖区以外执行搜查任务，办案人员应当携带搜查证、工作证以及写有主要案情、搜查目的、要求等内容的公函，与当地人民检察院联系。当地人民检察院应当配合、协助执行搜查。

8. 搜查时，应当有被搜查人或者他的家属、邻居或者其他见证人在场，并且对被搜查人或者其家属说明阻碍搜查、妨碍公务应负的法律责任。

9. 搜查妇女的身体，应当由女工作人员进行。

10. 搜查应当全面、细致、及时，并且指派专人严密注视搜查现场的动向。进行搜查的人员，应当遵守纪律，服从指挥，文明执法，不得无故损坏搜查现场的物品，不得擅自扩大搜查对象和范围。对于查获的重要书证、物证、视听资料及其放置地点应当拍照，并且用文字说明有关情况，必要的时候，可以录像。

11. 搜查时，如果遇到阻碍，可以强制进行搜查。对以暴力、威胁方法阻碍搜查的，应当予以制止，或者由司法警察将其带离现场；对于构成犯罪的，应当依法追究刑事责任。

12. 搜查情况应当制作笔录，由检察人员和被搜查人或者他的家属、邻居或者其他见证人签名或者盖章。如果被搜查人或者他的家属在逃，或者拒绝签名、盖章的，应当记明笔录。

【注意事项】

1. 注意把握搜查的时机，不能留给犯罪嫌疑人隐匿、转移、毁灭犯罪证据的时间，立案后需要搜查的，应当迅速进行。紧急情况下可以不用《搜查证》直接进行搜查，事后办理相关手续。

2. 在搜查、拘留、逮捕、现场勘查过程中发现的可用以证明犯罪嫌疑人有罪或者无罪的各种物品，应当扣押；与案件无关的，不得扣押。非法持有的违禁品，可能属于违法所得的款项，也应当扣押。不能立即查明是否与案件有关的可疑款物，可以先行扣押。对扣押、冻结的款物，应当及时进行审查。经查明确实与案件无关的，应当在3日内作出解除或者退还决定，并通知有关当事人。

3. 对于犯罪嫌疑人到案时随身携带的物品需要扣押的，依照相关规定办理。对于与案件无关的个人用品，逐件登记，随人移交，或者退还家属。

4. 扣押物品的登记应当符合规范，载明物品的质地、尺寸、外观。

5. 搜查前应尽量做好被搜查人及其家属的工作，争取他们的协助和支持；搜查时应当注意被搜查人及其家属的各种反应，防止证据被隐匿或遗漏。

【文书与说明】

1. 搜查证

人民检察院
搜　查　证
（存　根）

检　搜〔　　〕　号

案由＿＿＿＿＿＿＿＿＿＿＿＿＿＿＿＿
犯罪嫌疑人基本情况（姓名、性别、年龄、工作单位、住址、身份证号码、是否人大代表、政协委员）＿＿＿＿
＿＿＿＿＿＿＿＿＿＿＿＿＿＿＿＿＿＿＿＿
搜查范围＿＿＿＿＿＿＿＿＿＿＿＿＿＿＿＿
批 准 人＿＿＿＿＿＿＿＿＿＿＿＿＿＿＿＿
批准时间＿＿＿＿＿＿＿＿＿＿＿＿＿＿＿＿
承 办 人＿＿＿＿＿＿＿＿＿＿＿＿＿＿＿＿
填发人＿＿＿＿＿＿＿＿＿＿＿＿＿＿＿＿
填发时间＿＿＿＿＿＿＿＿＿＿＿＿＿＿＿＿

第一联 统一保存

检 搜〔 〕号

人民检察院
搜　查　证

检　搜〔　　〕　号

根据《中华人民共和国刑事诉讼法》第一百三十四条、第一百三十六条的规定，兹派本院工作人员＿＿＿＿等＿＿人持此证对＿＿＿＿＿＿＿＿＿＿＿＿＿＿＿＿进行搜查。

检察长（印）
年　月　日
（检察院印）

本证已于＿＿年＿＿月＿＿日向我宣布。

被搜查人（家属）＿＿＿＿＿＿
宣告人＿＿＿＿＿＿＿＿＿＿

第二联 使用后附卷

搜查证制作说明

一、本文书是依据《刑事诉讼法》第一百三十四条、第一百三十六条的规定制作。为人民检察院对犯罪嫌疑人以及可能隐藏罪犯或犯罪证据的人的身体、物品、住处、工作地点和其他有关地方进行搜查时使用。制作时由检察长签名或者盖章，并加盖人民检察院印章。进行搜查时，应当向被搜查人或者他的家属出示搜查证，并由被搜查人或者他的家属签名或者盖章。如果被搜查人或者他的家属不在场，或拒绝签名、盖章的，应当在文书上注明。

二、本文书以搜查次数为单位制作。

三、本文书共二联，第一联统一保存备查，第二联使用后附卷。

2. 登记保存清单

登记保存清单

（此处加盖检察院印章）

案　　由		办案单位			
持有人		性别		出生日期	
现住址					
工作单位			联系电话		

根据《刑事诉讼法》第一百四十条的规定，决定对下列财物、文件进行登记，保存地点____________________。在登记保存期间内未经本机关批准，不得转移、变卖、毁损。

编号	名称	规格	数量	特征	备注

证据持有人（签名）　　　见证人（签名）　　　承办人（签名）

年　月　日　　　年　月　日　　　年　月　日

一式两份，一份交证据持有人，一份附卷。

登记保存清单制作说明

一、本文书为新增法律文书。本文书依据《刑事诉讼法》第一百四十条的规定制作。为人民检察院侦查部门在案件侦查中，对现场进行勘验检查时使用。

二、本文书所附提取痕迹物证登记表为勘验检查时，检察人员提取痕迹物证时使用。需详细列明提取痕迹物证的名称、基本特征、数量、提取部位、提取方法、提取人，落款为检察院。

三、本文书一式二份，存检察卷、检察内卷各一份。

3. 搜查记录

××市人民检察院

搜查记录

________年____月____日____时至____时，本院工作人员____________根据检搜〔 〕号搜查证，在见证人____、____在场时，对____（被搜查人姓名）的（住所、办公场所、其他与案件有关的场所）进行了搜查。

搜查详细情况如下：

（如有开锁或者强制破门搜查的情况，则应载明搜查记录，开锁人员在记录上签名。详细记录搜查中的重要活动，譬如在什么地方发现什么重要证物，证物被发现时的状态等。对照相、录像情况也要尽量说明。搜查全过程应当进行声音图像同步摄录，对重要物品文件进行扣押的过程应当拍照。）

被搜查人对搜查的意见：

搜查人：____________

见证人：____________

开锁人员：____________

照相人员：____________

录像人员：____________

被搜查人（家属）：____________

年　　月　　日

4. 搜查告知书

××市人民检察院

搜查告知书

×检反贪搜告〔　〕　号

________（被搜查人或者其家属、被搜查场所掌管人）：

____月____日____时至____时，本院工作人员________根据　检　搜〔 〕　号搜查证，在见证人____、____在场时，对你（住所、办公场所、其他与案件有关的场所）进行了搜查。

搜查简要情况如下：

因我工作人员无法与你取得联系，希你见书后尽快与本院工作人员联系，或者主动前来本院，说明情况。

搜查人：______
见证人：______
联系电话：______
联系地址：______

××市人民检察院
反贪污贿赂局
（印）
年　　月　　日

【办案依据】

1.《中华人民共和国刑事诉讼法（2012年修正）》（节录）

第一百三十四条　为了收集犯罪证据、查获犯罪人，侦查人员可以对犯罪嫌疑人以及可能隐藏罪犯或者犯罪证据的人的身体、物品、住处和其他有关的地方进行搜查。

第一百三十五条　任何单位和个人，有义务按照人民检察院和公安机关的要求，交出可以证明犯罪嫌疑人有罪或者无罪的物证、书证、视听资料等证据。

第一百三十六条　进行搜查，必须向被搜查人出示搜查证。

在执行逮捕、拘留的时候，遇有紧急情况，不另用搜查证也可以进行搜查。

第一百三十七条　在搜查的时候，应当有被搜查人或者他的家属，邻居或者其他见证人在场。

搜查妇女的身体，应当由女工作人员进行。

第一百三十八条 搜查的情况应当写成笔录，由侦查人员和被搜查人或者他的家属，邻居或者其他见证人签名或者盖章。如果被搜查人或者他的家属在逃或者拒绝签名、盖章，应当在笔录上注明。

2. 最高人民法院《关于适用〈中华人民共和国刑事诉讼法〉的解释》（2012 年 11 月 5 日最高人民法院审判委员会第 1559 次会议通过）（节录）

第六十九条 对物证、书证应当着重审查以下内容：

（一）物证、书证是否为原物、原件，是否经过辨认、鉴定；物证的照片、录像、复制品或者书证的副本、复制件是否与原物、原件相符，是否由二人以上制作，有无制作人关于制作过程以及原物、原件存放于何处的文字说明和签名；

（二）物证、书证的收集程序、方式是否符合法律、有关规定；经勘验、检查、搜查提取、扣押的物证、书证，是否附有相关笔录、清单，笔录、清单是否经侦查人员、物品持有人、见证人签名，没有物品持有人签名的，是否注明原因；物品的名称、特征、数量、质量等是否注明清楚；

（三）物证、书证在收集、保管、鉴定过程中是否受损或者改变；

（四）物证、书证与案件事实有无关联；对现场遗留与犯罪有关的具备鉴定条件的血迹、体液、毛发、指纹等生物样本、痕迹、物品，是否已作 DNA 鉴定、指纹鉴定等，并与被告人或者被害人的相应生物检材、生物特征、物品等比对；

（五）与案件事实有关联的物证、书证是否全面收集。

第八十八条 对勘验、检查笔录应当着重审查以下内容：

（一）勘验、检查是否依法进行，笔录的制作是否符合法律、有关规定，勘验、检查人员和见证人是否签名或者盖章；

（二）勘验、检查笔录是否记录了提起勘验、检查的事由，勘验、检查的时间、地点，在场人员、现场方位、周围环境等，现场的物品、人身、尸体等的位置、特征等情况，以及勘验、检查、搜查的过程；文字记录与实物或者绘图、照片、录像是否相符；现场、物品、痕迹等是否伪造、有无破坏；人身特征、伤害情况、生理状态有无伪装或者变化等；

（三）补充进行勘验、检查的，是否说明了再次勘验、检查的原由，前后勘验、检查的情况是否矛盾。

第八十九条 勘验、检查笔录存在明显不符合法律、有关规定的情形，不能作出合理解释或者说明的，不得作为定案的根据。

3.《人民检察院刑事诉讼规则（试行）》（2012 年 10 月 16 日由最高人民检察院第十一届检察委员会第八十次会议第二次修订）（节录）

第二百一十九条 人民检察院有权要求有关单位和个人，交出能够证明犯罪嫌疑人有罪或者无罪以及犯罪情节轻重的证据。

第二百二十条 为了收集犯罪证据，查获犯罪人，经检察长批准，检察人员可以对犯罪嫌疑人以及可能隐藏罪犯或者犯罪证据的人的身体、物品、住处、工作地点和其他有关的地方进行搜查。

第二百二十一条 进行搜查，应当向被搜查人或者他的家属出示搜查证。

搜查证由检察长签发。

第二百二十二条 人民检察院在搜查前，应当了解被搜查对象的基本情况、搜查现场及周围环境，确定搜查的范围和重点，明确搜查人员的分工和责任。

第二百二十三条　搜查应当在检察人员的主持下进行，可以有司法警察参加。必要的时候，可以指派检察技术人员参加或者邀请当地公安机关、有关单位协助进行。

执行搜查的检察人员不得少于二人。

第二百二十四条　在执行逮捕、拘留的时候，遇有下列紧急情况之一，不另用搜查证也可以进行搜查：

（一）可能随身携带凶器的；

（二）可能隐藏爆炸、剧毒等危险物品的；

（三）可能隐匿、毁弃、转移犯罪证据的；

（四）可能隐匿其他犯罪嫌疑人的；

（五）其他紧急情况。

搜查结束后，搜查人员应当在二十四小时内向检察长报告，及时补办有关手续。

第二百二十五条　搜查时，应当有被搜查人或者他的家属、邻居或者其他见证人在场，并且对被搜查人或者其家属说明阻碍搜查、妨碍公务应负的法律责任。

搜查妇女的身体，应当由女工作人员进行。

第二百二十六条　搜查时，如果遇到阻碍，可以强制进行搜查。对以暴力、威胁方法阻碍搜查的，应当予以制止，或者由司法警察将其带离现场；阻碍搜查构成犯罪的，应当依法追究刑事责任。

第二百二十七条　搜查应当全面、细致、及时，并且指派专人严密注视搜查现场的动向。

第二百二十八条　进行搜查的人员，应当遵守纪律，服从指挥，文明执法，不得无故损坏搜查现场的物品，不得擅自扩大搜查对象和范围。对于查获的重要书证、物证、视听资料、电子数据及其放置、存储地点应当拍照，并且用文字说明有关情况，必要的时候可以录像。

第二百二十九条　搜查情况应当制作笔录，由检察人员和被搜查人或者其家属、邻居或者其他见证人签名或者盖章。被搜查人在逃，其家属拒不到场，或者拒绝签名、盖章的，应当记明笔录。

第二百三十条　人民检察院到本辖区以外进行搜查，检察人员应当携带搜查证、工作证以及载有主要案情、搜查目的、要求等内容的公函，与当地人民检察院联系，当地人民检察院应当协助搜查。

4. 最高人民法院、最高人民检察院、公安部、国家安全部、司法部《关于办理死刑案件审查判断证据若干问题的规定》（2010年6月13日）（节录）

第六条　对物证、书证应当着重审查以下内容：

（一）物证、书证是否为原物、原件，物证的照片、录像或者复制品及书证的副本、复制件与原物、原件是否相符；物证、书证是否经过辨认、鉴定；物证的照片、录像或者复制品和书证的副本、复制件是否由二人以上制作，有无制作人关于制作过程及原件、原物存放于何处的文字说明及签名。

（二）物证、书证的收集程序、方式是否符合法律及有关规定；经勘验、检查、搜查提取、扣押的物证、书证，是否附有相关笔录或者清单；笔录或者清单是否有侦查人员、物品持有人、见证人签名，没有物品持有人签名的，是否注明原因；对物品的特征、数量、质量、名称等注明是否清楚。

（三）物证、书证在收集、保管及鉴定过程中是否受到破坏或者改变。

（四）物证、书证与案件事实有无关联。对现场遗留与犯罪有关的具备检验鉴定条件的血迹、指纹、毛发、体液等生物物证、痕迹、物品，是否通过DNA鉴定、指纹鉴定等鉴定方式与被告人或者被害人的相应生物检材、生物特征、物品等作同一认定。

（五）与案件事实有关联的物证、书证是否全面收集。

第七条 对在勘验、检查、搜查中发现与案件事实可能有关联的血迹、指纹、足迹、字迹、毛发、体液、人体组织等痕迹和物品应当提取而没有提取，应当检验而没有检验，导致案件事实存疑的，人民法院应当向人民检察院说明情况，人民检察院依法可以补充收集、调取证据，作出合理的说明或者退回侦查机关补充侦查，调取有关证据。

第八条 据以定案的物证应当是原物。只有在原物不便搬运、不易保存或者依法应当由有关部门保管、处理或者依法应当返还时，才可以拍摄或者制作足以反映原物外形或者内容的照片、录像或者复制品。物证的照片、录像或者复制品，经与原物核实无误或者经鉴定证明为真实的，或者以其他方式确能证明其真实的，可以作为定案的根据。原物的照片、录像或者复制品，不能反映原物的外形和特征的，不能作为定案的根据。

据以定案的书证应当是原件。只有在取得原件确有困难时，才可以使用副本或者复制件。书证的副本、复制件，经与原件核实无误或者经鉴定证明为真实的，或者以其他方式确能证明其真实的，可以作为定案的根据。书证有更改或者更改迹象不能作出合理解释的，书证的副本、复制件不能反映书证原件及其内容的，不能作为定案的根据。

第九条 经勘验、检查、搜查提取、扣押的物证、书证，未附有勘验、检查笔录，搜查笔录，提取笔录，扣押清单，不能证明物证、书证来源的，不能作为定案的根据。

物证、书证的收集程序、方式存在下列瑕疵，通过有关办案人员的补正或者作出合理解释的，可以采用：

（一）收集调取的物证、书证，在勘验、检查笔录，搜查笔录，提取笔录，扣押清单上没有侦查人员、物品持有人、见证人签名或者物品特征、数量、质量、名称等注明不详的；

（二）收集调取物证照片、录像或者复制品，书证的副本、复制件未注明与原件核对无异，无复制时间、无被收集、调取人（单位）签名（盖章）的；

（三）物证照片、录像或者复制品，书证的副本、复制件没有制作人关于制作过程及原物、原件存放于何处的说明或者说明中无签名的；

（四）物证、书证的收集程序、方式存在其他瑕疵的。

对物证、书证的来源及收集过程有疑问，不能作出合理解释的，该物证、书证不能作为定案的根据。

（五）调取、查封、扣押物证、书证和视听资料、电子数据

调取、查封、扣押是指侦查机关依法提取、留置和封存与案件有关的物证、书证和视听资料、电子数据的一种侦查措施，也是检察机关自侦部门收集证据的重要方式。其目的在于防止有关的物证、书证及视听资料、电子数据被毁坏、隐藏或丢失。

在职务犯罪侦查工作中，及时扣押相关物证、书证及视听资料、电子数据，

可以防止涉案财产被隐匿、转移或毁损，有利于准确及时地查明案件事实。通常而言，调取、扣押的款物主要是指职务犯罪违法所得、其他可能与犯罪有关的款物、作案工具、非法持有的违禁品等。根据规定，违法所得的一切财物（包括孳息），应当予以追缴或者责令退赔。违禁品和供犯罪所用的财物，应当予以扣押、冻结，并依法处理。对被害人的合法财产，应当依法及时返还。

但是调取、扣押款物涉及公民的财产权和隐私，因此必须严格依法进行。

【主要程序】

1. 调取物证、书证和视听资料、电子数据

（1）检察人员向有关单位和个人调取能够证实犯罪嫌疑人有罪或者无罪的证据材料，应当出示检察人员工作证和人民检察院的《调取证据通知书》。

（2）需要向本辖区以外的有关单位和个人调取物证、书证的，办案人员应当携带工作证、单位办案证明信和有关法律文书，及时同当地人民检察院联系，当地人民检察院应当配合、协助执行任务。

必要时，可以向证据所在地的人民检察院函调。函调证据应当注明取证对象的具体内容和确切地址。协助函调的人民检察院应当及时派员按调查内容进行调查取证，并且在收到函件 1 个月内将调查结果送达请调的人民检察院。

（3）调取证据材料，可以根据需要拍照、录像、复印和复制。对于涉及国家秘密的证据，应当严格保守秘密。

（4）调取书证、视听资料应当调取原件。取得原件确有困难或者因保密需要不能调取原件的，可以调取副本或者复制件。

（5）调取物证应当调取原物。原物不便搬运、保存，或者依法应当返还被害人，或者因保密工作需要不能调取原物的，可以将原物拍照、录像。对原物拍照或者录像应当足以反映原物的外形、内容。

（6）调取书证、视听资料的副本、复制件和物证的照片、录像的，应当附有不能调取原件、原物的原因、制作过程和原件、原物存放地点的说明，并由制作人员和原书证、视听资料、物证持有人签名或者盖章。

2. 查封、扣押涉案款物

（1）查封、扣押涉案款物主要包括三种情形：一是单独进行的查封、扣押；二是在搜查、拘留、逮捕、现场勘查过程中发现的可用以证明犯罪嫌疑人有罪或者无罪的各种物品，非法持有的违禁品，可能属于违法所得的款项，而进行的查封、扣押；三是对于犯罪嫌疑人到案时随身携带的物品进行的扣押。

（2）人民检察院查封、扣押财物和文件，应当经检察长批准，由两名以上检察人员执行。需要查封、扣押的财物和文件不在本辖区的，办理案件的人民检察院应当依照有关法律及有关规定，持相关法律文书及简要案情等说明材料，商请被查封、扣押财物和文件所在地的人民检察院协助执行。被请求协助的人民检察院有异议的，可以与办理案件的人民检察院进行协商，必要时，报请共同的上级人民检察院决定。

（3）在侦查活动中发现的可以证明犯罪嫌疑人有罪、无罪或者犯罪情节轻重的各种财物和文件，应当查封或者扣押；与案件无关的，不得查封或者扣押。能立即查明是否与案件有关的可疑的财物和文件，也可以查封或者扣押，但应当及时审查。经查明确实与案件无关的，应当在3日以内解除查封或者予以退还。

持有人拒绝交出应当查封、扣押的财物和文件的，可以强制查封、扣押。

对于犯罪嫌疑人、被告人到案时随身携带的物品需要扣押的，可以依照前项规定办理。对于与案件无关的个人用品，应当逐件登记，并随案移交或者退还其家属。

（4）对于查封、扣押的财物和文件，检察人员应当会同在场见证人和被查封、扣押物品持有人查点清楚，当场开列查封、扣押清单一式四份，注明查封、扣押物品的名称、型号、规格、数量、质量、颜色、新旧程度、包装等主要特征，由检察人员、见证人和持有人签名或者盖章，一份交给文件、资料和其他物品持有人，一份交被查封、扣押文件、资料和其他物品保管人，一份附卷，一份保存。持有人拒绝签名、盖章或者不在场的，应当在清单上记明。

（5）查封、扣押外币、金银珠宝、文物、名贵字画以及其他不易辨别真伪的贵重物品，应当在拍照或者录像后当场密封，由检察人员、见证人和被扣押物品持有人在密封材料上签名或者盖章，根据办案需要及时委托具有资质的部门出具鉴定报告。启封时应当有见证人或者持有人在场并且签名或者盖章。

（6）查封、扣押存折、信用卡、有价证券等支付凭证和具有一定特征能够证明案情的现金，应当注明特征、编号、种类、面值、张数、金额等，由检察人员、见证人和被扣押物品持有人在密封材料上签名或者盖章。启封时应当有见证人或者持有人在场并签名或者盖章。

查封、扣押易损毁、灭失、变质以及其他不宜长期保存的物品，应当用笔录、绘图、拍照、录像等方法加以保全后进行封存，或者经检察长批准后委托有关部门变卖、拍卖。变卖、拍卖的价款暂予保存，待诉讼终结后一并处理。

（7）对于应当查封的不动产和置于该不动产上不宜移动的设施、家具和其他相关财物，以及涉案的车辆、船舶、航空器和大型机械、设备等财物，必要时可以扣押其权利证书，经拍照或者录像后原地封存，并开具查封清单一式四份，注明相关财物的详细地址和相关特征，同时注明已经拍照或者录像及其权利证书已被扣押，由检察人员、见证人和持有人签名或者盖章。持有人拒绝签名、盖章或者不在场的，应当在清单上注明。

人民检察院查封不动产和置于该不动产上不宜移动的设施、家具和其他相关财物，以及涉案的车辆、船舶、航空器和大型机械、设备等财物，应当在保证侦查活动正常进行的同时，尽量不影响有关当事人的正常生活和生产经营活动。必要时，可以将被查封的财物交持有人或者其近亲属保管，并书面告知保管人对被查封的财物应当妥善保管，不得转移、变卖、毁损、出租、抵押、赠予等。

人民检察院应当将查封决定书副本送达不动产、生产设备或者车辆、船舶、航空器等财物的登记、管理部门，告知其在查封期间禁止办理抵押、转让、出售等权属关系变更、转移登记手续。

(8) 扣押犯罪嫌疑人的邮件、电报或者电子邮件，应当经检察长批准，通知邮电部门或者网络服务单位将有关的邮件、电报或者电子邮件检交扣押。

不需要继续扣押的时候，应当立即通知邮电部门或者网络服务单位。

(9) 对于可以作为证据使用的录音、录像带、电子数据存储介质，应当记明案由、对象、内容，录取、复制的时间、地点、规格、类别、应用长度、文件格式及长度等，妥为保管，并制作清单，随案移送。

(10) 查封单位的涉密电子设备、文件等物品，应当在拍照或者录像后当场密封，由检察人员、见证人、单位有关负责人签名或者盖章。启封时应当有见证人、单位有关负责人在场并签名或者盖章。

对于有关人员拒绝按照前款有关规定签名或者盖章的，人民检察院应当在相关文书上注明。

对犯罪嫌疑人使用违法所得与合法收入共同购置的不可分割的财产，可以先行查封、扣押、冻结。对无法分割退还的财产，应当在结案后予以拍卖、变卖，对不属于违法所得的部分予以退还。

(11) 对于查封、扣押在人民检察院的物品、文件、邮件、电报，应当妥善保管，不得使用、调换、损毁或者自行处理。经查明确实与案件无关的，应当在3日以内作出解除或者退还决定，并通知有关单位、当事人办理相关手续。

(12) 立案之前发现涉嫌犯罪的财物，符合立案条件的，应当及时立案，并采取查封、扣押、冻结措施，以保全证据和防止涉案财物转移、损毁。

个人或者单位在立案之前向人民检察院自首时携带涉案财物的，人民检察院可以根据管辖规定先行接收，并向自首人开具接收凭证，根据立案和侦查情况决定是否查封、扣押、冻结。

人民检察院查封、扣押、冻结涉案财物后，应当对案件及时进行侦查，不得在无法定理由情况下撤销案件或者停止对案件的侦查。

(13) 犯罪嫌疑人到案后，其亲友受犯罪嫌疑人委托或者主动代为向检察机关退还或者赔偿涉案财物的，参照《人民检察院刑事诉讼规则（试行）》关于查封、扣押、冻结的相关程序办理。符合相关条件的，人民检察院应当开具查封、扣押、冻结决定书，并由检察人员、代为退还或者赔偿的人员和有关规定要求的其他人员在清单上签名或者盖章 。

代为退还或者赔偿的人员应当在清单上注明系受犯罪嫌疑人委托或者主动代为犯罪嫌疑人退还或者赔偿。

3. 涉案财物的移送与接收

（1）人民检察院办案部门查封、扣押、冻结涉案财物及其孳息后，应当及时按照下列情形分别办理，至迟不得超过3日，法律和有关规定另有规定的除外：

①将扣押的款项存入唯一合规账户；

②将扣押的物品和相关权利证书、支付凭证以及具有一定特征能够证明案情的现金等，送案件管理部门入库保管；

③将查封、扣押、冻结涉案财物的清单和扣押款项存入唯一合规账户的存款凭证等，送案件管理部门登记；案件管理部门应当对存款凭证复印保存，并将原件送计划财务装备部门。

扣押的款项或者物品因特殊原因不能按时存入唯一合规账户或者送案件管理部门保管的，经检察长批准，可以由办案部门暂时保管，在原因消除后及时存入或者移交，但应当将扣押清单和相关权利证书、支付凭证等送案件管理部门登记、保管。

（2）案件管理部门接收人民检察院办案部门移送的涉案财物或者清单时，应当审查是否符合下列要求：

①有立案决定书和相应的查封、扣押、冻结法律文书以及查封、扣押清单，并填写规范、完整，符合相关要求；

②移送的财物与清单相符；

③移送的扣押物品清单，已经依照《人民检察院刑事诉讼规则（试行）》有关扣押的规定注明扣押财物的主要特征；

④移送的外币、金银珠宝、文物、名贵字画以及其他不易辨别真伪的贵重物品，已经依照《人民检察院刑事诉讼规则（试行）》有关扣押的规定予以密封，检察人员、见证人和被扣押物品持有人在密封材料上签名或者盖章，经过鉴定的，附有鉴定意见复印件；

⑤移送的存折、信用卡、有价证券等支付凭证和具有一定特征能够证明案情的现金，已经依照《人民检察院刑事诉讼规则（试行）》有关扣押的规定予以密封，注明特征、编号、种类、面值、张数、金额等，检察人员、见证人和被扣押物品持有人在密封材料上签名或者盖章；

⑥移送的查封清单，已经依照《人民检察院刑事诉讼规则（试行）》有关查封的规定注明相关财物的详细地址和相关特征，检察人员、见证人和持有人签名或者盖章，注明已经拍照或者录像及其权利证书是否已被扣押，注明财物被查封

后由办案部门保管或者交持有人或者其近亲属保管，注明查封决定书副本已送达相关的财物登记、管理部门等。

（3）人民检察院办案部门查封、扣押的下列涉案财物不移送案件管理部门保管，由办案部门拍照或者录像后妥善管理或者及时按照有关规定处理：

①查封的不动产和置于该不动产上不宜移动的设施等财物，以及涉案的车辆、船舶、航空器和大型机械、设备等财物，及时依照《人民检察院刑事诉讼规则（试行）》有关查封、扣押的规定扣押相关权利证书，将查封决定书副本送达有关登记、管理部门，并告知其在查封期间禁止办理抵押、转让、出售等权属关系变更、转移登记手续；

②珍贵文物、珍贵动物及其制品、珍稀植物及其制品，按照国家有关规定移送主管机关；

③毒品、淫秽物品等违禁品，及时移送有关主管机关，或者根据办案需要严格封存，不得擅自使用或者扩散；

④爆炸性、易燃性、放射性、毒害性、腐蚀性等危险品，及时移送有关部门或者根据办案需要委托有关主管机关妥善保管；

⑤易损毁、灭失、变质等不宜长期保存的物品，易贬值的汽车、船艇等物品，经权利人同意或者申请，并经检察长批准，可以及时委托有关部门先行变卖、拍卖，所得款项存入唯一合规账户。先行变卖、拍卖应当做到公开、公平。

人民检察院办案部门依照规定不将涉案财物移送案件管理部门保管的，应当将查封、扣押清单以及相关权利证书、支付凭证等依照《人民检察院刑事诉讼涉案财物管理规定》第 10 条第 1 款的规定送案件管理部门登记、保管。案件管理部门接收其他办案机关随案移送的涉案财物的，参照《人民检察院刑事诉讼涉案财物管理规定》第 11 条、第 12 条的规定进行审查和办理。

（4）对移送的物品、权利证书、支付凭证以及具备一定特征能够证明案情的现金，案件管理部门审查后认为符合要求的，予以接收并入库保管。对移送的涉案款项，由其他办案机关存入检察机关指定的唯一合规账户，案件管理部门对转账凭证进行登记并联系计划财务装备部门进行核对。其他办案机关直接移送现金的，案件管理部门可以告知其存入指定的唯一合规账户，也可以联系计划财务装备部门清点、接收并及时存入唯一合规账户。计划财务装备部门应当在收到款项后 3 日以内将收款凭证复印件送案件管理部门登记。

（5）对于其他办案机关移送审查起诉时随案移送的有关实物，案件管理部门经商公诉部门后，认为属于不宜移送的，可以依照《刑事诉讼法》第 234 条第 1 款、第 2 款的规定，只接收清单、照片或者其他证明文件。必要时，人民检察院案件管理部门可以会同公诉部门与其他办案机关相关部门进行沟通协商，确定不随案移送的实物。

（6）案件管理部门应当指定专门人员，负责有关涉案财物的接收、管理和相关信息录入工作。

（7）案件管理部门接收密封的涉案财物，一般不进行拆封。移送部门或者案件管理部门认为有必要拆封的，由移送人员和接收人员共同启封、检查、重新密封，并对全过程进行录像。根据《人民检察院刑事诉讼规则（试行）》有关扣押的规定应当予以密封的涉案财物，启封、检查、重新密封时应当依照规定有见证人、持有人或者单位负责人等在场并签名或者盖章。

（8）案件管理部门对于接收的涉案财物、清单及其他相关材料，认为符合条件的，应当及时在移送清单上签字并制作入库清单，办理入库手续。认为不符合条件的，应当将原因告知移送单位，由移送单位及时补送相关材料，或者按照有关规定进行补正或者作出合理解释。

4. 涉案财物的保管

（1）人民检察院对于查封、扣押、冻结的涉案财物及其孳息，应当如实登记，妥善保管。

（2）人民检察院计划财务装备部门对扣押款项及其孳息应当逐案设立明细账，严格收付手续。计划财务装备部门应当定期对唯一合规账户的资金情况进行检查，确保账实相符。

（3）案件管理部门对收到的物品应当建账设卡，一案一账，一物一卡（码）。对于贵重物品和细小物品，根据物品种类实行分袋、分件、分箱设卡和保管。案件管理部门应当定期对涉案物品进行检查，确保账实相符。

（4）涉案物品专用保管场所应当符合下列防火、防盗、防潮、防尘等要求：

①安装防盗门窗、铁柜和报警器、监视器；

②配备必要的储物格、箱、袋等设备设施；

③配备必要的除湿、调温、密封、防霉变、防腐烂等设备设施；

④配备必要的计量、鉴定、辨认等设备设施；

⑤需要存放电子存储介质类物品的，应当配备防磁柜；

⑥其他必要的设备设施。

（5）人民检察院办案部门人员需要查看、临时调用涉案财物的，应当经办案部门负责人批准；需要移送、处理涉案财物的，应当经检察长批准。案件管理部门对于审批手续齐全的，应当办理查看、出库手续并认真登记。对于密封的涉案财物，在查看、出库、归还时需要拆封的，应当遵守《人民检察院刑事诉讼涉案财物管理规定》第15条的要求。

5. 涉案财物的处理

（1）对于查封、扣押、冻结的涉案财物及其孳息，除按照有关规定返还被害人或者经查明确实与案件无关的以外，不得在诉讼程序终结之前上缴国库或者作其他处理。法律和有关规定另有规定的除外。

在诉讼过程中，对权属明确的被害人合法财产，凡返还不损害其他被害人或者利害关系人的利益、不影响诉讼正常进行的，人民检察院应当依法及时返还。权属有争议的，应当在决定撤销案件、不起诉或者由人民法院判决时一并处理。

在扣押、冻结期间，权利人申请出售被扣押、冻结的债券、股票、基金份额等财产的，以及扣押、冻结的汇票、本票、支票的有效期即将届满的，人民检察院办案部门应当依照《人民检察院刑事诉讼规则（试行）》的有关规定及时办理。

（2）人民检察院作出撤销案件决定、不起诉决定或者收到人民法院作出的生效判决、裁定后，应当在30日以内对涉案财物作出处理。情况特殊的，经检察长批准，可以延长30日。

对涉案财物的处理工作，人民检察院决定撤销案件的，由侦查部门负责办理；人民检察院决定不起诉或者人民法院作出判决、裁定的案件，由公诉部门负责办理；对人民检察院直接立案侦查的案件，公诉部门可以要求侦查部门协助配合。

人民检察院按照《人民检察院刑事诉讼涉案财物管理规定》第5条第2款的规定先行接收涉案财物，如果决定不予立案的，侦查部门应当按照本条第1款规定的期限对先行接收的财物作出处理。

（3）处理由案件管理部门保管的涉案财物，办案部门应当持经检察长批准的相关文书或者报告，到案件管理部门办理出库手续；处理存入唯一合规账户的涉案款项，办案部门应当持经检察长批准的相关文书或者报告，经案件管理部门办理出库手续后，到计划财务装备部门办理提现或者转账手续。案件管理部门或者计划财务装备部门对于符合审批手续的，应当及时办理。

对于未移交案件管理部门保管或者未存入唯一合规账户的涉案财物，办案部门应当依照《人民检察院刑事诉讼涉案财物管理规定》第23条规定的期限报经检察长批准后及时作出处理。

（4）对涉案财物，应当严格依照有关规定，区分不同情形，及时作出相应处理：

①因犯罪嫌疑人死亡而撤销案件、决定不起诉，依照刑法规定应当追缴其违法所得及其他涉案财产的，应当按照《人民检察院刑事诉讼规则（试行）》有关犯罪嫌疑人逃匿、死亡案件违法所得的没收程序的规定办理；对于不需要追缴的涉案财物，应当依照《人民检察院刑事诉讼涉案财物管理规定》第23条规定的期限及时返还犯罪嫌疑人、被不起诉人的合法继承人；

②因其他原因撤销案件、决定不起诉，对于查封、扣押、冻结的犯罪嫌疑人违法所得及其他涉案财产需要没收的，应当依照《人民检察院刑事诉讼规则

(试行)》有关撤销案件时处理犯罪嫌疑人违法所得的规定提出检察建议或者依照刑事诉讼法第173条第3款的规定提出检察意见，移送有关主管机关处理；未认定为需要没收并移送有关主管机关处理的涉案财物，应当依照《人民检察院刑事诉讼涉案财物管理规定》第23条规定的期限及时返还犯罪嫌疑人、被不起诉人；

③提起公诉的案件，在人民法院作出生效判决、裁定后，对于冻结在金融机构的涉案财产，由人民法院通知该金融机构上缴国库；对于查封、扣押且依法未随案移送人民法院的涉案财物，人民检察院根据人民法院的判决、裁定上缴国库；

④人民检察院侦查部门移送审查起诉的案件，起诉意见书中未认定为与犯罪有关的涉案财物；提起公诉的案件，起诉书中未认定或者起诉书认定但人民法院生效判决、裁定中未认定为与犯罪有关的涉案财物，应当依照本条（第23条）第二项的规定移送有关主管机关处理或者及时返还犯罪嫌疑人、被不起诉人、被告人；

⑤对于需要返还被害人的查封、扣押、冻结涉案财物，应当按照有关规定予以返还。

人民检察院应当加强与人民法院、公安机关、国家安全机关的协调配合，共同研究解决涉案财物处理工作中遇到的突出问题，确保司法工作顺利进行，切实保障当事人合法权益。

（5）对于应当返还被害人的查封、扣押、冻结涉案财物，无人认领的，应当公告通知。公告满6个月无人认领的，依法上缴国库。上缴国库后有人认领，经查证属实的，人民检察院应当向人民政府财政部门申请退库予以返还。原物已经拍卖、变卖的，应当退回价款。

（6）对于贪污、挪用公款等侵犯国有资产犯罪案件中查封、扣押、冻结的涉案财物，除人民法院判决上缴国库的以外，应当归还原单位或者原单位的权利义务继受单位。犯罪金额已经作为损失核销或者原单位已不存在且无权利义务继受单位的，应当上缴国库。

（7）查封、扣押、冻结的涉案财物应当依法上缴国库或者返还有关单位和个人的，如果有孳息，应当一并上缴或者返还。

【注意事项】

1. 违法所得的一切财物，应当予以追缴或者责令退赔。对被害人的合法财产，应当依照有关规定返还。违禁品和供犯罪所用的财物，应当予以查封、扣押、冻结，并依法处理。

2. 严禁以虚假立案或者其他非法方式采取查封、扣押、冻结措施。对涉案单位违规的账外资金但与案件无关的，不得查封、扣押、冻结，可以通知有关主管机关或者其上级单位处理。

3. 查封、扣押、冻结涉案财物，应当为犯罪嫌疑人、被告人及其所扶养的亲属保留必需的生活费用和物品，减少对涉案单位正常办公、生产、经营等活动的影响。

4. 严禁在立案之前查封、扣押、冻结财物。

5. 人民检察院实行查封、扣押、冻结、处理涉案财物与保管涉案财物相分离的原则，办案部门与案件管理、计划财务装备等部门分工负责、互相配合、互相制约。侦查监督、公诉、控告检察、刑事申诉检察等部门依照刑事诉讼法和其他相关规定对办案部门查封、扣押、冻结、保管、处理涉案财物等活动进行监督。

办案部门负责对涉案财物依法进行查封、扣押、冻结、处理，并对依照《人民检察院刑事诉讼涉案财物管理规定》第10条第2款、第12条不移送案件管理部门或者不存入唯一合规账户的涉案财物进行管理；案件管理部门负责对办案部门和其他办案机关移送的涉案物品进行保管，并依照有关规定对查封、扣押、冻结、处理涉案财物工作进行监督管理；计划财务装备部门负责对存入唯一合规账户的扣押款项进行管理。

人民检察院监察部门依照有关规定对查封、扣押、冻结、保管、处理涉案财物工作进行监督。

6. 人民检察院查封、扣押、冻结、处理涉案财物，应当使用最高人民检察院统一制定的法律文书，填写必须规范、完整。禁止使用不符合规定的文书查封、扣押、冻结、处理涉案财物。

7. 查封、扣押、冻结、保管、处理涉及国家秘密、商业秘密、个人隐私的财物，应当严格遵守有关保密规定。

8. 对涉案财物的保管、鉴定、估价、公告等支付的费用，列入人民检察院办案（业务）经费，不得向当事人收取。

【文书与说明】

1. 调取证据通知书

人民检察院
调取证据通知书
（存　根）

检　调证〔　〕　号

案由＿＿＿＿＿＿＿＿
犯罪嫌疑人基本情况（姓名、性别、年龄、工作单位、住址、身份证号码、是否人大代表、政协委员）＿＿＿＿＿＿＿＿
调取证据名称＿＿＿＿＿＿＿＿
证据持有人（单位）＿＿
批准人＿＿＿＿＿＿＿＿
承办人＿＿＿＿＿＿＿＿
填发人＿＿＿＿＿＿＿＿
填发时间＿＿＿＿＿＿＿＿

第一联 统一保存

检　调证〔　〕号

人民检察院
调取证据通知书
（副　本）

检　调证〔　〕　号

＿＿＿＿＿＿：
根据《中华人民共和国刑事诉讼法》第五十二条之规定，本院需要对在你处的下列证据材料：＿＿＿＿＿＿＿＿予以调取。请将上列证据材料于＿＿年＿＿月＿＿日前送交我院。

年　月　日
（检察院印）

第二联 附卷

检　调证〔　〕号

人民检察院
调取证据通知书

检　调证〔　〕　号

根据《中华人民共和国刑事诉讼法》第五十二条之规定，本院需要对在你处的下列证据材料：＿＿＿＿＿＿＿＿予以调取。请将上列证据材料于＿＿年＿＿月＿＿日前送交我院。

年　月　日
（检察院印）

第三联 送交提供证据的单位或个人

检　调证〔　〕号

人民检察院
调取证据通知书
（回　执）

＿＿＿＿＿＿人民检察院：
你院＿＿＿＿＿＿号调取证据通知书收悉，现将＿＿＿＿＿＿＿＿送交你院。

（签名或盖章）
年　月　日

第四联 由提供证据的单位或个人提供证据退回后附卷

2. 调取证据清单

人民检察院

调取证据清单

编号	名　　称	数量	特 征	备 注

提 供 人：

办 案 人　　　　　　　　　　年　　月　　日

（院印）

本清单一式三份，一份附卷，一份交证据材料持有人，一份交证据材料保管人员。

3. 查封通知书

人民检察院
查封通知书
（存　根）

检　封通〔　〕　号

案件名称______
案件编号______
犯罪嫌疑人____性别____年龄____
查封原因______
查封数量______
查封时间______
批 准 人______
批准时间______
办 案 人______
办案单位______
填 发 人______
填发时间______

第一联 统一保存

检　封通〔　〕号

人民检察院
查封通知书
（副　本）

检　封通〔　〕　号

______：

根据《中华人民共和国刑事诉讼法》第一百三十九条的规定，本院决定对______予以查封。

（检察院印）
年　月　日

附：查封财物、文件清单

第二联 附卷

检　封通〔　〕号

人民检察院
查封通知书

检　封通〔　〕　号

______：

根据《中华人民共和国刑事诉讼法》第一百三十九条的规定，本院决定对______予以查封。

（检察院印）
年　月　日

附：查封财物、文件清单

第三联 送达被查封人或其家属

职务犯罪侦查办案一本通

4. 查封/扣押财物、文件清单

人民检察院

查封/扣押财物、文件清单

第　　页　　共　　页

编号	物品、文件名称	数量	单　位	特征	备注

被查封/扣押财物、文件持有人：
见证人：
查封/扣押人　　　　　　　　年　　月　　日
（扣押物品、文件专用章）

本清单一式四份，一份统一保存，一份附卷，一份交被查封/扣押财物、文件持有人，一份交被查封/扣押财物、文件保管人。

5. 协助查封通知书

人民检察院

协助查封通知书

（存　根）

检　协封〔　〕　号

案件名称＿＿＿＿＿＿

案件编号＿＿＿＿＿＿

犯罪嫌疑人＿＿＿性别＿＿年龄＿＿

协助查封单位＿＿＿＿＿＿

查封原因＿＿＿＿＿＿

查封数量＿＿＿＿＿＿

查封时间＿＿＿＿＿＿

批 准 人＿＿＿＿＿＿

批准时间＿＿＿＿＿＿

办 案 人＿＿＿＿＿＿

办案单位＿＿＿＿＿＿

填 发 人＿＿＿＿＿＿

填发时间＿＿＿＿＿＿

第一联 统一保存

检　协封〔　〕号

人民检察院

协助查封通知书

检　协封〔　〕　号

＿＿＿＿＿＿：

根据《中华人民共和国刑事诉讼法》第一百三十九条的规定，请予以协助查封犯罪嫌疑人＿＿＿＿＿＿的下列财物、文件：

财物、文件名称＿＿＿＿＿＿

＿＿＿＿＿＿

财物、文件所在地＿＿＿＿＿＿

＿＿＿＿＿＿

查封数量（大、小写）＿＿＿＿＿＿

＿＿＿＿＿＿

协助查封方式＿＿＿＿＿＿

＿＿＿＿＿＿

（检察院印）

年　月　日

第二联 送达协助查封单位

检　协封〔　〕号

人民检察院

协助查封通知书

（回　执）

＿＿＿＿＿＿人民检察院：

你院＿＿＿＿＿＿协封通〔＿＿＿＿〕＿＿＿号协助查封通知书收悉，犯罪嫌疑人＿＿＿＿＿＿＿＿在＿＿＿＿＿＿＿＿＿＿＿＿的＿＿＿＿已办理查封手续，此复。

（协助单位印）

年　月　日

第三联 退回后附卷

6. 解除查封通知书

人民检察院
解除查封通知书
（存　根）

检　解封〔　〕　号

案件名称＿＿＿＿＿＿＿＿
案件编号＿＿＿＿＿＿＿＿
被查封人＿＿＿＿＿＿＿＿
解除查封的财物、文件＿＿＿＿
解除原因＿＿＿＿＿＿＿＿
批 准 人＿＿＿＿＿＿＿＿
批准时间＿＿＿＿＿＿＿＿
办 案 人＿＿＿＿＿＿＿＿
办案单位＿＿＿＿＿＿＿＿
填 发 人＿＿＿＿＿＿＿＿
填发时间＿＿＿＿＿＿＿＿

第一联 统一保存

检解封〔　〕号

人民检察院
解除查封通知书
（副　本）

检　解封〔　〕　号

＿＿＿＿＿＿：

根据《中华人民共和国刑事诉讼法》第一百四十三条、第一百七十三条的规定，我院对＿＿＿＿年＿＿月＿＿＿日＿＿＿＿号查封通知书及查封财物、文件清单载明的第＿项财物、文件，决定解除查封。

（检察院印）
年　月　日

第二联 附卷

检解封〔　〕号

人民检察院
解除查封通知书

检　解封〔　〕　号

＿＿＿＿＿＿：

根据《中华人民共和国刑事诉讼法》第一百四十三条、第一百七十三条的规定，我院对＿＿＿年＿＿月＿＿＿日＿＿＿＿号查封通知书及查封财物、文件清单载明的第＿项财物、文件，决定解除查封。

（检察院印）
年　月　日

第三联 送达被查封人或其家属

7. 扣押通知书

人民检察院
扣押通知书
（存　根）

检　扣通〔　〕　号

案由________________

被扣押财物、文件持有人____ 性别____年龄____

工作单位________________

住址________________

被扣押人________________

扣押的财物、文件________________

扣押原因________________

批准人________________

承办人________________

填发时间________________

填 发 人________________

第一联 统一保存

检　扣通〔　〕号

人民检察院
扣押通知书
（副　本）

检　扣通　〔　〕　号

__________：

根据《中华人民共和国刑事诉讼法》第一百三十九条的规定，本院决定对________________予以扣押。

年　月　日
（检察院印）

附：扣押财物、文件清单

第二联 附卷

检　扣通〔　〕号

人民检察院
扣押通知书

检　扣通〔　〕　号

__________：

根据《中华人民共和国刑事诉讼法》第一百三十九条的规定，本院决定对________________予以扣押。

年　月　日
（检察院印）

附：扣押财物、文件清单

第三联 送达被扣押财物、文件持有人或其家属

职务犯罪侦查办案一本通

8. 解除扣押通知书

人民检察院

解除扣押通知书

（存　根）

检　解扣〔　〕　号

案由____________

被扣押财物、文件持有人____ 性别____年龄____

工作单位____________

住址____________

被扣押人____________

解除扣押的财物、文件____________

解除原因____________

批准人____________

承办人____________

填发时间____________

填发人____________

第一联 统一保存

检解扣〔　〕号

人民检察院

解除扣押通知书

（副　本）

检 解扣〔　〕　号

____________：

根据《中华人民共和国刑事诉讼法》第一百四十三条、第一百七十三条的规定，我院对______年______月______日________号扣押通知书及财物、文件清单载明的第__项财物、文件，决定解除扣押。

年　月　日

（检察院印）

被害人（原持有人）：签名或盖章

第二联 附卷

检解扣〔　〕号

人民检察院

解除扣押通知书

检 解扣　〔　〕　号

____________：

根据《中华人民共和国刑事诉讼法》第一百四十三条、第一百七十三条的规定，我院对______年______月______日________号扣押通知书及扣押财物、文件清单载明的第__项财物、文件，决定解除扣押。

年　月　日

（院印）

第三联 送达被扣押财物、文件持有人或其家属

9. 退还、返还查封/扣押/调取财物、文件通知书、清单

人民检察院
退还、返还查封/扣押/调取财物、文件通知书
（存　根）

检　退返〔　〕　号

案由＿＿＿＿＿＿
犯罪嫌疑人＿＿＿＿＿＿
领取人＿＿＿＿＿＿
批准人＿＿＿＿＿＿
填发人＿＿＿＿＿＿
填发时间＿＿＿＿＿＿

第一联　统一保存

检　退返〔　〕号

人民检察院
退还、返还查封/扣押/调取财物、文件通知书
（副　本）

检　退返〔　〕　号

＿＿＿＿＿＿：

根据《中华人民共和国刑事诉讼法》第一百四十三条/第二百三十四条的规定，我院决定将查封/扣押/调取的有关财物、文件予以退还（返回）。

年　月　日
（检察院印）

附：退还、返还查封/扣押/调取财物、文件清单

第二联　附卷

检　退返〔　〕号

人民检察院
退还、返还查封/扣押/调取财物、文件通知书

检　退返〔　〕　号

＿＿＿＿＿＿：

根据《中华人民共和国刑事诉讼法》第一百四十三条/第二百三十四条的规定，我院决定将查封/扣押/调取的有关财物、文件予以退还（返回）。

年　月　日
（检察院印）

附：退还、返还查封/扣押/调取财物、文件清单

第三联　送达领取人

检　退返〔　〕号

人民检察院
退还、返还查封/扣押/调取财物、文件通知书
（回　执）

检　退返〔　〕　号

＿＿＿＿＿＿人民检察院：

你院＿＿＿＿年＿＿＿＿月＿＿＿＿日＿＿＿＿号退还、返还查封/扣押/调取财物、文件通知书收悉，已收到退还、返还查封/扣押/调取财物、文件。

年　月　日
（公章）

附：退还、返还查封/扣押/调取财物、文件清单

第四联由原被扣押（调取）财物、文件持有单位退回后附卷

10. 退还、返还查封/扣押/调取财物、文件清单

人民检察

退还、返还查封/扣押/调取财物、文件清单

第　页　共　页

编号	财物、文件名称	数量	单位特征	备 注

批准人：
承办人：
领取人　　　　　　年　月　日
（院印）

本清单一式四份，一份统一保存，一份附卷，
一份交被查封/扣押/调取财物、文件保管人，一份交领取人。

11. 处理查封/扣押财物、文件决定书、清单

（第一联）

人民检察院

处理查封/扣押

财物、文件决定书

（存　根）

检　处决〔　　　〕　号

案由________________

犯罪嫌疑人的基本情况（姓名、性别、年龄、工作单位、住址、身份证号码、是否人大代表、政协委员）________________

____

原持有人________________

受理单位________________

批准人________________

承办人________________

填发人________________

填发时间________________

第一联 统一保存

检　处决〔　〕号

（第二联）

人民检察院

处理查封/扣押

财物、文件决定书

（副　本）

检　处决〔　〕　号

________：

根据《中华人民共和国刑事诉讼法》第二百三十四条的规定，本院决定将查封/扣押的有关财物、文件________________。

年　月　日

（检察院印）

附：处理财物、文件清单

第二联 附卷

检　处决〔　〕号

（第三联）

人民检察院

处理查封/扣押

财物、文件决定书

检 处决〔　〕　号

________：

根据《中华人民共和国刑事诉讼法》第二百三十四条的规定，本院决定将查封/扣押的有关财物、文件________________。

你（单位）如不服本决定，可在收到本决定后向__________人民检察院申诉。

年　月　日

（检察院印）

附：处理财物、文件清单

第三联 送达原财物、文件持有人

人民检察院

处理查封/扣押财物、文件决定书

检处决〔 〕 号

____________：

根据《中华人民共和国刑事诉讼法》第二百三十四条的规定，本院决定将查封/扣押的有关财物、文件____。

年 月 日

（检察院印）

附：处理财物、文件清单

第四联送达受理单位

检处决〔 〕号

人民检察院

处理查封/扣押财物、文件决定书

（回 执）

____________人民检察院：

你院____年__月__日以____号处理扣押财物、文件决定书移送的有关财物、文件收悉。

此复。

年 月 日

（公章）

第五联退回后附卷

人民检察院

处理查封/扣押财物、文件清单

第　　页　　共　　页

编号	财物、文件名称	数量	单位	特征	物品来源	处理情况	证明人

批准人：　　　　　　　　接收单位
承办人：　　　　　　　　接收人
年　月　日　　　　　　　　年　月　日
（公章印）　　　　　　　　（公章印）

本清单一式五份，一份统一保存，一份附卷，一份送达有关当事人，一份交被查封/扣押财物、文件保管人，一份交接收人。

12. 移送查封/扣押、冻结财物、文件决定书、清单

人民检察院

移送查封/扣押、冻结财物、文件决定书

（存　根）

检　移决〔　〕　号

案由＿＿＿＿＿＿

犯罪嫌疑人的基本情况（姓名、性别、年龄、工作单位、住址、身份证号码、是否人大代表、政协委员）

＿＿＿＿＿＿

受理单位＿＿＿＿＿＿

批准人＿＿＿＿＿＿

承办人＿＿＿＿＿＿

填发人＿＿＿＿＿＿

填发时间＿＿＿＿＿＿

第一联 统一保存

检　移决〔　〕号

人民检察院

移送查封/扣押、冻结财物、文件决定书

（副　本）

检　移决〔　〕　号

＿＿＿＿＿＿：

根据《中华人民共和国刑事诉讼法》第二百三十四条的规定，本院决定将查封/扣押、冻结的有关财物、文件移送你＿＿＿＿＿＿。

年　月　日

（检察院印）

附：移送查封/扣押、冻结财物、文件清单

第二联 附卷

检　移决〔　〕号

人民检察院

移送查封/扣押、冻结财物、文件决定书

检　移决〔　〕　号

＿＿＿＿＿＿：

根据《中华人民共和国刑事诉讼法》第二百三十四条的规定，本院决定将查封/扣押、冻结的有关财物、文件移送＿＿＿＿＿＿。

你（单位）如不服本决定，可在收到本决定后向＿＿＿＿人民检察院申诉。

年　月　日

（院印）

附：移送查封/扣押、冻结财物、文件清单

第三联 送达原持有人

人民检察院
移送查封/扣押、冻结
物品、文件决定书

检移决〔 〕 号

______：

根据《中华人民共和国刑事诉讼法》第二百三十四条的规定，本院决定将有关财物、文件移送你______
______。

年 月 日
（检察院印）

附：移送查封/扣押、冻结财物、文件清单

第四联送达受理单位

检移决〔 〕号

人民检察院
移送查封/扣押、冻结
财物、文件决定书
（回 执）

______人民检察院：

你院____年__月__日以____号移送查封/扣押、冻结财物、文件决定书移送的有关财物、文件及清单收悉。

此复。

年 月 日
（公章）

第五联退回后附卷

职务犯罪侦查办案一本通

人民检察院

移送查封/扣押、冻结财物、文件清单

第　　页　共　　页

编号	财物、文件名称	数量	单位	特征	备注

接收单位：　　　　　　　　　　移交单位：

接收人：　　　　　　　　　　　移交人：

年　月　日

（院印）

本清单一式五份，一份统一保存，一份附卷，一份交原持有人，一份交接收单位，一份交被扣押财物、文件保管人。

14. 扣押邮件、电报通知书

人民检察院
扣押邮件、
电报通知书
（存　根）

检扣邮〔　〕　号

案由＿＿＿＿＿＿
犯罪嫌疑人的基本情况（姓名、性别、年龄、工作单位、住址、身份证号码、是否人大代表、政协委员）＿＿＿＿＿＿
送达单位＿＿＿＿＿＿
扣押种类＿＿＿＿＿＿
批准人＿＿＿＿＿＿
承办人＿＿＿＿＿＿
填发人＿＿＿＿＿＿
填发时间＿＿＿＿＿＿

第一联 统一保存

检　扣邮〔　〕号

人民检察院
扣押邮件、
电报通知书
（副　本）

检扣邮〔　〕　号

＿＿＿＿＿＿：
因＿＿＿＿＿＿＿＿＿＿＿＿，根据《中华人民共和国刑事诉讼法》第＿＿＿＿条的规定，请你单位从＿＿＿＿年＿＿＿＿月＿＿日起，对犯罪嫌疑人＿＿＿＿＿＿（工作单位）＿＿＿＿，住址＿＿＿的邮件、电报检交本院扣押。

年　月　日
（检察院印）

第二联 附卷

检　扣邮〔　〕号

人民检察院
扣押邮件、
电报通知书

检扣邮〔　〕　号

＿＿＿＿＿＿：
因＿＿＿＿＿＿＿＿＿＿＿＿，根据《中华人民共和国刑事诉讼法》第＿＿＿＿条的规定，请你单位从＿＿＿＿年＿＿＿＿月＿＿日起，对犯罪嫌疑人＿＿＿＿＿＿（工作单位）＿＿＿＿，住址＿＿＿的邮件、电报检交本院扣押。

年　月　日
（检察院印）

第三联 送达邮电部门或网络服务机构

检　扣邮〔　〕号

人民检察院
扣押邮件、
电报通知书
（回　执）

＿＿＿＿＿＿人民检察院：
你院＿＿＿年＿＿＿月＿＿＿日以＿＿＿号扣押邮件、电报通知书收悉，我（单位）已开始执行扣押措施，犯罪嫌疑人＿＿＿＿的邮件、电报＿＿＿＿一经发现，立即送交你院。
此复。

年　月　日
（检察院印）

第四联退回后附卷

15. 解除扣押邮件、电报通知书

人民检察院
解除扣押邮件、
电报通知书
（存 根）

检 解扣邮〔 〕 号

案由＿＿＿＿＿＿＿＿
犯罪嫌疑人的基本情况（姓名、性别、年龄、工作单位、住址、身份证号码、是否人大代表、政协委员）＿＿＿＿＿＿＿＿

协助扣押单位＿＿＿＿＿＿＿＿
解除扣押原因＿＿＿＿＿＿＿＿
批准人＿＿＿＿＿＿＿＿
承办人＿＿＿＿＿＿＿＿
填发人＿＿＿＿＿＿＿＿
填发时间＿＿＿＿＿＿＿＿

第一联 统一保存

检 解扣邮〔 〕号

人民检察院
解除扣押邮件、
电报通知书
（副 本）

检 解扣邮〔 〕 号

＿＿＿＿＿＿：

本院＿＿年＿＿月＿＿日＿＿号扣押邮件、电报通知书通知你单位扣押犯罪嫌疑人＿＿＿＿（工作单位）＿＿＿＿＿＿，住址＿＿＿＿的邮件、电报，现已不需要继续扣押，根据《中华人民共和国刑事诉讼法》第＿＿＿＿条的规定，请协助解除扣押措施。

年 月 日
（检察院印）

第二联 附卷

检 解扣邮〔 〕号

人民检察院
解除扣押邮件、
电报通知书

检 解扣邮〔 〕 号

＿＿＿＿＿＿：

本院＿＿年＿＿月＿＿日＿＿号扣押邮件、电报通知书通知你单位扣押犯罪嫌疑人＿＿＿＿（工作单位）＿＿＿＿＿＿，住址＿＿＿＿的邮件、电报，现已不需要继续扣押，根据《中华人民共和国刑事诉讼法》第＿＿＿＿条的规定，请协助解除扣押措施。

年 月 日
（检察院印）

第三联 送达邮电部门或网络服务机构

文书制作说明

调取证据通知书制作说明

一、本文书依据《刑事诉讼法》第五十二条第一款、第一百七十一条规定制作。为人民检察院向有关单位和个人收集、调取证据时使用。

二、本文书共四联，第一联统一保存备查，第二联附卷，第三联送达提供证据的单位或个人，第四联由被调取证据的单位或个人如实填写并签名或盖章退回后附卷。

调取证据清单制作说明

一、本文书是人民检察院向有关单位和个人收集、调取证据时所开列的清单。在调取证据较多的情况下配合《调取证据通知书》使用。

二、填写清单时每一个证据填记一行。填写完毕后，在空余表格处画截止线，以示结束。

三、本文书一式三份，一份统一保存备查，一份附卷，一份交提供证据的单位或个人。三份清单使用同一编号。

查封通知书制作说明

一、本文书为新增法律文书。依据《刑事诉讼法》第一百三十九条、第一百四十条的规定制作。为人民检察院在办案中，对犯罪嫌疑人的赃款赃物以及其他与犯罪有关的财物、文件决定查封时使用。

二、本文书一式三联。第一联统一保存，第二联附卷，第三联送达被查封人或其家属。

查封/扣押财物、文件清单制作说明

一、本文书依据《刑事诉讼法》第一百三十九条、第一百四十条的规定制作。为人民检察院在勘验、搜查中发现需要查封、扣押的财物、文件时使用。对于犯罪嫌疑人或他的家属以及有关单位和个人主动提供的与案件有关的财物、文件，需要扣押的以及邮电部门网络服务机构根据人民检察院《扣押邮件、电报通知书》检交的邮件、电报，需要扣押的，也应使用本文书。

二、使用本文书时，对查封、扣押财物或文件的名称、型号、规格、数量、重量、质量、新旧程度和缺损特征等，应在清单中注明。文书由侦查人员、见证人、持有人签名或盖章。如物品、文件持有人拒绝签名或盖章，应当在文书上注明。本文书使用人民检察院查封、扣押物品专用章。

三、对于应当查封的不动产和置于该不动产上不宜移动的设施、家具和其他相关财物，以及涉案的车辆、船舶、航空器和大型机械、设备等财物，必要时可以扣押其权利证书，经拍照或者录像后原地封存，必要时，可以将被查封的财物交持有人或者其近亲属保管，并书面告知保管人对被查封的财物应当妥善保管，不得转移、变卖、毁损、出租、抵押、赠予等。

四、本文书一式四份，一份统一保存备查，一份附卷，一份交物品、文件持有人，一份交扣押财物、文件保管人。四份清单使用同一编号。

协助查封通知书制作说明

一、本文书为新增法律文书。依据《刑事诉讼法》第一百三十九条、第一百四十条的规定制作。为人民检察院在办案中，需要有关单位协助人民检察院对犯罪嫌疑人的赃款赃物以及其他与犯罪有关的财物、文件进行查封时使用。

二、本文书一式三联。第一联统一保存，第二联送达协助查封单位，第三联退回后附卷。

解除查封通知书制作说明

一、本文书为新增法律文书。依据《刑事诉讼法》第一百四十三条、第一百七十三条的规定制作。为人民检察院对已查明与案件无关的查封财物、文件，以及人民检察院决定不起诉的案件，对侦查中查封的财物决定解除查封，退回被查封人时使用。

二、本文书一式三联。第一联统一保存，第二联附卷，第三联送达被查封人或其家属。

扣押通知书制作说明

一、本文书依据《刑事诉讼法》第一百三十九条规定制作。为人民检察院对犯罪嫌疑人及其亲属退还、上缴的赃款以及其他与犯罪有关的财物、文件，有关单位和个人主动提交的与犯罪有关的财物、文件，或者人民检察院在办案中发现的与犯罪有关的财物、文件，决定予以扣押时使用。

二、本文书共三联，第一联统一保存，第二联附卷，第三联送达被扣押财物、文件原持有人或其家属。

解除扣押通知书制作说明

一、本文书依据《刑事诉讼法》第一百四十三条、第一百七十三条的规定制作。为人民检察院对已查明与案件无关的扣押财物、文件，以及人民检察院决定不起诉的案件，对侦查中扣押的财物决定解除扣押，退回被扣押人时使用。

二、本文书共三联，第一联统一保存，第二联附卷，第三联送达被扣押财物、文件原持有人或其家属。

退还、返还查封/扣押/调取财物、文件通知书说明

一、本文书依据《刑事诉讼法》第一百四十三条、第二百三十四条规定制作。为人民检察院在将有关调取或者查封、扣押的与案件有关的财物、文件返还被害人或者退还原财物、文件持有人时使用。

二、本文书共四联，第一联统一保存，第二联附卷，第三联送达领取人，第四联由原被查封/扣押/调取财物、文件持有单位退回后附卷。

退还、返还查封/扣押/调取财物、文件清单制作说明

一、本文书依据《刑事诉讼法》第一百四十三条、第二百三十四条的规定制作。为人民检察院依法将调取或者扣押的与案件有关的财物、文件退还原主或者返还被害人时使用。

二、本文书所列的名称、特征，应与调取证据清单、扣押财物、文件清单相符。承办人和领取人查点核对后当场签字或者盖章。

三、本文书一式四份，一份统一保存备查，一份附卷，一份交被查封/扣押/调取财物、文件保管人，一份交领取人。四份清单使用同一编号。

处理查封/扣押财物、文件决定书制作说明

一、本文书依据《刑事诉讼法》第二百三十四条的规定制作。为人民检察院处理查封/扣押的违禁品或不宜长期保存的物品以及依法对扣押的财物及其孳息处理时使用。

二、本文书共五联，第一联统一保存，第二联附卷，第三联送达原持有人，第四联送达受理单位，第五联退回后附卷。

处理查封/扣押财物、文件清单制作说明

一、本文书依据《刑事诉讼法》第二百三十四条的规定制作。为人民检察院在处理查封/扣押的违禁品或不宜长期保存的物品以及依法对扣押的财物及其孳息处理时使用。

二、本文书共五份，一份统一保存，一份附卷，一份送达有关当事人，一份

交被查封/扣押财物、文件保管人，一份交接收单位。文书中“证明文件（人）”一栏所列证明文件应连同本文书一并附卷。五份清单使用同一编号。

移送查封/扣押、冻结财物、文件决定书制作说明

一、本文书依据《刑事诉讼法》第二百三十四条的规定制作。

二、为人民检察院将查封/扣押、冻结的有关财物、文件（包括违法所得）移送有关部门处理时使用。

三、本文书共五联，第一联统一保存，第二联附卷，第三联送达原持有人，第四联送达受理单位，第五联退回后附卷。

移送查封/扣押、冻结财物、文件清单制作说明

一、本文书依据《刑事诉讼法》第二百三十四条的规定制作。为人民检察院将扣押、冻结的有关财物、文件（包括违法所得）移送有关部门处理时使用。

二、本文书共五份，一份统一保存，一份附卷，一份交原持有人，一份交接收单位，一份交被扣押财物、文件保管人。五份清单使用同一编号。

扣押邮件、电报通知书制作说明

一、本文书依据《刑事诉讼法》第一百四十一条规定制作。为人民检察院在依法需要扣押犯罪嫌疑人邮件、电报、电子邮件，通知邮电部门或网络服务机构协助执行时使用。

二、本文书共四联，第一联统一保存备查，第二联附卷，第三联送达邮电部门或网络服务机构，第四联邮电部门或网络服务机构退回后附卷。

解除扣押邮件、电报通知书制作说明

一、本文书依据《刑事诉讼法》第一百四十一条、第一百四十三条的规定制作。为人民检察院解除扣押的邮件、电报时使用。

二、本文书上原扣押邮件、电报通知书的制作年月日和文号、被扣押人的姓名、工作单位、住址要准确无误地填写，与原扣押通知书一致。需要退还邮件、电报时，应填写退还扣押物品、文件清单。

三、本文书共三联，第一联统一保存备查，第二联附卷，第三联送达邮电部门或网络服务机构。

【办案依据】

1.《中华人民共和国刑事诉讼法（2012年修正）》（节录）

第一百三十九条 在侦查活动中发现的可用以证明犯罪嫌疑人有罪或者无罪的各种财物、文件，应当查封、扣押；与案件无关的财物、文件，不得查封、扣押。

对查封、扣押的财物、文件，要妥善保管或者封存，不得使用、调换或者损毁。

第一百四十条 对查封、扣押的财物、文件，应当会同在场见证人和被查封、扣押财物、文件持有人查点清楚，当场开列清单一式二份，由侦查人员、见证人和持有人签名或者盖章，一份交给持有人，另一份附卷备查。

第一百四十一条 侦查人员认为需要扣押犯罪嫌疑人的邮件、电报的时候，经公安机关或者人民检察院批准，即可通知邮电机关将有关的邮件、电报检交扣押。

不需要继续扣押的时候，应即通知邮电机关。

2. 最高人民法院《关于适用〈中华人民共和国刑事诉讼法〉的解释》（2012年11月5日最高人民法院审判委员会第1559次会议通过）（节录）

第六十九条 对物证、书证应当着重审查以下内容：

（一）物证、书证是否为原物、原件，是否经过辨认、鉴定；物证的照片、录像、复制品或者书证的副本、复制件是否与原物、原件相符，是否由二人以上制作，有无制作人关于制作过程以及原物、原件存放于何处的文字说明和签名；

（二）物证、书证的收集程序、方式是否符合法律、有关规定；经勘验、检查、搜查提取、扣押的物证、书证，是否附有相关笔录、清单，笔录、清单是否经侦查人员、物品持有人、见证人签名，没有物品持有人签名的，是否注明原因；物品的名称、特征、数量、质量等是否注明清楚；

（三）物证、书证在收集、保管、鉴定过程中是否受损或者改变；

（四）物证、书证与案件事实有无关联；对现场遗留与犯罪有关的具备鉴定条件的血迹、体液、毛发、指纹等生物样本、痕迹、物品，是否已作DNA鉴定、指纹鉴定等，并与被告人或者被害人的相应生物检材、生物特征、物品等比对；

（五）与案件事实有关联的物证、书证是否全面收集。

第七十条 据以定案的物证应当是原物。原物不便搬运，不易保存，依法应当由有关部门保管、处理，或者依法应当返还的，可以拍摄、制作足以反映原物外形和特征的照片、录像、复制品。

物证的照片、录像、复制品，不能反映原物的外形和特征的，不得作为定案的根据。

物证的照片、录像、复制品，经与原物核对无误、经鉴定为真实或者以其他方式确认为真实的，可以作为定案的根据。

第七十一条 据以定案的书证应当是原件。取得原件确有困难的，可以使用副本、复制件。

书证有更改或者更改迹象不能作出合理解释，或者书证的副本、复制件不能反映原件及其内容的，不得作为定案的根据。

书证的副本、复制件，经与原件核对无误、经鉴定为真实或者以其他方式确认为真实的，可以作为定案的根据。

第七十二条 对与案件事实可能有关联的血迹、体液、毛发、人体组织、指纹、足迹、字迹等生物样本、痕迹和物品，应当提取而没有提取，应当检验而没有检验，导致案件事实存疑的，人民法院应当向人民检察院说明情况，由人民检察院依法补充收集、调取证据或者作出合理说明。

第七十三条 在勘验、检查、搜查过程中提取、扣押的物证、书证，未附笔录或者清单，不能证明物证、书证来源的，不得作为定案的根据。

物证、书证的收集程序、方式有下列瑕疵，经补正或者作出合理解释的，可以采用：

（一）勘验、检查、搜查、提取笔录或者扣押清单上没有侦查人员、物品持有人、见证人签名，或者对物品的名称、特征、数量、质量等注明不详的；

（二）物证的照片、录像、复制品，书证的副本、复制件未注明与原件核对无异，无复制时间，或者无被收集、调取人签名、盖章的；

（三）物证的照片、录像、复制品，书证的副本、复制件没有制作人关于制作过程和原物、原件存放地点的说明，或者说明中无签名的；

（四）有其他瑕疵的。

对物证、书证的来源、收集程序有疑问，不能作出合理解释的，该物证、书证不得作为定案的根据。

第九十二条 对视听资料应当着重审查以下内容：

（一）是否附有提取过程的说明，来源是否合法；

（二）是否为原件，有无复制及复制份数；是复制件的，是否附有无法调取原件的原因、复制件制作过程和原件存放地点的说明，制作人、原视听资料持有人是否签名或者盖章；

（三）制作过程中是否存在威胁、引诱当事人等违反法律、有关规定的情形；

（四）是否写明制作人、持有人的身份，制作的时间、地点、条件和方法；

（五）内容和制作过程是否真实，有无剪辑、增加、删改等情形；

（六）内容与案件事实有无关联。

对视听资料有疑问的，应当进行鉴定。

第九十三条 对电子邮件、电子数据交换、网上聊天记录、博客、微博客、手机短信、电子签名、域名等电子数据，应当着重审查以下内容：

（一）是否随原始存储介质移送；在原始存储介质无法封存、不便移动或者依法应当由有关部门保管、处理、返还时，提取、复制电子数据是否由二人以上进行，是否足以保证电子数据的完整性，有无提取、复制过程及原始存储介质存放地点的文字说明和签名；

（二）收集程序、方式是否符合法律及有关技术规范；经勘验、检查、搜查等侦查活动收集的电子数据，是否附有笔录、清单，并经侦查人员、电子数据持有人、见证人签名；没有持有人签名的，是否注明原因；远程调取境外或者异地的电子数据的，是否注明相关情况；对电子数据的规格、类别、文件格式等注明是否清楚；

（三）电子数据内容是否真实，有无删除、修改、增加等情形；

（四）电子数据与案件事实有无关联；

（五）与案件事实有关联的电子数据是否全面收集。

对电子数据有疑问的，应当进行鉴定或者检验。

第九十四条 视听资料、电子数据具有下列情形之一的，不得作为定案的根据：

（一）经审查无法确定真伪的；

（二）制作、取得的时间、地点、方式等有疑问，不能提供必要证明或者作出合理解释的。

3.《人民检察院刑事诉讼规则（试行）》（2012年10月16日由最高人民检察院第十一届检察委员会第八十次会议第二次修订）（节录）

第二百三十一条 检察人员可以凭人民检察院的证明文件，向有关单位和个人调取能够证明犯罪嫌疑人有罪或者无罪以及犯罪情节轻重的证据材料，并且可以根据需要拍照、录像、复印和复制。

第二百三十二条 人民检察院办理案件，需要向本辖区以外的有关单位和个人调取物证、书证等证据材料的，办案人员应当携带工作证、人民检察院的证明文件和有关法律文书，与当地人民检察院联系，当地人民检察院应当予以协助。

必要时，可以向证据所在地的人民检察院发函调取证据。调取证据的函件应当注明取证对象的具体内容和确切地址。协助的人民检察院应当在收到函件后一个月内将调查结果送达请求的人民检察院。

第二百三十三条 调取物证应当调取原物。原物不便搬运、保存，或者依法应当返还被害人，或者因保密工作需要不能调取原物的，可以将原物封存，并拍照、录像。对原物拍照或者录像应当足以反映原物的外形、内容。

调取书证、视听资料应当调取原件。取得原件确有困难或者因保密需要不能调取原件的，可以调取副本或者复制件。

调取书证、视听资料的副本、复制件和物证的照片、录像的，应当书面记明不能调取原件、原物的原因，制作过程和原件、原物存放地点，并由制作人员和原书证、视听资料、物证持有人签名或者盖章。

第二百三十四条 在侦查活动中发现的可以证明犯罪嫌疑人有罪、无罪或者犯罪情节轻重的各种财物和文件，应当查封或者扣押；与案件无关的，不得查封或者扣押。

不能立即查明是否与案件有关的可疑的财物和文件，也可以查封或者扣押，但应当及时审查。经查明确实与案件无关的，应当在三日以内解除查封或者予以退还。

持有人拒绝交出应当查封、扣押的财物和文件的，可以强制查封、扣押。

对于犯罪嫌疑人、被告人到案时随身携带的物品需要扣押的，可以依照前款规定办理。对于与案件无关的个人用品，应当逐件登记，并随案移交或者退还其家属。

第二百三十五条 人民检察院查封、扣押财物和文件，应当经检察长批准，由两名以上检察人员执行。

需要查封、扣押的财物和文件不在本辖区的，办理案件的人民检察院应当依照有关法律及有关规定，持相关法律文书及简要案情等说明材料，商请被查封、扣押财物和文件所在地的人民检察院协助执行。

被请求协助的人民检察院有异议的，可以与办理案件的人民检察院进行协商，必要时，报请共同的上级人民检察院决定。

第二百三十六条 对于查封、扣押的财物和文件，检察人员应当会同在场见证人和被查封、扣押物品持有人查点清楚，当场开列查封、扣押清单一式四份，注明查封、扣押物品的名称、型号、规格、数量、质量、颜色、新旧程度、包装等主要特征，由检察人员、见证人和持有人签名或者盖章，一份交给文件、资料和其他物品持有人，一份交被查封、扣押文件、资料和其他物品保管人，一份附卷，一份保存。持有人拒绝签名、盖章或者不在场的，应当在清单上记明。

查封、扣押外币、金银珠宝、文物、名贵字画以及其他不易辨别真伪的贵重物品，应当在拍照或者录像后当场密封，由检察人员、见证人和被扣押物品持有人在密封材料上签名或者盖章，根据办案需要及时委托具有资质的部门出具鉴定报告。启封时应当有见证人或者持有人在场并且签名或者盖章。

查封、扣押存折、信用卡、有价证券等支付凭证和具有一定特征能够证明案情的现金，应当注明特征、编号、种类、面值、张数、金额等，由检察人员、见证人和被扣押物品持有人在密封材料上签名或者盖章。启封时应当有见证人或者持有人在场并签名或者盖章。

查封、扣押易损毁、灭失、变质以及其他不宜长期保存的物品，应当用笔录、绘图、拍照、录像等方法加以保全后进行封存，或者经检察长批准后委托有关部门变卖、拍卖。变卖、拍卖的价款暂予保存，待诉讼终结后一并处理。

第二百三十七条　对于应当查封的不动产和置于该不动产上不宜移动的设施、家具和其他相关财物，以及涉案的车辆、船舶、航空器和大型机械、设备等财物，必要时可以扣押其权利证书，经拍照或者录像后原地封存，并开具查封清单一式四份，注明相关财物的详细地址和相关特征，同时注明已经拍照或者录像及其权利证书已被扣押，由检察人员、见证人和持有人签名或者盖章。持有人拒绝签名、盖章或者不在场的，应当在清单上注明。

人民检察院查封不动产和置于该不动产上不宜移动的设施、家具和其他相关财物，以及涉案的车辆、船舶、航空器和大型机械、设备等财物，应当在保证侦查活动正常进行的同时，尽量不影响有关当事人的正常生活和生产经营活动。必要时，可以将被查封的财物交持有人或者其近亲属保管，并书面告知保管人对被查封的财物应当妥善保管，不得转移、变卖、毁损、出租、抵押、赠予等。

人民检察院应当将查封决定书副本送达不动产、生产设备或者车辆、船舶、航空器等财物的登记、管理部门，告知其在查封期间禁止办理抵押、转让、出售等权属关系变更、转移登记手续。

第二百三十八条　扣押犯罪嫌疑人的邮件、电报或者电子邮件，应当经检察长批准，通知邮电部门或者网络服务单位将有关的邮件、电报或者电子邮件检交扣押。

不需要继续扣押的时候，应当立即通知邮电部门或者网络服务单位。

对于可以作为证据使用的录音、录像带、电子数据存储介质，应当记明案由、对象、内容，录取、复制的时间、地点、规格、类别、应用长度、文件格式及长度等，妥为保管，并制作清单，随案移送。

第二百三十九条　查封单位的涉密电子设备、文件等物品，应当在拍照或者录像后当场密封，由检察人员、见证人、单位有关负责人签名或者盖章。启封时应当有见证人、单位有关负责人在场并签名或者盖章。

对于有关人员拒绝按照前款有关规定签名或者盖章的，人民检察院应当在相关文书上注明。

对犯罪嫌疑人使用违法所得与合法收入共同购置的不可分割的财产，可以先行查封、扣押、冻结。对无法分割退还的财产，应当在结案后予以拍卖、变卖，对不属于违法所得的部分予以退还。

第二百四十条 对于查封、扣押在人民检察院的物品、文件、邮件、电报，应当妥善保管，不得使用、调换、损毁或者自行处理。经查明确实与案件无关的，应当在三日以内作出解除或者退还决定，并通知有关单位、当事人办理相关手续。

4. 最高人民法院、最高人民检察院、公安部、国家安全部、司法部《关于办理死刑案件审查判断证据若干问题的规定》（2010年6月13日）（节录）

第六条 对物证、书证应当着重审查以下内容：

（一）物证、书证是否为原物、原件，物证的照片、录像或者复制品及书证的副本、复制件与原物、原件是否相符；物证、书证是否经过辨认、鉴定；物证的照片、录像或者复制品和书证的副本、复制件是否由二人以上制作，有无制作人关于制作过程及原件、原物存放于何处的文字说明及签名。

（二）物证、书证的收集程序、方式是否符合法律及有关规定；经勘验、检查、搜查提取、扣押的物证、书证，是否附有相关笔录或者清单；笔录或者清单是否有侦查人员、物品持有人、见证人签名，没有物品持有人签名的，是否注明原因；对物品的特征、数量、质量、名称等注明是否清楚。

（三）物证、书证在收集、保管及鉴定过程中是否受到破坏或者改变。

（四）物证、书证与案件事实有无关联。对现场遗留与犯罪有关的具备检验鉴定条件的血迹、指纹、毛发、体液等生物物证、痕迹、物品，是否通过DNA鉴定、指纹鉴定等鉴定方式与被告人或者被害人的相应生物检材、生物特征、物品等作同一认定。

（五）与案件事实有关联的物证、书证是否全面收集。

第七条 对在勘验、检查、搜查中发现与案件事实可能有关联的血迹、指纹、足迹、字迹、毛发、体液、人体组织等痕迹和物品应当提取而没有提取，应当检验而没有检验，导致案件事实存疑的，人民法院应当向人民检察院说明情况，人民检察院依法可以补充收集、调取证据，作出合理的说明或者退回侦查机关补充侦查，调取有关证据。

第八条 据以定案的物证应当是原物。只有在原物不便搬运、不易保存或者依法应当由有关部门保管、处理或者依法应当返还时，才可以拍摄或者制作足以反映原物外形或者内容的照片、录像或者复制品。物证的照片、录像或者复制品，经与原物核实无误或者经鉴定证明为真实的，或者以其他方式确能证明其真实的，可以作为定案的根据。原物的照片、录像或者复制品，不能反映原物的外形和特征的，不能作为定案的根据。

据以定案的书证应当是原件。只有在取得原件确有困难时，才可以使用副本或者复制件。书证的副本、复制件，经与原件核实无误或者经鉴定证明为真实的，或者以其他方式确能证明其真实的，可以作为定案的根据。书证有更改或者更改迹象不能作出合理解释的，书证的副本、复制件不能反映书证原件及其内容的，不能作为定案的根据。

第九条 经勘验、检查、搜查提取、扣押的物证、书证，未附有勘验、检查笔录，搜查笔录，提取笔录，扣押清单，不能证明物证、书证来源的，不能作为定案的根据。

物证、书证的收集程序、方式存在下列瑕疵，通过有关办案人员的补正或者作出合理解释的，可以采用：

（一）收集调取的物证、书证，在勘验、检查笔录，搜查笔录，提取笔录，扣押清单上没有侦查人员、物品持有人、见证人签名或者物品特征、数量、质量、名称等注明不详的；

（二）收集调取物证照片、录像或者复制品，书证的副本、复制件未注明与原件核对无异，无复制时间、无被收集、调取人（单位）签名（盖章）的；

（三）物证照片、录像或者复制品，书证的副本、复制件没有制作人关于制作过程及原物、原件存放于何处的说明或者说明中无签名的；

（四）物证、书证的收集程序、方式存在其他瑕疵的。

对物证、书证的来源及收集过程有疑问，不能作出合理解释的，该物证、书证不能作为定案的根据。

第二十七条　对视听资料应当着重审查以下内容：

（一）视听资料的来源是否合法，制作过程中当事人有无受到威胁、引诱等违反法律及有关规定的情形；

（二）是否载明制作人或者持有人的身份，制作的时间、地点和条件以及制作方法；

（三）是否为原件，有无复制及复制份数；调取的视听资料是复制件的，是否附有无法调取原件的原因、制作过程和原件存放地点的说明，是否有制作人和原视听资料持有人签名或者盖章；

（四）内容和制作过程是否真实，有无经过剪辑、增加、删改、编辑等伪造、变造情形；

（五）内容与案件事实有无关联性。

对视听资料有疑问的，应当进行鉴定。

对视听资料，应当结合案件其他证据，审查其真实性和关联性。

第二十八条　具有下列情形之一的视听资料，不能作为定案的根据：

（一）视听资料经审查或者鉴定无法确定真伪的；

（二）对视听资料的制作和取得的时间、地点、方式等有异议，不能作出合理解释或者提供必要证明的。

第二十九条　对于电子邮件、电子数据交换、网上聊天记录、网络博客、手机短信、电子签名、域名等电子证据，应当主要审查以下内容：

（一）该电子证据存储磁盘、存储光盘等可移动存储介质是否与打印件一并提交；

（二）是否载明该电子证据形成的时间、地点、对象、制作人、制作过程及设备情况等；

（三）制作、储存、传递、获得、收集、出示等程序和环节是否合法，取证人、制作人、持有人、见证人等是否签名或者盖章；

（四）内容是否真实，有无剪裁、拼凑、篡改、添加等伪造、变造情形；

（五）该电子证据与案件事实有无关联性。

对电子证据有疑问的，应当进行鉴定。

对电子证据，应当结合案件其他证据，审查其真实性和关联性。

5. 最高人民检察院《人民检察院刑事诉讼涉案财物管理规定》（2014 年 11 月 19 日最高人民检察院第十二届检察委员会第二十九次会议通过）

第一章　总　　则

第一条　为了贯彻落实中央关于规范刑事诉讼涉案财物处置工作的要求，进一步规范人民检察院刑事诉讼涉案财物管理工作，提高司法水平和办案质量，保护公民、法人和其他组织的合法权益，根据刑法、刑事诉讼法、《人民检察院刑事诉讼规则（试行）》，结合检察工作实际，制定本规定。

第二条 本规定所称人民检察院刑事诉讼涉案财物，是指人民检察院在刑事诉讼过程中查封、扣押、冻结的与案件有关的财物及其孳息以及从其他办案机关接收的财物及其孳息，包括犯罪嫌疑人的违法所得及其孳息、供犯罪所用的财物、非法持有的违禁品以及其他与案件有关的财物及其孳息。

第三条 违法所得的一切财物，应当予以追缴或者责令退赔。对被害人的合法财产，应当依照有关规定返还。违禁品和供犯罪所用的财物，应当予以查封、扣押、冻结，并依法处理。

第四条 人民检察院查封、扣押、冻结、保管、处理涉案财物，必须严格依照刑事诉讼法、《人民检察院刑事诉讼规则（试行）》以及其他相关规定进行。不得查封、扣押、冻结与案件无关的财物。凡查封、扣押、冻结的财物，都应当及时进行审查；经查明确实与案件无关的，应当在三日内予以解除、退还，并通知有关当事人。

严禁以虚假立案或者其他非法方式采取查封、扣押、冻结措施。对涉案单位违规的账外资金但与案件无关的，不得查封、扣押、冻结，可以通知有关主管机关或者其上级单位处理。

查封、扣押、冻结涉案财物，应当为犯罪嫌疑人、被告人及其所扶养的亲属保留必需的生活费用和物品，减少对涉案单位正常办公、生产、经营等活动的影响。

第五条 严禁在立案之前查封、扣押、冻结财物。立案之前发现涉嫌犯罪的财物，符合立案条件的，应当及时立案，并采取查封、扣押、冻结措施，以保全证据和防止涉案财物转移、损毁。

个人或者单位在立案之前向人民检察院自首时携带涉案财物的，人民检察院可以根据管辖规定先行接收，并向自首人开具接收凭证，根据立案和侦查情况决定是否查封、扣押、冻结。

人民检察院查封、扣押、冻结涉案财物后，应当对案件及时进行侦查，不得在无法定理由情况下撤销案件或者停止对案件的侦查。

第六条 犯罪嫌疑人到案后，其亲友受犯罪嫌疑人委托或者主动代为向检察机关退还或者赔偿涉案财物的，参照《人民检察院刑事诉讼规则（试行）》关于查封、扣押、冻结的相关程序办理。符合相关条件的，人民检察院应当开具查封、扣押、冻结决定书，并由检察人员、代为退还或者赔偿的人员和有关规定要求的其他人员在清单上签名或者盖章。

代为退还或者赔偿的人员应当在清单上注明系受犯罪嫌疑人委托或者主动代为犯罪嫌疑人退还或者赔偿。

第七条 人民检察院实行查封、扣押、冻结、处理涉案财物与保管涉案财物相分离的原则，办案部门与案件管理、计划财务装备等部门分工负责、互相配合、互相制约。侦查监督、公诉、控告检察、刑事申诉检察等部门依照刑事诉讼法和其他相关规定对办案部门查封、扣押、冻结、保管、处理涉案财物等活动进行监督。

办案部门负责对涉案财物依法进行查封、扣押、冻结、处理，并对依照本规定第十条第二款、第十二条不移送案件管理部门或者不存入唯一合规账户的涉案财物进行管理；案件管理部门负责对办案部门和其他办案机关移送的涉案物品进行保管，并依照有关规定对查封、扣押、冻结、处理涉案财物工作进行监督管理；计划财务装备部门负责对存入唯一合规账户的扣押款项进行管理。

人民检察院监察部门依照有关规定对查封、扣押、冻结、保管、处理涉案财物工作进行监督。

第八条　人民检察院查封、扣押、冻结、处理涉案财物，应当使用最高人民检察院统一制定的法律文书，填写必须规范、完整。禁止使用不符合规定的文书查封、扣押、冻结、处理涉案财物。

第九条　查封、扣押、冻结、保管、处理涉及国家秘密、商业秘密、个人隐私的财物，应当严格遵守有关保密规定。

第二章　涉案财物的移送与接收

第十条　人民检察院办案部门查封、扣押、冻结涉案财物及其孳息后，应当及时按照下列情形分别办理，至迟不得超过三日，法律和有关规定另有规定的除外：

（一）将扣押的款项存入唯一合规账户；

（二）将扣押的物品和相关权利证书、支付凭证以及具有一定特征能够证明案情的现金等，送案件管理部门入库保管；

（三）将查封、扣押、冻结涉案财物的清单和扣押款项存入唯一合规账户的存款凭证等，送案件管理部门登记；案件管理部门应当对存款凭证复印保存，并将原件送计划财务装备部门。

扣押的款项或者物品因特殊原因不能按时存入唯一合规账户或者送案件管理部门保管的，经检察长批准，可以由办案部门暂时保管，在原因消除后及时存入或者移交，但应当将扣押清单和相关权利证书、支付凭证等依照本条第一款规定的期限送案件管理部门登记、保管。

第十一条　案件管理部门接收人民检察院办案部门移送的涉案财物或者清单时，应当审查是否符合下列要求：

（一）有立案决定书和相应的查封、扣押、冻结法律文书以及查封、扣押清单，并填写规范、完整，符合相关要求；

（二）移送的财物与清单相符；

（三）移送的扣押物品清单，已经依照《人民检察院刑事诉讼规则（试行）》有关扣押的规定注明扣押财物的主要特征；

（四）移送的外币、金银珠宝、文物、名贵字画以及其他不易辨别真伪的贵重物品，已经依照《人民检察院刑事诉讼规则（试行）》有关扣押的规定予以密封，检察人员、见证人和被扣押物品持有人在密封材料上签名或者盖章，经过鉴定的，附有鉴定意见复印件；

（五）移送的存折、信用卡、有价证券等支付凭证和具有一定特征能够证明案情的现金，已经依照《人民检察院刑事诉讼规则（试行）》有关扣押的规定予以密封，注明特征、编号、种类、面值、张数、金额等，检察人员、见证人和被扣押物品持有人在密封材料上签名或者盖章；

（六）移送的查封清单，已经依照《人民检察院刑事诉讼规则（试行）》有关查封的规定注明相关财物的详细地址和相关特征，检察人员、见证人和持有人签名或者盖章，注明已经拍照或者录像及其权利证书是否已被扣押，注明财物被查封后由办案部门保管或者交持有人或者其近亲属保管，注明查封决定书副本已送达相关的财物登记、管理部门等。

第十二条　人民检察院办案部门查封、扣押的下列涉案财物不移送案件管理部门保管，由办案部门拍照或者录像后妥善管理或者及时按照有关规定处理：

（一）查封的不动产和置于该不动产上不宜移动的设施等财物，以及涉案的车辆、船舶、航空器和大型机械、设备等财物，及时依照《人民检察院刑事诉讼规则（试行）》有关查封、扣押的规定扣押相关权利证书，将查封决定书副本送达有关登记、管理部门，并告知其在查封期间禁止办理抵押、转让、出售等权属关系变更、转移登记手续；

（二）珍贵文物、珍贵动物及其制品、珍稀植物及其制品，按照国家有关规定移送主管机关；

（三）毒品、淫秽物品等违禁品，及时移送有关主管机关，或者根据办案需要严格封存，不得擅自使用或者扩散；

（四）爆炸性、易燃性、放射性、毒害性、腐蚀性等危险品，及时移送有关部门或者根据办案需要委托有关主管机关妥善保管；

（五）易损毁、灭失、变质等不宜长期保存的物品，易贬值的汽车、船艇等物品，经权利人同意或者申请，并经检察长批准，可以及时委托有关部门先行变卖、拍卖，所得款项存入唯一合规账户。先行变卖、拍卖应当做到公开、公平。

人民检察院办案部门依照前款规定不将涉案财物移送案件管理部门保管的，应当将查封、扣押清单以及相关权利证书、支付凭证等依照本规定第十条第一款的规定送案件管理部门登记、保管。

第十三条 人民检察院案件管理部门接收其他办案机关随案移送的涉案财物的，参照本规定第十一条、第十二条的规定进行审查和办理。

对移送的物品、权利证书、支付凭证以及具备一定特征能够证明案情的现金，案件管理部门审查后认为符合要求的，予以接收并入库保管。对移送的涉案款项，由其他办案机关存入检察机关指定的唯一合规账户，案件管理部门对转账凭证进行登记并联系计划财务装备部门进行核对。其他办案机关直接移送现金的，案件管理部门可以告知其存入指定的唯一合规账户，也可以联系计划财务装备部门清点、接收并及时存入唯一合规账户。计划财务装备部门应当在收到款项后三日以内将收款凭证复印件送案件管理部门登记。

对于其他办案机关移送审查起诉时随案移送的有关实物，案件管理部门经商公诉部门后，认为属于不宜移送的，可以依照刑事诉讼法第二百三十四条第一款、第二款的规定，只接收清单、照片或者其他证明文件。必要时，人民检察院案件管理部门可以会同公诉部门与其他办案机关相关部门进行沟通协商，确定不随案移送的实物。

第十四条 案件管理部门应当指定专门人员，负责有关涉案财物的接收、管理和相关信息录入工作。

第十五条 案件管理部门接收密封的涉案财物，一般不进行拆封。移送部门或者案件管理部门认为有必要拆封的，由移送人员和接收人员共同启封、检查、重新密封，并对全过程进行录像。根据《人民检察院刑事诉讼规则（试行）》有关扣押的规定应当予以密封的涉案财物，启封、检查、重新密封时应当依照规定有见证人、持有人或者单位负责人等在场并签名或者盖章。

第十六条 案件管理部门对于接收的涉案财物、清单及其他相关材料，认为符合条件的，应当及时在移送清单上签字并制作入库清单，办理入库手续。认为不符合条件的，应当将原因告知移送单位，由移送单位及时补送相关材料，或者按照有关规定进行补正或者作出合理解释。

第三章　涉案财物的保管

第十七条　人民检察院对于查封、扣押、冻结的涉案财物及其孳息，应当如实登记，妥善保管。

第十八条　人民检察院计划财务装备部门对扣押款项及其孳息应当逐案设立明细账，严格收付手续。

计划财务装备部门应当定期对唯一合规账户的资金情况进行检查，确保账实相符。

第十九条　案件管理部门对收到的物品应当建账设卡，一案一账，一物一卡（码）。对于贵重物品和细小物品，根据物品种类实行分袋、分件、分箱设卡和保管。

案件管理部门应当定期对涉案物品进行检查，确保账实相符。

第二十条　涉案物品专用保管场所应当符合下列防火、防盗、防潮、防尘等要求：

（一）安装防盗门窗、铁柜和报警器、监视器；

（二）配备必要的储物格、箱、袋等设备设施；

（三）配备必要的除湿、调温、密封、防霉变、防腐烂等设备设施；

（四）配备必要的计量、鉴定、辨认等设备设施；

（五）需要存放电子存储介质类物品的，应当配备防磁柜；

（六）其他必要的设备设施。

第二十一条　人民检察院办案部门人员需要查看、临时调用涉案财物的，应当经办案部门负责人批准；需要移送、处理涉案财物的，应当经检察长批准。案件管理部门对于审批手续齐全的，应当办理查看、出库手续并认真登记。

对于密封的涉案财物，在查看、出库、归还时需要拆封的，应当遵守本规定第十五条的要求。

第四章　涉案财物的处理

第二十二条　对于查封、扣押、冻结的涉案财物及其孳息，除按照有关规定返还被害人或者经查明确实与案件无关的以外，不得在诉讼程序终结之前上缴国库或者作其他处理。法律和有关规定另有规定的除外。

在诉讼过程中，对权属明确的被害人合法财产，凡返还不损害其他被害人或者利害关系人的利益、不影响诉讼正常进行的，人民检察院应当依法及时返还。权属有争议的，应当在决定撤销案件、不起诉或者由人民法院判决时一并处理。

在扣押、冻结期间，权利人申请出售被扣押、冻结的债券、股票、基金份额等财产的，以及扣押、冻结的汇票、本票、支票的有效期即将届满的，人民检察院办案部门应当依照《人民检察院刑事诉讼规则（试行）》的有关规定及时办理。

第二十三条　人民检察院作出撤销案件决定、不起诉决定或者收到人民法院作出的生效判决、裁定后，应当在三十日以内对涉案财物作出处理。情况特殊的，经检察长批准，可以延长三十日。

前款规定的对涉案财物的处理工作，人民检察院决定撤销案件的，由侦查部门负责办理；人民检察院决定不起诉或者人民法院作出判决、裁定的案件，由公诉部门负责办理；对人民检察院直接立案侦查的案件，公诉部门可以要求侦查部门协助配合。

人民检察院按照本规定第五条第二款的规定先行接收涉案财物，如果决定不予立案的，侦查部门应当按照本条第一款规定的期限对先行接收的财物作出处理。

第二十四条 处理由案件管理部门保管的涉案财物，办案部门应当持经检察长批准的相关文书或者报告，到案件管理部门办理出库手续；处理存入唯一合规账户的涉案款项，办案部门应当持经检察长批准的相关文书或者报告，经案件管理部门办理出库手续后，到计划财务装备部门办理提现或者转账手续。案件管理部门或者计划财务装备部门对于符合审批手续的，应当及时办理。

对于依照本规定第十条第二款、第十二条的规定未移交案件管理部门保管或者未存入唯一合规账户的涉案财物，办案部门应当依照本规定第二十三条规定的期限报经检察长批准后及时作出处理。

第二十五条 对涉案财物，应当严格依照有关规定，区分不同情形，及时作出相应处理：

（一）因犯罪嫌疑人死亡而撤销案件、决定不起诉，依照刑法规定应当追缴其违法所得及其他涉案财产的，应当按照《人民检察院刑事诉讼规则（试行）》有关犯罪嫌疑人逃匿、死亡案件违法所得的没收程序的规定办理；对于不需要追缴的涉案财物，应当依照本规定第二十三条规定的期限及时返还犯罪嫌疑人、被不起诉人的合法继承人；

（二）因其他原因撤销案件、决定不起诉，对于查封、扣押、冻结的犯罪嫌疑人违法所得及其他涉案财产需要没收的，应当依照《人民检察院刑事诉讼规则（试行）》有关撤销案件时处理犯罪嫌疑人违法所得的规定提出检察建议或者依照刑事诉讼法第一百七十三条第三款的规定提出检察意见，移送有关主管机关处理；未认定为需要没收并移送有关主管机关处理的涉案财物，应当依照本规定第二十三条规定的期限及时返还犯罪嫌疑人、被不起诉人；

（三）提起公诉的案件，在人民法院作出生效判决、裁定后，对于冻结在金融机构的涉案财产，由人民法院通知该金融机构上缴国库；对于查封、扣押且依法未随案移送人民法院的涉案财物，人民检察院根据人民法院的判决、裁定上缴国库；

（四）人民检察院侦查部门移送审查起诉的案件，起诉意见书中未认定为与犯罪有关的涉案财物；提起公诉的案件，起诉书中未认定或者起诉书认定但人民法院生效判决、裁定中未认定为与犯罪有关的涉案财物，应当依照本条第二项的规定移送有关主管机关处理或者及时返还犯罪嫌疑人、被不起诉人、被告人；

（五）对于需要返还被害人的查封、扣押、冻结涉案财物，应当按照有关规定予以返还。

人民检察院应当加强与人民法院、公安机关、国家安全机关的协调配合，共同研究解决涉案财物处理工作中遇到的突出问题，确保司法工作顺利进行，切实保障当事人合法权益。

第二十六条 对于应当返还被害人的查封、扣押、冻结涉案财物，无人认领的，应当公告通知。公告满六个月无人认领的，依法上缴国库。上缴国库后有人认领，经查证属实的，人民检察院应当向人民政府财政部门申请退库予以返还。原物已经拍卖、变卖的，应当退回价款。

第二十七条 对于贪污、挪用公款等侵犯国有资产犯罪案件中查封、扣押、冻结的涉案财物，除人民法院判决上缴国库的以外，应当归还原单位或者原单位的权利义务继受单位。犯罪金额已经作为损失核销或者原单位已不存在且无权利义务继受单位的，应当上缴国库。

第二十八条 查封、扣押、冻结的涉案财物应当依法上缴国库或者返还有关单位和个人的，如果有孳息，应当一并上缴或者返还。

第五章 涉案财物工作监督

第二十九条 人民检察院监察部门应当对本院和下级人民检察院的涉案财物工作进行检

查或者专项督察，每年至少一次，并将结果在本辖区范围内予以通报。发现违纪违法问题的，应当依照有关规定作出处理。

第三十条　人民检察院案件管理部门可以通过受案审查、流程监控、案件质量评查、检察业务考评等途径，对本院和下级人民检察院的涉案财物工作进行监督管理。发现违法违规问题的，应当依照有关规定督促相关部门依法及时处理。

第三十一条　案件管理部门在涉案财物管理工作中，发现办案部门或者办案人员有下列情形之一的，可以进行口头提示；对于违规情节较重的，应当发送案件流程监控通知书；认为需要追究纪律或者法律责任的，应当移送本院监察部门处理或者向检察长报告：

（一）查封、扣押、冻结的涉案财物与清单存在不一致，不能作出合理解释或者说明的；

（二）查封、扣押、冻结涉案财物时，未按照有关规定进行密封、签名或者盖章，影响案件办理的；

（三）查封、扣押、冻结涉案财物后，未及时存入唯一合规账户、办理入库保管手续，或者未及时向案件管理部门登记，不能作出合理解释或者说明的；

（四）在立案之前采取查封、扣押、冻结措施的，或者未依照有关规定开具法律文书而采取查封、扣押、冻结措施的；

（五）对明知与案件无关的财物采取查封、扣押、冻结措施的，或者对经查明确实与案件无关的财物仍不解除查封、扣押、冻结或者不予退还的，或者应当将被查封、扣押、冻结的财物返还被害人而不返还的；

（六）违反有关规定，在诉讼程序依法终结之前将涉案财物上缴国库或者作其他处理的；

（七）在诉讼程序依法终结之后，未按照有关规定及时、依法处理涉案财物，经督促后仍不及时、依法处理的；

（八）因不负责任造成查封、扣押、冻结的涉案财物丢失、损毁或者泄密的；

（九）贪污、挪用、截留、私分、调换、违反规定使用查封、扣押、冻结的涉案财物的；

（十）其他违反法律和有关规定的情形。人民检察院办案部门收到案件管理部门的流程监控通知书后，应当在十日以内将核查情况书面回复案件管理部门。

人民检察院侦查监督、公诉、控告检察、刑事申诉检察等部门发现本院办案部门有本条第一款规定的情形的，应当依照刑事诉讼法和其他相关规定履行监督职责。案件管理部门发现办案部门有上述情形，认为有必要的，可以根据案件办理所处的诉讼环节，告知侦查监督、公诉、控告检察或者刑事申诉检察等部门。

第三十二条　人民检察院查封、扣押、冻结、保管、处理涉案财物，应当按照有关规定做好信息查询和公开工作，并为当事人和其他诉讼参与人行使权利提供保障和便利。善意第三人等案外人与涉案财物处理存在利害关系的，人民检察院办案部门应当告知其相关诉讼权利。

当事人及其法定代理人和辩护人、诉讼代理人、利害关系人对人民检察院的查封、扣押、冻结不服或者对人民检察院撤销案件决定、不起诉决定中关于涉案财物的处理部分不服的，可以依照刑事诉讼法和《人民检察院刑事诉讼规则（试行）》的有关规定提出申诉或者控告；人民检察院控告检察部门对申诉或者控告应当依照有关规定及时受理和审查办理并反馈处理结果。人民检察院提起公诉的案件，被告人、自诉人、附带民事诉讼的原告人和被告人对涉案财物处理决定不服的，可以依照有关规定就财物处理部分提出上诉，被害人或者其他利害关系人可以依照有关规定请求人民检察院抗诉。

第三十三条 人民检察院刑事申诉检察部门在办理国家赔偿案件过程中，可以向办案部门调查核实相关查封、扣押、冻结等行为是否合法。国家赔偿决定对相关涉案财物作出处理的，有关办案部门应当及时执行。

第三十四条 人民检察院查封、扣押、冻结、保管、处理涉案财物，应当接受人民监督员的监督。

第三十五条 人民检察院及其工作人员在查封、扣押、冻结、保管、处理涉案财物工作中违反相关规定的，应当追究纪律责任；构成犯罪的，应当依法追究刑事责任；导致国家赔偿的，应当依法向有关责任人员追偿。

第六章 附 则

第三十六条 对涉案财物的保管、鉴定、估价、公告等支付的费用，列入人民检察院办案（业务）经费，不得向当事人收取。

第三十七条 本规定所称犯罪嫌疑人、被告人、被害人，包括自然人、单位。

第三十八条 本规定所称有关主管机关，是指对犯罪嫌疑人违反法律、法规的行为以及对有关违禁品、危险品具有行政管理、行政处罚、行政处分权限的机关和纪检监察部门。

第三十九条 本规定由最高人民检察院解释。

第四十条 本规定自公布之日起施行。最高人民检察院2010年5月9日公布的《人民检察院扣押、冻结涉案款物工作规定》同时废止。

6. 最高人民检察院《关于人民检察院办理直接受理立案侦查案件实行内部制约的若干规定》（2004年6月24日 高检发〔2004〕12号）（节录）

第十七条 人民检察院财务部门统一保管办案中扣押的款物。侦查、公诉部门在办案中扣押、查获的物品、物证，除入卷作为证据使用的扣押款物由办案部门妥善保管外，应当及时交由财务部门保管。财务部门应当实行账目与款物分入管理制度，健全出入库和收付手续。扣押款物要按有关规定及时移交、上缴或者返还。任何部门和个人不得贪污、侵占、挪用、使用、私分、私存、调换、外借、压价收购或者擅自处理扣押、冻结款物及其孳息。

7. 国家发展计划委员会《涉案物品价格鉴定复核裁定管理办法》（1998年5月5日 计价费〔1998〕775号）

第一章 总 则

第一条 为了适应行政、司法工作的需要，规范涉案物品价格鉴定的复核裁定工作，保证涉案物品价格鉴定的复核裁定正常开展，根据《中华人民共和国价格法》和最高人民法院、最高人民检察院、公安部、国家计委颁发的《扣押、追缴、没收物品估价管理办法》的有关规定，制定本办法。

第二条 国家发展计划委员会是涉案物品价格鉴定复核裁定工作的主管部门，省、自治区、直辖市政府价格主管部门指定、经国家发展计划委员会指定机构审查合格的价格事务所是涉案物品价格鉴定的复核裁定机构，其他任何单位和个人不得进行涉案物品价格鉴定的复核裁定。

第二章 复核裁定机构

第三条 在国务院和各省、自治区、直辖市政府价格主管部门设立涉案物品价格鉴定复核裁定机构。上一级复核裁定机构可以对下一级复核裁定机构的价格鉴定结论进行复核裁定，国家发展计划委员会直属的价格鉴定复核裁定机构行使涉案物品价格鉴定的最终复核裁定职能。

第四条 各省、自治区、直辖市政府价格主管部门根据规定的条件，可以在本辖区内设立下级涉案物品价格鉴定的复核裁定分支机构。

第五条 政府价格主管部门指定的涉案物品价格鉴定的复核裁定机构应当同时具备下列条件：

（一）由政府价格主管部门设立并授权；

（二）具有法人资格；

（三）具有固定的工作场所；

（四）具有5名以上持有国家发展计划委员会核发的涉案物品价格鉴证人员资格证书的专业人员；

（五）国家发展计划委员会规定的其他条件。

第六条 涉案物品价格鉴定的复核裁定机构，必须获得国家发展计划委员会颁发的资质认证书后，方可行使对涉案物品价格鉴定的复核裁定职能。

第七条 涉案物品价格鉴定的复核裁定机构资质实行年检制度。年检由发证机构办理。

第八条 涉案物品价格鉴定复核裁定机构资质的审定，每两年进行一次。凡通过资质审定的价格事务所可行使复核裁定职能；凡审定未通过者，暂停行使复核裁定职能，其该项职能由其上级价格主管部门设立的价格事务所行使。

第九条 凡未通过复核裁定资质审定的价格事务所，要进行内部整顿，加强管理，提高工作水平，在符合基本条件后，可重新申请复核裁定资格。

第三章 复核裁定机构的权限

第十条 价格鉴定的复核裁定实行“统一领导、分级管理”的方式。各级涉案物品价格鉴定复核裁定机构要在规定的权限内进行复核裁定。

第十一条 复核裁定分支机构负责地（市）级地区内的涉案物品价格鉴定的复核裁定。受理本行政区域内的刑事案件、纪检监察案件中涉案物品价格鉴定的复核裁定；受理双方当事人都同属本行政管辖的经济、行政、民事案件中涉案物品价格鉴定的复核裁定。

第十二条 各省、自治区、直辖市涉案物品价格鉴定的复核裁定机构受理本行政区域内的刑事案件、纪检监察案件中涉案物品价格鉴定的复核裁定；受理双方当事人都同属本行政管辖的经济、行政、民事案件中涉案物品价格鉴定的复核裁定。

第十三条 国家发展计划委员会设立的涉案物品价格鉴定机构负责最高人民法院、最高人民检察院、公安部及其他国家各部门对涉案物品价格鉴定提出的复核裁定；负责对各省、自治区、直辖市价格事务所作出的价格鉴定结论和复核结论的复核裁定。国家发展计划委员会设立的涉案物品价格鉴定机构的复核裁定为最终复核裁定。

第四章 复核裁定的程序

第十四条 行政、司法机关对价格事务所出具的涉案物品价格鉴定结论提出异议的，可向原价格鉴定单位提出补充鉴定或者重新鉴定，也可以直接向其上一级政府价格主管部门设立的复核裁定机构提出复核裁定。案件当事人对价格事务所出具的涉案物品价格鉴定结论持有异议的，可向行政、司法机关提出要求复核裁定，由行政、司法机关根据具体情况决定是否提出补充鉴定、重新鉴定或者复核裁定。

第十五条 行政、司法机关在提出复核裁定时，应出具《涉案物品价格鉴定复核裁定委托书》，《委托书》应包括以下内容：

（一）提出复核裁定的主要理由；

（二）提出复核裁定主要理由的依据，以及收集依据及取证过程要述；

（三）收集依据及取证具体经办人签名。

《涉案物品价格鉴定复核裁定委托书》须加盖单位公章。

第十六条 价格鉴定的复核裁定机构接到《涉案物品价格鉴定复核裁定委托书》，并在了解委托复核裁定事项的基本情况后，即可受理委托。接受委托的机构在办理复核裁定的同时，应及时通知原作出价格鉴定结论的机构。

第十七条 价格鉴定的复核裁定机构如遇下列情况应拒绝受理复核裁定：

（一）人民法院对案件已作出终审判决的；

（二）国家发展计划委员会价格鉴定复核裁定机构作出最终复核裁定的；

（三）司法机关按照当时法律已经结案的；

（四）按照有关规定，司法机关认为无须进行价格鉴定的。

第十八条 价格鉴定的复核裁定机构必须按照公平、公正、实事求是的原则进行复核裁定。每项复核裁定工作必须由两名以上的持证人员进行，一般应在接受委托后7日内完成，如另有约定的，从其约定。

第十九条 价格鉴定的复核裁定机构在完成涉案物品价格鉴定的复核裁定后，必须向委托人出具《涉案物品价格鉴定复核裁定书》或《涉案物品价格鉴定最终复核裁定书》，《复核裁定书》或《最终复核裁定书》应包括以下内容：

（一）接受复核裁定的理由；

（二）复核裁定使用的方法及使用该种方法的理由；

（三）复核裁定主要过程要述；

（四）复核裁定结论。

第二十条 价格鉴定的复核裁定机构按照规定日期完成复核裁定或最终复核裁定后，应将《复核裁定书》或《最终复核裁定书》同时送往原作出价格鉴定结论的价格评估机构。

《复核裁定书》或《最终复核裁定书》要加盖单位公章，并应有具有复核裁定资格的工作人员签名。

第五章 法律责任

第二十一条 价格鉴定的复核裁定机构的工作人员，在进行涉案物品价格鉴定的复核裁定时，如遇下列情况应该回避：

（一）与复核裁定有关当事人有亲属关系的；

（二）与复核裁定有关当事人有利益关系可能影响复核裁定公正性的。

第二十二条 涉案物品价格鉴定的复核裁定工作政策性强，责任重大，价格鉴定的复核裁定机构应建立一整套复查、审核制度，力求复核裁定工作做到客观公正、准确无误。对工作人员利用工作之便徇私枉法，弄虚作假的，应给予行政处分，触犯法律的，送交司法机关处理。

第六章 附 则

第二十三条 本办法由国家发展计划委员会负责解释。

第二十四条　本办法自发布之日起执行。

8. 国家发展计划委员会《涉案物品价格鉴定分级管理实施办法》（1998 年 5 月 4 日　计价费〔1998〕776 号）

第一章　总　　则

第一条　为了建立统一规范的涉案物品价格鉴定分级管理制度，发挥价格事务所系统的整体优势，提高工作质量和效率，保障各类涉案物品价格鉴定的顺利进行，依据最高人民法院、最高人民检察院、公安部、国家计委颁发的《扣押、追缴、没收物品估价管理办法》中价格鉴定实行"统一领导、分级管理"的规定，制定本《办法》。

第二条　本《办法》适用于价格系统价格事务所受理的刑事、民事、经济、行政案件中各种涉案标的价格鉴定委托。

第三条　按照国家涉案物品价格鉴定工作的管理规定，价格事务所系统对接受涉案物品价格鉴定实行分级管理。

第四条　国家发展计划委员会直属价格事务所受理最高人民法院、最高人民检察院、公安部及中央、国务院和军队系统以及其他有关行政执法部门委托的涉案物品价格鉴定；受理跨地区（省、自治区、直辖市）、跨部门的各种涉案物品的价格鉴定；受理涉外当事人（包括法人）的案件中物品价格鉴定委托；受理疑难、重大案件涉及的物品价格鉴定。

第五条　各省、自治区、直辖市价格事务所直接受理省（自治区、直辖市）高级人民法院、人民检察院、公安机关及政府其他有关行政执法部门委托的涉案物品价格鉴定；受理本省（自治区、直辖市）内跨地市级行政区域的涉案物品价格鉴定。

第六条　各地（市、盟、自治州）价格事务所受理本地（市、盟、自治州）中级人民法院、人民检察院、公安机关及政府其他有关行政执法部门委托的涉案物品价格鉴定；受理本地（市、盟、自治州）内跨县级行政区域的涉案物品价格鉴定。

第七条　各县（市、旗）价格事务所直接受理本县（市、旗）人民法院、人民检察院、公安机关及政府其他有关行政执法部门委托的涉案物品价格鉴定。

第二章　委托受理程序

第八条　各地价格事务所接到涉案物品价格鉴定委托后，按下列情况区别办理：

（一）刑事案件中涉及物品价格鉴定，一般应直接办理；其中案情重大，或者有疑难，或者价格鉴定标的数额巨大的，可移送上一级价格主管部门设立的价格事务所办理；

（二）其他案件的物品价格鉴定，涉及的当事人（包括法人、自然人，下同）双方均属于本行政区域管辖的，应直接办理；涉及的当事人有一方不属于本行政区域管辖的，应移送上一级价格主管部门设立的价格事务所，或者直接移送按分管权限受理价格鉴定的价格事务所；案件中涉及的当事人双方虽然均属于本行政区域管辖的，但案情重大有疑难的，可移送上一级价格主管部门设立的价格事务所，或者直接移送按分管权限受理鉴定的价格事务所。

第九条　接到移送委托的价格事务所，比照第八条的规定区别办理。在确定属于直接办理物品价格鉴定后，可以选择下列方法办理：

（一）委托移送的价格事务所办理；

（二）联合移送的价格事务所办理；

（三）联合案件双方当事人所在地的价格事务所办理；

（四）直接办理。

第十条 价格事务所移送委托时，要告知有关委托单位。

第三章 价格鉴定评估收费管理

第十一条 价格事务所要严格执行国家的收费管理规定，不得对委托单位重复收费。

第十二条 在国家没有统一收费标准之前，按照直接办理价格鉴定的价格事务所所在地省级人民政府价格主管部门的规定执行。

第十三条 联合办理涉案物品价格鉴定的，费用由联合办理鉴定的有关单位协商，具体办法由国家发展计划委员会价格鉴定机构与各地价格事务所商定。

第四章 附 则

第十四条 违反本《办法》的价格事务所按照《价格法》的有关规定论处。

第十五条 本《办法》由国家发展计划委员会价格鉴定机构负责解释。

9. 国家计划委员会、最高人民法院、最高人民检察院、公安部《扣押、追缴、没收物品估价管理办法》（1997年4月22日 计办〔1997〕808号）

第一章 总 则

第一条 为了加强对扣押、追缴、没收物品估价管理，规范扣押、追缴、没收物品估价工作，保障刑事诉讼活动的顺利进行，依据国家有关法律和最高人民法院、最高人民检察院、公安部、国家计委的有关规定，特制定本办法。

第二条 人民法院、人民检察院、公安机关各自管辖的刑事案件，对于价格不明或者价格难以确定的扣押、追缴、没收物品需要估价的，应当委托指定的估价机构估价。案件移送时，应当附有《扣押、追缴、没收物品估价鉴定结论书》。

第三条 公安机关移送人民检察院审查起诉和人民检察院向人民法院提起公诉的案件，对估价结论有异议的，应当由提出异议的机关自行委托估价机构重新估价。

第四条 对于扣押、追缴、没收的珍贵文物，珍贵、濒危动物及其制品，珍稀植物及其制品，毒品，淫秽物品，枪支、弹药等不以价格数额作为定罪量刑标准的，不需要估价。

第五条 国务院及地方人民政府价格部门是扣押、追缴、没收物品估价工作的主管部门，其设立的价格事务所是各级人民法院、人民检察院、公安机关指定的扣押、追缴、没收物品估价机构，其他任何机构或者个人不得对扣押、追缴、没收物品估价。

第六条 价格事务所出具的扣押、追缴、没收物品估价鉴定结论，经人民法院、人民检察院、公安机关确认，可以作为办理案件的依据。

第二章 委托程序

第七条 各级人民法院、人民检察院、公安机关遇有本办法第二条所列情形时，应当委托同级价格部门设立的价格事务所进行估价。

第八条 委托机关在委托估价时，应当送交《扣押、追缴、没收物品估价委托书》。

《扣押、追缴、没收物品估价委托书》应当包括以下内容：

（一）估价的理由和要求；

（二）扣押、追缴、没收物品的品名、牌号、规格、种类、数量、来源，以及购置、生产、使用时间；

（三）起获扣押、追缴、没收物品时其被使用、损坏程度的记录，重要的扣押、追缴、没收物品，应当附照片；

（四）起获扣押、追缴、没收物品的时间、地点；

（五）其他需要说明的情况。

委托机关送交的《扣押、追缴、没收物品估价委托书》必须加盖单位公章。

第九条　价格事务所接到人民法院、人民检察院、公安机关的《扣押、追缴、没收物品估价委托书》时，应当认真审核委托书的各项内容及要求，如委托书所提要求无法做到时，应当立即与委托机关协商。

第三章　估价程序

第十条　价格事务所在接受委托后，应当按照《扣押、追缴、没收物品估价委托书》载明的情况对实物进行查验，如发现差异，应立即与委托机关共同确认。价格事务所一般不留存扣押、追缴、没收物品，如确需留存时，应当征得委托机关同意并严格办理交接手续。

第十一条　价格事务所估价确实需要时，可以提请委托机关协助查阅有关的账目、文件等资料。可以向与委托事项有关的单位和个人进行调查或索取证明材料。

第十二条　价格事务所应当在接受估价委托之日起七日内作出扣押、追缴、没收物品估价鉴定结论；另有约定的，在约定期限内作出。

第十三条　价格事务所办理的扣押、追缴、没收物品估价鉴定，应当由两名以上估价工作人员共同承办，出具的估价鉴定结论，必须经过内部审议。

价格事务所估价人员，遇有下列情形之一的，应当回避：

（一）与估价事项当事人有亲属关系或与该估价事项有利害关系的；

（二）与估价事项当事人有其他关系，可能影响对扣押、追缴、没收物品公正估价的。

第十四条　价格事务所在完成估价后，应当向委托机关出具《扣押、追缴、没收物品估价鉴定结论书》。《扣押、追缴、没收物品估价鉴定结论书》应当包括以下内容：

（一）估价范围和内容；

（二）估价依据；

（三）估价方法和过程要述；

（四）估价结论；

（五）其他需要说明的问题及有关材料；

（六）估价工作人员签名。

价格事务所出具的《扣押、追缴、没收物品估价鉴定结论书》必须加盖单位公章。

第十五条　委托机关对价格事务所出具的《扣押、追缴、没收物品估价鉴定结论书》有异议的，可以向原估价机构要求补充鉴定或者重新鉴定，也可以直接委托上级价格部门设立的价格事务所复核或者重新估价。

第十六条　接受委托的价格事务所认为必要时，在征得委托机关同意后，可以将委托事项转送上级价格部门设立的价格事务所进行估价，并将有关情况书面通知原委托估价机关。

第十七条　国家计划委员会直属价格事务所是扣押、追缴、没收物品估价的最终复核裁定机构。

第四章　估价的基本原则

第十八条　价格事务所必须按照国家的有关法律规定，以及最高人民法院、最高人民检察院制定的有关司法解释和各项价格法规，客观公正、准确及时地估定扣押、追缴、没收物品价格。

第十九条　扣押、追缴、没收物品估价的基准日除法律、法规和司法解释另有规定外，应当由委托机关根据案件实际情况确定。

第二十条 价格事务所对委托估价的文物、邮票、字画、贵重金银、珠宝及其制品等特殊物品，应当送有关专业部门作出技术、质量鉴定后，根据其提供的有关依据，作出估价结论。

第五章 组织管理

第二十一条 按照国家有关价格工作的管理规定，扣押、追缴、没收物品估价工作实行统一领导、分级管理。

第二十二条 国家计划委员会的主要职责：

（一）会同最高人民法院、最高人民检察院、公安部制定、解释扣押、追缴、没收物品估价工作的基本原则。

（二）确定划分国家和地方价格部门在扣押、追缴、没收物品估价工作中的主要职责。

（三）负责管理、指导、监督、检查全国扣押、追缴、没收物品估价工作。

（四）其设立的价格事务所办理最高人民法院、最高人民检察院、公安部委托的扣押、追缴、没收物品估价；协调或者办理跨地区（省、自治区、直辖市）、跨部门的扣押、追缴、没收物品估价业务；办理疑难、重大案件涉及的扣押、追缴、没收物品估价。

第二十三条 各省、自治区、直辖市价格部门的主要职责：

（一）贯彻执行最高人民法院、最高人民检察院、公安部和国家计委对估价工作制定的各项方针、政策和基本原则，会同同级司法机关制定本地区有关扣押、追缴、没收物品估价的具体规定。

（二）其设立的价格事务所办理同级人民法院、人民检察院、公安机关委托的扣押、追缴、没收物品估价；办理本地区内跨地（市）县，有相当难度的扣押、追缴、没收物品估价及复核工作；协助上级价格部门设立的价格事务所进行扣押、追缴、没收物品估价工作。

第二十四条 地（市）县（市、区）价格部门的职责：

（一）贯彻执行估价工作的有关规定，协助上级价格部门做好扣押、追缴、没收物品估价工作。接受上级价格部门对扣押、追缴、没收物品估价工作的管理、指导、监督、检查。

（二）其设立的价格事务所办理同级人民法院、人民检察院、公安机关委托的扣押、追缴、没收物品估价，协助上级价格部门设立的价格事务所进行扣押、追缴、没收物品估价工作。

第六章 法律责任

第二十五条 严禁估价人员虚假鉴定、徇私舞弊、玩忽职守、泄露涉案秘密。凡违反规定，造成估价失实，或者对办理案件造成不良影响的，对责任人员将视情节，给予处分；构成犯罪的，依法追究刑事责任。

第二十六条 价格事务所和鉴定人对出具的《扣押、追缴、没收物品估价鉴定结论书》的内容分别承担相应法律责任。

第二十七条 价格事务所及其工作人员对估价工作中涉及的有关资料和情况负责保密。

第七章 附 则

第二十八条 其他涉案物品的估价，以及行政执法机关提请价格部门设立的价格事务所对收缴、罚没、扣押物品的估价，可以参照本办法执行。

第二十九条 价格事务所在进行扣押、追缴、没收物品估价时，可以向委托估价机关收取合理的估价鉴定费。估价鉴定收费办法由国家计委会同最高人民法院、最高人民检察院、公安部并商有关部门另行制定。

第三十条　本办法自颁布之日起施行。

10. 最高人民法院、最高人民检察院、公安部、国家计委《关于统一赃物估价工作的通知》（1994年4月22日　法发〔1994〕9号）（节录）

一、人民法院、人民检察院、公安机关在办理刑事案件过程中，对于价格不明或者价格难以确定的赃物应当估价。案件移送时，应附《赃物估价鉴定结论书》。

二、国家计委及地方各级政府物价管理部门是赃物估价的主管部门，其设立的价格事务所是指定的赃物估价机构。

三、人民法院、人民检察院、公安机关在办案中需要对赃物估价时，应当出具估价委托书，委托案件管辖地的同级物价管理部门设立的价格事务所进行估价。估价委托书一般应当载明赃物的品名、牌号、规格、数量、来源、购置时间，以及违法犯罪获得赃物的时间、地点等有关情况。

四、价格事务所应当参照最高人民法院、最高人民检察院1992年12月11日《关于办理盗窃案件具体应用法律的若干问题的解释》第三条的规定估价。价格事务所应当在接受估价委托后七日内作出估价鉴定结论，但另有约定的除外。

五、价格事务所对赃物估价后，应当出具统一制作的《赃物估价鉴定结论书》，由估价工作人员签名并加盖价格事务所印章。

六、委托估价的机关应当对《赃物估价鉴定结论书》进行审查。如果对同级价格事务所出具的《赃物估价鉴定结论书》提出异议，可退回价格事务所重新鉴定或者委托上一级价格事务所复核。经审查，确认无误的赃物估价鉴定结论，才能作为定案的根据。国家计委指定的直属价格事务所是赃物估价的最终复核裁定机构。

七、赃物估价是一项严肃的工作。各级政府价格主管部门及其价格事务所应积极配合人民法院、人民检察院、公安机关认真做好这项工作。一些尚未组建价格事务所的地区，赃物估价工作暂由物价管理部门承担。

八、关于赃物估价的具体规定和办法，另行制定。

本通知自下达之日起执行。

11. 铁道部《协助执行执法机关扣留铁路运输货物的通知》（1995年6月19日　铁运函〔1995〕327号）

最近以来，不少铁路车站接到有关执法部门因各种原因要求协助执行扣押铁路运输货物的通知，有的因无章可循，车站工作人员无所适从，致使执法机关扣押货物的要求未能得到执行；有的因个别执法人员不了解铁路运输特点，在运输中途站强行扣押货物，影响铁路运输生产；有的还造成运输合同纠纷。为协助执法机关做好这项工作，维护铁路日常运输秩序，现将有关事项通知如下：

一、按照国家法律、法规有物品扣押权的执法机关要求车站协助执行扣押铁路运输货物的，在货物发送前由发站，发送后由到站受理。除继续运输将危及铁路运输安全或对社会造成重大危害等特殊情况（如武器、弹药等），报请铁路分局批准的外，中途站不办理扣押货物事宜。

二、发站或到站接到协助执行扣押通知后，应立即将要求扣押的货物妥善保管。发站应立即通知托运人，到站应立即通知收货人和电告发站转告托运人，限期到车站处理，按规定办理货物交付或取消托运手续，同时由执法机关直接向托运人或收货人办理扣押货物手续；托运人或收货人逾期不来车站处理或通知不到的，执法机关又限期要将扣押货物转移的，凭县级以上执法机关出具的正式法律文书，办理货物移交，并通知发站或到站及托运人和收货人。对同一批货物有几家执法机关同时要求扣押的，应由其上级主管部门协调，按协调部门指示办理。铁路运输货物按法律、法律的规定移交执法机关后，运输合同终止履行。货物扣押期间的保管费用及因扣押产生的其他相关费用按规定核收。

三、中途站接到执法机关要求协助扣押通知的，应告知其在到站办理，并电告到站，以便到站提前做好准备，协助处理。

12. 财政部《罚没财物和追回赃款赃物管理办法》（1987年1月1日　〔86〕财预228号）（节录）

第一章　总　　则

第一条　为了加强对罚没财物和追回赃款赃物的财务管理，维护社会主义法制，根据打击经济犯罪活动发展的新情况，制定本办法。

第二条　依法查处走私贩私、投机倒把、违反物价管理等违法犯罪案件的罚没款和没收物资，称“罚没财物”；依法查处追回贪污盗窃、行贿受贿等违法犯罪案件的财物，称“追回赃款赃物”。

第三条　本办法适用于：

一、海关、工商行政管理、物价管理等行政执法机关依法查处走私贩私、投机倒把、违反物价管理等违法、违章案件的罚没财物；

二、公安机关、人民检察院、人民法院等政法机关（均包括军事、铁道、交通等专门政法机关，下同），依法查处违反治安管理和各类违法案件的罚没财物和追回的赃款、赃物；

三、交通、林业、外汇、渔政、城建、土地管理、标准计量、烟草专卖、医药卫生、劳动安全以及其他国家经济管理部门，依照有关法律、法规查处违法、违章案件的罚没财物；

四、国营企业、事业单位、机关团体内部查处的不构成刑事犯罪的贪污、盗窃等案件追回的赃款、赃物。

以上一、二、三款所列各行政执法机关、政法机关和国家经济管理部门统称执法机关。

第四条　违反财经纪律、税收法规、业务章程、合同协议的罚款处理，应执行有关的财政财务制度，不适用本办法。

第二章　罚没财物及追回赃款、赃物的管理和处理

第五条　各级执法机关应当加强对罚没财物（包括扣留财物）凭证的管理和会计核算工作。中央级执法机关的凭证，由海关总署、国家外汇管理局、铁道部等主管机关统一制发；地方各级执法机关的凭证，由省或县、市财政机关统一制发，要建立严格的凭证领用缴销制度，罚没财物的验收、保管制度，财物交接制度和结算对账制度。

第六条　各种罚没财物以及追回的赃款、赃物，任何部门、单位和个人，都不得挪用、调换、压价私分或变相私分。

第七条　执法机关依法追回贪污、盗窃等案件的赃款、赃物，按下列原则处理：

一、原属国营企业、事业单位、机关团体和城乡集体所有制单位的财物，除政法机关判归原单位者外，一律上缴国库。判决原则，由中央政法机关另定。

二、原属个人合法财物，单位的党费、团费、工会经费，以及职工食堂等集体福利事业单位的财物，均发还原主。

三、追回属于受贿、行贿的财物一律上缴国库。

第八条　国营企业、事业单位和机关团体内部查处的，不构成刑事犯罪的贪污、盗窃等案件追回的赃款、赃物原则上报经上级主管部门审查核准后归原单位注销悬账；原单位已作损失核销了的，一律上缴国库。

第九条　罚没物资和追回应上缴国库的赃物，根据不同性质和用途，按下列原则处理：

一、属于商业部门经营的商品，由执法机关、财政机关、接收单位会同有关部门按质论价，交由国营商业单位纳入正常销售渠道变价处理。参与作价的部门，不得内部选购。

二、属于专管机关管理或专营企业经营的财物，如金银、外币、有价证券、文物、毒品等，应及时交由专管机关或专营企业收兑或收购。

三、属于政治性、破坏性物品，无偿交由专管机关处理。

四、属于淫秽物品、吸毒用具等违禁品，以及其他无保管价值的物品，由收缴机关按有关规定处理。

第十条　收缴机关按规定核准处理的罚没物资和赃物，都要开列清单（必要时拍照），随缴库凭证存档备查。

第三章　罚没收入、赃款和赃物变价款的收缴和处理

第十一条　执法机关依法收缴的罚没款、赃款和没收物资、赃物的变价款一律作为国家“罚没收入”或“追回赃款和赃物变价款收入”，如数上缴国库，任何机关都不得截留、坐支。对截留、坐支或拖交的，财政机关有权扣发其机关经费或通知银行从其经费存款中扣交。除因错案可予以退还外，财政机关不得办理收入退库。

第十二条　海关、工商行政管理机关、物价管理机关和各国家经济管理部门，查处的罚没款和没收物资变价款，由查处机关依法上缴国库。

第十三条　公安机关、人民检察院、人民法院直接查处的罚没款和没收物资变价款，追回应上缴国库的赃款和赃物变价款，由查处机关依法上缴国库。

第十四条　国营企业、事业单位和机关团体内部查处追回应上缴国库的赃款和赃物变价款，由发案单位上缴国库；移送政法机关结案的，由政法机关上缴国库。

第十五条　上缴国库的罚没收入，按下列规定分别划归中央财政和地方财政。

一、海关、国家外汇管理局、铁道部等隶属中央的执法机关的罚没收入，百分之五十上交中央财政，百分之五十上交地方财政；

二、工商行政管理机关、公安机关、人民检察院、人民法院，以及隶属地方的国家经济管理部门查处或判处的罚没收入，全部上交地方财政。

第十六条　各政法机关判处和国营企业、事业单位、机关团体内部查处的上缴国库的赃款和赃物变价款，不论发案单位的财务隶属关系，一律上交地方财政。

第四章　奖　　励

第十七条　为鼓励人民群众揭发检举犯罪活动，对各类案件的下列告发人，可酌发奖金：

一、城乡居民；

二、揭发与本职工作无关案件的职工；

三、港澳同胞、华侨；

四、外国人。

案件告发人的奖金，按其贡献大小，在每案罚没收入总额的百分之十以内掌握（必要时对无罚没收入的告发人也可酌情发给），但一般不超过一千元。

有特殊贡献的案件告发人的奖金，可以报经省以上执法机关特案批准，不受限额控制。海关发给案件告发人的奖金额度，按"海关奖励缉私办法"执行。

农村乡镇等集体所有制单位协助破案的应发奖金，由办案机关在每案罚没收入总额的百分之十以内掌握，但不得超过一万元。

第十八条 各执法机关对执法干部，原则上执行国家机关统一的奖励制度，坚持结合工作考绩，同本机关职工一道评奖，对第一线查缉重大案件的破案有功人员，可经省以上执法机关批准，发给重大案件查缉破案奖，或在年度庆功评比时给予一次性的嘉奖。

第十九条 反走私任务较重的海关和广东、福建、浙江东南沿海三省，可由同级财政部门增拨一笔奖励基金。海关系统的奖励基金管理方法，由海关总署商财政部制定下达；东南沿海三省的奖励基金，由三省打击走私领导小组办公室比照海关总署的规定，商三省财政机关制定下达。

上述一次性嘉奖的奖金和奖励基金由同级财政机关专项核拨。

第五章 办案费用补助的拨付和使用

第二十条 各级执法机关的正常经费原则上一律纳入行政事业经费预算管理。不属于正常经费预算范围的开支（如大宗罚没物资保管费用、告发检举人奖金等），以及特殊情况下的必不可少的办案业务开支，可由各级执法机关的主管部门向同级财政机关编报"办案费用补助"专项支出预算。

第二十一条 "办案费用补助"主要开支范围如下：

一、按规定发给案件告发人的奖金和发给协助破案的农村乡镇集体所有制单位的奖金；

二、扣留和罚没物资的运输、仓储（包括简易仓棚修建）、整理等费用；

三、侦缉调查补助费。包括侦破、调研、审理案件差旅费、办案专业会议等补助费；

四、办案专用车、船的燃料及修理补助费；

五、办案业务费补助。包括办案宣传费、大宗文卷资料印刷费，化验鉴定等补助费；

六、其他费用补助。包括分给联合办案单位的办案补助费、告发、告密人接待费，按规定发给第一线执法人员的一次性奖金，以及同级财政机关批准列支的其他特殊开支。

"办案费用补助"不得用于增加人员编制开支和基本建设支出；严禁给执法人员滥发奖金。

第二十二条 "办案费用补助"的经费领拨关系规定如下：

一、海关总署、国家外汇管理局、铁道部等隶属中央的执法机关，由各机关的主管部门向财政部领报。

二、工商行政管理局、物价局、公安机关、人民检察院、人民法院，以及其他隶属地方的执法机关向同级地方财政机关领报。

第二十三条 "办案费用补助"一律纳入国家支出预算管理。事先编报预算，事后编报决算，事中编报预算执行情况报表。并参照行政事业单位会计制度单独进行会计核算。

第二十四条 各级财政机关对执法机关必不可少的办案费用，要予以保证。不受罚没收入多少的限制。

"办案费用补助"也可以由省、自治区、直辖市决定，纳入各执法机关的行政事业经费统一安排管理，不另专项核拨。

第六章　附　　则

第二十五条　各级财政机关，应当配备专人负责罚没财物和追回赃款、赃物的预算管理。

第二十六条　本办法自一九八七年一月一月起执行。我部一九八二年（82）财预字91号发布的《关于罚没财物管理办法》和（82）财预字第78号发布的《关于追回赃款、赃物的财务处理办法》及其有关的补充规定、解释等同时废止。各级人民政府和有关主管部门过去发布的有关规定，与本办法有抵触的，亦同时失效并应明文通知修改。

第二十七条　各省、自治区、直辖市人民政府，可依据本办法制定具体实施办法，一并下达。中央各有关执法机关和人民解放军有关部门，可根据本办法规定的原则，制定本系统的单项实施办法，征得财政部同意后联合下达。

（六）查询、冻结

查询、冻结是侦查人员向银行、证券或者其他金融机构、邮电部门查询犯罪嫌疑人的存款、汇款、债券、股票、基金份额等财产状况，并对涉案财产予以冻结的侦查措施。查询、冻结既是查明案件情况的侦查措施，也是检察机关收集证据的渠道。由于贪污犯罪本身是涉财性犯罪，查明犯罪嫌疑人的存款、汇款、债券、股票、基金份额等财产状况，对于查明案情、收集证据具有重要的意义。

【主要程序】

1. 人民检察院根据侦查犯罪的需要，可以依照规定采取查询、冻结措施，并可以要求有关单位和个人配合，查询、冻结的对象包括犯罪嫌疑人的存款、汇款、债券、股票、基金份额等财产。

2. 检察人员在侦查职务犯罪案件过程中，向银行、证券公司或者其他金融机构、邮电机关查询或者要求冻结犯罪嫌疑人的存款、汇款债券、股票、基金份额等财产，应当经检察长批准。

3. 查询、冻结犯罪嫌疑人的存款、汇款、债券、股票、基金份额等财产，办案人员应当依照规定制作《查询犯罪嫌疑人存款/汇款/股票/债券/基金份额通知书》、《冻结存款/汇款/股票/债券/基金份额通知书》；查询、冻结案件有关单位的存款，办案人员应当依照规定制作《协助查询存款/汇款/股票/债券/基金份额通知书》、《协助冻结存款/汇款/股票/债券/基金份额通知书》。查询、冻结时，应当出示相关文书和工作证件，通知银行或者其他金融机构、邮电机关执行。

4. 查询银行存款，必须出示本人工作证和出具县级（含）以上人民检察院《协助查询存款通知书》，由银行行长或其他负责人（包括城市分理处、农村营业所和城乡信用社主任。下同）签字后并指定银行有关业务部门凭此提供情况和资料。查询人对原件不得借走，需要的资料可以抄录、复制或照相，并经银行盖章。对银行提供的情况和资料，应当依法保守秘密。

5. 冻结企业事业单位、机关、团体与案件直接有关的一定数额的银行存款，必须出具县级（含）以上人民检察院签发的《协助冻结存款通知书》及本人工作证。《协助冻结存款通知书》应填写被冻结单位开户银行名称、户名和账号、大小写金额。

6. 犯罪嫌疑人的存款、汇款、债券、股票、基金份额等财产已冻结的，人民检察院不得重复冻结，但是应当要求有关银行或者其他金融机构、邮电部门在解除冻结或者作出处理前通知人民检察院。

7. 扣押、冻结债券、股票、基金份额等财产，应当书面告知当事人或者其法定代理人、委托代理人有权申请出售。

对于被扣押、冻结的债券、股票、基金份额等财产，在扣押、冻结期间权利人申请出售，经审查认为不损害国家利益、被害人利益，不影响诉讼正常进行的，以及扣押、冻结的汇票、本票、支票的有效期即将届满的，经检察长批准，可以在案件办结前依法出售或者变现，所得价款由检察机关指定专门的银行账户保管，并及时告知当事人或者其近亲属。

8. 对于冻结的存款、汇款、债券、股票、基金份额等财产，经查明确实与案件无关的，应当在 3 日以内解除冻结，并通知被冻结存款、汇款、债券、股票、基金份额等财产的所有人。

9. 冻结单位存款的期限不超过 6 个月。有特殊原因需要延长的，应当在冻结期满前办理继续冻结手续。每次续冻期限最长不超过 6 个月。逾期不办理继续冻结手续的，将视为自动撤销冻结。

10. 人民检察院可以依照规定查询、冻结犯罪嫌疑人的存款、汇款、债券、股票、基金份额等财产，但是不能扣划存款、汇款、债券、股票、基金份额等财产。对于犯罪嫌疑人、被告人死亡，依照刑法规定应当追缴其违法所得及其他涉案财产的，适用《刑事诉讼法》第 5 编第 3 章规定的程序，由人民检察院向人民法院提出没收违法所得的申请。

11. 最高人民检察院发现地方各级人民检察院冻结、解冻、扣划有关单位在银行、非银行金融机构存款有错误时，上级人民检察院发现下级人民检察院冻结、解冻、扣划有关单位在银行、非银行金融机构存款有错误时，可以依照法定程序作出决定或者裁定，送达本系统地方各级或下级有关检察院限期纠正。有关检察院应当立即执行。有关检察院认为上级机关的决定或者裁定有错误时，可在收到该决定或者裁定之日起 5 日以内向作出决定或者裁定的人民检察院请求复议。

【注意事项】

1. 冻结单位银行存款发生失误，应及时予以纠正，并向被冻结银行存款的单位作出解释。

2. 作出查询、冻结决定的人民检察院与协助执行的银行不在同一辖区的，可以直接到协助执行的银行办理查询、冻结、扣划单位存款，不受辖区范围的限制。

3. 军队、武警部队一类保密单位开设的“特种预算存款”、“特种其他存款”和连队账户的存款，原则上不采取冻结或扣划等项诉讼保证措施。但军队、武警部队的其余存款可以冻结和扣划。

4. 人民检察院因查处经济违法犯罪案件，需要执行专业银行、其他银行和非银行金融机构在人民银行的款项，应通知被执行的银行和非银行金融机构自动履行。

5. 被冻结的款项，不属于赃款的，冻结期间应计付利息，在扣划时其利息应付给债权单位；属于赃款的，冻结期间不计付利息，如冻结有误，解除冻结时应补计冻结期间利息。

【文书与说明】

1. 查询犯罪嫌疑人存款/汇款/股票/债券/基金份额通知书

人民检察院
查询犯罪嫌疑人存款/汇款/股票/债券/基金份额通知书
（存　根）

检　查询〔　〕　号

案由________________
犯罪嫌疑人的基本情况（姓名、性别、年龄、工作单位、住址、身份证号码、是否人大代表、政协委员）________
送达单位________
查询原因________
批准人________
承办人________
填发人________
填发时间________

第一联 统一保存

检　查询〔　〕号

人民检察院
查询犯罪嫌疑人存款/汇款/股票/债券/基金份额通知书
（副　本）

检　查询〔　〕　号

________：

因________，根据《中华人民共和国刑事诉讼法》第一百四十二条的规定，需向你单位查询________的存款/汇款/股票/债券/基金份额，特派本院工作人员________前往你处查询，请予协助。

年　月　日
（检察院印）

附：查询存款/汇款/股票/债券/基金份额线索

第二联 附卷

检　查询〔　〕号

人民检察院
查询犯罪嫌疑人存款/汇款/股票/债券/基金份额通知书

检　查询〔　〕　号

________：

因________，根据《中华人民共和国刑事诉讼法》第一百四十二条的规定，需向你单位查询________的存款/汇款/股票/债券/基金份额，特派本院工作人员________前往你处查询，请予协助。

年　月　日
（检察院印）

附：查询存款/汇款/股票/债券/基金份额线索

第三联 送达金融机构或邮电部门

检　查询〔　〕号

人民检察院
查询犯罪嫌疑人存款/汇款/股票/债券/基金份额通知书
（回　执）

检　查询〔　〕　号

________人民检察院：

你院________号查询犯罪嫌疑人存款/汇款/股票/债券/基金份额通知书收悉，现将________在我单位存款/汇款/股票/债券/基金份额的情况提供如下________
____
________。

年　月　日
（公章）

第四联退回后附卷

2. 协助查询存款/汇款/股票/债券/基金份额通知书

人民检察院
协助查询存款/
汇款/股票/债券/
基金份额通知书
（存　根）

检　协查〔　〕　号

发往银行________
事由________
查询________单位（个人）银行存款/汇款/股票/债券/基金份额________
查询人________
批准人________
填发人________
填发时间________

第一联 统一保存

检　协查〔　〕号

人民检察院
协助查询存款/
汇款/股票/债券/
基金份额通知书
（副　本）

检　协查〔　〕　号

________：

兹因________，需向你行查询________单位的银行存款/汇款/股票/债券/基金份额________，特派本院工作人员________前往你处，请予协助查询为盼。

附：当事人银行存款/汇款/股票/债券/基金份额线索：

存款/汇款/股票/债券/基金份额单位（个人）名称

账号

其他

年　月　日
（院印）

第二联 附卷

检　协查〔　〕号

人民检察院
协助查询存款/
汇款/股票/债券/
基金份额通知书

检　协查〔　〕　号

________：

兹因________，需向你行查询________单位的银行存款/汇款/股票/债券/基金份额，特派本院工作人员________前往你处，请予协助查询为盼。

附：当事人银行存款/汇款/股票/债券/基金份额线索：

存款/汇款/股票/债券/基金份额单位（个人）名称

账号

其他

年　月　日
（院印）

第三联 送达银行

检　协查〔　〕号

人民检察院
协助查询存款/
汇款/股票/债券/
基金份额通知书
（回　执）

检　查询〔　〕　号

________人民检察院：

你院________号查询________单位（个人）的存款/汇款/股票/债券/基金份额通知书收悉，现将________单位的银行存款情况提供如下________
________。

年　月　日
（公章）

第四联退回后附卷

3. 冻结犯罪嫌疑人存款/汇款/股票/债券/基金份额通知书

人民检察院
冻结犯罪嫌疑人
存款/汇款/股票/债券/基金份额通知书
（存　根）

检　冻〔　〕　号

案由________
犯罪嫌疑人的基本情况（姓名、性别、年龄、工作单位、住址、身份证号码、是否人大代表、政协委员）________
送达单位________
冻结原因________
批准人________
承办人________
填发人________
填发时间________

第一联 统一保存

……检冻〔　〕号……

人民检察院
冻结犯罪嫌疑人
存款/汇款/股票/债券/基金份额通知书
（副　本）

检　冻〔　〕　号

________：
　　因________，根据《中华人民共和国刑事诉讼法》第一百四十二条的规定，对________在你单位的存款/汇款/股票/债券/基金份额____予以冻结，冻结期限自____年____月____日至____年____月____日止。

年　月　日
（检察院印）

第二联 附卷

……检冻〔　〕号……

人民检察院
冻结犯罪嫌疑人
存款/汇款/股票/债券/基金份额通知书

检冻〔　〕　号

________：
　　因________，根据《中华人民共和国刑事诉讼法》第一百四十二条的规定，对________在你单位的存款/汇款/股票/债券/基金份额________予以冻结，冻结期限自____年____月____日至____年____月____日止。

年　月　日
（检察院印）

第三联 送达金融机构或邮电部门

……检冻〔　〕号……

人民检察院
冻结犯罪嫌疑人
存款/汇款/股票/债券/基金份额通知书
（回　执）

检冻〔　〕　号

________人民检察院：
　　你院________号冻结犯罪嫌疑人存款、汇款通知书收悉，对________在我单位存款/汇款/股票/债券/基金份额________，已冻结。

年　月　日
（公章）

第四联退回后附卷

4. 解除冻结犯罪嫌疑人存款/汇款/股票/债券/基金份额通知书

人民检察院
解除冻结犯罪嫌疑人存款/汇款/股票/债券/基金份额通知书
（存　根）

检 解人冻〔　〕　号

案由＿＿＿＿
犯罪嫌疑人的基本情况（姓名、性别、年龄、工作单位、住址、身份证号码、是否人大代表、政协委员）＿＿＿＿
送达单位＿＿＿＿
解除冻结原因＿＿＿＿
批准人＿＿＿＿
承办人＿＿＿＿
填发人＿＿＿＿
填发时间＿＿＿＿

第一联 统一保存

检解人冻〔　〕号

人民检察院
解除冻结犯罪嫌疑人存款/汇款/股票/债券/基金份额通知书
（副　本）

检　解人冻〔　〕　号

＿＿＿＿：

我院＿＿年＿＿月＿＿日＿＿号冻结犯罪嫌疑人存款/汇款/股票/债券/基金份额通知书通知你单位冻结＿＿＿＿的存款/汇款/股票/债券/基金份额，根据《中华人民共和国刑事诉讼法》第＿＿＿＿条的规定，现决定解除冻结。

年　月　日
（院印）

第二联 附卷

检解人冻〔　〕号

人民检察院
解除冻结犯罪嫌疑人存款/汇款/股票/债券/基金份额通知书

检 解人冻〔　〕　号

＿＿＿＿：

我院＿＿年＿＿月＿＿日＿＿号冻结犯罪嫌疑人存款/汇款/股票/债券/基金份额通知书通知你单位冻结＿＿＿＿的存款/汇款/股票/债券/基金份额，根据《中华人民共和国刑事诉讼法》第＿＿＿＿条的规定，现决定解除冻结。

年　月　日
（院印）

第三联 送达金融机构或邮电部门

检解人冻〔　〕号

人民检察院
解除冻结犯罪嫌疑人存款/汇款/股票/债券/基金份额通知书
（回　执）

检 解人冻〔　〕　号

＿＿＿＿人民检察院：

你院＿＿＿＿号解除冻结犯罪嫌疑人存款/汇款/股票/债券/基金份额通知书收悉。对＿＿＿＿在我单位存款/汇款/股票/债券/基金份额＿＿＿＿，已解除冻结。

年　月　日
（公章）

第四联退回后附卷

5. 协助冻结存款/汇款/股票/债券/基金份额通知书

人民检察院
协助冻结存款/汇款/股票/债券/基金份额通知书
（存　根）

检　协冻〔　〕　号

发往银行______
事由：因______
______，逾期或撤销冻结后方可支付。
批准人______
填发人______
填发时间______

第一联 统一保存

检　协冻〔　〕号

人民检察院
协助冻结存款/汇款/股票/债券/基金份额通知书
（副　本）

检　协冻〔　〕　号

______银行：
　　兹因办理______案需要，根据《中华人民共和国刑事诉讼法》第一百四十二条的规定，关于______单位在你属______行（处）__账户的存款/汇款/股票/债券/基金份额______，请协助予以冻结。冻结期限自____年____月____日至____年____月______日止。
附：当事人银行存款/汇款/股票/债券/基金份额线索：
存款/汇款/股票/债券/基金份额单位名称
账号
其他

年　月　日
（检察院印）

第二联 附卷

检　协冻〔　〕号

人民检察院
协助冻结存款/汇款/股票/债券/基金份额通知书

检　协冻〔　〕　号

______银行（单位）：
　　兹因办理______案需要，根据《中华人民共和国刑事诉讼法》第一百四十二条的规定，关于______单位在你属______行（处）__账户的存款/汇款/股票/债券/基金份额______，请协助予以冻结。冻结期限自____年____月____日至____年______月______日止。
附：当事人存款/汇款/股票/债券/基金份额线索：
存款单位名称
账号
其他

年　月　日
（院印）

第三联 送达银行或其他金融机构

检　协冻〔　〕号

人民检察院
协助冻结存款/汇款/股票/债券/基金份额通知书
（回　执）

______人民检察院：
　　你院______号协助冻结犯罪嫌疑人______存款/汇款/股票/债券/基金份额通知书收悉，已将______存款/汇款/股票/债券/基金份额______予以冻结。

年　月　日
（公章）

第四联退回后附卷

文书制作说明

查询犯罪嫌疑人存款/汇款/股票/债券/基金份额通知书制作说明

一、本文书依据《刑事诉讼法》第一百四十二条的规定制作。为人民检察院依法向银行或者其他金融机构、邮电部门查询犯罪嫌疑人存款/汇款/股票/债券/基金份额时使用。

二、本文书共四联，第一联统一保存备查，第二联附卷，第三联送达金融机构或邮电部门，第四联由送达单位填写，加盖公章退回后附卷。

协助查询存款/汇款/股票/债券/基金份额通知书制作说明

一、本文书依据《刑事诉讼法》第一百四十二条的规定制作。为人民检察院在侦查中需要查询有关企业、事业、机关、团体以及除犯罪嫌疑人外其他涉案人员的银行存款/汇款/股票/债券/基金份额时，通知银行或者其他金融机构协助查询时使用。

二、本文书共四联，第一联统一保存备查，第二联附卷，第三联送达银行或金融机构，第四联由送达单位填写，加盖公章退回后附卷。

冻结犯罪嫌疑人存款/汇款/股票/债券/基金份额通知书制作说明

一、本文书依据《刑事诉讼法》第一百四十二条的规定制作。为人民检察院在侦查中，依法向银行等金融机构或邮电部门发出冻结犯罪嫌疑人存款/汇款/股票/债券/基金份额通知时使用。

二、本文书以犯罪嫌疑人为单位制作。

三、本文书共四联，第一联统一保存备查，第二联附卷，第三联送达金融机构或邮电部门，第四联由送达单位填写，加盖公章退回后附卷。

解除冻结犯罪嫌疑人存款/汇款/股票/债券/基金份额通知书制作说明

一、本文书依据《刑事诉讼法》第一百四十三条、第一百七十三条的规定制作。为人民检察院对已冻结的犯罪嫌疑人存款/汇款/股票/债券/基金份额查明与案件无关，以及人民检察院决定不起诉的案件，对侦查中冻结的财物决定解除冻结时，通知有关金融机构、邮电部门解除冻结时使用。

二、本文书以犯罪嫌疑人为单位制作。

三、本文书共四联，第一联统一保存备查，第二联附卷，第三联送达金融机构或邮电部门，第四联由送达单位填写，加盖公章退回后附卷。

协助冻结存款/汇款/股票/债券/基金份额通知书制作说明

一、本文书依据《刑事诉讼法》第一百四十二条的规定制作。为人民检察院在办理案件过程中，冻结与案件有关的单位在银行等金融机构的财物，通知银行等金融机构协助时使用。

二、本文书共四联，第一联统一保存备查，第二联附卷，第三联送达银行等金融机构，第四联由送达单位填写，加盖公章退回后附卷。

【办案依据】

1.《中华人民共和国刑事诉讼法（2012年修正）》（节录）

第一百四十二条 人民检察院、公安机关根据侦查犯罪的需要，可以依照规定查询、冻结犯罪嫌疑人的存款、汇款、债券、股票、基金份额等财产。有关单位和个人应当配合。

犯罪嫌疑人的存款、汇款、债券、股票、基金份额等财产已被冻结的，不得重复冻结。

第一百四十三条 对查封、扣押的财物、文件、邮件、电报或者冻结的存款、汇款、债券、股票、基金份额等财产，经查明确实与案件无关的，应当在三日以内解除查封、扣押、冻结，予以退还。

2. 最高人民法院、最高人民检察院、公安部、国家安全部、司法部、全国人大常委会法制工作委员会《关于实施刑事诉讼法若干问题的规定》（2012年12月26日）（节录）

36. 对于依照刑法规定应当追缴的违法所得及其他涉案财产，除依法返还被害人的财物以及依法销毁的违禁品外，必须一律上缴国库。查封、扣押的涉案财产，依法不移送的，待人民法院作出生效判决、裁定后，由人民法院通知查封、扣押机关上缴国库，查封、扣押机关应当向人民法院送交执行回单；冻结在金融机构的违法所得及其他涉案财产，待人民法院作出生效判决、裁定后，由人民法院通知有关金融机构上缴国库，有关金融机构应当向人民法院送交执行回单。

对于被扣押、冻结的债券、股票、基金份额等财产，在扣押、冻结期间权利人申请出售，经扣押、冻结机关审查，不损害国家利益、被害人利益，不影响诉讼正常进行的，以及扣押、冻结的汇票、本票、支票的有效期即将届满的，可以在判决生效前依法出售或者变现，所得价款由扣押、冻结机关保管，并及时告知当事人或者其近亲属。

37. 刑事诉讼法第一百四十二条第一款中规定："人民检察院、公安机关根据侦查犯罪的需要，可以依照规定查询、冻结犯罪嫌疑人的存款、汇款、债券、股票、基金份额等财产。"根据上述规定，人民检察院、公安机关不能扣划存款、汇款、债券、股票、基金份额等财产。对于犯罪嫌疑人、被告人死亡，依照刑法规定应当追缴其违法所得及其他涉案财产的，适用刑事诉讼法第五编第三章规定的程序，由人民检察院向人民法院提出没收违法所得的申请。

38. 犯罪嫌疑人、被告人死亡，现有证据证明存在违法所得及其他涉案财产应当予以没收的，公安机关、人民检察院可以进行调查。公安机关、人民检察院进行调查，可以依法进行查封、扣押、查询、冻结。

人民法院在审理案件过程中，被告人死亡的，应当裁定终止审理；被告人脱逃的，应当裁定中止审理。人民检察院可以依法另行向人民法院提出没收违法所得的申请。

39. 对于人民法院依法作出的没收违法所得的裁定，犯罪嫌疑人、被告人的近亲属和其他利害关系人或者人民检察院可以在五日内提出上诉、抗诉。

3.《人民检察院刑事诉讼规则（试行）》（2012年10月16日由最高人民检察院第十一届检察委员会第八十次会议第二次修订）（节录）

第二百四十一条　人民检察院根据侦查犯罪的需要，可以依照规定查询、冻结犯罪嫌疑人的存款、汇款、债券、股票、基金份额等财产，并可以要求有关单位和个人配合。

第二百四十二条　查询、冻结犯罪嫌疑人的存款、汇款、债券、股票、基金份额等财产，应当经检察长批准，制作查询、冻结财产通知书，通知银行或者其他金融机构、邮电部门执行。

第二百四十三条　犯罪嫌疑人的存款、汇款、债券、股票、基金份额等财产已冻结的，人民检察院不得重复冻结，但是应当要求有关银行或者其他金融机构、邮电部门在解除冻结或者作出处理前通知人民检察院。

第二百四十四条　扣押、冻结债券、股票、基金份额等财产，应当书面告知当事人或者其法定代理人、委托代理人有权申请出售。

对于被扣押、冻结的债券、股票、基金份额等财产，在扣押、冻结期间权利人申请出售，经审查认为不损害国家利益、被害人利益，不影响诉讼正常进行的，以及扣押、冻结的汇票、本票、支票的有效期即将届满的，经检察长批准，可以在案件办结前依法出售或者变现，所得价款由检察机关指定专门的银行账户保管，并及时告知当事人或者其近亲属。

第二百四十五条　对于冻结的存款、汇款、债券、股票、基金份额等财产，经查明确实与案件无关的，应当在三日以内解除冻结，并通知被冻结存款、汇款、债券、股票、基金份额等财产的所有人。

第二百四十六条　查询、冻结与案件有关的单位的存款、汇款、债券、股票、基金份额等财产的办法适用本规则第二百四十一条至第二百四十五条的规定。

第四百五十一条　在法庭审理过程中，合议庭对证据有疑问并在休庭后进行勘验、检查、查封、扣押、鉴定和查询、冻结的，人民检察院应当依法进行监督，发现上述活动有违法情况的，应当提出纠正意见。

4. 最高人民检察院《人民检察院刑事诉讼涉案财物管理规定》（2014年11月19日最高人民检察院第十二届检察委员会第二十九次会议通过）（略，参见本书第621～628页）

5. 中国人民银行、最高人民法院、最高人民检察院、公安部《关于查询、冻结、扣划企业事业单位、机关、团体银行存款的通知》（1993年12月11日　银发〔1993〕356号）（节录）

一、关于查询单位存款、查阅有关资料的问题

人民法院因审理或执行案件，人民检察院、公安机关因查处经济违法犯罪案件，需要向银行查询企业事业单位、机关、团体与案件有关的银行存款或查阅有关的会计凭证、账簿等资料时，银行应积极配合。查询人必须出示本人工作证或执行公务证和出具县级（含）以上人民法院、人民检察院、公安局签发的“协助查询存款通知书”，由银行行长或其他负责人（包括城市分理处、农村营业所和城乡信用社主任。下同）签字后并指定银行有关业务部门凭此提供情况和资料，并派专人接待。查询人对原件不得借走，需要的资料可以抄录、复制或照相，并经银行盖章。人民法院、人民检察院、公安机关对银行提供的情况和资料，应当

依法保守秘密。

二、关于冻结单位存款的问题

人民法院因审理或执行案件，人民检察院、公安机关因查处经济犯罪案件，需要冻结企业事业单位、机关、团体与案件直接有关的一定数额的银行存款，必须出具县级（含）以上人民法院、人民检察院、公安局签发的“协助冻结存款通知书”及本人工作证或执行公务证，经银行行长（主任）签字后，银行应当立即凭此并按照应冻结资金的性质，冻结当日单位银行账户上的同额存款（只能原账户冻结，不能转户）。如遇被冻结单位银行账户的存款不足冻结数额时，银行应在六个月的冻结期内冻结该单位银行账户可以冻结的存款，直至达到需要冻结的数额。

银行在受理冻结单位存款时，应审查“协助冻结存款通知书”填写的被冻结单位开户银行名称、户名和账号、大小写金额，发现不符的，应说明原因，退回“通知书”。

被冻结的款项在冻结期限内如需解冻，应以作出冻结决定的人民法院、人民检察院、公安机关签发的“解除冻结存款通知书”为凭，银行不得自行解冻。

冻结单位存款的期限不超过六个月。有特殊原因需要延长的，人民法院、人民检察院、公安机关应当在冻结期满前办理继续冻结手续。每次续冻期限最长不超过六个月。逾期不办理继续冻结手续的，视为自动撤销冻结。

人民法院、人民检察院、公安机关冻结单位银行存款发生失误，应及时予以纠正，并向被冻结银行存款的单位作出解释。

被冻结的款项，不属于赃款的，冻结期间应计付利息，在扣划时其利息应付给债权单位；属于赃款的，冻结期间不计付利息，如冻结有误，解除冻结时应补计冻结期间利息。

三、关于扣划单位存款的问题

人民法院审理或执行案件，人民检察院、公安机关对查处的经济犯罪案件作出免予起诉、不予起诉、撤销案件和结案处理的决定，在执行时，需要银行协助扣划企业事业单位、机关、团体的银行存款，必须出具县级（含）以上人民法院、人民检察院、公安局签发的“协助扣划存款通知书”（附人民法院发生法律效力的判决书、裁定书、调解书、支付令、制裁决定的副本或行政机关的行政处罚决定书副本，人民检察院的免予起诉决定书、不起诉决定书、撤销案件决定书的副本，公安机关的处理决定书、刑事案件立案报告表的副本）及本人工作证或执行公务证，银行应当凭此立即扣划单位的有关存款。

银行受理扣划单位存款时，应审查“协助扣划存款通知书”填写的被执行单位的开户银行名称、户名和账号、大小写金额，如发现不符，或缺少应附的法律文书副本，以及法律文书副本有关内容与“通知书”的内容不符，应说明原因，退回“通知书”和所附的法律文书副本。

为使银行扣划单位存款得以顺利进行，人民法院、人民检察院、公安机关在需要银行协助扣划单位存款时，应向银行全面了解被执行单位的支付能力，银行应如实提供情况。人民法院、人民检察院、公安机关在充分掌握情况之后，实事求是地确定应予执行的期限，对于立即执行确有困难的，可以确定缓解或分期执行。在确定的执行期限内，被执行单位没有正当理由逾期不执行的，银行在接到“协助扣划存款通知书”后，只要被执行单位银行账户有款可付，应当立即扣划，不得延误。当日无款或不足扣划的，银行应及时通知人民法院、人民检察院、公安机关，待单位账上有款时，尽快予以扣划。

扣划的款项，属于归还银行贷款的，应直接划给贷款银行，用于归还贷款；属于给付债权单位的款项，应直接划给债权单位；属于给付多个债权单位的款项，需要从多处扣划被转移的款项待结案归还或给付的，可暂扣划至办案单位在银行开立的机关团体一般存款科目赃款暂收户或代扣款户（不计付利息）。待追缴工作结束后，依法分割返还或给付；属于上缴国家的款项，应直接扣划上缴国库。

四、关于异地查询、冻结、扣划问题

作出查询、冻结、扣划决定的人民法院、人民检察院、公安机关与协助执行的银行不在同一辖区的，可以直接到协助执行的银行办理查询、冻结、扣划单位存款，不受辖区范围的限制。

五、关于冻结、扣划军队、武警部队存款的问题

军队、武警部队一类保密单位开设的"特种预算存款"、"特种其他存款"和连队账户的存款，原则上不采取冻结或扣划等项诉讼保证措施。但军队、武警部队的其余存款可以冻结和扣划。

六、关于冻结、扣划专业银行、其他银行和非银行金融机构在人民银行存款的问题

人民法院因审理经济纠纷案件或经济犯罪案件，人民检察院、公安机关因查处经济违法犯罪案件，需要执行专业银行、其他银行和非银行金融机构在人民银行的款项，应通知被执行的银行和非银行金融机构自动履行。

七、关于冻结、扣划单位存款遇有问题的处理原则

两家以上的人民法院、人民检察院、公安机关对同一存款冻结、扣划时，银行应根据最先收取的协助执行通知书办理冻结和扣划。在协助执行时，如对具体执行哪一个机关的冻结、扣划通知有争议，由争议的机关协商解决或者由其上级机关决定。

八、关于各单位的协调和配合

人民法院、人民检察院、公安机关、银行要依法行使职权和履行协助义务，积极配合。遇有问题或人民法院、人民检察院、公安机关与协助执行的银行意见不一致时，不应拘留银行人员，而应提请双方的上级部门共同协商解决。银行人员违反有关法律规定，无故拒绝协助执行、擅自转移或解冻已冻结的存款，为当事人通风报信、协助其转移、隐匿财产的，应依法承担责任。

6. 最高人民法院、最高人民检察院、公安部《关于对冻结、扣划企业事业单位、机关、团体在银行、非银行金融机构存款的执法活动加强监督的通知》（1996年8月13日　法〔1996〕83号）（节录）

一、最高人民法院、最高人民检察院、公安部发现地方各级人民法院、人民检察院、公安机关冻结、解冻、扣划有关单位在银行、非银行金融机构存款有错误时，上级人民法院、人民检察院、公安机关发现下级人民法院、人民检察院、公安机关冻结、解冻、扣划有关单位在银行、非银行金融机构存款有错误时，可以依照法定程序作出决定或者裁定，送达本系统地方各级或下级有关法院、检察院、公安机关限期纠正。有关法院、检察院、公安机关应当立即执行。

二、有关法院、检察院、公安机关认为上级机关的决定或者裁定有错误时，可在收到该决定或者裁定之日起五日以内向作出决定或者裁定的人民法院、人民检察院、公安机关请求复议。最高人民法院、最高人民检察院、公安部或上级人民法院、人民检察院、公安机关经

审查，认为请求复议的理由不能成立，依法有权直接向有关银行发出法律文书，纠正各自的下级机关所作的错误决定，并通知原作出决定的机关；有关银行、非银行金融机关接到此项法律文书后，应当立即办理，不得延误，不必征得原作出决定机关的同意。

7. 最高人民检察院《关于人民检察院办理直接受理立案侦查案件实行内部制约的若干规定》（2004年6月24日　高检发〔2004〕12号）（节录）

第十七条　人民检察院财务部门统一保管办案中扣押的款物。侦查、公诉部门在办案中扣押、查获的物品、物证，除入卷作为证据使用的扣押款物由办案部门妥善保管外，应当及时交由财务部门保管。财务部门应当实行账目与款物分入管理制度，健全出入库和收付手续。扣押款物要按有关规定及时移交、上缴或者返还。任何部门和个人不得贪污、侵占、挪用、使用、私分、私存、调换、外借、压价收购或者擅自处理扣押、冻结款物及其孳息。

8. 最高人民检察院、公安部、中国人民银行、海关总署《关于查处携款潜逃的经济犯罪分子的通知》（1993年8月9日　高检会〔1993〕17号）（节录）

各省、自治区、直辖市人民检察院，军事检察院；公安厅（局）；中国人民银行各省、自治区、直辖市、计划单列市分行，中国工商银行，中国农业银行，中国银行，中国人民建设银行，交通银行；海关总署广东分署，各直属海关：

近年来，贪污、贿赂、诈骗等经济犯罪分子作案后携款潜逃的案件日益增多，涉及金额巨大，给国家、集体和公民财产造成重大损失。为了及时查处携款潜逃的经济犯罪分子，保护国家、集体财产不受侵犯，特通知如下：

三、对于确有可能携款潜逃的重大经济犯罪分子，县级以上（含县级）检察机关、公安机关应当及时向有关银行制作《协助冻结存款通知书》。银行接到通知书后要立即冻结其存款。对于不需要继续冻结的存款，检察机关、公安机关要及时通知银行解冻。

四、各级检察机关、公安机关、海关、银行部门要加强协作，密切配合，切实做好查处工作，使经济犯罪分子得到应有的法律制裁。

此通知请及时传达到各基层检察、公安、海关、银行单位。

9. 最高人民法院《关于冻结、划拨证券或期货交易所证券登记结算机构、证券经营或期货经纪机构清算账户资金等问题的通知》（1997年12月2日　法发〔1997〕27号）

各省、自治区、直辖市高级人民法院，解放军军事法院：

为了维护证券、期货市场的正常交易秩序，现对人民法院在财产保全或执行生效法律文书过程中，冻结、划拨证券或期货交易所、证券登记结算机构、证券经营或期货经纪机构清算账户清算资金等问题，作如下通知：

一、证券交易所、证券登记结算机构及其异地清算代理机构开设的清算账户上的资金，是证券经营机构缴存的自营及其所代理的投资者的证券交易清算资金。当证券经营机构为债务人，人民法院确需冻结、划拨其交易清算资金时，应冻结、划拨其自营账户中的资金；如证券经营机构未开设自营账户而进行自营业务的，依法可以冻结其在证券交易所、证券登记结算机构及其异地清算代理机构清算账户上的清算资金，但暂时不得划拨。如果证券经营机构在法院规定的合理期限内举证证明被冻结的上述清算账户中的资金是其他投资者的，应当对投资者的资金解除冻结。否则，人民法院可以划拨已冻结的资金。

证券经营机构清算账户上的资金是投资者为进行证券交易缴存的清算备付金。当投资者为债务人时，人民法院对证券经营机构清算账户中该投资者的相应部分资金依法可以冻结、划拨。

人民法院冻结、划拨期货交易所清算账户上期货经纪机构的清算资金及期货经纪机构清算账户上投资者的清算备付金（亦称保证金），适用上述规定。

二、证券经营机构的交易席位系该机构向证券交易所申购的用以参加交易的权利，是一种无形财产。人民法院对证券经营机构的交易席位进行财产保全或执行时，应依法裁定其不得自行转让该交易席位，但不能停止该交易席位的使用。人民法院认为需要转让该交易席位时，按交易所的有关规定应转让给有资格受让席位的法人。

人民法院对期货交易所、期货经纪机构的交易席位采取财产保全或执行措施，适用上述规定。

三、证券经营机构在证券交易所、证券登记结算机构的债券实物代保管处托管的债券，是其自营或代销的其他投资者的债券。当证券经营机构或投资者为债务人时，人民法院如需冻结、提取托管的债券，应当通过证券交易所查明该债务人托管的债券是否已作回购质押，对未作回购质押，而且确属债务人所有的托管债券可以依法冻结、提取。

四、交易保证金是证券经营机构向证券交易所缴存的用以防范交易风险的资金，该资金由证券交易所专项存储，人民法院不应冻结、划拨交易保证金。但在该资金失去保证金作用的情况下，人民法院可以依法予以冻结、划拨。

（七）鉴　　定

司法鉴定是指在诉讼活动中鉴定人运用科学技术或者专门知识对诉讼涉及的专门性问题进行鉴别和判断并提供鉴定意见的活动。司法鉴定一般包括法医类鉴定、物证类鉴定、声像资料鉴定、会计鉴定以及其他鉴定等。法医类鉴定包括法医病理鉴定、法医临床鉴定、法医精神病鉴定、法医物证鉴定、法医毒物鉴定等；物证类鉴定包括文书鉴定、痕迹鉴定、微量物质鉴定等；声像资料鉴定包括对录音、录像资料、磁盘、光盘等多媒体存储介质、图片、图像信息等进行的鉴定。司法会计鉴定是针对案件中的财务会计专门性问题而开展的一类鉴定。随着科技的发展，鉴定在刑事诉讼中的适用越来越广泛，鉴定在侦查阶段作用也越来越大，成为一种重要的侦查措施。鉴定意见也是认定犯罪行为的重要证据。

职务犯罪侦查中，鉴定能够为侦查工作提供有力的技术支持，为正确审查判断证据提供科学的依据。鉴定可以通过鉴定人员的专业知识来弥补侦查人员知识水平的不足，鉴定的科学性和客观性可以帮助检察人员判明证据的真伪，从而确定侦查方向。

【主要程序】

1. 鉴定由检察长批准，由人民检察院技术部门有鉴定资格的人员进行。必要的时候，也可以聘请其他有鉴定资格的人员进行，但是应当征得鉴定人所在单位的同意。

2. 检察机关侦查人员根据案情需要，提出委托或聘请鉴定的意见，制作《委托鉴定书》或《聘请书》，列明鉴定的具体要求，经部门负责人审核后报请检察长批准。

3. 具有《刑事诉讼法》第28条、第29条规定的应当回避的情形的，不能担任鉴定人。

4. 检察机关内部委托的鉴定，仍实行逐级委托制度。人民检察院各业务部门向上级人民检察院或者对外委托鉴定时，应当通过本院或者上级人民检察院检察技术部门统一协助办理。

5. 人民检察院应当为鉴定人进行鉴定提供必要条件，及时向鉴定人送交有关检材和对比样本等原始材料，介绍与鉴定有关的情况，并明确提出要求鉴定解决的问题，但是不得暗示或者强迫鉴定人作出某种鉴定意见。

6. 鉴定人进行鉴定后，应当出具鉴定意见、检验报告，同时附上鉴定机构和鉴定人的资质证明，并且签名或者盖章。多个鉴定人的鉴定意见不一致的，应当在鉴定意见上写明分歧的内容和理由，并且分别签名或者盖章。

7. 鉴定人故意作虚假鉴定的，应当承担法律责任。

8. 对于鉴定意见，检察人员应当进行审查，必要的时候，可以提出补充鉴定或者重新鉴定的意见，报检察长批准后进行补充鉴定或者重新鉴定。检察长也可以直接决定进行补充鉴定或者重新鉴定。

9. 用作证据的鉴定意见，人民检察院办案部门应当告知犯罪嫌疑人、被害人；被害人死亡或者没有诉讼行为能力的，应当告知其法定代理人、近亲属或诉讼代理人。

犯罪嫌疑人、被害人或被害人的法定代理人、近亲属、诉讼代理人提出申请，经检察长批准，可以补充鉴定或者重新鉴定，鉴定费用由请求方承担，但原鉴定违反法定程序的，由人民检察院承担。

犯罪嫌疑人的辩护人或者近亲属以犯罪嫌疑人有患精神病可能而申请对犯罪嫌疑人进行鉴定的，鉴定费用由请求方承担。

10. 具有下列情形之一的，可以委托进行重新鉴定，重新鉴定时，应当另行指派或者聘请鉴定人：

（1）鉴定意见与案件中其他证据相矛盾的；

（2）有证据证明鉴定意见确有错误的；

（3）送检材料不真实的；

（4）鉴定程序不符合法律规定的；

（5）鉴定人应当回避而未回避的；

（6）鉴定人或者鉴定机构不具备鉴定资格的；

（7）其他可能影响鉴定客观、公正情形的。

11. 鉴定事项有遗漏或者发现新的相关重要鉴定材料的，鉴定机构可以接受委托，进行补充鉴定。

12. 遇有重大、疑难、复杂的专门性问题时，经检察长批准，鉴定机构可以组织会检鉴定。

13. 对犯罪嫌疑人作精神病鉴定的期间不计入羁押期限和办案期限。

【注意事项】

1. 应当为鉴定人进行鉴定提供必要条件，及时向鉴定人送交有关检材和对比样本等原始材料，介绍与鉴定有关的情况，并且明确提出要求鉴定解决的问题，但是不得暗示或者强迫鉴定人作出某种鉴定意见。

2. 检材的来源、取得、保管、送检应当符合法律、有关规定，与相关提取笔录、扣押物品清单等记载的内容应当相符，检材应当充足、可靠；送检材料、样本来源不明，或者因污染不具备鉴定条件的，不得移送鉴定。

3. 对鉴定意见要进行必要的形式检查，鉴定意见的形式要件应当完备，注明提起鉴定的事由、鉴定委托人、鉴定机构、鉴定要求、鉴定过程、鉴定方法、鉴定日期等相关内容，并且由鉴定机构加盖司法鉴定专用章并由鉴定人签名、盖章。

4. 鉴定的过程和方法要符合相关专业的规范要求。

5. 侦查人员对鉴定意见要进行实质审查。查看鉴定意见是否明确，鉴定意见与案件待证事实有无关联；查看鉴定意见与其他证据之间是否有矛盾，鉴定意见与检验笔录及相关照片是否有矛盾。

6. 鉴定人应当依照诉讼法律规定实行回避。鉴定人有下列情形之一的，可以要求鉴定人回避：

（1）是本案的当事人或者是当事人的近亲属的；

（2）本人或者其近亲属和本案有利害关系的；

（3）担任过本案的证人或者诉讼代理人的；

（4）重新鉴定时，是本案原鉴定人的；

（5）其他可能影响鉴定客观、公正的情形。

要求鉴定人回避的，应当提出书面申请，由检察长决定是否回避。

7. 人民检察院决定重新鉴定的，应当另行指派或者聘请鉴定人。

8. 对犯罪嫌疑人作精神病鉴定的期间不计入办案期限，但其他鉴定时间都应当记入办案期限，实践中应当避免因鉴定而造成超期羁押。

9. 对于因鉴定时间较长、办案期限届满仍不能终结的案件，自期限届满之日起，应当依法释放被羁押的犯罪嫌疑人或者变更强制措施。

【文书与说明】

1. 鉴定聘请书

人民检察院
鉴定聘请书
（存　根）

检　鉴聘〔　〕号

案由＿＿＿＿＿＿＿＿
犯罪嫌疑人基本情况（姓名、性别、年龄、身份证号码、工作单位、住址、是否人大代表、政协委员）＿＿＿＿＿＿＿＿
鉴定内容、目的＿＿＿＿＿＿＿＿
被聘请人＿＿＿＿＿＿＿＿
单位及职务＿＿＿＿＿＿＿＿
鉴定意见提交时间＿＿＿＿＿＿＿＿
批准人＿＿＿＿＿＿＿＿
批准时间＿＿＿＿＿＿＿＿
办案人＿＿＿＿＿＿＿＿
办案单位＿＿＿＿＿＿＿＿
填发人＿＿＿＿＿＿＿＿
填发时间＿＿＿＿＿＿＿＿

第一联 统一保存

检　鉴聘〔　〕号

人民检察院
鉴定聘请书
（副　本）

检　鉴聘〔　〕号

＿＿＿＿＿＿：

本院承办的＿＿＿＿＿＿一案，需要进行＿＿＿＿＿＿鉴定。根据《中华人民共和国刑事诉讼法》第一百四十四条的规定，特聘请你为本案鉴定人，请鉴定下列内容：＿＿＿＿＿＿。请于＿＿＿＿年＿＿＿月＿＿日前将书面的鉴定情况和意见送交我院。

（检察院印）
年　月　日

本聘请书已收到。
被聘请人
年　月　日

第二联 附卷

检　鉴聘〔　〕号

人民检察院
鉴定聘请书

检　鉴聘〔　〕号

＿＿＿＿＿＿：

本院承办的＿＿＿＿＿＿一案，需要进行＿＿＿＿＿＿鉴定。根据《中华人民共和国刑事诉讼法》第一百四十四条的规定，特聘请你为本案鉴定人，请鉴定下列内容：＿＿＿＿＿＿。请于＿＿＿＿年＿＿＿月＿＿＿日前将书面的鉴定情况和意见送交我院。

（检察院印）
年　月　日

第三联 交被聘请人

2. 委托鉴定书

人民检察院
委托鉴定书
（存　根）

检　委鉴〔　〕　号

案由＿＿＿＿＿＿＿＿

犯罪嫌疑人基本情况（姓名、性别、年龄、身份证号码、工作单位、住址、是否人大代表、政协委员）＿＿＿＿＿＿＿＿

鉴定单位（人员）＿＿＿＿＿＿

送检材料＿＿＿＿＿＿＿＿

鉴定内容、目的＿＿＿＿＿＿＿＿

批准人＿＿＿＿＿＿

送检人＿＿＿＿＿＿

填发人＿＿＿＿＿＿

填发时间＿＿＿＿＿＿

第一联 统一保存

检　委鉴〔　〕号

人民检察院
委托鉴定书
（副　本）

检委鉴〔　〕　号

＿＿＿＿＿＿：

本院办理的＿＿＿＿＿＿＿一案，需对＿＿＿＿＿＿进行鉴定，根据《中华人民共和国刑事诉讼法》第一百四十四的规定，现委托＿＿＿＿＿＿按下列要求进行鉴定。鉴定内容、目的：＿＿＿＿＿＿＿＿＿＿＿＿。

（检察院印）

年　月　日

第二联 附卷

检　委鉴〔　〕号

人民检察院
委托鉴定书

检　委鉴〔　〕　号

＿＿＿＿＿＿：

本院办理的＿＿＿＿＿＿＿一案，需对＿＿＿＿＿＿进行鉴定，根据《中华人民共和国刑事诉讼法》第一百四十四条的规定，现委托＿＿＿＿＿＿按下列要求进行鉴定。鉴定内容、目的：＿＿＿＿＿＿＿＿＿＿＿＿。

（检察院印）

年　月　日

第三联 送达受委托鉴定单位（人员）

3. 鉴定意见通知书

人民检察院
鉴定意见通知书
（存　根）

检　鉴通〔　〕　号

案由＿＿＿＿＿＿
犯罪嫌疑人基本情况（姓名、性别、年龄、身份证号码、工作单位、住址、是否人大代表、政协委员）＿＿＿＿＿＿
＿＿＿＿＿＿
鉴定内容＿＿＿＿＿＿
鉴定意见＿＿＿＿＿＿
批准人＿＿＿＿＿＿
批准时间＿＿＿＿＿＿
办案人＿＿＿＿＿＿
办案单位＿＿＿＿＿＿
填发人＿＿＿＿＿＿
填发时间＿＿＿＿＿＿

第一联 统一保存

检　鉴通〔　〕号

人民检察院
鉴定意见通知书

检　鉴通〔　〕　号

＿＿＿＿＿＿：

我院指派/聘请有关人员，对＿＿＿＿＿＿进行了＿＿＿＿＿＿
＿＿＿＿＿＿鉴定。鉴定意见是＿＿＿＿＿＿。根据《中华人民共和国刑事诉讼法》第一百四十六条的规定，如果你对该鉴定意见有异议，可以提出补充鉴定或者重新鉴定的申请。

（检察院印）
年　月　日

通知书已收到。
被害人或其家属　犯罪嫌疑人
年　月　日　　年　月　日

第二联 附卷

检　鉴通〔　〕号

人民检察院
鉴定意见通知书

检　鉴通〔　〕　号

＿＿＿＿＿＿：

我院指派/聘请有关人员，对＿＿＿＿＿＿进行了＿＿＿＿＿＿
＿＿＿＿＿＿鉴定。鉴定意见是＿＿＿＿＿＿。根据《中华人民共和国刑事诉讼法》第一百四十六条的规定，如果你对该鉴定意见有异议，可以提出补充鉴定或者重新鉴定的申请。

（检察院印）
年　月　日

第三联 送达犯罪嫌疑人

检　鉴通〔　〕号

人民检察院
鉴定意见通知书

检　鉴通〔　〕　号

＿＿＿＿＿＿：

我院指派/聘请有关人员，对＿＿＿＿＿＿进行了＿＿＿＿＿＿
＿＿＿＿＿＿鉴定。鉴定意见是＿＿＿＿＿＿。根据《中华人民共和国刑事诉讼法》第一百四十六条的规定，如果你对该鉴定意见有异议，可以提出补充鉴定或者重新鉴定的申请。

（检察院印）
年　月　日

第四联交被害人或其家属

4. 复验、复查通知书

人民检察院

复验、复查通知书

（存　根）

检　复查通〔　　〕号

案由________

犯罪嫌疑人基本情况（姓名、性别、年龄、身份证号码、工作单位、住址、是否人大代表、政协委员）________

复验、复查内容________

复验、复查理由________

批准人________

送检人________

填发人________

填发时间________

第一联 统一保存

检　复查通〔　〕号

人民检察院

复验、复查通知书

（副　本）

检 复查通〔　〕　号

________：

你于____年____月____日以____号文书移送本院审查犯罪嫌疑人________一案，经审查，本院认为________。根据《中华人民共和国刑事诉讼法》第一百三十二条的规定，特请你____及时进行复验（复查）。

届时本院派（不派）检察人员参加。

（检察院印）

年　月　日

第二联 附卷

检　复查通〔　〕号

人民检察院

复验、复查通知书

检　复查通〔　〕　号

________：

你于____年____月____日以____号文书移送本院审查犯罪嫌疑人________一案，经审查，本院认为________。根据《中华人民共和国刑事诉讼法》第一百三十二条的规定，特请你____及时进行复验（复查）。

届时本院派（不派）检察人员参加。

（检察院印）

年　月　日

第三联 送达侦查机关

文书制作说明

鉴定聘请书制作说明

一、本文书依据《刑事诉讼法》第一百四十四条的规定制作。为人民检察院在办理刑事案件过程中，需要聘请有专业知识的鉴定人，就案件中的专门性问题进行鉴定时使用。

二、本文书共三联，第一联统一保存备查，第二联附卷，第三联送达被聘请人。

委托鉴定书制作说明

一、本文书依据《刑事诉讼法》第一百四十四条的规定制作。为人民检察院为查明案情，就案件中的专门性问题，委托具有鉴定资格的单位（人员）进行鉴定时使用。

二、本文书的鉴定要求，仅限科学技术问题，必须具体明确填写。

三、本文书共三联，第一联统一保存备查，第二联附卷，第三联送达受委托鉴定单位（人员）。

鉴定意见通知书制作说明

一、本文书为新增法律文书。依据《刑事诉讼法》第一百四十六条的规定制作。为人民检察院在办理刑事案件过程中，需要将用作证据的鉴定意见告知犯罪嫌疑人、被害人时制作。

二、本文书共四联，第一联统一保存备查，第二联附卷，第三联送达犯罪嫌疑人，第四联送达被害人或其家属。

复验、复查通知书制作说明

一、本文书依据《刑事诉讼法》第一百三十二条的规定制作。为人民检察院对侦查机关的勘验、检查，认为需要复验、复查，而要求侦查机关复验、复查时使用。

二、本文书中“本院认为”后的空格应简要写明要求复验、复查的内容和理由。

三、本文书共三联，第一联统一保存备查，第二联附卷，第三联送达侦查机关。

【办案依据】

1.《中华人民共和国刑事诉讼法（2012年修正）》（节录）

第二十八条　审判人员、检察人员、侦查人员有下列情形之一的，应当自行回避，当事人及其法定代理人也有权要求他们回避：

（一）是本案的当事人或者是当事人的近亲属的；

（二）本人或者他的近亲属和本案有利害关系的；

（三）担任过本案的证人、鉴定人、辩护人、诉讼代理人的；

（四）与本案当事人有其他关系，可能影响公正处理案件的。

第二十九条　审判人员、检察人员、侦查人员不得接受当事人及其委托的人的请客送礼，不得违反规定会见当事人及其委托的人。

审判人员、检察人员、侦查人员违反前款规定的，应当依法追究法律责任。当事人及其法定代理人有权要求他们回避。

第三十条　审判人员、检察人员、侦查人员的回避，应当分别由院长、检察长、公安机关负责人决定；院长的回避，由本院审判委员会决定；检察长和公安机关负责人的回避，由同级人民检察院检察委员会决定。

对侦查人员的回避作出决定前，侦查人员不能停止对案件的侦查。

对驳回申请回避的决定，当事人及其法定代理人可以申请复议一次。

第三十一条　本章关于回避的规定适用于书记员、翻译人员和鉴定人。

辩护人、诉讼代理人可以依照本章的规定要求回避、申请复议。

第一百四十四条　为了查明案情，需要解决案件中某些专门性问题的时候，应当指派、聘请有专门知识的人进行鉴定。

第一百四十五条　鉴定人进行鉴定后，应当写出鉴定意见，并且签名。

鉴定人故意作虚假鉴定的，应当承担法律责任。

第一百四十六条　侦查机关应当将用作证据的鉴定意见告知犯罪嫌疑人、被害人。如果犯罪嫌疑人、被害人提出申请，可以补充鉴定或者重新鉴定。

第一百四十七条　对犯罪嫌疑人作精神病鉴定的期间不计入办案期限。

第六十二条　对于危害国家安全犯罪、恐怖活动犯罪、黑社会性质的组织犯罪、毒品犯罪等案件，证人、鉴定人、被害人因在诉讼中作证，本人或者其近亲属的人身安全面临危险的，人民法院、人民检察院和公安机关应当采取以下一项或者多项保护措施：

（一）不公开真实姓名、住址和工作单位等个人信息；

（二）采取不暴露外貌、真实声音等出庭作证措施；

（三）禁止特定的人员接触证人、鉴定人、被害人及其近亲属；

（四）对人身和住宅采取专门性保护措施；

（五）其他必要的保护措施。

证人、鉴定人、被害人认为因在诉讼中作证，本人或者其近亲属的人身安全面临危险的，可以向人民法院、人民检察院、公安机关请求予以保护。

人民法院、人民检察院、公安机关依法采取保护措施，有关单位和个人应当配合。

2. 全国人民代表大会常务委员会《关于司法鉴定管理问题的决定》（2005年2月28日第十届全国人民代表大会常务委员会第十四次会议通过）

为了加强对鉴定人和鉴定机构的管理，适应司法机关和公民、组织进行诉讼的需要，保障诉讼活动的顺利进行，特作如下决定：

一、司法鉴定是指在诉讼活动中鉴定人运用科学技术或者专门知识对诉讼涉及的专门性问题进行鉴别和判断并提供鉴定意见的活动。

二、国家对从事下列司法鉴定业务的鉴定人和鉴定机构实行登记管理制度：

（一）法医类鉴定；

（二）物证类鉴定；

（三）声像资料鉴定；

（四）根据诉讼需要由国务院司法行政部门商最高人民法院、最高人民检察院确定的其他应当对鉴定人和鉴定机构实行登记管理的鉴定事项。

法律对前款规定事项的鉴定人和鉴定机构的管理另有规定的，从其规定。

三、国务院司法行政部门主管全国鉴定人和鉴定机构的登记管理工作。省级人民政府司法行政部门依照本决定的规定，负责对鉴定人和鉴定机构的登记、名册编制和公告。

四、具备下列条件之一的人员，可以申请登记从事司法鉴定业务：

（一）具有与所申请从事的司法鉴定业务相关的高级专业技术职称；

（二）具有与所申请从事的司法鉴定业务相关的专业执业资格或者高等院校相关专业本科以上学历，从事相关工作五年以上；

（三）具有与所申请从事的司法鉴定业务相关工作十年以上经历，具有较强的专业技能。

因故意犯罪或者职务过失犯罪受过刑事处罚的，受过开除公职处分的，以及被撤销鉴定人登记的人员，不得从事司法鉴定业务。

五、法人或者其他组织申请从事司法鉴定业务的，应当具备下列条件：

（一）有明确的业务范围；

（二）有在业务范围内进行司法鉴定所必需的仪器、设备；

（三）有在业务范围内进行司法鉴定所必需的依法通过计量认证或者实验室认可的检测实验室；

（四）每项司法鉴定业务有三名以上鉴定人。

六、申请从事司法鉴定业务的个人、法人或者其他组织，由省级人民政府司法行政部门审核，对符合条件的予以登记，编入鉴定人和鉴定机构名册并公告。

省级人民政府司法行政部门应当根据鉴定人或者鉴定机构的增加和撤销登记情况，定期更新所编制的鉴定人和鉴定机构名册并公告。

七、侦查机关根据侦查工作的需要设立的鉴定机构，不得面向社会接受委托从事司法鉴定业务。

人民法院和司法行政部门不得设立鉴定机构。

八、各鉴定机构之间没有隶属关系；鉴定机构接受委托从事司法鉴定业务，不受地域范围的限制。

鉴定人应当在一个鉴定机构中从事司法鉴定业务。

九、在诉讼中，对本决定第二条所规定的鉴定事项发生争议，需要鉴定的，应当委托列入鉴定人名册的鉴定人进行鉴定。鉴定人从事司法鉴定业务，由所在的鉴定机构统一接受委托。

鉴定人和鉴定机构应当在鉴定人和鉴定机构名册注明的业务范围内从事司法鉴定业务。

鉴定人应当依照诉讼法律规定实行回避。

十、司法鉴定实行鉴定人负责制度。鉴定人应当独立进行鉴定，对鉴定意见负责并在鉴定书上签名或者盖章。多人参加的鉴定，对鉴定意见有不同意见的，应当注明。

十一、在诉讼中，当事人对鉴定意见有异议的，经人民法院依法通知，鉴定人应当出庭作证。

十二、鉴定人和鉴定机构从事司法鉴定业务，应当遵守法律、法规，遵守职业道德和职业纪律，尊重科学，遵守技术操作规范。

十三、鉴定人或者鉴定机构有违反本决定规定行为的，由省级人民政府司法行政部门予以警告，责令改正。

鉴定人或者鉴定机构有下列情形之一的，由省级人民政府司法行政部门给予停止从事司法鉴定业务三个月以上一年以下的处罚；情节严重的，撤销登记：

（一）因严重不负责任给当事人合法权益造成重大损失的；

（二）提供虚假证明文件或者采取其他欺诈手段，骗取登记的；

（三）经人民法院依法通知，拒绝出庭作证的；

（四）法律、行政法规规定的其他情形。

鉴定人故意作虚假鉴定，构成犯罪的，依法追究刑事责任；尚不构成犯罪的，依照前款规定处罚。

十四、司法行政部门在鉴定人和鉴定机构的登记管理工作中，应当严格依法办事，积极推进司法鉴定的规范化、法制化。对于滥用职权、玩忽职守，造成严重后果的直接责任人员，应当追究相应的法律责任。

十五、司法鉴定的收费项目和收费标准由国务院司法行政部门商国务院价格主管部门确定。

十六、对鉴定人和鉴定机构进行登记、名册编制和公告的具体办法，由国务院司法行政部门制定，报国务院批准。

十七、本决定下列用语的含义是：

（一）法医类鉴定，包括法医病理鉴定、法医临床鉴定、法医精神病鉴定、法医物证鉴定和法医毒物鉴定。

（二）物证类鉴定，包括文书鉴定、痕迹鉴定和微量鉴定。

（三）声像资料鉴定，包括对录音带、录像带、磁盘、光盘、图片等载体上记录的声音、图像信息的真实性、完整性及其所反映的情况过程进行的鉴定和对记录的声音、图像中的语言、人体、物体作出种类或者同一认定。

十八、本决定自2005年10月1日起施行。

3. 最高人民法院、最高人民检察院、公安部、国家安全部、司法部、全国人大常委会法制工作委员会《关于实施刑事诉讼法若干问题的规定》（2012年12月26日）（节录）

12. 刑事诉讼法第六十二条规定，对证人、鉴定人、被害人可以采取“不公开真实姓名、住址和工作单位等个人信息”的保护措施。人民法院、人民检察院和公安机关依法决定不公开证人、鉴定人、被害人的真实姓名、住址和工作单位等个人信息的，可以在判决书、裁定书、起诉书、询问笔录等法律文书、证据材料中使用化名等代替证人、鉴定人、被害人的个人信息。但是，应当书面说明使用化名的情况并标明密级，单独成卷。辩护律师经法庭许可，查阅对证人、鉴定人、被害人使用化名情况的，应当签署保密承诺书。

27. 刑事诉讼法第三十九条规定："辩护人认为在侦查、审查起诉期间公安机关、人民检察院收集的证明犯罪嫌疑人、被告人无罪或者罪轻的证据材料未提交的，有权申请人民检察院、人民法院调取。"第一百九十一条第一款规定："法庭审理过程中，合议庭对证据有疑问的，可以宣布休庭，对证据进行调查核实。"第一百九十二条第一款规定："法庭审理过程中，当事人和辩护人、诉讼代理人有权申请通知新的证人到庭，调取新的物证，申请重新鉴定或者勘验。"根据上述规定，自案件移送审查起诉之日起，人民检察院可以根据辩护人的申请，向公安机关调取未提交的证明犯罪嫌疑人、被告人无罪或者罪轻的证据材料。在法庭审理过程中，人民法院可以根据辩护人的申请，向人民检察院调取未提交的证明被告人无罪或者罪轻的证据材料，也可以向人民检察院调取需要调查核实的证据材料。公安机关、人民检察院应当自收到要求调取证据材料决定书后三日内移交。

29. 刑事诉讼法第一百八十七条第三款规定："公诉人、当事人或者辩护人、诉讼代理人对鉴定意见有异议，人民法院认为鉴定人有必要出庭的，鉴定人应当出庭作证。经人民法院通知，鉴定人拒不出庭作证的，鉴定意见不得作为定案的根据。"根据上述规定，依法应当出庭的鉴定人经人民法院通知未出庭作证的，鉴定意见不得作为定案的根据。鉴定人由于不能抗拒的原因或者有其他正当理由无法出庭的，人民法院可以根据案件审理情况决定延期审理。

40. 刑事诉讼法第一百四十七条规定："对犯罪嫌疑人作精神病鉴定的期间不计入办案期限。"根据上述规定，犯罪嫌疑人、被告人在押的案件，除对犯罪嫌疑人、被告人的精神病鉴定期间不计入办案期限外，其他鉴定期间都应当计入办案期限。对于因鉴定时间较长，办案期限届满仍不能终结的案件，自期限届满之日起，应当对被羁押的犯罪嫌疑人、被告人变更强制措施，改为取保候审或者监视居住。

4. 最高人民法院《关于适用〈中华人民共和国刑事诉讼法〉的解释》（2012 年 11 月 5 日最高人民法院审判委员会第 1559 次会议通过）（节录）

第八十四条 对鉴定意见应当着重审查以下内容：

（一）鉴定机构和鉴定人是否具有法定资质；

（二）鉴定人是否存在应当回避的情形；

（三）检材的来源、取得、保管、送检是否符合法律、有关规定，与相关提取笔录、扣押物品清单等记载的内容是否相符，检材是否充足、可靠；

（四）鉴定意见的形式要件是否完备，是否注明提起鉴定的事由、鉴定委托人、鉴定机构、鉴定要求、鉴定过程、鉴定方法、鉴定日期等相关内容，是否由鉴定机构加盖司法鉴定专用章并由鉴定人签名、盖章；

（五）鉴定程序是否符合法律、有关规定；

（六）鉴定的过程和方法是否符合相关专业的规范要求；

（七）鉴定意见是否明确；

（八）鉴定意见与案件待证事实有无关联；

（九）鉴定意见与勘验、检查笔录及相关照片等其他证据是否矛盾；

（十）鉴定意见是否依法及时告知相关人员，当事人对鉴定意见有无异议。

第八十五条 鉴定意见具有下列情形之一的，不得作为定案的根据：

（一）鉴定机构不具备法定资质，或者鉴定事项超出该鉴定机构业务范围、技术条件的；

（二）鉴定人不具备法定资质，不具有相关专业技术或者职称，或者违反回避规定的；

（三）送检材料、样本来源不明，或者因污染不具备鉴定条件的；

（四）鉴定对象与送检材料、样本不一致的；

（五）鉴定程序违反规定的；

（六）鉴定过程和方法不符合相关专业的规范要求的；

（七）鉴定文书缺少签名、盖章的；

（八）鉴定意见与案件待证事实没有关联的；

（九）违反有关规定的其他情形。

第八十六条 经人民法院通知，鉴定人拒不出庭作证的，鉴定意见不得作为定案的根据。

鉴定人由于不能抗拒的原因或者有其他正当理由无法出庭的，人民法院可以根据情况决定延期审理或者重新鉴定。

对没有正当理由拒不出庭作证的鉴定人，人民法院应当通报司法行政机关或者有关部门。

第八十七条 对案件中的专门性问题需要鉴定，但没有法定司法鉴定机构，或者法律、司法解释规定可以进行检验的，可以指派、聘请有专门知识的人进行检验，检验报告可以作为定罪量刑的参考。

对检验报告的审查与认定，参照适用本节的有关规定。

经人民法院通知，检验人拒不出庭作证的，检验报告不得作为定罪量刑的参考。

5.《人民检察院刑事诉讼规则（试行）》（2012年10月16日由最高人民检察院第十一届检察委员会第八十次会议第二次修订）（节录）

第二百四十七条 人民检察院为了查明案情，解决案件中某些专门性的问题，可以进行鉴定。

第二百四十八条 鉴定由检察长批准，由人民检察院技术部门有鉴定资格的人员进行。必要的时候，也可以聘请其他有鉴定资格的人员进行，但是应当征得鉴定人所在单位的同意。

具有刑事诉讼法第二十八条、第二十九条规定的应当回避的情形的，不能担任鉴定人。

第二百四十九条 人民检察院应当为鉴定人进行鉴定提供必要条件，及时向鉴定人送交有关检材和对比样本等原始材料，介绍与鉴定有关的情况，并明确提出要求鉴定解决的问题，但是不得暗示或者强迫鉴定人作出某种鉴定意见。

第二百五十条 鉴定人进行鉴定后，应当出具鉴定意见、检验报告，同时附上鉴定机构和鉴定人的资质证明，并且签名或者盖章。

多个鉴定人的鉴定意见不一致的，应当在鉴定意见上写明分歧的内容和理由，并且分别签名或者盖章。

第二百五十一条 鉴定人故意作虚假鉴定的，应当承担法律责任。

第二百五十二条 对于鉴定意见，检察人员应当进行审查，必要的时候，可以提出补充鉴定或者重新鉴定的意见，报检察长批准后进行补充鉴定或者重新鉴定。检察长也可以直接决定进行补充鉴定或者重新鉴定。

第二百五十三条 用作证据的鉴定意见，人民检察院办案部门应当告知犯罪嫌疑人、被害人；被害人死亡或者没有诉讼行为能力的，应当告知其法定代理人、近亲属或诉讼代理人。

犯罪嫌疑人、被害人或被害人的法定代理人、近亲属、诉讼代理人提出申请，经检察长批准，可以补充鉴定或者重新鉴定，鉴定费用由请求方承担，但原鉴定违反法定程序的，由人民检察院承担。

犯罪嫌疑人的辩护人或者近亲属以犯罪嫌疑人有患精神病可能而申请对犯罪嫌疑人进行鉴定的，鉴定费用由请求方承担。

第二百五十四条 人民检察院决定重新鉴定的，应当另行指派或者聘请鉴定人。

第二百五十五条 对犯罪嫌疑人作精神病鉴定的期间不计入羁押期限和办案期限。

第二百五十六条 对于因鉴定时间较长、办案期限届满仍不能终结的案件，自期限届满之日起，应当依法释放被羁押的犯罪嫌疑人或者变更强制措施。

第三百六十六条 人民检察院认为需要对案件中某些专门性问题进行鉴定而侦查机关没有鉴定的，应当要求侦查机关进行鉴定；必要时也可以由人民检察院进行鉴定或者由人民检察院送交有鉴定资格的人进行。

人民检察院自行进行鉴定的，可以商请侦查机关派员参加，必要时可以聘请有鉴定资格的人参加。

第三百六十七条 在审查起诉中，发现犯罪嫌疑人可能患有精神病的，人民检察院应当依照本规则的有关规定对犯罪嫌疑人进行鉴定。

犯罪嫌疑人的辩护人或者近亲属以犯罪嫌疑人可能患有精神病而申请对犯罪嫌疑人进行鉴定的，人民检察院也可以依照本规则的有关规定对犯罪嫌疑人进行鉴定，鉴定费用由申请方承担。

第三百六十八条 人民检察院对鉴定意见有疑问的，可以询问鉴定人并制作笔录附卷，也可以指派检察技术人员或者聘请有鉴定资格的人对案件中的某些专门性问题进行补充鉴定或者重新鉴定。

公诉部门对审查起诉案件中涉及专门技术问题的证据材料需要进行审查的，可以送交检察技术人员或者其他有专门知识的人审查，审查后应当出具审查意见。

6. 最高人民法院、最高人民检察院、公安部、国家安全部、司法部《关于办理死刑案件审查判断证据若干问题的规定》（2010年6月13日）（节录）

第二十三条 对鉴定意见应当着重审查以下内容：

（一）鉴定人是否存在应当回避而未回避的情形。

（二）鉴定机构和鉴定人是否具有合法的资质。

（三）鉴定程序是否符合法律及有关规定。

（四）检材的来源、取得、保管、送检是否符合法律及有关规定，与相关提取笔录、扣押物品清单等记载的内容是否相符，检材是否充足、可靠。

（五）鉴定的程序、方法、分析过程是否符合本专业的检验鉴定规程和技术方法要求。

（六）鉴定意见的形式要件是否完备，是否注明提起鉴定的事由、鉴定委托人、鉴定机构、鉴定要求、鉴定过程、检验方法、鉴定文书的日期等相关内容，是否由鉴定机构加盖鉴定专用章并由鉴定人签名盖章。

（七）鉴定意见是否明确。

（八）鉴定意见与案件待证事实有无关联。

（九）鉴定意见与其他证据之间是否有矛盾，鉴定意见与检验笔录及相关照片是否有矛盾。

（十）鉴定意见是否依法及时告知相关人员，当事人对鉴定意见是否有异议。

第二十四条 鉴定意见具有下列情形之一的，不能作为定案的根据：

（一）鉴定机构不具备法定的资格和条件，或者鉴定事项超出本鉴定机构项目范围或者鉴定能力的；

（二）鉴定人不具备法定的资格和条件、鉴定人不具有相关专业技术或者职称、鉴定人违反回避规定的；

（三）鉴定程序、方法有错误的；

（四）鉴定意见与证明对象没有关联的；

（五）鉴定对象与送检材料、样本不一致的；

（六）送检材料、样本来源不明或者确实被污染且不具备鉴定条件的；

（七）违反有关鉴定特定标准的；

（八）鉴定文书缺少签名、盖章的；

（九）其他违反有关规定的情形。

对鉴定意见有疑问的，人民法院应当依法通知鉴定人出庭作证或者由其出具相关说明，也可以依法补充鉴定或者重新鉴定。

7. 最高人民检察院《关于贯彻〈全国人民代表大会常务委员会关于司法鉴定管理问题的决定〉有关工作的通知》（2005年9月21日 高检发办字〔2005〕11号）（节录）

各省、自治区、直辖市人民检察院，军事检察院，新疆生产建设兵团人民检察院：

一、根据《决定》的规定，自10月1日起，各级检察机关的鉴定机构不得面向社会接受委托从事鉴定业务，鉴定人员不得参与面向社会服务的司法鉴定机构组织的司法鉴定活动。

二、根据《决定》的有关规定，检察机关的鉴定机构和鉴定人员不得在司法行政机关登记注册从事面向社会的鉴定业务。已经登记注册的事业性质鉴定机构，如继续面向社会从事司法鉴定业务，要在10月1日前与人民检察院在人、财、物上脱钩，否则应办理注销登记。

三、检察机关鉴定机构可以受理下列鉴定案件：

1. 检察机关业务工作所需的鉴定；

2. 有关部门交办的鉴定；

3. 其他司法机关委托的鉴定。

四、各级检察技术部门要围绕“强化法律监督，维护公平正义”的检察工作主题，着眼于提高检察机关法律监督能力，加大对批捕、公诉工作中技术性证据的审查力度，积极开展文证审查工作，为检察机关履行法律监督职能提供技术保障。

五、检察机关内部委托的鉴定，仍实行逐级委托制度。其他司法机关委托的鉴定，实行同级委托制度，即进行鉴定前，需有同级司法机关的委托或介绍。

六、为贯彻落实《决定》，最高人民检察院将制定《人民检察院鉴定工作规则》、《人民检察院鉴定机构管理办法》、《人民检察院鉴定人管理办法》、《人民检察院文证审查工作规定》和各专业门类的工作细则等，进一步加强和规范人民检察院的鉴定工作。各级人民检察院要根据《决定》要求和精神，结合中央政法委关于开展“规范执法行为，促进执法公正”专项整改活动的要求，加强检察机关鉴定工作管理，规范工作程序，保证鉴定质量。

8. 最高人民检察院关于印发《人民检察院鉴定机构登记管理办法》、《人民检察院鉴定人登记管理办法》和《人民检察院鉴定规则（试行）》的通知（2006年11月30日）

各省、自治区、直辖市人民检察院，军事检察院，新疆生产建设兵团人民检察院：

《人民检察院鉴定机构登记管理办法》、《人民检察院鉴定人登记管理办法》和《人民检察院鉴定规则（试行）》已经2006年11月1日最高人民检察院第十届检察委员会第六十二次会议通过，现予印发，于2007年1月1日起实施。实施中有何问题和意见及建议，请及时报最高人民检察院。

人民检察院鉴定机构登记管理办法（略）

人民检察院鉴定人登记管理办法（略）

人民检察院鉴定规则（试行）

第一章 总 则

第一条 为规范人民检察院鉴定工作，根据《中华人民共和国刑事诉讼法》和《全国人民代表大会常务委员会关于司法鉴定管理问题的决定》等有关规定，结合检察工作实际，制定本规则。

第二条 本规则所称鉴定，是指人民检察院鉴定机构及其鉴定人运用科学技术或者专门知识，就案件中某些专门性问题进行鉴别和判断并出具鉴定意见的活动。

第三条 鉴定工作应当遵循依法、科学、客观、公正、独立的原则。

第二章 鉴定机构、鉴定人

第四条 本规则所称鉴定机构，是指在人民检察院设立的，取得鉴定机构资格并开展鉴定工作的部门。

第五条 本规则所称鉴定人，是指取得鉴定人资格，在人民检察院鉴定机构中从事法医类、物证类、声像资料、司法会计鉴定以及心理测试等工作的专业技术人员。

第六条 鉴定人享有下列权利：

（一）了解与鉴定有关的案件情况，要求委托单位提供鉴定所需的材料；

（二）进行必要的勘验、检查；

（三）查阅与鉴定有关的案件材料，询问与鉴定事项有关的人员；

（四）对违反法律规定委托的案件、不具备鉴定条件或者提供虚假鉴定材料的案件，有权拒绝鉴定；

（五）对与鉴定无关问题的询问，有权拒绝回答；

（六）与其他鉴定人意见不一致时，有权保留意见；

（七）法律、法规规定的其他权利。

第七条 鉴定人应当履行下列义务：

（一）严格遵守法律、法规和鉴定工作规章制度；

（二）保守案件秘密；

（三）妥善保管送检的检材、样本和资料；

（四）接受委托单位与鉴定有关问题的咨询；

（五）出庭接受质证；

（六）法律、法规规定的其他义务。

第八条 鉴定人有下列情形之一的，应当自行回避，委托单位也有权要求鉴定人回避：

（一）是本案的当事人或者是当事人的近亲属的；

（二）本人或者其近亲属和本案有利害关系的；

（三）担任过本案的证人或者诉讼代理人的；

（四）重新鉴定时，是本案原鉴定人的；

（五）其他可能影响鉴定客观、公正的情形。

鉴定人自行提出回避的，应当说明理由，由所在鉴定机构负责人决定是否回避。

委托单位要求鉴定人回避的，应当提出书面申请，由检察长决定是否回避。

第三章　委托与受理

第九条　鉴定机构可以受理人民检察院、人民法院和公安机关以及其他侦查机关委托的鉴定。

第十条　人民检察院内部委托的鉴定实行逐级受理制度，对其他机关委托的鉴定实行同级受理制度。

第十一条　人民检察院各业务部门向上级人民检察院或者对外委托鉴定时，应当通过本院或者上级人民检察院检察技术部门统一协助办理。

第十二条　委托鉴定应当以书面委托为依据，客观反映案件基本情况、送检材料和鉴定要求等内容。鉴定机构受理鉴定时，应当制作委托受理登记表。

第十三条　鉴定机构对不符合法律规定、办案程序和不具备鉴定条件的委托，应当拒绝受理。

第四章　鉴　　定

第十四条　鉴定机构接受鉴定委托后，应当指派两名以上鉴定人共同进行鉴定。根据鉴定需要可以聘请其他鉴定机构的鉴定人参与鉴定。

第十五条　具备鉴定条件的，一般应当在受理后十五个工作日以内完成鉴定；特殊情况不能完成的，经检察长批准，可以适当延长，并告知委托单位。

第十六条　鉴定应当严格执行技术标准和操作规程。需要进行实验的，应当记录实验时间、条件、方法、过程、结果等，并由实验人签名，存档备查。

第十七条　具有下列情形之一的，鉴定机构可以接受案件承办单位的委托，进行重新鉴定：

（一）鉴定意见与案件中其他证据相矛盾的；

（二）有证据证明鉴定意见确有错误的；

（三）送检材料不真实的；

（四）鉴定程序不符合法律规定的；

（五）鉴定人应当回避而未回避的；

（六）鉴定人或者鉴定机构不具备鉴定资格的；

（七）其他可能影响鉴定客观、公正情形的。

重新鉴定时，应当另行指派或者聘请鉴定人。

第十八条　鉴定事项有遗漏或者发现新的相关重要鉴定材料的，鉴定机构可以接受委托，进行补充鉴定。

第十九条　遇有重大、疑难、复杂的专门性问题时，经检察长批准，鉴定机构可以组织会检鉴定。

会检鉴定人可以由本鉴定机构的鉴定人与聘请的其他鉴定机构的鉴定人共同组成；也可以全部由聘请的其他鉴定机构的鉴定人组成。

会检鉴定人应当不少于三名，采取鉴定人分别独立检验，集体讨论的方式进行。

会检鉴定应当出具鉴定意见。鉴定人意见有分歧的，应当在鉴定意见中写明分歧的内容和理由，并分别签名或者盖章。

第五章 鉴定文书

第二十条 鉴定完成后，应当制作鉴定文书。鉴定文书包括鉴定书、检验报告等。

第二十一条 鉴定文书应当语言规范，内容完整，描述准确，论证严谨，结论科学。鉴定文书应当由鉴定人签名，有专业技术职称的，应当注明，并加盖鉴定专用章。

第二十二条 鉴定文书包括正本和副本，正本交委托单位，副本由鉴定机构存档备查。

第二十三条 鉴定文书的归档管理，依照人民检察院立卷归档管理的相关规定执行。

第六章 出 庭

第二十四条 鉴定人接到人民法院的出庭通知后，应当出庭。因特殊情况不能出庭的，应当向法庭说明原因。

第二十五条 鉴定人在出庭前，应当准备出庭需要的相关材料。鉴定人出庭时，应当遵守法庭规则，依法接受法庭质证，回答与鉴定有关的询问。

第七章 附 则

第二十六条 本规则自2007年1月1日起实施，最高人民检察院此前有关规定与本规则不一致的，以本规则为准。

第二十七条 本规则由最高人民检察院负责解释。

9. 司法部《司法鉴定机构登记管理办法》（2005年9月29日　司法部令第96号）（略）

10. 司法部《司法鉴定人登记管理办法》（2005年9月29日　司法部令第95号）（略）

11. 最高人民法院、最高人民检察院、公安部、司法部、新闻出版署《关于公安部光盘生产源鉴定中心行使行政、司法鉴定权有关问题的通知》（2000年3月9日　公通字〔2000〕21号）

各省、自治区、直辖市高级人民法院，人民检察院，公安厅、局，司法厅、局，新闻出版局及有关音像行政管理部门；解放军军事法院、军事检察院，新疆生产建设兵团公安局：

为适应“扫黄”“打非”、保护知识产权工作的需要，解决目前各地办案过程中遇到的光盘生产源无法识别的问题，经中央机构编制委员会办公室批准，公安部组建了光盘生产源鉴定中心（设在广东省深圳市，以下简称鉴定中心）。目前，鉴定中心的各项筹备工作已完毕，所开发研制的光盘生产源识别方法已通过了由最高人民法院、最高人民检察院、公安部、司法部和国家新闻出版署派员组成的专家委员会的评审鉴定，具备了行政、司法鉴定能力。现将有关问题通知如下：

一、鉴定范围和内容

鉴定中心负责对各地人民法院、人民检察院、公安机关、司法行政机关、新闻出版行政机关、音像行政管理部门和其他行政执法机关在办理制黄贩黄、侵权盗版案件中所查获的光盘及母盘进行鉴定，确定送检光盘及母盘的生产企业。

企事业单位因业务工作需要，提出鉴定申请的，鉴定中心也可以进行上述鉴定。

二、鉴定程序

办案单位认为需要进行行政、司法鉴定的，应持有本单位所在地县级以上人民法院、人民检察院、公安机关、司法行政机关或其他行政执法机关出具的公函；新闻出版行政机关、音像行政管理部门办案需要鉴定的，由当地省级以上新闻出版机关、音像行政管理部门出具委托鉴定公函。

企事业单位需要鉴定的，由本单位向鉴定中心出具委托鉴定公函。鉴定中心在接受鉴定委托后，应立即组织2名以上专业技术人员进行鉴定，在30天以内出具《中华人民共和国公安部光盘生产源鉴定书》（见附件），并报公安部治安管理局备案。

委托鉴定可通过寄递方式提出。

三、鉴定费用

鉴定中心接受人民法院、人民检察院、公安机关、司法行政机关、新闻出版行政机关、音像行政管理部门或其他行政执法机关委托鉴定的，不收取鉴定费用。

鉴定中心接受企事业单位委托鉴定的，按照国家有关规定收取鉴定费用。

四、鉴定的法律效力

鉴定中心出具的鉴定书可以作为定案依据。

（八）辨　　认

辨认是查证犯罪嫌疑人，核实案件证据的一种侦查措施。辨认有利于确定侦查方向，核实有关线索和证据，对查明案件事实具有重要的意义。辨认主要包括三种情形：一是让被害人、证人和犯罪嫌疑人对于犯罪有关的物品、文件、尸体进行辨别确认；二是让被害人、证人对犯罪嫌疑人进行辨别确认；三是让犯罪嫌疑人对其他犯罪嫌疑人进行辨别确认。

刑事诉讼法没有对辨认进行明确的规定，但把辨认笔录作为证据的种类。《人民检察院刑事诉讼规则（试行）》和公安部《公安机关办理刑事案件程序规定》对辨认进行了规定。

【主要程序】

1. 为了查明案情，在必要的时候，检察人员可以让被害人、证人和犯罪嫌疑人对与犯罪有关的物品、文件、尸体或场所进行辨认；也可以让被害人、证人对犯罪嫌疑人进行辨认，或者让犯罪嫌疑人对其他犯罪嫌疑人进行辨认。

2. 辨认应当在检察人员的主持下进行，主持辨认的检察人员不得少于2人。在辨认前，应当向辨认人详细询问被辨认对象的具体特征，避免辨认人见到被辨认对象，并应当告知辨认人有意作虚假辨认应负的法律责任。

3. 对犯罪嫌疑人进行辨认，应当经检察长批准。

4. 犯罪嫌疑人被送交看守所羁押后，因侦查工作需要，需要提押犯罪嫌疑人出所辨认或者追缴犯罪有关财物的，经检察长批准，可以提押犯罪嫌疑人出所，并应当由 2 名以上司法警察押解。但是不得以讯问为目的将犯罪嫌疑人提押出所进行讯问。

5. 几名辨认人对同一被辨认对象进行辨认时，应当由每名辨认人单独进行。必要的时候，可以有见证人在场。

6. 辨认时，应当将辨认对象混杂在其他对象中，不得给辨认人任何暗示。辨认犯罪嫌疑人、被害人时，被辨认的人数为 5 到 10 人，照片 5 到 10 张。辨认物品时，同类物品不得少于 5 件，照片不得少于 5 张。

7. 对犯罪嫌疑人的辨认，辨认人不愿公开进行时，可以在不暴露辨认人的情况下进行，并应当为其保守秘密。

8. 辨认的情况，应当制作笔录，由检察人员、辨认人、见证人签字。对辨认对象应当拍照，必要时可以对辨认过程进行录音、录像。

9. 人民检察院主持进行辨认，可以商请公安机关参加或者协助。

【注意事项】

1. 辨认前，应当向辨认人详细询问辨认对象的具体特征。

2. 辨认时不得给予辨认人任何暗示。

3. 人民检察院主持进行辨认，可以商请公安机关参加或者协助。

【办案依据】

1.《中华人民共和国刑事诉讼法（2012 年修正）》（节录）

第四十八条 可以用于证明案件事实的材料，都是证据。

证据包括：

（一）物证；

（二）书证；

（三）证人证言；

（四）被害人陈述；

（五）犯罪嫌疑人、被告人供述和辩解；

（六）鉴定意见；

（七）勘验、检查、辨认、侦查实验等笔录；

（八）视听资料、电子数据。

证据必须经过查证属实，才能作为定案的根据。

2. 最高人民法院《关于适用〈中华人民共和国刑事诉讼法〉的解释》（2012 年 11 月 5 日最高人民法院审判委员会第 1559 次会议通过）（节录）

第九十条 对辨认笔录应当着重审查辨认的过程、方法，以及辨认笔录的制作是否符合有关规定。

辨认笔录具有下列情形之一的，不得作为定案的根据：

（一）辨认不是在侦查人员主持下进行的；

（二）辨认前使辨认人见到辨认对象的；

（三）辨认活动没有个别进行的；

（四）辨认对象没有混杂在具有类似特征的其他对象中，或者供辨认的对象数量不符合规定的；

（五）辨认中给辨认人明显暗示或者明显有指认嫌疑的；

（六）违反有关规定、不能确定辨认笔录真实性的其他情形。

3.《人民检察院刑事诉讼规则（试行）》（2012年10月16日由最高人民检察院第十一届检察委员会第八十次会议第二次修订）（节录）

第一百九十六条 犯罪嫌疑人被送交看守所羁押后，检察人员对其进行讯问，应当填写提讯、提解证，在看守所讯问室进行。

因侦查工作需要，需要提押犯罪嫌疑人出所辨认或者追缴犯罪有关财物的，经检察长批准，可以提押犯罪嫌疑人出所，并应当由二名以上司法警察押解。不得以讯问为目的将犯罪嫌疑人提押出所进行讯问。

第二百五十七条 为了查明案情，在必要的时候，检察人员可以让被害人、证人和犯罪嫌疑人对与犯罪有关的物品、文件、尸体或场所进行辨认；也可以让被害人、证人对犯罪嫌疑人进行辨认，或者让犯罪嫌疑人对其他犯罪嫌疑人进行辨认。

对犯罪嫌疑人进行辨认，应当经检察长批准。

第二百五十八条 辨认应当在检察人员的主持下进行，主持辨认的检察人员不得少于二人。在辨认前，应当向辨认人详细询问被辨认对象的具体特征，避免辨认人见到被辨认对象，并应当告知辨认人有意作虚假辨认应负的法律责任。

第二百五十九条 几名辨认人对同一被辨认对象进行辨认时，应当由每名辨认人单独进行。必要的时候，可以有见证人在场。

第二百六十条 辨认时，应当将辨认对象混杂在其他对象中，不得给辨认人任何暗示。

辨认犯罪嫌疑人、被害人时，被辨认的人数为五到十人，照片五到十张。

辨认物品时，同类物品不得少于五件，照片不得少于五张。

对犯罪嫌疑人的辨认，辨认人不愿公开进行时，可以在不暴露辨认人的情况下进行，并应当为其保守秘密。

第二百六十一条 辨认的情况，应当制作笔录，由检察人员、辨认人、见证人签字。对辨认对象应当拍照，必要时可以对辨认过程进行录音、录像。

第二百六十二条 人民检察院主持进行辨认，可以商请公安机关参加或者协助。

第三百七十条 人民检察院对物证、书证、视听资料、电子数据及勘验、检查、辨认、侦查实验等笔录存在疑问的，可以要求侦查人员提供获取、制作的有关情况。必要时也可以询问提供物证、书证、视听资料、电子数据及勘验、检查、辨认、侦查实验等笔录的人员和见证人并制作笔录附卷，对物证、书证、视听资料、电子数据进行技术鉴定。

第四百四十九条 对于搜查、查封、扣押、冻结、勘验、检查、辨认、侦查实验等侦查活动中形成的笔录存在争议，需要负责侦查的人员以及搜查、查封、扣押、冻结、勘验、检查、辨认、侦查实验等活动的见证人出庭陈述有关情况的，公诉人可以建议合议庭通知其出庭。

4. 最高人民法院、最高人民检察院、公安部、国家安全部、司法部《关于办理死刑案件审查判断证据若干问题的规定》（2010年6月13日）（节录）

第十条 具备辨认条件的物证、书证应当交由当事人或者证人进行辨认，必要时应当进行鉴定。

第三十条 侦查机关组织的辨认，存在下列情形之一的，应当严格审查，不能确定其真实性的，辨认结果不能作为定案的根据：

（一）辨认不是在侦查人员主持下进行的；

（二）辨认前使辨认人见到辨认对象的；

（三）辨认人的辨认活动没有个别进行的；

（四）辨认对象没有混杂在具有类似特征的其他对象中，或者供辨认的对象数量不符合规定的；尸体、场所等特定辨认对象除外；

（五）辨认中给辨认人明显暗示或者明显有指认嫌疑的。

有下列情形之一的，通过有关办案人员的补正或者作出合理解释的，辨认结果可以作为证据使用：

（一）主持辨认的侦查人员少于二人的；

（二）没有向辨认人详细询问辨认对象的具体特征的；

（三）对辨认经过和结果没有制作专门的规范的辨认笔录，或者辨认笔录没有侦查人员、辨认人、见证人的签名或者盖章的；

（四）辨认记录过于简单，只有结果没有过程的；

（五）案卷中只有辨认笔录，没有被辨认对象的照片、录像等资料，无法获悉辨认的真实情况的。

5. 公安部《公安机关办理刑事案件程序规定》（2012年12月3日）（节录）

第二百四十九条 为了查明案情，在必要的时候，侦查人员可以让被害人、证人或者犯罪嫌疑人对与犯罪有关的物品、文件、尸体、场所或者犯罪嫌疑人进行辨认。

第二百五十条 辨认应当在侦查人员的主持下进行。主持辨认的侦查人员不得少于二人。几名辨认人对同一辨认对象进行辨认时，应当由辨认人个别进行。

第二百五十一条 辨认时，应当将辨认对象混杂在特征相类似的其他对象中，不得给辨认人任何暗示。辨认犯罪嫌疑人时，被辨认的人数不得少于七人；对犯罪嫌疑人照片进行辨认的，不得少于十人的照片；辨认物品时，混杂的同类物品不得少于五件。

对场所、尸体等特定辨认对象进行辨认，或者辨认人能够准确描述物品独有特征的，陪衬物不受数量的限制。

第二百五十二条 对犯罪嫌疑人的辨认，辨认人不愿意公开进行时，可以在不暴露辨认人的情况下进行，并应当为其保守秘密。

第二百五十三条 对辨认经过和结果，应当制作辨认笔录，由侦查人员、辨认人、见证人签名。必要时，应当对辨认过程进行录音或者录像。

（九）技术侦查措施

技术侦查措施对于转变职务犯罪侦查模式，提高检察机关证据收集的能力和水平至关重要。在职务犯罪中采用技术侦查措施经历了从无到有、从于法无据到立法正当化、从不规范到逐步规范化的发展过程。2012 年 3 月 14 日修订的《刑事诉讼法》为检察机关在职务犯罪侦查中采用技术侦查措施提供了正式的法律依据。

【主要程序】

1. 准确把握技术侦查措施的适用范围。

（1）只有对于涉案数额在 10 万元以上、采取其他方法难以收集证据的重大贪污、贿赂犯罪案件以及利用职权实施的严重侵犯公民人身权利的重大犯罪案件，检察机关才能采取技术侦查措施。贪污、贿赂犯罪包括刑法分则第八章规定的贪污罪、受贿罪、单位受贿罪、行贿罪、对单位行贿罪、介绍贿赂罪、单位行贿罪、利用影响力受贿罪。利用职权实施的严重侵犯公民人身权利的重大犯罪案件包括有重大社会影响的、造成严重后果的或者情节特别严重的非法拘禁、非法搜查、刑讯逼供、暴力取证、虐待被监管人、报复陷害等案件。

（2）人民检察院办理直接受理立案侦查的案件，需要追捕被通缉或者批准、决定逮捕的在逃的犯罪嫌疑人、被告人的，经过批准，可以采取追捕所必需的技术侦查措施，不受上述案件范围的限制。

（3）技术侦查措施的适用对象是犯罪嫌疑人、被告人以及与犯罪活动直接关联的人员。

2. 在初查过程中，不得对初查对象采取技术侦查措施。检察机关采取技术侦查措施必须在立案之后，且要经过严格的批准手续，并交有关机关执行。

3. 采取技术侦查措施应当根据侦查犯罪的需要，确定采取技术侦查措施的种类和适用对象，按照有关规定报请批准。

4. 批准决定自签发之日起 3 个月以内有效。对于不需要继续采取技术侦查措施的，应当及时解除；对于复杂、疑难案件，期限届满仍有必要继续采取技术侦查措施的，应当在期限届满前 10 日以内制作呈请延长技术侦查措施期限报告书，写明延长的期限及理由，经过原批准机关批准，有效期可以延长，每次不得超过 3 个月。

5. 人民检察院决定采取技术侦查措施，交公安机关执行的，由设区的市一级以上公安机关按照规定办理相关手续后，交负责技术侦查的部门执行，并将执行情况通知人民检察院等部门。

6. 采取技术侦查措施，必须严格按照批准的措施种类、适用对象和期限执行。在有效期限内，需要变更技术侦查措施种类或者适用对象的，应当按照规定重新办理批准手续。

7. 对采取技术侦查措施过程中知悉的国家秘密、商业秘密和个人隐私，应当保密；对采取技术侦查措施获取的与案件无关的材料，应当及时销毁，并对销毁情况制作记录。

8. 采取技术侦查措施收集的物证、书证及其他证据材料，侦查人员应当制作相应的说明材料，写明获取证据的时间、地点、数量、特征以及采取技术侦查措施的批准机关、种类等，并签名和盖章。

9. 采取技术侦查措施获取的证据、线索及其他有关材料，只能用于对犯罪的侦查、起诉和审判，不得用于其他用途。

10. 采取技术侦查措施收集的材料作为证据使用的，批准采取技术侦查措施的法律决定文书应当附卷，辩护律师可以依法查阅、摘抄、复制，在审判过程中可以向法庭出示。

11. 对于使用技术侦查措施获取的证据材料，如果可能危及特定人员的人身安全、涉及国家秘密或者公开后可能暴露侦查秘密或者严重损害商业秘密、个人隐私的，应当采取不暴露有关人员身份、技术方法等保护措施。

【注意事项】

1. 采取技术侦查措施收集的与案件无关的材料，必须及时销毁，并制作销毁记录。

2. 移送审查起诉时，采取技术侦查措施的决定书及证据材料应当随案移送。

3. 侦查人员对采取技术侦查措施过程中知悉的国家秘密、商业秘密和个人隐私，应当保密。

4. 技术侦查措施和侦查技术是有区别的，法律规定的技术侦查措施，要严格按照审批程序和适用范围才能采用。对于法律规定的技术侦查措施之外的其他带有技术因素的侦查措施，则不受限制。实践中不能忽视侦查技术的作用，尽力发挥侦查技术的作用。

【文书与说明】

1. 采取技术侦查措施申请书

人民检察院
采取技术侦查措施申请书
（存　根）

检　请技侦〔　〕　号

案件名称＿＿＿＿＿＿＿＿
案件编号＿＿＿＿＿＿＿＿
办案部门＿＿＿＿＿＿＿＿
办案人＿＿＿＿＿＿＿＿
采取措施原因＿＿＿＿＿＿＿＿
适用对象＿＿＿＿＿＿＿＿
措施种类＿＿＿＿＿＿＿＿
起算时间＿＿＿＿＿＿＿＿
批准人＿＿＿＿＿＿＿＿
批准时间＿＿＿＿＿＿＿＿
填发人＿＿＿＿＿＿＿＿
填发时间＿＿＿＿＿＿＿＿

第一联 统一保存

检　请技侦〔　〕号

人民检察院
采取技术侦查措施申请书

检　请技侦〔　〕　号

我院＿＿年＿＿月＿＿日以＿＿号决定立案的犯罪嫌疑人＿＿＿＿，因涉嫌重大的贪污/贿赂/利用职权实施的严重侵犯公民人身权利的重大犯罪案件，根据《中华人民共和国刑事诉讼法》第一百四十八条第二款之规定，现申请对＿＿＿＿采取记录\通信\活动监控技术侦查措施。

采取技术侦查措施期限为三个月，时间从＿＿年＿＿月＿＿日至＿＿年＿＿月＿＿日。

此致

（检察院印）
年　月　日

第二联 交批准机关

检　请技侦〔　〕号

人民检察院
采取技术侦查措施申请书
（回　执）

检　请技侦〔　〕　号

＿＿＿＿人民检察院：

你院＿＿年＿＿月＿＿日以＿＿号申请对犯罪嫌疑人＿＿＿＿采取记录\通信\活动监控技术侦查措施，已经批准采取记录\通信\活动监控技术侦查措施。

采取技术侦查措施期限为三个月，时间从＿＿年＿＿月＿＿日至＿＿年＿＿月＿＿日。

此复

批准机关：
（公章）
年　月　日

第三联 存内卷

2. 采取技术侦查措施决定书

人民检察院

采取技术侦查措施决定书

（存　根）

检 技侦决〔　　〕　号

案件名称＿＿＿＿＿＿＿＿

案件编号＿＿＿＿＿＿＿＿

办案部门＿＿＿＿＿＿＿＿

办案人＿＿＿＿＿＿＿＿＿

采取措施原因＿＿＿＿＿＿

适用对象＿＿＿＿＿＿＿＿

措施种类＿＿＿＿＿＿＿＿

起算时间＿＿＿＿＿＿＿＿

批准人＿＿＿＿＿＿＿＿＿

批准时间＿＿＿＿＿＿＿＿

填发人＿＿＿＿＿＿＿＿＿

填发时间＿＿＿＿＿＿＿＿

第一联 统一保存

检　技侦决〔　〕号

人民检察院

采取技术侦查措施决定书

（副　本）

检　技侦决〔　〕　号

我院＿＿＿年＿＿月＿＿日以＿＿＿＿号决定立案的犯罪嫌疑人＿＿＿＿＿＿，因涉嫌重大的贪污/贿赂/利用职权实施的严重侵犯公民人身权利的重大犯罪案件，根据《中华人民共和国刑事诉讼法》第一百四十八条第二款之规定，经批准，决定对＿＿＿＿采取记录\通信\活动监控技术侦查措施。

采取技术侦查措施期限为三个月，时间从＿＿＿＿年＿＿＿＿月＿＿＿＿日至＿＿＿＿＿年＿＿＿月＿＿＿日。

（检察院印）

年　月　日

第二联 附卷

检　技侦决〔　〕号

人民检察院

采取技术侦查措施决定书

检　技侦决〔　〕　号

＿＿＿＿＿＿：

我院＿＿＿年＿＿月＿＿日以＿＿＿＿号申请对犯罪嫌疑人＿＿＿采取记录\通信\活动监控技术侦查措施，现已经批准并决定采取记录\通信\活动监控技术侦查措施。

采取技术侦查措施期限为三个月，时间从＿＿＿＿年＿＿月＿＿日至＿＿＿＿年＿＿＿月＿＿＿日。

检察院印

年　月　日

第三联 交技术侦查措施执行机关

3. 采取技术侦查措施通知书

人民检察院
采取技术侦查措施通知书
（存　根）

检 技侦通〔　〕　号

案件名称________
案件编号________
办案部门________
办案人________
采取措施原因________
适用对象________
措施种类________
起算时间________
批准人________
批准时间________
填发人________
填发时间________

第一联 统一保存

检技侦通〔　〕号

人民检察院
采取技术侦查措施执行通知书

检　技侦通〔　〕　号

根据《中华人民共和国刑事诉讼法》第一百四十九之规定，现决定对________
________采取记录\通信\活动监控技术侦查措施。

采取技术侦查措施期限为三个月，时间从____年____月____日至____年____月____日。特通知你____执行。

此致

（检察院印）
年　月　日

第二联 交技术侦查措施执行机关

检技侦通〔　〕号

人民检察院
采取技术侦查措施执行通知书
（回　执）

检　技侦通〔　〕　号

________人民检察院：

你院________号采取技术侦查措施执行通知书收悉。对犯罪嫌疑人________已经采取记录\通信\活动监控技术侦查措施。

采取技术侦查措施期限为三个月，时间从____年____月____日至____年____月____日。

此复

（执行部门印）
年　月　日

第三联 退回后附卷

4. 解除技术侦查措施决定书

人民检察院

解除技术侦查措施决定书

（存　根）

检　解技〔　〕号

案件名称______

案件编号______

办案部门______

办案人______

解除原因______

解除措施种类______

送往单位______

批准人______

批准时间______

承办人______

填发人______

填发时间______

第一联 统一保存

检　解技决〔　〕号

人民检察院

解除技术侦查措施决定书

（副　本）

检　解技决〔　〕号

我院于____年____月____日以检技侦字〔　〕号采取技术侦查措施通知书对______

______

______采取技术侦查措施，根据《中华人民共和国刑事诉讼法》第一百四十九条之规定，决定予以解除。

解除技术侦查措施时间：____年____月____日。

（检察院印）

年　月　日

第二联 附卷

检　解技决〔　〕号

人民检察院

解除技术侦查措施决定书

检　解技决〔　〕号

______：

我院于______年______月______日以检技侦字〔　〕号采取技术侦查措施通知书对______

______

______采取技术侦查措施，根据《中华人民共和国刑事诉讼法》第一百四十九条之规定，决定予以解除。

解除技术侦查措施时间：______年____月____日。

（检察院印）

年　月　日

第三联 交技术侦查措施执行机关

5. 解除技术侦查措施通知书

人民检察院
解除技术侦查措施通知书
（存　根）

检解技〔　〕　号

案件名称________
案件编号________
办案部门________
办案人________
解除原因________
解除措施种类________
送往单位________
批准人________
批准时间________
承办人________
填发人________
填发时间________

第一联 统一保存

检解技〔　〕号

人民检察院
解除技术侦查措施通知书

检解技〔　〕　号

我院于____年____月____日以检技侦字〔　　〕　号采取技术侦查措施通知书对____________________采取技术侦查措施，根据《中华人民共和国刑事诉讼法》第一百四十九条之规定，决定予以解除。

解除技术侦查措施时间：____年____月____日。

（检察院印）
年　月　日

第二联 交技术侦查措施执行机关

检解技〔　〕号

人民检察院
解除技术侦查措施通知书
（回　执）

检解技〔　〕　号

________人民检察院：

你院________________号解除技术侦查措施通知书收悉。对犯罪嫌疑人________已经解除记录＼通信＼活动监控技术侦查措施。

此复

（执行机关印）
年　月　日

第三联 退回后附卷

6. 延长技术侦查措施期限申请书

人民检察院

延长技术侦查

措施期限申请书

（存　根）

检　请延技〔　〕　号

案件名称________

案件编号________

办案部门________

办案人________

延长措施原因________

延长措施种类________

延长时限________

送往单位________

批准人________

批准时间________

承办人________

填发人________

填发时间________

第一联 统一保存

检　请延技〔　〕号

人民检察院

延长技术侦查

措施期限申请书

检　请延技〔　〕　号

________：

________检察院于______年______月______日以检技侦字〔　　〕号采取技术侦查措施决定书对________采取技术侦查措施，现因案情复杂、疑难，需要继续采取技术侦查措施，根据《中华人民共和国刑事诉讼法》第一百四十九条之规定，现申请延长技术侦查措施期限。

延长技术侦查措施期限为三个月，自______年______月______日至年______月______日。

（检察院印）

年　月　日

第二联 交技术侦查措施批准机关

检　请延技〔　〕号

人民检察院

延长技术侦查

措施期限申请书

（回　执）

检　请延技〔　〕　号

________人民检察院：

你院________号延长技术侦查措施申请书收悉。对犯罪嫌疑人________批准延长采取记录\通信\活动监控技术侦查措施。

此复

批准机关：

年　月　日

第三联 附卷

7. 延长技术侦查措施通知书

人民检察院 延长技术侦查措施通知书（存　根）

检　延技侦决〔　〕　号

案件名称＿＿＿＿＿＿

案件编号＿＿＿＿＿＿

办案部门＿＿＿＿＿＿

办案人＿＿＿＿＿＿

采取措施原因＿＿＿＿＿＿

适用对象＿＿＿＿＿＿

措施种类＿＿＿＿＿＿

起算时间＿＿＿＿＿＿

批准人＿＿＿＿＿＿

批准时间＿＿＿＿＿＿

填发人＿＿＿＿＿＿

填发时间＿＿＿＿＿＿

第一联 统一保存

检 延技侦决〔　〕号

人民检察院 延长技术侦查措施执行通知书

检　延技侦通〔　〕　号

＿＿＿＿检察院于＿＿＿年＿＿月＿＿日以检技侦字〔　　〕号采取技术侦查措施决定书对＿＿＿＿＿＿＿＿采取技术侦查措施，现因案情复杂、疑难，需要继续采取技术侦查措施，根据《中华人民共和国刑事诉讼法》第一百四十九条之规定，并已经＿＿＿＿＿＿批准，现决定延长技术侦查措施期限。

延长技术侦查措施期限为三个月，时间从＿＿＿＿年＿＿月＿＿日至＿＿＿＿年＿＿月＿＿日。

特通知你＿＿执行。

此致

（检察院印）

年　月　日

第二联 交技术侦查措施执行机关

检 延技侦决〔　〕号

人民检察院 延长技术侦查措施执行通知书（回　执）

检　技侦通〔　〕　号

＿＿＿＿人民检察院：

你院＿＿＿＿＿＿＿号延长技术侦查措施执行通知书收悉。对犯罪嫌疑人＿＿已经延长采取记录＼通信＼活动监控技术侦查措施。

延长技术侦查措施期限为三个月，时间从＿＿＿＿年＿＿月＿＿日至＿＿＿＿年＿＿月＿＿日。

此复

（公安局印）

年　月　日

第三联 附卷

8. 调取技术侦查证据材料通知书

人民检察院
调取技术侦查
证据材料通知书
（存　根）

检 调技证〔　〕　号

案件名称______________
案件编号______________
调取部门______________
调 取 人______________
调取证据______________
批 准 人______________
批准时间______________
填 发 人______________
填发时间______________

第一联 统一保存

检　调技证〔　〕号

人民检察院
调取技术侦查
证据材料通知书

检　调技证〔　〕　号

__________：

根据《中华人民共和国刑事诉讼法》第一百五十二条之规定，现决定调取__________________案有关的下列技术侦查证据材料：__________________________。

（检察院印）
年　月　日

第二联 交技术侦查措施执行机关

检　调技证〔　〕号

人民检察院
调取技术侦查
证据材料通知书
（回　执）

检　　调技证〔　〕　号

__________人民检察院：

你院__________号决定调取__________案有关的下列技术侦查证据材料通知书收悉。所调取技术证据材料随附。

此复

（公安局印）
年　月　日

第三联 退回后附卷

9. 技术侦查证据材料移送清单

技术侦查证据材料移送清单

编号	证据产生时间	证据产生形式	证据主要内容	备 注

证据收集单位：　　　　　　　　　　办案单位：
办 案 人：
年　月　日　　　　　　　　　　　　年　月　日

本清单一式两份，一份附卷，一份交办案部门。

文书制作说明

采取技术侦查措施申请书制作说明

一、本文书为新增法律文书，依据《刑事诉讼法》第一百四十八条第二款的规定制作。为人民检察院在侦查过程中，对符合刑事诉讼法第一百四十八条第二款规定的犯罪案件，申请采取技术侦查时使用。

二、本文书一式三联，一联保存备查，一联送交批准机关，一联批准机关退回后存入检察内卷。

采取技术侦查措施决定书制作说明

一、本文书为新增法律文书。根据《刑事诉讼法》第一百四十八条的规定制作。

二、本文书一式三联，第一联统一保存备查，第二联附卷，第三联交技术侦查措施执行机关。

采取技术侦查措施通知书制作说明

一、本文书为新增法律文书，依据《刑事诉讼法》第一百四十八条、第一百四十九条的规定制作。为人民检察院在侦查过程中，对符合《刑事诉讼法》第一百四十八条第二款规定的犯罪案件，决定采取技术侦查措施，交有关机关执行时使用。

二、本文书一式三联，一联保存备查，一联交技术侦查措施执行机关，一联由技术侦查措施执行机关填写退回后附卷。

解除技术侦查措施决定书制作说明

一、本文书为新增法律文书。根据《刑事诉讼法》第一百四十九条的规定制作。

二、本文书一式三联，一联统一保存备查，一联附卷，一联交技术侦查措施执行机关。

解除技术侦查措施通知书制作说明

一、本文书为新增法律文书，依据《刑事诉讼法》第一百四十九条的规定制作。为人民检察院在侦查过程中，因不再需要继续采取技术侦查措施，决定解除技术侦查时使用。

二、本文书一式三联，一联保存备查，一联交技术侦查措施执行机关，一联由技术侦查措施执行机关填写退回后附卷。

延长技术侦查措施期限申请书制作说明

一、本文书为新增法律文书，依据《刑事诉讼法》第一百四十九条的规定制作。为人民检察院在侦查过程中，对采取技术侦查措施的案件，因案件复杂、疑难，需要继续采取技术侦查措施，申请延长技术侦查措施期限时使用。

二、本文书一式三联，一联保存备查，一联交延长技术侦查措施批准机关，一联待批准延长技术侦查措施机关退回时附卷。

延长技术侦查措施通知书制作说明

一、本文书为新增法律文书，依据《刑事诉讼法》第一百四十九条的规定制作。为人民检察院在侦查过程中，需要继续延长技术侦查措施时使用。

二、本文书一式三联，一联保存备查，一联交技术侦查措施执行机关，一联由技术侦查措施执行机关填写退回后附卷。

调取技术侦查证据材料通知书制作说明

一、本文书为新增法律文书，依据《刑事诉讼法》第一百五十二条的规定制作。为人民检察院在办案过程中，依法调取技术侦查措施收集的材料作为证据时使用。

二、本文书一式三联，一联保存备查，一联交技术侦查措施执行机关，一联由技术侦查措施执行机关填写退回后附卷。

【办案依据】

1.《中华人民共和国刑事诉讼法（2012年修正）》（节录）

第一百四十八条 公安机关在立案后，对于危害国家安全犯罪、恐怖活动犯罪、黑社会性质的组织犯罪、重大毒品犯罪或者其他严重危害社会的犯罪案件，根据侦查犯罪的需要，经过严格的批准手续，可以采取技术侦查措施。

人民检察院在立案后，对于重大的贪污、贿赂犯罪案件以及利用职权实施的严重侵犯公民人身权利的重大犯罪案件，根据侦查犯罪的需要，经过严格的批准手续，可以采取技术侦查措施，按照规定交有关机关执行。

追捕被通缉或者批准、决定逮捕的在逃的犯罪嫌疑人、被告人，经过批准，可以采取追捕所必需的技术侦查措施。

第一百四十九条 批准决定应当根据侦查犯罪的需要，确定采取技术侦查措施的种类和适用对象。批准决定自签发之日起三个月以内有效。对于不需要继续采取技术侦查措施的，应当及时解除；对于复杂、疑难案件，期限届满仍有必要继续采取技术侦查措施的，经过批准，有效期可以延长，每次不得超过三个月。

第一百五十条 采取技术侦查措施，必须严格按照批准的措施种类、适用对象和期限执行。

侦查人员对采取技术侦查措施过程中知悉的国家秘密、商业秘密和个人隐私，应当保密；对采取技术侦查措施获取的与案件无关的材料，必须及时销毁。

采取技术侦查措施获取的材料，只能用于对犯罪的侦查、起诉和审判，不得用于其他用途。

公安机关依法采取技术侦查措施，有关单位和个人应当配合，并对有关情况予以保密。

第一百五十一条 为了查明案情，在必要的时候，经公安机关负责人决定，可以由有关人员隐匿其身份实施侦查。但是，不得诱使他人犯罪，不得采用可能危害公共安全或者发生重大人身危险的方法。

对涉及给付毒品等违禁品或者财物的犯罪活动，公安机关根据侦查犯罪的需要，可以依照规定实施控制下交付。

第一百五十二条 依照本节规定采取侦查措施收集的材料在刑事诉讼中可以作为证据使用。如果使用该证据可能危及有关人员的人身安全，或者可能产生其他严重后果的，应当采取不暴露有关人员身份、技术方法等保护措施，必要的时候，可以由审判人员在庭外对证据进行核实。

2. 最高人民法院、最高人民检察院、公安部、国家安全部、司法部、全国人大常委会法制工作委员会《关于实施刑事诉讼法若干问题的规定》（2012年12月26日）（节录）

20. 刑事诉讼法第一百四十九条中规定："批准决定应当根据侦查犯罪的需要，确定采取技术侦查措施的种类和适用对象。"采取技术侦查措施收集的材料作为证据使用的，批准采取技术侦查措施的法律文书应当附卷，辩护律师可以依法查阅、摘抄、复制，在审判过程中可以向法庭出示。

3. 最高人民法院《关于适用〈中华人民共和国刑事诉讼法〉的解释》（2012年11月5日最高人民法院审判委员会第1559次会议通过）（节录）

第一百零七条 采取技术侦查措施收集的证据材料，经当庭出示、辨认、质证等法庭调查程序查证属实的，可以作为定案的根据。

使用前款规定的证据可能危及有关人员的人身安全，或者可能产生其他严重后果的，法庭应当采取不暴露有关人员身份、技术方法等保护措施，必要时，审判人员可以在庭外核实。

第三百四十七条 报请复核的报告，应当写明案由、简要案情、审理过程和判决结果。

死刑案件综合报告应当包括以下内容：

（一）被告人、被害人的基本情况。被告人有前科或者曾受过行政处罚的，应当写明；

（二）案件的由来和审理经过。案件曾经发回重新审判的，应当写明发回重新审判的原因、时间、案号等；

（三）案件侦破情况。通过技术侦查措施抓获被告人、侦破案件，以及与自首、立功认定有关的情况，应当写明；

（四）第一审审理情况。包括控辩双方意见，第一审认定的犯罪事实，合议庭和审判委员会意见；

（五）第二审审理或者高级人民法院复核情况。包括上诉理由、检察机关意见，第二审审理或者高级人民法院复核认定的事实，证据采信情况及理由，控辩双方意见及采纳情况；

（六）需要说明的问题。包括共同犯罪案件中另案处理的同案犯的定罪量刑情况，案件有无重大社会影响，以及当事人的反应等情况；

（七）处理意见。写明合议庭和审判委员会的意见。

4.《人民检察院刑事诉讼规则（试行）》（2012年10月16日由最高人民检察院第十一届检察委员会第八十次会议第二次修订）（节录）

第一百七十三条　在初查过程中，可以采取询问、查询、勘验、检查、鉴定、调取证据材料等不限制初查对象人身、财产权利的措施。不得对初查对象采取强制措施，不得查封、扣押、冻结初查对象的财产，不得采取技术侦查措施。

第二百六十三条　人民检察院在立案后，对于涉案数额在十万元以上、采取其他方法难以收集证据的重大贪污、贿赂犯罪案件以及利用职权实施的严重侵犯公民人身权利的重大犯罪案件，经过严格的批准手续，可以采取技术侦查措施，交有关机关执行。

本条规定的贪污、贿赂犯罪包括刑法分则第八章规定的贪污罪、受贿罪、单位受贿罪、行贿罪、对单位行贿罪、介绍贿赂罪、单位行贿罪、利用影响力受贿罪。

本条规定的利用职权实施的严重侵犯公民人身权利的重大犯罪案件包括有重大社会影响的、造成严重后果的或者情节特别严重的非法拘禁、非法搜查、刑讯逼供、暴力取证、虐待被监管人、报复陷害等案件。

第二百六十四条　人民检察院办理直接受理立案侦查的案件，需要追捕被通缉或者批准、决定逮捕的在逃的犯罪嫌疑人、被告人的，经过批准，可以采取追捕所必需的技术侦查措施，不受本规则第二百六十三条规定的案件范围的限制。

第二百六十五条　人民检察院采取技术侦查措施应当根据侦查犯罪的需要，确定采取技术侦查措施的种类和适用对象，按照有关规定报请批准。批准决定自签发之日起三个月以内有效。对于不需要继续采取技术侦查措施的，应当及时解除；对于复杂、疑难案件，期限届满仍有必要继续采取技术侦查措施的，应当在期限届满前十日以内制作呈请延长技术侦查措施期限报告书，写明延长的期限及理由，经过原批准机关批准，有效期可以延长，每次不得超过三个月。

采取技术侦查措施收集的材料作为证据使用的，批准采取技术侦查措施的法律决定文书应当附卷，辩护律师可以依法查阅、摘抄、复制。

第二百六十六条　采取技术侦查措施收集的物证、书证及其他证据材料，侦查人员应当制作相应的说明材料，写明获取证据的时间、地点、数量、特征以及采取技术侦查措施的批准机关、种类等，并签名和盖章。

对于使用技术侦查措施获取的证据材料，如果可能危及特定人员的人身安全、涉及国家秘密或者公开后可能暴露侦查秘密或者严重损害商业秘密、个人隐私的，应当采取不暴露有关人员身份、技术方法等保护措施。在必要的时候，可以建议不在法庭上质证，由审判人员在庭外对证据进行核实。

第二百六十七条　检察人员对采取技术侦查措施过程中知悉的国家秘密、商业秘密和个人隐私，应当保密；对采取技术侦查措施获取的与案件无关的材料，应当及时销毁，并对销毁情况制作记录。

采取技术侦查措施获取的证据、线索及其他有关材料，只能用于对犯罪的侦查、起诉和审判，不得用于其他用途。

第三百六十三条 人民检察院审查移送起诉的案件，应当查明：

（一）犯罪嫌疑人身份状况是否清楚，包括姓名、性别、国籍、出生年月日、职业和单位等；单位犯罪的，单位的相关情况是否清楚；

（二）犯罪事实、情节是否清楚；实施犯罪的时间、地点、手段、犯罪事实、危害后果是否明确；

（三）认定犯罪性质和罪名的意见是否正确；有无法定的从重、从轻、减轻或者免除处罚的情节及酌定从重、从轻情节；共同犯罪案件的犯罪嫌疑人在犯罪活动中的责任的认定是否恰当；

（四）证明犯罪事实的证据材料包括采取技术侦查措施的决定书及证据材料是否随案移送；证明相关财产系违法所得的证据材料是否随案移送；不宜移送的证据的清单、复制件、照片或者其他证明文件是否随案移送；

（五）证据是否确实、充分，是否依法收集，有无应当排除非法证据的情形；

（六）侦查的各种法律手续和诉讼文书是否完备；

（七）有无遗漏罪行和其他应当追究刑事责任的人；

（八）是否属于不应当追究刑事责任的；

（九）有无附带民事诉讼；对于国家财产、集体财产遭受损失的，是否需要由人民检察院提起附带民事诉讼；

（十）采取的强制措施是否适当，对于已经逮捕的犯罪嫌疑人，有无继续羁押的必要；

（十一）侦查活动是否合法；

（十二）涉案款物是否查封、扣押、冻结并妥善保管，清单是否齐备；对被害人合法财产的返还和对违禁品或者不宜长期保存的物品的处理是否妥当，移送的证明文件是否完备。

第五百六十五条 侦查活动监督主要发现和纠正以下违法行为：

（一）采用刑讯逼供以及其他非法方法收集犯罪嫌疑人供述的；

（二）采用暴力、威胁等非法方法收集证人证言、被害人陈述，或者以暴力、威胁等方法阻止证人作证或者指使他人作伪证的；

（三）伪造、隐匿、销毁、调换、私自涂改证据，或者帮助当事人毁灭、伪造证据的；

（四）徇私舞弊，放纵、包庇犯罪分子的；

（五）故意制造冤、假、错案的；

（六）在侦查活动中利用职务之便谋取非法利益的；

（七）非法拘禁他人或者以其他方法非法剥夺他人人身自由的；

（八）非法搜查他人身体、住宅，或者非法侵入他人住宅的；

（九）非法采取技术侦查措施的；

（十）在侦查过程中不应当撤案而撤案的；

（十一）对与案件无关的财物采取查封、扣押、冻结措施，或者应当解除查封、扣押、冻结不解除的；

（十二）贪污、挪用、私分、调换、违反规定使用查封、扣押、冻结的财物及其孳息的；

（十三）应当退还取保候审保证金不退还的；

（十四）违反刑事诉讼法关于决定、执行、变更、撤销强制措施规定的；

（十五）侦查人员应当回避而不回避的；

（十六）应当依法告知犯罪嫌疑人诉讼权利而不告知，影响犯罪嫌疑人行使诉讼权利的；

（十七）阻碍当事人、辩护人、诉讼代理人依法行使诉讼权利的；

（十八）讯问犯罪嫌疑人依法应当录音或者录像而没有录音或者录像的；

（十九）对犯罪嫌疑人拘留、逮捕、指定居所监视居住后依法应当通知家属而未通知的；

（二十）在侦查中有其他违反刑事诉讼法有关规定的行为的。

5. 公安部《公安机关办理刑事案件程序规定》（2012年12月13日）（节录）

第二百五十五条　技术侦查措施是指由设区的市一级以上公安机关负责技术侦查的部门实施的记录监控、行踪监控、通信监控、场所监控等措施。

技术侦查措施的适用对象是犯罪嫌疑人、被告人以及与犯罪活动直接关联的人员。

第二百五十六条　需要采取技术侦查措施的，应当制作呈请采取技术侦查措施报告书，报设区的市一级以上公安机关负责人批准，制作采取技术侦查措施决定书。

人民检察院等部门决定采取技术侦查措施，交公安机关执行的，由设区的市一级以上公安机关按照规定办理相关手续后，交负责技术侦查的部门执行，并将执行情况通知人民检察院等部门。

第二百五十七条　批准采取技术侦查措施的决定自签发之日起三个月以内有效。

在有效期限内，对不需要继续采取技术侦查措施的，办案部门应当立即书面通知负责技术侦查的部门解除技术侦查措施；负责技术侦查的部门认为需要解除技术侦查措施的，报批准机关负责人批准，制作解除技术侦查措施决定书，并及时通知办案部门。

对复杂、疑难案件，采取技术侦查措施的有效期限届满仍需要继续采取技术侦查措施的，经负责技术侦查的部门审核后，报批准机关负责人批准，制作延长技术侦查措施期限决定书。批准延长期限，每次不得超过三个月。

有效期限届满，负责技术侦查的部门应当立即解除技术侦查措施。

第二百五十八条　采取技术侦查措施，必须严格按照批准的措施种类、适用对象和期限执行。

在有效期限内，需要变更技术侦查措施种类或者适用对象的，应当按照本规定第二百五十六条规定重新办理批准手续。

第二百五十九条　采取技术侦查措施收集的材料在刑事诉讼中可以作为证据使用。使用技术侦查措施收集的材料作为证据时，可能危及有关人员的人身安全，或者可能产生其他严重后果的，应当采取不暴露有关人员身份和使用的技术设备、侦查方法等保护措施。

采取技术侦查措施收集的材料作为证据使用的，采取技术侦查措施决定书应当附卷。

第二百六十条　采取技术侦查措施收集的材料，应当严格依照有关规定存放，只能用于对犯罪的侦查、起诉和审判，不得用于其他用途。

采取技术侦查措施收集的与案件无关的材料，必须及时销毁，并制作销毁记录。

第二百六十一条　侦查人员对采取技术侦查措施过程中知悉的国家秘密、商业秘密和个人隐私，应当保密。

公安机关依法采取技术侦查措施，有关单位和个人应当配合，并对有关情况予以保密。

第二百六十二条 为了查明案情，在必要的时候，经县级以上公安机关负责人决定，可以由侦查人员或者公安机关指定的其他人员隐匿身份实施侦查。

隐匿身份实施侦查时，不得使用促使他人产生犯罪意图的方法诱使他人犯罪，不得采用可能危害公共安全或者发生重大人身危险的方法。

第二百六十三条 对涉及给付毒品等违禁品或者财物的犯罪活动，为查明参与该项犯罪的人员和犯罪事实，根据侦查需要，经县级以上公安机关负责人决定，可以实施控制下交付。

第二百六十四条 公安机关依照本节规定实施隐匿身份侦查和控制下交付收集的材料在刑事诉讼中可以作为证据使用。

使用隐匿身份侦查和控制下交付收集的材料作为证据时，可能危及隐匿身份人员的人身安全，或者可能产生其他严重后果的，应当采取不暴露有关人员身份等保护措施。

6.《联合国反腐败公约》（2003 年 10 月 31 日第 58 届联合国大会通过）

第五十条 为有效地打击腐败，各缔约国均应当在其本国法律制度基本原则许可的范围内并根据本国法律规定的条件在其力所能及的情况下采取必要措施，允许其主管机关在其领域内酌情使用控制下交付和在其认为适当时使用诸如电子或者其他监视形式和特工行动等其他特殊侦查手段，并允许法庭采信由这些手段产生的证据。

（十）通缉、上网追逃、边控

通缉、上网追逃、边控是针对在逃的犯罪嫌疑人采取的侦查措施。通缉是公安机关通令缉拿应当逮捕而在逃的犯罪嫌疑人的一种侦查措施。检察机关自侦案件中，应当逮捕的犯罪嫌疑人如果在逃或者已被逮捕的犯罪嫌疑人脱逃，经检察长批准，可以决定通缉，送达公安机关发布通缉令进行通缉。上网追逃则是利用公安系统计算机网络进行追逃。边控则是防止犯罪嫌疑人逃往境外而在边防口岸阻止出境的措施。随着通信技术的发展和职务犯罪的变化，以上措施在职务犯罪侦查中的作用也越来越重要。

【主要程序】

1. 通缉

（1）人民检察院侦查直接受理的案件，应当逮捕的犯罪嫌疑人如果在逃，或者已被逮捕的犯罪嫌疑人脱逃的，承办人员可以制作《通缉通知书》，报经检察长批准，作出通缉的决定。

（2）需要在本辖区内通缉犯罪嫌疑人的，可以直接决定通缉；需要在本辖区外通缉犯罪嫌疑人的，由有决定权的上级人民检察院决定。

（3）人民检察院应当将通缉通知书和通缉犯的照片、身份、特征、案情简况送达公安机关，由公安机关发布通缉令，通令追捕归案。通缉令发出后，如果发现新的重要情况可以补发通报。通报必须注明原通缉令的编号和日期。

（4）需要在全国范围内通缉的，应填写在逃人员登记表，先在当地公安机关上网，然后将报请进行全国通缉的报告材料，由省级人民检察院呈报最高人民检察院批准后，商公安部办理。

（5）商请公安机关发布通缉令，应当提供的材料包括：《通缉通知书》、《逮捕证》复印件、《在逃人员登记/撤销表》、《立案决定书》以及犯罪嫌疑人的近期1至2寸清晰照片2张、身份证号码、指纹、体貌特征、携带物品和注意事项以及简要案情。

（6）通缉过程中，人民检察院应当与公安机关积极配合，及时检查监督通缉的执行情况。

2. 上网追逃

承办案件的人民检察院发现犯罪嫌疑人潜逃后，应逐步上报，可以制作《在逃人员登记/撤销表》，经检察长审批后，商公安机关纳入追捕逃犯信息系统，有选择地在因特网和其他新闻媒体上发布。上网追逃还应当向公安机关提供犯罪嫌疑人1寸照片2张。对于案情重大、情况紧急来不及办理逮捕手续的在逃犯罪嫌疑人，经检察长批准，并与公安机关协商，可以先上网追逃，在7日内补办相关手续。

3. 边控

（1）为防止犯罪嫌疑人逃往境外，人民检察院对某些不准出境的外国人和中国公民，需要在边防口岸采取边控措施的，应当按照有关规定制作《边控对象通知书》，由申请边控的人民检察院领导审批。申请边控的人民检察院向省级人民检察院提交边控请求函，并提供被控对象的姓名、性别、出生年月日、出入境证件种类及号码等材料，连同申请边控的期限和起止时间呈报省级人民检察院批准后，由省级人民检察院出具公函向省公安厅交控。需要在全国范围采取边控措施的，应当层报最高人民检察院商公安部交控。

（2）对于需要进行边控的犯罪嫌疑人，应当根据公安部《关于公安机关办理边控有关问题的通知》要求，向公安机关明确对边控对象的控制办法和期限。对需要扣留的犯罪嫌疑人，人民检察院需要同时出具《逮捕证》或《拘留证》。交控的人民检察院应当提供24小时联系电话和联系人。

（3）对于没有办理出入境证件但需要限制其出境的犯罪嫌疑人和其他重要关系人，立案的人民检察院可以公函通报同级公安机关，不予为其办理出入境手续。

【注意事项】

1. 人民检察院决定通缉的，均应商同级公安机关上网追逃。

2. 紧急情况下，来不及办理逮捕手续的，可以先凭《拘留证》等手续商公安机关先行上网追逃，然后补办有关手续。

3. 人民检察院应当及时了解通缉的执行情况。

4. 对于应当逮捕的犯罪嫌疑人，如果潜逃出境，可以按照有关规定层报最高人民检察院商请国际刑警组织中国国家中心局，请求有关方面协助，或者通过其他法律规定的途径进行追捕。

【文书与说明】

人民检察院
通缉通知书
（存　根）

检缉〔　〕号

案由＿＿＿＿＿＿
犯罪嫌疑人基本情况（姓名、性别、年龄、工作单位、住址、身份证号码、是否人大代表、政协委员）＿＿＿＿＿＿
通缉原因＿＿＿＿＿＿
通达机关＿＿＿＿＿＿
批 准 人＿＿＿＿＿＿
承 办 人＿＿＿＿＿＿
填 发 人＿＿＿＿＿＿
填发时间＿＿＿＿＿＿

第一联 统一保存

检缉〔　〕号

人民检察院
通缉通知书
（副　本）

检缉〔　〕号

＿＿＿＿人民检察院正在侦查犯罪嫌疑人＿＿＿涉嫌＿＿＿一案，该犯罪嫌疑人应当逮捕但现在逃。根据《中华人民共和国刑事诉讼法》第一百五十三条和第一百六十三条的规定，决定予以通缉。接到本通知后，请在＿＿＿＿范围内发布《通缉令》予以逮捕。

此致

＿＿＿＿＿＿

年　月　日
（院　印）

第二联 附卷

检缉〔　〕号

人民检察院
通缉通知书
（副　本）

检缉〔　〕号

＿＿＿＿人民检察院正在侦查犯罪嫌疑人＿＿＿涉嫌＿＿＿一案，该犯罪嫌疑人应当逮捕但现在逃。根据《中华人民共和国刑事诉讼法》第一百五十三条和第一百六十三条的规定，决定予以通缉。接到本通知后，请在＿＿＿＿范围内发布《通缉令》予以逮捕。

此致

年　月　日
（院　印）

附：《在逃人员登记表》、《立案决定书》和《逮捕证》复印件及犯罪嫌疑人近期照片、身份证号码、指纹、体貌特征、携带物品和注意事项等。

第二联 送达执行机关

通缉通知书制作说明

一、本文书根据《刑事诉讼法》第一百五十三条和第一百六十三条的规定制作。为人民检察院在办理自侦案件过程中，对已决定逮捕而在逃的犯罪嫌疑人决定通缉，通缉执行机关发布通缉令予以追捕时使用。

二、应按要求尽可能地提供通缉犯的身份、特征、案情简况等作为本文书附件，一并送达执行机关。

三、本文书一式三联，第一联统一保存备查，第二联附卷，第三联送达执行机关。

【办案依据】

1.《中华人民共和国刑事诉讼法（2012年修正）》（节录）

第一百五十三条 应当逮捕的犯罪嫌疑人如果在逃，公安机关可以发布通缉令，采取有效措施，追捕归案。

各级公安机关在自己管辖的地区以内，可以直接发布通缉令；超出自己管辖的地区，应当报请有权决定的上级机关发布。

2.《人民检察院刑事诉讼规则（试行）》（2012年10月16日由最高人民检察院第十一届检察委员会第八十次会议第二次修订）（节录）

第二百六十八条 人民检察院办理直接受理立案侦查的案件，应当逮捕的犯罪嫌疑人如果在逃，或者已被逮捕的犯罪嫌疑人脱逃的，经检察长批准，可以通缉。

第二百六十九条 各级人民检察院需要在本辖区内通缉犯罪嫌疑人的，可以直接决定通缉；需要在本辖区外通缉犯罪嫌疑人的，由有决定权的上级人民检察院决定。

第二百七十条 人民检察院应当将通缉通知书和通缉对象的照片、身份、特征、案情简况送达公安机关，由公安机关发布通缉令，追捕归案。

第二百七十一条 为防止犯罪嫌疑人等涉案人员逃往境外，需要在边防口岸采取边控措施的，人民检察院应当按照有关规定制作边控对象通知书，商请公安机关办理边控手续。

第二百七十二条 人民检察院应当及时了解通缉的执行情况。

第二百七十三条 对于应当逮捕的犯罪嫌疑人，如果潜逃出境，可以按照有关规定层报最高人民检察院商请国际刑警组织中国国家中心局，请求有关方面协助，或者通过其他法律规定的途径进行追捕。

第五百二十三条 对于贪污贿赂犯罪、恐怖活动犯罪等重大犯罪案件，犯罪嫌疑人、被告人逃匿，在通缉一年后不能到案，依照刑法规定应当追缴其违法所得及其他涉案财产的，人民检察院可以向人民法院提出没收违法所得的申请。

对于犯罪嫌疑人、被告人死亡，依照刑法规定应当追缴其违法所得及其他涉案财产的，人民检察院也可以向人民法院提出没收违法所得的申请。

犯罪嫌疑人实施犯罪行为所取得的财物及其孳息以及犯罪嫌疑人非法持有的违禁品、供犯罪所用的本人财物，应当认定为前两款规定的违法所得及其他涉案财产。

第五百二十六条 人民检察院向人民法院提出没收违法所得的申请，应当制作没收违法所得申请书。没收违法所得申请书的主要内容包括：

（一）犯罪嫌疑人、被告人的基本情况，包括姓名、性别、出生年月日、出生地、户籍地、身份证号码、民族、文化程度、职业、工作单位及职务、住址等；

（二）案由及案件来源；

（三）犯罪嫌疑人、被告人的犯罪事实；

（四）犯罪嫌疑人、被告人逃匿、被通缉或者死亡的情况；

（五）犯罪嫌疑人、被告人的违法所得及其他涉案财产的种类、数量、所在地及查封、扣押、冻结的情况；

（六）犯罪嫌疑人、被告人近亲属和其他利害关系人的姓名、住址、联系方式及其要求等情况；

（七）提出没收违法所得申请的理由和法律依据。

第五百二十八条 人民检察院审查公安机关移送的没收违法所得意见书，应当查明：

（一）是否属于本院管辖；

（二）是否符合刑事诉讼法第二百八十条第一款规定的条件；

（三）犯罪嫌疑人身份状况，包括姓名、性别、国籍、出生年月日、职业和单位等；

（四）犯罪嫌疑人涉嫌犯罪的情况；

（五）犯罪嫌疑人逃匿、被通缉或者死亡的情况；

（六）违法所得及其他涉案财产的种类、数量、所在地，以及查封、扣押、冻结的情况；

（七）与犯罪事实、违法所得相关的证据材料是否随案移送，不宜移送的证据的清单、复制件、照片或者其他证明文件是否随案移送；

（八）证据是否确实、充分；

（九）相关利害关系人的情况。

第五百三十三条 人民检察院直接受理立案侦查的案件，犯罪嫌疑人逃匿或者犯罪嫌疑人死亡而撤销案件，符合刑事诉讼法第二百八十条第一款规定条件的，侦查部门应当启动违法所得没收程序进行调查。

侦查部门进行调查应当查明犯罪嫌疑人涉嫌的犯罪事实，犯罪嫌疑人逃匿、被通缉或者死亡的情况，以及犯罪嫌疑人的违法所得及其他涉案财产的情况，并可以对违法所得及其他涉案财产依法进行查封、扣押、查询、冻结。

侦查部门认为符合刑事诉讼法第二百八十条第一款规定条件的，应当写出没收违法所得意见书，连同案卷材料一并移送有管辖权的人民检察院侦查部门，并由有管辖权的人民检察院侦查部门移送本院公诉部门。

公诉部门对没收违法所得意见书进行审查，作出是否提出没收违法所得申请的决定，具体程序按照本规则第五百二十八条、第五百二十九条的规定办理。

第五百三十四条 在人民检察院审查起诉过程中，犯罪嫌疑人死亡，或者贪污贿赂犯罪、恐怖活动犯罪等重大犯罪案件的犯罪嫌疑人逃匿，在通缉一年后不能到案，依照刑法规定应当追缴其违法所得及其他涉案财产的，人民检察院可以直接提出没收违法所得的申请。

人民法院在审理案件过程中，被告人死亡而裁定终止审理，或者被告人脱逃而裁定中止审理，人民检察院可以依法另行向人民法院提出没收违法所得的申请。

3. 公安部《公安机关办理刑事案件程序规定》（2012年12月13日）（节录）

第二百六十五条 应当逮捕的犯罪嫌疑人如果在逃，公安机关可以发布通缉令，采取有效措施，追捕归案。

县级以上公安机关在自己管辖的地区内，可以直接发布通缉令；超出自己管辖的地区，应当报请有权决定的上级公安机关发布。

通缉令的发送范围，由签发通缉令的公安机关负责人决定。

第二百六十六条 通缉令中应当尽可能写明被通缉人的姓名、别名、曾用名、绰号、性别、年龄、民族、籍贯、出生地、户籍所在地、居住地、职业、身份证号码、衣着和体貌特征、口音、行为习惯，并附被通缉人近期照片，可以附指纹及其他物证的照片。除了必须保密的事项以外，应当写明发案的时间、地点和简要案情。

第二百六十七条 通缉令发出后，如果发现新的重要情况可以补发通报。通报必须注明原通缉令的编号和日期。

第二百六十八条 公安机关接到通缉令后，应当及时布置查缉。抓获犯罪嫌疑人后，报经县级以上公安机关负责人批准，凭通缉令或者相关法律文书羁押，并通知通缉令发布机关进行核实，办理交接手续。

第二百六十九条 需要对犯罪嫌疑人在口岸采取边控措施的，应当按照有关规定制作边控对象通知书，经县级以上公安机关负责人审核后，层报省级公安机关批准，办理全国范围内的边控措施。需要限制犯罪嫌疑人人身自由的，应当附有关法律文书。

紧急情况下，需要采取边控措施的，县级以上公安机关可以出具公函，先向当地边防检查站交控，但应当在七日以内按照规定程序办理全国范围内的边控措施。

第二百七十条 为发现重大犯罪线索，追缴涉案财物、证据，查获犯罪嫌疑人，必要时，经县级以上公安机关负责人批准，可以发布悬赏通告。

悬赏通告应当写明悬赏对象的基本情况和赏金的具体数额。

第二百七十一条 通缉令、悬赏通告应当广泛张贴，并可以通过广播、电视、报刊、计算机网络等方式发布。

第二百七十二条 经核实，犯罪嫌疑人已经自动投案、被击毙或者被抓获，以及发现有其他不需要采取通缉、边控、悬赏通告的情形的，发布机关应当在原通缉、通知、通告范围内，撤销通缉令、边控通知、悬赏通告。

第二百七十三条 通缉越狱逃跑的犯罪嫌疑人、被告人或者罪犯，适用本节的有关规定。

4. 最高人民检察院、公安部《关于适用刑事强制措施有关问题的规定》（2000年8月28日 高检会〔2000〕2号）（节录）

第三十三条 人民检察院直接立案侦查的案件，需要通缉犯罪嫌疑人的，应当作出逮捕决定，并将逮捕决定书、通缉通知书和犯罪嫌疑人的照片、身份、特征等情况及简要案情，送达同级公安机关，由公安机关按照规定发布通缉令。人民检察院应当予以协助。

各级人民检察院需要在本辖区内通缉犯罪嫌疑人的，可以直接决定通缉；需要在本辖区外通缉犯罪嫌疑人的，由有决定权的上级人民检察院决定。

5. 最高人民检察院、公安部、中国人民银行、海关总署《关于查处携款潜逃的经济犯罪分子的通知》（1993年8月9日 高检会〔1993〕17号）（略，参见相关章节）

6. 最高人民法院、最高人民检察院、公安部、国家安全部《关于依法限制外国人和中国公民出境问题的若干规定》（1987年3月10日）

《中华人民共和国外国人入境出境管理法》第二十三条和《中华人民共和国公民出境入境管理法》第八条规定了对某些外国人和中国公民不准其出境，现将贯彻执行中的若干问题规定如下：

（一）需要限制已入境的外国人出境或者限制中国公民出境的，必须严格依照法律规定执行。在执行中应当注意：凡能尽早处理的，不要等到外国人或中国公民临出境时处理；凡可以通过其他方式处理的，不要采取扣留证件的办法限制出境；凡能在内地处理的，不要到出境口岸处理，要把确需在口岸阻止出境的人员控制在极少数。

（二）限制外国人或中国公民出境的审批权限：

1. 公安机关和国家安全机关认定的犯罪嫌疑人或有其他违反法律的行为尚未处理并需要追究法律责任的，其限制出境的决定需经省、自治区、直辖市公安厅、局或国家安全厅、局批准。

2. 人民法院或人民检察院认定的犯罪嫌疑人或有其他违反法律的行为尚未处理并需要追究法律责任的，由人民法院或人民检察院决定限制出境并按有关规定执行，同时通报同级公安机关。

3. 国家安全机关对某些外国人或中国公民采取限制出境措施时，要及时通报公安机关。

4. 有未了结民事案件（包括经济纠纷案件）的，由人民法院决定限制出境并执行，同时通报公安机关。

5. 对其他需要在边防口岸限制出境的人员，可按1985年公安部、国家安全部《关于做好入出境查控工作的通知》（〔85〕公发24号文件）精神办理。

（三）人民法院、人民检察院、公安机关和国家安全机关在限制外国人和中国公民出境时，可以分别采取以下办法：

1. 向当事人口头通知或书面通知，在其案件（或问题）了结之前，不得离境；

2. 根据案件性质及当事人的具体情况，分别采取监视居住或取保候审的办法，或令其提供财产担保或交付一定数量保证金后准予出境；

3. 扣留当事人护照或其他有效出入境证件。但应在护照或其他出入境证件有效期内处理了结，同时发给本人扣留证件的证明。人民法院、人民检察院或国家安全机关扣留当事人护照或其他有效出入境证件，如在出入境证件有效期内不能了结的，应当提前通知公安机关。

（四）人民法院、人民检察院、国家安全机关及公安机关对某些不准出境的外国人和中国公民，需在边防检查站阻止出境的，应填写《口岸阻止人员出境通知书》（样式附后，自行印制）。在本省、自治区、直辖市口岸阻止出境的，应向本省、自治区、直辖市公安厅、局交控。在紧急情况下，如确有必要，也可先向边防检查站交控，然后按本通知的规定，补办交控手续。控制口岸超出本省、自治区、直辖市的，应通过有关省、自治区、直辖市公安厅、局办理交控手续。

六、强制措施

在我国的刑事诉讼法中，强制措施专指对人身自由的限制性措施，即由拘传、取保候审、监视居住、拘留、逮捕构成的强制措施体系。

在我国刑事诉讼法中，强制措施的主体特定（限于公安司法机关），对象唯一（只适用于犯罪嫌疑人、被告人），目的特殊（预防性），程序法定，在职务犯罪侦查中具有重要地位。

在职务犯罪侦查中，强制措施具有如下作用：第一，防止犯罪嫌疑人逃跑，以逃避刑事追诉；第二，防止犯罪嫌疑人实施妨害侦查的活动；第三，防止犯罪嫌疑人继续实施犯罪行为；第四，防止犯罪嫌疑人自杀或发生其他意外情况，对犯罪嫌疑人具有一定的保护作用；第五，对被害人、证人具有一定的保护和激励作用，对其他犯罪人员具有震慑作用。

强制措施不具有惩罚性，其目的在于保证刑事诉讼的顺利进行，因此不能以惩罚为目的而采用强制措施。

虽然强制措施不具有惩罚性，但客观上会对犯罪嫌疑人的权利造成损害，因此必须严格依法进行。在适用时，综合考虑犯罪行为的社会危害性、犯罪嫌疑人逃避追诉的可能性、检察机关对案件事实和证据掌握的程度以及犯罪嫌疑人的个人情况等多种因素，以确定合适的强制措施。

（一）拘传

拘传是指对未被羁押的犯罪嫌疑人、被告人强制到案接受讯问的一种强制措施。拘传的对象限于未被羁押的犯罪嫌疑人、被告人，对证人不得实施拘传。拘传的目的在于强制到案，没有羁押的效力，因此到案讯问后，应当将犯罪嫌疑人及时放回。

【主要程序】

1. 对于需要拘传的犯罪嫌疑人，办案人员应当提出拘传意见，制作《采取拘传措施审批表》、《拘传证》，报请检察长审批并签发拘传证。

2. 执行拘传的人员不得少于 2 人。拘传时，应当向被拘传的犯罪嫌疑人出示人民检察院工作证和拘传证。对抗拒拘传的，可以使用戒具，强制到案。

3. 人民检察院拘传犯罪嫌疑人，应当在犯罪嫌疑人所在市、县内的地点进行。犯罪嫌疑人的工作单位与居住地不在同一市、县的，拘传应当在犯罪嫌疑人的工作单位所在的市、县进行；特殊情况下，也可以在犯罪嫌疑人居住地所在的市、县内进行。

4. 拘传持续的时间从犯罪嫌疑人到案时开始计算。犯罪嫌疑人到案后，应当责令其在拘传证上填写到案时间，并在拘传证上签名、捺指印或者盖章，然后立即讯问。讯问结束后，应当责令犯罪嫌疑人在拘传证上填写讯问结束时间。犯罪嫌疑人拒绝填写的，检察人员应当在拘传证上注明。

5. 一次拘传持续的时间不得超过 12 小时；案情特别重大、复杂，需要采取拘留、逮捕措施的，拘传持续的时间不得超过 24 小时。两次拘传间隔的时间一般不得少于 12 小时，不得以连续拘传的方式变相拘禁犯罪嫌疑人。

6. 拘传犯罪嫌疑人，应当保证犯罪嫌疑人的饮食和必要的休息时间。

7. 需要对被拘传的犯罪嫌疑人变更强制措施的，应当经检察长或者检察委员会决定，在拘传期限内办理变更手续。在拘传期间内决定不采取其他强制措施的，拘传期限届满，应当结束拘传。

8. 拘传犯罪嫌疑人到检察机关接受讯问，应当在讯问室进行。人民检察院讯问室必须符合安全防范要求，不得把讯问室作为羁押室。异地传唤、拘传犯罪嫌疑人、被告人，应当在当地检察院机关的讯问室进行。

9. 讯问结束后，符合拘留、逮捕条件并有拘留、逮捕必要的，应当依法及时办理拘留、逮捕手续，并立即通知公安机关执行；对于不采取拘留、逮捕强制措施的，应当通知单位或家属领回，或派员将其送回。

【注意事项】

1. 不得以连续拘传的形式变相拘禁犯罪嫌疑人。

2. 拘传工作应当交由司法警察或明确专人负责，不得出现脱节、脱岗或由一人提押、看管等情形。

3. 拘传持续的时间从犯罪嫌疑人到案时开始计算，路途上的时间不计算在内。

4. 多次拘传时，两次拘传之间应有所间隔，留给犯罪嫌疑人正常的生活和休息时间。

5. 对被拘传的犯罪嫌疑人变更强制措施，应当在拘传的期限内办理。

【文书与说明】

拘传证

人民检察院

拘　传　证

（存　根）

检 拘传〔　〕　号

案由＿＿＿＿＿＿＿＿＿＿＿＿＿＿＿＿＿＿＿＿

犯罪嫌疑人基本情况＿＿＿＿＿＿＿＿＿＿＿＿＿

（姓名、性别、年龄、工作单位、住址、身份证号码、是否人大代表、政协委员）＿＿＿＿＿＿＿＿＿＿

＿＿＿＿＿＿＿＿＿＿＿＿＿＿＿＿＿＿＿＿＿＿

批准人＿＿＿＿＿＿＿＿＿＿＿＿＿＿＿＿＿＿＿

承办人＿＿＿＿＿＿＿＿＿＿＿＿＿＿＿＿＿＿＿

填发人＿＿＿＿＿＿＿＿＿＿＿＿＿＿＿＿＿＿＿

填发时间＿＿＿＿＿＿＿＿＿＿＿＿＿＿＿＿＿＿

执行时间＿＿＿＿＿＿＿＿＿＿＿＿＿＿＿＿＿＿

第一联 统一保存

检 拘传〔　〕号

人民检察院

拘　传　证

检　拘传〔　〕　号

根据《中华人民共和国刑事诉讼法》第六十四条的规定，兹派本院工作人员＿＿＿＿＿＿对犯罪嫌疑人＿＿＿＿＿＿予以拘传。

检　察　长

年　月　日

（院印）

到案时间：＿＿年＿＿月＿＿日＿＿时＿＿分

讯问结束时间：＿＿年＿＿月＿＿日＿＿时＿＿分

被拘传人：＿＿＿＿

宣 告 人：＿＿＿＿

第二联 在拘传讯问后附卷

拘传证制作说明

一、本文书依据《刑事诉讼法》第六十四条的规定制作。为人民检察院依法对犯罪嫌疑人进行拘传时使用。制作时由检察长签名或盖章并加盖人民检察院印章。

二、犯罪嫌疑人到案后，应责令其在《拘传证》上填写到案时间；讯问结束后，填写讯问结束时间，并签名或者盖章。犯罪嫌疑人拒绝填写的，检察人员应当在《拘传证》上注明。

三、本文书共二联，第一联统一保存备查，第二联由被拘传人填写时间并签字或盖章后附卷。

【办案依据】

1.《中华人民共和国刑事诉讼法（2012年修正）》（节录）

第六十四条　人民法院、人民检察院和公安机关根据案件情况，对犯罪嫌疑人、被告人可以拘传、取保候审或者监视居住。

第一百一十七条　对不需要逮捕、拘留的犯罪嫌疑人，可以传唤到犯罪嫌疑人所在市、县内的指定地点或者到他的住处进行讯问，但是应当出示人民检察院或者公安机关的证明文件。对在现场发现的犯罪嫌疑人，经出示工作证件，可以口头传唤，但应当在讯问笔录中注明。

传唤、拘传持续的时间不得超过十二小时；案情特别重大、复杂，需要采取拘留、逮捕措施的，传唤、拘传持续的时间不得超过二十四小时。

不得以连续传唤、拘传的形式变相拘禁犯罪嫌疑人。传唤、拘传犯罪嫌疑人，应当保证犯罪嫌疑人的饮食和必要的休息时间。

2.《人民检察院刑事诉讼规则（试行）》（2012年10月16日由最高人民检察院第十一届检察委员会第八十次会议第二次修订）（节录）

第七十八条　人民检察院根据案件情况，对犯罪嫌疑人可以拘传。

拘传应当经检察长批准，签发拘传证。

第七十九条　拘传时，应当向被拘传的犯罪嫌疑人出示拘传证。对抗拒拘传的，可以使用械具，强制到案。

执行拘传的人员不得少于二人。

第八十条　拘传持续的时间从犯罪嫌疑人到案时开始计算。犯罪嫌疑人到案后，应当责令其在拘传证上填写到案时间，并在拘传证上签名、捺指印或者盖章，然后立即讯问。讯问结束后，应当责令犯罪嫌疑人在拘传证上填写讯问结束时间。犯罪嫌疑人拒绝填写的，检察人员应当在拘传证上注明。

一次拘传持续的时间不得超过十二小时；案情特别重大、复杂，需要采取拘留、逮捕措施的，拘传持续的时间不得超过二十四小时。两次拘传间隔的时间一般不得少于十二小时，不得以连续拘传的方式变相拘禁犯罪嫌疑人。

拘传犯罪嫌疑人，应当保证犯罪嫌疑人的饮食和必要的休息时间。

第八十一条 人民检察院拘传犯罪嫌疑人，应当在犯罪嫌疑人所在市、县内的地点进行。

犯罪嫌疑人的工作单位与居住地不在同一市、县的，拘传应当在犯罪嫌疑人的工作单位所在的市、县进行；特殊情况下，也可以在犯罪嫌疑人居住地所在的市、县内进行。

第八十二条 需要对被拘传的犯罪嫌疑人变更强制措施的，应当经检察长或者检察委员会决定，在拘传期限内办理变更手续。

在拘传期间内决定不采取其他强制措施的，拘传期限届满，应当结束拘传。

3. 最高人民检察院《关于人民检察院在办理直接立案侦查案件工作中加强安全防范的规定》（2003 年 10 月 27 日）（节录）

第四条 传唤、拘传犯罪嫌疑人、被告人到检察机关接受讯问，应当在讯问室进行。人民检察院讯问室必须符合安全防范要求，不得把讯问室作为羁押室。异地传唤、拘传犯罪嫌疑人、被告人，应当在当地检察院机关的讯问室进行。

第五条 传唤、拘传犯罪嫌疑人、被告人的持续时间不得超过法律规定的 12 小时，不得以连续传唤、拘传的方式变相拘禁犯罪嫌疑人、被告人。讯问结束后，符合拘留、逮捕条件并有拘留、逮捕必要的应当依法及时办理拘留、逮捕手续，并立即通知公安机关执行；对于不采取拘留、逮捕强制措施的，应当通知单位或家属领回，或派员将其送回。

第七条 传唤、拘传、提押、看管等工作应当交由司法警察或明确专人负责，不得出现脱节、脱岗或由一人提押、看管等情形。

（二）取保候审

取保候审是指在刑事诉讼过程中，公安机关、人民检察院、人民法院责令犯罪嫌疑人、被告人提出保证人或者交纳保证金，保证犯罪嫌疑人、被告人不逃避或妨碍侦查、起诉和审判，并随传随到的一种强制措施。取保候审是对犯罪嫌疑人、被告人人身自由的一种限制措施，分为保证人保证和保证金保证两种形式。

【主要程序】

1. 适用范围

取保候审适用于有下列情形之一的犯罪嫌疑人：

（1）可能判处管制、拘役或者独立适用附加刑的；

（2）可能判处有期徒刑以上刑罚，采取取保候审不致发生社会危险性的；

（3）患有严重疾病、生活不能自理，怀孕或者正在哺乳自己婴儿的妇女，采取取保候审不致发生社会危险性的；

（4）羁押期限届满，案件尚未办结，需要采取取保候审的。

人民检察院对于严重危害社会治安的犯罪嫌疑人，以及其他犯罪性质恶劣、情节严重的犯罪嫌疑人不得取保候审。

2. 申请程序

被羁押或者监视居住的犯罪嫌疑人及其法定代理人、近亲属或者辩护人申请取保候审，经审查具有《人民检察院刑事诉讼规则（试行）》第 83 条规定情形之一的，经检察长决定，可以对犯罪嫌疑人取保候审。

申请一般应以书面的形式提出，特殊情况下也可以采用口头的形式。

3. 决定程序

（1）对犯罪嫌疑人取保候审，由承办人提出意见，制作《采取取保候审强制措施审批表》，对于已经被拘留、逮捕的犯罪嫌疑人，制作《变更强制措施审批表》，经部门负责人审核，报请检察长决定。

（2）被羁押或者监视居住的犯罪嫌疑人及其法定代理人、近亲属或者辩护人向人民检察院申请取保候审，人民检察院应当在 3 日以内作出是否同意的答复。经审查符合《人民检察院刑事诉讼规则（试行）》第 83 条规定情形之一的，对被羁押的犯罪嫌疑人依法办理取保候审手续；经审查不符合取保候审条件的，应当告知申请人，并说明不同意取保候审的理由。

（3）人民检察院决定对犯罪嫌疑人取保候审，应当责令犯罪嫌疑人提出保证人或者交纳保证金。对同一犯罪嫌疑人决定取保候审，不得同时使用保证人保证和保证金保证方式。

（4）对符合取保候审条件，具有下列情形之一的犯罪嫌疑人，人民检察院决定取保候审时，可以责令其提供 1 至 2 名保证人：

①无力交纳保证金的；

②系未成年人或者已满 75 周岁的人；

③其他不宜收取保证金的。

（5）人民检察院作出取保候审决定时，可以根据犯罪嫌疑人涉嫌犯罪性质、危害后果、社会影响，犯罪嫌疑人、被害人的具体情况等，有针对性地责令其遵守以下一项或者多项规定：

①不得进入特定的场所；

②不得与特定的人员会见或者通信；

③不得从事特定的活动；

④将护照等出入境证件、驾驶证件交执行机关保存。

4. 保证人保证的办理

（1）保证人必须符合下列条件，并经人民检察院审查同意：① 与本案无牵连；② 有能力履行保证义务；③ 享有政治权利，人身自由未受到限制；④ 有固定的住处和收入。

（2）承办人员应当告知保证人应履行以下义务：① 监督被保证人遵守《刑事诉讼法》第 69 条的规定；② 发现被保证人可能发生或者已经发生违反《刑事诉讼法》第 69 条规定的行为的，及时向执行机关报告。

（3）保证人保证承担上述义务后，应当在取保候审保证书上签名或者盖章。

（4）人民检察院应当向取保候审的犯罪嫌疑人宣读取保候审决定书，由犯罪嫌疑人签名或者盖章，并责令犯罪嫌疑人遵守《刑事诉讼法》第69条的规定，告知其违反规定应负的法律责任。

5. 保证金保证的办理

（1）采取保证金担保方式的，人民检察院可以根据犯罪嫌疑人的社会危险性，案件的性质、情节、危害后果，可能判处刑罚的轻重，犯罪嫌疑人的经济状况等，责令犯罪嫌疑人交纳一千元以上的保证金，对于未成年犯罪嫌疑人可以责令交纳五百元以上的保证金。

（2）人民检察院应当向取保候审的犯罪嫌疑人宣读取保候审决定书，由犯罪嫌疑人签名、捺指印或者盖章，并责令犯罪嫌疑人遵守《刑事诉讼法》第69条的规定，告知其违反规定应负的法律责任；以保证金方式担保的，应当同时告知犯罪嫌疑人一次性将保证金存入公安机关指定银行的专门账户。

6. 执行

（1）取保候审由公安机关执行。

（2）人民检察院决定对犯罪嫌疑人取保候审的，应当制作取保候审决定书，载明取保候审的期间、担保方式、被取保候审人应当履行的义务和应当遵守的规定。

（3）向犯罪嫌疑人宣布取保候审决定后，人民检察院应当将执行取保候审通知书送达公安机关执行，并告知公安机关在执行期间拟批准犯罪嫌疑人离开所居住的市、县的，应当征得人民检察院同意。以保证人方式担保的，应当将取保候审保证书同时送达公安机关。

人民检察院核实保证金已经交纳到公安机关指定银行的凭证后，应当将银行出具的凭证及其他有关材料与执行取保候审通知书一并送交公安机关。

（4）采取保证人保证方式的，如果保证人在取保候审期间不愿继续担保或者丧失担保条件的，人民检察院应当在收到保证人不愿继续担保的申请或者发现其丧失担保条件后的3日以内，责令犯罪嫌疑人重新提出保证人或者交纳保证金，并将变更情况通知公安机关。

（5）采取保证金担保方式的，被取保候审人拒绝交纳保证金或者交纳保证金不足决定数额时，人民检察院应当作出变更取保候审措施、变更保证方式或者变更保证金数额的决定，并将变更情况通知公安机关。

（6）公安机关在执行取保候审期间向人民检察院征询是否同意批准犯罪嫌疑人离开所居住的市、县时，人民检察院应当根据案件的具体情况及时作出决定，并通知公安机关。

（7）人民检察院发现保证人没有履行《刑事诉讼法》第68条的规定的义务，应当通知公安机关，要求公安机关对保证人作出罚款决定。构成犯罪的，依法追究保证人的刑事责任。

（8）人民检察院发现犯罪嫌疑人违反《刑事诉讼法》第69条的规定，已交纳保证金的，应当书面通知公安机关没收部分或者全部保证金，并且根据案件的具体情况，责令犯罪嫌疑人具结悔过，重新交纳保证金、提出保证人或者决定监视居住、予以逮捕。

公安机关发现犯罪嫌疑人违反《刑事诉讼法》第69条的规定，提出没收保证金或者变更强制措施意见的，人民检察院应当在收到意见后5日以内作出决定，并通知公安机关。

（9）重新交纳保证金的程序适用《人民检察院刑事诉讼规则（试行）》第90条、第91条的规定；提出保证人的程序适用《人民检察院刑事诉讼规则（试行）》第88条、第89条的规定。对犯罪嫌疑人继续取保候审的，取保候审的时间应当累计计算。

（10）对犯罪嫌疑人决定监视居住的，应当办理监视居住手续，监视居住的期限应当重新计算并告知犯罪嫌疑人。

（11）犯罪嫌疑人有下列违反取保候审规定的行为，人民检察院应当对犯罪嫌疑人予以逮捕：

①故意实施新的犯罪的；

②企图自杀、逃跑，逃避侦查、审查起诉的；

③实施毁灭、伪造证据，串供或者干扰证人作证，足以影响侦查、审查起诉工作正常进行的；

④对被害人、证人、举报人、控告人及其他人员实施打击报复的。

（12）犯罪嫌疑人有下列违反取保候审规定的行为，人民检察院可以对犯罪嫌疑人予以逮捕：

① 未经批准，擅自离开所居住的市、县，造成严重后果，或者两次未经批准，擅自离开所居住的市、县的；

② 经传讯不到案，造成严重后果，或者经两次传讯不到案的；

③ 住址、工作单位和联系方式发生变动，未在24小时以内向公安机关报告，造成严重后果的；

④ 违反规定进入特定场所、与特定人员会见或者通信、从事特定活动，严重妨碍诉讼程序正常进行的。

（13）需要对上述犯罪嫌疑人予以逮捕的，可以先行拘留；已交纳保证金的，同时书面通知公安机关没收保证金。

（14）人民检察院决定对犯罪嫌疑人取保候审，最长不得超过12个月。

（15）公安机关决定对犯罪嫌疑人取保候审，案件移送人民检察院审查起诉后，对于需要继续取保候审的，人民检察院应当依法重新作出取保候审决定，并对犯罪嫌疑人办理取保候审手续。取保候审的期限应当重新计算并告知犯罪嫌疑人。对继续采取保证金方式取保候审的，被取保候审人没有违反《刑事诉讼法》第69条规定的，不变更保证金数额，不再重新收取保证金。

（16）在取保候审期间，不得中断对案件的侦查、审查起诉。

7. 解除

（1）取保候审期限届满或者发现不应当追究犯罪嫌疑人的刑事责任的，应当及时解除或者撤销取保候审。

（2）解除或者撤销取保候审，应当由办案人员提出意见，部门负责人审核，检察长决定。

（3）解除或者撤销取保候审的决定，应当及时通知执行机关，并将解除或者撤销取保候审的决定书送达犯罪嫌疑人；有保证人的，应当通知保证人解除保证义务。

（4）犯罪嫌疑人在取保候审期间没有违反《刑事诉讼法》第69条的规定，或者发现不应当追究犯罪嫌疑人刑事责任的，变更、解除或者撤销取保候审时，应当告知犯罪嫌疑人可以凭变更、解除或者撤销取保候审的通知或者有关法律文书到银行领取退还的保证金。

（5）犯罪嫌疑人及其法定代理人、近亲属或者辩护人认为取保候审期限届满，向人民检察院提出解除取保候审要求的，人民检察院应当在3日以内审查决定。经审查认为法定期限届满的，经检察长批准后，解除取保候审；经审查未超过法定期限的，书面答复申请人。

【注意事项】

1. 人民检察院对于严重危害社会治安的犯罪嫌疑人，以及其他犯罪性质恶劣、情节严重的犯罪嫌疑人不得取保候审。

2. 重新交纳保证金的，对犯罪嫌疑人继续取保候审的，取保候审的时间应当累计计算。

3. 人民检察院决定对犯罪嫌疑人取保候审，最长不得超过12个月。

4. 在取保候审期间，不得中断对案件的侦查、审查起诉。

5. 根据刑事诉讼法第79条第3款的规定，对于被取保候审、监视居住的可能判处徒刑以下刑罚的犯罪嫌疑人、被告人，违反取保候审、监视居住规定，严重影响诉讼活动正常进行的，可以予以逮捕。

【文书与说明】

1. 取保候审决定书

人民检察院

取保候审决定书

（存　根）

检　保〔　〕号

案由＿＿＿＿＿＿

犯罪嫌疑人基本情况（姓名、性别、年龄、工作单位、住址、身份证号码、是否人大代表、政协委员）＿＿＿＿＿＿

保证人（保证金数额大写）＿＿＿＿

执行机关＿＿＿＿＿＿

批准人＿＿＿＿＿＿

承办人＿＿＿＿＿＿

填发人＿＿＿＿＿＿

填发时间＿＿＿＿＿＿

第一联 统一保存

检　保〔　〕号

人民检察院

取保候审决定书

（副　本）

检　保　〔　〕　号

犯罪嫌疑人＿＿＿＿＿＿因涉嫌＿＿＿＿＿＿，根据《中华人民共和国刑事诉讼法》第六十五条的规定，本院决定对其取保候审，由保证人＿＿＿＿＿＿担保（由犯罪嫌疑人交纳保证金＿＿＿＿＿＿元），期限从＿＿＿＿年＿＿＿月＿＿＿日起算，并由＿＿＿＿＿＿执行。犯罪嫌疑人在取保候审期间应当遵守《中华人民共和国刑事诉讼法》第六十九条的规定。

年　月　日

（院印）

此决定已于＿＿＿年＿＿＿月＿＿＿日向我宣布。

犯罪嫌疑人：＿＿＿＿＿＿

宣　告　人：＿＿＿＿＿＿

第二联 向犯罪嫌疑人宣告后附卷

检　保〔　〕号

人民检察院

取保候审执行通知书

检　保　〔　〕　号

犯罪嫌疑人＿＿＿＿＿＿因涉嫌＿＿＿＿＿＿，根据《中华人民共和国刑事诉讼法》第六十五条的规定，本院决定对其取保候审，保证人＿＿＿＿＿＿已向本院出具保证书（犯罪嫌疑人已交纳保证金＿＿＿＿＿＿元），期限从＿＿＿＿年＿＿＿月＿＿＿日起算。

此致

＿＿＿＿＿＿

年　月　日

（院印）

注：犯罪嫌疑人＿＿＿＿＿＿性别＿＿＿

年龄＿＿＿工作单位＿＿＿＿＿＿

住址＿＿＿＿＿＿

第三联 送达执行机关

2. 被取保候审人义务告知书

被取保候审人义务告知书

根据《中华人民共和国刑事诉讼法》第六十九条第一款的规定，被取保候审人在取保候审期间应当遵守以下规定：

（一）未经执行机关批准不得离开所居住的市、县；

（二）住址、工作单位和联系方式发生变动的，在二十四小时以内向执行机关报告；

（三）在传讯的时候及时到案；

（四）不得以任何形式干扰证人作证；

（五）不得毁灭、伪造证据或者串供。

根据《中华人民共和国刑事诉讼法》第六十九条第二款的规定，被取保候审人还应遵守以下规定：

（一）不得进入________________________________等场所；

（二）不得与________________________________会见或者通信；

（三）不得从事________________________________等活动；

（四）将护照等出入境证件、身份证、驾驶证件交执行机关保存。

被取保候审人在取保候审期间违反上述规定，已交纳保证金的，由公安机关没收部分或者全部保证金，并且区别情形，责令被取保候审人具结悔过，重新交纳保证金、提出保证人，或者监视居住、予以逮捕。

本告知书已收到。

被取保候审人：

年　　月　　日

一式四份，一份附卷，一份交被取保候审人，一份交执行机关，一份交保证人（犯罪嫌疑人提出保证人予以取保候审时适用）。

3. 保证书

保证书
（存　根）

检　保〔　〕　号

案由________
犯罪嫌疑人________
保证人________
性别______年龄______
住址________
与犯罪嫌疑人关系______
保证日期________
批准人________
承办人________
填发人________
填发时间________

第一联 统一保存

检　保书〔　〕号

保证书
（副　本）

检　保　书〔　〕　号

我住在________，在________工作，与被保证人______是____关系，我于______年____月____日向________人民检察院自愿做如下保证：

严格履行《中华人民共和国刑事诉讼法》第六十八条规定的义务，监督被保证人遵守《中华人民共和国刑事诉讼法》第六十九条的规定。

本人未履行保证义务的，愿承担法律责任。

此致

______人民检察院

保证人：______

年　月　日

第二联 附卷

检　保书〔　〕号

保证书

检　保　〔　〕　号

我住在________，在________工作，与被保证人______是____关系，我于______年____月____日向________人民检察院自愿做如下保证：

严格履行《中华人民共和国刑事诉讼法》第六十八条规定的义务，监督被保证人遵守《中华人民共和国刑事诉讼法》第六十九条的规定。

本人未履行保证义务的，愿承担法律责任。

此致

______人民检察院

保证人：______

年　月　日

第三联 送执行机关

检　保书〔　〕号

保证书

检　保　书〔　〕　号

我住在________，在________工作，与被保证人______是____关系，我于______年____月____日向________人民检察院自愿做如下保证：

严格履行《中华人民共和国刑事诉讼法》第六十八条规定的义务，监督被保证人遵守《中华人民共和国刑事诉讼法》第六十九条的规定。

本人未履行保证义务的，愿承担法律责任。

此致

______人民检察院

保证人：______

年　月　日

附：《中华人民共和国刑事诉讼法》第六十八条、第六十九条。

第四联 送达保证人

4. 解除取保候审决定书

人民检察院
解除取保
候审决定书
（存　根）

检　解　保〔　〕　号

案由______________
犯罪嫌疑人基本情况（姓名、性别、年龄、工作单位、住址、身份证号码、是否人大代表、政协委员）______________
____
解除原因______________
解除时间______________
批准人______________
承办人______________
填发人______________
填发时间______________

第一联 统一保存

检　解保〔　〕号

人民检察院
解除取保
候审决定书
（副　本）

检　解　保〔　〕　号

__________：
　　因______________
____
____，本院根据《中华人民共和国刑事诉讼法》第七十七条的规定，决定解除对你的取保候审措施。

年　月　日
（院印）

本决定书已收到。
被取保候审人：
年　月　日

第二联 附卷

检　解保〔　〕号

人民检察院
解除取保
候审决定书

检　解　保〔　〕　号

__________：
　　因______________
______________，
本院根据《中华人民共和国刑事诉讼法》第七十七条的规定，决定解除对你的取保候审措施。

年　月　日
（院印）

第三联 送达犯罪嫌疑人

检　解保〔　〕号

人民检察院
解除取保
候审通知书

检　解　保〔　〕　号

　　本院于____年____月____日以__________号取保候审决定书决定取保候审的犯罪嫌疑人__________（现住__________），因__________，现决定解除对其取保候审措施。犯罪嫌疑人已交纳__________元保证金，请予以退还。
　　特此通知。
　　此致
____

年　月　日
（院印）

第四联 送达执行机关

文书制作说明

取保候审决定书制作说明

一、本文书依据《刑事诉讼法》第六十五条的规定制作。为人民检察院对犯罪嫌疑人依法决定取保候审时使用。

二、本文书应当向犯罪嫌疑人宣告，并由其签名或盖章，同时，宣读并责令其遵守《刑事诉讼法》第六十九条的规定，告知其违反规定应负的法律责任。

三、本文书共三联，第一联统一保存备查，第二联向被取保候审人宣告后附卷，第三联送达执行机关。

被取保候审人义务告知书制作说明

一、本文书依据《刑事诉讼法》第六十九条的规定制作。为人民检察院对犯罪嫌疑人依法采取取保候审，告知被取保候审人应当遵守的义务时使用。

二、在宣布取保候审时，应当将此文书连同取保候审决定书一并送达。被取保候审人在收到本书后应该签名或者盖章。

三、本文书一式四份，一份附卷，一份交被取保候审人，一份交执行机关，一份交保证人（犯罪嫌疑人提出保证人予以取保候审时适用）。

保证书制作说明

一、本文书依据《刑事诉讼法》第六十六条、第六十八条的规定制作。为人民检察院对犯罪嫌疑人依法采取取保候审，保证人向人民检察院保证履行保证义务时使用。

二、使用本文书时应向保证人告知其应履行的义务。保证人保证承担法律规定的义务后，应当在保证书上签名或者盖章。

三、本文书共四联，第一联统一保存备查，第二联附卷，第三联送达执行机关，第四联送达保证人。

解除取保候审决定书制作说明

一、本文书依据《刑事诉讼法》第七十七条第二款、第九十七条的规定制作。为人民检察院对于有《刑事诉讼法》第十五条规定情形，不应当追究刑事责任，或取保候审期限届满的犯罪嫌疑人，解除取保候审措施时使用。

二、使用本文书时，犯罪嫌疑人有保证人的应通知保证人解除担保义务；犯罪嫌疑人在取保候审期间没有违反《刑事诉讼法》第六十九条规定的，应当通知执行机关退还保证金。

三、本文书共四联，第一联统一保存备查，第二联附卷，第三联送达犯罪嫌疑人，第四联送达执行机关。

【办案依据】

1.《中华人民共和国刑事诉讼法（2012年修正）》（节录）

第六十四条 人民法院、人民检察院和公安机关根据案件情况，对犯罪嫌疑人、被告人可以拘传、取保候审或者监视居住。

第六十五条 人民法院、人民检察院和公安机关对有下列情形之一的犯罪嫌疑人、被告人，可以取保候审：

（一）可能判处管制、拘役或者独立适用附加刑的；

（二）可能判处有期徒刑以上刑罚，采取取保候审不致发生社会危险性的；

（三）患有严重疾病、生活不能自理，怀孕或者正在哺乳自己婴儿的妇女，采取取保候审不致发生社会危险性的；

（四）羁押期限届满，案件尚未办结，需要采取取保候审的。

取保候审由公安机关执行。

第六十六条 人民法院、人民检察院和公安机关决定对犯罪嫌疑人、被告人取保候审，应当责令犯罪嫌疑人、被告人提出保证人或者交纳保证金。

第六十七条 保证人必须符合下列条件：

（一）与本案无牵连；

（二）有能力履行保证义务；

（三）享有政治权利，人身自由未受到限制；

（四）有固定的住处和收入。

第六十八条 保证人应当履行以下义务：

（一）监督被保证人遵守本法第六十九条的规定；

（二）发现被保证人可能发生或者已经发生违反本法第六十九条规定的行为的，应当及时向执行机关报告。

被保证人有违反本法第六十九条规定的行为，保证人未履行保证义务的，对保证人处以罚款，构成犯罪的，依法追究刑事责任。

第六十九条 被取保候审的犯罪嫌疑人、被告人应当遵守以下规定：

（一）未经执行机关批准不得离开所居住的市、县；

（二）住址、工作单位和联系方式发生变动的，在二十四小时以内向执行机关报告；

（三）在传讯的时候及时到案；

（四）不得以任何形式干扰证人作证；

（五）不得毁灭、伪造证据或者串供。

人民法院、人民检察院和公安机关可以根据案件情况，责令被取保候审的犯罪嫌疑人、被告人遵守以下一项或者多项规定：

（一）不得进入特定的场所；

（二）不得与特定的人员会见或者通信；

（三）不得从事特定的活动；

（四）将护照等出入境证件、驾驶证件交执行机关保存。

被取保候审的犯罪嫌疑人、被告人违反前两款规定，已交纳保证金的，没收部分或者全部保证金，并且区别情形，责令犯罪嫌疑人、被告人具结悔过，重新交纳保证金、提出保证人，或者监视居住、予以逮捕。

对违反取保候审规定，需要予以逮捕的，可以对犯罪嫌疑人、被告人先行拘留。

第七十条 取保候审的决定机关应当综合考虑保证诉讼活动正常进行的需要，被取保候审人的社会危险性，案件的性质、情节，可能判处刑罚的轻重，被取保候审人的经济状况等情况，确定保证金的数额。

提供保证金的人应当将保证金存入执行机关指定银行的专门账户。

第七十一条 犯罪嫌疑人、被告人在取保候审期间未违反本法第六十九条规定的，取保候审结束的时候，凭解除取保候审的通知或者有关法律文书到银行领取退还的保证金。

第七十七条 人民法院、人民检察院和公安机关对犯罪嫌疑人、被告人取保候审最长不得超过十二个月，监视居住最长不得超过六个月。

在取保候审、监视居住期间，不得中断对案件的侦查、起诉和审理。对于发现不应当追究刑事责任或者取保候审、监视居住期限届满的，应当及时解除取保候审、监视居住。解除取保候审、监视居住，应当及时通知被取保候审、监视居住人和有关单位。

第七十九条 对有证据证明有犯罪事实，可能判处徒刑以上刑罚的犯罪嫌疑人、被告人，采取取保候审尚不足以防止发生下列社会危险性的，应当予以逮捕：

（一）可能实施新的犯罪的；

（二）有危害国家安全、公共安全或者社会秩序的现实危险的；

（三）可能毁灭、伪造证据，干扰证人作证或者串供的；

（四）可能对被害人、举报人、控告人实施打击报复的；

（五）企图自杀或者逃跑的。

对有证据证明有犯罪事实，可能判处十年有期徒刑以上刑罚的，或者有证据证明有犯罪事实，可能判处徒刑以上刑罚，曾经故意犯罪或者身份不明的，应当予以逮捕。

被取保候审、监视居住的犯罪嫌疑人、被告人违反取保候审、监视居住规定，情节严重的，可以予以逮捕。

第八十九条 公安机关对被拘留的人，认为需要逮捕的，应当在拘留后的三日以内，提请人民检察院审查批准。在特殊情况下，提请审查批准的时间可以延长一日至四日。

对于流窜作案、多次作案、结伙作案的重大嫌疑分子，提请审查批准的时间可以延长至三十日。

人民检察院应当自接到公安机关提请批准逮捕书后的七日以内，作出批准逮捕或者不批准逮捕的决定。人民检察院不批准逮捕的，公安机关应当在接到通知后立即释放，并且将执行情况及时通知人民检察院。对于需要继续侦查，并且符合取保候审、监视居住条件的，依法取保候审或者监视居住。

第九十六条 犯罪嫌疑人、被告人被羁押的案件，不能在本法规定的侦查羁押、审查起诉、一审、二审期限内办结的，对犯罪嫌疑人、被告人应当予以释放；需要继续查证、审理的，对犯罪嫌疑人、被告人可以取保候审或者监视居住。

第一百六十五条 人民检察院对直接受理的案件中被拘留的人，认为需要逮捕的，应当在十四日以内作出决定。在特殊情况下，决定逮捕的时间可以延长一日至三日。对不需要逮捕的，应当立即释放；对需要继续侦查，并且符合取保候审、监视居住条件的，依法取保候审或者监视居住。

2. 全国人民代表大会常务委员会关于《中华人民共和国刑事诉讼法》第七十九条第三款的解释（2014年4月24日第十二届全国人民代表大会常务委员会第八次会议通过）

全国人民代表大会常务委员会根据司法实践中遇到的情况，讨论了刑事诉讼法第七十九条第三款关于违反取保候审、监视居住规定情节严重可以逮捕的规定，是否适用于可能判处徒刑以下刑罚的犯罪嫌疑人、被告人的问题，解释如下：

根据刑事诉讼法第七十九条第三款的规定，对于被取保候审、监视居住的可能判处徒刑以下刑罚的犯罪嫌疑人、被告人，违反取保候审、监视居住规定，严重影响诉讼活动正常进行的，可以予以逮捕。

现予公告。

3.《人民检察院刑事诉讼规则（试行）》（2012年10月16日由最高人民检察院第十一届检察委员会第八十次会议第二次修订）（节录）

第八十三条 人民检察院对于有下列情形之一的犯罪嫌疑人，可以取保候审：

（一）可能判处管制、拘役或者独立适用附加刑的；

（二）可能判处有期徒刑以上刑罚，采取取保候审不致发生社会危险性的；

（三）患有严重疾病、生活不能自理，怀孕或者正在哺乳自己婴儿的妇女，采取取保候审不致发生社会危险性的；

（四）犯罪嫌疑人羁押期限届满，案件尚未办结，需要取保候审的。

第八十四条 人民检察院对于严重危害社会治安的犯罪嫌疑人，以及其他犯罪性质恶劣、情节严重的犯罪嫌疑人不得取保候审。

第八十五条 被羁押或者监视居住的犯罪嫌疑人及其法定代理人、近亲属或者辩护人申请取保候审，经审查具有本规则第八十三条规定情形之一的，经检察长决定，可以对犯罪嫌疑人取保候审。

第八十六条 被羁押或者监视居住的犯罪嫌疑人及其法定代理人、近亲属或者辩护人向人民检察院申请取保候审，人民检察院应当在三日以内作出是否同意的答复。经审查符合本规则第八十三条规定情形之一的，对被羁押的犯罪嫌疑人依法办理取保候审手续；经审查不符合取保候审条件的，应当告知申请人，并说明不同意取保候审的理由。

第八十七条 人民检察院决定对犯罪嫌疑人取保候审，应当责令犯罪嫌疑人提出保证人或者交纳保证金。

对同一犯罪嫌疑人决定取保候审，不得同时使用保证人保证和保证金保证方式。

对符合取保候审条件，具有下列情形之一的犯罪嫌疑人，人民检察院决定取保候审时，可以责令其提供一至二名保证人：

（一）无力交纳保证金的；

（二）系未成年人或者已满七十五周岁的人；

（三）其他不宜收取保证金的。

第八十八条　采取保证人担保方式的，保证人应当符合刑事诉讼法第六十七条规定的条件，并经人民检察院审查同意。

第八十九条　人民检察院应当告知保证人履行以下义务：

（一）监督被保证人遵守刑事诉讼法第六十九条的规定；

（二）发现被保证人可能发生或者已经发生违反刑事诉讼法第六十九条规定的行为的，及时向执行机关报告。

保证人保证承担上述义务后，应当在取保候审保证书上签名或者盖章。

第九十条　采取保证金担保方式的，人民检察院可以根据犯罪嫌疑人的社会危险性，案件的性质、情节、危害后果，可能判处刑罚的轻重，犯罪嫌疑人的经济状况等，责令犯罪嫌疑人交纳一千元以上的保证金，对于未成年犯罪嫌疑人可以责令交纳五百元以上的保证金。

第九十一条　对犯罪嫌疑人取保候审，应当由办案人员提出意见，部门负责人审核，检察长决定。

第九十二条　人民检察院决定对犯罪嫌疑人取保候审的，应当制作取保候审决定书，载明取保候审的期间、担保方式、被取保候审人应当履行的义务和应当遵守的规定。

人民检察院作出取保候审决定时，可以根据犯罪嫌疑人涉嫌犯罪性质、危害后果、社会影响，犯罪嫌疑人、被害人的具体情况等，有针对性地责令其遵守以下一项或者多项规定：

（一）不得进入特定的场所；

（二）不得与特定的人员会见或者通信；

（三）不得从事特定的活动；

（四）将护照等出入境证件、驾驶证件交执行机关保存。

第九十三条　人民检察院应当向取保候审的犯罪嫌疑人宣读取保候审决定书，由犯罪嫌疑人签名、捺指印或者盖章，并责令犯罪嫌疑人遵守刑事诉讼法第六十九条的规定，告知其违反规定应负的法律责任；以保证金方式担保的，应当同时告知犯罪嫌疑人一次性将保证金存入公安机关指定银行的专门账户。

第九十四条　向犯罪嫌疑人宣布取保候审决定后，人民检察院应当将执行取保候审通知书送达公安机关执行，并告知公安机关在执行期间拟批准犯罪嫌疑人离开所居住的市、县的，应当征得人民检察院同意。以保证人方式担保的，应当将取保候审保证书同时送达公安机关。

人民检察院核实保证金已经交纳到公安机关指定银行的凭证后，应当将银行出具的凭证及其他有关材料与执行取保候审通知书一并送交公安机关。

第九十五条　采取保证人保证方式的，如果保证人在取保候审期间不愿继续担保或者丧失担保条件的，人民检察院应当在收到保证人不愿继续担保的申请或者发现其丧失担保条件后的三日以内，责令犯罪嫌疑人重新提出保证人或者交纳保证金，并将变更情况通知公安机关。

第九十六条　采取保证金担保方式的，被取保候审人拒绝交纳保证金或者交纳保证金不足决定数额时，人民检察院应当作出变更取保候审措施、变更保证方式或者变更保证金数额的决定，并将变更情况通知公安机关。

第九十七条　公安机关在执行取保候审期间向人民检察院征询是否同意批准犯罪嫌疑人离开所居住的市、县时，人民检察院应当根据案件的具体情况及时作出决定，并通知公安机关。

第九十八条 人民检察院发现保证人没有履行刑事诉讼法第六十八条的规定的义务，应当通知公安机关，要求公安机关对保证人作出罚款决定。构成犯罪的，依法追究保证人的刑事责任。

第九十九条 人民检察院发现犯罪嫌疑人违反刑事诉讼法第六十九条的规定，已交纳保证金的，应当书面通知公安机关没收部分或者全部保证金，并且根据案件的具体情况，责令犯罪嫌疑人具结悔过，重新交纳保证金、提出保证人或者决定监视居住、予以逮捕。

公安机关发现犯罪嫌疑人违反刑事诉讼法第六十九条的规定，提出没收保证金或者变更强制措施意见的，人民检察院应当在收到意见后五日以内作出决定，并通知公安机关。

重新交纳保证金的程序适用本规则第九十条、第九十一条的规定；提出保证人的程序适用本规则第八十八条、第八十九条的规定。对犯罪嫌疑人继续取保候审的，取保候审的时间应当累计计算。

对犯罪嫌疑人决定监视居住的，应当办理监视居住手续，监视居住的期限应当重新计算并告知犯罪嫌疑人。

第一百条 犯罪嫌疑人有下列违反取保候审规定的行为，人民检察院应当对犯罪嫌疑人予以逮捕：

（一）故意实施新的犯罪的；

（二）企图自杀、逃跑，逃避侦查、审查起诉的；

（三）实施毁灭、伪造证据，串供或者干扰证人作证，足以影响侦查、审查起诉工作正常进行的；

（四）对被害人、证人、举报人、控告人及其他人员实施打击报复的。

犯罪嫌疑人有下列违反取保候审规定的行为，人民检察院可以对犯罪嫌疑人予以逮捕：

（一）未经批准，擅自离开所居住的市、县，造成严重后果，或者两次未经批准，擅自离开所居住的市、县的；

（二）经传讯不到案，造成严重后果，或者经两次传讯不到案的；

（三）住址、工作单位和联系方式发生变动，未在二十四小时以内向公安机关报告，造成严重后果的；

（四）违反规定进入特定场所、与特定人员会见或者通信、从事特定活动，严重妨碍诉讼程序正常进行的。

需要对上述犯罪嫌疑人予以逮捕的，可以先行拘留；已交纳保证金的，同时书面通知公安机关没收保证金。

第一百零一条 人民检察院决定对犯罪嫌疑人取保候审，最长不得超过十二个月。

第一百零二条 公安机关决定对犯罪嫌疑人取保候审，案件移送人民检察院审查起诉后，对于需要继续取保候审的，人民检察院应当依法重新作出取保候审决定，并对犯罪嫌疑人办理取保候审手续。取保候审的期限应当重新计算并告知犯罪嫌疑人。对继续采取保证金方式取保候审的，被取保候审人没有违反刑事诉讼法第六十九条规定的，不变更保证金数额，不再重新收取保证金。

第一百零三条 在取保候审期间，不得中断对案件的侦查、审查起诉。

第一百零四条 取保候审期限届满或者发现不应当追究犯罪嫌疑人的刑事责任的，应当及时解除或者撤销取保候审。

第一百零五条　解除或者撤销取保候审，应当由办案人员提出意见，部门负责人审核，检察长决定。

第一百零六条　解除或者撤销取保候审的决定，应当及时通知执行机关，并将解除或者撤销取保候审的决定书送达犯罪嫌疑人；有保证人的，应当通知保证人解除保证义务。

第一百零七条　犯罪嫌疑人在取保候审期间没有违反刑事诉讼法第六十九条的规定，或者发现不应当追究犯罪嫌疑人刑事责任的，变更、解除或者撤销取保候审时，应当告知犯罪嫌疑人可以凭变更、解除或者撤销取保候审的通知或者有关法律文书到银行领取退还的保证金。

第一百零八条　犯罪嫌疑人及其法定代理人、近亲属或者辩护人认为取保候审期限届满，向人民检察院提出解除取保候审要求的，人民检察院应当在三日以内审查决定。经审查认为法定期限届满的，经检察长批准后，解除取保候审；经审查未超过法定期限的，书面答复申请人。

4. 公安部《公安机关办理刑事案件程序规定》（2012年12月13日）（节录）

第八十八条　人民法院、人民检察院决定取保候审的，负责执行的县级公安机关应当在收到法律文书和有关材料后二十四小时以内，指定被取保候审人居住地派出所核实情况后执行。

第九十一条　被取保候审人无正当理由不得离开所居住的市、县。有正当理由需要离开所居住的市、县的，应当经负责执行的派出所负责人批准。

人民法院、人民检察院决定取保候审的，负责执行的派出所在批准被取保候审人离开所居住的市、县前，应当征得决定机关同意。

第九十二条　被取保候审人在取保候审期间违反本规定第八十五条、第八十六条规定，已交纳保证金的，公安机关应当根据其违反规定的情节，决定没收部分或者全部保证金，并且区别情形，责令其具结悔过、重新交纳保证金、提出保证人，变更强制措施或者给予治安管理处罚；需要予以逮捕的，可以对其先行拘留。

人民法院、人民检察院决定取保候审的，被取保候审人违反应当遵守的规定，执行取保候审的县级公安机关应当及时告知决定机关。

5. 最高人民检察院、公安部《关于适用刑事强制措施有关问题的规定》（2000年8月28日　高检会〔2000〕2号）（节录）

第一条　人民检察院决定对犯罪嫌疑人采取取保候审措施的，应当在向犯罪嫌疑人宣布后交由公安机关执行。对犯罪嫌疑人采取保证人担保形式的，人民检察院应当将有关法律文书和有关案由、犯罪嫌疑人基本情况、保证人基本情况的材料，送交犯罪嫌疑人居住地的同级公安机关；对犯罪嫌疑人采取保证金担保形式的，人民检察院应当在核实保证金已经交纳到公安机关指定的银行后，将有关法律文书、有关案由、犯罪嫌疑人基本情况的材料和银行出具的收款凭证，送交犯罪嫌疑人居住地的同级公安机关。

第二条　公安机关收到有关法律文书和材料后，应当立即交由犯罪嫌疑人居住地的县级公安机关执行。负责执行的县级公安机关应当在二十四小时以内核实被取保候审人、保证人的身份以及相关材料，并报告县级公安机关负责人后，通知犯罪嫌疑人居住地派出所执行。

第三条　执行取保候审的派出所应当指定专人负责对被取保候审人进行监督考察，并将取保候审的执行情况报告所属县级公安机关通知决定取保候审的人民检察院。

第四条 人民检察院决定对犯罪嫌疑人取保候审的案件，在执行期间，被取保候审人有正当理由需要离开所居住的市、县的，负责执行的派出所应当及时报告所属县级公安机关，由该县级公安机关征得决定取保候审的人民检察院同意后批准。

第五条 人民检察院决定对犯罪嫌疑人采取保证人担保形式取保候审的，如果保证人在取保候审期间不愿继续担保或者丧失担保条件，人民检察院应当在收到保证人不愿继续担保的申请或者发现其丧失担保条件后的三日以内，责令犯罪嫌疑人重新提出保证人或者交纳保证金，或者变更为其他强制措施，并通知公安机关执行。

公安机关在执行期间收到保证人不愿继续担保的申请或者发现其丧失担保条件的，应当在三日以内通知作出决定的人民检察院。

第六条 人民检察院决定对犯罪嫌疑人取保候审的案件，被取保候审人、保证人违反应当遵守的规定的，由县级以上公安机关决定没收保证金、对保证人罚款，并在执行后三日以内将执行情况通知人民检察院。人民检察院应当在接到通知后五日以内，区别情形，责令犯罪嫌疑人具结悔过、重新交纳保证金、提出保证人或者监视居住、予以逮捕。

第七条 人民检察院决定对犯罪嫌疑人取保候审的案件，取保候审期限届满十五日前，负责执行的公安机关应当通知作出决定的人民检察院。人民检察院应当在取保候审期限届满前，作出解除取保候审或者变更强制措施的决定，并通知公安机关执行。

第八条 人民检察院决定对犯罪嫌疑人采取保证金担保方式取保候审的，犯罪嫌疑人在取保候审期间没有违反刑事诉讼法第五十六条规定，也没有故意重新犯罪的，人民检察院解除取保候审时，应当通知公安机关退还保证金。

6. 最高人民法院、最高人民检察院、公安部、国家安全部《关于取保候审若干问题的规定》（1999年8月4日　公通字〔1999〕59号）

第一条 为了严格执行刑事诉讼法，保证正确适用取保候审，根据刑事诉讼法和有关法律规定，制定本规定。

第二条 对犯罪嫌疑人、被告人取保候审的，由公安机关、国家安全机关、人民检察院、人民法院根据案件的具体情况依法作出决定。

公安机关、人民检察院、人民法院决定取保候审的，由公安机关执行。国家安全机关决定取保候审的，以及人民检察院、人民法院在办理国家安全机关移送的犯罪案件时决定取保候审的，由国家安全机关执行。

第三条 对犯罪嫌疑人、被告人决定取保候审的，不得中止对案件的侦查、起诉和审理。严禁以取保候审变相放纵犯罪。

第四条 对犯罪嫌疑人、被告人决定取保候审的，应当责令其提出保证人或者交纳保证金。对同一犯罪嫌疑人、被告人决定取保候审的，不得同时使用保证人保证和保证金保证。

第五条 采取保证金形式取保候审的，保证金的起点数额为一千元。决定机关应当以保证被取保候审人不逃避、不妨碍刑事诉讼活动为原则，综合考虑犯罪嫌疑人、被告人的社会危险性，案件的情节、性质，可能判处刑罚的轻重，犯罪嫌疑人、被告人经济状况，当地的经济发展水平等情况，确定收取保证金的数额。

第六条 取保候审保证金由县级以上执行机关统一收取和管理。没收保证金的决定、退还保证金的决定、对保证人的罚款决定等，应当由县级以上执行机关作出。

第七条 县级以上执行机关应当在其指定的银行设立取保候审保证金专户，委托银行代为收取和保管保证金，并将指定银行的名称通知人民检察院、人民法院。保证金应当以人民币交纳。

第八条 决定机关作出取保候审收取保证金的决定后，应当及时将《取保候审决定书》送达被取保候审人和为其提供保证金的单位或者个人，责令其向执行机关指定的银行一次性交纳保证金。决定机关核实保证金已经交纳到执行机关指定银行的凭证后，应当将《取保候审决定书》、《取保候审执行通知书》和银行出具的收款凭证及其他有关材料一并送交执行机关执行。

第九条 执行机关在执行取保候审时，应当告知被取保候审人必须遵守刑事诉讼法第五十六条的规定及其违反规定，或者在取保候审期间重新犯罪应当承担的后果。

第十条 被取保候审人违反刑事诉讼法第五十六条规定，依法应当没收保证金的，由县级以上执行机关作出没收部分或者全部保证金的决定，并通知决定机关；对需要变更强制措施的，应当同时提出变更强制措施的意见，连同有关材料一并送交决定机关。

第十一条 决定机关发现被取保候审人违反刑事诉讼法第五十六条的规定，认为依法应当没收保证金的，应当提出没收部分或者全部保证金的书面意见，连同有关材料一并送交县级以上执行机关。县级以上执行机关应当根据决定机关的意见，及时作出没收保证金的决定，并通知决定机关。

第十二条 被取保候审人没有违反刑事诉讼法第五十六条的规定，但在取保候审期间涉嫌重新犯罪被司法机关立案侦查的，执行机关应当暂扣其交纳的保证金，待人民法院判决生效后，决定是否没收保证金。对故意重新犯罪的，应当没收保证金；对过失重新犯罪或者不构成犯罪的，应当退还保证金。

第十三条 决定机关收到执行机关已没收保证金的书面通知，或者变更强制措施的意见后，应当在五日内作出变更强制措施或者责令犯罪嫌疑人重新交纳保证金、提出保证人的决定，并通知执行机关。

决定重新交纳保证金的程序，适用本规定的有关规定。

第十四条 执行机关应当向被取保候审人宣布没收保证金的决定，并告知其如不服本决定，可以在收到《没收保证金决定书》后的五日以内，向执行机关的上一级主管机关申请复核一次。上一级主管机关收到复核申请后，应当在七日内作出复核决定。

第十五条 没收保证金的决定已过复核申请期限或者经复核后决定没收保证金的，县级以上执行机关应当及时通知银行按照国家的有关规定上缴国库。

第十六条 采取保证人形式取保候审的，被取保候审人违反刑事诉讼法第五十六条的规定，保证人未及时报告的，经查证属实后，由县级以上执行机关对保证人处一千元以上二万元以下罚款，并将有关情况及时通知决定机关。

第十七条 执行机关应当向保证人宣布罚款决定，并告知其如不服本决定，可以在收到《对保证人罚款决定书》后的五日以内，向执行机关的上一级主管机关申请复核一次。上一级主管机关收到复核申请后，应当在七日内作出复核决定。

第十八条 没收取保候审保证金和对保证人罚款均系刑事司法行为，不能提起行政诉讼。当事人如不服复核决定，可以依法向有关机关提出申诉。

第十九条 采取保证人形式取保候审的，执行机关发现保证人丧失了担保条件时，应当书面通知决定机关。

决定机关收到执行机关的书面通知后，应当责令被取保候审人重新提出保证人或者交纳保证金，或者作出变更强制措施的决定，并通知执行机关。

第二十条 取保候审即将到期的，执行机关应当在期限届满十五日前书面通知决定机关，由决定机关作出解除取保候审或者变更强制措施的决定，并于期限届满前书面通知执行机关。

执行机关收到决定机关的《解除取保候审决定书》或者变更强制措施的通知后，应当立即执行，并将执行情况及时通知决定机关。

第二十一条 被取保候审人在取保候审期间没有违反刑事诉讼法第五十六条的规定，也没有故意重新犯罪的，在解除取保候审、变更强制措施或者执行刑罚的同时，县级以上执行机关应当制作《退还保证金决定书》，通知银行如数退还保证金，并书面通知决定机关。

执行机关应当及时向被取保候审人宣布退还保证金的决定，并书面通知其到银行领取退还的保证金。

第二十二条 在侦查或者审查起诉阶段已经采取取保候审的，案件移送至审查起诉或者审判阶段时，如果需要继续取保候审，或者需要变更保证方式或强制措施的，受案机关应当在七日内作出决定，并通知执行机关和移送案件的机关。

受案机关决定继续取保候审的，应当重新作出取保候审决定。对继续采取保证金方式取保候审的，原则上不变更保证金数额，不再重新收取保证金。取保候审期限即将届满，受案机关仍未作出继续取保候审、变更保证方式或者变更强制措施决定的，执行机关应当在期限届满十五日前书面通知受案机关。

受案机关应当在原取保候审期限届满前作出决定，并通知执行机关和移送案件的机关。

第二十三条 原决定机关收到受案机关作出的变更强制措施决定后，应当立即解除原取保候审，并将《解除取保候审决定书》、《解除取保候审通知书》送达执行机关，执行机关应当及时书面通知被取保候审人、保证人；受案机关作出继续取保候审或者变更保证方式决定的，原取保候审自动解除，不再办理解除手续。

第二十四条 被告人被取保候审的，人民法院决定开庭审理时，应当依照刑事诉讼法的有关规定传唤被告人，同时通知取保候审的执行机关。

第二十五条 对被取保候审人判处罚金或者没收财产的判决生效后，依法应当解除取保候审，退还保证金的，如果保证金属于其个人财产，人民法院可以书面通知执行机关将保证金移交人民法院执行刑罚，但剩余部分应当退还被取保候审人。

第二十六条 保证金的收取、管理和没收应当严格按照本规定和国家的财经管理制度执行，任何单位和个人不得截留、坐支、私分、挪用或者以其他任何方式侵吞保证金。对违反规定的，应当依照有关规定给予行政处分；构成犯罪的，依法追究刑事责任。

第二十七条 司法机关及其工作人员违反本规定，擅自收取、没收或者退还取保候审保证金的，依照有关法律和规定，追究直接负责的主管人员和其他直接责任人员的责任。

第二十八条 本规定自发布之日起施行。

7. 最高人民法院、最高人民检察院、公安部《关于严格执行刑事诉讼法，切实纠防超期羁押的通知》（2003 年 11 月 12 日　法〔2003〕163 号）（节录）

三、准确适用刑事诉讼法关于取保候审、监视居住的规定。人民法院、人民检察院和公安机关在对犯罪嫌疑人、被告人采取强制措施时，凡符合取保候审、监视居住条件的，应当依法采取取保候审、监视居住。对已被羁押的犯罪嫌疑人、被告人，在其法定羁押期限已满时必须立即释放，如侦查、起诉、审判活动尚未完成，需要继续查证、审理的，要依法变更强制措施为取保候审或者监视居住，充分发挥取保候审、监视居住这两项强制措施的作用，做到追究犯罪与保障犯罪嫌疑人、被告人合法权益的统一。

8. 最高人民法院、最高人民检察院、公安部、国家安全部、司法部、全国人大常委会法制工作委员会《关于实施刑事诉讼法若干问题的规定》（2012 年 12 月 26 日）（节录）

四、强制措施

13. 被取保候审、监视居住的犯罪嫌疑人、被告人无正当理由不得离开所居住的市、县或者执行监视居住的处所，有正当理由需要离开所居住的市、县或者执行监视居住的处所，应当经执行机关批准。如果取保候审、监视居住是由人民检察院、人民法院决定的，执行机关在批准犯罪嫌疑人、被告人离开所居住的市、县或者执行监视居住的处所前，应当征得决定机关同意。

14. 对取保候审保证人是否履行了保证义务，由公安机关认定，对保证人的罚款决定，也由公安机关作出。

9. 公安部《关于取保候审保证金的规定》（1997 年 1 月 15 日　公通字〔1997〕5 号）（节录）

第二条　本规定所称的保证金，是指公安机关对符合刑事诉讼法规定取保候审条件的犯罪嫌疑人决定取保候审时，责令犯罪嫌疑人为保证其不妨碍、不逃避刑事诉讼活动而交纳的一定数额的现金。

第三条　公安机关应当严格按照刑事诉讼法和本规定办理取保候审、收取保证金。

对严重暴力犯罪、团伙犯罪的主犯、惯犯、累犯以及其他罪行严重、民愤大等可能发生社会危险性的犯罪嫌疑人，不应当采用取保候审。严禁以钱赎罪，放纵犯罪嫌疑人。

第四条　公安机关决定对犯罪嫌疑人取保候审时，可以根据案件情况，责令其交纳一定数额的保证金。

犯罪嫌疑人为盲、聋、哑人或者未成年人的，公安机关可以责令其法定代理人交纳保证金。

犯罪嫌疑人为单位的，公安机关对其直接责任人员或者直接负责的主管人员决定取保候审时，可以责令该单位交纳保证金。

第五条　责令犯罪嫌疑人交纳保证金，应当以能够约束被取保候审的犯罪嫌疑人不妨碍、不逃避刑事诉讼活动为原则。

第六条　责令犯罪嫌疑人交纳保证金的，应当经过严格审核后，报县以上公安机关负责人批准。

责令犯罪嫌疑人交纳较高数额保证金的，应当经地、市以上公安机关负责人批准。

第七条　保证金的数额，应当根据当地的经济发展水平、犯罪嫌疑人的经济状况以及案件的性质、情节、社会危害性以及可能判处刑罚的轻重等情况，综合考虑确定。

各省、自治区、直辖市公安厅、局应当根据不同类型案件的性质、社会危害性，结合当地的经济发展水平，确定本地区收取保证金的数额标准，以及需经地、市以上公安机关审批的数额标准。其中，对经济犯罪、侵犯财产犯罪或者其他造成财产损失的犯罪，可以按涉案数额或者直接财产损失数额的一至三倍确定收取保证金的数额标准；对其他刑事犯罪，根据案件的不同情况，保证金的数额标准可以确定在 2000 元以上 50000 元以下。

第八条 保证金必须在公安机关决定取保候审时一次性交纳。

第九条 保证金由犯罪嫌疑人或者其家属、法定代理人或者单位向公安机关指定的银行专户交纳。

严禁公安机关及其人民警察截留、坐支、挪用或者以其他任何方式侵吞保证金。

第十条 公安机关在通知犯罪嫌疑人交纳保证金时，应当告知其必须遵守刑事诉讼法第五十六条的规定以及违反规定应当承担的后果，并在《取保候审决定书》上注明。

第十一条 犯罪嫌疑人在取保候审期间违反刑事诉讼法第五十六条规定的，公安机关应当根据其违法行为的情节，决定没收保证金的一部或者全部，并且区别情形，责令其具结悔过、重新交纳保证金、提出保证人，或者变更为监视居住、提请人民检察院予以逮捕。

第十二条 决定没收保证金的，应当经过严格审核后，报县以上公安机关负责人批准，签发《没收保证金决定书》。决定没收保证金数额的审批权限，与决定责令犯罪嫌疑人交纳保证金数额的审批权限相同。

第十三条 没收保证金的决定，公安机关应当在七日以内向犯罪嫌疑人宣读，并责令其在《没收保证金决定书》上签字或者盖章。

犯罪嫌疑人在逃的，公安机关应当在七日以内将没收保证金的决定，向犯罪嫌疑人的家属、法定代理人或者单位宣读，并要求其家属、法定代理人或者单位的负责人在《没收保证金决定书》上签字或者盖章。其家属、法定代理人或者单位负责人拒绝签字或者盖章的，公安机关应当在《没收保证金决定书》上注明。

第十四条 公安机关决定没收犯罪嫌疑人的保证金后，应当及时通知指定银行将没收的保证金，按照国家的有关规定上交国库。

第十五条 犯罪嫌疑人对没收保证金的决定不服的，可以在收到《没收保证金决定书》之日起的十五日以内向上一级公安机关申请复议一次。

上一级公安机关应当在收到复议申请书之日起的三十日以内作出复议决定。上级公安机关复议后，决定撤销或者变更没收保证金决定的，下级公安机关应当执行。

第十六条 责令犯罪嫌疑人重新交纳保证金的，依照本规定关于责令犯罪嫌疑人交纳保证金的程序办理。

第十七条 犯罪嫌疑人在取保候审期间，没有违反刑事诉讼法第五十六条的规定或者具有刑事诉讼法第十五条的规定的情形之一的，在解除取保候审的同时，公安机关应当将保证金如数退还给犯罪嫌疑人。

第十八条 决定退还保证金的，应当经过严格审核后，报县以上公安机关负责人批准，签发《退还保证金决定书》。

第十九条 公安机关决定退还犯罪嫌疑人的保证金后，应当在解除对犯罪嫌疑人取保候审的同时，通知指定的银行将保证金如数退还给犯罪嫌疑人，并责令犯罪嫌疑人在《退还保证金决定书》上签字或者盖章。

第二十条 公安机关应当加强对办理取保候审、收取保证金的内部审核、监督和制约，办案部门和审核部门应当分开。

第二十一条 公安机关对决定取保候审、收取保证金的犯罪嫌疑人，应当加强监督管理；在取保候审期间，不得中止对案件的侦查工作。

第二十二条 各级公安机关的审计、监察、法制部门应当按照职责分工，定期对本级公安机关收取、没收和退还取保候审保证金的执法活动进行监督检查。

第二十三条　上级公安机关对下级公安机关收取、没收和退还保证金的执法活动进行监督，发现其作出的决定有错误时，应当予以撤销或者变更。

第二十四条　公安机关及其人民警察违反刑事诉讼法和本规定，对不符合条件的犯罪嫌疑人取保候审、收取保证金，或者擅自没收、退还犯罪嫌疑人的保证金的，应当依照《中华人民共和国人民警察法》等有关法律、法规的规定，追究直接责任人员和直接负责的主管人员的责任。

第二十五条　公安机关及其人民警察违反刑事诉讼法和本规定，对决定取保候审的犯罪嫌疑人收取保证金后，疏于监督管理，或者无故中止对案件的侦查，放纵犯罪嫌疑人的，依照有关规定对直接责任人员和直接负责的主管人员给予行政处分；构成犯罪的，依法追究刑事责任。

第二十六条　公安机关及其人民警察截留、坐支、挪用或者以其他任何方式侵吞保证金的，依照有关规定对直接责任人员和直接负责的主管人员给予行政处分；构成犯罪的，依法追究刑事责任。

第二十七条　各省、自治区、直辖市公安厅、局可以根据本规定，结合当地实际情况，制定实施办法。

（三）监视居住

监视居住是指公安机关、人民检察院、人民法院在刑事诉讼过程中责令犯罪嫌疑人、被告人在一定期限内不得离开指定的区域，并对其活动予以监视和控制的一种强制措施。新刑事诉讼法对监视居住措施进行了变更，将其调整为逮捕的替代措施，以降低羁押率。新刑事诉讼法对监视居住的适用条件、执行方式、执行监督、权利保障等进行了重新规定。可以采取监视居住的犯罪嫌疑人，必须先符合逮捕条件，这与以往的规定明显不同。同时，新《刑事诉讼法》增加规定了指定居所监视居住，进一步充实了监视居住的可操作性。

【主要程序】

1. 监视居住的适用条件

人民检察院对于符合逮捕条件，有下列情形之一的犯罪嫌疑人，可以监视居住：

（1）患有严重疾病、生活不能自理的；

（2）怀孕或者正在哺乳自己婴儿的妇女；

（3）系生活不能自理的人的唯一扶养人；扶养包括父母、祖父母、外祖父母对子女、孙子女、外孙子女的抚养和子女、孙子女、外孙子女对父母、祖父母、外祖父母的赡养以及配偶、兄弟姐妹之间的相互扶养；

（4）因为案件的特殊情况或者办理案件的需要，采取监视居住措施更为适宜的；

（5）羁押期限届满，案件尚未办结，需要采取监视居住措施的；

（6）对符合取保候审条件，但犯罪嫌疑人不能提出保证人，也不交纳保证金的，可以监视居住。

2. 执行场所

监视居住应当在犯罪嫌疑人的住处执行。对于犯罪嫌疑人无固定住处或者涉嫌特别重大贿赂犯罪在住处执行可能有碍侦查的，可以在指定的居所执行。固定住处是指犯罪嫌疑人在办案机关所在地的市、县内工作、生活的合法居所。

3. 可以指定居所监视居住的特别重大贿赂犯罪案件范围

（1）涉嫌贿赂犯罪数额在50万元以上，犯罪情节恶劣的；

（2）有重大社会影响的；

（3）涉及国家重大利益的。

4. 有碍侦查的情形

（1）可能毁灭、伪造证据，干扰证人作证或者串供的；

（2）可能自杀或者逃跑的；

（3）可能导致同案犯逃避侦查的；

（4）在住处执行监视居住可能导致犯罪嫌疑人面临人身危险的；

（5）犯罪嫌疑人的家属或者其所在单位的人员与犯罪有牵连的；

（6）可能对举报人、控告人、证人及其他人员等实施打击报复的。

5. 指定的居所应当符合的条件

（1）具备正常的生活、休息条件；

（2）便于监视、管理；

（3）能够保证办案安全。

采取指定居所监视居住的，不得在看守所、拘留所、监狱等羁押、监管场所以及留置室、讯问室等专门的办案场所、办公区域执行。

6. 监视居住决定程序

（1）对犯罪嫌疑人采取监视居住，应当由办案人员提出意见，部门负责人审核，检察长决定。

（2）需要对涉嫌特别重大贿赂犯罪的犯罪嫌疑人采取指定居所监视居住的，由办案人员提出意见，经部门负责人审核，报检察长审批后，连同案卷材料一并报上一级人民检察院侦查部门审查。

（3）对于下级人民检察院报请指定居所监视居住的案件，上一级人民检察院应当在收到案卷材料后及时作出是否批准的决定。

（4）上一级人民检察院批准指定居所监视居住的，应当将指定居所监视居住决定书连同案卷材料一并交由下级人民检察院通知同级公安机关执行。下级人民检察院应当将执行回执报上一级人民检察院。

（5）上一级人民检察院不予批准指定居所监视居住的，应当将不予批准指定监视居住决定书送达下级人民检察院，并说明不予批准的理由。

7. 指定居所监视居住的变更和解除

对于特别重大贿赂犯罪案件决定指定居所监视居住的，人民检察院侦查部门应当自决定指定居所监视居住之日起每2个月对指定居所监视居住的必要性进行审查，没有必要继续指定居所监视居住或者案件已经办结的，应当解除指定居所监视居住或者变更强制措施。

犯罪嫌疑人及其法定代理人、近亲属或者辩护人认为不再具备指定居所监视居住条件的，有权向人民检察院申请变更强制措施。人民检察院应当在3日以内作出决定，经审查认为不需要继续指定居所监视居住的，应当解除指定居所监视居住或者变更强制措施；认为需要继续指定居所监视居住的，应当答复申请人并说明理由。

解除指定居所监视居住或者变更强制措施的，下级人民检察院侦查部门应当报送上一级人民检察院备案。

8. 犯罪嫌疑人监视居住期间应遵守的规定及法律责任

（1）人民检察院应当向监视居住的犯罪嫌疑人宣读监视居住决定书，由犯罪嫌疑人签名、捺指印或者盖章，并责令犯罪嫌疑人遵守《刑事诉讼法》第75条的规定，告知其违反规定应负的法律责任。

（2）指定居所监视居住的，不得要求被监视居住人支付费用。

（3）被监视居住的犯罪嫌疑人、被告人应当遵守以下规定：

①未经执行机关批准不得离开执行监视居住的处所；

②未经执行机关批准不得会见他人或者通信；

③在传讯的时候及时到案；

④不得以任何形式干扰证人作证；

⑤不得毁灭、伪造证据或者串供；

⑥将护照等出入境证件、身份证件、驾驶证件交执行机关保存。

（4）被监视居住的犯罪嫌疑人、被告人违反前款规定，情节严重的，可以予以逮捕；需要予以逮捕的，可以对犯罪嫌疑人、被告人先行拘留。

9. 通知家属

（1）对犯罪嫌疑人决定在指定的居所执行监视居住，除无法通知的以外，人民检察院应当在执行监视居住后24小时以内，将指定居所监视居住的原因通知被监视居住人的家属。无法通知的，应当向检察长报告，并将原因写明附卷。无法通知的情形消除后，应当立即通知其家属。

（2）无法通知包括以下情形：

①被监视居住人无家属的；

②与其家属无法取得联系的；

③受自然灾害等不可抗力阻碍的。

10. 监视居住的执行

（1）人民检察院核实犯罪嫌疑人住处或者为其指定居所后，应当制作监视居住执行通知书，将有关法律文书和案由、犯罪嫌疑人基本情况材料，送交监视居住地的公安机关执行，必要时人民检察院可以协助公安机关执行。

（2）人民检察院应当告知公安机关在执行期间拟批准犯罪嫌疑人离开执行监视居住的处所、会见他人或者通信的，批准前应当征得人民检察院同意。

（3）公安机关在执行监视居住期间向人民检察院征询是否同意批准犯罪嫌疑人离开执行监视居住的处所、会见他人或者通信时，人民检察院应当根据案件的具体情况决定是否同意。

（4）人民检察院可以根据案件的具体情况，商请公安机关对被监视居住的犯罪嫌疑人采取电子监控、不定期检查等监视方法，对其遵守监视居住规定的情况进行监督。

（5）人民检察院办理直接受理立案侦查的案件对犯罪嫌疑人采取监视居住的，在侦查期间可以商请公安机关对其通信进行监控。

11. 监视居住的法律监督

（1）人民检察院应当依法对指定居所监视居住的决定是否合法实行监督。

（2）对于下级人民检察院报请指定居所监视居住的案件，由上一级人民检察院侦查监督部门依法对决定是否合法进行监督。

（3）对于公安机关决定指定居所监视居住的案件，由作出批准决定公安机关的同级人民检察院侦查监督部门依法对决定是否合法进行监督。

（4）对于人民法院因被告人无固定住处而指定居所监视居住的，由同级人民检察院公诉部门依法对决定是否合法进行监督。

（5）被指定居所监视居住人及其法定代理人、近亲属或者辩护人认为侦查机关、人民法院的指定居所监视居住决定存在违法情形，提出控告或者举报的，人民检察院应当受理，并报送或者移送《人民检察院刑事诉讼规则（试行）》第118条规定的承担监督职责的部门办理。

（6）人民检察院可以要求侦查机关、人民法院提供指定居所监视居住决定书和相关案件材料。经审查，发现存在下列违法情形的，应当及时通知有关机关纠正：

①不符合指定居所监视居住的适用条件的；

②未按法定程序履行批准手续的；

③在决定过程中有其他违反刑事诉讼法规定的行为的。

（7）人民检察院监所检察部门依法对指定居所监视居住的执行活动是否合法实行监督。发现下列违法情形的，应当及时提出纠正意见：

①在执行指定居所监视居住后24小时以内没有通知被监视居住人的家属的；

②在羁押场所、专门的办案场所执行监视居住的；

③为被监视居住人通风报信、私自传递信件、物品的；

④对被监视居住人刑讯逼供、体罚、虐待或者变相体罚、虐待的；

⑤有其他侵犯被监视居住人合法权利或者其他违法行为的。

被监视居住人及其法定代理人、近亲属或者辩护人对于公安机关、本院侦查部门或者侦查人员存在上述违法情形提出控告的，人民检察院控告检察部门应当受理并及时移送监所检察部门处理。

12. 监视居住变更为逮捕的情形

（1）犯罪嫌疑人有下列违反监视居住规定的行为，人民检察院应当对犯罪嫌疑人予以逮捕：

①故意实施新的犯罪行为的；

②企图自杀、逃跑，逃避侦查、审查起诉的；

③实施毁灭、伪造证据或者串供、干扰证人作证行为，足以影响侦查、审查起诉工作正常进行的；

④对被害人、证人、举报人、控告人及其他人员实施打击报复的。

（2）犯罪嫌疑人有下列违反监视居住规定的行为，人民检察院可以对犯罪嫌疑人予以逮捕：

①未经批准，擅自离开执行监视居住的处所，造成严重后果，或者两次未经批准，擅自离开执行监视居住的处所的；

②未经批准，擅自会见他人或者通信，造成严重后果，或者两次未经批准，擅自会见他人或者通信的；

③经传讯不到案，造成严重后果，或者经两次传讯不到案的。

需要对上述犯罪嫌疑人予以逮捕的，可以先行拘留。

（3）对于被取保候审、监视居住的可能判处徒刑以下刑罚的犯罪嫌疑人、被告人，违反取保候审、监视居住规定，严重影响诉讼活动正常进行的，可以予以逮捕。

13. 监视居住的期限

（1）人民检察院决定对犯罪嫌疑人监视居住，最长不得超过6个月。

（2）公安机关决定对犯罪嫌疑人监视居住，案件移送人民检察院审查起诉后，对于需要继续监视居住的，人民检察院应当依法重新作出监视居住决定，并对犯罪嫌疑人办理监视居住手续。监视居住的期限应当重新计算并告知犯罪嫌疑人。

（3）在监视居住期间，不得中断对案件的侦查、审查起诉。

（4）人民检察院发现犯罪嫌疑人违反《刑事诉讼法》第69条的规定，对犯罪嫌疑人决定监视居住的，应当办理监视居住手续，监视居住的期限应当重新计算并告知犯罪嫌疑人。

（5）指定居所监视居住的期限应当折抵刑期。被判处管制的，监视居住一日折抵刑期一日；被判处拘役、有期徒刑的，监视居住二日折抵刑期一日。

14. 监视居住的解除

（1）监视居住期限届满或者发现不应当追究犯罪嫌疑人刑事责任的，应当解除或者撤销监视居住。

（2）解除或者撤销监视居住，应当由办案人员提出意见，部门负责人审核，检察长决定。

（3）解除或者撤销监视居住的决定应当通知执行机关，并将解除或者撤销监视居住的决定书送达犯罪嫌疑人。

（4）犯罪嫌疑人及其法定代理人、近亲属或者辩护人认为监视居住法定期限届满，向人民检察院提出解除监视居住要求的，人民检察院应当在3日以内审查决定。经审查认为法定期限届满的，经检察长批准后，解除监视居住；经审查未超过法定期限的，书面答复申请人。

15. 监视居住期间的权利保护

（1）人民检察院收到在押或者被指定居所监视居住的犯罪嫌疑人提出的法律援助申请，应当在3日以内将其申请材料转交法律援助机构，并通知犯罪嫌疑人的监护人、近亲属或者其委托的其他人员协助提供有关证件、证明等相关材料。

（2）对于特别重大贿赂犯罪案件，犯罪嫌疑人被羁押或者监视居住的，人民检察院侦查部门应当在将犯罪嫌疑人送交看守所或者送交公安机关执行时书面通知看守所或者公安机关，在侦查期间辩护律师会见犯罪嫌疑人的，应当经人民检察院许可。

有下列情形之一的，属于特别重大贿赂犯罪：

①涉嫌贿赂犯罪数额在50万元以上，犯罪情节恶劣的；

②有重大社会影响的；

③涉及国家重大利益的。

（3）对于特别重大贿赂犯罪案件，辩护律师在侦查期间提出会见在押或者被监视居住的犯罪嫌疑人的，人民检察院侦查部门应当提出是否许可的意见，在3日以内报检察长决定并答复辩护律师。

（4）人民检察院办理特别重大贿赂犯罪案件，在有碍侦查的情形消失后，

职务犯罪侦查办案一本通

应当通知看守所或者执行监视居住的公安机关和辩护律师，辩护律师可以不经许可会见犯罪嫌疑人。

（5）对于特别重大贿赂犯罪案件，人民检察院在侦查终结前应当许可辩护律师会见犯罪嫌疑人。

【注意事项】

1. 适用监视居住必须先符合逮捕条件。

2. 指定居所监视居住不得变成变相羁押措施。

3. 监视居住依法由公安机关执行，检察机关不得自行执行监视居住。

4. 一般案件，监视居住期间辩护律师可以不经许可会见犯罪嫌疑人。

5. 人民检察院办理特别重大贿赂犯罪案件，在有碍侦查的情形消失后，应当通知看守所或者执行监视居住的公安机关和辩护律师，辩护律师可以不经许可会见犯罪嫌疑人。

6. 即便是特别重大贿赂犯罪案件，人民检察院在侦查终结前也应当许可辩护律师会见犯罪嫌疑人。

7. 对于被取保候审、监视居住的可能判处徒刑以下刑罚的犯罪嫌疑人、被告人，违反取保候审、监视居住规定，严重影响诉讼活动正常进行的，可以予以逮捕。

【文书与说明】

1. 监视居住决定书

人民检察院
监视居住决定书
（存　根）

检监〔　〕　号

案由________________

犯罪嫌疑人基本情况（姓名、性别、年龄、工作单位、住址、身份证号码、是否人大代表、政协委员）________________

监视居住原因____________

监视居住地点____________

是否指定居所____________

起算时间____________

执行机关____________

批准人____________

办案人____________

办案单位____________

填发人____________

填发时间____________

第一联 统一保存

检监〔　〕号

人民检察院
监视居住决定书

检监〔　〕号

犯罪嫌疑人________因涉嫌________，根据《中华人民共和国刑事诉讼法》第七十二条/第七十三条，本院决定对其监视居住/指定居所监视居住，期限从____年____月____日起算，并由________执行。犯罪嫌疑人在监视居住期间应当遵守《中华人民共和国刑事诉讼法》第七十五条的规定。

年　月　日
（院印）

此决定已于____年____月____日向我宣布。

犯罪嫌疑人：________

宣　告　人：________

第二联 向犯罪嫌疑人宣告后附卷

检监〔　〕号

人民检察院
监视居住执行通知书

检监〔　〕　号

犯罪嫌疑人________因涉嫌________，根据《中华人民共和国刑事诉讼法》第七十二条/第七十三条，本院决定对其监视居住/指定居所监视居住，期限从____年____月____日起算。特通知你单位执行。

此致

____

年　月　日
（院印）

注：犯罪嫌疑人____ 性别__ 年龄__

工作单位________住址________

是否属于限制律师会见的特殊案件：是□ 否□

第三联 送达执行机关

2. 指定居所监视居住通知书

人民检察院

指定居所监视居住通知书

（存 根）

检 指监通〔 〕 号

案由______

犯罪嫌疑人基本情况（姓名、性别、年龄、工作单位、住址、身份证号码、是否人大代表、政协委员）______

指定居所监视居住原因______

指定居所地点______

家属姓名______

地址______

批准机关______

办案人______

办案单位______

填发人______

填发时间______

第一联 统一保存

检 指监通〔 〕号

人民检察院

指定居所监视居住通知书

（副 本）

检 指监通〔 〕 号

______：

根据《中华人民共和国刑事诉讼法》第七十三条的规定，犯罪嫌疑人______因涉嫌______，由______院以______号监视居住决定书决定对其自______年____月____日____时起执行指定居所监视居住，特此通知。

年 月 日

（院印）

被监视居住人家属______

地址______

本通知书已收到。

被监视居住人家属：

年 月 日 时

如在指定居所监视居住后24小时内无法通知，请注明原因：______

办案人：

年 月 日 时

第二联 附卷

检 指监通〔 〕号

人民检察院

指定居所监视居住通知书

检 指监通〔 〕 号

______：

根据《中华人民共和国刑事诉讼法》第七十三条的规定，犯罪嫌疑人______因涉嫌______，由______院以______号监视居住决定书决定对其自______年____月____日____时起执行指定居所监视居住，特此通知。

年 月 日

（院印）

如在指定居所监视居住后24小时内无法通知，请注明原因：______

办案人：

年 月 日 时

第三联 交被监视居住人家属

3. 被监视居住人义务告知书

被监视居住人义务告知书

根据《中华人民共和国刑事诉讼法》第七十五条的规定，被监视居住人在监视居住期间应当遵守以下规定：

（一）未经执行机关批准不得离开执行监视居住的处所；

（二）未经执行机关批准不得会见他人或者通信；

（三）在传讯的时候及时到案；

（四）不得以任何形式干扰证人作证；

（五）不得毁灭、伪造证据或者串供；

（六）将护照等出入境证件、身份证、驾驶证件交执行机关保存。

被监视居住人在监视居住期间违反上述规定，情节严重的，可以予以逮捕；需要予以逮捕的，可以先行拘留。

本告知书已收到。

被监视居住人：

年　　月　　日

一式三份，一份附卷，一份交被监视居住人，一份交执行机关。

4. 解除监视居住决定书

第一联	第二联	第三联	第四联
人民检察院 解除监视 居住决定书 （存　根）	人民检察院 解除监视 居住决定书 （副　本）	人民检察院 解除监视 居住决定书	人民检察院 解除监视 居住通知书
检　解监〔　〕　号 案由______ 犯罪嫌疑人基本情况（姓名、性别、年龄、工作单位、住址、身份证号码、是否人大代表、政协委员）______ ______ 解除原因______ 解除时间______ 批准人______ 承办人______ 填发人______ 填发时间______	检　解监〔　〕　号 ______： 因______ ______，本院根据《中华人民共和国刑事诉讼法》第七十七条的规定，决定解除对你的监视居住/指定居所监视居住措施。 年　月　日 （院印） 本决定书已收到。 被监视居住人： 年　月　日	检　解监〔　〕　号 ______： 因______ ______，本院根据《中华人民共和国刑事诉讼法》第七十七条的规定，决定解除对你的监视居住/指定居所监视居住措施。 年　月　日 （院印）	检　解监〔　〕　号 本院于____年____月____日以______号监视居住决定书决定监视居住/指定居所监视居住的犯罪嫌疑人______（现住/指定居所______），因______，现决定解除对其监视居住/指定居所监视居住措施。 特此通知。 此致 ______ 年　月　日 （院印）
第一联 统一保存	第二联 附卷	第三联 送达犯罪嫌疑人	第四联 送达执行机关

（各联之间骑缝处：检　解监〔　〕号）

文书制作说明

监视居住决定书制作说明

一、本文书依据《刑事诉讼法》第七十二条、第七十三条第一款的规定制作。为人民检察院依法对犯罪嫌疑人决定监视居住时使用。

二、制作本文书时，依据决定采取的强制措施，填写相应的法律适用条文。

三、向犯罪嫌疑人宣读本文书时应告知其《刑事诉讼法》第七十五条的规定，由犯罪嫌疑人签名或者盖章。监视居住由公安机关执行。送达本文书第三联时，应告知执行机关在拟批准犯罪嫌疑人离开住处、居所或会见其他人员之前，应当征得人民检察院同意。

四、对犯罪嫌疑人由拘留或者逮捕变更为监视居住的，除制作本书外，还应同时制作《决定释放通知书》通知看守所。

五、本文书共三联，第一联统一保存备查，第二联向犯罪嫌疑人宣告后附卷，第三联送达执行机关。

指定居所监视居住通知书制作说明

一、本文书依据《刑事诉讼法》第七十三条第二款的规定制作。为人民检察院对犯罪嫌疑人采取指定居所监视居住后，通知其家属时使用。

二、因无法通知的情形不能在二十四小时内通知的，应当报告检察长，并写明原因附卷。

三、本文书共三联，第一联统一保存备查，第二联附卷，第三联送达被指定居所监视居住人家属。

被监视居住人义务告知书制作说明

一、本文书依据《刑事诉讼法》第七十五条的规定制作。为人民检察院对犯罪嫌疑人依法采取监视居住，告知被监视居住人应当遵守的义务时使用。

二、在宣布监视居住时，应当将此文书连同监视居住决定书一并送达。被监视居住人在收到本书后应该签名或者盖章。

三、本文书一式三份，一份附卷，一份交被监视居住人，一份交执行机关。

解除监视居住决定书制作说明

一、本文书依据《刑事诉讼法》第七十七条第二款、第九十七条规定制作。为人民检察院对于有《刑事诉讼法》第十五条规定的情形，不应追究刑事责任或者监视居住期限届满的犯罪嫌疑人，依法决定解除监视居住决定时使用。

二、本文书共四联，第一联统一保存备查，第二联附卷，第三联送达犯罪嫌疑人，第四联送达执行机关。

【办案依据】

1.《中华人民共和国刑事诉讼法（2012 年修正）》（节录）

第六十四条　人民法院、人民检察院和公安机关根据案件情况，对犯罪嫌疑人、被告人可以拘传、取保候审或者监视居住。

第六十九条　被取保候审的犯罪嫌疑人、被告人应当遵守以下规定：

（一）未经执行机关批准不得离开所居住的市、县；

（二）住址、工作单位和联系方式发生变动的，在二十四小时以内向执行机关报告；

（三）在传讯的时候及时到案；

（四）不得以任何形式干扰证人作证；

（五）不得毁灭、伪造证据或者串供。

人民法院、人民检察院和公安机关可以根据案件情况，责令被取保候审的犯罪嫌疑人、被告人遵守以下一项或者多项规定：

（一）不得进入特定的场所；

（二）不得与特定的人员会见或者通信；

（三）不得从事特定的活动；

（四）将护照等出入境证件、驾驶证件交执行机关保存。

被取保候审的犯罪嫌疑人、被告人违反前两款规定，已交纳保证金的，没收部分或者全部保证金，并且区别情形，责令犯罪嫌疑人、被告人具结悔过，重新交纳保证金、提出保证人，或者监视居住、予以逮捕。

对违反取保候审规定，需要予以逮捕的，可以对犯罪嫌疑人、被告人先行拘留。

第七十二条　人民法院、人民检察院和公安机关对符合逮捕条件，有下列情形之一的犯罪嫌疑人、被告人，可以监视居住：

（一）患有严重疾病、生活不能自理的；

（二）怀孕或者正在哺乳自己婴儿的妇女；

（三）系生活不能自理的人的唯一扶养人；

（四）因为案件的特殊情况或者办理案件的需要，采取监视居住措施更为适宜的；

（五）羁押期限届满，案件尚未办结，需要采取监视居住措施的。

对符合取保候审条件，但犯罪嫌疑人、被告人不能提出保证人，也不交纳保证金的，可以监视居住。

监视居住由公安机关执行。

第七十三条　监视居住应当在犯罪嫌疑人、被告人的住处执行；无固定住处的，可以在指定的居所执行。对于涉嫌危害国家安全犯罪、恐怖活动犯罪、特别重大贿赂犯罪，在住处执行可能有碍侦查的，经上一级人民检察院或者公安机关批准，也可以在指定的居所执行。但是，不得在羁押场所、专门的办案场所执行。

指定居所监视居住的，除无法通知的以外，应当在执行监视居住后二十四小时以内，通知被监视居住人的家属。

被监视居住的犯罪嫌疑人、被告人委托辩护人，适用本法第三十三条的规定。

人民检察院对指定居所监视居住的决定和执行是否合法实行监督。

第七十四条 指定居所监视居住的期限应当折抵刑期。被判处管制的，监视居住一日折抵刑期一日；被判处拘役、有期徒刑的，监视居住二日折抵刑期一日。

第七十五条 被监视居住的犯罪嫌疑人、被告人应当遵守以下规定：

（一）未经执行机关批准不得离开执行监视居住的处所；

（二）未经执行机关批准不得会见他人或者通信；

（三）在传讯的时候及时到案；

（四）不得以任何形式干扰证人作证；

（五）不得毁灭、伪造证据或者串供；

（六）将护照等出入境证件、身份证件、驾驶证件交执行机关保存。

被监视居住的犯罪嫌疑人、被告人违反前款规定，情节严重的，可以予以逮捕；需要予以逮捕的，可以对犯罪嫌疑人、被告人先行拘留。

第七十六条 执行机关对被监视居住的犯罪嫌疑人、被告人，可以采取电子监控、不定期检查等监视方法对其遵守监视居住规定的情况进行监督；在侦查期间，可以对被监视居住的犯罪嫌疑人的通信进行监控。

第七十七条 人民法院、人民检察院和公安机关对犯罪嫌疑人、被告人取保候审最长不得超过十二个月，监视居住最长不得超过六个月。

在取保候审、监视居住期间，不得中断对案件的侦查、起诉和审理。对于发现不应当追究刑事责任或者取保候审、监视居住期限届满的，应当及时解除取保候审、监视居住。解除取保候审、监视居住，应当及时通知被取保候审、监视居住人和有关单位。

第七十九条 对有证据证明有犯罪事实，可能判处徒刑以上刑罚的犯罪嫌疑人、被告人，采取取保候审尚不足以防止发生下列社会危险性的，应当予以逮捕：

（一）可能实施新的犯罪的；

（二）有危害国家安全、公共安全或者社会秩序的现实危险的；

（三）可能毁灭、伪造证据，干扰证人作证或者串供的；

（四）可能对被害人、举报人、控告人实施打击报复的；

（五）企图自杀或者逃跑的。

对有证据证明有犯罪事实，可能判处十年有期徒刑以上刑罚的，或者有证据证明有犯罪事实，可能判处徒刑以上刑罚，曾经故意犯罪或者身份不明的，应当予以逮捕。

被取保候审、监视居住的犯罪嫌疑人、被告人违反取保候审、监视居住规定，情节严重的，可以予以逮捕。

第八十九条 公安机关对被拘留的人，认为需要逮捕的，应当在拘留后的三日以内，提请人民检察院审查批准。在特殊情况下，提请审查批准的时间可以延长一日至四日。

对于流窜作案、多次作案、结伙作案的重大嫌疑分子，提请审查批准的时间可以延长至三十日。

人民检察院应当自接到公安机关提请批准逮捕书后的七日以内，作出批准逮捕或者不批准逮捕的决定。人民检察院不批准逮捕的，公安机关应当在接到通知后立即释放，并且将执行情况及时通知人民检察院。对于需要继续侦查，并且符合取保候审、监视居住条件的，依法取保候审或者监视居住。

第九十六条　犯罪嫌疑人、被告人被羁押的案件，不能在本法规定的侦查羁押、审查起诉、一审、二审期限内办结的，对犯罪嫌疑人、被告人应当予以释放；需要继续查证、审理的，对犯罪嫌疑人、被告人可以取保候审或者监视居住。

第九十七条　人民法院、人民检察院或者公安机关对被采取强制措施法定期限届满的犯罪嫌疑人、被告人，应当予以释放、解除取保候审、监视居住或者依法变更强制措施。犯罪嫌疑人、被告人及其法定代理人、近亲属或者辩护人对于人民法院、人民检察院或者公安机关采取强制措施法定期限届满的，有权要求解除强制措施。

第一百六十五条　人民检察院对直接受理的案件中被拘留的人，认为需要逮捕的，应当在十四日以内作出决定。在特殊情况下，决定逮捕的时间可以延长一日至三日。对不需要逮捕的，应当立即释放；对需要继续侦查，并且符合取保候审、监视居住条件的，依法取保候审或者监视居住。

2. 全国人民代表大会常务委员会关于《中华人民共和国刑事诉讼法》第七十九条第三款的解释（2014年4月24日第十二届全国人民代表大会常务委员会第八次会议通过）

全国人民代表大会常务委员会根据司法实践中遇到的情况，讨论了刑事诉讼法第七十九条第三款关于违反取保候审、监视居住规定情节严重可以逮捕的规定，是否适用于可能判处徒刑以下刑罚的犯罪嫌疑人、被告人的问题，解释如下：

根据刑事诉讼法第七十九条第三款的规定，对于被取保候审、监视居住的可能判处徒刑以下刑罚的犯罪嫌疑人、被告人，违反取保候审、监视居住规定，严重影响诉讼活动正常进行的，可以予以逮捕。

现予公告。

3.《人民检察院刑事诉讼规则（试行）》（2012年10月16日由最高人民检察院第十一届检察委员会第八十次会议第二次修订）（节录）

第三节　监视居住

第一百零九条　人民检察院对于符合逮捕条件，有下列情形之一的犯罪嫌疑人，可以监视居住：

（一）患有严重疾病、生活不能自理的；

（二）怀孕或者正在哺乳自己婴儿的妇女；

（三）系生活不能自理的人的唯一扶养人；

（四）因为案件的特殊情况或者办理案件的需要，采取监视居住措施更为适宜的；

（五）羁押期限届满，案件尚未办结，需要采取监视居住措施的。

前款第三项中的扶养包括父母、祖父母、外祖父母对子女、孙子女、外孙子女的抚养和子女、孙子女、外孙子女对父母、祖父母、外祖父母的赡养以及配偶、兄弟姐妹之间的相互扶养。

对符合取保候审条件，但犯罪嫌疑人不能提出保证人，也不交纳保证金的，可以监视居住。

第一百一十条　监视居住应当在犯罪嫌疑人的住处执行。对于犯罪嫌疑人无固定住处或者涉嫌特别重大贿赂犯罪在住处执行可能有碍侦查的，可以在指定的居所执行。

固定住处是指犯罪嫌疑人在办案机关所在地的市、县内工作、生活的合法居所。

本条第一款规定的特别重大贿赂犯罪依照本规则第四十五条第二款规定的条件予以认定。

有下列情形之一的，属于有碍侦查：

（一）可能毁灭、伪造证据，干扰证人作证或者串供的；

（二）可能自杀或者逃跑的；

（三）可能导致同案犯逃避侦查的；

（四）在住处执行监视居住可能导致犯罪嫌疑人面临人身危险的；

（五）犯罪嫌疑人的家属或者其所在单位的人员与犯罪有牵连的；

（六）可能对举报人、控告人、证人及其他人员等实施打击报复的。

指定的居所应当符合下列条件：

（一）具备正常的生活、休息条件；

（二）便于监视、管理；

（三）能够保证办案安全。

采取指定居所监视居住的，不得在看守所、拘留所、监狱等羁押、监管场所以及留置室、讯问室等专门的办案场所、办公区域执行。

第一百一十一条 对犯罪嫌疑人采取监视居住，应当由办案人员提出意见，部门负责人审核，检察长决定。

需要对涉嫌特别重大贿赂犯罪的犯罪嫌疑人采取指定居所监视居住的，由办案人员提出意见，经部门负责人审核，报检察长审批后，连同案卷材料一并报上一级人民检察院侦查部门审查。

对于下级人民检察院报请指定居所监视居住的案件，上一级人民检察院应当在收到案卷材料后及时作出是否批准的决定。

上一级人民检察院批准指定居所监视居住的，应当将指定居所监视居住决定书连同案卷材料一并交由下级人民检察院通知同级公安机关执行。下级人民检察院应当将执行回执报上一级人民检察院。

上一级人民检察院不予批准指定居所监视居住的，应当将不予批准指定监视居住决定书送达下级人民检察院，并说明不予批准的理由。

第一百一十二条 对于特别重大贿赂犯罪案件决定指定居所监视居住的，人民检察院侦查部门应当自决定指定居所监视居住之日起每二个月对指定居所监视居住的必要性进行审查，没有必要继续指定居所监视居住或者案件已经办结的，应当解除指定居所监视居住或者变更强制措施。

犯罪嫌疑人及其法定代理人、近亲属或者辩护人认为不再具备指定居所监视居住条件的，有权向人民检察院申请变更强制措施。人民检察院应当在三日以内作出决定，经审查认为不需要继续指定居所监视居住的，应当解除指定居所监视居住或者变更强制措施；认为需要继续指定居所监视居住的，应当答复申请人并说明理由。

解除指定居所监视居住或者变更强制措施的，下级人民检察院侦查部门应当报送上一级人民检察院备案。

第一百一十三条 人民检察院应当向监视居住的犯罪嫌疑人宣读监视居住决定书，由犯罪嫌疑人签名、捺指印或者盖章，并责令犯罪嫌疑人遵守刑事诉讼法第七十五条的规定，告知其违反规定应负的法律责任。

指定居所监视居住的，不得要求被监视居住人支付费用。

第一百一十四条　对犯罪嫌疑人决定在指定的居所执行监视居住，除无法通知的以外，人民检察院应当在执行监视居住后二十四小时以内，将指定居所监视居住的原因通知被监视居住人的家属。无法通知的，应当向检察长报告，并将原因写明附卷。无法通知的情形消除后，应当立即通知其家属。

无法通知包括以下情形：

（一）被监视居住人无家属的；

（二）与其家属无法取得联系的；

（三）受自然灾害等不可抗力阻碍的。

第一百一十五条　人民检察院核实犯罪嫌疑人住处或者为其指定居所后，应当制作监视居住执行通知书，将有关法律文书和案由、犯罪嫌疑人基本情况材料，送交监视居住地的公安机关执行，必要时人民检察院可以协助公安机关执行。

人民检察院应当告知公安机关在执行期间拟批准犯罪嫌疑人离开执行监视居住的处所、会见他人或者通信的，批准前应当征得人民检察院同意。

第一百一十六条　公安机关在执行监视居住期间向人民检察院征询是否同意批准犯罪嫌疑人离开执行监视居住的处所、会见他人或者通信时，人民检察院应当根据案件的具体情况决定是否同意。

第一百一十七条　人民检察院可以根据案件的具体情况，商请公安机关对被监视居住的犯罪嫌疑人采取电子监控、不定期检查等监视方法，对其遵守监视居住规定的情况进行监督。

人民检察院办理直接受理立案侦查的案件对犯罪嫌疑人采取监视居住的，在侦查期间可以商请公安机关对其通信进行监控。

第一百一十八条　人民检察院应当依法对指定居所监视居住的决定是否合法实行监督。

对于下级人民检察院报请指定居所监视居住的案件，由上一级人民检察院侦查监督部门依法对决定是否合法进行监督。

对于公安机关决定指定居所监视居住的案件，由作出批准决定公安机关的同级人民检察院侦查监督部门依法对决定是否合法进行监督。

对于人民法院因被告人无固定住处而指定居所监视居住的，由同级人民检察院公诉部门依法对决定是否合法进行监督。

第一百一十九条　被指定居所监视居住人及其法定代理人、近亲属或者辩护人认为侦查机关、人民法院的指定居所监视居住决定存在违法情形，提出控告或者举报的，人民检察院应当受理，并报送或者移送本规则第一百一十八条规定的承担监督职责的部门办理。

人民检察院可以要求侦查机关、人民法院提供指定居所监视居住决定书和相关案件材料。经审查，发现存在下列违法情形的，应当及时通知有关机关纠正：

（一）不符合指定居所监视居住的适用条件的；

（二）未按法定程序履行批准手续的；

（三）在决定过程中有其他违反刑事诉讼法规定的行为的。

第一百二十条　人民检察院监所检察部门依法对指定居所监视居住的执行活动是否合法

实行监督。发现下列违法情形的，应当及时提出纠正意见：

（一）在执行指定居所监视居住后二十四小时以内没有通知被监视居住人的家属的；

（二）在羁押场所、专门的办案场所执行监视居住的；

（三）为被监视居住人通风报信、私自传递信件、物品的；

（四）对被监视居住人刑讯逼供、体罚、虐待或者变相体罚、虐待的；

（五）有其他侵犯被监视居住人合法权利或者其他违法行为的。

被监视居住人及其法定代理人、近亲属或者辩护人对于公安机关、本院侦查部门或者侦查人员存在上述违法情形提出控告的，人民检察院控告检察部门应当受理并及时移送监所检察部门处理。

第一百二十一条 犯罪嫌疑人有下列违反监视居住规定的行为，人民检察院应当对犯罪嫌疑人予以逮捕：

（一）故意实施新的犯罪行为的；

（二）企图自杀、逃跑，逃避侦查、审查起诉的；

（三）实施毁灭、伪造证据或者串供、干扰证人作证行为，足以影响侦查、审查起诉工作正常进行的；

（四）对被害人、证人、举报人、控告人及其他人员实施打击报复的。

犯罪嫌疑人有下列违反监视居住规定的行为，人民检察院可以对犯罪嫌疑人予以逮捕：

（一）未经批准，擅自离开执行监视居住的处所，造成严重后果，或者两次未经批准，擅自离开执行监视居住的处所的；

（二）未经批准，擅自会见他人或者通信，造成严重后果，或者两次未经批准，擅自会见他人或者通信的；

（三）经传讯不到案，造成严重后果，或者经两次传讯不到案的。

需要对上述犯罪嫌疑人予以逮捕的，可以先行拘留。

第一百二十二条 人民检察院决定对犯罪嫌疑人监视居住，最长不得超过六个月。

第一百二十三条 公安机关决定对犯罪嫌疑人监视居住，案件移送人民检察院审查起诉后，对于需要继续监视居住的，人民检察院应当依法重新作出监视居住决定，并对犯罪嫌疑人办理监视居住手续。监视居住的期限应当重新计算并告知犯罪嫌疑人。

第一百二十四条 在监视居住期间，不得中断对案件的侦查、审查起诉。

第一百二十五条 监视居住期限届满或者发现不应当追究犯罪嫌疑人刑事责任的，应当解除或者撤销监视居住。

第一百二十六条 解除或者撤销监视居住，应当由办案人员提出意见，部门负责人审核，检察长决定。

第一百二十七条 解除或者撤销监视居住的决定应当通知执行机关，并将解除或者撤销监视居住的决定书送达犯罪嫌疑人。

第一百二十八条 犯罪嫌疑人及其法定代理人、近亲属或者辩护人认为监视居住法定期限届满，向人民检察院提出解除监视居住要求的，人民检察院应当在三日以内审查决定。经审查认为法定期限届满的，经检察长批准后，解除监视居住；经审查未超过法定期限的，书面答复申请人。

第四十二条 人民检察院收到在押或者被指定居所监视居住的犯罪嫌疑人提出的法律援

助申请，应当在三日以内将其申请材料转交法律援助机构，并通知犯罪嫌疑人的监护人、近亲属或者其委托的其他人员协助提供有关证件、证明等相关材料。

第四十五条　对于特别重大贿赂犯罪案件，犯罪嫌疑人被羁押或者监视居住的，人民检察院侦查部门应当在将犯罪嫌疑人送交看守所或者送交公安机关执行时书面通知看守所或者公安机关，在侦查期间辩护律师会见犯罪嫌疑人的，应当经人民检察院许可。

有下列情形之一的，属于特别重大贿赂犯罪：

（一）涉嫌贿赂犯罪数额在五十万元以上，犯罪情节恶劣的；

（二）有重大社会影响的；

（三）涉及国家重大利益的。

第四十六条　对于特别重大贿赂犯罪案件，辩护律师在侦查期间提出会见在押或者被监视居住的犯罪嫌疑人的，人民检察院侦查部门应当提出是否许可的意见，在三日以内报检察长决定并答复辩护律师。

人民检察院办理特别重大贿赂犯罪案件，在有碍侦查的情形消失后，应当通知看守所或者执行监视居住的公安机关和辩护律师，辩护律师可以不经许可会见犯罪嫌疑人。

对于特别重大贿赂犯罪案件，人民检察院在侦查终结前应当许可辩护律师会见犯罪嫌疑人。

第九十九条　人民检察院发现犯罪嫌疑人违反刑事诉讼法第六十九条的规定，已交纳保证金的，应当书面通知公安机关没收部分或者全部保证金，并且根据案件的具体情况，责令犯罪嫌疑人具结悔过，重新交纳保证金、提出保证人或者决定监视居住、予以逮捕。

公安机关发现犯罪嫌疑人违反刑事诉讼法第六十九条的规定，提出没收保证金或者变更强制措施意见的，人民检察院应当在收到意见后五日以内作出决定，并通知公安机关。

重新交纳保证金的程序适用本规则第九十条、第九十一条的规定；提出保证人的程序适用本规则第八十八条、第八十九条的规定。对犯罪嫌疑人继续取保候审的，取保候审的时间应当累计计算。

对犯罪嫌疑人决定监视居住的，应当办理监视居住手续，监视居住的期限应当重新计算并告知犯罪嫌疑人。

4. 最高人民法院、最高人民检察院、公安部、国家安全部、司法部、全国人大常委会法制工作委员会《关于实施刑事诉讼法若干问题的规定》（2012年12月26日）（节录）

15. 指定居所监视居住的，不得要求被监视居住人支付费用。

5. 公安部《公安机关办理刑事案件程序规定》（2012年12月13日）（节录）

第一百一十四条　人民法院、人民检察院决定监视居住的，负责执行的县级公安机关应当在收到法律文书和有关材料后二十四小时以内，通知被监视居住人住处或者指定居所所在地的派出所，核实被监视居住人身份、住处或者居所等情况后执行。必要时，可以由人民法院、人民检察院协助执行。

第一百一十五条　负责执行监视居住的派出所或者办案部门应当严格对被监视居住人进行监督考察，确保安全。

对于人民法院、人民检察院决定监视居住的，应当及时将监视居住的执行情况报告决定机关。

第一百一十六条　被监视居住人有正当理由要求离开住处或者指定的居所以及要求会见

他人或者通信的，应当经负责执行的派出所或者办案部门负责人批准。

人民法院、人民检察院决定监视居住的，负责执行的派出所在批准被监视居住人离开住处或者指定的居所以及与他人会见或者通信前，应当征得决定机关同意。

第一百一十七条 被监视居住人违反应当遵守的规定，公安机关应当区分情形责令被监视居住人具结悔过或者给予治安管理处罚。情节严重的，可以予以逮捕；需要予以逮捕的，可以对其先行拘留。

人民法院、人民检察院决定监视居住的，被监视居住人违反应当遵守的规定，执行监视居住的县级公安机关应当及时告知决定机关。

第一百一十九条 公安机关决定解除监视居住，应当经县级以上公安机关负责人批准，制作解除监视居住决定书，并及时通知执行的派出所或者办案部门、被监视居住人和有关单位。

人民法院、人民检察院作出解除、变更监视居住决定的，公安机关应当及时解除并通知被监视居住人和有关单位。

6. 最高人民检察院《关于人民检察院在办理直接立案侦查案件工作中加强安全防范的规定》（2003年10月27日）（节录）

第八条 适用监视居住必须符合刑事诉讼法规定的条件，并依法由公安机关执行。检察机关不得自行执行监视居住，不得以监视居住的名义拘禁犯罪嫌疑人、被告人。

7. 最高人民检察院、公安部《关于适用刑事强制措施有关问题的规定》（2000年8月28日 高检会〔2000〕2号）（节录）

第十条 人民检察院决定对犯罪嫌疑人采取监视居住措施的，应当核实犯罪嫌疑人的住处。犯罪嫌疑人没有固定住处的，人民检察院应当为其指定居所。

第十一条 人民检察院核实犯罪嫌疑人住处或者为其指定居所后，应当制作监视居住执行通知书，将有关法律文书和有关案由、犯罪嫌疑人基本情况的材料，送交犯罪嫌疑人住处或者居所地的同级公安机关执行。人民检察院可以协助公安机关执行。

第十二条 公安机关收到有关法律文书和材料后，应当立即交由犯罪嫌疑人住处或者居所地的县级公安机关执行。负责执行的县级公安机关应当在二十四小时以内，核实被监视居住人的身份和住处或者居所，报告县级公安机关负责人后，通知被监视居住人住处或者居所地的派出所执行。

第十三条 负责执行监视居住的派出所应当指定专人对被监视居住人进行监督考察，并及时将监视居住的执行情况报告所属县级公安机关通知决定监视居住的人民检察院。

第十四条 人民检察院决定对犯罪嫌疑人监视居住的案件，在执行期间，犯罪嫌疑人有正当理由需要离开住处或者指定居所的，负责执行的派出所应当及时报告所属县级公安机关，由该县级公安机关征得决定监视居住的人民检察院同意后予以批准。

第十五条 人民检察院决定对犯罪嫌疑人监视居住的案件，犯罪嫌疑人违反应当遵守的规定的，执行监视居住的派出所应当及时报告县级公安机关通知决定监视居住的人民检察院。情节严重的，人民检察院应当决定予以逮捕，通知公安机关执行。

第十六条 人民检察院决定对犯罪嫌疑人监视居住的案件，监视居住期限届满十五日前，负责执行的县级公安机关应当通知决定监视居住的人民检察院。人民检察院应当在监视居住期限届满前，作出解除监视居住或者变更强制措施的决定，并通知公安机关执行。

第十七条 公安机关决定对犯罪嫌疑人监视居住的案件，犯罪嫌疑人违反应当遵守的规定，情节严重的，公安机关应当依法提请批准逮捕。人民检察院应当根据刑事诉讼法第五十七条的规定审查批准逮捕。

（四）拘　　留

在刑事强制措施中，拘留是指公安机关、人民检察院等侦查机关对直接受理的案件，在侦查过程中遇有紧急情况，依法临时剥夺某些现行犯或重大嫌疑分子的人身自由的一种强制措施。在检察机关自侦案件中，对于犯罪后企图自杀、逃跑或者在逃的以及有毁灭、伪造证据或者串供可能的，有权决定拘留。拘留是在紧急情况下适用的一种强制措施，期限较短。人民检察院拘留犯罪嫌疑人的羁押期限为14日，特殊情况下可以延长1日至3日。拘留到期后应当进行强制措施的变更，对被拘留人予以释放、取保候审、监视居住或者转为逮捕。

【主要程序】

1. 在自侦案件中，人民检察院对于有下列情形之一的犯罪嫌疑人，可以决定拘留：

（1）犯罪后企图自杀、逃跑或者在逃的；

（2）有毁灭、伪造证据或者串供可能的。

2. 拘留犯罪嫌疑人，应当由办案人员提出意见，部门负责人审核，检察长决定。

3. 人民检察院作出拘留决定后，应当将有关法律文书和案由、犯罪嫌疑人基本情况的材料送交同级公安机关执行。必要时人民检察院可以协助公安机关执行。

4. 人民检察院拘留犯罪嫌疑人的时候，必须出示拘留证。

5. 拘留后，应当立即将被拘留人送看守所羁押，至迟不得超过24小时。

6. 犯罪嫌疑人是人大代表的，对其拘留需要履行如下手续：

（1）担任县级以上人民代表大会代表的犯罪嫌疑人因现行犯被拘留的，人民检察院应当立即向该代表所属的人民代表大会主席团或者常务委员会报告；因为其他情形需要拘留的，人民检察院应当报请该代表所属的人民代表大会主席团或者常务委员会许可。

（2）人民检察院拘留担任本级人民代表大会代表的犯罪嫌疑人，直接向本级人民代表大会主席团或常务委员会报告或者报请许可。

（3）拘留担任上级人民代表大会代表的犯罪嫌疑人，应当立即层报该代表所属的人民代表大会同级的人民检察院报告或者报请许可。

（4）拘留担任下级人民代表大会代表的犯罪嫌疑人，可以直接向该代表所属的人民代表大会主席团或者常务委员会报告或者报请许可，也可以委托该代表所属的人民代表大会同级的人民检察院报告或者报请许可；拘留担任乡、民族乡、镇的人民代表大会代表的犯罪嫌疑人，由县级人民检察院报告乡、民族乡、镇的人民代表大会。

（5）拘留担任两级以上人民代表大会代表的犯罪嫌疑人，分别按照《人民检察院刑事诉讼规则（试行）》第132条第2、3、4款的规定报告或者报请许可。

（6）拘留担任办案单位所在省、市、县（区）以外的其他地区人民代表大会代表的犯罪嫌疑人，应当委托该代表所属的人民代表大会同级的人民检察院报告或者报请许可；担任两级以上人民代表大会代表的，应当分别委托该代表所属的人民代表大会同级的人民检察院报告或者报请许可。

7. 对犯罪嫌疑人拘留后，除无法通知的以外，人民检察院应当在24小时以内，通知被拘留人的家属。无法通知的，应当向检察长报告，并将原因写明附卷。无法通知的情形消除后，应当立即通知其家属。

无法通知包括以下情形：

（1）被拘留人无家属的；

（2）与其家属无法取得联系的；

（3）受自然灾害等不可抗力阻碍的。

8. 对被拘留的犯罪嫌疑人，应当在拘留后的24小时以内进行讯问。

9. 对被拘留的犯罪嫌疑人，发现不应当拘留的，应当立即释放；依法可以取保候审或者监视居住的，按照本规则的有关规定办理取保候审或者监视居住手续。对被拘留的犯罪嫌疑人，需要逮捕的，按照本规则的有关规定办理逮捕手续；决定不予逮捕的，应当及时变更强制措施。

10. 人民检察院拘留犯罪嫌疑人的羁押期限为14日，特殊情况下可以延长1日至3日。

11. 公民将正在实行犯罪或者在犯罪后即被发觉的、通缉在案的、越狱逃跑的、正在被追捕的犯罪嫌疑人或者犯罪人扭送到人民检察院的，人民检察院应当予以接受，并且根据具体情况决定是否采取相应的紧急措施。对于不属于自己管辖的，应当移送主管机关处理。

12. 犯罪嫌疑人及其法定代理人、近亲属或者辩护人认为人民检察院对拘留的犯罪嫌疑人法定羁押期限届满，向人民检察院提出释放犯罪嫌疑人或者变更拘留措施要求的，人民检察院侦查部门应当在3日以内审查完毕。侦查部门经审查认为法定期限届满的，应当提出释放犯罪嫌疑人或者变更强制措施的意见，经检察长批准后，通知公安机关执行；经审查认为未满法定期限的，书面答复申诉人。侦查部门应当将审查结果同时书面通知本院监所检察部门。

13. 犯罪嫌疑人有违反取保候审、监视居住规定的行为，需要对其予以逮捕的，可以先行拘留。取保候审、监视居住变更为拘留的，在变更的同时原强制措施自动解除，不再办理解除法律手续。

14. 在执行拘留的时候，遇有下列紧急情况之一，不另用搜查证也可以进行搜查：（1）可能随身携带凶器的；（2）可能隐藏爆炸、剧毒等危险物品的；（3）可能隐匿、毁弃、转移犯罪证据的；（4）可能隐匿其他犯罪嫌疑人的；（5）其他紧急情况。搜查结束后，搜查人员应当在二十四小时内向检察长报告，及时补办有关手续。

【注意事项】

1. 拘留后，应当立即将被拘留人送看守所羁押，至迟不得超过二十四小时。

2. 对犯罪嫌疑人拘留后，除无法通知的以外，人民检察院应当在二十四小时以内，通知被拘留人的家属。

3. 对于人民检察院直接受理的案件，人民检察院作出的拘留决定，应当送达公安机关执行，公安机关应当立即执行，人民检察院可以协助公安机关执行。

4. 对被拘留的犯罪嫌疑人，发现不应当拘留的，应当立即释放；依法可以取保候审或者监视居住的，按照《人民检察院刑事诉讼规则（试行）》的有关规定办理取保候审或者监视居住手续。对被拘留的犯罪嫌疑人，需要逮捕的，按照《人民检察院刑事诉讼规则（试行）》的有关规定办理逮捕手续；决定不予逮捕的，应当及时变更强制措施。

5. 犯罪嫌疑人有违反取保候审、监视居住规定的行为，需要对其予以逮捕的，可以先行拘留。取保候审、监视居住变更为拘留的，在变更的同时原强制措施自动解除，不再办理解除法律手续。

6. 人民检察院依法对有犯罪嫌疑的政协委员采取刑事拘留、逮捕强制措施前，应向该委员所在的政协党组通报情况；情况紧急的，可同时或事后及时通报，以利于政协党组及时掌握情况，采取相应的配合措施，保证案件的顺利查处。

7. 对于需要确认外国籍犯罪嫌疑人身份的，应当按照我国和该犯罪嫌疑人所称的国籍国签订的有关司法协助条约、国际公约的规定，或者通过外交途径、国际刑警组织渠道查明其身份。

【文书与说明】

1. 拘留决定书

人民检察院
拘留决定书
（存　根）

检　拘〔　〕　号

案由______
犯罪嫌疑人基本情况（姓名、性别、年龄、工作单位、住址、身份证号码、是否人大代表、政协委员）______
______
拘留原因______
批准人______
承办人______
填发人______
填发时间______

第一联 统一保存

检　拘〔　〕号

人民检察院
拘留决定书
（副　本）

检　拘〔　〕　号

犯罪嫌疑人______，性别______，生于____年____月____日，居住在______，因涉嫌______，根据《中华人民共和国刑事诉讼法》第一百六十三条的规定，本院决定对其刑事拘留，请即执行。

此致
______

年　月　日
（院　印）

第二联 附卷

检　拘〔　〕号

人民检察院
拘留决定书

检　拘〔　〕　号

犯罪嫌疑人______，性别____，生于____年____月____日，居住在______，因涉嫌______，根据《中华人民共和国刑事诉讼法》第一百六十三条的规定，本院决定对其刑事拘留，请即执行。

此致
______

年　月　日
（院　印）

是否属于限制律师会见的特殊案件：是☐ 否☐

第三联 送达执行机关

检　拘〔　〕号

人民检察院
拘留决定书
（回　执）

检　拘〔　〕　号

______人民检察院：

你院____年____月____日以______号拘留决定书决定拘留的犯罪嫌疑人______已于______年____月____日____时，由______执行拘留，并于______年____月____日____时送______看守所羁押。

特此通知

______

年　月　日
（公　章）

第四联 执行机关执行后退回附卷

2. 拘留通知书

人民检察院

拘留通知书

（存 根）

检 拘通〔 〕 号

案由______

犯罪嫌疑人______

拘留时间______

羁押处所______

家属姓名______

家属住址______

批准人______

承办人______

填发人______

填发时间______

第一联 统一保存

检 拘捕〔 〕号

人民检察院

拘留通知书

（副 本）

检 拘通〔 〕号

______：

犯罪嫌疑人______因涉嫌______，经本院决定，于______年___月___日___时被刑事拘留，现羁押于______看守所。

根据《中华人民共和国刑事诉讼法》第八十三条的规定，特此通知。

年 月 日

（院 印）

家属姓名______

地 址______

本通知书已收到。

家属签名

年 月 日 时

如在拘留 24 小时内无法通知的，请注明原因：______。

办案人：

年 月 日 时

第二联 附卷

检 拘捕〔 〕号

人民检察院

拘留通知书

检 拘通〔 〕 号

______：

犯罪嫌疑人______因涉嫌______，经本院决定，于______年___月___日___时被刑事拘留，现羁押于______看守所。

根据《中华人民共和国刑事诉讼法》第八十三条的规定，特此通知。

年 月 日

（院 印）

家属姓名______

地 址______

本通知书已收到。

家属签名

年 月 日 时

如在拘留 24 小时内无法通知的，请注明原因：______。

办案人：

年 月 日 时

第三联 送达被拘留人家属

3. 拘留人大代表报告书

人民检察院

拘留人大代表报告书

（存　根）

检　拘代〔　〕　号

案由＿＿＿＿＿＿＿＿

犯罪嫌疑人＿＿＿＿＿＿＿＿

性别＿＿＿＿年龄＿＿＿＿

工作单位＿＿＿＿＿＿＿＿

住址＿＿＿＿＿＿＿＿

身份证号码＿＿＿＿＿＿＿＿

犯罪嫌疑人系＿＿＿＿＿＿人大代表。

拘留时间＿＿＿＿＿＿＿＿

羁押处所＿＿＿＿＿＿＿＿

批准人＿＿＿＿＿＿＿＿

承办人＿＿＿＿＿＿＿＿

填发人＿＿＿＿＿＿＿＿

填发时间＿＿＿＿＿＿＿＿

第一联 统一保存

检　拘代〔　〕号

人民检察院

拘留人大代表报告书

（副　本）

检　拘代〔　〕　号

＿＿＿＿＿＿：

犯罪嫌疑人＿＿＿＿＿＿因涉嫌＿＿＿＿，根据《中华人民共和国刑事诉讼法》第一百六十三条的规定，依法对其拘留。因该犯罪嫌疑人系本届人大代表，根据《中华人民共和国全国人民代表大会和地方各级人民代表大会代表法》第三十二条的规定，特此报告。

年　月　日

（院　印）

第二联 附卷

检　拘代〔　〕号

人民检察院

拘留人大代表报告书

检　拘代〔　〕　号

＿＿＿＿＿＿：

犯罪嫌疑人＿＿＿＿＿＿因涉嫌＿＿＿＿，根据《中华人民共和国刑事诉讼法》第一百六十三条的规定，依法对其拘留。因该犯罪嫌疑人系本届人大代表，根据《中华人民共和国全国人民代表大会和地方各级人民代表大会代表法》第三十二条的规定，特此报告。

年　月　日

（院　印）

第三联 报送人大主席团或常委会

职务犯罪侦查办案一本通

文书制作说明

拘留决定书制作说明

一、本文书依据《刑事诉讼法》第一百六十三条的规定制作。为人民检察院依法决定对犯罪嫌疑人采取拘留措施时使用。

二、本文书共四联，第一联统一保存备查，第二联附卷，第三联送达执行机关，第四联执行机关执行后退回附卷。

拘留通知书制作说明

一、本文书依据《刑事诉讼法》第八十三条第二款的规定制作。为人民检察院对犯罪嫌疑人采取拘留措施后，通知其家属时使用。

二、因无法通知的情形不能在二十四小时内通知的，应当报告检察长，并写明原因附卷。

三、本文书共三联，第一联统一保存备查，第二联附卷，第三联送达被拘留人家属。

拘留人大代表报告书制作说明

一、本文书依据《中华人民共和国全国人民代表大会和地方各级人民代表大会代表法》第三十二条的规定制作。为人民检察院因现行犯拘留担任县级以上各级人民代表大会代表的犯罪嫌疑人而向其所属的人民代表大会主席团或常务委员会报告时使用。

二、本文书共三联，第一联统一保存备查；第二联附卷，作出拘留决定的人民检察院委托该被拘留人大代表所属的人民代表大会同级的人民检察院报告的，受委托报告的人民检察院应当将本文书第二联复印一份送交作出拘留决定的人民检察院；第三联报送人民代表大会主席团或常务委员会。

【办案依据】

1.《中华人民共和国刑事诉讼法（2012年修正）》（节录）

第三条　对刑事案件的侦查、拘留、执行逮捕、预审，由公安机关负责。检察、批准逮捕、检察机关直接受理的案件的侦查、提起公诉，由人民检察院负责。审判由人民法院负责。除法律特别规定的以外，其他任何机关、团体和个人都无权行使这些权力。

人民法院、人民检察院和公安机关进行刑事诉讼，必须严格遵守本法和其他法律的有关规定。

第六十九条　被取保候审的犯罪嫌疑人、被告人应当遵守以下规定：

（一）未经执行机关批准不得离开所居住的市、县；

（二）住址、工作单位和联系方式发生变动的，在二十四小时以内向执行机关报告；

（三）在传讯的时候及时到案；

（四）不得以任何形式干扰证人作证；

（五）不得毁灭、伪造证据或者串供。

人民法院、人民检察院和公安机关可以根据案件情况，责令被取保候审的犯罪嫌疑人、被告人遵守以下一项或者多项规定：

（一）不得进入特定的场所；

（二）不得与特定的人员会见或者通信；

（三）不得从事特定的活动；

（四）将护照等出入境证件、驾驶证件交执行机关保存。

被取保候审的犯罪嫌疑人、被告人违反前两款规定，已交纳保证金的，没收部分或者全部保证金，并且区别情形，责令犯罪嫌疑人、被告人具结悔过，重新交纳保证金、提出保证人，或者监视居住、予以逮捕。

对违反取保候审规定，需要予以逮捕的，可以对犯罪嫌疑人、被告人先行拘留。

第七十五条　被监视居住的犯罪嫌疑人、被告人应当遵守以下规定：

（一）未经执行机关批准不得离开执行监视居住的处所；

（二）未经执行机关批准不得会见他人或者通信；

（三）在传讯的时候及时到案；

（四）不得以任何形式干扰证人作证；

（五）不得毁灭、伪造证据或者串供；

（六）将护照等出入境证件、身份证件、驾驶证件交执行机关保存。

被监视居住的犯罪嫌疑人、被告人违反前款规定，情节严重的，可以予以逮捕；需要予以逮捕的，可以对犯罪嫌疑人、被告人先行拘留。

第八十条　公安机关对于现行犯或者重大嫌疑分子，如果有下列情形之一的，可以先行拘留：

（一）正在预备犯罪、实行犯罪或者在犯罪后即时被发觉的；

（二）被害人或者在场亲眼看见的人指认他犯罪的；

（三）在身边或者住处发现有犯罪证据的；

（四）犯罪后企图自杀、逃跑或者在逃的；

（五）有毁灭、伪造证据或者串供可能的；

（六）不讲真实姓名、住址，身份不明的；

（七）有流窜作案、多次作案、结伙作案重大嫌疑的。

第八十一条　公安机关在异地执行拘留、逮捕的时候，应当通知被拘留、逮捕人所在地的公安机关，被拘留、逮捕人所在地的公安机关应当予以配合。

第八十三条　公安机关拘留人的时候，必须出示拘留证。

拘留后，应当立即将被拘留人送看守所羁押，至迟不得超过二十四小时。除无法通知或者涉嫌危害国家安全犯罪、恐怖活动犯罪通知可能有碍侦查的情形以外，应当在拘留后二十四小时以内，通知被拘留人的家属。有碍侦查的情形消失以后，应当立即通知被拘留人的家属。

第八十四条　公安机关对被拘留的人，应当在拘留后的二十四小时以内进行讯问。在发现不应当拘留的时候，必须立即释放，发给释放证明。

第一百六十三条　人民检察院直接受理的案件中符合本法第七十九条、第八十条第四项、第五项规定情形，需要逮捕、拘留犯罪嫌疑人的，由人民检察院作出决定，由公安机关执行。

第一百六十四条　人民检察院对直接受理的案件中被拘留的人，应当在拘留后的二十四小时以内进行讯问。在发现不应当拘留的时候，必须立即释放，发给释放证明。

第一百六十五条　人民检察院对直接受理的案件中被拘留的人，认为需要逮捕的，应当在十四日以内作出决定。在特殊情况下，决定逮捕的时间可以延长一日至三日。对不需要逮捕的，应当立即释放；对需要继续侦查，并且符合取保候审、监视居住条件的，依法取保候审或者监视居住。

2.《人民检察院刑事诉讼规则（试行）》（2012年10月16日由最高人民检察院第十一届检察委员会第八十次会议第二次修订）（节录）

第四节　拘　　留

第一百二十九条　人民检察院对于有下列情形之一的犯罪嫌疑人，可以决定拘留：

（一）犯罪后企图自杀、逃跑或者在逃的；

（二）有毁灭、伪造证据或者串供可能的。

第一百三十条　人民检察院拘留犯罪嫌疑人的时候，必须出示拘留证。

拘留犯罪嫌疑人，应当由办案人员提出意见，部门负责人审核，检察长决定。

第一百三十一条　人民检察院作出拘留决定后，应当将有关法律文书和案由、犯罪嫌疑人基本情况的材料送交同级公安机关执行。必要时人民检察院可以协助公安机关执行。

拘留后，应当立即将被拘留人送看守所羁押，至迟不得超过二十四小时。

第一百三十二条　担任县级以上人民代表大会代表的犯罪嫌疑人因现行犯被拘留的，人民检察院应当立即向该代表所属的人民代表大会主席团或者常务委员会报告；因为其他情形需要拘留的，人民检察院应当报请该代表所属的人民代表大会主席团或者常务委员会许可。

人民检察院拘留担任本级人民代表大会代表的犯罪嫌疑人，直接向本级人民代表大会主席团或常务委员会报告或者报请许可。

拘留担任上级人民代表大会代表的犯罪嫌疑人，应当立即层报该代表所属的人民代表大会同级的人民检察院报告或者报请许可。

拘留担任下级人民代表大会代表的犯罪嫌疑人，可以直接向该代表所属的人民代表大会主席团或者常务委员会报告或者报请许可，也可以委托该代表所属的人民代表大会同级的人民检察院报告或者报请许可；拘留担任乡、民族乡、镇的人民代表大会代表的犯罪嫌疑人，由县级人民检察院报告乡、民族乡、镇的人民代表大会。

拘留担任两级以上人民代表大会代表的犯罪嫌疑人，分别按照本条第二、三、四款的规定报告或者报请许可。

拘留担任办案单位所在省、市、县（区）以外的其他地区人民代表大会代表的犯罪嫌疑人，应当委托该代表所属的人民代表大会同级的人民检察院报告或者报请许可；担任两级以上人民代表大会代表的，应当分别委托该代表所属的人民代表大会同级的人民检察院报告或者报请许可。

第一百三十三条 对犯罪嫌疑人拘留后，除无法通知的以外，人民检察院应当在二十四小时以内，通知被拘留人的家属。

无法通知的，应当向检察长报告，并将原因写明附卷。无法通知的情形消除后，应当立即通知其家属。

无法通知包括以下情形：

（一）被拘留人无家属的；

（二）与其家属无法取得联系的；

（三）受自然灾害等不可抗力阻碍的。

第一百三十四条 对被拘留的犯罪嫌疑人，应当在拘留后的二十四小时以内进行讯问。

第一百三十五条 对被拘留的犯罪嫌疑人，发现不应当拘留的，应当立即释放；依法可以取保候审或者监视居住的，按照本规则的有关规定办理取保候审或者监视居住手续。

对被拘留的犯罪嫌疑人，需要逮捕的，按照本规则的有关规定办理逮捕手续；决定不予逮捕的，应当及时变更强制措施。

第一百三十六条 人民检察院拘留犯罪嫌疑人的羁押期限为十四日，特殊情况下可以延长一日至三日。

第一百三十七条 公民将正在实行犯罪或者在犯罪后即被发觉的、通缉在案的、越狱逃跑的、正在被追捕的犯罪嫌疑人或者犯罪人扭送到人民检察院的，人民检察院应当予以接受，并且根据具体情况决定是否采取相应的紧急措施。对于不属于自己管辖的，应当移送主管机关处理。

第一百三十八条 犯罪嫌疑人及其法定代理人、近亲属或者辩护人认为人民检察院对拘留的犯罪嫌疑人法定羁押期限届满，向人民检察院提出释放犯罪嫌疑人或者变更拘留措施要求的，人民检察院侦查部门应当在三日以内审查完毕。

侦查部门经审查认为法定期限届满的，应当提出释放犯罪嫌疑人或者变更强制措施的意见，经检察长批准后，通知公安机关执行；经审查认为未满法定期限的，书面答复申诉人。

侦查部门应当将审查结果同时书面通知本院监所检察部门。

第一百条 犯罪嫌疑人有下列违反取保候审规定的行为，人民检察院应当对犯罪嫌疑人予以逮捕：

（一）故意实施新的犯罪的；

（二）企图自杀、逃跑，逃避侦查、审查起诉的；

（三）实施毁灭、伪造证据，串供或者干扰证人作证，足以影响侦查、审查起诉工作正常进行的；

（四）对被害人、证人、举报人、控告人及其他人员实施打击报复的。

犯罪嫌疑人有下列违反取保候审规定的行为，人民检察院可以对犯罪嫌疑人予以逮捕：

（一）未经批准，擅自离开所居住的市、县，造成严重后果，或者两次未经批准，擅自离开所居住的市、县的；

（二）经传讯不到案，造成严重后果，或者经两次传讯不到案的；

（三）住址、工作单位和联系方式发生变动，未在二十四小时以内向公安机关报告，造成严重后果的；

（四）违反规定进入特定场所、与特定人员会见或者通信、从事特定活动，严重妨碍诉讼程序正常进行的。

需要对上述犯罪嫌疑人予以逮捕的，可以先行拘留；已交纳保证金的，同时书面通知公安机关没收保证金。

第一百二十一条　犯罪嫌疑人有下列违反监视居住规定的行为，人民检察院应当对犯罪嫌疑人予以逮捕：

（一）故意实施新的犯罪行为的；

（二）企图自杀、逃跑，逃避侦查、审查起诉的；

（三）实施毁灭、伪造证据或者串供、干扰证人作证行为，足以影响侦查、审查起诉工作正常进行的；

（四）对被害人、证人、举报人、控告人及其他人员实施打击报复的。

犯罪嫌疑人有下列违反监视居住规定的行为，人民检察院可以对犯罪嫌疑人予以逮捕：

（一）未经批准，擅自离开执行监视居住的处所，造成严重后果，或者两次未经批准，擅自离开执行监视居住的处所的；

（二）未经批准，擅自会见他人或者通信，造成严重后果，或者两次未经批准，擅自会见他人或者通信的；

（三）经传讯不到案，造成严重后果，或者经两次传讯不到案的。

需要对上述犯罪嫌疑人予以逮捕的，可以先行拘留。

第一百四十九条　取保候审变更为监视居住，或者取保候审、监视居住变更为拘留、逮捕的，在变更的同时原强制措施自动解除，不再办理解除法律手续。

第二百二十四条　在执行逮捕、拘留的时候，遇有下列紧急情况之一，不另用搜查证也可以进行搜查：

（一）可能随身携带凶器的；

（二）可能隐藏爆炸、剧毒等危险物品的；

（三）可能隐匿、毁弃、转移犯罪证据的；

（四）可能隐匿其他犯罪嫌疑人的；

（五）其他紧急情况。

搜查结束后，搜查人员应当在二十四小时内向检察长报告，及时补办有关手续。

3. 最高人民法院、最高人民检察院、公安部、国家安全部、司法部、全国人大常委会法制工作委员会《关于实施刑事诉讼法若干问题的规定》（2012年12月26日）（节录）

16. 刑事诉讼法规定，拘留由公安机关执行。对于人民检察院直接受理的案件，人民检察院作出的拘留决定，应当送达公安机关执行，公安机关应当立即执行，人民检察院可以协助公安机关执行。

4. 最高人民检察院、公安部《关于适用刑事强制措施有关问题的规定》（2000年8月28日　高检会〔2000〕2号）（节录）

第十八条　人民检察院直接立案侦查的案件，需要拘留犯罪嫌疑人的，应当依法作出拘留决定，并将有关法律文书和有关案由、犯罪嫌疑人基本情况的材料送交同级公安机关执行。

第十九条　公安机关核实有关法律文书和材料后，应当报请县级以上公安机关负责人签发拘留证，并立即派员执行，人民检察院可以协助公安机关执行。

第二十条 人民检察院对于符合刑事诉讼法第六十一条第（四）项或者第（五）项规定情形的犯罪嫌疑人，因情况紧急，来不及办理拘留手续的，可以先行将犯罪嫌疑人带至公安机关，同时立即办理拘留手续。

第二十一条 公安机关拘留犯罪嫌疑人后，应当立即将执行回执送达作出拘留决定的人民检察院。人民检察院应当在拘留后的二十四小时以内对犯罪嫌疑人进行讯问。除有碍侦查或者无法通知的情形以外，人民检察院还应当把拘留的原因和羁押的处所，在二十四小时以内，通知被拘留人的家属或者他的所在单位。

公安机关未能抓获犯罪嫌疑人的，应当在二十四小时以内，将执行情况和未能抓获犯罪嫌疑人的原因通知作出拘留决定的人民检察院。对于犯罪嫌疑人在逃的，在人民检察院撤销拘留决定之前，公安机关应当组织力量继续执行，人民检察院应当及时向公安机关提供新的情况和线索。

第二十二条 人民检察院对于决定拘留的犯罪嫌疑人，经检察长或者检察委员会决定不予逮捕的，应当通知公安机关释放犯罪嫌疑人，公安机关接到通知后应当立即释放；需要逮捕而证据还不充足的，人民检察院可以变更为取保候审或者监视居住，并通知公安机关执行。

第二十三条 公安机关对于决定拘留的犯罪嫌疑人，经审查认为需要逮捕的，应当在法定期限内提请同级人民检察院审查批准。犯罪嫌疑人不讲真实姓名、住址，身份不明的，拘留期限自查清其真实身份之日起计算。对于有证据证明有犯罪事实的，也可以按犯罪嫌疑人自报的姓名提请人民检察院批准逮捕。

对于需要确认外国籍犯罪嫌疑人身份的，应当按照我国和该犯罪嫌疑人所称的国籍国签订的有关司法协助条约、国际公约的规定，或者通过外交途径、国际刑警组织渠道查明其身份。如果确实无法查清或者有关国家拒绝协助的，只要有证据证明有犯罪事实，可以按照犯罪嫌疑人自报的姓名提请人民检察院批准逮捕。侦查终结后，对于犯罪事实清楚，证据确实、充分的，也可以按其自报的姓名移送人民检察院审查起诉。

5. 公安部《公安机关办理刑事案件程序规定》（2012 年 12 月 13 日）（节录）

第一百二十八条 人民检察院决定拘留犯罪嫌疑人的，由县级以上公安机关凭人民检察院送达的决定拘留的法律文书制作拘留证并立即执行。必要时，可以请人民检察院协助。拘留后，应当及时通知人民检察院。

公安机关未能抓获犯罪嫌疑人的，应当将执行情况和未能抓获犯罪嫌疑人的原因通知作出拘留决定的人民检察院。对于犯罪嫌疑人在逃的，在人民检察院撤销拘留决定之前，公安机关应当组织力量继续执行。

6. 中共中央政法委员会《关于对政协委员采取刑事拘留、逮捕强制措施应向所在政协党组通报情况的通知》（1996 年 7 月 18 日）

为了保障政协组织充分发挥职能作用，维护各级政协委员的合法权益，调动他们参政议政的积极性，进一步做好统战工作，今后各级公安机关、国家安全机关、人民检察院、人民法院依法对有犯罪嫌疑的政协委员采取刑事拘留、逮捕强制措施前，应向该委员所在的政协党组通报情况；情况紧急的，可同时或事后及时通报，以利于政协党组及时掌握情况，采取相应的配合措施，保证案件的顺利查处。

7. 最高人民检察院《关于检察机关反贪污贿赂工作若干问题的决定》（1999 年 11 月 8 日　高检发〔1999〕27 号）（节录）

9. 人民检察院办理贪污贿赂案件决定采取取保候审、监视居住、拘留、逮捕强制措施的，依法由公安机关执行。检察机关可以派员协助公安机关执行并提供有关情况。紧急情况下，可以对符合逮捕、拘留条件的犯罪嫌疑人先行采取必要的措施，并及时通知公安机关执行强制措施。犯罪嫌疑人潜逃的，未立案的应当依法立案，符合逮捕条件的应决定逮捕，请公安机关办理边控、通缉，并协助公安机关做好抓捕工作。要及时掌握贪污贿赂犯罪嫌疑人在逃情况，并逐级上报，商公安机关纳入追捕逃犯信息系统，有选择地在因特网和其他新闻媒体上发布。

8. 最高人民检察院《关于严格执行人民代表大会代表执行职务司法保障规定的通知》（1994 年 6 月 22 日　高检法研字〔1994〕7 号）（节录）

一、人大代表代表人民的利益和意志，依照宪法和法律赋予本级人民代表大会的职权，参加行使国家权力。人民检察院要依法为人大代表执行代表职务提供司法保障，对于非法拘禁人大代表或以其他方法非法剥夺人大代表人身自由的，以暴力、威胁方法阻碍代表依法执行代表职务的，国家工作人员对人大代表依法执行代表职务进行打击报复构成犯罪的，应当严肃追究有关人员的法律责任。在办案中，遇有违反法律规定限制人大代表人身自由情形时，应当及时予以纠正，切实保障人大代表依法行使职权。

二、审查公安机关、安全机关提请批准逮捕的刑事案件被告人为县级以上人大代表时，经审查符合逮捕条件的，应当按照《中华人民共和国全国人民代表大会和地方各级人民代表大会代表法》第三十条的规定报告并经许可后再办理批捕手续。

三、各级人民检察院直接立案侦查的刑事案件，依法需要对本级人大代表决定采取逮捕，或者监视居住、取保候审、拘传等限制人身自由措施的，应当报经同级人民代表大会主席团或人民代表大会常务委员会许可。

各级人民检察院办理直接立案侦查的案件，对人大代表依法拘留的，应当由执行拘留的机关立即向该代表所属的人民代表大会主席团或者常务委员会报告。

四、各级人民检察院办理本级人大代表的案件，依法决定立案、决定提起公诉、免予起诉、不予起诉或撤销案件决定的，应当向本级人民代表大会主席团或人民代表大会常务委员会通报。

五、办理上级人大代表的案件，需要履行本通知第二、三、四条程序的，应当层报人大代表所属人民代表大会同级的人民检察院办理。

办理下级人大代表的案件，需要履行本通知第二、三、四条程序的，可以自行直接办理，也可以委托人大代表所属人民代表大会同级的人民检察院办理。

对于乡、民族乡、镇的人民代表大会代表依法决定或者批准逮捕，采取监视居住、取保候审、拘传等限制人身自由的措施，由人民检察院执行的，应当由县级人民检察院或上级人民检察院委托县级人民检察院立即报告乡、民族乡、镇的人民代表大会。

六、各级人民检察院办理有关人大代表的案件应报上一级人民检察院及人民代表所属的人民代表大会同级的人民检察院备案。

七、各级人民检察院在办理有关人大代表的案件中，遇到执行法律方面的问题，要及时层报最高人民检察院。

（五）逮　　捕

逮捕是公安机关、人民检察院、人民法院为防止犯罪嫌疑人、被告人逃避侦查、起诉和审判，进行妨碍刑事诉讼的行为，或者发生社会危险，而依法剥夺其人身自由，并将其羁押的一种强制措施。

在职务犯罪侦查过程中，正确、及时有效地使用逮捕能有效地防止犯罪嫌疑人串供、毁灭或伪造证据、自杀、逃跑，有助于全面收集证据、查明案件事实，保证侦查的顺利进行。但由于逮捕是一种最为严厉的侦查措施，剥夺了犯罪嫌疑人的人身自由，而且持续的时间相对较长，因此必须慎重，坚持“少捕”、“慎捕”的原则，防止错捕和滥捕。

【主要程序】

1. 省级以下（不含省级）人民检察院直接受理立案侦查案件的逮捕程序

（1）省级以下（不含省级）人民检察院直接受理立案侦查的案件，需要逮捕犯罪嫌疑人的，应当报请上一级人民检察院审查决定。监所、林业等派出人民检察院立案侦查的案件，需要逮捕犯罪嫌疑人的，应当报请上一级人民检察院审查决定。

（2）下级人民检察院报请审查逮捕的案件，由侦查部门制作报请逮捕书，报检察长或者检察委员会审批后，连同案卷材料、讯问犯罪嫌疑人录音、录像一并报上一级人民检察院审查，报请逮捕时应当说明犯罪嫌疑人的社会危险性并附相关证据材料。

侦查部门报请审查逮捕时，应当同时将报请情况告知犯罪嫌疑人及其辩护律师。

（3）犯罪嫌疑人已被拘留的，下级人民检察院侦查部门应当在拘留后7日以内报上一级人民检察院审查逮捕。上一级人民检察院应当在收到报请逮捕书后7日以内作出是否逮捕的决定，特殊情况下，决定逮捕的时间可以延长1日至3日。犯罪嫌疑人未被拘留的，上一级人民检察院应当在收到报请逮捕书后15日以内作出是否逮捕决定，重大、复杂的案件，不得超过20日。

报送案卷材料、送达法律文书的路途时间计算在上一级人民检察院审查逮捕期限以内。

（4）对于重大、疑难、复杂的案件，下级人民检察院侦查部门可以提请上一级人民检察院侦查监督部门和本院侦查监督部门派员介入侦查，参加案件讨论。上一级人民检察院侦查监督部门和下级人民检察院侦查监督部门认为必要时，可以报经检察长批准，派员介入侦查，对收集证据、适用法律提出意见，监督侦查活动是否合法。

（5）上一级人民检察院经审查，对符合《人民检察院刑事诉讼规则（试行）》第 305 条规定情形的，应当讯问犯罪嫌疑人。讯问时，按照《人民检察院刑事诉讼规则（试行）》第 307 条的规定进行。

对未被拘留的犯罪嫌疑人，讯问前应当征求下级人民检察院侦查部门的意见。

讯问犯罪嫌疑人，可以当面讯问，也可以通过视频讯问。通过视频讯问的，上一级人民检察院应当制作笔录附卷。下级人民检察院应当协助做好提押、讯问笔录核对、签字等工作。

因交通、通讯不便等原因，不能当面讯问或者视频讯问的，上一级人民检察院可以拟定讯问提纲，委托下级人民检察院侦查监督部门进行讯问。下级人民检察院应当及时将讯问笔录报送上一级人民检察院。

（6）对已被拘留的犯罪嫌疑人，上一级人民检察院拟不讯问的，应当向犯罪嫌疑人送达听取犯罪嫌疑人意见书。因交通不便等原因不能及时送达的，可以委托下级人民检察院侦查监督部门代为送达。下级人民检察院应当及时回收意见书，并报上一级人民检察院。经审查发现应当讯问犯罪嫌疑人的，应当及时讯问。

（7）上一级人民检察院决定逮捕的，应当将逮捕决定书连同案卷材料一并交下级人民检察院，由下级人民检察院通知同级公安机关执行。必要时，下级人民检察院可以协助执行。

下级人民检察院应当在公安机关执行逮捕 3 日以内，将执行回执报上一级人民检察院。

上一级人民检察院作出逮捕决定的，可以对收集证据、适用法律提出意见。

（8）上一级人民检察院决定不予逮捕的，应当将不予逮捕决定书连同案卷材料一并交下级人民检察院，同时书面说明不予逮捕的理由。犯罪嫌疑人已被拘留的，下级人民检察院应当通知公安机关立即释放，并报上一级人民检察院；案件需要继续侦查，犯罪嫌疑人符合取保候审、监视居住条件的，由下级人民检察院依法决定取保候审或者监视居住。

上一级人民检察院作出不予逮捕决定，认为需要补充侦查的，应当制作补充侦查提纲，送达下级人民检察院侦查部门。

（9）对应当逮捕而下级人民检察院未报请逮捕的犯罪嫌疑人，上一级人民检察院应当通知下级人民检察院报请逮捕犯罪嫌疑人。下级人民检察院不同意报请逮捕犯罪嫌疑人的，应当说明理由。经审查理由不成立的，上一级人民检察院可以依法作出逮捕决定。

（10）决定逮捕后，应当立即将被逮捕人送看守所羁押。除无法通知的以外，下级人民检察院侦查部门应当把逮捕的原因和羁押的处所，在 24 小时以内通知被逮捕人的家属。对于无法通知的，在无法通知的情形消除后，应当立即通知其家属。

（11）对被逮捕的犯罪嫌疑人，下级人民检察院侦查部门应当在逮捕后24小时以内进行讯问。

下级人民检察院在发现不应当逮捕的时候，应当立即释放犯罪嫌疑人或者变更强制措施，并向上一级人民检察院报告。

对已被释放或者变更为其他强制措施的犯罪嫌疑人，又发现需要逮捕的，应当重新报请审查逮捕。

（12）对被逮捕的犯罪嫌疑人，作出逮捕决定的人民检察院发现不应当逮捕的，应当撤销逮捕决定，并通知下级人民检察院送达同级公安机关执行，同时向下级人民检察院说明撤销逮捕的理由。

（13）下级人民检察院认为上一级人民检察院作出的不予逮捕决定有错误的，应当在收到不予逮捕决定书后5日以内报请上一级人民检察院重新审查，但是必须将已被拘留的犯罪嫌疑人立即释放或者变更为其他强制措施。

上一级人民检察院侦查监督部门在收到报请重新审查逮捕意见书和案卷材料后，应当另行指派办案人员审查，在7日以内作出是否变更的决定。

（14）基层人民检察院，分、州、市人民检察院对直接受理立案侦查的案件进行审查起诉时，发现需要逮捕犯罪嫌疑人的，应当报请上一级人民检察院审查决定逮捕。

报请工作由公诉部门负责。

（15）需要逮捕担任各级人民代表大会代表的犯罪嫌疑人的，下级人民检察院侦查部门应当按照《人民检察院刑事诉讼规则（试行）》第146条的规定报请许可，在获得许可后，向上一级人民检察院报请逮捕。

2. 最高人民检察院、省级人民检察院直接受理立案侦查案件的逮捕程序

（1）最高人民检察院、省级人民检察院办理直接受理立案侦查的案件，需要逮捕犯罪嫌疑人的，由侦查部门填写逮捕犯罪嫌疑人意见书，连同案卷材料、讯问犯罪嫌疑人录音、录像一并移送本院侦查监督部门审查。犯罪嫌疑人已被拘留的，侦查部门应当在拘留后7日以内将案件移送本院侦查监督部门审查。

（2）对本院侦查部门移送审查逮捕的案件，犯罪嫌疑人已被拘留的，应当在侦查监督部门收到逮捕犯罪嫌疑人意见书后的7日以内，由检察长或者检察委员会决定是否逮捕，特殊情况下，决定逮捕的时间可以延长1日至3日；犯罪嫌疑人未被拘留的，应当在侦查监督部门收到逮捕犯罪嫌疑人意见书后的15日以内由检察长或者检察委员会决定是否逮捕，重大、复杂的案件，不得超过20日。

（3）对本院侦查部门移送审查逮捕的犯罪嫌疑人，经检察长或者检察委员会决定逮捕的，侦查监督部门应当将逮捕决定书连同案卷材料、讯问犯罪嫌疑人录音、录像送交侦查部门，由侦查部门通知公安机关执行，必要时人民检察院可以协助执行，并可以对收集证据、适用法律提出意见。

（4）对本院侦查部门移送审查逮捕的犯罪嫌疑人，经检察长或者检察委员会决定不予逮捕的，侦查监督部门应当将不予逮捕的决定连同案卷材料、讯问犯罪嫌疑人录音、录像移交侦查部门。犯罪嫌疑人已被拘留的，侦查部门应当通知公安机关立即释放。

（5）对应当逮捕而本院侦查部门未移送审查逮捕的犯罪嫌疑人，侦查监督部门应当向侦查部门提出移送审查逮捕犯罪嫌疑人的建议。如果建议不被采纳，侦查监督部门可以报请检察长提交检察委员会决定。

（6）最高人民检察院、省级人民检察院办理直接受理立案侦查的案件，逮捕犯罪嫌疑人后，应当立即将被逮捕人送看守所羁押。除无法通知的以外，侦查部门应当把逮捕的原因和羁押的处所，在24小时以内通知被逮捕人的家属。对于无法通知的，在无法通知的情形消除后，应当立即通知其家属。

（7）最高人民检察院、省级人民检察院办理直接受理立案侦查的案件，对被逮捕的犯罪嫌疑人，侦查部门应当在逮捕后24小时以内进行讯问。

发现不应当逮捕的，应当经检察长批准，撤销逮捕决定或者变更为其他强制措施，并通知公安机关执行，同时通知侦查监督部门。

对按照前述规定被释放或者被变更逮捕措施的犯罪嫌疑人，又发现需要逮捕的，应当重新移送审查逮捕。

（8）最高人民检察院、省级人民检察院办理直接受理立案侦查的案件，已经作出不予逮捕的决定，又发现需要逮捕犯罪嫌疑人的，应当重新办理逮捕手续。

3. 逮捕担任人大代表的犯罪嫌疑人的报请程序

（1）人民检察院对担任本级人民代表大会代表的犯罪嫌疑人批准或者决定逮捕，应当报请本级人民代表大会主席团或者常务委员会许可。报请许可手续的办理由侦查机关负责。

（2）对担任上级人民代表大会代表的犯罪嫌疑人批准或者决定逮捕，应当层报该代表所属的人民代表大会同级的人民检察院报请许可。

（3）对担任下级人民代表大会代表的犯罪嫌疑人批准或者决定逮捕，可以直接报请该代表所属的人民代表大会主席团或者常务委员会许可，也可以委托该代表所属的人民代表大会同级的人民检察院报请许可；对担任乡、民族乡、镇的人民代表大会代表的犯罪嫌疑人批准或者决定逮捕，由县级人民检察院报告乡、民族乡、镇的人民代表大会。

（4）对担任两级以上的人民代表大会代表的犯罪嫌疑人批准或者决定逮捕，分别依照《人民检察院刑事诉讼规则（试行）》第146条第1、2、3款的规定报请许可。

（5）对担任办案单位所在省、市、县（区）以外的其他地区人民代表大会代表的犯罪嫌疑人批准或者决定逮捕，应当委托该代表所属的人民代表大会同级的人民检察院报请许可；担任两级以上人民代表大会代表的，应当分别委托该代表所属的人民代表大会同级的人民检察院报请许可。

4. 逮捕条件

（1）人民检察院对有证据证明有犯罪事实，可能判处徒刑以上刑罚的犯罪嫌疑人，采取取保候审尚不足以防止发生下列社会危险性的，应当予以逮捕：

①可能实施新的犯罪的，即犯罪嫌疑人多次作案、连续作案、流窜作案，其主观恶性、犯罪习性表明其可能实施新的犯罪，以及有一定证据证明犯罪嫌疑人已经开始策划、预备实施犯罪的；

②有危害国家安全、公共安全或者社会秩序的现实危险的，即有一定证据证明或者有迹象表明犯罪嫌疑人在案发前或者案发后正在积极策划、组织或者预备实施危害国家安全、公共安全或者社会秩序的重大违法犯罪行为的；

③可能毁灭、伪造证据，干扰证人作证或者串供的，即有一定证据证明或者有迹象表明犯罪嫌疑人在归案前或者归案后已经着手实施或者企图实施毁灭、伪造证据，干扰证人作证或者串供行为的；

④有一定证据证明或者有迹象表明犯罪嫌疑人可能对被害人、举报人、控告人实施打击报复的；

⑤企图自杀或者逃跑的，即犯罪嫌疑人归案前或者归案后曾经自杀，或者有一定证据证明或者有迹象表明犯罪嫌疑人试图自杀或者逃跑的。

（2）有证据证明有犯罪事实是指同时具备下列情形：

①有证据证明发生了犯罪事实；

②有证据证明该犯罪事实是犯罪嫌疑人实施的；

③证明犯罪嫌疑人实施犯罪行为的证据已经查证属实的。

犯罪事实既可以是单一犯罪行为的事实，也可以是数个犯罪行为中任何一个犯罪行为的事实。

（3）对有证据证明有犯罪事实，可能判处10年有期徒刑以上刑罚的犯罪嫌疑人，应当批准或者决定逮捕。对有证据证明有犯罪事实，可能判处徒刑以上刑罚，犯罪嫌疑人曾经故意犯罪或者不讲真实姓名、住址，身份不明的，应当批准或者决定逮捕。

（4）人民检察院经审查认为被取保候审、监视居住的犯罪嫌疑人违反取保候审、监视居住规定的，依照《人民检察院刑事诉讼规则（试行）》第100条、第121条的规定办理。

（5）对实施多个犯罪行为或者共同犯罪案件的犯罪嫌疑人，符合《人民检察院刑事诉讼规则（试行）》第139条的规定，具有下列情形之一的，应当批准或者决定逮捕：

①有证据证明犯有数罪中的一罪的；

②有证据证明实施多次犯罪中的一次犯罪的；

③共同犯罪中，已有证据证明有犯罪事实的犯罪嫌疑人。

（6）对具有下列情形之一的犯罪嫌疑人，人民检察院应当作出不批准逮捕的决定或者不予逮捕：

①不符合《人民检察院刑事诉讼规则（试行）》第139条至第142条规定的逮捕条件的；

①具有刑事诉讼法第15条规定的情形之一的。

（7）犯罪嫌疑人涉嫌的罪行较轻，且没有其他重大犯罪嫌疑，具有以下情形之一的，可以作出不批准逮捕的决定或者不予逮捕：

①属于预备犯、中止犯，或者防卫过当、避险过当的；

②主观恶性较小的初犯，共同犯罪中的从犯、胁从犯，犯罪后自首、有立功表现或者积极退赃、赔偿损失、确有悔罪表现的；

③过失犯罪的犯罪嫌疑人，犯罪后有悔罪表现，有效控制损失或者积极赔偿损失的；

④犯罪嫌疑人与被害人双方根据刑事诉讼法的有关规定达成和解协议，经审查，认为和解系自愿、合法且已经履行或者提供担保的；

⑤犯罪嫌疑人系已满14周岁未满18周岁的未成年人或者在校学生，本人有悔罪表现，其家庭、学校或者所在社区、居民委员会、村民委员会具备监护、帮教条件的；

⑥年满75周岁以上的老年人。

（8）对符合刑事诉讼法第72条第1款规定的犯罪嫌疑人，人民检察院经审查认为不需要逮捕的，可以在作出不批准逮捕或者不予逮捕决定的同时，向侦查机关提出监视居住的建议。

5. 逮捕期限的延长和计算

（1）对犯罪嫌疑人逮捕后的侦查羁押期限不得超过2个月。基层人民检察院，分、州、市人民检察院和省级人民检察院直接受理立案侦查的案件，案情复杂、期限届满不能终结的案件，可以经上一级人民检察院批准延长1个月。

（2）基层人民检察院和分、州、市人民检察院直接受理立案侦查的案件，属于交通十分不便的边远地区的重大复杂案件、重大的犯罪集团案件、流窜作案的重大复杂案件和犯罪涉及面广、取证困难的重大复杂案件，在依照《人民检察院刑事诉讼规则（试行）》第274条规定的期限届满前不能侦查终结的，经省、自治区、直辖市人民检察院批准，可以延长2个月。

省级人民检察院直接受理立案侦查的案件，属于上述情形的，可以直接决定延长2个月。

（3）基层人民检察院和分、州、市人民检察院直接受理立案侦查的案件，对犯罪嫌疑人可能判处10年有期徒刑以上刑罚，依照《人民检察院刑事诉讼规则（试行）》第275条的规定依法延长羁押期限届满，仍不能侦查终结的，经省、自治区、直辖市人民检察院批准，可以再延长2个月。

省级人民检察院直接受理立案侦查的案件，属于上述情形的，可以直接决定再延长2个月。

（4）最高人民检察院直接受理立案侦查的案件，依照刑事诉讼法的规定需要延长侦查羁押期限的，直接决定延长侦查羁押期限。

（5）人民检察院直接立案侦查的案件，侦查部门认为需要延长侦查羁押期限的，应当按照《人民检察院刑事诉讼规则（试行）》第278条第1款的规定向本院侦查监督部门移送延长侦查羁押期限的意见及有关材料。

（6）人民检察院审查批准或者决定延长侦查羁押期限，由侦查监督部门办理。

受理案件的人民检察院侦查监督部门对延长侦查羁押期限的意见审查后，应当提出是否同意延长侦查羁押期限的意见，报检察长决定后，将侦查机关延长侦查羁押期限的意见和本院的审查意见层报有决定权的人民检察院审查决定。有决定权的人民检察院应当在侦查羁押期限届满前作出是否批准延长侦查羁押期限的决定，并交由受理案件的人民检察院侦查监督部门送达公安机关或者本院侦查部门。

（7）因为特殊原因，在较长时间内不宜交付审判的特别重大复杂的案件，由最高人民检察院报请全国人民代表大会常务委员会批准延期审理。

（8）人民检察院在侦查期间发现犯罪嫌疑人另有重要罪行的，自发现之日起依照《人民检察院刑事诉讼规则（试行）》第274条的规定重新计算侦查羁押期限。

另有重要罪行是指与逮捕时的罪行不同种的重大犯罪和同种的影响罪名认定、量刑档次的重大犯罪。

（9）人民检察院重新计算侦查羁押期限，应当由侦查部门提出重新计算侦查羁押期限的意见，移送本院侦查监督部门审查。侦查监督部门审查后应当提出是否同意重新计算侦查羁押期限的意见，报检察长决定。

（10）人民检察院直接受理立案侦查的案件，不能在法定侦查羁押期限内侦查终结的，应当依法释放犯罪嫌疑人或者变更强制措施。

6. 逮捕程序中的侦查监督

（1）人民检察院直接受理立案侦查的案件，侦查部门在移送或者报请审查逮捕时，应当向侦查监督部门移送全部讯问犯罪嫌疑人的录音、录像，未移送或移送不全的，侦查监督部门应当要求侦查部门补充移送。经要求仍未移送或者未全部移送的，应当将案件退回侦查部门。侦查监督部门审查逮捕时对取证合法性或者讯问笔录真实性等产生疑问的，可以审查相关的录音、录像；对于重大、疑难、复杂的案件，必要时可以审查全部录音、录像。

（2）经审查讯问犯罪嫌疑人录音、录像，发现侦查机关讯问不规范，讯问过程存在违法行为，录音、录像内容与讯问笔录不一致等情形的，应当逐一列明并向侦查机关书面提出，要求侦查机关予以纠正、补正或者书面作出合理解释。发现讯问笔录与讯问犯罪嫌疑人录音、录像内容有重大实质性差异的，或者侦查机关不能补正或者作出合理解释的，该讯问笔录不能作为批准逮捕或者决定逮捕的依据。

（3）人民检察院办理直接受理立案侦查的案件，侦查部门应当将决定、变更、撤销逮捕措施的情况书面通知本院监所检察部门。

【注意事项】

1. 决定逮捕后，应当立即将被逮捕人送看守所羁押。

2. 除无法通知的以外，侦查部门应当把逮捕的原因和羁押的处所，在 24 小时以内通知被逮捕人的家属。对于无法通知的，在无法通知的情形消除后，应当立即通知其家属。

3. 对被逮捕的犯罪嫌疑人，侦查部门应当在逮捕后 24 小时以内进行讯问。

4. 变更、撤销逮捕措施，必须严格按照法律规定的条件和程序进行，不得随意、私自变更、撤销逮捕措施。

5. 另有重要罪行是指与逮捕时的罪行不同种的重大犯罪和同种的影响罪名认定、量刑档次的重大犯罪。

【文书与说明】

1. 报请逮捕书

人民检察院

报 请 逮 捕 书

检　报捕〔　〕　号

××××：（上级人民检察院名称）

我院立案侦查的犯罪嫌疑人×××涉嫌×××一案，根据刑事诉讼法及其他有关规定，现报请你院审查决定逮捕。

犯罪嫌疑人×××（写姓名、性别、出生年月日、身份证号码、民族、政治面貌、籍贯、文化程度、单位、职务、住址、是否受过行政、刑事处罚、是否患有影响羁押的疾病、因本案被采取强制措施的情况及羁押场所，是否人大代表、政协委员，并写明是否已按照规定报请许可逮捕或者通报情况）。

犯罪嫌疑人×××涉嫌×××一案，×××（具体写明发案、立案、破案过程，犯罪嫌疑人归案情况）。

经依法侦查查明×××（概括叙述经侦查认定的犯罪事实。应围绕刑事诉讼法规定的逮捕条件，简明扼要叙述。对于只有一名犯罪嫌疑人的案件，犯罪嫌疑人实施多次犯罪的事实应逐一列举，同时触犯数个罪名的犯罪事实应按主次顺序分别列举；对于共同犯罪案件，按犯罪嫌疑人的主从顺序，写明犯罪嫌疑人的共同犯罪事实以及各自的地位和作用）。

认定上述事实及有社会危险性的证据如下：×××（分列证据，说明社会危险性）。

本院认为，犯罪嫌疑人（简单说明罪状），其行为已触犯《中华人民共和国刑法》第×××条的规定，涉嫌×××犯罪，符合逮捕条件，根据《中华人民共和国刑事诉讼法》第七十九条、第一百六十三条、第一百六十五条的规定，特报请你院审查决定逮捕。

年　　月　　日

（院　印）

附：1. 本案卷宗　　卷　　页。

2. 讯问犯罪嫌疑人录音、录像资料　　　份。

本文书一式两份，一份报上一级人民检察院，一份附卷。

2. 逮捕通知书

人民检察院

逮 捕 通 知 书

（存　根）

检　捕通〔　　〕号

案由＿＿＿＿＿＿

犯罪嫌疑人＿＿＿＿＿＿

逮捕时间＿＿＿＿＿＿

羁押处所＿＿＿＿＿＿

家属姓名＿＿＿＿＿＿

家属住址＿＿＿＿＿＿

批准人＿＿＿＿＿＿

承办人＿＿＿＿＿＿

填发人＿＿＿＿＿＿

填发时间＿＿＿＿＿＿

第一联 统一保存

检 捕通〔 〕号

人民检察院

逮 捕 通 知 书

（副　本）

检　捕通〔　　〕号

犯罪嫌疑人＿＿＿＿＿＿因涉嫌＿＿＿＿＿犯罪，经＿＿＿＿＿院决定，于＿＿年＿＿月＿＿日被依法逮捕，现羁押于＿＿＿＿＿＿看守所。

根据《中华人民共和国刑事诉讼法》第九十一条的规定，特此通知。

年　月　日

（院印）

第二联 侦查部门附卷

检 捕通〔 〕号

人民检察院

逮 捕 通 知 书

检　捕通〔　　〕号

犯罪嫌疑人＿＿＿＿＿＿因涉嫌＿＿＿＿＿＿犯罪，经＿＿＿＿＿＿院决定，于＿＿年＿＿月＿＿日被依法逮捕，现羁押于＿＿＿＿＿＿看守所。

根据《中华人民共和国刑事诉讼法》第九十一条的规定，特此通知。

年　月　日

（院印）

第三联 送达被逮捕人家属

3. 报请重新审查逮捕意见书

人民检察院

报请重新审查逮捕意见书

检　　重报捕〔　　〕　号

××××：（上级人民检察院名称）

你院以××××号不予逮捕决定书决定不予逮捕的犯罪嫌疑人×××涉嫌×××一案，本院认为：×××（写明犯罪嫌疑人的姓名，性别，出生年月日），有证据证明有下列犯罪事实：×××（围绕犯罪构成及情节写明犯罪嫌疑人实施的犯罪事实及主要证据，并说明其社会危险性）。

上述犯罪嫌疑人×××的行为已触犯《中华人民共和国刑法》第×××条的规定，涉嫌×××犯罪，符合逮捕条件，应当逮捕。根据《中华人民共和国刑事诉讼法》第七十九条、第一百六十三条的规定，特报请你院重新审查。

年　　月　　日

（院　印）

本文书一式二份，一份报上一级人民检察院，一份附卷。

4. 逮捕决定书

人民检察院
逮捕决定书
（存　根）

检　捕〔　　〕号

案由＿＿＿＿＿＿＿＿＿＿＿＿

犯罪嫌疑人基本情况（姓名、性别、年龄、工作单位、住址、身份证号码、是否为人大代表或政协委员）＿＿＿＿＿＿＿＿＿＿＿＿

＿＿＿＿＿＿＿＿＿＿＿＿

送达机关＿＿＿＿＿＿＿＿

批准人＿＿＿＿＿＿＿＿

承办人＿＿＿＿＿＿＿＿

填发人＿＿＿＿＿＿＿＿

填发时间＿＿＿＿＿＿＿＿

第一联 统一保存

检捕〔　〕号

人民检察院
逮捕决定书
（副　本）

检　捕〔　　〕号

犯罪嫌疑人＿＿＿＿涉嫌＿＿＿＿＿＿＿＿犯罪，根据《中华人民共和国刑事诉讼法》第七十九条和第一百六十三条的规定，决定予以逮捕。请依法立即执行，并将执行情况在三日以内通知本院。

此致

＿＿＿＿＿＿＿＿

年　月　日

（院　印）

第二联 侦查监督部门附卷

检捕〔　〕号

人民检察院
逮捕决定书
（副　本）

检　捕〔　　〕号

犯罪嫌疑人＿＿＿＿涉嫌＿＿＿＿＿＿＿＿犯罪，根据《中华人民共和国刑事诉讼法》第七十九条和第一百六十三条的规定，决定予以逮捕。请依法立即执行，并将执行情况在三日以内通知本院。

此致

＿＿＿＿＿＿＿＿

年　月　日

（院　印）

第三联 侦查部门附卷

人民检察院

逮捕决定书

检捕〔　　〕号

犯罪嫌疑人______涉嫌____________犯罪，根据《中华人民共和国刑事诉讼法》第七十九条和第一百六十三条的规定，决定予以逮捕。请依法立即执行，并将执行情况在三日以内通知本院。

此致

年　月　日

（院印）

附：犯罪嫌疑人基本情况

第四联 送达执行机关

检捕〔　〕号

人民检察院

逮捕决定书

（回　执）

____________人民检察院：

根据《中华人民共和国刑事诉讼法》第八十八条的规定，现将你院________年____月____日______________号逮捕决定书的执行情况通知如下：犯罪嫌疑人__________已于____年____月____日由______________执行逮捕。

特此通知。

年　月　日

（公章）

第五联 执行机关退回后附卷

5. 逮捕决定书（上提）

人民检察院
逮 捕 决 定 书
（存 根）

检 提捕〔 〕 号

案由＿＿＿＿＿＿
犯罪嫌疑人基本情况＿＿＿＿＿＿
＿＿＿＿＿＿
报请机关＿＿＿＿＿＿
送达机关＿＿＿＿＿＿
批准人＿＿＿＿＿＿
承办人＿＿＿＿＿＿
填发人＿＿＿＿＿＿
填发时间＿＿＿＿＿＿

第一联 统一保存

检 提捕〔 〕号

人民检察院
逮 捕 决 定 书
（副 本）

检 提捕〔 〕 号

＿＿＿＿＿＿：

你院于＿＿年＿＿月＿＿日以＿＿＿＿号报请逮捕书报请逮捕犯罪嫌疑人＿＿＿＿，经本院审查认为，该犯罪嫌疑人涉嫌＿＿＿＿犯罪，根据《中华人民共和国刑事诉讼法》第七十九条和第一百六十三条的规定，决定对犯罪嫌疑人＿＿＿＿予以逮捕。请依法立即通知公安机关执行，并在公安机关执行逮捕三日以内将执行情况报本院。

年 月 日
（院 印）

第二联 上级人民检察院侦查监督部门附卷

检 提捕〔 〕号

人民检察院
逮 捕 决 定 书

检 提捕〔 〕 号

＿＿＿＿＿＿：

你院于＿＿年＿＿月＿＿日以＿＿＿＿号报请逮捕书报请逮捕犯罪嫌疑人＿＿＿＿，经本院审查认为，该犯罪嫌疑人涉嫌＿＿＿＿犯罪，根据《中华人民共和国刑事诉讼法》第七十九条和第一百六十三条的规定，决定对犯罪嫌疑人＿＿＿＿予以逮捕。请依法立即通知公安机关执行，并在公安机关执行逮捕三日以内将执行情况报本院。

年 月 日
（院 印）

第三联 交下级人民检察院

人民检察院

逮 捕 决 定 书

检　提捕〔　　〕号

＿＿＿＿：（下级人民检察院同级公安机关）

人民检察院于＿＿年＿＿月＿＿日以＿＿＿＿号报请逮捕书报请逮捕犯罪嫌疑人＿＿＿＿，经本院审查认为，该犯罪嫌疑人涉嫌＿＿＿＿犯罪，根据《中华人民共和国刑事诉讼法》第七十九条和第一百六十三条的规定，决定对犯罪嫌疑人＿＿＿＿予以逮捕。请依法立即执行，并在三日以内将执行情况通知＿＿＿＿人民检察院。

年　月　日

（院 印）

第四联 由下级人民检察院送达同级执行机关

检 提捕〔　〕号

人民检察院

逮 捕 决 定 书

（回　执）

＿＿＿＿：（同级人民检察院）

根据《中华人民共和国刑事诉讼法》第八十八条的规定，现将＿＿＿＿人民检察院＿＿＿＿年＿＿月＿＿日＿＿＿号逮捕决定书的执行情况通知如下：逮捕决定书决定逮捕的犯罪嫌疑人＿＿＿＿已于＿＿年＿＿月＿＿日由＿＿＿＿执行逮捕。

特此通知。

年　月　日

（公 章）

第五联 执行回执

6. 应当逮捕犯罪嫌疑人通知书

人民检察院

应当逮捕犯罪嫌疑人通知书

检　应捕通〔　　〕　号

＿＿＿＿＿：（下级人民检察院名称）

你院＿＿＿＿＿号＿＿＿＿书移送的犯罪嫌疑人＿＿＿＿＿涉嫌＿＿＿＿＿一案，本院经审查认为：

你＿＿＿＿＿书未列明的犯罪嫌疑人（写明需要追捕的人的姓名、性别、出生年月日及年龄）＿＿＿涉嫌下列犯罪事实：＿＿＿＿＿（围绕犯罪构成及情节写明需要追捕的人实施的犯罪事实及主要证据，并说明其社会危险性）。上述犯罪嫌疑人＿＿＿＿＿的行为已触犯《中华人民共和国刑法》第＿＿＿＿＿条的规定，涉嫌＿＿＿＿＿犯罪。（根据案件情况，选择填写"可能判处徒刑以上刑罚，采取取保候审尚不足以防止发生社会危险性"、"可能判处十年有期徒刑以上刑罚"或者"可能判处徒刑以上刑罚，曾经故意犯罪或者身份不明"），根据《中华人民共和国刑事诉讼法》第七十九条的规定，应当依法逮捕。根据《人民检察院刑事诉讼规则（试行）》第＿＿＿条的规定，请你院依法报请逮捕，并连同案卷材料、证据等一并移送我院审查。

年　月　日

（院　　印）

7. 撤销逮捕决定书、通知书

人民检察院

撤销逮捕决定书、通知书

（存　根）

检　撤捕〔　〕　号

案由＿＿＿＿＿＿

犯罪嫌疑人基本情况＿＿＿＿＿＿

送达机关＿＿＿＿＿＿

批准人＿＿＿＿＿＿

承办人＿＿＿＿＿＿

填发人＿＿＿＿＿＿

填发时间＿＿＿＿＿＿

第三联　交下级人民检察院

检　撤捕〔　〕号

人民检察院

撤 销 逮 捕 决 定 书

检　撤捕〔　〕　号

＿＿＿＿＿＿：

本院于＿＿年＿＿月＿＿日＿＿＿＿号文书决定以涉嫌＿＿＿＿＿＿犯罪逮捕犯罪嫌疑人＿＿＿＿。现经本院审查认为＿＿＿＿＿＿＿＿，根据《中华人民共和国刑事诉讼法》第九十四条的规定，决定撤销＿＿＿＿号逮捕决定书。

年　月　日

（院 印）

第二联　侦查监督部门附卷

检　撤捕〔　〕号

人民检察院

撤 销 逮 捕 决 定 书

（副　本）

检　撤捕〔　〕　号

＿＿＿＿＿＿：

本院于＿＿年＿＿月＿＿日＿＿＿＿号文书决定以涉嫌＿＿＿＿＿＿犯罪逮捕犯罪嫌疑人＿＿＿＿。现经本院审查认为＿＿＿＿＿＿＿＿，根据《中华人民共和国刑事诉讼法》第九十四条的规定，决定撤销＿＿＿＿号逮捕决定书。

年　月　日

（院 印）

第一联　统一保存

人民检察院

撤销逮捕决定书

检 撤捕〔 〕号

________：

根据《中华人民共和国刑事诉讼法》第九十四条的规定，本院决定撤销对你的逮捕决定。

年 月 日

（院 印）

第四联 送达犯罪嫌疑人

检 撤捕〔 〕号

人民检察院

撤销逮捕通知书

检 撤捕〔 〕号

________：

本院于____年____月____日________号文书决定以涉嫌________犯罪逮捕犯罪嫌疑人________。根据《中华人民共和国刑事诉讼法》第九十四条的规定，决定撤销对其逮捕决定。

年 月 日

（院 印）

第五联 由下级人民检察院送达同级执行机关

检 撤捕〔 〕号

人民检察院

撤销逮捕决定书

（回 执）

________人民检察院：

________人民检察院于____年____月____日________号文书决定撤销对涉嫌________犯罪的犯罪嫌疑人________的逮捕决定。该犯罪嫌疑人已于________年____月____日被释放/变更为________强制措施。

特此通知。

年 月 日

（公 章）

第六联 执行回执

8. 不予逮捕决定书

人民检察院

不予逮捕决定书

（存　根）

检　不捕〔　〕　号

案由＿＿＿＿＿＿＿＿

犯罪嫌疑人基本情况＿＿＿＿＿＿＿＿

不予逮捕原因＿＿＿＿＿＿＿＿

送达机关＿＿＿＿＿＿＿＿

批准人＿＿＿＿＿＿＿＿

承办人＿＿＿＿＿＿＿＿

填发人＿＿＿＿＿＿＿＿

填发时间＿＿＿＿＿＿＿＿

第一联 统一保存

检　不捕〔　〕号

人民检察院

不予逮捕决定书

（副　本）

检　不捕〔　〕　号

对＿＿＿年＿＿＿月＿＿＿日＿＿＿＿号文书移送审查逮捕的犯罪嫌疑人＿＿＿＿＿＿涉嫌＿＿＿＿＿＿犯罪一案，经审查认为：＿＿＿＿＿＿＿＿＿＿＿＿＿＿＿＿＿＿＿＿，决定不予逮捕犯罪嫌疑人＿＿＿＿＿＿。根据《中华人民共和国刑事诉讼法》第一百六十五条的规定，请依法立即执行，并在三日以内将执行情况通知本院。

此致

＿＿＿＿＿＿

年　月　日

（院　印）

第二联 侦查监督部门附卷

检　不捕〔　〕号

人民检察院

不予逮捕决定书

检　不捕〔　〕　号

对＿＿＿年＿＿＿月＿＿＿日＿＿＿＿号文书移送审查逮捕的犯罪嫌疑人＿＿＿＿＿＿涉嫌＿＿＿＿＿＿犯罪一案，经审查认为：＿＿＿＿＿＿＿＿＿＿＿＿＿＿＿＿＿＿＿＿，决定不予逮捕犯罪嫌疑人＿＿＿＿＿＿。根据《中华人民共和国刑事诉讼法》第一百六十五条的规定，请依法立即执行，并在三日以内将执行情况通知本院。

此致

＿＿＿＿＿＿

年　月　日

（院　印）

第三联 侦查部门附卷

人民检察院

不予逮捕决定书

检 不捕〔 〕 号

对____年___月___日________号文书移送审查逮捕的犯罪嫌疑人_______涉嫌_______犯罪一案，经审查认为：___________________________，决定不予逮捕犯罪嫌疑人______。根据《中华人民共和国刑事诉讼法》第一百六十五条的规定，请依法立即执行，并在三日以内将执行情况通知本院。

此致

____

年 月 日

（院 印）

第四联 送达执行机关

检 不捕〔 〕号

人民检察院

不予逮捕决定书

（回 执）

________人民检察院：

根据《中华人民共和国刑事诉讼法》第一百六十五条的规定，现将你院______年___月___日______号不予逮捕决定书的执行情况通知如下：（犯罪嫌疑人__________已于____年___月___日由______释放/变更为______。）

特此通知。

年 月 日

（公 章）

第五联 执行机关退回后附卷

9. 不予逮捕决定书（上提）

人民检察院

不予逮捕决定书

（存　根）

检提　不捕〔　　〕　号

案由________

犯罪嫌疑人基本情况________

不予逮捕原因________

报请机关________

送达机关________

批准人________

承办人________

填发人________

填发时间________

第一联 统一保存

检　不捕〔　〕号

人民检察院

不予逮捕决定书

（副　本）

检提　不捕〔　　〕　号

________：

你院于____年____月____日以________号文书报请逮捕犯罪嫌疑人________，经本院审查认为：________________________，根据《中华人民共和国刑事诉讼法》第七十九条、第一百六十五条的规定，决定不予逮捕犯罪嫌疑人________。犯罪嫌疑人已被拘留的，请依法通知公安机关立即执行，并在公安机关执行三日以内将执行情况报本院。

年　月　日

（院　印）

第二联 上级人民检察院侦查监督部门附卷

检　不捕〔　〕号

人民检察院

不予逮捕决定书

检提　不捕〔　　〕　号

________：

你院于____年____月____日以________号文书报请逮捕犯罪嫌疑人________，经本院审查认为：________________________，根据《中华人民共和国刑事诉讼法》第七十九条、第一百六十五条的规定，决定不予逮捕犯罪嫌疑人________。犯罪嫌疑人已被拘留的，请依法通知公安机关立即执行，并在公安机关执行三日以内将执行情况报本院。

年　月　日

（院　印）

第三联 交下级人民检察院

职务犯罪侦查办案一本通

人民检察院

不予逮捕决定书

检提　　不捕〔　　〕号

________：

人民检察院于______年____月____日以__________号文书报请逮捕犯罪嫌疑人______，经本院审查，根据《中华人民共和国刑事诉讼法》第七十九条、第一百六十五条的规定，决定不予逮捕犯罪嫌疑人______。请依法立即执行，并在三日以内将执行情况通知__________人民检察院。

年　月　日

（院印）

第四联 由下级人民检察院送达同级执行机关

检不捕〔　〕号

人民检察院

不予逮捕决定书

（回　执）

________：（同级人民检察院）

现将__________人民检察院____年____月____日__________号不予逮捕决定书的执行情况通知如下：决定不予逮捕的犯罪嫌疑人__________已于____年____月____日由__________释放/变更为__________。

特此通知。

年　月　日

（公章）

第五联 执行回执

10. 撤销不予逮捕决定书

人民检察院
撤销不予逮捕决定书
（存　根）

检　撤不捕〔　〕　号

案由＿＿＿＿＿＿＿＿＿＿＿＿

犯罪嫌疑人基本情况＿＿＿＿＿＿

报请逮捕机关＿＿＿＿＿＿＿＿＿

不予逮捕决定书文号＿＿＿＿＿＿

撤销不予逮捕决定的理由＿＿＿＿

送达机关＿＿＿＿＿＿＿＿＿＿＿

批准人＿＿＿＿＿＿＿＿＿＿＿＿

承办人＿＿＿＿＿＿＿＿＿＿＿＿

填发人＿＿＿＿＿＿＿＿＿＿＿＿

填发时间＿＿＿＿＿＿＿＿＿＿＿

第一联 统一保存

检　撤不捕〔　〕号

人民检察院
撤销不予逮捕决定书
（副　本）

检　撤不捕〔　〕　号

＿＿＿＿＿＿：

本院＿＿＿＿年＿＿月＿＿日以＿＿＿＿＿＿号不予逮捕决定书作出对涉嫌＿＿＿＿＿犯罪的犯罪嫌疑人＿＿＿＿的不予逮捕决定，你院于＿＿年＿＿月＿＿日以＿＿＿＿号文书报请重新审查，现经本院重新审查认为：＿＿＿＿＿＿＿＿＿＿＿＿＿＿＿＿＿＿＿＿＿＿。

根据《人民检察院刑事诉讼规则（试行）》第三百三十九条的规定，决定撤销对犯罪嫌疑人＿＿＿＿的不予逮捕决定。＿＿＿＿号不批准逮捕决定书作废。

年　月　日
（院印）

第二联 附卷

检　撤不捕〔　〕号

人民检察院
撤销不予逮捕决定书

检　撤不捕〔　〕　号

＿＿＿＿＿＿：

本院＿＿年＿＿月＿＿日以＿＿＿＿＿＿号不予逮捕决定书作出对涉嫌＿＿＿＿＿犯罪的犯罪嫌疑人＿＿＿＿的不予逮捕决定，你院于＿＿年＿＿月＿＿日以＿＿＿＿号文书报请重新审查，现经本院重新审查认为：＿＿＿＿＿＿＿＿＿＿＿＿＿＿＿＿＿＿＿＿＿＿。

根据《人民检察院刑事诉讼规则（试行）》第三百三十九条的规定，决定撤销对犯罪嫌疑人＿＿＿＿的不予逮捕决定。＿＿＿＿号不批准逮捕决定书作废。

年　月　日
（院印）

第三联 交下级人民检察院

11. 维持不予逮捕决定通知书

人民检察院

维持不予逮捕决定通知书

（存 根）

检 维不捕〔 〕号

案由______

犯罪嫌疑人基本情况______

报请机关______

送达机关______

批准人______

承办人______

填发人______

填发时间______

第一联 统一保存

检 维不捕〔 〕号

人民检察院

维持不予逮捕决定通知书

（副 本）

检 维不捕〔 〕号

______：

本院于____年____月____日以______号文书决定不予逮捕犯罪嫌疑人______，你院于____年____月____日以______号文书报请重新审查。经本院重新审查认为：______________________________。根据《人民检察院刑事诉讼规则（试行）》第三百三十九条的规定，决定维持原不予逮捕决定。

年 月 日

（院 印）

第二联 附卷

检 维不捕〔 〕号

人民检察院

维持不予逮捕决定通知书

检 维不捕〔 〕号

______：

本院于____年____月____日以______号文书决定不予逮捕犯罪嫌疑人______，你院于____年____月____日以______号文书报请重新审查。经本院重新审查认为：______________________________。根据《人民检察院刑事诉讼规则（试行）》第三百三十九条的规定，决定维持原不予逮捕决定。

年 月 日

（院 印）

第三联 交下级人民检察院

12. 提请批准延长侦查羁押期限报告书

×××人民检察院

提请批准延长

侦查羁押期限报告书

（存　根）

检　请延〔　　〕　号

案由______

犯罪嫌疑人基本情况______

提请批准延长理由______

提请批准延长期限______

批准人______

承办人______

填发人______

填发时间______

第一联 统一保存

检　请延〔　〕号

人民检察院

提请批准延长

侦查羁押期限报告书

（副　本）

检　请延〔　　〕　号

______人民检察院：

人民检察院____年____月____日以______号逮捕决定书决定逮捕并于____年____月____日予以执行的涉嫌______犯罪的犯罪嫌疑人______，因______，期限届满不能侦查终结，经本院审查认为该犯罪嫌疑人__（说明继续羁押必要性的理由和依据）______，仍有继续羁押的必要，根据《中华人民共和国刑事诉讼法》第____条的规定，特提请批准对该犯罪嫌疑人延长侦查羁押期限____个月，自____年____月____日至____年____月____日。

年　月　日

（院 印）

第二联 附卷

检　请延〔　〕号

人民检察院

提请批准延长

侦查羁押期限报告书

检　请延〔　　〕号

______人民检察院：

人民检察院____年____月____日以______号逮捕决定书决定逮捕并于____年____月____日予以执行的涉嫌______犯罪的犯罪嫌疑人______，因______，期限届满不能侦查终结，经本院审查认为该犯罪嫌疑人__（说明继续羁押必要性的理由和依据）______，仍有继续羁押的必要，根据《中华人民共和国刑事诉讼法》第______条的规定，特提请批准对该犯罪嫌疑人延长侦查羁押期限____个月，自____年____月____日至____年____月____日。

年　月　日

（院 印）

第三联 报送有权批准的人民检察院

13. 批准延长侦查羁押期限决定书

人民检察院

批准延长
侦查羁押期限决定书
（存　根）

检　准延〔　　〕　号

案由____________
犯罪嫌疑人基本情况____________
送达机关____________
批准延长理由____________
延长期限自____年____月____日起至____年____月____日止，共____个月。
批准人____________
承办人____________
填发人____________
填发时间____________

第一联 统一保存

检准延〔　〕号

人民检察院

批准延长侦查
羁押期限决定书
（副　本）

检　准延〔　　〕　号

____________：

你____于____年____月____日以________号文书提请批准延长犯罪嫌疑人________的侦查羁押期限，经审查认为________（延长侦查羁押期限的理由），且________（说明继续羁押必要性的理由、依据）________，确有羁押的必要，根据《中华人民共和国刑事诉讼法》第____条的规定，批准对犯罪嫌疑人______延长羁押期限____个月，自____年____月____日至____年____月____日。

年　　月　　日

（院　印）

第二联 附卷

检准延〔　〕号

人民检察院

批准延长侦查
羁押期限决定书

检　准延〔　　〕　号

____________：

你____于____年____月____日以________号文书提请批准延长犯罪嫌疑人________的侦查羁押期限，经审查认为________（延长侦查羁押期限的理由），且________（说明继续羁押必要性的理由、依据）________，确有羁押的必要，根据《中华人民共和国刑事诉讼法》第________条的规定，批准对犯罪嫌疑人______延长羁押期限____个月，自____年____月______日至____年____月______日。

年　　月　　日

（院　印）

第三联 送达提请机关

14. 延长侦查羁押期限决定、通知书

人民检察院

延长侦查羁押期限决定、通知书

检　延决〔　　〕号

案由________
犯罪嫌疑人基本情况____
送达机关________
延长原因________
延长期限自____年____月____日起至____年____月____日止，共____个月。
批准人________
承办人________
填发人________
填发时间________

第一联 统一保存

检　延决〔　　〕号

人民检察院

延长侦查羁押期限决定书

（副　本）

检　延决〔　　〕号

本院____年__月__日______号逮捕决定书以涉嫌______决定逮捕犯罪嫌疑人______一案，因________期限届满不能侦查终结，经本院审查认为（说明继续羁押必要性的理由和依据），仍有继续羁押的必要，根据《中华人民共和国刑事诉讼法》第____条的规定，决定延长犯罪嫌疑人______的侦查羁押期限____个月，自____年__月__日起至____年__月__日止。

年　　月　　日
（院 印）

第二联 侦查监督部门附卷

检　延决〔　　〕号

人民检察院

延长侦查羁押期限决定书

检　延决〔　　〕号

本院____年__月__日______号逮捕决定书以涉嫌______决定逮捕犯罪嫌疑人______一案，因________期限届满不能侦查终结，经本院审查认为____（说明继续羁押必要性的理由和依据），仍有继续羁押的必要，根据《中华人民共和国刑事诉讼法》第____条的规定，决定延长犯罪嫌疑人____的侦查羁押期限____个月，自____年__月__日起至__年__月__日止。

年　　月　　日
（院 印）

本决定已于__年__月__日向我宣告。
犯罪嫌疑人：______
宣　告　人：______

第三联 向犯罪嫌疑人宣告后侦查部门附卷

检　延决〔　　〕号

人民检察院

延长侦查羁押期限通知书

检　延决〔　　〕号

____：（看守所/监狱名称）

本院______年__月__日______号逮捕决定书以涉嫌______犯罪决定逮捕犯罪嫌疑人______一案，因____________期限届满不能侦查终结，根据《中华人民共和国刑事诉讼法》第____条的规定，决定延长犯罪嫌疑人______的侦查羁押期限____个月，自____年__月__日起至____年__月__日止。

年　　月　　日
（院 印）

第四联 送达看守所

15. 不批准延长侦查羁押期限决定书

人民检察院
不批准延长侦查羁押期限决定书
（存　根）

检　不准延〔　　〕　号

案由________________

犯罪嫌疑人基本情况________

送达机关________________

不批准理由______________

审批人________________

承办人________________

填发人________________

填发时间______________

第一联 统一保存

检　不准延〔　〕号

人民检察院
不批准延长侦查羁押期限决定书
（副　本）

检　不准延〔　　〕　号

________：

你____于____年____月____日以________号文书提请批准延长犯罪嫌疑人________的侦查羁押期限，经审查认为____，决定不批准延长该犯罪嫌疑人侦查羁押期限。

年　　月　　日

（院　印）

第二联 附卷

检　不准延〔　〕号

人民检察院
不批准延长侦查羁押期限决定书

检　不准延〔　　〕　号

________：

你____于____年____月____日以________号文书提请批准延长犯罪嫌疑人________的侦查羁押期限，经审查认为____，决定不批准延长该犯罪嫌疑人侦查羁押期限。

年　　月　　日

（院　印）

第三联 送达提请机关

文书制作说明

报请逮捕书制作说明

一、本文书根据《中华人民共和国刑事诉讼法》第七十九条、第一百六十三条、第一百六十五条的规定制作。为下级人民检察院对本院直接立案侦查的案件中认为符合逮捕条件的犯罪嫌疑人，向上一级人民检察院报请审查逮捕时使用。

二、本文书连同案卷材料、证据、讯问犯罪嫌疑人录音录像资料一并报送上一级人民检察院审查。

三、本文书由下级人民检察院侦查部门制作，一式两份，一份报上一级人民检察院，一份附卷。

逮捕通知书制作说明

一、本文书根据《刑事诉讼法》第九十一条第二款的规定制作。为人民检察院在决定逮捕犯罪嫌疑人并由公安机关执行后，通知被逮捕人家属时使用。

二、本文书应在犯罪嫌疑人被逮捕后二十四小时内填发；正文中的逮捕时间应填为执行逮捕的时间；对无法通知的，应当报告检察长，并写明原因附卷。

三、本文书共三联，第一联为存根，统一保存备查，第二联侦查部门附卷，第三联送达被逮捕人家属。

报请重新审查逮捕意见书制作说明

一、本文书根据《刑事诉讼法》第七十九条、第一百六十三条的规定制作。为审查逮捕“上提一级”案件中，下级人民检察院认为上级人民检察院不予逮捕决定错误，需要逮捕犯罪嫌疑人时使用。

二、本文书一式二份，一份报上一级人民检察院，一份附卷。

逮捕决定书制作说明

一、本文书根据《刑事诉讼法》第七十九条、第一百六十三条的规定制作。为最高人民检察院、省级人民检察院在办理本院直接立案侦查的案件时，认为犯罪嫌疑人的行为符合逮捕条件，决定逮捕犯罪嫌疑人时使用。

二、第二联、第三联中此致一栏应填写本院侦查部门；第四联中此致一栏应填写执行机关。

三、本文书共五联，第一联为存根，统一保存备查；第二联由侦查监督部门附卷；第三联由侦查部门附卷；第四联送达公安机关执行；第五联为执行回执，由执行机关退回后附卷。

逮捕决定书制作说明

一、本文书根据《刑事诉讼法》第七十九条、第一百六十三条的规定制作。为上一级人民检察院在办理下级人民检察院立案侦查的案件时，认为犯罪嫌疑人的行为符合逮捕条件，决定逮捕犯罪嫌疑人时使用。

二、本文书与最高人民检察院、省级人民检察院在办理本院立案侦查的案件中适用的“逮捕决定书”同名，为加以区别，本文书文号增加“提”字。

三、第二联、第三联的抬头部分填写下级人民检察院，第四联的抬头部分填写下级人民检察院的同级公安机关，第五联的抬头部分填写执行机关的同级人民检察院。

四、本文书共五联，第一联为存根，统一保存备查；第二联上级人民检察院侦查监督部门附卷；第三联交下级人民检察院；第四联通过下级人民检察院送达同级执行机关；第五联为执行回执，由执行机关通知下级人民检察院后，下级人民检察院报上一级人民检察院附卷。

应当逮捕犯罪嫌疑人通知书制作说明

一、本文书根据《人民检察院刑事诉讼规则（试行）》第三百三十五条的规定制作。为上级人民检察院在办理审查逮捕案件过程中，发现应当逮捕而下级人民检察院未报请审查逮捕的犯罪嫌疑人，建议下级人民检察院报请逮捕时使用。

二、本文书一式二份，一份侦查监督部门附卷；一份送达下级人民检察院。

撤销逮捕决定、通知书制作说明

一、本文书根据《刑事诉讼法》第九十四条的规定制作。为审查逮捕“上提一级”案件中，上级人民检察院发现对犯罪嫌疑人采取逮捕措施不当，依法决定撤销原逮捕决定时使用。

二、释放犯罪嫌疑人或者变更强制措施的，由下级人民检察院另行制作相应的文书。

三、本文书共六联，第一联存根，统一保存备查；第二联作出撤销逮捕决定的侦查监督部门附卷；第三联交下级人民检察院；第四联送达犯罪嫌疑人；第五联送达执行机关；第六联为执行回执，由执行机关通知下级人民检察院后，下级人民检察院报上级人民检察院附卷。

不予逮捕决定书制作说明

一、本文书根据《刑事诉讼法》第一百六十五条的规定制作。为最高人民检察院、省级人民检察院在办理本院直接立案侦查的案件中，认为犯罪嫌疑人的行为不符合逮捕条件或者无需逮捕时，决定不予逮捕犯罪嫌疑人时使用。

二、第二联至第四联中应写明不予逮捕犯罪嫌疑人的原因，如不构成犯罪、事实不清、证据不足、不可能判处徒刑以上刑罚、没有社会危险性或者认为符合监视居住条件等。

三、第二联、第三联中此致一栏应填写本院侦查部门；第四联中此致一栏应填写执行机关。

四、本文书共五联，第一联存根，统一保存备查；第二联侦查监督部门附卷；第三联侦查部门附卷；第四联对于犯罪嫌疑人已被拘留的，应当填写并送达公安机关执行；第五联为执行回执，由执行机关退回后附卷。

不予逮捕决定书制作说明

一、本文书根据《刑事诉讼法》第七十九条、第一百六十五条的规定制作。为省级以下（不含省级）人民检察院在办理人民检察院立案侦查的案件过程中，上级人民检察院在审查下级人民检察院报请逮捕的犯罪嫌疑人时，认为犯罪嫌疑人的行为不符合逮捕条件或者符合监视居住条件，决定不予逮捕犯罪嫌疑人时使用。

二、第二联、第三联中应写明不予逮捕犯罪嫌疑人的原因，如认为不构成犯罪、事实不清、证据不足、不可能判处徒刑以上刑罚、没有社会危险性或者认为应当适用监视居住等。

三、第二联、第三联的抬头部分填写下级人民检察院，第四联的抬头部分填写下级人民检察院的同级公安机关，第五联的抬头部分填写执行机关的同级人民检察院。

四、本文书共五联，第一联存根，统一保存备查；第二联由上级人民检察院侦查监督部门附卷；第三联交下级人民检察院；第四联对于犯罪嫌疑人已被拘留的，应当填写该联，并通过下级人民检察院送达同级公安机关执行；第五联为执行回执，由执行机关通知下级人民检察院后，下级人民检察院报上级人民检察院附卷。

撤销不予逮捕决定书制作说明

一、本文书根据《人民检察院刑事诉讼规则（试行）》第三百三十九条的规定制作。为审查逮捕“上提一级”案件中，上级人民检察院在下级人民检察院对本院作出的不予逮捕决定提出异议报请重新审查时，重新审查后，发现原不予逮捕决定不当而予以撤销时使用。

二、本文书与逮捕决定书一并送达下级人民检察院。

三、本文书共三联，第一联存根，统一保存备查；第二联附卷；第三联交下级人民检察院。

维持不予逮捕决定通知书制作说明

一、本文书根据《人民检察院刑事诉讼规则（试行）》第三百三十九条的规定制作，为审查逮捕“上提一级”案件中，上级人民检察院在下级人民检察院对本院作出的不予逮捕决定提出异议报请重新审查时，重新审查后作出维持原不予逮捕决定时使用。

二、上级人民检察院经过重新审查改变原不予逮捕决定的，重新制作逮捕决定书。

三、本文书共三联，第一联存根，统一保存备查；第二联附卷；第三联交下级人民检察院。

提请批准延长侦查羁押期限报告书制作说明

一、本文书根据《刑事诉讼法》第一百五十四条至第一百五十七条的规定制作。为人民检察院在报请上级人民检察院批准延长侦查羁押期限时使用。

二、本文书共三联，第一联为存根，统一保存备查；第二联附卷；第三联报送有权批准的人民检察院。

批准延长侦查羁押期限决定书制作说明

一、本文书根据《刑事诉讼法》第一百五十四条至第一百五十七条的规定制作。为上级人民检察院批准下级人民检察院或侦查机关提请批准延长侦查羁押期限时使用。

二、本文书共三联，第一联为存根，统一保存备查；第二联附卷；第三联送达提请机关。

延长侦查羁押期限决定、通知书制作说明

一、本文书根据《刑事诉讼法》第一百五十四条至第一百五十七条的规定制作。为省级以上人民检察院对本院直接侦查的案件决定延长侦查羁押期限时

使用。

二、本文书共四联，第一联为存根，统一保存备查；第二联由侦查监督部门附卷；第三联向犯罪嫌疑人宣告后由侦查部门附卷；第四联送达看守所。

不批准延长侦查羁押期限决定书制作说明

一、本文书根据《刑事诉讼法》第一百五十四条至第一百五十七条的规定制作。为上级人民检察院不批准下级人民检察院或者侦查机关提请批准延长侦查羁押期限时使用。

二、本文书共三联，第一联为存根，统一保存备查；第二联附卷；第三联送达提请机关。

【办案依据】

1.《中华人民共和国刑事诉讼法（2012 年修正）》（节录）

第六十九条 被取保候审的犯罪嫌疑人、被告人应当遵守以下规定：

（一）未经执行机关批准不得离开所居住的市、县；

（二）住址、工作单位和联系方式发生变动的，在二十四小时以内向执行机关报告；

（三）在传讯的时候及时到案；

（四）不得以任何形式干扰证人作证；

（五）不得毁灭、伪造证据或者串供。

人民法院、人民检察院和公安机关可以根据案件情况，责令被取保候审的犯罪嫌疑人、被告人遵守以下一项或者多项规定：

（一）不得进入特定的场所；

（二）不得与特定的人员会见或者通信；

（三）不得从事特定的活动；

（四）将护照等出入境证件、驾驶证件交执行机关保存。

被取保候审的犯罪嫌疑人、被告人违反前两款规定，已交纳保证金的，没收部分或者全部保证金，并且区别情形，责令犯罪嫌疑人、被告人具结悔过，重新交纳保证金、提出保证人，或者监视居住、予以逮捕。

对违反取保候审规定，需要予以逮捕的，可以对犯罪嫌疑人、被告人先行拘留。

第七十五条 被监视居住的犯罪嫌疑人、被告人应当遵守以下规定：

（一）未经执行机关批准不得离开执行监视居住的处所；

（二）未经执行机关批准不得会见他人或者通信；

（三）在传讯的时候及时到案；

（四）不得以任何形式干扰证人作证；

（五）不得毁灭、伪造证据或者串供；

（六）将护照等出入境证件、身份证件、驾驶证件交执行机关保存。

被监视居住的犯罪嫌疑人、被告人违反前款规定，情节严重的，可以予以逮捕；需要予以逮捕的，可以对犯罪嫌疑人、被告人先行拘留。

第七十八条 逮捕犯罪嫌疑人、被告人，必须经过人民检察院批准或者人民法院决定，由公安机关执行。

第七十九条 对有证据证明有犯罪事实，可能判处徒刑以上刑罚的犯罪嫌疑人、被告人，采取取保候审尚不足以防止发生下列社会危险性的，应当予以逮捕：

（一）可能实施新的犯罪的；

（二）有危害国家安全、公共安全或者社会秩序的现实危险的；

（三）可能毁灭、伪造证据，干扰证人作证或者串供的；

（四）可能对被害人、举报人、控告人实施打击报复的；

（五）企图自杀或者逃跑的。

对有证据证明有犯罪事实，可能判处十年有期徒刑以上刑罚的，或者有证据证明有犯罪事实，可能判处徒刑以上刑罚，曾经故意犯罪或者身份不明的，应当予以逮捕。

被取保候审、监视居住的犯罪嫌疑人、被告人违反取保候审、监视居住规定，情节严重的，可以予以逮捕。

第八十六条 人民检察院审查批准逮捕，可以讯问犯罪嫌疑人；有下列情形之一的，应当讯问犯罪嫌疑人：

（一）对是否符合逮捕条件有疑问的；

（二）犯罪嫌疑人要求向检察人员当面陈述的；

（三）侦查活动可能有重大违法行为的。

人民检察院审查批准逮捕，可以询问证人等诉讼参与人，听取辩护律师的意见；辩护律师提出要求的，应当听取辩护律师的意见。

第八十七条 人民检察院审查批准逮捕犯罪嫌疑人由检察长决定。重大案件应当提交检察委员会讨论决定。

第九十二条 人民法院、人民检察院对于各自决定逮捕的人，公安机关对于经人民检察院批准逮捕的人，都必须在逮捕后的二十四小时以内进行讯问。在发现不应当逮捕的时候，必须立即释放，发给释放证明。

第九十三条 犯罪嫌疑人、被告人被逮捕后，人民检察院仍应当对羁押的必要性进行审查。对不需要继续羁押的，应当建议予以释放或者变更强制措施。有关机关应当在十日以内将处理情况通知人民检察院。

第一百五十四条 对犯罪嫌疑人逮捕后的侦查羁押期限不得超过二个月。案情复杂、期限届满不能终结的案件，可以经上一级人民检察院批准延长一个月。

第一百五十五条 因为特殊原因，在较长时间内不宜交付审判的特别重大复杂的案件，由最高人民检察院报请全国人民代表大会常务委员会批准延期审理。

第一百五十六条 下列案件在本法第一百五十四条规定的期限届满不能侦查终结的，经省、自治区、直辖市人民检察院批准或者决定，可以延长二个月：

（一）交通十分不便的边远地区的重大复杂案件；

（二）重大的犯罪集团案件；

（三）流窜作案的重大复杂案件；

（四）犯罪涉及面广，取证困难的重大复杂案件。

第一百五十七条 对犯罪嫌疑人可能判处十年有期徒刑以上刑罚，依照本法第一百五十六条规定延长期限届满，仍不能侦查终结的，经省、自治区、直辖市人民检察院批准或者决定，可以再延长二个月。

第一百五十八条 在侦查期间，发现犯罪嫌疑人另有重要罪行的，自发现之日起依照本法第一百五十四条的规定重新计算侦查羁押期限。

犯罪嫌疑人不讲真实姓名、住址，身份不明的，应当对其身份进行调查，侦查羁押期限自查清其身份之日起计算，但是不得停止对其犯罪行为的侦查取证。对于犯罪事实清楚，证据确实、充分，确实无法查明其身份的，也可以按其自报的姓名起诉、审判。

2.《人民检察院刑事诉讼规则（试行）》（2012年10月16日由最高人民检察院第十一届检察委员会第八十次会议第二次修订）（节录）

第一百三十九条 人民检察院对有证据证明有犯罪事实，可能判处徒刑以上刑罚的犯罪嫌疑人，采取取保候审尚不足以防止发生下列社会危险性的，应当予以逮捕：

（一）可能实施新的犯罪的，即犯罪嫌疑人多次作案、连续作案、流窜作案，其主观恶性、犯罪习性表明其可能实施新的犯罪，以及有一定证据证明犯罪嫌疑人已经开始策划、预备实施犯罪的；

（二）有危害国家安全、公共安全或者社会秩序的现实危险的，即有一定证据证明或者有迹象表明犯罪嫌疑人在案发前或者案发后正在积极策划、组织或者预备实施危害国家安全、公共安全或者社会秩序的重大违法犯罪行为的；

（三）可能毁灭、伪造证据，干扰证人作证或者串供的，即有一定证据证明或者有迹象表明犯罪嫌疑人在归案前或者归案后已经着手实施或者企图实施毁灭、伪造证据，干扰证人作证或者串供行为的；

（四）有一定证据证明或者有迹象表明犯罪嫌疑人可能对被害人、举报人、控告人实施打击报复的；

（五）企图自杀或者逃跑的，即犯罪嫌疑人归案前或者归案后曾经自杀，或者有一定证据证明或者有迹象表明犯罪嫌疑人试图自杀或者逃跑的。

有证据证明有犯罪事实是指同时具备下列情形：

（一）有证据证明发生了犯罪事实；

（二）有证据证明该犯罪事实是犯罪嫌疑人实施的；

（三）证明犯罪嫌疑人实施犯罪行为的证据已经查证属实的。

犯罪事实既可以是单一犯罪行为的事实，也可以是数个犯罪行为中任何一个犯罪行为的事实。

第一百四十条 对有证据证明有犯罪事实，可能判处十年有期徒刑以上刑罚的犯罪嫌疑人，应当批准或者决定逮捕。

对有证据证明有犯罪事实，可能判处徒刑以上刑罚，犯罪嫌疑人曾经故意犯罪或者不讲真实姓名、住址，身份不明的，应当批准或者决定逮捕。

第一百四十一条 人民检察院经审查认为被取保候审、监视居住的犯罪嫌疑人违反取保候审、监视居住规定的，依照本规则第一百条、第一百二十一条的规定办理。

第一百四十二条 对实施多个犯罪行为或者共同犯罪案件的犯罪嫌疑人，符合本规则第一百三十九条的规定，具有下列情形之一的，应当批准或者决定逮捕：

（一）有证据证明犯有数罪中的一罪的；

（二）有证据证明实施多次犯罪中的一次犯罪的；

（三）共同犯罪中，已有证据证明有犯罪事实的犯罪嫌疑人。

第一百四十三条 对具有下列情形之一的犯罪嫌疑人，人民检察院应当作出不批准逮捕的决定或者不予逮捕：

（一）不符合本规则第一百三十九条至第一百四十二条规定的逮捕条件的；

（二）具有刑事诉讼法第十五条规定的情形之一的。

第一百四十四条 犯罪嫌疑人涉嫌的罪行较轻，且没有其他重大犯罪嫌疑，具有以下情形之一的，可以作出不批准逮捕的决定或者不予逮捕：

（一）属于预备犯、中止犯，或者防卫过当、避险过当的；

（二）主观恶性较小的初犯，共同犯罪中的从犯、胁从犯，犯罪后自首、有立功表现或者积极退赃、赔偿损失、确有悔罪表现的；

（三）过失犯罪的犯罪嫌疑人，犯罪后有悔罪表现，有效控制损失或者积极赔偿损失的；

（四）犯罪嫌疑人与被害人双方根据刑事诉讼法的有关规定达成和解协议，经审查，认为和解系自愿、合法且已经履行或者提供担保的；

（五）犯罪嫌疑人系已满十四周岁未满十八周岁的未成年人或者在校学生，本人有悔罪表现，其家庭、学校或者所在社区、居民委员会、村民委员会具备监护、帮教条件的；

（六）年满七十五周岁以上的老年人。

第一百四十五条 对符合刑事诉讼法第七十二条第一款规定的犯罪嫌疑人，人民检察院经审查认为不需要逮捕的，可以在作出不批准逮捕或者不予逮捕决定的同时，向侦查机关提出监视居住的建议。

第一百四十六条 人民检察院对担任本级人民代表大会代表的犯罪嫌疑人批准或者决定逮捕，应当报请本级人民代表大会主席团或者常务委员会许可。报请许可手续的办理由侦查机关负责。

对担任上级人民代表大会代表的犯罪嫌疑人批准或者决定逮捕，应当层报该代表所属的人民代表大会同级的人民检察院报请许可。

对担任下级人民代表大会代表的犯罪嫌疑人批准或者决定逮捕，可以直接报请该代表所属的人民代表大会主席团或者常务委员会许可，也可以委托该代表所属的人民代表大会同级的人民检察院报请许可；对担任乡、民族乡、镇的人民代表大会代表的犯罪嫌疑人批准或者决定逮捕，由县级人民检察院报告乡、民族乡、镇的人民代表大会。

对担任两级以上的人民代表大会代表的犯罪嫌疑人批准或者决定逮捕，分别依照本条第一、二、三款的规定报请许可。

对担任办案单位所在省、市、县（区）以外的其他地区人民代表大会代表的犯罪嫌疑人批准或者决定逮捕，应当委托该代表所属的人民代表大会同级的人民检察院报请许可；担任两级以上人民代表大会代表的，应当分别委托该代表所属的人民代表大会同级的人民检察院报请许可。

第二百七十四条 对犯罪嫌疑人逮捕后的侦查羁押期限不得超过二个月。基层人民检察院，分、州、市人民检察院和省级人民检察院直接受理立案侦查的案件，案情复杂、期限届满不能终结的案件，可以经上一级人民检察院批准延长一个月。

第二百七十五条 基层人民检察院和分、州、市人民检察院直接受理立案侦查的案件，属于交通十分不便的边远地区的重大复杂案件、重大的犯罪集团案件、流窜作案的重大复杂案件和犯罪涉及面广、取证困难的重大复杂案件，在依照本规则第二百七十四条规定的期限届满前不能侦查终结的，经省、自治区、直辖市人民检察院批准，可以延长二个月。

省级人民检察院直接受理立案侦查的案件，属于上述情形的，可以直接决定延长二个月。

第二百七十六条 基层人民检察院和分、州、市人民检察院直接受理立案侦查的案件，对犯罪嫌疑人可能判处十年有期徒刑以上刑罚，依照本规则第二百七十五条的规定依法延长羁押期限届满，仍不能侦查终结的，经省、自治区、直辖市人民检察院批准，可以再延长二个月。

省级人民检察院直接受理立案侦查的案件，属于上述情形的，可以直接决定再延长二个月。

第二百七十七条 最高人民检察院直接受理立案侦查的案件，依照刑事诉讼法的规定需要延长侦查羁押期限的，直接决定延长侦查羁押期限。

第二百七十八条 公安机关需要延长侦查羁押期限的，应当在侦查羁押期限届满七日前，向同级人民检察院移送延长侦查羁押期限意见书，写明案件的主要案情和延长侦查羁押期限的具体理由。

人民检察院直接立案侦查的案件，侦查部门认为需要延长侦查羁押期限的，应当按照本条第一款的规定向本院侦查监督部门移送延长侦查羁押期限的意见及有关材料。

第二百七十九条 人民检察院审查批准或者决定延长侦查羁押期限，由侦查监督部门办理。

受理案件的人民检察院侦查监督部门对延长侦查羁押期限的意见审查后，应当提出是否同意延长侦查羁押期限的意见，报检察长决定后，将侦查机关延长侦查羁押期限的意见和本院的审查意见层报有决定权的人民检察院审查决定。有决定权的人民检察院应当在侦查羁押期限届满前作出是否批准延长侦查羁押期限的决定，并交由受理案件的人民检察院侦查监督部门送达公安机关或者本院侦查部门。

第二百八十条 因为特殊原因，在较长时间内不宜交付审判的特别重大复杂的案件，由最高人民检察院报请全国人民代表大会常务委员会批准延期审理。

第二百八十一条 人民检察院在侦查期间发现犯罪嫌疑人另有重要罪行的，自发现之日起依照本规则第二百七十四条的规定重新计算侦查羁押期限。

另有重要罪行是指与逮捕时的罪行不同种的重大犯罪和同种的影响罪名认定、量刑档次的重大犯罪。

第二百八十二条 人民检察院重新计算侦查羁押期限，应当由侦查部门提出重新计算侦查羁押期限的意见，移送本院侦查监督部门审查。侦查监督部门审查后应当提出是否同意重新计算侦查羁押期限的意见，报检察长决定。

第二百八十四条 人民检察院直接受理立案侦查的案件，不能在法定侦查羁押期限内侦查终结的，应当依法释放犯罪嫌疑人或者变更强制措施。

第三百一十条 对于公安机关立案侦查的案件，侦查监督部门审查逮捕时发现存在本规则第七十三条第一款规定情形的，可以调取公安机关讯问犯罪嫌疑人的录音、录像并审查相关的录音、录像，对于重大、疑难、复杂的案件，必要时可以审查全部录音、录像。

人民检察院直接受理立案侦查的案件，侦查部门在移送或者报请审查逮捕时，应当向侦查监督部门移送全部讯问犯罪嫌疑人的录音、录像，未移送或移送不全的，侦查监督部门应当要求侦查部门补充移送。经要求仍未移送或者未全部移送的，应当将案件退回侦查部门。侦查监督部门审查逮捕时对取证合法性或者讯问笔录真实性等产生疑问的，可以审查相关的录音、录像；对于重大、疑难、复杂的案件，必要时可以审查全部录音、录像。

第三百一十一条 经审查讯问犯罪嫌疑人录音、录像，发现侦查机关讯问不规范，讯问过程存在违法行为，录音、录像内容与讯问笔录不一致等情形的，应当逐一列明并向侦查机关书面提出，要求侦查机关予以纠正、补正或者书面作出合理解释。发现讯问笔录与讯问犯罪嫌疑人录音、录像内容有重大实质性差异的，或者侦查机关不能补正或者作出合理解释的，该讯问笔录不能作为批准逮捕或者决定逮捕的依据。

第三百二十七条 省级以下（不含省级）人民检察院直接受理立案侦查的案件，需要逮捕犯罪嫌疑人的，应当报请上一级人民检察院审查决定。

监所、林业等派出人民检察院立案侦查的案件，需要逮捕犯罪嫌疑人的，应当报请上一级人民检察院审查决定。

第三百二十八条 下级人民检察院报请审查逮捕的案件，由侦查部门制作报请逮捕书，报检察长或者检察委员会审批后，连同案卷材料、讯问犯罪嫌疑人录音、录像一并报上一级人民检察院审查，报请逮捕时应当说明犯罪嫌疑人的社会危险性并附相关证据材料。

侦查部门报请审查逮捕时，应当同时将报请情况告知犯罪嫌疑人及其辩护律师。

第三百二十九条 犯罪嫌疑人已被拘留的，下级人民检察院侦查部门应当在拘留后七日以内报上一级人民检察院审查逮捕。上一级人民检察院应当在收到报请逮捕书后七日以内作出是否逮捕的决定，特殊情况下，决定逮捕的时间可以延长一日至三日。犯罪嫌疑人未被拘留的，上一级人民检察院应当在收到报请逮捕书后十五日以内作出是否逮捕决定，重大、复杂的案件，不得超过二十日。

报送案卷材料、送达法律文书的路途时间计算在上一级人民检察院审查逮捕期限以内。

第三百三十条 对于重大、疑难、复杂的案件，下级人民检察院侦查部门可以提请上一级人民检察院侦查监督部门和本院侦查监督部门派员介入侦查，参加案件讨论。上一级人民检察院侦查监督部门和下级人民检察院侦查监督部门认为必要时，可以报经检察长批准，派员介入侦查，对收集证据、适用法律提出意见，监督侦查活动是否合法。

第三百三十一条 上一级人民检察院经审查，对符合本规则第三百零五条规定情形的，应当讯问犯罪嫌疑人。讯问时，按照本规则第三百零七条的规定进行。

对未被拘留的犯罪嫌疑人，讯问前应当征求下级人民检察院侦查部门的意见。

讯问犯罪嫌疑人，可以当面讯问，也可以通过视频讯问。通过视频讯问的，上一级人民检察院应当制作笔录附卷。下级人民检察院应当协助做好提押、讯问笔录核对、签字等工作。

因交通、通讯不便等原因，不能当面讯问或者视频讯问的，上一级人民检察院可以拟定讯问提纲，委托下级人民检察院侦查监督部门进行讯问。下级人民检察院应当及时将讯问笔录报送上一级人民检察院。

第三百三十二条 对已被拘留的犯罪嫌疑人，上一级人民检察院拟不讯问的，应当向犯罪嫌疑人送达听取犯罪嫌疑人意见书。因交通不便等原因不能及时送达的，可以委托下级人民检察院侦查监督部门代为送达。下级人民检察院应当及时回收意见书，并报上一级人民检察院。经审查发现应当讯问犯罪嫌疑人的，应当及时讯问。

第三百三十三条 上一级人民检察院决定逮捕的，应当将逮捕决定书连同案卷材料一并交下级人民检察院，由下级人民检察院通知同级公安机关执行。必要时，下级人民检察院可以协助执行。

下级人民检察院应当在公安机关执行逮捕三日以内，将执行回执报上一级人民检察院。

上一级人民检察院作出逮捕决定的，可以对收集证据、适用法律提出意见。

第三百三十四条 上一级人民检察院决定不予逮捕的，应当将不予逮捕决定书连同案卷材料一并交下级人民检察院，同时书面说明不予逮捕的理由。犯罪嫌疑人已被拘留的，下级人民检察院应当通知公安机关立即释放，并报上一级人民检察院；案件需要继续侦查，犯罪嫌疑人符合取保候审、监视居住条件的，由下级人民检察院依法决定取保候审或者监视居住。

上一级人民检察院作出不予逮捕决定，认为需要补充侦查的，应当制作补充侦查提纲，送达下级人民检察院侦查部门。

第三百三十五条 对应当逮捕而下级人民检察院未报请逮捕的犯罪嫌疑人，上一级人民检察院应当通知下级人民检察院报请逮捕犯罪嫌疑人。下级人民检察院不同意报请逮捕犯罪嫌疑人的，应当说明理由。经审查理由不成立的，上一级人民检察院可以依法作出逮捕决定。

第三百三十六条 决定逮捕后，应当立即将被逮捕人送看守所羁押。除无法通知的以外，下级人民检察院侦查部门应当把逮捕的原因和羁押的处所，在二十四小时以内通知被逮捕人的家属。对于无法通知的，在无法通知的情形消除后，应当立即通知其家属。

第三百三十七条 对被逮捕的犯罪嫌疑人，下级人民检察院侦查部门应当在逮捕后二十四小时以内进行讯问。

下级人民检察院在发现不应当逮捕的时候，应当立即释放犯罪嫌疑人或者变更强制措施，并向上一级人民检察院报告。

对已被释放或者变更为其他强制措施的犯罪嫌疑人，又发现需要逮捕的，应当重新报请审查逮捕。

第三百三十八条 对被逮捕的犯罪嫌疑人，作出逮捕决定的人民检察院发现不应当逮捕的，应当撤销逮捕决定，并通知下级人民检察院送达同级公安机关执行，同时向下级人民检察院说明撤销逮捕的理由。

第三百三十九条 下级人民检察院认为上一级人民检察院作出的不予逮捕决定有错误的，应当在收到不予逮捕决定书后五日以内报请上一级人民检察院重新审查，但是必须将已被拘留的犯罪嫌疑人立即释放或者变更为其他强制措施。

上一级人民检察院侦查监督部门在收到报请重新审查逮捕意见书和案卷材料后，应当另行指派办案人员审查，在七日以内作出是否变更的决定。

第三百四十条 基层人民检察院，分、州、市人民检察院对直接受理立案侦查的案件进行审查起诉时，发现需要逮捕犯罪嫌疑人的，应当报请上一级人民检察院审查决定逮捕。

报请工作由公诉部门负责。

第三百四十一条 需要逮捕担任各级人民代表大会代表的犯罪嫌疑人的，下级人民检察院侦查部门应当按照本规则第一百四十六条的规定报请许可，在获得许可后，向上一级人民检察院报请逮捕。

第三百四十二条 最高人民检察院、省级人民检察院办理直接受理立案侦查的案件，需要逮捕犯罪嫌疑人的，由侦查部门填写逮捕犯罪嫌疑人意见书，连同案卷材料、讯问犯罪嫌疑人录音、录像一并移送本院侦查监督部门审查。犯罪嫌疑人已被拘留的，侦查部门应当在拘留后七日以内将案件移送本院侦查监督部门审查。

第三百四十三条 对本院侦查部门移送审查逮捕的案件，犯罪嫌疑人已被拘留的，应当在侦查监督部门收到逮捕犯罪嫌疑人意见书后的七日以内，由检察长或者检察委员会决定是否逮捕，特殊情况下，决定逮捕的时间可以延长一日至三日；犯罪嫌疑人未被拘留的，应当在侦查监督部门收到逮捕犯罪嫌疑人意见书后的十五日以内由检察长或者检察委员会决定是否逮捕，重大、复杂的案件，不得超过二十日。

第三百四十四条 对本院侦查部门移送审查逮捕的犯罪嫌疑人，经检察长或者检察委员会决定逮捕的，侦查监督部门应当将逮捕决定书连同案卷材料、讯问犯罪嫌疑人录音、录像送交侦查部门，由侦查部门通知公安机关执行，必要时人民检察院可以协助执行，并可以对收集证据、适用法律提出意见。

第三百四十五条 对本院侦查部门移送审查逮捕的犯罪嫌疑人，经检察长或者检察委员会决定不予逮捕的，侦查监督部门应当将不予逮捕的决定连同案卷材料、讯问犯罪嫌疑人录音、录像移交侦查部门。犯罪嫌疑人已被拘留的，侦查部门应当通知公安机关立即释放。

第三百四十六条 对应当逮捕而本院侦查部门未移送审查逮捕的犯罪嫌疑人，侦查监督部门应当向侦查部门提出移送审查逮捕犯罪嫌疑人的建议。如果建议不被采纳，侦查监督部门可以报请检察长提交检察委员会决定。

第三百四十七条 最高人民检察院、省级人民检察院办理直接受理立案侦查的案件，逮捕犯罪嫌疑人后，应当立即将被逮捕人送看守所羁押。除无法通知的以外，侦查部门应当把逮捕的原因和羁押的处所，在二十四小时以内通知被逮捕人的家属。对于无法通知的，在无法通知的情形消除后，应当立即通知其家属。

第三百四十八条 最高人民检察院、省级人民检察院办理直接受理立案侦查的案件，对被逮捕的犯罪嫌疑人，侦查部门应当在逮捕后二十四小时以内进行讯问。

发现不应当逮捕的，应当经检察长批准，撤销逮捕决定或者变更为其他强制措施，并通知公安机关执行，同时通知侦查监督部门。

对按照前款规定被释放或者被变更逮捕措施的犯罪嫌疑人，又发现需要逮捕的，应当重新移送审查逮捕。

第三百四十九条 最高人民检察院、省级人民检察院办理直接受理立案侦查的案件，已经作出不予逮捕的决定，又发现需要逮捕犯罪嫌疑人的，应当重新办理逮捕手续。

第三百五十条 人民检察院办理直接受理立案侦查的案件，侦查部门应当将决定、变更、撤销逮捕措施的情况书面通知本院监所检察部门。

3. 最高人民法院、最高人民检察院、公安部、国家安全部、司法部、全国人大常委会法制工作委员会《关于实施刑事诉讼法若干问题的规定》（2012年12月26日）（节录）

17. 对于人民检察院批准逮捕的决定，公安机关应当立即执行，并将执行回执及时送达批准逮捕的人民检察院。如果未能执行，也应当将回执送达人民检察院，并写明未能执行的原因。对于人民检察院决定不批准逮捕的，公安机关在收到不批准逮捕决定书后，应当立即释放在押的犯罪嫌疑人或者变更强制措施，并将执行回执在收到不批准逮捕决定书后的三日内送达作出不批准逮捕决定的人民检察院。

4. 最高人民检察院《关于检察机关反贪污贿赂工作若干问题的决定》（1999 年 11 月 8 日　高检发〔1999〕27 号）（节录）

9. 人民检察院办理贪污贿赂案件决定采取取保候审、监视居住、拘留、逮捕强制措施的，依法由公安机关执行。检察机关可以派员协助公安机关执行并提供有关情况。紧急情况下，可以对符合逮捕、拘留条件的犯罪嫌疑人先行采取必要的措施，并及时通知公安机关执行强制措施。犯罪嫌疑人潜逃的，未立案的应当依法立案，符合逮捕条件的应决定逮捕，请公安机关办理边控、通缉，并协助公安机关做好抓捕工作。要及时掌握贪污贿赂犯罪嫌疑人在逃情况，并逐级上报，商公安机关纳入追捕逃犯信息系统，有选择地在因特网和其他新闻媒体上发布。

5. 最高人民检察院《关于严格执行人民代表大会代表执行职务司法保障规定的通知》（1994 年 6 月 22 日　高检法研字〔1994〕7 号）（略，参见本节相关内容）

6. 最高人民检察院《人民检察院直接受理侦查案件立案、逮捕实行备案审查的规定（试行）》（2005 年 9 月 23 日　高检发办字〔2005〕23 号）

第一条　为了加强上级人民检察院对下级人民检察院办理直接受理侦查案件工作的领导和监督制约，进一步提高人民检察院对直接受理侦查案件作出立案、逮捕决定的质量，根据有关法律规定，结合人民检察院办理直接受理侦查案件工作的实际，制定本规定。

第二条　省级以下（含省级）人民检察院办理直接受理侦查案件，决定立案、逮捕的，应当报上一级人民检察院备案审查。

第三条　人民检察院对直接受理侦查的案件决定立案的，应当在决定立案侦查之日起三日以内，由承办案件的部门填写立案备案登记表，连同提请立案报告和立案决定书，一并报送上一级人民检察院备案。

人民检察院对直接受理侦查案件的犯罪嫌疑人决定逮捕的，应当在决定逮捕之日起三日以内，由侦查监督部门填写逮捕备案登记表，连同逮捕犯罪嫌疑人意见书、审查逮捕案件意见书和逮捕决定书，一并报送上一级人民检察院备案。

第四条　上一级人民检察院相对应的部门应当指定专人审查下级人民检察院报送的备案材料，对案件是否属于作出立案或者逮捕决定的检察机关管辖、是否符合立案或者逮捕条件、是否有其他应当立案或者逮捕的犯罪嫌疑人等进行审查。

对于需要补报有关案件材料的，上一级人民检察院应当在收到备案材料之日起三日以内责成下级人民检察院补报。下级人民检察院应当在收到上一级人民检察院通知之日起三日以内，按要求报送。

第五条　上一级人民检察院在审查备案材料过程中，可以向下级人民检察院了解案件事实、证据和适用法律等情况。

第六条　上一级人民检察院应当在收到备案材料之日起十日以内，由承办人填写备案审查表，提出是否同意下级人民检察院立案或者逮捕决定的审查意见，报部门负责人审批。认为下级人民检察院的立案或者逮捕决定错误的，或者发现下级人民检察院有应当立案而未立案或者应当逮捕犯罪嫌疑人而未决定逮捕情形的，应当在报经检察长或者检察委员会决定后，书面通知下级人民检察院纠正，或者由上一级人民检察院直接作出相关决定，通知下级人民检察院执行。

第七条　下级人民检察院应当执行上一级人民检察院的决定，并在收到上一级人民检察院的书面通知或者决定之日起五日以内，将执行情况向上一级人民检察院报告。

下级人民检察院对上一级人民检察院的决定有异议的，可以在执行的同时向上一级人民检察院报告。

第八条　本规定自发布之日起试行。

7. 最高人民检察院《关于人民检察院办理直接受理立案侦查案件实行内部制约的若干规定》（2004 年 6 月 24 日　高检发〔2004〕12 号）（节录）

第六条　侦查监督部门对侦查、公诉部门需要逮捕犯罪嫌疑人的，应当审查提出意见，报检察长或者检察委员会决定；对侦查部门需要延长侦查羁押期限、重新计算侦查羁押期限的，应当审查提出意见，报检察长决定。重大复杂案件，应当提请检察委员会讨论决定。

第七条　侦查、公诉部门收到逮捕决定书后，应当立即通知公安机关执行，并在执行后的三日以内，将执行回执复印件送交侦查监督部门，因故未能及时执行的，应当书面说明情况。对已经决定逮捕的犯罪嫌疑人，侦查、公诉部门认为需要变更、撤销逮捕措施的，应当报经检察长批准，并及时书面通知侦查监督部门。

第十一条　侦查监督、公诉部门发现应当逮捕、起诉而未移送审查逮捕、审查起诉的，应当报经分管检察长同意，建议侦查部门移送审查逮捕、审查起诉。侦查部门采纳的，应当及时移送审查逮捕、审查起诉；不采纳的，应当书面说明理由，报经分管检察长同意后回复侦查监督、公诉部门。侦查监督、公诉部门仍坚持移送审查逮捕、审查起诉意见的，应当报检察长或者检察委员会决定。

第十二条　侦查部门对重大复杂案件移送审查逮捕前，可以报经检察长批准，通知侦查监督部门派员提前介入侦查；对重大复杂案件侦查终结前，可以报经检察长批准，通知公诉部门派员提前介入侦查。侦查监督、公诉部门介入侦查后，应当对案件证据进行审查，并就证据收集和法律适用等问题向侦查部门提出意见。

第十四条　监所检察部门对侦查、侦查监督、公诉部门在办案中违反法定羁押期限的情况，应当提出纠正意见。对犯罪嫌疑人执行、变更、撤销逮捕措施后，或者决定对已逮捕的犯罪嫌疑人移送审查起诉、不起诉或者提起公诉后，侦查、公诉部门应当在三日以内书面通知监所检察部门。决定对犯罪嫌疑人延长侦查羁押期限、重新计算侦查羁押期限的，侦查部门应当在三日以内书面通知监所检察部门。

第十五条　在被逮捕犯罪嫌疑人的羁押期限届满前七日，监所检察部门应当向侦查部门或者公诉部门发出提示通知。监所检察部门发现超过法定羁押期限而没有变更、撤销逮捕措施的，应当立即向侦查部门或者公诉部门提出纠正意见，并将有关情况及时报告分管检察长和检察长。侦查部门或者公诉部门应当在三日以内将超期羁押的原因及纠正情况上报分管检察长和检察长，同时书面回复监所检察部门。

8. 最高人民检察院《关于在检察工作中防止和纠正超期羁押的若干规定》（2003 年 11 月 24 日）

一、严格依法正确适用逮捕措施

各级人民检察院应当严格按照《中华人民共和国刑事诉讼法》的有关规定适用逮捕等剥夺人身自由的强制措施，依法全面、正确掌握逮捕条件，慎用逮捕措施，对确有逮捕必要的，才能适用逮捕措施。办案人员应当树立保障人权意识，提高办案效率，依法快办快结。对犯罪嫌疑人已经采取逮捕措施的案件，要在法定羁押期限内依法办结。严禁违背法律规定的条件，通过滥用退回补充侦查、发现新罪、改变管辖等方式变相超期羁押犯罪嫌疑人。对于在法定羁押期限内确实难以办结的案件，应当根据案件的具体情况依法变更强制措施或者释放犯罪嫌疑人。对于已经逮捕但经侦查或者审查，认定不构成犯罪、不需要追究刑事责任或者证据不足、不符合起诉条件的案件，应当及时、依法作出撤销案件或者不起诉的决定，释放在押的犯罪嫌疑人。

二、实行和完善听取、告知制度

实行听取制度。人民检察院在审查决定、批准逮捕中，应当讯问犯罪嫌疑人。检察人员在讯问犯罪嫌疑人的时候，应当认真听取犯罪嫌疑人的陈述或者无罪、罪轻的辩解。犯罪嫌疑人委托律师提供法律帮助或者委托辩护人的，检察人员应当注意听取律师以及其他辩护人关于适用逮捕措施的意见。

完善告知制度。人民检察院在办理直接受理立案侦查的案件中，对于被逮捕的人，应当由承办部门办案人员在逮捕后的二十四小时以内进行讯问，讯问时即应把逮捕的原因、决定机关、羁押起止日期、羁押处所以及在羁押期间的权利、义务用犯罪嫌疑人能听（看）懂的语言和文书告知犯罪嫌疑人。人民检察院在逮捕犯罪嫌疑人以后，除有碍侦查或者无法通知的情形以外，应当把逮捕的原因和羁押的处所，在二十四小时以内通知被逮捕人的家属或者他的所在单位，并告知其家属有权为犯罪嫌疑人申请变更强制措施，对超期羁押有权向人民检察院投诉。

无论在侦查阶段还是审查起诉阶段，人民检察院依法延长或者重新计算羁押期限，都应当将法律根据、羁押期限书面告知犯罪嫌疑人、被告人及其委托的人。

人民检察院应当将听取和告知记明笔录，并将上述告知文书副本存工作卷中。

三、实行羁押情况通报制度

人民检察院在犯罪嫌疑人被逮捕或者在决定、批准延长侦查羁押期限、重新计算侦查羁押期限以后，侦查部门应当在三日以内将有关情况书面通知本院监所检察部门。

人民检察院在决定对在押的犯罪嫌疑人延长审查起诉期限、改变管辖、退回补充侦查重新计算审查起诉期限以后，公诉部门应当在三日以内将有关情况书面通知本院监所检察部门。

对犯罪嫌疑人异地羁押的，办案部门应当将羁押情况书面通知羁押地人民检察院的监所检察部门。羁押地人民检察院监所检察部门发现羁押超期的，应当及时报告、通知作出羁押决定的人民检察院监所检察部门，由作出羁押决定的人民检察院的监所检察部门对超期羁押提出纠正意见。

已经建成计算机局域网的人民检察院，有关部门可以运用局域网通报、查询羁押情况。

四、实行羁押期限届满提示制度

监所检察部门对本院办理案件的犯罪嫌疑人的羁押情况实行一人一卡登记制度。案卡应当记明犯罪嫌疑人的基本情况、诉讼阶段的变更、羁押起止时间以及变更情况等。有条件的地方应当推广和完善对羁押期限实施网络化管理。监所检察部门应当在每月底向检察长报告本院办理案件的羁押人员情况。

监所检察部门应当在本院办理案件的犯罪嫌疑人羁押期限届满前七日制发《犯罪嫌疑人羁押期满提示函》，通知办案部门犯罪嫌疑人羁押期限即将届满，督促其依法及时办结案件。《犯罪嫌疑人羁押期满提示函》应当载明犯罪嫌疑人的基本情况、案由、逮捕时间、期限届满时间、是否已经延长办案期限等内容。

案件承办人接到提示后，应当检查案件的办理情况并向本部门负责人报告，严格依法在法定期限内办结案件。如果需要延长羁押期限、变更强制措施，应当及时提出意见，按照有关规定办理审批手续。

五、严格依法执行换押制度

人民检察院凡对在押的犯罪嫌疑人依法变更刑事诉讼阶段的，应当严格按照有关规定办理换押手续。

人民检察院对于公安机关等侦查机关侦查终结移送审查起诉的、决定退回补充侦查以及决定提起公诉的案件，公诉部门应当在三日以内将有关换押情况书面通知本院监所检察部门。

六、实行定期检查通报制度

各级人民检察院应当将检察环节遵守法定羁押期限情况作为执法检查工作的重点之一。检察长对本院办理案件的羁押情况、上级检察机关对下级检察机关办理案件的羁押情况应当定期进行检查；对办案期限即将届满的，应当加强督办。各业务部门负责人应当定期了解、检查本部门办理案件的犯罪嫌疑人羁押情况，督促办案人员在法定期限内办结。

基层人民检察院监所检察部门应当向本院检察长及时报告本院业务部门办理案件执行法定羁押期限情况；分、州、市人民检察院应当每月向所辖检察机关通报辖区内检察机关办案中执行法定羁押期限情况；各省、自治区、直辖市人民检察院应当每季度向所辖检察机关通报本省、自治区、直辖市检察机关办案中执行法定羁押期限情况；最高人民检察院应当在每年年中和年底向全国检察机关通报检察机关办案中执行法定羁押期限情况。

七、建立超期羁押投诉和纠正机制

犯罪嫌疑人及其法定代理人、近亲属或者犯罪嫌疑人委托的律师及其他辩护人认为超期羁押的，有权向作出逮捕决定的人民检察院或者其上级人民检察院投诉，要求解除有关强制措施。在押的犯罪嫌疑人可以约见驻所检察人员对超期羁押进行投诉。

人民检察院监所检察部门负责受理关于超期羁押的投诉，接受投诉材料或者将投诉内容记明笔录，并及时对投诉进行审查，提出处理意见报请检察长决定。检察长对于确属超期羁押的，应当立即作出释放犯罪嫌疑人或者变更强制措施的决定。

人民检察院监所检察部门在投诉处理以后，应当及时向投诉人反馈处理意见。

八、实行超期羁押责任追究制

进一步健全和落实超期羁押责任追究制，严肃查处和追究超期羁押有关责任人员。对于违反刑事诉讼法和本规定，滥用职权或者严重不负责任，造成犯罪嫌疑人超期羁押的，应当追究直接负责的主管人员和其他直接责任人员的纪律责任；构成犯罪的，依照《中华人民共和国刑法》第三百九十七条关于滥用职权罪、玩忽职守罪的规定追究刑事责任。

9. 最高人民法院、最高人民检察院、公安部《关于严格执行刑事诉讼法，切实纠防超期羁押的通知》（2003 年 11 月 12 日　法〔2003〕163 号）

各省、自治区、直辖市高级人民法院、人民检察院、公安厅（局），解放军军事法院、军事检察院、总政治部保卫部：

目前，超期羁押现象在全国许多地方没有得到有效遏制，“前清后超”、“边清边超”、“押而不决”等现象仍然不断发生，人民群众反映强烈。各级人民法院、人民检察院和公安机关要坚持以“三个代表”重要思想为指导，坚持司法为民的工作要求，严格执行刑事诉讼法的有关规定，切实提高办理刑事案件的质量和效率，维护人民法院、人民检察院和公安机关的公正形象，坚决纠正和预防超期羁押现象，尊重和保障犯罪嫌疑人、被告人的合法权益。现就有关问题通知如下：

一、进一步端正执法思想，牢固树立实体法和程序法并重、打击犯罪和保障人权并重的刑事诉讼观念。社会主义司法制度必须保障在全社会实现公平和正义。人民法院、人民检察院和公安机关依法进行刑事诉讼，既要惩罚犯罪，维护社会稳定，也要尊重和保障人权，尊重和保障犯罪嫌疑人、被告人的合法权益，是依法惩罚犯罪和依法保障人权的有机统一。任何人，在人民法院依法判决之前，都不得被确定有罪。在侦查、起诉、审判等各个阶段，必须始终坚持依法进行诉讼，认真遵守刑事诉讼法关于犯罪嫌疑人、被告人羁押期限的规定，坚决克服重实体、轻程序，重打击、轻保障的错误观念，避免因超期羁押而侵犯犯罪嫌疑人、被告人合法权益现象的发生。

二、严格适用刑事诉讼法关于犯罪嫌疑人、被告人羁押期限的规定，严禁随意延长羁押期限。犯罪嫌疑人、被告人被羁押的，人民法院、人民检察院和公安机关在刑事诉讼的不同阶段，要及时办理换押手续。在侦查阶段，要严格遵守拘留、逮捕后的羁押期限的规定；犯罪嫌疑人被逮捕以后，需要延长羁押期限的，应当符合刑事诉讼法第一百二十四条、第一百二十六条或者第一百二十七条规定的情形，并应当经过上一级人民检察院或者省、自治区、直辖市人民检察院的批准或者决定。在审查逮捕阶段和审查起诉阶段，人民检察院应当在法定期限内作出决定。在审判阶段，人民法院要严格遵守刑事诉讼法关于审理期限的规定；需要延长一个月审理期限的，应当属于刑事诉讼法第一百二十六条规定的情形之一，而且应当经过省、自治区、直辖市高级人民法院批准或者决定。

凡不符合刑事诉讼法关于重新计算犯罪嫌疑人、被告人羁押期限规定的，不得重新计算羁押期限。严禁滥用退回补充侦查、撤回起诉、改变管辖等方式变相超期羁押犯罪嫌疑人、被告人。

三、准确适用刑事诉讼法关于取保候审、监视居住的规定。人民法院、人民检察院和公安机关在对犯罪嫌疑人、被告人采取强制措施时，凡符合取保候审、监视居住条件的，应当依法采取取保候审、监视居住。对已被羁押的犯罪嫌疑人、被告人，在其法定羁押期限已满时必须立即释放，如侦查、起诉、审判活动尚未完成，需要继续查证、审理的，要依法变更强制措施为取保候审或者监视居住，充分发挥取保候审、监视居住这两项强制措施的作用，做到追究犯罪与保障犯罪嫌疑人、被告人合法权益的统一。

四、坚持依法办案，正确适用法律，有罪依法追究，无罪坚决放人，人民法院、人民检察院和公安机关在刑事诉讼过程中，要分工负责，互相配合，互相制约，依法进行，避免超期羁押现象的发生。在侦查、起诉、审判等各个诉讼阶段，凡发现犯罪嫌疑人、被告人不应或者不需要追究刑事责任的，应当依法撤销案件，或者不起诉，或者终止审理，或者宣告无罪。公安机关、人民检察院要严格执行刑事诉讼法关于拘留、逮捕条件的规定，不符合条件的坚决不拘、不提请批准逮捕或者决定不批准逮捕。人民检察院对于经过两次补充侦查或者在审判阶段建议补充侦查并经人民法院决定延期审理的案件，不再退回公安机关；对于经过两次补充侦查，仍然证据不足、不符合起诉条件的案件，要依法作出不起诉的决定。公安机关要依法加强对看守所的管理，及时向办案机关通报超期羁押情况。人民法院对于人民检察院提起公诉的案件，经过审理，认为证据不足，不能认定被告人有罪的，要依法作出证据不足、指控的犯罪不能成立的无罪判决。第二审人民法院经过审理，对于事实不清或者证据不足的案件，只能一次裁定撤销原判、发回原审人民法院重新审判；对于经过查证，只有部分犯罪事实清楚、证据充分的案件，只就该部分罪行进行认定和宣判；对于查证以后，仍然事实不清或者证据不足的案件，要依法作出证据不足、指控的犯罪不能成立的无罪判决，不得拖延不决，迟迟不判。

五、严格执行超期羁押责任追究制度。超期羁押侵犯犯罪嫌疑人、被告人的合法权益，损害司法公正，对此必须严肃查处，绝不姑息。本通知发布以后，凡违反刑事诉讼法和本通知的规定，造成犯罪嫌疑人、被告人超期羁押的，对于直接负责的主管人员和其他直接责任人员，由其所在单位或者上级主管机关依照有关规定予以行政或者纪律处分；造成犯罪嫌疑人、被告人超期羁押，情节严重的，对于直接负责的主管人员和其他直接责任人员，依照刑法第三百九十七条的规定，以玩忽职守罪或者滥用职权罪追究刑事责任。

六、对于重大、疑难、复杂的案件，涉外案件，新类型案件以及危害国家安全案件涉及的适用法律问题，应及时报请全国人大常委会作出立法解释或者最高人民法院、最高人民检察院作出司法解释。

执行本通知的情况，请及时层报最高人民法院、最高人民检察院和公安部。

10. 最高人民检察院、公安部《关于依法适用逮捕措施有关问题的规定》（2001年8月6日）（节录）

一、公安机关提请批准逮捕、人民检察院审查批准逮捕都应当严格依照法律规定的条件和程序进行。

（一）刑事诉讼法第六十条规定的“有证据证明有犯罪事实”是指同时具备以下三种情形：1. 有证据证明发生了犯罪事实；2. 有证据证明该犯罪事实是犯罪嫌疑人实施的；3. 证明犯罪嫌疑人实施犯罪行为的证据已有查证属实的。

“有证据证明有犯罪事实”，并不要求查清全部犯罪事实。其中“犯罪事实”既可以是单一犯罪行为的事实，也可以是数个犯罪行为中任何一个犯罪行为的事实。

（二）具有下列情形之一的，即为刑事诉讼法第六十条规定的“有逮捕必要”：1. 可能继续实施犯罪行为，危害社会的；2. 可能毁灭、伪造证据、干扰证人作证或者串供的；3. 可能自杀或逃跑的；4. 可能实施打击报复行为的；5. 可能有碍其他案件侦查的；6. 其他可能发生社会危险性的情形。

对有组织犯罪、黑社会性质组织犯罪、暴力犯罪和多发性犯罪等严重危害社会治安和社会秩序以及可能有碍侦查的犯罪嫌疑人，一般应予逮捕。

（三）对实施多个犯罪行为或者共同犯罪案件的犯罪嫌疑人，符合本条第（一）项、第（二）项的规定，具有下列情形之一的，应当予以逮捕：1. 有证据证明有数罪中的一罪的；2. 有证据证明有多次犯罪中的一次犯罪的；3. 共同犯罪中，已有证据证明有犯罪行为的。

（四）根据刑事诉讼法第五十六条第二款的规定，对下列违反取保候审规定的犯罪嫌疑人，应当予以逮捕：1. 企图自杀、逃跑，逃避侦查、审查起诉的；2. 实施毁灭、伪造证据或者串供、干扰证人作证行为，足以影响侦查、审查起诉工作正常进行的；3. 未经批准，擅自离开所居住的市、县，造成严重后果，或者两次未经批准，擅自离开所居住的市、县的；4. 经传讯不到案，造成严重后果，或者经两次传讯不到案的。

对在取保候审期间故意实施新的犯罪行为的犯罪嫌疑人，应当予以逮捕。

（五）根据刑事诉讼法第五十七条第二款的规定，被监视居住的犯罪嫌疑人具有下列情形之一的，属于“情节严重”，应当予以逮捕：1. 故意实施新犯罪行为的；2. 企图自杀、逃跑、逃避侦查、审查起诉的；3. 实施毁灭、伪造证据或者串供、干扰证人作证行为，足以影响侦查、审查起诉工作正常进行的；4. 未经批准，擅自离开住处或者指定的居所，造成严重后果，或者两次未经批准，擅自离开住处或者指定的居所的；5. 未经批准，擅自会见他人，造成严重后果，或者两次未经批准，擅自会见他人的；6. 经传讯不到案，造成严重后果，或者经两次传讯不到案的。

二、公安机关在作出是否提请人民检察院批准逮捕的决定之前，应当对收集、调取的证据材料予以核实。对于符合逮捕条件的犯罪嫌疑人，应当提请人民检察院批准逮捕；对于不符合逮捕条件但需要继续侦查的，公安机关可以依法取保候审或者监视居住。

公安机关认为需要人民检察院派员参加重大案件讨论的，应当及时通知人民检察院。人民检察院接到通知后，应当及时派员参加。参加的检察人员在充分了解案情的基础上，应当对侦查活动提出意见和建议。

三、人民检察院收到公安机关提请批准逮捕的案件后，应当立即指定专人进行审查，发现不符合刑事诉讼法第六十六条规定，提请批准逮捕书、案卷材料和证据不齐全的，应当要求公安机关补充有关材料。

对公安机关提请批准逮捕的案件，人民检察院经审查，认为符合逮捕条件的，应当批准逮捕。对于不符合逮捕条件的，或者具有刑事诉讼法第十五条规定的情形之一的，应当作出不批准逮捕的决定，并说明理由。

对公安机关报请批准逮捕的案件人民检察院在审查逮捕期间不另行侦查。必要的时候，人民检察院可以派人参加公安机关对重大案件的讨论。

四、对公安机关提请批准逮捕的犯罪嫌疑人，已被拘留的，人民检察院应当在接到提请批准逮捕书后的七日以内作出是否批准逮捕的决定；未被拘留的，应当在接到提请批准逮捕书后的十五日以内作出是否批准逮捕的决定，重大、复杂的案件，不得超过二十日。

五、对不批准逮捕，需要补充侦查的案件，人民检察院应当通知提请批准逮捕的公安机关补充侦查，并附补充侦查提纲，列明需要查清的事实和需要收集、核实的证据。

六、对人民检察院补充侦查提纲中所列的事项，公安机关应当及时进行侦查、核实，并逐一作出说明。不得未经侦查和说明，以相同材料再次提请批准逮捕。公安机关未经侦查、不作说明的，人民检察院可以作出不批准逮捕的决定。

七、人民检察院批准逮捕的决定，公安机关应当立即执行，并将执行回执在执行后三日内送达作出批准决定的人民检察院；未能执行的，也应当将执行回执送达人民检察院，并写明未能执行的原因。对于人民检察院决定不批准逮捕的，公安机关在收到不批准逮捕决定书后，应当立即释放在押的犯罪嫌疑人或者变更强制措施，并将执行回执在收到不批准逮捕决定书后三日内送达作出不批准逮捕决定的人民检察院。如果公安机关发现逮捕不当的，应当及时予以变更，并将变更的情况及原因在作出变更决定后三日内通知原批准逮捕的人民检察院。人民检察院认为变更不当的，应当通知作出变更决定的公安机关纠正。

八、公安机关认为人民检察院不批准逮捕的决定有错误的，应当在收到不批准逮捕决定书后五日以内，向同级人民检察院要求复议。人民检察院应当在收到公安机关要求复议意见书后七日内作出复议决定。

公安机关对复议决定不服的，应当在收到人民检察院复议决定书后五日以内向上一级人民检察院提请复核。上一级人民检察院应当在收到公安机关提请复核意见书后十五日以内作出复核决定。原不批准逮捕决定错误的，应当及时纠正。

九、人民检察院办理审查逮捕案件，发现应当逮捕而公安机关未提请批准逮捕的犯罪嫌疑人的，应当建议公安机关提请批准逮捕。公安机关认为建议正确的，应当立即提请批准逮捕；认为建议不正确的，应当将不提请批准逮捕的理由通知人民检察院。

十、公安机关需要延长侦查羁押期限的，应当在侦查羁押期限届满七日前，向同级人民检察院移送提请延长侦查羁押期限意见书，写明案件的主要案情、延长侦查羁押期限的具体理由和起止日期，并附逮捕证复印件。有决定权的人民检察院应当在侦查羁押期限届满前作出是否批准延长侦查羁押期限的决定，并交由受理案件的人民检察院送达公安机关。

十一、公安机关发现犯罪嫌疑人另有重要罪行，需要重新计算侦查羁押期限的，可以按照刑事诉讼法有关规定决定重新计算侦查羁押期限，同时报送原作出批准逮捕决定的人民检察院备案。

十二、公安机关发现不应当对犯罪嫌疑人追究刑事责任的，应当撤销案件；犯罪嫌疑人已被逮捕的，应当立即释放，并将释放的原因在释放后三日内通知原作出批准逮捕决定的人民检察院。

十三、人民检察院在审查批准逮捕工作中，如果发现公安机关的侦查活动有违法情况，应当通知公安机关予以纠正，公安机关应当将纠正情况通知人民检察院。

十四、公安机关、人民检察院在提请批准逮捕和审查批准逮捕工作中，要加强联系，互相配合，在工作中可以建立联席会议制度，定期互通有关情况。

11. 最高人民检察院、公安部《关于适用刑事强制措施有关问题的规定》（2000 年 8 月 28 日　高检会〔2000〕2 号）（节录）

第二十七条　人民检察院直接立案侦查的案件，依法作出逮捕犯罪嫌疑人的决定后，应当将有关法律文书和有关案由、犯罪嫌疑人基本情况的材料送交同级公安机关执行。

公安机关核实人民检察院送交的有关法律文书和材料后，应当报请县级以上公安机关负责人签发逮捕证，并立即派员执行，人民检察院可以协助公安机关执行。

第二十八条　人民检察院直接立案侦查的案件，公安机关逮捕犯罪嫌疑人后，应当立即将执行回执送达决定逮捕的人民检察院。人民检察院应当在逮捕后二十四小时以内，对犯罪嫌疑人进行讯问。除有碍侦查或者无法通知的情形以外，人民检察院还应当将逮捕的原因和羁押的处所，在二十四小时以内，通知被逮捕人的家属或者其所在单位。

公安机关未能抓获犯罪嫌疑人的，应当在二十四小时以内，将执行情况和未能抓获犯罪嫌疑人的原因通知决定逮捕的人民检察院。对于犯罪嫌疑人在逃的，在人民检察院撤销逮捕决定之前，公安机关应当组织力量继续执行，人民检察院应当及时提供新的情况和线索。

第二十九条　人民检察院直接立案侦查的案件，对已经逮捕的犯罪嫌疑人，发现不应当逮捕的，应当经检察长批准或者检察委员会讨论决定，撤销逮捕决定或者变更为取保候审、监视居住，并通知公安机关执行。人民检察院将逮捕变更为取保候审、监视居住的，执行程序适用本规定。

第三十条　人民检察院直接立案侦查的案件，被拘留、逮捕的犯罪嫌疑人或者他的法定代理人、近亲属和律师向负责执行的公安机关提出取保候审申请的，公安机关应当告知其直接向作出决定的人民检察院提出。

被拘留、逮捕的犯罪嫌疑人的法定代理人、近亲属和律师向人民检察院申请对犯罪嫌疑人取保候审的，人民检察院应当在收到申请之日起七日内作出是否同意的答复。同意取保候审的，应当作出变更强制措施的决定，办理取保候审手续，并通知公安机关执行。

第三十一条 对于人民检察院决定逮捕的犯罪嫌疑人，公安机关应当在侦查羁押期限届满十日前通知决定逮捕的人民检察院。

对于需要延长侦查羁押期限的，人民检察院应当在侦查羁押期限届满前，将延长侦查羁押期限决定书送交公安机关；对于犯罪嫌疑人另有重要罪行，需要重新计算侦查羁押期限的，人民检察院应当在侦查羁押期限届满前，将重新计算侦查羁押期限决定书送交公安机关。

对于不符合移送审查起诉条件或者延长侦查羁押期限条件、重新计算侦查羁押期限条件的，人民检察院应当在侦查羁押期限届满前，作出予以释放或者变更强制措施的决定，并通知公安机关执行。公安机关应当将执行情况及时通知人民检察院。

第三十二条 公安机关立案侦查的案件，对于已经逮捕的犯罪嫌疑人变更为取保候审、监视居住后，又发现需要逮捕该犯罪嫌疑人的，公安机关应当重新提请批准逮捕。

人民检察院直接立案侦查的案件具有前款规定情形的，应当重新审查决定逮捕。

12.《全国人民代表大会组织法》（1982年12月10日）（节录）

第四十四条 全国人民代表大会代表非经全国人民代表大会主席团许可，在全国人民代表大会闭会期间非经全国人民代表大会常务委员会许可，不受逮捕或者刑事审判。

全国人民代表大会代表如果因为是现行犯被拘留，执行拘留的公安机关应当立即向全国人民代表大会主席团或者全国人民代表大会常务委员会报告。

13.《全国人民代表大会和地方各级人民代表大会代表法》（1992年4月3日）（节录）

第三十条 县级以上的各级人民代表大会代表，非经本级人民代表大会主席团许可，在本级人民代表大会闭会期间，非经本级人民代表大会常务委员会许可，不受逮捕或者刑事审判。如果因为是现行犯被拘留，执行拘留的机关应当立即向该级人民代表大会主席团或者人民代表大会常务委员会报告。

对县级以上的各级人民代表大会代表，如果采取法律规定的其他限制人身自由的措施，应当经该级人民代表大会主席团或者人民代表大会常务委员会许可。

乡、民族乡、镇的人民代表大会代表，如果被逮捕、受刑事审判、或者被采取法律规定的其他限制人身自由的措施，执行机关应当立即报告乡、民族乡、镇的人民代表大会。

14. 中共中央政法委员会《关于对政协委员采取刑事拘留、逮捕强制措施应向所在政协党组通报情况的通知》（1996年7月18日）

为了保障政协组织充分发挥职能作用，维护各级政协委员的合法权益，调动他们参政议政的积极性，进一步做好统战工作，今后各级公安机关、国家安全机关、人民检察院、人民法院依法对有犯罪嫌疑的政协委员采取刑事拘留、逮捕强制措施前，应向该委员所在的政协党组通报情况；情况紧急的，可同时或事后及时通报，以利于政协党组及时掌握情况，采取相应的配合措施，保证案件的顺利查处。

七、侦查协作与配合

办理职务犯罪案件的人民检察院，遇有与侦查相关的事宜，确有必要请求有关人民检察院予以协助的，可以请求侦查协作。

侦查协作是指检察机关在依法查办贪污贿赂、侵权渎职等职务犯罪案件侦查活动中，对需要核实案情、调查取证、采取强制性措施等事宜所进行的协调、配合和合作。

侦查协作可以增强侦查的整体优势，提高办案效率。

侦查协作应当遵循依法配合、快速有效、保守秘密、各负其责的原则。

人民检察院提出侦查协作请求，应当具备以下条件：（1）法律手续完备，包括立案决定书、请求协作函件及法律规定采取强制性措施等必需的法律文书和手续；（2）协作事项具体明确，包括协查目的、协查要求、协查对象、协查内容等。

除检察机关之间的侦查协作外，检察机关还需要在侦查中加强与行政执法机关、纪检监察机关、审计机关、安全生产监管机关的联系和配合，及时发现职务犯罪的线索和信息资源，争取外部的支持。

【主要程序】

1. 检察机关之间的侦查协作

（1）需要进行侦查协作的案件，应由案件承办人书面提出协作请求，层报主管检察长批准，并加盖院章。

（2）侦查协作一般由办理案件的人民检察院（以下简称请求方）直接向负有协作义务的人民检察院（以下简称协作方）提出请求函件，并填写请求侦查协作表。涉及厅级以上领导干部、省级以上人大代表（政协委员）的侦查协作事项，应当通过省级以上人民检察院予以安排；涉及担任实职的县（处）级领导干部的侦查协作事项，应当通过分（州、市）以上人民检察院进行安排。

（3）协作方人民检察院收到侦查协作请求后，应当依据法律和有关规定进行程序审查，并分别作出以下处理：

①符合侦查协作条件，法律手续及有关材料完备的，应当予以协作；

②法律手续及有关材料不完备的，应当告知请求方予以补充；

③对不符合侦查协作条件的，应当说明理由，不予协作，并将有关材料退回请求方。

（4）请求方办理案件遇有紧急事项需要请求协作，无法及时办理有关请求协作手续的，可以商请协作方紧急协作，但是有关请求协作手续必须及时予以补办。

（5）请求方派员到异地协助公安机关执行拘留、逮捕的，原则上应由请求方检察机关与当地公安机关取得联系后，通过公安协作渠道办理。必要时协作方检察机关也要予以配合。请求方到异地执行搜查、扣押、追缴涉案款物等，应当请当地检察机关协作，协作方应当予以配合。

（6）提供侦查协作一般应当在收到侦查协作请求后10日内完成。情况紧急的，应当及时完成并反馈结果；情况复杂的，可以适当予以延长。由于客观原因无法提供协作的，应当在10日内通知请求协作的人民检察院。

请求侦查协作事项办理完毕后，协作方应当将情况和材料及时向请求方反馈。协作事项属上级院交办的，协作方和请求方均应向各自的上级院报告。

（7）侦查协作中的争议，由有关各方协商解决。协商不成的，报各自上级人民检察院或者共同的上级人民检察院协调。经上级院协调确定的意见，有关人民检察院应当执行，不得拖延。

2. 检察机关与其他部门之间的配合

（1）与监察机关、安全生产监督管理机关在重大责任事故调查处理中的联系和配合

①国务院或国务院授权有关部门组成的事故调查组，在调查中发现与事故责任有关的国家机关工作人员涉嫌下列行为之一的，应当及时将有关证据材料及必要的调查材料复印件移交参与事故调查的检察机关所派人员，检察机关可视情况组织办案组依法查办涉嫌职务犯罪案件：第一，贪污、挪用公款，收受财物或者向他人行贿的；第二，不依法履行职责，工作中严重失职渎职的；第三，违法审批产生严重后果的；第四，不依法查封、取缔、给予行政处罚，产生严重后果的；第五，事故发生后，有关部门不立即组织抢险救灾、贻误抢救时机造成事故扩大，产生严重后果的；第六，对事故隐瞒不报、谎报、拖延迟报，产生严重后果的；第七，其他渎职行为。

②检察机关发现涉嫌渎职犯罪线索后，根据立案前审查的需要，经检察机关和事故调查组有关负责人批准，可以借阅和复制事故调查组的有关材料和卷宗；可以接触与事故调查有关的人员，向其询问和了解有关情况。检察机关参加调查的工作人员可与事故调查组工作人员一起向事故有关责任人员了解情况，谈话记录由事故调查组作出。

③检察机关在重大责任事故调查期间，对犯罪嫌疑人决定立案侦查，或者决定采取拘留、逮捕等强制措施的，应当向事故调查组负责人通报。对犯罪嫌疑人的查处情况及时告知事故调查组。

（2）与行政执法机关的联系和配合

①人民检察院接到控告、举报或者发现行政执法机关不移送涉嫌犯罪案件，经审查或者调查后认为情况基本属实的，可以向行政执法机关查询案件情况、要求行政执法机关提供有关案件材料或者派员查阅案卷材料。

②行政执法机关在依法查处违法行为过程中，发现国家工作人员贪污贿赂或者国家机关工作人员渎职等违纪、犯罪线索的，应当根据案件的性质，及时向人

民检察院移送。人民检察院应当认真审查，依法处理，并将处理结果书面告知移送案件线索的行政执法机关。

（3）与审计机关之间的联系和配合

①在查办贪污贿赂、渎职和其他违法犯罪案件工作中，检察机关和审计机关要加强工作联系，密切配合，建立案件移送制度，经常交流通报情况，研究解决工作中出现的问题，加大查办和打击贪污贿赂、渎职和其他违法犯罪活动的力度。也可根据工作需要，建立联席会议制度。

②检察机关接到审计机关移送的涉嫌犯罪案件线索后，要认真进行审查，决定立案的，应当将立案情况通知移送案件线索的审计机关。经审查不予立案的，检察机关应当制作不立案通知书，写明不立案的原因和法律依据，送达移送案件线索的审计机关，并向审计机关退还有关材料。审计机关对检察机关不立案的决定有异议的，可以在收到不立案通知书的10日内向检察机关申请复议，检察机关应当在收到复议申请的30日内作出复议决定，并将复议通知书送达申请复议的审计机关。

③检察机关在查办案件过程中，需要审计机关协助查证的，可以商请审计机关予以配合。检察机关可以就涉及审计专业性的事项商请审计机关进行审计查证。

④审计机关在审计过程中，认为有贪污贿赂、渎职和其他违法犯罪事实需要追究刑事责任的时候，可以要求检察机关提前介入，检察机关应当及时派员配合审查，熟悉案情，确定案件性质，为立案作好准备。

（4）与纪检监察机关的联系和配合

①对于纪检监察机关移送的案件，检察机关要积极受理，及时审查或进行必要的调查，作出是否立案的决定。检察机关决定不予立案的，应说明原因，并将材料退回移送的纪检监察机关。检察机关在案件侦结后，要将案件的处理结论（起诉、免予起诉、撤案情况）及时通报移送案件的纪检监察机关。

②检察机关在查处案件中，对需要同时作党纪、政纪处理的案犯和打击报复举报人、包庇案犯、干扰办案的有关人员，应适时将有关证据材料（或复印件）移送纪检监察机关。对于检察机关尚未侦结的案件，纪检监察机关需要对有关违纪人员作出党纪、政纪处分，检察机关在不影响侦查工作的前提下，应积极配合。

③对于查处有阻力或涉及党纪、政纪、法纪交叉的大案要案，经纪检监察机关和检察机关协商，可由一个部门为主调查，另一个部门进行配合，必要时由联席例会决定由纪检监察机关和检察机关联合调查，对触犯刑律的，由检察机关依照法律程序办理。

【注意事项】

1. 最高人民检察院、上级人民检察院交办协作事项，下级人民检察院必须按要求执行。

2. 协作方依照协作请求履行协作事宜，其引起的法律后果由请求方承担；协作方实施超越协作请求范围的行为所产生的法律后果，由协作方承担。

3. 对不履行侦查协作职责或者阻碍侦查协作进行，给办案工作造成严重影响或者其他严重后果的，应当对有关单位予以通报批评，并责令改正；对直接负责的主管人员和其他直接责任人员，应当依照有关规定给予党纪政纪处分；玩忽职守、滥用职权、泄露秘密、通风报信构成犯罪的，依法追究其刑事责任。

4. 人民检察院依照规定履行协作职责不得收取费用。侦查协作经费列入办案业务经费预算统筹开支。最高人民检察院、省级人民检察院对提供侦查协作业务繁重、经费开支较大的地方人民检察院予以适当补助。

【办案依据】

1. 监察部、最高人民检察院、国家安全生产监督管理总局《关于加强行政机关与检察机关在重大责任事故调查处理中的联系和配合的暂行规定》（2006年2月23日）（节录）

第一条 为加强行政机关与检察机关在重大责任事故调查处理中的联系和配合，严肃查处重大责任事故涉及的职务犯罪，根据《中华人民共和国刑法》、《中华人民共和国刑事诉讼法》、《中华人民共和国安全生产法》、《中华人民共和国行政监察法》、《国务院特别重大事故调查程序暂行规定》及其他有关法律、法规的规定，制定本规定。

第二条 国务院或国务院授权有关部门组成的事故调查组，应当邀请最高人民检察院参加；地方各级人民政府或政府授权有关部门组成的事故调查组，应当邀请同级检察机关参加。

第三条 事故调查工作由事故调查组统一领导、组织协调。事故调查组成员和检察机关所派人员应当积极配合，紧密协作，在事故调查组领导下，各自在法定职权范围内开展调查工作。

第四条 事故调查组调查的有关材料，应当及时分送检察机关参与调查的工作人员。事故调查组召开的有关会议，应当及时通知检察机关人员参加。

第五条 事故调查组调查中发现与事故责任有关的国家机关工作人员涉嫌下列行为之一的，应当及时将有关证据材料及必要的调查材料复印件移交参与事故调查的检察机关所派人员，检察机关可视情况组织办案组依法查办涉嫌职务犯罪案件：

一、贪污、挪用公款，收受财物或者向他人行贿的；

二、不依法履行职责，工作中严重失职渎职的；

三、违法审批产生严重后果的；

四、不依法查封、取缔、给予行政处罚，产生严重后果的；

五、事故发生后，有关部门不立即组织抢险救灾、贻误抢救时机造成事故扩大，产生严重后果的；

六、对事故隐瞒不报、谎报、拖延迟报，产生严重后果的；

七、其他渎职行为。

第六条 事故调查组和检察机关在事故调查和案件查处工作中，要互通情况，协调配合。

第七条 检察机关发现涉嫌渎职犯罪线索后，根据立案前审查的需要，经检察机关和事故调查组有关负责人批准，可以借阅和复制事故调查组的有关材料和卷宗；可以接触与事故调查有关的人员，向其询问和了解有关情况。事故调查组和各有关部门应当予以协助和配合。检察机关参加调查的工作人员可与事故调查组工作人员一起向事故有关责任人员了解情况，谈话记录由事故调查组作出。

第八条 检察机关在重大责任事故调查期间，对犯罪嫌疑人决定立案侦查，或者决定采取拘留、逮捕等强制措施的，应当向事故调查组负责人通报。

第九条 检察机关应将对犯罪嫌疑人的查处情况及时告知事故调查组。

2. 最高人民检察院、全国整顿和规范市场经济秩序领导小组办公室、公安部、监察部《关于在行政执法中及时移送涉嫌犯罪案件的意见》（2006 年 1 月 26 日 高检会〔2006〕2 号）

为了完善行政执法与刑事司法相衔接工作机制，加大对破坏社会主义市场经济秩序犯罪、妨害社会管理秩序犯罪以及其他犯罪的打击力度，根据《中华人民共和国刑事诉讼法》、国务院《行政执法机关移送涉嫌犯罪案件的规定》等有关规定，现就在行政执法中及时移送涉嫌犯罪案件提出如下意见：

一、行政执法机关在查办案件过程中，对符合刑事追诉标准、涉嫌犯罪的案件，应当制作《涉嫌犯罪案件移送书》，及时将案件向同级公安机关移送，并抄送同级人民检察院。对未能及时移送并已作出行政处罚的涉嫌犯罪案件，行政执法机关应当于作出行政处罚十日以内向同级公安机关、人民检察院抄送《行政处罚决定书》副本，并书面告知相关权利人。

现场查获的涉案货值或者案件其他情节明显达到刑事追诉标准、涉嫌犯罪的，应当立即移送公安机关查处。

二、任何单位和个人发现行政执法机关不按规定向公安机关移送涉嫌犯罪案件，向公安机关、人民检察院、监察机关或者上级行政执法机关举报的，公安机关、人民检察院、监察机关或者上级行政执法机关应当根据有关规定及时处理，并向举报人反馈处理结果。

三、人民检察院接到控告、举报或者发现行政执法机关不移送涉嫌犯罪案件，经审查或者调查后认为情况基本属实的，可以向行政执法机关查询案件情况、要求行政执法机关提供有关案件材料或者派员查阅案卷材料，行政执法机关应当配合。确属应当移送公安机关而不移送的，人民检察院应当向行政执法机关提出移送的书面意见，行政执法机关应当移送。

四、行政执法机关在查办案件过程中，应当妥善保存案件的相关证据。对易腐烂、变质、灭失等不宜或者不易保管的涉案物品，应当采取必要措施固定证据；对需要进行检验、鉴定的涉案物品，应当由有关部门或者机构依法检验、鉴定，并出具检验报告或者鉴定结论。

行政执法机关向公安机关移送涉嫌犯罪的案件，应当附涉嫌犯罪案件的调查报告、涉案物品清单、有关检验报告或者鉴定结论及其他有关涉嫌犯罪的材料。

五、对行政执法机关移送的涉嫌犯罪案件，公安机关应当及时审查，自受理之日起十日以内作出立案或者不立案的决定；案情重大、复杂的，可以在受理之日起三十日以内作出立案或者不立案的决定。公安机关作出立案或者不立案决定，应当书面告知移送案件的行政执法机关、同级人民检察院及相关权利人。

公安机关对不属于本机关管辖的案件，应当在二十四小时以内转送有管辖权的机关，并书面告知移送案件的行政执法机关、同级人民检察院及相关权利人。

六、行政执法机关对公安机关决定立案的案件，应当自接到立案通知书之日起三日以内将涉案物品以及与案件有关的其他材料移送公安机关，并办理交接手续；法律、行政法规另有规定的，依照其规定办理。

七、行政执法机关对公安机关不立案决定有异议的，在接到不立案通知书后的三日以内，可以向作出不立案决定的公安机关提请复议，也可以建议人民检察院依法进行立案监督。

公安机关接到行政执法机关提请复议书后，应当在三日以内作出复议决定，并书面告知提请复议的行政执法机关。行政执法机关对公安机关不立案的复议决定仍有异议的，可以在接到复议决定书后的三日以内，建议人民检察院依法进行立案监督。

八、人民检察院接到行政执法机关提出的对涉嫌犯罪案件进行立案监督的建议后，应当要求公安机关说明不立案理由，公安机关应当在七日以内向人民检察院作出书面说明。对公安机关的说明，人民检察院应当进行审查，必要时可以进行调查，认为公安机关不立案理由成立的，应当将审查结论书面告知提出立案监督建议的行政执法机关；认为公安机关不立案理由不能成立的，应当通知公安机关立案。公安机关接到立案通知书后应当在十五日以内立案，同时将立案决定书送达人民检察院，并书面告知行政执法机关。

九、公安机关对发现的违法行为，经审查，没有犯罪事实，或者立案侦查后认为犯罪情节显著轻微，不需要追究刑事责任，但依法应当追究行政责任的，应当及时将案件移送行政执法机关，有关行政执法机关应当依法作出处理，并将处理结果书面告知公安机关和人民检察院。

十、行政执法机关对案情复杂、疑难，性质难以认定的案件，可以向公安机关、人民检察院咨询，公安机关、人民检察院应当认真研究，在七日以内回复意见。对有证据表明可能涉嫌犯罪的行为人可能逃匿或者销毁证据，需要公安机关参与、配合的，行政执法机关可以商请公安机关提前介入，公安机关可以派员介入。对涉嫌犯罪的，公安机关应当及时依法立案侦查。

十一、对重大、有影响的涉嫌犯罪案件，人民检察院可以根据公安机关的请求派员介入公安机关的侦查，参加案件讨论，审查相关案件材料，提出取证建议，并对侦查活动实施法律监督。

十二、行政执法机关在依法查处违法行为过程中，发现国家工作人员贪污贿赂或者国家机关工作人员渎职等违纪、犯罪线索的，应当根据案件的性质，及时向监察机关或者人民检察院移送。监察机关、人民检察院应当认真审查，依纪、依法处理，并将处理结果书面告知移送案件线索的行政执法机关。

十三、监察机关依法对行政执法机关查处违法案件和移送涉嫌犯罪案件工作进行监督，发现违纪、违法问题的，依照有关规定进行处理。发现涉嫌职务犯罪的，应当及时移送人民检察院。

十四、人民检察院依法对行政执法机关移送涉嫌犯罪案件情况实施监督，发现行政执法人员徇私舞弊，对依法应当移送的涉嫌犯罪案件不移送，情节严重，构成犯罪的，应当依照刑法有关的规定追究其刑事责任。

十五、国家机关工作人员以及在依照法律、法规规定行使国家行政管理职权的组织中从事公务的人员，或者在受国家机关委托代表国家机关行使职权的组织中从事公务的人员，或者虽未列入国家机关人员编制但在国家机关中从事公务的人员，利用职权干预行政执法机关和公安机关执法，阻挠案件移送和刑事追诉，构成犯罪的，人民检察院应当依照刑法关于渎职罪的规定追究其刑事责任。国家行政机关和法律、法规授权的具有管理公共事务职能的组织以及国家行政机关依法委托的组织及其工勤人员以外的工作人员，利用职权干预行政执法机关和公安机关执法，阻挠案件移送和刑事追诉，构成违纪的，监察机关应当依法追究其纪律责任。

十六、在查办违法犯罪案件工作中，公安机关、监察机关、行政执法机关和人民检察院应当建立联席会议、情况通报、信息共享等机制，加强联系，密切配合，各司其职，相互制约，保证准确有效地执行法律。

十七、本意见所称行政执法机关，是指依照法律、法规或者规章的规定，对破坏社会主义市场经济秩序、妨害社会管理秩序以及其他违法行为具有行政处罚权的行政机关，以及法律、法规授权的具有管理公共事务职能、在法定授权范围内实施行政处罚的组织，不包括公安机关、监察机关。

2006 年 1 月 26 日

3. 最高人民检察院、全国整顿和规范市场经济秩序领导小组办公室、公安部《关于加强行政执法机关与公安机关、人民检察院工作联系的意见》（2004 年 3 月 18 日　高检会〔2004〕1 号）（节录）

一、树立全局观念，形成打击合力。整顿和规范市场经济秩序，是建立和完善社会主义市场经济体制的重大举措。加强行政执法机关与公安机关、人民检察院的工作联系，对于保证准确、及时地查明犯罪事实，依法追究破坏社会主义市场经济秩序犯罪分子的刑事责任，确保整顿和规范市场经济秩序工作取得实效，具有十分重要的意义。各级行政执法机关、公安机关、人民检察院要从有利于打击犯罪的大局出发，加强工作联系，加强协调配合，切实解决涉嫌犯罪案件移送中存在的突出问题，实现行政执法与刑事执法的有效衔接，促进执法资源的合理利用，提高工作效率，增强打击破坏社会主义市场经济秩序犯罪的力度。

二、加强联系配合，建立信息共享机制。各级行政执法机关、公安机关、人民检察院要在充分发挥各自职能作用的基础上，做到信息共享、密切合作。要建立情况信息通报制度，并在加强保密工作的前提下，逐步实现各行政执法机关信息管理系统与公安机关、人民检察院的信息联网共享。行政执法机关定期向公安机关、人民检察院通报查处破坏社会主义市场经济秩序案件情况以及向公安机关移送涉嫌犯罪案件情况；公安机关定期向行政执法机关通报行政执法机关移送案件的受理、立案、销案情况；人民检察院定期向行政执法机关通报立案监督、批捕、起诉破坏社会主义市场经济秩序犯罪案件的情况。建立联席会议制度，定期或不定期召开不同层次的联席会议，沟通情况，统一认识，共同研究执法中遇到的新情况、新问题，协调解决疑难问题。

三、强化案件移送工作，推动涉嫌犯罪案件及时进入司法程序。行政执法机关查处的破坏社会主义市场经济秩序违法案件，根据法律和司法解释的规定，凡是达到刑事追诉标准、涉嫌犯罪的，应按照《行政执法机关移送涉嫌犯罪案件的规定》，及时向公安机关移送，并向人民检察院备案，切实防止“以罚代刑”现象的发生。对于案情重大、可能涉嫌犯罪的案件，行政执法机关在查处过程中应及时向公安机关、人民检察院通报，并可以就涉嫌犯罪的标准、证据的固定和保全等问题进行咨询，公安机关、人民检察院应当认真研究，及时答复。对于行政执法机关不移送涉嫌犯罪案件，有关单位、个人举报或者群众反映强烈的，人民检察院可以向行政执法机关查询案件情况；经协商同意，还可以派员查阅有关案卷材料，行政执法机关应予配合。

必要时，人民检察院应当向行政执法机关提出检察意见，建议其按照管辖规定向公安机关移送涉嫌犯罪案件，行政执法机关应当反馈落实情况。行政执法机关仍不移送的，检察机关应将情况书面通知公安机关。公安机关经过审查，认为有犯罪事实需要追究刑事责任，且属于公安机关管辖的，应当立案侦查。

四、加强立案监督工作，确保对涉嫌犯罪案件依法立案侦查。人民检察院对于行政执法机关已经移送公安机关的涉嫌犯罪案件，应当跟踪了解公安机关的立案情况。对于公安机关未及时受理或者立案的，应当依法开展立案监督，督促公安机关在法定期限内依法受理或者立案侦查；对立案后久侦不结的案件，要加强督促；在审查批准逮捕过程中，必要的时候，人民检察院可以派人参加公安机关对于重大案件的讨论，协助公安机关及时侦结案件。

五、及时移送职务犯罪案件线索，依法惩治职务犯罪。行政执法机关在工作中发现行政执法人员贪污贿赂、徇私枉法、玩忽职守以及徇私舞弊不移交刑事案件等职务犯罪线索，应依法及时向人民检察院移送。人民检察院对行政执法机关移送的职务犯罪线索应当认真审查，依法处理，并将处理结果及时通知移送案件的行政执法机关。

六、积极开展联合调查研究，及时解决工作中遇到的突出问题。行政执法机关、公安机关、人民检察院应当有针对性地共同开展专题调研活动，分析破坏社会主义市场经济秩序犯罪的新情况、新特点，提出相应对策。行政执法人员和公安、检察人员应当加强业务交流，相互学习业务知识、业务技能，增进相互之间的理解和信任，并不断总结办案经验，提高业务水平。

七、各地整顿和规范市场经济秩序领导小组办公室要发挥综合协调作用，促进行政执法与刑事执法的有效衔接。公安机关、人民检察院要积极主动地与行政执法机关建立联系，立足本职，加强配合，把打击破坏社会主义市场经济秩序犯罪的工作不断推向深入。

4. 最高人民检察院《人民检察院侦查协作的暂行规定》（2000年10月12日　高检发反贪字〔2000〕23号）

为了加强和规范人民检察院侦查协作工作，增强整体优势，提高办案效率，根据《中华人民共和国刑事诉讼法》、《人民检察院刑事诉讼规则》和其他有关规定，结合办案实践，制定本规定。

第一条　侦查协作是指检察机关在依法查办贪污贿赂、侵权渎职等职务犯罪案件侦查活动中，对需要核实案情、调查取证、采取强制性措施等事宜所进行的协调、配合和合作。侦查协作应当遵循依法配合、快速有效、保守秘密、各负其责的原则。

第二条　办理职务犯罪案件的人民检察院，遇有与侦查相关的事宜，确有必要请求有关人民检察院予以协助的，可以请求侦查协作。

第三条　人民检察院提出侦查协作请求，应当具备以下条件：

（一）法律手续完备，包括立案决定书、请求协作函件及法律规定采取强制性措施等必需的法律文书和手续；

（二）协作事项具体明确，包括协查目的、协查要求、协查对象、协查内容等。

第四条　需要进行侦查协作的案件，应由案件承办人书面提出协作请求，层报主管检察长批准，并加盖院章。

第五条　侦查协作一般由办理案件的人民检察院（以下简称请求方）直接向负有协作义务的人民检察院（以下简称协作方）提出请求函件，并填写请求侦查协作表。涉及厅级以上领导干部、省级以上人大代表（政协委员）的侦查协作事项，应当通过省级以上人民检察院予以安排；涉及担任实职的县（处）级领导干部的侦查协作事项，应当通过分（州、市）以上人民检察院进行安排。

第六条　协作方人民检察院收到侦查协作请求后，应当依据法律和有关规定进行程序审查，并分别作出以下处理：

（一）符合侦查协作条件，法律手续及有关材料完备的，应当予以协作；

（二）法律手续及有关材料不完备的，应当告知请求方予以补充；

（三）对不符合侦查协作条件的，应当说明理由，不予协作，并将有关材料退回请求方。

第七条　请求方办理案件遇有紧急事项需要请求协作，无法及时办理有关请求协作手续的，可以商请协作方紧急协作，但是有关请求协作手续必须及时予以补办。

第八条　请求方派员到异地协助公安机关执行拘留、逮捕的，原则上应由请求方检察机关与当地公安机关取得联系后，通过公安协作渠道办理。必要时协作方检察机关也要予以配合。请求方到异地执行搜查、扣押、追缴涉案款物等，应当请当地检察机关协作，协作方应当予以配合。

第九条　最高人民检察院、上级人民检察院交办协作事项，下级人民检察院必须按要求执行。

第十条　提供侦查协作一般应当在收到侦查协作请求后十日内完成。情况紧急的，应当及时完成并反馈结果；情况复杂的，可以适当予以延长。由于客观原因无法提供协作的，应当在十日内通知请求协作的人民检察院。

第十一条　请求侦查协作事项办理完毕后，协作方应当将情况和材料及时向请求方反馈。协作事项属上级院交办的，协作方和请求方均应向各自的上级院报告。

第十二条　侦查协作中的争议，由有关各方协商解决。协商不成的，报各自上级人民检察院或者共同的上级人民检察院协调。经上级院协调确定的意见，有关人民检察院应当执行，不得拖延。

第十三条　协作方依照协作请求履行协作事宜，其引起的法律后果由请求方承担；协作方实施超越协作请求范围的行为所产生的法律后果，由协作方承担。

对不履行侦查协作职责或者阻碍侦查协作进行，给办案工作造成严重影响或者其他严重后果的，应当对有关单位予以通报批评，并责令改正；对直接负责的主管人员和其他直接责任人员，应当依照有关规定给予党纪政纪处分；玩忽职守、滥用职权、泄露秘密、通风报信构成犯罪的，依法追究其刑事责任。

第十四条　人民检察院依照规定履行协作职责不得收取费用。侦查协作经费列入办案业务经费预算统筹开支。最高人民检察院、省级人民检察院对提供侦查协作业务繁重、经费开支较大的地方人民检察院予以适当补助。

第十五条　侦查协作工作应纳入考核侦查部门办案成绩的重要内容和指标，各级人民检察院侦查部门应当确立专门机构或者指派专人具体负责侦查协作。上级检察院要加强对侦查协作工作的指导、协调和检查。

第十六条 人民检察院初查案件需要协作的，参照本规定的有关规定办理。

5. 最高人民检察院办公厅《关于检察机关办理全国人大代表转交案件的规定》（2003年4月29日 高检办发〔2003〕8号）

为进一步规范检察机关办理全国人大代表转交案件工作，加快办案进度，提高办案质量，增强办案效果，根据办理全国人大代表转交案件的实践，制定本规定。

一、受理

第一条 凡全国人大代表转交的案件，检察机关应依法予以受理。

全国人大代表通过信函、来访、参加会议送交等形式直接交高检院的案件，由高检院受理，办公厅统一登记。

全国人大代表直接交地方各级检察院办理的案件，由收到案件的检察院受理。

收到案件的检察院对不属于自己管辖的案件，应转有管辖权的检察院或其他机关受理。

上级检察院根据案件具体情况，可以受理下级检察院收到的案件。

第二条 全国人民代表大会会议期间代表转交的案件，由高检院派出的听会组统一接受，并列出清单，连同案件材料送办公厅。

第三条 高检院办公厅对全国人大代表转交的案件应及时登记，填写《全国人大代表转交案件分办呈批表》，根据案件具体情况，提出分交有关省级检察院、高检院有关内设机构办理或转其他机关处理的意见，报分管院领导审批。

二、分办

第四条 对高检院领导批准分办的案件，办公厅应以《最高人民检察院办公厅督办通知》的形式，连同案件材料交承办单位办理。对交由省级检察院办理的案件，要抄送高检院相关内设机构。

承办单位经审查认为不应由自己办理的，应提出书面意见退高检院办公厅重新分办。

第五条 对应转其他机关处理的案件，经高检院领导批准后，以办公厅函的形式，连同案件材料转相关机关处理。

三、办理

第六条 全国人大代表转交的案件实行上提一级办理制度。不服省级检察院处理决定的，由高检院办理；不服分、州、市检察院处理决定的，由省级检察院办理；不服基层检察院处理决定的，由分、州、市检察院办理。

第七条 全国人大代表转交的案件实行原办案人员不得再办理的回避制度，承办检察院应另行指派他人办理。

第八条 高检院交由省级检察院办理的全国人大代表转交的案件，在办结后，由省级检察院以院发文的形式，经院领导审核签发，报高检院办公厅。

上级检察院交由下级检察院办理的案件，在办结后，由下级检察院以院发文的形式，经院领导审核签发，报上级检察院审查。

第九条 对全国人大代表转交的案件，承办单位应于收到案件之日起3个月内办结，重大疑难、在规定期限内不能办结的，应在期满前10日内向高检院办公厅或上级检察院说明情况和理由。

四、催办

第十条　对分交高检院有关内设机构办理的案件，由高检院办公厅联络处负责督促催办。

第十一条　对分交省级检察院办理的案件，由高检院办公厅联络处和高检院相关内设机构共同负责督促催办，以办公厅联络处督促催办为主。

省级检察院办公室对高检院交办的代表转交案件应列入督办事项，定期督促催办并上报情况。

第十二条　催办一般采取书面形式，也可采取电话和当面催办方式。每月至少催办两次，并将催办情况及时向院领导报告。

第十三条　高检院办公厅每月下发一次全国人大代表转交案件办理情况通报。对在规定期限内未办结的案件，应列入重点督办，限期办结。

五、审查

第十四条　对省级检察院的结案报告，由高检院办公厅送相关内设机构审查。审查应于30日内完毕。

上级检察院交由下级检察院办理的案件办结后，应报上级院审查。

省级检察院对代表提出的问题没有查清的，高检院有关内设机构应提出书面退查意见，由办公厅退回原承办省级检察院重查。必要时经院领导批准，由高检院有关内设机构自行补查。

第十五条　高检院有关内设机构对省级检察院和本部门已办结的案件，应写出审查报告或结案报告，经分管院领导审批后，连同代拟《办理全国人大代表转交案件情况答复函》（以下简称答复函）送办公厅。

第十六条　代拟答复函要认真研究案情和代表提出的意见，做到实事求是，客观全面，依法明理，用语准确，简洁朴实，有针对性。

六、答复

第十七条　高检院办公厅负责答复全国人大代表转交案件的办理情况。

第十八条　高检院办公厅应认真审核本院有关内设机构代拟的答复函，经厅领导签发后答复代表。

第十九条　答复全国人大代表以《最高人民检察院落实全国人大代表意见和建议专用函》的形式，也可根据案件情况和代表要求、电话答复或由高检院领导、有关内设机构负责人以及省级检察院检察长走访代表，当面答复。对电话答复和当面答复的，要做好电话记录和面复记录。

第二十条　答复代表应分阶段进行。对代表转交案件已分办的，应向代表反馈分办情况；交办案件期满后未办结的，应向代表反馈阶段性进展情况；案件办结后，应向代表反馈结论性意见。本年度内未办结的案件，在次年1月底前，必须向代表答复进展情况。

七、其他

第二十一条　全国政协委员转交的案件，适用本规定。

第二十二条　本规定自下发之日起施行，最高人民检察院原有规定与本规定抵触的，即行废止。

6. 最高人民检察院、审计署《关于建立案件移送和加强工作协作配合制度的通知》（2000年3月23日　审法发〔2000〕30号）

各省、自治区、直辖市检察院、审计厅（局），审计署各派出机构：

为了加强检察机关与审计机关的工作联系和协作配合，充分发挥检察机关和审计机关在查办和打击贪污贿赂、渎职和其他违法犯罪活动中的作用，维护社会主义市场经济秩序，保证改革和发展顺利进行，促进廉政、勤政建设，现将有关事项通知如下：

一、在查办贪污贿赂、渎职和其他违法犯罪案件工作中，检察机关和审计机关要加强工作联系，密切配合，建立案件移送制度，经常交流通报情况，研究解决工作中出现的问题，加大查办和打击贪污贿赂、渎职和其他违法犯罪活动的力度。也可根据工作需要，建立联席会议制度。

二、审计机关在审计监督过程中，发现被审计单位及有关人员违反刑事法律，按照人民检察院直接受理立案侦查案件立案标准的规定涉嫌构成犯罪，需要追究刑事责任的，应当将犯罪案件线索移送有管辖权的检察机关处理。审计机关向检察机关移送涉嫌犯罪案件线索时，应当将《审计机关移送处理书》及有关证据移送给检察机关。

三、检察机关接到审计机关移送的涉嫌犯罪案件线索后，要认真进行审查，决定立案的，应当将立案情况通知移送案件线索的审计机关。经审查不予立案的，检察机关应当制作不立案通知书，写明不立案的原因和法律依据，送达移送案件线索的审计机关，并向审计机关退还有关材料。审计机关对检察机关不立案的决定有异议的，可以在收到不立案通知书的10日内向检察机关申请复议，检察机关应当在收到复议申请的30日内作出复议决定，并将复议通知书送达申请复议的审计机关。

四、检察机关在查办案件过程中，需要审计机关协助查证的，审计机关应当予以配合。检察机关可以就涉及审计专业性的事项商请审计机关进行审计查证。

五、审计机关在审计过程中，认为有贪污贿赂、渎职和其他违法犯罪事实需要追究刑事责任的时候，可以要求检察机关提前介入，检察机关应当及时派员配合审查，熟悉案情，确定案件性质，为立案作好准备。

六、检察机关在办案活动中，发现有关单位有违反国家规定的财政、财务收支行为，属于审计监督范围的，应当将违法案件线索移送审计机关处理。审计机关应当及时向检察机关通报处理结果。

七、地方各级检察机关和审计机关接到本通知后，可以结合实际情况，制定工作联系、情况通报和案件移送的具体实施办法，建立和完善工作协作配合机制。

7. 公安部《关于公安机关配合有关部门依法办案问题的通知》（1996年9月17日）

各省、自治区、直辖市公安厅、局：

多年来，各级公安机关依据法律所赋予的职责权限，在配合人民法院、人民检察院、纪检、监察机关等有关部门办案方面做了大量卓有成效的工作，也积累了不少行之有效的经验。修改后的《刑事诉讼法》将于1997年开始施行，为更好地配合人民法院、人民检察院、纪检、监察机关依法办案，保证公安机关正确适用法律，严格地依法办案，现就有关问题通知如下：

一、各级公安机关对于人民法院、人民检察院、纪检、监察机关办案中要求公安机关予以协助的，应当积极地予以配合，严格依照《刑法》、《刑事诉讼法》等法律的规定认真办理，以正确运用法律，惩罚犯罪分子，维护社会主义法制。

二、各级公安机关接到纪检、监察机关以公函形式移送的有关涉嫌犯罪的证据材料后，应当及时进行审查。对属于公安机关管辖，并确有犯罪嫌疑的，应当及时依法立案侦查并报上一级公安机关备案；对经过审查，不属于公安机关管辖的或者不构成犯罪的，应当说明理由，并将材料退回原移送单位。

三、公安机关已经立案侦查的案件，如果嫌疑人涉及人民法院、人民检察院和纪检、监察机关所办案件的，公安机关应当将有关情况通报相关单位。

对纪检、监察机关需要向羁押在看守所的人员及被公安机关采取强制措施的人员调查情况的，公安机关应当根据纪检、监察机关提供的书面调查提纲，依法进行讯问，并将取得的证据材料及时送交纪检、监察机关。

四、各级公安机关在配合有关部门办案中，对尚未依照《刑事诉讼法》的规定立案侦查的人员，不得采取刑事拘留、逮捕等任何刑事强制措施。

各级公安机关刑事拘留、逮捕有犯罪行为的人大代表，应当依照《全国人民代表大会和地方各级人民代表大会代表法》第30条规定的程序执行；刑事拘留、逮捕有犯罪行为的政协委员，应当事前向该委员所在的政协党组通报情况，情况紧急的，可同时或事后及时通报；逮捕有犯罪行为的县（处）级以上领导干部，要按照干部管理权限的规定，在征求其所属部门领导的意见后，提请同级人民检察院审查批准。

五、各级公安机关对需要采取技术侦察措施的案件，要依照法律规定，严格按照规定的审批程序进行审批，经过办理有关审批手续后方可使用技术侦察措施。

对尚未依照《刑事诉讼法》的规定立案侦查的人员，不得采取任何技术侦察措施。

六、各级公安机关应当严格依照《刑事诉讼法》和《看守所条例》的规定执行羁押，不得将留置、治安拘留、监视居住或者司法拘留的人员关押在看守所。

对办案需要将犯罪嫌疑人、被告人进行异地羁押的，应当报经上一级公安机关业务部门批准。

看守所发现被羁押人员中有错押的，应当及时报告上级公安机关，并通知办案单位核实纠正，同时应当将有关情况通报人民检察院。

七、对人民法院、人民检察院办理案件的羁押人员和纪检、监察机关移送公安机关办理案件的羁押人员提出上诉、申诉的，看守所应当立即报告上级公安机关，并依照有关规定及时转送上诉或申诉材料，不得阻挠和扣押。

八、纪检、监察机关查办违反党纪、政纪案件，需要到公安机关了解、查阅涉及机密工作的有关资料时，公安机关应当依照国家有关规定办理。

以上请各地认真执行，工作中遇到的问题及时报部。

8. 中共中央纪委、最高人民检察院、监察部《关于纪检监察机关和检察机关在反腐败斗争中加强协作的通知》（1993年11月5日　高检会〔1993〕31号）

各省、自治区、直辖市纪委、监察厅（局）、人民检察院，军委纪委、军事检察院：

在深入开展反腐败斗争中，为进一步加强纪检监察机关和检察机关在反腐败斗争中的密切配合与协作，特作如下通知：

一、中央纪委、最高人民检察院、监察部建立联席例会制度。联席例会原则上每三个月召开一次。特殊情况下，经一方提出，可随时召开。联席例会由中央纪委负责召集，中央纪委分管案件的常委、最高人民检察院分管案件的副检察长、监察部部长（或副部长）应参加联席例会。例会的主要任务是：通报各自在反腐败斗争中的工作情况，交流信息；分析反腐败斗争中的新情况、新问题；研究反腐败工作的宏观对策；讨论反腐败斗争中遇到的法律、政策问题；研究需要协调的双方在工作中遇到的问题和重大贪污、贿赂等经济违纪、违法犯罪案件以及非法拘禁、刑讯逼供、徇私舞弊等侵权、渎职案件的查处工作。

地方各级纪检监察机关和检察机关也应建立相应的联席例会制度，加强在反腐败斗争中的协作与配合。

二、纪检监察机关查处的违纪案件，经审查认为已触犯刑律，需要追究刑事责任的，应按照《刑事诉讼法》有关案件管辖的规定，及时将有关证据材料（或复印件）移送相应的检察机关。纪检监察机关根据案情，应在移送前后对当事人作出党纪政纪处理。对于纪检监察机关移送的案件，检察机关要积极受理，及时审查或进行必要的调查，作出是否立案的决定。检察机关决定不予立案的，应说明原因，并将材料退回移送的纪检监察机关。

检察机关在案件侦结后，要将案件的处理结论（起诉、免予起诉、撤案情况）及时通报移送案件的纪检监察机关。

三、检察机关在查处案件中，对需要同时作党纪、政纪处理的案犯和打击报复举报人、包庇案犯、干扰办案的有关人员，应适时将有关证据材料（或复印件）移送纪检监察机关。纪检监察机关应及时作出处理，并将处理情况通报检察机关。

对于检察机关尚未侦结的案件，纪检监察机关需要对有关违纪人员作出党纪、政纪处分，检察机关在不影响侦查工作的前提下，应积极配合。

四、纪检监察机关和检察机关要及时转送属于对方管辖的有关举报材料。

五、对于查处有阻力或涉及党纪、政纪、法纪交叉的大案要案，经纪检监察机关和检察机关协商，可由一个部门为主调查，另一部门进行配合，必要时由联席例会决定由纪检监察机关和检察机关联合调查，对触犯刑律的，由检察机关依照法律程序办理。

六、纪检监察机关查处的可能构成犯罪需要移送检察机关的案件或移送检察机关尚未侦结的案件，一般不要公开报道，如需公开报道，应由双方协商决定。

七、纪检监察机关和检察机关在反腐败斗争中要依法办案，严格区分违反党纪政纪和刑事犯罪的界限，各司其职，相互配合，协调一致。遇到问题不能协调一致时，提交联席例会协商，协商仍不能一致的，分别报告上一级纪检监察机关和检察机关。

9. 中共中央纪律检查委员会、最高人民法院、最高人民检察院、公安部《关于纪律检查机关与法院、检察院、公安机关在查处案件过程中互相提供有关案件材料的通知》（1989年9月17日　中纪发〔1989〕7号）

各省、自治区、直辖市纪委，高级人民法院、人民检察院、公安厅（局），中央和国家机关各部委，中直机关工委、国家机关纪工委、军委纪委：

共产党员违法犯罪的案件，有的是由纪律检查机关开始查处的，有的是由法院、检察院、公安机关开始查处的，为了及时、严肃地使那些违法犯罪的党员受到党纪和法律的追究，在查处过程中或结案之后，需要互相提供案件的有关材料。为此，特将有关事项通知如下：

（一）由县级以上纪律检查机关或党委（党组）立案检查的案件，在检查过程中，发现需由法院、检察院、公安机关依法查处的违法犯罪案件，或在党纪处理之后，还需追究刑事责任的，应按照公、检、法之间案件管辖的分工，与所在地的公、检、法机关取得联系，把立案材料（正在检查的案件，提供主要证据；已处理的案件，提供处分决定、调查报告、主要证据和本人交代材料）移送法院、检察院、公安机关。

（二）法院、检察院、公安机关在接到纪律检查机关或党委（党组）的案件材料和建议后，应及时进行审查。对应立案侦查的，应及时立案，并通知原送案单位；经过审查，不予立案的，应说明不立案的理由，并将材料退回原送案单位。

（三）法院、检察院、公安机关查处的党员违法犯罪案件，在依法处理前，有关纪律检查机关或党委决定要作党纪处分，需要法院、检察院、公安机关提供有关材料的，法院、检察院、公安机关应积极配合。

（四）法院对犯罪的党员依法判决后，应将判决书（或裁定书）副本送有关纪律检查机关或党委（党组）。有关纪律检查机关或党委认为对犯罪的党员需要作出党纪处分的，可以到作出判决的法院摘抄或复制主要证据和本人交待等材料。党员在外省或外地犯罪被依法判决的，党员组织关系所在地的县以上纪律检查机关可以函请作出判决的法院代为摘抄或复制主要证据和本人交代等材料，或者发函委托当地纪检机关到法院摘抄、复制有关材料。法院应予协助、支持。摘抄、复制材料所需的费用，由发函单位承担。

（五）检察院对违法犯罪党员的免予起诉或不起诉的决定副本应送有关纪律检查机关或党委（党组）。需要作出党纪处分的，有关纪律检察机关或党委可以到检察院摘抄或复制主要证据和本人交代等材料。检察院应予协助、支持。

（六）公安机关在办理治安管理处罚案件，法院在办理民事、经济和行政案件的过程中，发现共产党员严重违反共产主义道德、工作失职或其他严重错误，亦应向纪律检查机关及时通报情况，提供有关材料，以便纪检机关查处。

（七）纪律检查机关与法院、检察院、公安机关互相交接案件的有关材料时，必须正式办理手续。

10. 国家档案局《关于为公检法部门办案调阅档案实行无偿服务的通知》（1989 年 7 月 14 日　国档发〔1989〕19 号）

各省、自治区、直辖市档案局，计划单列市档案局，中央档案馆，中国第一历史档案馆，中国第二历史档案馆，中国照片档案馆，中国人民解放军档案馆，中央国家机关档案部门：

最近，我局收到最高人民法院来文，反映一些地方档案馆对前去查阅档案的法院办案人员实行有偿服务，并收费太高，影响了办案工作的正常进行。为了保证公安、检察、司法部门办案工作的顺利进行。凡公、检、法部门直接办理案件需要利用档案，应实行无偿服务（复制工本费除外），各级档案馆应积极配合，大力支持，不得以任何理由拒绝提供。

建议各机关、团体、企事业单位和档案部门，在公、检、法直接办理案件需要利用档案时，也能参照上述精神办理。

八、刑事司法协助

检察机关的司法协助包括两个方面，一是人民检察院向请求国提供司法协助，二是人民检察院向外国提出司法协助的请求。人民检察院进行司法协助，有我国参加或者缔结的国际条约规定的，适用该条约规定，但是我国声明保留的条款除外；无相应条约规定的，按照互惠原则通过外交途径办理。

人民检察院司法协助的范围主要包括刑事方面的调查取证、送达刑事诉讼文书、通报刑事诉讼结果、移交物证、书证和视听资料、扣押、移交赃款、赃物以及法律和国际条约规定的其他司法协助事宜。

司法协助应当在相互尊重国家主权和平等互利的基础上，与有关国家的主管机关相互提供司法协助。

我国边境地区人民检察院与相邻国家的司法机关相互进行司法合作，可以视情况就双方之间办案过程中的具体事务作出安排，开展友好往来活动。

我国边境地区人民检察院与相邻国家的司法机关相互进行司法合作，在不违背有关条约、协议和我国法律的前提下，可以按惯例或者遵照有关规定进行，但应当报最高人民检察院备案。

【主要程序】

1. 向外国提出司法协助的请求

（1）地方各级人民检察院需要向缔约的外国一方请求提供司法协助，应当按有关条约的规定提出司法协助请求书、调查提纲及所附文件和相应的译文，经省级人民检察院审核后，报送最高人民检察院。

请求书及其附件应当提供具体、准确的线索、证据和其他材料。我国与被请求国有条约的，请求书及所附材料按条约规定的语言译制文本；我国与被请求国没有签订条约的，按被请求国官方语言或者可以接受的语言译制文本。

（2）最高人民检察院收到地方各级人民检察院请求缔约的外国一方提供司法协助的材料后，应当依照有关条约进行审查。对符合条约有关规定、所附材料齐全的，应当连同上述材料一并转递缔约另一方的中央机关，或者交由其他中方中央机关办理。对不符合条约规定或者材料不齐全的，应当退回提出请求的人民检察院补充或者修正。

（3）需要派员赴国外调查取证的，承办案件的人民检察院应当查明在国外证人、犯罪嫌疑人的具体居住地点或者地址、通讯方式等基本情况，制作调查提纲，层报省级人民检察院审核后报送最高人民检察院，通过司法协助或者外交途径向被请求国发出请求书，在被请求国同意后按照有关程序办理赴国外取证事宜。

（4）人民检察院需要通过国际刑事警察组织缉捕人犯、查询资料的，由有关人民检察院提出申请，层报最高人民检察院审查后与有关部门联系办理。

（5）对于应当逮捕的犯罪嫌疑人，如果潜逃出境，可以报告最高人民检察院商请国际刑事警察组织中国国家中心局，请求有关方面协助，或者通过其他法律规定的途径追捕归案。

（6）请求外国准予引渡或者引渡过境的，应当由负责办理有关案件的省、自治区或者直辖市的检察机关向最高人民检察院提出意见书，并附有关文件和材料及其经证明无误的译文。最高人民检察院会同外交部审核同意后，通过外交部向外国提出请求。

在紧急情况下，可以在向外国正式提出引渡请求前，通过外交途径或者被请求国同意的其他途径，请求外国对有关人员先行采取强制措施。

引渡、引渡过境或者采取强制措施的请求所需的文书、文件和材料，应当依照引渡条约的规定提出；没有引渡条约或者引渡条约没有规定的，可以参照《中华人民共和国引渡法》第2章第2节、第4节和第7节的规定提出；被请求国有特殊要求的，在不违反中华人民共和国法律的基本原则的情况下，可以按照被请求国的特殊要求提出。

被请求国就准予引渡附加条件的，对于不损害中华人民共和国主权、国家利益、公共利益的，可以由外交部代表中华人民共和国政府向被请求国作出承诺。对于限制追诉的承诺，由最高人民检察院决定；对于量刑的承诺，由最高人民法院决定。

（7）人民检察院请求外国提供司法协助，根据条约规定应当支付费用的，最高人民检察院收到被请求方开具的收费账单后，应当立即转交有关人民检察院支付。

2. 向外国提供司法协助

（1）最高人民检察院通过有关国际条约规定的联系途径或外交途径，接收外国提出的司法协助请求。缔约的外国一方通过其他中方中央机关请求检察机关提供司法协助的，由其他中方中央机关将请求书及所附文件转递最高人民检察院。外国有关机关请求人民检察院提供司法协助的请求书及所附文件，应当附有中文译本或者国际条约规定的其他文字文本。最高人民检察院收到缔约的外国一方提出的司法协助请求后，应当依据我国法律和有关司法协助条约进行审查。对符合条约规定并且所附材料齐全的，交由有关省、自治区、直辖市人民检察院办理或者指定有关人民检察院办理，或者交由其他有关最高主管机关指定有关机关办理。对不符合条约或者有关法律规定的，应当通过接收请求的途径退回请求方不予执行；对所附材料不齐全的，应当要求请求方予以补充。

（2）有关省、自治区、直辖市人民检察院收到最高人民检察院转交的司法协助请求书和所附材料后，可以直接办理，也可以指定有关的人民检察院办理。

（3）负责执行司法协助请求的人民检察院收到司法协助请求书和所附材料后，应即安排执行，并按条约规定的格式和语言文字将执行结果及有关材料报经省、自治区、直辖市人民检察院审查后，报送最高人民检察院。

对于不能执行的，应当将司法协助请求书和所附材料，连同不能执行的理由通过省、自治区、直辖市人民检察院报送最高人民检察院。

人民检察院因请求书提供的地址不详或材料不齐全难以执行该项请求的，应当立即通过最高人民检察院要求请求方补充提供材料。

（4）最高人民检察院应当对执行结果进行审查。对于符合请求要求的，由最高人民检察院转递请求协助的缔约外国一方。

（5）人民检察院提供司法协助，请求书中附有办理期限的，应当按期完成。未附办理期限的，调查取证一般应当在3个月内完成；送达刑事诉讼文书一般应当在15日内完成。

不能按期完成的，应当说明情况和理由，层报最高人民检察院，以便转告请求方。

（6）人民检察院提供刑事司法协助，根据有关条约规定需要向请求方收取费用的，应当将费用和账单连同执行司法协助的结果一并报送最高人民检察院转递请求方。最高人民检察院收到上述费用后应当立即转交有关人民检察院。

【注意事项】

1. 我国边境地区人民检察院与相邻国家的司法机关相互进行司法合作，在不违背有关条约、协议和我国法律的前提下，可以按惯例或者遵照有关规定进行，但应当报最高人民检察院备案。

2. 在紧急情况下，有关机关可以在正式提出引渡请求前，最高人民检察院通过外交途径或者国际刑警组织，或者通过邮寄、电报、电传等联系方式，请求外国司法机关对被要求引渡人采取临时强制措施。

【办案依据】

1.《中华人民共和国刑事诉讼法（2012年修正）》（节录）

第十七条 根据中华人民共和国缔结或者参加的国际条约，或者按照互惠原则，我国司法机关和外国司法机关可以相互请求刑事司法协助。

2.《中华人民共和国引渡法》（2000年12月28日）

第一条 为了保障引渡的正常进行，加强惩罚犯罪方面的国际合作，保护个人和组织的合法权益，维护国家利益和社会秩序，制定本法。

第二条 中华人民共和国和外国之间的引渡，依照本法进行。

第三条 中华人民共和国和外国在平等互惠的基础上进行引渡合作。

引渡合作，不得损害中华人民共和国的主权、安全和社会公共利益。

第四条 中华人民共和国和外国之间的引渡，通过外交途径联系。中华人民共和国外交部为指定的进行引渡的联系机关。

引渡条约对联系机关有特别规定的，依照条约规定。

第五条 办理引渡案件，可以根据情况，对被请求引渡人采取引渡拘留、引渡逮捕或者引渡监视居住的强制措施。

第六条 本法下列用语的含义是：

（一）“被请求引渡人”是指请求国向被请求国请求准予引渡的人；

（二）“被引渡人”是指从被请求国引渡到请求国的人；

（三）“引渡条约”是指中华人民共和国与外国缔结或者共同参加的引渡条约或者载有引渡条款的其他条约。

第七条　外国向中华人民共和国提出的引渡请求必须同时符合下列条件，才能准予引渡：

（一）引渡请求所指的行为，依照中华人民共和国法律和请求国法律均构成犯罪；

（二）为了提起刑事诉讼而请求引渡的，根据中华人民共和国法律和请求国法律，对于引渡请求所指的犯罪均可判处一年以上有期徒刑或者其他更重的刑罚；为了执行刑罚而请求引渡的，在提出引渡请求时，被请求引渡人尚未服完的刑期至少为六个月。

对于引渡请求中符合前款第一项规定的多种犯罪，只要其中有一种犯罪符合前款第二项的规定，就可以对上述各种犯罪准予引渡。

第八条　外国向中华人民共和国提出的引渡请求，有下列情形之一的，应当拒绝引渡：

（一）根据中华人民共和国法律，被请求引渡人具有中华人民共和国国籍的；

（二）在收到引渡请求时，中华人民共和国的司法机关对于引渡请求所指的犯罪已经作出生效判决，或者已经终止刑事诉讼程序的；

（三）因政治犯罪而请求引渡的，或者中华人民共和国已经给予被请求引渡人受庇护权利的；

（四）被请求引渡人可能因其种族、宗教、国籍、性别、政治见解或者身份等方面的原因而被提起刑事诉讼或者执行刑罚，或者被请求引渡人在司法程序中可能由于上述原因受到不公正待遇的；

（五）根据中华人民共和国或者请求国法律，引渡请求所指的犯罪纯属军事犯罪的；

（六）根据中华人民共和国或者请求国法律，在收到引渡请求时，由于犯罪已过追诉时效期限或者被请求引渡人已被赦免等原因，不应当追究被请求引渡人的刑事责任的；

（七）被请求引渡人在请求国曾经遭受或者可能遭受酷刑或者其他残忍、不人道或者有辱人格的待遇或者处罚的；

（八）请求国根据缺席判决提出引渡请求的。但请求国承诺在引渡后对被请求引渡人给予在其出庭的情况下进行重新审判机会的除外。

第九条　外国向中华人民共和国提出的引渡请求，有下列情形之一的，可以拒绝引渡：

（一）中华人民共和国对于引渡请求所指的犯罪具有刑事管辖权，并且对被请求引渡人正在进行刑事诉讼或者准备提起刑事诉讼的；

（二）由于被请求引渡人的年龄、健康等原因，根据人道主义原则不宜引渡的。

第十条　请求国的引渡请求应当向中华人民共和国外交部提出。

第十一条　请求国请求引渡应当出具请求书，请求书应当载明：

（一）请求机关的名称；

（二）被请求引渡人的姓名、性别、年龄、国籍、身份证件的种类及号码、职业、外表特征、住所地和居住地以及其他有助于辨别其身份和查找该人的情况；（三）犯罪事实，包括犯罪的时间、地点、行为、结果等；（四）对犯罪的定罪量刑以及追诉时效方面的法律规定。

第十二条　请求国请求引渡，应当在出具请求书的同时，提供以下材料：

（一）为了提起刑事诉讼而请求引渡的，应当附有逮捕证或者其他具有同等效力的文件的副本；为了执行刑罚而请求引渡的，应当附有发生法律效力的判决书或者裁定书的副本，对于已经执行部分刑罚的，还应当附有已经执行刑期的证明；

（二）必要的犯罪证据或者证据材料。

请求国掌握被请求引渡人照片、指纹以及其他可供确认被请求引渡人的材料的，应当提供。

第十三条 请求国根据本节提交的引渡请求书或者其他有关文件，应当由请求国的主管机关正式签署或者盖章，并应当附有中文译本或者经中华人民共和国外交部同意使用的其他文字的译本。

第十四条 请求国请求引渡，应当作出如下保证：

（一）请求国不对被引渡人在引渡前实施的其他未准予引渡的犯罪追究刑事责任，也不将该人再引渡给第三国。但经中华人民共和国同意，或者被引渡人在其引渡罪行诉讼终结、服刑期满或者提前释放之日起三十日内没有离开请求国，或者离开后又自愿返回的除外。

（二）请求国提出请求后撤销、放弃引渡请求，或者提出引渡请求错误的，由请求国承担因请求引渡对被请求引渡人造成损害的责任。

第十五条 在没有引渡条约的情况下，请求国应当作出互惠的承诺。

第十六条 外交部收到请求国提出的引渡请求后，应当对引渡请求书及其所附文件、材料是否符合本法第二章第二节和引渡条约的规定进行审查。

最高人民法院指定的高级人民法院对请求国提出的引渡请求是否符合本法和引渡条约关于引渡条件等规定进行审查并作出裁定。最高人民法院对高级人民法院作出的裁定进行复核。

第十七条 对于两个以上国家就同一行为或者不同行为请求引渡同一人的，应当综合考虑中华人民共和国收到引渡请求的先后、中华人民共和国与请求国是否存在引渡条约关系等因素，确定接受引渡请求的优先顺序。

第十八条 外交部对请求国提出的引渡请求进行审查，认为不符合本法第二章第二节和引渡条约的规定的，可以要求请求国在三十日内提供补充材料。经请求国请求，上述期限可以延长十五日。

请求国未在上述期限内提供补充材料的，外交部应当终止该引渡案件。请求国可以对同一犯罪再次提出引渡该人的请求。

第十九条 外交部对请求国提出的引渡请求进行审查，认为符合本法第二章第二节和引渡条约的规定的，应当将引渡请求书及其所附文件和材料转交最高人民法院、最高人民检察院。

第二十条 外国提出正式引渡请求前被请求引渡人已经被引渡拘留的，最高人民法院接到引渡请求书及其所附文件和材料后，应当将引渡请求书及其所附文件和材料及时转交有关高级人民法院进行审查。

外国提出正式引渡请求前被请求引渡人未被引渡拘留的，最高人民法院接到引渡请求书及其所附文件和材料后，通知公安部查找被请求引渡人。公安机关查找到被请求引渡人后，应当根据情况对被请求引渡人予以引渡拘留或者引渡监视居住，由公安部通知最高人民法院。最高人民法院接到公安部的通知后，应当及时将引渡请求书及其所附文件和材料转交有关高级人民法院进行审查。

公安机关经查找后，确认被请求引渡人不在中华人民共和国境内或者查找不到被请求引渡人的，公安部应当及时通知最高人民法院。最高人民法院接到公安部的通知后，应当及时将查找情况通知外交部，由外交部通知请求国。

第二十一条　最高人民检察院经审查，认为对引渡请求所指的犯罪或者被请求引渡人的其他犯罪，应当由我国司法机关追诉，但尚未提起刑事诉讼的，应当自收到引渡请求书及其所附文件和材料之日起一个月内，将准备提起刑事诉讼的意见分别告知最高人民法院和外交部。

第二十二条　高级人民法院根据本法和引渡条约关于引渡条件等有关规定，对请求国的引渡请求进行审查，由审判员三人组成合议庭进行。

第二十三条　高级人民法院审查引渡案件，应当听取被请求引渡人的陈述及其委托的中国律师的意见。高级人民法院应当在收到最高人民法院转来的引渡请求书之日起十日内将引渡请求书副本发送被请求引渡人。被请求引渡人应当在收到之日起三十日内提出意见。

第二十四条　高级人民法院经审查后，应当分别作出以下裁定：

（一）认为请求国的引渡请求符合本法和引渡条约规定的，应当作出符合引渡条件的裁定。如果被请求引渡人具有本法第四十二条规定的暂缓引渡情形的，裁定中应当予以说明。

（二）认为请求国的引渡请求不符合本法和引渡条约规定的，应当作出不引渡的裁定。

根据请求国的请求，在不影响中华人民共和国领域内正在进行的其他诉讼，不侵害中华人民共和国领域内任何第三人的合法权益的情况下，可以在作出符合引渡条件的裁定的同时，作出移交与案件有关财物的裁定。

第二十五条　高级人民法院作出符合引渡条件或者不引渡的裁定后，应当向被请求引渡人宣读，并在作出裁定之日起七日内将裁定书连同有关材料报请最高人民法院复核。

被请求引渡人对高级人民法院作出符合引渡条件的裁定不服的，被请求引渡人及其委托的中国律师可以在人民法院向被请求引渡人宣读裁定之日起十日内，向最高人民法院提出意见。

第二十六条　最高人民法院复核高级人民法院的裁定，应当根据下列情形分别处理：

（一）认为高级人民法院作出的裁定符合本法和引渡条约规定的，应当对高级人民法院的裁定予以核准；

（二）认为高级人民法院作出的裁定不符合本法和引渡条约规定的，可以裁定撤销，发回原审人民法院重新审查，也可以直接作出变更的裁定。

第二十七条　人民法院在审查过程中，在必要时，可以通过外交部要求请求国在三十日内提供补充材料。

第二十八条　最高人民法院作出核准或者变更的裁定后，应当在作出裁定之日起七日内将裁定书送交外交部，并同时送达被请求引渡人。

最高人民法院核准或者作出不引渡裁定的，应当立即通知公安机关解除对被请求引渡人采取的强制措施。

第二十九条　外交部接到最高人民法院不引渡的裁定后，应当及时通知请求国。

外交部接到最高人民法院符合引渡条件的裁定后，应当报送国务院决定是否引渡。

国务院决定不引渡的，外交部应当及时通知请求国。人民法院应当立即通知公安机关解除对被请求引渡人采取的强制措施。

第三十条　对于外国正式提出引渡请求前，因紧急情况申请对将被请求引渡的人采取羁押措施的，公安机关可以根据外国的申请采取引渡拘留措施。

前款所指的申请应当通过外交途径或者向公安部书面提出，并应当载明：

（一）本法第十一条、第十四条规定的内容；

（二）已经具有本法第十二条第一项所指材料的说明；

（三）即将正式提出引渡请求的说明。

对于通过外交途径提出申请的，外交部应当及时将该申请转送公安部。对于向公安部提出申请的，公安部应当将申请的有关情况通知外交部。

第三十一条 公安机关根据本法第三十条的规定对被请求人采取引渡拘留措施，对于向公安部提出申请的，公安部应当将执行情况及时通知对方，对于通过外交途径提出申请的，公安部将执行情况通知外交部，外交部应当及时通知请求国。通过上述途径通知时，对于被请求人已被引渡拘留的，应当同时告知提出正式引渡请求的期限。

公安机关采取引渡拘留措施后三十日内外交部没有收到外国正式引渡请求的，应当撤销引渡拘留，经该外国请求，上述期限可以延长十五日。

对根据本条第二款撤销引渡拘留的，请求国可以在事后对同一犯罪正式提出引渡该人的请求。

第三十二条 高级人民法院收到引渡请求书及其所附文件和材料后，对于不采取引渡逮捕措施可能影响引渡正常进行的，应当及时作出引渡逮捕的决定。对被请求引渡人不采取引渡逮捕措施的，应当及时作出引渡监视居住的决定。

第三十三条 引渡拘留、引渡逮捕、引渡监视居住由公安机关执行。

第三十四条 采取引渡强制措施的机关应当在采取引渡强制措施后二十四小时内对被采取引渡强制措施的人进行讯问。

被采取引渡强制措施的人自被采取引渡强制措施之日起，可以聘请中国律师为其提供法律帮助。公安机关在执行引渡强制措施时，应当告知被采取引渡强制措施的人享有上述权利。

第三十五条 对于应当引渡逮捕的被请求引渡人，如果患有严重疾病，或者是正在怀孕、哺乳自己婴儿的妇女，可以采取引渡监视居住措施。

第三十六条 国务院作出准予引渡决定后，应当及时通知最高人民法院。如果被请求引渡人尚未被引渡逮捕的，人民法院应当立即决定引渡逮捕。

第三十七条 外国撤销、放弃引渡请求的，应当立即解除对被请求引渡人采取的引渡强制措施。

第三十八条 引渡由公安机关执行。对于国务院决定准予引渡的，外交部应当及时通知公安部，并通知请求国与公安部约定移交被请求引渡人的时间、地点、方式以及执行引渡有关的其他事宜。

第三十九条 对于根据本法第三十八条的规定执行引渡的，公安机关应当根据人民法院的裁定，向请求国移交与案件有关的财物。

因被请求引渡人死亡、逃脱或者其他原因而无法执行引渡时，也可以向请求国移交上述财物。

第四十条 请求国自约定的移交之日起十五日内不接收被请求引渡人的，应当视为自动放弃引渡请求。公安机关应当立即释放被请求引渡人，外交部可以不再受理该国对同一犯罪再次提出的引渡该人的请求。

请求国在上述期限内因无法控制的原因不能接收被请求引渡人的，可以申请延长期限，但最长不得超过三十日，也可以根据本法第三十八条的规定重新约定移交事宜。

第四十一条　被引渡人在请求国的刑事诉讼终结或者服刑完毕之前逃回中华人民共和国的，可以根据请求国再次提出的相同的引渡请求准予重新引渡，无需请求国提交本章第二节规定的文件和材料。

第四十二条　国务院决定准予引渡时，对于中华人民共和国司法机关正在对被请求引渡人由于其他犯罪进行刑事诉讼或者执行刑罚的，可以同时决定暂缓引渡。

第四十三条　如果暂缓引渡可能给请求国的刑事诉讼造成严重障碍，在不妨碍中华人民共和国领域内正在进行的刑事诉讼，并且请求国保证在完成有关诉讼程序后立即无条件送回被请求引渡人的情况下，可以根据请求国的请求，临时引渡该人。

临时引渡的决定，由国务院征得最高人民法院或者最高人民检察院的同意后作出。

第四十四条　外国之间进行引渡需要经过中华人民共和国领域的，应当按照本法第四条和本章第二节的有关规定提出过境请求。

过境采用航空运输并且在中华人民共和国领域内没有着陆计划的，不适用前款规定；但发生计划外着陆的，应当依照前款规定提出过境请求。

第四十五条　对于外国提出的过境请求，由外交部根据本法的有关规定进行审查，作出准予过境或者拒绝过境的决定。

准予过境或者拒绝过境的决定应当由外交部通过与收到请求相同的途径通知请求国。

外交部作出准予过境的决定后，应当将该决定及时通知公安部。过境的时间、地点和方式等事宜由公安部决定。

第四十六条　引渡的过境由过境地的公安机关监督或者协助执行。

公安机关可以根据过境请求国的请求，提供临时羁押场所。

第四十七条　请求外国准予引渡或者引渡过境的，应当由负责办理有关案件的省、自治区或者直辖市的审判、检察、公安、国家安全或者监狱管理机关分别向最高人民法院、最高人民检察院、公安部、国家安全部、司法部提出意见书，并附有关文件和材料及其经证明无误的译文。最高人民法院、最高人民检察院、公安部、国家安全部、司法部分别会同外交部审核同意后，通过外交部向外国提出请求。

第四十八条　在紧急情况下，可以在向外国正式提出引渡请求前，通过外交途径或者被请求国同意的其他途径，请求外国对有关人员先行采取强制措施。

第四十九条　引渡、引渡过境或者采取强制措施的请求所需的文书、文件和材料，应当依照引渡条约的规定提出；没有引渡条约或者引渡条约没有规定的，可以参照本法第二章第二节、第四节和第七节的规定提出；被请求国有特殊要求的，在不违反中华人民共和国法律的基本原则的情况下，可以按照被请求国的特殊要求提出。

第五十条　被请求国就准予引渡附加条件的，对于不损害中华人民共和国主权、国家利益、公共利益的，可以由外交部代表中华人民共和国政府向被请求国作出承诺。对于限制追诉的承诺，由最高人民检察院决定；对于量刑的承诺，由最高人民法院决定。

在对被引渡人追究刑事责任时，司法机关应当受所作出的承诺的约束。

第五十一条　公安机关负责接收外国准予引渡的人以及与案件有关的财物。

对于其他部门提出引渡请求的，公安机关在接收被引渡人以及与案件有关的财物后，应当及时转交提出引渡请求的部门；也可以会同有关部门共同接收被引渡人以及与案件有关的财物。

第五十二条 根据本法规定是否引渡由国务院决定的，国务院在必要时，得授权国务院有关部门决定。

第五十三条 请求国提出请求后撤销、放弃引渡请求，或者提出引渡请求错误，给被请求引渡人造成损害，被请求引渡人提出赔偿的，应当向请求国提出。

第五十四条 办理引渡案件产生的费用，依照请求国和被请求国共同参加、签订的引渡条约或者协议办理。

第五十五条 本法自公布之日起施行。

3.《人民检察院刑事诉讼规则（试行）》（2012年10月16日由最高人民检察院第十一届检察委员会第八十次会议第二次修订）（节录）

第十六章 刑事司法协助

第一节 一般规定

第六百七十六条 人民检察院进行司法协助，有我国参加或者缔结的国际条约规定的，适用该条约规定，但是我国声明保留的条款除外；无相应条约规定的，按照互惠原则通过外交途径办理。

第六百七十七条 人民检察院应当在相互尊重国家主权和平等互利的基础上，与有关国家的主管机关相互提供司法协助。

第六百七十八条 享有外交特权和豁免权的外国人的刑事责任问题，通过外交途径解决。

第六百七十九条 人民检察院司法协助的范围主要包括刑事方面的调查取证，送达刑事诉讼文书，通报刑事诉讼结果，移交物证、书证和视听资料，扣押、移交赃款、赃物以及法律和国际条约规定的其他司法协助事宜。

第六百八十条 办理引渡案件，按照国家关于引渡的法律和规定执行。

第六百八十一条 人民检察院对外进行司法协助，应当根据我国有关法律规定的程序向外国提供司法协助和办理司法协助事务。依照国际条约规定，在不违背我国法律规定的前提下，也可以按照请求方的要求适用请求书中所示的程序。

第六百八十二条 外国有关机关请求的事项有损中华人民共和国的主权、安全或者社会公共利益以及违反中国法律的，应当不予协助；不属于人民检察院职权范围的，应当予以退回或者移送有关机关，并说明理由。

第六百八十三条 最高人民检察院是检察机关办理司法协助事务的最高主管机关，依照国际条约规定是人民检察院司法协助的中方中央机关。

地方各级人民检察院是执行司法协助的主管机关，依照职责分工办理司法协助事务。

第六百八十四条 人民检察院与有关国家相互提供司法协助，应当按照我国与有关国家缔结的司法协助条约规定的联系途径或者外交途径进行。

第六百八十五条 有关司法协助条约规定最高人民检察院为司法协助的中方中央机关的，由最高人民检察院直接与有关国家对应的中央机关联系和转递司法协助文件及其他材料。

有关司法协助条约规定其他机关为中方中央机关的，地方各级人民检察院通过最高人民检察院与中方中央机关联系和转递司法协助文件。

第六百八十六条 其他机关需要通过最高人民检察院对外办理司法协助的，应当通过其最高主管机关与最高人民检察院联系。

第六百八十七条　对尚未与我国缔结司法协助条约的国家，相互之间需要提供司法协助的，应当根据互惠原则，通过外交途径办理，也可以按照惯例进行。

具体程序参照本章规定。

第六百八十八条　人民检察院需要通过国际刑事警察组织缉捕人犯、查询资料的，由有关人民检察院提出申请，层报最高人民检察院审查后与有关部门联系办理。

第六百八十九条　我国边境地区人民检察院与相邻国家的司法机关相互进行司法合作，在不违背有关条约、协议和我国法律的前提下，可以按惯例或者遵照有关规定进行，但应当报最高人民检察院备案。

第六百九十条　我国边境地区人民检察院与相邻国家的司法机关相互进行司法合作，可以视情况就双方之间办案过程中的具体事务作出安排，开展友好往来活动。

第二节　人民检察院提供司法协助

第六百九十一条　最高人民检察院通过有关国际条约规定的联系途径或外交途径，接收外国提出的司法协助请求。

第六百九十二条　外国有关机关请求人民检察院提供司法协助的请求书及所附文件，应当附有中文译本或者国际条约规定的其他文字文本。

第六百九十三条　最高人民检察院收到缔约的外国一方提出的司法协助请求后，应当依据我国法律和有关司法协助条约进行审查。对符合条约规定并且所附材料齐全的，交由有关省、自治区、直辖市人民检察院办理或者指定有关人民检察院办理，或者交由其他有关最高主管机关指定有关机关办理。对不符合条约或者有关法律规定的，应当通过接收请求的途径退回请求方不予执行；对所附材料不齐全的，应当要求请求方予以补充。

第六百九十四条　有关省、自治区、直辖市人民检察院收到最高人民检察院转交的司法协助请求书和所附材料后，可以直接办理，也可以指定有关的人民检察院办理。

第六百九十五条　负责执行司法协助请求的人民检察院收到司法协助请求书和所附材料后，应即安排执行，并按条约规定的格式和语言文字将执行结果及有关材料报经省、自治区、直辖市人民检察院审查后，报送最高人民检察院。

对于不能执行的，应当将司法协助请求书和所附材料，连同不能执行的理由通过省、自治区、直辖市人民检察院报送最高人民检察院。

人民检察院因请求书提供的地址不详或材料不齐全难以执行该项请求的，应当立即通过最高人民检察院要求请求方补充提供材料。

第六百九十六条　最高人民检察院应当对执行结果进行审查。对于符合请求要求和有关规定的，由最高人民检察院转递请求协助的缔约外国一方。

第六百九十七条　缔约的外国一方通过其他中方中央机关请求检察机关提供司法协助的，由其他中方中央机关将请求书及所附文件转递最高人民检察院，按本节规定办理。

第三节　人民检察院向外国提出司法协助请求

第六百九十八条　地方各级人民检察院需要向缔约的外国一方请求提供司法协助，应当按有关条约的规定提出司法协助请求书、调查提纲及所附文件和相应的译文，经省级人民检察院审核后，报送最高人民检察院。

请求书及其附件应当提供具体、准确的线索、证据和其他材料。我国与被请求国有条约的，请求书及所附材料按条约规定的语言译制文本；我国与被请求国没有签订条约的，按被请求国官方语言或者可以接受的语言译制文本。

第六百九十九条 最高人民检察院收到地方各级人民检察院请求缔约的外国一方提供司法协助的材料后，应当依照有关条约进行审查。对符合条约有关规定、所附材料齐全的，应当连同上述材料一并转递缔约另一方的中央机关，或者交由其他中方中央机关办理。对不符合条约规定或者材料不齐全的，应当退回提出请求的人民检察院补充或者修正。

第七百条 需要派员赴国外调查取证的，承办案件的人民检察院应当查明在国外证人、犯罪嫌疑人的具体居住地点或者地址、通讯方式等基本情况，制作调查提纲，层报省级人民检察院审核后报送最高人民检察院，通过司法协助或者外交途径向被请求国发出请求书，在被请求国同意后按照有关程序办理赴国外取证事宜。

第四节　期限和费用

第七百零一条 人民检察院提供司法协助，请求书中附有办理期限的，应当按期完成。未附办理期限的，调查取证一般应当在三个月以内完成；送达刑事诉讼文书一般应当在三十日以内完成。

不能按期完成的，应当说明情况和理由，层报最高人民检察院，以便转告请求方。

第七百零二条 人民检察院提供刑事司法协助，根据有关条约规定需要向请求方收取费用的，应当将费用和账单连同执行司法协助的结果一并报送最高人民检察院转递请求方。最高人民检察院收到上述费用后应当立即转交有关人民检察院。

第七百零三条 人民检察院请求外国提供司法协助，根据条约规定应当支付费用的，最高人民检察院收到被请求方开具的收费账单后，应当立即转交有关人民检察院支付。

4. 最高人民法院《关于适用〈中华人民共和国刑事诉讼法〉的解释》（2012 年 11 月 5 日由最高人民法院审判委员会第 1559 次会议通过）（节录）

第十八章　涉外刑事案件的审理和司法协助

第三百九十二条 本解释所称的涉外刑事案件是指：

（一）在中华人民共和国领域内，外国人犯罪的或者我国公民侵犯外国人合法权利的刑事案件；

（二）符合刑法第七条、第十条规定情形的我国公民在中华人民共和国领域外犯罪的案件；

（三）符合刑法第八条、第十条规定情形的外国人对中华人民共和国国家或者公民犯罪的案件；

（四）符合刑法第九条规定情形的中华人民共和国在所承担国际条约义务范围内行使管辖权的案件。

第三百九十三条 第一审涉外刑事案件，除刑事诉讼法第二十条至第二十二条规定的以外，由基层人民法院管辖。必要时，中级人民法院可以指定辖区内若干基层人民法院集中管辖第一审涉外刑事案件，也可以依照刑事诉讼法第二十三条的规定，审理基层人民法院管辖的第一审涉外刑事案件。

第三百九十四条 外国人的国籍，根据其入境时的有效证件确认；国籍不明的，根据公安机关或者有关国家驻华使、领馆出具的证明确认。

国籍无法查明的，以无国籍人对待，适用本章有关规定，在裁判文书中写明“国籍不明"。

第三百九十五条　在刑事诉讼中，外国籍当事人享有我国法律规定的诉讼权利并承担相应义务。

第三百九十六条　涉外刑事案件审判期间，人民法院应当将下列事项及时通报同级人民政府外事主管部门，并通知有关国家驻华使、领馆：

（一）人民法院决定对外国籍被告人采取强制措施的情况，包括外国籍当事人的姓名（包括译名）、性别、入境时间、护照或者证件号码、采取的强制措施及法律依据、羁押地点等；

（二）开庭的时间、地点、是否公开审理等事项；

（三）宣判的时间、地点。

涉外刑事案件宣判后，应当及时将处理结果通报同级人民政府外事主管部门。

对外国籍被告人执行死刑的，死刑裁决下达后执行前，应当通知其国籍国驻华使、领馆。

外国籍被告人在案件审理中死亡的，应当及时通报同级人民政府外事主管部门，并通知有关国家驻华使、领馆。

第三百九十七条　需要向有关国家驻华使、领馆通知有关事项的，应当层报高级人民法院，由高级人民法院按照下列规定通知：

（一）外国籍当事人国籍国与我国签订有双边领事条约的，根据条约规定办理；未与我国签订双边领事条约，但参加《维也纳领事关系公约》的，根据公约规定办理；未与我国签订领事条约，也未参加《维也纳领事关系公约》，但与我国有外交关系的，可以根据外事主管部门的意见，按照互惠原则，根据有关规定和国际惯例办理；

（二）在外国驻华领馆领区内发生的涉外刑事案件，通知有关外国驻该地区的领馆；在外国领馆领区外发生的涉外刑事案件，通知有关外国驻华使馆；与我国有外交关系，但未设使、领馆的国家，可以通知其代管国家驻华使、领馆；无代管国家或者代管国家不明的，可以不通知；

（三）双边领事条约规定通知时限的，应当在规定的期限内通知；无双边领事条约规定的，应当根据或者参照《维也纳领事关系公约》和国际惯例尽快通知，至迟不得超过七日；

（四）双边领事条约没有规定必须通知，外国籍当事人要求不通知其国籍国驻华使、领馆的，可以不通知，但应当由其本人出具书面声明。

高级人民法院向外国驻华使、领馆通知有关事项，必要时，可以请人民政府外事主管部门协助。

第三百九十八条　人民法院受理涉外刑事案件后，应当告知在押的外国籍被告人享有与其国籍国驻华使、领馆联系，与其监护人、近亲属会见、通信，以及请求人民法院提供翻译的权利。

第三百九十九条　涉外刑事案件审判期间，外国籍被告人在押，其国籍国驻华使、领馆官员要求探视的，可以向受理案件的人民法院所在地的高级人民法院提出。人民法院应当根据我国与被告人国籍国签订的双边领事条约规定的时限予以安排；没有条约规定的，应当尽快安排。必要时，可以请人民政府外事主管部门协助。

涉外刑事案件审判期间，外国籍被告人在押，其监护人、近亲属申请会见的，可以向受理案件的人民法院所在地的高级人民法院提出，并依照本解释第四百零三条的规定提供与被告人关系的证明。人民法院经审查认为不妨碍案件审判的，可以批准。

被告人拒绝接受探视、会见的，可以不予安排，但应当由其本人出具书面声明。

探视、会见被告人应当遵守我国法律规定。

第四百条 人民法院审理涉外刑事案件，应当公开进行，但依法不应公开审理的除外。

公开审理的涉外刑事案件，外国籍当事人国籍国驻华使、领馆官员要求旁听的，可以向受理案件的人民法院所在地的高级人民法院提出申请，人民法院应当安排。

第四百零一条 人民法院审判涉外刑事案件，使用中华人民共和国通用的语言、文字，应当为外国籍当事人提供翻译。

人民法院的诉讼文书为中文本。外国籍当事人不通晓中文的，应当附有外文译本，译本不加盖人民法院印章，以中文本为准。

外国籍当事人通晓中国语言、文字，拒绝他人翻译，或者不需要诉讼文书外文译本的，应当由其本人出具书面声明。

第四百零二条 外国籍被告人委托律师辩护，或者外国籍附带民事诉讼原告人、自诉人委托律师代理诉讼的，应当委托具有中华人民共和国律师资格并依法取得执业证书的律师。

外国籍被告人在押的，其监护人、近亲属或者其国籍国驻华使、领馆可以代为委托辩护人。其监护人、近亲属代为委托的，应当提供与被告人关系的有效证明。

外国籍当事人委托其监护人、近亲属担任辩护人、诉讼代理人的，被委托人应当提供与当事人关系的有效证明。经审查，符合刑事诉讼法、有关司法解释规定的，人民法院应当准许。

外国籍被告人没有委托辩护人的，人民法院可以通知法律援助机构为其指派律师提供辩护。被告人拒绝辩护人辩护的，应当由其出具书面声明，或者将其口头声明记录在案。被告人属于应当提供法律援助情形的，依照本解释第四十五条规定处理。

第四百零三条 外国籍当事人从中华人民共和国领域外寄交或者托交给中国律师或者中国公民的委托书，以及外国籍当事人的监护人、近亲属提供的与当事人关系的证明，必须经所在国公证机关证明，所在国中央外交主管机关或者其授权机关认证，并经我国驻该国使、领馆认证，但我国与该国之间有互免认证协定的除外。

第四百零四条 对涉外刑事案件的被告人，可以决定限制出境；对开庭审理案件时必须到庭的证人，可以要求暂缓出境。作出限制出境的决定，应当通报同级公安机关或者国家安全机关；限制外国人出境的，应当同时通报同级人民政府外事主管部门和当事人国籍国驻华使、领馆。

人民法院决定限制外国人和中国公民出境的，应当书面通知被限制出境的人在案件审理终结前不得离境，并可以采取扣留护照或者其他出入境证件的办法限制其出境；扣留证件的，应当履行必要手续，并发给本人扣留证件的证明。

对需要在边防检查站阻止外国人和中国公民出境的，受理案件的人民法院应当层报高级人民法院，由高级人民法院填写口岸阻止人员出境通知书，向同级公安机关办理交控手续。控制口岸不在本省、自治区、直辖市的，应当通过有关省、自治区、直辖市公安机关办理交控手续。紧急情况下，确有必要的，也可以先向边防检查站交控，再补办交控手续。

第四百零五条 对来自境外的证据材料，人民法院应当对材料来源、提供人、提供时间以及提取人、提取时间等进行审查。经审查，能够证明案件事实且符合刑事诉讼法规定的，可以作为证据使用，但提供人或者我国与有关国家签订的双边条约对材料的使用范围有明确限制的除外；材料来源不明或者其真实性无法确认的，不得作为定案的根据。

当事人及其辩护人、诉讼代理人提供来自境外的证据材料的，该证据材料应当经所在国公证机关证明，所在国中央外交主管机关或者其授权机关认证，并经我国驻该国使、领馆认证。

第四百零六条　涉外刑事案件，符合刑事诉讼法第二百零二条第一款、第二百三十二条规定的，经有关人民法院批准或者决定，可以延长审理期限。

第四百零七条　涉外刑事案件宣判后，外国籍当事人国籍国驻华使、领馆要求提供裁判文书的，可以向受理案件的人民法院所在地的高级人民法院提出，人民法院可以提供。

第四百零八条　根据中华人民共和国缔结或者参加的国际条约，或者按照互惠原则，人民法院和外国法院可以相互请求刑事司法协助。

外国法院请求的事项有损中华人民共和国的主权、安全、社会公共利益的，人民法院不予协助。

第四百零九条　请求和提供司法协助，应当依照中华人民共和国缔结或者参加的国际条约规定的途径进行；没有条约关系的，通过外交途径进行。

第四百一十条　人民法院请求外国提供司法协助的，应当经高级人民法院审查后报最高人民法院审核同意。

外国法院请求我国提供司法协助，属于人民法院职权范围的，经最高人民法院审核同意后转有关人民法院办理。

第四百一十一条　人民法院请求外国提供司法协助的请求书及其所附文件，应当附有该国文字译本或者国际条约规定的其他文字文本。

外国法院请求我国提供司法协助的请求书及其所附文件，应当附有中文译本或者国际条约规定的其他文字文本。

第四百一十二条　人民法院向在中华人民共和国领域外居住的当事人送达刑事诉讼文书，可以采用下列方式：

（一）根据受送达人所在国与中华人民共和国缔结或者共同参加的国际条约规定的方式送达；

（二）通过外交途径送达；

（三）对中国籍当事人，可以委托我国驻受送达人所在国的使、领馆代为送达；

（四）当事人是自诉案件的自诉人或者附带民事诉讼原告人的，可以向有权代其接受送达的诉讼代理人送达；

（五）当事人是外国单位的，可以向其在中华人民共和国领域内设立的代表机构或者有权接受送达的分支机构、业务代办人送达；

（六）受送达人所在国法律允许的，可以邮寄送达；自邮寄之日起满三个月，送达回证未退回，但根据各种情况足以认定已经送达的，视为送达；

（七）受送达人所在国法律允许的，可以采用传真、电子邮件等能够确认受送达人收悉的方式送达。

第四百一十三条　人民法院通过外交途径向在中华人民共和国领域外居住的受送达人送达刑事诉讼文书的，所送达的文书应当经高级人民法院审查后报最高人民法院审核。最高人民法院认为可以发出的，由最高人民法院交外交部主管部门转递。

外国法院通过外交途径请求人民法院送达刑事诉讼文书的，由该国驻华使馆将法律文书交我国外交部主管部门转最高人民法院。最高人民法院审核后认为属于人民法院职权范围，且可以代为送达的，应当转有关人民法院办理。

第四百一十四条 涉外刑事案件审理过程中的其他事宜，依照法律、司法解释和其他有关规定办理。

5. 最高人民检察院、公安部《关于适用刑事强制措施有关问题的规定》（2000 年 8 月 28 日 高检会〔2000〕2 号）（节录）

第二十三条（第二款） 对于需要确认外国籍犯罪嫌疑人身份的，应当按照我国和该犯罪嫌疑人所称的国籍国签订的有关司法协助条约、国际公约的规定，或者通过外交途径、国际刑警组织渠道查明其身份。如果确实无法查清或者有关国家拒绝协助的，只要有证据证明有犯罪事实，可以按照犯罪嫌疑人自报的姓名提请人民检察院批准逮捕。侦查终结后，对于犯罪事实清楚，证据确实、充分的，也可以按其自报的姓名移送人民检察院审查起诉。

6. 最高人民检察院《关于加强渎职侵权检察工作的决定》（2000 年 5 月 29 日）（节录）

24. 要加强人权保护方面的国际交流，积极宣传我国在保护人权方面的立场、观点和所取得的成就。

积极开展渎职侵权检察工作的国际司法合作，按照法律和我国缔结或者参加的国际条约，规范涉外取证、缉捕和涉案款物移送等事宜，拓展国际司法合作渠道。

加强同港澳地区司法机关和有关部门的联系与合作。在办理涉港澳地区案件时，要按照国家有关规定办理手续。

7. 最高人民检察院《关于检察机关办理司法协助案件有关问题的通知》（1997 年 4 月 23 日 高检发外字〔1997〕26 号）（节录）

二、最高人民检察院外事局负责检察机关司法协助工作的管理、协调及对外联络。

三、高检院有关业务部门负责检察机关司法协助案件的审查和办理。

四、各省、自治区、直辖市人民检察院和军事检察院负责承办高检院交办的司法协助案件。根据案件情况，可指定下级检察院作为具体办理机关。

五、高检院外事局收到外国请求司法协助的案件后，对案件是否符合我国与外国签订的司法协助条约和引渡条约的规定进行审查。对不符合有关条约或法律规定的，退回外国有关请求机构；对符合规定的，按案件管辖分工移送有关业务部门就案件内容进行审查。案情简单的，外事局可直接办理。

六、有关业务部门收到移送的案件后，就案情及适用法律提出审查意见，与外事局会签后报请主管检察长审批。经主管检察长审批同意后，由有关业务部门以高检院函的形式交有关省级检察院办理，函件同时抄送外事局。

七、省级检察院接到高检院交办司法协助案件函后，可直接办理案件，也可指定下级检察院办理。在案件办结后，由省级检察院将案件材料及报告书上报高检院交办部门。交办部门对案件材料进行审查，制作答复请求国的文书，送外事局会签。

八、会签的答复文书呈报主管检察长审批同意后，由外事局将有关材料译成请求国文字或条约规定的文字，转交请求国有关部门。

九、我国其他司法机关作为条约规定的中方中央机关，移送检察机关办理外国请求提供司法协助的，应归口高检院外事局进行。

十、高检院有关业务部门办理的案件，需请求外国司法机关提供司法协助的，应当制作请求书，连同调查提纲和有关材料送外事局审核。

十一、各级地方检察机关办理的案件，需请求外国司法机关提供司法协助的，由省级检察院制作请求书，连同调查提纲和有关材料报高检院有关业务部门；有关业务部门审查提出意见后，送外事局审核。

十二、凡条约规定高检院为中央机关的，我国其他司法机关请求有关国家提供司法协助的，应通过其主管部门与高检院外事局联系。

十三、高检院外事局收到上述部门移送的请求外国提供司法协助的案件材料后，审查确认案件材料是否齐全，请求书和调查提纲的内容、格式是否符合条约的规定，提出书面意见，呈报院主管检察长审批。在主管检察长审批同意后，将有关文书翻译成被请求国文字或条约规定的文字，送被请求国有关司法机关。

十四、凡办理与我国尚未签订司法协助条约国家的司法协助案件，在检察系统内部仍按本通知规定程序办理。

十五、各有关业务部门审查案件一般应在1周内完成，负责具体调查取证的部门一般应在3个月内完成。由于案件复杂不能在3个月内完成的，应及时向交办部门说明理由。翻译、送达时间不计在内。

十六、各地在执行本通知中遇到的问题和有关意见，应及时报高检院外事局。

8. 最高人民法院、最高人民检察院、公安部、外交部、司法部、财政部《关于强制外国人出境的执行办法的规定》（1992年7月31日　公发〔1992〕18号）

兹对违法犯罪的外国人强制出境的执行问题，作如下规定：

一、适用范围

有下列情形之一需要强制出境的外国人，均按本规定执行：

（一）依据我国刑法的规定，由人民法院对犯罪的外国人判处独立适用或者附加适用驱逐出境刑罚的；

（二）依据《中华人民共和国外国人入境出境管理法》的规定，由公安部对违法的外国人处以限期出境或者驱逐出境的；

（三）依据《中华人民共和国外国人入境出境管理法》以及其他有关法律的规定，由公安机关决定遣送出境或者缩短停留期限、取消居留资格的外国人，未在指定的期限内自动离境，需强制出境的；

（四）我国政府已按照国际条约或《中华人民共和国外交特权与豁免条例》的规定，对享有外交或领事特权和豁免的外国人宣布为不受欢迎的人或者不可接受并拒绝承认其外交或领事人员身份、责令限期出境的人，无正当理由逾期不自动出境的。

二、执行机关

执行和监视强制外国人出境的工作，由公安机关依据有关法律文书或者公文进行：

（一）对判处独立适用驱逐出境刑罚的外国人，人民法院应当自该判决生效之日起15日内，将对该犯的刑事判决书、执行通知书的副本交会所在地省级公安机关，由省级公安机关指定的公安机关执行。

（二）被判处徒刑的外国人，其主刑执行期满后应执行驱逐出境附加刑的，应在主刑刑期届满的1个月前，由原羁押监狱的主管部门将该犯的原判决书、执行通知书副本或者复印本送交所在地省级公安机关，由省级公安机关指定的公安机关执行。

（三）被公安部处以驱逐出境、限期出境的外国人，凭公安部出入境管理处罚裁决书，由当地的公安机关执行。

（四）被公安机关决定遣送出境、缩短停留期限或者取消居留资格的外国人，由当地公安机关凭决定书执行。

被缩短停留期限或者取消居留资格的外国人，也可以由接待单位安排出境，公安机关凭决定书负责监督。

（五）我国政府已按照国际条约或《中华人民共和国外交特权与豁免条例》的规定，对享有外交或领事特权和豁免的外国人宣布为不受欢迎的人或者不可接受并拒绝承认其外交或领事人员身份、责令限期出境的人，无正当理由逾期不自动出境的，凭外交部公文由公安部指定的公安机关负责执行或者监督执行。

三、执行前的准备工作

（一）对被强制出境的外国人持有的准予在我国居留的证件，一律收缴。对护照上的签证应当缩短有效期，加盖不准延期章，或者予以注销。

（二）凡被驱逐出境的外国人，均须列入不准入境者名单，具体办法按照公安部制订的《关于通报不准外籍人入境者名单的具体办法》（〔1989〕公境字87号）执行。对其他强制出境的外国人，需要列入不准入境者名单的，按规定报批。

凡被列入不准入境者名单的外国人，执行的公安机关应当在执行前向其宣布不准入境年限。

（三）对被强制出境的外国人，执行机关必须查验其本人的有效护照或者其他替代护照的身份证件，以及过境国家或者地区的有效签证。

不具备上述签证或者证件的，应事先同其本国驻华使、领馆联系，由使、领馆负责办理。在华有接待单位的，由接待单位同使、领馆联系。没有接待单位的，由公安部出入境管理局或者使、领馆所在地公安机关同使、领馆联系。在华无使、领馆或者使、领馆不予配合的，应层报外交部或公安部，通过外交途径解决。

对与我毗邻国家的公民从边境口岸或者通道出境的，可以不办理对方的证件或者签证。

（四）被强制出境的外国人应当办妥离境的机票、车票、船票，费用由本人负担。本人负担不了的，也不属于按协议由我有关单位提供旅费的，须由其本国使、领馆负责解决（同使、领馆联系解决的办法，与前项相同）。对使、领馆拒绝承担费用或者在华无使、领馆的，由我国政府承担。

（五）对已被决定强制出境的外国人，事由和日期是否需要通知其驻华使、领馆，可由当地外事部门请示外交部决定。

（六）对有可能引起外交交涉或者纷争的案件，主管机关应及时将有关案情和商定的对外表态的口径等通知当地外事部门。需对外报道的，须经公安部、外交部批准。

四、执行期限

负责具体执行的公安机关，应当按照交付机关确定的期限立即执行。

如有特殊情况，需要延期执行的，报省、自治区、直辖市公安厅、局核准。

五、出境口岸

（一）对被强制出境的外国人，其出境的口岸，应事先确定，就近安排。

（二）如果被强制出境的外国人前往与我国接壤的国家，也可以安排从边境口岸出境。

（三）执行机关应当事先与出境口岸公安机关和边防检查站联系，通报被强制出境人员的情况，抵达口岸时间、交通工具班次，出境乘用的航班号、车次、时间，以及其他与协助执行有关的事项。出境口岸公安机关和边防检查站应当协助安排有关出境事项。

（四）出境时间应当尽可能安排在抵达口岸的当天。无法在当天出境的，口岸所在地公安机关应当协助采取必要的监护措施。

六、执行方式及有关事项

（一）被人民法院判决独立适用驱逐出境和被公安部处以驱逐出境的外国人，由公安机关看守所武警和外事民警共同押送；对主刑执行期满后再驱逐出境的外国人由原羁押监狱的管教干警、看守武警和公安机关外事民警共同押送。对上述两类人员押送途中确有必要时，可以使用手铐。对其他被责令出境的外国人，需要押送的，由执行机关派外事民警押送；不需要押送的，可以在离境 时派出外事民警，临场监督。

（二）执行人员的数量视具体情况而定，原则上应不少于2人。

（三）押送人员应提高警惕，保障安全，防止发生逃逸、行凶、自杀、自伤等事故。

（四）边防检查站凭对外国人强制出境的执行通知书、决定书或者裁决书以及被强制出境人的护照、证件安排放行。

（五）执行人员要监督被强制出境的外国人登上交通工具并离境后方可离开。从边境通道出境的，要监督其离开我国境后方可离开。

（六）对被驱逐出境的外国人入出境交通工具等具体情况，应拍照，有条件的也可录像存查。

七、经费

执行强制外国人出境所需的费用（包括押送人员食宿、交通费，以及其本人无力承担费用而驻华使、领馆拒不承担或者在华没有使、领馆的外国人在中国境内的食宿、交通费、临时看押场所的租赁费、国际旅费等），应当按照现行财政体制，由办案地财政部门负责解决。

八、执行强制出境任务的人民警察和工作人员，要仪表庄重，严于职守，讲究文明，遵守外事纪律。

今后有关强制外国人出境的执行工作，统一遵照本规定执行。

9. 全国人民代表大会常务委员会《关于对中华人民共和国缔结或者参加的国际条约所规定的罪行行使刑事管辖权的决定》（1987年6月23日）

第六届全国人民代表大会常务委员会第二十一次会议决定：对于中华人民共和国缔结或者参加的国际条约所规定的罪行，中华人民共和国在所承担条约义务的范围内，行使刑事管辖权。

附件：

几个公约的有关条款

一、《关于防止和惩处侵害应受国际保护人员包括外交代表的罪行的公约》

第三条第二款：

"每一缔约国应同样采取必要措施，于嫌疑犯在本国领土内，而本国不依第八条规定将该犯引渡至本条第一款所指明的国家时，对这些罪行确定其管辖权。"

第七条：

"缔约国于嫌疑犯在其领土内时，如不予以引渡，则应毫无例外，并不得不当稽延，将案件交付主管当局，以便依照本国法律规定的程序提起刑事诉讼。"

二、《海牙公约》

第四条第二款：

"当被指称的罪犯在缔约国领土内，而该国未按第八条的规定将此人引渡给本条第一款所指的任一国家时，该缔约国应同样采取必要措施，对这种罪行实施管辖权。"

第七条：

"在其境内发现被指称的罪犯的缔约国，如不将此人引渡，则不论罪行是否在其境内发生，应无例外地将此案件提交其主管当局以便起诉。该当局按照本国法律以对待任何严重性质的普通罪行案件的同样方式作出决定。"

三、《蒙特利尔公约》

第五条第二款：

"当被指称的罪犯在缔约国领土内，而该国未按第八条的规定将此人引渡给本条第一款所指的任一国家时，该缔约国应同样采取必要措施，对第一条第一款（甲）、（乙）和（丙）项所指的罪行，以及对第一条第二款所列与这些款项有关的罪行实施管辖权。"

第七条与《海牙公约》第七条相同。

四、《核材料实体保护公约》

第八条第二款：

"每一缔约国应同样采取必要措施，以便在被控犯人在该国领土内未按第十一条规定将其引渡给第一款所述任何国家时，对这些罪行确立其管辖权。"

五、《反对劫持人质国际公约》

第五条第二款：

"每一缔约国于嫌疑犯在本国领土内，而不将该嫌疑犯引渡至本条第一款所指国家时，也应采取必要措施，对第一条所称的罪行确立其管辖权。"

第八条第一款：

"领土内发现嫌疑犯的缔约国，如不将该人引渡，应毫无例外地而且不论罪行是否在其领土内发生，通过该国法律规定的程序，将案件送交该国主管机关，以便提起公诉。此等机关应按该国法律处理任何普通严重罪行案件的方式作出判决。"

九、侦查终结

（一）侦查终结报告

侦查终结是指人民检察院对于立案侦查的职务犯罪案件，经过一系列的侦查活动，根据已查明的事实和证据，足以认定犯罪嫌疑人是否有罪和应否对其追究刑事责任而不需要继续进行侦查，或者不具备继续进行侦查的条件时，决定结束侦查，而对案件提出处理意见或者处理决定的一种诉讼活动。侦查终结是侦查程序中的最后一道工序，标志着侦查活动的结束，同时又是侦查阶段与起诉阶段的联结点。侦查终结需要制作侦查终结报告，说明侦查的结果、案件事实、证据、处理意见等。

【主要程序】

1. 在案件侦查过程中，犯罪嫌疑人委托辩护律师的，检察人员可以听取辩护律师的意见。辩护律师要求当面提出意见的，检察人员应当听取意见，并制作笔录附卷。辩护律师提出书面意见的，应当附卷。案件侦查终结移送审查起诉时，人民检察院应当同时将案件移送情况告知犯罪嫌疑人及其辩护律师。

2. 对重大复杂案件侦查终结前，可以报经检察长批准，通知公诉部门派员提前介入侦查。公诉部门介入侦查后，应当对案件证据进行审查，并就证据收集和法律适用等问题向侦查部门提出意见。

3. 人民检察院直接立案侦查的共同犯罪案件，如果同案犯罪嫌疑人在逃，但在案犯罪嫌疑人犯罪事实清楚、证据确实、充分的，对本案犯罪嫌疑人应当分别移送审查起诉或者移送审查不起诉。

由于同案犯罪嫌疑人在逃，在案犯罪嫌疑人的犯罪事实无法查清的，对在案犯罪嫌疑人应当根据案件的不同情况分别报请延长侦查羁押期限、变更强制措施或者解除强制措施。

4. 人民检察院直接立案侦查的案件，对犯罪嫌疑人没有采取取保候审、监视居住、拘留或者逮捕措施的，侦查部门应当在立案后 2 年以内提出移送审查起诉、移送审查不起诉或者撤销案件的意见；对犯罪嫌疑人采取取保候审、监视居住、拘留或者逮捕措施的，侦查部门应当在解除或者撤销强制措施后 1 年以内提出移送审查起诉、移送审查不起诉或者撤销案件的意见。

5. 大案要案侦查终结时，案情发生重大变化的要向党委报告。其他重要案件，在查办的同时也要主动争取党委的领导和支持。大案要案侦查终结要及时向上级检察院报送备案材料。不得有案不备，备而不查。上级检察院对备案案件要及时进行审查，发现错误的，应当及时通知报送备案的下级检察院，下级检察院应将办理情况及时报告。

6.《侦查终结报告》由案件承办人制作，部门负责人审核，报检察长批准。报告内容应当包括：

（1）犯罪嫌疑人基本情况。包括姓名、曾用名、性别、出生年月日、身份证件种类及号码、民族、籍贯、文化程度、有无党派、是否人大代表或者政协委员、工作单位、职务级别或者职业、住址、有无前科等。

（2）案件来源。写明案由和案件来源，具体为单位或者公民举报、上级交办、有关部门移送、本院其他部门移交以及办案中发现等。简要写明案件侦查过程中的各个法律程序开始的时间，如初查、立案、侦查终结的时间。具体写明采取的强制措施种类、采取的时间、强制措施变更情况及延长侦查羁押期限的情况等。

（3）主要案件事实。叙写经检察机关侦查查明的涉嫌犯罪事实，包括犯罪时间、地点、人物、因果、手段、目的、动机、危害后果等与事实认定和定罪量刑有关的要素。应当根据具体案件情况，围绕刑法规定的犯罪构成要件，准确叙写。

（4）主要证据，针对上述事实，逐一列举证据。

（5）需要说明的问题。具体说明案件中可能有争议的或者承办人认为有必要加以说明的事实和问题，并陈述理由。

（6）定性、处理意见和法律依据。具体写明应当终止追究刑事责任，或者犯罪情节轻微，依照刑法规定不需要判处刑罚或者免除刑罚的情形。

7. 重大、典型职务犯罪案件侦查终结后，侦查部门应将《侦查终结报告》送本院职务犯罪预防部门。

【注意事项】

1. 认真听取犯罪嫌疑人聘请的律师的意见，对律师提出的意见和证据进行全面审查。

2. 对自首、立功的认定，要注意审查是否符合相关相应的法律程序，法律依据是否充分。

【文书与说明】

侦查终结报告

人民检察院

侦查终结报告

检反贪侦终〔 〕号

一、犯罪嫌疑人基本情况

犯罪嫌疑人×××（基本情况：姓名、曾用名、性别、出生年月日、身份证件种类及号码、民族、籍贯、文化程度、有无党派、是否人大代表或者政协委员、工作单位、职务级别或者职业、住址、有无前科等。）

二、案件来源

犯罪嫌疑人×××涉嫌××罪一案（写明案由和案件来源，具体为单位或者公民举报、上级交办、有关部门移送、本院其他部门移交以及办案中发现等。简要写明案件侦查过程中的各个法律程序开始的时间，如初查、立案、侦查终结的时间。具体写明采取的强制措施种类、采取的时间、强制措施变更情况及延长侦查羁押期限的情况等。）

三、主要案件事实

经依法侦查，查明：

（叙写经检察机关侦查查明的涉嫌犯罪事实，包括犯罪时间、地点、人物、因果、手段、目的、动机、危害后果等与事实认定和定罪量刑有关的要素。应当根据具体案件情况，围绕刑法规定的犯罪构成要件，准确叙写。）

四、主要证据

认定上述事实的证据如下：

……（针对上述事实，逐一列举证据。）

上述事实清楚，证据确实、充分，足以认定。（如果犯罪嫌疑人否认有关事实，承办人应当将认定本案事实的证据体系作详细说明。）

五、需要说明的问题

（具体说明案件中可能有争议的或者承办人认为有必要加以说明的事实和问题，并陈述理由。）

六、定性、处理意见和法律依据

犯罪嫌疑人×××……（根据犯罪构成按照刑法的条文描述罪状，如《刑法》第三百八十五条规定的受贿罪，应当描述为："犯罪嫌疑人×××，身为国家工作人员，利用职务上的便利，非法收受他人财物共人民币×元，为他人谋取利益"）其行为涉嫌触犯《中华人民共和国刑法》第××条之规定，构成××罪，但是……（具体写明应当终止追究刑事责任，或者犯罪情节轻微，依照刑法规定不需要判处刑罚或者免除刑罚的情形）。根据《中华人民共和国刑事诉讼法》第十五条第（×）项、第一百六十六条、第一百七十三条第二款以及《人民检察院刑事诉讼规则》第二百八十六条第二款之规定，拟将本案移送审查不起诉。

承办人：×××、×××

年　月　日

处长意见：

【办案依据】

1.《中华人民共和国刑事诉讼法（2012年修正）》（节录）

第一百五十四条 对犯罪嫌疑人逮捕后的侦查羁押期限不得超过二个月。案情复杂、期限届满不能终结的案件，可以经上一级人民检察院批准延长一个月。

第一百五十五条 因为特殊原因，在较长时间内不宜交付审判的特别重大复杂的案件，由最高人民检察院报请全国人民代表大会常务委员会批准延期审理。

第一百五十六条 下列案件在本法第一百五十四条规定的期限届满不能侦查终结的，经省、自治区、直辖市人民检察院批准或者决定，可以延长二个月：

（一）交通十分不便的边远地区的重大复杂案件；

（二）重大的犯罪集团案件；

（三）流窜作案的重大复杂案件；

（四）犯罪涉及面广，取证困难的重大复杂案件。

第一百五十七条 对犯罪嫌疑人可能判处十年有期徒刑以上刑罚，依照本法第一百五十六条规定延长期限届满，仍不能侦查终结的，经省、自治区、直辖市人民检察院批准或者决定，可以再延长二个月。

第一百五十八条 在侦查期间，发现犯罪嫌疑人另有重要罪行的，自发现之日起依照本法第一百五十四条的规定重新计算侦查羁押期限。

犯罪嫌疑人不讲真实姓名、住址，身份不明的，应当对其身份进行调查，侦查羁押期限自查清其身份之日起计算，但是不得停止对其犯罪行为的侦查取证。对于犯罪事实清楚，证据确实、充分，确实无法查明其身份的，也可以按其自报的姓名起诉、审判。

第一百五十九条 在案件侦查终结前，辩护律师提出要求的，侦查机关应当听取辩护律师的意见，并记录在案。辩护律师提出书面意见的，应当附卷。

第一百六十条 公安机关侦查终结的案件，应当做到犯罪事实清楚，证据确实、充分，并且写出起诉意见书，连同案卷材料、证据一并移送同级人民检察院审查决定；同时将案件移送情况告知犯罪嫌疑人及其辩护律师。

第一百六十一条 在侦查过程中，发现不应对犯罪嫌疑人追究刑事责任的，应当撤销案件；犯罪嫌疑人已被逮捕的，应当立即释放，发给释放证明，并且通知原批准逮捕的人民检察院。

第一百六十二条 人民检察院对直接受理的案件的侦查适用本章规定。

第一百六十六条 人民检察院侦查终结的案件，应当作出提起公诉、不起诉或者撤销案件的决定。

2.《人民检察院刑事诉讼规则（试行）》（2012年10月16日由最高人民检察院第十一届检察委员会第八十次会议第二次修订）（节录）

第二百七十四条 对犯罪嫌疑人逮捕后的侦查羁押期限不得超过二个月。基层人民检察院，分、州、市人民检察院和省级人民检察院直接受理立案侦查的案件，案情复杂、期限届满不能终结的案件，可以经上一级人民检察院批准延长一个月。

第二百七十五条 基层人民检察院和分、州、市人民检察院直接受理立案侦查的案件，属于交通十分不便的边远地区的重大复杂案件、重大的犯罪集团案件、流窜作案的重大复杂案件和犯罪涉及面广、取证困难的重大复杂案件，在依照本规则第二百七十四条规定的期限届满前不能侦查终结的，经省、自治区、直辖市人民检察院批准，可以延长二个月。

省级人民检察院直接受理立案侦查的案件，属于上述情形的，可以直接决定延长二个月。

第二百七十六条　基层人民检察院和分、州、市人民检察院直接受理立案侦查的案件，对犯罪嫌疑人可能判处十年有期徒刑以上刑罚，依照本规则第二百七十五条的规定依法延长羁押期限届满，仍不能侦查终结的，经省、自治区、直辖市人民检察院批准，可以再延长二个月。

省级人民检察院直接受理立案侦查的案件，属于上述情形的，可以直接决定再延长二个月。

第二百七十七条　最高人民检察院直接受理立案侦查的案件，依照刑事诉讼法的规定需要延长侦查羁押期限的，直接决定延长侦查羁押期限。

第二百八十条　因为特殊原因，在较长时间内不宜交付审判的特别重大复杂的案件，由最高人民检察院报请全国人民代表大会常务委员会批准延期审理。

第二百八十一条　人民检察院在侦查期间发现犯罪嫌疑人另有重要罪行的，自发现之日起依照本规则第二百七十四条的规定重新计算侦查羁押期限。

另有重要罪行是指与逮捕时的罪行不同种的重大犯罪和同种的影响罪名认定、量刑档次的重大犯罪。

第二百八十二条　人民检察院重新计算侦查羁押期限，应当由侦查部门提出重新计算侦查羁押期限的意见，移送本院侦查监督部门审查。侦查监督部门审查后应当提出是否同意重新计算侦查羁押期限的意见，报检察长决定。

第二百八十四条　人民检察院直接受理立案侦查的案件，不能在法定侦查羁押期限内侦查终结的，应当依法释放犯罪嫌疑人或者变更强制措施。

第二百八十六条　人民检察院经过侦查，认为犯罪事实清楚，证据确实、充分，依法应当追究刑事责任的案件，应当写出侦查终结报告，并且制作起诉意见书。

对于犯罪情节轻微，依照刑法规定不需要判处刑罚或者免除刑罚的案件，应当写出侦查终结报告，并且制作不起诉意见书。

侦查终结报告和起诉意见书或者不起诉意见书由侦查部门负责人审核，检察长批准。

第二百八十八条　在案件侦查过程中，犯罪嫌疑人委托辩护律师的，检察人员可以听取辩护律师的意见。

辩护律师要求当面提出意见的，检察人员应当听取意见，并制作笔录附卷。辩护律师提出书面意见的，应当附卷。

案件侦查终结移送审查起诉时，人民检察院应当同时将案件移送情况告知犯罪嫌疑人及其辩护律师。

第二百八十九条　上级人民检察院侦查终结的案件，依照刑事诉讼法的规定应当由下级人民检察院提起公诉或者不起诉的，应当将有关决定、侦查终结报告连同案卷材料、证据移送下级人民检察院，由下级人民检察院按照上级人民检察院有关决定交侦查部门制作起诉意见书或者不起诉意见书，移送本院公诉部门审查。

下级人民检察院公诉部门认为应当对案件补充侦查的，可以退回本院侦查部门补充侦查，上级人民检察院侦查部门应当协助。

下级人民检察院认为上级人民检察院的决定有错误的，可以向上级人民检察院提请复议，上级人民检察院维持原决定的，下级人民检察院应当执行。

第三百条 人民检察院直接受理立案侦查的共同犯罪案件，如果同案犯罪嫌疑人在逃，但在案犯罪嫌疑人犯罪事实清楚，证据确实、充分的，对在案犯罪嫌疑人应当根据本规则第二百八十六条的规定分别移送审查起诉或者移送审查不起诉。

由于同案犯罪嫌疑人在逃，在案犯罪嫌疑人的犯罪事实无法查清的，对在案犯罪嫌疑人应当根据案件的不同情况分别报请延长侦查羁押期限、变更强制措施或者解除强制措施。

第三百零一条 人民检察院直接受理立案侦查的案件，对犯罪嫌疑人没有采取取保候审、监视居住、拘留或者逮捕措施的，侦查部门应当在立案后二年以内提出移送审查起诉、移送审查不起诉或者撤销案件的意见；对犯罪嫌疑人采取取保候审、监视居住、拘留或者逮捕措施的，侦查部门应当在解除或者撤销强制措施后一年以内提出移送审查起诉、移送审查不起诉或者撤销案件的意见。

3. 最高人民检察院《关于人民检察院办理直接受理立案侦查案件实行内部制约的若干规定》（2004年6月24日　高检发〔2004〕12号）（节录）

第十二条 侦查部门对重大复杂案件移送审查逮捕前，可以报经检察长批准，通知侦查监督部门派员提前介入侦查；对重大复杂案件侦查终结前，可以报经检察长批准，通知公诉部门派员提前介入侦查。侦查监督、公诉部门介入侦查后，应当对案件证据进行审查，并就证据收集和法律适用等问题向侦查部门提出意见。

4. 最高人民检察院《关于人民检察院保障律师在刑事诉讼中依法执业的规定》（2003年12月30日）（节录）

10. 人民检察院在侦查终结前，案件承办人应当听取受委托的律师关于案件的意见，并记明笔录附卷。受委托的律师提出书面意见的，应当附卷。

13. 人民检察院对律师提出的证明犯罪嫌疑人无罪、罪轻或者减轻、免除其刑事责任的意见，办案人员应当认真进行审查。

5. 最高人民检察院《关于检察机关反贪污贿赂工作若干问题的决定》（1999年11月8日　高检发〔1999〕27号）（节录）

21. 坚持查办要案的党内请示报告制度。要案初查，需要接触被查对象或者进行必要调查前，要向党委主要领导同志报告，立案要向党委请示。报告、请示的同时要向上一级检察院备案。上级检察院应当加强协调。侦查终结时，案情发生重大变化的要向党委报告。其他重要案件，在查办的同时也要主动争取党委的领导和支持。

27. 大案要案立案、侦查终结要及时向上级检察院报送备案材料。不得有案不备，备而不查。上级检察院对备案案件要及时进行审查，发现错误的，应当及时通知报送备案的下级检察院，下级检察院应将办理情况及时报告。

（二）移送审查起诉或不起诉

【主要程序】

1. 人民检察院经过侦查，认为犯罪事实清楚，证据确实、充分，依法应当追究刑事责任的案件，应当写出侦查终结报告，并且制作起诉意见书。对于犯罪情节轻微，依照刑法规定不需要判处刑罚或者免除刑罚的案件，应当写出侦查终结报告，并且制作不起诉意见书。

2. 侦查终结报告和起诉意见书或者不起诉意见书由侦查部门负责人审核，检察长批准。

3. 提出起诉意见或者不起诉意见的，侦查部门应当将起诉意见书或者不起诉意见书，查封、扣押、冻结的犯罪嫌疑人的财物及其孳息、文件清单以及对查封、扣押、冻结的涉案款物的处理意见和其他案卷材料，一并移送本院公诉部门审查。国家或者集体财产遭受损失的，在提出提起公诉意见的同时，可以提出提起附带民事诉讼的意见。

4. 在案件侦查过程中，犯罪嫌疑人委托辩护律师的，检察人员可以听取辩护律师的意见。辩护律师要求当面提出意见的，检察人员应当听取意见，并制作笔录附卷。辩护律师提出书面意见的，应当附卷。案件侦查终结移送审查起诉时，人民检察院应当同时将案件移送情况告知犯罪嫌疑人及其辩护律师。

5. 上级人民检察院侦查终结的案件，依照刑事诉讼法的规定应当由下级人民检察院提起公诉或者不起诉的，应当将有关决定、侦查终结报告连同案卷材料、证据移送下级人民检察院，由下级人民检察院按照上级人民检察院有关决定交侦查部门制作起诉意见书或者不起诉意见书，移送本院公诉部门审查。

下级人民检察院公诉部门认为应当对案件补充侦查的，可以退回本院侦查部门补充侦查，上级人民检察院侦查部门应当协助。

下级人民检察院认为上级人民检察院的决定有错误的，可以向上级人民检察院提请复议，上级人民检察院维持原决定的，下级人民检察院应当执行。

6. 人民检察院直接受理立案侦查的共同犯罪案件，如果同案犯罪嫌疑人在逃，但在案犯罪嫌疑人犯罪事实清楚，证据确实、充分的，对在案犯罪嫌疑人应当根据《人民检察院刑事诉讼规则（试行）》第 286 条的规定分别移送审查起诉或者移送审查不起诉。

由于同案犯罪嫌疑人在逃，在案犯罪嫌疑人的犯罪事实无法查清的，对在案犯罪嫌疑人应当根据案件的不同情况分别报请延长侦查羁押期限、变更强制措施或者解除强制措施。

7. 人民检察院直接受理立案侦查的案件，对犯罪嫌疑人没有采取取保候审、监视居住、拘留或者逮捕措施的，侦查部门应当在立案后 2 年以内提出移送审查起诉、移送审查不起诉或者撤销案件的意见；对犯罪嫌疑人采取取保候审、监视居住、拘留或者逮捕措施的，侦查部门应当在解除或者撤销强制措施后 1 年以内提出移送审查起诉、移送审查不起诉或者撤销案件的意见。

8. 公诉部门发现应当起诉而未移送审查起诉的，应当报经分管检察长同意，建议侦查部门移送审查起诉。侦查部门采纳的，应当及时移送审查起诉；不采纳的，应当书面说明理由，报经分管检察长同意后回复公诉部门。公诉部门仍坚持移送审查逮捕、审查起诉意见的，应当报检察长或者检察委员会决定。

9. 公诉部门应当将人民法院开庭审理人民检察院直接受理立案侦查案件的时间、地点于开庭2日以前通知侦查部门。侦查部门可以派员旁听法庭审理。公诉部门收到人民法院的裁判文书后，应当在7日以内将裁判文书的副本或者复印件送交侦查部门。

【文书与说明】

1. 起诉意见书

人民检察院

起诉意见书

检　　移诉〔　　　　〕号

犯罪嫌疑人××［犯罪嫌疑人姓（别名、曾用名、绰号等），性别，出生年月日，出生地，身份证号码，民族，文化程度，职业或工作单位及职务，住址，政治面貌（如是人大代表、政协委员，一并写明具体级、届代表、委员及代表、委员号，现住址），犯罪嫌疑人简历及前科情况。案件有多名犯罪嫌疑人的，逐一写明。单位犯罪案件中，应当写明单位的名称、地址、组织机构代码、法定代表人姓名、性别、身份证号码、联系方式。］

犯罪嫌疑人××（姓名）××涉嫌××（罪名）一案，（写明案由和案件来源，具体为单位或者公民举报、控告、上级交办、有关部门移送、本院其他部门移交以及办案中发现等。简要写明案件侦查过程中的各个法律程序开始的时间，如初查、立案、侦查终结的时间。具体写明采取强制措施的种类、采取的时间、强制措施变更情况及延长侦查羁押期限的情况等）。

犯罪嫌疑人××涉嫌××案，现已侦查终结。

经依法侦查查明：……（概括叙写经检察机关侦查认定的犯罪事实，包括犯罪时间、地点、经过、手段、目的、动机、危害后果等与定罪有关的事实要素。应当根据具体案件情况，围绕刑法规定的该罪构成要件，简明扼要叙述。）

（对于只有一个犯罪嫌疑人的案件，犯罪嫌疑人实施多次犯罪的犯罪事实应逐一列举；同时触犯数个罪名的犯罪嫌疑人的犯罪事实应该按照主次顺序分别列举；对于共同犯罪的案件，写明犯罪嫌疑人的共同犯罪事实及各自在共同犯罪中的地位和作用后，按照犯罪嫌疑人的主次顺序，分别叙述各个犯罪嫌疑人的单独犯罪事实。）

认定上述事实的证据如下：

……（针对上述犯罪事实，分列相关证据）

上述犯罪事实清楚，证据确实、充分，足以认定。

犯罪嫌疑人……（具体写明是否有累犯、立功、自首、和解等影响量刑的从重、从轻、减轻等犯罪情节）

综上所述，犯罪嫌疑人……（根据犯罪构成简要说明罪状），其行为已触犯《中华人民共和国刑法》第××条之规定，涉嫌××罪。依照《中华人民共和国刑事诉讼法》第××条之规定，现将此案移送审查起诉。查封、扣押、冻结物品、文件清单随案移送。

此致

公诉部门

侦查部门（印）

年　月　日

附：1. 随案移送案件材料、证据。

2. 犯罪嫌疑人现在处所。

3. 查封、扣押、冻结物品、文件清单　份附后。

（所附项目根据需要填写）

2. 不起诉意见书

人民检察院

不起诉意见书

检　　移不诉〔　　　　〕　号

犯罪嫌疑人××［犯罪嫌疑人姓名（别名、曾用名、绰号等），性别，出生年月日，出生地，身份证号码，民族，文化程度，职业或工作单位及职务（作案时在何单位任何职务），住址，政治面貌，如是人大代表、政协委员，一并写明具体级、届代表、委员及代表、委员号，现住址），犯罪嫌疑人简历及前科情况。案件有多名犯罪嫌疑人的，逐一写明。单位犯罪案件中，应当写明单位的名称、地址、组织机构代码、法定代表人姓名、性别、身份证号码、联系方式。］

犯罪嫌疑人××（姓名）××（罪名）一案，本院于××年××月××日立案侦查，……（采取强制措施、变更强制措施及延长侦查羁押期限的情况），现已侦查终结。

犯罪嫌疑人××涉嫌××案，现已侦查终结。

经依法侦查查明：……（概括叙写经检察机关侦查认定的犯罪事实，包括犯罪时间、地点、经过、手段、目的、动机、危害后果等与定罪有关的事实要素。应当根据具体案件情况，围绕刑法规定的该罪构成要件，特别是犯罪特征，简明扼要叙述。叙述犯罪嫌疑人的犯罪事实时，先按照其触犯罪名的犯罪构成作概括性的叙述，然后再逐一列举，最后列举相关证据。证据包括经侦查获取的能够证明犯罪嫌疑人的行为构成犯罪且需要追究刑事责任的证据。）

综上所述，犯罪嫌疑人××（姓名）的行为触犯了《中华人民共和国刑法》第××条之规定，涉嫌××罪（不要写构成罪），但是，……（具体写明犯罪情节轻微，不需要判处刑罚或免除刑罚的具体情形。）根据《中华人民共和国刑事诉讼法》第条之规定，不需要判处刑罚（或免除刑罚），根据《中华人民共和国刑事诉讼法》第一百六十六条和第一百七十三条第二款之规定，移送审查不起诉。……（对查封、扣押、冻结物品、文件提出处理建议。）

此致

公诉部门

侦查部门（印）

年　月　日

附：1. 随案移送案件材料、证据。

2. 犯罪嫌疑人现在处所。

3. 查封、扣押、冻结物品、文件清单　份附后。

（所附项目根据需要填写）

文书制作说明

起诉意见书制作说明

一、本文书依据《刑事诉讼法》第一百六十条、第一百六十二条的规定制作。为人民检察院侦查部门在案件侦查终结后，认为应对犯罪嫌疑人提起公诉，依法追究其刑事责任，移送公诉部门审查时使用。

二、本文书落款为侦查部门，加盖侦查部门的印章。文书制成后，连同其他案卷材料，一并移送本院公诉部门审查。

三、本文书一式二份，存检察卷、检察内卷各一份。

不起诉意见书制作说明

一、本文书依据《刑事诉讼法》第一百六十六条、第一百七十三条第二款的规定制作。为人民检察院侦查部门在案件侦查终结后，认为应对犯罪嫌疑人犯罪情节轻微，依照刑法规定不需要判处刑罚或免除刑罚的，需要作出不起诉决定，移送公诉部门审查时使用。

二、本文书落款为侦查部门，加盖侦查部门的印章。文书制成后，连同其他案卷材料，一并移送本院公诉部门审查。

三、本文书一式二份，存检察卷、检察内卷各一份。

【办案依据】

1.《中华人民共和国刑事诉讼法（2012年修正）》（节录）

第一百六十六条 人民检察院侦查终结的案件，应当作出提起公诉、不起诉或者撤销案件的决定。

2.《人民检察院刑事诉讼规则（试行）》（2012年10月16日由最高人民检察院第十一届检察委员会第八十次会议第二次修订）（节录）

第二百八十六条 人民检察院经过侦查，认为犯罪事实清楚，证据确实、充分，依法应当追究刑事责任的案件，应当写出侦查终结报告，并且制作起诉意见书。

对于犯罪情节轻微，依照刑法规定不需要判处刑罚或者免除刑罚的案件，应当写出侦查终结报告，并且制作不起诉意见书。

侦查终结报告和起诉意见书或者不起诉意见书由侦查部门负责人审核，检察长批准。

第二百八十七条 提出起诉意见或者不起诉意见的，侦查部门应当将起诉意见书或者不起诉意见书，查封、扣押、冻结的犯罪嫌疑人的财物及其孳息、文件清单以及对查封、扣押、冻结的涉案款物的处理意见和其他案卷材料，一并移送本院公诉部门审查。国家或者集体财产遭受损失的，在提出提起公诉意见的同时，可以提出提起附带民事诉讼的意见。

第二百八十八条 在案件侦查过程中，犯罪嫌疑人委托辩护律师的，检察人员可以听取辩护律师的意见。

辩护律师要求当面提出意见的，检察人员应当听取意见，并制作笔录附卷。辩护律师提出书面意见的，应当附卷。

案件侦查终结移送审查起诉时，人民检察院应当同时将案件移送情况告知犯罪嫌疑人及其辩护律师。

第二百八十九条　上级人民检察院侦查终结的案件，依照刑事诉讼法的规定应当由下级人民检察院提起公诉或者不起诉的，应当将有关决定、侦查终结报告连同案卷材料、证据移送下级人民检察院，由下级人民检察院按照上级人民检察院有关决定交侦查部门制作起诉意见书或者不起诉意见书，移送本院公诉部门审查。

下级人民检察院公诉部门认为应当对案件补充侦查的，可以退回本院侦查部门补充侦查，上级人民检察院侦查部门应当协助。

下级人民检察院认为上级人民检察院的决定有错误的，可以向上级人民检察院提请复议，上级人民检察院维持原决定的，下级人民检察院应当执行。

第三百条　人民检察院直接受理立案侦查的共同犯罪案件，如果同案犯罪嫌疑人在逃，但在案犯罪嫌疑人犯罪事实清楚，证据确实、充分的，对在案犯罪嫌疑人应当根据本规则第二百八十六条的规定分别移送审查起诉或者移送审查不起诉。

由于同案犯罪嫌疑人在逃，在案犯罪嫌疑人的犯罪事实无法查清的，对在案犯罪嫌疑人应当根据案件的不同情况分别报请延长侦查羁押期限、变更强制措施或者解除强制措施。

第三百零一条　人民检察院直接受理立案侦查的案件，对犯罪嫌疑人没有采取取保候审、监视居住、拘留或者逮捕措施的，侦查部门应当在立案后二年以内提出移送审查起诉、移送审查不起诉或者撤销案件的意见；对犯罪嫌疑人采取取保候审、监视居住、拘留或者逮捕措施的，侦查部门应当在解除或者撤销强制措施后一年以内提出移送审查起诉、移送审查不起诉或者撤销案件的意见。

3. 最高人民检察院《关于人民检察院办理直接受理立案侦查案件实行内部制约的若干规定》（2004年6月24日　高检发〔2004〕12号）（节录）

第八条　侦查部门对案件侦查终结后，对于犯罪事实清楚，证据确实、充分，依法应当追究刑事责任的案件，应当写出侦查终结报告，并且制作起诉意见书，报检察长批准后，移送公诉部门；公诉部门审查提出意见后，报检察长或者检察委员会决定。对于犯罪情节轻微，依照刑法规定不需要判处刑罚或者免除刑罚的案件，侦查部门应当制作不起诉意见书，报检察长批准后，移送公诉部门；公诉部门审查提出意见后，提请检察委员会讨论决定。

第九条　公诉部门在审查起诉中，发现犯罪嫌疑人、证人推翻原供、述证言，或者其他证据发生重大变化，足以影响对案件主要事实的认定及定罪量刑的，应当及时报告分管检察长，同时书面通知侦查部门。

第十一条　侦查监督、公诉部门发现应当逮捕、起诉而未移送审查逮捕、审查起诉的，应当报经分管检察长同意，建议侦查部门移送审查逮捕、审查起诉。侦查部门采纳的，应当及时移送审查逮捕、审查起诉；不采纳的，应当书面说明理由，报经分管检察长同意后回复侦查监督、公诉部门。侦查监督、公诉部门仍坚持移送审查逮捕、审查起诉意见的，应当报检察长或者检察委员会决定。

第十二条　侦查部门对重大复杂案件移送审查逮捕前，可以报经检察长批准，通知侦查监督部门派员提前介入侦查；对重大复杂案件侦查终结前，可以报经检察长批准，通知公诉部门派员提前介入侦查。侦查监督、公诉部门介入侦查后，应当对案件证据进行审查，并就证据收集和法律适用等问题向侦查部门提出意见。

第十三条 公诉部门应当将人民法院开庭审理人民检察院直接受理立案侦查案件的时间、地点于开庭二日以前通知侦查部门。侦查部门可以派员旁听法庭审理。公诉部门收到人民法院的裁判文书后，应当在七日以内将裁判文书的副本或者复印件送交侦查部门；被告人在押的，应当同时送交监所检察部门。

第十四条 监所检察部门对侦查、侦查监督、公诉部门在办案中违反法定羁押期限的情况，应当提出纠正意见。对犯罪嫌疑人执行、变更、撤销逮捕措施后，或者决定对已逮捕的犯罪嫌疑人移送审查起诉、不起诉或者提起公诉后，侦查、公诉部门应当在三日以内书面通知监所检察部门。决定对犯罪嫌疑人延长侦查羁押期限、重新计算侦查羁押期限的，侦查部门应当在三日以内书面通知监所检察部门。

4. 最高人民检察院《关于在检察工作中防止和纠正超期羁押的若干规定》（2003 年 9 月 24 日）（节录）

五、严格依法执行换押制度

人民检察院凡对在押的犯罪嫌疑人依法变更刑事诉讼阶段的，应当严格按照有关规定办理换押手续。

人民检察院对于公安机关等侦查机关侦查终结移送审查起诉的、决定退回补充侦查以及决定提起公诉的案件，公诉部门应当在三日以内将有关换押情况书面通知本院监所检察部门。

5. 最高人民法院、最高人民检察院、公安部《关于羁押犯罪嫌疑人、被告人实行换押制度的通知》（1999 年 10 月 27 日　公通字〔1999〕83 号）（节录）

一、凡对在押的犯罪嫌疑人、被告人依法变更刑事诉讼程序的，均应办理换押手续。即：公安机关、国家安全机关侦查终结后人民检察院决定受理的，人民检察院审查或者侦查终结后人民法院决定受理的，以及人民检察院退回补充侦查的，在递次移送交接时，移送机关应当填写《换押证》，并加盖公章随案移送；接收机关应当在《换押证》上注明承接时间，填写本诉讼阶段的法定办案起止期限，加盖公章后及时送达看守所。看守所凭《换押证》办理换押手续。

二、看守所办理换押手续或者收押犯罪嫌疑人、被告人时，应当在接收机关或者送押机关的《提讯证》或者《提解证》上加盖公章，并注明法定办案起止期限。

《提讯证》或者《提解证》每次办理一份，用完续办。

三、依法延长、重新计算羁押期限的，不需要办理换押手续，但是办案机关应当及时将新的法定办案起止期限书面通知看守所，依照上述规定重新办理《提讯证》或者《提解证》。

凡在同一诉讼阶段内办案部门改变的，如刑事拘留转逮捕的；案件改变管辖的；人民检察院侦查部门移送审查起诉部门的；在法庭审判过程中，人民检察院建议补充侦查的，以及补充侦查完毕移送人民法院的，不需要办理换押手续，但是改变后的办案机关应当及时书面通知看守所，注明改变情况及新的法定办案起止期限，依照上述规定重新办理《提讯证》或者《提解证》。

四、办案人员凭加盖看守所公章并注明法定办案起止期限的《提讯证》或者《提解证》和有效身份证明提讯、提解犯罪嫌疑人、被告人。证明手续不全或者不符合规定以及超过法定办案期限的，看守所应当拒绝提讯、提解。

五、《换押证》式样由公安部统一制定。

（三）补充侦查

补充侦查是指公安机关或者人民检察院根据法定程序，在原有侦查工作的基础上，对案件进行进一步调查、补充证据的侦查活动。补充侦查是侦查工作的深入和继续，同时也是对原来侦查工作的一种补救。在自侦案件中，补充侦查并不是必经程序，一般情况下是根据公诉部门的补充侦查意见而进行。

【主要程序】

1. 人民检察院公诉部门对本院侦查部门移送审查起诉的案件审查后，认为犯罪事实不清、证据不足或者遗漏罪行、遗漏同案犯罪嫌疑人等情形需要补充侦查的，应当向侦查部门提出补充侦查的书面意见，连同案卷材料一并退回侦查部门补充侦查；必要时也可以自行侦查，可以要求侦查部门予以协助。

2. 侦查部门应当在法定期限内及时补充侦查。补充侦查应根据公诉部门提供的补充侦查要求制作补充侦查计划，经批准后实施。补充证据后，办案人应制作《补充侦查报告》，经部门负责人审核后报检察长批准，将补充侦查的情况说明和补充的证据一并移送审查起诉部门审查。

3. 对于退回补充侦查的案件，应当在 1 个月以内补充侦查完毕。补充侦查以 2 次为限。补充侦查完毕移送审查起诉后，公诉部门重新计算审查起诉期限。

4. 人民检察院对侦查机关移送的案件进行审查后，在法院作出生效判决之前，认为需要补充提供法庭审判所必需的证据的，可以书面要求侦查机关提供。

5. 人民检察院在审查起诉中，发现可能存在《刑事诉讼法》第 54 条规定的以非法方法收集证据情形的，可以要求侦查机关对证据收集的合法性作出书面说明或者提供相关证明材料。

6. 人民检察院公诉部门在审查中发现侦查人员以非法方法收集犯罪嫌疑人供述、被害人陈述、证人证言等证据材料的，应当依法排除非法证据并提出纠正意见，同时可以要求侦查机关另行指派侦查人员重新调查取证，必要时人民检察院也可以自行调查取证。

7. 人民检察院在审查起诉中决定自行侦查的，应当在审查起诉期限内侦查完毕。

8. 人民检察院对已经退回侦查机关 2 次补充侦查的案件，在审查起诉中又发现新的犯罪事实的，应当移送侦查机关立案侦查；对已经查清的犯罪事实，应当依法提起公诉。

9. 对于在审查起诉期间改变管辖的案件，改变后的人民检察院对于符合

《刑事诉讼法》第 171 条第 2 款规定的案件，可以通过原受理案件的人民检察院退回原侦查的公安机关补充侦查，也可以自行侦查。改变管辖前后退回补充侦查的次数总共不得超过 2 次。

10. 对于证据确实难以补充的案件，应当作出书面说明，报经分管检察长同意后移送公诉部门。

11. 在补充侦查中发现新的同案犯罪嫌疑人或新的罪行，需要追究刑事责任的，应当重新制作《起诉意见书》，移送审查起诉部门审查。

发现原认定犯罪事实有重大变化，或不应当追究刑事责任的，应当重新提出处理意见。

【注意事项】

1. 补充侦查同侦查一样可以运用相关的侦查措施和强制性措施。

2. 补充侦查的案件，犯罪嫌疑人在押的，应当将退回补充侦查的起止时限书面通知监所检察部门。

【文书与说明】

1. 补充侦查决定书

人民检察院
补充侦查决定书
（存　根）

检　补侦〔　　〕号

案由＿＿＿＿＿＿＿＿＿＿＿＿＿＿
犯罪嫌疑人基本情况（姓名、性别、年龄、工作单位、住址、身份证号码、是否人大代表、政协委员）＿＿＿＿＿＿＿＿＿＿＿＿＿＿
＿＿＿＿＿＿＿＿＿＿＿＿＿＿＿＿
送达机关＿＿＿＿＿＿＿＿＿＿＿＿
退回补充侦查理由＿＿＿＿＿＿＿＿
批准人＿＿＿＿＿＿＿＿＿＿＿＿＿
承办人＿＿＿＿＿＿＿＿＿＿＿＿＿
填发人＿＿＿＿＿＿＿＿＿＿＿＿＿
填发日期＿＿＿＿＿＿＿＿＿＿＿＿

第一联 统一保存

检补侦〔　〕号

人民检察院
补充侦查决定书
（副　本）

检　补侦〔　　〕号

你＿＿＿于＿＿年＿＿月＿＿日＿＿＿＿号文书移送审查起诉的＿＿＿＿一案，经本院审查认为：＿＿＿＿＿＿。根据《中华人民共和国刑事诉讼法》第＿＿＿条的规定，现决定将此案退回你＿＿＿＿补充侦查。

此致

年　月　日
（院　印）

附：补充侦查提纲

第二联 附卷

检补侦〔　〕号

人民检察院
补充侦查决定书

检　补侦〔　　〕号

你＿＿＿于＿＿年＿＿月＿＿日＿＿＿＿号文书移送审查起诉的＿＿＿＿一案，经本院审查认为：＿＿＿＿＿＿。根据《中华人民共和国刑事诉讼法》第＿＿＿条的规定，现决定将此案退回你＿＿＿＿补充侦查。

此致

年　月　日
（院　印）

附：补充侦查提纲

第三联 送达侦查机关

2. 人民检察院提供法庭审判所需证据材料通知书

人民检察院

提供法庭审判所需证据材料通知书

检　　诉提证〔　　〕　　号

________（侦查机关名称）：

你________（侦查机关简称）以________号起诉意见书移送审查起诉（或者侦查）的犯罪嫌疑人________（姓名）涉嫌________（罪名）一案，为有效地指控犯罪，根据《中华人民共和国刑事诉讼法》第一百七十一条第一款的规定，请提供法庭审判所必需的下列证据材料：

……（列出法庭审判所必需提供的证据材料要求）。

人民检察院（院印）
年　月　日

3. 补充侦查终结报告

人民检察院

补充侦查终结报告

检反贪补侦终〔　〕　号

公诉部门退回我处的犯罪嫌疑人________涉嫌________罪一案，经依法补充侦查，现已侦查终结，查明：

（根据补充侦查提纲所列的项目，逐一进行说明）

承办人：

年　月　日

文书制作说明

补充侦查决定书制作说明

一、本文书依据《刑事诉讼法》第一百七十一条第二款、第一百九十八条第二项的规定制作。为人民检察院在办理审查起诉案件过程中，决定将案件退回侦查机关补充侦查时使用。退回本院侦查部门补充侦查参照本文书。

二、在“本院审查认为……”部分，概括写明对本案进行补充侦查的理由。

三、补充侦查事项应当详细、具体，明确补充侦查目的。

四、本文书共三联，第一联统一保存备查，第二联附卷，第三联送达侦查机关。

提供法庭审判所需证据材料通知书制作说明

一、本文书依据《刑事诉讼法》第一百七十一条第一款的规定制作。为人民检察院在审查起诉过程中，公诉部门立足于法庭举证的具体要求，要求侦查机关提供法庭审判所必需的证据材料时使用。

二、本文书一式两份，一份附卷，一份送达侦查机关。

【办案依据】

1.《中华人民共和国刑事诉讼法（2012年修正）》（节录）

第一百七十一条 人民检察院审查案件，可以要求公安机关提供法庭审判所必需的证据材料；认为可能存在本法第五十四条规定的以非法方法收集证据情形的，可以要求其对证据收集的合法性作出说明。

人民检察院审查案件，对于需要补充侦查的，可以退回公安机关补充侦查，也可以自行侦查。

对于补充侦查的案件，应当在一个月以内补充侦查完毕。补充侦查以二次为限。补充侦查完毕移送人民检察院后，人民检察院重新计算审查起诉期限。

对于二次补充侦查的案件，人民检察院仍然认为证据不足，不符合起诉条件的，应当作出不起诉的决定。

2.《人民检察院刑事诉讼规则（试行）》（2012年10月16日由最高人民检察院第十一届检察委员会第八十次会议第二次修订）（节录）

第三百七十七条 人民检察院对侦查机关移送的案件进行审查后，在法院作出生效判决之前，认为需要补充提供法庭审判所必需的证据的，可以书面要求侦查机关提供。

第三百七十八条 人民检察院在审查起诉中，发现可能存在刑事诉讼法第五十四条规定的以非法方法收集证据情形的，可以要求侦查机关对证据收集的合法性作出书面说明或者提供相关证明材料。

第三百七十九条 人民检察院公诉部门在审查中发现侦查人员以非法方法收集犯罪嫌疑人供述、被害人陈述、证人证言等证据材料的，应当依法排除非法证据并提出纠正意见，同时可以要求侦查机关另行指派侦查人员重新调查取证，必要时人民检察院也可以自行调查取证。

第三百八十条 人民检察院认为犯罪事实不清、证据不足或者遗漏罪行、遗漏同案犯罪嫌疑人等情形需要补充侦查的，应当提出具体的书面意见，连同案卷材料一并退回公安机关补充侦查；人民检察院也可以自行侦查，必要时可以要求公安机关提供协助。

第三百八十一条 人民检察院公诉部门对本院侦查部门移送审查起诉的案件审查后，认为犯罪事实不清、证据不足或者遗漏罪行、遗漏同案犯罪嫌疑人等情形需要补充侦查的，应当向侦查部门提出补充侦查的书面意见，连同案卷材料一并退回侦查部门补充侦查；必要时也可以自行侦查，可以要求侦查部门予以协助。

第三百八十二条 对于退回公安机关补充侦查的案件，应当在一个月以内补充侦查完毕。

补充侦查以二次为限。

补充侦查完毕移送审查起诉后，人民检察院重新计算审查起诉期限。

人民检察院公诉部门退回本院侦查部门补充侦查的期限、次数按照本条第一款至第三款的规定执行。

第三百八十三条 人民检察院在审查起诉中决定自行侦查的，应当在审查起诉期限内侦查完毕。

第三百八十四条 人民检察院对已经退回侦查机关二次补充侦查的案件，在审查起诉中又发现新的犯罪事实的，应当移送侦查机关立案侦查；对已经查清的犯罪事实，应当依法提起公诉。

第三百八十五条 对于在审查起诉期间改变管辖的案件，改变后的人民检察院对于符合刑事诉讼法第一百七十一条第二款规定的案件，可以通过原受理案件的人民检察院退回原侦查的公安机关补充侦查，也可以自行侦查。改变管辖前后退回补充侦查的次数总共不得超过二次。

3. 最高人民检察院《关于人民检察院办理直接受理立案侦查案件实行内部制约的若干规定》（2004年6月24日 高检发〔2004〕12号）（节录）

第十条 公诉部门认为需要退回补充侦查的，应当列明需要补充侦查的具体事项，报经分管检察长同意后退回侦查部门补充侦查；犯罪嫌疑人、被告人在押的，公诉部门应当将退回补充侦查的起止时限书面通知监所检察部门。侦查部门应当在法定期限内及时补充侦查。对于证据确实难以补充的案件，应当作出书面说明，报经分管检察长同意后移送公诉部门。

（四）撤销案件、中止侦查

撤销案件是指人民检察院在侦查过程中发现不应当追究犯罪嫌疑人的刑事责任时，将案件撤销，终结诉讼的行为。

职务犯罪侦查中，撤销案件应当符合下列条件：（1）具有《刑事诉讼法》第15条规定情形之一的；（2）没有犯罪事实的，或者依照刑法规定不负刑事责任和不是犯罪的；（3）虽有犯罪事实，但不是犯罪嫌疑人所为的。对于共同犯罪的案件，如有符合本条规定情形的犯罪嫌疑人，应当撤销对该犯罪嫌疑人的立案。

中止侦查则是在侦查过程中由于发生某种情况或出现某种障碍影响诉讼正常进行时，将侦查暂时中止，待有关情况消失后再行恢复侦查的行为。与撤案不同，中止侦查是侦查行为暂时的、不定期的停止。

【主要程序】

1. 撤销案件

（1）人民检察院在侦查过程中或者侦查终结后，发现具有下列情形之一的，侦查部门应当制作拟撤销案件意见书，报请检察长或者检察委员会决定：

第一，具有《刑事诉讼法》第15条规定情形之一的；

第二，没有犯罪事实的，或者依照刑法规定不负刑事责任或者不是犯罪的；

第三，虽有犯罪事实，但不是犯罪嫌疑人所为的。

对于共同犯罪的案件，如有符合本条规定情形的犯罪嫌疑人，应当撤销对该犯罪嫌疑人的立案。

（2）检察长或者检察委员会决定撤销案件的，侦查部门应当将撤销案件意见书连同本案全部案卷材料，在法定期限届满7日前报上一级人民检察院审查；重大、复杂案件在法定期限届满10日前报上一级人民检察院审查。

对于共同犯罪案件，应当将处理同案犯罪嫌疑人的有关法律文书以及案件事实、证据材料复印件等，一并报送上一级人民检察院。

（3）上一级人民检察院侦查部门应当对案件事实、证据和适用法律进行全面审查，必要时可以讯问犯罪嫌疑人。

上一级人民检察院侦查部门经审查后，应当提出是否同意撤销案件的意见，报请检察长或者检察委员会决定。

（4）人民检察院决定撤销案件的，应当告知控告人、举报人，听取其意见并记明笔录。

（5）上一级人民检察院审查下级人民检察院报送的拟撤销案件，应当于收到案件后7日以内批复；重大、复杂案件，应当于收到案件后10日以内批复下级人民检察院。情况紧急或者因其他特殊原因不能按时送达的，可以先行通知下级人民检察院执行。

（6）上一级人民检察院同意撤销案件的，下级人民检察院应当作出撤销案件决定，并制作撤销案件决定书。上一级人民检察院不同意撤销案件的，下级人民检察院应当执行上一级人民检察院的决定。

报请上一级人民检察院审查期间，犯罪嫌疑人羁押期限届满的，应当依法释放犯罪嫌疑人或者变更强制措施。

（7）撤销案件的决定，应当分别送达犯罪嫌疑人所在单位和犯罪嫌疑人。

犯罪嫌疑人死亡的，应当送达犯罪嫌疑人原所在单位。如果犯罪嫌疑人在押，应当制作决定释放通知书，通知公安机关依法释放。

（8）人民检察院作出撤销案件决定的，侦查部门应当在30日以内对犯罪嫌疑人的违法所得作出处理，并制作查封、扣押、冻结款物的处理报告，详细列明每一项款物的来源、去向并附有关法律文书复印件，报检察长审核后存入案卷，并在撤销案件决定书中写明对查封、扣押、冻结的涉案款物的处理结果。情况特殊的，经检察长决定，可以延长30日。

（9）人民检察院撤销案件时，对犯罪嫌疑人的违法所得应当区分不同情形，作出相应处理：

第一，因犯罪嫌疑人死亡而撤销案件，依照刑法规定应当追缴其违法所得及其他涉案财产的，按照《人民检察院刑事诉讼规则（试行）》第13章第3节的规定办理。

第二，因其他原因撤销案件，对于查封、扣押、冻结的犯罪嫌疑人违法所得及其他涉案财产需要没收的，应当提出检察建议，移送有关主管机关处理。

第三，对于冻结的犯罪嫌疑人存款、汇款、债券、股票、基金份额等财产需要返还被害人的，可以通知金融机构返还被害人；对于查封、扣押的犯罪嫌疑人的违法所得及其他涉案财产需要返还被害人的，直接决定返还被害人。

人民检察院申请人民法院裁定处理犯罪嫌疑人涉案财产的，应当向人民法院移送有关案件材料。

（10）人民检察院撤销案件时，对查封、扣押、冻结的犯罪嫌疑人的涉案财产需要返还犯罪嫌疑人的，应当解除查封、扣押或者书面通知有关金融机构解除冻结，返还犯罪嫌疑人或者其合法继承人。

（11）人民检察院直接受理立案侦查的案件，撤销案件以后，又发现新的事实或者证据，认为有犯罪事实需要追究刑事责任的，可以重新立案侦查。

2. 中止侦查

（1）侦查过程中，犯罪嫌疑人长期潜逃，采取有效追捕措施仍不能缉拿归案的，或者犯罪嫌疑人患有精神病及其他严重疾病不能接受讯问，丧失诉讼行为能力的，可以中止侦查。

（2）对符合中止侦查的案件，承办人应制作《提请中止侦查报告》，经部门负责人审核，报经检察长决定。

（3）中止侦查的理由和条件消失后，承办人制作《提请恢复侦查报告》经部门负责人审核，报经检察长决定恢复侦查。

（4）中止侦查期间，如果犯罪嫌疑人在押，对符合延长侦查羁押期限条件的，应当依法延长侦查羁押期限；对侦查羁押期限届满的，应当依法变更为取保候审或者监视居住措施。

【注意事项】

1. 拟撤销的案件，犯罪嫌疑人在押的，不得因报上一级人民检察院审批而超期羁押。羁押期限届满，应当依法变更强制措施。

2. 中止侦查的期间不计入办案期限。

【文书与说明】

1. 终止对犯罪嫌疑人侦查决定书

人民检察院
终止对犯罪嫌疑人侦查决定书
（存 根）

检 终〔 〕 号

案由＿＿＿＿
犯罪嫌疑人基本情况（姓名、性别、年龄、身份证号码、工作单位、住址、是否人大代表、政协委员）＿＿＿＿
＿＿＿＿
终止侦查原因＿＿＿＿
批 准 人＿＿＿＿
批准时间＿＿＿＿
办 案 人＿＿＿＿
办案部门＿＿＿＿
填 发 人＿＿＿＿
填发时间＿＿＿＿

第一联 统一保存

……检 终〔 〕号……

人民检察院
终止对犯罪嫌疑人侦查决定书
（副 本）

检 终〔 〕 号

姓名：＿＿＿＿，性别＿＿，年龄＿＿岁，住址＿＿＿＿，单位及职业＿＿＿＿
＿＿＿＿
＿＿＿＿。

我院办理的＿＿＿＿
＿＿＿＿案，因＿＿＿＿
＿＿＿＿，现决定终止对＿＿＿＿的侦查。

（检察院印）
年 月 日

本决定书副本已收到。
当事人或其家属
年 月 日

第二联 附卷

……检 终〔 〕号……

人民检察院
终止对犯罪嫌疑人侦查决定书

检 终〔 〕 号

姓名：＿＿＿＿，性别＿＿，年龄＿＿岁，住址＿＿＿＿，单位及职业＿＿＿＿
＿＿＿＿
＿＿＿＿。

我院办理的＿＿＿＿
＿＿＿＿
案，因＿＿＿＿
＿＿＿＿，现决定终止对＿＿＿＿的侦查。

（检察院印）
年 月 日

第三联 交当事人（当事人死亡的交其家属）

……检 终〔 〕号……

人民检察院
终止对犯罪嫌疑人侦查决定书

检 终〔 〕 号

姓名：＿＿＿＿，性别＿＿，年龄＿＿岁，住址＿＿＿＿，单位及职业＿＿＿＿
＿＿＿＿
＿＿＿＿。

我院办理的＿＿＿＿
＿＿＿＿
＿＿＿＿案，因＿＿＿＿
＿＿＿＿，现决定终止对＿＿＿＿的侦查。

（检察院印）
年 月 日

第四联 送达当事人所在单位

2. 撤销案件决定书

人民检察院
撤销案件决定书
（存　根）

检　　撤〔　〕　号

案由________________
犯罪嫌疑人基本情况（姓名、性别、年龄、身份证号码、工作单位、住址、是否人大代表、政协委员）________________
____
撤销案件原因________
批 准 人________
批准时间________
办 案 人________
办案部门________
填 发 人________
填发时间________

第一联 统一保存

检撤〔　〕号

人民检察院
撤销案件决定书

检　　撤〔　　〕　号

我院办理的________
________________案，因________________，根据《中华人民共和国刑事诉讼法》第____条的规定，决定撤销此案。

检察长
年　月　日
（检察院印）

本决定书副本已收到。
原案件犯罪嫌疑人或其家属
年　月　日

第二联 附卷

检撤〔　〕号

人民检察院
撤销案件决定书
（副　本）

检　　撤〔　　〕号

我院办理的________
________________案，因________________，根据《中华人民共和国刑事诉讼法》第____条的规定，决定撤销此案。

检察长
年　月　日
（检察院印）

第三联 交原案件犯罪嫌疑人所在单位

检撤〔　〕号

人民检察院
撤销案件决定书
（副　本）

检　　撤〔　　〕　号

我院办理的________
________________案，因________________，根据《中华人民共和国刑事诉讼法》第____条的规定，决定撤销此案。

检察长
年　月　日
（检察院印）

第四联 交原案件犯罪嫌疑人(原案件犯罪嫌疑人死亡的交其单位)

职务犯罪侦查办案一本通

文书制作说明

终止对犯罪嫌疑人侦查决定书制作说明

一、本文书为新增文书。用于对以事立案，犯罪嫌疑人排除嫌疑，决定对该犯罪嫌疑人终止侦查时制作。

二、此规定和文书的设定，主要是因为在办案实践中，立案分对事立案和对人立案。如果对事立案，犯罪嫌疑人排除嫌疑后是不能撤案的，否则案件无法继续侦查下去，但不撤案又会侵犯犯罪嫌疑人的利益。另外，多名犯罪嫌疑人中，部分排除犯罪嫌疑人的，同样不能撤案。设定此规定，可以有效解决对某个犯罪嫌疑人终止侦查的问题，而无须将整案撤销。

三、本文书共四联，第一联统一保存备查，第二联附卷，第三联送达当事人，当事人死亡的，送达其家属，第四联送达当事人所在单位。

撤销案件决定书制作说明

一、本文书依据《刑事诉讼法》第十五条、第一百六十一条、第一百六十二条、第一百六十六条的规定制作。为人民检察院在办理直接立案侦查案件过程中，发现不应当对犯罪嫌疑人追究刑事责任或有《刑事诉讼法》第十五条规定情形的，决定撤销案件时使用。

二、本文书一式四份，一份存检察卷，一份存检察内卷，一份送达犯罪嫌疑人所在单位，一份送达犯罪嫌疑人。犯罪嫌疑人死亡的，只送达原所在单位。

【办案依据】

1.《中华人民共和国刑事诉讼法（2012年修正）》（节录）

第十五条　有下列情形之一的，不追究刑事责任，已经追究的，应当撤销案件，或者不起诉，或者终止审理，或者宣告无罪：

（一）情节显著轻微、危害不大，不认为是犯罪的；

（二）犯罪已过追诉时效期限的；

（三）经特赦令免除刑罚的；

（四）依照刑法告诉才处理的犯罪，没有告诉或者撤回告诉的；

（五）犯罪嫌疑人、被告人死亡的；

（六）其他法律规定免予追究刑事责任的。

第一百六十一条　在侦查过程中，发现不应对犯罪嫌疑人追究刑事责任的，应当撤销案件；犯罪嫌疑人已被逮捕的，应当立即释放，发给释放证明，并且通知原批准逮捕的人民检察院。

2.《人民检察院刑事诉讼规则（试行）》（2012年10月16日由最高人民检察院第十一届检察委员会第八十次会议第二次修订）（节录）

第二百九十条 人民检察院在侦查过程中或者侦查终结后，发现具有下列情形之一的，侦查部门应当制作拟撤销案件意见书，报请检察长或者检察委员会决定：

（一）具有刑事诉讼法第十五条规定情形之一的；

（二）没有犯罪事实的，或者依照刑法规定不负刑事责任或者不是犯罪的；

（三）虽有犯罪事实，但不是犯罪嫌疑人所为的。

对于共同犯罪的案件，如有符合本条规定情形的犯罪嫌疑人，应当撤销对该犯罪嫌疑人的立案。

第二百九十一条 检察长或者检察委员会决定撤销案件的，侦查部门应当将撤销案件意见书连同本案全部案卷材料，在法定期限届满七日前报上一级人民检察院审查；重大、复杂案件在法定期限届满十日前报上一级人民检察院审查。

对于共同犯罪案件，应当将处理同案犯罪嫌疑人的有关法律文书以及案件事实、证据材料复印件等，一并报送上一级人民检察院。

上一级人民检察院侦查部门应当对案件事实、证据和适用法律进行全面审查，必要时可以讯问犯罪嫌疑人。

上一级人民检察院侦查部门经审查后，应当提出是否同意撤销案件的意见，报请检察长或者检察委员会决定。

人民检察院决定撤销案件的，应当告知控告人、举报人，听取其意见并记明笔录。

第二百九十二条 上一级人民检察院审查下级人民检察院报送的拟撤销案件，应当于收到案件后七日以内批复；重大、复杂案件，应当于收到案件后十日以内批复下级人民检察院。情况紧急或者因其他特殊原因不能按时送达的，可以先行通知下级人民检察院执行。

第二百九十三条 上一级人民检察院同意撤销案件的，下级人民检察院应当作出撤销案件决定，并制作撤销案件决定书。上一级人民检察院不同意撤销案件的，下级人民检察院应当执行上一级人民检察院的决定。

报请上一级人民检察院审查期间，犯罪嫌疑人羁押期限届满的，应当依法释放犯罪嫌疑人或者变更强制措施。

第二百九十四条 撤销案件的决定，应当分别送达犯罪嫌疑人所在单位和犯罪嫌疑人。犯罪嫌疑人死亡的，应当送达犯罪嫌疑人原所在单位。如果犯罪嫌疑人在押，应当制作决定释放通知书，通知公安机关依法释放。

第二百九十五条 人民检察院作出撤销案件决定的，侦查部门应当在三十日以内对犯罪嫌疑人的违法所得作出处理，并制作查封、扣押、冻结款物的处理报告，详细列明每一项款物的来源、去向并附有关法律文书复印件，报检察长审核后存入案卷，并在撤销案件决定书中写明对查封、扣押、冻结的涉案款物的处理结果。情况特殊的，经检察长决定，可以延长三十日。

第二百九十六条 人民检察院撤销案件时，对犯罪嫌疑人的违法所得应当区分不同情形，作出相应处理：

（一）因犯罪嫌疑人死亡而撤销案件，依照刑法规定应当追缴其违法所得及其他涉案财产的，按照本规则第十三章第三节的规定办理。

（二）因其他原因撤销案件，对于查封、扣押、冻结的犯罪嫌疑人违法所得及其他涉案财产需要没收的，应当提出检察建议，移送有关主管机关处理。

（三）对于冻结的犯罪嫌疑人存款、汇款、债券、股票、基金份额等财产需要返还被害人的，可以通知金融机构返还被害人；对于查封、扣押的犯罪嫌疑人的违法所得及其他涉案财产需要返还被害人的，直接决定返还被害人。

人民检察院申请人民法院裁定处理犯罪嫌疑人涉案财产的，应当向人民法院移送有关案件材料。

第二百九十七条　人民检察院撤销案件时，对查封、扣押、冻结的犯罪嫌疑人的涉案财产需要返还犯罪嫌疑人的，应当解除查封、扣押或者书面通知有关金融机构解除冻结，返还犯罪嫌疑人或者其合法继承人。

第三百零二条　人民检察院直接受理立案侦查的案件，撤销案件以后，又发现新的事实或者证据，认为有犯罪事实需要追究刑事责任的，可以重新立案侦查。

3. 最高人民检察院《人民检察院刑事诉讼涉案财物管理规定》（2014年11月19日最高人民检察院第十二届检察委员会第二十九次会议通过）（参见本书第621～628页）

4. 最高人民检察院《关于省级以下人民检察院对直接受理侦查案件作撤销案件、不起诉决定报上一级人民检察院批准的规定（试行）》（2005年9月23日　高检发办字〔2005〕15号）

第一条　为了加强上级人民检察院对下级人民检察院办理直接受理侦查案件工作的领导和监督制约，根据《中华人民共和国人民检察院组织法》、《中华人民共和国刑事诉讼法》和《人民检察院刑事诉讼规则》、《关于实行人民监督员制度的规定（试行）》等有关规定，结合人民检察院办理直接受理侦查案件工作的实际，制定本规定。

第二条　省级以下（含省级）人民检察院办理直接受理侦查的案件，拟作撤销案件、不起诉决定的，应当报请上一级人民检察院批准。

第三条　对于人民检察院直接受理侦查的案件，侦查部门经过侦查认为应当撤销案件的，应当制作拟撤销案件意见书。公诉部门经过对侦查部门移送的案件进行审查，认为应当不起诉的，应当制作拟不起诉意见书。

侦查部门、公诉部门应当及时将拟撤销案件意见书或者拟不起诉意见书以及相关材料移送本院人民监督员办公室，接受人民监督员监督。

第四条　人民检察院直接受理侦查的案件，拟撤销案件或者拟不起诉的，经人民监督员履行监督程序，提出表决意见后，侦查部门或者公诉部门应当报请检察长或者检察委员会决定。报送案件时，应当将人民监督员的表决意见一并报送。

按规定报请检察长决定的，检察长如果不同意人民监督员的表决意见，应当提请检察委员会讨论决定。检察长同意人民监督员表决意见的，由检察长决定。

第五条　检察长或者检察委员会同意拟撤销案件意见或者拟不起诉意见的，应当由侦查部门或者公诉部门将拟撤销案件意见书或者拟不起诉意见书，以及人民监督员的表决意见，连同本案全部卷宗材料，在法定期限届满七日之前报上一级人民检察院审查；重大、复杂案件，在法定期限届满十日之前报上一级人民检察院审查。

对于共同犯罪案件，应当将处理同案犯罪嫌疑人的有关法律文书以及案件事实、证据材料复印件等，一并报送上一级人民检察院。

第六条 对于下级人民检察院报请审批的拟撤销案件或者拟不起诉案件，由上一级人民检察院相应侦查部门或者公诉部门承办。上一级人民检察院侦查部门或者公诉部门应当指定专人办理，对案件事实、证据和适用法律进行全面审查，必要时可以讯问犯罪嫌疑人。

第七条 上一级人民检察院侦查部门或者公诉部门审查下级人民检察院报送的拟撤销案件或者拟不起诉案件，应当提出是否同意撤销案件或者不起诉的意见，连同下级人民检察院人民监督员的表决意见，报请检察长或者检察委员会决定。

第八条 上一级人民检察院审查下级人民检察院报送的拟撤销案件或者拟不起诉案件，应当于收到案件七日内书面批复下级人民检察院；重大、复杂案件，应当于收到案件十日内书面批复下级人民检察院。情况紧急或者因其他特殊原因不能按时送达的，可以先电话通知下级人民检察院执行，随后送达书面批复。

第九条 上一级人民检察院批准撤销案件或者不起诉的，下级人民检察院应当作出撤销案件或者不起诉的决定，并制作撤销案件决定书或者不起诉决定书。上一级人民检察院不批准撤销案件或者不起诉的，下级人民检察院应当执行上一级人民检察院的决定。

第十条 拟撤销的案件或者拟不起诉的案件，犯罪嫌疑人在押的，不得因报上一级人民检察院审批而超期羁押。羁押期限届满，应当依法变更强制措施。

第十一条 本规定自发布之日起试行。

5. 最高人民检察院《检察机关办理案件必须严格执行的六条规定》（2001年5月22日）（节录）

二、立案必须严格执行法定的案件管辖、立案条件和程序；撤销案件，必须严格审批手续，不得违反规定立案、撤案。

6. 最高人民检察院《关于严格执行人民代表大会代表执行职务司法保障规定的通知》（1994年6月22日 高检发研字〔1994〕7号）（节录）

四、各级人民检察院办理本级人大代表的案件，依法决定立案、决定提起公诉、免予起诉、不予起诉或撤销案件决定的，应当向本级人民代表大会主席团或人民代表大会常务委员会通报。

（五）扣押冻结款物的处理

【主要程序】

1. 对于查封、扣押、冻结的涉案财物及其孳息，除按照有关规定返还被害人或者经查明确实与案件无关的以外，不得在诉讼程序终结之前上缴国库或者作其他处理。法律和有关规定另有规定的除外。

在诉讼过程中，对权属明确的被害人合法财产，凡返还不损害其他被害人或者利害关系人的利益、不影响诉讼正常进行的，人民检察院应当依法及时返还。权属有争议的，应当在决定撤销案件、不起诉或者由人民法院判决时一并处理。

在扣押、冻结期间，权利人申请出售被扣押、冻结的债券、股票、基金份额等财产的，以及扣押、冻结的汇票、本票、支票的有效期即将届满的，人民检察院办案部门应当依照《人民检察院刑事诉讼规则（试行）》的有关规定及时办理。

2. 人民检察院作出撤销案件决定、不起诉决定或者收到人民法院作出的生效判决、裁定后，应当在30日以内对涉案财物作出处理。情况特殊的，经检察长批准，可以延长30日。

前款规定的对涉案财物的处理工作，人民检察院决定撤销案件的，由侦查部门负责办理；人民检察院决定不起诉或者人民法院作出判决、裁定的案件，由公诉部门负责办理；对人民检察院直接立案侦查的案件，公诉部门可以要求侦查部门协助配合。

人民检察院按照《人民检察院刑事诉讼涉案财物管理规定》第5条第2款的规定先行接收涉案财物，如果决定不予立案的，侦查部门应当按照本条第一款规定的期限对先行接收的财物作出处理。

3. 处理由案件管理部门保管的涉案财物，办案部门应当持经检察长批准的相关文书或者报告，到案件管理部门办理出库手续；处理存入唯一合规账户的涉案款项，办案部门应当持经检察长批准的相关文书或者报告，经案件管理部门办理出库手续后，到计划财务装备部门办理提现或者转账手续。案件管理部门或者计划财务装备部门对于符合审批手续的，应当及时办理。

对于依照《人民检察院刑事诉讼涉案财物管理规定》第10条第2款、第12条的规定未移交案件管理部门保管或者未存入唯一合规账户的涉案财物，办案部门应当依照该规定第23条规定的期限报经检察长批准后及时作出处理。

3. 对涉案财物，应当严格依照有关规定，区分不同情形，及时作出相应处理：

（1）因犯罪嫌疑人死亡而撤销案件、决定不起诉，依照刑法规定应当追缴其违法所得及其他涉案财产的，应当按照《人民检察院刑事诉讼规则（试行）》有关犯罪嫌疑人逃匿、死亡案件违法所得的没收程序的规定办理；对于不需要追缴的涉案财物，应当依照《人民检察院刑事诉讼涉案财物管理规定》第23条规定的期限及时返还犯罪嫌疑人、被不起诉人的合法继承人；

（2）因其他原因撤销案件、决定不起诉，对于查封、扣押、冻结的犯罪嫌疑人违法所得及其他涉案财产需要没收的，应当依照《人民检察院刑事诉讼规则（试行）》有关撤销案件时处理犯罪嫌疑人违法所得的规定提出检察建议或者依照《刑事诉讼法》第173条第3款的规定提出检察意见，移送有关主管机关处理；未认定为需要没收并移送有关主管机关处理的涉案财物，应当依照《人民检察院刑事诉讼涉案财物管理规定》第23条规定的期限及时返还犯罪嫌疑人、被不起诉人；

(3) 提起公诉的案件，在人民法院作出生效判决、裁定后，对于冻结在金融机构的涉案财产，由人民法院通知该金融机构上缴国库；对于查封、扣押且依法未随案移送人民法院的涉案财物，人民检察院根据人民法院的判决、裁定上缴国库；

(4) 人民检察院侦查部门移送审查起诉的案件，起诉意见书中未认定为与犯罪有关的涉案财物；提起公诉的案件，起诉书中未认定或者起诉书认定但人民法院生效判决、裁定中未认定为与犯罪有关的涉案财物，应当移送有关主管机关处理或者及时返还犯罪嫌疑人、被不起诉人、被告人；

(5) 对于需要返还被害人的查封、扣押、冻结涉案财物，应当按照有关规定予以返还。

人民检察院应当加强与人民法院、公安机关、国家安全机关的协调配合，共同研究解决涉案财物处理工作中遇到的突出问题，确保司法工作顺利进行，切实保障当事人合法权益。

4. 对于应当返还被害人的查封、扣押、冻结涉案财物，无人认领的，应当公告通知。公告满6个月无人认领的，依法上缴国库。上缴国库后有人认领，经查证属实的，人民检察院应当向人民政府财政部门申请退库予以返还。原物已经拍卖、变卖的，应当退回价款。

5. 对于贪污、挪用公款等侵犯国有资产犯罪案件中查封、扣押、冻结的涉案财物，除人民法院判决上缴国库的以外，应当归还原单位或者原单位的权利义务继受单位。犯罪金额已经作为损失核销或者原单位已不存在且无权利义务继受单位的，应当上缴国库。

6. 查封、扣押、冻结的涉案财物应当依法上缴国库或者返还有关单位和个人的，如果有孳息，应当一并上缴或者返还。

7. 人民检察院对于扣押、冻结犯罪嫌疑人、被告人的财物及其孳息，应当妥善保管，以供核查。任何单位和个人不得挪用或者自行处理。对被害人的合法财产，应当及时返还。对违禁品或者不宜长期保存的物品，应当依照国家有关规定处理。

8. 处理扣押、冻结的涉案款物，应当由检察长决定；重大案件应当提交检察委员会讨论决定。扣押、冻结的款物，除依法应当返还被害人或者经查明确实与案件无关的以外，不得在诉讼程序终结之前处理。

9. 人民检察院撤销案件时，应当在撤销案件决定书中对扣押、冻结款物的处理作出说明，并在30日以内对扣押、冻结的款物依法作出处理。情况特殊的，经检察长决定，可以延长30日。对犯罪嫌疑人的违法所得应当区分不同情形，作出相应处理：

(1) 因犯罪嫌疑人死亡而撤销案件的，如果被冻结的犯罪嫌疑人的存款、汇款应当予以没收或者返还被害人，可以申请人民法院裁定，通知冻结机关上缴国库或者返还被害人；因其他原因撤销案件的，直接通知冻结机关上缴国库或者返还被害人。

（2）对扣押在人民检察院的犯罪嫌疑人的违法所得需要没收的，应当提出检察建议，移送有关主管机关处理；需要返还被害人的，直接决定返还被害人。

人民检察院对扣押、冻结的款物作出处理决定后，应当在7日内通知有关当事人，并同时告知如果对处理决定不服，可以申请复议。复议由办案部门办理，并应当在7日内作出复议决定。复议期间停止处理决定的执行。当事人对复议决定不服的，可以向上一级人民检察院申诉。上一级人民检察院应当对申诉及时进行复查并作出决定。

人民检察院作出撤销案件决定后，侦查部门应当制作扣押、冻结款物处理终结报告，详细列明每一项款物的来源、去向并附有关法律文书复印件，报检察长审核后存入内卷。

10. 案件移送审查起诉，侦查部门应当制作扣押、冻结款物的处理、去向清单，连同有关法律文书复印件一并存入内卷。

11. 对于应当返还被害人的扣押、冻结款物，无人认领的，应当公告通知。公告满一年无人认领的，依法上缴国库。

无人认领的款物在上缴国库后有人认领，经查证属实的，人民检察院应当向政府财政部门申请退库或者返还。原物已经拍卖、变卖的，应当退回价款。

【注意事项】

1. 司法工作人员贪污、挪用或者私自处理被扣押、冻结的赃款赃物及其孳息的，依法追究刑事责任；不构成犯罪的，给予处分。

2. 对依法上缴国库或者返还有关单位和个人的扣押、冻结款物，如果有孳息的，应当一并上缴或者返还。

【文书与说明】

侦查终结财物、文件处理清单

侦查终结财物、文件处理清单

编号	名　称	数量	特　征	来　源	处理情况
办案单位			办 案 人 年　月　日		

本清单附卷

侦查终结财物、文件处理清单制作说明

一、本文书依据《刑事诉讼法》第二百三十四条的规定制作。为人民检察院侦查终结时制作的记载办案过程中收集、调取、查封、扣押的物品、文件处理情况的文书，是一个汇总检查表。

二、本文书应当附卷。

【办案依据】

1.《中华人民共和国刑事诉讼法（2012年修正）》（节录）

第二百三十四条　公安机关、人民检察院和人民法院对查封、扣押、冻结的犯罪嫌疑人、被告人的财物及其孳息，应当妥善保管，以供核查，并制作清单，随案移送。任何单位和个人不得挪用或者自行处理。对被害人的合法财产，应当及时返还。对违禁品或者不宜长期保存的物品，应当依照国家有关规定处理。

对作为证据使用的实物应当随案移送，对不宜移送的，应当将其清单、照片或者其他证明文件随案移送。

人民法院作出的判决，应当对查封、扣押、冻结的财物及其孳息作出处理。

人民法院作出的判决生效以后，有关机关应当根据判决对查封、扣押、冻结的财物及其孳息进行处理。对查封、扣押、冻结的赃款赃物及其孳息，除依法返还被害人的以外，一律上缴国库。

司法工作人员贪污、挪用或者私自处理查封、扣押、冻结的财物及其孳息的，依法追究刑事责任；不构成犯罪的，给予处分。

2.《人民检察院刑事诉讼规则（试行）》（2012年10月16日由最高人民检察院第十一届检察委员会第八十次会议第二次修订）（节录）

第二百四十四条　扣押、冻结债券、股票、基金份额等财产，应当书面告知当事人或者其法定代理人、委托代理人有权申请出售。

对于被扣押、冻结的债券、股票、基金份额等财产，在扣押、冻结期间权利人申请出售，经审查认为不损害国家利益、被害人利益，不影响诉讼正常进行的，以及扣押、冻结的汇票、本票、支票的有效期即将届满的，经检察长批准，可以在案件办结前依法出售或者变现，所得价款由检察机关指定专门的银行账户保管，并及时告知当事人或者其近亲属。

第二百八十七条　提出起诉意见或者不起诉意见的，侦查部门应当将起诉意见书或者不起诉意见书，查封、扣押、冻结的犯罪嫌疑人的财物及其孳息、文件清单以及对查封、扣押、冻结的涉案款物的处理意见和其他案卷材料，一并移送本院公诉部门审查。国家或者集体财产遭受损失的，在提出提起公诉意见的同时，可以提出提起附带民事诉讼的意见。

第四百六十四条　人民检察院对查封、扣押、冻结的被告人财物及其孳息，应当根据不同情况作以下处理：

（一）对作为证据使用的实物，应当依法随案移送；对不宜移送的，应当将其清单、照片或者其他证明文件随案移送。

（二）冻结在金融机构的违法所得及其他涉案财产，应当向人民法院随案移送该金融机构出具的证明文件，待人民法院作出生效判决、裁定后，由人民法院通知该金融机构上缴国库。

（三）查封、扣押的涉案财产，对依法不移送的，应当随案移送清单、照片或者其他证明文件，待人民法院作出生效判决、裁定后，由人民检察院根据人民法院的通知上缴国库，并向人民法院送交执行回单。

（四）对于被扣押、冻结的债券、股票、基金份额等财产，在扣押、冻结期间权利人申请出售的，参照本规则第二百四十四条的规定办理。

第五百二十三条　对于贪污贿赂犯罪、恐怖活动犯罪等重大犯罪案件，犯罪嫌疑人、被告人逃匿，在通缉一年后不能到案，依照刑法规定应当追缴其违法所得及其他涉案财产的，人民检察院可以向人民法院提出没收违法所得的申请。

对于犯罪嫌疑人、被告人死亡，依照刑法规定应当追缴其违法所得及其他涉案财产的，人民检察院也可以向人民法院提出没收违法所得的申请。

犯罪嫌疑人实施犯罪行为所取得的财物及其孳息以及犯罪嫌疑人非法持有的违禁品、供犯罪所用的本人财物，应当认定为前两款规定的违法所得及其他涉案财产。

第五百六十五条　侦查活动监督主要发现和纠正以下违法行为：

（一）采用刑讯逼供以及其他非法方法收集犯罪嫌疑人供述的；

（二）采用暴力、威胁等非法方法收集证人证言、被害人陈述，或者以暴力、威胁等方法阻止证人作证或者指使他人作伪证的；

（三）伪造、隐匿、销毁、调换、私自涂改证据，或者帮助当事人毁灭、伪造证据的；

（四）徇私舞弊，放纵、包庇犯罪分子的；

（五）故意制造冤、假、错案的；

（六）在侦查活动中利用职务之便谋取非法利益的；

（七）非法拘禁他人或者以其他方法非法剥夺他人人身自由的；

（八）非法搜查他人身体、住宅，或者非法侵入他人住宅的；

（九）非法采取技术侦查措施的；

（十）在侦查过程中不应当撤案而撤案的；

（十一）对与案件无关的财物采取查封、扣押、冻结措施，或者应当解除查封、扣押、冻结不解除的；

（十二）贪污、挪用、私分、调换、违反规定使用查封、扣押、冻结的财物及其孳息的；

（十三）应当退还取保候审保证金不退还的；

（十四）违反刑事诉讼法关于决定、执行、变更、撤销强制措施规定的；

（十五）侦查人员应当回避而不回避的；

（十六）应当依法告知犯罪嫌疑人诉讼权利而不告知，影响犯罪嫌疑人行使诉讼权利的；

（十七）阻碍当事人、辩护人、诉讼代理人依法行使诉讼权利的；

（十八）讯问犯罪嫌疑人依法应当录音或者录像而没有录音或者录像的；

（十九）对犯罪嫌疑人拘留、逮捕、指定居所监视居住后依法应当通知家属而未通知的；

（二十）在侦查中有其他违反刑事诉讼法有关规定的行为的。

第六百七十三条 人民检察院办案部门查封、扣押、冻结涉案财物及其孳息后，应当立即将扣押的款项存入专门账户，将扣押的物品送案件管理部门办理入库保管手续，并将查封、扣押、冻结涉案财物的清单送案件管理部门登记，至迟不得超过三日。法律和有关规定另有规定的除外。

第六百七十四条 人民检察院案件管理部门负责对扣押的涉案财物进行保管，并对查封、扣押、冻结、处理涉案财物工作进行监督管理，对违反规定的行为提出纠正意见；对构成违法或者严重违纪的行为，移送纪检监察部门处理。

第六百七十五条 人民检察院办案部门需要调用、移送、处理查封、扣押、冻结的涉案财物的，应当按照规定办理审批手续。案件管理部门对于审批手续齐全的，应当办理出库手续。

3. 最高人民检察院《人民检察院刑事诉讼涉案财物管理规定》（2014 年 11 月 19 日最高人民检察院第十二届检察委员会第二十九次会议通过）（参见本书第 621～628 页）

4. 最高人民法院、最高人民检察院、公安部、国家安全部、司法部、全国人大常委会法制工作委员会《关于实施刑事诉讼法若干问题的规定》（2012 年 12 月 26 日）（节录）

36. 对于依照刑法规定应当追缴的违法所得及其他涉案财产，除依法返还被害人的财物以及依法销毁的违禁品外，必须一律上缴国库。查封、扣押的涉案财产，依法不移送的，待人民法院作出生效判决、裁定后，由人民法院通知查封、扣押机关上缴国库，查封、扣押机关应当向人民法院送交执行回单；冻结在金融机构的违法所得及其他涉案财产，待人民法院作出生效判决、裁定后，由人民法院通知有关金融机构上缴国库，有关金融机构应当向人民法院送交执行回单。

对于被扣押、冻结的债券、股票、基金份额等财产，在扣押、冻结期间权利人申请出售，经扣押、冻结机关审查，不损害国家利益、被害人利益，不影响诉讼正常进行的，以及扣押、冻结的汇票、本票、支票的有效期即将届满的，可以在判决生效前依法出售或者变现，所得价款由扣押、冻结机关保管，并及时告知当事人或者其近亲属。

37. 刑事诉讼法第一百四十二条第一款中规定："人民检察院、公安机关根据侦查犯罪的需要，可以依照规定查询、冻结犯罪嫌疑人的存款、汇款、债券、股票、基金份额等财产。"根据上述规定，人民检察院、公安机关不能扣划存款、汇款、债券、股票、基金份额等财产。对于犯罪嫌疑人、被告人死亡，依照刑法规定应当追缴其违法所得及其他涉案财产的，适用刑事诉讼法第五编第三章规定的程序，由人民检察院向人民法院提出没收违法所得的申请。

38. 犯罪嫌疑人、被告人死亡，现有证据证明存在违法所得及其他涉案财产应当予以没收的，公安机关、人民检察院可以进行调查。公安机关、人民检察院进行调查，可以依法进行查封、扣押、查询、冻结。

人民法院在审理案件过程中，被告人死亡的，应当裁定终止审理；被告人脱逃的，应当裁定中止审理。人民检察院可以依法另行向人民法院提出没收违法所得的申请。

39. 对于人民法院依法作出的没收违法所得的裁定，犯罪嫌疑人、被告人的近亲属和其他利害关系人或者人民检察院可以在五日内提出上诉、抗诉。

5. 财政部《罚没财物和追回赃款赃物管理办法》（1987 年 1 月 1 日　〔86〕财预 228 号）（参见本书第 636 ~ 639 页）